惟精惟一

《人民中国》70载年轮纪略

王众一——编著

NEWSTAR PRESS
新星出版社

图书在版编目（CIP）数据

惟精惟一：《人民中国》70 载年轮纪略 / 王众一编著. -- 北京 : 新星出版社 , 2025. 4. -- ISBN 978-7-5133-5545-2

Ⅰ . G239.29

中国国家版本馆 CIP 数据核字第 2024ZQ6654 号

惟精惟一：《人民中国》70 载年轮纪略

王众一　编著

责任编辑	汪　欣	**责任校对**	刘　义
特约编辑	林崇珍　徐峥榕	**责任印制**	李珊珊
	尹　莉　钱海澎	**封面设计**	冷暖儿

出 版 人　马汝军
出版发行　新星出版社
（北京市西城区车公庄大街丙 3 号楼 8001　100044）
网　　址　www.newstarpress.com
法律顾问　北京市岳成律师事务所
印　　刷　天津裕同印刷有限公司
开　　本　660mm × 970mm　1/16
印　　张　44
字　　数　535 千字
版　　次　2025 年 4 月第 1 版　　2025 年 4 月第 1 次印刷
书　　号　ISBN 978-7-5133-5545-2
定　　价　188.00 元

总机：010-88310888　　传真：010-65270449　　销售中心：010-88310811

谨以此书致敬以康大川为代表的几代《人民中国》团队

目录

序言

刘德有

著名媒体人王众一同志最近推出两部著作，其中一部，就是现在呈现在读者面前的《惟精惟一》。付梓前，众一同志嘱我作序。我自知不配，深感惶恐，但却之不恭，欣然承诺，信笔乱挥，以塞其责。

众一同志为何要我来写序？我想，这可能与这本书的主题——我国编译出版的一本面向东邻日本读者的月刊——日文版《人民中国》有关吧。

说到《人民中国》杂志，王众一同志 1989 年由吉林大学研究生院毕业后即来北京，在外文局《人民中国》编辑部从事编译工作，长达 34 年之久，其中在总编辑的岗位上运筹帷幄，奋斗了 15 年，于 2023 年夏光荣卸任。而我本人则在 70 多年前——1952 年由大连调至北京，参与了《人民中国》的创刊，并工作了 12 年。从这个意义上说，我和众一同志是“前后同事”，也是忘年之交。

俗话说，先睹为快。这本书在付梓前，我有机会看到大样。首先引起我注意的是书名：“惟精惟一”，典雅，不落窠臼，令人耳目一新。“惟精惟一”一语，出自《尚书·大禹谟》：“惟精惟一，允执厥中”。意为：精益求精，只做独一无二的事；而做事一定要符合规律，要一心一意行正道，冷静平衡，避免走极端。此言，可谓饱含人生真谛和哲理。据作者告诉我，他之所以要选此作为书名，是因为《人民中国》日文版是我国编译出版的唯一一本只用一种语言（日语），并只针对一个国家（日本）的国际传播刊物。它寓意《人民中国》坚守“一国一策，精品办刊”的不变初心，同时也体现了《人民中国》坚守人民友好，争取多数，维护中日关系大局的历史使命。

《人民中国》的创刊有一个大的背景：“二战”后，美国军事占领日本，对中国实行遏制政策。日本政府死心塌地追随美国，敌视中国，而广大日本人民则普遍强烈要求跟中国友好，但也有许多人对新生的中国尚不甚了解或存有疑虑。

据我所知，在 20 世纪 50 年代初，根据毛泽东主席和周恩来总理的指示，并结合当时的国际形势和对日工作的实践，中国逐步形成了一条对日政策的总方针。这条总方针概括起来就是："发展中日两国人民之间的友好关系，孤立美国，或使日本逐步摆脱美国控制，间接地影响日本人民，给日本政府以压力，迫使日本改变对中国的关系，逐步实现中日关系正常化。"（见《中共中央关于对日政策和对日活动的方针和计划》）我认为，在中日复交前的 1953 年《人民中国》日文版诞生，是完全符合这一总方针的精神的。记得在杂志创刊初期，上级确定的具体的办刊方针是："报道新中国的政治、经济、文化建设成就和中国人民的自由幸福生活，宣传中国共产党和中央人民政府反对侵略、保卫和平的斗争，以争取日本人民对中国有正确的认识，增进中国和日本两国之间的友谊，为保卫远东和世界和平而共同斗争。"

平心而论，初期的《人民中国》日文版的针对性不强，总的来说，时事性的成分过重，空泛和一般化的议论文字较多，而有系统地介绍中国人民各方面生活与中国基本情况的文章少一些。当时中国被西方称为"竹幕国家"，如前所述，受到帝国主义者的"遏制"和封锁，又由于亲美反华的日本当局无理阻挠，从日本到中国来访的人寥寥无几。因此对于日本来说，中国既是近邻，又是很"遥远"的国家。在那样一种情况下，《人民中国》日文版成为日本人了解中国信息的一条重要渠道。除了"北京对日广播"，就只有这本日文版的《人民中国》了。如何提高日文版《人民中国》的针对性，进一步扩大读者，是当时迫切需要解决的一个课题。

《人民中国》自创刊以来，70 年间随着形势的变化，办刊方针在表述上虽有某些调整，但总的精神始终没有改变。

纵观众一同志《惟精惟一》这部新作，我认为，这本书实际上是他对《人民中国》70 年光辉历程的一次总回顾，也是他站在今天的高度，为中国的传播学研究、中日文化交流史和中国对日传播史研究提供的宝贵史料和值得珍视的模板。

众一同志说，他在回眸历史时有一个重要发现：《人民中国》在长达 70 年的漫长历程中，每逢 5 周年和 10 周年，都策划了反映时代特点的纪念“特辑”，而这些具有代表性的“特辑”以及其他具有代表性的文字和图片，用一句话来概括，可以说是以点带面地勾勒出了“历史的年轮”。

“年轮”，多么生动的比喻啊！“年轮”象征着生命力，象征着刚强、勇气和毅力！众一同志在这本书中，不仅回顾了 70 年来《人民中国》的发展历程，而且还分阶段进行了梳理和小结，并画龙点睛地进行了点评。这是以往没有人做过的工作，应当说这是众一同志第一次完成的这样一项工程。我觉得这一点难能可贵，很有意义，这说明众一同志是一个由衷热爱《人民中国》的媒体人，而且还是一个有心人。

我一向认为，一本在中国编辑出版的专门面向日本一个国家的综合性月刊，竟一期不少地坚持出版发行 70 年，是一个奇迹。据我所知，《人民中国》创刊号运至日本后，引起轰动，立刻被一抢而光，不得不加印 1000 册，此事一时成为奇闻。“文化大革命”前，《人民中国》的发行量最多时曾达到 12 万册，这也许可以算作世界出版史上的一个“奇迹”吧！不消说，这是编辑部全体人员潜心努力，付出劳动和心血的结果，但最重要的还是有中央领导的一贯关怀和有力支持。在《人民中国》创刊 10 周年时，周恩来总理和陈毅副总理亲临庆祝会现场，充分肯定了《人民中国》在对日传播中取得的成就，极大地鼓舞了所有从业人员。据我所知，郭沫若和廖承志等同志也曾多次为《人民中国》撰稿，还经常为如何办好这本对日刊物给予指示，出点子，提选题。这些都充分说明中央领导对《人民中国》的高度重视和大力支持。

如今，中国已进入具有中国特色社会主义建设的新时代。习近平同志一向非常重视我国的国际传播事业。他在多次讲话中，要求从事对外传播工作的同志们一定要坚持正确的政治方向，要接地气，讲实话，语言要大众化、平民化，应该符合老百姓的思维习惯、接受能力和审美情趣，并且特别强调“要提高国际传播能力”。

关于这一点，在党的二十大报告中，习近平总书记进一步强调指出，我们要“增强中华文明传播力影响力，坚守中华文化立场，讲好中国故事、传播好中国声音，展现可信、可爱、可敬的中国形象，推动中华文化更好走向世界”。

我个人的粗浅体会是，“讲好中国故事”的这个“好”字，就是要求我们在坚守中国立场不动摇的基础上，进一步提高传播的艺术性，为我们进一步增强国际传播能力，明确地指出了努力的方向。

“讲好中国故事”绝不单单是一个技巧问题，它首先有远大的战略思考和深邃的含义。习近平同志深刻指出：讲好中国故事的目的是“加强国际传播能力建设，全面提升国际传播效能，形成同我国综合国力和国际地位相匹配的国际话语权”。落后就要挨打，贫穷就要挨饿，失语就要挨骂。要加强国际传播的理论研究，掌握国际传播的规律，采用贴近不同区域、不同国家、不同群体受众的精准传播方式，推进中国故事和中国声音的全球化表达、区域化表达、分众化表达，增强国际传播的亲和力和实效性。讲究舆论斗争的策略和艺术，主动设置议题，下好先手棋、打好主动仗，提升重大问题对外发声能力。整合各类资源，推动内宣外宣一体发展，着力打造具有强大引领力、传播力、影响力的国际一流新型主流媒体，不断提高塑造国家形象、影响国际舆论场、掌握国际话语权的能力与水平。

根据习近平同志上述一系列重要论述精神，我认为当前我们面临的迫切课题，是要在新时代大大提高对讲好中国故事的战略意义的认识和执行这一任务的自觉性。

《惟精惟一》的出版，正是王众一同志认真学习和领会习近平主席一系列重要指示的具体落实。我本人通读众一同志的新书并结合自己在《人民中国》工作时的实践，回望过去，立足当前，觉得《人民中国》一以贯之地注意了以下几点：

第一，不忘当年的办刊初心，继承和发扬优良传统。

《人民中国》办刊的初心是什么？那就是：实事求是，讲真话，说实话。这同时也是杂志一直保持下来的优良传统。《人民中国》从创刊的那一天起，

70 年如一日地报道了等身大的中国，报道了中国的真实情况，既不夸大，也不缩小。与此同时，它以如实地反映和促进中日两国人民的友好交往，同一切歪曲、丑化中国以及污蔑、敌视中国的言行进行斗争为己任。这就充分体现了这本月刊的权威性、真实性和准确性。

第二，以我为主，不强加于人，始终注意针对性，做到有的放矢。

我理解的“以我为主”就是毫不动摇地坚守中国立场，不丧失原则，加强对外话语权，要以中国话语阐释中国理念和中国主张，努力提升中国国际话语权和国际传播影响力。在过去 70 年的岁月里，《人民中国》在站稳中国立场决不动摇的基础上，追求贴近实际，贴近生活，不忘读者的需求，坚持“以我为主”，又从读者的实际出发，努力做到晓之以理、动之以情，情景交融、生动活泼，比较全面、系统地报道了中国各个时期所经历的变化和各方面所取得的成就，介绍了中国人民真实的生活情况以及他们的奋斗目标和追求，表达了他们争取世界和平的强烈愿望和为此而做的不懈努力，从而撼动了广大日本读者的心灵。这是《人民中国》日文版成功的奥秘，也是它在读者中树立权威，受到欢迎，成为连接中日两国人民心灵纽带的秘密所在。今天，《人民中国》杂志与时俱进，早已今非昔比，逐渐发展成为多媒体格局。我相信，今后在这座由我们构筑的友好桥梁上来往的人将会越来越多。

《人民中国》曾做过许许多多的探索和试验。简言之，就是从初期那种单纯的“照转照译”，到后来的“编译合一”，又到提倡记者用“脚”实地采写稿件，努力使文章具有临场感、立体感，而绝不是死死板板地从资料到资料或道听途说、捕风捉影。在杂志的编成上，《人民中国》也不断下功夫，使其面貌时时更新。记得郭沫若就曾向《人民中国》建议：“一本杂志要有几篇成为核心的文章，但同时必须有其他一些文章配合，也就是‘牡丹虽好，还得绿叶扶’。”他还用诗一般的语言说：“这就像夜晚的天空一样，不能光有一轮月亮，圆嘟嘟的，月亮旁边还要有几朵云彩，而在远处还可以配上几颗星星，这样才能把月亮烘托出来。”

日本读者阅读报刊有个习惯：喜欢看“名人对谈”“记者访谈”或就某个

专题举办的“座谈会”记录。《人民中国》一直坚持这样做下来。廖承志曾告诫《人民中国》的编者，此类文字千万不要搞得呆板、生硬，使日本读者感到中国人似乎不懂幽默，不会笑。他说：“老是板起面孔，日本人一定会认为中国人不会笑，天天都穿着礼服，正襟危坐。其实，中国人是很幽默的。”

日本读者也很喜欢娓娓道来的那种随笔（Essay），他们对这种文体情有独钟。说到这里，我想起日本近代著名文艺评论家厨川白村曾说过的话。他说：“Essay 可以议论‘天下国家的大事不待言，还有市井的琐事，书籍的批评，相识者的消息，以及自己对过去的追怀，想到什么就纵谈什么，而托于即兴之笔’。”“在 Essay 中比什么都紧要的要件，就是作者将自己的个人的人格色彩浓厚地表现出来。”《人民中国》刊登的随笔，就具有这种浓厚的个人的人格色彩。读这样的随笔，会使人感觉很轻松，就像夏日披着浴衣，冬天坐在暖炉旁边的安乐椅上，啜着芳茗，和好友任心闲话，并把这些话原本照样地移到纸上。

20 世纪 60 年代《人民中国》改版时，就新增加了以随笔形式反映日常生活题材的栏目《北京一角》。选题从北京市民的生活入手，以小见大。这些文章说的都是日常生活琐事，表现的都是新社会、新生活、新风尚。这个专栏和第一篇文章《街道储蓄所》是首任主编提出的。实际上，这也成为日文版实行编译合一的首例。继《街道储蓄所》之后，《北京一角》专栏还发表了《洗衣店》《理发店》《药店》《菜店》《修理自行车铺》等文，颇受读者欢迎。《人民中国》的这一传统，后来被众一同志继承下来。他在策划选题时，就设立了几个随笔专栏，收到良好效果。

第三，图文并茂，生动活泼，激发读者兴趣，加强与读者的互动。

除了文字，《人民中国》一向重视图片和插图。作为一本综合性刊物，《人民中国》始终采取了通俗易懂、图文并茂的形式。每期的画刊和文中插图，采用的都是经过精选的照片。这样做，不仅可以吸引读者的眼球，激发他们的兴趣，而且由于是诉诸形象，还可以帮助读者更好地记忆和理解文章内容，提高他们的参与度，使读者感觉更能接近作者和内容，促进读者和作者间的互动。

早期，《人民中国》由于有些图片剪裁得太小，效果极差，被人们说成是“豆腐块”。后来不断加以改进，有些照片大胆地放大使用，增强了画面效果。特别是自杂志实行“本土化”、全部改为彩页后，收到更为突出的传播效能，使读者感到杂志从封面、封底到版面都大为改观，面目一新。

我高兴地看到，这部《惟精惟一》的构成，就体现了《人民中国》的上述风格——图文并茂，十分亲切。这给我留下了深刻而又美好的印象。

现在，世界正处于一个更为快捷的信息化、数字化、人工智能化的时代，传统观念已经被颠覆。多媒体给人类的生活方式带来了重大变化。人们的思维方式和一些行为模式也随之改变。但在这种情况下，《人民中国》仍坚持传统纸质媒体的形式，而且依然保持着纸质媒体的优势，发挥着无可比拟的专业性与公信力。我相信，《人民中国》今后会把互联网带来的便利与自身原有的优势有效地结合起来。在新形势下不断改进与提高，继续发展下去。

《人民中国》杂志的最可贵之处就是始终坚持守正创新。我认为这是《人民中国》杂志一直保持旺盛的生命力的保证。

王众一同志希望他的这部新作能鼓舞我国传媒界同行的后来者把《人民中国》作为参考，不忘根本，保持本色，擦亮传统品牌，再创新辉煌。我默默地祝愿他的这一期望在未来变为现实。

2024 年 11 月 5 日于北京林萃公寓

自序

日文版月刊《人民中国》创办于1953年，2023年迎来创刊70周年。1989年我加入《人民中国》工作团队以来，在老一代热心的传帮带下成长为一名对日传播骨干，一辈子致力于做这本期刊。

1998年起，我全面接手杂志编务工作，算来已有25个春秋，被正式任命为总编辑也有16个年头。一路走来，这本我为之奉献毕生的刊物，她的发展历程中的三分之一我得以见证，并在新世纪里和团队将《人民中国》20世纪的辉煌继承下来发展到今天。

这本刊物见证了新中国70多年来从站起来到富起来再到强起来的沧桑历程；见证了中日关系从民到官，从涓涓细流到汇成洪流，从恢复邦交到走向深入的曲折起伏的70年发展历史；也见证了70多年来中国人民的时代表情与奋斗故事；更见证着几代对日传播工作者和日本同事一道筚路蓝缕，砥砺前行，为持久有效说明中国，为推进两国人民友好，为促进民心相通而付出的70年心血。

作为一本只用一种语言，只针对一个国家的国际传播刊物，《人民中国》可谓绝无仅有，不可复制；透过70年雕刻时光所记载下来的时代年轮，可以看到不同时期期刊团队艰辛探索，精品办刊，保持刊物内容“骨密度”的不懈努力。

讨论中日关系时，我们往往会仰望“历史的天空”，缅怀那些做出历史贡献的璀璨星汉。而我构思此书时，翻阅着浩瀚的文本史料，想象着无数人参与其中推动两国关系发展的时代瞬间，脑海里浮现出“历史的年轮”的影子。《人民中国》70多年版面及不同时代的读者、作者与期刊团队的“时代感言”，佐证了“中日友好的根基在民间”这一论断。

于是我想到这本书的两大构成来源。

一是逐年精选信息丰富的图文并茂的版面，提取其中具有代表性的年代话题串联成措辞精炼的个人点评。年度点评文字大都在 900 字以内，交代时代背景，解读策划意图，总结传播效果，形成版面与点评交织而成的“年轮纪略”，通过刊物的成长历程，聚点成线地呈现这本纸刊从文字为主的黑白印刷，逐步发展为文字、图片、设计三条语言线索并重的全彩杂志的演进过程，以及独特的《人民中国》图文版面美学的形成始末。

二是每逢 5 周年或 10 周年策划的纪念特辑，有名人撰写的纪念文章，有日本读者写来的感想，有纪念活动的详细报道，也有几代杂志团队成员的办刊畅谈，内容丰富，时代特点鲜明，是有关我国国际传播期刊的宝贵证言。

精选版面与纪念特辑文字，与点评互成经纬，勾勒出“历史的年轮”的轮廓。选用的版面聚焦在普通人层面的内容上，更加能够反映本书要表达的叙事主题。全书以每 10 年为一个时期，共设七章，下设节、篇，使时代感得以清晰地凸显出来，也便于读者检索、查阅。

关于书名，源自《尚书・大禹谟》“人心惟危，道心惟微。惟精惟一，允执厥中”这段话，取其中“惟精惟一”一句，既寓意《人民中国》坚守“一国一策，精品办刊”的不变初心，也体现了《人民中国》说明中国立场努力争取多数，坚守人民友好，维护中日关系大局的历史使命。

希望此书问世具有回顾历史，昭示未来的意义；特别在加强国际传播能力建设，全面提升国际传播效能的今天，鼓舞后来者不忘根本，保持本色，守正创新，擦亮传统品牌，再创新的辉煌。也希望此书具有传播学研究的文献价值，可为研究中日交流史和对日传播史提供丰富生动的案例参考。

最后，感谢外文局亚太传播中心林崇珍、钱海澎、尹莉、徐峥榕等在编辑资料收集整理以及历年创刊纪念号的翻译等方面作出的贡献；感谢新星出版社姜淮、汪欣、李界芳等朋友为此书出版付出的心血；感谢冷暖儿女士为本书所做的精彩设计；感谢外文局亚太传播中心陈文戈主任和新星出版社马汝军社长对本书编写与出版给予的全力支持；特别感谢《人民中国》的创刊员工、93 岁高龄的文化部原副部长刘德有先生为本书作序，使此书的完整性具有了特别的意义。

王众一

2024 年 10 月 31 日记于山水窟

第一章

1953—1960 年 草创与探索时期[1]

1 这 8 年中，《人民中国》经历了团队组建、从追随英文版逐渐转向对日传播特殊规律的探索过程，为下一个 10 年的调整积累了经验。

第一节
1953 年创刊发刊词（摘要）[1]

“《人民中国》的日文版，其宗旨是向能看懂日文文章的读者，主要是日本人民，传达当今中国国家建设事业——政治、经济、文化、教育、社会活动等涉及各个领域的事业的实际面貌，从而使读者准确、迅速地，并随着事业的发展不断地对中国有比较全面的理解。这对促进中日两国人民友谊和维护远东和平都是重要的。

“我们都知道，各国人民的友好合作才是维护国际社会持久和平的坚实基础，但各国人民要想实现友好合作，首先要全力促进相互理解，只有相互理解，才能相互尊重，互相学习，互相帮助，才能到达真正的友好合作阶段。

“中日两国人民由于历史上的久交和地理上的毗邻，关系密切。在日本，汉字是作为构成日本文字的一个要素使用的。另外，日本人民的生活方式和生活感情传统上与中国人民相似，相互理解应该比较容易进行。

“人与人之间往往用‘知己’表示亲密的关系。这个词在日本也常用。在国家和国家的关系中，我们也希望能建立‘知己’的关系。我们深知日本人民与日本统治阶层是完全不同的。日本人民渴望了解中国的实际面貌，也希望在贸易和文化上与我们结下深厚的友谊。这实际上对本杂志的发行也是强有力的激励。

“我们反对侵略战争的政策。因此，我们在报道新闻时，必须保护报道的真实性，打破挑起战争者的封锁、隐瞒和歪曲。

“为保卫远东和平与世界和平，为增进中日两国人民的幸福，我们愿意尽量更多地报道我国真实的样貌，同时也深切希望日本人民能够尽量深入地了解有关我国的真相。”

1　中国人民保卫世界和平大会委员会主席郭沫若撰文。

第二节
1953—1958年度点评

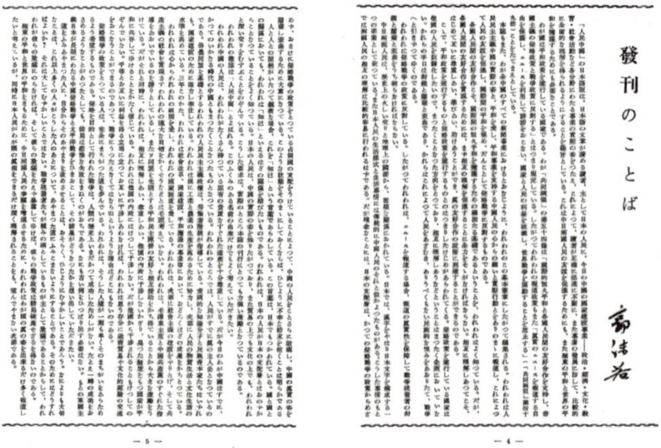

發刊のことば

郭沫若

1

中国の版画

王　琦

（中央美術学院助教授・版画家）
カットは民間剪紙の形式を取り入れた1942年頃の版画

中国の造形美術に興味をもつほどの人は誰でも中国の現代版画に愛着をもっている。

一九三〇年代のはじめの頃から中国人民は帝国主義と封建主義に反対し、民族の独立と民主主義的自由をかくとくのために闘ってきたが、版画のなかにはこの偉大な闘争の全過程がうつし出されている。とくに八年間の抗日戦争と三年間の人民解放戦争の期間にあっては、版画は他のあらゆる造形美術にもまして、人民を教育し鼓舞する積極的な役割をはたしてきた。

中国の版画美術は何世紀もの歴史をもっているが、近代的な主題ととりくんだ版画美術の新時代となると、二十年をまだいくらも越してはいない。新しい版画は、中国最大の近代作家であり、版画美術の偉大な教師である魯迅に負うところがもっとも大きかった。

魯迅は、日本の帝国主義者が東北に侵入してきた一九三一年に現代版画を提唱した。彼は愛国の熱情にもえる若い美術家たちに、版画を民族解放運動の武器とすることを呼びかけた。

版画こそは本質的に民主的な芸術形式であった――費用のかからない（木片と彫刻刀があれば足りるのだ）何枚でも刷れる、そして中国でも外国でもすでに體實な経験をつんでいる芸術形式であったのだ。魯迅が当時上海につくった版画講習会は、中国版画家の最初の組織であった。一週間という短かい期間ではあったが、魯迅は、講習会が『破壊分子』の集団として国民党警察によって解散させられるまでのあいだに、日本の版画家内山嘉吉氏を講師として招聘したり、彼自身、自己の所蔵にかかる外国の版画作品を秘密裡に二回まで展覧した。

当時は、若い美術家たちに近代版画の技法をできるだけ廣く紹介して、彼らの表現能力をたかめてゆく必要があった。魯迅は彼らにソ同盟の版画家や、ドイツの著名な女流画家故ケーテ・コルヴイッツの作品をとくに推奨した。コルヴイッツの版画は再生したばかりの中国の若い美術に大きな影響をあたえた。社会的な抗議と反抗をうったえる彼女の術に動かされて、少なからぬ人びとは当時社会的圧迫による犠牲者の姿を描き出すのに彼女の表現主義的手法をもちいた。芸術家たちが彼らの作品に表現された革命的な抗議のために生き埋めにされたり銃殺されたりした国民党白色テロルのばっこしたあの頃の暗黒時代には、リアリスチックな、革命的楽観主義への道を見出すことは、たしかに困難であった。

一九三七年の魯迅の逝去によって、われわれは美術界のかがやかしい教師をうしなった。だが、彼は革命的リアリズムのためにすでに揺ぎない基礎をつくりあげていたので、中国の版画家たちはこの道に沿ってたえず前進して行った。

抗日戦の時期

人民の圧力は、ついに国民党をも抗日戦争および中国共産党との抗日統一戦線のなかにひきいれた。芸術家たちはより大きな行動の自由をかくとくした。この戦争自身が大きな闘いの学校であって、中国の版画美術はこのなかで鍛えあげられた。多くの版画家たちは、防衛部隊のなかで教育活動にくわわった。版画は、前線の塹壕のなかに持ちこまれ、後方ではポスターとなって都市や農村の展覧会場の壁に姿をあらわした。これらの版画は、侵略者にたいする闘争にむかって人民を鼓舞した。

多くの知識人と何千人という青年が当時、民族的抗戦の中心地たる陝・甘・寧辺区にあつまっていた。そして一九三八年には共産党の導きによって、延安に魯迅芸術学院がつくられ、魯迅の偉大な傳統に発展の契機があたえられた。力群、馬達、胡一川、江豊などの指導的な版画家たちがこの学院で教鞭をとった。古元や彦涵は生徒のなかの逸材であった。

魯迅芸術学院は、中国の美術教育において理論と実践を結びつけた最初の手本となった。若い美術家たちは、一定の段階までの勉強をすますと、さっそく部隊や農村におくられて宣傳活動に従事し

版　画
『夜學校へ』
三色刷り 11.5"×9.5"
1951年
古　元作

版　画
『豆粒で選挙投票』
14"×11"
彦　涵作

2

申紀蘭さんと合作社の婦人たち

藍郁

新中国の有名な農業労働模範——李順達の指導している山西省平順県西溝村の農林牧畜生産合作社には、四十六人の働き手がおり、そのなかには婦人が二十四人いる。だから、ここでは婦人におもいきり力を出してもらうことが、生産の成績をあげるたいせつなカギとなつている。そこで一九五二年の春、合作社の社務委員会では、婦主任の申紀蘭に、村の婦人たちを生産に動員してもらうことにきめた。ところが、いざ活動をはじめてみると、紀蘭はたちまちたくさんの困難にぶつかつた。だいいち、一部の村の男たちの頭のなかには、まだなにかといえば『女になにができるもんか……』といいたがる旧い考えがのこつていたし、当の婦人自身でさえ、大部分のものはまだ『わたしらはとても……』というひつこみ思案や卑下した考えからぬけきつていなかつたのだ。ただわかい婦人たちは、この問題にかなりのりきで、熱心だつた。だがここにもやはり問題があつた。というのは、彼女たちはうんと働きたいと思つてはいるのだが、いくら働いたところで、男なみの報酬はもらえない——ここに不満のたねがあつたのだ。それに彼女たちの働き高はやつぱり戸主の名前のしたにかきいれられてしまう。

紀蘭は婦人社員の張雪花に働きかけようと思つて彼女の家に話しにいつたのだが、そのとき『わたしらはなんぼ働いたつて、どうせ認めてもらえるわけではねえしよ』といわれて、この問題に気がついたのだつた。彼女はいろいろ考えたすえ、もし合作社のほうで、同じ仕事をしたら男女の差別なく同じ報酬を支払うような制度をつくり、それとともに婦人が技術のいる仕事をおぼえるのをたすけるようにきえしたら、この問題はうまくゆく——という結論をえた。そこで早速社務委員会に意見をだしたが、男の社員たちから反対をうけた。『女がどれだけ働けるかもまだ分からないのに、同じ仕事をしたら同じ報酬をくれだと？』こうして紀蘭の提案は否決されてしまつた。彼女はなやんだ。これをみて、やはり社務委員会で共産党の細胞の委員をしている宋金山が彼女をはげましました。『紀蘭、気をおとすなよ。じつさいにやつてみて、成績をあげさえすればすぐにでも同じ報酬をたたかいとれるんだ。こまつたときには党が助けるよ』紀蘭は勇気をふるいおこし、再び社務委員会に『合理化提案』をだした。そして、三人の婦人を県におくつて農業技術の訓練をうけさせる一方、同時にうでのいい男の社員二人に婦人の技術指導をやつてもらうことを要求した。この提案はとりあげられた。合作社ではさつそく宋金山ともう一人を婦人の技術指導員にした。紀蘭は二人のわかい婦人といつしよに技術訓練をうけるために県城におくられた。

彼女たちが村にかえつてきたのは、ちようど後畑をすきかえすころだつた。合作社では婦人に三十五ムー（一ムーは日本の約六・七畝）の後畑をすきかえす仕事を割り当てた。紀蘭は婦人たちにできるだけ仕事にでるようにさそいかけた。

婦人はたちあがつた

さいしよ、仕事にでようといつたのはたつた七人だつた。しかし紀蘭たちの努力で、婦人社員のうち十九人が畑へでるところまでこぎつけた。おかみさんたちが畑にでているあいだはだれも子供の世話をするものがいないという問題を解決するために、紀蘭はお婆さんたちに相談をもちかけて、農繁期の臨時託児所をひらいた。婦人たちは三十五ムーの後畑を三日ですきかえした。『女がいくらやつたところでたかが知れたものさ……』といつていた村人たちも、『この分だと女どもは何をしでかすかわからんぞ！ 大したもんだ！』といいだした。

ところがこの三日間はたらいて、婦人たちがもらつた労働の点数はいつもの一日『五点』だつた。みんなはいつぺんにくさつてしまつた。そして家で靴底でもさしている方がまだましだといつて、仕

ついに勝利した 正義と平和のための闘い

朝鮮侵略戦争をひきおこしたアメリカ帝國主義とその衛星國は、あらゆる残虐兵器——ナパーム弾や細菌弾まで使つたにもかかわらず、ついに決定的な敗北をこうむつた。朝鮮人民は中國人民の援助と全世界の平和を愛する人民の支持の下に、民族の独立と自由を守りぬいたばかりでなく、新たな世界戦争の脅威を大いに減少させた。

① 一九五〇年六月，朝鮮侵略戦争をはじめようとして，南朝鮮の前線塹壕のなかでみずから指示を下しているダレス（左端）。

② 朝鮮の英雄的な息子と娘たちは，アメリカの侵略者とそのカイライから祖國を守るために一齊にたちあがつた。

④ 出動中の中國人民志願軍の戦車部隊。

⑤ 戦場であい会した朝鮮人民軍と中國人民志願軍。戦士たちは歓呼の声をあげ，ともに力を合わせてかちとつた勝利を祝つている。

⑦ 不屈の朝鮮・中國人民は，細菌戦によつて侵略の夢を実現しようとしたアメリカ政府の野蛮な陰謀を粉砕した。

侵略の脅威に直面し，朝鮮人民をたすけてアメリカ侵略軍を撃退するため，鴨緑江を渡る中國人民志願軍。

の平和を愛する人民は朝鮮人民の正義の闘いを支持した。写真
鮮人民におくる多額の荷造りをしているルーマニアの人民。

侵略者の末路。壊滅されたアメリカの機械化部隊。

5

新中国の映画

新中國の映画は人民の現実生活を反映し、人民の愛國主義、革命事業にたいする献身と英雄主義を表現している。それは廣大な人民を教育し、偉大な平和建設——國家の工業化と社会主義的改造の事業に人民をふるいたたせるうえに大きな役割をはたしている。

ここにあげた映画は解放後つくられ、観衆から熱烈に歓迎された作品のなかの一部である。

←『中華の娘たち』（一九五〇年製作）

←『鋼鉄の戦士』（一九五〇年製作）

←『金銀灘』（一九五三年製作）

6

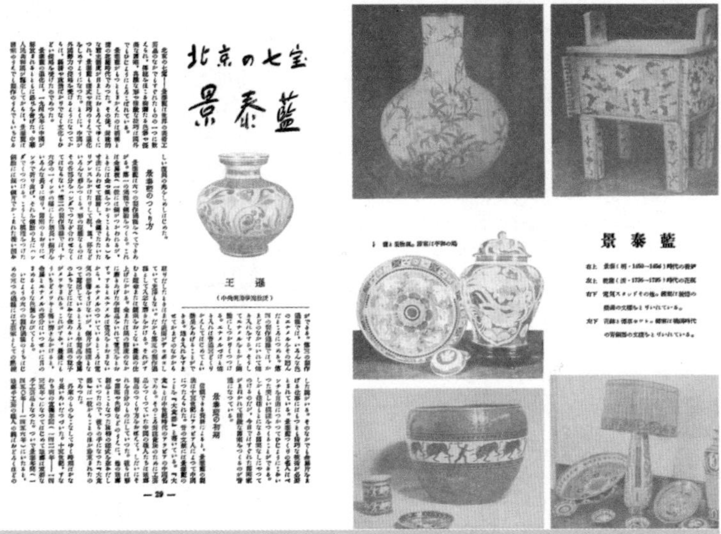

7

1953

1953 年 6 月创刊的《人民中国》（日文版），充分反映了当时的时代背景。创刊号的封面使用了毛主席等党和国家领导人在天安门城楼上接受少先队员献花的照片，增强了刊物的亲和力。中国人民保卫世界和平大会主席郭沫若撰写的发刊词明确提出了《人民中国》的办刊宗旨及杂志定位（1 月号，见图 1）。起初，杂志内容大抵与英文版《人民中国》同步，刊载了大量反映新中国政策与国际评论的文章，以及介绍新中国各方面成就的文章。这一年中令人印象深刻的策划有，反映新中国文艺美术特点的版画作品介绍（3 月号，见图 2），以申纪兰为代表的中国农村妇女活跃参与合作化运动的人物特写（3 月号，见图 3），以及介绍朝鲜战场战况的图集（4 月号，见图 4）、欢送归国日侨的文章（2 月号，见图 5）等。鲜明的评论观点、鲜活的人物形象、新鲜的时事解说构成了这一年杂志版面的亮点。

《中日贸易协定》的签订是前一年的一件大事，7 月号的杂志刊载了全文，还在当期封面上做了醒目的提示（7 月号，见图 6）。“北京的景泰蓝”介绍了这一国宝级工艺的现状，也是为出口贸易做铺垫性宣传（8 月号，见图 7）。

特别值得一提的是，这一年还专门盘点了日后成为新中国电影经典作品的《白毛女》《六号门》《钢铁战士》等优秀电影作品（8 月号，见图 8 ）。不久，《白毛女》就成为首部在日本公开上映的中国电影，而被记载在中日电影交流史上。

8

1954

人民中国

赤いネッカチーフ

劉白羽

李洛英じいさん

——「官廳貯水池を建設した人びと」より——

丁玲

1

水利建設の新しい成果

中央人民政府水利部長 傅作義

永定河の治水工事

淮河のばあい

中國最初の全國的な普通選擧

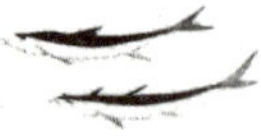

謝覺哉

（中央人民政府内務部部長）

3

『紅樓夢』について
兪平伯
『紅樓夢』に取材した土人形『惜春繪をえがく』 土人形師として全國的に有名な張景祜氏の作
— 43 —

5

北京の今と昔
曹禺
東長安街の一角。左側の建物は最近竣工した北京ホテル。
— 23 —

6

生活と學習と仕事
老舍
カットは執筆中の老舍氏（近影）
— 43 —

7

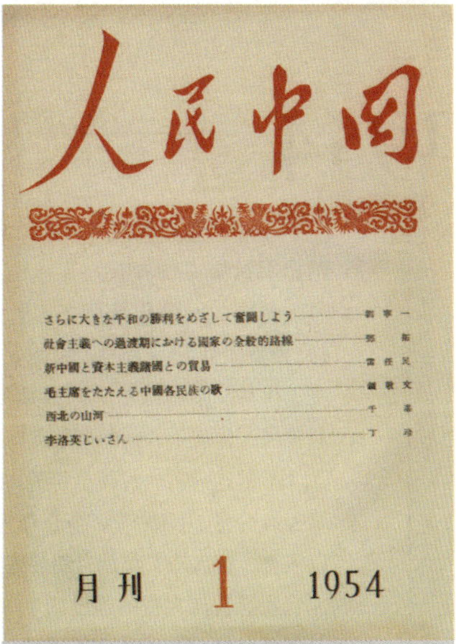
人民中国
さらに大きな平和の勝利をめざして奮闘しよう
社會主義への過渡期における國家の全般的路線　鄧拓
新中國と資本主義諸國との貿易　雷任民
毛主席をたたえる中國各民族の歌
西北の山河
李洛英じいさん　丁玲
月刊 1 1954

8

俞平伯
『紅樓夢』に取材した土人形『惜春絵をえがく』　土人形師として全國的に有名な張景祜氏の作
十八世紀の中國の偉大なリアリズム作家曹雪芹の有名な長篇小説『紅樓夢』の新しい版が、最近出版された。これは新中國の文學界にとって大きな出來事であった。このことは、解放された中國の人民が、自民族の文學上の遺産についてどんなに深い愛着をもっているかを示しているとともに、こうした文學上の遺産にいっそう多くの人びとが親しめるようにするため、どんなに努力しているかということをも示しているのである。
紅樓夢は字数からいっても九十余万字にのぼる大作で、版本として出版される前にすでに寫本として廣く傳えられていた。一七九一年に最初の版本が出てからは、いっそう廣い讀者からもてはやされるようになった。
この作品は、悲劇的な恋愛物語を織りこみながら、十八世紀當時のある封建貴族の大家庭がたどった崩壊の経路をえがいたものである。物語の線の瞭實さといい、描寫のきめのこまかさといい、まさに清朝の支配階級の内幕をうつした一種の名論である。作者自身この貴族階級から出た人で、この階級の生活を知りつくしていたばかりでなく、それに深い苦悶を感じていた。作者が封建貴族の大家庭の崩壊に、時にいたましさと未練を感じながらも、なおはっきりとこの階級の罪悪にみちた、腐敗しきった姿をみきわめることができたのはこのためである。
ものがたりは賈という都に住む封建貴族の大家庭内の出来事としてえがかれている。賈家は先主が、兄弟そろって、皇帝に忠勤をはげんだため世襲の公爵に封ぜられた家柄である。年々所領の田地からどっさり收入があがってくるほかに、朝廷からも折にふれていろんなものを拝領するので、生活はおごり、財力と權勢は飛ぶ鳥をおとすいきおいである。この小説では、先代は二人ともすでに故人となっていて、一家の主人公は兄弟の先代のうちその弟の方の息子の妻、史太夫人——作中では賈母とよばれている——である。彼女の長男賈赦は悪事のかぎりをつくして恥じない男、次男の賈政はエセ君子で役人をしている。賈赦の息子の賈璉は品行のおさまらぬ青年で、その妻の鳳姐は性悪たけた辣腕家で私欲のつよい女である。一方、兄の方の家をついでいるのはその曽孫にあたる賈珍で、まったく堕落した人間である。
ところで、ものがたりの中心人物は、賈政の息子の賈宝玉である。彼には林黛玉といううつくしい利発な従妹がいる。宝玉とちょうどそのころ宝玉の家に住んでいた従妹の黛玉との間には愛情がめばえるが、封建的な家庭のくびきにさまたげられて結婚できない。そればかりか、後には宝玉は騙されて、すこしも愛情を感じていない従姉の薛宝釵と結婚させられてしまう。気の弱い黛玉は傷心のあまり死んでしまい、これを知った宝玉は失望のあまり、出家して僧侶となる。
賈家は悪事をかさねたすえ没落し、賈赦と賈珍は汚職の罪で全家財をさしおさえられ、世襲の爵位を取り上げられる。
紅樓夢は、賈家に巨万の富と權勢をきずかせ、そしてついにはその家庭を崩壊させる原因ともなったあの腐れきった生活をささえていた經濟的基礎——農民にたいする過酷な搾取をバクロしている。第五十三章には、ある凶作の年に、小作人たちが銀二千五百両のほか、豚、鶏、鴨、魚、野菜などを何台もの荷車につんで運んでくるところがあるが、賈珍はこれをみて、『これっぽっちで何の役にたつか』といったり『お前たちからとり
暑さもまだいくぶん残っていて蝉がなきたてているが、窓の外に眼をやるとポプラが風にそよいでいる。外気はちりを洗いおとしたようにさわやかに澄みきっていて、空は海のようにあおあおとしている。遠くの空を二羽の鳩が舞っている。北京はもう初秋である。わたしは原稿用紙をとり出してキチンと机の上におく。何だか楽しい気持である。これから北京——この平和の都、全世界の注目をあびているこの都市について書こうというわけである。
ところで、どんなふうに書いたものだろう? ぞっこん惚れこんでいる場所や人物について書く段になると、えてしてうまい文句が浮かんでこないものである。いったいどんなふうに書けば、あの魅力的な建物を、風景を、人物を、さては四季の花々を、抑揚にとんだ美しい言葉を、楽しい気分を、一人一人の胸に抱かれている理想を……こうした言葉でいいつくせぬ、さまざまな印象をはっきりとつたえることができるというのだろう。北京は言ってみれば宝の山のようなものだ。來た人は手ぶらでは帰らない。みんななにかしら土産になるものをもって帰り、友人や子供たちとも楽しみをわけあうのである。
北京といえば、だれしもまず、ここが八百年の歴史をもつ古都であり、歴代文物の粋をあつめた地であることを思い出すにちがいない。北京に来たからには、どうあっても故宮や頤和園や琉璃廠その他に杖をひくのがならわしである。外国の友人たちにとっては、北京はエキゾチックなアジアの古都である。北京のどの露地にはいってみても、そこには何百年も前の美しい建物があって、飾り窓、石の獅子、扉の把手一つ見ていても、時のたつのを忘れてしまうとまで言う人がいるくらいである。北京にはたしかに人をひきつけるところがある。だが北京の美しい文化の遺跡が真に光をはなちはじめたのは解放後のことである。解放前は、故宮の遺物もあれこれと人にぬすまれ、頤和園はまるで朽ちはてた古寺のように誰からも顧られなかった。解放前は、北京の市民も一升の米をうるために血眼になってあくせくしなければならなかったほどだから、物見遊山どころのさわぎではなかったわけである。わたしは肌を刺す微風にさらされながら、ボロをまとった老人が人力車にすがりついて物乞いをしているのを見たことがある。冬の夜明け前のうす闇のなかを、行きだおれの死体をつんだ荷車が古めかしい城門からでてゆくのを見たこともある。わたしは郊外の清華大学からいつも歩いて市内に行っていた頃のことをいまでもおぼえている。その当時はバスもなければ、バスの通れるような道路もなかった。風が吹くとひどいほこりで木立も何もみえなくなる。木の葉は年中ほこりをかぶっていて、緑の木の葉とは名ばかりのものだった。当時の北京はおしひしがれた北京、暗黒の北京であって、老いさらばえた駱駝のようなのろのろとした足どりであてどもなくさまようていたのだった。
だが、このうちつづく苦しみにみちた日々にも、北京の市民はけっして自己の意志をうしないはしなかった。あのかがやかしい『五四』運動は年老いた北京を、新民主主義革命の揺籃の地に生まれかわらせた。國民党が支配していた頃数千の北京の学生たちは天安門の前に集まって警察の包囲を突破し、『飢餓反対』、『内戦反対』のスローガンを叫んだ……。北京市民の革命的な力は長い歴史の試錬のなかで成長していった。いやしくも北京市民であり、中國人である以上、一九四九年十月一日のあのおごそかな一瞬を、敬愛する毛沢東主席が天安門にたって、中國人民は立ちあがったと宣言したあの時のことをいつまでも忘れることはでき
老舎
カットは執筆中の老舎氏（近影）
わずか五、六千字の文章で、建國いらい五年間にわたしの体験したもの、まなんだもの、得たもの、さてはその間の感想まで一切合財語りつくそうということになると、これはじっさい容易なことではない。
そこでまあ、うち明け話とでもいったような調子で、思いついたことからぽつりぽつり話すことにしよう。体裁のととのった文章というわけにはいかないかも知れないが、そのかわり腹をうちわった話も飛び出して來ないとはかぎらない。万事、眞実の話のほうが体裁よりも大切だ、といったようなわけで、まあ書いてみよう。
この五年間、わたしはかなり物を書いてきた。主として劇の脚本と、それから通俗的な、小さな宣傳文芸物である。わたしはもともと劇は書けない方だった。得意でないことを自分で知っていながら、一体何をすき好んでそんなものを書いたのか。それには、打ちあけた話をしなければならない。演劇というものは、生きた人間が生きた人間を演ずるので、観衆はそれからじかに教育をうけ、ふかい感動と影響をあたえられる。生きた人間が生きた人間を演ずる演劇の目的は、このように、じかに、人間によって人間を教育することである。観衆にじかに接するのだから、その効果もはやいのが道理である。ところで、わたしはこの新しい社会をこの上なく愛しているので、自分の心にさとるところがあれば、それを一刻もはやく他の人たちに知らせたくてたまらなくなる。他の人たちも、心にさとるところがあれば、やはりこの新しい社会をこの上なく愛するようになるからである。こういうわけで、政治的な関心が創作意欲をゆさぶり、わたしとしては能があろうとなかろうと、どうでもこうでも書かずにはいられないのである。
わたしのまず言いたいことは、わたしの眼が開いているかぎり、新しい社会の一切の建設が眼にうつらぬはずはないし、そこから深い感動をうけざるをえないということである。見れば見るほど感動は深まるし、したがって政治的な関心はいやがおうでも高まっていかぬわけにはいかない。目で見るものは事実で、事実は雄弁にまさっている。わたしは人から言われるまでもなく、この新しい社会を愛さないではいられない。新しい社会の人たちは自由で、毎日幸せな日をおくっている。新しい社会の街の通りはきれいで、秩序整然としている。新しい社会の発展は、日進月歩、一日千里をゆく勢がある、等々……。わたしはこうしたものをすべてこの眼で見ているので、ずいぶん感動もし愉快にもなり、また新しい人物や新しい事物を心から愛さぬわけにいかなくなっているのである。わたしに目や心というものがないならともかく、そうでない以上どうして、新しい社会はすばらしい、ほんとうにすばらしい、旧い社会より十倍も百倍もまさっていると言わないでいられよう。書くことだ。——よい事を心のなかにしまったまま黙っているなどということは、到底できるものではない。
それなら物を書くのになにも困難はないかといえば、そうはゆかない。困難はたしかにある。ウソではない。
困難をのりこえ、困難に頭を下げないということは、わたしがこの五年間にこの目で見、はっきりと心にたたみこんだ新しい現象であり、新しい精神である。先にものべたように、新しい社会の発展は一日千里の勢いである。なぜこんなに速いのか? それは労働者、農民、兵士、教授、技師、幹部、すべての人たちが困難をおそれないからである。この精神があればこそ、山を移し海をくつが

武漢揚子江大鉄橋の完成図

中國人民解放軍は積極的に平和建設に參加している。寫眞は鉄道部隊の戰士が漢水鉄橋の工事現場で、潛水の身ごしらえをしているところ。

中國の南北をむすぶ

武漢揚子江大鉄橋

武漢揚子江大鐵橋工の重要な一部分である漢水鐵橋は橋脚工事を終り、いま橋桁の架設にはいつている。揚子江漢橋の着工もまぢかい。

水中工事用の吸水管をつないでいる漢水鉄橋建設現場の労働者たち。

1954

1954 年杂志的内容进一步充实。丁玲撰文《李洛英老大爷》(1 月号，见图 1)、刘白羽撰文《红领巾》(2 月号，见图 2)、谢觉哉撰文《中国首次全国普选》(8 月号，见图 3)、傅作义撰文《水利建设的最新成就》(6 月号，见图 4)、俞平伯撰文《红楼梦研究》(8 月号，见图 5)、曹禺撰文《北京今昔》(9 月号，见图 6)、老舍撰文《生活、学习与工作》(9 月号，见图 7)。重量级名家纷纷撰稿，介绍各行各业的新进展，体现了刊物的高起点与权威性。

不过这一年的封面全年都由文字构成（1 月号，见图 8）。虽然上述名家撰写的文章很有分量，但在视觉冲击力上还是偏弱。封面普遍采用图片的做法到 1955 年才得以恢复，这反映了草创时期的探索与调整。

武汉长江大桥的建设场景（8 月号，见图 9)、“五四宪法”的实施过程、新中国首部彩色舞台艺术片创作完成（11 月号，见图 10）等，来自政治、经济、文化领域的最新成就，以图文并茂的形式得以展现。

←
草橋のほとりで義兄弟の契り
を結ぶ梁山伯（右）と祝英台

父親は英台の哀訴に耳をかさず馬
↓ 家への嫁入をせまつてきかない。

最初の總天然色
舞台記錄映畫

〃梁山伯と祝英台〃

（40頁の記事參照）

傷心の英台をおとずれた山伯。
英台
『……………………………
生きてこの世で添いえずば
死してかの世で添いとげん』

1955 人民中国

『世界の屋根』をゆく
西康・チベット自動車道路

西康・チベット自動車道路（西康省雅安市からチベットのラサまで）は、1950年から東西両区間にわかれて工事がすすめられてきたが、1954年11月ついに完成し12月下旬正式に開通した。この自動車道路はチベット高
そびえる海抜4000～5000メートルの山々をこえ、全長2255キロにおよんでいる。

物資を満載して西康・チベット道路をゆく数百台のトラック隊

自動車道路が出来ると、山間の部落にも新しい家がたちならぶようになつた。

自動車道路の建設にくわわつて功労
たチベット族の人たちが表彰をうけて

怒江の吊橋架設作業。

きりたつ怒江の岸壁に道路をきりひらいてい人民解放軍の戦士たち

自動車道路建設隊のために華東地方から派遣された医療隊が設けた『テント病院

農業生産組合の婦人組合員が圓板ハローをつかつて畑をたがやしている。全郷46の農業生産組合では新式農具のつかい手がすでに100名前後養成されている。

國営農業技術普及ステーションの係員が農業生産組合の畑に来て組合の技術員といつしよに作物のできぐあいを調べている。

農村の新しい生活

互助協同化運動と増産運動によつて農村の姿は日に日にかわつてゆく。四川省新繁縣禾登郷を紹介したこの何枚かの寫眞も中國の新しい農村生活の縮圖といえるであろう。

禾登郷のアマチュア劇団はしよつちゅう芝居や踊りを村の人たちにみせている。

小学校の朝の体操。禾登郷の小学生の数は年々ふえ，1954年には1949年の倍以上になつた。

繁榮に向う中國の少數民族

費孝通

中華人民共和國憲法は、中國の各民族人民の友愛と相互援助、自由と平等の新しい關係を反映している。こうした新しい關係は、各民族人民がながい革命闘争をつうじてかちとつた成果の一つである。

憲法は、われわれの統一された多民族國家の内部での民族關係の基本原則、すなわち各民族は、すべて平等であるというこの原則を規定している。各民族は、すべて自己の言語文字を使用し発展させる自由をもち、自己の風俗習慣を保持しまたは改革する自由をもつている。少數民族がそれぞれ集り住んでいる地方では、地域的自治をおこなうことになつている。憲法は、民族自治地方の自治機關の組織とその活動原則についてもとくに一節を設けてこれを規定している。憲法はさらに、その前文のなかで民族間の團結の維持についてはつきり宣明している。民族間の團結をひきつづき強めてゆくことは、われわれが社会主義社会をりつぱに築きあげてゆくうえでの重要な条件をなすものである。それと同時に、各少數民族の発展の水準が一様でないので、國家は経済建設と文化建設をおこなつてゆく線上では、各民族の必要とするところに配慮をくわえ、社会主義的改造の問題では、各民族の発展の特徴に充分な注意をはらうことを憲法は規定している。

このような憲法は、民族を圧迫する制度のまつたくなくなつた國家であつてこそ、はじめて出現が可能なのである。國内で支配的地位をしめている搾取階級が、他の民族を征服し圧迫することによつて利益をえている間は、民族間の矛盾と衝突をなくすことはまつたく不可能であり、民族の平等を実現することも不可能である。われわれの國家が、労働者階級の指導する、労農同盟を基礎とした人民民主主義國家であればこそ、國内における民族問題を徹底的に解決し、平等にして自由な大家庭をうちたてる道を前進することが出来るのである。

多くの少數民族

中國の各民族のなかで、人口のもつとも多いのは漢族で、全人口の九四パーセント以上をしめているが、このほかになお數十の民族がおり、その人口數が比較的少ないので、これらをひつくるめて少數民族とよんでいる。全國にいる少數民族の人口總數は三千五百万人あまりで、そのうち人口百万以上のものは、蒙古族、回族、チベット族、ウイグル族、苗（ミャオ）族、彝（イ）族、僮（チワン）族、佈依（プイ）族、朝鮮族、満州族の十民族で、そのうち僮族の數がもつとも多く、六百六十万あまりいる。人口のすくない民族としては、たとえば、中國の東北部の大興安嶺と小興安嶺の森林中に住んでいるオロチョン族があり、その人口は二千人あまりにすぎない。

これらの少數民族は、過去において多かれ少なかれ、すべて旧中國の反動支配者の圧迫を受けてきており、ある少數民族のうけた圧迫はきわめて苛酷なものがあつた。このため、たとえば貴州の苗族は、過去數百年の間、三十年から六十年に一度はかならず漢民族の支配に反対する烈しい暴動を起したといまだに言い傳えられている。とくに最後の暴動はきわめて大がかりなものであつたため、國民党反動派のあわて方はひじょうなもので、ついには飛行機まで出動させて、なんの罪もない人民を殺傷し、多くの村落を廃墟にしてしまい、數しれぬ死傷を出させた。

反動支配者は、人民からいろいろな名目で血税をとりたてたり、人民にただ働きを強制したばかりでなく、さらに不等價交換をおしつけ、原皮や羊毛、タバコ、薬材など少數民族地区の特産品を極度に安い値段で買集めると同時に、彼らは少數民族の生活必需品の販賣を一手に握つていたため、多くの地区の少數民族人民は、塩や茶を口にすることも出来ねば、鉄でつくつた生産用具を手に入れることも出来ないというような状態におとしいれられていた。

少數民族は、大部分が農業をいとなんでおり、なかには牧畜業に従事している者もあつて、ほとんどが経済的に立ちおくれている。一部の少數民族——たとえば雲南の佧佤（カワ）族、廣西の瑤（ヤオ）族、海南島の黎（リ）族などは、さいきんまで殆んどがきわめて原始的な耕作方法をとつて居り、季を保つことも、肥

新中國の勞働者の生活

工場のひけどき

上海の労働者住宅区にある協同組合の食堂

大連療養院の一角

さあ、おうちへかえりましょう

北京市の業余芸術学校で絵を学ぶ労働者たち

國営新疆石油会社の従業員宿舎

中日両國の正常関係を回復しなければならない

荘濤

中華人民共和國の中國漁業協會と日本國の日中漁業協議會との
中日漁業會談に關する共同聲明

一九五五年四月十五日

中日漁業團體、協定に調印

5

6

高い藝術と深い友誼
——日本の歌舞伎を迎えて——

歐陽予倩

『二人道成寺』の花笠踊　陳依範 画

歌舞伎團の人びとを招待した中國文連主催の座談会。左端が本文の筆者歐陽予倩氏。

『勧進帳』の人物スケッチ　張光宇 画

中國で上映された
外國映畫

洪遒

8

名誉

陸文夫

— 44 —

9

北京市人民政府新聞出版處期刊登記證出版字第一二〇號
一九五五年四月五日発行（毎月一回五日発行）

定價三〇円

學校がひけて（版畫） 林 軍 作

10

1955

这一年杂志版面上令人印象深刻的是反映新中国建设和社会生活的黑白画页与文章。不论是《康藏公路建设》（1月号，见图1），还是《农村新生活》（1月号，见图2），《新中国工人的日常生活》（6月号，见图3）等画页，都为今天的我们留下了当年的生活细节和宝贵的时代记录。社会学、民族学家费孝通撰文的《欣欣向荣的中国少数民族》（7月号，见图4）介绍了新中国的民族政策和少数民族的新生活。

署名“庄涛”的评论《必须恢复中日两国正常关系》，是释放谋求邦交正常化的最初信号（10月号，见图5）；《中日渔业团体协定签订》的报道则透露了富有成效的民间交流的最新进展（6月号，见图6）。

在文化交流方面，欧阳予倩撰文的《高雅的艺术，深厚的友谊》对歌舞伎访华作出了高度评价（12月号，见图7）；《中国上映的外国电影》一文中专门使用了一张反映当时电影院门前海报展板的图片，可以窥见当年日本进步电影《不，我们要活下去》在中国上映时的情况（3月号，见图8）。

此外，陆文夫的短篇小说《名誉》（6月号，见图9）、林军反映少数民族生活的版画作品《放学以后》（4月号，见图10）都为读者送去了清新的文艺气息。

瀋 陽 特 別 軍 事 法 廷

日本戦争犯罪者の裁判

1942年、鈴木啓久の部隊は河北省灤縣潘家戴莊で大虐殺をおこなつた。そのとき重傷をおい、九死に一生をえた周樹恩さんが証人として法廷にたつた。

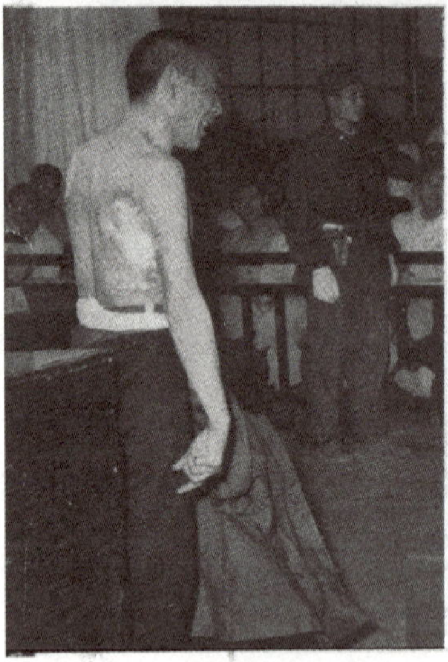

6月に瀋陽と太原でひらかれた中華人民共和國最高人民法院特別軍事法廷は鈴木啓久、富永順太郎、城野宏ら17名の日本戦爭犯罪者にたいして裁判をおこない、全國人民代表大会常務委員会のさだめた寬大政策にもとづいて、それぞれに有期の禁固刑を言い渡した。

右中　法廷における鈴木啓久ら8名の日本戰爭犯罪者。前列右から鈴木啓久、藤田茂、上坂勝、佐佐眞之助。後列右から長島勤、榊原秀夫、鵜野晉太郎、船木健次郎。

右下　被告のために弁護している指定弁護人の徐平氏（立つている人）

座談会

見本市を日本で開いて

出席者　鍾永萱（重工業労働者）　劉愛悌（粗紡労働者）
倪立成（機械工）　朱世偵（通訳）
丁福珍（精紡労働者）　（発言順）
陳振明（即売係）
張子泉（展覧係）　参加　本誌編集部

所・北京
時・一九五六年二月

本誌編集部　去年日本でひらいた中國見本市は、中日友好のうえからいって、ひじょうによろこばしいことでした。二ヵ月たらずの展覧期間に、二百万にちかい方々から観てもらったんですから、なんといっても、両國の貿易を促進し、両國民相互の理解と友誼を深めるうえに、ひじょうに大きな役割をはたしたものといえます。ここにお集りねがった皆さんは、こんどの見本市で日本にゆかれ、日本の方々のあたたかい氣持にじかにふれてこられ、また日本のいろんな方面の実情をもみてこられたわけで、この点、ひじょうに貴重な、えがたい経験をされたわけです。で、今日はいろんな経験や感想を話し合って頂きたいとおもいます。

まず最初に、日本に出かけられることになったときの氣持といったようなものについて話して頂きたいのですが、どなたかひとつ皮切りをして下さい。

鍾永萱　ぼくは東北の鞍山鋼鉄公司の大型圧延工場で働いている者です。ある日、工場長がとつぜんぼくをよんで、見本市の重工業製品の展覧係として日本にゆくようにとい

ぼくたちと日本とのあいだにはあまり愉快でない關係がむかしあったわけです。しかし解放後、あれは日本國民のあやまちではない。日本の軍國主義者が侵略しなければ、中國と日本はぜったいに戦争などしない間柄だということがだんだんわかってきました。そのうえ、もう十年もたって、いぜんとは事情がちがっているんです。中國は独立し、もうその國からあなどられるようなこともなくなりましたが、日本國民のほうは、いろんな点で、解放まえのわたしたちとよくにた境遇におかれるようになりました。それをおもうと、日本國民に同情しないわけにゆかず、しぜんに両國の親善をのぞむようになるんです。ぼくのような普通の中國人が日本にゆけるようになったのは、両國の往来がひんぱんになった証拠ですが、こうしたことが今後もつづけば、中日両國の関係もいつかは正常なものになるにちがいないです。子供たちが隣り同士でゆききしておれば、親たちもそのうちに親しくなるのとおなじです。

倪立成　わたしは上海の一機

— 19 —

2

日本商品展覧会をみて

林戊蓀

盛大な開幕式

十月六日、土曜日。この日の午後、北京市の西郊にあるソ同盟展覧館のまえの広場は、いつもとちがった光景を呈している。広場の周囲には、中日両国の国旗が風になびいている。広場をめざして、乗用車と自転車と人の群がおしよせてくる。まちにまった日本商品展覧会の開幕式が今日ここでひらかれようとしているのだ。

日本商品展覧会の会場にあてられたソ同盟展覧館は、二年まえにできた美しい建物で、これまでにも両国やチエコスロヴアキアの経済・文化建設の成果をしめす大展覧会をはじめいろんな展覧会がここで催されてきた。展覧館の表玄関の上部には緑の大文字で『日本商品展覧会』とあり、そこには中日両国の国旗が飾られている。入口の両側には金文字で書いたふたつのスローガンが輝いている。中日両国人民の友誼万歳！　中日両国の経済、貿易関係をいっそう発展させよう！　表玄関を中心に、ゆるい弧をえがいて左右にならんだ列柱には、富士山や五重の塔など日本の美しい風景をえがいた丸額がかかって、会場前面に、いかにも日本的な色彩をうちだしている。

開幕式は、ひじょうに盛大だった。まず日本の国歌が奏され、つづいて中国の国歌が奏される。国歌の吹奏が終ると、展覧会総裁、日本国際貿易促進協会会長村田省蔵氏の開幕のことば。つづいて、中国国際貿易促進委員会主席南漢宸氏、中国対外貿易部部長葉季壮氏その他名士の挨拶がある。最後に彭真北京市長が会場入口のテープを切ると、嵐のような拍手がわく。そして五千余の来賓が潮のように館内にすすみ、大広間や露天広場に陳列された展示品のまわりをとりまく。

こうして展覧会の初日がはじまり、そしてその日が暮れていった。だが、観衆は帰ろうともせず、電燈のついた場内をあちこち熱心にみてまわっている。そして大広間ではまだ機械の回転音がなりつづけている。その機械のまわりでは、日本人の係員から観衆たちが説明を聞いている。もしもし、工作機械のカタログがあったらくれませんか、これはどこかの工場からやってきた技師とみえる。むこうへゆくと、ガラス・ケースにおさめた、『人形』を指さしながら、これは日本の婦人が中国の婦人におくったものです、と手まねで日本の婦人係員が説明している。べつのところでは二人の若い家庭婦人が電気ミシンの使い方を聞いている。おもちゃのまわりでは、子供たちが、明るい笑い声をたてている。

来賓案内係の係員は、こんなに大勢の人が開幕式に参列して下さるとは考えてもいなかったと、いかにもうれしそうにわたしに語った。それから、さっき毛沢東主席がこちらにみえましてね、くわしく展示品をみてくださったですよ。そしてわたしたち係りの者とも握手してくださった。それから毛主席はね、日本人民はえらい。誰もこのような人民を圧迫することはできないと言われましたよ。来賓案内係のこの日本青年の言葉に、わたしはひとつひとつうなずいていた。

全都の人気をさらう

展覧会は北京の人気をさらった。開場第二日目の日曜日は一日時雨がつづいたが、客足は一向おとろえをみせず参観者の数は八万五千人にたっした。その後も参観者の数はまいにち六、七万を下らず、二度目の日曜日など、十二万五千という入りであった。

まいにち会場の前には朝早くから人がつめかけ、時にはどこまでつづいているのかと思うほどの長い列をつくった。その列のなかには労働者もいれば、技術者もおり、政府機関の職員、農業生産協同

— 39 —

3

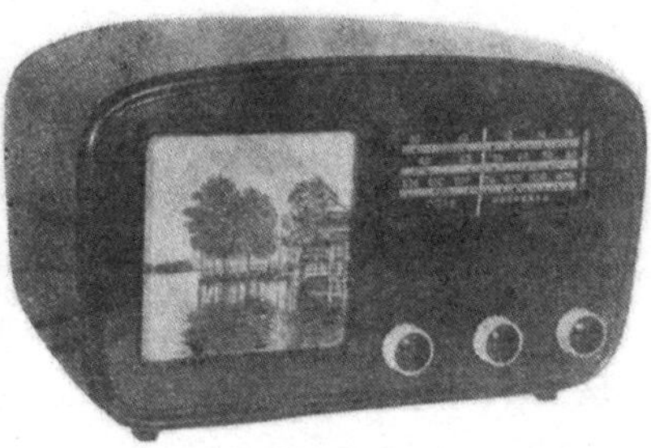

紅星ラジオ

新しい中国の製品

いま、中国では、一般労働者や職員の家庭にラジオの受信器がどんどん普及している。なかでも国産の『紅星』五球受信器は聴取者からもっともよろこばれているものの一つである。この受信器は、三つの波長をそなえ、感度もひじょうによく、世界各国の放送をきくことができる。この受信器の部分品は電子管をふくめて、ぜんぶ中国で製造されたものだ。

この種のラジオ受信器は、すでに輸出されはじめた。最近では、上海からシリア、レバノン、マライ、シンガポール、タイ、ニジエリアなどへぞくぞくとおくりだされている。

4

日本訪問の想い出

翦伯贊

— 15 —

5

対談

歌舞伎と京劇

市川猿之助
梅蘭芳
司会
中村翫右衛門

所・北京　時・一九五五年十月

— 13 —

6

1956

《审判日本战争罪犯》是一篇图文并茂的重头报道，讲述了当时在沈阳和太原两地审判日本战争罪犯的情况，在日本引起强烈反响（8 月号，见图 1）。

同时，两国的民间贸易在这一年有了新进展，《在日本举办中国产品样品市集》中介绍了中日人士以座谈会形式展开讨论的情况（4 月号，见图 2）；还刊发了林戊荪在北京展览馆采访之后撰写的《日本商品展览会观感》（12 月号，见图 3）。一个反映当时中日贸易有趣的细节是，这一年还刊登了一个试图打开日本市场的豆腐块广告《新中国产品——红星收音机》（10 月号，见图 4）。

文化交流方面，历史学家翦伯赞撰文《访日畅想》，回忆了自己作为中国访日科学代表团成员随郭沫若在日本逗留三周的见闻（4 月号，见图 5）。上一年 10 月在北京举行的京剧大师梅兰芳与歌舞伎大师市川猿之助的对谈，反映了两国国剧大师对传统戏剧交流的热盼（1 月号，见图 6）。这一年 4 月在北京图书馆举办的“日本出版物展览会”引发了首都出版界及文化界人士对日本出版现状的关注（6 月号，见图 7）。

在编辑形式上的创新体现在以彩色特写图片做封面介绍京剧大师梅兰芳的表演艺术（5 月号，见图 8），以及刊载日本著名俳句诗人中村汀女在中国各地访问后写下的俳句作品（12 月号，见图 9）。这是俳句作品首次出现在《人民中国》。

中國だより

日本出版物展覧会

四月上旬、北京図書館で「日本出版物展覧会」がひらかれ、首都の出版界や文化関係者の注目をあつめた。

会場には、この数年間に日本で出版された社会科学、自然科学関係の書籍をはじめ科学雑誌など五千冊あまりが展示された。これらの書籍、雑誌は、一昨年の冬中國赤十字社代表團が日本を訪れたさい、日本の出版界がわが國に寄贈したものと、昨年ナウカ株式会社がわが國におくつたものとからなり、展覧会も、寄贈者たるアジア文化交流出版会、ナウカ株式会社、日本医書出版協会の希望によつてひらかれたものである。会場の入口に、毛主席の「新民主主義論」のなかの言葉を記した屏風が立つている。「中國は外國の進歩した文化をどしどし吸収して自己の文化の糧としなければならない。……今日われわれに役立つものは、すべて吸收しなければならない。」

展示された各部門の書籍雑誌のなかで、いちばん大きな分量を占めていたのは医学書と医学雑誌の千七百余冊であつた。漢方医学研究院の張文杰氏は、参観後、会場備え付けの感想簿にこう書いている。「ここに展示されている多くの医学書は、わたしたち医学を学んでいるものにとつて、研究の上でも講義の上でもひじょうによい参考書になります。できるならここにある医学書を全部北京図書館で保管するようにしていただきたい。」自然科学や農学関係の新刊書にも参考になるものが多い。文学書には志賀直哉、谷崎潤一郎、廣津和郎、小林多喜二、宮本百合子、徳永直、野間宏などの作品がある。美術出版物としては、日本の名画や古美術を紹介したもの、その他多くの豪華本が陳列されてある。展示された学術雑誌は種類がひじょうに多く、医学関係の雑誌をふくめて五百種をこえている。雪に関する研究には「雪氷」という専門の雑誌があるという具合で、日本における科学研究のはばのひろさを如実に物語つている。今度の展覧会は、日本の出版界が外國文化の紹介にも大きな力をそそいでいることをはつきり示している。会場にはマルクス・レーニン主義の古典的著作や「毛沢東選集」、「劉少奇著作集」その他が展示され、世界各國の文学作品の訳本も多数展示されている。中國文学関係では、李白、杜甫についての研究書、「郭沫若詩集」、「白毛女」、「雷雨」、「龍鬚溝」などがある。とくに注目されたのは、京都大学人文科学研究所の研究報告「天工開物の研究」であつた。「天工開物」はわが國の技術史上にすぐれた價値をもつ書物であるが、日本の学界でも技術研究の貴重な資料としてとりあげていることがわかつた。

展覧会はわが國の出版関係者も多数参観し、印刷や装幀などについて入念にしらべて参考に供した。そして日本の出版界の業績に見るべきものがあり、独特の長所があることを発見してふかい感銘をえた。

（周霖）

7

8

並木の都

中村汀女

深圳にて

蜻蛉の影踏む橋を入国す

車窓の景見飽かず　六句

一列に家鴨も出向く朝曇
青バナナずしりと垂れし秋暑かな
足あとや赭土の沼暑に涸れて
秋蝶に蓮田干割るる野の日和

家まばらに川べりの村賑ふは祭礼らし

サーカスや秋の濁流急ぎ去り

たまたま水黄く走れる船影にやうやくこの国に入る思ひ深し

秋江の帆のためらはず進む方

漢口に揚子江架橋を見る　二句

石刻む手つきの馴れに秋日差
どの音も石切る大河秋寂と

国慶節に参列　四句

よろこびの先づ若人の朝の声
秋袷旅人われも心急き
祝砲のどどと秋雨傘揃ふ
まのあたり秋雨圧する歓呼かな

その夜の焔火

笛吹くよ花火は轟きんともせずに
天壇の敷石すみれ返り咲き
鵲に森閑さびし琉璃瓦

この国に来て石榴の美しさを知る

紫金城今年の紅の石榴照る

いささかの買物すれば町親し

白胡麻をまぶして白き菓子買はな
さま変る柿甘かりし旅愁かな

並木の町北京は美しくをりから働く人たちの帰るに会ふ

工人服褪せて清潔秋入日

若き人等の藍衣ばかりは少しさびし

秋風やわづかに紅きハンカチフ

八達嶺　四句

柿胡桃山塊眉に迫りつつ
秋草のらくだ流し目旅われに
行くほどに長城しかと秋日満つ

嶺の上の静かさよ

山巓のみないきいきと晝の虫

官廳ダム見学　八句

西直門駅に朝霧濃ふ

朝寒の道向日葵の一と並び
朝霧や白松すでに陽を得つつ

康荘站に下車多し

旅の荷の赤き布團の漢たち
嬰児泣く汽車や秋山深く行く
草紅葉ぬつと岩山聳つくる
岩山の野菊一と色驢馬に扱
石の荷の頭を振る驢馬に秋日和
山峨々と草の実飛ばすダムの波

金魚洞のみは覚えたり

溝掘れば溝に遊ぶ子秋の暮

晴れし日々の静かさ、古きよき都北京を去らんとす。ホテル窓外ひそかに親しみし家々にも冬支度あるを見る。

朱を見せて塗りこめし壁に落葉する
庭庭のまた裏庭に槐落葉

— 42 —

— 43 —

9

1957

人民中国

日本の皆さまへ

—新年のご挨拶にかえて—

謝冰心

— 8 —

1

速かに 中日間の経済・貿易関係を正常化させよう

中国国際貿易促進委員会副主席　雷任民

— 13 —

2

座談会

北京と上海で日商展をひらいて

出席者（発言順）

押川俊夫（日商展出品部長　中日貿易会事務局次長）

齋藤　誠（池貝鉄工製作所）

眞田　實（オーエム紡機株式会社）

佐藤元俊（日商展テレビ担当）

永見窈子（日商展通　日本国際貿易促進協会）

和田喜次郎（第一通商株式会社）

参加　本誌編集部

所　上海

時　1956年12月15日

れ、さらにまた、上海で開催されていますが、昨年中国の見本市が日本で歓迎されましたように、日商展もこのたびひじょうな人気をよび、大成功だったと思います。これを機として、中日両国の貿易関係は、こんごいっそう発展し、両国民の理解と友情もますます深まり、強固になるものと信じます。

みなさんはこのたび、北京から上海まで、ずっと展覧会のお仕事をされ、いろんな面で中国の人たちと接触しておられますので、御感想が多々あると存じます。そこで、今日、みなさまに、展覧会をめぐる御感想や中日貿易のこんごの見通しなどについていろいろお話していただきたいと思い、お集りをお願いしましたところ、ご多忙中にもかかわらず、ところよくお引き受け下さいまして、まことにありがとうございます。「人民中国」編集部を代表して、あつく感謝いたします。

座談会の司会は私たちがつとめるよりも、みなさんのなかのどなたかお一人に、それも日商展の状況を全面的によく御存知の方におねがいするのがいちばんいたします。

押川　北京の展覧会が大成功でしたが、こんどは上海で展覧会をひらき、これも会期のなかばをすぎたいま、もう九十万以上の人にみてもらっているともいます。

これまでにはみなさんいろんな経験をつまれたと思うんですが、ひとつその経験なり感想なりを話すことにしてはどうでしようか。

齋藤　えー、これは感想ですがね、北京では、そうとう、ま、苦労をしたわけですけれど、中国の人たちが、ひじょうに規律正しい生活になれていてですね、そのまじめさには、じつにぼくたちは心をうたれるものがあったですね。たとえば力仕事をやったようなばあいには、疲れたから一服しようじゃないかと、ぼくたちよくやるんですが、あそこのモスクワレストランにちょっとコーヒーのみにいったりね。ところが中国の人たちは、こちらで誘っても仕事中にはゆかないですね。ここらあたりはですね、ま、ひじょうに規律正しい作業をやっているという感じを深くしましたで

— 17 —

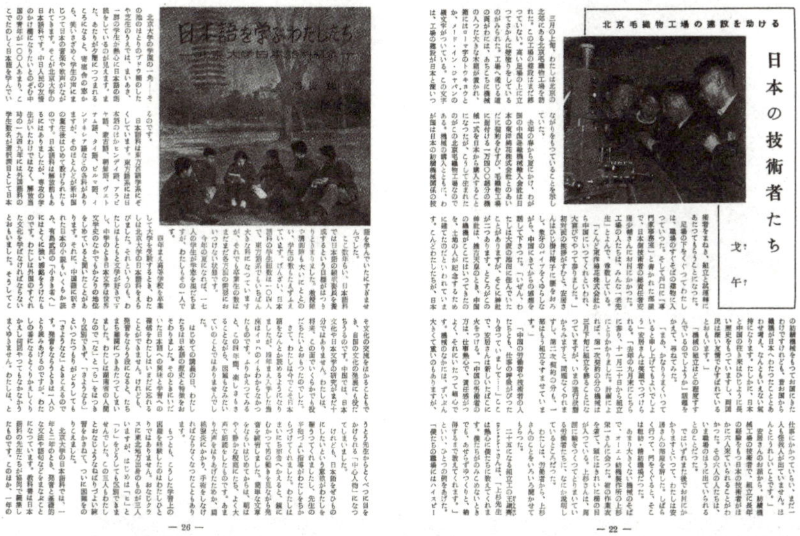

北京毛織物工場の建設を助ける

日本の技術者たち

戈午

三月の上旬、わたしは北京の北郊にある北京毛織物工場を訪れた。この工場の建設はまだ終っていない。高い足場の上に立ってさかんに壁塗りをしているのがみられた。工場へ通じる道の両がわには、あちこちに機械の入った大きな木箱が置かれ、箱にはローマ字のトウキョウとか、メード・イン・ジャパンの横文字がついている。この文字は、工場の建設が日本と深いつながりをもっていることを示していた。

去年の春から夏にかけ、わが国の中国逸載機械輸入会社は日本の東洋綿花株式会社とのあいだに契約をむすび、毛織物工場に据付ける一万四〇〇錘分の機械一式を日本から購入することになったが、こうして生まれたのがこの北京毛織物工場なのである。機械の購入とともに、わが国は日本の紡績機械関係の技術者をまねき、組立と試運轉にあたってもらうことになった。

足場の下をくぐってわたしは、職場のすぐそばの建物に入っていった。そして戸口に「專門家事務室」と書かれた部屋で、日本側技術者の総責任者安居少輔さんにお目にかかった。工場の人たちは、みんな「老先生」とよんで、尊敬している。

「こんど東洋綿花株式会社から中国にいってくれといわれ、大喜びでやって参りました。」初対面の挨拶がすむと、安居さんはひじ掛け椅子に腰をおろし、象牙のパイプをくゆらしながら、中国にきてからの感想を話して下さった。「いぜん、わたしは大阪の池田に住んでいたことがありますが、そこに神社が二つあります。ところがこの神社は、推古天皇のとき、中国の織機がここにはいってきたのを、土地の人が記念するために建てたのだといわれています。こんどわたしたちが、日本の紡績機械をもってお国にきたわけですけれども、昔お国から織機が日本へわたったこととあわせ考え、なんともいえない気持になります。たしかに、日本と中国の往き来はひじょうに長い歴史をもっていますし、両国民は深い友情でむすばれているとおもいます。」

「機械の組立はどの程度すすんでいるのでしょうか」話題をかえて、尋ねてみた。

「まあ、かなりうまくいっていると申し上げてもよいでしょう」安居さんは笑顔でつづけられる。「去年の九月末にこちらに参り、十一月二十日から組立にとりかかりました。計画によれば、第一次契約の分の機械は三月下旬に組立を終ることになっていますが、いまの進行状態からみますと、問題なくやれますし、第二次契約の分も、一部はもう組立をすませています。」

「中国の労働者や技術者の人たちとも、仕事の呼吸がぴったり合っていまして……」ここで、安居さんは新しいたばこに火をつける。「中国の労働者の方は、仕事熱心で、責任感がつよく、それにいたって細心です。機械のなかには、ずいぶん大きくて重いのもありますが、仕事にかかっていらい、まだ一人も怪我人が出ていません。ほんとにうれしいことです。」

安居さんのお話から、紡績機械工場の技術者で、組立に長年の経験をもつ日本の技術者がほかに六人来ていられることがわかった。その六人の人たちは、いま職場のほうに出ていられるとのことだった。

ではいずれまた後でお目にかかりますといって、わたしは安居さんの部屋を辞した。しばらく行って、門をくぐると、そこは粗紡・精紡職場だった。

あまり大きくない機械のそばで、オーエム紡機製作所の上杉栄一さんに会った。紺の作業衣を着て、頭にはきれいに櫛の目が入っている。上杉さんは、周囲に輪をつくってとりまいている労働者たちに、なにか説明しているところだった。

わたしは、労働者から、上杉さんのことをいろいろ聞かせてもらった。

二十五になる組立工の王鉄斎さんは、「上杉先生は熱心に僕たちに教えてくれます。僕たちがのみこめないときでも、あせらずゆっくりと、納得するまで教えてくれます。」といい、ひとつの例をあげた。「僕たちの職場にはハイスピー

— 22 —

日本語を学ぶわたしたち

北京大学の学園の一角——その池のほとりのブドウ棚のしたや芝生のうえでは、まいあさ、一群の学生が熱心に日本語の朗読をしているのが見えます。また、あたりが夕闇につつまれるころになると、寄宿舎の窓から、笑いさざめく学生の声にまじって日本の音楽や歌声がながれてきます。そこが北京大学の日本語科です。中日人民の友情のかけ橋になりたいとのぞむ中国の青年が一〇〇人あまり、ここでたのしく日本語を学んでいるのです。

日本語科は東方言語学系にぞくしています。東方語系には日本語のほかヒンディ語、アラビヤ語、蒙古語、朝鮮語、ヴェトナム語、タイ語、ビルマ語、インドネシア語などの各科がありますが、そのほとんどが新中国の誕生後はじめて設けられたものです。日本語科は解放前もあるにはありましたが、専攻の学生がいたわけではなく、解放当時の一九四九年には外国語科の学生数名が選択課目として日本語を学んでいたにすぎませんでした。

ここ数年らい、日本語科では日本語の翻訳要員を養成するという目標がはっきりときまりました。教授陣や講師陣も大いにととのい、学生の数もたえずふえています。げんざい、日本語科の学生総数は一〇四人で、東方語系でもいちばん大きな科になっていますが、それでも卒業生の数はまだまだ各方面の需要においつけない状態です。

今年の夏になれば、一七人の学生が学窓を巣だちますが、わたしもその一人です。

四年まえ高等学校を卒業して大学を受験するとき、わたしは北京大学の日本語科をえらびました。それというのも、わたしはもともと文学が好きですし、中学のとき日本文学は世界文学史のなかでもかなりの地位をしめていると聞いたことがあります。それに、中国語に訳された日本の小説もいくらか読み、有島武郎の「小さき者へ」にはとくに強い感銘をうけたものです。わたしは外国のすぐれた文化を学ばなければならないとおもいました。そうしてこそ文化の交流をはかることもでき、自国の文化の発展にも役だちうるのです。中国では、日本文化や日本文学の研究がまだ十分ではありません。わたしは、将来、この面でいくらかでも役だちたいとおもったのでした。

さて、わたしは今でこそ日本語をなんとか読めるようになりましたが、四年まえ入学した当時はイロハのイもわからなかったものです。ふりかえってみると、この四年間、楽しさもさることながら、困難もなみたいていのことではありませんでした。

はじめての講義の日、わたしたちは日本語の歴史と特徴をおそわりました。そのときにいだいた日本語への興味と学習への確信をわたしはいまだに忘れることができません。けれども、発音をならう段になると、たちまち難関につきあたってしまいました。わたしは湖南省の人間なので「な」と「ら」をはっきり区別できず、「さようなら」といったつもりがどうしても「さようなな」ときこえるのです。発音をならうときは一人ひとり読みあげるのですが、わたしの番になるとくりかえしくりかえし何回やってもなかなかうまくゆきません。わたしは、とうとう先生からとくべつに目をかけられる「中心人物」になってしまいました。

けれども、日本語をぜひものにしたいという意欲がわたしを鞭うってくれましたし、先生の辛抱づよい指導がわたしをちからづけてくれました。わたしはまいにち宿舎へかえると、鏡にむかって舌の動きを見ながら発音を練習しました。簡単な文章をならいはじめてからは、朝はやく静かな校庭にたち、よく大声で朗読をしたものです。あまり大声をはりあげたためか、扁桃腺炎にかかり、手術をしなければならなくなったこともあります。

もっとも、こうした学習上の困難を経験したのはわたしひとりではありません。おなじクラスに東北地方出身のものが三人いますが、はじめは「ヒ」と「シ」をどうしても区別できませんでした。この三人もわたしとおなじようなねばりづよい練習をかさねて、ついに困難をのりこえました。

北京大学の日本語科では、一年と二年のとき、発音と基礎的な文法や語句などをまなぶことになっています。教科書は日本語科の先生たちが協同で編集したものです。このほか、一年の

— 26 —

4

5

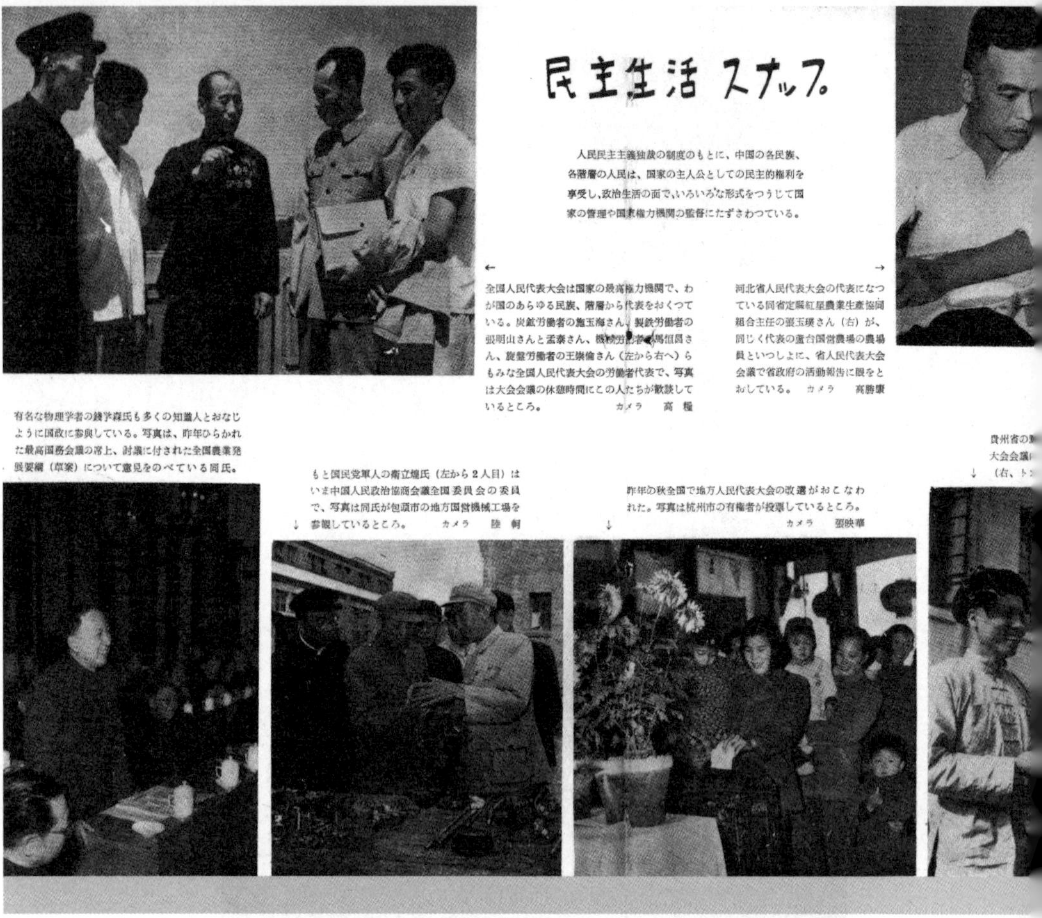
民主生活スナップ

人民民主主義独裁の制度のもとに、中国の各民族、各階層の人民は、国家の主人公としての民主的権利を享受し、政治生活の面で、いろいろな形式をつうじて国家の管理や国家権力機関の監督にたずさわつている。

← 全国人民代表大会は国家の最高権力機関で、わが国のあらゆる民族、階層から代表をおくつている。炭鉱労働者の施玉海さん、製鉄労働者の張明山さんと孟泰さん、機械労働者の馬恒昌さん、旋盤労働者の王崇倫さん（左から右へ）らもみな全国人民代表大会の労働者代表で、写真は大会会議の休憩時間にこの人たちが歓談しているところ。　カメラ　高　樞

→ 河北省人民代表大会の代表になつている同省定県紅星農業生産協同組合主任の張玉瑛さん（右）が、同じく代表の蘆台国営農場の農場員といつしよに、省人民代表大会会議で省政府の活動報告に眼をとおしている。　カメラ　高勝康

有名な物理学者の銭学森氏も多くの知識人とおなじように国政に参与している。写真は、昨年ひらかれた最高国務会議の席上、討議に付された全国農業発展要綱（草案）について意見をのべている同氏。

もと国民党軍人の衛立煌氏（左から2人目）はいま中国人民政治協商会議全国委員会の委員で、写真は同氏が包頭市の地方国営機械工場を参観しているところ。　カメラ　陸　軻 ↓

昨年の秋全国で地方人民代表大会の改選がおこなわれた。写真は杭州市の有権者が投票しているところ。　カメラ　張映華 ↓

1957

这一年的新年号上刊登了女作家冰心的新年贺词（1月号，见图1）。冰心与日本有很深的交往，也享有一定的知名度。她的新年贺词进一步为《人民中国》赢得了各界读者的好感。

中国国际贸易促进委员会副主席雷任民撰文《迅速实现中日经贸关系正常化》引发积极反响（1月号，见图2）。就前一年在北京、上海两地举办的日本商品展举行的中日人士深度座谈，反映了在1957年对中日经贸关系发展的进一步期待（2月号，见图3）。《援助北京毛纺厂建设的日本技术专家》《北京大学日语专业学生的日常》等报道介绍了不断深化的技术交流与人才培养（5月号，见图4）。

在前一年彩色封面改革的基础上，这一年的封面聚焦在少数民族新生活上（4月号，见图5），也进一步赢得了读者的好感。《民主生活采风》（5月号，见图6）、《中国登山队登顶贡嘎峰》（9月号，见图7）等画页直观地向读者展现了人民当家作主、中国社会进步、文体事业发展的新面貌。

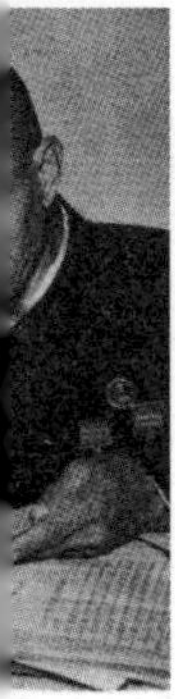

民代表
英さん
オ族)

6

ガンガ山の登頂に成功

中華全国総工会が組織したガンガ（貢嘎）登頂隊はさる6月13日、四川省内にある海抜7590メートルのガンガ山を征服した。その日の午後1時、史占春隊長ほか5名の隊員は土地のチベット人が〝山の王〟とよんでいるガンガ山の頂上をきわめ、わが国の登山史に新たな一頁をつけくわえた。

←
ガンガ頂上にあがる凱歌
カメラ　史占春

→
キャンプ
カメラ
張赫嵩

ンガ山の遠望
カメラ　張赫嵩

→
80度の傾斜をもった雪の尾根を前進
カメラ　張赫嵩

7

——中国と日本の「白毛女」——

対談

松山樹子
王　昆

参加

本誌編集部

1958年3月

松山樹子

王　昆

編集部　今日は「人民中国」のためにお二人の対談をお願いすることになりましたが、松山さんはバレエ「白毛女」の公演その他いろいろお忙しいなかを御出席下さいまして、まことにありがとうございました。また王昆（ワン・クン）さんはなにかお加減がわるいということをお聞きしていましたが、御出席下さいましてありがとうございます。

松山　北京の滞在期間が十何日しかなくて、スケジュールがいっぱいつまっているもんですから、こんなにお待たせして、大変申し訳ありません。

王昆　いいえかまいませんのよ。スケジュールがつまってお忙しいってことは、つまりおたがいの友情が深いってことですもの。これはわたしたちが日本へ行っても同じだと思いますわ。（笑）

松山　こんどは王昆さんにオペラの「白毛女」をぜひ日本にもってきていただきたい。その日をぜひ実現したい、と思っております。

王昆　わたしも機会がありましたら喜んでいかせていただきますわ。

松山　それにはわたしたちも日本に帰りましてから、いろいろこちらでもてなしていただき、見せていただいたことや真心のあふれた御意見を聞かしていただいたことを日本の人たちに傳えて、もっともっと日本と中国が簡單に往き来できるようになるよう、どんどん推し進めなければならないと思っております。

王昆　ほんとにそうですわね。わたしの友達もみんな言ってるんですよ、もっともっとわたしたち中国と日本の人民がおたがいに理解をふかめあわなくちゃいけないって。

松山　それでもこの一、二年は、大変往き来がひんぱんになって、実際に新中国を見た日本人はほとんどの人がやっぱりとても感激して帰って来ております。こんどわたしたちが中国にまいりますときには、日本のバレエ協会準備委員会の方たちが歓送会をひらいてくださいました。そういうことは日本のバレエ界はじまっていらいのことなんです。日本のバレエ界の人がほとんど集まって、わたしたちの中国行きを心から喜んでくださいました。

編集部　こんどこちらにこられてからの御感想、それからこちらでは中国のオーケストラの伴奏で、中国の物語の「白毛女」を公演されておられるわけですが、こうした方面の御感想をひとつおねがいいたします。

松山　まず北京についてから、駅頭であんなに盛大な歓迎をしていただいて、とてもうれしゅうございました。中国のみなさんの兄弟のようなあたたかい気持が、わたしたちにとってたいへん大きなはげましになりました。また舞台裏では、裏を手傳って下さる方から青年管弦楽團の方たちまで、みなさんからいろいろと親切にしていただくのがたいへん心強く、安心して出演させていただいております。ほんとに自分の国にいるのとすこしもかわりません。

バレエでは音楽が言葉になりますから一番大事なことなんですが、いま日本では個人のバレエ團でオーケストラを使うことは大変困難です。というのは公演の半分の費用が音楽のほうにとられてしまうからです。ですからみんな録音テープをつかって公演しております。ところが、こちらにまいりましてからは、もうほんとにちょっとしたレッスンでも、みんな音楽の人たちといっしょにやっていただいてるんで、ほんとにありがたいと思っております。

もともとわたしたちは中国にまいりまして、この「白毛女」

— 25 —

1

第三回原水爆禁止世界大会会場

なりつつあることをしめしています。こんにちは東の風が西の風を圧倒し、平和勢力が戦争勢力を圧倒している時代です。一方ではソ連の三つの人工衛星がうちあげられ、ソ連をはじめとする社会主義陣営の経済建設は飛躍的に発展していますが、他方帝国主義陣営の経済は逆に後退し、危機

中国人民は、自身のあたえたこの承諾の誓約を決して忘れません。核実験の一方的停止というソ連政府の偉大な壮挙がつたえられると、周恩来（しゅうおんらい）総理は、四月十三日フルシチョフ首相にあてた返信のなかで、ソ連政府のこの決定と米・英両国政府への提案を全面的に支持するむね表明しました。中国人民志願軍の朝鮮からの撤退も、国際間の緊張した情勢をやわらげ、朝鮮問題の平和的解決を促すうえの大きな貢献といえるでしょう。

アメリカをはじめとする帝国主義ブロックはいま、最高首脳会議の開催、軍備縮小、核兵器の使用と実験の禁止などに関するソ連の提案の実現を極力はばみ、原子戦争の準備をいそいでいます。彼らはまた、植民地的支配の終結と他国の内政への干渉停止を要求しているアジア、アフリカの人民の要求やラテン・アメリカの人民の意志をかえりみようとしません。また中部ヨーロッパ、アジア、中近

にものをもかえりみず、あくまで戦争をおこすならば、帝国主義はかならず破滅の運命におちいるであろう。なぜなら、人民は自分たちにこのようなひどい苦痛と犠牲をもたらす制度に、これ以上絶対にがまんができなくなるからである」

中国人民は心から平和を愛しています。第三回原水爆禁止世界大会で採択された東京宣言の実現のために、アジア、中部ヨーロッパ、中近東に非核武装地帯を設置しようという提案の実現のために、また核兵器の永久廃棄と全般的軍縮の実現のために、わたしたちは永遠に日本人民、アジア人民、全世界の平和を愛する人民とかたく手をつないでともに力をあわせてたたかいます。

わたしたちはかならず原子戦争をくいとめることができ、平和をかちとることができます。

（ちよう・ぼくしよ＝中国人民世界平和擁護委員会常務委員）

— 13 —

座談会

中日関係を語る

時　1958年10月8日　所　北京

出席者（発言順）
風見　章
松本治一郎
平野義太郎

司会
西園寺公一

のところ御出席下さいまして有難うございます。ただいまのところ、中日関係は御存知のような状態にありますが、今日お集り願いましたみなさまは、中日関係にひじょうな関心をもたれ、そのために運動もなさっておいでになりますので、ひとつ御意見をうかがいたいと思います。なお今日はアジア・太平洋地域平和連絡委員会の副秘書長西園寺先生に司会して頂くことにしております。では、西園寺先生お願いいたします。

西園寺　今年の国慶節に招待されて日本のもっとも大きな三つの平和友好運動の指導者の方がおいでになったことは、大きな意味があると思います。国民国交回復会議の風見先生、日中友好協会の松本先生、それから日本平和委員会の平野先生、この御三人がこられたわけですが、きっといろんな抱負と大きな覚悟をもっておいでになったことと思います。この機会やこれからの日本の日中友好運動や平和運動についてうかがいたいと思います。日中関係が現在のような不幸な状態にいたった原因につきまして、まず一番お年寄の風見先生から話して頂きたいと思いますが。

風見　中国との関係がこんな風になってしまったのはひじょうに残念千万ですが、ここにいたった原因を考えてみると、結局、過去何年間かにわたって日本のとってきたいろいろな政策のうえの間違いが、中国の方にも、その他のアジアの人たちにも大きな迷惑をかけています。そのことを深く反省する上から、われわれの日中国交回復国民運動をもりあげてゆかないと駄目だと思う。その反省がとぼしいもんだから、自分たちの無力さにたいする本当の原因のつきつめ方が、ひじょうに浅い。浅いもんだから、岸のようなものが出てきても手におえない。岸にひとつなにかやってもらおうじゃないかというような低姿勢の運動なんかおこなってきたわけです。これはひじょうな間違いで、岸内閣が中国を敵視する政策をひきつづきとるならば日中関係というものは悪くなる一方で、よくなりっこない。過てみようなんていう考え方の、そういう無反省な政府はたたきつぶしてしまうほかない。こういうふうに私なんか考えて、国交回復運動についても深く反省し、新しい力のもりあげをやらなければならない、とおもっています。

西園寺　そういう点に関して松本先生の方はいかがでしょう。

松本　一九五四年にわたしが北京にきたときは、各党各派をあげてゆくことになりまして、当時の自由党、民主党、社会党、共産党と小会派などの代表もきて、そして、昨日も集まりましたあの紫光閣で周恩来総理にお目にかかったわけです。わたしはそのとき、中国と日本との国交回復の話合いがひらかれておるような感じだ、といったものです。ところが、いまはどうです。そのときておったもののうちに、いまはやはり岸について、反中国的な言動をしておるものがいるわけなんですよ。もうすこしわれわれが国民に、中国と日本との関係をはっきりさせとったなら、もう国民の方で、岸何する者ぞというようにやっていけとったと考えます。こんどは、ぜひそんな時代

— 23 —

原水爆ゆるすまじ

趙樸初

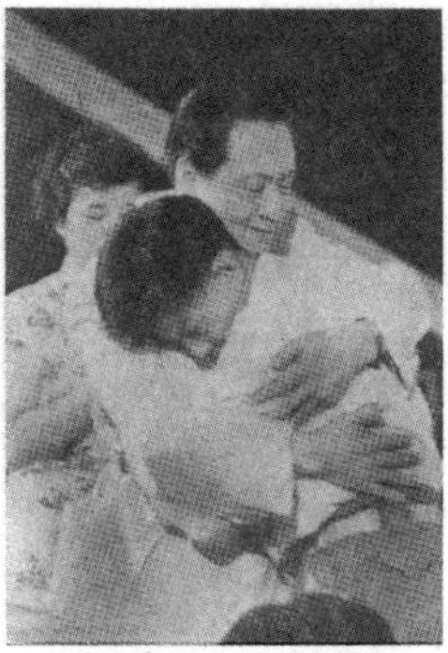

広島でひらかれた第三回原水爆禁止世界大会の会場で原爆被害者と抱擁する中国代表の趙樸初氏

筆をとつてこの稿を草するわたしの胸に、今もありありと浮かぶのはわたしの見た廣島の姿です。わたしの脳裏には、三年まえの八月、第一回原水爆禁止世界大会に参加する中国代表團の一メンバーとして日本を訪れたとき、廣島の病院であった一人の婦人の姿がやきついています。それはアメリカの投下した、原爆の被害をうけていらい七年、なお不治の原爆症にくるしんでいる婦人でした。腕から背中にかけて一面にひきつつたケロイドの痕がのこつていましたが、不思議にその背中の一部分だけが何の傷もうけていません。院長さんの話をきくと、そこはちょうど子供を背負つていたために、かげになつて助かつたのだということでした。けれども子供はそのために死に、子供の姿は不幸な母親の背中に永遠にやきつけられたのです。院長さんの話を、わたしたち訪問者の一行は身をきられる思いで聞きました。

わたしはまた、それから二年後の八月をおもいだします。わたしはその年も廣島でひらかれた第三回原水爆禁止世界大会への中国代表團の一員としてふたたび廣島をおとずれました。そして、別な病院で一人の十六歳になる中学生にあいました。聞けば、四つのときアメリカの投下した原子爆弾の閃光をあびていらい、その死の影がひそかにその子供の体にしのびより、十二年後にそれが原爆症としてあらわれてきたというのです。苦しい手術をおえたその中学生は、「ぼくは全世界の子供と手をにぎつて、みんなが二度とこんな目にあわないようにしたい」とかたつていました。

十三年まえ、アメリカの二発の原子爆弾は、日本の二つの都市を壊滅させ、数十万という人びとの命をうばいました。そのアメリカ帝国主義者は、いまもたえず、原子爆弾で人びとを殺し、迫害をくわえ、人類におそろしいわざわいをもたらそうとくわだてています。

昨年の八月六日から十六日まで東京でひらかれた第三回原水爆禁止世界大会には、アジア、アフリカ、アメリカ、ヨーロッパ、大洋州など二十五カ国、十国際組織九七名と、日本三九八一名の代表が参加しましたが、この大会に出席した各国の科学者たちは原水爆の危害についていくたびか重要な研究報告をおこないました。これらの科学者は核爆発による空氣の汚染と食物の汚染が人類の肉体に直接の危害をくわえ、ひいては人類の子孫にも危害をくわえるものであることを証明しました。科学者たちはまた、一九五六年以後、大氣の汚染度が急激にましている事実を確認し、核爆発実験が人類の生命と遺傳にたいする脅威をたえず深めていると語りました。

それなのに、いまアメリカの空軍は、全世界の反対をおしきつて、原水爆を搭載した軍用機を北極の上空からソ連の領空へむかわせ、また空中査察という口実のもとに、イギリスその他の西欧諸国の上空に原水爆を搭載した軍用機を飛ばしています。これは世界平和にたいするアメリカ政府のあからさまな挑発です。

けれども、平和はかならず戦争にうちかちます。一九五五年の夏いらい一年に

— 12 —

2

北京の琉璃廠

葉林

前門外のにぎやかな大柵欄を通り抜けて狭い横町を西へ入ってゆくと、まもなくいっぷう変った商店街へ出る。道の両側にならんだ商店の大きなガラス窓を通して、書画骨董や古本類が所狭しとばかり並んでいるのが目につく。この町筋が琉璃廠である。古書、拓本の類から書画、古陶磁、銅器その他なにかほしいものがあれば、ここに来るのがいちばんてっとりばやい。

十六世紀以前、このあたりは海王村と呼ばれ、元朝の都——大都の東郊外だった。その後ここに琉璃瓦をやく窯がもうけられた。琉璃廠という名前はここから生まれた。琉璃廠がいまのような古文物と関係のある町になったのもやはり何百年か前のことである。最初に店を出したのは書店で、それについで文具店、骨董店、法帖店、表具屋、判屋などがしだいにふえ、軒をつらねるようになった。だがこうした店も昔は支配階級や文人相手の商売が主で、一般の庶民にはあまり縁がなかった。それが十八世紀の初めになると、毎年旧の正月元日から元宵節までここに「灯市」とよばれる市がたち、町の人たちで大変にぎわうようになった。琉璃廠の旧正月の市は今日までその習慣がのこっている。

解放前は、琉璃廠の老舗も軍閥や国民党の反動支配者たちに荒らされ、店を閉めたり、転業したものも少なくなかった。さびれた琉璃廠は解放後、人民政府の扶助のもとに息をふきかえした。

古書類の商いはいまでもこの町の主だった商売のひとつで、翰文斎、来薫閣といった百年近い歴史をほこる名のある老舗がいまも店をひらいている。書画骨董の類をあきなっていた多くの店はいまは専門別に整理統合されてそれぞれ近代書画、歴代書画、金石・陶器、碑帖・古墨などの専門店になっている。篆刻も琉璃廠の特色のひとつで、この古くから傳わる芸術にはいまも愛好者がおおい。篆刻をやる人はいまはいずれも刻字生産協同組合にはいっているが、かつては外国の人たちからもたくさん注文をうけて印章を彫った人たちである。魯迅が好んだ、中国固有の木版刷の箋譜は、国営の栄宝斎でいまも刷られている。この

有名な骨董店韵古斎の店内に並んでいる明清の陶磁器。

複製版画で有名な栄宝斎書画店には原作も名画の複製品も賣っている。

琉璃廠でも大きな古本屋の一つ邃玉堂

— 52 —

栄宝斎は、松竹斎といっていた前身の代もふくめると、すでに二百年あまりの歴史をもつ琉璃廠の老舗である。栄宝斎の複製版画は国内はいうにおよばず国外でも名をしられている。

古い文化の町である琉璃廠はいま社会主義改造事業の発展と増大した需要の波にのってしだいに繁栄にむかい、昔日の凋落の影はどこにも見当らない。いまいった栄宝斎なども、昔の貧相な店構えとはうってかわった堂々としたかまえになっている。琉璃廠の客筋も昔とかわって学者、画家、美術家、若い美術愛好者、大学生、外国人などが主である。琉璃廠の店にはまた故宮博物院や文化部門から経常的に大量の注文がある。そういうわけで、ここの店には品物を集めてくるという仕事のほかに、修理、加工、複製の仕事もあり、修理された破損品や複製品は学術資料として役立っている。

むかし琉璃廠の骨董品にはニセ物が多く、それがよく本物として賣られていた。だが、今はそういうことはなく、どの店でもニセ物はニセ物としてちゃんと教えてくれる。どの店でも店頭に出す前に真偽のほどをよく確かめて、お客に迷惑がかからないようにしているのである。

琉璃廠は静かな町である。だがこの町にも年に一度大変にぎやかな日がやってくる。まえにもいった旧の正月の市のたつ日である。子供の市ともいわれているこの市には子供連れでやってくる人がとくに多く、毎年押すな押すなの人出で通りがいっぱいになる。

通りはありとあらゆる音響でにぎわう。物賣りの声。華北の子供たちの好きな空竹コマのブーンブーンとうなる音。カラカラカラと乾いた音をたてているのは、赤、黄、緑、色とりどりに色どったキビガラ細工の風車である。オモチャのラッパや笛の音。デンデン太鼓のとぼけた音……。文字通り音の洪水である。どこかに土の香りのする郷土の音のシンフォニーである。

ずらっと並んだ露天店は、さしずめ民間工芸の展覧会場である。古くからの郷土玩具も少なくない。泥人形や縫いぐるみの虎、竹細工の鶏、京劇の面や木に彩色した中国風の刀、槍、いろとりどりの凧など子供たちの心をひくものがすくなくない。金魚や盆栽は子供よりも大人の買物になり、なかにはつやつやした緑の葉に小さな実をつけたキンカンの鉢など、この市でないと滅多に買えないものもある。

この市にはまた北京の民間芸人がおおぜいあつまってくる。獅子舞、武術、高足踊、のぞきカラクリなど、にぎやかな見世物が人気を呼ぶ。

北京には愛窩窩という餡入りのモチ米団子やエンドウの汁粉その他かわった食べ物があるが、そうした食べ物はまたこの市の名物になっている。山査子や海棠の実を串ざしにし水飴をかけて凍らせた氷糖葫蘆なども市へ来た人はよくみやげに買ってかえる。

この市には骨董店も共同で露天店を出し、安くて買えるものをならべている。琉璃廠の市には北京に滞在する外国人のお客さんもきて見物かたがた玩具など買っている姿をよく見かける。

働く人たちに解放された古い文化の町、琉璃廠は日ごとに美しく、若返っている。

（写真は斉観山氏等撮影）

旧正月の市風景

— 53 —

4

5

6

↑ 朝御飯がすんだら託児所のおばさん、おねえさんにつれられて散歩。

↑ 図画の時間

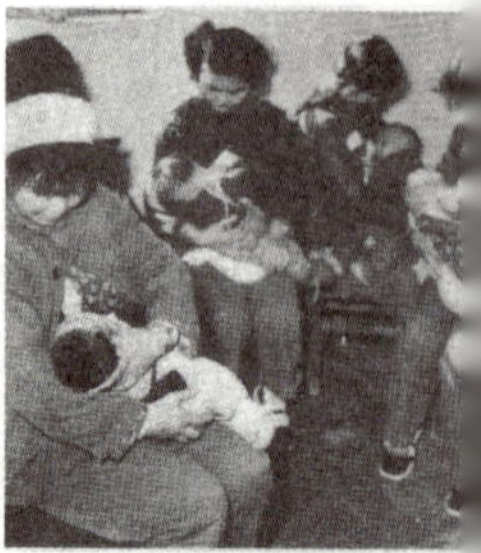

↑ 赤ちゃんたちは授乳室でお母さんのおつに

1958

松山芭蕾舞团探索用芭蕾形式表现东方人的情感，成功地将中国歌剧电影《白毛女》改编成芭蕾舞剧。“日本喜儿”松山树子和中国喜儿王昆的座谈《中国的白毛女和日本的白毛女》，通过文艺创作的形式拉近了两国人民的情感，是本年度的亮点（6月号，见图1）。

赵朴初参加“第三届反

かげで、お母さんも安心して仕事がで
媛さんはここ四年間ずつと労働模範。

↑ 精紡職場で働いている趙淑媛さんは、毎朝、四人の子供を託児所につれてゆく。

託児所の一日

働くお母さんたちにとつては、子供の養育がたしかに大きな悩みのたねになりますが、新中国では、どの職場にも託児所があつて、この問題は解決されています。女工さんや婦人職員の子供は、生後56日の乳幼児から満7歳の幼児まで、職場の託児所にあずけて面倒をみてもらえます。託児所は、各職場の女工さんや婦人職員の作業條件や希望にもとづいていろんな経営方式がとられ、設備や規模もそれに應じてまちまちですが、記者はそうした託児所のひとつ——北京清河毛織物工場の託児所にカメラをむけました。

カメラ　徐　潮

前ページ　託児所のこども

↑ さあ、みんな元氣に、口を大きくあけてうたいましよう——唱歌の時間

お乳の足りない赤
、牛乳か粉ミルク。

↑ 晝寝がおわつて

↑ ゆらゆらお舟はギッチラコ

↑ これはお父さん、これはお母さん、エート
これは誰かな……木のお人形でお話の時間。

7

对原子弹、氢弹世界大会”，出访日本归来撰文《不许核武器肆虐》，向日本公众明确地表达了中国政府反核的和平立场和一个中国佛教徒的悲悯情怀与人格魅力（8月号，见图2）。

10月，在亚太地区和平联络委员会副秘书长西园寺公一的主持下，国民邦交恢复会议的代表风见章、日中友好协会的代表松本治一郎、日本和平委员会的代表平野义太郎在北京举行了“畅谈中日关系”座谈会，传递了以民促官实现两国邦交正常化的愿望（12月号，见图3）。

在听取读者意见的基础上，杂志在趣味性和人情味方面做了进一步探索。介绍北京琉璃厂的文章与出口日本的高粱酒广告安排在同一页，“李白斗酒诗百篇”的诗句不仅为中国酒做了广告，也与文化报道的版面相得益彰（6月号，见图4）。同样令人欣慰的是，封底中国染料的全彩广告反映了中日民间贸易的新进展（9月号，见图5）。

儿童的笑脸永远是受欢迎的。这一年新年号的封面便是北京过新年的孩子们（1月号，见图6）。而6月号画页《托儿所的一天》，更是大胆地安排了一整页托儿所孩子的图片以及托儿所的日常（6月号，见图7）。刊出后，这些图片深得读者的好评，是这一年当中可圈可点的成功策划。

第三节
创刊 5 周年纪念文章[1]

祝贺《人民中国》杂志创刊 5 周年[2]

“铁幕”“竹幕”等说法，以前一度在日本很流行：“社会主义国家是藏在‘铁幕’背后的神秘国家，中国对外界垂下了‘竹幕’（虽非‘铁幕’），不愿让其他国家人民看到其中的混乱和悲惨。”类似的宣传不知从何而来。再加上来自美国等国家有关中国的报道，写的都是这样一些内容，大多数日本人也就相信了。回顾两千年来日中两国远胜于其他任何国家的亲密关系，我们希望早日恢复与中国的友好邦交。然而，就连我们也慢慢失去了希望和信心。偶然之间，我遇到一个来日本访问的中国代表团成员，他说根本没有所谓“竹幕”，还笑着说那只是某国信口捏造的说法而已。于是，我们也更加坚定地开展恢复日中友好的运动。尽管如此，受来自美国等国家和地区报道的影响，日本人民对中华人民共和国始终心存疑虑，无法完全消解。而《人民中国》对于消除日本人民对中华人民共和国的无知与误解，起到解疑释惑的巨大作用。通过图文报道中华人民共和国巨大的建设成就和人民幸福生活水平提高，《人民中国》使日本人打破了原本对“竹幕”背后阴森、混乱的中国的想象，重新对日中友好、经济、文化交流燃起了希望。5 年来，《人民中国》作为沟通日中友好的桥梁做出了巨大贡献，在此，我谨表由衷的敬意和感谢。

日中友好的基础已经奠定，希望今后双方能够携手合作，开辟货物、文化和人员便捷顺畅交流的渠道。要开通东京—北京、神户—天津、长崎—上海之间直航的空中与海上航线，不应再绕道冲绳或香港了。就像长江大桥直接连通中国南北方一样，希望我们能够迈步在以最短距离和时间连接起来的

---

1 此节文字载于 1958 年 5 月号。

2 京都大学人文科学研究所所长、日中佛教研究会理事长冢本善隆撰文。

日中友好大道上，共同和平地生活，为世界和平做出贡献。我确信那一天不再遥远。再次向创刊5周年的《人民中国》表示敬意和感谢，让我们共同携手开拓和平友好的未来之路。

《人民中国》杂志的这5年——一位读者的回忆[1]

衷心祝贺《人民中国》（日文版）创刊5周年。

1953年7月，当我拿到《人民中国》创刊号时，感到难以言表的喜悦。因为，在那之前，虽然好不容易买到了《人民中国》的英文版，但总有隔靴搔痒之感。比起英文版，日文版的红色封面上是漂亮的图片，以及反白呈现的“人民中国”刊头题字。打开杂志，内容非常丰富，有郭沫若先生为《人民中国》撰写的发刊词和他写的《屈原——古代中国的爱国诗人》，以及其他十分吸引人的文章。其中有一篇报道《日本版画展在北京举办》，让我感到特别高兴。我之前已经从徐悲鸿先生和中华全国美术工作者协会那里得到通知，了解到“日本人民艺术家木刻展览会”已于当年5月在北京举办。但通过这期杂志，我第一次了解了那次展览的详情。

当时，有人跟我打听中国皮影戏的情况。我原本就对皮影戏很感兴趣，担心战争对其有什么影响，于是当即给《人民中国》编辑部写信询问中国皮影戏的现状。当年第4期杂志到手后，我发现其中就有文章详细介绍了皮影戏的近况。由此我得知，北京的皮影戏在新中国成立后重新复活了，我深感中国不愧是人民当家作主的国家。

1 尾崎清次撰文。

到了第二年，也就是 1954 年，《人民中国》的封面不再使用照片，这让我略感落寞。不过，我也从中了解到了很多新知识，比如介绍新考古发现的《楚国文物》，以及有关“杰出画家徐悲鸿”的介绍（他逝世前一个月还给我来信）；通过《民间美术工艺的复兴》，我了解到中国的木雕、雕漆、剔红、象雕、竹编等各种各样丰富的民间工艺品，还了解到了战前就很有名的彩印版画老字号“荣宝斋”的最新情况。特别是有关荣宝斋版画复制技术方面的内容，令我受到不少启发。《北京今昔》里写道，“北京的面貌在一天天地发生着变化……但是，这终究只是新北京的美好外观而已，更大的变化发生在北京市民的心中——在作为中国人的自豪感、对祖国的无限热爱、为建设和平与幸福的未来而倾注的难以言喻的热忱之中”。这段结语深深地打动了我。过去荒废的陶然亭和如今美丽的陶然亭公园的对比插图也十分具有视觉冲击力。在《对孩子们的关怀》一文中，我了解到中国各地出现了很多托儿所，创办了少年宫，出版了各种各样的儿童读物。

1955 年 1 月号刊登了李德全先生写的《访日归来》一文。其中写道，“时至今日，我们更加深切地感受到中日人民友谊的深厚基础。这次宝贵的访日经历，使我深受鼓舞，我们今后要为了中日友好继续做出更大努力”。我觉得，李德全先生两次访问日本的经历，对中日友好与和平产生了深远影响。

《儒林外史》至今尚未译介到日本。《吴敬梓及其作品〈儒林外史〉》这篇文章，对于我们日本人来说是非常有帮助的。而从明代伟大医药学家李时珍的传记文章中受益匪浅的人，我想肯定不止我一个。

我一直对北京猿人化石的去向很感兴趣，本以为通过《新中国人类化石研究》一文能够了解到它的去向，结果得知它依然下落不明。侵略战争麻痹了某些人的道义精神，对此我深感愤怒。

我看了有关“日本木版画展览会”的评论和照片，非常感动。更让我印象深刻的，是雕刻作品《广岛原子弹爆炸十周年纪念像》的背景绘画。

进入 1956 年，我从《人民中国》杂志上读到了《历史文物的保护与发掘》《中国陶瓷》《重获新生的曲艺》《北京儿童医院》《中国邮票》《考古学新发现》《中国话剧》《司马迁著作的思想性与人民性》等文章，都很有意思。《北京儿童医院》的报道和照片，与我的专业相关，我特别感兴趣。我们每年都会举办“现代中国美术展”，其中常设了展示中国邮票的部分，《中国邮票》一文中的内容对我们而言极具参考价值。

翦伯赞教授所写的《访日回忆》和座谈会文章《在日本举办商品展览会》特别有意思，让我深受启发并引发了我的反思。翦伯赞教授在文中写道：“我们访问东京时，《日本时报》刊登了中伤和攻击我们的文章，按照他们不友好的逻辑，我们这是终于要把日本‘赤化’了……日本科学家们思想的颜色变还是不变，是日本科学家自身的问题，不是别人所能够左右的。要是谁认为新中国的十多名科学家在三个星期内就能够‘赤化’日本科学家的思想，那他一定是一个神经衰弱或患有严重精神疾病的人，要么就是完全没有常识。日本的科学家富有正义感，有知识分子的良心，他们反对战争，拥护和平，友好地看待新中国。这是我的结论。我以为，为了使这种友好关系进一步发展下去，需要两国科学家们今后继续努力。”这段话，对于在大阪与中国科学界代表团亲密接触的我来说，触动颇大。

《敦煌艺术》这篇文章让我浮想联翩。在任何一本有关东方美术史的书中，都有关于莫高窟的内容，但几乎都是转述外国人著作中的概念。“我们经常看到，在夕阳照射下，自己的影子长长地躺在沙漠上，马儿的脚印排成排，向远处无限延伸。那时，一想到前途，就不由得叹息起来。”看了有关新中国成立前的这段报道，我了解到了大漠深处绝难想象的艰苦生活。“1954 年 9 月 25 日，的确在敦煌的历史上写下了新的一页。在发电机的排气声和马达的轰鸣声中，莫高窟石窟群各处，数百盏灯火熠熠生辉……在洞窟一角搭起的脚手架上，一名女工手拿画笔站立着。她凝视着荧光灯。她的视力因长年累月在黑暗洞窟中临摹已经退化，但她的双眼噙满泪水，闪闪发光。”当我读到这段描写新中国成立后情景的文字时，我感受到了超乎想象的巨大喜悦。最近，我在京都参观了“中国敦煌艺术展”。敦煌文物研究所的工作人员以如此大的规模临摹仿制这些宝贵遗产，付出了非同寻常的努力，让我深感敬佩。

我读了《一位昆虫学家的故事》一文之后也很受启发。其中一位农学老专家的话特别有意思——“以前的我，总认为自己是科学家，只关注自然界的害虫。但社会上的‘害虫’其实比自然界的害虫更可恨，如果不将其彻底消灭，那么自然界的害虫我们也对付不了。这个道理以前我没有认识到”。

1956 年 10 月是鲁迅先生逝世 20 周年，纪念文章刊载恰逢其时。这一年，我们也举办了纪念鲁迅先生逝世 20 周年现代中国美术展，并从《人民中国》编辑部得到了部分资料。这份感激之情，我难以忘怀。

如上所述，我列举出了在文化方面从《人民中国》中学有所获的一些内容，但这并非《人民中国》的全部。还有关于日本战犯的报道、“百家争鸣、百花齐放”的问题等，不胜枚举。不单单是我，只要是关心新中国的人们，相信都能从《人民中国》杂志中有所收获。

座谈会 喜迎《人民中国》杂志创刊 5 周年[1]

参加人员（按发言顺序）：

黑泽正之（《人民中国》杂志读者会召集人，经商）

酒井义之（工人）

北岛照夫（工人）

味上孝子（大学生）

黑泽：今年是《人民中国》创刊 5 周年，今晚想请大家以此为话题聊一聊。

酒井：时间过得真快啊，已经 5 年了。这么说来，我是从 24 岁开始读《人民中国》的。

北岛：从创刊到现在都过去 5 年了，说起来，你今年已经到了要结婚的

1 1958 年 2 月 16 日，在《人民中国》读者会召集人黑泽正之家中举行。

年纪了吧。（笑）

酒井：（拿起创刊号和 1958 年 2 月号杂志）哎呀，杂志尺寸有点变化，变窄了。

黑泽：是啊。不过，尺寸小一点不是更简约吗？而且，杂志的字体，创刊时似乎用的是旧字体，最近好像变得和日本一致了。

北岛：杂志的封面，特别是从今年开始，变得更符合我们日本人的口味了。总之，一切都变得更好了。

黑泽：特别是和 1953 年、1954 年相比，封面的变化很大。1954 年的封面完全没有使用照片。

酒井：内容编辑方面，明显体现了编辑部的努力创新，令人高兴。

北岛：但反过来，这是否说明杂志编辑方针是摇摆不定的呢？

酒井：我不这么认为。我觉得这如实地反映了为了让读者爱看这本杂志，杂志编辑人员付出了巨大努力并进行了深入研究。

黑泽：我也和酒井有同感。关于编辑方针，郭沫若在五年前的创刊号发刊词中写道，“为了维护远东与世界的和平，为了增进中日两国人民的幸福，我们愿意尽可能多地报道我国的真实面貌……”而且杂志目次页上明确写着，“我们的目标是，报道中国人民的生活和新民主主义社会建设情况，介绍中国的艺术、文学、科学、教育以及人民文化生活方面的其他新情况，增进中日两国人民之间的理解和友谊，为维护和平事业做出贡献”。

北岛：原来如此，是我想歪了。（笑）味上，你有什么感想吗？

味上：前些日子，我在大阪举办的“敦煌艺术展中国代表团欢迎会”上听说了《人民中国》，马上请黑泽先生帮我办理了订阅手续。我还只是一名新读者，现在没什么具体可说的。《人民中国》虽然已经创刊 5 年，但应该还有很多人像我一样不知道有这本杂志。希望以后杂志能够在街头书店、车站便利店等摆放销售。

北岛：已经在部分书店上架销售了。

酒井：不过还很不够。有些人一次会买四五种周刊杂志，希望他们至少能够替换其中一种为《人民中国》——毕竟价格是差不多的。

黑泽：这可能行不通。毕竟日本的周刊杂志和《人民中国》还是很不一样的。

酒井：那是当然。不过，我觉得还是有必要了解清楚邻国的情况。

味上：酒井君，你成功地把话题带偏了。(笑)

北岛：现在杂志的内容也比创刊时丰富多了。我很高兴地看到，文化艺术方面的报道增多了。

味上：黑泽和酒井好像都是从创刊号就开始阅读《人民中国》的老读者。每期杂志上的所有文章你们都读过吗？

黑泽：啊，听你这么一说，我就有点不好意思了。创刊初期的文章我全部都看过。但最近，我是先通览标题，然后挑自己感兴趣的内容看。

味上：也就是说，创刊号的时候你对所有的报道都感兴趣，但最近不是这样了？

黑泽：你这问得可真是一针见血啊。也不全然是这样……像日本的综合性杂志，我也不可能把所有内容都看完。这也和杂志刊载内容的题材领域变得更加广泛有关系。

酒井：我也是先看文化方面的报道。希望《人民中国》能刊登一些文学创作或戏剧等长期连载内容。

味上：之前一直都有的歌曲附录，今年好像没有了。

黑泽：是啊，我也是要求恢复刊载歌曲附录的人士之一。不过没能将其在日本的“歌唱活动”中充分利用，我想我们也有责任。

北岛：不过，我还是希望每年能出两三次这种小册子性质的歌曲附录。现在，我们没有机会了解中国的歌曲民谣，所以当然很难让大多数人传唱，但我认为这种小册子在文化方面能够发挥重大作用。

黑泽：我们现在的话题变成了对《人民中国》提要求了。关于恢复日中邦交，现在日本的国内舆论已有了强大的基础。为了进一步夯实这个基础，作为《人民中国》的老读者，我们必须努力增加新读者。

酒井：是啊。这也是一件为中日两国人民带来幸福与和平的事情。

北岛：那么，为了庆祝《人民中国》创刊 5 周年，我们用粗茶干杯，祝愿《人民中国》今后办得越来越好。（笑）

味上：纪念《人民中国》创刊 5 周年，万岁！

黑泽：促进日中邦交恢复，万岁！

第四节
1959—1960年度点评

人民の宮殿——人民大会堂

——周敏儀——

閣をあげて喜びにわきたつ建国十周年記念日を目の前に、總建坪一七万余平方メートルの壮麗な人民大会堂が竣工した。昨年十月末の着工から今年八月末の竣工まで、施工期間はわずかに一〇ヵ月である。この一〇ヵ月の間、北京の市民は天安門の前をとおるたびに、次第に姿を変えていつていく広場の光景を目にして感嘆の声をあげた。この一〇ヵ月の間一度も天安門の前を通らなかつた人であるなら、とつぜん姿をあらわしたこの大きな建物を目にしたとき、その驚きはまた並大抵のものでなかつたはずである。

壮厳雄大なこの大建築物は全中国人民のこころをひきつけている。ここは、六億五〇〇〇万人民の代表が国家の大事を討議するところであり、最高権力機関の常設機構である人民代表大会常務委員会が事務をとるところである。また、ここは世界各国からやつてくる友人たちが一堂に会して平和と団結と友誼の詩歌を高唱することもできるところである。

人民大会堂は天安門広場の南側にあつて、これも新築なつた中国革命博物館、歴史博物館と広場をはさんではるかに向いあつている。大会堂の中央部は高さ四〇メートルで、西に向つて突き出ており、両翼は中央部よりやや低く、南北に向つてのびているので、いわば「山」の字形の平面を形作つている。そして總建坪は故宮のなかの建物の總建坪よりも大きい。淡いクリーム色の壁面をもつこの建物は周囲に柱廊をめぐらしているが、壁面の下部は淡紅色の花崗岩の須弥座になつている。屋根の縁はみどりと黄色の琉璃瓦に飾られ、青空なバックにひときわあざやかに建物の輪郭を浮き出させている。建物の周囲には、ツゲの木にかこまれた芝生と花壇があり、松と楓の並木のあいだには二列に柳が植えられ、白い玉蘭の花の形を模した街燈とあい映じて大会堂の光彩をましている。

人民大会堂の表玄関の、彫刻をほどこした淡緑色の琉璃瓦の廂の中央には大きな国章がかかげられていて、朝日をうけるとまばゆいばかりに照り輝く。広い石段をのぼると、淡灰色をした一二本の大理石の柱の立ちならぶ玄関である。列柱は淡紅色の柱脚と純白色の柱頭をもち、いずれもわが国に伝統のふかい纏繞と蔓草模様の装飾がほどこされている。この見事な柱は高さ二五メートル、四人がかりで「やつと」かかえられるほどの太さだが、威圧するような感じはみじんもない。柱と柱の間隔はゆつたりとつてあつて、入口の扉、銅でつくつた黄金色の五つの扉をひきたたせている。

扉を押してなかに入り、玄関のホールとセンター・ホールを抜けると、大礼堂である。一歩足を踏みいれると、たちまちその雄大な容積に驚かされる。大礼堂は幅七六メートル、奥行六〇メートルに達し、どちらも長安街の道幅より大きい。天井の高さは三二メートルだが、これは天安門の屋根のてつぺんと同じ高さである。二階と三階は半月形に張り出していて、三〇〇〇余の席をしつらえた議長団席へと両翼をのばしている。大礼堂にはただの一本も柱がなく、そのためどの席からも議長団席がよくみえる。天井は一面にやわらかな光をなげる照明燈をちりばめ、中心部には赤い星を形どつた大型のグローブがあつて金色の光を放射している。赤い星をとりかこむのは、ヒマワリの花を形どつた鍍金のグローブ群であるが、この赤い星とヒマワリのグローブ群をさらにとりまくのは波形のカーブをつけた三環の間接照明燈で、これがやわらかな光を投げかけている。この光はつぎつぎに波がうちよせているように見え、中国の革命の大波がつぎからつぎへとつづいてゆくさまを象徴している。天井一面にちりばめた照明燈は夏空の星をおもわせる。淡青色の天井が弯窿の形をえがいてさがり、壁とつながつているが、その境界は感じられず、ちようど空と水が一色にとけあい、渾然として一体となつている様をおもわせる。この青空のような天井を仰ぐと、気持もはればれとし、とみに視野のひろがる思いがする。勤労人民の造化とその妙をきそう技や知恵はこの青空のはてしない広がりにもにているだろうか。天井の照明は、中国各族人民が中国共産党と

— 50 —

1

↑　広東の人民蜂起軍
英団」。前方に立
いるのは（左から）
東山、麦寛、阿寛嫂

↑　虎門の海浜にあつまつてきた外国商人たちに、林則徐は「われわれの禁ずるのはアヘンであつて、君たちの正当な商賣を禁ずるものではない」と言いきかす。

↑　中国人
ヘン商人

↓　要塞
大砲

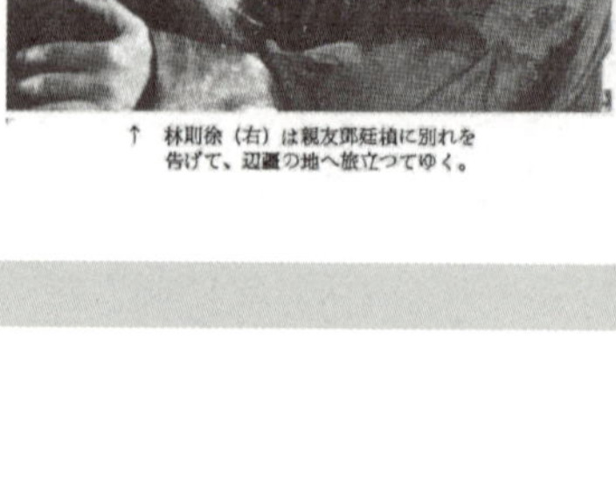

↑　林則徐（右）は親友鄧廷楨に別れを告げて、辺疆の地へ旅立つてゆく。

中國日記から

西園寺公一

日中両国のあいだに、あかるい、建設的な関係をつくりだそうと、一生懸命たたかっている日本のみなさんに新年のあいさつを送ります。みなさんに力づけられて、日中友好のためにいささかでも働きたいと、一家で北京に来てから一年近くになります。そのあいだに見たり、考えたりしたことをほんの少しばかり日記帳からひろってみました。今晩、山東省の済南市から汽車で北京に帰って来たところですが、沿線の野良には農民が総出で、刈入れのすんだ畑の深耕に大わらわです。また、とっぷりと日が暮れた後、村はずれ、町はずれ、都市の郊外のあたりでは、大中小の熔鉱炉があかあかと火を噴き、製鉄、製鋼がさかんにおこなわれているのが見えました。中国の一九五九年は引きつづいて大躍進の年でしょう。この年をわれわれの祖国の独立に寄与する年とするように、みんなで頑張りましょう。みなさんの御健康をいのります。（十一月十八日記）

広州から北京へ

（一月二十二日、京広線の列車で）

日本をたつ前後のつかれがすっかり直ってしまうくらいよく眠った。昨夜、広州を出たのが八時過ぎで、それからじき寝てしまったのだから、たっぷり十時間は眠ったわけだ。飛行機にするか、汽車にするかときかれて、汽車にしてもらってよかった。今日と明日、まだあと二日二晩汽車の中ですばらしい休養がとれるのは嬉しい。

沿線のいたるところ、人の波だ。農業の水利工事です。いま全国でやっています、と呉さんが教えてくれる。なるほど、スコップをもちバイスケをかついだ人の波だ。一九五三年に、安徽省の奥の仏子嶺まで行って見た、淮河の水庫建設の現場を思いだす。今度のは、全国の大小すべての農業生産合作社が、農閑期の労働力を総動員して、一九五八年度の食糧増産を目ざす、平和な、たくましい姿なのだ。

武漢の長江大橋

（三月三十一日）

四千年の夢が実現したこの立派な橋の上に立って、ふと想い起したのは、いつか見た、延安時代の毛主席の映画だった。

去年（一九五七年）の十一月、モスクワで開かれた、社会主義諸国の共産党・労働者党代表の会議で、毛主席が、そのころのことを語っている記事をどこかで読んだ。一九四六年に共産党を攻撃してきた蒋介石の兵力は、正規軍だけで四百万。これにたいして、解放軍の方は、各地に散らばっているゲリラを全部あわせて、せいぜい九十万。しかし、毛主席は将来を楽観していた。蒋介石のような反動は、すべて、人民から孤立している、こけおどしの張子の虎であり、自分たちは、大衆とともに生き、ともにたたかう。それだから、自分たちは、かならず勝つ、一つ一つのたたかいを、念を入れてたたかってさえ行けば、かならず敵をうち負かすことができるという自信のほどを、毛主席は語っている。

武漢の長江大橋は、毛主席のこの正しい分析と見通しを証明し、永いあいだしいたげられていた人民の勝利をたたえる美しい記念碑の一つに他ならない。

蒋介石ばかりではない、いまはすでに亡び去ったヒトラー、昔のロシアの皇帝、中国の天子たち、日本の帝国主義者たちなど、すべての帝国主義と反動を、毛主席は、張子の虎と呼んだ。しかし、張子の虎はまだまだいる。大きい奴がアメリカ。そのほか、中ぐらいの、小さいの、いずれも大きい奴の手下だ。日本の政府もその中の一匹にちがいない。張子の虎どもが一番恐がるのは、民衆の團結した闘いであることは、昔も今も変りはない。

武漢の日商展

（四月三日）

今日は、建設中の鉄鋼コンビナートを見学した。いい気になっていると、日本はたちまち追いつかれ、追い越され、取り残されてしまうこととまちがいなしだ。日商展のために来ている朝日新聞の記者君がさっき来て、大高炉は千五百トン炉だと思っていたのだが、二千トン炉もある、たしかなところを聞いてくれ、と言う。こういうことは自分でどんどん聞けばいいのに、おかしな遠慮をするものだ。第一期計画は、二千トン級の高炉が四基、そのうち一基は、今年の国慶節までに火が入る、と僕は聞いたが、念のため確かめて見ると、やはりその通りだった。しかも、二千トン級ということは、日産能力二千トンということではなく、じっさいには、日産能力は二千五百トンぐらいになるだろうということだったので、二度びっくり。日本にも、英国にも、こういう大きな炉はない。

日商展の開幕式はおとといあったが、日中貿易の前途には、張子の虎が立ちはだかっているので、日本国民が、張子の虎の実力を買いかぶらず、そのおどかしに乗らず、固く團結して、張子の虎たちの政策を打ち破るために立ちあがらなければ、日中両国人民の熱望する経済協力は実現しない。ここで、張子の虎たちというのは、アメリカ政府であり、岸政府であり、蒋介石一家である。その政策というのは中国敵視政策である。日商展開幕祝賀の宴会で、何か一言話せということだったので、僕は挨拶のなかに次のことをはさんだ——この展覧会が将来、中国の全土で催されることを心からねがっています。そして、一日も早くこれが台湾省で開かれることを特に熱望します……。

日本国民が、日本の国策として、中国の台湾解放に、高らかな声援を送るようにしなければ、日中友好とか、日中交流とか言っても、それは上っ面だけの空念仏に過ぎない。

多快好省の合言葉

（六月二十日）

中国人ぐらい合言葉をつくることのうまい国民はあるまい。合言葉は、中国人の活動のなかに、中国の前進のなかに、ぴちぴちと躍っている。

このごろ、新聞にも、街にも、デモ行進のプラカードにも、多快好省の四字が目につく。「もっと多く、もっと速く、もっとよく、もっと無駄なく！」という意味で、中国の社会主義建設に誰がとるべき基本的態度を示している。

いい例は、十三陵のダム建設だ。

十万人以上の人がテントや、あんぺらの囲いに寝起きしながら働いている。だいたい、第三次五カ年計画に予定されていたものを、今年のはじめからはじめて、もうあまり日のない、出水期以前にやりあげてしまうというのだから、痛快にちがいない。労働は義務労働だ。義務労働というと、日本では、あやまって強制労働と受けとられるかも知れないが、ほんとうは、自分から進んで社会主義建設にささげる労働なのだ。毛主席、朱徳副主席、劉少奇委員長、周恩来総理はじめ、共産党と政府の指導者たちも、それぞれ義務労働者の一人となって、十万人にまじってスコップをにぎり、バイスケをかついだと、新聞は写真入りで報道している。周総理はじめ国務院の副総理、部長らは数日間ここではたらいた。

指導者と大衆とが、ほんとうに信頼しあっている姿は美しく、うらやましい。これだから仕事はますます速く、よく進む。

陳毅副総理のレセプション

（八月四日）

昨晩は、七月十六日から一週間ストックホルムで開かれた「軍縮と国際協力のための世界会議」への代表で、北京に来ている各国の人びとのために陳毅副総理兼外交部長のレセプションがあった。

ストックホルム会議といえば、平和問題関係のいままでの国際会議で、中国が今度ほどはっきりと原則を示し、積極的な態度を見せたことはない。そういう意味で郭沫若さんの演説は重要であり、画期的なものだ。平和運動の目的は、侵略戦争をふせぐことだから、大切なのは、侵略戦争の根本原因をつきとめ、これを根だやしにすることである。そして、その根本原因は何かと言えば、帝国主義であり、それの一つの現われである植民主義だ。したがって、平和運動のいちばん大きな役割は、帝国主義と闘うために、諸国民の闘の團結を固くすることにある。今日、「東風」はますます「西風」を圧倒する情勢にある。これは、社会主義諸国の政策が本質的に平和政策である事実から考えて、平和運動のために有利な条件である。

中国は平和を政策とする国であり、中国人民は平和を熱望している。だが、アメリカ帝国主義の脅かしを恐れないし、そのしかけて来る侵略戦争を恐れはしない。郭さんは、だいたいこういうことを中心として、中国の平和にたいする熱意を強く語った。ストックホルム会議は、おりから米英の中近東出兵が起ったこととて、はからずも、帝国主義、植民主義に反対し、民族の独立を支持する会議となった。その中で、中国代表團のはたした指導的役割は大きかつ

北京の住居で一家だんらんの筆者

新中國の佛教十年間

趙樸初

北京解放後まもない一九四九年の五月に、北京市人民政府は、市内の寺院と仏教文化財を保護する旨の布告を出しました。これも、いまから見るなら、また当時のいろいろな大きな事柄とくらべるなら、それほどの出来事とはいえないかも知れません。しかし、仏教徒としてはじめて中国共産党の宗教政策の一端にふれたときのわたしたちのよろこびは、容易に想像していただけると思います。同年の七月一日（中国共産党創立記念日）の前夜には、上海の中国共産党と人民政府の指導者の方がたが上海解放後初の盛大な招待会をもよおして、上海各界の人士を招待されましたが、そのときには圓瑛法師、持松法師、黄涵之長老など仏教界の著名な方がたもまねかれて出席しました。当時はじめてこうした招待を受けた仏教徒の気持がどんなものであったか、これも十分想像していただけると思います。同年の九月には、周恩来総理が中国人民政治協商会議全国委員会の委員の方たちを宴会に招待されましたが、これにはわたしも招待をうけました。わたしはそのとき、こんなに大勢の人の宴会では、とくにわたしだけに精進料理を準備していただくというようなわけにはとてもゆくまい、と考えていました。ところが、宴会場の受付のところで記名していると、一人の接待役の方がそばへ来られて、「趙樸初先生でいらっしゃいますか。精進料理を準備してございますからどうぞこちらへ」と言って、わたしを特に準備されたテーブルに案内してくれました。わたしはその時ひどく胸をうたれました。宗教上の信仰にもとづく個人の習慣といったこまかなことまで、これほど周到に気を配っていただけるとは夢にも思っていませんでした。わたしはその晩、わたし一人のために準備して下さった料理を紙切れにひとつひとつ書きとめ、今日まで十年間大切に保存しております。ほんのささいな事であればあるほど、それを通して政策の精神とその徹底ぶりがうかがわれるというものです。わたしが献立を書きとめたことは、決してわたし個人の異常な体験を記念するという、単にそれだけのためではありません。

御存知のように、宗教信仰の自由は、一九四九年に中国人民政治協商会議で採択された共同綱領のなかにはやくも明文でうたわれ、一九五四年に発布された中華人民共和国憲法では、一つの条項として定められています。こうした法の上の条文は、具体的にはどのように実施されているでしょうか。これについて一つの例をあげてみましょう。もともと北京の西山には、一〇七一年にたてられた遼時代の仏牙舎利塔がありましたが、この塔は一九〇〇年に帝国主義の八国連軍の手で破壊されました。こうして、仏牙舎利塔の再建は、中国仏教徒の長年来の念願となっておりましたが、それが人民政府の大きな援助でついに実現したわけであります。金碧燦然たる、荘厳な十三重の塔が、近く西山で落成することになっていますが、この塔には、わが国にある仏牙舎利と各地からおくられてくる仏舎利をはじめ漢族、蒙古族、チベット族、タイ族など各民族の仏像、経典、仏具が納められることになっています。全国各地の仏教徒はこの塔の建立を心から喜んでいます。

この十年間に、わたしはいろいろな外国の友人の方々にお会いしましたが、仏教徒の方も、仏教徒でない方も、いちように宗教信仰の自由について熱心にたずねられました。そんなとき、わたしはいつもいろんな事実をお知らせしたことでした。たとえば、あちこちの名山名刹で、長年修理されずにほったらかしにされていたり、戦争中に破壊されたりしたものもいまは政府の手でぞくぞく修理復原されているということや、有名な聖地の五台山や峨嵋山の名の知れた祖師道場、達磨禅師の少林寺、玄奘法師の大慈恩寺、ツォン・カ・パ喇嘛のダール寺、北京の広済寺、雍和宮、法源寺、南京の毘盧寺、上海の玉仏寺、広州の六榕寺、昆明の

1955年10月からしばらくビルマの寺院に奉安されていた佛牙は、1956年8月ふたたび中国に迎えられ、昆明の圓通寺で盛大な佛牙奉迎式がおこなわれた。

5

明した。

石橋湛山先生は、以上に関連して、日本の現状と現存の国際関係には満足することの出来ない点があり、最大の努力をつくして、一日も早くあらためるとともに、その実現を逐次促進すべきであると表明した。周恩來総理はこれに対して歓迎の意を表するとともに、われわれは日本国民が一日も早く上述の希望を達成することをのぞみ、中国人民はこの目標の実現のためになされる日本国民の努力を大いに支持し、日本国民の独立・自由・民主・平和と中立の願望に心から同情をよせるものであるとのべた。

石橋湛山先生は中日両国の政治家および各界人士の接触をふやし、率直に意見を交換することによつて、相互の理解と友好を増進すべきであると提案した。

周恩來総理は石橋湛山先生の御來訪が相互間の理解を深めるために有益であつたと語つた。中国政府と中国人民は過去と同様に中日友好に誠意のある日本の政治家および各界人士が中国を訪問することを歓迎するとのべた。

周恩來（署名）
石橋湛山（署名）

一九五九年九月二十日　北京において

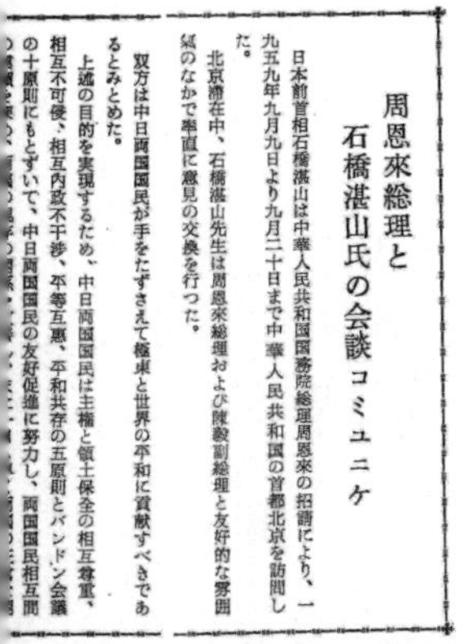

周恩來総理と
石橋湛山氏の会談コミュニケ

日本前首相石橋湛山は中華人民共和国国務院総理周恩來の招請により、一九五九年九月九日より九月二十日まで中華人民共和国の首都北京を訪問した。

北京滞在中、石橋湛山先生は周恩來総理および陳毅副総理と友好的な雰囲気のなかで率直に意見の交換を行った。

双方は中日両国国民が手をたずさえて極東と世界の平和に貢献すべきであるとみとめた。

上述の目的を実現するため、中日両国国民は主権と領土保全の相互尊重、相互不可侵、相互内政不干渉、平等互惠、平和共存の五原則とバンドン会議の十原則にもとずいて、中日両国国民の友好促進に努力し、両国国民相互間

7

6

1959

中华人民共和国成立 10 周年，北京标志性建筑成为对外介绍的亮点。《人民的殿堂——人民大会堂》一文介绍了用极短的时间克服重重困难建成的人民大会堂及其在中国政治生活中的功能（12 月号，见图 1）。

十年来，中国的宗教得到了怎样的保护和发展？读者非常关切这个问题。在这方面最具权威的赵朴初撰文《新中国佛教这十年》，很好地回应了日本受众的关切（10 月号，见图 2）。20 世纪 50 年代到 60 年代，中日佛教交流始终是推动中日民间关系发展的重要力量。

友好人士西园寺公一开始他的专栏《我的中国日记摘发》，从一个常年生活在北京的日本人视角，将他所观察到的新中国日常细节介绍给日本读者（1 月号，见图 3）。他们一家人的照片让人感到温馨。他的长子西园寺一晃继承了他的事业，今天仍然在为中日关系健康发展而努力。

20 世纪 50 年代末，中国电影走向成熟，新片介绍专栏随时推出电影新作。赵丹主演的《林则徐》反映了鸦片战争的题材，在日本也引发了关注（11 月号，见图 4）。

妇女儿童题材深受读者关注、喜爱。采用喜迎丰收的妇女儿童形象的封面，体现了对粮食丰产丰收的憧憬（1 月号，见图 5）；而画页《热闹的星期天》则反映了四季青人民公社女社员们意气风发的周末业余生活（4 月号，见图 6）。

这一年九月，应周恩来总理邀请，日本前首相石桥湛山访华，双方发表会谈公报，表示要在万隆会议精神的基础上促进两国人民友好，推动两国恢复邦交正常（11 月号，见图 7）。

毛沢東主席談

日本の独立と自由は大いに希望がある

毛沢東主席、周恩来総理は六月二十一日、上海において野間宏氏をはじめとする日本文学代表団と会見し、友好的なふん囲気のうちに、うちとけた談話をかわした。

毛沢東主席は、アメリカ帝国主義とその日本における代理人に反対し、民族の独立と民主、自由を要求する日本国民の勝利の闘争は、アメリカ帝国主義の侵略に反対し、世界の平和を守る中国人民と世界人民の闘争にとつてきわめて大きな支持である、と指摘した。

毛主席はつぎのようにのべた。過去数年間にくらべて、日本国民の自覚はひじように大きな高まりをみせており、げんざい広範な日本国民大衆はすべて、アメリカ帝国主義が、中日両国人民と平和を愛し正義を堅持する全世界人民の共通の敵であることを認識している。こんどの闘争は、その規模の大きさ、範囲の広さおよび持続した期間の長さから言つて、いぜんには想像しがたいものであつた。日本国民はすでに当面の状況のもとで新しい「日米安全保障条約」に反対し、アメリカの軍事基地に反対し、アメリカ帝国主義の侵略勢力を追い出す良い方法をみつけ出したようである。それはつまり、アメリカ帝国主義とその代理人をのぞくもつとも広範なすべての力を結集して、アメリカ帝国主義とその代理人にたいする全国民的な大衆闘争をすすめるということである。

野間宏団長はつぎのようにのべた。労働者を中心とする数百万の日本国民が参加した六月四日の全国的ゼネストは、日本国民の独立、民主をめざす闘争がすでに新たな段階にはいつたことをしめしている。アメリカ帝国主義とその日本における代理人に反対する日本国民の力はすでに団結しており、この闘争は絶対にとどまることなく、ひきつづき前進し、発展するであろう。

毛主席はまた、日本のような偉大な民族が長期にわたつて外国人の支配をうけるとは信じられない、とのべた。主席はこう見ている。日本の独立と自由は大いに希望がある。「日米安全保障条約」を廃棄し、アメリカの軍事基地を撤廃してはじめて、日本の独立と平和は保証される。

毛主席は、勝利は一歩一歩とえられるものであり、大衆の自覚も一歩一歩と高まるものである、と指摘した。毛主席は、日本国民が反米愛国の正義の闘争のなかでいつそう大きな勝利をかちとることを祝つた。樺美智子さんの英雄的な犠牲にたいして、毛主席は尊敬の意をあらわした。主席は、樺華智子さんは全世界にその名を知られる日本の民族的英雄になつた、とのべた。

最後に、野間宏団長と代表団の全員は、毛主席と中国人民の日本国民にたいするきわめて大きな支持にたいし、心からの感謝とよろこびを表明した。

会見のさいには上海市長柯慶施氏が同席した。

日本の平和人士西園寺公一氏も会見に参加した。

（新華社六月二十四日上海発）

— 4 —

3

中国人民は日本国民の愛国正義の闘争をだんこ支持する

毛沢東主席は五月十四日午後、武漢において、日中友好協会訪華代表団、日本労働組合総評議会訪華代表団、日本医学代表団、日本の労働運動の有名な活動家高野実氏および日本のジャーナリスト、ならびにキューバ学生代表団、ブラジル・ラジオ＝テレビ放送関係者代表団、アルゼンチン文化代表団と会見した。

毛主席はまず日本、キューバ、ブラジル、アルゼンチンの友人たちの中国訪問に歓迎の意を表した。毛主席は日米軍事同盟条約に反対する日本国民の闘争にたいして関心を表明した。主席はつぎのようにのべた。

新しい日米「安全保障条約」は日本の広はんな国民を抑圧するためのものであり、中ソを敵とし、アジアの人民を敵とする侵略的な軍事同盟条約である。それはアジアと世界の平和にたいする重大な脅威であり、同時にまたかならずゆゆしい災難を日本国民にもたらすであろう。中日両国人民とアジアの人民および全世界の平和を愛する人民はすべて日米軍事同盟条約に反対すべきである。

毛主席はつぎのようにのべた。アメリカ帝国主義は中日両国人民の共通の敵であり、アジア、アフリカおよびラテン・アメリカ人民の共通の敵であり、全世界の平和を愛する人民の共通の敵である。帝国主義は多くの国ぐにでその手先を養成しているが、これらの手先はその国の人民によろこばれていない。日本の岸信介政府はつまりそうした政府である。日本自由民主党の見識をもつ愛国の士もまた、岸信介の反動政策にたいして不満をあらわしている。目下、日本国民は壮大な規模をもつ闘争をくりひろげて、日米軍事同盟条約に反対している。日本国民は、日米軍事同盟条約に反対する闘争のなかで、日に日に自覚が高まり、自覚をもつ人がますます多くなつている。毛主席はつづいてつぎのようにのべた。日本国民の前途はひじように有望である。中国人民は過去、現在、将来を問わず、日本国民の愛国正義の闘争をだんことして支持する。キューバとラテン・アメリカの人民は日本国民の闘争を支持しているし、日本国民もまたキューバとラテン・アメリカの人民の闘争を支持している。

毛主席はつぎのようにのべた。さいきんアメリカはU－2型機をソ連に侵入させて、スパイ活動をおこなわせたが、ソ連に撃墜された。ソ連人のやつたことはひじように正しい。この事件は、アメリカ帝国主義がにせの平和の看板のもとですすめている侵略戦争準備の本来の姿をまたもやあばき出すものであり、帝国主義にたいしては実際的でない幻想をもつべきではないという真理を、さらにすすんで全世界に証明したものである。かつて一部の人は、アイゼンハワーをひじように平和を愛する人であるかのようにいつていたが、わたしはこれらの人がこうした事実のなかから目覚めることができるようにとのぞんでいる。

毛主席はこう言つた。われわれは首脳会談の開催を、この種の会談の成果の有無と成果の大小にかかわりなく、支持する。だが、世界平和をかちとるには、おもに諸国民の断固たる闘争に頼らなければならない。

毛主席はまた、アジア、アフリカおよびラテン・アメリカの民族民主運動が日ましに高まつていることについても話した。毛主席はこう言つた。帝国主義がもつともおそれているのはアジア、アフリカ、ラテン・アメリカ人民の自覚であり、世界の諸国民の自覚をおそれている。われわれは団結してアメリカ帝国主義をアジア、アフリカ、ラテン・アメリカからその古巣へ追いかえさなければならない。

日本、キューバ、ブラジルおよびアルゼンチンの友人たちは毛主席の会見とうちとけた談話に感謝するとともに、一致団結して帝国主義に反対し、民族民主闘争の勝利をかちとることを表明した。

最後に、毛主席は盃をあげて世界人民の団結を祝い、日本国民の勝利を祝い、ラテン・アメリカ人民の勝利を祝い、世界諸国民の勝利を祝つた。

— 6 —

全面的軍縮をめざす第六回原水爆禁止世
中国代表団全員は、1万名の代表に手をふ

した外国代表は、八月一日、長期にわたつて英雄的な闘争を堅持している日本の三池炭鉱労働者と座談会をひらいた。

この座談会で、河野昌幸氏は、独占資本家の「産業合理化」を口実とする大量馘首に反働者の闘争について報告した。かれは「会社側がロックアウトを宣言してから現在まで、三池炭鉱の労働者は百九十日間闘いつづけています。われわれが史上に例のないこうした闘争をつづけることが出来るのは、主と

捨なく襲いかかつてくることを知りました」と述べた。

河野氏はまた、「われわれ労働者の団結が十分に強固であれば、労働者たちは破壊者の企図と警察の弾圧を粉砕することが出来るということもわれわれはよく分かりました」と述べた。

河野氏は最後に、三池の労働者は日本の友と外国の友が期待している勝利をおさめるその日まで、不撓不屈の闘いをつづけますと語つた。

中華全国総工会代表劉寧一氏は、座談会で発言し、三池炭鉱労働者の闘争はかならず最後の勝利をおさめるであろう、なぜならこの闘争は正義の事業のために闘われているからであると指摘し、中国労働者はストライキをおこなつている三池炭鉱る

労働者へ伝えていただきたいと中国代表団に依頼した。

劉寧一氏は、座談会で出された質問に答え、中国の炭鉱業で採用している労働保護政策について具体的に説明した。

五十四歳になる日本の炭鉱労働者は、「わたしはあなた方にお目にかかり、またあなたから興味ぶかいお話を聞くことが出来てひじように光栄と思っています。わたしは自分の生涯を労働者の解放事業にささげる覚悟です」と劉寧一氏に語つた。

全面的軍縮をめざす原水爆禁止世界大会予備会議で、劉寧一氏、重要演説をおこなう

八月二日、全面的軍縮をめざす第六回原水爆禁止世界大会の予備会議がひらかれた。

この会議には、中国、ソ連、アメリカ、インドなど三〇カ国

地から出席した外国代表に感謝を表明した。畑中氏は、戦争勢力がひたすら罪悪活動をすすめ、冷たい戦争をつくり出していることを非難した。

畑中氏は、「しかし、かれらの末日は間近に迫っています。なぜなら、全世界の帝国主義と植民主義に反対する勢力と平和勢力は急速にのびており、戦争政策の遂行者を絶対絶命の境地に追いつめているからであります」と述べた。

第六回世界大会の任務についてふれたさい、畑中氏は、大会は戦争勢力の罪悪活動を暴露し、平和運動のために、世界各国の人民が好戦分子に壊滅的な打撃をあたえうるような政策をうち出すべきであると述べた。

畑中氏は、「世界各国の人民はいま、われわれ東京にあつまってこの任務をはたそうとしている人びとを一心に注目してい

— 33 —

1

歌声はひびく―「東京―北京」
友誼の花はひらく―泰山と富士山に

――中国代表団訪日日誌

日本各界 中国代表団を歓迎

日本労働組合総評議会の創立十周年祝賀大会と第十五回定期大会、全面的軍縮をめざす第六回原水爆禁止世界大会に出席する中国代表団は、劉寧一団長にひきいられ、七月二十九日の夕刻、飛行機で東京に着いた。

代表団は羽田空港で安井郁、岩井章、浅沼稲次郎、袴田里見、畑中政春氏らの日本各界の代表および日本在住の華僑から熱烈な歓迎をうけた。空港の内外は歓迎の人波におおわれ、人びとは旗をふり、「東京――北京」、「団結は力だ」などの歌を高唱した。

日本労働組合総評議会事務局長の岩井章氏は、空港での歓迎会で、まっさきに立ち、中国代表団をこころから歓迎する旨の挨拶をのべた。岩井氏は、およそ平和と民主主義を熱愛する日本国民はすべてみなさんの来訪をこころからお待ちしていました……日本国民は中国代表団を迎えるためにねばりづよくたたかってきたと述べ、日本国民は中日国交正常化のためにこんごとも努力すると語った。

日本原水爆禁止協議会理事長安井郁氏、日本社会党委員長浅沼稲次郎、日本共産党中央委員会幹部会員袴田里見の諸氏は歓迎会で挨拶をのべ、中国代表団にたいする熱烈な歓迎を表明し、日本国民の日米軍事同盟条約反対闘争にたいする中国人民の支持に感謝を表明した。

東京華僑総会会長甘文芳氏は、日本在住の華僑を代表して、祖国人民のおくった代表団の訪日を心から歓迎すると語った。

劉寧一団長は空港で挨拶を述べ、「中国代表団は六億五〇〇〇万中国人民の日本国民にたいする深い友誼と世界の平和をまもるゆるぎない確信をたずさえて東京へ参りました」と語った。劉寧一氏は、中国代表団を日本に招請した日本労働組合総評議会と日本原水爆禁止協議会の諸先生ならびに日本各界の友人たちに心から敬意を表した。

劉寧一団長は空港で記者会見を行ない、日本国民が日米軍事同盟に反対する愛国正義の闘争のなかでおさめた大きな成果とアジアの平和事業への貢献について、かさねてこれを強調した。

総評第十五回定期大会で劉寧一氏祝辞をのべる

劉寧一、陳宇の両氏は、七月三十一日、招きをうけて日本労働組合総評議会第十五回定期大会に出席した。大会で、劉寧一氏は嵐のような拍手をあびつつ祝辞をのべた。

劉寧一氏はつぎのように述べた――この一年あまりのあいだに、三七〇万の会員を擁する総評およびその傘下の産業労働組合は平和を愛する広はんな日本の国民とともに英雄的な持続的な闘いをすすめ、一連の大きな勝利をおさめた。日本国民の広はんな抗議運動は日本軍国主義を復活させる米日反動派の既定計画をくるわせ、アイゼンハワーの「訪日」を阻止し、岸内閣を退陣させ、アメリカをしてU―2型スパイ機の日本退去を宣言するの已むなきにたちいたらしめた。これは日本の労働者階級と広範な日本国民がおこなった全国民的な大衆闘争の勝利であり、アジアと世界の平和を守るうえの偉大な貢献である。

劉寧一氏はつぎのように述べた――この偉大な闘争のなかで、日本の労働者階級は自己の模範的な行動と戦闘的な手本をしめすことによって、日本の各階層の人びとをうごかし、これと団結してかつてみられない幅のひろい大団結をつくりあげ、独立、民主、平和、中立をめざす日本国民の勝利の道をきりひらいた。日本の労働者階級は終始反米愛国正義の闘争の先頭に立ち、またこの闘争のために最もすぐれた貢献をした。

劉寧一氏はつぎのように述べた――全世界人民の正義の闘争は互いに支持しあうものである。兄弟である日本労働者の愛国正義の闘争は全世界の平和擁護、侵略戦争反対の正義の事業を支持するものであり、他方、ソ連を先頭とする社会主義諸国の勤労人民もまた一致して日本労働者階級の英雄的な闘争を支援している。当面の世界情勢は人民に有利であって、帝国主義には不利である。アジアと世界の他の国々の人民もすでに、帝国主義と植民主義にたいする反対、民族独立のかくとく、世界平和擁護の大がかりな強力な大衆運動をまきおこしている。われわれは、全世界人民の支援のもとに、日本の労働者と国民がすすめている新日米「安全保障条約」反対、日本軍国主義復活反対、アメリカ軍事基地撤廃、独占資本の搾取と圧迫にたいする反対、民主的権利獲得の闘争がかならずさらに大きな勝利をかちとるものと確信している。

三池炭鉱労働者代表団との座談会に出席

総評第十五回定期大会に列席

— 32 —

5

日米軍事同盟にだんこ反対！

日本国民への公開状	郭沫若
日本国民の正義の闘いをあくまで支持します	李德全
おごそかな国際協定の破壊を許さぬ	周鯁生
日本歴史のもつとも灰色の一頁	翦伯贊

日本国民への公開状

郭沫若

日本の友人の皆さん！ 日本の青年の皆さん！

岸信介氏はあなた方にそむき、逃げるようにしてアメリカへゆき、あなた方がだんこ反対して知られる日米「安全保障条約」に調印しました。わたくしはこれにやる方ない憤りを感じるものであります。

わたくしは青年時代と学生時代を日本ですごしました。それだけに、日本の国民、日本の学生、日本の青年の愛国の情と正義感についてはよくわかっているつもりです。あなた方の憤りはわたくしのそれよりいく層倍もはげしいことと思います！

一九五五年に、わたくしは日本を訪れ、いたるところでアメリカの軍事基地を目にしました。美しい富士の山さえアメリカ軍の射撃場になっていました。このありさまを誰が耐え忍ぶことが出来るでしょうか？

売国奴と帝国主義者の口にする「相互協力」とか「安全保障」とかは、何を意味するものでしょうか？ 全世界の人びとはみなその意味をよく知っています。

あなた方がだんここれに反対されているのは、まったく正しいことです。全中国の人民があなた方を支持し、全世界の平和を愛する人びとがあなた方を支持しています。あなた方がこの条約を反古にし、屑籠に投げすてるまで努力をかさねられることをわたくしは切望するものであります！

岸信介氏がアメリカ帝国主義とグルになっているのは、まったくの時代錯誤であります。これは、日本の国民、日本の青年にたいする侮辱であります。あなた方は岸信介氏のことを「売国首相」と呼んでおられるが、これはまったく公平なことだと思います。ところで、この「売国首相」があなた方の祖国をいとも手軽に売り渡すのをあなた方は黙視することが出来るでしょうか？ あなた方が絶対にそれを許さないものとわたくしは信じています。日本は日本国民の日本であって、岸信介氏の日本ではないのであります。岸信介氏はもはや日本人ではないと言ってしかるべきであります。

岸信介氏はアメリカ帝国主義を頼りになる山にしていますが、実のところこの山は氷山にすぎません。岸信介氏がアメリカで調印したその翌日に、ソ連は太平洋に向けて多段式の弾道ロケットを発射し、ものの見事に予定の地点に命中させました。これはまったくよい対照であります。こんにち、侵略戦争でうまい汁を吸おうと考えるものがいれば、それは正気を失った気ちがいだといわなければなりません。そんな人間は自ら己が墓穴を掘るだけであります。

日本国民は勤勉であり、勇敢であります。わたくしは日本を愛し、日本の国民を愛しています。わたくしは、日本国民が自己の運命をその手中ににぎり、全人類とともに進歩し、人類の進歩をうながすことを望んでやみません。しかし、わたくしは、日本と日本国民が「売国首相」と帝国主義の犠牲品になることを望まないものであります。

日本の友人の皆さん、日本の青年の皆さん！ わたくしは、あなた方が最後まで闘いぬくことを信じています。正義はあなた方のものであり、勝利もまたあなた方のものであります。人民こそ歴史の創造者であり、人民こそ公正な裁判官であります。全世界の人びとは、アメリカの人民をもふくめて、すべてあなた方を支援するでありましょう。中国と日本の友好をうながし、世界の平和をまもり、人類の幸福を確保するために、われわれはさらにしっかり手をたずさえて、平和と友誼の、生命力にみちあふれた万里の長城をきずきあげようではありませんか！

— 8 —

4

1960

这一年前后，在日本国内，反对《日美安保条约》的斗争正如火如荼。中国共产党和中国政府对日本民众的斗争给予坚定的支持。以《坚决支持日本人民反美爱国斗争》为题的临时增刊随 7 月号杂志送达读者手中（7 月号增刊，见图 1）。木刻作品打通增刊的封面与封底，大气磅礴，具有感召力。

毛主席的谈话《中国人民坚决支持日本人民爱国正义斗争》（7 月号，见图 2）、《日本的独立和自由大有希望》（8 月号，见图 3）连续发表，鼓舞了日本民众的斗志。

郭沫若撰写了题为《坚决反对日美安保条约》的文章（4 月号，见图 4）。刘宁一率领中国代表团，参加日本劳动组合总评议成立十周年大会及主张全面裁军的第六届禁止原子弹、氢弹世界大会，以《歌声响彻北京东京，鲜花盛开在泰山富士山麓》为题进行了报道（10 月号，见图 5）。

团结斗争与文化交流并行不悖。《中国八大人民团体与日本各界十二个访华代表团联合声明》与中岛健藏撰文的《日中文化交流新阶段》刊登在同一版面（12 月号，见图 6）。这一年的 8 月 16 日，中国人民对外文化协会副会长阳翰生与日中文化交流协会理事长中岛健藏发表了《中日两国人民关于文化交流的联合声明》（10 月号，见图 7），包括电影在内的各种文化交流在 60 年代得到更加广泛的展开。像《青春之歌》等电影，杂志介绍之后不久就实现了在日本的上映（4 月号，见图 8）。

这一年的杂志版面与当年的形势紧密呼应，反映了强烈的时代特征。一月号的封面就反映了当时全民炼钢的热情（1 月号，见图 9）。

中日両国人民間の文化交流に関する共同声明

日本中国文化交流協会理事長中島健蔵は中国人民対外文化協会の招請をうけて一九六〇年七月末に中華人民共和国を訪問し、中国人民対外文化協会副会長陽翰笙と中日両国人民のあいだの文化交流に関する問題について親密に話しあい、完全に意見の一致をみた。

一九五九年六月に双方が調印した「中日両国人民間の文化交流に関する共同声明」によつて、両国人民の文化交流は満足すべき発展をみ、両国人民の友誼を増進し、両国人民の文化を豊かにする上に大きな貢献をなした。日米軍事同盟条約の破棄と、アメリカの軍事基地の撤廃を要求し、独立・平和・民主・中立をかちとる闘争のなかで日本国民がおさめた大きな勝利にたいして、中国人民はよろこびを感じるとともに、ひきつづき断固支持する。今後、両国人民の文化交流をさらに発展させるために、双方は、平和共存の五原則とバンドン会議の精神にもとづき、つぎの勢力、すなわち、中国を敵視する政策をとり、「二つの中国」をつくる陰謀をおしすすめ、中日両国間の国交回復を妨げるあらゆる勢力を排除するため、ひきつづきたゆまぬ闘いをすすめていくものである。

双方は、中日両国人民の文化交流をいつそう強めることが、両国人民の友好団結の願望と合致しており、また両国の文化を発展させるために有益であると考える。日本中国文化交流協会と中国人民対外文化協会は、以上の共通の信念にもとづき、つぎのような諸項目の文化交流と友好往来の実現のために協同して努力することに同意した。

（1）中国人民対外文化協会および中国の関係各文化団体は、日本学術代表団、日本文学者代表団、日本シナリオ作家代表団、日本漫画家代表団、日本美術家代表団、日本書道家代表団、日本青年文化活動家代表団、日本写真家代表団および文化界の個人が中国を訪問するよう招請する。

（2）中国人民対外文化協会は、中国公演のために、日本の合唱団を招請する。

（3）日本において、中国労働者農民画展覧会、中国漫画・版画展覧会、中国児童画展覧会、中国写真展覧会、中国書道展覧会を開催する。

（4）中国において、日本美術展覧会、日本写真展覧会、日本書道展覧会を開催する。

（5）日本中国文化交流協会および日本の関係各文化団体は、適当な時期に、中国文化代表団または芸術公演団体を、訪問もしくは公演のために、日本に招請する。

（6）そのほか、その他の文化・芸術・学術・体育の交流と友好訪問について、双方はひきつづき密接な連絡をとつて協議し、双方の同意のもとに実施する。

中国人民対外文化協会副会長　陽翰笙
日本中国文化交流協会理事長　中島健蔵
一九六〇年八月十六日

天然色映画

青春の歌

北京映画製作所製作

↑ 共産党の地下活動家盧嘉川は、関内に流亡してきた学生たちに団結して抗日救国の闘いに起ち上がり、民族の危機を救うよう呼びかける。

→ 封建地主が農民を残酷に搾取する様を見て、林道静（右）ははげしい憤りをおぼえる。

↑ 林道静（右）は獄内で不屈の共産党員林紅（左）から革命の話を聞く

→ 林道静（中）は共産党に入党し、はつきりと革命の道にふみきつて行つた。

→ 北平の学生たちは「一二・九」大デモを決行した

9

第二章

1961—1970年 风格调整与经历转折时期[1]

1 在创刊10周年之际，根据廖承志等人的指示，通过访日调研，《人民中国》进行了编辑方针与读者定位的重大调整，内容与版面都焕然一新，迎来1963—1966年上半年第一个短暂的杂志发展黄金时期。60年代中期之后，尽管经历剧烈的转折冲击，但《人民中国》已经形成的独特做法还是得到了一定程度的保留与延续，摄影报道方面甚至还取得了一些突破性进展。

第一节

1961—1963年度点评

世界卓球史の新しい一頁

第26回世界卓球選手権大会は、1961年4月5日から14日まで北京でひらかれた。写真は4月4日にもよおされた開会式の盛况。　撮影　鄭光華

人民中国
1961
6

1

中国婦人代表団は先般日本新劇団の一員として中国を訪問された俳優座の岸輝子さんから、花たばをいただいた。中央は団長の許広平さん（4月9日）。

断

いの成果です」と、この短い言葉のなかには、ゆたかな内容がふくまれています。中国婦人代表団は、もともと一九五八年の春に、招きをうけて日本を訪問することになっていたのです

りました。そして最近の一年あまりの間に、日本人民の皆さんは日米「安保条約」反対を中心とする愛国・正義の闘いをくりひろげてこられましたが、中日両国人民はお互いに支持しあい、お互いに励ましあい、中日人民の友好関係は一つの新しい段階に発展しました。中国婦人代表団の訪日要請の発起団体となる民主団体の数はますます多くなり、ついには三七団体となりました。わたしたちの歓迎のためにひらかれた大衆集会でも、座談会でも、あるいは個別的な接触のなかでも、おおくの日本の婦人と友人の皆さんは、アメリカ帝国主義とその追随者が日本を侵略戦争の策源地にしようとしている態度にあくまで反対し、決して過去の歴史をふたたびくりかえさせはしないということをかさねがさねのべておられました。日本の婦人や友人の皆さんは、日米「安保条約」に反対する日本人民の闘いのなかで中国人民があたえた大きな支持に感激しておられました。大勢の方がたが、どのように

のような励ましをうけたかをわたしたちにお話しして下さいました。仙台で、わたしたちは魯迅記念碑の除幕式に参加しましたが、この式への参加者は、二〇〇人の予定であったものが実際には五〇〇人をこえるという有様でした。記念碑は仙台の青葉山の麓にたてられています。わたしたちは、第二次世界大戦当時には、そこは日本帝国主義の侵略軍の兵営であり、弾薬庫であった所だと聞きました。今日、その場所をえらんで魯迅記念碑をたてたということは意義深いことに思われます。これは中日人民の友好の新しい里程標であり、中日人民の永遠の団結と友好のシグナルです。

中日国交回復の要求

この度の訪問中に、わたしたちは、中国人民との友好、中日国交回復の要求が、すでに広はんな日本人民の一致した声となっていることをこの目で見て参りました。日本人民は、日本の反動派がアメリカに追随して、中国を敵視し、「二つの中国」や「一つ半の中国」をつくりあ

関係改善のための三原則にもとづいて中日友好を語らねばならないということをはっきりと語っておられました。三月二十一日、わたしたちがアメリカの空軍基地のある岩国を訪問した際、この町の婦人や各界の皆さんは、わたしたちを本当にこころからもてなして下さり、夜にはまたわざわざ参加者一〇〇〇人の市民大会をひらいてわたしたちを歓迎して下さいました。そしてこの歓迎大会では、日本当局に、中国敵視政策を放棄し、「二つの中国」をつくる陰謀に参加しないことを要求し、日中友好関係の強化と日中国交回復を要求し、[illegible]を中国とアジア侵略の基地にすることに反対する決議が採択されました。その後、広島、大阪、神戸、京都、名古屋などの都市を訪問した時にも、わたしたちを歓迎し、日中国交回復を要求する大衆集会で、これと似通った決議がなされました。日本全国各地の中日友好団体、日中国交回復を要求する決議文は、いくつかのコースに分かれて、町から町へとおくられて来ましたが、日

— 51 —

中国人民対外文化協会と日本中国友好協会訪中代表団の共同声明

アメリカ帝国主義は中日両国人民の共同の敵である。アメリカ帝国主義に反対する闘争のなかで中日両国人民がうちたてた戦闘的友誼は、いかなる力といえども破壊することのできないものである。中日両国人民間の大衆諸団体および文芸、学術、体育など広範な交流をひきつづき強め、貿易三原則にもとづく経済交流を活発にすべきである、と双方は一致して認めた。

日本中国友好協会訪中代表団宮崎世民団長以下十名は、日中国交回復運動と日中友好運動が、日本人民の手によって全国的にもりあがりつつあるさなかに、中国人民対外文化協会の招きをうけて、友好訪問のため、四月二十六日以来、中華人民共和国をおとずれ、北京のメーデー行事に参加するとともに、各地を参観した。この間に、中国の関係諸方面と接触をおこない、中国人民対外文化協会と、当面の国際情勢ならびに、中日両国関係の諸問題について、友好的な会談をおこない、完全に意見の一致をみた。

中国人民対外文化協会（以下中国側と略称）は、近年来、日本中国友好協会によって、日本人民の間に広く展開された日中国交回復運動と日中友好運動に感謝するとともに、日本の広範な人民の間からおこされたこのような運動こそ、中日両国の真の友好の基礎であると表明した。中国側は、ここ二年あまりの間に全世界をゆり動かした日本人民の新日米「安保条約」反対の闘争は、帝国主義と植民地主義に反対するアジアと世界各国の人民の闘いに限りない励ましをあたえ、アジアと世界の平和を守る上にきわめて大きな貢献をするとともに、日中友好運動をさらに一歩大きく前進させたと考えている。中国側は、日本人民の独立、民主、平和、中立をめざす闘い、アメリカ軍事基地の即時撤去を要求し、日本の軍国主義化に反対する闘いに対して、あらためて、深い共鳴と断固たる支持をよせるものである。

日本中国友好協会訪中代表団（以下日本側と略称）は、中国人民が総路線、大躍進、人民公社の三つの柱によって社会主義建設を進め、また、二年来の自然災害によってもたらされた一時的な困難を、自力で成功裏に克服しつつあることに深い感銘をうけた。

双方は一致してつぎのように認めた。アメリカ帝国主義は、武力をもって中華人民共和国の領土である台湾を強制占領し、また日本の領土である沖縄を占領している。アメリカの新大統領ケネディは、就任後、このような状態をひきつづき保ってゆくとなにはばかるところなく公言している。こうした事実は、アメリカ帝国主義が、中日両国関係改善の主な障害であり、アメリカ帝国主義が中日両国人民の共同の敵であることを完全に証明するものである。

最近のコンゴ、ラオス、キューバに対するケネディ政府の露骨な武力干渉と侵略は、アメリカ帝国主義の侵略的正体をいっそうあからさまに暴露した。この事実は、ケネディ政権に対し、幻想を抱き希望をもっていた一部の人々の間にすら、失望と幻滅をひきおこしている。いまや全世界の人民は、アメリカ帝国主義を世界平和の最大の敵として一致して糾弾している。

中国側はつぎのように指摘した。アメリカ帝国主義は、ますます露骨に「二つの中国」をつくる陰謀をすすめており、日本反動派はアメリカ帝国主義にそそのかされて、この陰謀実現のための手先となり、また「台湾独立」などという謬論をふりまいているが、これは一握りの日本軍国主義分子の台湾に対する野心を暴露しているものである。中国人民は米日反動派の「二つの中国」もしくは、「一つ半の中国」をつくるいっさいの陰謀活動に断固として反対する。

日本側は、日本政府の中国敵視政策と「二つの中国」をつくる陰謀を粉砕し、「日台条約」を破棄し、日中両国の国交回復を実現するために闘うことが、とくに日本人民のきわめて重要な責任であるとの信念を表明し、また、「二つの中国」をつくる陰謀を粉砕することなくして日中両国の関係を改善することは不可能であることを確認した。

中国側はつぎのように指摘した。日本政府がひきつづきアメリカ帝国

— 54 —

4

日本の友人と劉連仁氏との会見

周敏儀

語り合う大谷瑩潤氏（右）と劉連仁氏（左）

五月二十七日の午前ちゅう、北京飯店のゆったりとした客間で、大谷瑩潤氏と氏を団長とする中国人殉難者名簿捧持団の全員が、かつて日本軍国主義のゆゆしい迫害をこうむった劉連仁氏ならびに日本で難をうけた中国烈士の家族の代表たちと会見した。

劉連仁氏は今年四十九歳だが、一見したところ、同年配の人たちよりもいくらか老けて見える。彼はひどく興奮していた。代表団のなかには、彼が東京にいたころの知人もいて、とりわけなつかしい様子だった。大谷団長は帰国後体の具合はどうか、一家のくらしはどうかとたずねた。日本炭鉱労働組合書記西村祭喜氏は日本炭鉱労働者の挨拶を劉連仁氏につたえた。劉連仁氏はひじょうに感激して何回となく礼をのべた。

大谷瑩潤団長はまごころこめてつぎのように言った。「今日、あなたが体もひじょうに健康でたいへん仕合わせに暮らしておられるのを見て、あなたのことを気にかけている私たち日本人一同安心いたしました。あなたが十余年にわたって日本で受けられた苦しみを思いおこすと、私たちはひじょうにつらいのです。これにたいしては、わたしたちすべての日本人が深く反省しなければならないと思います」大谷団長をはじめ日本の友人たちは、帰国後の様子を話すようにとたびたび劉連仁氏をうながした。

帰国後の幸福な生活

劉連仁氏は一九四四年、日本侵略軍に強制的に連行されて日本の北海道で労役につかされた。劉連仁氏はひどい虐待をうけ、どうにも耐えられなくなって深山に逃げこんだ。彼は山の中で十三年にわたって草木に飢えをしのぎ泥水をすする非人間的な生活をおくった。その後、大谷瑩潤氏の指導する団体やその他の友好団体および日本人民の協力をえて、一九五八年の四月にようやく祖国のふところに帰ったのである。

劉連仁氏は国に帰って三年あまりになる。彼は故郷に帰り、長年別れていた妻子と一家だんらんの日を迎えた。彼が日本に連れて行かれた年に生まれた男の子は、いまではもう十七歳になって、来年は初級中学を卒業する。帰国の翌年には女の子が生まれて、その子が今年は二つになる。

日本軍国主義の迫害をうけ、十数年にわたる非人間的な生活をおくった劉連仁氏は、ひどく健康をそこなわれた。当時は話すことも歩くこともできなければ、精神にも異常をきたしていた。劉連仁氏は、中国共産党と人民政府が彼にたいしてどんなに面倒をみてくれるかを、どんなに深い配慮をくわえ、深い感動をこめて日本の友人たちに語った。彼は天津に上陸し祖国の土をふんだその時から、ゆきとどいた治療をうけた。故郷に帰る途中山東省の中心地済南に着いたさいにもまた、同地の医師の診察と治療をうけた。故郷——高密県井溝人民公社でも同じ配慮をうけた。井溝人民公社の病院では病気の再発をふせ

— 52 —

5

国の友情の絆

日代表団団長　許広平

中国婦人代表団は東京でひらかれた日中国交回復国民総決起大会に参加した。写真は会場からくり出したデモ隊（4月6日）。

中国婦人代表団は、日本の婦人の皆さんの中国婦人代表団歓迎実行委員会のお招きにこたえて、三月十七日から一カ月の間、日本で友好訪問をおこない、日本の婦人と日本人民の皆さんのひじょうに熱烈な歓迎と親切なおもてなしをうけて帰りました。わたしたちは、日本の婦人と日本人民の皆さんに、中国人民のまごころこもる友情をお伝えしましたが、また両国に、わたしたちは、日本の婦人

り、合計二七の都市を訪問しました。行く先ざきの町で、日本の姉妹の皆さん、友人の皆さんは、香り高い花束とまごころからの笑顔と熱烈な拍手によってわたしたちを迎えて下さいました。訪問旅行ちゅう、所によってはわたしたちの乗った列車がわずか一分しか停車しないという所もありましたが、そうしたホンのわずかな時間にも、しばしば大勢の日本の婦人と友人の皆さんが、寒風のなかを、プラ

県をおとずれた時には、一日のうちに、歓迎会、懇談会、招待会、それに参観、座談の交換をあわせると合計一八回もの会や催しに参加しました。わたしたちは、日本の婦人や各界の友人の皆さんと、共同の敵アメリカ帝国主義に反対することから家事のことまで、いろいろなことについて、お互いに心をうちあけて話し合いました。一カ月の間に、わたしたちは六万の日本の婦人や各界の皆さんとうちとけた会見と会談をおこないました。懇談会が終っても、みなさんは熱情的に頬をそめられて、いつかな会場を立ち去ろうとする人もないこともたびたびありました。そしてお別れの際には、どこでも、大勢の日本の婦人の方がたと日本の友人の皆さんが、涙をうか

情と熱情とをもる励ましをうけて大へん嬉しかったとわたしたちにお礼の言葉をのべて下さるのでした。こうしたすべてのことは、うたがいもなく、中日両国の婦人と人民の相互の理解と信頼を大いに深め、中日両国人民の友好関係をいっそう促進しました。

中日両国人民の深い友誼

この度の訪問をつうじて、わたしたちは中日両国人民の友誼がひじょうに深い基礎をもっていることをいっそうしみじみと感じ取ることができました。それは中日両国が地理的にも接近しており、中日両国の間に悠久な歴史的な文化的なつながりがあるためばかりではありません。いな、それよりもっと大切なことは、共同の敵アメリカ帝国主義に反対する闘いのなかで、中日両国人民がすでに戦闘的な友誼をむすんでおり、しかもそうした貴重な友誼がいま日

— 50 —

3

東行散記

趙樸初

奈良の東大寺を訪れた筆者（中）、左は藤井日達氏。

雨中に奈良を訪ねる

東土に来たりて
初唐を睹る
甍々たり楼閣の荘厳の相
風雨殷勤に奈良を訪ねて　徒労なることなかりき
千載同根誼なきを喜ぶ

これは、さきごろ、私が日本で詠じた雑詠の一首である。一九六一年七月二十九日——世界宗教者平和会議閉会後の一日、会議に出席した各国代表は、招かれて奈良を見物した。一千三百年前の中日両国人民の友情と文化のとけあった古都——奈良は、まえまえから私のこころをとらえていたところである。このたびの訪日前に、私はもう三度日本の土を踏んでいるが、こんど京都と奈良を訪れて、はじめてながい文化的伝統をもつ日本に接することができた。京都から奈良へ向かう途中、見渡すかぎりの緑の田畑、白雲たなびく緑の山林、橋のかかる小川のほとりに建つ、竹垣の木造建ての人家などをながめていると、中国江南の蘇州、杭州あたりを旅する思いである。歴史のつたえるところによれば、奈良と京都は、はじめ唐代の都長安を模

奈良の規模はいぜんよりずっと小さくなっている。だが、京都にくらべると、はるかに「懐古の情を起こさせる」所である。自動車は奈良市に入ると、公園のまえでとまった。私たちが公園のなかに歩をすすめると、たちまち数百匹の鹿が駆けよってきて、私たちをとりまいた。主人側は、鹿にやるせんべいを私たちにくばってくれた。これほど人になついている鹿をみたのは初めてである。まず私の心に浮かんだのは、釈迦牟尼仏がはじめて説法したという鹿野苑のことであった。つぎに思い出されたのは、中国古代の帝王の庭園である。そこにも、つねに鹿が飼育されていた。この公園で鹿を飼育しているのは、そうしたことに何か縁があるのかどうか、それは知る由もない。

そのあとで、私たちは、風雨のなかを東大寺と法隆寺をみてまわった。この二つの寺院は、私の心をいちばんとらえたし、いろいろと考えさせてくれた。東大寺は中国の高僧鑑真が紀元七五四年に日本へ渡って戒を授けたところである。有名な奈良の大仏はこの寺内にある。東大寺の確立は鑑真が日本に渡る約十年まえのことであった。鑑真

壇院を設け、多くの建物を増築し、貴重な仏像を数多くつくった。そのほか、大寺院をひとつ建てた。これが唐招提寺である。鑑真は渡日にさいして建築、造仏などの工匠をよくする数百名を同行した。そのため、東大寺と唐招提寺には盛唐時代の建物や仏像が完全な姿で保存されている。残念ながら時間の都合で、唐招提寺を訪れることができなかった。しかし、東大寺だけでも私には十分に見ごたえがあった。法隆寺は、六～七世紀に、聖徳太子が建立した寺である。この聖徳太子は、日本ではひろく尊敬されている人物で、彼はいちばん早く僧侶を中国におくって仏教をまなばせ、日本史上で海外へ留学生を派遣するもといをひらいた。それいらい、日本はたえず中国へ僧侶の留学生を派遣したため、中国の仏教、文物、制度、工芸がひろく日本へ伝えられるようになった。この点についての聖徳太子の功績は否定すべくもない。法隆寺の建物の多くは飛鳥時代のものであり、貴重な文化財が多数保存されている。東大寺と法隆寺で私は多くの文化財をみ、かつて太史公（司馬遷）が孔子廟の建物、車両、服装、礼

京都で大西良慶氏と初対面のあいさつをかわす筆者

器などをみたときのように、「低徊して之に留め、去る能わざる」思いであった。中日両国が文化的にながいつながりと深い血肉関係をもっていることが、ここではっきり証明された。

万里の香花勝因を結ぶ

奈良を訪れた翌日と翌々日に、京都の仏教界は、とくに私たち中国代表のため、比叡山、貴船山、宇治および京都の主な寺々を詣でるための手配をされ、各方面の名士があつまって私たちのために座談会をひらき、盛大な宴をもよおされた。参会者のなかには、大阪や神戸、さらに遠方から出席された方もいた。また、私たちは、大本教の招きで、亀岡の大本教本部を訪れた。この二日間は多忙をきわめたが、それにもかかわらず、いささかくつろいだ感じでもあった。比叡山にのぼって、雨にけむる山のながめをめでたし、山紫水明、花中にさえずる鳥の声などを聞く晴天のながめにも興じた。ここはまさに清浄にして荘厳な仏境である。延暦寺の方丈はコロタイプ版の伝教大師の筆跡を下さったが、大師の書は実に見事なものである。伝教大師は、日本天台宗の始祖であり、日本仏教史上に有名な入唐八家のひとりである。日本の仮名文字は弘法大師（伝教大師とおなじく八〇四年に留学生として入唐し、日本真言宗の始祖）が考えだしたものとされているが、ある人の考証によると、天台宗の僧が考えだしたものだという。私たちは、平等院で、十世紀の建物、壁画、彫刻を観賞した。それは、古代日本の芸術家が中国芸術を吸収しそれを発展させた芸術上の宝である。私たちは、知恩院の廊下で、歩くとうぐいすの鳴く音のように床板が鳴るのを耳にし、中国の古代建築の「響屧廊」を連想した。かつての響屧廊も知恩院の床のように美しい音を出したかどうか、私にはわからない。

私は黄檗山万福寺に一夜泊まった。この寺は、中国の明末の隠元禅師が日本で創始した黄檗宗の道場である。この寺の建物の配置と制度、儀式はまったく明代後の中国寺院のそれを模しているが、中国寺院は一般に南面または東面しているのにひきかえて、この寺院は西面している点がことなる。これは、祖庭である中国を忘れないことをあらわすためである。私は、日本人がささげのことを隠元豆というのを知った。なぜ隠元豆というかといえば、そのタネを隠元禅師が中国からたずさえていったからだという。それは大根漬のことを日本では沢庵というのとおなじことだ。沢庵のつけ方は、中国に留学した沢庵和尚が日本につたえたからである。唐朝の皇帝が黄檗禅師に贈った、「万里の香花勝因を結ぶ」という詩句を思い浮かべた。この句は、両国の黄檗宗のつながりと両国間仏教全体のつながりを正しく表現しているので、私はそれを揮毫して記念に方丈へさしあげた。

要するに、このたびの日本訪問ちゅう、私はゆく先々で、中日両国人民の切っても切れない関係をいっそう強く感じた。日本の先輩や兄弟たちがやさしく、こころから歓迎し、もてなしてくれるたびに、何とお礼をいってよいかわからなかった。日米軍事同盟反対のため、町角に立って道ゆく人びとに署名をもとめた大西良慶長老は、八十七歳の高齢にもかかわらず、私を案内して比叡山にのぼられた。日本山妙法寺の僧をひきいて、軍事基地反対、核武装反対のたたかいをすすめている七十七歳の藤井日達長老は、みずから太鼓をたたいて私たちの旅に随行された。日米"安全保障条約"に反対して自由民主党を脱退された七十二歳の大谷瑩潤長老は、京都から東京まで二度も身をはこばれて私たちを出迎

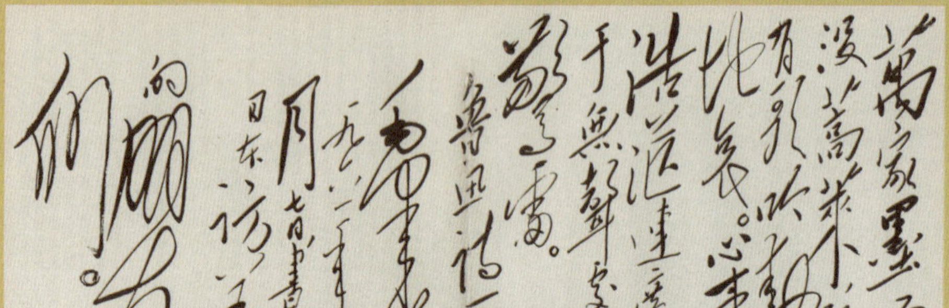

もに闘った自筆の魯迅の詩である。

万家墨面没蒿萊、敢有歌吟動地哀。
心事浩茫連広宇、于無声処聴驚雷。

この詩は「無題」と題したもので、一九三四年五月三十日の作、「集外集」におさめられている。

魯迅がこの詩をつくったころは、ちょうど国民党反動派が革命運動にたいして白色テロを加え、人民を残酷に弾圧し、進歩的な文化には取り締りと殺戮をもってのぞみ、ために人民は生きるに道がなく、国内は一大監獄と化していた時期であった。民族の敵の侵略にたいしては譲歩につぐ譲歩をつづけ、主権をうしない、国威をはずかしめ、うるわしき祖国の山河を敵におもねり売り渡していた。こうした状況のもとで、革命的、進歩的な人びとは、共産党のよびかけにこたえ、つぎつぎに組織をつくり、日本帝国主義と戦い、日本帝国主義に抗して祖国を救うことを要求した。

この詩がつくられた日付から考えて、「五・三〇」①を記念するためのものであり、詩中にはげしい憤りの感情がみちているのは、あきらかにこの詩が時局に感じて詠ぜられたものであることをしめしている。

「万家　面に墨して蒿萊に没す」②は沈痛な冒頭の句ではげしい不満の情をあらわしている。全国の人民は、高に入獄をされて、不幸にあえぎ囚人と同じ境遇におとされ、飢餓の苦しみをなめ、荒野の間に滅喪し、たおれてゆく。中国人民のひとりとして、また一個の作家としての私は、「あえて歌吟の地を動かして哀しむ有らんや」である。この句は、字面から解釈すれば、「どうして、私はこれ以上、高らかに歌を吟じて大地を感動させ、人々の悲しみの心をかきたてることができよう」という意味であるが、さらにそのことばの裏にある深い意味を味わってみるなら、この句の中には反語に託してかぎりない哀しみの情が語られているのを感じとることができる。魯迅がこの句を書いたこと自体がそれを十分物語っているのである。

「心事　浩茫として広宇に連なり」③の句、まのあたり時局の現実をながめ、人民が過去において、また、現に対となっている地下闘争に思いをいたした魯迅の心の中には、茫々として無辺にひろがる広野のようにはてしない感慨が往来した。そこには憤りがあり悲しみがあり、過去への追憶があり、未来への希望があった。これをうけて、「声無き処において驚雷を聴く」の一句がつづく。広はんな人民大衆の声なき憤懣のなかに、偉大な闘士であり詩人であった魯迅は、地下に逼塞している万物をよびさます春雷の鳴りを聴きとることができたのである。この結句は実に力づよく、人々に奮えさせる深い意味をもっている。これは、魯迅の人民の力にたいする信頼と革命がかならず勝利するというゆるぎない信念をしめしたものである。

この詩は、二十七年前の魯迅の思想と感情を偽りなく、えぐりだして表現している。そのころの彼は、マルクス・レーニン主義の旗のもとに立った一個の左翼文化界の巨人であった。この四句の短詩はきわめてゆたかな深い内容をもち、その表現力はひじょうに強い。この詩をよんだものは、ほんとうに身につまされて悲憤の心にうたれるが、またその中に大きな積極的な意味が含まれていることを感じないでおられない。

注
① 一九二五年五月三十日、上海のイギリス警官が中国人民を虐殺した事件をさす。
② 墨面―入墨は古代中国の刑罰の一種。蒿萊は、山野荒野にのびた雑草をさす。
③ 広宇は広い世界の意味。

（詩人　臧克家）

47

私の経験をつうじて
日本軍国主義の犯罪行為をあばく

——「九・一八」事変三十周年を記念して

愛新覚羅・溥儀

読書中の筆者

「九・一八」事変三十周年を迎えて、私は往事をふりかえり、万感こもごもいたる思いです。寛大な処遇と教育、改造によって、新生の道へと私をみちびいて下さった中国共産党、人民政府ならびに祖国の人民に感謝いたします。

こんにち、かつて私が犯した祖国にそむく行為を思うとき、たとえようもない心の痛みとはずかしさを感じます。「九・一八」事変がおこると間もなく、私は日本帝国主義者に侵略占領された祖国の東北地方へおもむき、日本帝国主義にあやつられて偽「満州国」政権をつくり、そのご、操り人形のような「皇帝」になりました。日本軍国主義者が中国を侵略した当時におかした滔天の犯罪行為を回想するとき、私がとりわけ憤激にたえないのは、かつて中国人民、日本人民およびアジアの人民にはかり知れぬ大きな災難をもたらした日本軍国主義勢力が、いままた、アメリカ帝国主義に育成されて復活し、ふたたび頭をもたげているということです！

ですから、私は、ここに自分じしんの経験にもとづき、日本軍国主義の凶悪きわまりない正体とかれらの血なまぐさい犯罪行為を暴露しようとおもいます。

「九・一八」事変はどうしておこったか？

「九・一八」事変はどうしておこったのでしょうか？ 日本軍国主義者は、おのが侵略の責めをのがれるため、当時、中国軍が柳条溝で日本の経営する鉄道線路を爆破したため、やむなく日本軍が「自衛」の手段をとったのだとひたすら言いはっています。

これはなんと恥知らずなたわごとでしょう！ 多くの日本人戦犯は、そのご、その供述のなかで、当時わが国の東北地方を占領することは日本軍国主義者の既定の「国策」であり、いわゆる「柳条溝爆破事件」は日本侵略者が出兵の口実にでっちあげたものにすぎない、とのべています。このことは、私個人の境遇からもよく証明することができます。

まだおぼえていますが、一九三一年の夏、私が天津に住んでいたころのことです。東京で学んでいた弟の溥傑がちょうど夏休みで帰って来ていました。弟は、帰国するまえ、もと天津の日本駐屯軍司令部にいた吉岡安直中佐にまねかれて鹿児島へ遊びにいったところ、別れぎわに、「天津に帰られたら、お兄さんにつたえていただきたい。いまの張学良のやり方は実になってない、やがて何かおこるかもしれぬ、なにとぞ御自愛のほどを祈る、とお兄さんに伝えていただきたい。あなたのお兄さんは前途がない訳ではないのだ」と吉岡安直中佐が意味ありげに語ったと言うのです。いったい何のことだろうと思いましたが、やがて謎はとけました。それから一、二ヵ月後に、「九・一八」事変がおこり、日本軍国主義は東北地方へ出兵したのです。それから間もなく、関東軍司令部の参謀板垣征四郎の腹心である上角利一が、当時すでに日本侵略者に降伏していた大漢奸熙洽の手紙を私のところへ持参し、「さっそく東北地方へ出掛けて、大計を主宰してほしい」とすすめました。つづいて、悪名たかい日本特務の頭目土肥原賢二が、私に「新国家」を主宰させるなどと甘い言葉をつらね、これを餌に私をだまして東北地方へおびき出したのです。「九・一八」事変は、日本軍国主義者が口にするような「偶発的事件」だったでしょうか？ いいえ、決してそうではありません！ これまでのべた事実からも、事変をでっちあげ、口実をつくって出兵し、わ

— 19 —

7

1961

这一年的亮点依然是广泛的民间交往和对日本民众斗争的声援。

第二十六届世界乒乓球锦标赛在北京举办，为中日乒乓球交流创造了条件。6月号以很大的信息量介绍了此次盛会，除了详细报道了周恩来总理接见日本乒乓球代表团并主持欢送他们去地方参观的情况，还通过展示比赛场馆的封面（6月号，见图1）和内文画页（6月号，见图2），对当时的盛况做了详尽的报道。

这一年的版面上还有许广平撰文的《中日两国妇女和人民牢不可破的纽带》（7月号，见图3）、中国人民对外文化协会与日中友协发表的“联合声明”（7月号，见图4）、《日本朋友看望刘连仁[1]》（8月号，见图5）的报道文章、赵朴初参加佛教交流访日活动后撰写的《东行散记》（12月号，见图6）以及爱新觉罗・溥仪撰写的《现身说法揭露日本军国主义罪行》（11月号，见图7）。

10月7日，毛主席接见日本友人访华团，赠鲁迅诗作书法，诗人臧克家对诗进行了解读（12月号，见图8）。

1 刘连仁于战争期间被掳掠到北海道下煤窑，后逃居山中近十四年，最后被当地华侨所救并送回祖国，史称“刘连仁事件”。

1962

人民中国

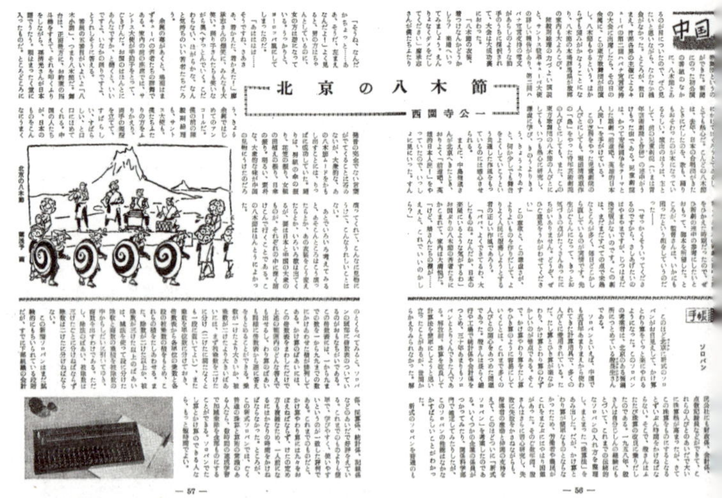
北京の八木節
西園寺公一

中国手帳
ソロバン

— 56 —

— 57 —

共に一江の水を飲まん（中国のデュエット）

八木節（

芸術の華

北京東方歌舞団によるアジア、アフリカ、ラテン・アメリカの舞踊

ギニアのおどり

メキシコのデュエット

歓　喜

団結と友情

第二回アジア・アフリカ作家会議をふりかえって

茅　盾

会議に参加した中国作家代表団。前列左端は茅盾氏。

二月のカイロはひよりつづきで、風物もすばらしかった。ナイル河を見おろすシェパードス・ホテルには、世界各地からきた旅行者があふれていた。ホテルの屋上からは、ナイル河をまたぐ大橋やナイル河両岸の高層建築が一目にみわたせたが、そうした近代的な建築物のはるか向こうには、遠く、かすかに、しかしくっきりと、三つのピラミッドが地平線にそびえ、人びとの思いをふいに数千年も昔に引きもどし、懐古の情をかきたてるのだった。

長い歴史をもつこの有名な都市が、こんにちでは風雲を呼ぶ都市として有名になった。とりわけ、ことしの二月中旬の出来ごとは、将来歴史家の特筆するところとなろう——第二回アジア・アフリカ作家会議が、ことしの二月十二日から十五日まで、ここで盛大にひらかれたのである。アジアとアフリカの四五カ国からきた二〇〇余名の作家と、キューバやドイツ民主共和国など十数カ国からきたオブザーバーが、カイロで一堂に会し、互いに関係ある共通の問題を討議したことは、古今未曽有のことであった。また、アジア、アフリカ諸国の作家代表がほとんどホテル・アトラスにとまったことは、まことに象徴的な意味あることのように思われた。ギリシャ神話のアトラスは地球をかたにかついで走ったが、こんにち目ざめたアジア、アフリカの人民も、そのかたに大地を背負ってつきすすんでいる。そして、目ざめたアジア、アフリカ人民の発言者であるアジア、アフリカの作家たちも、人民とともにきびしい、神聖な、かがやかしい任務をになっている。このことは自信をもっていえると思う。

「アジア・アフリカ作家会議常設書記局の報告」がいまもわたしの耳もとにひびいている。

アジア、アフリカの作家たちは帝国主義と植民地主義に反対し、民族独立をめざし、世界平和を守るという基礎の上に立って連帯をつよめ、われわれの共同の事業を発展させなければならない。報告はまた、つぎのように指摘した——完全な民族独立と民主こそが、民族の文学と文化を最大限に発展させるのに欠くことのできない条件である。われわれはより多くの手段をこうじて、帝国主義の文化侵略を粉砕しさらにわれわれ自身の創作をもって帝国主義の影響を克服しなければならない。

アジア・アフリカ作家会議国際準備委員会会長のセバイ氏（アラブ連合）の開会のことばも忘れられない。アジア・アフリカ作家会議はほかの作家会議とはちがう、なぜならわれわれの当面している課題がちがうからだ。われわれの根本問題は、帝国主義に奉仕する、かの作家たちの課題とはまったく反対である。われわれの集会では美学や文学評論の問題だけでなく、とりわけ自分たちの生活、生存、将来の問題を討論しなければならない。したがって、われわれは民族独立の問題から平和の問題にいたるまで討論せざるをえないのである——氏はこのようにのべた。また、われわれがあまりにも政治的だという見解にたいして、氏は、祖国が占領されているとき、どんな人でも、作家たちにさしいでる月や夕日の美しさを書いてほしいとのぞむことはできない、と反駁をくわえた。

常設書記局の報告とセバイ氏のあいさつは、大会参加の代表たちの見解と気持ちを集中的に反映していた。

アジア、アフリカの作家は、アジア、アフリカ人民の一員である。だから、作家の事業は必然的にその人民の運命やたたかいと緊密にむすびついている。一九五六年にニューデリーでひらかれたアジア作家会議と、一九五八年にタシケントでひらかれた第一回アジア・アフ

「源氏物語」の翻訳にとりかかって

豊子愷

筆者

いま、わたしは「源氏物語」の翻訳をひきうけているが、そのことをたいへんうれしく思っている。というのは、四十年前、わたしは東京に住んでいたことがあり、日本の名勝を二年間も遊覧してまわったことがある。日本の風景や人民の生活がひじょうにすきで、いわばわたしは「日本びいき」だからである。いま、こうしてペンをにぎっていると、おもいは旧遊の土地へはせ、富士山、信濃川、桜、紅葉、神社、鳥居などが目の前に浮かんでくるようだ。

中国と日本は、もともと同文同種の国がらである。遠く千数百年も前から、もう両国の文化は交流をはじめた。どちらもおなじようにはしをつかい、おなじようにすわって生活する民族であるところから、わたしは日本の人たちにはたいへん親しみを感じている。いぜん、わたしはたくさんの日本人の先生と友人をもっていた。有名な画家の藤島武二、三宅克己、大野隆徳、すでになくなられた日中友好協会副会長の内山完造氏などは、みなわたしのよく知った人たちであった。わたしはまた、これまでに、夏目漱石、石川啄木の小説や徳富蘆花の名作「不如帰」を中国語に翻訳したことがある。これらの訳本は、いま中国で出版されて、ひろく愛読されている。一方、わたしの書いた「縁々堂随筆」は、吉川幸次郎さんの手で日本語に翻訳され、谷崎潤一郎さんは「きのふけふ」という随筆のなかでわたしの書いた随筆にふれ、日本の読者に推せんしてくださった。もともと、中日両国人民の風俗習慣に似通ったところがあるので、互いに翻訳された作品をみてもたいへん身近に感じるのである。

日本は、世界でも古い文化の伝統をもった国のひとつで、「古事記」や「日本書紀」は千数百年前、中国でいえば唐の時代の作品である。日本文学には長編小説がいちばん早く書かれたという独特の特色がある。「源氏物語」は紀元一〇〇六年に書かれたもので、世界でいちばん古い長編小説である。中国の長編小説「三国志」や「水滸伝」、イタリアのダンテの「神曲」も「源氏物語」にくらべると、三～四百年もおくれて世に出ている。「源氏物語」は、世界文学の宝であり、日本人民の誇りであるのに、縁のちかい中国には、いままで訳本がなかった。それが、解放後の今日になって、やっと翻訳されることになり、その仕事をわたしがひきうけることになったのは、わたしにとって無上の光栄である。

わたしが若かったころ、東京の図書館で「源氏物語」をかりてみた記憶があるが、開いてみると、全部古いことばでかかれているのでよく意味がわからなかった。のちに、与謝野晶子の現代語訳を手にいれてよんでみたら、でてくる人物の多いこと、話の筋の不思議なこと、描写のこまやかなこと、文章に含みの多いことなどまるで中国の「紅楼夢」をよんでいるようで、なかなかやめられない思いをさせられたものである。このときから、わたしは日本の古い文章を勉強しようと決心した。「桐壺」の巻を何回もくりかえしてよんだことをおぼえているが、はじめのうちは、日本の古い文章にはよく主語が省略されているし、字句も簡潔なので、なかなかわかりづらかったものである。それがのちには、だんだんと古い文章のよさがわかるようになってきた。簡単なことばのなかに深い意味をふくんでいるところは、中国の「論語」や「左伝」、「檀弓」（礼記）に似ている。当時、わたしは「源氏物語」を中国語に訳してみたいと考えてみたこともあるが、そのころは美術と音楽に熱中していたので、その決心がつかなかった。まして生活のために駆けずりまわらなければならなかったそのころのわたしに、どうして一〇〇万字をこえるこのぼう大な仕事に取り組むだけの条件があろう。結局、この希望は夢だけにおわってしまった。それが思いがけなくも四十年ごの今日、解放された中国でわたしの夢が実現されたことは、なんとよろこばしいことであろう。

中国の人民政府は一貫して中日友好の政策をまもり、日本の古典文学を重視している。解放ご十年あまりたって、人民の生活は安定し、国の基礎もかたまったので、文芸の仕事に大いに力をいれ、古い時代にたりなかった点を補おうとしている。日本の古典文学の紹介の方面では、第一に「源氏物語」がえらばれ、出版当局が研究した結果、わたしにこの仕事がゆだねられた。うえに述べたような因縁もあるので、わたしはよろこんでこの仕事をひきうけ、昨年の秋から翻訳にとりかかって、いま第六帖まで仕上げたところである。全部で五四帖あるから三年もあれば訳しおわって、一九六五年前後には出版できる見通しである。きっとこの計画は実現できると思っている。

「源氏物語」の参考書のことであるが、日本には数十種類をくだらないたくさんの本がある。わたしは大部分のものを手にいれて読むことができた。現代語に訳したものでは、谷崎潤一郎さんのが一番正確で、わかりやすいし、原文にも忠実で、原作のもつ味わいを失っていない。もちろん、他の訳本もそれぞれに長所があって、みなわたしの参考になっている。「源氏物語」のなかにはよく中国の唐代の詩人白居易の詩が引用されている、また日本の古代の婦人たちが、「史記」や「漢書」、「五経」（易経、書経、詩経、礼記、春秋）など、中国の古典を読んでいることもしるされている。さし絵をみると、平安時代の人の服装と中国の唐の時代の服装とはよく似かよっている。だからこの本を訳しながら、わたしはいつもなつかしい気持ちにうたれるのである。そんなわけで、わたしがこの本を訳すときの心情は、いままで他国の古典文学を訳したときとはちがって、まるで中国の古典を訳しているような気がする。この「源氏物語」の訳は西洋ものの訳よりずっと自然で、なめらかなものになると信じている。

といっても困難がないわけではない。一例をあげると、日本語では花も鼻も、みな「ハナ」と発音するが、「源氏物語」のなかの鼻のさきの赤いひとりの女を、源氏の君が「なつかしき色ともなしに何にこの末摘花を袖に触れけむ」と歌にうたって、末摘花とよんでこの女を暗にからかったところはたいへんユーモラスであるが、中国語の翻訳ではその辺の味を出すことができない。注釈で説明するほかに方法がないが、注釈では味もそっけもなくなってしまう。短歌のなかには、こうした例がたくさんあって、どうにもうまく訳せないのはほんとうに残念である。この味気なさをすくうために、わたしはときには、短歌の字句にとらわれずに適当に意訳して、もとの歌の味を伝えようとしているが、この試みがうまくいくかどうかは、自分でもまだ疑問である。

いま、わたしの翻訳は第六帖の「末摘花」まで完成し、これから第七帖の「紅葉の賀」にとりかかるところであるが、紅葉といえばまた日本が思いだされる。桜と紅葉は、日本の春と秋を象徴するものであって、日本に滞在した二年のあいだ、わたしは毎年あちらこちらの紅葉をながめに出かけたものだ。一度、江の島で紅葉の下にすわって、海を見はらしながら銘酒正宗をのんだことがある。秋風はそよそよと袖をはらい、見はらせば海のはては天に連なり、島はくれないの錦にいろどられていた。三杯をかたむけるほどに、身は俗塵をわすれて、仙境に遊ぶおもいであった。それから四十年たったいまでも、あの時の甘美な思い出はしばしば胸のなかを去来する。「源氏物語」の翻訳ととりくむ今後三年のあいだにも、わたしはきっと日本のうつくしい風景や日本人民の風雅な趣にとんだ生活をたえず思いおこすであろう。この東方の国に特有なすぐれた伝統が、いつまでもながく日本人民の生活のなかに留められてゆくことを、わたしは願っている。

互防変成互助

警戒しあう仲から助けあう仲へ

豐子愷畫

解放前

解放後

おなじ運命に結ばれた中日映画人

——趙丹、秦怡さんに訪日の感想を聞く

座談会

とき 1962年6月下旬
ところ 上海文芸会館

六月下旬のある日の午後、中国映画工作者協会上海分会と「人民中国」編集部は共同主催で茶話会をひらき、日本訪問から帰ったばかりの映画俳優趙丹さん、秦怡さんのおふたりに訪日の感想をうかがった。会場は上海文芸会館の静かなへや、出席者は映画俳優の孫道臨さん、張瑞芳さん、王丹鳳さん、黄宗英さん（趙丹夫人）、上官雲珠さん、韓非さん（発言順）。

席につくと、みな趙丹さんと秦怡さんに日本の映画界の近況や知人のこと、中国映画にたいする日本の評判などをたずねはじめる。質問ぜめにあって答える方が弱ってしまい、孫道臨さんが司会者をつとめることになった。

日本の「青春の歌」

孫道臨 まず趙丹さん、秦怡さんから日本訪問の様子を話してもらっては……（一同賛成）

秦怡 阿丹からさきに話してちょうだい（人びとは親愛の情をこめて趙丹さんを阿丹とよぶ）。

趙丹 いいや、やはり秦さんがさきにお話しなさい（趙丹さんは日本語で秦さんといったので、みな笑う）。

秦怡 そお、じゃわたしがさきにお話ししましょう……おもに長くいたのは東京と京都ですの。それから大阪、横浜、箱根、仙台、熱海にもゆきましたし、伊豆にもいったわ……

張瑞芳 どこなの

秦怡 伊豆よ、そこでね、乙羽信子さんがロケしてた。

王丹鳳 乙羽さんにお会いしたの……（孫道臨さんにむかって）わたしたちが「家」を撮影してたとき、乙羽さんがスタジオにみえたわね。いい方だわ！

秦怡 わたしたちがつくと、乙羽さんが宿まで来てくださったね、そのご、わたしたちは、とくに伊豆までいって乙羽さんたちのロケ隊をおたずねしたの。

黄宗英 留月俊子さんはどうしていらっしゃるかしら。

（一同口々に、「米」のお母さん、という）

秦怡 ええ、お目にかかったわ、わたしたちがついた翌日にみえたの。留月さんはいくども宗英さんのこと話してらっしゃった。いま、テレビ映画の監督をなさっているわ。

黄宗英 留月さんが中国においでになったとき、わたしはお母さんっていっちゃったわ（みな笑う）「米」のなかで留月さんが扮されたお母さんの役は忘れられないの……それから、わたしね、解放当初、農村へいって土地改革に参加して、「米」にでてくるような生活をしたし、あのとおりのお母さんをこの目で見てるのですもの……（笑う）（みなが口々にたずねはじめたので、秦怡さんは答えに苦しむ）

孫道臨 （茶わんをたたく）静かに、静かに、秦怡さんに話をつづけてもらいましょう、それじゃとても……（みな笑い出す）

秦怡 羽田空港についたときからのことをお話ししましょう。空港ビルにつくと、「東京—北京」の歌ごえがたえずつづくのです。日本のお友だちは「你們好」って中国語でおっしゃるの。中島健蔵さんと千原虚秦さんがビルの外で迎えて下さいました。階下で手荷物の検[illegible]と、多くの人びとが旗をふり、歌をうたい、スローガンを叫んでいました。ほんとうに盛大な出迎えでした。ところが、手荷物の検査がなかなかすまないの……

黄宗英 じゃクレーンをつかってとれば、対照的ですばらしい場面がとれたでしょう！（みな笑う）

秦怡 空港でね、思いがけない方にお会いしたわ、渡辺光子さんよ。

（みな驚く）

王丹鳳 まあ！ 渡辺光子さんに……

孫道臨 アコーディオンをひくひとだね。

張瑞芳 わたしたちが工場へ公演にゆくとき、いつもいっしょだったわね……

孫道臨 毎年年賀状をくれます。

秦怡 そのとき、中島健蔵先生が歓迎の辞をのべていらっしゃったの、ふと見返ると、渡辺さんがちいさなバラの花束をふってるのが目にはいったのです。歓迎の辞の最中でしたけど、わたし渡辺さんのそばにとんでいったの。

上官雲珠 あの方はあたたかい、いい方だわね。いまどうしていらっしゃるの……

座談会の会場。右から秦怡、趙丹、黄宗英、張瑞芳、孫道臨、韓非、上官雲珠、王丹鳳さん。

秦怡 いまも進歩的な音楽活動をなさってるわ。

（みな渡辺光子さんの思い出を楽しそうに話し合う）

孫道臨 それはそのくらいにして、秦怡さんにつづけてもらおう、どうですか。（みな笑う）

秦怡 日本のお友だちはみなところからわたしたちを迎えてくださったわ。京都にいったとき……

趙丹 そう、京都駅につくと、黒山のような人びとが腕を組んで「東京—北京」をうたい、中国の歌をうたって迎えてくれました。列車からおりて記者会見をしましたが、人びとは記者会見が終わるまでうたっていました。

韓非 みなさん映画関係の方ですか。

秦怡 一般の方もいましたし、日中友好協会の会員や華僑の方もいました。日本の人びとは中国にとても好感をもってますわ。京都駅である主婦の方にお目にかかりましたが、「わたしは働いていませんし、なんの能力もございませんけれど、日中友好協会にはいって、日中友好のためにつくしています。いまのところ、わたしはこれといってお役に立っていないのですけれど、将来、日中両国の正常でない状態がかわりましたなら、わたしが日中両国人民の友好のために働いたのを子供たちが話しあうとき、きっとよろこんでくれるでしょう」とその方はいわれました。

黄宗英 ほんとうにまごころこめてつとめていらっしゃるのね。

秦怡 若い方たちも……

趙丹 そう、若い人たちも熱情的だ！

秦怡 日本の若い方たちは進歩をもとめ、日中友好をもとめて積極的にたたかっています。日比谷で、若い看護婦さんたちにお会いしましたけど、みなさんサインしてくださいといわれるのです。で、写真をさしあげたら、とびあがってよろこんでましたわ。そしてね、この写真をいなかの友だちにおくって、林紅に会ったと知らせるんですって……（林紅は、「青春の歌」のなかで、秦怡さんが演じた役）

趙丹 日本ではね、若い人たちはわたしたちふたりを趙丹、秦怡とよばず、聶耳、林紅とよぶのです（笑声）。若い方たちは中国映画のなかのすすんだ人物を手本として、そうした人物は生きてゆく道を教えてくれるといっています。

秦怡 日本の若いお友だちとつきあい、あのひとたちのたたかいぶりや進歩ぶりをみて、これこそ、いまの時代の日本の「青春の歌」だといつも思いましたわ（みなうなずく）。一ヵ月あまり日本に滞在していろいろなものにふれましたが、わたしはいつも自分たちの過去とむすびつけてそれをかんがえました。そうすると、いっそう身近に感じられ、胸をうたれました。

黄宗英 そうした点では、わたしたち日本の方たちとおおくの共通点をもってますからね。

ふたたび日本卓球チームを迎えて

任道

飛行場で北京テレビのインタビューに応じる瀬川、三木両選手と荘則棟選手（左から三人目）。

忘れ難い会見

北京、天津両市での友好試合をすませた日本卓球チームは飛行機で上海へ向かうことになった。その前夜、中華全国体育総会副主席栄高棠氏は北京の有名な四川飯店で、日本の友人たちのために別れの宴をはった。主客はさかんに杯をくみかわし、名残りをおしんだあと、連れ立って北京ホテルへ向かった。ホテルでは、周恩来総理が日本卓球チームの友人たちと会見した。

周総理は、応接間にはいると、すぐに松崎君代選手を見つけた。一年まえの第二六回世界卓球選手権大会が幕をとじたとき、周総理は日本の選手たちといっしょに楽しいひと晩をすごした。そのとき、松崎君代選手がそばにすわっていたことを周総理は覚えていたし、荻村伊智朗選手、星野展彌選手、木村興治選手、関正子選手、三木圭一選手および中国をおとずれた他の日本友人たちのことも記憶していた。周総理は、じぶんも日本の選手たちからすこし卓球のコツをまなんだとのべ、この一年らいの日本選手の進境をたたえた。

周恩来総理は楽しそうに語りつづけた——日本の友人のみなさんと会えてたいへんうれしい。みなさんの顔をみていると、かつて訪れた東京や大阪、神戸、長崎などの都会や農村のことが思い出される。日本の都市と農村はとても美しいし、日本の人民はたいへんりっぱだ。

……ユーモアたっぷりな総理の話にみなは笑声をあげ拍手をくりかえした。周恩来総理は、中日両国の選手がつねに往来して試合をし、それによって友誼を増進し、お互いに学びあい、相手の長所をとりいれるよう希望した。そして、総理は日本選手の長所をとりあげ、中国選手にそれをまなぶように話し、また、試合に敗けても気を落とさずに努力するよう選手たちをはげました。周総理は松崎君代さん、丘鐘恵さんなどの選手たちにじぶんの考えをただした。中日両国の選手はしきりにうなずいていた。日本卓球チームの監督柴田官門、コーチ森武の両氏も、中日両国選手がたえず往来して、お互いに学びあい、相手の長所をとりいれることがたいせつだと考えていた。中国の選手は多くの長所をもっているし、まなぶ点も多く、ねばり強いと、柴田官門氏は語った。友誼のため、経験交換のためにお互いに訪問したり、試合をするという周恩来総理の話に、氏もまったく同感ですとのべた。

…………

談話は、親しみと友情と熱のこもったふんい気のなかですすめられた。この会見は、日本の友人たちがのべたとおり、忘れ難いものだった。

友誼のきずな

昨年の四月、第二六回世界卓球選手権大会に参加するため日本卓球チームが中国にきたときには、いくらかなじめなかったかも知れないが、このたびの訪問では、旧友の家の敷居をまたぐような様子であった。北京の首都飛行場に着陸した飛行機から日本の友人たちが降りたつと、出迎えの丘鐘恵、荘則棟その他の中国選手はどっと駆けより、友人たちとかたい握手をかわした。かれらはことばの助けを借りず、瞳と身ぶりで再会のよろこびをつたえあった。

中日両国の選手たちは、固い友誼のきずなで結ばれている。吉田多美子選手ははじめての中国訪問だが、見知らぬ国にきたという様子なぞ見せず、中国の女子選手王健さんとすぐに仲のよい友達になった。そしていっしょに練習をしたり、卓球の技術やらヘアー・スタイルなどまでうちとけて話し合うむつまじさだった。こんなエピソードもある。日本卓球チームが東京を出発するとき、中国をおとずれたことのある星野展彌選手がわざわざ大阪から駆けつけて見送った。そのとき、星野選手ははじめて中国へゆく吉田多美子選手に、中国にはおおぜいの友達がいる、なかでも李富栄選手とは仲が良いと語り、李富栄選手のことを「中国の星野」とよんだ。また、中国人と中国のスポーツマンたちはみなとても客好きなひとばかりだと話し、中国にいったらできるだけたくさん友達をつくりなさいとすすめたそうである。星野展彌選手のこころをこめた紹介は、吉田多美子選手の胸に友誼の種子をうえつけた。李富栄選手が吉田多美子選手からおみやげをもらったとき、かれもどんなにか「日本の李富栄」——星野展彌選手をなつかしんだことだろう！

組形や心おきなく楽しく話し合っているさまをみては、これが異国の仲間同士だとはとても思えない。中日両国の選手たちは、試合のあいまにつれだって楽しいひと時をすごしたり、絵のように美しい頤和園の昆明湖にボートを浮かべた。かれらは中日両国の歌を合唱した。中国映画〈鉄道遊撃隊〉の主題歌をならうものもいたし、日本の〈さくら〉をならうものもいた。関正子選手は荘則棟選手に、「あなたが日本においでになったときには、きっと〈さくら〉をうたって聞かせて下さいね」といった。……かれらの歌声と笑い声は昆明湖の水面にただよい、ひろがっていた。

…………

これは短かなひとときの交遊であり、心からうちとけて語り合うひまさえないあわただしさの中で別れをつげなければならなかった。だが、これは中日両国選手のところに友情の花を咲かせたのだった。

長所をくみとって短所をおぎなう

試合の中心になったのは、両国選手の試合だった。北京での四試合とも大勢の卓球ファンをひきつけ、一万五〇〇〇余のシートをもつ北京工人体育館を満員にした。入場券を入手できなかった人びとは、テレビやラジオで試合の実況をうかがうよりほかなかった。

こんどの両国選手の試合は、高度な技術と知恵を発揮した世界的水準の好試合だった。

試合の結果がしめしているように、両国選手は第二六回世界卓球選手権大会後も依然としてせり合う力をしめしている。日本の女子チームは中国の女子チームよりも強く、中国の男子チームは日本の男子チームよりいくぶん優勢である。すでに試合の報道で承知しておられるように、日本チームが北京でおこなった四試合は、女子チームは全勝、男子チームは一勝三敗の成績だった。天津での二試合では、女子チームは一勝一敗、男子チームは全勝した。「勝敗は兵家のつね」ということわざがある。ここでは勝敗を論ずる必要はない。大事な点は、技術上で中日両国選手が長足の進歩をとげていることである。

たのしい会見（左から）丘鐘恵、中山千鶴子、関正子、梁麗珍、吉田多美子選手。

第二六回世界卓球選手権大会がひらかれるまで、日本選手は国際卓球界の覇者だった。ところが、第二六回大会では事情が一変した。中国選手はすぐれた力を発揮して、日本選手が連続五回保持してきた男子団体戦選手権と三連覇の女子シングルス選手権をうばった。日本卓球界では、この敗北の原因を真剣に研究し、具体的な対策をこうじて、再起をはかっている。今回の訪問試合を見ても、日本選手が一年まえにくらべてかなり変わっているという印象をたしかにうけた。日本選手はもちろん「ロングショット」という得意の打法を保持しているが、「ショートカット」も採用している。この点では、三木圭一、関正子の両選手がもっともいちじるしく、プッシュやチョップにもめざましい進境をみせている。これは、中国選手の速攻を主とするショート打法への対応

这一年的一个很大的亮点是 1 月成立的东方歌舞团大放异彩。先是居住在北京的西园寺公一饶有兴趣地观看了演出，并在其栏目《北京来信》中专门介绍了东方歌舞团表演的日本传统舞蹈“八木小调”，还特地配上叶浅予画的速写做插图（4 月号，见图 1）。紧接着，下一期杂志用黑白画页较大篇幅地介绍了这个擅长表演亚非拉各国民族歌舞的专业团队（5 月号，见图 2）。

出席第二届亚非作家会议的茅盾写了题为《团结与友谊》的文章（7 月号，见图 3）；丰子恺写了他如何迷上《源氏物语》翻译工作的故事，同时不忘在文中配上他风格独特的漫画（8 月号，见图 4）；刚刚访日归来的赵丹、秦怡和上影厂的演员们分享了访日心得，记者将他们的感想汇成一篇座谈报道《命运与共的中日电影人》（9 月号，见图 5）；另一篇题为《迎接日本乒乓球代表团再次访华》的报道则传递出中日乒乓球交流持续深化的信号（9 月号，见图 6）；反映岐阜与杭州市民交流的报道《中日两国人民永远友好下去》，强调了反省战争，珍惜和平，中日不再战的主旋律，为这一年交流报道画上圆满的句号（12 月号，见图 7）。这一年的交流报道安排得循序渐进，极有章法，也客观反映了中日民间交往全面打开局面的事实。

这一年的最佳封面当数纺纱车前的年轻女工。她那略带羞涩又充满自信的微笑和微微打着卷的刘海，少有地呈现出抓拍到的自然表情，准确地反映了 60 年代初的时代气质（7 月号，见图 8）。

中日両国人民の友好はとこしえに

——任兆英　伊心怡——

杭州市市長王子達氏（前列右）と山田文夫氏は会上で碑文を交換した

— 20 —

7

8

りません。そのかわり、春節には学校は二、三週間、農場は三日も休みます。今でもはっきりとおぼえているのは、郭沫若先生が「私は日本での生活が長かった時、日本のお正月の思い出は一ばんたのしい思い出の一つですよ」といって、私たち一家を先生のお家に招待して下さったことです。四川料理をいただきながら、先生は日本でのいろいろな思い出を楽しくお聞きいたしました。この年も日本から、たくさんの代表団が中国を訪れましたが、その中で最も思い出の深いのは浅沼さんを団長とする日本社会党訪中代表団です。日本の大衆運動が高まりつつある状況のなかに、訪中された浅沼さんは、中国人民の友情と熱待にこたえ、日中友好のために戦うと誓いました。北京各界の人びとは社会党代表団歓迎の集会を開き、社会党代表団を歓迎するとともに、日本人民の安保闘争をあくまで支持するといいました。この集会で、浅沼さんはたいへん立派な演説をされ、アメリカ帝国主義は日中両国人民の共同の敵である、と力説し、日中人民は団結して共同の敵アメリカ帝国主義と闘いましょうといわれ、中国の人びとの嵐のような支持の拍手をうけました。その後、浅沼さんは不幸にして右翼の暴力団により殺されました。中国では浅沼さんの死を惜しみ、浅沼さんのいいのこした真理を守るため、毎年追悼の集会がひらかれています。

この年の十月一日は、中華人民共和国成立十周年にあたり、各地で盛大な祝賀会がもよおされました。北京では当日、天安門広場で、各団体の祝賀大行進が行なわれ、毛沢東主席をはじめ多数の国家指導者がたの前を、この十年間各方面で収めた偉大な勝利をあらわすプラカード・模型などが誇らかに通ってゆくのでした。生産向上の大きなグラフを先頭に行進する労働者、[illegible]の米、麦などをつんだ車を押して行進する農民から、うば車に赤ちゃんをのせて行進する主婦たちにいたるまで一人一人の顔には解放後の幸福な生活と、発展の喜び、そして、これからもっとよくするんだという自信があふれていました。

この大行進をみて解放された六億五千万人民の偉大な力というものを、目の前にみせられたような気がしました。そして、日本も、このような平和的な、強大なとなりの人民と、一日も早く仲良く、正常な関係をむすばねばならないとつくづく感じました。

この年、私たちにとって非常に残念だったのは、国慶節の祝典への参加と、休養とをかねて、「第二の故郷」である中国へこられた内山完造先生が、北京到着後、間もなく亡くなられたことです。中国のかたがたも、蒋介石が支配していたあの暗黒の時代に、魯迅先生を助けて、中国の革命に貢献された内山先生の逝去に心からの哀悼の意を表され、魯迅先生の未亡人許広平先生をはじめ各界の先生がたが参列されて、お葬式は盛大に行なわれました。

翌六〇年二月には前進座が、中国を訪れました。まえから前進座のファンであった私は、中国で前進座の芝居がみられようなどとは夢にも思っていなかっただけに、ほんとうにうれしくて、毎日、毎日劇場に通い、旅の人たちともすっかり親しくなり、上海にも同行しました。中国の観衆には「佐倉宗五郎」がいちばんもてたようです。

岸政府が中国敵視政策をとっているにもかかわらず、そういう日本の政府と、日本の国民とをはっきり分けて考える中国の

西園寺さん一家

— 23 —

広州交易会をめぐる中国の印象

出席者
（発言順）
藤沢一雄　九州友好貿易株式会社 代表取締役
鏡原重明　大華貿易株式会社 取締役
原田学　日中貿易促進会 業務部次長
金内忠相　日綿実業株式会社金属鉱産部部長代理
井沢信久　日本国際貿易促進協会 業務第一課課長
白根滋郎　日本国際貿易促進協会 関西本部事務局長代理
下司上　株式会社川上商会勤務
本誌編集部

編集部　みなさんおいそがしいところをどうもありがとうございました。きょうお集まりになられた方のうち、新中国になん度もこられた方がいらっしゃいますが、広州の交易会の開催を機会に今度はじめてお見えになった方もいらっしゃるときいておりますので、きょうはひとつ中国訪問の印象その他についていろいろお話をうかがわせていただきたいと思います。

百聞は一見にしかず

藤沢　それでは、わたしから皮切りにひとつ話してみたいと思います。わたしは一九四八年の六月に、東北の撫順炭鉱からひきあげました。

編集部　そうしますと、新中国ができるまえにお帰りになられたわけですね。

藤沢　そうです。それから十[illegible]ないので、ホテルにたのんで自動車をやとってきて、九竜の一周観光をやった。そしたら、案内してくれた人がおかの上に車をとめて、そこで望遠鏡でながめて見ろという。そしてあの川のむこうの土堤の上を歩いている農民を望遠鏡でのぞかしてですね、なんかその動物園でものぞくように（笑）、みさせるんです。多少不安をもってやってきたところへ、香港でそういう案内の仕方をされるものだから、あすはいよいよあそこにはいるんだな（笑）、と不安はいっそう高まる。ところがいよいよ深圳の税関の検査をうけて列車にのり、乗務員の態度、車内の清潔さなどいろいろなものを見ているうちに、だんだんおちついて、そして、広州につくとパリッとした羊城賓館です。わたしはむかしの中国の飯店の印[illegible]心をした。それから、こんどは工作員ですが、わたしについてくれた工作員はですね、わたしは最初多少わたしどもの行動を監視する人かなと思った（笑）。ところが、公司にいって話をするのに、わたしの面会の時間をとってくれるそのあざやかさ、なんとかして商売をさせようと思って一生けんめいにやってくれます。最初公司の経理に会ったのは二日目でしたが、わたしは緊張してタバコに火をつけるのにも手がふるえている。そしたら、会見がおわって出るとすぐ工作員にいわれました。自分に話すときのように楽にやりなさい、あなたは緊張しすぎている（笑）。せっかくの中国語もうまく話せんじゃないか、とそうわたしに注意するんです。考えてみると、わたしはやっぱり昨日からの緊張がつ

— 54 —

づいているわけです。現在ではむしろ、図々しくなるくらいおちついてしまったんですけど、それも新中国のいろんなものにふれて、わたしのはじめ持っていた不安がすっかりなくなったからだとおもいます。

鏡原　わたしは、こんど二十数年ぶりにはじめてこの新中国を訪れたのですが……

編集部　二十数年ぶりといいますと、一九三〇年代ごろにこられたわけですね。

鏡原　ええ、だいたい「二十数年ぶりにはじめて」と申しましたことば自体すでにロジックに合わない気がするのですが、これもやはり昔の中国観では今の新中国はまったく律しえないという実感がいわしたものです。そこで、こちらに参りましてから、いろいろと深い感慨にふけらざるを得ないようなことがらにつぎつぎとでくわしまして、いまそれをどう系統だてて頭のなかに整理したらよいものかと実はとまどっている次第なんです。幸いきょうこの座談会に出席させていただきまして、この機会にみなさまから、わたしがなんでもかんでもみなえくぼに見えてる事象のうちにも、二つや三つは、実はそれはあばたなんだよとご指教いただけるようなこともあろうかと、内心それを「期待」して出てまいったわけです。ちょっと前置きが長くなりましたが、まず、深圳にはいるまえに香港で目にしたことを少し申しあげますと、ある晩タクシーに乗ろうとすると、浮浪者のような子供が自動車のそばに集まってきて、ドアをあけたりしてチップをねだるんです。やらないと、それこそ、ツバでもひっかけそうな態度です。これはいわゆる植民地風景で、この香港の鮮明な第一印象がそのご中国にはいってからもなにかにつけて対照的におもい出されました。香港の印象と、深圳をはいってからの印象とはあまりにもちがうので、やはり二十数年ぶりに、はじめて訪れたという感じがするわけです。

編集部　原田さんは中国へお見えなったのはこれで何回目ですか？

原田　ぼくは今度がはじめてです。もう十年も日中貿易の仕事をやっていて、中国のことはあまり知らないのに、いろいろと人には話してきました。『人民中国』や『中国画報』を読んで、まがりなりにも中国のことは知ってきたつもりなんです。しかし、来てみるとやっぱし百聞は一見にしかずで、ひじょうに強い感銘をうけました。香港では、ものをとられやせんかとそんなことでひじょうに緊張していましたが、深圳の橋をわたったとたんに急に目のまえがぱっとあかるくなったような感じをうけました。橋をわたって、駅の建物やあの周辺の景色を見たとき、ほんとにさっきおっしゃったようにちがう国に来たんだという感じと、それから、想像してたよりももっと確信にみちて、ちゃんと腰をおちつけて建設をやっているのだという感じをうけたわけです。それで、あの広州周辺で暴動がおきたとか、難民がでたとかというのは……

編集部　そんなことがいわれてますか？

原田　ええ、いわれてるんです。

編集部　暴動がおきたとね？

原田　ええ（笑）、われわれは、どう考えてもそんなことはないという確信をもってましたが、来てみるとやっぱりわたしたちの考えていたとおりです。というより考えていた以上に、確信をもって建設をすすめているという感じです。広州では、着いたつぎの日の晩に商社の方と開幕式に行きましたが、かえ

— 55 —

中国に五回目の正月を迎えて

西園寺雪江

早いもので、これで北京に来て五度目のお正月になります。矢のように五年がすぎてしまったといえばそれまでですが、目をつぶって、ふりかえってみれば、あとからあとからいろいろのことが思い出されます。このなかには、つい最近のことのように、はっきりとおぼえているのもあれば、半ば忘れてしまったようなことも少なくありません。私たち日中友好をねがう者にとってうれしいことと、思い出し

憶に新しく残っています。出迎えに来てくださった中国の方々は、綿入れや、毛皮の服で全身をつつんでコロコロしていられたように思います。

五八年は武漢で、日本商品展覧会のあった年です。私たちの来た当時は貿易はますますさかんになり、日中の各方面の代表団の行き来も、又かってなかったようにひんぱんで、ある日本側の方などは「もう国交回復も時間の問題ですね」と、うれしそ

いてしまいました。

本文筆者

だ、子供たちも中国につれて来てよかった、と、つくづく感じました。

五八年は中国の大躍進の年でした。鉄、石炭、機械製造などの中心工業、米、小麦、綿などの中心農業は驚異的な発展をとげました。毎日、考えられないような記録が出て、新聞をみるのがたのしみでした。そしてこの各方面の大躍進とともに、人民公社が出現しました。中国の人びとの自信にみちたあかるい顔と、一日一日、目にみえて変わってゆく中国の姿をみて、つくづく六億五千万人民の創造力と自然を征服する偉大な力を感じさせられました。

また松山バレー団が中国を訪れ各地で好評を得たのも五八年でした。特に白毛女はよかったと思います。

年が明けて、五九年は北京で

に進歩するんだってき」

座・談・会　とき 1963年2月8日　ところ 北京新僑ホテル

舞踊に結ぶ中日人民の友情

張　均さん

郭冰玲さん

張錦心さん

張世威さん

国です。それだのにこんな若々しい活動力がひそんでいるということにひじょうな驚異を感じると同時に中国に対する尊敬をあらためてもちなおしたわけです。そしてりっぱな国立舞踊学校ができているということもそのときはじめて知りました。そしてそこでは民族芸術の伝統をうけつぎ、のばしてゆく方針、これを日本流のことばでいうと「温故知新」、こちらのことばでいうと毛主席のいわれる「推陳出新」というのですか、そういう方針のもとに踊りの教育がおこなわれていることを知り、これはたいへん正しいいき方だというふうに感じて帰りました。ところが五八年には、中国歌舞団が日本へ来て、五六年にぼくが感じたものを実際の形の上で日本の多くの民衆に見せて、たいへんな感動をあたえてくれたわけです。そしてその訪問のお礼をかねてわたくしが中国にうかがったときには、もうすでに舞踊学校では、古典舞踊の技術を整理し、それから民間舞踊の技術をあつめてきて、あたらしい中国の舞踊の中心になる教材――教えるもとをつくろうという運動がもう確立されていました。そしてそのとき、バレエの「白鳥の湖」の第一回の公演を見物することができて、中国の舞踊の発展してゆくさまを目のあたりたしかめることができたわけです。で、そのときに学校では東方班というものをつくるのだということをいっておられました。そのときわたくしはなんとかしてその東方班のかたすみにでも日本の踊りをだしていただきたいものだと思いましたが、当時はあの長崎でおこった不幸な事件のすぐあとだったのでそうもゆくまいと思い、ひじょうに残念に思いました。

編集部　ところがいまでは東方歌舞団ができていて、花柳先生がこんどその東方歌舞団の舞踊家に日本の舞踊を教えて下さったわけです。

花柳　え、こんど東方班が東方歌舞団にまで発展してきたところへむかえられて日本の踊りを教えることができたということは、ぼくにとってはこんなうれしいことはないわけです。話をもとにもどしまして、五八年に舞踊団をつれて来たときにはすでに中国では中央歌舞団があり、また各地に歌舞団ができていて、民族伝統の舞踊というものをひじょうに大事にとりあげていました。そのとりあげ方をわたくしはみなさんから教えていただきましたが、そのときに三つの方法でとりあげているというご返事をいただきました。その一つの方法というのは、一足一手でもまちがいなく正しくそれをうけつぐ方法、第二は、それを適当に編集しなおして現在の人たちにわかりやすいようにする方法、第三は、その風格だけをとりだして、すべて新しくつくりかえる、しかし風格だけは前の風格をきちっととしてゆく方法、この三つの方法があるという説明をそのときききました。それいらいわたくしは自分の民族舞踊の勉強にた

日本工業展の開幕をまえに

本誌記者

北京の街頭に張られた日本工業展のポスター

日本工業展の出品物を満載した東山丸は八月二十七日の午後五時、天津の玄関である大沽口（ダアクーコオ）についた。船長は、中国税関吏の到着をまち、入港手続きをおこなうために、停船を命じた。

「二、三日じゅうに荷上げ作業にかかれたらいいほうだな」デッキにもたれた展覧会の関係者が港をながめながら話していた。

そうした判断をくだすには理由があった。展覧会の関係者の多くは、東南アジアやヨーロッパでひらかれた工業展の仕事にたずさわったことがあり、どの港でも一万トン級の船五隻ぐらいしかうけいれられず、岸壁での荷役作業の能率にも限度があるから、船が岸壁に横づけになるまで何日かは沖待ちを余儀なくされるのをよく承知していた。それにこの天津の新港は華北地方の重要な港で、船の出入りがとくにはげしいのも、かれらは計算にいれているのである。

かれらがそんな予想にふけっていると き、船長は入港を命じた。東山丸は午後八時、岸壁に横づけになった。荷役労働者はすでに岸壁にならんで待っていたし、貨車も待機していた。手続きはすばやくおわった。ただちに荷役作業が開始され、翌朝の六時には、七両の貨車積みがおわった。八月三十日、出品物をつんだ最初の貨車が北京展覧館の引き込み線についた。入港、荷役、発送がこれほど手早くおこなわれたのも、中国国際貿易促進委員会が事前に税関、埠頭、鉄道関係に、出品物の優先取り扱いを申し出ていたからである。

日本側の人びとにとっては、まったく予想していなかったほど早く、安全に出品物は北京にはこばれた。会場への搬入

中日舞踊家のつどい

花柳徳兵衛団長

花柳順さん

松永良男太さん

花柳吉衛さん

花柳衛彦さん

編集部　みなさんお忙しいところをお集まり下さいまして大変ありがとうございます。花柳先生が中国へおみえになったのは、今度で何回目になりましょうか。

花柳　四回目になります。

編集部　一九五八年におみえになったときは音楽家協会主席の呂驥さんとの対談をおねがいしましたが、今度もこういう会合をもっていただくわけで、大変感謝しています。

花柳　『人民中国』はずっと日本でもつづけて拝見しているし、日本語でかかれているせいか、日本でももっとも親しまれている中国の刊行物だということがいえると思います。そういう雑誌にわたくしたちの話がのるということはひじょうに光栄だと思っています。

編集部　こんど花柳先生はわざわざ「宝蓮灯」を習いにおみえになったわけですが、まず、どうして「宝蓮灯」に目をつけられたか、そのへんのところからお話をうけたまわりたいと思いますが……

「宝蓮灯」を日本に紹介する考え

花柳　「宝蓮灯」を日本へ紹介しようとわたくしが考えましたのは、二つの理由があります。一つの理由は、技術的な面で中国の現在の舞踊のすぐれているところを日本の人たちに知らせたいということで、もう一つは内容的に「宝蓮灯」というようなだしものがいかに現在の中国の人民大衆の支持をえているかという事実を知らせたいということです。これをもうすこし具体的に説明いたしますと、わたくしが一九五六年にアジア・アフリカ連帯委員会の代表団にくわわって中国を訪問したときは、ヨーロッパをまわってきたわけで、そのときにヨーロッパの文化というものはもう親の遺産をたべているような感じがしたわけです。のこされた財産で苦労せずにたべているという感じです。ところが中国へ来てみるともうどんなものでも新しい芽をふいている。新しくつくられているという感じがしたわけです。本来なら中国という国はもう老衰したひじょうにふるい

出席者

日本側

花柳徳兵衛　花柳舞踊研究会舞劇「宝蓮灯」を学ぶ代表団団長、徳兵衛日本舞踊学校校長

花柳順　花柳徳兵衛夫人、同代表団団員、同校事務主任

松永良男太　同代表団団員、演出

花柳吉衛　同代表団団員、徳兵衛日本舞踊学校教員

花柳衛彦　同上

中国側

張世威　中央歌劇舞劇院舞劇団団長

張錦心　中央歌劇舞劇院女優

郭冰玲　東方歌舞団演出

張均　東方歌舞団女優

参加　『人民中国』編集部員

↑北京中央歌劇団の人たちは花柳徳兵衛舞踊団の人たちのために「宝蓮灯」を踊ってみせる

→一九六三年二月十四日、習った日本舞踊のおさらいをすませて喜びをわかつ先生と生徒。

→藤娘の衣裳の着つけを指導する花柳徳兵衛氏夫人順さん

鑑真和上円寂一千二百年

——中日両国人民の文化的血縁関係をおもう

趙　朴　初

鑑真和上の画像　　李斛作

中日両国の文化のつながりのように深い根をおろし長い歴史をもつ例は、人類の歴史にもまれである。昔から両国の人民は、それぞれの祖先のなかの傑出した人びとの努力によって、物質生活の面でも精神生活の面でも血肉の因縁をむすんできた。人類の文化、芸術の上の多くの最高の成果も、いまはわたしたちの共通の遺産であり、共通の誇りであるといってよい。わたしたち両国の文化が血縁関係を結んだその歴史の歩みのなかで、八世紀の鑑真和上は、その文化への献身の悲願と困難克服の精神によって、永遠にかがやかしい光をはなっている。今年は鑑真和上の千二百年大遠忌の年にあたっている。いま中日両国人民が力をあわせて障害をとりのぞき、こんご世々代々にわたる団結友好をもとめているこのときにあたって鑑真和上を記念することは、一九六二年十月に北京で調印された中日両国人民の文化交流の共同声明がいうように、まことに意義深いことである。

中日両国人民の往来は西暦紀元前にまでさかのぼることができるが、三、四世紀の、中国でいえば魏、晋、南北朝のころからしだいに頻繁になった。長い期間にわたる接触と理解を通じて、文化、生活のうえの交流と相互の援助を拡大しようとの強い願望がうまれたが、この願望はしだいに高まって時代の切実な要求となった。聖徳太子のはじめた遣隋使の制度、長屋王子の寄せた「風月同天、共結来縁」のことばは、いずれもその時代の要求の具体的なあらわれである。唐代になると、航海術や文化知識がすすんで、両国人民の往来をいっそう容易にする条件がうまれた。願望が現実となる要因がしだいに成熟し、堰をきったような勢いで両国文化交流の高潮がうちよせた。こうした歴史的に重要な時期に、てっていした国際主義の精神によって文化伝播の事業に身をささげ、そして、ゆるぎない意志とすぐれた指導力によってあらゆる困難をのりこえて、日本にわたり、粉骨砕身、各方面にわたる大きな成果をあげて両国の親密な相互援助の門をひらき、後世に大きな影響をおよぼした人物があった。鑑真和上がそれである。

不朽の東渡弘法の事業

鑑真は揚州江陽県の人で、俗姓を淳于といい、六八八年（唐の則天武后の垂拱四年）に生まれた。十四歳で出家し、長安、洛陽の二都に遊学して多くの名僧智識に教えをうけた。鑑真のおもな活動舞台は淮南地区で、揚州の大明寺（遺址はいまの法浄寺、すなわち平山堂）が中心となった。わが国の仏教史の書物には、鑑真のことを、「戒律をもって化導し、鬱として一方の宗道となる」としるしてあるし、また、鑑真には名の知れた弟子三五人があってそれぞれに師の教えを弘めた、とも書いてある。これからもわかるように、ひろく鑑真は淮南地区で活動し、威信と人望が高かった。とくに注目すべきは、鑑真の生きた時代がわが国中世の封建文化が頂点にたっした開元、天宝の盛唐の時期であることで、それは東方世界の各系統の文化が長い期間にわたって摩合発展し、ついに高い成熟の段階に達した時期であった。鑑真の活動地区である揚州も東方諸国の人びとの接触がもっとも密接だった一大国際都市だった。そのころの先進的な人物の度量のひろさと視野の大きさには、しばしば前代にみられぬものがあった。こうした時代、こうした環境のもとに鑑真のあの崇高無私の国際主義的精神がうまれたことは、容易に理解されることである。

出国前、鑑真は戒律伝授のほかに、いろんな社会活動にたずさわった。史書によれば、鑑真は、十年間に八〇余の寺院をたて、無数の仏像をつくり、三部経を写し、悲田院をひらいて貧民を救済し、無遮会を設けて平等供をおこない、みずから薬を煎じて貧しい病人にほどこしたという。これは、鑑真の宗教的実践がじかに大衆に接して積極的に衆生を済度する大乗の精神に立つものであることを語っている。広はんな社会活動のなかで長年大衆と接触したことによって、鑑真は当時の多方面にわたる文化的成果を身につけ、実際上の指導経験をつみ、また、一芸に秀でた工匠たちをも周囲にあつめることができた（江淮地区の当時の文化的地位からいって、工匠たちはすべて一流の腕をもっていたとおもわれる）。鑑真の東渡弘法の事業は、実質的にいって、僧団という組織の形と集団的な力によって当時もっとも成熟した文化である唐代の文化を計画的に日本へ紹介するものであった。そして和上その人の学問的素養、徳望、指導力にくわえて、随行者たちのかたい団結、終始かわることのない努力はよくその時代の使命を果たし、中日両国人民の文化的血縁関係の歴史に永久に色あせぬ一頁をつけくわえた。

中日両国の文化交流の最初の段階において、仏教は大きな働きをし、交流の使命を担ったものも多くは僧侶だったがこれはもちろんその時代のしからしめるところであった。鑑真が日本へ渡った主観的な願いは仏教の興隆であり、要請された直接の任務は戒法の伝授にあった。紀元七四二年（玄宗の天宝元年）唐に留学中の日本の僧栄叡と普照は鑑真の学識、人格をしたい、揚州にいって和上に、日本へ渡って戒律を伝授されるよう懇願した。このとき、鑑真は五十五歳で、すでに人生の薄暮にちかい齢だったが、日本の事情も日頃から聞き知っていたこととて、ふたりの招請をうけるとすぐ、鑑真は、慧思大師が日本に転生したという中国の民間伝説や日本の長屋王子がはるばる袈裟をおくって結縁をもとめた話を思いうかべた。こうした物語はほかでもなく中日両国人民がたがいに友誼の関係を結ぼうとするその念願が投影したものであり、日本は、鑑真の言葉を借りると、「有縁の国」であった。途路を心配した弟子たちは「あの大海原は百隻に一隻も渡れないといいます」といってためらったが、師の鑑真は、「これも仏法のためである。どうして生命を惜しもう。みなが行かなければ、わしがひとりで行く」ときっぱり宣言した。千年の後になお和上その人の現身の声をきくおもいをさせることばである。

堅固な意志力と不屈の決意

このときから鑑真の名高い「六度の東征」がはじまる。その間の事情は、日本の学者元開（淡海三船）が和上の弟子の思託の著わした『鑑真和上伝』をもとにつづった『唐大和尚東征伝』にくわしい。七四二年に招請をうけいれた鑑真はただちに準備にとりかかり、翌年の春、最初の東渡をこころみたが、人の問題がからまって果たさなかった。だが和上はすこしも失望せず、ただちにまえより大がかりな計画をたて、その年の冬に第二回目の船出をしたが、こんどは大風にみまわれて失敗した。このようにして十一年間に五回も失敗をくりかえすのであるが、和上はすこしもくじけず、ついに七五三年（天宝十二年、日本の天平勝宝五年）第六回目の船出をして日本の九州の太宰府に着いた。この十一年間、和上は

修復された揚州の大明寺の内部。
鑑真和上はこの寺に住んでいた。

さく。まんなかが花
劇団の張世威団長。

おどりとゆうじょう

花柳徳兵衛舞踊団の人たちは北京で中国の舞踊劇「宝蓮灯」を習うかたわら、東方歌舞団の人たちに日

5

中日友好発展の里程標

北京で中日友好協会成立

ながき揚子江の流れのようにつづく友情　そびえる富士の高峰のようにゆるがぬ友情

・本誌記者・

名誉会長 郭沫若氏

会長 廖承志氏

十月のはじめ、北京で中国日本友好協会が発足したのは、ながい歴史をもつ中日両国人民の友好往来のうえでの新しい里程標となるものである。

十月四日、新中国誕生十四周年をよろこび迎えたばかりの北京市民は、中日両国人民にとって記念すべき意義ある日を迎えた。この日、北京市民は五〇〇余名の日本の貴賓たちとともに中国人民政治協商会議礼堂につどい、中日友好協会の誕生を祝った。

北京城の西にあるこの講堂は一九五五年に落成していらい、いくどとなく記念すべきもよおしの場となった（読者は、四ヵ月ほどまえに、『人民中国』日本語版創刊十周年記念のもよおしがここでおこなわれたことをおぼえておいでになることであろう）。この日は北京特有の晴れ渡ったさわやかな一日だった。会場には、出席者をのせた自動車が四方八方からあつまり、やがて講堂はよろこびにわき立つ人の群れにうずめつくされた。

会場はおごそかに、そして美しく飾りつけられている。議長席は花鉢とみどりの盆栽でかざられ、議長席の向かい側の上部には「中日人民之間的友誼万古長青」（中日人民の友宜はとこしえに）の金色の文字をつけた赤い横幕がみえる。陳毅副総理と石橋湛山先生など七〇余名の中日両国の知名士からなる議長団が台上にあらわれると、拍手が会場をゆるがした。

楚図南氏…

阻止できない 大きな流れ

中国人民対外文化協会会長楚図南氏が開会の辞をのべた。中日友好協会は一九の人民団体の決定にもとづいてつくられたものであり、各団体が名誉会長に郭沫若氏を、会長に廖承志氏を、副会長に南漢宸、趙朴初、周而復氏をおし、秘書長に趙安博氏を選んだむねをつたえ、準備にあたった団体と大会に出席した中国の友人たちを代表して、勇敢で勤勉な日本人民、中日友好のために大きな貢献をしている日中友好協会の会員と多くの日本の友人にたいし、熱烈な兄弟としてのあいさつをおくった。そしてつぎのようにのべた。

中国人民と日本人民のあいだには深い伝統的な友宜がある。それは史書に数多く記されているだけでなく、両国人民の現実生活の中にもいきいきとしめされている。この十数年らい、平和を愛する日本人民と解放された中国人民とのあいだの文化、芸術、経済、貿易、友好関係での往来は大きな発展をとげた。数多くの事実は、中日友好運動が阻止できぬ大きな流れと化していることを物語っている。いまでは、中国であれ日本であれ、中日友好に反するどのような主張も、われわれ両国人民のあいだでは支持をうることができなくなっている。

中日両国人民の友宜は二千年あまりの歴史をもっている。唐代になると、両国間の往来はひじょうにさかんになった。千二百年前に亡くなった鑑真和上は、その時代における文化交流と友好往来の手本をしめした。この百年らい、中国人民は近代科学を日本からまなんだ。最近の数十年間の中日両国関係には、不愉快なことがらが一時期生じたが、それもはや過去のこととなった。第二次世界大戦後、中国は解放され、中華人民共和国がうちたてられた。しかし、中国の領土台湾はいまなおアメリカの不法占領下にある。日本の状況も根本的な変化をとげた。日本はかつての植民地を失ってしまったばかりか、日本の領土の一部をアメリカ軍に占領されるにいたった。したがって、中日両国人民は、こうした新しい環境と新しい基礎をもとにして、ふたたび友好関係を発展させることになった。

中日両国はいまなお正常な関係を回復していない。しかし、それは主としてア

— 6 —

メリカ帝国主義の妨害によるものであって、かかる状態は広はんな日本人民の願いにまったく反するものである。日本人民は中国が自分の神聖な領土台湾を解放するためのたたかいを支持しており、われわれもまた、日本人民がすすめている、沖縄の復帰、外国軍事基地の撤廃などをもとめる愛国正義のたたかいをつよく支持している。こうしたお互いの支持をふまえて、両国人民の友宜は日ましに増進している。

この数年らい、中日両国間の経済、文化の交流はめざましい発展をとげ、人びとの往来もいよいよさかんになっており、ことしの国慶節には約六〇〇名の日本の友人が北京に滞在した。ことしの下半期に、経済、文化の交流および友好訪問のために中国を訪れる日本の友人は一二〇〇人にたっする見込みである。これは、中日友好活動の発展がさえぎることのできない歴史の潮流と化しているのをよく物語っている。こうして中日友好協会設立の時機は熟するにいたった。これは、第二次世界大戦後の十余年間、中日両国人民がともに努力してきたたまものである。

10月4日、北京で中日友好協会が成立した。写真は盛大にひらかれた成立大会。

郭沫若氏…

青史に輝く 一ページ

中日友好協会名誉会長郭沫若氏もあいさつにたち、つぎのようにのべた。

中日友好協会の設立は大きな出来事である。これは、中日両国人民の友好関係のかがやかしい一ページを歴史に書きくわえるとともに、中日両国人民の友宜がさらに大きな発展をとげることをしめしている。この意義深い日にあたって、中国日本友好協会名誉会長としてわたしは、中日友好事業のために一貫して尽力され、かつまた、大きな貢献をされた日本人民に崇高な敬意と謝意を表し、また、中国日本友好協会成立大会に出席された日本の貴賓各位にこころから感謝の意を表する。中日両国は隣国同士であり、中国人民と日本人民はひたすら仲よく生活してきた。周知のように、中日両国人民は二千年まえから友好往来をはじめ、経済、文化の各方面にわたってながい、しかも親ぶかい友好の伝統を形づくった。われわれは、歴史がたちきれないとおなじように、中日両国人民がいつの世までも仲よく生活するものと断言できる。

中日両国の社会制度は異なっている。しかし、われわれは、平和共存の五原則とバンドン会議の十原則にもとづいて仲

— 7 —

7

8

本誌代表団員の訪日日記 ①

日本 45日間

六月十二日

香港

六月十三日

香港

六月十四日

9

北京の東安市場

章寧舟

広い中国でも北京ほど名所の多いところはあまりないが、なかでも〈東安市場〉は、名所でない「名所」として内外の旅行者がいちどはたずねる場所になっている。日本からみえたお客さんたちも、よくここでみやげ物を買っておられるようだ。さて、東安市場とはどんなところか、ペンとカメラでひとめぐりしてみよう……

東安市場は、北京でいちばんにぎやかな王府井大街にある。規模も最大なら名もよく売れた総合的な市場で、すでに六十年の歴史をもっている。どうしたわけかこの市場は昔から奇妙に客足の多い市場で、解放で、近くに大きなデパートができてからもいっこうに客足はへらない。

北京城の中の城

ある外国の友人がうまいことを言った。二万平方メートルの敷地をもつ東安市場は、さしずめ数百万の人口をもつ北京城のなかの小さな城である、と。市場のなかには売り場と売り場、店と店が軒をならべてぎっしり立ち並び、食べるものから着るもの、生活用品から文化娯楽用品まで、なんでもそろっている。おまけに、[illegible]品も、たいていはこの市場でまずお客にお目見えする。ここにはまた北京だけでなく、よその特産品もあつまっている。だから、市場の客足はますますふえ、げんざいでは毎日一一～一二万、休みの日で二〇万からの人がここへやってくる。これは解放前の最高記録の三倍である。このような繁盛ぶりは、東安市場の歴史にもかつてないことである。

六十年まえ、ここは清朝の近衛隊〈八旗兵〉の練兵場だった。のちに〈八旗〉部隊の将兵は貴族の仲間入りをして練兵しなくなったので、小商人がつぎつぎにあつまって店をひらいた。そのなかには、軽い食べ物を売る飲食店や雑貨屋、玩具屋などがあった。つづいて、茶店がひらかれ、漫才師、講談師、手品師、お角力さん、占師などがどっとおしよせてからは、ここは北京の庶民の遊び場所となった。一九一一年の辛亥革命以後は、呉服商や宝石商、骨董屋もつぎつぎにここへ移ってきた。大きな店は舶来品もどっさりそろえた。玉突き場、ダンスホール、酒場、アヘン窟、トバク場などがあいついで店びら

きをした。やがて軍閥に官僚、金持ちに放蕩むすこ、ゴロツキに顔役がわんさとおしかけるようになったが、そうなるとここは北京きっての享楽場とよばれだした。解放後たえず改造されて、東安市場は社会主義の市場となり、ここにはじめて働く人が市場の真の主人公となった。

東安市場の北側の入り口には、〈[illegible]〉という雑貨店が、あるが、〈万宝全〉、つまりよろず屋という名でよばれている。店のかまえがひじょうに小さくて、十何人の客をいれるのがやっとだが、商品は一〇〇〇種あまりそろっていて、買い物客がひきもきらない繁盛ぶりである。ヘアネットや刺繍入りのリボン、レースをあむかぎ棒を買うために、わざわざ足をはこぶ人もいるほどだ。げんざい、市場のなかには雑貨店や雑貨売り場が二六あるが、いずれも〈[illegible]〉のようにこまごました品物を売るのを特色としている。これらの商店は、生産者からちょくせつ品物をとりよせているが、品物は種類も数もたえずふえている。ボタン類せんもんの店も一軒あるが、ここには広州や上海、武漢でつくられるいろんな種類のボタンがとりそろえてあって、まるで国際ボタン類の陳列所みたいである。さいきんでは種類も一二〇種あまりから一六〇種あまりにまでふえている。その他の店も、品物をよくそろえていることにかわりはない。十分に選んだうえで買えるので、だれもが満足してかえってゆく。

宝石店内の新風景

宝石店も客足のたえぬ店のひとつである。一九五六年に東安市場の各商店が公私共営の店になると、宝石や特殊工芸品をあつかう店は合併して三つの売り場を設け、市場の西よりに位置をしめた。西の入り口をはいると、すぐに大きな宝石店の前に出る。ガラスの陳列ケースのなかには、ヒスイや真珠をはじめいろいろな宝石類、宝石をちりばめたアクセサリー、玉彫、象牙ぼり、七宝焼き、漆器、絹やモールの造花などの特殊工芸品が並んでいる。はいってみると、何人かの若い娘さんたちが宝石入りのブローチをえらんでいる。べつのところではお年寄りが何人かで[illegible]玉の品定めをしている。

売り場の支配人は陳田さんという女の人だったが、わたしはこの支配人からおもしろい話をきいた。ある日、外国のお客さんが何人かいっしょに来て、象牙細工の女官像を買いたいといった。店のものはその象牙細工のすぐれた点をくわしく説明したあとで、その欠点をも指摘した。つまり、材料のつごうで、四肢の比例がうまくとれず、手がいくぶんみじか目になっているということをおしえたわけである。外国のお客さんはこうした誠実な服務態度をおおいに称賛し、その象牙細工もよろこんで買っていったという。

旧社会では、数ある商売のなかでも宝石や特殊工芸品のあきないがいちばん〈不思議〉な商売とされていた。そして昔から〈三年店をひらかなくても、店をひらけば三年食える〉といわれてきた。売るときは、ニセ物を本物といって高価に売りつけ、買いいれるときは、アラをさがしてケチをつけ、二束三文に買いたたいた。世間では宝石商や骨董商のことを、〈虎の店〉といったが、事実、そのみちに明るくないものは、ひどい目にあわされたものだ。昔の話だが、[illegible]年間の花瓶を買いいれたある男は、それを江西省の景徳鎮におくって二〇個あまり模造品をつくらせ、のこらず骨董品としてうりさばいたという。だが、こうした〈魚の目を真珠に見せ〉て暴利をむさぼることも、いぜんはむしろ普通のことだったともいえよう。

一九五〇年に、人民政府は正札制を実施した。とくに一九五六年に公私共営になってからは、〈公正な値段、公正な売買〉という方針が厳格に実行さ

宝石・特殊工芸品類の売り場

北京でもおいしい日本料理がたべられるのをご存知ですか？ 北京の目抜き通り王府井の東安市場に〝和風〟という日本料理店があります。さいきんこの店が拡張されて中日友好に一役かっていますので、本誌で紹介することにいたしました。——編集部

東安市場の日本料理店〝和風〟——北京ではめずらしい日本式の玄関

和風 北京の日本料理店

安淑渠

ると、中国料理や西洋料理などの料理店が軒をならべている。なかでも、とくに人目をひくのは、何といっても、日本料理店の〝和風〟だ。新しいりっぱな店の顔になる〝和風〟の看板が印象的である。もとの〝和風〟を知っているわたしにとって、すべて目をみはるばかりの変わりようだった。

もとの〝和風〟 いまの〝和風〟

いぜん東安市場に日本料理をたべさせる店があるという話をきいて出かけていったことがあるが、なかなかみつからずにまごついた。そのころの〝和風〟は、支配人から板前さんをふくめて、わずか一〇人たらず。テーブルとイスを配置した土間一つに八畳の日本間一つといった具合で、面積一六〇平方メートルというから、だいたいの見当はつくだろう。料理の品数も少なく、のり巻とか、どんぶりものとか、ごくありふれた物ばかりで、味も正直のところあまりほめたものではなかった。

だが、ともかくこのような〝和風〟ができたのも解放後のことである。いまの支配人の李さんの話によると、解放当初、ここは「雨来散」と名のつくみすぼらしいダンスホールで、じっさいに、看板どおりの、一部は「雨が降れば客が散る」露天になっていた。一九五〇年、ある資本家がこの「雨来散」を改造してつくったのが、この小規模の〝和風〟であった。日本料理をたべさせるというものの、日本料理専門の店ではなかった。こうして発足した〝和風〟は一九五六年に公私合営にかわった。八畳の日本間ができたのもこのころの話である。

中日両国人民の友好関係が発展するにつれて、北京の市民もますます日本に関心をもつようになり、日本の味をたのしもうと思う人もふえて来ている。また日本からのお客さんも多くなる一方で、そうした北京市民や北京在住の日本人、そして遠来の日本のお客さんたちにもおいしい日本の料理を北京で食べられるようにしてあげたい、という声が高まってきている。こうして、昨年からことしにかけて、拡張工事がおこなわれた。

面目を一新したいまの〝和風〟は、もとの〝和風〟のおもかげをどこにものこしていない。もとの〝和風〟全体がいまの調理場になってしまったのだから、昔のおもかげがのこっていないのもあたりまえだ。八〇人はいれる大ホールと二〇人はいれる小ホールのほかに、六四畳の大座敷と一〇畳の小座敷、それに入り口のロビー、外套預かり所、電話室、事務室などはすべて新築されたものである。面積はもとの八倍にあたる一二〇〇平方メートルに拡張され、人員ももとの五倍にふやされた。料理の種類も日本料理が主で、そのほかライスカレー、ヤキソバといったたぐいの日本式の、西洋料理や中国料理もたべられる。日本料理の種類もうんとふえている。店内の設備、備品や食器もすべて新調されている。

だが〝和風〟の名にふさわしく、建物全体に日本趣味をいかしたのが、なんといってもこんどの改装のもっとも大きい特徴だ。鉄筋コンクリートづくりの建物だが、座敷のなかはまったく日本のお座敷にかわりない。格子天井、ふすま、障子、畳などはいうまでもないが、大座敷にはこった日本式の白木の床柱までとりつけられている。屏風、掛け軸、生け花などは、お座敷のふんい気をいっそう日本的なものにしており、大座敷の前の廊下の縁にかけてある風鈴と青色のちょうちんも、日本情緒をいっそう濃くしている。

「中日友好のために一生懸命やるつもりです」とはりきる〝和風〟の板前さん

サシミ八〇点 寿司は……

座敷のすみずみまで日本趣味をいかそうとした設計者のこまかい心づかいに感心して、支配人の李さんに「設計された方は日本通にちがいないでしょう」とたずねたところ、「だれが設計したとは、ひとくちではちょっといえませんね。中日両国人民の協力の賜物としかいえませんね」という答えだった。

よくたずねてみたところ、拡張工事は、主として建築会社と〝和風〟の関係者が中心になって設計をしたのだが、それがまとまるまでには西園寺公一さんをはじめ北京に住む日本人、日本からこられた代表団や商社の方など、前後あわせて三〇ちかくの人びとの貴重な助言があったという。何回も会議をひらいて、集団討議で案をねった。建築写真文献なども日本からとりよせて参考にしたという。施工にあたっても、多くの日本の方がわざわざ現場にきて、貴重な意見をだしてくださった。

いよいよ開店をひかえた四月十九日に、西園寺夫妻は日本商社の方々をまねいて、試食会をやられた。翌日の二十日には、日本通の連中二〇余人があつまって試食の宴としゃれたが、これには西園寺夫妻も招待された。二汁一三菜のお献立に一同いちいち投票式で点数をつけられた。なにしろ戦前は日本に留学し、戦後は何回も日本を訪れ、日本の味をよく知っているうるさ方ぞろいなのでコックさんもハラハラだったが、お刺身の出来が案外よかったので、八〇点つけられ、ほっとした。ただ豚肉の煮しめは中国料理のあじがぬけきれず、これは二〇点というからい採点だった。しかも、西園寺さんは、日本料理じゃないといって点数をつけられなかったそうだ。それでもどうやら平均六〇点にはこぎつけたからいちおう合格したことになる。しかし、もっとからい点をつける人もいる。わたしの友人など、ここの寿司は点のつけようがないといっていた。

そうはいうものの、開店してからは、ふだんに日本人の方がたの関心と協力をうけ、料理も純に近い日本味になってきている。なかでも〝和風〟の「顧問」に推せんされた西園寺夫妻の力のいれようは格別だ。しょっちゅう〝和風〟へ出かけられては、日本の風俗習慣について注意されたり、料理のできばえその他について意見をだされている。床の間をかざる日本人形も西園寺夫妻からのおくりものだそうだ。

おほめのことば げきれいのことば

〝和風〟は開店以来、日本からの代表団を招待する宴会場としてふんだんに利用されている。七月頃、廖承志さんが木下順二さんの作家代表団と中川一政さんの画家代表団を〝和風〟におまねきして、二四品の純日本料理でお客を喜ばしたとい

本誌の影の功労者

池田亮一さんをしのぶ

康大川

本誌編集部には日本人の方の協力者がいるが、池田亮一氏はその一人であり、しかも草分け時代の古参者である。このほど不幸にして急逝された。ここに十年らいの池田氏の仕事や生活の片鱗を記して、氏の面影をしのぶとともにその死を悼むものである。

右から故池田亮一氏、菅沼不二男氏、本文筆者、池田夫人、菅沼夫人。

— 81 — — 80 —

12

1963

这一年《人民中国》已经走过了10个年头，中日关系经过以民促官的推动，也上了一个全新的台阶。

一直撰写专栏的西园寺公一已经在北京居住了5年。这年新年号刊登了西园寺公一的夫人雪江撰写的《在北京过的第五个新年》，再次介绍了他们一家在北京的温馨生活（1月号，见图1）。

友好商社的日本朋友通过贸易活动见证了新中国的变化。《座谈会：广交会与中国印象》反映了商贸活动对增进中日双方了解的促进作用（4月号，见图2）；在介绍即将开幕的日本工业展览会的报道文章中，有男女日本工人形象的海报备受瞩目（11月号，见图3）；画页中，周总理等出席在北京展览馆举办的开幕酒会的高规格场面，体现了中国对此次活动的高度重视。

中日文化交流活动也不断深化。在北京新侨饭店举办的中日舞蹈家座谈会，体现了两国艺术家对传统舞蹈交流的热情（5月号，见图4）；东方歌舞团的舞蹈艺术家向日本同行请教日本舞蹈的黑白与彩色画页十分生动感人（5月号，见图5）。赵朴初撰写的《纪念鉴真大师圆寂一千二百年》阐述了中日两国在文化上的血脉联系，推动鉴真大师成为中日历史上人文交流的象征（5月号，见图6）。

这一年里，中日友协宣告成立，郭沫若任名誉会长，廖承志任会长，体现了对日工作的高规格安排。题为《中日友好发展的里程碑》的相关报道介绍了协会成立的盛况（11月号，见图7）。

《人民中国》迎来创刊10周年，这一年破例用两期杂志版面报道了相关内容。其中6月号的封面上特别注明纪念号，以较大篇幅介绍了各方的回顾与祝贺（6月号，见图8）。

为纪念创刊十周年并广泛听取意见，《人民中国》派出了阵容强大的访日团在日本各地活动，形成了翔实的访日报道《日本四十五天》（11月号，见图9）。下半年访日成果就显现出来，《北京的东安市场》（10月号，见图10）、《北京的“和风”日料店》（11月号，见图11）等贴近生活、方便读者的文章多了起来。

池田亮一是《人民中国》创刊以来第一位去世的，和中国同志并肩奋斗的日本专家。国务院副总理陈毅亲自参加了为池田亮一举办的高规格的追悼会。康大川更是写了情真意切的悼念文章《怀念本刊的幕后功臣池田亮一》，怀念这位真正的朋友（12月号，见图12）。

第二节

创刊 10 周年纪念文章[1]

人类历史发展中的一个重要动向[2]

时间过得可真快，《人民中国》日文版创刊已有 10 年。10 年来，受惠于读者的喜爱和支持，这本杂志将真实的中国广泛地介绍给了日本人民，为增进中日两国人民的友谊、维护亚洲和世界和平的事业做出了贡献。这一点中国人民应该感谢日本朋友。

在这 10 年里，世界发生巨变，出现了很多前所未有的新事物。这一点让我们记忆犹新，在此无须多言。但有一点我想特别强调一下。那就是亚非拉各国、各地区的人们都觉醒了。从四五百年前开始，亚非拉人民逐步遭受殖民主义的摧残，遭受残酷的侵略、统治、剥削、奴役，国家丧失独立，人民生活失去发展的目标。于是，世界变成了以欧美为中心的世界，殖民主义者、帝国主义者肆意横行。两次世界大战主要是帝国主义者为争夺殖民地而展开的战争，世界人民遭受了巨大的灾难。

不过，亚非拉美人民终于觉醒了，他们找到了民族失去独立自由的根本原因，找到了全球人类遭受重大灾难的根本原因。他们站起来，为民族的独立和自由而战，保卫人类的安全和发展，把反抗的矛头指向新老殖民主义和帝国主义。他们都曾经遭受相同的命运，现在肩负相同的使命，亚非拉人民自然团结一致，同仇敌忾。

亚洲各国人民的团结形成于 1955 年 4 月。到了 1958 年 1 月，已经扩大为团结亚非人民，并建立了固定的组织。亚非拉人民从前就有团结起来的势

---

1 此节文字载于 1963 年 6 月号、8 月号。

2 郭沫若撰文。

头，最近趋势愈发明朗。今年2月上旬，第三届亚非国家人民团结大会在非洲坦噶尼喀的美丽城市莫希召开，54个国家和地区的250多名正式代表出席。会议除一般宣言和政治、经济、社会、文化、组织活动决议外，还通过了多达27项单独决议。这些决议的共同精神是坚决与新老殖民主义和帝国主义，特别是美帝国主义展开斗争。这次会议促进了亚非人民的团结，制定了亚非人民的共同行动纲领，取得了丰硕的成果，是一次成功的会议。

作为观察员出席的古巴代表在会议上发表了演讲。古巴代表强调亚非拉人民将团结起来，共同反对美帝国主义所实行的新殖民主义，同时转达古巴人民领袖菲德尔·卡斯特罗总理的邀请，希望适时邀请亚非拉各国代表到古巴首都哈瓦那召开亚非拉人民团结大会，这一邀请受到了热烈欢迎。我们相信，亚非拉人民的团结在不久的将来，将以有组织的形式开展。

亚非拉人民的团结进程，是实现世界人民大团结的必由之路。在我看来，这是人类历史发展的一个重要动向。全人类建成真正的民主大家庭也将不会是很久远的事情。

三大洲人民团结战斗的发展，无疑是世界各国人民共同努力的结果，也是各国人民国内斗争成果的总和。

这几年来日本人民正在进行的反对日美安全保障条约的斗争，即反对美帝国主义奴役日本人民并威胁亚洲和平和世界和平的斗争，受到全世界人民的尊敬。这一斗争不断发展，不断壮大着反对新老殖民主义和帝国主义的和平力量，维护着亚洲和世界的和平。

全世界人民也对古巴人民反对美帝国主义侵略的英勇斗争表示尊敬。古巴人口只有700万，与美国的距离也不过90英里，但英雄的古巴人民对美帝国主义的威胁、封锁和侵略毫不妥协，毅然捍卫了国家的独立尊严，最有力地维护了世界和平。古巴人民是拉美各国人民的榜样，同时也是世界各国人民的榜样。

然而，从事和平运动的朋友，特别是欧洲的朋友中，也有人持不同看法。他们把亚非拉人民的团结同维护世界和平的运动对立起来。在他们看来，维护世界和平的运动，就是提倡全面裁军，用裁军省下的钱，援助不发达国家，即遭受新老殖民主义剥削、破坏和奴役的亚非拉国家；是禁止核武器，使世界人民不再因这种大规模杀伤性武器遭遇灾难；是促进各国之间的经济交流和文化交流，实现世界各国人民的和平共处。

这当然都是好事。如果能够实现，对于欠发达国家的人民来说，这简直再好不过了。但是，怎样才能实现呢？不管我们怎么主张全面裁军，美帝国主义还是首先致力于扩军备战。不管我们怎么主张禁止核武器，美帝国主义总是实行核武器恐吓政策，不断在空中、海上、地下进行核试验，把核弹头运到遍布全球的军事基地。不管我们怎样主张经济交流和文化交流，美帝国主义都会对别国实行经济封锁和文化封锁，对别国实行经济渗透和文化渗透。美国的经援与和平队究竟意味着什么，只要是有实际经验的国家，应该都深有体会。

帝国主义和新老殖民主义才是战争的根源，也是威胁和平的根源。帝国主义和新老殖民主义要么被削弱，要么进入历史博物馆，否则和平主义者的愿望再好也没有希望实现。因此，要实现全面裁军、实现禁止核武器，要真正促进经济交流和文化交流，要实现世界各国人民的和平共处，就必须对新老殖民主义和帝国主义开展坚决果断的斗争。因此，亚非拉人民的团结斗争是维护世界和平运动的最具体的措施，决不是与和平运动对立的，更不是分裂和平运动。

对新老殖民主义和帝国主义的斗争，实际上不只是亚非拉国家的责任，而是世界各国人民的共同责任。帝国主义国家内部爱好和平与正义的人们也都在与新老殖民主义和帝国主义作斗争。从事和平运动的人，必须加强而不是削弱殖民主义国家内部的反殖民主义运动。尽管如此，有些朋友非但不做这方面的工作，反而做一些破坏亚非拉人民团结的工作。这不是为和平服务，而是为战争服务。有的接受美国的援助，成为美国的仆从，有的被核武器吓倒，成为投降主义者。这些人不仅拿美国当幌子，说美国领导人“开明”“关心和平”，说帝国主义已经灭亡，还诬蔑反对美帝国主义的国家是“好战”

的。不管其动机是亲美、崇美还是恐美，都是在给坏人撑腰。

然而，亚非拉各国人民的双眼没有被蒙蔽。他们常年亲身遭受殖民主义带来的灾难。经历了几十年、几百年的岁月，他们清楚地知道谁是朋友，谁是敌人，什么是真正的和平，什么是假和平。亚非拉人民的觉悟逐年提高、团结逐年巩固就是很好的证明。刚刚成功举办的莫希大会也充分彰显了亚非拉人民的共同意志。

在此我想重申，亚非拉人民的团结是人类历史发展的一个重要动向。欧美中心主义的世界已经一去不复返。世界各国人民，特别是亚非拉各国人民的一致觉醒，无疑将给人类前途带来无限光明。

我们中国人民愿意为促进这一发展而努力。在此基础上，我们深知日本人民在不断努力，坚决反对日美安全保障条约；在加勒比海同美帝国主义进行生死搏斗的古巴人民也在不断努力，与法国殖民主义者艰苦斗争七年获得了光荣独立的阿尔及利亚人民也在努力。其他觉醒的国家的人民也都付出了不同程度的努力。即使有时会遭遇逆流，也不过是一时的沉渣，无法改变历史的洪流。相反，泛起的沉渣最终要么被清除，要么被淘汰。

让我们不断努力，清除沉渣，扫除障碍，促进历史发展的新动向。只要我们继续齐心协力，全人类走向真正民主的大家庭也将指日可待。

戮力同心，日文版人民中国。
谈真实，十年如一日，万人共目。
跨越重洋传统友谊，排开垒障通过声息，总有时恢复旧邦交，从人愿。
谁挠阻共同敌，怎应付人民力！举全民，反对安全条约。
打狗棍对伥鬼足，闭门羹灌纸虎鼻。
转瞬间喜见樱花开，如锦织。

日文版人民中国出版十周年成满江红词一首以纪念
1963 年 3 月 7 日郭沫若

庆祝日文版《人民中国》创刊10周年[1]

《人民中国》日文版迎来了创刊10周年。一般来说，一本杂志办了10年并不算什么。但是，在中日关系如此复杂的背景下，《人民中国》能够持续10年，还是值得高兴的，也是难得的。作为一名读者，我谨向日文版《人民中国》和中日两国的读者表示祝贺。

日文版《人民中国》向日本读者介绍中国各方面的情况，旨在增进中日两国人民的相互了解，并由此建立中日两国人民之间的友好感情。这可不是件容易的事。之所以这么说，是因为中国人不能像日本人那样写出流利的日文，这和外国人的中文不能像中国人这般流利是一样的道理。然而，经过日文版《人民中国》编辑部的多方努力，在日本朋友和在华日本朋友的共同帮助下，杂志得到了改善，发行量也有所增加。从这一点可以看出，我们大家共同支持的中日友好事业结出了丰硕的果实，广大朋友的宝贵努力并没有白费。

日文版《人民中国》还有很多需要改进的地方。例如，虽然是月刊，却有些像周刊。要解决这个问题，编辑部当然要有所考虑。除此之外，怎样才能让《人民中国》成为对我们共同的事业——中日友好更有帮助的杂志？怎样编辑才能成为更符合日本广大读者需求的杂志？这些还必须不断征求日本读者的意见。

经了解，日本朋友这几年给了我们很多意见，我们非常感激。如今，中日友好的呼声在中日两国人民中不断高涨，促进中日友好的运动已经成为不可阻挡的洪流。在这样的历史时期，我们中日两国的《人民中国》读者齐心协力把《人民中国》办得更好，一定是非常有意义的。

最后，我想再次向为这本杂志辛勤工作了10年的编辑部的同事们，以及为这本杂志的进步不断提供宝贵帮助的日本朋友们表示感谢。

---

1 廖承志撰文。

进一步增进中日两国人民的友谊[1]

衷心祝贺《人民中国》创刊10周年。除了肯定本刊在过去10年间为增进中日两国人民友谊所作出的巨大贡献的同时，我也想通过本刊向广大日本读者和日本人民致以崇高的敬意。

1953年《人民中国》创刊那一年，恰逢中日两国人民友好关系也取得了新进展。这一年的3月5日，中国红十字会、日本红十字会、日中友好协会、日本和平联络委员会的代表齐聚北京，发表了中日两国人民间的第一个协定——关于在华日本人回国问题的公报。最终，很多在华日本人在中国红十字会和日本三团体的帮助下回国了。这些人现在成为加深中日两国人民友谊和了解的巨大力量。第二年，我和廖承志先生应日本邀请，作为新中国第一个访问日本的人民使节团，率领中国红十字会代表团访问了日本，揭开了中日两国人民友好往来史上新的一页。

在那之后，我们继续开展了各种各样的活动。中国红十字会除了帮助在华日本人回国，还帮助被释放的日本战犯回国，或者帮助日本战犯的家属来中国探视战犯，帮助与中国人结婚的日本妇女回乡，收集在中国去世的日本人的遗骨，开展了送还等活动。日本人民和友好团体也帮助在日华侨回国。尤其让我们深受感动的是，日本人民在非常困难的情况下，把许多在日遇难的中国烈士的遗骨，连同名单一起返还给我们。日本人民通过这项工作，既反对日本军国主义复活，又表达了同中国人民友好的强烈愿望，为发展中日两国人民友好作出了崇高贡献。

10年来，中日两国人民的友好团结事业取得了巨大成就。中日两国人民的友谊和团结，建立在两千年传统友好关系的基础上，在反对共同敌人的斗争中相互支援，不断发展和增强。美帝国主义一贯敌视社会主义的中国，憎恨日本人民争取独立、民主、和平、中立的斗争。他们从来没有放弃过阻挠日本人民团结、破坏中日友好关系的阴谋。他们甚至就在华日本人回国问题

1 中国红十字会总会会长李德全撰文。

也掀起了反华浪潮，离间中日两国人民。我们必须保持高度的警惕，从正面与他们战斗下去。

我感到由衷高兴的是，中日两国人民的友好、团结和共同斗争，对于今天反对美帝国主义的战争政策和侵略政策，维护亚洲和世界的和平具有十分重要的意义。中日两国人民更加深切地感受到了这一点。今后让我们更加团结，为夺取更大的胜利而努力吧！

祝愿《人民中国》取得更大的成就！

祝愿中日两国人民的友好关系取得进一步发展。

中日两国人民的友谊永存[1]

今年6月，《人民中国》日文版迎来创刊10周年。10年的时间，从人类历史来看，的确是很短的时间，但在这10年里，中日两国人民通过紧密的合作和共同的努力，为具有两千年悠久渊源的中日文化交流和友好的历史续写了新的光辉诗篇。《人民中国》日文版也为此做出了不少努力。

我现在回想起了在中日文化交流史上，中日两国人民都称颂的唐代高僧鉴真的事迹。鉴真为了回报日本人民的友谊并传播中国文化，决心东渡日本，历经多次失败，终于在第六次取得成功，为中日人民的友谊和文化交流做出了巨大贡献。

那是一千多年前的事情了。当时的那种自然的障碍现在已经没有了。不过，人为的、社会性的障碍并没有消除。即便是这些障碍也阻挡不了中日两国人民携手共进。在中日两国人民的密切合作、努力以及相互支持下，这些障碍不断被破除，中日两国人民的友谊和文化交流得到日益深入和发展。

在这一点上，我们深切地感到得到了广大日本人民的支持、帮助和配合。其中，松本治一郎先生、中岛健藏先生等值得尊敬的友人，怀着促进中日两国人民友好的强烈愿望，克服各种困难，为中日两国人民友好和文化交流事

1　中国人民对外文化协会会长楚图南撰文。

业贡献了巨大力量。此外，还有很多朋友为促进中日两国人民的友谊和文化交流，开展了许多有意义的活动，与中国人民结下了真挚的友谊。与我们一道把中日人民的友谊和文化交流推向新的发展阶段的，正是日本的这些已知的和未知的朋友。

中日两国人民的交往植根于真正的友好，具有丰富多彩的内容。这有助于我们加深相互理解，沟通感情。日中友好协会逐渐壮大，发展成为拥有几百个分支机构和几万名会员的庞大组织，日中友好运动成为声势浩大、方兴未艾的群众运动，就是最好的证明。我所接触的许多日本朋友经常说，日本人民对中国人民有着强烈的亲近感，对此我也有同感。的确，我们的友谊建立在深厚的基础上，我们的文化交流也是在长年累月的相互学习和相互影响下发展起来的。中日两国人民的共同愿望是永远做朋友，友好相处下去。我们对中日友好的前途充满信心。中日友好不仅符合中日两国人民的利益，如果两国人民进一步团结起来，努力促进中日两国人民的友谊和文化交流，定将为维护世界和亚洲和平做出更大、更重要的贡献。

祝愿中日人民的友谊和文化往来万古长青。

愿中日文化共同绽放光芒[1]

广阔的太平洋的波浪，拍打着中国的海滩，也拍打着日本的海滩。它象征着我们两国人民源远流长的、频繁的文化交流，也象征着我们两国人民源远流长的深厚友谊。

早在公元57年，日本就派遣使者与我国开展文化往来。公元754年，鉴真大师东渡日本，传播了中国佛教、中国建筑、美术、文学等，受到当时日本天皇等各界人士的欢迎和敬仰，为中日文化交流史揭开了光辉的新篇章。在中日两国人民长期的文化交流中，文学艺术的交流占有极其重要的地位，

1 中国作家协会主席茅盾撰文。

关系尤为密切。

1868 年的明治维新为日本近代文化的发展创造了条件。从此，日本的社会科学、自然科学以及文学都有了长足的进步，对旧中国的科学、文化起到了促进作用。明治、大正年代出现的许多优秀作家，如二叶亭四迷、夏目漱石、德富芦花、国木田独步、岛崎藤村、樋口一叶、有岛武郎、志贺直哉、石川啄木等人的作品，给一部分中国近代文学中年长的作家带来了积极影响。特别是藏原惟人在战前日本无产阶级文学运动中发表的马克思主义文学理论，以及在其指导下出现的以小林多喜二为代表的无产阶级作家的作品，在很大程度上给当时中国的进步作家以鼓励。

1929 年，著名作家小林多喜二的《蟹工船》首次在中国翻译出版，作品中洋溢着作者火热的革命热情，令我们深受感动。作者在为其译本所写的序言中写道：“中国无产阶级的英勇斗争，给邻国日本无限的感动和鼓励！”的确，中日两国的进步作家和文化人，在为进步革命事业而斗争的过程中互相帮助，互相学习，结下了亲密的友谊。这种友谊在中日两国人民对抗共同敌人美帝国主义的斗争中得到进一步巩固和发展。

多年来，我们每年都以无比喜悦的心情迎接来华访问的日本文化界人士，也以同样的心情派遣文艺代表团访日。两国作家、艺术家、文化人在互访中增进了解，增进友谊。中岛健藏、龟井胜一郎、野上弥生子、江口涣、江马修、藤森成吉、井上靖、堀田善卫等日本著名作家、评论家，以及已故的青野季吉先生等，都在访问中国后，发表过称赞中日作家友谊的文章，也出版过访问游记单行本。另一方面，郭沫若、巴金、谢冰心、刘白羽、陈白尘、杨朔、李季等我国著名作家，以及已故的著名演员梅兰芳等，都在访问日本所写的报告文学、随笔和诗歌中热情地反映了日本人民的革命精神，颂扬着中日人民的深厚友谊。两国文学家、艺术家的上述诗文有不少已经翻译成对方国家的语言，给对方国家的人民留下了深刻的印象。

新中国成立后翻译出版了大量日本的优秀文学作品，无一例外地受到读者的欢迎。1962 年翻译出版的《惊雷集》汇集了日本诗人近年来在反美爱国斗争中所作的优秀诗歌，成为送给中国读者的珍贵礼物，目前正在计划出版的汇集日本30多位作家短篇小说的选集想必也会引起中国读者的极大兴趣。这几年来，日中文化交流协会一直向我们推荐日本的优秀作品，同时也捐赠了很多图书，这为我们今后更多更好地介绍日本文学提供了有利条件，我们必须要表示感谢。

日本朋友一贯重视研究和介绍中国文学，这是令我们非常高兴的事情。日本出版了33卷《中国古典文学全集》和20卷《中国现代文学选集》，还有正在计划出版的《世界文学选集》（其中包括中国现代小说集）和《中国革命文学选集》。日本朋友在工作上取得了重要成果。在日本朋友的努力下，中国现代文学的一些重要作家，如鲁迅、郭沫若、郁达夫、巴金、老舍、曹禺、艾芜、赵树理等人的作品受到日本人民的欢迎，我的作品也受到日本人民的喜爱。

值此《人民中国》创刊10周年之际，我想通过这座连接中日两国人民的桥梁，向日本文化界的朋友以及广大日本人民致以诚挚的问候。我们要紧密团结起来，打破美帝国主义及其追随者所设置的障碍，把中日两国人民的文化交流推向新的发展阶段，使中日两国人民的优秀文化在交流中相互学习、共同提高，在世界文化宝库中大放异彩。

为了中日两国工人和工会的团结和友谊[1]

中日两国工人和人民的传统友谊，在中国工人和人民掌权以来的十几年间，取得了前所未有的巨大发展。

在此期间，中国工人和工会热情接待了日本工会的1000多名朋友。中国工人把日本朋友的友好访问视为对中国社会主义建设事业的支持和鼓励。中国工会的代表团也经常访问日本。这种友好往来，有助于进一步增进相互了解，增强团结和友谊，为中日两国工人阶级和国际工人阶级的共同事业作出

1 中华全国总工会副主席刘长胜撰文。

了有益贡献。

特别需要指出的是，中日两国工人和工会根据共同的要求和意愿，就彼此关心的问题充分交换了意见，达成共识，并在此基础上发布了近 20 项联合声明。特别是，中、日、朝三国工会根据 1960 年日本总评的提案签署的联合声明，得到了三国广大工人和工会的支持。之后发表的一些声明也都对此表示重视。因为联合声明集中表达了三国工人的共同诉求，并被实践证明是正确的。其主要内容是：反对日美军事同盟条约，反对帝国主义的侵略政策和战争政策，维护世界和平和支持民族独立运动等一系列共同任务，以及在此基础上发展友谊和团结的共同愿望。

中国工人很高兴地看到，日本工人阶级高举反美爱国旗帜的坚强团结斗争，始终站在日本人民反美、爱国、正义的宏大战斗的最前列，在反对《警职法》、反对《日美安保条约》、反对《政暴法》、反对“日韩会谈”等的斗争中取得了巨大的胜利。这些战役的胜利给美日反动派以沉重的打击，为日本的独立、民主、和平，为资本主义国家工人运动的发展，为维护世界和平作出了巨大贡献。

中国工人也很高兴地看到，日本工人兄弟在为改善生活环境和劳动条件的一系列斗争中，越来越清楚地认识到苦难的根源在哪里。

中国工人和工会把日本人民战斗的胜利看作中国工人战斗的胜利，看作是对中国工人正义斗争的支持。

近年来，中国工人和工会为增进中日两国工人和工会的友好和团结，贯彻与各兄弟工会共同发表的联合声明和章程，始终不懈地作出积极努力。

中国工人和工会在中国共产党和毛泽东同志的指导下，反对帝国主义的战争政策和侵略政策，维护世界和平，在世界人民争取民族独立、民主、自由及社会主义的战斗中，始终同各国工人兄弟、兄弟工会并肩战斗，始终如一地为加强和发展国际工会运动的团结而努力，而且把这种斗争作为中国工会在国际生活中最重要的任务。

现在，帝国主义、现代修正主义以及各国反动派，正在想尽一切办法阻挠和破坏国际工会运动的团结，破坏中日两国工人和工会的友谊和团结。美帝国主义在日本不断推行肯尼迪 - 赖肖尔路线，对日本工会运动进行分裂和镇压，企图在亚洲和世界工会运动中孤立日本工会。南斯拉夫工会试图利用“积极中立”来分裂亚非工会的团结。因此，中日两国的工人和工会需要进一步提高警惕，加强团结。

中国工人和工会将一如既往地加强中日两国工人的战斗友谊和国际工会运动的团结精神，为了贯彻我们和兄弟工会所签署的友好声明，坚持不懈地战斗下去。

今天，国际形势正朝着对各国人民都日益有利的方向发展。此时此刻，让我们更加团结起来，为世界和平，为被压迫人民和民族的独立、民主、自由，为工人阶级的事业而奋斗。

向日本的姐妹们致以诚挚的问候[1]

值此《人民中国》日文版创刊 10 周年之际，我谨向日本的姐妹们和朋友们致以诚挚的问候！ 十多年来，中日两国的文化交流日益频繁，两国人民和妇女的友好往来日益增多，两国人民的友谊和团结不断增强。这令我们倍感欣喜。

为了发展中日两国的文化交流，增进两国人民的友谊，众多先驱付出了巨大的努力。鲁迅就是其中之一。日本人民喜爱鲁迅的作品，鲁迅也把日本优秀的文化介绍给了中国人民。为了纪念鲁迅，日中友好协会、日本文化界知名人士以及鲁迅生前好友在仙台为鲁迅立了纪念碑。据说立碑的经费是日本人民一点一点募捐凑起来的。1961 年春，我和中国妇女代表团访问日本时，有幸参加了这座象征中日两国人民友好的纪念碑的揭幕仪式。那是一个晴朗的下午，我们来到青叶山麓的鲁迅纪念碑前。那里背靠青山，前面是广阔的

---

1 中华人民共和国妇女联合会副主席许广平撰文。

平原，景色非常优美。原定 200 人参加，实际超过了 500 人。工人、农民、学生、妇女以及其他各界人士都踊跃参加。日本人民如此纪念鲁迅，如此热爱中国人民，我国人民和我个人深受感动，表示衷心感谢。揭幕仪式结束后，在日本友人的陪同下，我们参观了仙台医学专门学校和鲁迅曾寄宿的房子，当时鲁迅就在这里向藤野严九郎先生学习解剖学。这一切令我留下了深刻的印象。

在为期一个月的访问期间，我们参观了 27 个城市，几乎走遍了半个日本。每到一处，我们都被温馨的友情包围，接收到了饱含美好祝愿的问候。又听到“东京－北京”的歌声在四处响起。我们除了见到很多老朋友之外，还认识了很多新朋友。无论是在盛大的欢迎会上，还是在与每个人的亲切交谈中，我们都能敞开心扉。这些充满感动的情景我将永远铭记。尤其让我印象深刻的是，英雄的伟大的日本人民是不可战胜的。特别是温柔聪慧的日本妇女，勇敢地投身到反对美帝国主义，争取日本独立、民主、和平与中立的斗争中去，这对中国人民和妇女是极大的鼓舞。

各位日本朋友和姐妹们，让我们更加努力地发展两国文化交流和友好往来，加强儿童教育，使中日两国人民世世代代和睦相处。

为促进日中友好贸易而共同努力[1]

在祝贺《人民中国》日文版创刊 10 周年之际，我谨通过这本促进中日人民友好的杂志，向日本朋友和致力于促进中日贸易的日本工商界人士致以诚挚的问候！

记得去年的这个时候，日本贸易界的朋友们聚集在一起，庆祝第一次中日贸易协定签署 10 周年。为了促进中日两国人民的友好和经贸交流，为了中日两国关系的正常化，这 10 年来，各位日本朋友在极其困难的情况下不懈奋斗，做出了宝贵的贡献。

1 中国国际贸易促进委员会主席南汉宸撰文。

看到中日两国人民之间友好贸易逐步发展的现状，我们感到无比高兴。我们刚刚在北京签署了中日民间贸易《备忘录》和《议定书》，这对中日贸易来说是一个新的发展。现在，我们两国人民以及致力于两国友好贸易的朋友们，正在为实现这两个文件而共同努力。中日两国人民渴望友好，渴望开展贸易往来，这是由两国的历史、地理、经济、文化条件所决定的事实，任何反动势力无法阻挠。当然，在中日贸易发展的过程中，总会遇到困难和障碍，特别是美帝国主义及其追随者带来的困难和障碍。但是我们坚信，在反美爱国的正义斗争中显示出伟大力量的日本人民，一定能够取得战斗的胜利。

在北京和每年春秋两次在广州举行的交易会上，我们经常和许多日本贸易界的朋友见面。今年日本朋友们决定在北京和上海举办工业展，明年我们也计划在日本举办展览。由此可见，中日两国人民之间的友好往来和经济交流今后将会更加蓬勃发展。几年来的事实和经验表明，中日关系的政治三原则、贸易三原则以及政治经济密不可分的原则是发展中日友好和贸易的基础和保证。我们愿本着这一原则精神，同所有热心致力于促进中日贸易的日本朋友一道，继续努力，不断迈进。

友情[1]

从《人民中国》日文版编辑部的来信中得知，这本杂志今年 6 月将迎来创刊 10 周年，让我回想起了很多事情。我是这本杂志的读者，同时也是撰稿人。10 年前杂志上也刊登过我的文章，但当时还没有近两三年的关系密切。自前年访日归来以来，我觉得这本杂志有一股力量吸引着我的心。这种力量便是日本人民的友情。

这两年里，我写过好几篇赞颂友情的文章，抒发对朋友的深切思念，这些文章，倾述了我对日本朋友的真情实感。一拿起笔，日本朋友亲切的笑容

1 作家巴金撰文。

和真挚的眼神就浮现在眼前。友情绝不是空洞无物的词语。友情就像神奇的画笔，不断描绘出动人的画面，又像篝火，照亮我的前方，点燃我的灵魂。每当想到这样的友情，我就好像看到了一幅美丽的画。在那幅画上，两国人民紧紧地手挽手，为共同的目标而努力，为世界和平与人类进步而努力，为两国人民及其子孙后代的幸福而努力。我曾满怀感动地给一位日本朋友这样写道：

“我怀着结交朋友的衷心愿望来到你们的国家，遇到了这么多真正的朋友，令我无比高兴。我体会到了心灵相通的喜悦。你们像兄弟一样招待我，我和你们一起度过了非常愉快的日子，也非常感动。和你们一起手挽手歌唱《东京－北京》，眼眶渐渐发热，手臂充满力量，围成一圈的人已经不想散去，初次见面的人也会互相吸引。没有任何隔阂，没有任何阻碍，仅仅对视一眼就结成生死之交，仅仅是唱了一夜的歌，彼此都打开了心门。我去了很多第一次去的城市，但感觉在那里见到的人都是很熟悉的人，并不是说日本人和中国人长得很像，是素不相识的人总是向我伸出手，发自内心地和我说话。……在那个美丽的春夜里，我想起了我的所见所闻和亲身经历，知道了两千年来人民的友谊如同宽广的大海。在友谊的海洋里待得越久，我的幸福感就越饱满，在我们的面前，出现了一幅辉煌壮阔的景观！……我们的心和许多朋友的心交融在一起，并逐渐扩大，燃烧着友谊之火，为子孙后代造福。”

我写给日本朋友的话不止这些，而且写信的对象也不止一个。两次访日，我带回了许多日本朋友的心。半年前，当我要离开东京时，我对那些恋恋不舍的朋友说，我会把我的一半的心留在你们身边。这不是客套话。每次想到朋友，想到友情，我就觉得自己的心和朋友的心是连在一起的，我们也不会分开，为了子孙后代的幸福而努力，携手前进。我们常说，这种心心相印的人民友谊一定能创造出各种美好的事物。如果能为这样的友情尽绵薄之力，我也一定能和朋友们一起见证友情之花绽放结果。对我来说，这是无比幸福的事。

我衷心感谢《人民中国》日文版。通过这本杂志，我将思念朋友的声音和幸福感源源不断地传达给日本朋友，同时，将朋友们真诚的回答也源源不断地传达给我。这本杂志就像一座桥梁，让我的心灵接触到越来越多美丽的灵魂。我相信像我一样感谢这本杂志的人还有很多。因为这本杂志将探寻友谊的心越来越广泛地联系在一起。

以上所述只是这本杂志工作的一小部分，这本杂志为中日两国人民的美好友谊所做的绝不止于此。不过，这些情况读者早就知道，我就不必赘述了。我衷心祝愿《人民中国》开花结果，祝愿中日两国人民永远友好。

共同的愿望[1]

去年11月，我和中国乒乓球运动员一起访问日本时，得以广泛接触日本体育界人士，日本朋友共同提出了进一步加深中日两国体育界联系的愿望。这也是中国体育界的愿望。

中日两国是近邻，有很多便利条件。中日两国体育界的交流，不仅有利于促进两国体育事业的发展，而且有利于增进两国人民之间的相互了解和友谊。

日本的体育界有着悠久的历史，在很多项目上都达到了世界级的水平，涌现出了很多优秀的运动员。中国体育界原来的基础很薄弱，但在新中国成立以后，得益于中国共产党和人民政府的大力鼓励和全国体育界的共同努力，在这十几年间，有了新的发展，取得了一些成绩和经验。我认为两国体育界相互交流经验是极为有益的。

近年来，中日两国体育界的交流已经取得了一些成果。日本冰球队、足球队、排球队、乒乓球队以及棋手访华；中国乒乓球队、棋手访日以及中国参加在日本举行的世界速度滑冰锦标赛，都发挥了重要的作用。两国乒乓球运动员的交流对提高世界乒坛的技术水平作出了有益贡献，这是国际乒坛公认的。两国运动员的交流也加深了两国人民的友谊。

1 中华全国体育总会副主席荣高棠撰文。

要使中日两国体育界的友好往来更加频繁，本来就存在一些困难。毋庸置疑，造成这种困难的原因，既不在于我们，也不在于日本体育界的朋友，而在于敌视中华人民共和国，不愿意中日两国人民友好的帝国主义及其爪牙。但是，我们确信，只要日本朋友和我们共同努力，中日两国体育界的交流和联系一定会得到进一步的发展，为增进中日两国人民之间的友谊做出更大的贡献。

《人民中国》杂志在增进中日两国人民的了解和友谊方面做了大量工作。值此本刊创刊 10 周年之际，我谨向日本体育界的朋友和广大人民致以诚挚的问候!

遥寄相思[1]

中国和日本虽然隔海相望，但我认为两国之间很近。我们两国人一见面，就有一种亲如兄弟姐妹的亲近感。即使是初次见面，也像久别重逢的老朋友一样。如今，不必互相介绍，彼此都很了解两国的现状和情况。

每天打开报纸，我都会关注日本的新闻。一听到美军在日本肆意妄为，都会感同身受，感到无比愤怒和憎恨。内滩的妇女们反对美帝国主义设置演习场，冒着美军密集发射的炮弹，挺身阻拦，最终把美军赶走，撤销演习场。那不屈不挠的英雄气概震撼了我的灵魂。一股又一股的小规模战斗汇成了斗争的海洋。日本人民反对《日美安保条约》的统一行动一浪高过一浪，以排山倒海之势席卷日本的每个角落。我仿佛看到成千上万的示威群众意气风发地走过国会议事堂，走过饭田桥的情景。日莲宗僧侣们在国会议事堂旁敲打出的阵阵鼓声也似乎清晰地传入耳中。我就像参加战斗的一员，与他们同呼吸，共患难。日本人民的一个个胜利激励着我，我的心中充满了胜利者的喜悦。我注视着日本人民前进的脚步。

每当有日本朋友或文化艺术团体访问中国，我都不放过与他们接触的机

1 中国人民对外文化协会副会长周而复撰文。

会。这些朋友中也有以前来过中国的人，但大多数还是第一次来。无论是老朋友，还是初次见面的朋友，我们的话题都很自然地涉及日本人民的英雄事迹和最近的斗争情况，聊起来如同拉家常一样滔滔不绝。反映日本人民斗争的现代日本优秀作品，也是我爱读的一类书籍。日本的戏剧和舞蹈在中国舞台上演出时，我也是成千上万观众中的一员。我不擅长唱歌，从来没有唱过歌。尽管如此，和日本的朋友们在一起时，还是会排成一排，合唱《东京—北京》。虽然难免会被人指责“五音不全”，但我还是想吐露自己的心声。送日本友人到北京火车站或北京首都机场时，与其说是依依惜别，我更像是送战友上前线，与他们紧紧握手、拥抱。

面对美帝国主义，他们和我们站在同一战线上。他们的艰辛就是我们的艰辛。他们的喜悦就是我们的喜悦。他们的胜利就是我们的胜利。

地理上我们两国之间横亘着大海。然而，我们两国人民心相通、情相通，世界上任何力量都无法将我们分开。我想起唐朝诗人王勃的诗句：

海内存知己，天涯若比邻。

我想借《人民中国》将这两行诗句送给日本朋友们。当你们战斗时，海的另一边永远有支持你们的中国兄弟与你们同在！

思念回到日本的朋友们[1]

1953 年是战后中日关系史上值得纪念的一年。中日两国人民友好的桥梁《人民中国》日文版就是在这一年创刊的，滞留在中国的日本人也是在这一年开始集体回国的。据说，回国的日本朋友们最近常聚集在各地，回想以前在中国的情形，让我想起的是 10 年前我与日本朋友接触时的情景。

中国人民对滞留中国的日本人有着特别深厚的感情。因为我们是在艰苦奋斗中相识的。那时正值国民党反动派在美帝国主义的庇护下大举向中国人民进攻，日本朋友站在中国人民一边，有的和我们一起撤出沈阳、长春，到

1 中国人民外交学会理事赵安博撰文。

哈尔滨、齐齐哈尔、牡丹江、佳木斯等地参加人民政府各方面工作的人也不在少数。人民解放军转入反攻，夺回沈阳、鞍山、抚顺等城市时，他们也同我们一起参加了各个城市恢复生产的工作。他们还和我们一起庆祝中华人民共和国成立，为中国国民经济的恢复和社会主义建设出力。这些人是中国人民革命和建设的参与者和见证人。

日本朋友高度发扬国际主义精神，把中国人民的革命事业看作自己的事业。他们工作勤奋，态度积极，责任心强，出色地完成了各项任务，并多次提出有益的技术建议。因此，他们当中涌现出了许多劳动模范和先进工作者，通过这些人，我们看到了日本人民勤劳、聪明、勇敢的优秀品质。

我多次参加日本青年组织的学习讨论会和技术人员座谈会，他们明辨是非、探求真理的精神给我留下了深刻的印象。此外，我还经常出席日本人在东北地区的许多城市举办的文艺演出，被许多富有民族特色的演出深深吸引。

尤其让我感动的是，日本朋友对我们党、对我们国家、对人民表现出的深厚感情。回国后，他们还参加了日中友好协会，为促进中日两国人民友好相处不断努力，作出贡献。我对这种深情厚谊有切身的感受。1954 年以来，我多次访问日本，每次从中国归国的日本朋友都会问我最近怎么样，说以前承蒙中国人民关照了，让我向某某先生问好。中国代表团在日本各地旅行时，在只停靠一两分钟的偏僻车站，也经常有日本朋友等在那里，与我们亲切握手，真诚交谈。同样，我在北京和其他地方，经常有中国同志打听日本朋友的消息。中日两国人民之间友谊的基础就是如此牢固。

在这种牢固友谊的基础上，十多年来，中日两国人民在经济、文化方面的交流日益频繁。而且，这也加深并巩固了两国人民之间的友谊。无论赖肖尔[1]、哈里曼[2]之流如何企图挑拨离间，破坏这段友情，好事者的阴谋是永远不

1 美国历史学家、外交家、教育家、亚洲问题专家。1961 年 -1966 年任美国驻日大使，致力于缓和日本民众对美紧张关系。离任前致电美国国务院力主改善美中关系。

2 美国商人、外交家、政治家。60 年代多次以总统特使身份为美国从事外交斡旋，化解印度支那危机等。1963 年推动美国签订禁止核试验条约。

可能得逞的。

日本朋友们回到祖国已经好几年了。我想大家一定很关心中国的社会主义建设。因此，我在这里简单汇报一下这方面的情况。中国人民已经战胜了三年自然灾害，从去年开始在工农业方面有了好转。现在，全国人民正在党中央和毛主席的领导下，迈着坚实的步伐高歌猛进。

最后，我想通过《人民中国》向从中国回到日本的朋友和同志们以及他们的家人致以问候！祝大家身体健康，工作顺利。

我们愿意为巩固和发展中日两国人民永恒的友谊，为中日两国人民世世代代的友谊而继续努力。

赵朴初为祝贺本刊创刊10周年题词

合把金樽倒。十年来，月迎潮送，新花异草。壁锁黄河鞭断海，今日神州画稿。知多少才人笔调？莫道浮天沧海远，喜友声处闻啼鸟。凭汝去，问安好。

几番鸿爪留蓬岛。忆东京，沫飞海会，旗遮衢道。大事因缘君记取，要把鹰军尽心扫。更有愿多生未了。千二百年盲圣去，掬衷诚两地馨香祷，兄与弟，永相保。

调寄金缕曲《人民中国》日文版创刊10周年纪念 赵朴初

田汉为庆祝本刊创刊10周年作诗 寄怀日本剧坛诸友

一、村山知义

革命豪情老不灰，

遥知死海郁风雷。

何当浪起云飞日，
同对樱花醉几回！

二、杉村春子女士
分裂恰教团结紧，
卅年道路好坚持。
桂英垂老非无泪，
不洒沙场决战时。

三、山本安英、木下顺二
葡萄茂盛岐枝出，
旗帜鲜明正气升。
难忘哀吟传《夕鹤》，
战歌应更听《冲绳》。

四、千田是也
夫妻清名动比邻，
举杯常忆北京春。
长城高处回眸望，
恶雾犹笼东海滨。
日帽雨衫肩着带，
剧坛百战过来人，
鲁连珍重千秋节，
岂逐横流帝暴秦？

五、泷泽修
艺海年来激浪生，

最艰难处见坚贞。
歌场敢与权奸斗，
真有精神似汉卿。

六、真山美保女士
道韫英年擅逸才，
水边林下拥歌台。
人民所在波澜斗，
何止蔷薇到处开。

七、河原崎长十郎与中村翫右卫门
百难千磨斗到今，
革新歌舞撼人心。
相撼风雪关河路，
长羡林冲鲁智深。

《人民中国》日文版创刊10周年纪念之际，
漫成小诗数首寄日本戏剧原战友 田汉

纪念《人民中国创刊》10周年[1]

俗话说光阴似箭，岁月如梭，外文出版社创办的《人民中国》已经走过了10年的岁月。

1949年，在中国共产党的领导下，全中国解放，建立了中华人民共和国。我非常想了解贵国的实际情况。不仅仅是我，我想很多日本人的心情也

1 日中友好协会会长松本治一郎1963年3月3日写于东京。

是如此。

1953 年 6 月 1 日[1]，为了让我们日本人更好地了解阔步走向社会主义道路的中国的真实状况，外文出版社创办了《人民中国》日文版月刊。这份刊物对于期盼中日两国人民友好的人，对于希望了解中国实际情况的人，不啻一场及时雨。

这份《人民中国》，对于广大中国的风土人情和历史、英雄的革命故事、人民奋斗的故事，以及正在逐步建设社会主义国家的人民的生活，反抗帝国主义的斗争情况，伟大领袖的形象和理论，以及来自各国的访问者的情况等我们急于了解的事情，进行了全方位的介绍与报道。

特别是这 10 来年，只要回顾一下《人民中国》所介绍的主要情况就会明白，不仅对于日本和中国，对全世界来说，这段时间也都是值得以浓重的笔墨写入历史的时期。

第二次世界大战结束后历史上发生的最重大的事件，首推中华人民共和国的诞生，这一点是毋庸置疑的。中华人民共和国甫一诞生，世界上爱好和平与民主的人们就放声欢呼，为黑暗的旧中国崩坍而感到高兴，衷心祝福建立了以工农联盟为基础的人民政权。而帝国主义者和殖民主义者却对新中国的诞生感到恐惧，采取各种卑劣的手段千方百计破坏、阻挠中华人民共和国的发展。

特别是以美帝国主义为首的帝国主义者及其追随者，以武力扶持被中国人民无情赶出中国大陆的蒋介石集团，硬说这样一个伪政权是中国的合法政府，并占领了中国的领土台湾。由于这种做法在世界各国人民当中越来越没有市场，日本的美帝追随者们也参与其中，密谋制造“两个中国”，试图在军事、经济、文化等方面不断阻挠中国的发展。在此期间，美国帝国主义发动了朝鲜战争，朝鲜人民和中国人民的英勇反击，粉碎了美帝国主义的侵略图谋。美帝在老挝、越南等地也干下了同样的勾当，最终都在各国人民

1 原文如此。实际日期应该是 6 月 4 日。

的英勇斗争下遭到失败。这些勾当明眼人一看便知是为了通过在周边搞事遏制中国。他们就这样到处制造事端企图打压新中国，遭到失败后，又把日本作为军事据点，与我国的反动派相勾结，重整军备，企图复活军国主义。但是，在日本人民历史性的反对日美安保条约伟大斗争中，在以中国为首的全世界人民的支援下，美日反动派遭到了巨大的挫败。之后发生的非洲和古巴的独立解放的伟大斗争等，世界上发生的一切反帝斗争和各国各民族人民正义的爱国斗争的真实消息，都通过《人民中国》真实准确地传达给了日本人民。

这让日本人民看到了宽广的光明前途。由于平时只能接触到由垄断资本经营的、为帝国主义和垄断资本服务的报纸、广播、电视等充满歪曲报道的新闻，《人民中国》给这些为和平、民主、独立、中立而斗争的日本人民带来了无限的激励和勇气。例如，日本的商业报纸报道新中国因自然灾害而饿死的人达数十万之多，说什么人民公社已经崩溃，而《人民中国》的报道告诉我们，中国农民在人民公社里发挥集体的优势，不断提高生产效率，通过一步步努力，克服了水灾和旱灾，没有一个人饿死，正在努力实现增产。

另外，日本的商业报纸报道中国军队越境侵犯印度领土，把中国定性为好战的扩张主义国家，《人民中国》则表达了希望通过对话解决争端的中国主张，用事实准确地阐述了中国政府爱好和平的外交政策。

在帝国主义者及其追随者的阴谋控制着日本新闻报道的背景下，我们日本中国友好协会通过机关报、演讲、观影会等各种方式开展斗争。这当中《人民中国》就是我们应对共同敌人、进行共同斗争的最有力的武器……

《人民中国》10年的历史与我们协会的艰苦卓绝、奋力发展的历史是分不开的。《人民中国》的十年记录是一部凝聚了中国人民革命热情的正义爱国的记录，它与日本中国友好协会的活动历史是连在一起的。

我们协会各级组织的积极分子和会员经常手持《人民中国》和《中国画报》做当地群众的工作。

《人民中国》是我们开展工作的武器，也让我们感到希望和光明所在。在感谢各位编辑工作者为了丰富杂志内容，增进日中两国人民的友谊而努力的同时，也为《人民中国》取得的发展而感到由衷的高兴。

我们当然也会进一步向日本人民介绍真实的中国，通过各种活动推广《人民中国》和《中国画报》。在创刊10周年纪念日之际，我们将在东京举行盛大的纪念仪式，并邀请外文出版社的朋友来日本，与全国的读者和广大日本朋友进行亲切交流。

最后，我谨代表日中友好协会和《人民中国》的广大读者，衷心祝贺《人民中国》创刊10周年，并祝愿《人民中国》今后蒸蒸日上，同时祝愿中国人民伟大的社会主义建设取得胜利，祝愿贵国英明的领导人身体健康。

中华人民共和国万岁！

《人民中国》创刊10周年万岁！

为日中两国人民的友好增光添彩
——祝贺《人民中国》创刊10周年[1]

一

中国和日本的友好源远流长。《人民中国》杂志创刊10年来，为这10年日中友好关系的新局面增添了光彩。正因为世界形势处于各国人民反帝斗争的人类历史的划时代阶段，这份杂志10年来为日中两国人民共同斗争起到了增光添彩的作用。我期待这份杂志在未来能够发挥更大的作用。

二

回顾往昔，今年是鉴真和尚圆寂1200周年纪念。中国的高僧大德鉴真和尚为传播佛法，曾五次不惧艰险，东渡日本，终于成功抵日，在奈良建立了一座宁静的佛寺——唐招提寺。日本今年将举行鉴真大和尚圆寂1200年纪念

1 日本和平委员会会长、日中友好协会会长、中国研究所所长平野义太郎撰文。

活动。无独有偶，《人民中国》也发表了介绍同时期前往中国的日本人阿倍仲麻吕的文章，令人备感兴趣。当时我正在中国进行友好访问，曾请郭沫若先生挥毫题字。郭沫若先生一边追忆鉴真大师和阿倍仲麻吕对文化交流的贡献，一边为我写下了下面这首词。

咄咄奇哉开元有，扬州和尚。

盲目后，东瀛航海，奈良驻杖。

五度乘桴拼拼九死。十年讲席谈三量。

招提寺，犹有大铜钟声宏亮。

晁衡来，鉴真往。唐文化，交流畅。

恨当今有美帝从中阻障。

千二百年堪纪念，樱花时节齐豪放。

要同心，恢复旧邦交驱夔魍。

(1963.3.15)

这首词的最后一句“要同心，恢复旧邦交驱夔魍”尤其打动了我们。这首纪念鉴真和尚诗作必在日本广为流传。

关于历史我再补充一句。去年中日两国举行了中国的人民诗人杜甫诞辰1250年纪念活动，中国赠给日本的中国电影《杜甫》于3月27日在东京首映。杜甫的诗篇至今仍为日本人所喜爱。包括这些历史文化交流在内，积极报道文学、绘画、戏剧、音乐、电影、体育等领域的交流，会给《人民中国》杂志的读者带来巨大的乐趣。就我自身而言，《人民中国》杂志有关在亚洲人民运动的主体起点——太平天国和辛亥革命中中日人士的合作，以及后来的五四运动到新民主主义革命的革命史的报道，让我读后心潮澎湃。

中华人民共和国成立以后，《人民中国》用浅显易懂的方式向日本人民介绍了中国的总路线和“大跃进”，令日本人民了解到中国的发展。在帮助日本人民了解中国方面，《人民中国》杂志扮演了重要的角色。如今在日本，从“学习”“整风”，到“百花齐放”“反面教材”，再到产生于“五爱教育”的新词“小先生”“总结”等，这些中国词语已经融入日语并得到广泛应用。

新中国是引领亚洲各国人民，特别是邻国日本人民前进的灯塔。希望《人民中国》杂志能生动地介绍跃进中的中国人民生活的各个场景，以灯塔之光照亮我们生活的方方面面。

回想起来，《人民中国》杂志所经历的十年，是中日两国人民为了友好与和平的合作而共同斗争的历史。

日中友好协会诞生于中华人民共和国成立那一天，日本和平委员会是在同年春天成立的。在日本，这些团体一经诞生，就为反对签署敌视新中国《旧金山和平（实为战争）条约》和《日美安保条约》而斗争。接下来是亚洲。1952 年太平洋地区和平会议在北京召开时，日本的和平运动家参加了这次会议。从此以后，和平友好运动在相互合作下得以推进。《第一次中日贸易（民间）协定》也是在这一年签订的。此外，双方还签订了有关援助当时滞留在中国的日本人归国的协定，这一协定，正是在距今整整 10 年前的 1953 年 3 月 5 日在中国红十字会签订的。《人民中国》杂志就是在这样的历史背景下诞生的。从那以后，两国的友好运动发展了 10 年。这 10 年中，东风逐渐压倒西风。也正因为如此，以美国为首的帝国主义者，以日本冲绳、韩国、中国台湾为立足点，以先发制人的核攻击战略“C 形包围圈”围堵中国，破坏日中友好、日中贸易和东亚和平。

这种形势与世界形势的转机息息相关，需要中日两国人民进一步合作。同时也可以认为，通过这种合作，和平与独立的力量必将迎来胜利的新局面。我希望《人民中国》杂志在新局面下大有作为，激励并广泛联系中日两国人民开展共同斗争。

新民间故事[1]

衷心祝贺《人民中国》创刊 10 周年！《人民中国》作为中日两国人民友

1 日中文化交流协会理事长中岛健藏撰文。

谊的桥梁作出了巨大贡献。借用中国文字建立自己文化的日本人，通过汉字能多少理解了一些中文。但《人民中国》更直接地用日语呈现报道内容，对于加深两国人民的战斗友谊很有必要。另外，《人民中国》发行本身也是两国人民开展文化交流的重要抓手。今后，它将发挥更大的作用。

在 1963 年 1 月号《人民中国》上，我读到了维吾尔族民间故事《驴耳朵》，觉得非常有趣。故事讲述的是弱小的驴子吓跑了凶悍的老虎，还教训了不怀好心的狼。这种类型的民间故事在世界各地都有。但是驴的主人，一个叫阿洛夫的穷人，却不知道这是怎么回事。他砍柴归来时，看到驴和往常一样，只是耳朵竖起来了，比以前长了一些，声音也粗了。而且有时还会高声嘶叫……读到这样的结尾，我不由得咯咯地笑了。

每当读到这样的民间故事，我就会想，我到底像这个故事中的哪种动物呢？不管怎样，我绝不会成为老虎或狼。尤其是狼，既坏又蠢。我已经 60 多岁了，既不是官员也不是军人，只是普通民众中的一员。我没有老虎那样的力量，与之完全没有可比性。摸了摸自己的耳朵，我希望自己能像那头驴子，既不怕老虎，还能把狼赶走。纸老虎真来了，弱小的自己能把它赶走吗？能打败老虎的爪牙恶狼吗？哪怕无法像狮子和大象那样和老虎战斗，而是像驴一样，看上去没有什么变化，只是耳朵稍微变长了，声音变粗了，偶尔大声嘶叫，想必心情也会好起来吧。想到这里，我突然觉得很好笑，忍不住笑了起来。

日本很少有驴和骡子，甚至在城市里马也很少见。但日本却有虎狼出没。和维吾尔族的民间故事里不同，猛兽们的样子看上去和常人没什么两样。日本虽然没有真的驴，但那些看上去再普通不过，只是耳朵变长了，声音变粗了，偶尔还发出嘶鸣的人远多于虎狼，行进在街头。虎狼似乎开始感到耳朵变长的驴有点可怕。看上去都长着一副人的相貌，体力上也不分伯仲，哪个是虎哪个是驴还真分不清，这一点很有趣。不过花甲之年的我要向中国朋友和日本朋友坦言，自己就是那头驴。只是想耳朵稍微长一点的驴。这头驴在自己 60 岁的时候，收到了很多中国朋友发来的贺电和贺礼，高兴的同时也很感惊讶。驴受到了极大的鼓舞，想通过《人民中国》表示深深的谢意。论岁数，《人民中国》比我小，却大大鼓舞了我这头驴。我也在《人民中国》的鼓舞下，振奋了精神，期待耳朵能再长一点。

本刊读者座谈会[1]

为迎接《人民中国》创刊 10 周年，日中友协本部和远东书店在东京举行读者座谈会。通过这次座谈会，我们充分感受到了各位读者对《人民中国》平日以来的支持和帮助，编辑部对此表示由衷的感谢。以下为本次座谈会速记。

参会人员

岩村三千夫（主持）

寺岛一郎（铁厂厂长）

榎本晴康（商店店员）

横山笃夫（学生）

野村静子（家庭主妇）

岩村：首先请各位依次介绍一下，是从什么时候开始阅读《人民中国》的，是出于什么样的动机开始阅读的。

寺岛：我曾经在“满洲”生活过很长时间，对中国非常关心，读《人民中国》已经七八年了。

野村：我是在前年 5 月日中友好协会文京支部成立时开始看的。

榎本：我是通过《赤旗周日版》知道《人民中国》的，本来不以为意，收到后惊讶于刊物的精良内容，于是开始订阅。

横山：我起初去远东书店找《L' Unità》。在广告上看到了这本杂志，翻看内容觉得很有趣就开始订阅了。大概是在去年 1 月。

---

1 日中友协本部和远东书店为迎接《人民中国》创刊 10 周年在东京举行读者座谈会。

岩村：寺岛先生一直在读《人民中国》，您觉得最近的内容和以前相比有什么变化呢？请谈谈您的看法。

寺岛：我觉得最近的内容突然变得更加通俗易懂了。我特别重视杂志上的评论文章。因为自己从前曾经为侵略者卖过命，了解新中国的发展历程尤其令我受到教育。我认为这能够让我比以前更好地成长，所以坚持阅读《人民中国》。

岩村：横山怎么样？

横山：我觉得《人民中国》离我很近。比起读苏联文学，读中国文学感觉更贴近他们的生活，更有亲切感。

我很想知道年轻人在我们所不知道的新世界里是怎样生活的，因此对人民公社很感兴趣。

野村：看了最新的一期，内容确实变好了，也更简明易懂了。

榎本：我想了解真正的中国，很喜欢阅读介绍中国变迁的传记和记录。例如，去年 9 月号上有一篇题为《六十年的回忆》的文章，文中主人公在解放前虽然通过了考试院的考试，却过着坎坷的生活，而新中国成立后终于得到了公正的待遇，现在他参加了政协会议，参与国事。这篇文章写得非常好。我还特别关注日中友好报道。西园寺先生的文章我一定要读。

岩村：很有亲和力。

寺岛：那个专栏确实好。

榎本：插图画得也不错。

寺岛：这本杂志贯穿着促进友好的精神。而且我认为这是最重要的，因为它就来源于我们身边。

在日中友好运动中，我们能深深感受到必须与邻国人民紧密携手的日中友好精神。

岩村：杂志上有时政评论、通俗故事、历史知识、文学创作等等，您经常读哪些呢？

横山：我最关心的是年轻人的生活侧记、讨论各种意见的文章、评论等。

后面的民间故事很有趣。我喜欢那些让我读起来开心的东西。

岩村：刊登在2月号上的连载《黄浦江的风暴》你看了吗？

横山：断断续续地读过。感觉和《青春之歌》差不多。关于中国历史的讲述似乎都是一样的，可能他们的经历都很相似吧。

野村：2月号上有文章介绍了“苏武”和砚台，我非常自然地被吸引了。我最关心的是爱情问题。在中国这样一个新生的国家，爱情问题是如何处理的，这是我一直关心的问题。2月号上的小说《年轻的采油工》，主张共同建设新中国的同志也可以结交恋人，这一点正合我意，令我莞尔。

我有5个年幼的孩子。作为母亲，一般的周刊、妇女杂志上，总有一些不想让孩子看的文章，我不能随便放着。但《人民中国》可以让孩子放心地看，这种不需要防备的感觉，令我感到很高兴。

岩村：家里的孩子也会读吗？

野村：有其母必有其子。

岩村：横山先生，你认为这本杂志在反映年轻人的审美方面，做得怎么样？

横山：我个人希望加强评论、统计数据等内容。我还想知道年轻人在人民公社里过着什么样的生活，我希望能有更多这样的报道。说到年轻人，杂志上中国学生的情况好像介绍得不多。中国学生和日本学生生活也不一样吧。

寺岛：刚才说到了统计数据，我们还想看到中国的生产力发展速度，和日本的人均生产力对比中国的生产力还有多少差距等内容。我想，各位学生也会从这样的事情开始关心中国，这些数据能给大家提供很多参考。

岩村：阅读杂志文章，有没有对自己产生过哪些影响呢？

榎本：对比新旧中国的情况，我深感到日本有许多值得思考的问题。

寺岛：我比较了解旧中国。在中国大陆，当迎来战争结束的时候，对于什么是幸福，我想了很多。在被扣留的那两年里，我一直在思考这个问题。同样都是人，为什么自己要被收容呢？我一直抱有这个疑问。从前仗着日本帝国主义的势力，我在满铁从一个小卒做起，干的都是对当地人民进行掠夺的勾当。而那时深信不疑的幸福概念，随着战争结束全都烟消云散了。

我深切地感受到，无论如何中日两国都要携起手来，阻止那些企图再次发动侵略战争的势力。我们不能坐等中国朋友阻止他们，我们日本人自己就要汇聚起一股阻止侵略战争的力量。我们要从身边小事做起，扎实地步步推进。

开始阅读《人民中国》的时候只有我一个人，现在队伍越来越壮大，已经团结几十个人参加进来。今后我们要加大力度助力《人民中国》成长壮大，让成百上千的人知道并订阅这本刊物。

横山：我在栃木县的农村长大。上了大学以后，第一次听到中国的事情。高中以前不是所有的老师对中国都那么抱有偏见，可大学里开口便是“清国奴”的老师还真不少。历史老师问题尤为严重，竟称之前对中国进行的侵略战争为“日支战争”，是为了争取东洋和平（笑）。尽管对此我进行了反驳，但这就是我们共同经历的历史教育，所以可以说我是在对中国到处充满偏见的环境里完成大学学业的。

阅读《人民中国》、听各种演讲，让我真正睁开了双眼。我印象特别深的是聆听高桥碵一先生去中国回来介绍的情况。他说，中国青年非常淳朴坦率、朝气蓬勃。特别是大学生，都是在新中国成长起来的，每个人的精神面貌都充满勃勃生气。那种明快开朗、孩子一样的表情简直无法让人相信他们是大学生。相比之下日本的大学生，包括我在内，也许看起来都缺乏朝气。所以我非常羡慕中国的年轻人。有了这样的认识，我自己也慢慢发生了改变。我的朋友中，那些谈及日本政治持进步看法的人，一涉及中国问题、朝鲜问题，却都会说出难以令人接受的言论。所以有人一扯到“两个中国”，就感觉到好像在针对我，便气不打一处来，争论两三个小时都不会放过他（笑）。我坚持对他们说，这样绝对不可以。

野村：我深切感受到（将要发生的）重大意义上的整个社会的革命和每个人的自我革命。我是信州小学校长的女儿，父亲在一所小学当了十几年校长，保护以前所谓神位就是校长的职责。所以火警钟一响，父亲就会跳入火中去守护神位。孩童时代看着父亲如此的背影长大，我始终处在惊恐不安中。也许是因为这个原因，当走进人群时，我有一种非常畏惧、嫉妒的心情难以排解。我相信中国女性也绝非一直以来就享有美好的生活，脸上挂着灿烂的笑容的。但是，现在通过《人民中国》看到（生活在新中国的）中国妇女的照片，感觉她们真是从心底里露出了灿烂的笑容。看到她们保持着开朗的心态，把别人的喜悦当作自己的喜悦，我真的很羡慕。我也想变成那样。

在期盼整个社会发生革命的同时，我也经常在想，怎样才能把我这个大正 5 年出生的人心中藏匿的令我感到厌恶的情绪清除出去呢？如果日本真的解放了，我们的内心就会变得纯净吗？我觉得这不是一个人能做到的，在社会变化的过程中，自己也会得到解放。在这个过程中，为我解疑释惑的《人民中国》是我时时刻刻都离不开的。

岩村：读各种关于中国的女性作品，会发现她们考虑的事情和我们很不一样。

横山：是这样的。

寺岛：确实是呢。

横山：我们心里想的都是自己的时间安排，比如什么时候去打工、今天要在这里出席座谈会、一周要做五次家教如何安排好时间等等，想读书都必须要挤出时间来。我很羡慕她们无忧无虑的学生生活。如果没有这些琐事，我也能过上和她们一样积极向上、青春阳光的生活。

我对中国有亲近感，很想通过不断的阅读弄懂中国文学。特别是战后的中国文学，我虽然读过一点，但还是想再多读些。

我特别想用中文阅读，所以很想学习中文。但因为没有长劲，难以坚持下去。如果《人民中国》能开设中文教学栏目，我就可以愉快地学下去了。我希望《人民中国》能刊登出简单的中文学习栏目。

榎本：要是能有这种专栏就太好了。

寺岛：刚才野村先生提到了自己的思想改造，我很赞同。这 10 年来，我一直在为如何改变自己的想法而烦恼，也一直在尝试各种努力。在中国的解放过程中，妇女发挥了非常出色的作用，这一点我是通过《人民中国》了解到的。

我是从 10 年前读过毛泽东的《实践论》《矛盾论》之后开始阅读《人民中国》的，我觉得可以帮助我解决思想改造的根本问题。我也出生在栃木县，那里很落后。足尾铜山等地很久以前就有劳资纠纷，但却遭到一次又一次的镇压，进步人士几乎都被收拾干净了。所以现在哪怕是学校的老师，也有不少人习惯用“清国奴”这样的蔑称来称呼中国人。真是岂有此理。

岩村：正如刚才大家所说的，读《人民中国》对我们有很大的帮助，但新读者们应该不会马上理解。在这方面大家有什么问题吗？

野村：最近的内容跃进般充实了起来，但也有人指出多少有些强加于人的感觉。建设的亮点已经讲到十二分了，但给普通人读，还是觉得差点什么。

另外，小说中的人物对白显得有些枯燥。也许是翻译成日语的缘故吧。有时读着读着会觉得没什么意思。

岩村：榎本，你试着向朋友推荐过《人民中国》吗？

榎本：我向上过 2 年定时制高中的鞋店老板推荐过，他说内容太难读不懂。

横山：因为自己不是别人推荐才订阅的，所以我也没怎么给别人推荐过，也没考虑过这件事。今后我也会推荐给别人。

野村：和我住在同一个地区的一位妈妈，希望能在小学六年级的孩子问她关于中国实际情况时给出正确的回答，所以从半年前就开始阅读《人民中国》，但还是不能有效地用来开导孩子。她希望能加入一些简单的报道，能马上讲给孩子听。

岩村：要是能以问答的形式呈现也不错呢。

榎本：日本杂志上有编辑和读者交流的栏目。希望《人民中国》能开设这样的专栏解答疑问。以前登过新旧中国对比的连载漫画就很有意思。

横山：确实希望能回答读者们的疑问。日本的报纸很少报道中国的情况，所以会有很多人产生误解。

榎本：还希望能看到更多的连载漫画。

野村：这样更容易拉近与读者的距离。

岩村：寺岛先生推荐周围的人读过《人民中国》吗?

寺岛：我每个月都会把自己订的杂志给周围的人传阅，不过没问过大家的感想。

野村：向了解中国、对中国有亲近感的人推荐时，很容易说到一块去。但要是让我拿到家长会的妈妈们那里去，可能大家不会太感兴趣。

最近最精彩的是封面，每期都是细心地挑选出来的。单单是摆放 12 个月的封面，就是有趣的收藏品。

榎本：百闻不如一见，我希望能有 4 页或 8 页的图片报道。彩色图片要有 2 页左右……

寺岛：我希望能在杂志上发表在中国出版的日语出版物目录。三四年前，我从远东书店买到了一本日本战犯写的手记，因为内容非常好，传阅过程中不知不觉就找不到了。那本书有四五十个人读过。

岩村：在感受到亲近感的同时，也要认识到中国的社会结构已经和以往不同了。要想充分理解，就离不开在读书会上互相帮助。即使写得再简单，要想真正理解，我想也不是那么容易的。从这个意义上说，读者会的活动是很有必要的。

寺岛：我为了改变自己的想法，到现在已经花了 10 年时间。如果想收到事半功倍的效果，还是需要通过读者会的活动才能得到实现。

榎本：文章中有很多在华日本人的随笔，我觉得这是件好事。特别是 1 月号上西园寺先生的夫人写的文章非常有趣。

岩村：给晦涩难懂的文章附上背景资料如何?

横山：2 月号的评论我在《赤旗》上读过一次，又重新读了一遍。我希望能有很多那样的资料。毕竟杂志和一般报纸上报道的大不一样。特别是我们国内的商业杂志上经常有一些歪曲性报道。

岩村：最近战争与和平问题引发了广泛讨论，很多在中国并没有发生过的事情，在日本却被歪曲报道，还引发了很多讨论。这不仅对普通人产生影响，在知识分子群体中也产生了很多影响。日本人有一种奇怪的毛病，就是盲目相信报纸上的报道。即使不是事实也要常常以此为前提进行讨论。

榎本：明明没有香港的难民，报道里却写得像有过一样。

岩村：是啊。日本马上就会拿这些问题大做文章。我也听到过有人提意见，最好用刚才提到的问题和回答的形式来回答。从这个层面来讲，读到原汁原味的中国主张很重要。

榎本：去年 12 月份有一份关于中日两国人民文化交流的联合声明，我希望能全文刊登那份声明。日本的报纸是不会刊登的，如果《人民中国》能刊登并加上解说，会成为很好的资料。

岩村：这一点是我希望《人民中国》能充实的地方。最近与日中关系相关的交流信息在杂志上多了起来。刚才也有人提到，可以围绕这些内容加强学习。总之，现在当务之急是要抓紧改善日中关系。

寺岛：是的。

岩村：《人民中国》在改善日中关系上发挥了很大的作用。从这个层面说，应该进一步扩大它的影响力，增加读者。在这一点上，希望能细致地做好改善日中关系的各项工作。

榎本：我认为要尽快恢复日中邦交。读了《人民中国》，我深切地感受到了这一点。

野村：这件事让我深深感受到《人民中国》发挥的作用很大。有人在去年秋天的《人民中国》服务月中成了《人民中国》的读者，读着读着发现这本杂志很好，渐渐又成为日中友好协会的会员。这是很自然的，在我所在的文京支部，这样情况很常见。

寺岛：我认为刚才提到的意见完全正确。也有很多人尝试加入日中友好协会后，为了明确自己的行动方向，成为《人民中国》的读者。

横山：我正好相反。开始读《人民中国》大概 1 年后，去年 12 月在板桥区加入了友好协会。

岩村：最近《朝日杂志》仿佛成为时尚品，手里拿着《朝日杂志》就会被人看作知识分子，所以很畅销。如果《人民中国》也能成为这样的时尚刊物就好了。《人民中国》的封面也很漂亮。

横山：《人民中国》刊登的评论有时会以精简版的形式刊登在《赤旗》上，被引用到很多地方，但很少直接全文引用。因为只有《人民中国》能做到这一点，所以我希望《人民中国》能成为一本刊登更多正式理论文章、评论的综合杂志。

另一种是周刊杂志，主要谈我们关心的身边事。无论是当作综合杂志还是周刊杂志来看待，《人民中国》都有不足之处，希望能进一步充实。

榎本：今年是鉴真和尚圆寂1200周年，希望《人民中国》能刊登相关报道。

野村：工会在文京区日中友协的办公室里开会时，与会者多是来自当今社会底层的年轻人，我让他们拿走《人民中国》的过刊回去看，他们都非常高兴，每人拿了一本。当时我才发觉自己肩负的任务还没有完成。明明大家那么渴望看到《人民中国》，我却无法满足他们，我强烈地感受到自己肩负的责任十分重大。

寺岛：孩子们喜欢收集中国邮票，这个兴趣点的力量是很大的。

岩村：就为这一点，我们也要经常给《人民中国》写信提问。

好了，今天的座谈会就谈到这里。谢谢各位！

十年编辑路——一位编辑部成员的手记[1]

《人民中国》日文版创刊于1953年6月。一晃10年的时间就过去了。中国有句老话叫“十年树木”。10年前种下的树苗不知不觉已成长为枝繁叶茂、绿叶摇曳的大树。作为本刊编辑部的一员，我在这10年中为读者提供了

1　本刊编辑部编辑贾敏撰文。

哪些帮助呢？办公桌上有10本《人民中国》合订本。我一本一本地拿在手里翻阅，分外感慨。内容和形式逐渐丰富令人欣喜，但编辑上的疏漏也会让人感到自责。

10年前的回忆

无论什么事，起步阶段的记忆总是特别令人怀念。而且，往事越是艰辛，回忆起来就越是令人感到愉快。俗话说，万事开头难，《人民中国》推出创刊号时就是如此。

创刊时，十几名编辑部成员在并不宽敞的房间里并排坐着。大部分人还是第一次从事编辑工作，各种设备和参考书也不像现在这样齐全。毕竟当时新中国刚刚成立不久，国家需要做的工作太多，各方面都需要人才。不能因为要办一本面向外国的杂志就抱有过高的奢望。工作制度当然也还没有建立起来。大家都要各自发挥自己的积极性。幸运的是，大家对编辑工作的想法是一致的。向日本朋友介绍新中国，在中日人民之间架起一座友谊之桥，这就是大家共同的愿望。

1953年，北京的夏天比往年来得更早。而且那年夏天特别热。然而，比这更炽热的是编辑部内部的空气，大家投身工作的热情无比高涨。为了尽快创刊，筹备时间一再缩短。无论什么工作，编辑部的全体成员都会互相帮助。到了最后冲刺的时候，已经分不清白天黑夜。甚至还有人把席子、脸盆带进编辑室里闭门不出，场面尤为热烈。创刊号从印刷厂送到编辑部时的景象，至今历历在目。编辑部里顿时响起一阵欢呼声，大家相互道喜，脸上的兴奋之色始终挥之不去。的确，哪个母亲看着自己生的孩子会不高兴呢？何况大家早就为这一天做好了举杯庆祝的准备。然而，就在一片欢呼声中，突然有人发现了一个错别字。错别字出在图片说明文字中，一位站在天安门观礼台上的日本朋友的名字给搞错了。儿岛先生变成了“儿玉”先生。虽说只错了一个字，但把外国朋友的名字弄错也是不能允许的。我们无论如何也不能带着瑕疵将创刊号送到日本读者受众手中。杂志已经全部印好，装订好了，重印已经来不及了。于是采取了紧急措施，编辑部全体成员赶到印刷厂，给几千本刚出生的杂志做手术。大家都拿着保险刀片，仔细地刮去“玉”字，然后一个字一个字地用铅字印上“岛”字。手术做得很细心，很少有人看出来。当完成这项重大工作时，东方的天空已经呈现出白色。大家都精力耗尽，没有力气举杯庆祝了。

俗话说，失败是成功之母。由于犯了这个错误，编辑部一直都在认真校对。在北京出版的外文杂志校对比赛中，《人民中国》日文版也曾受过表彰。

始终心系读者

在每天紧张的工作中，不知不觉 10 年过去了。狭小的编辑室现在已经占据了二层一半的房间，人数也比刚开始增加了几倍。杂志的发行量也从最初的几千册发展到上万册。杂志发行量的逐年增加，归功于日本朋友和读者们大力宣传这本杂志，不断努力增加读者，又提出改进编辑的意见，提供各种帮助。当然，我们也努力了。我们常常苦笑着把自己比作技术虽不高明，但热心程度却不亚于任何人的厨师。这 10 年来我们一直在思考如何才能推出符合读者口味的作品。今天庆祝创刊 10 周年，对于 10 年来付出的辛苦和进行的思考，这至少是一种安慰。

举一些具体的例子。我想有些读者知道，我们有一个记者叫周学声。虽然算不上老人，但也不年轻，创刊时他就是《人民中国》的记者。

去年夏天，周学声因淋巴腺手术住进北京的一家医院。同病房里有一个电池厂的工人，他把前一段时间在北京朝阳医院治疗铅中毒的事告诉了老周，并对工厂和医院采取了充分的措施赞不绝口。这段话引起了周学声的兴趣，把这件事介绍给日本读者，也许能形成一篇有趣的报道。

出院回到编辑部后，周学声翻阅了读者水野亘先生寄来的信。在日本从事劳动卫生工作的水野先生来信说，他想了解新中国的职业病防治工作，并希望介绍一位与他从事相同工作的中国人。

被水野先生的热情打动，周学声马上开始了采访活动。他带着水野先生的信，先到京西煤矿，见到一位正在防治煤矿职业病的医生王庶。这位刚出校门不久的年轻医生，由于对工作有着同样的兴趣和热情，立刻与水野产生了共鸣。王医生马上给水野先生回信。带着这封信回北京的周学声，又前往中国医学科学院劳动卫生研究所和朝阳医院进行了采访。他一趟又一趟地奔走，到处找人谈话、找资料、参观，工作到深夜，花了几天时间写出了去年11月号刊登的《保护劳动者免受职业病伤害》一文。

还有一名年轻记者，刚来编辑部不久的章琴舟。他是今年4月号刊登的《生活在理想中的年轻人》的作者。这也是他写的第一篇报道。

编辑部之所以策划了这样的选题，也是为了回应读者的诉求。大阪的初田宏子等读者的来信中都提到想了解中国年轻人的生活。有关年轻人的话题让年轻的记者写更合适，所以编辑部把这个任务交给了章琴舟。章琴舟和许多中国年轻人一样，热情高涨，积极性强，但经验不足。他在听取编辑部内前辈的意见之后，构思了一番，就勇敢地出去采访了。

章琴舟四处寻找适合这一主题的农村青年，最后找到了燕山脚下人民公社村的年轻生产队长萧庆森。在黄沙漫天的冬日山村，章琴舟和这位生产队长一起生活了几天。章琴舟看到农村的情况十分激动，收集了一大堆材料回来。为了消化处理这些素材，一直闭门不出，苦心执笔。

他一个星期没在编辑部露面，这一周的辛苦超乎想象。采访时，他每天奔波二三十公里，拿起笔后，就一直不眠不休。为此，他的感冒愈发严重，眼睛红了，声音也哑了。他的妻子不放心地来通知我们，我们才知道事情的来龙去脉。

来自各方的支持

我们在10年的编辑工作中总结出的一个重要经验是，要想办成杂志，离不开各方面的支持。

提起《人民中国》编辑部的名字，外界也常常乐于提供帮助。无论是知名的社会活动家，还是普通的劳动人民，无论在大城市和农村都一样。我们的工作能顺利开展，绝不是因为记者有什么高超的能力，是因为中国人民对隔海相望的日本朋友们怀有深深的敬意。

想必读者们都很熟悉著名诗人、中国科学院院长郭沫若先生，他是我们杂志的忠实撰稿人之一，创刊号上、10 周年纪念刊上都刊登了他的纪念文章和贺词。无论多忙，只要请他写，他都会爽快地答应。

著名作家、文化部副部长夏衍也是本刊的有力支持者。应该有不少读者看过今年第一期的“新春漫谈”，那次座谈会是夏衍先生邀请田汉、冰心、楚图南、周而复、赵朴初、崔嵬等文化界名士聚集一堂，并担任主持，年后用了大量的时间才得以举办的。让大忙人抽出时间、写文章并不是件容易的事，但每个人都能爽快地答应，是因为他们希望能为中日人民的友好往来发挥一点作用。

此外，本刊也受到中国老革命家们的亲切关注。中共中央委员、著名历史学家、教育家吴玉章去年专程来到编辑部，鼓励大家为中日两国人民的友好和相互理解而努力。

由于工作关系，我们编辑部成员和记者在外面交到了很多朋友。有作家、艺术家、科学家、医生、小学教师、工会活动家、棋手、乒乓球运动员、杂技演员、驯兽师、人民警察和其他各产业部门工人等等。这些人总是把《人民中国》记在心上，每当他们那里有什么新的活动，比如纪念会、新排的戏剧上演、体育比赛等，或者他们认为这些活动值得向日本朋友推广时，就会打电话通知或者发邀请联系我们。

各位朋友的大力帮助

最后，还是要说说敬爱的日本朋友们对本刊的真诚关怀和帮助。遗憾的是，由于篇幅有限，只能列举几个例子。

本刊的连载栏目“中国来鸿”的笔者西园寺公一先生不仅是优秀的随笔撰稿人，而且在很多方面对本刊给予了帮助。在本期的“如火如荼的亚非民族解放运动”座谈会上，他接受我们的邀请，花了整整一上午时间担任主持工作。西园寺的夫人也在今年的正月刊上发表了题为《中国迎来第五个正月》的感想，内容非常充实。西园寺夫妇和我们编辑部的交往不仅限于工作上。今年春节新年编辑部联谊会上的日本酒都是西园寺先生送来的。另外，席间编辑部女职员全体跳八木小调舞就是西园寺夫人教给大家的，斗笠也是夫人用中国的斗笠改造而成的。

日中文化交流协会理事长中岛健藏每次来北京时，都会为本刊提笔，或出席座谈会、对话等，给予大力支持。去年秋天他来北京时，到编辑部与大家交流，令人受益匪浅。也是在那时，我们邀请中岛先生与正在北京逗留的有吉佐和子女士会谈，中岛先生愉快地答应了。他准时来到北海公园内的约定地点，但不巧却收到了有吉女士生病不能出席的消息。我们也没能找到合适的替代者，只好向中岛先生表示抱歉。中岛先生却轻松地说：“那就和编辑部的人谈谈吧。”这就是今年正月刊“谈日中文化交流”诞生的经过。

去年秋天日本印刷业访华团访问中国时，访华团成员高柳正次先生也因为一件事使我们非常感动。高柳先生非常繁忙，但他仍然把我们送来的一本《人民中国》从头到尾都认真地读了一遍，没有遗漏一个标点。在从天津港出发之前，他把这本杂志交给了送行的编辑部成员，并嘱咐把它交给印厂负责印刷的人，作为参考。上面密密麻麻地标注了修改符号，写满了关于版面设计和美术文字字体的改进意见。

10 年来，对本刊给予衷心支持和关心的日本朋友非常多，无法一一列举。最后，我谨代表编辑部全体成员，向给予我们支持和鼓励的日本朋友们表示衷心的感谢。“谢谢大家!”

本刊的捡字工们[1]

日语的书刊排字也一定是日本人做的。但那是在日本，《人民中国》的捡

1 本刊校对员李荣撰文。

字工不是日本人，而是中国人。他们对日语一窍不通，但就是这样他们也能排出一本书的铅字版来。从事这种默默无闻的工作的人，在中国被称为“无名英雄”。我们的“无名英雄”是什么样的呢？

我们《人民中国》在外文印刷厂印刷。顾名思义，这是一家印刷外文书刊的工厂。一楼是印刷车间，二楼是装订车间，三楼是排字车间，一踏入院内，就能听到印刷机的轰鸣声。工厂总是充满着活力。

在工厂做日语相关工作的有十多个人，其中的重要人物包括，

排字工：

排大版的主心骨顾諟明（51岁）、创刊以来的老将郝鹏飞（44岁）、复员军人王选海（28岁）、敬业的史文林（32岁）

捡字工：

能干的杨建芬（23岁）、陈洪慈（24岁）、商桂馨（22岁）、尚玉庚（22岁）。

这里必须要声明的是，日语捡字工都是女性。虽然并非刻意招女性，但结果就是如此。其中有人已经当上了妈妈，但对工作的热情丝毫没有改变。厂里既有托儿所，也有工间的哺乳时间。不过，既然有了孩子，麻烦自然就少不了。但这方面有厂方的关怀和伙伴之间的互相帮助，大家都工作得得心应手。

笤帚走路

捡字工作说来简单，就是按照稿子上所写的内容，捡出对应的铅字的工作。但他们刚进厂的时候，对日语一窍不通，连假名都不认识。所以，一开始就闹出了笑话。他们不知道“う”和“ラ”的区别，就把“うし”排成了“ラし”，把“ラジオ”排成了“うジオ”。“わたし（我）”变成了“たわし（笤帚）”，于是就出现了“笤帚走路”这样莫名其妙的内容。译者在文稿旁加的注，他们也会误排成文章正文。例如，在恋人之间的谈话中，会有“请再查一次”等字样。这对校对员来说是很危险的，但是不懂日语的人排错了字也

在所难免。原本印刷厂规定外文稿件都是要打字的，只有日语例外，要按照文稿捡出铅字。不仅不懂日语，而且还要辨认翻译歪歪扭扭的独特笔迹，很难不出错。正因如此，初校的校样也总是被红笔涂改得让人眼花缭乱。

不仅是捡字工要面对看不懂日语的辛苦，排字工和印刷工也一样。《人民中国》刚创刊不久时，半夜印厂曾打来电话，让我们赶快到厂里去。立刻赶去后，看到印刷工在车间门口等着。他一看管校对的人来了，就把随身携带的机印校样递过来，说："这里是不是错了？"我一看"平和"两个字一点也没错。校对员明白了他的疑惑后，笑了笑说："在中国'和平'这个词写成'和平'，而在日本写成'平和'，没错的。"印刷工终于放心地笑了，说："那就好了，我还以为是错了呢……这么重要的字写错了可不得了，所以我才会半夜打电话，给您添麻烦了。"关于"和平"这个字，后来又多次被问到过。

积极面对"读不懂的铅字"

中国和日本同文同种，日文只是在中文之间夹杂着假名。很多不懂日语的中国人常常这样想。但是，实际情况并不是那么简单的。第一，日语的假名很麻烦。捡字工们为了不被文稿上不清晰的字迹误导，必须记住不是"わたしたろ"而是"わたしたち"，不是"あいがとう"而是"ありがとう"，等无数假名之间的联系。尚玉庚说："现在很少被字迹误导了。"

虽然汉字比较容易理解，但中国的简体字和日本的简化当用字还是有区别的。在中国写成"团结"的地方在日本就写成"団結"。所以一不小心就会把中国的简体字放进去。同时，还必须记住日本的简化当用字。还有日语的汉字词顺序与汉语正好相反的情况。除了前面列举过的"和平"和"平和"的例子之外，还有"畜牧"和"牧畜"，"介绍"和"紹介"，"买卖"是"売買"等等，也要一一记下来。

为了提高工作效率，她们还把常用的字集中在一处，有空的时候找来日文稿子练习，她们还研究了译者的书写习惯。

但是，不管怎么说，要想弄好铅字就必须学习日语。小陈到街上的旧书店找到日语书学习。小商发现工厂走廊上掉着写有日语的纸片，就捡起来读。她说，多少懂一点就会很高兴。

工人们的这些努力厂方都看在眼里。后来他们通过工厂的介绍，被送进了一所新成立的业余日语学校。学费也是工厂给出的。上夜班的人工作和学习是冲突的，为此还调整了工作时间，让大家学习。这所学校教的是大学日语教材，听说他们的成绩都在上游，大多数人都能得到八十多分。

现在，他们也基本掌握了一些比较麻烦的限制汉字和新旧字体的区别，即使文稿写错了，他们也能找到正确的铅字。据说，在业余日语学校学习语法后，他们在工作中一直会注意五段活用。所以，那些善于挑错的校对人员也会对他们优秀的工作成果感到敬佩。

新中国工人的优秀品质

外人可能会以为他们的日语水平已经很高了，但其实也就能达到“小学”水平。要问为什么能把工作做这么好，靠的是直觉和熟练。有一次，我校对的“中国菜”栏目结尾被加上了一句：“请趁热吃”。因为稿子里没有写，我就问了负责捡字的杨建芬，她说“中国菜”的结尾总是有这句话，这次却没有，所以就加上了。这道菜是拌菜，不能“趁热吃”。虽然是她搞错了，但她们对工作的热情，从这一点也可见一斑。

小杨是 1956 年进厂的。她说，车间主任让她做日语捡字时，她高兴得不得了。虽然一点也不懂日语，但对日本人有一种莫名的亲切感，她想努力学习日语，和日本人说话，读懂日本的书，并让自己排好的铅字印成书刊送到日本人民手中。她想让他们知道中国人想和日本人友好相处，也想让大家知道中国正在发展建设。她还想让日本人民知道，中国人生活很幸福，想要维护和平，反对帝国主义……想到这里，她就觉得自己必须以实际行动参与其中。

小杨的心情和厂里印刷工人们是一样的。1960 年夏天为反对《日美安保条约》推出临时增刊时，大家都很辛苦。“绝不容许美帝国主义胡作非为”“日本兄弟加油”“我们也一起加油”，大家就以这样的心情投入工作，不知疲倦。增刊从送稿到印刷，4天就完成了。

小杨在捡字之余还参与初校。工人们把选出的铅字和稿子对照，看有没有错字。也就是说，在新中国成长起来的印刷工中，出现了一批做日文校对的人。小杨对工作很有热情，想必进步也会很快呢。

10年弹指一挥间[1]

始于莫斯科的五日之旅

昨天晚上，在北京饭店新楼7层的大厅里，中国和平委员会、亚非团结委员会、政法学会为平野义太郎先生举行了盛大的酒会。

席间，平野先生深情地谈起往事。10年前，日本和平委员会、日中友好协会、日本红十字会三个团体的代表团受邀来北京中国红十字会，探讨在华日本人回国的问题。

平野先生说：“我们一行是第一次拿着前往中华人民共和国的护照正式进入新中国的。”的确如此。1952年下半年至1953年初，少数日本人初到新中国，但谁也没有正式带着前往新中国的护照来过。大家都是通过“平移”的方式，不是从香港，就是从欧洲进来的。我也是“平移”到新中国的人。我当时表示想去中国，外务省借口“中国形势不稳定，无法保障生命安全……”，不给我发护照。但是，实际上中国的治安比世界上任何国家都要好，当时在中国旅馆不锁房间就能出门，这在其他国家做梦也想不到。

1952年12月，我参加了在维也纳举行的世界和平大会，向中国代表团的郭沫若先生、廖承志先生提出希望访问中国，幸而得到了许可。于是这次空中之旅从维也纳启程，途经布拉格、莫斯科，到达北京。现在，多亏有了

1 西园寺公一撰文。

喷气式飞机，从莫斯科到北京的航程不过 8 个多小时，是非常轻松、省心的旅程。但当时既没有喷气式飞机 TU104，也没有涡轮螺桨飞机 IL18，而是一架普通的中型双发飞机。这种飞机只能坐下 20 多人，感觉更像是一架小型飞机。回想当年，在西伯利亚的隆冬暴风雪中，东一夜西一夜地度过了一个个心中没底的夜晚，终于在离开莫斯科后的第五天飞抵了北京的机场。

这里所说的北京的机场，是西郊的老机场，可不像现在的机场，作为中华人民共和国的大门十分气派。

八达岭回程路上

2 月初，上述 3 个团体组成的代表团就到了北京。团长是日本红十字会会长岛津忠承。3 月 5 日，日方的岛津代表和中方的廖承志代表签署了有关在华日本人归国的协定。这对于日中两国人民之间的友好交流关系而言是一个划时代的事件。就在决定签字的前一晚，我提出这次我们受中方邀请而来，下次该由日本招待中方了。岛津团长欣然同意，第二天签字后，向廖团长提出了邀请。第二年，以红十字会主席李德全为团长的中国代表访日。那时作为副团长到访日本的廖承志借用鲁迅的话对我们说：

“现在中日两国之间几乎没有来往，但路是人走出来的。”

如他所说，我们筚路蓝缕，走出了一条人民的道路。不要嘲讽这条路太过曲折难行，因为如今这条路眼看就要成为通衢大路了。

北京的 1 月、2 月很冷。我穿着冬天的西服，套上一件巴布瑞雨衣，依然能感觉到刺骨的寒气。中国的朋友们不忍看我挨冻，给我做了件冬天的外套。我也没客气，就收下了。同时，我决定做一套中山装。中国朋友们穿中山装不用打领带，我很羡慕他们。另外，我计划马上去旅行，我觉得旅行装不如它方便。

3 月 5 日协议签订后，代表团于 6 日启程回国。送一行人前往老北京站之前，先驱车来到八达岭，游览了万里长城。几天前到北京的松本治一郎和随行的浅川谦次也在一起。松本在前一年被选为亚太地区和平联络委员会副会长，这次访华回国后不久，他又被选为日中友好协会会长。

万里长城真是巍峨，远眺长空美不胜收。坐在春意盎然的草地上，我们吃着便当，喝起了葡萄酒。

回来的路上，经过的每一个村庄，都悬挂着新中国的国旗。可国旗不是挂在旗杆的顶端，而是挂在旗杆的中间。这应该是下半旗表示悼念。进入北京城区，看到更多的国旗下了半旗。大家都在猜测什么人去世了，在车里扭着脖子向外看。

“也许是前几天病倒的斯大林吧。”我的直觉应验了，回到住处北京饭店一看，新中国独有的欢快气氛被一片悲哀的场景取代了。昨天广播宣布了斯大林逝世的消息。低头收听广播的年轻男女服务员们的表情至今还清晰地印刻在我的脑海中。

在那之后的 7 天里，我透过北京饭店老楼房间的窗户，看到了东交民巷苏联大使馆外北京市民蜿蜒的吊唁队伍。

现在说是老楼，那时候还是新楼，现在的新楼当时还没建起来。

同文同种

不久后我就踏上了旅途。火车穿过初春的山野，一路途经南京、上海、杭州，在这些城市我看到了新中国从复兴阶段进入建设阶段。

我们一行人还包括松本先生、浅川先生以及不久前去世的山本熊一先生。中途加入这次旅行的山本和平野义太郎都是日中贸易促进会议主席。当时以村田省藏先生为会长的国际贸易促进会尚未成立。中方成员有萧向前、贺法岚两位，翻译有王效贤、张雪玲两位女士。

新中国的稳健发展、正确的建设方向令人振奋。旅行很愉快，但途中有一件事我始终弄不明白。每次到达目的地时，少先队可爱的孩子们都跑过来给我们献花，但只有我一个人总是被排除在外，这让我觉得很怪。这样的事情连续发生了两三次，我就有点绷不住了，忍不住通过翻译问了同行的萧先生，请他解释一下原因。

萧先生说："啊，那太不好意思了，我没注意到。"然后，又从头到脚地看了看我。

"西园寺先生，是因为你的穿着和我们太像了，孩子们分不清。"

"啊，那是我不好，我没注意到。"这次轮到我不得不这么说了。我一直穿着那件新做的中山装，还戴着人民帽。原来如此，我自己真不该觉得奇怪。

我的第一次中国之行，第一步是从维也纳到布拉格，在布拉格已经得到了中国朋友的照顾。其中一位是现在担任中国亚非团结委员会秘书长的朱子奇。他会俄语，但我对汉语和俄语都一窍不通。只好掏出口袋里的记事本，用笔谈才能交流。

这让我对同文同种有了深切的体会。

竹子和灰浆搭建的林间小屋

之后，我们去了安徽大别山一角的佛子岭。

集邮迷一定知道，1952 年 10 月 1 日，也就是纪念新中国成立三周年国庆发行的邮票中，有一组叫作"伟大的祖国"。其中一张是"淮河水闸"、图上有毛泽东主席亲笔题字"一定要把淮河修好"的面值 800 元的邮票。

前几天住在北京饭店的日本朋友一边看邮票柜台的陈列柜，一边说："太遗憾了，买不起啊，这些都得要 400、800、2000 元吧。这些东西到底能用来做什么呢？"我向他说明这是旧币单位，1955 年 3 月、4 月进行了货币调整，过去的 1 万元等同于新的 1 元。因此，原来的 400 元是现在的 4 分，原来的 2000 元是现在的 2 角。他听后突然精神起来，买了很多新中国成立后发行的纪念邮票。

就是毛主席这句"一定要把淮河修好"，把我们引向了佛子岭。

淮河流域具备成为中国一大粮仓的条件，但完全无法抵御洪水的破坏。在淮河搞治水，兴办水利事业，在淮河及其众多支流兴建大大小小的水库和蓄水池，就可以把淮河水系的水害变为水利，这就是"一定要把淮河修好"的宏伟目标。这是新中国第一个水利计划。淮河支流流经山深林密的佛子岭脚下，用竹子和灰浆搭建的林间小屋鳞次栉比，近两万的年轻人，怀着建设伟大祖国的光荣信念在这里辛勤劳动。这些年轻人有的是附近的农民，有的是人民解放军的士兵，还有很多人为了建设祖国，从遥远的地方自愿赶来。我亲眼目睹，保卫祖国之外，建设祖国也是解放军战士的重要任务。

我们一行人也在竹子和灰浆搭建的小屋里度过了两个晚上。山里清晨的清爽空气和这片工地明快的氛围，令我至今难以忘怀。我多次参观过日本的发电站建设场地。但是，那些地方到处都能感受到荒凉和黑暗。正因如此，佛子岭现场的明快气氛，让我感到惊喜，也让我重新认识了新中国，难以忘怀。

自古以来，中国就有“治水者治国”的说法。但是，在“治水之神”大禹之后，只有新中国能够大兴水利，取得了实实在在的成果。淮河修好以来，全国搞了许多大大小小的治水工程，兴修水利。以前开展长江、黄河的治水工作简直想都不敢想。然而，如今长江上架起了大桥，黄河上的三门峡大坝也正在完工。

治水事业和人民公社的发展，对于将中国三年自然灾害的危害控制在最低限度发挥了重要作用，在此就不赘述了。

北京到东京绕了30000公里

最近，我经常听到从东京到北京的人们异口同声地说，要是能从东京直飞北京，只需要两个半小时就到了。的确，东京和北京之间的直线距离有两千五百多公里，如果坐喷气式飞机，需要两个半小时，最多三个小时就能到。然而，因为无法直航，所以只能经过北京、广州、香港、东京大约五千公里的三级跳。而且，北京到广州之间只能乘坐普通的螺旋桨飞机，广州和香港之间是火车，香港到东京是喷气式飞机，最快路线从北京出发当晚住在广州，到东京的时间是第二天后半夜。只要为了日美安保条约，日本政府继续对美国言听计从，这种荒谬的事情就会继续下去。

但是，十年前日本民众开展的日中友好运动还没有发展到今天这样强大的力量，我们当时受到了更荒唐的对待。每当想起这些，我就深深地感受到民间为实现日中友好开展的斗争在今天取得了巨大的胜利，对此我内心无比欣喜。

这荒唐事情原委是这样的。

我正想着第一次访华也差不多该结束了，日本发来电报让我马上回去。电报称参议院选举比预想提前了，要我无论如何也要再次参加。我回信称：无论如何也赶不上，这次就算了。结果回电口气很生气，说算了可不行，无论如何也要赶回来参加。没办法，我只好取道香港，赶紧准备返程。我去北京的英国驻华大使馆提交了申请香港签证的手续，他们一点都不着急。每次催促的时候，回答都是正在办理中。过了几天也没有什么进展，我态度略微强硬一些后，才发现似乎日本外务省和香港当局商量好了，故意在拖。为了赶回去参加选举，我想不能再拖下去了。现在我只有一条路可选。

从北京经莫斯科、布拉格、日内瓦、罗马、开罗……飞南线一路回到日本，整个航程是一段长达三万公里的荒唐旅程。在当时尚无喷气式客机，当我经历这段漫长的旅程筋疲力尽地回到羽田机场时，一切为时已晚。法定的选举活动时间已经过半，这次选举最终以失败告终。您说这事有多么荒唐！

不过，现在再没有这种荒唐的事情了。10 年来民众的斗争推动了日中友好突飞猛进地发展。

念念不忘

谈到我的第一次访华经历，有一件事必须要提。

我不记得是第二次访华还是第三次访华了，我和北京的一个朋友，聊起了第一次访华的回忆。然后，我提出了一个很久以前就想不通的问题——

“那是 1953 年的时候，我们每到一处都受到了群众的热情欢迎。可是，那时候去的地方，几乎都是受日本军国主义者侵略最严重的地方，战争创伤还没有愈合。即便如此，他们还能那么热情地欢迎我们，我想了半天，怎么也想不通……”

那位朋友默默地想了一会儿，严肃地对我说——

“那我说实话吧!实际上当时做工作确实面临很多困难。日本军国主义给中国人民带来的灾难很惨重，当地的受害民众哪会轻易忘记？但是，对于新中国来说，更重要的不是停留在过去，而是创造明天。大家不希望未来中日两国的关系还和旧时代一样。知道你们要来新中国后，我们经过慎重考虑，制定了日程安排。然后，派人前往各地，告诉广大民众中日友好对亚洲和平有多么重要，对中国的和平建设有多么必要。同时，还告诉他们，你们是日本人民的使者，为中日友好而来。大多数人都能接受我们的说法，也很理解。我刚才向您说明了原委，您可以不必再为此纠结了。”

两三年前，陈毅副总理接见了日本代表团。

陈毅副总理说：“不幸的历史就让它过去吧，今后我们多想想中日之间的新关系、新合作。”

这时一位代表回应陈毅副总理称，“中方以非常豁达的态度，不计较日本军国主义侵略所造成的惨绝人寰的灾难，这点是非常值得感激的。但是，作为日本人，越是认真考虑与中国的友好与合作，越是不能忘却历史。不首先进行深刻的反省，就不可能有真正的日中友好，也不可能有日中合作。”

陈毅副总理用日语说了句“谢谢”，微笑道，“是的，我们可以不计前嫌，你们能够一直反省。如果双方都能有这种态度，两国关系一定会好的。”

当时我也陪同参加了那次接见，见证了这段佳话。回想起10年前的往事，我总是一遍又一遍地对自己说：“决不能忘记，决不能忘记！”

为了友谊和共同的事业
——参加庆祝《人民中国》创刊10周年招待会有感[1]

送走了《人民中国》创刊10周年庆祝招待会的最后一位客人，我和摄影师黄相走在回家的寂静夜路上。老黄手拎闪光灯，肩上挂着好几台相机，口

1 周学声撰文。

袋里装着今天拍的胶卷。仔细一看，他已经汗流浃背，脚步也不稳了。我说“让我帮着拿点儿吧”，他却频频摆手。

“不用不用。我也年过四十了，今晚却觉得年轻了十好几岁。党和国家领导人对我们这么关心，这么鼓励我们，我还要为《人民中国》继续工作几十年。”

我们边聊边走，刚刚结束的庆祝招待会的情景，接连浮现在心头。

会有哪些人光临我们的庆祝招待会呢？我们编辑部的同事在筹备招待会和展览的时候，经常聊这个话题。当时，我们每个人心中都曾想过某位人物的面孔，但谁都无法完全肯定他究竟能不能出席。

6 月 13 日下午，全国政协礼堂比以往任何时候都要热闹。能容纳四五百人的宴会厅已经摆好了桌子，正面墙上挂着上书“《人民中国》日文版创刊 10 周年，印尼文版创刊 5 周年”的金字红色横幅。大堂里，《人民中国》陈列展也已准备就绪。入口处立着郭沫若先生题写的屏风。展览讲解员正在非常认真地练习讲解。休息室里，挂着国内知名人士赠送的书法和画轴。来宾签到簿旁，堆积如山地摆放着《人民中国》创刊 10 周年纪念专刊。既有日文版，也有印尼文版，甚至还有供国内撰稿人参考之用的中文版。可以说万事俱备，只欠东风了。

时钟的指针还没指向 6 点，招待会就已经迎来了第一批客人。最先光临的是 86 岁的吴玉章先生。他是中共中央委员，早在清朝时期就曾留学日本，在日本参加过孙中山先生领导的同盟会活动。他在年轻人的陪同下，悠然地参观了展览，从头到尾认真地看了一遍。当看到日本各地创办的《人民中国》读书会的照片时，他似乎更有兴致了，频频点头。全国人大常委会副委员长陈叔通先生是一位满头白发的老者，也是我们的第一批客人之一。他也曾是赴日留学生。

不一会儿，展览会场来了很多日本朋友熟悉的人士——中国亚非团结委员会主席廖承志先生、中国红十字会会长李德全女士、中国人民对外文化协会副会长阳翰笙先生、中国佛教协会副会长赵朴初先生、中国妇女联合会副主席许广平女士。随后，许多科学家、经济学家、作家、画家、各大报纸主编等人士纷纷到场。印刷《人民中国》杂志的印厂工人也特意赶来祝贺。

在休息室里，谢冰心正在吟诵挂在墙上的赵朴初的诗词——“合把金樽倒。十年来，月迎潮送，新花异草。壁锁黄河鞭断海，今日神州画稿。知多少才人笔调？……”读到这里，谢冰心回过头来，笑着问道：“这里的‘才人’，说的是赵居士自己吧？”赵朴初慌忙双手合十，说道：“不敢当、不敢当，给《人民中国》的投稿，我怎么比得过冰心女士呢？”

这时，各国贵宾也蜂拥前来。展览现场，日语、印尼语、英语、法语、西班牙语、阿拉伯语、印地语的讲解声此起彼伏，热闹非凡。其中最多的还是日本朋友。日文版的同事全部出动接待，却还是忙不过来。

这一天，在北京的日本朋友几乎全都来了。日本和平委员会代表团、福冈县经济友好访华代表团、日本金属共斗会议第二次访华代表团、日本港湾劳协第二次访华代表团、日本学习活动家访华代表团、日中贸易促进会理事长铃木一雄，以及其他旅居北京的日本朋友都热情地参观了展览。这些朋友几乎都是《人民中国》的忠实读者。

西园寺公一先生带着夫人和公子，一手拿着扇子，转遍了会场的各个角落。《人民中国》副总编辑李翼称赞他每次在随笔专栏《中国来信》上刊登的亲笔插图。他大笑道：“承蒙您的夸奖，我很惶恐，在插画方面我真的是一个外行……”

各大报纸、新闻电影、电视台的摄影师纷纷举起闪光灯拍照。我也向新华社记者介绍了展览的内容。终于，《人民中国》首任总编辑乔冠华的身影映入我的眼帘。他现在已是外交部部长助理，最近随同刘少奇主席出访东南亚四国，刚刚回国。我立刻走过去和他打招呼。

他当总编辑的时候，《人民中国》还只有英文版，创刊于 1950 年 1 月。后来，日本的朋友们提出希望出版日文版，以便更好地了解新中国，促进两国人民的友好。于是，1953 年 6 月，《人民中国》（日文版）创刊了。这本月刊传播中国对重大国际事件的立场和看法，报道中国各地工农业建设的情况，介绍中国的历史、地理、人物、风俗习惯等内容。《人民中国》（日文版）还用大量版面服务来华访问的日本友人和访问日本的中国各界人士。令人最感高兴的是，编辑团队充分利用这个"花园"，让两国人民的友好之花在其中绚烂绽放。10 年来，我们收到了一万多封读者来信，对这本杂志表示欢迎。

我引导着首任总编辑，边走边向他介绍这 10 年来《人民中国》的发展情况。乔冠华连连称赞说："我调离后，有很大的发展啊。"

当我领着他来到展览的读者赠礼部分时，原本大家用各国语言热烈交谈的会场突然安静了下来，相机的闪光灯一起闪动。

原来是中共中央副主席、国务院总理周恩来和中共中央政治局委员、国务院副总理陈毅来了。他们肩并肩，一边向左右两边的人士点头致意，一边缓步走进大厅。吴玉章、陈叔通以及中国印尼友好协会会长包尔汉等人走了出来。周总理上前握住吴玉章的手说："哟，吴老也来啦。"陈毅副总理也说道："大家到得很齐嘛。"

两位领导在我社负责人的陪同下仔细参观了展览，然后走进宴会厅。此时，全场来宾一齐站起来，报以热烈掌声。日本朋友中，有人因为没带照相机眼睁睁地错过了这个好机会而懊恼不已。

宴会开始不久，周总理站了起来。他举起酒杯说，祝贺《人民中国》创刊 10 周年，向全体与会者，特别是《人民中国》的热心读者致意。周总理还来到会场各桌，同来宾交谈。

之后，陈毅副总理也起身致辞，向帮助和支持《人民中国》的外国友人表示感谢，并且鼓励我们通过这本杂志传播真理的声音，进一步促进中日两国人民的友好。陈毅副总理的讲话不时被雷鸣般的掌声打断。

我举起葡萄酒杯一饮而尽，突然想到，现在远隔重洋的各位读者，如果知道中国的这两位领导人在向你们致以问候，你们会作何感想？现在，作为服务你们的一名记者，我替你们把这杯酒喝光，想必你们也不会反对吧。

我想告诉今年 73 岁的石冢奶奶——您拿着《人民中国》认真阅读的照片，我们总理目不转睛地看着呢。

我想告诉来自农村的读者野中大助——您送来的精心栽培的鲜花种子，和您与儿子们一起在牛车前所拍的照片，我们总理正目不转睛地看着呢。

我想告诉在来信中夹寄了100日元纸币的花田稔先生——您在信中说希望替您向在学生运动中牺牲的穆汉祥烈士墓前献上一束鲜花，我们总理面对来信非常感动。

我想告诉日中友好协会名古屋支部的石川贤作先生——您为中日两国人民的友好，多次举办中国问题演讲会，让参观者深受感动。您隔海特意寄来的“毛泽东思想学习会”等多张宣传单，让我们深受启发。

在此，我必须向热心读者们道歉。那就是，我们不可能把各位寄给我们的诚挚信件全部展示出来，也不可能把展示的内容全部通过这有限的版面来通知大家。但是有一点必须告诉你们的是，在这次展览上看到你们对《人民中国》如此支持和厚爱的中国人，都发自内心地对你们表示感谢。你们推广普及的虽然只是一本杂志，但却同时传播了亿万中国人民的真心。

你们把《人民中国》当作生日礼物送给好朋友，你们把刊登在杂志上的民间故事读给小学生听，你们把我们的文章灌录在录音带里寄给盲人学校，你们拿着《人民中国》挨家挨户地推广……这些都是非常令人感动的故事。到底是什么力量促使你们这么做的呢？

为了寻找答案，我在题为《乡村医生和他的子女们——本刊的积极支持者》的展板前踱来踱去。

展板的一张照片里，一位花白头发的老人，正从出诊专用车上下来。他就是在北海道一个偏僻渔村当了多年执业医生的铃木良一郎先生。战后，他发现人们的生活中有太多药物无法治疗的疾病，一度感到绝望。有一天，他和渔民们一起看中国电影，他被大家对中国的朴素感情深深打动了。

从那时起，他开始如饥似渴地阅读《人民中国》和其他关于中国的书。在这些书中，他发现了比药物更有效的东西。据说，他把《人民中国》当作两国人民友谊的桥梁，出诊时总把《人民中国》和听诊器、体温计一起带在身边，当作治愈心病的良药。我仿佛亲眼看到，1960年在反安保游行示威中，这位令人尊敬的医生高举日中友好协会的旗帜，奋力前行。我仿佛亲眼看到，1962年，作为日中友好协会访华代表团成员访问中国的他，手捧笔记本专注地记录着新中国见闻。在展板上的一张照片里，这位医生淘气的儿子坐在一块大石头上，面带微笑。他的儿子也是日中友好运动的积极分子，经常和父亲一起帮我们推广杂志。

这块展板可以说是一面镜子。由此，我们可以延伸联想开去。

当前正在访问日本的外文出版社代表团，在北海道能见到令人尊敬的铃木医生吗？我热切地希望代表团能向这位医生致以《人民中国》编辑部的诚挚问候。

我衷心希望外文出版社代表团能够遍访全日本，拜会日本各地真诚的读者朋友，为友谊共同干杯。那是在北京举办的《人民中国》创刊10周年招待会的一种延续。

在东京举办的庆祝活动——《人民中国》创刊10周年集会[1]

日中友好协会和日中友好协会东京都联合会，于6月14日共同举办了大型中央集会和中国外文出版社访日代表团欢迎会，庆祝《人民中国》创刊10周年。

下午6点，集会在东京都千代田区九段会馆举行，与会者约1500人。集会上放映了中国电影《中印边界问题的真相》，还上演了东京歌舞团表演的中国舞蹈和花柳德兵卫舞蹈团表演的舞蹈。为庆祝《人民中国》创刊10周年、应日中友好协会邀请访日的外文出版社代表团一行也出席了集会。日中友好协会副会长黑田寿男致辞，盛赞《人民中国》杂志为日中两国人民的友谊和文化交流做出的巨大贡献。外文出版社代表团团长、外文出版社社长罗俊也发表致辞，感谢日中友好协会及其各地分会以及广大读者，近10年来给

1 访日团随行记者撰文。

予《人民中国》杂志的鼓励和支持。罗俊谈到了中日两国人民2000年的友好历史，并指出，特别是近10年来，中日两国人民的友谊增添了更加坚实的新内容。早稻田大学的实藤惠秀教授代表《人民中国》的读者致辞表示，很高兴看到杂志在内容编辑上不断改进，并提出了改进建议。之后，日中友好协会对热心推广《人民中国》杂志并取得成果的支部、小组和个人进行了表彰。

外文出版社访日代表团欢迎会，于当天下午两点在千代田区永田町的町村会馆举行。日本共产党中央委员会书记局委员高原晋一、统一战线部长内野竹千代以及东京各界名流如中岛健藏、平野义太郎、穗积七郎、大岛博光、三岛一、白石凡、宫崎世民、古屋贞雄、丰道春海、田中稔男、河崎夏、田中寿美子、宿谷荣一等百余人出席。外文出版社代表团团长罗俊在致辞中对日本各界给予《人民中国》杂志的支持和关心深表感谢。艺术座剧团的关京子女士朗诵了诗人大岛博光专为庆祝《人民中国》创刊10周年所作的诗。此外，正在日本访问的中国对外文化协会代表团（周而复担任团长）一行也出席了欢迎会。

在东京中央集会上代表日中友协的致辞[1]

我谨代表日中友好协会，向中国外文出版社访日代表团罗俊团长及各位团员表示诚挚的欢迎！

为了纪念和庆祝广大日本人民喜爱的《人民中国》杂志创刊10周年，我们举办了今天的聚会。这次聚会，也是为了热诚地欢迎应我们协会的邀请来日本访问的杂志出版发行方——中国外文出版社的各位。

5月下旬，我们日中友好协会在京都召开了全国大会。中国人民对外文化协会访日代表团的各位成员出席了那次大会，使大会气氛更加热烈，加深了日中两国人民的友好情谊，取得了非常好的效果。

1　日中友协副会长黑田寿男撰文。

在我们协会举办了这么有意义的全国大会之后，这次又迎来了以中国外文出版社罗俊社长为团长的访日代表团，举办有他们出席的庆祝《人民中国》杂志辉煌 10 年历史的集会。我相信，这将为“日中两国人民友好促进运动”增添新的成果，我为此感到非常高兴。

我们日中友好协会的当前目标，就是从人民的立场出发推动日中两国之间的友好，争取早日全面恢复两国邦交。我们为达到这一目的所做的努力，是顺应人类进步历史的必然潮流的，不论任何人想以任何力量和方法阻挠，我们都能成功应对，我们的目标一定能够实现。我们怀着这种坚定的信念，向着光明的前景，昨天、今天、明天，不舍昼夜地坚持推动日中友好运动，并将继续坚持下去。

为了促进两国人民的友好，最重要的是让两国人民正确地、不误解地、尽可能多地相互了解对方。为此，要采取有效的手段和方法。

这就让我们不由得想到了《人民中国》杂志。我们必须思考《人民中国》杂志所起的作用。《人民中国》杂志在向我们日本人民正确、大量地传播中国情况方面发挥了多大的作用，是我们必须认真思考的问题。

通过《人民中国》杂志，我们可以了解到中国人民是如何有效地推进建设新中国社会主义事业的；可以知道中国人民多么热爱和平；可以看到他们是多么憎恶战争根源——美帝国主义，是多么严厉地对抗美帝国主义的。我们也通过《人民中国》杂志的文章了解到，对于亚非拉民族解放运动和全世界被剥削人民大众解放运动而言，中国人民是多么强大的、值得信赖的朋友。

而且，通过阅读《人民中国》杂志，我们还可以了解到，新历史观赋予中国长达五千多年历史中一些重要事件的新解释。

我们还可以了解到中国人民在科学技术，以及艺术和体育运动方面的成就。

《人民中国》杂志的这些报道和内容，对于日本人民正确理解中国起到了巨大效果。

很多日本人都爱读《人民中国》杂志，读者人数与日俱增。

我们通过经验知道，这本杂志为日本人民、为日中友好运动提供了巨大支持。我们高度肯定《人民中国》杂志的影响力和传播力。这正是我们日中友好协会努力扩大《人民中国》杂志读者的原因所在。

基于这一理由，我们举办了这次庆祝《人民中国》杂志创刊 10 周年的集会。

我要向中国外文出版社的罗俊社长和来日访问的参与《人民中国》杂志编辑工作的代表团的各位成员表示衷心的敬意和感谢！是你们，在 10 年前创办了《人民中国》杂志，并在这 10 年里精心培育，努力使之为日中友好做出了巨大贡献。

同时，我也衷心地祝愿《人民中国》杂志今后有更大的发展。

今天的集会是为庆祝《人民中国》杂志创刊 10 周年举办的。但我们日中友好协会庆祝《人民中国》创刊的集会，并不是到此为止。今天的集会是中央集会。

在代表团访日期间，日中友好协会各地支部将以不同规模，举办与今天的集会宗旨相同的集会。

希望代表团的各位，在时间允许的情况下，在不影响健康的情况下，尽可能多地与我们协会各地支部的会员促膝交谈。就像我们通过各种办法努力了解中国一样，也衷心希望代表团的各位通过这次来访，认真观察和了解日本人民为独立、和平的生活而战斗的姿态，以及为日中友好而努力的热情和行动，并将其分享给贵国的朋友们知道。

以上是我们日中友好协会的致辞。

跨越大海——庆祝《人民中国》杂志创刊 10 周年[1]

伟大的中国同志和朋友们，在庆祝《人民中国》杂志创刊 10 周年之际，我向毛泽东主席和大家送上诚挚的感谢和问候。

1 大岛博光撰文。

就像在那遥远的一千二百年前
装载着优秀的艺术和经典
鉴真和尚的友谊之船
什么都不能阻止一样

把中国人民和日本人民联结在一起
跨越大海的情谊
什么样的暴风雨也挡不住
什么样的阴云也遮不住

跨越大海，我们听到了
天安门广场上百万呐喊
那是支持我们反安保斗争的呼声
那声音，震颤中国的天空

跨越大海，我们听到了
伟大的毛泽东主席振聋发聩的声音
“美帝国主义及其一切反动派都是纸老虎”
这对于我们是巨大的激励，巨大的鼓舞

跨越大海，我们听到了
横跨长江大铁桥的打桩声
三门峡震天动地的起重机轰鸣
人民斗志昂扬社会主义建设热情正旺

跨越大海，吹来了希望之风
从取得胜利的人民中国那里吹来

已经牢牢团结起来的人民力量
没有任何力量能够摧毁

潜入这片海域的北极星潜艇
在空中徘徊的 F-105 载氢弹战斗轰炸机
我们共同的敌人美国帝国主义的本质
我们看得清清楚楚

我们要赶跑共同的敌人
我们要夺回这片东海
使之成为不逊于鉴真和尚那个时代的
友谊之海，和平之海

感谢贴心的编辑——对今后工作的三点建议[1]

今天我原本也和大家一样买了 50 日元的入场券，和我所在的亚非语系的同学们一起来参加集会。不过，中午的时候，我在学校接到电话，说希望我作为《人民中国》的读者代表在会上发表感谢致辞，我非常高兴地接受了。

我想代表在座各位以及不在现场的全日本的读者，向中国代表团的各位成员祝贺杂志创刊 10 周年，并作为与会者代表和一名读者表示感谢。

我是从创刊号就开始读《人民中国》的读者，今天还特地把创刊号找出来看了看。

从创刊号开始看了五六期杂志，看到了一些令人怀念的人物。比如大山郁夫先生和内山完造先生，看到他们在中国握手的样子，令我很吃惊。这两位日中友好战士、和平战士都去世了，我的心情非常沉重。

---

1 中央集会读者代表、早稻田大学教授实藤惠秀撰文。

不过，创刊号的封面上，毛泽东、朱德、周恩来、刘少奇等并排站在天安门城楼上，他们现在团结领导着新中国的发展，非常好。我希望，在盛大举办庆祝创刊 20 周年集会的时候，这些中国领导人能够一如既往地领导中国前进。这是我作为一个日本人、一个读者的希望。

《人民中国》创刊于 1953 年 6 月。1954 年，中国新宪法诞生。那时的宪法单行本是横版印刷的。从 1955 年 1 月 1 日起，《光明日报》改版为横向排版。1956 年起，包括《人民日报》在内，所有的出版物都改为横向排版。

1956 年 2 月号《人民中国》杂志，将其在文字改革中迈出的第一步报道了这些情况。3 月号杂志则报道说，中国的报纸全部改为横排了，读者对《光明日报》的横排版面很满意。

但是，《人民中国》本身，结合如今日本的现状，直到现在都还是直排。我觉得这个问题看似不是一个很大的问题，其实很重要。

不过，各位，前天日本出了一本叫《太阳》的杂志，全部采用横向排版。等到全部或者半数日本杂志变成横向排版的时候，《人民中国》也会变成横向排版，这是值得我们高兴的事情。

相信代表团各位接下来还会听到各种建议和见解，在此，我想提三点建议。

第一点，《人民中国》最近又提到了鉴真和弘法大师，写了很多与日本相关的内容，增进了读者对中国的亲近感。我想能不能多介绍一些比如孙中山、李大钊等我们知道的近代的人物，写写他们与日本相关的故事。当然，估计这已在各位的计划之中。

在这一点上，中方各位可能会因为与日本斗争因素过强有所顾虑。但是，《人民中国》的读者，只会把它看成良药，而绝不会当成毒药，更不会因此心怀怨恨。我希望你们能从中国人的角度出发，用文字将这方面内容传达给我们。

第二点，我曾犹豫该不该说，最终还是决定说出来。那就是，日本人写的有关中国问题的内容，如果你们觉得是错的，希望能加以批评或评论。

不然的话，我担心中国问题研究者将来可能出现分化。希望你们能够回应这一点。

第三点很简单:《人民中国》中的文章大多是中国人介绍中国的情况。但我其实对旅居北京的西园寺先生所写的东西很感兴趣。我认为，他从日本人的视角看到并写下来的文字，能够精准地抓住日本人想知道的点。这个专栏请务必坚持做下去。

此外，还有一点建议，从中国来到日本的人眼中的日本，对我们来说非常有参考价值。我希望杂志上今后能刊登这样的内容，哪怕只有两三页的版面也好。

第三节
1964—1970年度点评

新春座談会

友情はむすぶ北京—東京

新春を迎えて中日友好を語

とき 1963年11月 ところ 北京「和

を迎えるにあたり、中日友好の第一線で活躍している中日双方の友好活動家に、中日友好の過去、現在と未来について大いに歓談していただいた。場所は北京唯一の日本料理店——「和風」。お座敷にくつろぎながら、話はいつまでもつきることを知らなかった……

康大川 みなさん、ご苦労さんです。きょうは理想的な顔ぶれですね、片や日中友好協会と日中文化交流協会のトップクラス、片やついこの前成立したばかりの中日友好協会の秘書長、副秘書長のご面々、それに日本側も三人、中国側も三人、そのうえ……

孫平化 ところは北京で場所は「和風」、中国式のつまみもので日本酒をのんで。

康 中日友好を語る座談会の最好条件がそろっているわけです。

西園寺公一 まてよ、ぼくを忘れては困る。

西園寺 また「両棲動物」にされたか。それはいいとして、急に司会をおしつけられてはたまらないね。事前に打ち合わせもせずに。

康 事前に打ち合わせをすると、芝居がかって面白くなくなる。それに中日両国の友好のことにかけてなら、いくら話してもつきないほど、先生の話題は豊富ですから。

西園寺 いつもこうだから困る。この前も北京放送局から予告もなしに司会をやらされた。

康 ご迷惑と思いますが、やむをえませんね。

西園寺 「小使」だからというんでしょう。

康 いや、大使です。もっとも民間私設ですけれども。しかし、かえって親しみがあって頼みやすい。

西園寺 じゃキミはどうするかね、自分で司会しなくちゃ。

康 こんなばあいぼくは、いつも末席をけがさせてもらうだけで……。

西園寺 ずるいね。仕方がない。ではじめましょう。だが通訳なしで、日本語でやりましょう。だれか先に糸口をきって。

貿易からはじまった日本とのゆき来

趙安博 日本との往き来は、貿易からはじまったようです 言われたことは、十何年後のこんにちでも、ちゃんと通用するわけです。このあたりがはじまりで、そのあとは日本居留民の帰国ですね。

ね。一九五二年の春ですけれどモスクワの国際経済会議のあと、帆足計さんらがビザなしで北京へ来た。それから、大山郁夫さんが北京へ見えて、周恩来総理とあったとき、日本との貿易の見通しが立った。あのとき総理が

西園寺 そのまえに、北京で平和会議がありましたよ。

趙 平和会議は一九五二年の秋です。

孫 そう、第一次貿易会談のすぐあと、アジア・太平洋地域平和連絡委員会の会議が北京飯店でひらかれましたね。あのとき、日本からは南(博)さんが団長で、前進座の中村翫右衛門さん、亀田東伍さんなどもきた……

西園寺 それよりも前に、日中友好協会が出来ていたんじゃなかったかしら、

出席者
日本側 (敬称略)
宮崎世民 (日本中国友好協会理事長)
古谷荘一郎 (日本中国友好協会常任理事、下関支部事務局長)
白土吾夫 (日本中国文化交流協会事務局長)
司会
西園寺公一 (アジア・太平洋地域平和連絡委員会副秘書長)
中国側
趙安博 (中国日本友好協会秘書長)
孫平化 (中国日本友好協会副秘書長)
王暁雲 (中国日本友好協会副秘書長)
参加 本誌編集部 康大川

「和風」の座敷でひらかれた中日友好を語る座談会

周恩来総理はさる10月9日石橋湛山氏と会見した

石橋湛山

開幕式の席上、開幕の辞をのべる日本工業展覧会総裁石橋湛山氏。

座談会

東京での 中国経済貿易展

出席者（発言順・敬称略）　とき 1964.5.2　ところ 東京 銀座大栄荘（展覧会代表団宿舎）

呉　曙　東（中華人民共和国経済貿易展覧団副団長）	張　子　泉（中華人民共和国経済貿易展覧団副秘書長）	三　好　一（中国経済貿易展覧会後援会事務局長代理、日中友好協会常任理事）
隅　井　正　典（中国経済貿易展覧会協力会事務局長、日中貿易促進会事務局長）	浦　部　武　夫（国際貿易促進地方議員連盟常務理事、自民党東京都議会議員）	栗　林　鉄　郎（中国経済貿易展覧会協力会即売小委員会委員長、東京丸一商事株式会社取締役）
川　瀬　一　貫（中国経済貿易展覧会協力会財務委員長、東工物産株式会社社長）	武　丕　明（中華人民共和国経済貿易展覧団貿易部副組長）	司会 任　建　新（中華人民共和国経済貿易展覧団副秘書長）

今年、東京と大阪の両地で中国経済貿易展覧会がひらかれた。東京の晴海の会場は三週間で81万の観衆を動員したが、この成功を、展覧会の仕事にあたった中日の関係者はどのようにうけとめただろうか……

3

中日友好メモ

鶴首の花びん

楊　朔

川端康成氏（中央）のお宅をたずねた筆者（右端）。左は松岡洋子さん。

4

カクテルパーティーで日本の友人たちとともに

日本でく蘭陵王＞の舞いを見る袁世海氏（左手一列目）

京劇の日本公演によせて

袁（エン）　世（シー）　海（ハイ）

中国京劇院四団の若い人たちがこの一月から日本の舞台に立っている。訪日をまえにしたかれらは、よくわたしのところへやってきた。七年ほどまえ、わたしが京劇代表団の一員として日本を訪れたことがあるからだ。あれからはや七年、いままた若い人たちが日本を訪れるというので、みんな胸のはずむ思いだ。話題はおのずと日本公演の思い出になる。ふるい話のむしかえしでも、若い人たちにとっては耳あたらしい。はなすわたしはなおさら楽しいかぎりだ。日本の友人や観客からうけた印象は、わたしにとっていつまでも忘れることができない。

梅蘭芳（メイランファン）先生は四十年まえに二度も日本を訪れて、京劇を演じ、日本人民のこころに深い印象をのこした。その梅先生は、一九五六年、わたしたちをひきいてふたたび日本の舞台に立った。このときの盛況はとても筆ではあらわせない。五十三日の滞在中に三二回の公演がおこなわれたが、入場券はいつも三十分から一時間ぐらいで売り切れてしまった。入場料は一八〇〇円だが、それにプレミアムがついて一万五〇〇〇円にもはねあがった。入場券の買えなかった人びとは、公演がおわるのをまって、劇場を出るわたしたちをとりかこみ、花束をおくり、握手をし、あいさつをする。わたしたちはいつもわき立ちかえる友情の海にひたっていた。

「日本の観客は玄人だ」と聞いてはいたが、まったくそのとおりだった。日本の友人たちは京劇をよくわかってくれた。

おどりの要素がわりあいにつよい＜貴妃酔酒＞＜三岔口＞＜雁蕩山＞＜鬧天宮＞＜猟虎記＞＜水漫金山＞＜盗草＞などがうけたのはいうまでもないが、＜将相和＞＜空城計＞＜寇准罷宴＞＜除三害＞＜二進宮＞など、歌と仕種を主とするものもよくわかり、聞かせどころ、見せどころになると、ツボをはずさず拍手がおこった。国内で演じるときとおなじ反応と交流がそこにあった。それというのも、中日両国が文化、芸術の面で昔から密接な関係をもち、風俗習慣が似ているためであろう。京劇で演じる中国の歴史物語や民間伝説、それからさまざまの仕種なども日本の観客によくわかる。それは、わたしたちが歌舞伎をみて親しみをもつのとおなじである。

日本に滞在中、わたしたちは舞楽＜蘭陵王＞、能＜羽衣＞、狂言＜水掛婿＞、歌舞伎＜床下＞、仕舞＜石橋（しゃっきょう）＞花柳流の＜藤娘＞、西崎流の＜会津磐梯山＞、＜荒城の月＞などをならった。それぞれちがった芸域にぞくするものではあるが、各役柄の仕種や身ぶりには京劇と似かよった点が多い。なかでも、＜蘭陵王＞の仮面や衣装、仕種、動作はまったく中国風で、伴奏につかわれる笙、笛、鼓などすべて中国のものである。もともと、この＜蘭陵王＞は中国の古典舞踊で、美男子のほまれ高い北斉の蘭陵王長恭が戦場での威厳をおぎなうため仮面をつけたという物語。この舞踊は唐代に日本へ伝わったのだが、中国では早く失伝しているにもかかわらず、いまなお日本に完全なかたちで保存されているのだ。そのほかにも、中国のふるいものがすくなからず日本に保存されているという。そうしたことも日本人民が京劇を愛するきずなになっているのだろう。

一九五六年に訪日した京劇団が上演した＜秋江＞は前進座の方たちの興味をひき、侯玉蘭（ホウユイラン）と孫盛武（スンションウー）が中村梅之助、高瀬精一郎のおふたりに教えた。おふたりともまたたくうちにこの踊りをものにされた。代表団からは、＜秋江＞の衣装と小道具を座におくった。前進座ではすぐこれを上演することにきめたが、せりふも歌も、伴奏もできない。ではどうするかと頭をひねったすえ、侯玉蘭と孫盛武の演じる＜秋江＞を録音し、録音にあわせて演じることにきまった。なかなか面白いこころみだと思っていたら、やがて上演され、東京でえらい評判だったそうだ。その前進座が北京（ペキン）をおとずれたとき、前進座結成三十周年の盛大な祝賀会で、わたしたちは友人たちの演じる＜秋江＞を見せていただいた。じつにりっぱな舞台で、みんなひじょうな感動をうけたものだ。それというのも、京劇の真の姿をつたえているだけでなく、中日両国人民の友情が舞台に花をひらいたためであろう。祝賀会の席上、日本の友人は前進座を中国京劇院の兄弟劇団にしたい、＜秋江＞につづいて京劇をどしどし座の演目にとりいれたい、と言っておられた。その言葉のとおり、前進座は中国京劇院のすぐれた演目＜猟虎記＞、＜野猪林＞を＜水滸伝＞、＜続水滸伝＞と題して上演し、大評判をとった。この二つの芝居は京劇のなかでも大物で、唱（うた）、念（せりふ）、做（しぐさ）、打（立ちまわり）とも、なかなかむずかしい。だが、前進座の方たちはこの大物を大胆にとりあげて、手をくわえ、脚本演出ともにすばらしいものに仕上げたのだ。前進座からおくられてきたスチールを院内に展示したところ、北京各劇団の人びとのあいだで大評判だった。日本人民は創造性にとむ。外国の文化、芸術をどしどし吸収し、それをたくみに消化して、日本的なものにする。この点では、昔もいまもかわらないのである。

京劇が日本でうけるのはなぜだろう――さきごろ、若い人たちがそういう問題を出してきた。わたし自身、三年まえにおなじようなことを北京にきた日本の友人にたずねたことがある。だれに聞いても、答えはおなじだった。日本人が京劇を高く評価するのは、すばらしい影[illegible]美、正確で強烈なリズム、音楽的な詩情にあふれる歌やせりふのほか、京劇の演目が変化にとみ、健康な内容にみちているからだ。悲劇にせよ喜劇にせよ、歌を主とするものにせよ立ち回りを主とするものにせよ、また一幕ものにせよ幕数の多いものにせよ、団結して外敵にあたるとか、追害に抗して自由をもとめるとか、清らかな愛情を追求するという、こうした主題に啓発され、励まされるためである。現実は京劇のかがやかしさを証明している、と友人はいった。「民間におこり、大衆にはぐくまれた京劇は、血がかよっている」とたたえるのだ。

そのほか、舞台ぜんたいの調和と統一も見のがせないといわれる。ある友人はいつも前から三列目に席をとり、オペラグラスでしさいに観察した。ところが、主役はもとより端役までが終始まじめに演じ、息をぬくものが一人もいないのを見て、すっかり感心したという。

そうしたことを腹に入れさせておきたいと思って、わたしは若い人たちによく話した。ほんとうの役者は、役になりきるだけではたりない。芝居はお客にみせるものだ、お客に何かをつかんでもらわなくてはならないんだから、まずお客を知ることが大切だと……

（筆者は有名な京劇俳優）

演劇博物館を訪れた筆者。そこには筆者の早年の写真が展示されている。

5

6

7

8

北京の町角

〈酒がめ〉すなわち居酒屋

古くから北京に住んでいる人は、いまでも町の居酒屋のことを〈酒缸〉とよぶ。むかし北京の居酒屋で、店内に大きな酒がめをいくつかすえて酒をたくわえ、上にかぶせた木の蓋をテーブル代りにして客をもてなしたところから、この名があるという。

いまの若い人や、解放ご北京に移ってきた人には〈酒缸〉と言っても、何のことかわからな

い繁華街だが、劇場、映画館、呉服屋、小間物屋などの並ぶ通りは、いぜんのゴタゴタした感じがなく、いかにも整然とした印象をうけた。色とりどりの商店の看板が、緑の街路樹に映えて美しい。

〈広発永酒店〉は、その四つ辻を左へ二〇メートルほどいっ

は、実はこうなんですよ——」と前置きして王さんはつぎのように語る。

むかしは酒のねだんがたえず変動したため、居酒屋でも自衛手段として大がめをいくつもそなえておき、酒価の安い時を見計らってうんと買いだめせねばならなかった。大がめは場所を

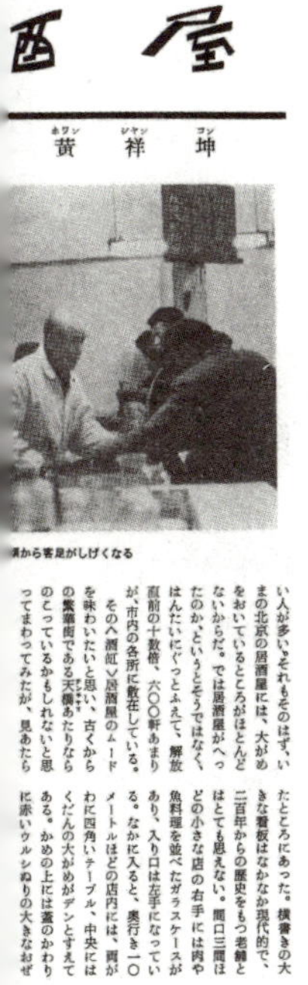

酉　屋

黄祥坤

頃から客足がしげくなる

い人が多い。それもそのはず、いまの北京の居酒屋には、大がめをおいているところがほとんどないからだ。では居酒屋がへったのか、というとそうではなく、はんたいにぐっとふえて、解放直前の十数倍、六〇〇軒あまりが、市内の各所に散在している。
その〈酒缸〉居酒屋のムードを味わいたいと思い、古くからの繁華街である天橋あたりならのこっているかもしれないと思ってまわってみたが、見あたら

たところにあった。横書きの大きな看板はなかなか現代的で、二百年からの歴史をもつ老舗とはとても思えない。間口三間ほどの小さな店の右手には肉や魚料理を並べたガラスケースがあり、入り口は左手になっている。なかに入ると、奥行き一〇メートルほどの店内には、両がわに四角いテーブル、中央にはくだんの大がめがデンとすえてある。かめの上には蓋のかわりに赤いウルシぬりの大きなおぜ

9

10

1964

为了对不断高涨的中日友好关系做一个回顾与展望，这一年的新年号上推出了文章《友谊连接着北京—东京》，记录了《人民中国》精心策划的一次中日座谈会（1月号，见图1）。日方的西园寺公一、宫崎世民、古谷庄一郎、白土吾夫，中方的赵安博、孙平化、王晓云、康大川都是两国友好团体的领军人物。座谈会在王府井的“和风”日料店内举行，桌上摆着日本料理和清酒，可以感受到气氛非常宽松、友好。与之相呼应，日本前首相石桥湛山第二次访华，撰文《推动日中关系进一步前进》（1月号，见图2）。

在前一年北京、上海成功举办日本工业展览的基础上，4月在东京举办的中国经贸展也同样获得日本各界的高度关注。在银座的中国代表团宿舍举行的中日人士座谈会，对盛况及其意义展开了积极的讨论（8月号，见图3）。

文化交流方面，作家杨朔撰文介绍自己访日会见川端康成的情形（2月号，见图4）、中国京剧团袁世海介绍自己访日并和日本传统戏剧艺术家交流的情形（3月号，见图5），都十分生动。高峰秀子和松山善三夫妇来到中国，他们因电影《聂耳》而结识赵丹。编辑部不失时机策划的“三人谈”，丰富了中日电影人的交流（4月号，见图6）。

体育交流方面，村冈久平撰写的《日中体育交流这八年》是一篇很有分量的总结文章（9月号，见图7）。新中国体育事业的快速发展不断令日本朋友惊叹。郭超人撰写的现场报道《征服希夏邦马峰》图文并茂地介绍了中国登山队的最新壮举，体现了那一代媒体人扎实的作风（8月号，见图8）。

专栏《北京街角》介绍的《小酒馆》是60年代初社会生活的极为珍贵的遗影（9月号，见图9）；选自歌舞表演《东风万里》的女演员封面，人物大方自然有动感，象征了中日友好如浩荡东风，势不可当（9月号，见图10）。

1965 人民中国

日本人民の愛国闘争はかならず勝利する

鍾（チュン）　文（ウエン）

日本人民の抗議と反対を無視して、アメリカの原子力潜水艦が日本「寄港」を強行した事件は、日本の各階層の人びとの怒りを呼びおとしただけでなく、中国人民とアジア諸国人民に大きな不安をもたらした。

アメリカ原子力潜水艦は、なぜ日本に「寄港」しなければならないのか。アメリカ政府と在日米軍当局は、乗務員に「休養」をとらせ、「町をぶらつかせる」だけが目的であると言っている。もとより、こうした言い方は、人に言えない目的をおおいかくし、世界の世論の非難をさけるための口実にすぎない。

アメリカの侵略政策はいたるところで反対のあらしをまきおこしている（神戸）

アメリカ原子力潜水艦の日本「寄港」は、アメリカが現在つよめている「世界核戦略」の配置と関連したものである。この「世界核戦略」は、戦略空軍と中距離ミサイルを中心としたアイゼンハワー政府のころのものから、ケネディの登場とともに、大陸間弾道弾〈ミニットマン〉と〈ポラリス〉型原子力潜水艦を中心としたものへ変わった。ジョンソン政府は、こうした一連の核戦争計画をそのままうけついで、世界各地にアメリカの原子力潜水艦基地を着々とつくっている。太平洋には、アメリカの西部海岸とハワイに基地があるほか、グアム島・フィリピン・沖縄にも、原子力潜水艦の基地がつくられている。アメリカは、いま第七艦隊の改編をすすめており、これまでの航空母艦を中心としたものから、ポラリス型原子力潜水艦を中心とした艦隊にあらためて、核兵器で装備させて、東南アジア大陸のちかくに配置しようとしている。アメリカは、さらに北大西洋のアイスランド・イギリス・ポルトガル領のアゾレス群島、地中海のスペイン・イタリア・マルタ・キプロス、インド洋のアデンなどに原子力潜水艦基地をつくりつつあり、その一部は、すでに完成している。

アメリカが、すでにつくりあげ、今までつくろうとしている原子力潜水艦基地の分布を見ると、アメリカが「世界核戦略」体制をつくり上げ、一方では、中国その他の社会主義国を包囲し、他方では、アジア・アフリカ・ラテンアメリカの中間地帯に属する各国人民の革命運動を弾圧しようとしていることが、はっきりとわかる。

アメリカは、アジア大陸に三日月の形をしてのぞんでいる日本を、「世界核戦略」配置の中で重要な地位をしめるものと見なしている。だからこそ、一九六〇

— 24 —

アメリカの原子力潜水艦シードラゴン号は、1964年11月14日の午後、怒れる人びとの怒号のなかに佐世保港を離れた。

年の日米「安保条約」調印以来、アメリカは、日本をかれらの核戦争の合法的な基地に変えようと全力をつくしてきたのだ。とくに日本の長い海岸線と優秀な港湾施設は、アジアに原子力潜水艦の基地をつくろうとするアメリカの主要な目標となっていた。まさにこうした考えをもって、アメリカは、日本の独立・主権・安全をふみにじり、日本人民の強い反対をおし切って、原子力潜水艦を佐世保に入港させたのであった。

アメリカ原子力潜水艦の日本「寄港」は、日本を核戦略体制にいっそう組み入れようとするアメリカの侵略の歩みであり、日本民族の利益に大きな損害をもたらすものだ。アメリカは、かつてF一〇五D型水爆戦闘爆撃機を日本に強行配置し、今また原子力潜水艦の強行「寄港」をおこなった。日本の港への原子力潜水艦の出入りにつれて、アメリカは、日本にたいする軍事上の支配をますます強めようとしている。日本は、まさにアメリカが核恐かつ・核脅かく政策をおこなうアジアでの重要な拠点になろうとしている。こうして、日本は、アメリカの核戦争の戦車にいよいよ固くしばりつけられ、アメリカがひきおこそうとしている核戦争にまきこまれる危険は、ますます大きくなっている。日本共産党中央委員会の声明が指摘しているように、アメリカ原子力潜水艦の日本「寄港」は、「日本の核武装化への突破口」であり、「日本の対米従属と軍国主義・帝国主義復活の危険な売国と反動の道をつよめる以外のなにものでもない」。

これまでアメリカによる原水爆の被害を三たび受けてきた日本人民は、今また、アメリカ原子力潜水艦の「寄港」によって、さらに重大な脅威に直面している。こうした事態にたちいたって、日本人民はやむにやまれない抵抗をおこなっている。

中国人民は、アメリカ原子力潜水艦の「寄港」に反対する日本人民のたたかいをはじめから支持してきた。日本列島に、意気さかんな全人民の反米統一行動がもり上がるのを見て、中国人民は胸をおどらせた。佐世保から横須賀まで、九州から北海道まで、そして東京から各地方にいたるまで、「ゴー・ホーム・ヤンキー！」「アメリカ原子力潜水艦寄港反対！」の怒りにみちた叫びが、とどろき渡っている。とくに人びとを勇気づけるのは、このたたかいの中で、日本人民の反米愛国の統一戦線がたえず強化され、発展させられていることである。各階層の多くの人びとが、いろんな形でこの運動に参加し、おしとどめることのできない反米愛国と民主主義の潮流をかたちづくっている。

この強力な大衆闘争は、抵抗と闘争に勇敢な日本人民の革命的精神を、はっきりとしめすものであり、日本を核戦争の基地にかえようとするアメリカの陰謀にたいするもっとも力づよい回答でもある。

中国人民は、あくまで日本人民のがわにたち、日本人民の愛国正義のたたかいをかたく支持している。一九六四年一月二七日、毛沢東主席は、アメリカ帝国主義に反対する日本人民の愛国正義のたたかいについての談話のなかで、つぎのように語った。「日本全国に、アメリカのF一〇五D型水爆戦闘爆撃機や原子力潜水艦の日本進駐に反対し、すべての米軍基地の撤去と米軍の撤退を要求し、日本の領土沖縄の返還、日米「安保条約」の廃棄を要求する大規模な大衆運動がまきおこっています。これらすべては、日本の全人民の意志と願いをあらわしています。中国人民は、心から日本人民の正義の闘争を支持します。

「日本民族は偉大な民族です。アメリカ帝国主義が長期にわたって頭上に君臨するのを、日本民族は絶対に許すはずがありません。この数年らい、日本の各階層の人民の、アメリカ帝国主義の侵略と圧迫、支配に反対する愛国統一戦線はたえず拡大しています。これは、日本人民の反米愛国闘争の勝利のもっともたしかな保証です。中国人民は、日本人民がきっとアメリカ帝国主義者を自分の国から追

— 25 —

1

● 座談会 ●

特集

とき 1965年6月22日　ところ 北京〈和風〉

中日戦争終わって20年

一〇年ひと昔といわれるが、中日戦争が終わって早くも二〇年になる。ここで日本にかかわりの深い人びとに、中日関係の過去をふり返りその将来を語ってもらった。

左から王暁雲、林林、趙安博、張化東、張香山の諸氏。

出席者（発言順・敬称略）

趙　安博　中日友好協会秘書長
張　香山　中国A・A団結委員会副主席
張　化東　中国国際貿易促進委員会副主席
王　曉雲　中国人民外交学会理事
林　林　中国人民対外文化協会副秘書長
参加　本誌編集部

抗日戦争の歴史が教えるもの

編集部　中日戦争が終わって二〇年になりますが、この間に各方面で大きな変化がおこりました。日本も中国も、大きく変わりました。中日両国の関係にも変化がおこりました。きょうは、戦後のこうした変化について語っていただきたいと思います。中日関係の過去、現在、将来にわたって、自由に話してください。

趙安博　抗日戦争の初期に、わたしがいた八路軍が華北で日本軍と戦ったので、わたしはたびたび日本人捕虜と話す機会をもちました。当時、わたしたちは、中国人民が反対しているのは日本軍国主義の侵略であって、日本人民に反対しているのではない、とその人たちに言いました。また、日本帝国主義がおこなっている戦争は侵略的な不正義の戦争だから、最後にはかならず失敗する、と説明しました。日本の軍隊からきたばかりの捕虜はあまり信用しなかったようですが、いまからふり返ってみると、ことはひじょうにはっきりしていると思います。

張香山　わたしが日本帝国主義の降伏

— 6 —

を知ったのは、夜なかでした。河南省の山村にいたのですが、とつぜん人びとの叫び声が聞こえるので、山に敵でも出たのかと思って起き出てみると、「日本帝国主義が降伏した」と叫んでいるのです。そのときの喜びは、いまでも忘れられません。

わたしたちは、降伏を受理するために日本軍と接触をもちましたが、武装解除して武器を接収しようとしても、「国民党からひきつづき守備するように言われているので、きみたちに武器を渡すことはできない」と言って応じないんです。国民党は山西省にいた日本の部隊を接収して留用し、日本の士官の位まで上げました。少尉が少佐になったりしました。

趙安博　蒋介石一味の売国奴は、日本が降伏したその日から日本軍を使って、中国人民を弾圧しようとしたわけです。

張化東　日本の軍隊が共産党の指導する解放区の軍隊に降伏しないで国民党に降伏したのは、おもに一部の頑固な軍国主義分子が反動的な立場でアメリカ帝国主義や蒋介石と結びついたためです。

張香山　一九四五年八月に、毛沢東主席は延安の幹部会議で講演をおこない、つぎのようにのべています。「抗日戦争は勝利した。峨嵋山に身をかわしていた蒋介石は山をおりて、抗戦勝利の果実をうばおうとしている。勝利の果実は人民に帰すべきものか、それとも蒋介石反動派の手に帰すべきものか。これは一本の桃の木にたとえることができる。桃がなったら、だれがもぐべきかというのとおなじだ。抗日戦争の期間に、われわれ解放区の人民と軍隊は一〇〇万平方キロ近くの土地を解放し、中国侵略の日本軍の六九パーセントとかいらい軍のほとんどをひきうけて戦いました。抗日戦争の果実は人民に帰すべきものです。だがそれがだれの手に渡るかということは、やはりきびしいたたかいでした。毛主席は言った。いくつかの大きな桃——たとえば上海、南京などのような大都市をわれわれはいま手に入れることができないかもしれない。なぜならば、アメリカ人や蒋介石、日本人が結託して、われわれによこすまいとしているからだ。だが、中小の桃はどうしてももぎとらねばならない。——この方針が出されてから、わたしたちは明確な目標をもつようになったのです。こうして、のちに日本軍が国民党反動派と結託して解放区に降伏するのをこばんだときも、解放区の人民のだんことしたたた

— 7 —

中日国交問題の焦点

あれからもう20年、両国のあいだに戦火はとだえ、人びとは和やかに行き交っているというのに、国と国の正式の交わりはまだ回復していない――いったい妨害者はだれなのか？ 推進者はだれなのか？

梅汝璈（メイ ルー アオ）

1960年、中国人民は日米軍事同盟条約に反対する日本人民に強力な支持をしめした。

一

一九四五年九月二日、ファッシ＝日本は連合国に降伏した。この日、長年にわたる中国の抗日戦争は勝利のうちに幕をとじた。それからまる二〇年の月日がたった。

その間、中日両国間の武力による戦争は停止されたものの、国交の正常化はいまなお実現されないままである。こうした奇形的な状態は人びとに奇異の感じをもたせずにはおかない。それはこころから友好をのぞむ中日両国の広はんな人民にとってまことに残念なことである。

中国と日本はアジアにおける二大隣国であり、地理的、歴史的、文化的にも、また、民族感情からも、きわめて親しい間柄にある。両国が仲よく生活し、友好往来をつづけた歴史はふるい。しかし、明治維新ののちに帝国主義の道をたどった日本の、中国にたいする侵略戦争開始によって、このながい歴史をもつ中日両国間の友好関係は破壊されるにいたったのである。

一九四五年に日本が降伏するまでの五〇年間にわたる両国関係は円満でなかった。日本軍国主義者は国内での支配権をしだいに手中におさめ、それがおわると全力をあげてアジア大陸への侵略をもくろみ、まず白羽の矢を中国にたて攻撃してきた。一九〇〇年、日本は八ヵ国連合軍の一員として中国に攻めこんだ。一九一五年、日本政府は二十一ヵ条の横車的要求を中国につきつけてきた。一九三一年、日本軍は中国の東北四省を不法占領した。ついで一九三七年、日本は中国にたいする全面的侵略戦争を開始し、中国領土の大部分を占領してしまった。こうした日本のムキだしの侵略行為は中国人民にかぎりない犠牲と苦しみをしい、はかりしれない損害と破壊をもたらした。

ふるいことはともかく、一九三七年から日本の降伏で幕をとじた八年にわたる全面的抗日戦争の期間にかぎってのべてみると、この間に中国人民は一〇〇〇万名以上の人命、数百億ドルにあたる財産をうしなっている。一九三七年末から一九三八年はじめにかけての南京（ナンキン）大虐殺事件だけでも、日本侵略軍の手でむごたらしく殺された中国人は三〇万人をこえている。この数字は、極東国際軍事法廷の判決書にもとづいて慎重に推定されたものであって、けっして誇大ではない。

五〇年間にわたって日本侵略者が中国人民にくわえた血なまぐさい罪行はのべつくせず、あげきれぬほどだ。こんにち、われわれはそうしたふるいことがらをいちいちあげつらう気持ちはない。だが、一九四五年の日本降伏までの五〇年間の中日関係は、日本軍国主義者によるたえまない侵略のために正常をかき、むつみあうことができず、友好とか、親善とかはまさに論外であったことだけは指摘しておかなければならない。

中日戦争は一九四五年に終わった。日本はその降伏文書で中米英ソの四大連合国による「ポツダム宣言」のなかにある降伏条件をうけいれた。その降伏条件のおもな一条は、「われらは、無責任なる軍国主義が世界より駆逐せらるるに至るまでは、平和、安全および正義の新秩序が生じ得ざることを主張するものなるをもって、日本国国民を欺瞞し、これをして世界征服の挙に出づるの過誤を犯さしめたる者の権力及び勢力は、永久に除去せられざるべからず」の項であった。

このときから連合国と日本政府がこころをあわせてこの条項をきびしく、まじめに履行していたら、民主・平和の新日本ができあがるはずであったし、そうした新しい日本は人びとから尊敬されもし、アジアの繁栄と世界の平和に大きく貢献しえたはずであった。

そのころ世界の善良な人びとは、日本にそれをのぞんでいたし、わたしもそのひとりであった。

日中国交回復を要求してデモをおこなう日本各界の人びと（一九六四年一〇月二七日、東京にて）

二

日本が降伏してから半年もたたぬうちに、わたしは日本にゆくチャンスをえ、極東国際軍事法廷でおこなわれた東条英機ら二八名の一級戦犯の裁判にくわわった。

わたしは日本に三年あまりいた。その間、米占領軍の将官（マッカーサーをふくむ）たちや日本の各階層の人びととつきあった。

つきあってみて、そのころの日本にまったくちがった二つの現象と傾向があるのをみてとった。

ひとつは、広はんな日本人民のそれである。日本人民は、国をきずつけ、民をそこない、自分たちを破滅におとしいれたファッシ＝軍国主義者の罪悪行為を腹の底からにくんでいた。ファシストによる対外侵略戦争は侵略をうけた国がわざわいをうけるだけではなく、侵略するがわの国の人民にもわざわいをこうむらせる。一般の日本人は、侵略戦争が自分たちの利益に反するということを痛切にしった。だから、日本がファッシ＝軍国主義を根絶して民主・自由・平和愛好の新しい国になるのをこころからのぞんでいた。そのころの日本の正直で善良な多くの人びとは、日本帝国主義がおかしたかつての罪悪をつよくにくみ、日本がたどるだろう平和・民主のひかりにみちた前途に心からあこがれをもっていたのである。

いまひとつは、マッカーサーをかしらとする米帝国主義の占領当局のそれである。かれらは日本の前途にたいし日本人民とはまったくちがった打算をもっていた。かれらは日本を永久に極東におけるアメリカの軍事基地にし、アジアにたいする侵略の跳躍台にかえるつもりだったし、そのためにしだいに日本を再武装させ、日本軍国主義を復活させて、日本を自分たちの戦車にしばりつけ、侵略上のたよりになる手先にする考えをもっていたのである。このことはアメリカ政府が早くから決定していた戦後の日本にたいする基本政策であって、占領軍当局がこの政策の忠実な遂行者にすぎなかったことはいうまでもないことである。

こうした腹づもりであった米占領軍当局は、日本帝国主義の残党であるもとの軍閥、財閥、反動政治家とかたく手をむすび、これらの連中の信頼をますための措置をとった。

多くの日本人戦犯の釈放、何千という軍国主義者にたいする粛清の解除、資本家への財産返還、潜在的な軍需産業の育成、民主的進歩勢力への抑圧などがそれである。当時、戦争がおわって間がないというのに、気ちがいじみた米帝国主義者はこのきたない腹づもりをかくそうとはしなかった。わたしは、宴会や会談のさいに、マッカーサーが「じぶんは日本を爆撃するさいところをえらんでおこなった。日本の軍需産業と造船業にはまったく損害をあたえていない」「日本の土台はまったくすばらしい！ わたしは一晩のうちに二〇万の日本人を武装させることができる」とのべるのをこの耳で聞いている。いばり屋で名高いアメリカ軍人のかれがもらした言葉から、ワシントン当局が当時はやくも日本にたいして、人にいえない、きたない陰謀をたくらんでいたのがわかる。

以上が三年にわたる日本滞在をつうじてわたしがみてきた日本でしめされていた二つの異なる流れである。この二つの流れのたたかいが日本の未来の運命を左右するのはうたがいのないところであっ

団結と友情のひと月

特集

中日青年友好大交流

感激にはじまり感激に終わった中日青年友好大交流、青年たちは中国の各地に若さと興奮のうずをまきおこした。北京での一週間、上海での一週間……、どの思い出も青年たちには忘れられぬものばかりだ。ひと月におよぶ友好の大交流をふりかえって、ここにその全容を紹介しよう。

北京での一週間

心あたたまる歓迎

胡同（フートン）の奥まった家いえの庭から、うっすらと色づいた実をつけたなつめの木が、澄みきった空に伸びている。こずえをさわやかな風が渡っている。すばらしい北京（ペキン）の初秋の訪れである。通りでは、あちこちにはられた大きなポスターが人目をひいている。おなじ秋でも、ことしの北京には早くもうきうきした空気が流れている。国慶節にはよほど間があるというのに、いったいどうしたというのだろうか。中日青年友好史上に例を見ないほど多くの日本青年を一度に迎えるとあれば、北京が活気づいているのも無理はない。盛大な中日青年友好大交流がいよいよはじまろうとしているのだ。

どこからともなく、〈東京―北京〉の歌ごえがひびいてくる。工場や学校、公共機関では、大交流にそなえての出し物の練習に余念がない。夏休みで帰省していた学生たちも、はやめに学校へ帰ってきた。

西長安街（シーチャンアン）の大通りに面した民族飯店（ホテル）では、日本からのお客さんをりっぱに接待するための従業員大会がひらかれ、相談がおこなわれた。食堂の炊事員さんたちは、日本料理の専門店である〈和風〉へ出かけて、料理のコツを習った。各階の服務員さんたちも、寸暇を惜しんで日本語の日用会話の猛勉強をつづけた。準備が一応終わったかにみえたころ、急に七階に、ある外国の客人を迎えることになった。三日の滞在であったが、日本の

友人が到着するまでにあといくらの日数も残っていない。それまでにベッドのシーツ、椅子カバーなどを全部かえて、もう一度部屋をととのえてしまわなければならない。さて、どうしたものか？ 七階の服務員さんたちは、毛主席の「愚公山を移す」の学習をはじめて、困難にいかに対処するかを話し合った。準備が終わるまでは家に帰っていてもおちつかないといって、だれも休もうとはしなかった。こうして、もともとの予定よりいっそうりっぱに準備がととのえられた。

首都自動車公司では、日本の若い友人たちを乗せるバスやハイヤーの厳密な車体検査をはじめた。安全運転に責任をもてばよい運転手さんたちも、それだけでは満足しないで、鈑金工に早変わりして、窓のカーテンを直したり、床に油をひいたりして、車内の改装にも力を入れた。記念切手の発行も準備され、花火工場では特製花火をつくり、記念バッジも用意され、〈中国と日本の青年は団結しよう〉という歌まで創作された。

北京のまち全体が歓迎一色にぬりつぶされ、市民、とくに青年たちは、心をときめかしながら日本の友人たちの到着を待ちわびた。広州（カントン）で日本の青年を迎えるために、一四〇名あまりの接待員が八月一二日に北京を出発していた。

八月二三日、待ちに待った日本の青年がやってきた。この日の北京駅は、色とりどりの旗やテープ、花束をもった二〇〇〇の若ものたちで埋められていた。地鳴りのような拍手と歓声がホームをゆさぶる中を、友誼を満載した列車が静かにすべりこんだ。歌ごえ、にぎやかなドラや太鼓にむかえられて、ホームに降りたった日本青年のどの顔もよろこびにほころびている。とうとう北京に着いたのだ！

用意されたバスに乗って、友人たちは、駅前から天安門（テンアンメン）前をとおり西単（シータン）の民族ホテルへとむかった。すれ違うバスの中や道を歩いている人びとまでが、手をふって歓迎する。文字どおり町をあげての歓迎ぶりだ。民族ホテルの玄関前では、たくさんの従業員が爆竹を鳴らし、ドラをたたいて出迎えた。

北京の青年たちと筆談で気持ちを伝え合う新劇人代表団の人たち

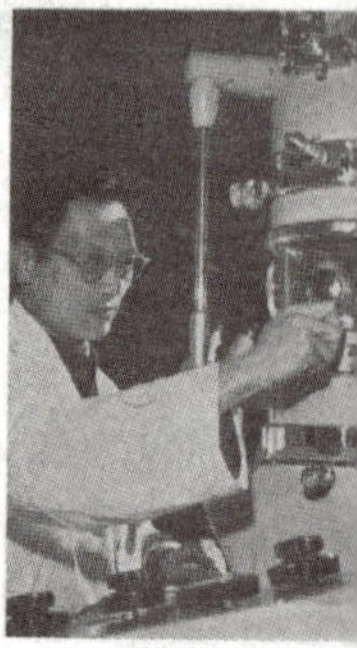
実験室での彭加木氏

ことしの一月、北京の人民大会堂でひらかれていた第三期全国人民代表大会第一回会議に出席した上海の人民代表——中国科学院生物化学研究所補助研究員、共産党員彭加木さんは特に人びとの注目と賞賛をあびた。

彭加木さんは今年三九歳。八年前不幸にも悪性の淋巴腺腫を患い、死線をさまよったが、その後八年間、強固な意志をもって病魔とたたかった。その間病いをおしてたびたび僻地へでかけ自分を捨てて仕事にはげみ、僻地での科学事業の創立に価値ある貢献をした。人びとは、彭さんを「科学戦線での骨のある人間」だとたたえ、多くの研究所ではかれの活動に学ぶ運動をくりひろげた。彭さんは昨年全国人民代表にえらばれて北京でひらかれた全国人民代表大会に出席したのである。

会期中彭さんは、中国共産党にたいす

れていた頃、党と同志たちがどんなに力づけてくれたかをのべ、最後に自分の胸にながく秘めていた思いを目をかがやかせて次のように述べた。

「わたしは社会主義の科学研究事業の中で道に敷く石になろうと思います。同志たちがわたしをのりこえてすみやかに科学の頂上をきわめるようにするのが、わたしの責任であり、また、そうすることに自分の仕合わせを見出しています」

彭さんのそうしたようすをみると、これがきびしい闘病生活八年を経てきた人間だとはとても考えられない。かれの旺盛な革命への熱情と向上をもとめてやまぬ楽観的な革命精神に、人びとはつよく胸をうたれるのだった。

困難の多い地方にいって仕事をはじめる

大学で農業化学を学んだ彭さんは、一九四九年から上海にある中国科学院生

や生活条件だけについていえば上海や北京は〈楽園〉にちがいないし、わたしもこの〈楽園〉を愛しているよ。僻地は条件が悪く、仕事をするのに困難が多い。だからこそ、そこへいって無から有をうみだし、たくさんの〈楽園〉をつくらなければいけないと思う」と答えた。

ちょうどその頃、研究所では新しい技術をまなばせるために彭さんを外国に留学させる予定にしていた。それは大学時代にのぞんでいた専門の勉強だったが、このよいチャンスを他の同僚にゆずるべきだとかれは考えた。なぜゆずるのか。その理由としてかれは党委員会の責任者に、「僻地にやって下さい。困難はあるでしょうが、自分はからだも健康だし、家族のことも心配がありませんから……どうぞ僻地へやって下さい」と希望をのべた。仕事の必要と彭さんの希望を考慮した研究所はその要求をみとめてくれた。

かれはよろこび勇んで五月に上海を出

— 43 —

中国芸術界の革新にふれて

清水正夫

中国戯曲学校を熱心に参観する松山バレエ団の人たち

秋のきざしが見え始めた九月下旬に北京をおとずれてから、十二月の中旬、又会う日をお互いに誓いながら、このすばらしい国と暖かい友情をしめしてくれた人びととお別れするまでの三ヵ月間、私たちは沢山の事を学ぶことが出来ました。私たち松山バレエ団は、五〇名の編成で、「祇園祭」「赤い陣羽織」「白毛女」の一節、「日本囃子」その他の作品を持ってまいりました。一九五八年の第一回訪中公演の際は、四六名で、演出の故土方与志先生も同行し、平均年齢二三歳でしたが、このたびは、平均年齢三〇歳となり、バレエ団も若干の年輪を積んだことになります。第二回の訪中公演は、「日中両国人民間の文化交流に関する共同声明」に基づいて派遣されたものですが、両国の文化交流に重大な責任があり、出発迄の間はもちろん、中国に着いてからも、無事大任が果せるようにと細心の注意をはらいました。だが、中国の工作者、中国人民対外文化協会、演出経理公司、中日友好協会、中央楽団、その他の人びとが全く献身的な愛情を持って、私たちを援助し、導いてくれたおかげで、中国の皆さまにも喜んでいただける成果を上げる事が出来たといえましょう。廖承志先生が数回、周総理は三回、毛沢東主席夫人江青同志も三回、西園寺御夫妻など、すっかり舞台をおぼえられ、代役ぐらいできそうな程見てくださり、激励してくださったのです。しかも私たちが朝鮮を訪問し、ふたたび北京にもどる時は、毛主席、劉主席、周総理その他の人びととの厚いはからいで、特別に平壌（ピョンヤン）まで専用機を送って、私たちを北京に迎えてくださいました。

十一月一日、天安門広場前にある人民大会堂内の劇場で、「祇園祭」の北京最終回の幕をあげることができました。この日は、待望の毛沢東主席と夫人、劉少奇国家主席と夫人、周恩来総理、朱徳委員長と夫人、董必武副主席、彭真北京市長、賀竜副総理、廖承志中日友好協会会長、張奚若外交学会会長、楚図南中国人民対外文化協会会長、及び徐平羽先生、その他中国の指導者多数とアフガニスタンの国王、皇后、マリ大統領夫妻、及びそれぞれの国の指導者が見に来られ、中央楽団やバレエ学校、及び中国の工作員の強力な支援のもとに、大成功をおさめることができました。中国の皆さんが、こんなに私たちを支援してくださるのは、松山バレエ団だけにたいするものではなくて、私たちを支援してくれる多くの日本の大衆ならびに日本の米軍基地の撤廃とアメリカの沖縄支配に反対して戦う広範な日本人民にたいする戦闘的友誼の現われと思います。

毛主席は、「このバレエは日本の昔の話だが、現在の日本人民の戦いを現わしています」と私たちをはげましてくださいました。私たちは、その暖かい支援を胸に、新しい創造活動を進めたいと思っております。この日は、バレエ団にとっても、またバレエ団員にとっても一生忘れることのできない大きな記念すべき日になったと思います。さて、私たちの公演は、中国の各方面から支持とはげましをうけましたが、私たちが中国で見た演芸や文化芸術についての話は、私たちをいろいろと啓発してくれました。私たちの見たものは、中国全体の歌舞からみればまことにお話にならないくらい少いものでしょうが、幸いな事に、建国十五周年の国慶節を記念して、各種のもよおし物があり、それぞれに参加する機会に恵まれた訳です。

京漢鉄道の戦いを記念した二・七劇場

— 78 —

バレエ〈女性第二中隊長〉——赤軍の女子部隊をさがしあてた呉瓊花がよろこび踊る場面

での民族音楽会で、旧友の王昆さんの歌を聞くことができました。彼女と私たちとは、一九五五年以来の親しい間柄で、この日、彼女が出演するとは、夢にも思っていず、思わず舞台に〝王昆同志好！〟と叫んでしまいました。彼女は、東方歌舞団にぞくして、大衆の中にしっかりと根をおろしています。

ここでチベット出身の有名な歌手才旦卓瑪さんの歌を聞くこともできました。かのじょは、解放前、チベットの農奴だったそうです。農奴の生活を、その後、映画〝農奴〟によってくわしく知ることができました。チベットの人びとが、毛主席の長寿を願いながら歌う姿は、実にうれしそうです。自分たちを解放してくれた人びとにたいする感謝の念がいかに深いかをはっきり理解することができます。チベットの民族衣装は美しい色彩に富んでいます。チベット族と漢民族とは、歴史博物館にもでているように、昔から切っても切れない間柄ですが、解放後のこんにちは、民衆の一人ひとりまで、中国人民の一員として、自分らの手で新しい国づくりに努力しております。

また、郭蘭英さん主役のオペラ「白毛女」も見ました。私は、このオペラを北京で一九五七年の十二月に、王昆さんの主役で見たものです。映画「白毛女」とこのオペラ「白毛女」こそ、バレエ「白毛女」の原典となったものですから、何回見ても見あきません。若干の場面が少なくなったようですが、かえってすっきりし、団員たちは泣きどおしで見ました。また北京戯曲学院では、若い俳優さんの「四川白毛女」も見ることができました。また、オペラ「江姐」も見ました。これは、「紅岩」を改編したものですが、バレエ団員の大半が、日本で小説「紅岩」を読んでいたためか、内容がさらによく解りました。

私たちが、一九五八年に、「白毛女」をもって第一回訪中公演を行った時は、ちょうど中国が再度の五ヵ年計画で大躍進をおこなっていた時代でした。この時は、すでに、毛主席の「人民内部の矛盾を正しく処理する問題について」という有名な哲学的論文が出され、反右派闘争に輝かしい勝利をおさめ、民族形式をさらに発展させようという時期でした。一九六四年の第二回訪中公演の時期は、一九六〇年のソ連技術者の総引き上げの後、毛主席の指導のもとに、中国共産党と政府のうち出した総路線、大躍進、人民公社の三面紅旗を高らかにかかげ、自然災害を克服し、工業水準を引き上げ、すべてを自力更生で、りっぱに発展させてきた自信が、国内に満ちみちております。さらに、現代修正主義との闘争を貫くべき熱意を持って進めております。現代修正主義とのたたかいは、中国の文芸界においても、するどく行われており、毛主席の文芸講話にしめされた思想が、心のそこから再確認されているように思えてなりません。そして、文芸（芸術全般）は、労・農・兵に奉仕するという偉大な哲理が、今なお脈々として、この国の文芸方針をさししめしているように思えます。その集大成ともいうべき、建国十五周年を記念してつくられた「東方紅」は、中国の解放にあたって、毛沢東主席と中国共産党による方針に導かれて具体的に敵との闘いで勝利した中国建国の歴史を、詩史劇としてみごとに成功させています。毛沢東思想を理解することは、また、現代修正主義にたいする闘争を強める上で、もっとも大切な鍵となっていると思います。一九五八年に来た時も、文芸工作者の下放運動は盛んでしたが、今は労・農・兵士に服務する文芸家の活動は、単に下放運動として臨時に活動するのではなくて、農村、工場、その他大衆の中に入って文芸工作をすることこそ、文芸家の思想改造の上で絶対条件であるばかりでなく、文芸をつうじて正しい方針を人民の中におろしていく重要な文化工作にもなっております。

芸術家が、国家の援助を受けて、生活環境が良くなり、自分たちの劇場をもち、オーケストラや舞台衣装その他一切

— 79 —

理・生物化学研究所（のち生理研究所と

元皇帝の回想記
――わが人生の半分――

【第十七回】

三度皇帝になった愛新覚羅　溥儀氏は、げんざい、一公民として自国の社会主義建設にはげんでいる。氏はこのほど、波瀾にとんだ人生の前半分の手記――「我的前半生」（わが人生の半分）を著述した。これはその抄訳である。

愛新覚羅（アイシンチュエロー）　溥儀（プーイー）

「世の栄光」

一九五六年の後半あたりから、わたしはよく外人記者や客の訪問をうけるようになった。なかには手紙をくれたり、写真を欲しがったりする外国人もいた。一九五七年二月、わたしはフランスのステリン・ウェンドール氏から一通の手紙をもらった。わたしの写真にサインをしてほしいというのである。手紙には、数枚の古い写真のほかに、このような文章がそえてあった。

獄中の中国皇帝

世の栄光はすべて無意味だ。――このことばは、赤い中国の撫順監獄で銃決を待っている政治犯の一生をぴたりと言いあらわしている。こどものころは、けんらんたる衣装をまとっていた人が、いま、古ぼけた木綿の服に身をつつんで、監獄の庭をひとりで散歩している。この人こそほかならぬヘンリー溥儀なのだ。五〇年前、にぎやかな祝いの花火にむかえられて誕生したかれは、いま、獄房をねぐらとしているのだ。ヘンリーは二歳で中国の皇帝になり、その後六年の内戦によって玉座を追われた。一九三二年は、この「天子」にとって、またも重大な年となった。日本人が、かれを満州国の皇帝に仕立てたのだ。第二次世界大戦以後、かれについてのニュースはなにも聞かれなくなった。このセンセーショナルな写真は、かれの悲惨な運命をはじめて明るみにだすものである。……

もしこの手紙が二年ばかり早くとどいていたなら、あるいは涙の一滴でも落してやれたかもしれない。だが、あまりにおそすぎた。わたしは返事に、「残念ながらあなたの考えには同意できません。サインもいたしかねます」としたためた。

その少し前に、わたしのところにたずねてきた一部の外人記者が、奇妙な質問をあびせたことがあった。

「あなたは、清朝最後の皇帝となって悲しくはありませんか？」

「長い間判決もくださないことに不公平を感じませんか？　不思議だとは思いませんか？」

これらの質問にはどれも似通った同情の調子がふくまれているようだった。わたしは答えた。悲しいというなら、過去に清朝や「満州国」の皇帝になったことがいちばん悲しいことです。不思議だというなら、わたしがこんなに寛大な待遇をうけていることがいちばん不思議なことです、と。記者諸君は、わたしの答えにすこぶるとまどったようすだった。フランスから手紙をよこした例の先生も、わたしの返事をみて、おなじような感じをいだいたにちがいない。

世の栄光とはなにか。わたしにいわせれば、それは平頂山（ピンディンシャン）虐殺事件で九死に一生をえた方素栄（ファンスーロン）のあの寛大な心であり、白山黒水（パイシャンヘイショイ）の農民のかざり気のないことばであり、わが愛新覚羅のつぎの世代にあらわれた大きな変化であり、撫順鉱山のガスコンロの火であり、工業学校で日本製の設備にとってかわった国産の旋盤であり、養老院での古参労働者の晩年であった。……こうしたことは、わたしにとってけっして意味のないことではなかった。

まじめな人間になるようにと希望され、信頼をうけていたことは、わたしにとって大きな意味をもっていた。これこそ、もっとも貴重な裁判なのであった。

こうした気持ちはわたしだけにかぎらず、多くの戦犯に共通したもので、一部の人はもっと早くからそう思っていたにちがいない。事実、新しい人間として生まれ変わりたいという願いと信念は、日ましに強まっていた（そのころのわれわれは、改造を自分自身のこととして考えるようになっていた）。そうでないなら、一九五七年の新年が、以前とちがったものにはならなかったはずだ。

毎年正月になると、日頃の球技や将棋、トランプ、週二回の映画など文化娯楽活動のほかに、夜の演芸会をもつのがならわしになっていた。その面の才能を

特集　世界（チベット）の屋根に朝がきた！

暗黒の農奴制をうち倒す

北京（ペキン）から飛行機でチベットへとび、はじめてその土を踏んでまず耳にしたのは、つぎのような物語だった。

いまから六年まえ、一九五九年のはじめ、ダライ・ラマ（活仏）を頭にいただくチベット支配層の反動一味は、帝国主義や国外の反動派とグルになって武装反乱の陰謀をたくらんでいた。そのころ、黒河（ヘイホー）牧畜区の国営林場にダライの手下の反乱一味が攻めかけるといううわさをききこんだ農奴のプトウは、怒りに身をふるわせて国営林場へ知らせにとんでいった。だが、不幸にもかれはかえり道で反乱一味にとらえられてしまった。

農地と牛をわけてもらったもと農奴のバーチュさんは、大よろこびで牛にお祝いのハダをかけ、これから春耕にむかう。

「秘境」とはよくいった。その美名のカゲで目をおおうような残酷物語が横行していたふるいチベット。だが、いまその山野には解放の太陽があかあかと輝き、きのうのドレイがきょうは主人の座にすわってすばらしい前進をしている。……以下は本誌記者が足で書いた新旧チベットのすべて……

身の毛もよだつ残虐行為

反乱一味の頭目は、プトウを拷問にかけ、

「国営林場にはどれくらいの頭数がおるのか、鉄砲は何挺、大砲は何門あるのか」

「頭数はたくさんおるさ。鉄砲も大砲もたくさんもってる！」と、プトウはかれらを見下げた目つきできっぱりと答えた。

相手はこのプトウの答えにまっ赤になっておこり、「ようし、まともに答える気がないのなら、きさまの目の玉をくりぬいてやる！」とせせら笑った。

一味のものはプトウの手足をおさえつけ、さきのとがった石で両のこめかみをつよくおしつけた。プトウの目玉がとびだした。すると、さじをもった男がその目玉をえぐりとってしまった。

それからプトウは一八日間獄につながれた。ある夜、かれは夢うつつのなかで銃声とひどく乱れた足音を耳にした。「逃げろ！　早く逃げるのだ！」反乱一味のものどもがうろたえ叫んでいる。

共産党と解放軍が反乱一味を退治して、これまでおさえつけられていた農奴のみんな、そして自分も解放されるのだと、かれはさとった。かれは両手で身をささえ、やっとの思いで頭をもちあげて叫んだ――というのである。

このプトウさんを記者はたずねた。

「あのさい、あなたはどうしてそれほどの勇気が出せたのですか」ときくと、

「農奴主は不倶戴天の敵だからです」とプトウさんはずばりと答えた。

事実プトウさんの答えのとおりなのだ。チベットで、プトウさんとおなじ境遇にあえいで解放されたかつての農奴にたくさんあったが、その身の上にはちがいはあっても、農奴主から非人間的な、むごい迫害をうけた点ではみなおなじだった。

かつてラサの農奴主ズンパンという男の奴隷だったコーサンは、ちょっとしたことから両手をすりこぎのようにされてしまった。

それはかれが一五歳のときであった。病いに倒れていたお母さんが、年越しの大宴会をひらいている主人たちの居間からにおってくる牛やひつじの肉の香をかいで、「いいにおいだね、骨だけでもいいからしゃぶりたいものだ」と息子にもらした。コーサンはそうした母がかわいそうで、料理人にたのんで牛肉の切れはしをもらった。ところがそれが家令にみつかり、主人のところへひきたてられ、

新疆の細毛羊は、中国で飼育されている羊の優良種である。精紡毛織物のおもな原料となる質のいい長い毛と肥えた肉がたくさんとれることが、この羊の特徴をなしている。写真は新疆コンナイス（鞏乃斯）種羊場で優良種の子羊に牛乳をやっている係員。

10

民話 トミール兄妹と七つ頭のお化け

整理・タリム　コーペイリン
え・李玉紅

むかし、チン・トミールという英雄がいました。トミールはひじょうに勇敢で猟の名手でした。トミールが猟に出かけると、いつでもししやとら、おおかみやきつね、ひょうなどを獲物にして帰ってきました。トミールにはマホトミシュラという妹がいました。ある日のこと、トミールは猟に出かける用意をととのえて、

「あすから七日間猟にいってくるから、お前はどこへもゆかないで、家でじっとしてるんだよ。そして、かまどの火をたやさぬように気をつけるのだよ」といいました。

翌日の朝早く、トミールは栗毛の馬にまたがり、宝刀を腰に、ししのようにたくましい猟犬をつれて猟に出かけてゆきました。

マホトミシュラは兄さんを送り出すと、お化粧の支度にかかりました。マホトミシュラが頭につけるなつめのやにをとかしていますと、まどからねこが一匹飛びこんできて、マホトミシュラが手にもっていた箱をひっくりかえし、箱のなかの水がこぼれてかまどの火が消えてしまいました。むかしのことですから、マッチのように便利なものはないので、火種が切れると大変です。マホトミシュラは屋根の上にのぼり、遠くの方をみわたしました。だれか火種をもっている人がいたら、分けてもらおうと思ったのです。すると、遠くの方に、青い煙が立ってい

11

創作

嫁と姑

李青

え・沈延太

一

とんがらしおばさんの家に嫁さんが来た。物好きなおかみさん連中は、さっそくかげであれこれとうわさをはじめた。

「見てごらん、とんがらしおばさんと、あのおてんば嫁さんとがいっしょになったんだもの、今にふたりで角つきあわせて、いざこざがたえないようになるから」

そんなうわさが耳に入っても、とんがらしおばさんは、「なあに、若いもんは、すこしは、おてんばなほうがいい。わたしは、しゃべったり笑ったりするような、はきはきした嫁が好きなのさ。反対に、だんまり屋の、むっつり嫁さんにこられたら、一日だっていっしょにいることはできないよ」

とんがらしおばさんは四十をこえたのだが、からだはいたって達者だった。年寄りたちの話によるととんがらしおばさんは、十八で王老黒の嫁になったが、三年もたたないうちに、地主の下働きをしていた老黒は、過労のために、生後数ヵ月の乳飲み子をのこしたまま、血へどを吐いて死んでしまった。とんがらしおばさんは泣いて泣いて、泣きあかし、女の細腕に乳飲み子をかかえて、これから先どうするのかと、途方にくれた。いっそこのまま……とも思ったが、無心に乳を飲んでいるわが子の姿を見ると、涙があふれ心がにぶった。が、乳飲み子をかかえた女一人が生きてゆくには、あまりにも冷たく、つらい世の中だった。おばさんは貝のように口をとじ、何をいっても感じない、泥人形のような人になってしまった。

しかし、世の荒波にもまれてゆくうちに、おばさんは、とんがらしのようにぴりっとした気性の人になった。だれかが馬鹿にしようものなら、えんりょなくくってかかった。当時の世の中では、一人の後家さんの自衛手段としては、

「おっかさんは、知っていたのかね」

「耳がちゃんとあるからね」

小黒はすわって飯をたべている。とんがらしおばさんは、そばで含み笑いしながら、こんなむっつり屋が、どういうわけで、えりにもえっておてんば娘なんぞに熱をあげたのだろうか、とふしぎでならなかった。

「小黒、小王荘のその娘さんは、とてもきついってはなしだが、ほんとうかね」

小黒は笑って、饅頭をほおばりながら答えた。

「来てみればわかるよ、おっかさん」

12

965

这一年年初，为了声援日本人民反对美国核潜艇在日本停泊的斗争，《人民中国》刊发了署名“钟文”的文章《日本人民的爱国斗争必胜》（1 月号，见图 1）。

在要求中日邦交正常化的呼声日益高涨的背景下，这年夏天在北京“和风”日料店举行了重量级座谈会“中日战争结束 20 年”，与会者有赵安博、张香山、张化东、王晓云、林林，都是中方对日工作的骨干（9 月号，见图 2）。讨论的主题是牢记历史教训，开辟中日新未来。

梅汝璈也在这一期撰文《中日邦交问题的焦点所在》，分析了两国人民做出的努力以及影响邦交正常化的若干因素（9 月号，见图 3）。

8 月的中日青年大联欢是迄今为止中日民间交流的高潮之一。《人民中国》大篇幅地介绍了活动盛况（11 月号，见图 4）。这一期中日青年难舍难分的封面抓拍镜头，记录了青年交流的高光时刻，也成为这一年的人物图片亮点（11 月号，见图 5）。

正在兴起的文艺变革引起了松山芭蕾舞团的关注与向往，清水正夫来北京观摩了正在排演的原创舞剧《红色娘子军》，撰文《我所看到的中国艺术界发生的变革》（1 月号，见图 6）。

反映知识分子心路的栏目《人物介绍》是 1963 年编辑方针调整后推出的金牌栏目，日后成为话题人物的彭加木出现在这一年的栏目中（7 月号，见图 7）；新连载《溥仪回忆录——我的前半生》得到众多读者的关注（7 月号，见图 8）。

反映西藏民主改革的特辑《世界屋脊的曙光》（12 月号，见图 9）与新疆种羊场的生动图片（10 月号，见图 10），体现出少数民族地区在 60 年代发生的沧桑巨变。

在杂志版面的变化上，美术设计功不可没。旅日归国华侨李玉红设计的民间故事插图（4 月号，见图 11）和日后成为《人民中国》风格摄影开拓者之一的沈延太为小说栏目绘制的插图（1 月号，见图 12），具有极强的装饰性和民族特点，多年来一直是《人民中国》版面上的亮丽风景。

1966

人民中国

●特集

中国の大地にすすむ農地建設

大寨生産大隊は、社会主義の新しい村づくりの先頭をゆく村だが、村びとはいまでも、建設当初の意気ごみを失わず奮闘している。

いま中国では、国をあげて農業の基本建設に取組んでいる。想像に絶する過酷な自然の障害とたたかう人びとは革命に徹し、鉄の腕をたよりに山に挑み、砂漠と対決し、水を征服して過しい成果をあげている。このたたかいを広大な中国大陸の東西南北にわたってとらえてみた。

中国では昨年もよい収穫をあげた。ことしはそれを上回る豊作をと、昨秋いらい、各地の農民はよいタネをえらび、肥料をととのえ、農具をふやす一方、山にだんだん畑をつくり、畑を水田にかえ、用水路を掘り、アルカリ土壌を改良し、防風防砂のための植樹造林をおこなうなど建設に力をいれている。ねらいは確実によい収穫をあげる耕地をふやすことにある。

その建設状況の紹介を、まず山地での建設からはじめよう。

山地での建設

ある山村の変貌

山地での建設といえば何はさしおいても有名な大寨にふれないわけにはゆかない。

大寨は山西省の東部、太行山脈の一峰——虎頭山麓の村、大寨人民公社にぞくする生産大隊のあるところである。

それは大きな村ではない。戸数は八〇余。いぜんは耕地にめぐまれない貧しい村だった。右をみても左をみても岩山ばかり。その山々の中腹は砂や小石の多い薄い表土におおわれ、大小さまざまの谷がいりくんでいる。村の耕地は八〇〇ムー（一ムーは六・六六七アール）。耕地は一ヵ所にかたまっているのではなく、山腹や八つの山の背、七つの大きな谷、多くの小さな谷とあちらこちらに分散していた。はっきりいうと、四七〇〇ヵ所にわかれていたのである。「よそさまの畑はひとところに何十ムーとあるが、

家寨の人びとは、九年まえ山やを改造して、毛沢東主席から励しの言葉をうけたが、写真はこ村の人びとがきりひらいたみごなだんだん畑。

人物紹介

堅忍不抜の労働者階級の典型

王進喜さん

李杰

王進喜さん

〈王鉄人〉というのはかれの別名で、本名は王進喜という。

大慶油田で総合開発がはじまったばかりのころ、王さんはさく井隊の隊長だった。一刻も早く採油したい一心から、王さんはさく井隊の労働者全員といっしょに幾晩も油井のそばにとまりこんで働いた。王さんが世話になっていた家のおばあさんは、幾晩も家に帰らず油井のそばでがんばっている王さんに、

「ほんとうに鉄のような人だ」

と感心した。

英雄のようなその働きぶりに、油田開発の指揮部も、〈王鉄人〉に見習おうと労働者・職員全員に呼びかけた。〈王鉄人〉という光栄な名まえは、こうして大慶の人びとの心にしっかりと根ざしたのである。

中国人民のためにがんばる

「わたしは闘志にもえて大慶にやってきたんです」

と王さんはいう。その闘志とは何だろうか。

一九五九年のこと、王さんは甘粛省の玉門から北京にきて群英会に出席した。北京ではバスが大きな袋を上にのせて走っていた。

「あのバスはいったいどこ製ですか。大きな袋はなんですか」

と人にたずねると、実は石油が足りないのでメタンガスをつかっているとのことだった。王さんは、心をキリで刺されるようだった。

「ほんとにくやしかったですね。こうも広い中国に石油がないなんて。採油労働者として、ほんとにつらかったですよ」

人民大会堂の会議に出ても気持ちがおさまらず、休けいのときもすみでじっと考えこんだ。……

——六つの年から棒切れをもち、めくらの父親の手をひいて食べ物をもらってあるいた。一九三八年に玉門に油田ができると、強制徴用で働かされた。国民党の支配下で十何年も働いたが、まんぞくな夜具も買えず、ずっとボロボロの羊の皮をかけ、麦わらをしいて寝た。十何年も働いて、さく井機に手をふれることも許されなかった。

解放後、働く人びとが国の主人公となった。かれは副班長になり、共産党の養成をうけてぐんぐん進歩していった。間もなくさく井隊の隊長となり、共産党に入党した。王さんたちの隊も全国で有名な先進的な隊にそだっていった。

さいしょのころは、共産党の恩に報いようという考えがつよかった。だが毛主席の著書を学ぶうちに、ご恩がえしの考えだけでは足りないとことがわかった。世界には、自分の父母のように、地主の虐待をうけている人びとがたくさんいる。毛主席がいわれているように、革命をさいごまでやり抜かなければならない。全世界の被抑圧人民をのこらず解放しなければならない。……

こうして王さんは、しだいに自覚をもった革命の戦士に成長していった。かれは人から、中国はだめだとか、労働者はだめだとかいわれたくなかった。解放まえ、あるアメリカ人が中国へ調査にきて、中国には石油はないといった。解放後も「中国は石油が欠乏している」という者がいた。それをきくと腹が立った。

「石油は外国の地下にしかない、という

のはまちがいだ。中国にもあちこちに石油があるはずだ！」

中国のゆたかな資源、中国の労働者階級の底力——それを王さんは確信していたのである。

ところが、北京には、バスの燃料がないという。〈中国にはほんとに石油がないのか？ 帝国主義に笑われていてもよいのか？〉

折しもこの群英会に、新しい油田の発見が伝わった。おどりあがってよろこんだ王さんは、すぐさま石油部あてに申請書をかいて新しい油田行きを志願した。

「——中国には石油が欠乏していると帝国主義がでたらめなことを言っています。わたしたち採油労働者は、どうしても大油田を掘りあてて、やつらの鼻をあかしてやらなければなりません」

それから一年後——一九六〇年になった。修正主義者は帝国主義の手助けをして中国人民の首をしめつけようとした。

「修正主義は石油をタテにとって、われわれに革命の赤旗を降ろさせようとしているが、とんでもない、ぜったいにだめです！ わたしたちは毛沢東思想によって一刻もはやくこの新しい油田を開発しなければなりません」

王さんはもう一度新しい油田へいかせてほしいと指導部に申し出た。党の組織は王さんの要求をうけいれた。

いよいよ大慶にゆく日がやってきた。王さんは、荷物をチッキにたくすと、毛主席の著書をたずさえて、三二人の職友とともに出発した。汽車の上でもみんなといっしょに「人民に奉仕する」や「愚公、山を移す」を学習して、なぜ油田の開発にいくかについて話し合った。

「もちろん、採油にいくんだよ！」

と仲間の一人がいった。王さんはいった。

「そうだ。だが、それだけじゃない。おれたちは革命をやりにいくんだ。帝国主義と修正主義は石油をタテにとっておれたちをしめつけようとしている。だからどうしても大油田を開発し、"石油工業未開発"のレッテルをはぎとって、毛主席と全国人民のためにがんばるんだ」

王さんはこのような闘志にもえて大慶へやってきたのだ。

困難をものともせず

駅におりると、あたりは建設の息吹きにみちていた。いたるところに資材がつんであり、人でいっぱいだ。人びとの話すことばも、湖南、甘粛、四川、上海、北京などさまざまだ。

王さんたちは馬家窯というはてしない大荒野にやってきた。

「さあ、石油の海に着いたぞ！ さく井をはじめよう。そして、"石油工業未開発"のレッテルを太平洋にすてよう！」

王さんは、いますぐにでもやぐらを立て、石油を出して中国各地におくりたい気持ちだった。その晩は、付近の村でこわれかけた馬小屋をみつけて掃除し、三十数人が体をよせあって一夜をすごした。

朝になると、何人かの仲間が言った。

「こんなところでさく井ができるだろうか？ 油田はとおっているし、炊事道具も住むところもない……」

王さんはかんがえた。

たしかにここは苦しい。新社会で育った若いものには想像もつかなかったろう。だが、どんなに苦しくてもまず石油が大事だ……

そこで王さんは指導員に教えをもとめた。

指導員はこういった。

「ぜったいに退いちゃいけない。さいごの一人になってもたたかうんだ」

たたかうといったところで、それは汗を余計に流して働き、すこしばかり苦労するだけだ。退いてしまえば、石油がなくて国防建設や経済建設にひびき、帝国主義や修正主義がその弱味につけこんでおれたちの首をしめようとする。そうなれば本当の困難がやってくる。

大慶の人は困難に面しても尻ごみはしない。困難がおそいかかってきても、それを迎えうつのだ。あくまでたたかうんだ！

王さんは、鉄鋼井の労働者や地もとの

王進喜さんは指導者になってからも、いつもさく井隊にでかけて生産を指導し、労働に参加している。

毛主席の著作を最高の指示にする
中国卓球チーム

毛主席の著作を毎日読み、それを実際と結びつけて応用したことが、中国卓球チームの飛躍的な進歩をもたらした根本的な理由である。ふだんから選手たちは、それぞれの持ち場や学校で、毛主席の著作を学び、毛沢東思想で自分の思想を武装している。試合前の合宿では、いっそう自覚的に、計画的に毛主席の著作を学ぶ。

8月の初め、中国男女卓球チームの選手たちは、北京に集まって、まもなく開かれる北京国際卓球招待試合を迎える準備をしている。記者は、この機会に、毛主席の著作を学ぶ選手たちのもようを取材した。（本文34ページ参照）

カメラ　魯　傑

民の利益を重んじ、助けあう。同じ訓練班の李赫と李莉選手は、いつもいっしょに毛主席の著作かを話しあって、互いに進歩と向上をめざしている。

コーチは、選手たちの練習を指導するさい、まず、毛主席の著作で、選手の思想を指導する。練習場で毛主席の言葉の中の指示にしたがって、有名な李富栄選手（左）を指導する傅其芳（中）コーチ。

選手たちは、毛主席の言葉をネットにかけて、練習のみちびきにする。毛主席の言葉をかきつけたカードをネットにかける有名な李赫男選手。

毎朝8時半から、毛主席の著作を読む。そして、3、4日ごとに全員が集まって、学習で得たものを話しあい、学習の経験を交流する。

バレエ山村へゆく

中央歌劇舞劇院は去年の11月からことしの1月の農閑期にかけて、31名からなる小公演隊を組織して、延慶県一帯の山奥の村々に50日間の巡演をおこなった。かれらは歌と踊りのだしものに加えて、農村ではめずらしいバレエ〈白毛女〉〈婦人民兵〉の一部分を公演した。現実の生活を反映したこれらのだしものは、山奥の人民公社のたちからたいへん喜ばれた。　カメラ　狄祥華　（本文53ページ参照）

公演隊は巡演中に、いつもこのような難路を歩いた。都会の俳優たちが山をこえ川をわたって人民に奉仕する精神は、山奥の農民から高く評価された。

このおばあさんたちは、オンドルに坐ったままだしものを見るのは生まれて始めてだといっていた。公演隊はこのおばあさんたちのために、八名の隊員をわざわざここによこしてだしものを演じた。

野らで歌と踊りを演じている公演隊員たち

村の人びとは、このような「つま先で踊る踊り」は始めてだと言っていた。だが、踊りの内容を見ているうちに、あれは〈白毛女〉の中で大春が喜児を救いだす場面で、解放したんだなどとすぐに理解できた。

この劇は、南ベトナムの青年英雄グエン・パンチョイの抗米愛国のたたかいを三幕一三場にまとめたもので、北京人民芸術劇院の芸術家たちがグエン・パンチョイの妻のファン・チクエンの回想録を脚色したものである。ごくふつうの労働者であったグエン・パンチョイは、祖国の苦難を救うために、アメリカ帝国主義の侵略とたたかう革命の怒とうに身を投じた。かれは、たたかいの任務をはたしていた最中に不幸にして捕えられたが、獄中でも勇敢にあらゆる機会をとらえて敵とたたかいつづけた。敵は、かれの口からなにひとつ聞きだすことができず、さいごにかれを銃殺した。だが、南ベトナム人民の反米闘争は、グエン・パンチョイのかたきをうとうというスローガンのもとに、火のようにもえさかった。この劇は、グエン・パンチョイの妻が、たたかいをつうじてありふれたひとりの婦人から革命の戦士へと成長していく過程をも、力づよく舞台の上に再現している。

1　グエン・パンチョイの結婚式に、地下活動をしているトンスーがうれしい知らせをもってきた。サイゴンにやってくるマクナマラを爆弾で殺し、反米週間の火ぶたを切ろうというグエン・パンチョイの提案が承認されたのだ

新劇

あの人のように生きよう

グエン・パンチョイのたたかいの記録

北京人民芸術劇院　公

2　グエン・パンチョイは不幸にして捕えられた。敵は、かれを家につれていき、結婚したばかりの妻に会わせて動揺させようとした。だが、パンチョイは、妻をはげまして、敵の卑劣なたくらみをしりぞけた。

3　「これが、おまえの悔い改める最後の機会だ」サイゴン警察署の署長のおどしに、パンチョイは胸をはって答えた。「恥知らず！わたしを買収して祖国に背をむけさせようとは、おまえたちもよくよくのめくらだ！……祖国を売りわたしているのはおまえたちだ……」

4　「祖国の苦難の姿が、わたしをアメリカ帝国主義反対にむかわせた。マクナマラを自分の手でやっつけることができなかったのが残念だ」処刑をまえに、記者たちに語るグエン・パンチョイ。

春の食卓に風味と色をそえるグリンピースは、中国の南や北の各省で栽培されているが、とくに揚子江流域の江蘇省、上海市郊外、それに浙江、福建、広東、広西などの各省でとくにたくさん作られている。これらのグリンピースは、鮮度を保ち、貯蔵や輸送に便利なように、収穫後、すぐにかんづめにされる。

グリンピース　上海

余鶴鳴（ユイ ホー ミン）

グリンピース（えんどう）は、長江以南の江蘇、浙江、福建、広東、広西および上海市郊外で、広大な面積に栽培されている。これは一年生の豆科の植物で用途が広い。

グリンピースはおかずにもなるし、よくうれたものは醤油の原料に、また、ひいてデン粉をつくったり、菓子をつくるのに使う。そのほか、地方の名物料理の材料にもつかわれている。茎や葉は飼料や緑肥などに利用される。

栄養価はひじょうに高い。一〇〇グラムのグリンピースは、少なくとも二四・六グラムの蛋白質を含み、しかもそれはすべて人体に吸収される。そのほか人体に必要なカルシウム、燐、鉄分などやカロチン、ビタミンB_1などを含み、完全な栄養食品といえる。

収穫期間は割合に短く、市場に一時に出回るのを避けて一年中新鮮なものを提供し、また運輸の便も考えて、多くは罐詰にする。

現在、中国のグリンピースの罐詰のうち、福建省の〈水仙花〉、広東省の〈天壇〉、上海市の〈梅林〉などが有名である。

本号のグラフで紹介したのは上海梅林工場のグリンピースの罐詰である。

上海市の郊外でのグリンピースの栽培は三十数年の歴史をもち、かたいサヤのもの、やわらかいサヤのもの、つるの長いもの、中ぐらいのもの、短いもの、皮にしわのあるもの、ないもの、白い花をつけるもの、紫の花をつけるものなど種類が多い。そのすべてが罐詰に適するわけではなく、適さないものもある。

国民党反動勢力の支配下にあった解放前には、反動政府は、野菜の栽培や良種の増加をまったく考えず、したがって品種の改良や育成などの農業科学の研究などはおこなわれなかった。工場の資本家も、暴利をむさぼるのにきゅうきゅうとして、罐詰の品質向上、作業改善などは念頭においていなかった。栽培していたのはわずかな農家で罐詰の原料としても品種がふぞろいで、うれ具合や色つやもちがい、うれすぎたものがまじった。そうした状況では、罐詰の品質をよくすることはとてもできない相談である。

解放後、上海郊外でのグリンピースの栽培面積はめざましく拡大し、人民公社が成立してからは、野菜生産計画のなかにグリンピースもとり入れられ、良種をえらんでグリンピースの栽培に専念する生産隊が指定された。

こうした生産隊は科学研究機関、工業部門とたえず密接に連絡をとり、罐詰用の優良種〈小青莢〉を育成した。〈小青莢〉は、色があざやかで、粒も大きく、病虫害にかからないし、柔らかく、デン粉質がすくないうえに、味がよく、ねばりもある。

工場の技術者は、たえず畑を見回ってグリンピースの生長ぶりやうれ具合をしらべ、収穫時期をのがさないようにしている。収穫期になると、工場は郊外の産地にトラック隊を送って、人民公社の社員が収穫するはしから工場に運び、すぐさま罐詰に加工して鮮度を保つようにする。

梅林罐詰工場の加工職場では、自動皮むき機を使って、山づみの新鮮なグリンピースの皮をむき、緑もあざやかな大粒の豆をとり出す。ついで豆は分類機と水洗機にかけられる。こうして粒のそろった、成熟度のおなじものがカゴにおさめられる。

その中からさらによくない豆をとりのぞき、罐に入れ、スープを加えて密封する。作業は流れ作業である。真白な作業服に身をかためた労働者が、コンベアで運ばれる豆の中からしみのあるもの、変色したもの、われたもの、細いサヤやごみを入念にとりのぞいてゆく。

食品加工はとくに衛生を重んじる。労働者は職場の出入りにも消毒し、清潔を保つように努力している。密封されたグリンピースの罐詰は、すぐさま殺菌職場に送られて高温で殺菌する。

製品検査員は、まいにち、製品、半製品の罐詰を感覚基準、化学基準、細菌基準などの検査項目にてらしてきびしい検査をする。〈梅林〉グリンピースの品質をたもち、消費者に責任をもつため、不合格品はいっさい工場から外に出さないことになっている。

新鮮なグリンピースを選んでつくった〈梅林〉グリンピース罐詰は、中国料理、西洋料理の材料として理想的である。中国料理の冷菜、西洋料理のサラダやスープ類、日本料理のえびの煮つけ、たけのこの煮物、焼飯、卵焼、中国料理の紅焼魚などに〈梅林〉グリンピースをあしらうと、赤と緑、白と緑の色のとりあわせが美しく、味もよくなる。まったく色、味、香りの三味一体の料理ができあがる。

中国でつくっている新鮮なグリンピースの罐詰は、国内、国外の市場でよい売れ行きをしめしており、ヨーロッパ、アジア、アフリカ、東南アジアの各国の消費者からひじょうによろこばれている。ここ数年らい、年々生産量はふえているが、それでも需要に応じきれないありさまである。

中国国際貿易促進委員会 日本国際貿易促進協会経済友好代表団 会談要録

日本国際貿易促進協会の経済友好代表団は、中国国際貿易促進委員会の招きを受け、一九六六年八月、中華人民共和国を訪問した。代表団は、北京滞在中に、中国国際貿易促進委員会をはじめ各関係部門の責任者と会談し、当面の国際情勢、日中友好と貿易関係ならびに双方の関心をよせている諸問題について、きわめて友好的に話しあいをおこなった。

代表団は次のようにのべた。各地の参観をつうじ、中国人民が建国一七年来、さまざまな困難と障害をのりこえ、社会主義建設をすすめ、工業、農業の面で大きな成果をかちとり、中国の科学、技術の進歩がきわめて急速であり、国民生活も非常に安定していることを確認した。代表団は、訪問先のすべての都市、農村、工場、鉱山、研究所で、プロレタリア文化大革命が大規模に輝く展開されている実状を視察した。代表団は、中国のすべての人びとが、毛沢東主席の著作を学び、毛沢東思想にみちびかれて、社会主義建設をめざし奮起努力しているすがたをみて、この文化大革命運動が、生産、技術、文化その他すべての方面で、新たな発展の原動力となっていることを理解した。代表団は、プロレタリア文化大革命が中国の社会主義革命の新しい段階への発展であり、広大な国土と七億の人口をもつ中国の発展は、洋々たるものであることを確認した。

代表団は次のようにのべた。日中貿易は、「吉田書簡」「ココム」人事往来の制限などさまざまな人為的障害にもかか

のえいえいたる努力と中国側の一貫した努力によってたえず発展してきた。日中両国民は再び戦わず、子々孫々まで友好でなければならず、日中両国の国交正常化と正常な貿易関係の樹立は、両国民の願望と利益に合致し、何者もはばむことのできない歴史の流れである。

代表団は、日中友好と貿易の発展を実現するには、その障害をとりのぞかなければならないと強調し、団長が指摘した如く、今日、平和を守り、日中友好と貿易を発展させるうえで、もっとも大きな妨げとなっているのは、アメリカ帝国主義の侵略と戦争の政策、とくにベトナム侵略の"エスカレーション"と中国封じこめ政策であり、またこれに協力する佐藤内閣の中国敵視政策にあるとのべた。

代表団は次のようにのべた。日本国際貿易促進協会とその代表団は、日中友好と貿易を守り発展させるため、広はんな日本国民とともに、あらゆる種類の妨害や破壊と断固たたかい、いかなる困難があろうとも、日中友好の旗をさらに高く

— 57 —

7

8

966

这一年时代色彩强烈的内容越来越多地占据了版面。

特辑《中国大地上的农田基本建设》介绍了以大寨为代表的改天换地的农业奋斗故事（3月号，见图1）；《人物介绍》也不再以彭加木那样的知识分子为主，大庆的“铁人”王进喜作为坚忍不拔的工人阶级典型人物占据了这个栏目（10月号，见图2）；中国乒乓球队的日常训练中政治学习活动占有越来越多的时间（9月号，见图3）。

文化活动中，新的实践令人目不暇接。北京中央歌剧舞剧院开始推出芭蕾下乡活动，利用秋收之后开春之前的农闲期，深入北京郊区延庆农村，给公社社员在地头表演芭蕾舞《白毛女》《女民兵》，深受群众好评（3月号，见图4）。为了表示对越南人民抗美救国斗争的支持，北京人民艺术剧院排演了反映越南抗美英雄阮文追事迹的话剧《像他那样活着》，感动了许多观众（4月号，见图5）。

杂志上曾经经常出现的出口商品广告消失了，但对外产品介绍还得继续。于是，介绍地方特产的专栏开始发挥替代作用，比如上海生产的盐水青豆罐头就是很畅销的外贸品（9月号，见图6）。中国国际“贸促会”和日本国际“贸促协”经济友好代表团会谈纪要表明，即便在这样一个特殊时期，中日经贸活动仍然得到重视（12月号，见图7）。

这一年的封面也带上浓郁的时代烙印，不爱红装爱武装，武装泅渡的女民兵，以其飒爽英姿成为这一年封面的亮点（6月号，见图8）。

中日両国の青年が広州でメーデー交歓会

中日両国の青年による革命歌の合唱

メーデー当日、広州市郊外の風致区――白雲山(バイユンシャン)で、一九六七年度春季中国商品輸出交易会に参加した中日両国の青年一〇〇〇余名が、友好交歓会を開催した。交歓のなかで、中日両国の青年は「世界革命人民の偉大な指導者毛主席万歳！　万歳！　万万歳！」をいくどとなく高らかにさけび、〈東方紅〉〈大海をゆく船は舵手にたよる〉などの歌をこころをこめてくりかえしうたった。それは無敵の毛沢東(マオツォトン)思想にみちびかれる中日両国青年の、帝国主義や修正主義に反対する闘争の決意と、団結してともにたたかう互いの友情をよく物語るものである。

メーデーの早朝、交易会に参加した中日両国の青年は、まず大がかりなデモ行進をおこなった。かれらは世界人民の心のなかのもっとも、もっとも赤い、真紅の太陽である毛主席の大きな肖像画をかついで、「アメリカ帝国主義打倒！」「ソ連修正主義打倒！」「日本反動派打倒！」「日本修正主義者打倒！」「プロレタリア文化大革命の勝利万歳！」「無敵の毛沢東思想万歳！」などのスローガンをさけび、歌ごえも高らかに行進した。

交歓会で中日両国の青年は熱意をこめてつぎのようにのべた。この友好交歓会は中日両国青年の勝利の大会であり、ともに毛沢東思想を学び、革命闘争の経験を交流する大会である。また、第二回中日青年友好大交流を妨害し破壊するアメリカ帝国主義やソ連修正主義、日本反動派および日共修正主義者への痛烈な打撃でもある。

中国青年代表は「『日本の、親米独占資本と軍国主義軍閥をのぞく広はんな人民は、すべてわれわれのほんとうの友人です』と毛主席はわれわれに教えています。われわれ中日両国の人民と青年は一貫して肩をならべてたたかい、支持しあってきた兄弟です」とのべ、つづいて「毛主席は『日本民族は偉大な民族です。アメリカ帝国主義が長期にわたって頭上に君臨するのを日本民族は絶対に許すはずがありません』とのべています。われわれは日本人民がかならず反逆に立ちあがるものと固く信じています」と語った。

日本青年代表はまず、日本青年の教師、全世界の革命的な青年のもっとも敬愛してやまぬ指導者毛主席の長寿をいのります！　毛主席がいつまでも、お

— 98 —

一九六六年度秋季中国輸出商品交易会の会場

府の窓口に目を

機械および農業、食品加工、紡績、印刷、動力、土木建築、ゴム、プラスチックス、冷却関係の諸機械一〇〇台あまりが展示されていた。その大部分ははじめて交易会に出されたものだ。

金属切削機械は一一種類、数十台がな

ていろいろな仕事をこなし、小型で使いやすく、能率がよいうえに耐久力があり、形も美しいのが特徴。これは中国の労働者階級が毛沢東主席の教えをまもり、広はんな人民の必要にもとづき、その地方の実状にそくするようにと、舶来

最大の規模を誇る1966年秋の広州交易会

応接にいとまのない商談室

秋だというのに広州の町は強い日射しを浴び、濃いみどりにつつまれている。中国南部最大の港町であるここ広州にもプロレタリア文化大革命のもたらした革命的な気分がみちあふれている。

街の中心にある海珠広場には、赤旗とスローガンをしるしたたれ幕に飾られた十階建てのビルがとうとうと流れる珠江をまえにそびえている。このビルの大きな門の上には赤地に白で「一九六六年秋季中国輸出商品交易会」と大書した看板がみえる。交易会は一九五七年以降、毎年春と秋の二回、広州で定期的に開かれているものである。こんどは二〇回目にあたるが、偉大なプロレタリア文化大革命の高まりのさなか、第三次五ヵ年計画の第一年目、工農業生産の全面的な大躍進の継続という新しい情勢のもとで開かれた点でとりわけ重要な意義をもっている。

一九六六年一〇月一五日から一一月一五日までの一ヵ月におよぶ交易会の動きは目をみはるほど活気にあふれていた。ビルの一階から八階にわたる輸出商品展示場には、五大陸から訪れた外国商社員、華僑、香港および澳門の商社員が毎日つめかけた。中国側の各交易団が設けた数百の商談室は応接にいとまがないほどだった。今回の交易会が迎えた商社員は六〇〇〇余名、範囲は六〇余の国と地域におよび、交易会が始まって以来の最高記録である。常連のほかに新しい顔ぶれも多い。特にアジア、アフリカ地域の商社員の数は、これまでのどの交易会をもしのいでいる。

商談のまとまった件数は前回の春季交易会を大幅に上回り、これまた交易会はじまって以来の最高記録。多くの商品の取引成約額は前回にくらべ倍もしくは数倍にのぼった。また、中国側の各交易団はすすめている第三次五ヵ年計画の建設上の需要をもとにして、外来の商社員と大口契約をまとめた。

こうしたことがらは、「文化大革命をやっていては交易会など開けないし、たとえ開いてもうまくゆかない」などという帝国主義反動派、現代修正主義の恥知らずなデマをこっぱみじんにうちくだいた。

毛沢東思想の輝き

偉大なプロレタリア文化大革命は交易会でのあらゆる活動の推進力であった。展示室の配置から個々の商品の陳列にいたるまで交易会のあらゆる面で強い政治性、無敵の毛沢東思想の偉大な輝き、プロレタリア文化大革命の新しいあり方をしめして人びとに強い印象をあたえた。

会場に入ると、ホールの中央に毛沢東主席の大きな立像がおかれている。この像のまえまでくると、来客の多くはしばらく歩みをとめて眺め入る。なかにはこの像の前で記念写真をとっている人もいる。どの会場にも毛沢東主席の肖像、語録、詩、詞、墨書の手稿のほかに、政治標語などがかかげられ、場内のスピーカーからは中国語、英語、日本語の三ヵ国語で毛沢東主席の語録や革命歌がたえず流れる。休憩室の書棚には各国語版の毛沢東主席の著書が置かれ、だれでも自由に読める。七階には毛沢東主席の著書だけを販売する書店もある。ここは交易会の中でもっとも活気にみちたところだ。会期中に、来賓が購入した各国語版の『毛主席語録』は六万余冊、『毛沢東選集』は七〇〇〇余組、毛沢東主席の記念バッジは二三万余個。毛沢東主席の写真、詩集などの販売数もおびただしい数字にのぼっている。来賓たちは、できるだけ多く入手して親しい友へ貴重な贈物にするのだという。

アフリカのウガンダから来た経済代表団員数名は、金属・鉱

とめた。かれらはそれをくりかえし読んでいたが、「英明な毛沢東主席の指導のもとに中国はゆるぎない足どりで前進してゆく！」と尊敬の念をこめて記念帳に書き記した。

タンザニア協同組合代表団のムハンナ団長は、「毛沢東主席はわれわれの心のなかのもっとも、もっとも赤い太陽」というスローガンをみ、それを通訳に訳してもらうと、「毛沢東主席はあなたがたの心のなかの赤い太陽であり、また、わたしたちの心のなかの赤い太陽でもあります」と交易会の係員につげた。

水準の高い新製品

らんでいる。解放前の約三〇年間、中国は旧式で質の悪い中型小型の工作機械しかつくれなかった。

解放ご一七年にわたる建設を経た現在の中国機械工業はひとり立ちで前進する道を歩んでおり、精密な自動化の大型工作機械を自力で設計・製作できるようになっている。たとえば、展示されている上海機械工場の新製品、万能ねじ研削盤は精密な円柱形や立錐形のスクリューをきざむのにつかわれる。精度は〇・〇〇三ミリ、つまり頭髪の約二七分の一である。この機械はきわめて反応が鋭い。細かなちりやわずかな気温の変化にもただちに反応をしめす。

1966年秋の広州交易会に参加して

日本の貿易界人士の感想

一九六六年度秋季の中国輸出商品交易会が幕を閉じる前夜に、本誌記者は広州で日本の友好商社の数名の人びとを訪れた。北九州の藤田通商株式会社社長の藤田音次郎氏、東京の八県株式会社代表取締役の村田修氏、日本国際貿易促進会業務部次長の宮石林治氏などである。三氏は記者の質問にこころよく答えてくださった。以下はその問答である。

藤田音次郎氏

村田修氏

宮石林治氏

記者 一九六六年度秋季（第二〇回）の広州交易会についてのご感想はいかがですか。

宮石 こんどの交易会は、中国のプロレタリア文化大革命の高まりの中で、中国の第三次五ヵ年計画の最初の年に、工農業の全面的な躍進という新しい情勢のもとでおこなわれましたので、過去の各交易会とはひじょうに違っていました。文化大革命によって、貿易の物質的基礎もいっそう充実していました。こんどの交易会はそのことを十分に証明していました。展示された商品も豊富でした。とくに新しい商品が多かったし、貿易活動も活発でした。中国各公司の工作員の方がたもわたしたち各商社にとても友好的な熱情をもって接してくれました。

中国に来る前に、日本国内の反動的な新聞・雑誌には中国にたいする悪意に満ちた宣伝があふれていました。中国が文化革命をやっているので、こんどの交易会は開かれないだろうとか、開かれても大したことはないだろうとか言っていました。また、中国は孤立させられているなどとも言っていました。しかし、事実ははっきりとこうしたデマの破産を証明しています。こんど交易会に日本から参加した実際の人数と友好商社の数は、今までのどの交易会をもしのいでいます。（一九六六年）春季交易会に来たのは二〇六社、六八八人でしたが、秋は二三〇社、七五〇人でした。実際の成約総額は今のところまだはっきりしていませんが、状況から判断しても、おそらく今までの額を上まわっているでしょう。

こんどの交易会は、友好事業の面でも、実際の貿易の面でもともに大きな収穫があったと信じています。これがわたしたちの見方です。

村田 わたしは、第二〇回広州交易会が中国人民にとっても、世界の人民にとってもよろこばしいことだと思っています。

世界の反動派はみな大いに逆宣伝をおこなって、中国には暴動が起きており、商売どころではないと言っています。だが結局、真理は真理ですし、中傷は中傷にすぎません。こんどの交易会の盛大な開催は、ほんとうによろこばしいことです。

この時期に、中国はさらにたくさんのより新しい商品を出品しましたし、品種も今までの交易会をしのいでいました。日本の商社からの参加人数もこれまでのうちで一番多かったのです。中国は偉大な国です。わたしはほんとうに敬服しています。

こんどの交易会で、わたしは多くのことを学びました。わたしが交易会に参加したのはこれで、三度目ですが、以前はただ商売のためでした。今回、わたしは中国の各交易団の方がたがすべて毛沢東主席の指示に従って行動されているのを見ました。みなさんは商談をする中で学習し、また学習をへてりっぱな商談をされます。商談自身が学習なのですね。中国では商売も革命の一部分なのだ、ということがわかりました。ひじょうにたくさんのことを考えさせられました。

こんどの交易会で得たものは今までになく大きかったと思っています。

藤田 今回の交易会でわたし

がえた一番深い印象は、文化大革命の空気が満ちあふれていたということです。

交易会に来てすぐに、文化大革命や紅衛兵について語り合い、まるで商売のことは忘れたかのようでした。中国の各公司の方がたはいつも『毛主席語録』を手にして、毛主席の著作を実際と結びつけて学び、運用しておられ、貿易の相手方のようすもよくつかみ、商談がうまくいくよう大きな努力をはらっておられました。

一般に商売人はみな強い敵がい心をもっています。しかし、こんどの交易会では、わたしたちは集団生活をやりました。いっしょに学習したり、報告を聞いたり、集会に参加したり、座談したり、こうしたことはただ中国との貿易事業にだけありえるもので、ほかではけっしてありえないことです。わたしは、これが中国との貿易とその他の国との貿易との本質的な違いのひとつだと思っています。

こんどの交易会で中国がわは政経不可分の原則を重ねて語られましたが、わたしはこの原則がさらにきわだっており、いっそう重要なことであると思っています。

記者 中日貿易の将来についてどんな見通しを持っておられますか。

藤田 日中貿易の発展については疑っている人はいません。

にする点でも今までの交易会にまさっており、今後の貿易を発展させる重要な要素になっています。

ひじょうにはっきりしているように、わたしたちの共同の事業を発展させるためには、どうしてもじゃまものをとりのぞき、日中貿易を破壊しようとするいろんな勢力と断固とした闘争をしなければなりません。

わたしたち友好商社の大半は中小企業で、アメリカ帝国主義と日本独占資本に圧迫されています。わたしたちはみんな団結して一つの目標をめざしてたたかわなければなりません。政治の面では団結を広げ、経済の面ではしっかり結びつきを保つことです。

それをやるのは容易なことではありませんが、不可能なことでもありません。北九州でおこなわれたこんどの中国経済貿易展覧会をつうじて、みんなの団

発展は日中両国人民の利益と願いにかなっており、どんな勢力もはばむことのできない歴史の流れです。

わたしたち友好商社は、過去の成果を基礎にして、政治三原則、貿易三原則、政経不可分の原則にてらして、障害をとりのぞく決意をしなければなりません。この決意があってこそ、日中貿易をうまくやることができます。

いま、わたしたちの友好貿易の隊伍はますます拡大し、その必要を感じている人もますますふえ、中国を理解したいと思う人もますます多くなっています。このようにやっていけば、日本の中国を敵視する勢力はきっと滅ぼされるでしょう。

宮石 日中貿易の前途は広びろとしており、大いに発展する可能性をもっています。だが、この可能性はつまるところ可能性なので、それを現実に変える

誠心誠意世界の人民に奉仕する

帰国する中国の専門家を見送るさい、マリ人民は偉大な指導者毛主席への熱愛と中国人民への深い友情をあらわした。

労働者とがけの上で仕事しながら、ネパールの道路建設を援助している中国の専門家。

⇨カンボジアのベニヤ板工場で労働者と肩をならべて作業にはげむ中国の専門

アルジェリアの医療関係者とともに仕事にはげむ中国の薬剤師。かれらは、熱心に人民の病気を治すだけでなくアルジェリアの医療関係者とともに経験の交流や学習につとめている。

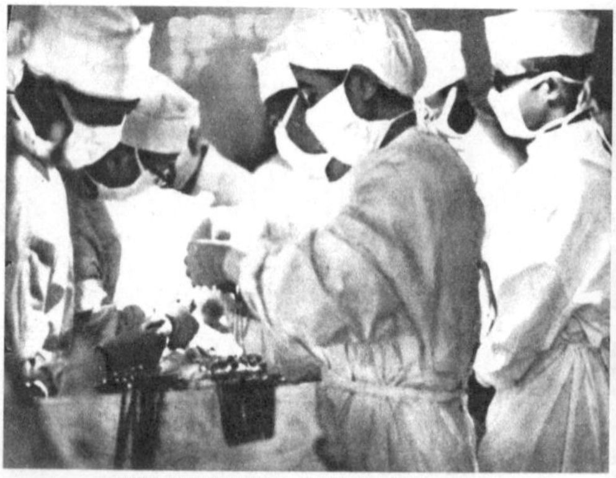

ソマリで、ある中学生の心臓手術をおこなう中国医療隊の人たち。

ザンジバルの農村を巡回医療している中国の医療隊は、貧しい農民たちの大歓迎をうけている。

仕事の経験を交流する中国医療隊の医者とソマリのモガデシャ市の医療関係者

下肢マヒ症になやんでいたザンジバルの婦人アシャさんは中国の医療隊の治療をうけて健康をとりもどした。それを記念するために娘の名を〈中国〉と改めた。

援助しているマリのジ
ぅた最初の婦人労働者

コンゴ(ブラザビル)ではじめての総合紡績工場をつくるために、コンゴ人民といっしょに測量をすすめる中国の専門家。

毛主席は、全中国人民と全世界人民に奉仕せよ、とわれわれに教えている。友好諸国の経済建設や文化・教育・衛生事業を援助するために中国から派遣された専門家や労働者は、毛主席の教えにしたがって、プロレタリア国際主義を行動の準則として誠心誠意、その国の人民に奉仕している。かれらは現地の働く人民と苦楽を分かち合いながら、強い責任感をもって仕事にとりくみ、自分たちの技術をあますところなく伝授して、人びとの熱烈な賞賛をうけている。

毛沢東思想にはぐくまれた国際主義の戦士たちは、真心をこめて各国人民の建設を援助し、行くさきざきで毛沢東思想を熱心に伝えている。

一〇年前に、毛主席は「中国は人類にかなり大きな貢献をなすべきである」とのべた。全世界の革命的な人民は、中国人民に大きな期待をかけている。中国人民はあくまで毛主席の教えにしたがって、ますます謙虚に、おごりたかぶることなく、全世界の人民によりよく奉仕して、世界のプロレタリア革命事業にさらに大きな貢献をなすであろう。

イエメンのサナ紡績工場の建設現場で働いている中国の専門家は、イエメンの労働者と食・住・労働をともにし、第一線で活躍している。「中国の専門家は、ほんとうに人民奉仕の精神にあふれている」とイエメンの人たちはいう。

座談会　「毛主席が派遣したりっぱな医者」

とき　1967年4月5日　　ところ　南京市江蘇省衛生庁

ザンジバルで活躍した第一陣中国医療隊隊員の座談会

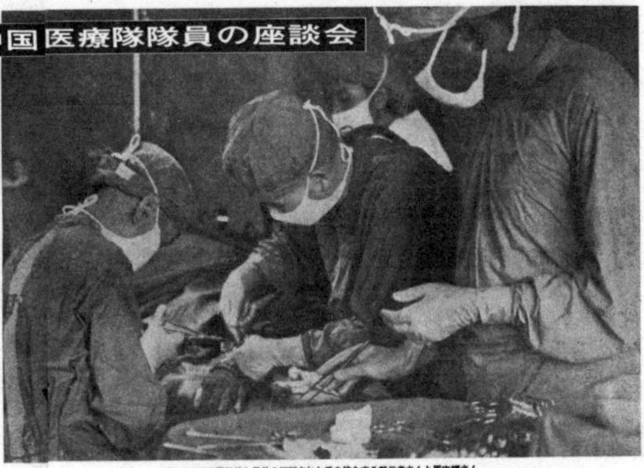

ザンジバルの階級的な兄弟の切断された手を接合する戴伝孝さんと周志耀さん

● 出席者　(発言順)

戴伝孝	南京医学院付属病院外科医師
姜鈺峰	南京医学院付属病院内科医師
李振華	江蘇病院婦長
張桂珍	南京市鼓楼病院婦長
孟　奇	南京薬学院薬剤師
夏啓宇	南京市第二病院放射線科医師

編集部　アフリカから帰国されて間もない多忙なみなさんが、時間をさいてこの座談会にご出席くださったことにたいし、こころから感謝します。みなさんは中国医療隊員としてザンジバルに二年あまり滞在されたわけですが、その間、どのように毛主席の教えをまもり、ベチューン同志を手本としてザンジバル人民の健康保全につくされたかについて聞かせていただきたいと思います。

「雨季にたき木をとどける」

戴伝孝　私たちは一九六四年八月にザンジバルにおもむき、今年の一月末の帰国まで、まる二年半あちらに滞在したわけです。中国とザンジバルはインド洋をはるかへだてています。クローブ(丁子)がたくさんとれるので、〈クローブの島〉ともよばれています。しかし、それよりも私たちは、一九六四年一月、ザンジバルの人民が武装革命によってスーダンの反動王朝をくつがえし、イギリス植民地主義者を追い出して自分たちの国をつくったことが、いちばん貴いことだとおもいます。

そのときを境として、中国とザンジバルの人民は、反帝・反植民地主義という共通の基盤にたって深い友情を結び、それを発展させてきました。

姜鈺峰　以前、ザンジバル人民はイギリス植民地主義者の残酷な支配下にありました。そのためまったくといってよいほど医療条件にめぐまれていませんでした。わずかな医療施設も、植民地の役人や資本家、荘園主といったごく少数の者に奉仕していたのです。革命後、イギリス植民地主義者はザンジバル人民にさまざまな圧力をかけ、ザンジバルにいる医者を一挙にひきあげさせました。そのために、ザンジバル人民が医師と薬品の不足に苦しんでいるとき、中国政府はザンジバル革命政府のもとめにこたえて、私たち十数名からなる中国医療隊を、誕生して間のないザンジバルにはるばる派遣したのです。

李振華　私たちが配属されたのはザンジバルのレーニン病院でした。この病院はもとイギリスの教会の伝道病院でしたが、一九六四年の独立後、レーニン病院と改名したのです。そこはザンジバル一の総合病院で、十いくつもの科をもち、ベッド三〇〇あまりをそなえているのですが、イギリス人医師がひきあげたため、地もとの医師が数名残っているだけで、人民にゆきとどいた治療をほどこしたくてもできない状態でした。そこへ私たちがゆき、ザンジバル人民の健康を守るたたかいにくわわったというわけです。

戴伝孝

姜鈺峰

李振華

張桂珍

孟奇

夏啓宇

革命的な現代京劇

紅灯記

中国京劇院　上演

「同志よ、任務をとげてくれ」　連絡員は死ぬまぎわに、暗号表を李玉和に手渡す。

「別れにのぞみ、母のさしだす盃ほせば、体にみなぎる勇気と力」　裏切者の密告で李玉和は捕われる。別れにさいして李奶々は盃に酒をみたし、勇敢にたたかうようにと李玉和をはげます。

「烈士のしかばねをこえてつきすすむ」　李玉和は電文暗号表をとどけるために、死をとしてたたかうことをちかう。鉄梅は、革命の烈士たちの血潮をふみしめて勇敢にたたかう。

革命的な現代交響曲

沙家浜

中央楽団　上演

新四軍の郭建光指導員の独唱

自由をとりもどして主人公になる。村の人たちは、ながいあいだうらみに燃えてきた。喜児とおなじ運命にあった人びとはたち上がり、地主の黄世仁を懲罰する。

前線へ。解放された農民は、長い革命の道をつきすすむ。喜児も銃をかたくにぎりしめて前線へむかう

1967

靠着强大的惯性，上一年年底的广交会是迄今为止历史上规模最大的一次（3月号，见图1）。参加广交会的日本贸易界人士目睹了中国正在发生的社会巨变，以座谈会的形式畅谈了自己的观感（3月号，见图2）。而在当年的春季广交会上，中日青年的“五一”联欢所呈现的气氛表明，随着运动的深入，来华参加交流的外国人也不再仅是观察者，而成为参与者（8月号，见图3）。

援助亚非拉发展中国家全方位建设的力度加大，相关的报道内容也得到加强。《全心全意为世界人民服务》是这一年印象深刻的画页（7月号，见图4）。中国技术人员（7月号，见图5）或医疗人员（7月号，见图6）在马里、刚果、也门、索马里、桑给巴尔、尼泊尔、柬埔寨等国深入基层，展开支援或医疗帮助的活动现场通过一幅幅生动的图片呈现出来。文字报道《毛主席派来的好医生》则通过中国援外医疗队成员的座谈会讲述了他们在当地的工作、生活与感受（7月号，见图7）。

这一年的别册专题介绍了“文艺革命”的最新成果，通过画页介绍了尚未最后定稿的京剧《红灯记》（别册，见图8），中西艺术形式结合的《交响乐沙家浜》、芭蕾舞《白毛女》（别册，见图9）等最早一批“革命样板戏”。

上海第三钢厂“抓革命，促生产”，奋战高炉前的封底照片，构图、人物造型与用光都十分讲究，可谓这一年的亮点图片之一（7月号，见图10）。

上海第三鋼鉄工場のプロレタリア革命派は、〈革命に力を入れ、生産を促す〉ことに努力して、生産をめざましく向上させている。

10

1968

人民中国

中国の遠洋貨物船〈東風〉を歓迎する日本人民

日本へ初航海した〈東風〉を歓迎するために、大阪の埠頭へ集まった日本の革命的大衆と在日華僑の人びと。

四月十九日の午後、日本の友人と在日華僑一〇〇〇人余りは、肉親でも迎えるように心をおどらせて、春雨にけむる神戸港埠頭に集まった。四時五〇分、中国が自力で研究・設計・建造した一万トン級遠洋貨物船〈東風〉が、霧をくぐり波をこえて、神戸港にその雄姿をあらわした。ブリッジの正面には、偉大な指導者毛主席の肖像が高くかかげられ、その下には「毛主席が切り開いた革命の航路に沿って勇敢に前進しよう！」というスローガンが赤い字で大書してある。

日本の友人と在日華僑は「〈東風〉だ！」「毛主席が送ってよこした〈東風〉だ！」と喜びの声をあげ、革命の宝の本『毛主席語録』を振りながら、埠頭の最先端まで走り寄って、激情をこめて〈大海を航行するには舵手にたよる〉をくり返し歌った。

〈東風〉はゆっくり岸壁に近づいた。中国の船員は毛主席の大きな肖像をかかげ、『毛主席語録』を振って、甲板の上から日本の友人や在日華僑の歓呼にこたえた。

「偉大な指導者毛主席万歳！」

「無敵の毛沢東思想万歳！」

「日中両国人民の戦闘的友誼万歳！」

船上から舷側からスローガンの声があがった。

〈東風〉は四月九日に日本に初航海して、横浜、名古屋、神戸、大阪、和歌山の五港に停泊し、熱烈な歓迎を受けた。

四月二十一日の午後、からりと晴れわたった空のもと、〈東風〉が大阪港にその雄姿を見せた。

京都から革命的大衆一〇〇人余りが歓迎にかけつけた。〈東風〉に乗りこんだ人びとの中から六、七名の若い男女がすすみ出た。かれらは中国の紅衛兵が好む草色の軍帽をかぶり、革命の宝の本『毛主席語録』を手にして、毛主席の肖像の下で、〈われらは毛主席の紅衛兵〉〈毛主席の著作は金色の光を放つ〉など、偉大な指導者毛主席と中国のプロレタリア文化大革命をたたえる歌やおどりを熱心に演じた。それが終わると、甲板にいた日本の友人たちは、「世界人民の偉大な指導者毛主席のご長寿をいのります！」と心をこめて叫んだ。

日本の五つの港に停泊中、日本各界のおよそ一五〇〇名の人びとが〈東風〉を参観した。ある婦人は子供連れでやってきて、船内の毛主席の像の前で記念写真をとった。ある青年は

— 79 —

1

大自然と闘う大寨の前衛戦士〈鉄の娘〉と親しく語り合う〈はぐるま座〉の八田久子さん

苦しい村でした。解放されてから、私たちははじめて太陽を見ることができました。毛沢東思想に導かれて、みんなは、大自然は死んだものだが、人は生きたものだ、人の思想が変わりさえすれば土地を変えることもできるし、生産高を増やすこともできると言いました。

「陳永貴同志は私たちの先頭に立って自分の両手と肩に頼って十年も悪戦苦闘しました。荒れた山、やせた土地を安定した高収穫の良い畑に変えました。一ムーあたりの生産高は四〇〇余キロに高まり、プロレタリア文化大革命の中で、ことしはまたもや空前の大豊作をかちとりました。……」

日本の戦友たちは「ほんとに百聞は一見にしかずだ！」と感動をこめて口ぐちに語っていた。安元常史さんはかつて日本で映画〈大寨の道〉のアフレコを熱心にやったことがある。いま、かれはその土地に立って、風にそよぐ穀物の穂を手にとって、長さをはかったり、粒の数を数えたりしていた。そのうれしそうなようすは表現のしようがない。

「どこもみなすばらしいみのりだ。それもご飯をたべるためにではなく、革命のためにということだ」津田勝治さんが感動して語っていた。

永尾真さんは、「標高一〇〇〇メートル以上の山の上で、こんなにすばらしい農作物が育つとは、日本では想像もできません」と言った。

日本の戦友たちは山上で、大寨の人たちが中国人民解放軍の援助をうけてつくった貯水池や長さ数キロにおよぶ山をめぐる灌漑用水路、水をひいた肥沃な畑、山頂からふもとまでかけられたケーブルがつぎつぎに肥料を運ぶさまを見ながら、その一つひとつに賞賛を惜しまなかった。

陳永貴さんは、大寨の人びととの大自然とのたたかいや、互助組から人民公社にいたる発展過程を客人たちに紹介した。話は一九六三年の自然災害とのたたかいの経過にふれた。「大洪水が私たちの農作物、だんだん畑、家屋をおし流してしまいました。だが、私たちはもちこたえました。みんなは、おれたちは毛沢東思想に頼りさえすれば、すべての困難にうち勝つことができる！と言いました。この鍛練と試練の時に、しあわせの中で成長した多くの青年は、何が苦しみであり、しあわせなのか、まだよく分かっていませんでした。もし国家に頼って災害とたたかったならばかれらを鍛えることもできないし、将来のりっぱな後継者をつくることもできません。だから、私たちは三回にわたる国家の救済をことわりました。みんなはおし流された畑を修復し、おし倒された農作物を一株一株とおこして、心をこめて育てました。……天災にうち勝って秋には二一〇〇キロあまりの穀物をとりもどすことができました」陳永貴さんの一言一句は日本の友人たちの心を深く打たずにはおかなかった。

為藤鈴子さんは、「以前、私は大寨の人が三回にわたる国家の救済をことわったことがよく分かりませんでしたが、いま、そのほんとうの意義がよく分かりました」と感動をこめて言った。

団長の藤川夏子さんは陳永貴さんの手を握りしめながら、「私はここで毛沢東思想の威力を見ることができました。毛沢東思想が広はんな大衆に握られると、それは世界革命をおしすすめる強大な力に変わり、世の中のどんな奇跡でも生みだすことができます。革命をおこなうには、かならず毛主席の著作を読み、毛主席の教えをまもらなければなりません」と語った。

大寨で、日本の戦友たちは毛主席の教えにしたがって、時間をつくっては虚心に貧農・下層中農に学び、貧農・下層中農に誠心誠意奉仕した。

早朝、私がまだ眠っているころに、外ではもう庭を掃除する音がしていた。とび起きてみると、〈はぐるま座〉の人たちがもう起床して、ほうきを持ったり水

— 79 —

立脚点を移しかえる

——劇団〈はぐるま座〉随行記③

北京郊区の中国・アルバニア友好人民公社を訪れ、貧農・下層中農と野良仕事にはげむ〈はぐるま座〉の人びと。

「革命的文芸戦士になろうと思えば、毛主席のさししめす文学・芸術の道を歩み、立脚点を労働者・農民・兵士の側に移しかえねばならない。それ以外に第二の道はない！」

〈はぐるま座〉の戦友たちとともに行動した日びに、私はいつもこの明快なことばを耳にした。それは、かれらが行動でしめした誓いのことばであった！　百日あまりの中国訪問の間、かれらはいつどこでもすべて自分をそのように律していた。かれらは普通の勤労者として、工場や農村や部隊に深くはいって、中国の労農兵に謙虚に学び、いっしょに労働し、誠心誠意労農兵に奉仕した。

中国の労農兵たちは、

「これこそほんとうに毛沢東思想で武装した文芸の隊列だ」

「かれらに格別の親しみを感じる」と感動をこめて語っていた。

大寨での三日間

昨年の九月二十四日、山西省昔陽県の山やまに囲まれた大寨村は、祝日のような空気にひたっていた。村の入り口では早朝からドラや太鼓が鳴りひびき、赤旗がはためいていた。頭に白いタオルをまき、手に真紅の『毛主席語録』を持った数百名の農民が、村の大道の両脇に整列して、遠来の客を待ちうけていた。全国に名高い大寨生産大隊の人びとである。

日本の革命的文芸戦士たちは北京公演を終えるとすぐに一夜の旅で大寨に着いた。かれらが「偉大な毛沢東思想万歳！」と書いた赤い横幕をかかげながら元気よく車をおりると、

「〈はぐるま座〉の同志に学ぼう！」

「中日両国人民の戦闘的友誼万歳！」

「アメリカ帝国主義を打倒しよう！」

「日本の修正主義を打倒しよう！」という叫びがまわりの山やまをゆるがした。

山西省革命委員会副主任・大寨生産大隊党支部書記の陳永貴同志が進み出て、客人たちと親しく握手した。

その日の昼過ぎ、戦友たちはすぐに大寨の〈鉄の娘〉隊隊長の郭鳳蓮さんの案内で、勇んで虎頭山へ登り、大寨の人びとがその両手で大自然の姿を変えた英雄的な業績を参観した。山腹に一枚一枚はめこまれたような水平のだんだん畑には、ひときわ良く育った農作物がさわやかな秋の陽光をあびて金色に輝き、さながら新中国農村の豊作の一幅の絵のようであった。かれらは参観しながら説明に耳を傾けた。「以前の大寨は山が高くて石が多く、一歩外に出れば山坂で、平らな土地は三尺もなく、毎年多くの災害をうけていました。村全体の七〇〇ムー（一ムーは六・六六七アール）あまりの土地は四七〇〇に分かれ、一ムーあたりの生産高は最高で七〇余キロ、近在でもっとも貧しくて

— 78 —

2

て大衆とともにたたかいました。こう書いてくると何だかとてもいかめしそうだけれど、隊の中はとてもなごやかな風景です。営舎のまわりには田畑が広がり、豚やにわとりもいます。銃の修理工場を始め豆腐工場、精米工場など何から何までそろっています。自力更生の精神が解放軍の中でも先進的に生かされているのです。解放軍の兵士は人民の模範として先頭に立って毛主席の著作を学習し、自己改造につとめ、人民に奉仕できることがあればどんなに小さなことでも進んで実践します。このような軍隊が人民から愛されないはずはありません。人民解放軍が無敵の軍隊と言われるカギはそこにあるのだと思います。

　このように多くの中国人民と接してきて、私の胸にやきついてはなれないものがあります。それは中国人民の、「毛主席」と一言言っただけであふれ出る涙、「毛主席万歳！」と叫ぶときのしあわせな顔なのです。反動派や修正主義者どもは「個人崇拝」だと口ぎたなく誹謗するけれど、そのことに対して私ははげしい憎しみをおぼえずにはいられません。中国人民は解放前の自分たちの苦しみを忘れてはいません。そして解放闘争を指導し、勝利に導いて、あの苦しみから自分達を救ってくれた人が誰なのかを、全身でもって知っているのです。働く労働者、農民であれば、昔は乞食をしなければ生きてゆけなかったという大衆の老婆が、「毛主席がおられなかったら、私はとっくに雪の中で凍え死んでいるにちがいありません」と話しながら流した涙を見て、何で個人崇拝だとそしることができるでしょうか。中国人民だけではなく、全世界の被抑圧人民が毛主席を熱愛しています。それは毛主席の示された道こそが自分達を解放する道だということを知っているからなのです。それは日本人民も例外ではありません。私はもうすぐ中国をはなれ、たたかう弥富の農民の中へ、たたかう日本人民の中へ帰ります。中国で学んだこと、感じたこと、考えたことをすべて日本人民に伝えなければなりません。毛主席の示された道にそって、毛沢東思想を高だかと掲げて進むならば、かならず勝利するという確信をすべての労働者、農民の心に植えつけなければなりません。それが私達の仕事です。中国で学んだことを生かして、一日も早く日本を解放するために、そして世界を解放するためにたたかうことを決意して、私は中国をはなれます。

プロレタリア文化大革命万歳！

毛主席の革命的文芸路線万歳！

無敵の毛沢東思想万歳！

全世界の革命的人民の偉大な指導者

毛主席万歳！　万歳！　万万歳！

（一九六七、十一月二十八日、上海にて）

毛主席語録の歌
勇気を奮い起そう

作曲　劇団はぐるま座

毛主席語録の歌

勇気を奮い起そう

われわれの同志は
困難な時期には
成果に目をむけ
光明に目をむけて
われわれの勇気を
ふるいおこさなければ
ならない

我們的同志
在困難的時候
要看到成績
要看到光明
要提高我們的勇気

「人民に奉仕する」（一九四四年九月八日）、
『毛沢東選集』第三巻

毛主席　アメリカ黒人の抗暴闘争を支持する声明を発表

人民中国　特報

たたかえ、アメリカの黒人兄弟よ！

＊特集＊

世界の最高峰にとどろく凱

中国の科学工作者 チムラマ峰地区での総合的科学調査に

国の革命的科学工作者は、天険をこえ、万難を排し、中国のフルシチョフやその代理人による破壊をうち砕いて、世界の最高峰——チムラマ峰地区にたいし、全面的、系統的な総合科学調査をおこなった。かれらは大量のゆるぎない資料を入手し、帝国主義「探険家」による観念論的、形而上学的なデタラメの断定をみごとにくつがえし、重大な科学テーマの解決とこの地区の資源開発・利用にたいし大きな貢献をなした。

— 12 —

グラビア参照

科学史上空前の壮挙

チムラマ峰は、中国西南部の辺境にそびえる、世界の最高峰である。この峰をとりかこむ地帯はきわめて天然資源にめぐまれている。しかしその独自な地理的位置は、人類の生活と自然環境に大きな影響をおよぼし、科学上の重大な問題を解明する鍵をもにぎっている。そういう意味から、この地帯は以前から重視されていた。

百数年らい、帝国主義諸国はこの地区に略奪の野心をもやし、「探険家」をさかんにおくりこんで「調査」にあたらせた。しかし、腐朽した資本主義制度と帝国主義国の「探険家」のみにくい魂は、このきわめて複雑な地形、たえず変化する天候、世界最高のチムラマ峰地区にい

北斜面の標高5000にの地点から望むチムラマ峰　写真右上はチムラマ峰の標高6000にの地点で気象を観測する中国の革命的科学工作者

— 13 —

1968

4月19日，中国自主建造的万吨级远洋货轮“东风”号首航日本，抵达日本神户港。许多华侨和日本朋友迎接货轮进港，欢呼“这是毛主席送来的‘东风’”。现场报道《日本人民欢迎中国远洋货轮“东风”号》反映了当时的情形（8月号，见图1）。

10月，日本山口县左翼文艺团体“齿轮座”访问北京，在各地参观、学习、参加生产劳动等情形由随行记者以《转换立足点》为题作了系列报道（3月号，见图2），与当地群众联欢的场面还登上了杂志封面（1月号，见图3）。“齿轮座”将《毛主席语录》译成日文谱曲，在日本传唱一时（1月号，见图4）。

20世纪60年代以来，美国国内黑人民权运动持续高涨，毛主席在这一年发表声明，支持美国黑人的斗争。在此背景下，《人民中国》制作特报《毛主席发表声明支持美国黑人抗暴斗争》对开跨页的红黑白三色木刻作品极具视觉冲击力（6月号，见图5）。

这一年，珠穆朗玛峰科考工作告一段落，特辑《响彻世界最高峰的凯歌》详细介绍了科考工作取得的阶段性成果（5月号，见图6）；报道《手术台上的奇迹》生动介绍了解放军医院为农村妇女牛香荣摘除腹部十六公斤肿瘤的故事（5月号，见图7）；本刊记者采写的文章《欣欣向荣的北京市场》介绍了市场稳定、保障供应的北京市民生活（8月号，见图8）。

手術台でおこった奇跡

——一六キロの大腫瘍を除去した中国人民解放軍某部隊衛生科員

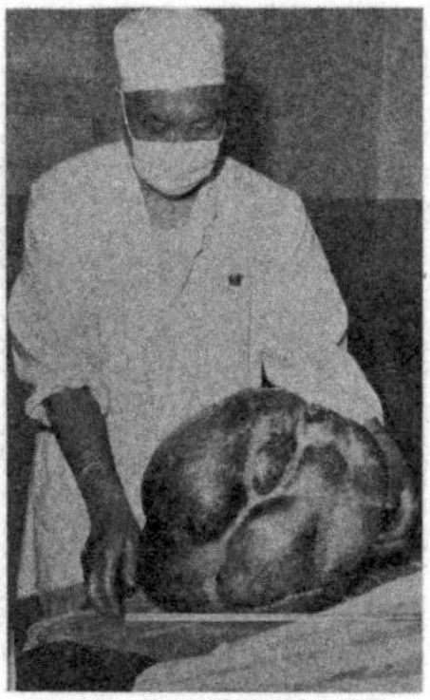

衛生科の医師が牛香栄さんの腹部からとりだした16キロの大腫瘍

うららかな日ざしをあびて牛香栄とかの女の母をのせた馬車が河北省蠡県の野胡朔人民公社野東生産大隊に到着した。ここはかの女たちのふるさとだ。

「牛香栄がもどってきたぞー！」

「毛主席が香栄に命をあたえてくださったー！」

喜びの知らせは、近在の村々にも伝わった。

その日、村の老若男女がこぞって香栄の家に集まった。

香栄は庭に立っていた。やわらかな日ざしを血色のよい頬にうけてほほえむかの女の目には涙が浮かんでいる。女友だちが香栄の手をとって、

「香栄さん！ 毛主席の思いやりと身内のような解放軍の助けがなかったなら、とてもあなたのいのちは助からなかったでしょう！」

と誇張をこめて言った。

にぎやかな人垣のなかで、歌声がおこった。

共産党のご恩
は天地より
も大きく
毛主席の慈愛
は父母にま
さる

……

すると、むこうで誰かがスローガンを叫んだ。

「毛主席万歳！」

「毛主席万万歳！」

夜がふけても、香栄の家を訪れる人はあとを絶たなかった。……

病におかされる

十八歳の牛香栄は、一九六五年の冬ごろから下腹部が痛み、熱を出すようになった。その後、腹部は日ましに大きくなり、食欲もなくなって、動作がにぶり、呼吸が困難になった。大隊の党支部の配慮で、かの女はちかくの病院をつぎつぎにまわり、民間の特効薬や売薬もあれこれと飲んでみたが、一向に効き目がない。そのころだった。大きな町にいって経験のある名医にみてもらったらどうか、とある人から言われた。それを聞いて、香栄の母はさっそく大きな町にいってみてもらうことにきめた。

一九六六年七月、香栄は母にともなわれて天津にいった。大きな病院を三つまわったが、診断はまちまちで、すこしもラチがあかなかった。最後に、ある病院にいる「専門家」をようやくさがしあてた。

よく改造されていないこのブルジョア「専門家」は、いい加減に診察をすませ「腹腔内瀰漫性悪性腫瘍だから、治療のしようがない」とひややかにつっぱねた。

悪性の腫瘍？ 香栄の母はぞっとした。だからといって病人を見殺しにはできない。母は、なんとかして治してもらえないでしょうか、と再三たのんだ。

「治す？」その「専門家」はせせら笑った。「この病気は、世界中どこにいっても治せない。手術しなければ三ヵ月はもつだろうが、手術すれば、ひと月ともたない。入院しても退院ののぞみはないね」

こうして下層中農の娘・牛香栄は、ブルジョア「専門家」に「死刑」を宣告された。

香栄親子は村に帰るほかなかった。

活況を呈する北京の市場

本誌記者

革命的な従業員は、店内を毛沢東思想宣伝の場にかえた。写真は、革命的な空気につつまれている北京のあるデパート。

市場を見て歩く

北京西単市場の魚屋の店先には大きなイシモチがたくさん並んでいる。

「新鮮なイシモチね、一キロはどください」

買物にきたおばあさんが店員さんに魚を量ってもらいながら話しかける。

「ことしの魚はとても新鮮ですね。あなたたちが革命に力をいれ、仕事に精だしてくださったおかげですよ」

「いや、それは寧波や上海の漁場の労働者や輸送と保管にあたっている方たちのおかげですよ」

店員のいうとおりだ。北京市革命委員会副食品商業局の係員から聞いた話によると、ことしのメーデー前に、寧波、上海、天津など幾つかの漁場から質のよい水産物が大量に北京へ送られてきた。メーデーが近づくと、北京市内にある大きな各市場には鯡魚、タイ、イシモチ、フナ、カニ、エビ、タイショウエビ、赤貝など種々の水産物がどっと出まわった。さいきん北京に出まわっている大きなイシモチは、上海や寧波から冷凍車で運ばれてきたものだ。これは、北京の冷蔵倉庫をとおさずに、駅からじかに市場へまわされたので、とくに新鮮で、消費者からたいへんよろこばれている。

水産物にかぎらず、北京の副食品市場には、肉、たまご、野菜類もゆたかだ。市内の各区、住宅街に散在する肉屋はあわせて五〇〇あまり、これが肉類のぼう大な供給網を形づくっている。新鮮な肉類は郊外の大紅門、豊台、海淀、通県、朝陽などにある屠殺場が毎日供給する。供給径路は屠殺場—市場、これもじかである。「プロレタリア文化大革命がはじまってから、市場にはいつも新鮮な肉がでまわっているので、お客さんからとても喜ばれています」と市内の西の区域——西城区にある西四の肉屋さんの販売係が説明してくれた。

いまはたまごの出盛りで、食料品店ではたまご売場を設けているほか、くだもの屋や食料品移動販売車もこれをあつかっている。毎月二〇〇〇トンあまりのたまごが市場に出まわっているのだが、今年だけがとくに多いのではなく、この数年らいの実績なのだ。とにかく一年をつうじて、たまごの出まわりは波をうたない。

出まわりに波がないといえ

1969 人民中国

五億の農民に奉仕する中国の医療衛生活動

世界の医学史上まれにみる奇跡

——45キログラムの大腫瘍を切除

衛軍

毛沢東思想の活学活用の経験を話し合う衛生科の軍医と[illegible]さん

— 21 —

衛生科の医療要員は十余時間にわたる緊張した大手術に成功し、ついに張秋菊さんの腹部から45キロもある大腫瘍をとりだした。

人民公社に救急車がきた

去年の二月のある日、難病に苦しむ婦人公社員張秋菊の家のまえに中国人民解放軍某部隊の救急車がついた。それをみて村中の貧農・下層中農の喜びようといったらなかった。

「毛主席が張秋菊の病気をなおすために解放軍をよこしてくださったぞ」

とかれらは隣近所に知らせてまわった。

もよりの家々から老若男女がどっとかけつけた。張秋菊の顔を洗ってあげたり、髪を梳いたり、衣服の着替えを手伝ったりで忙しい。

腫瘍のため大きくふくらんだおなかをかかえ、オンドルにひざをついて、ものによりかかっている張秋菊のよろこびは格別だ。やつれた顔に久しく見られなかった笑いを浮かべ、まわりの人びとにこう言った。

「みなさん、わたしはこの大きなおなかをかかえてあちこちの病院をかけずりまわりました。大病院の「大先生」たちは、ダメだとかムダだとかいってわたしを追いかえしました。ところが解放軍は自動車まで出してわたしを迎えにきてくれるんです。わしらのような農民を入院させるためにわざわざ迎えにきてくれる兵隊さんの話なぞ、むかしは聞いたことがありません……」

かの女は声をつまらせ、熱い涙で頬をぬらした。

— 20 —

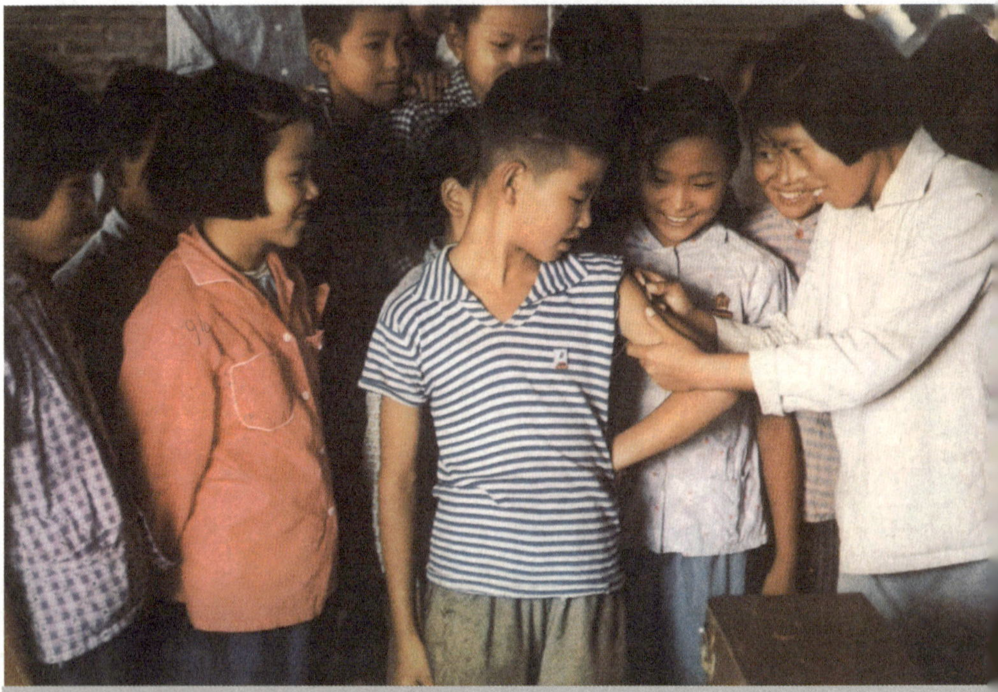

五億の農民に奉仕する中国の医療衛生活動

鉄の木に花がさきおしが口をきいた

――聾唖を治した中国人民解放軍某部隊の毛沢東思想医療宣伝隊

石流（シーリュウ）　思斉（スーチー）

中国の東北地方にある吉林省（チーリン）の炭鉱町遼源（リャオユァン）で、さきごろ全市をゆるがす文芸公演会がひらかれた。出演者は三五人の若い聾唖者からなる毛沢東思想（マオツォトン）文芸宣伝隊である。幕があくとまず、聾唖者として の生活を十七年もおくってきた鉱山労働者の娘王雅琴（ワンヤーチン）さんが、深い感動をこめた声ではっきりと開会のあいさつをした。

「千年もたった鉄の木に花が咲き、万年も枯れていたつるに瓜がなり、聾唖者が口をきくようになりました。これはみな、敬愛する毛主席のおかげです。……」

一瞬、場内に歓声がどよもし、舞台でも観席でも「毛主席万歳！」の歓呼がしばしやまなかった。

上演が終わると、数人の年老いた鉱山労働者が舞台にかけあがって、年若い出演者たちを抱きしめ、その頭をなでながらいった。

「子供たち、よくおきき。ふるい社会では、わしら貧乏人は口がきけても、ものをいう権利はなかった。それが、新しい社会では、口のきけなかった聾唖者でさえ、ものがいえるようになった。これはみな毛主席のおかげなのだよ！」

聴力をとりもどしたばかりの生徒に毛主席の語録を教える中国人民解放軍某部隊医療隊の軍医

聾唖学校にとどろく歓声

出演者は遼源聾唖学校の生徒だ。かれらが聴力と話す能力をとりもどしたのはここ一年のことである。それは中国人民解放軍三〇一六部隊の衛生科の全員が毛沢東思想を活学活用して、かれらに心のこもる治療をほどこしてえた結果である。

一年まえまで、この学校は一日中ひっそりと静まり返っていた。生徒たちのあいだの意思表示は手まねだけで、声はせいぜいイー、アーというはっきりしない音声を発する程度であった。だがいまでは教室にも、運動場にも、朝から晩まで笑い声がみちあふれている。全校一六八人の生徒のうち、一二九人が聴力をとりもどした。一二五人は「毛主席万歳」「毛主席のご長寿を祈ります」と声高く叫ぶことができる。四七人は《東方紅》をうたうことができる。

三五人の聾唖の生徒からなる毛沢東思想文芸宣伝隊はいま、自作自演の二〇余の歌や語り物をたずさえて工場、鉱山、部隊や農村をまわり、広はんな労働者、農民、兵士に毛沢東思想を宣伝している。かれらはいく先ざきで、大衆から熱烈な歓迎をうけ、大きな反響をまきおこしている。

この数ヵ月らい、遼源聾唖学校には参観者や訪問者がたえない。人びとは、これは毛沢東思想の偉大な勝利だ、プロレタリア文化大革命のゆたかな成果だ！と口ぐちにたたえている。

聾唖者の苦痛をとくために

一九六八年の三月、三〇一六部隊の衛生科では、医療・衛生工作についての毛主席の一連の指示を実行するために、毛沢東思想医療宣伝隊を組織して聾唖学校に派遣した。宣伝隊は学校で毛沢東思想の宣伝につとめる一方、聾唖の生徒たちに、鍼（はり）による治療をおこなった。この宣伝隊は三人の軍医と五人の衛生員からなっていた。そのうちのひとりが初級中学にかよっただけで、あとはみな小学卒業程度、医学校にいったものはだれひとりいなかった。

毛沢東思想医療宣伝隊が聾唖学校にやってくると、生徒たちはしきりに手足をうごかして喜んだ。かれらは宣伝隊の同志の手をとって、それを毛主席の肖像の

遼寧省復県の聾唖学校で学ぶ165名の青少年は中国人民解放軍医療隊の治療と訓練をうけて、いまではそのうちの163名が話せるようになった。写真は、よろこびに胸をおどらせて<東方紅>を声高らかにうたい、「毛主席万歳！」をさけぶ青少年たち。

— 34 —

— 35 —

中国人民 怒りにもえてソ連修正主義の侵略行為を糾弾

北京の広はんな軍民は堂々としたデモの隊列を組んで街頭にくりだし、中国の領土——珍宝島に侵入したソ修裏切者集団を怒りをこめて糾弾した。

上海市の広はんな軍民は、はげしい怒りにもえてソ修裏切者集団を糾弾し、中ソ両国人民の共通の敵ソ修裏切者集団を打倒するかたい決意を示した。

中国の神聖な領土に武力侵入したソ連修正主義の許しがたい犯罪行為を糾弾するわが辺境守備隊の戦士と地もとの革命的な大衆。

一九六九年三月二日午前、ソ連辺境守備当局はソ連現代修正主義集団のさしがねのもとに、大勢の完全武装部隊をくりだし、多くの装甲車、トラック、指揮車を出動させて中国領土黒竜江省珍宝島地区に強引に侵入し、この島で正常な巡ら任務を執行している中国の辺境守備隊に挑発をかけた。当時、中国の辺境守備隊はきわめて大きな自制心をもって、侵入したソ連軍にたび重なる警告を発し、挑発の停止と中国領土からの退去を命じた。だが、侵入したソ連軍はそれを無視して、公然と中国辺境守備隊に狂気じみた銃砲撃をあびせ、中国辺境守備隊の戦士多数を殺傷した。中国の辺境守備隊は、これいじょう耐え忍ぶことのできない状況のもとで自衛反撃を余ぎなくされ、侵入した挑発者にしかるべき懲罰をくわえ、祖国の神聖な領土を勝利のうちに守った。ソ連修正主義裏切者集団の武力挑発事件は、中国人民にくわえられたいまひとつの新たな重大な犯罪行為であり、ソ修社会帝国主義のどう猛な正体をふたたびさらけだしたものである。

この日、中国外交部はソ連政府に抗議の覚書を送り、ソ連政府にもっとも強烈な抗議をおこなった。こんどの重大な流血事件は、ソ連当局が長期にわたって謀略的に中国の領土を侵犯し、武力挑発をおこない、たえず流血事件をひき起こしてきたなかで、またしても犯した新たな重大な犯罪行為である。中国政府はソ連政府にたいして、この事件をひき起こした下手人を処罰すること、中国領土への侵犯と武力挑発をただちに停止することを断固として要求するとともに、わが方がこうむったすべての損害にたいする賠償をソ連側に要求する権利を保留するものである。中国政府はソ連政府にふたたびきびしく警告する。もし、君たちがあくまで我意をはりとおし、ひきつづき中ソ辺境での武力衝突をひき起こすなら、かならず中国人民の断固とした反撃をうけるであろう。そのために発生するすべての重大な結果にたいしては、ソ連政府が全責任を負わなければならない。

ソ修裏切者集団は、三月二日に武装部隊を出動させてわが国の領土に侵入し、きわめて重大な辺境流血事件をひき起こしたのち、七日と八日にさらに、悪どい反中国の波をまきおこした。モスクワのソ修当局はつづけざまに大勢の暴徒をくり出して、ソ修の少将の指揮のもとで、モスクワ駐在中国大使館前で狂気の挑発をおこない、鉄棒や石ころをもってわが大使館の建物をこわし、わが大使館の写真掲示板を破壊し、わが大使館の人員を空気銃で射撃した。とくに憤慨にたえないのは、これらの暴徒が、中国人民の偉大な指導者毛主席を公然と侮辱したことである。ソ修集団がこれほど狂気じみてつぎつぎに重大な反中国事件をひき起こしていることは、かれらの頭がすでにおかしくなっている証拠である。この反中国暴行にたいし、モスクワ駐在中国大使館は、三月七日、ソ連外交部にたいし強烈な抗議を提出した。

ソ連修正主義が謀略的にこれら一連の

武力挑発と反中国暴行をひき起こしたという消息がつたわるとたちまち、全中国の幾億幾千万という軍民は非常に憤激した。ソ連修正主義のファッショ的侵略の暴行を怒りにもえて糾弾する強力なデモは燎原の火のように全中国にひろがった。東北辺境の烏蘇里江から南玄関の海南島、東海の浜辺から西のパミール高原にいたるまで、都市や山村、草原や漁村などいたるところで「新しいツァーを打倒しよう！」「ソ修社会帝国主義を打倒しよう！」と怒りの叫びがとどろいている。

偉大な指導者毛主席にかぎりなく忠誠をつくすわが国の幾億幾千万という軍民は、われわれの最も敬愛する偉大な指導者毛主席をソ修裏切者集団が暴徒をつかって公然と侮辱したことにたいし、このうえない憤りをこめてはげしく抗議した。七億の中国人民は、ソ修がひき起こしたこの事件を絶対に容認できない！全国の幾億幾千万というデモの大衆は、「われわれの偉大な指導者毛主席に反対する者は、だれであろうと断固として打倒する！」と、怒りをこめて叫んだ。

全国で、抗議集会とデモに参加した軍民は、三月十二日現在でのべ四億をこえた。すさまじい抗議の津波は、七億の中国人民が偉大な指導者毛主席の英明な指導のもとに、一致団結して敵がい心をもやし、ゆるぎない金城鉄壁を築いており、いかなる力にもうちやぶれないことをよく示している。もしソ連修正主義裏切者集団があえて中国を侵犯し続けるなら、かれらを二度と生きてもどれないよう、粉砕するであろう—

首都北京では数日

はがねの長城

——毛沢東思想で武装した中国国境守備隊

毛沢東思想で武装し、プロレタリア文化大革命できたえられた7億の中国人民を侮ることはできない。写真は、中国の西部辺境で各民族人民とともに、放牧しながら巡らにあたる国境守備戦士たち。軍民はひとりのように団結し、あえて侵犯してくるすべての敵をだんことして、徹底的に、のこらず、きれいさっぱり消滅する準備をととのえている。

南京長江大橋をかけた英雄たち

金度

労働者や橋梁架設に参加した中国人民解放軍の戦士たちとともにプレストレストコンクリートの新技術を研究する労働者出身の技師王超柱さん（指さしている人）

壮麗な南京長江大橋が万里の波上に雄姿を横たえている。その上を汽車や自動車が南北にゆきかう。

アジア最大の川といわれる長江（全長五八〇〇㌔）には、解放後三つの大橋が架設された。一九五七年にできた武漢長江大橋をはじめとして、一九五九年には重慶白沙沱長江大橋、一九六八年には南京長江大橋が完成したのである。長江をまたぐこの三つの大橋は南北の交通をむすぶことによって、政治的にも、経済的にも大きな意義をもっている。

なかでも、南京長江大橋の竣工は、世界の橋梁史上における奇跡といえる。南京にさしかかると長江は広く深く、波が荒くなり、河底の地質構造もきわめて複雑だ。この大橋の鉄道橋は複線で、全長

六七〇〇余㍍、武漢長江大橋の四倍の長さにたっする。上段の道路橋は全長四五〇〇余㍍、大型のトラックが四台並んで走れる。

南京長江大橋の架設はまったく外国人にたよらず、外国製の橋ゲタひとつ、リベット一本も使わず、すべてを中国の労働者、技術者が自力で設計・製作・施工した。架設にあたったのは全国各地の橋梁架設労働者と中国人民解放軍部隊の戦士たちだ。

南京長江大橋の架設についやした日びをふりかえるとき、偉大な指導者毛主席が教える「自力更生、刻苦奮闘」と苦しみも死もおそれぬ革命精神を発揚して、世界にまれなこの中国最大の橋梁架設工事をくりあげ完成するためにすぐれた貢献をした多くの英雄たちの姿が思いおこされる。——

なにものも恐れず大胆に創造する

南京長江大橋の架設現場に第一陣として到着した建設者のなかに、労働者出身の王超柱という技師がいた。かれは完成して間もない重慶長江大橋の工事現場からきたのだ。かれは新しい架設現場について荷物をおろすなり、さっそく労働者といっしょに地形や水文の観測にあたっ

威者」たちは悲観的な言論をまきちらし、「外国の専門家がいないと、南京の大橋はかけられない」とか「自力更生は自分自身に難題を持ちかけることだ」などとさかんにデマを流した。

「なぜ外国の専門家を招かなければならないのか？」「なぜ自力更生が自分自身に難題を持ちかけることになるのか」

7

⇦広はんな貧農・下層中農は「引沁済蟒」用水路の第一期工事を1965年12月の起工からわずか7カ月間で完成した。清らかな沁河の流れが上層山のふもとの〈新愚公水路橋〉を通って山越えし、山をめぐる用水路にそそぎこみ、孟県に向かって流れる。それをみて貧農・下層中農は、心の底から「毛主席万歳！ 毛主席万万歳！」とさけぶ。

⇧水がきた！　宿願がかなって喜びいさむ蟒河両岸の貧農・下層中農は、偉大な指導者毛主席のご恩にふかく感謝している。

労働者階級と貧農・下層中農は毛沢東思想で多くの困難を乗りこえ、〈東方紅水路橋〉をきずきあげた。長さ 408㍍、高さ52㍍におよぶこの水路橋は、北部の水を南部に引きいれる「引沁済蟒」用水路のかぎとなる工事である。

8

長江水運二十年

活気にみちあふれる長江中流の武漢港

解放されてから二十年、この間に長江は大きな変化をとげた。

古参の水運労働者で、いまは〈長江航運公司〉船舶管理部革命委員会の常務委員をしている黄孔福さんは感慨ぶかげにつぎのように語る。

「とどのつまり、権力をだれがにぎるかの問題です。解放まえ、長江の主権は帝国主義とその手先の国民党反動派ににぎられていたので、長江の水運事業は帝国主義がわが国の資源を略奪し人民を抑圧する道具でした。だが、解放後は人民が主人公になったので長江の水運事業は社会主義に奉仕し、人民の仕合わせをはかるようになりました」

長江は中国最大の川である。中国西北部、青海省の巴顔喀拉山麓にその源を発し、八つの省を貫流しながら、数百の支流をあつめて東海にそそぐ。長江は、世界でもっとも長い、もっとも水量のゆたかな大河にかぞえられている。長江とその支流は両岸の広大な農地をうるおし、長江の南北、沿海と内陸地、都市と農村を結ぶ交通運輸網を形づくっており、中国経済の重要な命脈である。

長江の昔と今

解放後、中国の労働者階級は「**独立自主、自力更生**」という毛主席の偉大な教えにしたがい、長江で社会主義の新しい水運事業を建設し発展させた。二十年このかた、幾百幾千という河港やふ頭が新設、拡張され、国産の新型客船や貨物

労働者、農民、兵士と結びつく道を進む

特集　広びろとした天地で成長する若者たち

河南省郟県　広闊天地大有作為人民公社に知識青年を訪ねて

本誌記者

中国では広はんな知識青年が、偉大な指導者毛主席の教えにしたがってぞくぞくと農村へおもむき、貧農・下層中農から再教育をうけている。これは青年の思想の革命化をはかる根本的な道であり、社会主義の祖国の変色をふせぐ百年の大計である。こうしたすばらしい現実を河南省の有名な人民公社に取材してみた。

きさごろ、ある人民公社を訪ねた。「広闊天地大有作為人民公社」というすばらしい名の公社だ。所在地は広大な豫中平原の一角、河南省の郟県。この地に足を踏み入れて何よりも強く印象づけられたものがある。

それは、どの家の白かべにもあざやかに書きしるされた、「農村にいって活動できる、そのようなすべての知識人は、よろこんでそこへゆくべきである。農村は広びろとした天地であり、そこでは大いに力を発揮することができる」という毛主席の教えである。

この公社にはとくに若者が多い。耕地や脱穀場、建設現場など人びとの働くところにはすべて健康そのものの若い男女の姿がみられ、かれらの歌ごえがいたるところでひびいている。かれらのほとんどが、農村や山地へゆくようにとの毛主席のよびかけにこたえて、この十数年間に都市からやってきた知識青年だ。かれらに接しているうちに、共通の特徴を見

— 21 —

広大な農村は、社会主義建設をめざす革命的な知識青年が活躍するところだ。偉大な指導者毛主席の革命路線にみちびかれ、奮起発憤、自力更生の精神をもって、荒れ山を良田に変えている。

— 20 —

10

1969

这一年的策划很有时代感。《为五亿农民服务的中国医疗卫生工作》讲述了中国医疗工作者为落实“将医疗卫生工作的重点放到农村去”的指示所做的努力和取得的成就。其中一个奇迹是，比上一年更大的肿瘤切除手术在农村妇女张秋菊那里获得成功，张秋菊的名字也因此被许多日本读者知晓（3月号，见图1）。给农村儿童接种的跨页彩色图片拍摄得朴实、自然，体现了《人民中国》图片摄影“等身大”的美学意识正在形成（3月号，见图2）。解放军医疗队在少数民族地区行医治病的图片成为这一年最有人情味的封面（3月号，见图3）。《千年的铁树开了花，聋哑人如今说了话》则报道了解放军某部医疗队深入农村，治好了聋哑病人的故事（3月号，见图4）。

这一年中共九大召开。在此之前爆发了中苏边境武装冲突，中国政府的一系列抗议与声明以及综述报道《中国人民愤怒声讨苏修的侵略行径》《谎言难掩野蛮暴行》集中反映了中国人民的愤慨（5月号，见图5）。黑白画页《钢铁长城》则反映了西部少数民族边疆地区对随时来犯之敌的警惕（8月号，见图6）。

南京长江大桥的完成（9月号，见图7）和“引沁济蟒”大型水渠工程（9月号，见图8）的初步完成是那一年工农业建设的两大成就。《长江水运20年》介绍了20年不断发展的长江水运给长江南北、内陆沿海、沿江城乡的经济与人民生活带来的利益（10月号，见图9）。

《在广阔天地茁壮成长的青年》（图10）也很有时代感，介绍了离开城市落户乡村的知识青年的奋斗故事。

1970

人民中国

赤旗を高くかかげる大慶油田

大慶油田革命委員会副主任の王進喜さんは、毛主席の教えにしたがい、大衆から離れず、採油やぐらから離れずに、革命化の大道をつき進んでいる。

1

上海第十四ラジオ工場の革命的労働者と革命的技術者は「独立自主、自力更生」の革命精神を発揮して多くの新製品を試作・製造している。これはエレメント職場が試作した電子エレメントの新製品。構造・性能のいずれの面でも外国製をしのぐ。

3

首都北京の上空を通過

をつく革命的意気ごみと厳密な科学的精神が、わが国の人工衛星の最初の打上げを一挙に成功させるのを確保したのだ。

偉大な指導者毛主席は、「われわれは世界各国が技術発展の面でたどってきたふるい道にそって、他人のあとからのろのろとついていくべきではない。われわれは、ありきたりのやり方を打破して、できるだけ先進的技術を採用し、あまり長くない

総会での報告」）。われわれは毛主席の教えを肝に銘じて、謙虚で、慎重で、おごりをいましめ、あせりをいましめ、偉大な七十年代に、五十年代や六十年代よりもいっそう偉大な勝利をかちとらなければならない。西方のブルジョア階級にできることなら、東方のプロレタリア階級はかならずやりとげるし、西方のブルジョア階級にできないことでも、東方のプロレタリア階級はかならずやりとげる。勝利のうちに前進する中国人民の足どりは、いかなる反動勢力にもはばめない！

2

江蘇省の農村にくまなくたつ小型ちっ素肥料工場

小型化学肥料工場が生産した肥料はつぎつぎに農村の人民公社におくられてゆく

江蘇省の広びろとした農村には県経営の小型ちっ素肥料工場が数多くある。これらの工場は朝はやくから夕方までいつも人波でにぎわっている。各人民公社からきた公社員がひきもきらず出入りし、袋につめられた肥料をつぎつぎに車や船に積みこみ、生産隊へもちかえる。

これらの小型ちっ素肥料工場は、偉大な指導者毛主席が一九五八年に制定した「大いに意気ごみ、つねに高い目標をめざし、多く、はやく、りっぱに、むだなく社会主義を建設する」総路線によって生みだされたものである。十一年あまりのあいだに、これらの工場は無から有へ、少数から多数へと発展し、いまでは全国各地にあまねくできている。その生産能力は国内のちっ素肥料工業の総生産力の三分の一を上回っている。小型ちっ素肥料工場をもっとも早く発展させた江蘇省では、その生産量はすでに大規模のちっ素肥料工場をしのいでいる。小型ちっ素肥料工場はいまではちっ素肥料工業をになう生気はつらつとした力となっているのである。

ちっ素肥料工業はこれまで「農村へおりる」のを許されなかった。「西洋学問」をかじっていたブルジョア技術「権威者」どもの「理論的根拠」というのはこうだった。ちっ素肥料工場は技術が複雑で、高温、高圧が必要で、しかも燃焼、爆発しやすいから、大都市にしか建てられない、と。しかし、この十一年あまりのあいだ、ちっ素肥料工業は「農村へおりた」ばかりか、そこに「定住」して、農業生産をより多く、はやく、りっぱに、むだなく支援するという効果をあげたのである。

多く、はやく、りっぱに、むだなく

昆山小型化学肥料工場の一角

— 52 —

5

…労働者

人工衛星の研究・製作、打上げにたずさわった要員は、党の九全大会の団結・勝利の旗じるしに励まされて、心をひとつにし、力をあわせて、わが国の先端的技術を開発する大衆運動をくりひろげた。毛主席の人民戦争についての偉大な思想は、わが

歴史的時期に、わが国を社会主義の現代化した強国にきずきあげなければならない」と指摘している。中国人民は最初の原子爆弾を爆発させてからわずか五年あまりの期間に、西方のブルジョア階級が科学技術の開発で十年、二十年も歩んだ道のりをひとまたぎにして、七十年代の初めには誇りにみちて宇宙空間技術開発

た。裏切者、敵のまわし者、労働者階級の奸賊劉少奇こそ、極悪非道の罪をおかした買弁洋奴なのである。劉少奇とその一味は、資本主義の復活をたくらみ、毛主席のプロレタリア革命路線に狂気のように反対し、「独立自主、自力更生」の偉大な方針に反対し、反革命修正主義路線を極力おしすすめ、買弁洋奴哲学、牛歩主義を売りさばき、わが偉大な社会主義祖国を、アメリカ帝国主義、社会帝国主義の植民地に変えようとした。わが国が先端的な科学技術を高速度に発展させる過程で、劉少奇一味はしきりに冷水をあびせ、自力更生を「身のほど知らず」だなどと攻撃し、妨害と破壊に狂奔した。だが、勢いよく前進する革命の奔流にかかっては、かれらの反革命活動もしょせん身のほど知らぬ抵抗にすぎなかった。プロレタリア文化大革命は、劉少奇一味というこれら人間のくずどもを歴史のごみために掃きこんだ。毛主席を統帥者とし林副主席を副統帥者とする党中央の英明な指導とねんごろな配慮のもとに、わが国人民は独立自主、自力更生によって人工衛星を研究・製作し、打ち上げるというすばらしい局面をきりひらいたのである。

プロレタリア文化大革命に鍛えられ、わが国最初の人工衛星の研究・製作、打上げの仕事にたずさわった広はんな労働者、人民解放軍の指揮員・戦闘員、革命的幹部、科学工作者、技術要員、民兵および関係要員は、偉大な指導者毛主席へのかぎりない熱愛を胸にいだき、きわめて大きな革命的熱情をもやして、「われわれも人工衛星をつくらなければならない」という毛主席の偉大な呼びかけにこたえ、研究・製作にとりかかったその日から、「われわれの最初の衛星は、かならず中国の労働者階級の革命的志気を体現しなければならず、ぜひとも世界の先進的水準に追いつき追いこさなければならない！」という英雄的な誓いをたてた。かれらは毛沢東思想の活学活用を首位におき、実験室、職場、発射場を、毛沢東思想活学活用の大きな教室にし、わが国の科学技術の発展にかんする毛主席の一連の偉大な教えを真剣に実行にうつして、いつどこでも毛沢東思想を最高の基準として自己の行動をみちびいた。かれらはいたるところに革命的大批判の戦陣をかまえ、毛沢東思想を統帥として、劉少奇一味の「技術による統帥」「物質による刺激」「専門家路線」「洋奴哲学」「牛歩主義」などの反革命修正主義の黒いしろものを思いきり批判し、階級闘争と二つ路線の闘争についての自覚を高めた。毛沢東思想活学活用の大衆運動と革命的大批判は、衛星の研究・製作に参加した要員の思想の革命化を大いにうながし、衛星の研究・製作と打上げの仕事を勝利のうちに達成するのにきわめて大きな推進的役割をはたした。

人工地球衛星が発する＜東方紅＞の楽曲と信号音をきく西溝生産大隊の貧農・下層中農と中国人民解放軍の戦士たち（山西省平順県で）

人工衛星の研究・製作、打上げにたずさわった要員は、「独立自主、自力更生」についての毛主席の偉大な教えにしたがって、盲信を打破し、思想を解放し、革命的な積極性と創意性をあますところなく発揮し、底知れぬ知恵と力を発揮し、すべて立脚点を国内におき、すべて自己の力に依拠して、技術的難関をつぎつぎと攻略し、計測装置をぞくぞくとつくりあげていった。この衛星は、設計から製作にいたるまで、外国人はひとりも参加せず、外国の見本はひとつもなく、「舶来品」はひとつも使用していない。プロレタリア文化大革命に推進されて飛躍的な発展をとげたわが国の年若い電子工業および冶金工業、化学工業、機械工業、計測器製造工業は、先進的な新材料、新部品、新計測器、新設備を大量につくりあげ、自力更生によって人工地球衛星を研究・製作し、打ち上げるためにきわめてゆたかな物質的基礎を提供した。

— 24 —

4

革命歴史歌曲

畢業歌

聶 耳作曲
集団再作詞

生気はつらつと

同学們，大家起来，奔向那
抗戦的前方！听吧！
抗戦的号角已吹響；看吧！
戦闘的紅旗在飄揚。
我們跟着共産党，拿起槍！
我們誓死保衛祖国的辺

疆，我們決心把侵略者徹底
埋葬。我們要和工農
在一起，築成那鉄壁銅牆，
全国人民団結起来，迎接那
民族解放勝利的曙光。
前進！前進！軍号已吹響。
同学們！同学們！快行動起来，
奔向那抗戦的前方！前方！

聾唖学校の変貌

針灸療法で聾唖の「禁区」をひらいた
北京市第三聾唖学校の事績

伝隊は「医療と教育を結びつける」学習
をひらいて、学校の教員が授業をしなが
心をこめて治療をほどこすようにはから
、治療の成果をうちかため発展させた。

医教合一学习班

⇨首都の労働者・人民解放軍毛沢東思想宣伝隊が学校にくると、十五歳になる貧農の娘王金栄さんが自分の手のひらに「おじさん、わたしは毛主席を熱愛しています。わたしは毛主席万歳とさけびたいのです！」と書いてみせた。それはこの学校に学ぶ生徒たちの気持ちをよくあらわしていた。

こうして全校の生徒 328名のうち、すでに315名がなおった。生徒たちは胸をおどらせて社会主義祖国のラジオ放送をきいている。

宣伝隊の医療組では、針灸療法で聾唖の「禁区」をひらくとともに、話し方や聞き方を教

りりしい姿の女子公社員は、「山をきりひらき、大自然を改造するのは、中国革命のためだけでなく、世界革命を支援するためです」と高い意気ごみをしめす。

うまれかわった土家山寨

湖南省湘西土家族苗族自治州の竜山県洛塔人民公社

世界人民の米帝反対闘争を支持する首都人民集会

偉大な指導者毛主席が天安門城楼にあがったとき、革命的大衆は天地をどよもす歓呼の声をあげ、「毛主席万歳！」「毛主席万万歳！」といっせいに声高らかに叫んだ。

首都各界人民纪念日本社会党前委员长浅沼稻次郎先生遇害十周年大会

浅沼稲次郎先生殉難十周年記念集会　北京でひらかる

北京各界人民の、日本社会党前委員長浅沼稲次郎先生殉難10周年記念大会の会場。

十月十二日の午後、日本全国各地の社会党員と東京の労働者、市民など千五百名が東京で集会をもよおし、浅沼稲次郎＝日本社会党前委員長殉難十周年を記念しているとき、これと時を同じくして、中国の首都北京では各界の革命的大衆千五百余名が、日本の政治家浅沼稲次郎先生にたいするこのうえない尊敬の念を胸に、おごそかに記念集会をもよおした。

周恩来＝国務院総理、郭沫若＝全国人民代表大会常務委員会副委員長・中日友好協会名誉会長が大会に出席した。

記念活動参加のためわざわざ訪中した黒田寿男先生を団長とする、浅沼稲次郎殉難記念活動に参加する日本社会党訪中団、宮崎世民先生を団長とする日中友好協会（正統）訪中代表団、中島健蔵先生を団長とする日中文化交流協会代表団、および在北京の日本の友人たちが大会に出席した。

浅沼稲次郎先生は日本のすぐれた政治家であり、偉大な反米戦士であり、アメリカ帝国主義に反対し日中友好を増進させるために雄々しくたたかった。一九五九年三月十二日、浅沼先生は中国訪問

— 25 —

10

1970

这一年起，大规模社会运动转向沉寂，生产与建设开始提上日程。大庆钻人“王进喜”依然是工业战线的一面旗帜（12月号，见图1），上海造船厂的电焊工人成为封面的主角（5月号，见图2）。与此同时，异军突起的电子工业与半导体元件的研发也使传统工业的形象悄然发生变化（1月号，见图3），“东方红”卫星成功升空带给人们巨大的喜悦

軍国主義復活粉砕のプラカードをかかげてデモ行進をおこなう日本の労働者、農民、青年学生（徳山市で）

いかくし、人びとの闘志をそぎ、人びとの闘争の方向を他に転じさせること、それがかれらのねらうところである。革命をめざす人びとは絶対にかれらのワナにかかってはならない！

では、「自主防衛」とはどのようなものなのか。タネを明かせばこうである——米帝に追随し、米帝のアジア支配を助ける憲兵の役をすすんでひきうけ、米帝とぐるになってアジアを侵略するという

たつかたたないうちに、「安保条約」が調印されたのである。日米「安保条約」は米帝が日本人民におしつけた不平等条約であるばかりか、日本反動派が日本の主権と民族の利益を売り渡す身売り証文である。それを証明するのが、条約のつぎの規定だ。一、日本政府はアメリカが日本国内と日本の周囲に軍隊を駐屯させることに同意する。二、アメリカだけが日本国内に軍事基地をもつことができる、というのである。ついで、日米両国は一九五二年二月に、日本に駐屯する米

与自豪（10月号，见图4），江苏农村的小化肥厂的报道更是释放了春江水暖的乡办企业信息（1月号，见图5）。

一些历史歌曲经过重新填词后再次开始传唱，也丰富了《人民中国》的版面，满足了读者对音乐歌曲的需求（9月号，见图6）。

经过治疗逐步恢复听力的聋哑学校孩子们的日常通过画页图片呈现出来，大眼睛女孩打开全新世界的喜悦瞬间无疑是这组图片中的最亮点（6月号，见图7）。《土家山寨大变样》题头图中的公社女社员群像反映了时代表情与气质，也是一幅可圈可点的摄影佳作（10月号，见图8）。

这一年的5月20日，在天安门广场举行了“首都人民支持世界人民反对美帝国主义斗争大会”，毛主席发出“全世界人民团结起来，打败美帝国主义及其一切走狗”的号召（7月号，见图9）。“首都各界人民纪念日本社会党前委员长浅沼稻次郎先生遇害十周年大会”隆重召开，周恩来与郭沫若出席大会，对浅沼稻次郎的反美斗争精神给予高度评价（12月号，见图10）。同时，批判“日本军国主义复活”，声讨佐藤荣作之流自主防卫论调的评论文章，与国庆晚会广场京剧《沙家浜》表演的彩页构成了有趣的呼应（12月号，见图11）。

佐藤らの「自主防衛」論を糾弾する

洪興

祝日の夜

第三章

1971—1980年 成型与再转折时期[1]

1 在这10年里，《人民中国》总体风格趋于成型，20世纪70年代后期的历史转折也给《人民中国》带来新转机。

第一节

1971—1973年度点评

日本人民のクズファシズムの下僕

——日本の反動映画〈あゝ海軍〉の平田一郎を評す

董　良　徳

平田一郎はファシズムの下僕

— 80 —

どのような愛国主義なのか

— 81 —

1

中国を訪れた日本の海員代表団

日本の友人たちは海員出身の陳郁・広東省革命委員会副主任（手前右）にともなわれて黄埔港を参観した　陳郁氏と親しく歓談する日本の友人たち

3

沖縄「返還」はペテンだ

郭　済

米帝が日本の領土沖縄を不法占領してから二十数年になる。その間、米帝は、これらの島々を、中国、朝鮮、ベトナム、その他のアジア諸国を侵略するための最大の拠点としてきた。米帝は沖縄に多くの軍事基地をつくり、そこにミサイルと核兵器を配置した。米帝がベトナム侵略戦争につかっている軍艦、B52爆撃機はこの沖縄基地から出撃しているのだ。これを米帝がたやすく手放さないのは火を見るよりもあきらかである。

労働者、学生約15000名が東京の日比谷公園で集会をひらき、沖縄「返還」のペテンをもてあそぶ米日反動派にはげしく抗議した。

米帝と日本反動派は、長期にわたる謀議のすえ、さる六月十七日に、沖縄「返還」協定なるものに調印した。それは米国が日本に沖縄を「返還」する、というものである。だがこれは、沖縄の完全復帰をめざす日本人民の闘争の炎をたたき消すために考えられたペテンなのである。日本人民はそれを見破っている。協定が調印される当日、十数万にのぼる日本の労働者、農民、学生、教職員、公務員、各階層の人民は、人だましの協定を糾弾する集会とデモを、沖縄から北海道にかけて、三百余ヵ所でおこなった。

永久不法占領の「合法化」

一九六九年十一月、佐藤栄作はワシントンにおもむき、ニクソンと共同声明を発表し、いわゆる沖縄「返還」について謀議した。そので、佐藤反動政府は、一九七二年に米国が沖縄を「返還」すれば日本は「完全に独立」することになるなどとひたすらよいちょうしてきた。だが、佐藤らが米国の主人との共演でみせた演技は下手であり、呼吸もあっていない。米国務長官ロジャーズは三月二十七日の外交報告で、米国が日本にわたすのは沖縄の施政権であって、米国はその欠くことのできない軍事基地を確保する、と語った。米海軍陸戦隊司令官チャップマンなどはもっと露骨である。沖縄を日本に返還しても、米軍は日米共同声明にもとづき、沖縄に長期駐留するし、自由に軍事行動をとる、というのである。かれらの調印した協定によれば、アメリカは一方では「沖縄に関するすべての権利および利益」を放棄することを表明しながら、他方ではひきつづき「沖縄の施設および区域を使用する」ことを固持している。周知のとおり、アメリカは面積わずか二千三百平方キロの沖縄諸島に百数十の軍事基地と施設をもうけており、これらの軍事基地と施設の面積は沖縄全土の十三パーセント近くを占める。いま、アメリカはこれらの軍事基地と施設のほとんどを無期限に保留し、沖縄の「施政権」だけを日本に引き渡そうとしている。このような「返還」は実際には名ばかりの返還であり、アメリカの沖縄永久不法占領を「合法化」するものでしかない。

山口県の労働者、農民、学生、婦人は、米帝の岩国軍事基地拡張に抗議し、沖縄返還を要求して米軍基地にデモをかけた。

沖縄「返還」協定の「前文」には、本協定は「日米共同声明を基礎とする」ことがはっきり書かれている。「日米共同声明」は日本軍国主義復活の証拠であり、それは、侵略的な日米「安保条約」の範囲をさらにひろげ、いっそう危険な、新たな日米軍事同盟にした。したがって、この協定の成文化は、日米軍事同盟をいっそう拡大・強化する「日米共同声明」を協定という形で固定化するものである。こうして、日本はアメリカのすすめる侵略の戦車にしっかりとくくりつけられ、すでに復活している日本軍国主義は米帝による戦争の軌道にいっそうのせられた。沖縄「返還」をつうじて、「本土と沖縄はいずれも米国の戦略体制にいちだんと組みこまれることになる」と『朝日新聞』も指摘している。

「日米共同声明」の規定のなかでもひじょうに重要な点は、沖縄の「返還」が「日本をふくむ極東の諸国の防衛に米国が負っている国際義務の効果的遂行の妨げとなるようなものではない」という点である。それはつまり、沖縄「返還」後もアメリカはこれまでどおりこの前哨基地を利用して、アジア諸国人民の革命闘争を弾圧し、インドシナ侵略戦争をおしすすめるということである。事実、ニクソンと佐藤が共同声明を発表していらい、アメリカ帝国主義はひたすら沖縄におけるその軍事基地、施設の拡充、強化に拍車をかけ、沖縄におけるその駐留軍と装備をいちだんと増強してきた。ことしの三月、米帝と南朝鮮のかいらい一味が「フリーダム・ボールト」という空輸作戦の共同演習をおこなったさいにも、沖縄を「中継基地」とした。これらはすべて、アメリカ帝国主義がひきつづき沖縄をアジア侵略の重要な橋頭堡にしていることを、議論の余地なく証明している。このような状況のもとでの「沖縄返還」とは、文字どおり根も葉もないデタラメではないだろうか。

日本本土の「沖縄化」

日本の小学生たちの求めに応じてサインをする中国の選手

5

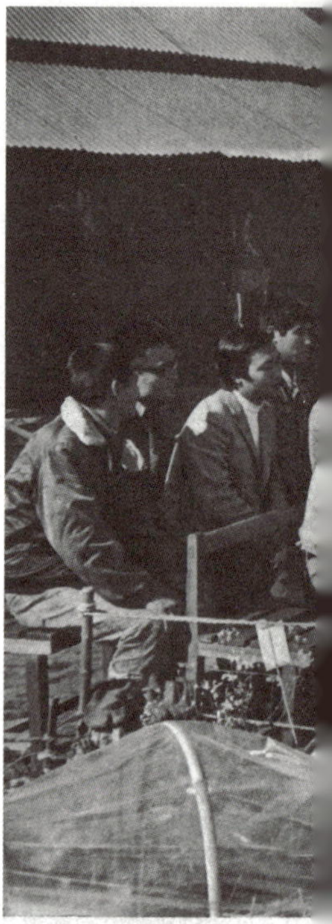

へおくられていった。そのご、わたしは山のなかへ逃げこみ、十三年間も穴ぐらで生活していた。そうしたわたしを救い出してくれたのは毛主席と中国共産党である。一九五八年にわたしは新中国にもどった。それから今日まで十三年の歳月が流れた。まえの十三年間は、苦難の淵につき落とさ

しあわせな劉運仁さんの一家

一九四四年九月のある日のこと、昼食をすませて野良仕事へでようと、外にでると、偽政府の兵隊どもがあらわれて、わたしをうむを言わさず高密県城へとひったてていった。その途中でも、かれらは手あたりしだいに人をつかまえた。県城についたときには、捕われた者が八十人をこえていた。その夜は「合作社」とよばれる日本侵略軍の建物に監禁された。そこではじめてわたしは日本侵略者の手中に落ちたとさとったのだ。

翌朝、日本侵略軍は銃剣をつきつけてわたしたちを高密駅へと追い立てていった。汽車にのせられたらさいご、ふるさとを遠くはなれた土地へはこばれ、かれらのために死ぬほどこきつかわれるにきまっている。そんな日にあうぐらいなら、ふるさとの近くで死んだほうがましだと考えたわたしたちは、みんな必死で腕にかかっているナワ目をゆるめ、思いおもいの方向へかけ出した。すると日本

た。各地から捕われてきた民衆は千人をこえており、みんなおなじところにつながれていた。日本侵略者は、毎日わたしたちに訓練をさせた。その訓練中に、いつもわたしたちはなぐりつけられた。わたしと同郷のひとりが、あまりいためつけられて病気にかかり、訓練に出られなくなった。すると、かれらはその仲間をコンクリートの床の上に投げとばして殺してしまった。

そこに六日間ぶちこまれていたが、つぎに埠頭につれてゆかれ、日本へゆく船にのせられた。船旅は七日間だったが、乗船のさいひとりにトウモロコシの粉でつくった団子――窩々頭をふたつずつ渡されただけで、飯はいちどもたべさせない。空腹と船よいから三人の仲間が甲板に倒れて気を失っていると、残忍な日本侵略軍はかれらをひとりずつ海につき落としてしまった。これもわたしがこの目でみたことだ。

— 63 —

中国卓球代表団の一部のメンバーはたたかう三里塚を訪れ、地もとの農民と話しあった。

超高圧活線作業に従事する婦人たち
「時代は変わって、男女ともに同じになった。男の同志にできることは、女の同志にもできる」と偉大な指導者毛主席は教えている。毛主席と中国共産党の配慮と育成により、新中国の勤労婦人は社会主義革命と社会主義建設のなかでその知恵と力をあますところなく発揮している。ここに紹介するのは、広州市の女子電気工・共産党員の郭木銀さんと見習工の徐麗娟さん。かの女たちは地上30余メートルもある鉄塔のうえで、送電状態のまま、22万ボルトの超高圧電線の点検をしている。

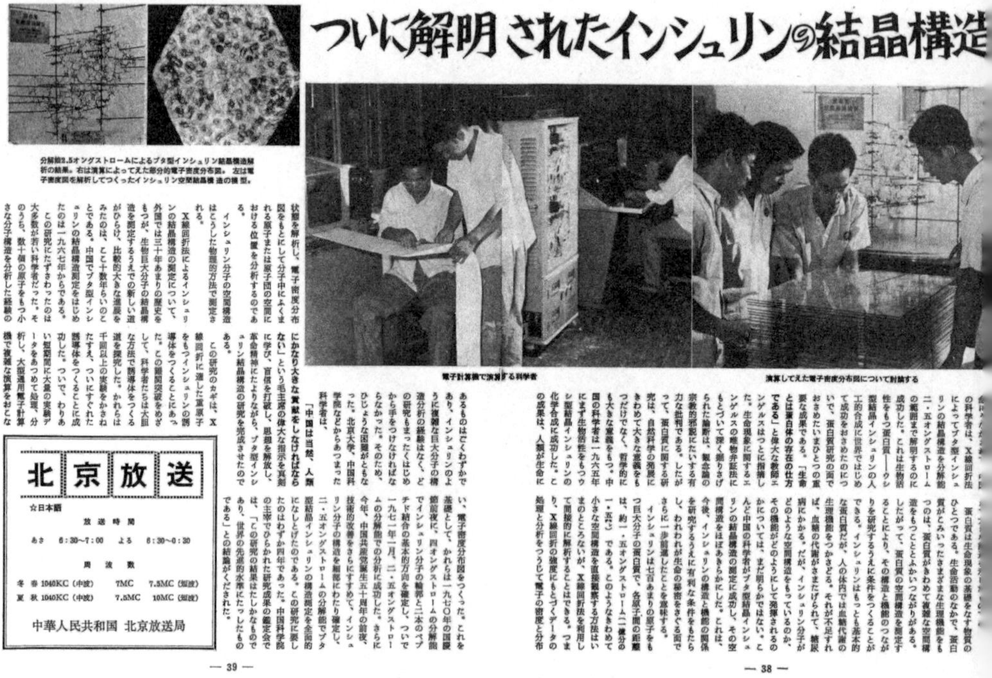

ついに解明されたインシュリンの結晶構造

分解能2.5オングストロームによるブタ型インシュリン結晶構造解析の結果。右は演算によってえた部分的電子密度分布図。左は電子密度図を解析してつくったインシュリン空間結晶構造の模型。

電子計算機で演算する科学者

演算してえた電子密度分布図について討論する

の科学者は、X線回折法によってブタ型インシュリンの結晶構造を分解能二・五オングストロームの範囲まで解明するのに成功した。これは生物活性をもつ蛋白質——ウシ型結晶インシュリンの人工的合成に世界ではじめて成功をおさめたのについで、蛋白質研究の面でおさめたいまひとつの重要な成果である。「生命とは蛋白体の存在の仕方である」と偉大な教師エンゲルスはつとに指摘した。生命現象に関するエンゲルスの唯物弁証法にもとづいて深く掘りさげられた論断は、観念論の宗教的邪説にたいする有力な批判である。したがって、蛋白質に関する研究は、自然科学の発展にきわめて大きな意義をもつだけでなく、哲学的にも大きな意義をもつ。中国の科学者は一九六五年にまず生物活性をもつウシ型結晶インシュリンの化学合成に成功した。この成果は、人類が生命に

蛋白質は生命現象の基礎をなす物質のひとつである。生命活動のなかで、蛋白質がこみいったさまざまな生理機能をもつのは、蛋白質がきわめて複雑な空間構造をもつこととふかいつながりがある。したがって、蛋白質の空間構造を測定することにより、その構造と機能のつながりを研究するうえに条件をつくることができる。インシュリンはもっとも基本的な蛋白質だが、人の体内では血糖代謝の生理機能をつかさどる。それが不足すれば、血糖の代謝がさまたげられて、糖尿病にかかる。だが、インシュリン分子がどのような空間構造をもっているのか、その機能がどのようにして発揮されるのかについては、まだ明らかではない。こんど中国の科学者がブタ型結晶インシュリンの結晶構造の測定に成功し、その空間構造をほぼあきらかにした。これは、今後、インシュリンの構造と機能の関係を研究するうえに有利な条件をもたらし、われわれが生命の秘密をさぐる面でさらに一歩前進したことを意味する。

インシュリンは七百あまりの原子をもつ巨大分子の蛋白質で、各原子間の距離は、約一・五オングストローム（一億分の一・五㌢）である。このようなきわめて小さな空間構造を直接観察する方法はいまのところないが、X線回折法を利用して間接的に解析することはできる。つまり、X線回折の強度にもとづくデータの処理と分析をつうじて電子の密度と分布

— 38 —

状態を解析し、電子密度分布図をもとにして分子中にふくまれる原子または原子団の空間における位置を分析するのである。

インシュリン分子の空間構造はこうした物理的方法で測定される。

X線回折法によるインシュリンの結晶構造の測定について、外国では三十年あまりの歴史をもつが、生物巨大分子の結晶構造を測定するうえでの新しい道がひらけ、比較的大きな進展をみたのは、ここ十数年らいのことである。中国でブタ型インシュリンの結晶構造測定をはじめたのは一九六七年からである。

この研究にたずさわったのは大多数が若い科学者だった。そのうち、数十個の原子をもつ小さな分子構造を分析した経験のあるものはごくわずかであり、インシュリンのように複雑な巨大分子の構造分析の経験はなく、どの研究もまったくはじめから手をつけなければならなかった。そのため、ひじょうな困難がともなった。北京大学、中国科学院などからあつまった科学者は、「中国は当然、人類にかなり大きな貢献をしなければならない」という毛主席の偉大な指示を真剣に学び、盲信を打破し、思想を解放し、革命精神にたよりながら、ブタ型インシュリン結晶構造の研究を完成させたのである。

この研究のカギは、X線回折に適した重原子をもつインシュリンの誘導体をつくることにあった。この難関突破をめざして、科学者たちは大胆な方法で誘導体をつくる道を探究した。かれらは千回以上の実験をかさねたすえ、ついにすぐれた誘導体をつくることに成功した。ついで、わりあい短期間に大量の実験データをあつめて処理、分析し、大型通用電子計算機で複雑な演算をおこない、電子密度分布図をつくった。これを基礎として、かれらは一九七〇年の国慶節前夜に、四オングストロームの分解能でインシュリン分子の輪郭と二本のペプチド結合の基本的方向を確定し、ついで一九七一年一月、二・五オングストロームの分解能での分析に成功した。さらに今年、中国共産党誕生五十周年の前夜、技術的改善をさらにすすめて、インシュリン分子の構造を細部にわたり確定し、二・五オングストロームの分解能でブタ型結晶インシュリンの構造測定を全面的になしとげたのである。この研究に要したのはわずか四年であった。中国科学院の主宰でひらかれた研究成果の鑑定会では、「この研究の結果はたしかなものであり、世界の先進的水準にたっしたものである」との結論がくだされた。

— 39 —

1971

这一年对日本军国主义复活的警惕进一步高涨。一批日本战争电影在国内进行内部放映之后组织发表了批判文章，《人民中国》也向日本读者介绍了一些代表性观点（4 月号，见图 1）。美国试图通过归还冲绳行政权进一步强化日美同盟，这也引起了中国的警惕和愤慨，署名“郭济”的评论文章《归还冲绳是一个骗局》阐述了中国的反对立场（9 月号，见图 2）。

中日民间交往并未受此影响，《到访中国的日本海员代表团》就是一例（12 月号，见图 3）。更大的突破发生在名古屋举办的世界乒乓球锦标赛上，不仅中日运动员实现了时隔六年的重逢（6 月号，见图 4），更是由这一年的封面人物庄则栋实现了与美国运动员的接触，开启了“乒乓外交”的序幕（4 月号，见图 5）。中国乒乓球代表团还在三里冢与当地农民交流，并对他们的反机场征地斗争表示了支持（7 月号，见图 6）。

曾经作为劳工被掳掠到北海道下煤窑，逃走后过了 13 年暗无天日野人般生活的刘连仁，写来了一篇介绍他回国后 13 年新生活的文章《两个 13 年》，进行了今昔对比（12 月号，见图 7）。

在高压线上带电作业的女工的英姿是这一年里彩色跨页的亮点，展示了新中国妇女能顶半边天的气概（8 月号，见图 8）。

此外，中国科学家实现人工合成牛胰岛素的壮举（12 月号，见图 9），针刺麻醉做手术的奇迹（10 月号，见图 10），都给世界带来了震惊和好奇。特别是后者，还为日后中日医学界友好交流创造了契机。

当时知名度很高的木偶剧《半夜鸡叫》改编成连环画在杂志上刊发，反映出鲜明的时代特色（12 月号，见图 11）。

座談会

中国医・薬学の輝かしい成果 針麻酔術を語る

とき 1971年8月2日　ところ 北京市労農兵病院

出席者▼

辛育齢　北京市結核研究所外科責任者 北京市針麻酔共同研究組組長

周冠漢　北京医学院第三付属病院外科教学研究組責任者、北京市針麻酔共同研究組副組長

張　健　北京市朝陽病院外科医師 北京市針麻酔共同研究組副組長

蔣向東　中国人民解放軍総病院麻酔科副主任

王天保　北京市友誼病院科学研究組責任者 北京市針麻酔原理共同研究組組長

夏琅炎　北京市漢方医学病院漢方医 北京市針麻酔原理共同研究組副組長

趙碧蓮　北京市労農兵病院麻酔科責任者

周冠漢　「人民中国」雑誌社のもとめにこたえて、針麻酔の発見と発展、臨床的効果、それから針麻酔の原理などについて、みなさんに話し合っていただくことにしました。みなさんは針麻酔の理論的研究または針麻酔を実際にやっておられるので、具体的な体験をおもちです。では、針麻酔がどのようにして発見されたか、そのあたりから話していただこうと思いますが、いかがでしょうか。

針麻酔の発見

夏琅炎　針麻酔は中国の針灸療法をもとに発展したものです。この針灸は中国では数千年の歴史をもっている。その針灸療法の経験のなかに、針をさすと痛みがとまるというのがあります。二千年あまりまえの医書「内経」には、針をさせば頭痛や歯、耳、のど、腰、関節、胃の痛み、腸内の寄生虫による腹痛がなおせ

毛主席は「中国の医学と薬学は偉大な宝庫であり、その発掘と向上につとめるべきである」と指示しています。広はんな医療関係者は、この毛主席のよびかけにすすんでこたえ、西洋医は漢方医に学び、針灸療法を普及する大衆的運動をくりひろげてきました。

一九五八年、上海市第一人民病院で、

— 17 —

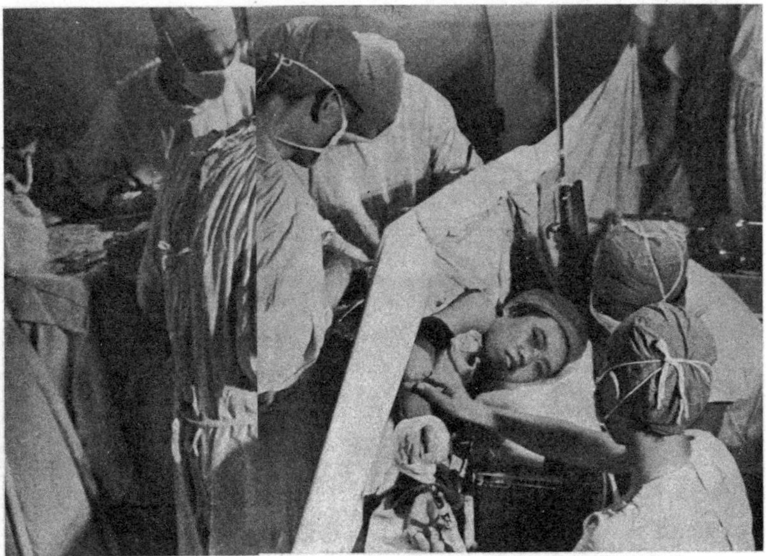

北京結核研究所でも針麻酔術の研究に成果があがっている。一本の針による麻酔で、肺の切除手術ができる。写真は、針麻酔による脊椎カリエスの病巣をとりのぞく手術。

— 16 —

10

— 99 —　— 98 —

11

第26回国連総会に出席した
中華人民共和国代表団熱烈な歓迎をうける

57ヵ国の代表が歓迎のあいさつ　　喬冠華団長重要演説を発表

喬冠華氏を団長とし、黄華氏を副団長とする中華人民共和国代表団は、1971年11月15日、第26回国連総会本会議に出席し、熱烈な歓迎をうけた。会議で喬冠華団長は重要な演説をおこなった。

1971年11月15日の国連総会本会議での中華人民共和国代表団

喬冠華氏を団長とし、黄華氏を副団長とする中華人民共和国代表団は、一九七一年十一月十五日、第二十六回国連総会本会議に出席し、きわめて熱烈な歓迎をうけた。

会議は現地時間午前十時半にはじまった。総会議長マリク氏がまず歓迎の辞をのべた。マリク氏は、「わたしは総会議長として、大きな喜びをもって中華人民共和国代表団を歓迎します」とのべた。また、中華人民共和国が国連機構の活動に参加することになったが、「これは歴史的な意義をもつ瞬間である」と強調した。

マリク氏の歓迎の辞が終わると、多くの国ぐにの代表があいついで演壇にあがり、中国代表団歓迎のあいさつをのべた。各代表の発言中に、発言を求める代表がつぎつぎとあらわれ、最後には五十七ヵ国の代表が歓迎のあいさつをのべた。そのなかには、中華人民共和国の国連における一切の合法的権利をただちに回復し蔣介石集団の代表を国連とそれに所属するすべての機構から即時追放することを要求する決議案を提出したアルバニア、アルジェリアと他の共同提案国の代表、およびアジア、アフリカ、ラテンアメリカ、アラブ地域、東ヨーロッパ、西ヨーロッパ、北ヨーロッパなどの地域の代表がふくまれている。会議は約六時間にわたってつづけられた。一部の代表は原稿を用意していたが、時間の都合でついに発言できなかった。

多くの代表の歓迎のあいさつは熱情にあふれ、中国人民への信頼、激励、兄弟の友誼を示していた。発言のなかで、中国人民の革命と建設の事業にたいする毛主席の指導をたたえた代表も少なくない。ある代表はまた熱情をこめて毛主席の詩詞を朗誦した。

各国の代表のあいさつのあと、喬冠華団長が拍手と歓呼の声に迎えられて、演壇にのぼり、重要な演説をおこなった。喬冠華団長の演説が終わると、会場にはまたも、しばし鳴りやまぬ熱烈な拍手がわきおこった。

歓迎のあいさつをのべた各国代表（発言順）はつぎのとおり。クウェート（アジア諸国を代表）、チェコスロバキア（東ヨーロッパ諸国を代表）、オランダ（西ヨーロッパとその他の諸国を代表）、デンマーク（北ヨーロッパ五ヵ国を代表）、モロッコ（アラブ諸国を代表）、アメリカ（地元の国）、アルバニア、フランス、チリ、ブルンジ、コスタリカ（ラテンアメリカ諸国を代表）、ザンビア、キューバ、オートボルタ（アフリカ諸国を代表）、モーリタニア、パキスタン、ルーマニア、タンザニア連合共和国、イタリア、ガーナ、マレーシア（インドネシア、フィリピン、シンガポール、タイをも代表）、ネパール、オーストリア、ユーゴスラビア、アルジェリア、赤道ギニア、ペルー、スーダン、マリ、イエメン民主人民共和国、ウガンダ、ビルマ、ギニア、コンゴ人民共和国、日本、アフガニスタン、セイロン、メキシコ、イラク、カメルーン、アラブ・シリア共和国、エチオピア、トルコ、ソ連、イラン、アラブ・イエメン共和国、ハンガリー、キプロス、ポーランド、モンゴル、インド、レバノン、トーゴ、ソマリア、チュニジア、ナイジェリア、ブルガリア。

— 6 —

— 7 —

1

松山バレエ団の人びとは、中国の踊り手を熱心に援助した、公演に協力した中国の青年にバレエのテクニックや風格について語る副団長の松山樹子さん。

松山バレエ団の人びとと中国の文学・芸術活動家は厚い友情でむすばれた。写真は中国と日本の革命歌をたがいに教えあうところ。

座談会

日中友好運動の新たな高まりを迎えよう

1971年10月14日　ところ・北京飯店

▶出席者　（発言順・敬称略・肩書きは訪中代表団名簿より）

黒田寿男　日中友好協会（正統）会長　日中友好協会（正統）訪中代表団団長

中島健蔵　日中文化交流協会理事長　日中国交回復国民会議議長　日中文化交流協会代表団団長

宮崎世民　日中友好協会（正統）理事長　日中友好協会（正統）訪中代表団副団長

宮川寅雄　日中文化交流協会常任理事　日中国交回復国民会議評議員　日中文化交流協会代表団副団長

三好一　日中友好協会（正統）事務局長　日中友好協会（正統）訪中代表団秘書長　日中国交回復国民会議評議員

司会・白土吾夫　日中文化交流協会常任理事　事務局長　日中国交回復国民会議幹事　日中文化交流協会代表団団員

この一、二年とみに高まってきた日中友好運動の波、その原動力は？

復活してきた日本軍国主義、その特徴は？

これからの日中友好運動、その展望は？

昨秋、中華人民共和国国慶二十二周年に訪中した日中友好協会（正統）代表団と日中文化交流協会代表団の方がたが一堂に会して語る日中友好運動の過去・現在・未来……

座談会は、もりあがる日本人民の日中友好・米帝反対・日本軍国主義復活反対のたたかいの波を濃厚に反映し、団結・勝利の確信にみちあふれていた。

— 14 —

人民の勝利　米日反動の孤立

白土　この一年あまり、日中友好、日中国交回復運動の発展はめざましいものがあるわけで、国際的な情勢も日本の国内の情勢も、人民に有利な方へと展開しているわけです。今日は『人民中国』編集部からちょうどいい機会をあたえていただいたので、過去一年をふりかえり、これからさき、団結していっそう大きな勝利をかちとることについてたがいに座談するのは、たいへん意義があるとおもいます。この一年あまりに発展してきた日中友好運動について、まず概括的なところを、黒田先生からいかがでしょうか。

黒田　この一年あまりに、日本の国内ではひじょうに大きな日中友好運動、日中国交回復の運動の波が高まってきています。その国際的な原因としては、中国がプロレタリア文化大革命に勝利して……

— 15 —

2

3

解放をよろこぶ喜児——革命的現代バレエ〈白毛女〉から

4

上海舞劇団の日本訪問記

暖かい友情につつまれて

茅恵芳（喜児）
石鐘琴（白毛女）

わたしたち中国上海舞劇団は、友好訪問と公演のため、空路日本を訪れ、忘れることのできない三十六日間をかの地ですごしました。

七月十日の夕方、羽田空港は小雨に煙っていました。日本の各界の友人と在日朝鮮人、愛国華僑二千余名が雨をおかして出迎えてくださいました。多くの友人は、わたしたちの手をしっかりと握りしめ、「お待ちしていました」と声をかけてくれました。わたしたちは喜びと感激でなんとこたえたらよいのかわからず、つよく友人たちと握手をかわし、挨拶をしたのでした。すると、日本の友人たちは思いがけなくも革命的現代バレエ〈白毛女〉の「北風吹いて」を歌いだしたのです。友情にみちあふれるその歌声はいまもわたしたちの耳にのこっています。

わたしたちは日本の各地で十九回にわたって公演しました。政治、経済、文化・芸術界の多くの友人と知名士をふくむ日本の広はんな観客がわたしたちの公演をみてくださいました。東京の日生劇場での開幕式と初日には、日本政府の国務相三木武夫氏とその夫人、通産相中曽根康弘氏がおみえになりました。日中文化交流協会理事長中島健蔵氏、朝日新聞社社長広岡知男氏など各界の友好人士もおいでになりました。日本の広はんな観衆はわたしたちの公演に熱烈な歓迎の意をしめしてくれました。観衆のある方は、「あなたたちが労農大衆のためにこのようなバレエをみせておられるが、わたしたちにはよくわかるし、心をひかれます」と言ってくださいました。観衆のある方は、「これまでにもバレエをみてきましたが、ふるくさく、立ちおくれたもので、みてもよくわかりませんでした。あなたたちはそれを革命的なものにし、歌をつけ、わたしたちの気持をうたいあげてくれました」といっていました。

大阪公演のさい、喜児が悪徳地主の迫害をうける場面をみて、多くの人が悲憤の涙を流していました。そして、真紅の太陽の光が洞穴にさしこみ、喜児が苦難の淵から救い出されるとき、日本の観衆は心から喜んでくれました。「真紅の太陽がさし昇るのをみたとき、わたしたちの気持はあなたたちとおなじように、ほんとうにうれしかった」と。舞台と観客がひとつにとけあうさまをこの目でみて、中日両国人民は共通の願いをもつだけでなく、共通の感情をもっていることを、わたしたちはいっそうつよく感じたのでした。

日本の喜児と白毛女――松山バレエ団の森下洋子さんたちと中国の喜児――茅恵芳さん、白毛女――石鐘琴さん（いずれも上海舞劇団所属）は親しく語りあった。

— 32 —

今回わたしたちの訪日公演は、日本の各友好団体と各界の友人からひじょうに支持されました。多くの友人は、寝食を忘れてわたしたちの訪問公演を懸命に援助してくれたのです。そうしたことを思いおこすとき、わたしたちは激しく心をゆさぶられるのでした。

毎日のように顔をあわせるバスの運転手さんとガイドさんは、わたしたちを身内の者のように世話してくれました。ガイドさんは、わたしたちに日本の歌をおしえてくれたり、途中の風景を紹介してくれたりしました。わたしたちも運転手さんやガイドさんに身内の者のような親しみをもち、公演をみていただき、ともに語りあうなかで深い友情をむすんだのでした。

関西地方の訪問を終えて、大阪駅でお別れするとき、運転手さんとガイドさんは絵はがきその他のおみやげを記念にとおくってくれました。「仕事の都合で東京までいっしょにゆけませんが、わたしたちの心は永遠にあなたたちとむすばれています。ではまたいらっしゃってください」とかれらは名残おしそうにいいました。あるガイドさんは涙を流していました。「わたしはひとに涙を見せないのですけど、きょうはどうしても自分の気持がおさえられないのです……わたしはいつまでもあなたたちのお友だちです」とかの女はいいました。

日本の多くの学生さんたちも夏休みを利用して、熱心にわたしたちを援助してくれました。ある学生さんはクギをふみぬいてけがをしたのですが、休もうとはしませんでした。ある学生

東京に到着した上海舞劇団は、各界の友人から熱烈な歓迎をうけた。

日生劇場での〈白毛女〉公演

八月十六日、上海舞劇団は「日航」と「全日空」の特別機二機に分乗して上海に帰った。

— 33 —

5

青島市社会福利院（養

人民の健康と水産資源をまもるため、上海市の衛生・防疫所ではつねに全市の河川の水質をしらべている。写真は黄浦江のほとりで。

宝に変わる工業の「害」

上海に総合利用と三廃の除去・改造をみる

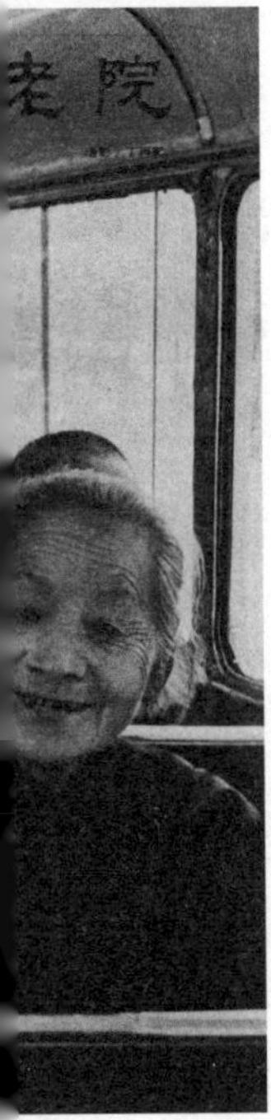

浜辺にでかける。

8

とき 1972年6月20日　ところ 上海和平飯店

中国では漢方医学と西洋医学とを結びつけて、一部の難症を治し、針麻酔による手術に成功した……。これらは人びとの注目をあびている。訪中した日本の医師・針灸師の方がたも、都市や農村の病院・衛生院を参観したさい、針麻酔による手術、ろう唖の治療とその効果、ギプスを使わない骨折治療、漢方薬による急性腹症の治療などを目にした。

本誌編集部では、座談会をひらき、日本の医師・針灸師の方がたに、その感想を語っていただいた。

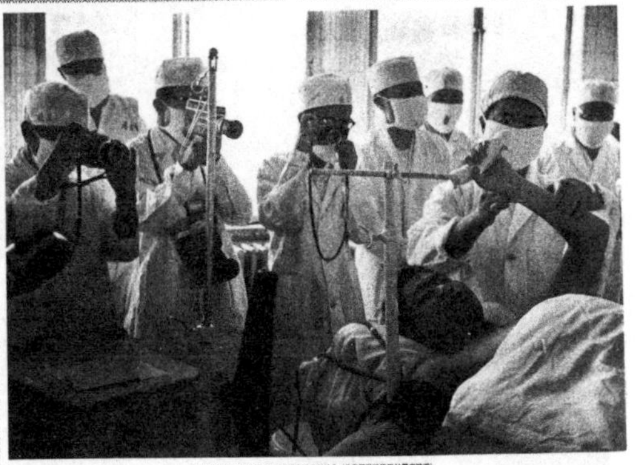

開胸手術をほどこすのに針一本で麻酔をかける（北京医学院第三付属病院で）

— 42 —

＊座談会＊

医師・針灸師が語る 日中友好と針麻酔

肌で感じた日中友好

近藤（良男）　今日は『人民中国』編集部の依頼で座談会を開くことになりました。中国にきて、各地を参観訪問して約一ヵ月になるので、いろんな見聞、感想があるとおもう。まず友好ということについて話してくれませんか。

近藤（宏二）　三、四年まえから中国の医学の進歩ぶりを耳にしていた。それを日本人民の医学教育のなかで伝えるには、自分の目で見、耳で聞くことが必要だと考えていた。それから、自分のところに来る患者さんには最善の医療をほどこし、健康を守らなければならないが、そのためにも中国の医学を学習したいとおもっていたのです。そこでこんど参ったわけです。広州、北京、瀋陽、上海で病院、研究所、ろう唖学校、五・七幹部学校、工場、人民公社などを見学したほかに、中国の歴史、それも革命の歴史、文化を学ぶために数ヵ所見学した。さて中国にきてみると、皆さんからほんとうにあたたかく迎えていただいた。

花谷　わたしは尿道炎が治りきっていなかったので、中国につくとさっそく広州市の第一人民病院につれていっていただき、懇切な治療をうけました。北京についてからは、北京首都病院で、深夜にもかかわらず十分な治療をしていただいて、いたみもとれました。万里の長城を見たいというと、ささえるようにしていただいて、万里の長城を見物しました。瀋陽では瀋陽医学院第一付属病院で治療をうけました。ほんとうにありがたい、あいすまないと申しますと、みな

▲出席者▼日本医師・針灸師訪中友好代表団（発言順・順不同）

近藤良男　団長　日中友好協会（正統）中央本部 常任理事　薬剤師・針灸師
鳥山稔　団員　関東労災病院耳鼻咽喉科部長
近藤宏二　団員　近藤医院 院長　ラジオドクター
飛松源治　団員　東京都立豊島病院産婦人科 医長
花谷正男　団員　大阪府針灸師会 会長　針灸師
富田馨　秘書長　日中友好協会（正統）福島県本部 常任理事　針灸師
奈良恵三　団員　東京都針灸師会 会長　針灸師
梅原忠博　団員　日中友好漢方振興梅技所 運営委員　針灸師
岡本途也　団員　昭和大学医学部耳鼻咽喉科 教授
倉田正雄　団員　全国視覚障害者職の共済会会長　株式会社倉田製作所 代表取締役

— 43 —

6

特集　雲南省シーサンパンナ・ダイ族自治州のこんにち

シーサンパンナに住む少数民族の過去と現在

中国共産党シーサンパンナ・ダイ族自治州工作委員会副書記　**刀志明同志と本誌記者の対談**

中国は六十の少数民族を擁する多民族国家です。

雲南省のシーサンパンナ・ダイ族自治州には、ダイ族、ハニ族、プーラン族、ラフ族など十余の少数民族が住んでいます。かれらは、解放前にはどのような生活をし、どのような闘いをくりひろげていたか。げんざい、社会主義制度のもとで、どのように新しい生活をきずいているか。それにこたえるのが、この特集です。

畑に肥料をはこぶ婦人公社員

— 14 —

刀志明　『人民中国』編集部の方がみえたという話を聞いて、早くお目にかかりたいと、いくども問い合わせたのですが、あちこちで取材しておられるということでした……

記者　シーサンパンナにきて一ヵ月になりますが、そのあいだ、いろいろとみせていただきました。

刀志明　われわれのシーサンパンナはどうですか。

記者　シーサンパンナを訪ねた者で、美しいとほめない者はいませんね。

刀志明　もしも、解放まえにここへいらっしゃったことがあるなら、いまのシーサンパンナにもっと親しみをお感じになるでしょう。

記者　解放まえの状況については、資料をよんですこしは知っていますが、こんど訪問して故老の方から話を聞かせていただきました。

刀志明　われわれのシーサンパンナはたしかに美しいところです。

記者　この地を孔雀の羽になぞらえるそうですね。

共産党と毛主席のおかげで

刀志明　われわれのシーサンパンナは美しいところです。しかし、いぜんは土司や頭人といった支配者のものだったのです。解放前、平原ダイ族地区は、封建領主制度のもとにありました。土地も森林も水源も、すべてが土司の所有物でした。農民が耕すのは土司の土地ですから、収穫量の四割以上を土司におさめなければならないし、郷、寨（村）を支配する頭人にもそのいちぶをおさめなけれ

公社員と共に野良仕事にはげむ刀志明さん

— 15 —

9

相撲は牧畜民の好む伝統的スポーツだ。それはかれらの健康と勇気をしめすものである。相撲場では出場者が楽しい歌をうたい、威勢よく観衆にあいさつをする。とたんに、猛烈な歓呼の声と拍手がまきおこる。

すべてを人民のために

——45キロの腫瘍を切りとってから4年後の張秋菊さん

本誌1969年3月号に、45キロの腫瘍を切りとることに成功した記事をのせた。患者の名は張秋菊、河北省満城県郝村人民公社郝村生産大隊の婦人公社員である。

かの女は1964年から病になやまされるようになった。それはプロレタリア文化大革命以前のことであった。そのころ、劉少奇が修正主義医療・衛生路線をおしすすめていた関係から、都会の大病院の一部の医師は労働者や農民のがわに立ってものを考えようとはしなかった。かの女は前後3回にわたり大病院へゆき、診察をうけた。しかし、「腹膜外悪性線維肉腫であって、切りとるすべがない」と言い渡された。ある医師などは「治療してもむだだ」とさえかの女の夫にいった。

腫瘍は大きくなる一方で、腹部は大きな鍋のようにつき出し、37歳の張秋菊さんは立つことも、坐ることも、横になることもできなくなり、一日じゅうオンドルの上にひざまずいているか、ものによりかかっていなければならないため、両ひざに固いタコができてしまった。病はかの女をさいなんだ。

1968年2月、夫は、かの女を近くにある人民解放軍某部隊の衛生科につれていった。そこの医師や看護兵は、偉大な指導者毛主席の教えにしたがい、誠心誠意、人民に奉仕する精神で、かの女の腫瘍を切りとるのに成功した。その手術のさい、かの女のいのちを救うため、38名の将兵たちが輸血用の血を提供した。

「毛主席がわたしを救ってくださいました。わたしは、すべてを毛主席に、人民の革命事業にささげ、誠心誠意、生涯人民のためにつくします」とかの女は語った。

この数年らい、この誓いをかの女は実行している。かの女は、普通の公社員から共産党員に成長したばかりか、中国共産党満城県委員会委員、郝村生産大隊党支部副書記にえらばれた。この夏、記者は郝村に張秋菊さんをたずねた。

手術前の張秋菊さん（1968年）

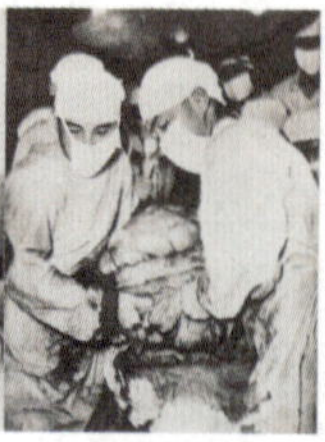

解放軍某部隊の衛生科の医師たちは、張秋菊さんの腹部にあった45キロもの腫瘍をきりとった。

「張秋菊さんは病気がなおってから10歳も若
なった」と村びとはいうが、まったくそのと
りだ。記者が訪ねたのは小麦のとりいれどき
脱穀場は多忙をきわめていた。公社員たち
命に働く張秋菊さん（こちらを向いている人）。

前一年年底，中国成功地实现了重返联合国（别册，见图1）。这为中日邦交正常化起到了重要的铺垫作用。多年从事以民促官推动邦交正常化的日本朋友黑田寿男、中岛健藏、宫崎世民、宫川寅雄、三好一、白土吾夫等意识到即将到来的中日友好新高潮，组织了新春座谈会（1月号，见图2）。

松山芭蕾舞团前一年访华公演时与中国同行交流的画页意味深长地刊发在年初（1月号，见图3）。介绍上海舞剧团活动的画页与《白毛女》封面发表在孙平化率领的肩负重要使命的上海舞剧团访日团出发前夕（7月号，见图4）。10月中日邦交正常化实现之后，由喜儿的扮演者茅惠芳和白毛女的扮演者石钟琴撰写的访日感想《被簇拥在暖暖的友情中》刊登在《人民中国》上（11月号，见图5）。这一组年度策划，将“芭蕾外交”的线索清晰地呈现在杂志上，成为见证历史的重要文本。

“中日友好与针刺麻醉”中日医生座谈会为这一年的中日民间交流增加了一抹独特的亮色（9月号，见图6）。

《变废为宝的上海工业污水处理》一文表明，70年代起，中国已经开始注意公害问题（2月号，见图7）；画页《青岛的养老院》像是在回应日本此刻已经出现的“恍惚的人”等社会问题（12月号，见图8）；《西双版纳少数民族今昔》揭开西南地区热带环境下人们生活的神秘面纱（9月号，见图9）；淳朴的牧民摔跤比赛彩色跨页提供了鲜活的当代民族学、人类学文本（12月号，见图10）；手术摘除巨瘤的张秋菊恢复生产劳动的图片再次证明了中国医疗水平的高超（9月号，见图11）；木偶剧的恢复表明趣味性的文艺表演回到观众当中（6月号，见图12）。

这一切都预示着，在中日邦交实现正常化的同时，中国人民的生活氛围开始趋于宽松。《人民中国》的报道内容和版面也在某种程度上重新找回60年代初的风格。

12

1973

人民中国

特集

中日両国人民の友誼はとこしえに

〈きり紙〉 蘭々ちゃんと康々ちゃん 大山ざくらとからまつ 潘 凝 作

— 12 —

1

日本を訪問した中国のバレーボール

中国バレーボール代表団は、昨年の10月2
の他の都市を訪問した。中日国交正常化後の
して、一行は、試合場や練習場でも、旅の車
で、日本各界の友人や選手から暖かい歓迎と

日本の選手やコーチはつねに、練習方法やテクニックを中国の
ともにし、経験を交流した。こうして両国選手間の友情はいっ

中日両国人民の共通のねがいを題辞にこめる廖承志団長

友情につつまれて

グラビア参照

中国で土俵をふんだ日本相撲訪中団

本誌記者　曹　復

北京空港に到着した日本相撲訪中団

黄河の水江戸に通じ
珠穆峰は富士山に連なる

これは、中国人民代表大会常務委員会副委員長・中日友好協会名誉会長、郭沫若氏が日本相撲訪中団に贈った題辞である。この題辞は、一衣帯水の中日両国の近隣関係をいきいきと、具体的に、簡潔に表現している。

北京の四月は春たけなわだ。頤和園の玉蘭は「玉樹香りを飄わせ」、東京の上野では桜が満開である。中日両国に春が訪れているこのすばらしい季節に、日本相撲訪中団は中国を訪れた。一行は半月にわたり北京、上海を訪問し、大相撲を挙行した。

日本相撲界の知名士は、数年来、日中友好のために力を尽してきた。かれらは「二つの中国」の陰謀に反対し、台湾の蒋介石一味からのたびかさなる「招請」におうぜず、中日友好事業に積極的な貢献をした。

大相撲の準備の先発隊は、三月十八日に北京に着いた。先発隊の人びとは、旅の疲れをかえりみず、ただちに中国の労働者や技術者と共に、屋形のとりつけや土俵づくりにとりかかった。

十日間にわたって、かれらはともに仕事をしたが、互いにいたわり合い、息のあった協力ぶりをしめした。土俵をうちかためているとき、日本の友人は日本語でかけ声をかけ、中国の労働者も中国のよいとまけの歌をうたいながら、ともに汗を流した。そのかけ声と歌声はひとつにとけあった……。

「友誼を深めるために」

「私たちは日中国交正常化を祝うためにきたのです。日本各界人民の期待と希望をにない、日中両国人民の友誼をさらに増進するためにきたのです」

日本相撲訪中団の武蔵川団長は、四月三日に北京空港に降りたったときから、そうした訪中団全員の友好をもとめてやまない願いを、幾度となくくりかえした。

その情景を眺めて、訪中団の副秘書長伊勢ノ海裕丈さんは、感慨にたえない様子で、

「友好をねがう日中両国人民はこうあるべきです」「日中両国の友人が力をあわせて築いた土俵の上で相撲をとることは、両国人民のゆるぎない友情をあらわしている」

と語った。

めずらしいお客さんを迎えて大喜びの子供たち。（上海「天山」工人新村で）

今回の訪中団員はそのほとんどが初めて中国の土をふんだのである。だが、かれらは、中国の土をふんだ瞬間から、中国人民にたいする友情を行く先ざきで表明した。中国への理解と友情を深めるために、半月の滞在中に、一行は工場、学校、農村人民公社を参観し、公園や名勝旧跡を遊覧して、中国人民と接触した。

上海市閘北区鳳城工人新村を参観したとき、日本の友人は、婦人労働者袁秀英さんの家を訪ねた。日本の友人は、解放前後の袁さん一家の生活の変化についてたずねた。袁秀英さんの娘は、

「お相撲さんのなかには、農民や漁民出の方がたくさんおられるそうですね。こんどわたしたちの家にきてくださって、ほんとにうれしいです」と言った。別れをつげるとき、青葉城さんは世界地図にえがかれている自分の故郷のあたりを指さしながら、「私の家と、あなたの家とはこんなに近いのです」と袁秀英さんに言った。それをうけて袁秀英さんは「その通りです。私たちは海一つへだてているだけですから、どんなことがあっても、いつの世までも仲よくしていかねばなりません」とのべた。日本の友人たちはさかんにうなずき、袁さん一家と記念撮影をした。

友誼のために、北京鉄帽公司の労働者たちは休息の時間を返上して突貫作業をし、翌日には万里の長城に遊ぼうという力士たちが歩きやすいようにと、特大の布靴六十足をつくりあげた。

友情のたねは、子どもたちの心の中にもまかれた。上海工人新村に住む、四歳六ヵ月の顧亦波ちゃんは、自分の描いた絵を日本のお友だちにとどけてと、呼出しの照夫さんにわたした。

上海市少年宮の民間音楽隊の子どもたちは、日本のお客さんを迎えて〈さくら、さくら〉や〈七つの子〉などを歌った。はじめのうち、日本の友人たちも

大相撲スケッチ

庶民の画家——葛飾北斎

李平凡

〈日本葛飾北斎画展〉は三月十二日北京の中国美術館で開幕した

北京と上海で開催された〈日本葛飾北斎画展〉は多くの人びとからよろこび迎えられた。それは、われわれに強い印象をあたえた。今回の展覧会は中日国交回復後において迎える最初の春に開催されたものであり、国交回復後における最初の展覧会でもあって、われわれのよろこびは格別であった。

この規模の大きな画展は北斎の作品を観賞する機会を中国人民にあたえただけでなく、中日両国人民の友誼増進のために貢献するにちがいない。

北斎はわれわれにとってなじみの深い浮世絵画家である。いまから十六年前に、中国美術家協会はわたしが日本であつめてきた浮世絵の展覧会を北京で開催し、ついで十一の省、市でも研究会と報告会を催した。一九六一年には、人民美術出版社から浮世絵版画集が出版された。

こうした活動を通じて、葛飾北斎とその作品が紹介されたのである。

しかし、ここで指摘しなければならないのは、中国で最初に北斎を観賞し、重視したのは偉大な文学者、思想家、革命家——魯迅だったということである。

魯迅と北斎

史料には、今から七十年前（一九〇三年）、魯迅は日本留学中に、東京で『北斎漫画』を買った、とある。この有名な画帖は魯迅の注目するところとなった。

後年、魯迅は「北斎が江戸時代における庶民の生活をひじょうにいきいきと描いているのにおどろいた」と内山完造に語っている。

一九二一年、魯迅は、北京で中国文学史を研究していた。そのさい、中国の民間小説が外国にどのような影響をあたえたかの史料をうるため、かれは日本で出版された『新編水滸画伝』をとくにさがし求めた。この本は庶民からひじょうによろこばれた、北斎のえがいた挿絵入りの本である。

魯迅は新しい版画づくりの熱心な提唱者であった。参考になる資料をそろえるため、かれは外国の版画や版画と関連をもつ出版物をさかんにあつめた。日本にある華僑新集団版画協会の調査したところによると、魯迅は東京の高見沢木版社および神戸の「版画の家」と長い期間にわたりつながりをもっていた。

そのほか、武者小路実篤、山本

初枝、内山完造、内山嘉吉らの諸氏も魯迅の版画収集に関心をよせていたという。

いまも魯迅博物館には、日本の版画およびそれに関連のある出版物が数多く所蔵されている。その中には、北斎の作品や織田一麿、野口米次郎などの北斎研究の著作三冊がふくまれている。

一九三一年八月、魯迅は内山嘉吉氏をまねいて木版画の講習会を上海でひらいた。そのさい、魯迅は北斎の作品を例にして日本の木版画の技法を説明した。

内山完造の記憶によると、一九三二年から一九三三年にかけて、魯迅があつめていた版画をもとに開催した二回にわたる版画展に同氏は協力したが、そのうちの一回は北斎の作品展であったという。日本の『版画文化』に掲載された内山完造の文章は、すでにうしなわれている北斎の版画をさがしてほしいと、魯迅から依頼されているが、のちに機会をみて魯迅は紹介するつもりだったとのべている。

しかし、魯迅はこのことをはたさずに、われわれのもとから永久に去っていったのである。

庶民のなかの北斎

北斎は貧しい生涯の中で、三万点をこえる作品と四百五十冊の挿絵本、画集をのこした。この数字は北斎が生涯をつうじていかに勤勉に働いたかをよくしめしている。かれのもっともあざやかな特徴は庶民のなかに深く根をおろし、つねに人民の側に立ったということである。

かれは「百姓」の二字をつねに忘れず、七十五歳になると、以前使ったことのある「百姓八右衛門」という署名をふたたびつかい始めた。ということは、かれが働く庶民だという自覚をもち、働く民衆と苦楽を共にすることを願っていたことを、物語っている。そうしたことがらは、かれをして封建支配階級の御用画家と一線を画させ、北斎の階級的な本領をも体現しているといえる。

北斎の一連の代表作には、庶民の生活にたいするかれのつよい愛情があふれている。傑作〈富嶽三十六景〉はその典型的な例である。この四十六点からなる

がいたものであるが、それには庶民の生活を愛してやまない北斎の感情が表現されている。近景に富士山を描いた〈赤富士〉二点のほかは、異なる季節とさまざまな庶民の生活を通じて、日本民族の象徴である富士山を庶民の生活の中にとけこませ、たたえたものである。そこには、庶民の画家としての北斎の苦心がみられる。

その中の〈神奈川沖浪裏〉はとくに人びとから愛されている。北斎はこの作品で、おどろくべき場面を

北斎〈神奈川沖浪裏〉

中国の小学校で学ぶ日本の子と

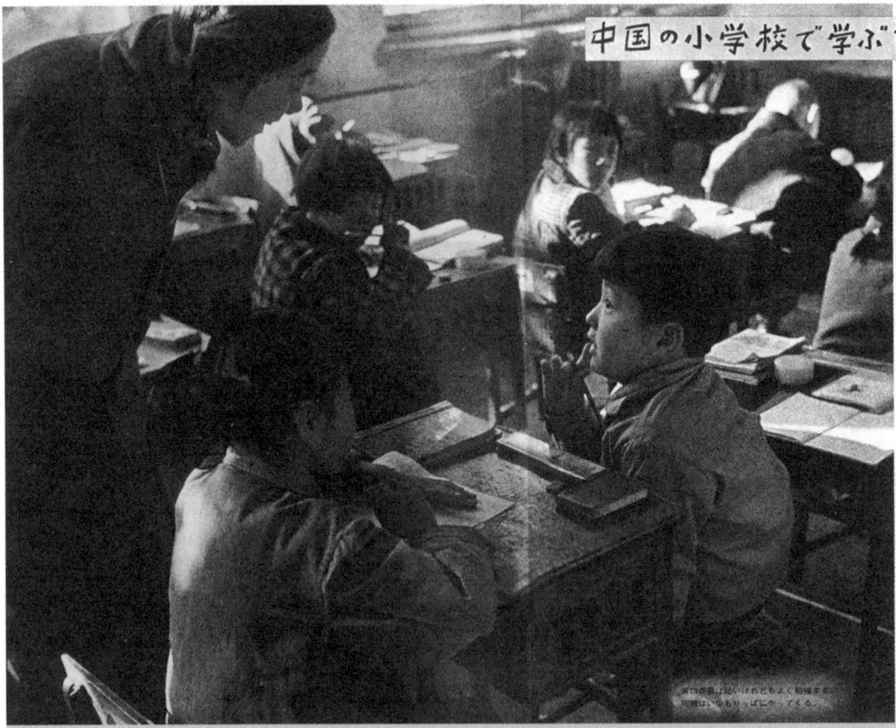

浜口斉君は幼いけれどもよく勉強する。宿題はいつもりっぱにやってくる。

……先生は、在学中の日本の子ども五人の近況を紹介してくれた。

一番年上の稲田浩子さん（十歳、五年生）は今年の五月に入学した。一番年下は浜口斉君（六歳、一年生）で、かれは八月に兄の浜口迅君（九歳、四年生）や加山至君（九歳、三年生）といっしょに入学した。みんなよりおくれて十月に入学したのは、吉田求君（九歳、四年生）だ。

「この数ヵ月間、ことばのうえでの障害がありましたが、そうした障害をのりこえて、授業をおこない、日本の子どもたちもよくがんばってきました」

らは中国の先生や同級生のなかにすっかりとけこんでいる。

最近、加山至君が病気にかかった。受けもちの先生と同級生はとても心配し、早く治るようにとお見舞いの手紙を連名でおくった。高先生は、加山至君のお父さん――加山泰氏が学校によせた手紙をみせてくれた。それは中国語で書いた手紙だった。加山泰氏は、一家を代表して、至君にたいする中国の先生と同級生の思いやりに感謝の意を表していた。その手紙は短いものだったが、日中両国人民の深い友情があふれていた。

撮影／丁再興　狄祥華

「ちょっとまって、みんなでつけてあげようよ」

「

古代における手術

人の眼球の前部にある水晶体は、正常な状態では透きとおっ

よみ書きを教える文化学習班ができて、もと文盲だった公社員もいまでは本や新聞が読めるようになっている。

しあわせに育つリー族の子どもたち

8

る。

白内障の新しい治療法

――漢方医学と西洋医学の結合で

本誌記者　周　建

千年あまりまえから中国の漢方医は手術によって白内障を治療していた。この手術は「金針撥障術」と呼ばれた。

唐代（六一八～九〇七年）から清代（一六四四～一九一一年）にいたるまでに著わされた『諸病源候総論』『外台秘要』『龍樹論』『目経大全』などの医書には、白内障の病原、症状、手術の方法、手術後の看護について記されている。

漢方医学研究院に属する北京広安門病院眼科の医師は、現代

9

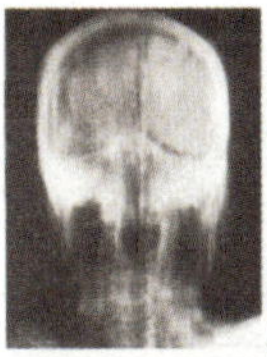

2100年前の女屍体の研究

柯　穎

屍体の類型

— 47 —

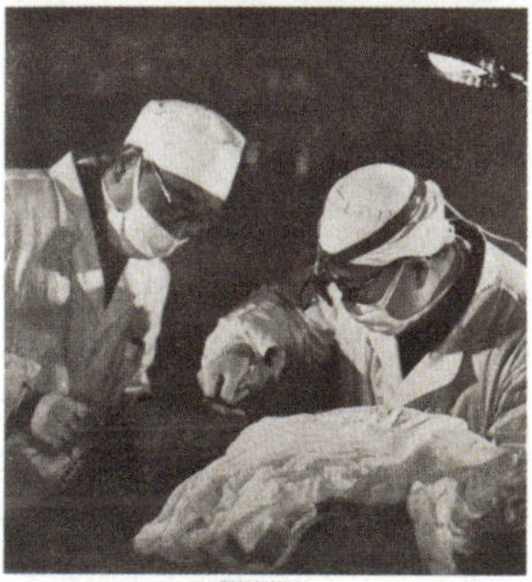

— 46 —

10

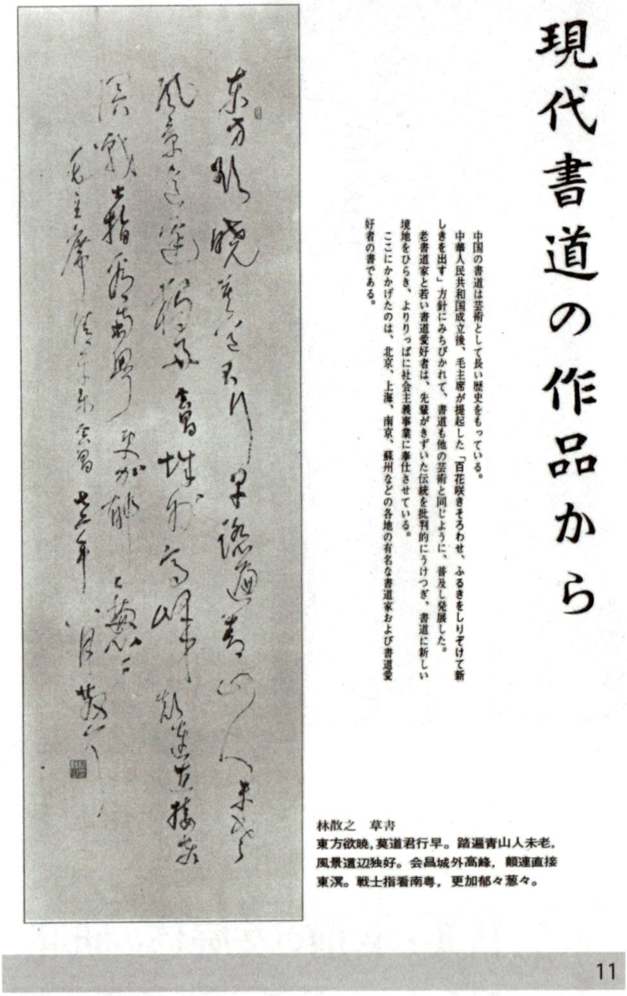

現代書道の作品から

中国の書道は芸術として長い歴史をもっている。

中華人民共和国成立後、毛主席が提起した「百花咲きそろわせ、ふるきをしりぞけて新しきを出す」方針にみちびかれて、書道も他の芸術と同じように、普及し発展した。

老書道家と若い書道愛好者は、先輩がきずいた伝統を批判的にうけつぎ、書道に新しい境地をひらき、よりりっぱに社会主義事業に奉仕させている。

ここにかかげたのは、北京、上海、南京、蘇州などの各地の有名な書道家および書道愛好者の書である。

林散之　草書

東方欲暁，莫道君行早。踏遍青山人未老，風景這辺独好。会昌城外高峰，顛連直接東溟。戦士指看南粤，更加郁々葱々。

11

1973

为了纪念前一年中日邦交正常化的实现，《人民中国》于年初策划了特辑：《中日两国人民友谊万古长青》，题头别出心裁地用了樱花、落叶松、大熊猫的剪纸图案（1月号，见图1）。

这一年中日交流活动急剧升温，樱花盛开时节，以廖承志为团长的中日友协代表团在日本进行了为期一个月的访问，与日本各界进行了深入的友好交流，廖承志还挥毫题写下“子子孙孙世世代代友好”的愿景（8月号，见图2）。

杂志版面上可以看到报道文章《中国排球代表团访问日本》（1月号，见图3）、《日本相扑访华团在中国踏上“土俵”》（7月号，见图4）、配合“日本葛饰北斋展”的介绍文章《平民画家葛饰北斋》（7月号，见图5）等，反映了多领域文化交流的展开。

摄影报道《中国小学里的日本孩子》则以《人民中国》独有的摄影风格记录下中国老师和日本孩子在课堂上互动的瞬间（1月号，见图6）。同样反映孩子的天真、可爱的图片报道

还有《幼儿园里的运动会》，摄影师捕捉到的小孩子之间的可爱举动“萌化了”日本读者（11月号，见图7）。

海南黎族少数民族的生活日常也被自然地收录进摄影师的镜头，妇女、儿童平静而淳朴的表情无言地说明了当地民众的幸福指数（10月号，见图8）。中西医结合手术治疗白内障的报道显示了中医学的神奇魅力，再次引发了读者的好奇与关注（10月号，见图9）。

这一年介绍的两大发现在日本引起轰动。一个是长沙马王堆西汉墓墓主人辛追遗体的解剖研究报告（10月号，见图10），一个是《人民中国》策划的中国现代书法作品介绍中推出的草书第一人林散之的作品（1月号，见图11）。

美术作品中，令人印象最为深刻的是《放歌插秧的彝族姑娘》（3月号，见图12）。每当在合订本中翻至此页，我就会联想到黑泽明《七武士》片尾的插秧镜头。

第二节
创刊 20 周年纪念诗文[1]

祝贺《人民中国》创刊 20 周年[2]

春雨秋风二十年，赢来沧海变桑田。
大车滚滚循新辙，和乐渊渊易旧弦。
唐史续编千万代，友情突破九重天。
黄河之水通江户，珠穆峰连富士山。

纪念《人民中国》创刊 20 周年——致读者[3]

时光荏苒，转眼间，本刊也迎来了创刊 20 周年。在人类发展史上，20 年只是一瞬间。但是，在这 20 年里，中国和世界都发生了巨大的变化。

已经掌握自己命运的中国人民，在伟大领袖毛主席和中国共产党的领导下，经过 20 多年的艰苦奋斗，把一个贫穷落后的旧中国初步建设成为一个繁荣的社会主义国家。我国社会主义革命和社会主义建设正在蓬勃发展。中国政府和中国人民贯彻毛主席的革命外交路线，在外交方面取得了一系列巨大成就。中国同社会主义兄弟国家的友谊进一步发展，同友好国家的合作关系不断加强，同越来越多的国家建立了外交关系。我们的朋友遍天下。

当今世界，国家要求独立，民族要求解放，人民要求革命，这已成为一个不可阻挡的历史潮流。苏联修正主义、美帝国主义等一两个超级大国随心所欲地左右他国命运的时代已经过去了。国际关系正朝着有利于各国人民的

---

1 此节文字载于 1973 年 6 月号。
2 郭沫若赋诗一首，纪念《人民中国》创刊 20 周年。
3《人民中国》编辑部撰文。

方向发展。

尤其令人振奋的是，由于中日两国人民长期不懈的努力，中日两国关系发生了巨大变化。去年9月，田中首相访华，中日两国政府首脑举行会谈，发表了联合声明，结束了两国间一直以来的非正常状态，宣布建立外交关系，由此揭开了中日关系史的新篇章。

中日两国人民多年来为之共同奋斗的目标，终于实现了。放眼未来，我们坚信，有着两千年友好交往历史的中日两国伟大人民，一定会克服各种障碍，世世代代友好下去。

得益于国内外的大好形势，《人民中国》杂志得到了一定程度的发展。这与日本广大读者和朋友们的支持和帮助是分不开的。

20年来，许多读者和朋友给我们寄来了热情的信件，或是访问编辑部，提出了宝贵的批评意见和建议。这对我们来说是莫大的鼓励，也是推进工作的动力。

20年来，许多日本友人在百忙之中拨冗为《人民中国》撰写文章，或是召开座谈会，为本刊添砖加瓦。

20年来，许多日本朋友和读者努力推广扩大《人民中国》，为增进两国人民的了解做出了巨大贡献。

……

20年来，广大读者和朋友们给予我们的帮助和支持不胜枚举。每当想起这些，我们深切地感到，这不仅是对本刊的关怀，也体现了日本人民对中国人民的深厚友谊。值此创刊20周年之际，谨向隔海相望的日本读者和朋友表示衷心的感谢。

20年来，由于我们的能力所限，未能完全满足广大读者的要求。在编辑和其他方面还存在很多不足，存在急需解决的问题。

今后，我们将进一步加强与日本读者和朋友的联系，争取各方面人士的支持和帮助，及时、准确地向读者介绍我国社会主义革命和建设的真实情况，使本刊为增进中日两国人民的相互理解和友好做出更大的贡献。

为了把《人民中国》办得更好，衷心希望日本的读者和朋友一如既往地对本刊给予帮助和批评。

外文印刷厂的工人们[1]

我每个月都要去外文印刷厂校样。

外文印刷厂有 7 个车间，占地总面积 4 万余平方米，有工人 1600 余人，承担着用数十种语言出版的书刊的印刷任务。

清晨，微风拂过脸颊。我穿过印刷厂的大门，一天的工作就要开始了。

印厂的每一栋建筑，每一台机器，每个工作岗位上的工人，对我们来说都已经很熟悉了。

《人民中国》也迎来了创刊 20 周年。我再次深切地感到，这 20 年来印刷《人民中国》的工人们是多么辛苦。

寄托于《人民中国》的友谊

我去了第一车间的东方语言拣字组。男女工人们坐在半圆形铅字箱前的转椅上工作。他们左手拿着原稿和排字盘，右手从盒子里拣出铅字。拣出来的铅字排在排字盘上时发出有节奏的声音，打破了周围的宁静。

问惠英是常年和我们在一起工作的拣字工。她目不斜视地拣着《人民中国》校样上的红字。她拣出的铅字几乎没有差错，而且速度非常快。

---

1 撰文者署名“锡恺”。

“问师傅，你们不是专门学日语的，却几乎没有出过错，太令人佩服了。”我说。“这是前辈教的，一个字一个字硬记下来的。”问惠英回忆起以前的事情，讲述了和伙伴们一起走来的经历。

她今年 34 岁，已经在外文印刷厂工作了 15 年。以前，她和其他工人都完全没有和日语打过交道，连平假名和片假名也没有见过。因此，当被分配到做日语方面的工作时，她多少有些畏缩。

那个时候，工人前辈用自身经验鼓励了她：《人民中国》创刊的时候，谁都不懂日语。“不能等学会日语再开始工作！”“出版《人民中国》，增进中日两国人民的友谊，是我们印刷工人的责任！”就这样，工人前辈在工作之余学习日语，一边学习一边推进工作。问惠英也是这样一路走来的。一开始她经常出错，错拣出来的往往是和原稿上的文字相似的铅字，比如把“ん”拣成了“人”，把“うそ”拣成了“ういて”。她意识到这样下去根本没法工作。

她是两个孩子的母亲。要在工作之余学日语，孩子和家里的事情该怎么办呢？于是她就和丈夫商量，提出把最小的孩子送到印厂附属的托儿所寄宿（只在星期天回家），并和丈夫错开工作时间，两个人轮流处理家里的事情，这样她下班后就可以去学日语了。她的丈夫爽快地答应了，还鼓励她好好学习。

于是，问惠英一下班就急忙去业余学校学习。每天一大早在户外朗读，在休息时间她的手里也拿着教科书，读不好的字就标注音标反复练习。最终，努力有了成果，现在别说“あいうえお”，连常用的简单日语她都会了。不仅如此，像“われ”和“われ”经常连用这种知识她也记在了脑子里，原稿的字再怎么歪歪扭扭，拣字也不会出错了。

问惠英说：“从表面上看，我们只是每天拣拣铅字，但其实，我们也是通过《人民中国》，与日本广大朋友交流，为增进中日两国人民的友谊出力。一想到这些，我就更有干劲了！”

想把杂志早日送到读者手中

印刷厂内外被黑暗笼罩，时间已经是半夜了，而画刊底版修正小组的 11 名青工正对着酷似火车座椅的修图台拼命工作。他们拿着缝衣针一般粗细的笔修改底版——那是去年《人民中国》杂志 11 月号附录《中日关系史的新篇章》中的图表底版。

指导这 11 个年轻工人的，是 1964 年中学毕业后自愿当工人的共产党员宁世荣（26 岁）。他们似乎忘了现在已经是深夜了。

我把校对原稿递给宁师傅，宁师傅停下手中的工作接过去。这时我才注意到，她的额头红了。我问她怎么回事，她回答说“没什么”，便又开始工作了。问了其他工人，我才终于弄明白了事情的原委：

前一天中午，广播报道了一则让人震惊的新闻——中日两国政府发表了联合声明。这个消息传到印刷厂后，工人们非常高兴。本刊编辑部也决定编一本专刊。“这是大家期待已久的新闻。就算时间再有限，不吃不睡也要把它印出来！”

编辑们说，“这则新闻虽然广播过了，但我们要借助画册的画面，把我们的心情传递给读者”。印刷厂党委同意了大家的建议，为了尽快把专栏送到读者手中，决定夜以继日加紧印刷。

工作开始了。宁世荣第一个把卧具抬到车间，把班组成员分成两组，连续工作了两个昼夜。

“我们规定了上班时间……但到了换班时间，谁也不想换班，只想多干一会儿。”宁师傅兴奋地说。

“宁师傅自己就是这样。”年轻的工人插嘴道。

修版的工作要在强烈的灯光照射下进行，时间长了会目眩，容易出错。工人往往用湿毛巾擦脸或用冷水洗头，在消除疲劳后继续工作。

宁师傅做了两个班次的工作，又接着干第三班次。到了凌晨，她实在太困了，脸伏在了修版台上，碰倒了装有酸性药液的容器。她慌忙抬起头，用毛巾擦脸，但已经来不及了。大家都劝她去医务室接受治疗，但她只是用车间里配备的药应付了一下，就又拿起了修版的刻刀。

改革印刷装订技术

最近，显影制版组开始利用化学纤维进行制版。用这种方法制版，网眼小，不需要修改，而且抗压能力强，印刷速度快，印刷效果好。

由于《人民中国》中的图片多，又赶时间，负责制版的车间总是被工作催着走。为了应对日益增多的面向海外的书刊的印刷，印刷厂领导从两年前开始组建了一个技术创新小组，由 5 名有经验的老工人组成，在有关部门的帮助下研究新的制版技术。

开展实验性工作的这个小组面临各种各样的困难。首先，没有用于加热溶解的机器，只能自己制造。旧的显影方法在时间上来不及，只能发明新的办法。

为了制造新的制版材料，需要进行高温溶解。但好不容易达到溶解点，又不能很好地凝固了。为了解决这一矛盾，他们探索化学溶剂的规律，不断改进技术，花了两年时间终于找到了达到溶解点后使其凝固的方法。就这样，他们利用化学纤维制版法开始对《人民中国》等对外出版物的图片进行制版。印刷厂全体员工都夸赞他们的成功。技术创新小组被评为先进集体。现在，这个小组规模扩大，成员也增加到十几人，设备也比较齐全。而且，这些设备都是他们自己制造出来的。

这几年来，外文印刷厂的工人为了使《人民中国》能如期出版，能印刷好，不断改进设备，进行技术革新。例如，用胶版印刷取代了活字印刷。这样一来，就不会有活字掉落的问题，印刷量也增加了，减轻了体力劳动。

为了保障在今年春节前完成《人民中国》3 月号的印刷折叠，确保出刊时间，装订车间折叠组的班长刘社农率先在机修车间工人的帮助下，在折纸机上安上美工刀，把之前要分两次完成的折叠和切割工序一举搞定，使效率提高了 50% 以上。

这几年来，当谈起印刷质量和效率有所提高时，他们说：“我们只是为中日两国人民的友好做出了一点贡献，今后还要不断改进我们的工作。”

工人们总是这样十分谦虚。

幕后功臣

在工作繁忙的深夜校对室里，连人的脚步声都听得一清二楚。一个穿着朴素的工人走到我们身边。他枯瘦的手里拿着保温瓶和茶杯。他把茶水倒进茶杯里，轻轻放在我们的桌子上。我们赶忙道谢：“老顾，谢谢你。”

顾諟明是干了几十年的排字工人。只要接到通知说《人民中国》要刊登重要报道，别说正常上班时间，就连休息日他也会马上赶过来。他还经常关照年轻的排字工人，并接手照片和插图较多、排版比较复杂的组版工作。

一个星期天，他出现在东方语言排字组车间。看到我们忙于校对，发现值班的排字工人不够，他立刻换好衣服，开始组版。工作忙的时候，不管是不是自己的工作，他都会主动接手。大家都劝他多休息。他回答道：“新中国成立前，我白天在一家报社工作，晚上又要到别的地方工作。即便如此，还是缺衣少食。而现在，我们一家人无忧无虑地过着幸福的生活。我现在的乐趣就是工作。”

有一次，他发现用来分隔文章和照片说明的虚线变成了一条实线。重新检查之后，他温和地提醒我：“这是送给日本读者的杂志，不能只把心思放在校对上，也要注意做出漂亮的版面……”

作为国家主人翁、工人阶级的一员，顾师傅有着强烈的自觉性，能够很快完成《人民中国》的排版工作。而且，在旧社会吃过苦的老顾特别注意节约国家资源。就算掉了一个活字，他也一定会捡起来，这是他的习惯。因此，单位同事对老顾十分尊敬，他还是外文印刷厂的先进工作者。

顾师傅从《人民中国》创刊后不久就开始做《人民中国》的排字工，干了十多年，非常热爱本刊。

在这个印刷厂的各个车间、工作班组里，有很多像顾諟明、宁世荣、问惠英、刘社农那样热爱《人民中国》的工人。他们中的很多人在本刊都没有登过名字，也没有和读者见过面。但是，这 20 年来，在《人民中国》上发表的文章、图表、插图，乃至装订杂志的订书针里，都饱含着他们对日本人民的深厚友谊。

喜与芳邻同笑乐[1]

争看霞绮三春艳，永念虬鳞历岁寒。
喜与芳邻同笑乐，新添修竹万千竿。

日前，人民中国杂志社的朋友来访，说今年是《人民中国》创刊 20 周年和《北京周报》（日文版）创刊 10 周年，想求我的书法和吴作人先生的水墨画，以两人合作的方式创作一个扇面作为纪念。于是我写了上面这首诗。

中国民间曾流传着这样一个故事。

两人背对而坐，一个画画，一个作诗。画画的人一口气画了 100 幅，作诗的人也一口气作了 100 首诗。将他们的作品按顺序对照看，发现诗和画的内容竟然完全一致。据说这两位都是仙人。

事情有时候确实会那么顺利。这次，吴作人先生的画和我的诗，和前述那个传说多少有相似之处，我们也是背靠背创作的。我并不是看了吴作人先生画的画才作诗的。吴作人先生也不是根据我的诗来画画的。

但如果把我们的作品放在一起看，会发现题材有一半相同，主旨完全一致。这种偶然的一致，其实不必大惊小怪，它只说明中日友好是人们的共同愿望。

也可能是我孤陋寡闻，我认为，中国绘画史上，画大熊猫的画家非吴作

1 赵朴初撰文。

人先生莫属。今天能够得到吴先生的画作，意义非常重大。在此，我想概括说一下我的诗。

樱花、落叶松、大熊猫，这是中日邦交正常化后的第一份两国互赠的礼物。我以这三个题材创作了一些诗词。这首七言诗也是以此为题材创作的。我认为，这种题材作为中日两国人民友好的象征，是应该反复歌颂的。

诗的第一句指的是樱花。把中日两国人民友谊的发展比作美丽的樱花，比作春天空中飘荡的美丽彩霞，这既是写实，也是衷心的祝愿，愿中日两国人民的友谊不断增进，在两国无尽的空中，像美丽的彩霞那样布满天空。

第二句是指雪杉。比喻长久以来两国人民为友好事业齐心合力奋斗、饱含辛酸的历史。

悲壮的往事数不胜数。仅这 20 年来我目睹的就不计其数，无法倾诉。时至今日，我还梦到置身于广大日本群众之中，四面八方向我伸出的饱含真情的手，当我握着他们的手时，他们流着泪，脸上悲喜交加。虽然连交谈的时间都没有，但在握手和眼神交会的那一瞬间，我能够清楚地看到他们当时的困难处境和奋斗的状态，以及他们的愿望和感情。

写到这里，我想起了已故的龟井胜一郎先生。10 年前，中日两国人民共同举行了纪念鉴真和尚逝世 1200 周年的活动。那时，龟井先生已经得了不治之症。尽管如此，龟井先生还是毅然承担重任，为鉴真和尚纪念活动在日本的顺利举行，为增进中日友好发挥了广泛而重大的作用。龟井先生去世的时候，我身在病床，不知道这件事，没能马上发出唁电，至今仍感遗憾。

借此机会，我要对这位为中日友好献身的斗士表示衷心的哀悼。

“永念虬鳞历岁寒”这句话本是纪念过去，但也有鼓励将来的意思。今后，我们要永远坚持不屈服的精神，为巩固和增进两国人民的友谊，战胜一切困难。我们的心要像松树一样坚不可摧，经得起风雪的考验。

第三句和第四句是指大熊猫。比喻两国人民为实现邦交正常化而高兴。

大熊猫到东京后，上野动物园种了很多竹子，这让两国人民体会到了“游目骋怀”“茂林修竹”（均典出王羲之）的喜悦。我们对于今后增进友好事业可谓“胸有成竹”，一定会做得更好。

写这篇短文，是为了说明我这首诗，同时也希望帮助大家多少理解吴作人先生的画意。我事先没有给吴先生看我的诗，也没有征求他的意见。但我敢说，“喜与芳邻同笑乐”的心情，吴先生、我，以及人民中国杂志社和北京周报社的各位，乃至全中国人民，都是完全一致的。

第三节

1974—1978年度点评

1

皮である。

加工と用途

腸皮の原料は豚、羊、牛の小腸、大腸、直腸、膀胱などである。

豚や羊、牛の腸をよく洗滌し

なつながりをもつ。それは主として腸詰の原料として用いられる。天然の腸皮につめた腸詰は色が鮮やかで味がよく、携帯にも便利であり、わりあい長く保存しても変質しないだけでなく、ピクニックや旅行のさいの副食物として最適だ。

そのほか、羊の腸も強靱なところから、弓の弦、ラケットの弦、楽器の弦、手術のさいの

羊の腸皮はヒモのように細く加工さ

広州交易会にみる中国の対外貿易

楚　商

十月十五日から一カ月間にわたり第三十六回中国輸出商品交易会が広州市流花湖畔の新しい展示館で開催される。

中国輸出商品交易会は、中国人民と各国人民の友好的な往来と商談の重要な場のひとつである。今季交易会の前回をしのぐ豊富多彩な展示品と農業、工業、交通、医療・衛生など各分野の模型・写真は、この二十五年間とりわけ文化大革命以降における新中国の社会主義革命と社会主義建設の新しい成果をしめすものである。

拡大する規模

今回の交易会は、中国の各対外貿易公司と、五大州から訪れる各国の前回をしのぐ貿易団体・企業代表とが、広く接触し、商談をすすめる盛会となろう。

中国輸出商品交易会がはじめて開催されたのは一九五七年のことであり、いらい毎年春と秋の二回開催されてきた。今年の春で交易会は三十五回を数えた。

この十七年らい、交易会の規模はますます拡大し、来賓の数も年毎にふえ、成約高も増加の一途をたどった。

▲ 五大州からの貿易商、海外の華僑、香港、澳門の同胞が続々とつめかけた。

▶ 新展示館でひらかれた春季交易会の開幕時の盛況

中国輸出商品交易会は、世界的にいって影響のある貿易の場となっており、中国と各国の人民、経済貿易界との友好往来を発展させる重要なルートでもある。

過去三十五回にわたる交易会の変化をつうじて、中国対外貿易の輸出の歩みを知ることができる。

一九五七年春の第一回交易会の展示面積は一万二千平方㍍だったが、一九七四年春の第三十五回交易会のそれは、約四倍の五万平方㍍であった。

第一回の交易会の展示品は一万二千余種だったが、第三十五回のそれは三倍以上の四万余種である。

第一回の交易会に参観・商談のために訪れた外賓は、二十余の国と地域の千二百余名であったが、第三十五回の交易会では百余の国と地域の二万五千余名、つまり二十一倍にふえ、そのうちの多くは第三世界にぞくする発展途上国の人びとである。

面積が倍になった新館

対外貿易の発展にともない、交易会の規模もまた年毎に拡大した。

一九五九年秋の交易会からは海珠広場の西北にとくに建てられた展示館で開催されるようになったが、その延面積は約五万平方㍍であった。この展示館はそのご十二年間にわたって使用されてきた。

今年の春からゆきとどいた設計の新しい展示館が使用されるようになった。それは広州市の流花湖畔にあり、延面積十一万平方㍍、海珠広場の旧館の倍以上である。

新館のある広場のまわりには新築された広州新駅、国際通信ビル、郵政ビル、来賓宿泊用の七階建ての流花賓館二棟がたち並び、もとからある東方賓館には十二階建ての新館が完成した。

これらの新しい建築群は約一年間で完成された。それは、プロレタリア文化大革命以後、中国の国民経済が日ましに発展し、社会主義建設がたえずすすんでいることを物語るものである。

新館の敷地は九万八千平方㍍あまり、それをとりまくフェンスにそってひと回りすると一・五㌔ある。新館は展示面積が広いため、足をとめずにざっと各館をみるだけでも一時間半かかる。詳しくみるのであれば

2

物産紹介

豚・羊・牛の腸皮

沈　亦　周

腸詰（ソーセージ）が人びとから喜ばれるのは独特な味のよさからだけでは

てから、竹製または鉄製のナイフで脂肪や雑物をとりのぞく。

縫合用の糸としても用いられる。

原料によってわけると、豚、羊（山羊、綿羊）、牛の三つに大

中国における腸皮の産地は全国にあまねくひろがっている。

豚の腸皮は華北、華東、中南、西南地方の各省が主な産地であり、それにつぐのが東北地方の各省、内蒙古、新疆である。

羊の腸皮は新疆、内蒙古、それに華東、中南地方の各省が主な産地で、東北地方や西南地方

3

特集

異常気候に中国はどんな手をうったか

この数年らい、世界では異常気候にみまわれている地域が少くない。中国も同様である。

そうした異常気候は各国の農業、経済、貿易などに影響をもたらさずにはおかない。

この問題について、中国の気象関係者や人民公社の人たちはどんな見方をし、どのような対策をとっているのだろうか……

河南省北部の山間地区に位する済源県では、沁河の水を山の上にひきあげて耕地をうるおし、水不足の状態をあらためた。

風砂の害がひどかった雷州半島（広東省）の住民は、新中国成立いらい21万ヘクタールの防風林をつくりあげた。この防風林は砂の移動をふせぎ、農業の発展を大きくうながした。

4

山腹に新設された紅旗用水路。ふもとを流れる川は漳河。

用水路をつくるため、断崖にハッパ穴　を掘る

林県は河南省の西北部、山西省と河北省の省境にまたがる太行山脈の山間地帯にある。そこは山また山で岩石が多く、表土が薄く、もともと不毛の地であった。

解放前は、帝国主義、封建主義、官僚資本主義の残酷な搾取と抑圧にくわえて、水飢饉がひどく、農業はひじょうに立ちおくれていた。穀物の収量は一ムーあたり五十キロにもみたなかった。干ばつにみまわれると、貧しい人びとは、困作の村をあとに他の地方へ逃げなければならなかった。

解放後、毛主席と党中央の英明な指導のもとに、この地方の農民は社会主義的集団化の道をすすんだ。とりわけ一九五八年、この県の農村に人民公社化ができてからは、広はんな幹部と大衆は人民公社の優越性を十分に発揮し、「林県の自然条件を変えよう」というたたかいのスローガンをかかげた。一九六〇年から一九六九年にかけての十年間、人びとは懸命の努力をつづけ、長さ千五百キロに達する紅旗用水路をつくりあげた。

紅旗用水路の建設にさいして、かれらは千二百五十の山を切りくずし、トンネル百三十四、のべ二十四キロを掘った。また、百五十にのぼる水路橋、のべ六・五キロを架設した。土工量は千六百余万立方メートルにのぼる。用水路の完成によって、林県の姿は大きくかわり、灌漑面積は解放前の一万二千ムーから六十万ムーにふえた。穀物の一ムーあたりの収量は解放当初の百余キロから三百九十キロあまりにふえた。もとは毎年、人民政府から一万トン以上の食糧を調達してもらっていたが、いまでは毎年、二万トン以上の食糧を政府に提供し、人民公社および生産大隊の九五%が備蓄米をもっている。

林県の人民はまた、紅旗用水路の落差を利用して、中型・小型の発電所を多数つくり、農業の発展に役立てるとともに、工場をも多数新設した。

新華社・河南日報社／提供

十数年間、紅旗用水路の建設に取りくんだもと貧農の公社員　路銀さんも、いまでは水利技術者となった。

5

心臓の手術
麻酔機。

例もある。

心臓と肺の機能

直視下心臓手術に、なぜハリ麻酔を用いることができるのだろうか。それについては、まず心臓と肺の機能から説明しなければならない。

とする酸素を供給し、同時に人体の各組織で新陳代謝がおこなわれたさいに発生した炭酸ガスを吸収して、静脈血を右心房にもどす循環路である。以上が正常の血液循環である。

心臓は体内循環の中心で、血液循環の動力ともなっている。その機能

放課後、訓練にはげむ子供たち。年上の子は年下の子の動作をすすんでなおす。

8

あわてるんじゃないよ！すばやく板をたたきとばすと、卵がゆっくりとコップの中に落ちる。

新しい針麻酔の分野

——体外循環による直視下心臓手術

黄　民　炳

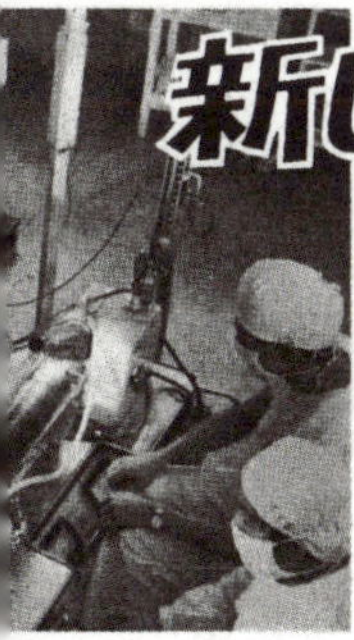

術がトランジスタ・ハリ
して、鎮痛作用をおこす。

毛主席のプロレタリア革命路線にみちびかれて、上海第二医学院付属第三人民病院では、漢方医と西洋医が力をあわせて、ハリ麻酔をもちい、体温をさげずに体外循環による直視下心臓手術をおこない、成功をおさめた。これはハリ麻酔での手術が、新たな分野を開拓したことをしめしている。

心臓が止まっても話ができる

体外循環を応用して直視下心臓手術をおこなうことはきわめて複雑な手術である。これまで、この種の手術は、低体温の状態で全身に薬物麻酔をかけ、患者を昏睡状態にしておいてから手術をおこなわねばならなかった。だが、上海第二医学院付属第三人民病院では、ハリ麻酔により、常温のままこの種の手術をおこなった。医師が患者の胸部を切り開き、心臓にメスをいれると心臓の拍動が止まることもあるが、患者の意識ははっきりしており、医師と対話をつづけることができたのである。

一九七二年四月のことだった。先天性の心臓病を患っている十四歳の少女が、前記の病院でこのような心臓手術をうけた。医師は患者の耳に何本かハリを刺し、ひねりをくわえ、電流を流した。こうして手術ははじめられた。医師は、皮膚にメスをいれたとき、どんな感じがするかと患者にたずねた。胸のあたりに針で線をひいたようだと患者は答えた。胸骨を切断するとき、患者は骨をけずる音を耳にして、やや、おじけづいたようだったが、麻酔医が説明して聞かせると平静さをとりもどした。心臓が直視できる状態になったとき、患者は胸苦しさをうったえた。だが、医師が事前におしえたようにゆっくりと腹式深呼吸をすると、まもなくおさまってきた。医師は血管カテーテルをつかって患者の大血管を手術台のそばにある人工心肺装置につなぎ、患者の血液を体外回路にみちびいた。それから体外循環を利用して、心臓にメスをいれ心臓の奇形矯正に全力をあげた。このとき、患者は看護婦が話して聞かせる劉胡蘭の物語にじっと聞きいっていたが、「おばさん、そこがちょっとぬけているわよ……」と何度も口をはさんだ。その後、医師は目をとじてしばらく安静にしているように命じた。手術がおわり、体外循環をもとにもどし、胸部の切開口を縫い合わせると、患者はノドがかわいたから、と水を欲しがった。

心臓は血液の循環をつかさどる中枢で、生命を維持するうえでの大切な器官である。心臓は中隔によって隔てられた両側にそれぞれ右心房・右心室、左心房・左心室がある。人体の血管系には二つの循環路がある。ひとつは肺をめぐる循環路で心臓の右側の部分からどす黒い静脈血が二本の大静脈——上大静脈と下大静脈をとおって、右心房と右心室に流れる。心臓が収縮すると、静脈血

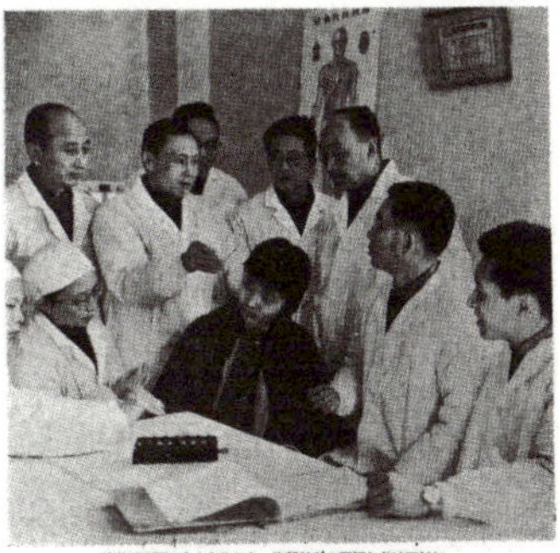

手術が順調にゆくようにと、胸部外科の医師たちは耳針による鎮痛の役割と効果について、漢方医から謙虚に学んだ。

国民経済発展の必要にこたえるため、上海ではカラーテレビ、精密計器、電子設備、石油化学工業、新型医療器械などの新しい工業部門が新設され、発展をみている。

上海工作機械工場は各種の研削盤をつくっている大工場。これは太さ40㍉のねじを加工する大型ねじ研削盤。

204番深夜バスは北京駅から発車して、首都に着いたばかりの旅客を目的地まで送りとどける。

北京の町　深夜の見聞

李躍伍

北京の冬の真夜中は、静まりかえっている。

長安街の街灯は真昼のように明るく輝いているが、行きかう車は少なく、通行人もまばらである。

一日の仕事をおえた人びとは、もう、ぐっすりと寝入ってしまったころだろう。そんなときに眠らないで活躍している人びとがいる。それは、夜勤の労働者、夜警の解放軍戦士、深夜バスの乗務員、それから病院の急診室の医師と看護婦、駅員、深夜商店の店員さんなどがそれだ。この人たちは、それぞれの持ち場で人民のため、社会主義のために夜どおし働いているのである。

病院の夜間急診室で

もう零時をすぎているというのに、北京医大付属の人民病院の夜間急診室では、看護婦さんたちが患者をつぎつぎに迎えいれ、病状や発病の状況などをたずねてから、各科の医師のもとに案内している。

ここの夜間急診室には、内科、外科、婦人科、小児科、眼科などがあり、検査室やレントゲン室、処置室、薬局などももちろんそろっている。

ほかに観察室というのもあるが、実は臨時の病室で、当夜家に帰れない患者は、ここに泊まれる。

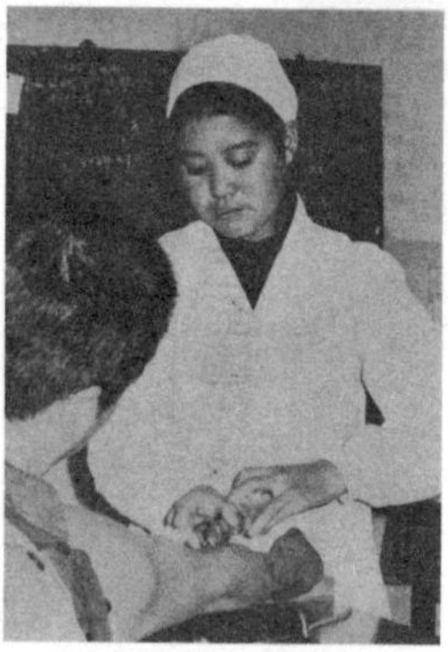

夜勤の看護婦さんは昼間よりも多忙なのだ

ここでは、毎晩平均百人以上の患者を迎えている。夜勤の医師と看護婦は十数人、てんてこまいである。比較的大きな手術や往診などがあるとなおさら忙しい。しかもそれはいつものことで、珍しくはない。

ごく最近、夜中にある市民の家から急な電話で、年寄りが心筋梗塞の発作を起こしたからすぐきてほしいといってきた。かれらは、ただちに往診し、その年寄りを救った。

かれらは患者にたいし、親身になって、診療するということをモットーとしている。代金の準備が間にあわなかった患者などにも当然のことながら、差別をつけるようなことはしない。薬をとりにこられない患者にはこちらからとどけるし、ビル住いで階段の上り下りができない患者のもとには薬をとどけ、注射をしにいく。だから、

「むかしは医者にかかりたくてもかかれなかったが、いまでは先生のほうが往診にきてくださるし、薬もきちんきちんと、とどけてくださる」

と感謝されている。

病人を一日も早く治すことを自分たちの生きがい、人民奉仕

だと考え、そのように実行しているのである。

観察室にいってみると、数人の医師がある患者のベッドをかこんで診察していた。看護婦さんが体温や血圧などを告げる。かれらは、耳をかたむけ、研究し合う。

そのうちのひとりのA医師は、ほんらいならば静養しなければならない体だ。ある日、病人の診察をしていて急に手がふるえ、足がフラつくので体温をはかってみると三十九度、肺炎にかかっていた。それでも、

「わたしよりも重病の兄弟や姉妹たちがいるのに、休んでなぞいられない」

とがんばっているのだ。

ここの医師や看護婦は、急病患者を助けるために、進んで自分の皮フや血液を提供する。一カ月前のある真夜中、急にAB型血液二〇〇CCが必要になったが、折悪しく血液庫ではそれが切れていた。ある若い看護婦さんはためらわず自分の血液を使って患者を救った。そうしたことは、ここの看護婦や医師にとってめずらしいことではない。もし患者が言いださなかったら、どの医師や看護婦が輸血したか誰にもわからないほどだ。人びとは、人民の生命と健康を守るために自分の鮮血を献げる医師や看護婦を決して忘れることはないだろう。

深夜の〃便利バス〃

プロレタリア文化大革命のなかで、北京市人民バス公司の労働者・職員たちは、夜勤労働者や市民の便宜をはかるため、一九七〇年のすえから南北線、東西線、環状線の三本の深夜バスコースを開設した。

これは北京の町の特徴と実際の必要に見合ったもので、これに、もとからある北京駅—永定門駅間の深夜バスコースをくわえると、北京市内の主な通りや町々がみなつながる。夜の十一時半からあけがたの四時半まで一時間おきの運行で、深夜の「便利バス」だと人びとに喜ばれている。

どんなところが便利なのか、乗ってみることにした。

二〇四番線のバスがきた。手をふってあいずすると、すぐそばでとまってくれた。十数人の乗客は北京駅から乗りこんだ人たちらしい。こんなにおそくなってもバスで帰れるので大喜び

10

患者に輸液をする陸俊成さん

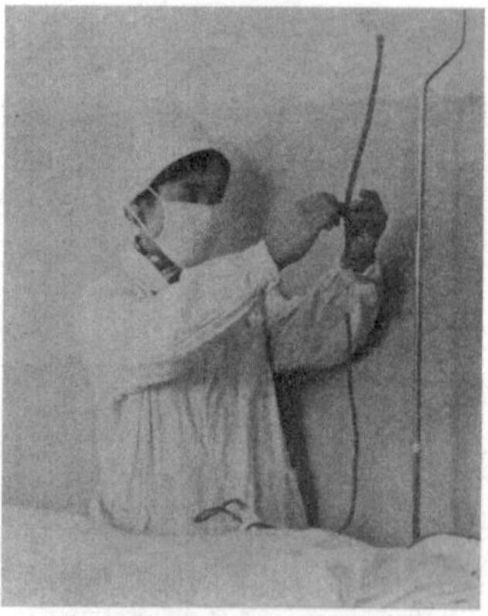

平凡な持場で　患者につくす看護婦　陸俊成さん

丘桓興

北京市労農兵病院心臓・ジン臓病室付き看護婦の陸俊成さんは、今年三十一歳。十三年前、中学を出ると北京第一看護婦学校に入学した。

在学期間（三年）の食費、寄宿費、学費、教科書代、実習費は政府持ちで、卒業するとこの病院に配属されてきた。

医師と看護婦は同志の間から

ひと昔まえまでは「医者の口に看護婦の足」といわれていた。医師が言い付け、看護婦が動きまわるのである。

そうした医師と看護婦の関係も今ではすっかり変った。

「職務こそちがえ、医師と看護婦はおたがいに平等な同志のあいだがらです」

と陸俊成さんが心臓・ジン臓病室の様子を話してくれた。

「うちの看護婦は、重症患者の応急処置に手を借すほか、日ごろは医師の指示で調剤、投薬、注射、点滴、検温、それに病人のために食事の世話をし、身体をふいてやり、汚物の始末をします。規定の範囲内で処方も書き、治療についての提案もできます。一昨日も尿毒症に肺炎を併発した患者さんでしたが、日ごろの臨床経験から見てストレプトマイシンは不適当、ペニシリンにも過敏なので、レコマイシンの投与を医師にすすめたところ、よろこんでとり入れました」

こうしたことはごくふつうのことなのだそうである。一日の仕事をしめくくる勤務交替の打ち合わせでは、看護婦が患者の治療について自分の考えをのべ、どしどし提案する。医師に対して仕事上の意見を出すことも珍しくない。

医師たちは看護婦の意見をよろこんで受け入れる。

「患者の方々といちばんよく接してその容態や投薬後の反応にくわしい看護婦さんの提案は、実際的でなるほど、と思わせるのがよくあります。なにしろ瀕死の者を救い、傷ついた者をたすけるのが医師と看護婦の共通の願いですからね、そうした治療の役に立つ提案を医師が無視するはずはありません。今では医師の自覚はみな高まり、人民に対する責任ということが唯一の規準になっていますから、〝体面〟を保つために看護婦の意見をはねつけるようなことはしません」

11

一九六〇
Yījiǔliùlíng

朋友　在
péngyou　zài

仙台　市
Xiāntái　shì

一　座　纪念
yí　zuò　jìniàn

镶嵌　着
xiāngqiàn　zhe

像。　那　是
xiàng.　Nà　shì

的　鲁迅
de　Lǔ Xùn

的　香烟，
de　xiāngyān,

简化字　鲁（鲁）
关（關）

邦交正常化使得中日经贸与文化交流取得巨大进展。春天，在日本举办的“中华人民共和国展览会”，如同博览会一样全方位地介绍了中国的经济文化发展和社会进步（7月号，见图1）。在广州新建场馆举办的第三十六届出口商品交易会则引来了更多日本商贸人士（10月号，见图2）。当时还没有恢复广告，但杂志上的《物产介绍》其实就是变相的广告（3月号，见图3），为中国的出口换汇商品招徕生意。

特辑《中国如何应对世界气候异常》非常敏感而前瞻性地提示了21世纪的重大国际课题，今天读起来令人感到钦佩不已（2月号，见图4）。

农业基本建设的又一奇迹“红旗渠”的建成令读者惊叹不已（6月号，见图5）；运用中西医结合方式，在患者保持清醒的情况下成功完成开胸心脏手术再次引起轰动（9月号，见图6）。

反映工业领域新貌的彩色图页《上海机床厂工人与科技人员联合攻关》，在用光和构图方面可圈可点，令人印象深刻（10月号，见图7）；反映少年儿童文体活动的图片报道《课余武术训练》（9月号，见图8）、《少年杂技表演》（10月号，见图9）则以生动有趣的抓拍瞬间表现了紧张与活泼相间的时代表情。

一些从前的好思路改头换面卷土重来。《北京街头》介绍的深夜见闻（2月号，见图10）、《平凡的岗位》介绍的值班护士将目光再次投向工作在一线的默默无闻的普通人（3月号，见图11），以“等身大”的视角描述他们的工作与生活。重新恢复的汉语讲座栏目充实了《鲁迅与藤野先生》等内容，深受读者好评（10月号，见图12）。

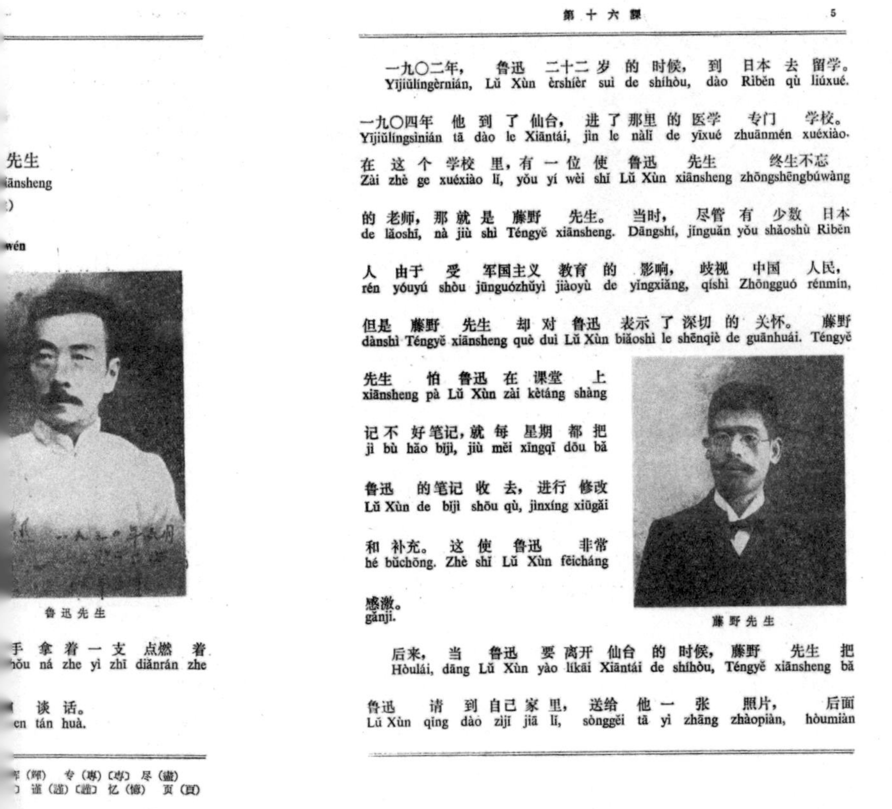
先生
iānsheng
)
wén

鲁迅先生

手 拿着 一 支 点燃 着
hǒu ná zhe yì zhī diǎnrán zhe

谈 话。
en tán huà.

军（䡆） 专（專）〔専〕 尽（盡）
谨（謹）〔謹〕 忆（憶） 页（頁）

第 十 六 课　5

一九〇二年，鲁迅 二十二 岁 的 时候，到 日本 去 留学。
Yījiǔlíngèrnián, Lǔ Xùn èrshíèr suì de shíhòu, dào Rìběn qù liúxué.

一九〇四年 他 到 了 仙台，进 了 那里 的 医学 专门 学校。
Yījiǔlíngsìnián tā dào le Xiāntái, jìn le nàlǐ de yīxué zhuānmén xuéxiào.

在 这 个 学校 里，有 一 位 使 鲁迅 先生 终生不忘
Zài zhè ge xuéxiào lǐ, yǒu yí wèi shǐ Lǔ Xùn xiānsheng zhōngshēngbúwàng

的 老师，那 就 是 藤野 先生。当时，尽管 有 少数 日本
de lǎoshī, nà jiù shì Téngyě xiānsheng. Dāngshí, jǐnguǎn yǒu shǎoshù Rìběn

人 由于 受 军国主义 教育 的 影响，歧视 中国 人民，
rén yóuyú shòu jūnguózhǔyì jiàoyù de yǐngxiǎng, qíshì Zhōngguó rénmín,

但是 藤野 先生 却 对 鲁迅 表示 了 深切 的 关怀。藤野
dànshì Téngyě xiānsheng què duì Lǔ Xùn biǎoshì le shēnqiè de guānhuái. Téngyě

先生 怕 鲁迅 在 课堂 上
xiānsheng pà Lǔ Xùn zài kètáng shàng

记不 好笔记，就 每 星期 都 把
jì bù hǎo bǐjì, jiù měi xīngqī dōu bǎ

鲁迅 的笔记 收 去，进行 修改
Lǔ Xùn de bǐjì shōu qù, jìnxíng xiūgǎi

和 补充。这 使 鲁迅 非常
hé bǔchōng. Zhè shǐ Lǔ Xùn fēicháng

感激。
gǎnjī.

藤野先生

后来，当 鲁迅 要 离开 仙台 的 时候，藤野 先生 把
Hòulái, dāng Lǔ Xùn yào líkāi Xiāntái de shíhòu, Téngyě xiānsheng bǎ

鲁迅 请 到 自己 家 里，送给 他 一 张 照片，后面
Lǔ Xùn qǐng dào zìjǐ jiā lǐ, sònggěi tā yì zhāng zhàopiàn, hòumiàn

12

1975

人民中国

日本の留学生が学んでいる北京語言学院は北京の西郊外にある

三時間、四時間目は自習です。自習時間には教室で録音を聞いたり、寄宿舎にかえって自習をします。十二時に昼食です。それから昼寝をします。午後は二時からほとんどが自習です。授業がすむと運動場へいって体をきたえます。夕食は六時半、夜は本を読んだり、テレビや映画を見たり、中国の友達と話しあったりして、十時か十一時には寝ます。そのほか、週に体育課が一時間、中国概況課が二時間あります。

大山沙理　スケジュールからすると、とてもぎっしりなようですけれど、試験勉強に毎日追いまくられるあの緊張感とはちがいます。教室での勉強だけでなく、野外での労働や、スポーツなど、いろんな種類のものが豊富にあるので、体のためにもいいし、考えかたも幅広くなって、日本では考えられなかった生活なんです。

鎌谷　中国にきてからはほんとに規則正しい生活をしています。日本では夜おそくまで勉強するので、朝はおそく起きてもいいという生活だったんです。それが中国にくると、夜早く寝て朝早く起きる、こんな生活はいいなと思うようになりました。

森　日本では、僕たちの年齢ではだいたい受験勉強に追われて、一年も二年も運動をせず、一日中、机にかじりついているんです。それがこちらにきて急に運動をはじめ、生活に張りが出るようになりました。

編集部　北京市の大学・専門学校の運動会にみなさん出場しましたか。

大山　わたしたちは選手には選ばれなかったんですけれども、六人参加したんです。運動会は「友誼が第一、試合は第二」の精神でつらぬかれていました。成績一点張りというのではなく、老いも若きもというか、子供も老人もいました。そういう人たちがいっしょになって自分たちの体育運動に参加するのをみて感動しました。ほんとに日本ではみられない運動会でした。

それから、とくに成績のよい選手については、その選手が日ごろどのように体を鍛え、勉強につとめているかということを、成績発表と同時に、みんなの手本としてアナウンスします。徳育、知育、体育を全面的に発展させるという中国のゆき方がすごく感じられました。

編集部　日曜日とか休日はどんなふうにすごしますか……

— 45 —

・対談・

中日両国の棋士は語る

安永一先生と銭宇平くんの対局

出席者

安永一　日本囲碁友好訪中団顧問

陳祖徳　中国囲碁選手

とき　1974年12月9日

ところ　上海和平ホテル

陳祖徳（前列右から二人目）と村上文祥先生（七段）の対局はジゴとなった。対局後、石をならべなおして検討した。

「旧友相まみえて、ひとしおなつかしむ」ということばがある。このことばは、長年らいの友人——日本囲碁友好訪中団顧問、安永一先生と中国の名棋士、陳祖徳さんについてもぴったりとあてはまる。

本誌編集部は、御多忙中の安永一先生と陳祖徳さんにとくにおいでを願い、この友情をめぐって、また碁技について歓談していただいた。

豆棋士の生長から

陳祖徳　安永先生、指導碁を打たれたばかりでおつかれでしょう。ひと息入れてからにいたしましょうか。

安永一　おくにの豆棋士との対局は、たいへん面白かった。わたしも、すっかり若がえりましたよ。では、このへんからはじめましょうか。

陳　安永先生はいつまでもお変りになりませんね。手合わせが終るとつかれをいとわず、すぐ局後の検討をされます……。今度中国を訪問された先ざきで、安永先生はじめ日本の友人のかたがたは、熱心に中国の少年棋士を指導して下さいました。十一年前、指導していただいた華以剛、邱鑫、曹志林などの棋士たちは、いまでも先生に感謝しておりますよ。

安永　ただいま、十一歳の少女と対局しましたが、かの女の実力は相当なもんだなと思いましたよ。

陳　あの子は華学明といって、上海虹口区第一中心小学校五年生の生徒です。碁を打ちはじめたのは、わずか二年ほど前なんですが、上達がはやいですね。

安永　わたしはあの子に五目おかせました。かの女が勝つはずだったのですが、わたしはちょっと"妙計"をつかってやっと勝ったというところです。休みのとき、あの子と打った棋譜を代表団の方がたに見せましたが、団長はじめみんなその正確な読みと巧みな手にびっくりしていましたよ。

陳　あの子が碁を打ちはじめたばかりの年には、九目おかせて楽勝したものでしたが、よく年になると、四目おかせて、かなり苦戦するようになりました。

安永　対局するとき、両者とも自分の石が相手に殺されるのを心配しますね。しかしあの子はそれを少しもおそれないんですね。わたしがどう打とうが、いつも堂々と打ちかえしてきます。たいしたものだとみんなで話し合いましたよ。

陳　中国には「生れたばかりの子牛は虎をも恐れない」ということわざがあります。豆棋士たちは大胆ですが、なんといっても経験が浅いですからね。安永先生との対局でいろいろ勉強させていただくようにしているわけです。

安永　こんなエピソードがあってわたしたちはみんなすっかり心を打たれたんですよ。おととい、わたしは銭宇平という八つになる男の子と対局しました。あの子は一手に、一時間半も考えましたよ。その心がまえはほんとうにみあげたものですね。

陳　あの子は学校にあがったばかりです。

安永　そうですか。わたしの向いのソファーに坐っていたのですが、あんまり小さいので、わたしの三分の一ぐらいにしか見えなかった。ハッハッハ……十二歳のある男の子は2の二に置きましてね、なかなか面白い手でした。わたしは碁を打って数十年になりますが、このような打ち方はめったに見たことがありません。あなたはどうですか。

陳　わたしも見たことがありません。

安永　これはきっと教えられたものではなく、自分が考えだしたものだと思いますよ。一つの創造ですね。強い相手を前にしてすこしも恐れず、敢然と戦う子供たちの精神は強く印象に残りました。

陳　中国では碁、将棋もスポーツにはいってますが、スポーツのすべてについて、子供のときから養成しようとしています。中国共産党と人民政府は子供たちの健やかな成長にひじょうに、気をくばっています。

安永　こんど各地で会った豆棋士から、中国の社会全体が子供たちに暖かい思いやりや関心をよせているのでこんなに碁の上達が早いのだとわかりました。中国の囲碁活動は普及の方向に進んでいますし、人民大衆に、碁がどんどんひろまってゆく感じがします。これはわたし一人のみかたではなくて、宮本直毅団長や他の団員もそう思っているのです。

手合せを通じて、ともに向上しよう

陳　今度の友好試合で、こちらがやや勝っていましたが、日本の友人からいろいろ勉強させていただきましたよ。わたしは宮本九段と二度対局しました。始めはわたしが優勢で、宮本先生が、先に秒読みに入ったのですが、先生はおちついて、不利な局面にねばりづよく対応されました。わたしは、全力をあげたんですが、とうとう勝つことができませんでした。

安永　あなたは攻めが得意ですが、形勢有利のときに気をゆ

— 37 —

— 36 —

3

日本の留学生

映画をみたあとで、その会話を聞きながら中国語を勉強する。

中日国交正常化いらい、両国間における経済・文化交流はますます頻繁になり、日本からの留学生も中国にきて、北京語言学院で学んでいる。さきごろ、本誌編集部は日本の留学生の方たちを招き、中国での学習と生活について話し合ってもらった。

新しい大学生活

編集部　みなさんは中国においでになって数カ月になりますが、こちらの生活になれましたか。

森　哲也　買物するときなどにはやっぱり日本での習慣がでます。日本だと二、三カ月たつと物価があがりますので、北京にきてからも、あとで買えばいいんだけど、値段があがるんじゃないかなと思って買っちトをたくさん買ってきてくれたわ。

尾上礼子　商店の販売係の人たちもすごく親切にしてくれてね。ことに、わたしたちが留学生だとわかると、どこの留学生ですかってたずねるの……日本の留学生ですと中国語でこたえるのです。わたしたちがいろんな商品の名をたずねると、とても熱心に、くりかえし教えてくれま

— 44 —

1

仙台市の勤労青年120数名からなる訪中団は旅客機「友好の翼」で到着、中国人民から熱烈な歓迎をうけた。

友情を満載した「友好の翼」

——第一回仙台市勤労青年日中友好の翼訪中団

2

● 新しい中国を知る月刊総合雑誌

民中国 12 1975

村の化学肥料工場（記事・グラフ）

ソフトボールの初交流

描いた劇映画「創業」（カラー）

4

特集　世界の最高峰を征服した中国登山隊

座談会　北壁からチョモランマ峰登頂に成功した中国男女登山隊員の体験談

とき　1975年6月26日　　ところ　北京市懐柔県「水上クラブ」

▼出席者

▲パンド（女）　体育工作者（37歳・チベット族）
▲ソドナムノルブ　解放軍電気技術者（29歳・チベット族）
▲ロズェ　登山コーチ（37歳・チベット族）
▲侯生福　体育工作者（36歳・漢族）
▲サンチョ　解放軍戦士（23歳・チベット族）
▲ピンツォ　塗装工（30歳・チベット族）
◀クンガパサン　解放軍自動車隊の小隊長（二十九歳・チベット族）

◀ツジンドジ　電気工（二十九歳・チベット族）

◀アッチン　解放軍戦士（二十一歳・チベット族）

ソドナムノルブ　今年の三月、中国登山隊は、チョモランマ峰のふもと、海抜五千㍍の地点にあるロンブク寺にベースキャンプを設営した。前後三回にわたる順応行軍その他の準備活動のすえ、四月下旬から五月上旬にかけて、二回頂上にアタックしたが、悪天候のため成功しなかった。第三回目のアタックは五月の中旬から開始された。われわれアタック隊は二手にわかれて、五月十七、十八日にそれぞれベースキャンプをあとにし、二十七日に頂上をきわめた。海抜五千㍍から頂上までのあいだに、九つのキャンプ（その中には八千三百㍍、八千六百㍍の臨時のキャンプがふくまれている）を設けた。海抜八千六百八十㍍の地点にあるアタックキャンプで頂上への最後の突撃に移ったさいには九名をのこすのみであった。登山隊副隊長のパンドさん、隊員のクンガパサンさん、ピンツォさん、ツジンドジさん、ロズェさん、侯生福さん、サンチョさん、アッチンさん、それにわたしだった。

パンド　ベースキャンプを出発したときには、男子隊員十五名、女子隊員三名でしたが、ひどい高山反応のため、途中で男子隊員八名と女子隊員二名がつぎつぎに撤退しました。クンガパサンは、はじめのうちは後方勤務でしたが、七千六百㍍の地点からアタック隊に加わりました。

最高峰への入口——北坳

アッチン　出発してからわれわれがまずぶつかった難所は北坳（ノース・コル）です。北坳は海抜六千六百㍍から七千七㍍の間にそそりたっています。ひと目でそれが、名にし負う大氷壁だとわかりました。

侯生福　高さが四百㍍、平均勾配が六、七十度。北壁から頂へ向かうさいにはどうしても通らなければならない所なので「チョモランマ峰の

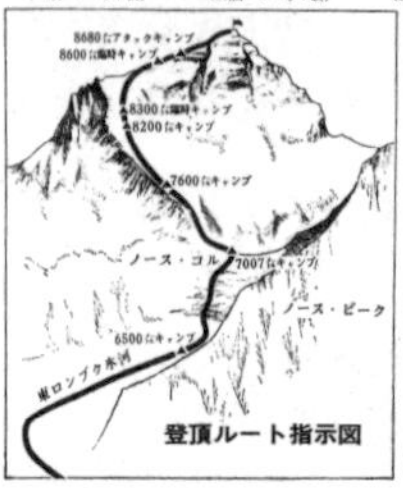

登頂ルート指示図

遼寧

人民公社の

う質問に、かの女たちはつぎのように答えた。

「人民公社の党委員会書記とど局長がいつも言ってきたように、わたしたちのこの仕事はごく平凡なものとはいえ、それは人民の生命と財産の安全に直接かかわっています。そのことを心にきざみつけているので、おろそかにできませんでした」

大地震がおこるまえ、かの女たち

秦代の大陶俑・陶馬群

——始皇帝陵（陝西省臨潼県）の東側から出土

（陝西省博物館提供）

復元された陶俑の頭部

銅製の兵器　弩機と鏃(やじり)

武士俑の正面と背面　1.78㍍から1.87㍍の高さのものがある

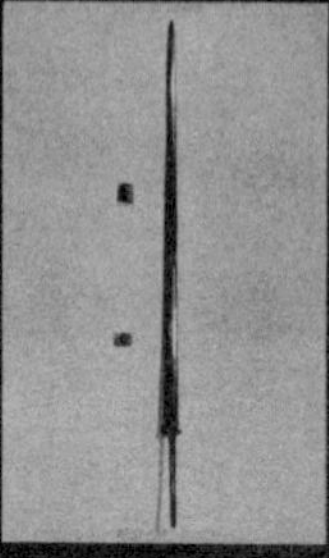

銅製の兵器　剣

〔…〕地震現地ルポ

〔…〕と対策

本誌記者　程　天

地電流を観測する呉春霞さん

さる二月四日十九時三十六分、遼寧省南部の営口、海城地区にマグニチュード七・三の地震がおこった。だが、地震研究部門の予報にもとづいて、中国共産党遼寧省委員会および地震発生地区の各クラスの党委員会が大衆を指導して、万全の防災措置をとっていたため、被災区人民の被害を最小限にくいとめることができた。

わたしたちが営口についたのは五月三日だったが、その翌日、九時二十分頃、早速、マグニチュード四・一の余震に見舞われた。

当市の地震対策本部で聞いたところによると、二月四日の大地震後、余震はずっと続いているという。わたしたちが着いてからも毎日三百回以上おきていた。だが、体で感ずることができるものは少ない。五月四日午前におきたマグニチュード四・一の余震は、その前夜すでに予知されていた、とのことであった。わたしたちはまず、この予知、予報活動について取材した。

この地方には七つの地震観測台と観測ステーションが設けられており、その他に、数多くの大衆的なアマチュア測報グループもある。これらの観測台、観測ステーション、測報グループによってはりめぐらされた観測網が地震の動きを注意深く見守っている。この観測網が、あの遼寧省南部で発生したマグニチュード七・三の大地震の予報に重要な役割をはたしたのであり、そしていまもなお余震の動向を監視している。

地震観測網

これまでずっと、地震を予知するのはきわめて難しいこととされてきた。では、今回の遼寧省南部の大地震はどのようにして予知できたのだろうか?

わたくしたちは、営口県の虎荘人民公社の大衆測報グループを訪ねた。

この測報グループのメンバーは虎荘にある郵便局の電話交換手、組長の呉春霞さん（二十一歳）、組員の解艶波さん（二十一歳）と張雁雲さん（二十二歳）の三人で、みな初級中学卒業後、生産隊で一時生産労働にたずさわったのち、電話交換手になった人びとである。

この観測グループをつくった経過について、呉春霞さんは次のように話してくれた。

四年前、付近の石棚峪にある地震観測台の技術員がこの人民公社にやってきた。かれは公社員に地震に関する常識と災害防止対策について紹介し、大衆的なアマチュア測報グループをつくるよう提案した。人民公社の党委員会書記は郵便局長と相談して、呉春霞さんにこの仕事の責任をもたせることにした。

かの女たちは、地震観測台の指導のもとに、ミクロアンペア・メーターの両極に導線をつなぎ、それを地下に埋めるという簡易な方法で地電流の変化を観測することにした。

地電流は、正常な状況のもとでは相対的に安定しているが、地震が形成・発生する過程では、局地的に異常変化をおこす。したがって、地電流の異常変化を発見し、それを他の資料と結びつけて分析、研究することによって、それが地震の前ぶれ

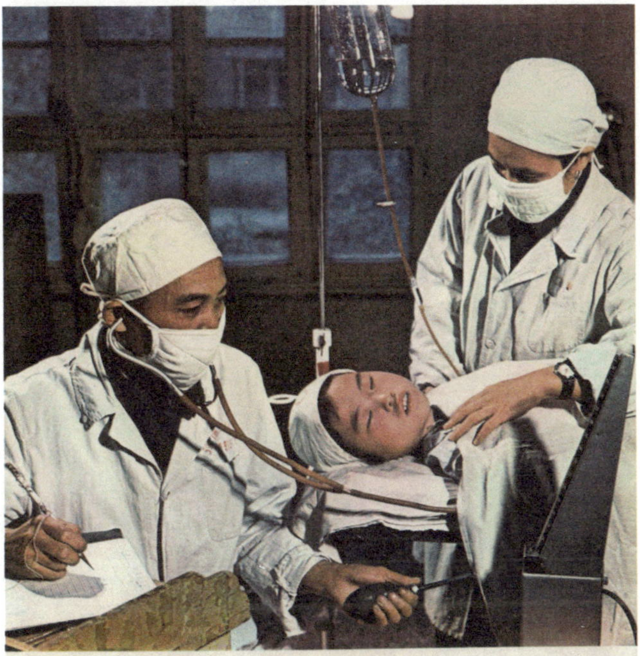

漢方薬による麻酔

本文参照

沈延太・鄒雲峰　撮影

中国の医学界はプロレタリア文化大革命のなかで、漢方医学と西洋医学をむすびつけ、伝統的な漢方薬による麻酔を研究し、それをさらに向上させて外科手術に応用することに成功した。漢方薬による麻酔は、安全で効果がよく、副作用も少ないから、患者にうけいれやすい。

北京市北新橋二条居民委員会

——その任務、日常活動、住民との関係について

曾慶南

絵物語をよむ子どもたち（課外活動ステーション）

日本の読者から中国の都市にある居民委員会というのはどのような組織か、その任務、日常活動、住民との関係などについての質問がよせられているので、北京市北新橋二条居民委員会を訪ねることにした。

うららかな春の日だった。二条胡同につくと、町内の老若男女が、二条居民委員会の計画にしたがって、大掃除をしていた。町内の道を掃除している者、わが家の掃除をしている者などさまざまだ。

やがて、町内の通りも家々の掃除も終り、すっかりきれいになった。

こうした大衆的な愛国衛生運動をくりひろげること、それが居民委員会の任務の一つである。北京市内にある多くの居民委員会は、こうした大掃除を毎年同時に数回おこない、首都の清潔さをたもっている。

政府と住民との間の「かけ橋」

居民委員会の説明に入るまえに、北京市の行政系統についてのべることにしよう。

それは国務院すなわち中央人民政府——北京市革命委員会——区革命委員会——街道革命委員会——居民委員会という形をとる。

都市のばあいには、街道革命委員会が基層政権組織だ。

居民委員会は街道革命委員会と住民との間、すなわち政府と大衆との間にかけ橋としての役割をはたす。人民政府の方針、政策、法令などは街道革命委員会から居民委員会に伝えられ、それから集会という形式をとって住民につたえられるのがつねである。そうすることによって、人民政府の方針、政策、法令はすぐに住民にもれなく伝えられ、みんなが自覚してそれにもとづいて行動することになる。

また、住民のもっているさまざまな意見や要求も、居民委員会を通じて上級の政府機関に反映され、そのつど処理される。

すぐれた管理能力

居民委員会は住民が自分を管理し、組織する大衆組織だ。

二条居民委員会は東城区北新橋街道革命委員会の管轄下にある。戸数は六百八十六戸、人口二千五百七十八人。労働者、職員、政府機関の幹部、学生のほか大部分は家庭婦人、のこりは停年で退職した人びとである。「居民」つまり住民というのはこれらの人びとをさす。かれらは居民委員会の指導のもとに組織されているのだ。

二条居民委員会の委員は十七名、いずれも住民集会で選出され、無報酬である。

この委員会の主任は四十九歳になる楊文鳳さん。六百余戸、二千余の人口を擁するこの居民委員会は、かの女と十六名の委員の指導下に、整然と活動をおこなっている。「居民委員会の仕事は、住民の学習、生活の面倒をみること、住民の必要にもとづいて集団的な福利事業をおこすこと、住民を動員して町内の問題を解決し、よりよい町づくりに参加させること、町内での社会主義革命を発展させること、プロレタリア階級独裁を強化することです」と、かの女は説明してくれた。

仕事の内容はとても簡単なようだが、実際にはそうではないのだ。大は住民の政治・文化学習、町内での生活の面倒をみ、各種の福利事業をおこすことから、小は環境衛生から隣近所のいさかいの処理にいたるまであらゆる仕事をひきうけるのである。だから、人民に奉仕する心構えとすぐれた管理能力がなければ、この仕事をうまくやってゆくことができない。

居民委員会の委員は住民の生活のあらゆる面に心をくばる。たえず町内の家々を訪問して、困難なことや希望を聞き、すぐそれを解決する。

— 34 —

毛主席の著作を学ぶ町内の人びと

七十余歳の王振海さんは、この町内に五十年以上も住んでいる。

「解放前のこのあたりは貧民窟で、住民の多くは人力車をひき、日雇い労働者になり、くずひろいをやっていた。そのころ、帝国主義、国民党反動派は、反動的な保甲制で住民を支配し、おさえつけた。やれ衛兵だ、やれ労働だといってかりたてられる。それればかりか、なんだかんだと税金を取り立てられるので、わしらのような勤労者はどうにもやってゆけず、一家離散のうき目をみた」と老人は語った。そして、

「いま、居民委員会がなにかとわしらのために考えてくれ、奉仕してくれる。こうした委員会こそ、ほんとうにわしらの組織だ。居民委員会の主任や委員はみんな、わしらの身を案じてくれる身内だ」と老人はつけくわえた。

住民の便宜をはかる

住民の生活は安定しているし、とても暮しやすい。物価があがる心配もなければ、失業のおそれもない。居民委員会は、住民の必要にもとづいて、さまざまな福利事業をおこし、住民の便宜をはかる。それを人びとは「三・二・一」という。三站・二代・一所のことである。「三站」というのは、居民委員会が経営する医療ステーション、服務ステーション、青少年課外活動ステーションのことである。

医療ステーションは、町内にある病院の協力をえて、家庭婦人の中から衛生員三名を育成した。かの女たちは都市における「はだしの医者」である。子供に予防注射をしたり、住民に針灸や按摩をし、ちょっとした病気の治療にあたる。診察のほかに、往診、薬をとどけにもゆく。衛生員は計画出産、病気の予防についても熱心に宣伝する。

服務ステーションは、よびだし電話の通知、ふとんやシーツの洗濯、衣服のつくろい、散髪などをひきうける。

青少年課外活動ステーションは青少年の課外教育をひきうける。これについてはあとでのべることにする。

「二代」というのは代理経営の販売店と食堂のことである。販売店は住民の便宜をはかって食用油、塩、醤油、酢などのほかに、日用品も販売する。

食堂は町内で経営している食堂のことで、出勤する労働者はここで朝食をとる。夫婦がどちらも働いている家の子供もここで昼食をとる。わが家で食事をとるといった感じの親しみやすい食堂である。

— 36 —

北京の朝

朝まだき、元気いっぱいのトレーニング。天安門広場を横切る北京市青少年業余体育学校の生徒たち。

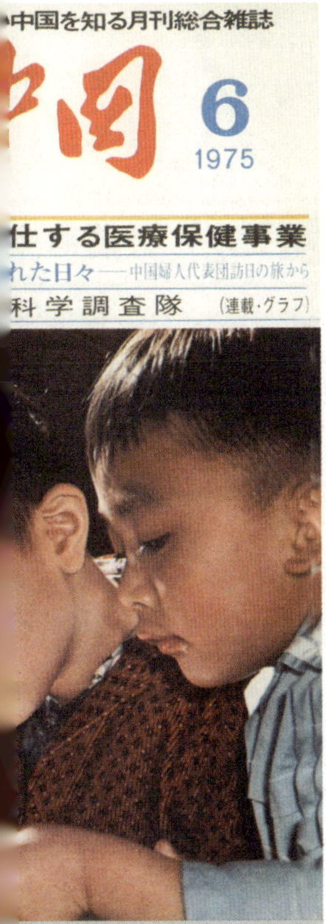

11

12

975

中国的大学里这时已经有了不少日本留学生。五位北京语言学院的日本留学生通过本刊策划的座谈会畅谈了他们在北京的学习、生活与见闻（1月号，见图1）。

来自日本国内的团体访问、交流也呈扩大趋势。《满载友情的“友好之翼”》介绍的是来自仙台的友好访华团（8月号，见图2）。那一时期来自日本地方的“友好之翼”访华团成为一道亮丽的风景线。中日棋手陈祖德与安永一的对谈成为一段佳话（4月号，见图3）。棒球交流是一个全新领域，来自日本中部地区的球员与中国同行的交流情况，以生动的抓拍定格在这一年的封面上（12月号，见图4）。

令人惊叹的成就有：《中国登山队再登珠穆朗玛峰》，登顶队员座谈从北坡登顶的艰辛故事（10月号，见图5）；《辽南大地震现场报道：预测与应对》介绍了地震预测的成功经验（9月号，见图6）；初步清理完成的《秦代大陶俑、陶马群》（当时还没有兵马俑的概念，11月号，见图7）。精彩的图片报道还有沈延太拍摄的《中医药麻醉做手术》，医生与患者的构图以及人物表情的捕捉都使这幅作品成为当年的亮点（4月号，见图8）。

反映街道社会生活的文章《北京市北新桥二条居委会》，介绍了居委会的职能以及其与居民的关系（5月号，见图9）；图片报道《北京的早晨》生动地记录了当年在空旷而清洁的天安门广场前晨练的北京市民（9月号，见图10）。

这一年的封面都聚焦在普通人的表情上，不论是小朋友专注阅读的表情（6月号，见图11），还是蒙古族姑娘喜悦而自然的手势（7月号，见图12），都表明《人民中国》记录“等身大”时代表情的理念在这一年“满血复活”。

1976 人民中国

特集 新年を迎えて日本の友人へ

新年話旧小令八首 寄日本友人 調寄喜春来

趙樸初

調を喜春来に寄せて
新年に旧を話す小令八首を日本の友人に寄る

新年提起千年話
聊佐良朋玉露茶
一従徐福棠星槎
扶桑下　親誼結隣家

新年　千年の話を提起し
聊か　良朋の玉露の茶を佐けん
一たび　徐福　星槎を棠ぎし従り
扶桑の下　親誼　隣家に結べり

帰帆未到蓬壺路
天讃晁卿徳不孤
更教風送返西都
想醍醐　酔有謫仙扶

帰帆　未だ蓬壺の路に到らざるに
天は　晁卿の徳の孤ならざるを讃りてか
更び　風を教て西都に送り返さしむ
醍醐を想う　酔えば謫仙の扶け有りしならん

両邦世代称盲聖
六犯風濤誓捨身
同天風月啓詩情
招提境　神往奈良城

両国　世代　盲聖を称う
六たび　風濤を犯し　身を捨てんことを誓えり
同天の風月　詩情　啓り
招提の境　神　奈良城に往う

仮名真義思空海
海嶽天台憶最澄
交輝連理両青尊
共滄溟　千載護深情

仮名の真義に　空海を思い
海嶽の天台に　最澄を憶う
輝を交して連理とせり　両の青尊
滄溟を共にせり　千載　深情を護らん

— 13 —　— 12 —

1

日本囲碁代表団とともにすごした三週間

陳祖徳

日本囲碁代表団団長高川秀格九段と対局する中国棋士の陳祖徳さん（左）

昨年の十月、日本囲碁代表団は、中国人民に対する日本人民の友情をたずさえて、中国を訪問された。そして、わずか三週間のあいだに、六つの都市を訪ね、手合わせを七回おこなった。このたびの訪問は、中日両国間の囲碁交流に新しい、いきいきとした一ページを書きくわえた。わたしは、日本の友人とともに三週間をすごした。その間にかれらがしめしてくれた深い友情をいつまでも忘れないだろう。

腕をみがくよい機会

日本囲碁訪中団の名簿を受けとったのは、第三回全国競技大会の最中だった。そのころ、中国のすぐれた棋士が北京にあつまっていた。みんなは、日本囲碁訪中団がやってくるという知らせに接して、腕をみがくよい機会だ、と大よろこびだった。また、高川先生が団長だというので、中国の棋士はわきたった。高川先生の棋譜はわが国の棋士にとってなじみの深いものである。先生の明快な理論、「先を争わない自然そのままの」風格はわが国の棋士につよい印象をあたえているのである。

副団長の窪内先生（九段）も古くからの知り合いである。十年前に、中国囲碁代表団が日本を訪問したとき、窪内先生はわれわれを指導して下さった。こんど、わが国で窪内先生にお目にかかり、手合わせができるのは、ほんとうに楽しいことである。

石榑八段と戸沢七段の両先生は、わが国の棋士のあいだでもよく知られている。一昨年、日本でお二人がよい成績をおさめられたのをわれわれは、日本の雑誌で読んだからである。

— 72 —

4

友誼の旋律

——北京を訪れた名古屋電気工業高等学校吹奏

李暁一

すばらしい演奏

広い民族文化宮は日本から訪れた若い芸術の使者の演奏に耳を傾ける熱心な聴衆で埋まっていた。

うねりさかまく
荒波こえて
日本と中国　友好の旗
いまぞひるがえる

— 64 —

76年4月

を悼む

北京の頤和園に遊ぶ日本の友人

——日本「中国三誌読者友好の翼」

（本文参照）

撮影　本誌記者

春をつげる友誼の翼

座談会

忘れられない十九日間

中国人民対外友好協会代表団のメンバーは語る

後列左から関山月さん、李希凡さん、瞿維さん、張連文さん、柳緒緒さん。前列左から金花さん、汪愛枝さん。

とき	1976年4月12日
ところ	中国人民対外友好協会

出席者（発言順）

李希凡	中国人民対外友好協会代表団副団長・文芸評論家
関山月	代表団団員・画家
金　花	代表団団員（蒙古族）「ウランムチ」(赤い文芸工作隊)隊員
柳緒緒	代表団団員・陝西省戸県の農民画家
瞿　維	代表団団員・作曲家
汪愛枝	代表団団員・湖北省光化県「板車（荷車）劇団」俳優
張連文	代表団団員・映画俳優

李希凡　今年の春、桜が咲きほこるころ、われわれ中国人民対外友好協会代表団は、日中文化交流協会の招きで、日中文化交流協会創立二十周年を祝う記念行事に参加しました。それから、いくつかの地方を訪ねました。その訪問も終わって、みなさんは、日本人民の深い友情をたずさえて、それぞれの職場に帰ってゆかれるわけですが、『人民中国』編集部から今回の訪日についての感想を話し合って欲しいというので集まっていただいたわけです。

関山月　きょう集まった人はみな日本訪問は初めてだったわけですが、中国国内では前に日本の友人と接したことのある方はいくたりかいます。今度の訪問で、ふるくからの友人にお会いできたし、多くの新しい友人をうることができました。

金花　ふるくからのお友達にしても、新しく知り合ったお友達にしても、日本のお友達はみな、こころから私たちをもてなしてくださいました。

柳緒緒　こんどの日本訪問は三月十九日から四月六日までの十九日間で、時間的にはとても短かったのですが、日中文化交流協会や日中友好協会（正統）、日本各界の友人から熱烈な歓迎をうけました。そして、集会、懇談、交歓会、家庭訪問などによって日本の方々にひろく接することができました。ひと口でいいますと、こんどの訪日は大成功でしたし、とてもつよい印象をうけました。

李希凡　今回の訪問で、長い歴史をもつ中日友好と文化交流が、新たな歴史的条件のもとでいっそうの発展をとげているのを目のあたりにすることができました。

中日友好はさえぎることができない

瞿維　こんどの代表団の最年長者は王炳南団長で六十八歳、最年少者は張連文さんで三十一歳、老年、壮年、青年の三結合でした。わたしたちが接した日本の友人は、最年長者が百一歳、最年少者が二歳半の幼児で、老若男女を網羅している。みんなとても友好的で、あたたかく迎えてくれましたね。

関山月　札幌を訪ねたときですが、余市の漁民数十名が漁から帰ったばかりだというのに、中国の代表団がきたときくと、漁具の始末もそこそこに、晩の会合にかけつけて、有名な〈ソーラン節〉を聞かせてくれました。

柳緒緒　うたいおわると、年輩の漁民が王炳南団長の手をにぎりしめて、「われわれ日中両国の友好をよろこばない人間がいる。だが、われわれ漁民は、誰が本当の友で、誰がニセの友かを、体験をつうじてよく知っている。日中友好はわれわれ両国人民の共通した願いだからこれを破壊することは誰にもできん」とはげしい口調で語っていました。

汪愛枝　杉村京子さんというアイヌ族の方が、娘さん、お孫さんをつれてその晩の会合にみえていました。杉村さんは、「わたしはアイヌ族として最初に中国を訪ねた代表団のひとりです。娘はアイヌ族第二次訪中団の団員です。この次には、孫をいかせたいと思っております。わたしたち一家三代のものが、こぞって子々孫々までなかよくしてゆく気持ちを示したいのです」とおっしゃいました。

瞿維　仙台市を訪問したとき、市役所前に中国の五星国旗がかかげられていました。われわれは島野市長を訪問しました。市長さんは市役所の職員をひきつれ、列をつくって迎えて下さった。

張連文　仙台での文芸の夕べには、中国を訪問されたことのある青年や仙台市各界の方が二百人以上参加された。日本の友人たちは、こころのこもった、すばらしい出しものを用意し、また日本民族のならわしにしたがってお祝いのモチつきにわれわれをさそってくれました。そのモチをつきながら、つきたてのモチをたべるのですが、中国でも地方によっては、それに似た習慣がのこっていますので、とても親しみを感じました。中日両国人民の親しさは、家族のそれで、ほんとうに心のかよいあったものです。

李希凡　有名な作家の井上靖氏と島野市長のご案内で、魯迅記念碑と魯迅先生が下宿しておられた家を参観しました。仙台の市民は、七十年前に魯迅先生とかれの恩師である藤

紹介　中華人民共和国魯迅展

路　斌

魯迅展を参観する労働者、農民、兵士。

中国の偉大な革命家、思想家、文学者――魯迅の逝去四十周年を記念するにあたり、日中文化交流協会および日本経済新聞社の要請にこたえて、「中華人民共和国魯迅展」を日本で開催することになった。

この魯迅展は、「**魯迅は中国の文化革命の主将であり、かれは偉大な文学者であったばかりでなく、偉大な思想家、偉大な革命家であった**」という中国人民の偉大な指導者毛主席のきわめて高い評価にもとづき、四百余点の実物をつうじて、魯迅の革命的、戦闘的な一生を概括的に紹介している。

この展覧会は、五つの部分からなり、内容は厳選され、しかも簡潔である。展示方法は鮮明で、不必要な装飾をさけている。また、各部分の内容には起伏をもたせて、革命的民主主義者から共産主義者にかわってゆく魯迅の戦闘的な生涯を一気に表現する。

展覧会場のホールにはいると、まず目をひくのは魯迅肖像（木炭画）である。それは、魯迅がひじょうに愛していたものである。その両側には、イチョウの木をきざんでつくった文字をつらねた魯迅の詩がかかげられている。「横眉冷対千夫指、俯

— 84 —

解説係から日本留学当時の魯迅の活動を聞く参観者

首甘為孺子牛」（眉をよこたえて、ひややかに千夫の指にたいし、こうべをたれて、あまんじて孺子の牛となる）である。

青少年時代

魯迅は本名を周樹人といい、一八八一年九月二十五日、浙江省紹興県の没落した封建官僚の家に生まれた。当時の中国はすでに暗黒な半植民地、半封建社会に堕していた。若い魯迅は、帝国主義の侵略と清朝政府の腐敗を目にして、自分の熱血と生命を祖国の解放事業にささげる決意を固めた。

新しい知識と真理を求めて、十八歳の魯迅は毅然として封建的家庭をとび出し、勉学のために南京へ向かった。

一九〇二年、日本に留学したかれは、まず医学を学んだ。医学によって中国社会の変革をうながそうとの考えからである。そのご、無情な現実は、そうしたかれの考えを変えさせた。かれは、医学の道をすてて文学の道を志した。文芸を武器として人民の闘志をふるいたたせるためであった。そのころ、魯迅は東京で孫中山、章太炎らの指導する清朝に反対する革命的活動と「光復会」にくわわり、また、日本人民と友誼をうちたてた。

一九〇九年、魯迅は日本から帰国すると、まず杭州で、つぎに紹興で教職についた。一九一一年十月、孫中山の指導する辛亥革命が進行しているさい、魯迅は学生をともない街頭に立って宣伝し、革命軍の到来を迎えた。だが、この辛亥革命は、中国ブルジョアジーの軟弱さがもとで失敗に終わった。政府は眼じるしを変えはしたが、「中味はもとのままである」ことを、魯迅はみてとった。このころの魯迅は、思索にふけるようになり、中国の歴史を研究する一方、中国革命の活路をひきつづき追求していた。

この展覧会の第一部は、青少年時代の魯迅が中国における旧民主主義革命の時期に、国と人民を救う真理を追求する過程を要約して紹介する。ここには、魯迅が南京で学んでいたところに目をとおした課外読本が展示されている。その中にはハックスリの「天演論」（厳復訳）、ダーウィンの「進化論」がみられる。魯迅はこの進化論から大きな影響をうけた。それが「将来はかならず過去をしのぎ、青年はかならず老人をしのぐ」という社会発展についてのかれの考え方を形づくるもとになった。魯迅が日本の私立学校で日本語を学んだ卒業証書、魯迅が仙台医学専門学校で医学を学んでいたところに

— 85 —

7

チベット族の「はだしの医者」

辛基　撮影

牧畜区の子どもに予防注射をするチベット族の「はだしの医者」

9

▶ 最大のイン石の表面を観察しながら、大気圏に突入したさいの物理的・化学的過程を研究する科学者。

▼ 最大のイン石の落下地点で調査する科学者たち

に住みついた知識青年とともに、公
整理し、初歩的な鑑定をおこなった。

イン石雨の目撃者を訪ねて、データをあつめる科学者。

8

タリフダウティさん(左)は、公社員の学習と生活によく気をくばり、みんなから親しまれ、愛されている。

トウタル(ウイグル族の民族楽器)をかきならして仕合わせな生活をたたえる

10

ゴールに迫る解放軍チーム

11

舞台

1976

这一年新年号上刊登了赵朴初寄语新春的一组“小令”短诗（1月号，见图1），可以想见，在如何用短诗与日本友人交流方面，赵朴初早有思考，这也许就是汉俳诞生的序曲。

周总理去世使国人陷入悲痛。为表达“一月的哀思”，《人民中国》策划了增刊《沉痛悼念周恩来总理逝世》（4月号增刊，见图2）。

这一年的交流还在继续扩大：《报春的友谊之翼》介绍了“中国三刊读者友好之翼”访华的情形（7月号，见图3）；陈祖德撰文《与日本围棋代表团同行三周》，介绍了中日棋士的友好交流与活动见闻（3月号，见图4）；名古屋电器工业高等学校吹奏乐团访问北京，奏响了“友谊的旋律”（6月号，见图5）；中日友协访日团则以全新面孔完成了在日本的访问与交流并以《难忘的十九天》为题以记之（8月号，见图6）；应日中文化交流协会、日本经济新闻社要求赴日举办的“中华人民共和国鲁迅展”在日本大受欢迎（10月号，见图7）。

吉林的陨石雨（8月号，见图8）是当年的一大新闻，有关陨石坠地的经过与现场样貌，《人民中国》以图片报道的形式做了详尽的介绍。此外，图片报道《藏族的赤脚医生》（1月号，见图9）、《维吾尔族的文娱生活》（2月号，见图10），都以高超的色彩或光影技巧、讲究的构图、生动的表情激发了读者对少数民族日常生活的美好想象。水球比赛的彩页图片也同样精彩，堪称运动摄影的成功之作（1月号，见图11）。舞台上手牵气球立誓解放台湾的儿童舞蹈则生动地记录了当年的时代氛围（6月号，见图12）。

12

1977 人民中国

連載 長江を旅して　（本文参照）　撮影　本誌記者

美しい長江の源（一）

雪線のあたりでは、氷の塔が立ち並び、いたるところ奇観を呈している。写真は「水晶宮」と呼ばれている氷洞。このあたりまでくると、高山病の症状もひどくなり、一歩進むごとに一息ついては登る。

中国の最大の川——長江は「風雪高原」と呼ばれているタングラ山脈の北麓、海抜5、6000㍍の地点に源を発している。記者は、酸素の希薄、きびしい天候という悪条件とたたかいながら、長江の源を訪れ、そこで目にしたことや珍しい風景・生物をカメラにおさめた。本号からこれらの写真を連載することにしました。

——編集部

3

喜びの気持ちを踊りであらわしながら行進する北京の舞台芸術家

1

・連載・ 長江を旅して（三）

美しい長江の源（三）

長江の発源地には沼地が多く、地下は高原永久凍土層である。夏から秋にかけて、凍土の表面がとけて人も馬もゆきなやむ。

4

「四人組」の犯罪行為を摘発する大字報をつぎつぎに書く曹楊新村労働者住宅区の人びと

2

・連載・ 長江を旅して（六）

（本文参照） 撮影 本誌記者

通天河のほとりにある高原の牧場

ジープで、天然のすばらしい牧場——玉樹草原を行く。見わたす限り青々と生い茂る草、縦横に走る清らかな水の流れである。旧社会では、この広大な牧場は、人口の1・27%を占めるにすぎない草原の搾取階級——牧主の手に握られていた。

5

「毛主席が派遣してきた立派なお医者さん」と牧畜民からたたえられている「はだしの医者」レンツオさん。（海抜5000㍍のチョーマル県で）

解放前、玉樹草原にも小学校が一つあった。だが通学していたのは、反動的な役人と牧主の子供だけで、広はんな牧畜民はほとんどが文盲だった。いまでは、小学校が821校、中学校が7校設けられている。その他、人民公社の多くの牧畜生産隊にも、労働をしながら授業をうける学校がある。これらの学校では、牧畜民のつぎの世代がすくすくと育っている。写真は、天真爛漫な生徒たち、その目は美しい未来への希望で輝いていた。

6

日本新制作座訪中公演

7

ありし日の増田渉先生

9

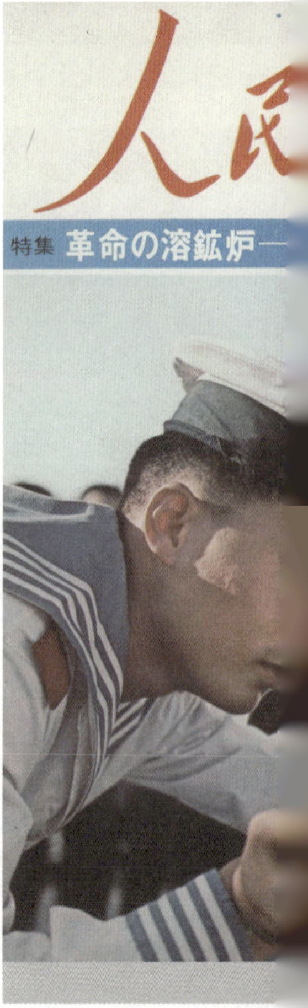

『人民中国』読書会三周年を記念して

— 61 — — 60 —

8

10

1977

前一年秋天粉碎“四人帮”使中国人民沉浸在喜悦之中，《人民中国》留下的图片记录了大街上欢天喜地的游行队伍（1月号，见图1）和胡同里群众围观揭批“四人帮”大字报（4月号，见图2）的场面。彩色与黑白，运动与日常，一动一静，完整地反映了当年的时代气氛。

沈延太的重要系列摄影作品《长江探源》在这一年推出了。从消融的冰川（4月号，见图3）拍起，高原上的草甸与小花（6月号，见图4），雪山下的溪流与牛羊（9月号，见图5），祥和微笑的藏族妇女（9月号，见图6）……拍摄的路线和完成的作品都丝毫不逊于今天《国家地理》的深度策划。能够在孤立无援、惊心动魄的环境中完成得如此心平气和、精彩从容，沈延太不愧为地理探险摄影的先锋。

这年春天，日本新制作座剧团访华公演团在团长真山美保的带领下进行了为期一个月的访华活动（8月号，见图7）。在北京、西安、延安、南京、上海，共有11万人次的观众观看了他们的表演。随行记者对此做了深入的全程报道。

在热心读者胜田弘的不懈努力下，《人民中国》大阪读书会迎来成立3周年的日子（6月号，见图8）。署名“迎春”的作者撰文，介绍了该会3年来的活动情况。还有李连庆撰文回忆增田涉的文章（8月号，见图9），也很有文献价值。

以海军士兵为主题的图片出现在这一年的封面上（8月号，见图10），令人耳目一新。

1978

人民中国

中日和平友好條約的簽訂是一九七二年簽訂中日聯合聲明以后的重大里程碑、又是中日两國友好關係的新紀元。

廖承志
一九七八、八月二十七日

1

代表中國人民
做中日友好
的喉舌

「人民中國」七八年新年号

廖承志
一九七七年十二月

廖承志中日友好協会会長の題辞

中国人民を代表し中日友好の喉舌となろう

(注) 喉舌は代弁者のこと

『人民中国』1978年新年号によせて

廖　承　志　1977年12月

— 12 —

2

新疆紀行

一九七七年八月

中島健蔵

一九七七年八月十二日、東京の羽田空港から、大阪、上海を経て、北京の空港に降り立ったのは、夜の九時すぎであった。一行十一名、長い間の念願であった新疆ウイグル自治区への友好訪問が目的である。いずれも日中文化交流協会の主要な役員、会員で、昔の東西文化交流の通路であったシルク・ロードに早くから関心を持ち、また現在の新疆ウイグル自治区について思いを寄せていた人々であった。一行は、学者、作家、画家、作曲家によって成り立ち、宮川寅雄、井上靖、東山魁夷、藤堂明保、司馬遼太郎、団伊玖磨、それに日中文化交流協会の常任理事、白土吾夫、佐藤純子、そして中国語に堪能な事務局員横川健、それにわたくしども夫妻という陣容であった。

八月十二日の夜、北京空港についた時にはまだ知らなかったが、この日から、北京では、中国共産党第十一回全国代表大会が開かれ、華国鋒主席の政治報告がおこなわれたばかりだったのである。しかしすでに、林彪一味と結託した「四人組」の破壊的陰謀が完全に粉砕され、周恩来総理、朱徳委員長、そして中華人民共和国の創建者、偉大な指導者、偉大な教師の毛沢東主席と、相次ぐ逝去の悲報の隙に乗じて発生した中華人民共和国の重大な危機が、みごとに克服されたことは、新疆ウイグル自治区へ出発する前に、北京であうことができた中国の友人諸先生の談話によっても、察しがついたのであった。われわれは、第十一回全国党代表大会の公報を、八月二十日、烏魯木斉市迎賓館において、午後八時からのラジオ放送で聞き、北京から同行の旧友孫平化先生からその内容の説明を聞くことができた。

かくして今回の友好訪問旅行は、

天安門を描くカシュガルの子供たち

— 52 —

大同雲崗石窟前での筆者（中央）

「ツァイツェン」

といった。彼もツァイツェンといった。名も知らない炭坑夫の肩が大きくゆれて黒くぬれて光っていた。

私と電車が一しょになった大同市対外友協山西分会理事の靳情さんがいった。

「解放前の一年間の採掘量が、今日の一日の採掘量ですよ」

「というと、一日で昔の一年分ということですか」

「そうです。だが、われわれは、この上にさらに増産しなければなりません。先生たちをホテルへお泊めしても、電灯が暗いようでは申しわけありませんからね」

靳さんはそういってわらった。火

たように思えた。私は旧地主たちが、炭坑を差配していたころの事情をつぶさにきいた。炭坑で働く労働者の家庭には、電灯はなかったそうだ。本もなかった。字をよむ教育は不要だったのだ。年よりは働けなくなると会社を追われ、病気になると、万人抗とよばれる穴へ捨てられて土に埋まった。そういう父や母を見送りながら、子供らは、字もよめぬままに成人して、また炭坑で働いて同じ運命を辿って、穴にうめられて死んでゆくのだった。

「その穴はどの方角にありますか」

「向うの山ですよ」

指さされた方をみると、なだらかな樹木のない茶褐色の山がかすんでみえた。山の谷に、大勢の人々が、眠っているのである。その地底へ、ふかくもぐりこんで、ついさっき採掘機をうごかしていた切羽の青年の、かすかではあるが、明るい目を私は思いだした。ツァイツェンといった声がのこっている。きっとその青年も、万人抗に死んだ人の後裔のはずだった。

じった。順番を待っていると卓子がみな満員だった。ところが私たちを見た坑夫の一人が拍手でむかえた。と、いっせいにどこからも拍手が起き、手近かの卓子から、たべかけの食器をもっていざる人がつづいた。またたくうちに私たちのための卓子があいた。そこで私たちは、めずらしいニラと卵の煮もの、肉のこま切れの入った汁に、山もりのめしを盛りつけてぱくついた。

大同は、仏都だったとはじめに私は書いた。そのはずである。巨大な石仏群が、長い歳月にわたって、地主のために、葬式もしてもらえず、穴に埋めこまれてゆく大勢の炭坑労働者を眺めていたのである。万人抗のある山は、石仏群と対峙していた。私は、地底からきこえてくるそれらの死者の声をきいたように思った。

そうして、巨大な石仏の山が、やはり、火力発電所からわきたつような煙の向うで、白くかすんでいるのを眺めやった。

— 47 —

友好往来 その回顧と展望

菅沼不二男
（日中旅行社社長）

北京空港に着くと、飛行場の一角には赤地に白く「我們的朋友遍天下」という大きな文字が人目をひく。また、北京飯店一階の突き当り正面にもおなじ文句の装飾文字が電光に輝いている。じじつ、中国に行ってみると、皮膚の黄色い、黒い、白い、ありとあらゆる階層の人々が大勢来ており、まるで世界中の人種の見本市のようである。これらはみな、中国を見たい、中国について知りたい、中国人民と仲よくなりたいと願って中国を訪れた人々である。

日本人もその例外ではない。いや、それどころか、世界中から中国を訪れる外国人のうち、一番多いのが日本人である。今日では、一度中国に行ってみたいという日本人は、おそらく百万人台を上回るだろう。

て誕生してから、今年で十四年になる。今日では、中国国際旅行社総社と業務関係をもつ日本の旅行社は八社にのぼっているが、一九六四年に、中国で国務院直属の中国旅行遊覧管理局が設けられたちょうどその年の九月に創立された日中旅行社が、日本と中国間の人事往来を斡旋する会社の第一号であった。

私は、会社創立の直後、中国国際旅行社総社の招きをうけて北京を訪れ、同社とはじめて業務契約をむすんだ。今でも忘れられないのは、中国側の契約書の案文を徹夜で日本語に訳し、訳文と原文の照合から、双方の文書の具体的意味のつき合わせまで完了したのは、十月一日の国慶節の観礼台上においてであり、式典の開始直前であったことだ。そし

が、休日にもかかわらず、わざわざ出勤してタイプしてくれたのだった。

調印式は、その翌日、当時台基廠にあった国際クラブで、中国側幹部や在北京日本人の立会いの下に、おごそかにとり行われた。

ところが、困難は日本国内で生じた。日本の旅行業法（当時は旅行斡旋業法）によると、外国への旅行斡旋をするには、運輸省への登録が必要なのである。登録という名の実質許可をとるには、当局の審査をうけねばならず、その基準は、資力・信用・経験・能力の八文字、四点に絞られていた。われわれはそれらの条件をすべて充たした上で申請したにもかかわらず、「国交のない国との人事往来を主たる目的とする会社の登録など、前例がない。もっての

連載 私の敦煌生活36年 その2

莫高窟の風鐸の音

敦煌文物研究所所長 常書鴻

莫高窟の大仏殿（筆者スケッチ）

7 七年目にたどり着いた敦煌

一九四三年、早春二月のある朝早く、敦煌芸術研究所設立準備先遣隊の一行六人は厚ぼったい羊の毛皮をまとい、甘粛省の蘭州から古代の名高いシルクロードを、敦煌に向かって、中世紀の苦行僧のように、最後のそして一番つらい道のりへと出発した。骨を刺すような冷たい西北風が吹きすさんでいた。

はじめ、わたしたちは荷物のようにトラックに乗りこんでいたが、このトラックは羊の毛皮運搬用のもので、もうお払い箱にしてもいいようなポンコツだった。キリストもまだ生まれていなかった頃のこと、それは漢の武帝（紀元前一五七～前八七年）の時代だったが、北方の遊牧民族匈奴の攻撃をふせぐため、涼州（今の武威）、甘州（今の張掖）、粛州（今の酒泉）、沙州（今の敦煌）をむすぶ河西四郡が設けられた。中国古代の宿場は、人や家畜が一日に歩ける距離ごとに設けられていて、二つの郡の間隔は三十五㌔である。だから普通なら、蘭州から敦煌までは四日で行けるはずだが、わたしたちの乗ったトラックでは一カ月近くもかかってしまった。近代的な交通用具であるはずのトラックが、いにしえのロバよりものろかったというわけで、その上、ポンコツのトラックがガタガタ道をはいまわるときの苦しさといったらなかった。

河西四郡というのは、古代のシルクロード東部にある重要な町で、漢や唐の時代には隆盛を誇り、「銀の武威」「金の張掖」といった呼び名さえあったくらいだ。それがわたしたちの通った頃には、町々はすっかりさびれ、村々は荒れはてていた。あおざめ、飢えた人びとがボロをまとい、身を切るような寒風の中にふるえていた。いたるところ目もあてられない貧困と荒廃が満ちていた。国民党地方軍閥の軍隊は、こうした中でもあい変わらず大衆をしぼり、沢山の文物を片っ端から盗みとり、地下にねむっていたものさえ掘りおこして、自分たちのふところを肥やしていた。草木もはえない荒涼たる砂漠の町角で、「大西北を建設しよう」などと書いた大きなスローガンを見かけたこともあるが、これは国民党反動当局にたいする巧まざる

大同訪問記

巨大な石仏群と古い寺と、さらに巨大な炭坑をもつ大同は、中国の数多い都会のなかで、もっとも古く、もっとも新しい都ではないかと思っていた。仏門に育った私は、石仏や古寺に関心はあったし、少し遠くなるけれど、はるか南方の山を望めば、文殊菩薩が住んだ五台山もこの仏都にかかわるものと思い、中国へ行ったら是非訪ねてみたいと思っていた。その夢をこのたびの旅行で五台山へはゆけなかったが大半果たすことが出来た。

先ず石仏群を訪れて、たくさんの窟のもつ得体の知れぬ深さと、極彩化寺を参観するに至って、この古い都が、仏教をぬきにしては語れない層をもっていることを肌で感じた。不思議に思ったのは、どの寺も民衆の住居と塀をならべて、街巷にあったことである。日本の古刹といえば山のてっぺんか中腹だし、たとえ街なかにあっても厚い塀で囲まれ、武者門を閉じて、民衆を拒絶しているものだが、ここはちがって、子供らがパンツ一枚の姿でとび廻っている。誰が入っても叱られない広場をもっている。仏殿もまた、昔の権力的な様相を失なって、しずかに眠るようにしてある。老人や婦女子も、

る思想である。国宝的な建造物も、仏像も、民衆の信仰をはなれて存在し得ない。子供が蝉をとりに門をくぐっても、和尚がとんできて、叱りとばす日本の、京都あたりの寺院にくらべて、閑雅な境内にあそぶ子らに、もっとも仏教的な雰囲気を感じた。

下華厳寺だったかと思うが、古い経蔵へ入って、案内者が任意の経箱の戸をあけ、その一巻をとりだしてくれた。おそらく千年は経ているはずの経文だったが、何げなく手にしてみると、方広経第一巻と読める。ペラペラめくってみた。何のことは

「スイシャンメンは坊さまですか」

とわきにいた通訳さんの呉瑞鈞女史がきいた。

「いいえ、ぼくは破戒坊主ですよ」

とこたえた。破戒坊主にも、習った経はよめる。華厳寺が千年の風格をそのままに急に身近かに接し、無信仰者となった私の内部へふかく入りこんできた。

この寺々を見たあと、私たちは煤峪口炭坑を訪れた。温厚な顔だちの崔兆平副主任に迎えられて、千メートル以上も地底の切羽へ案内していただいた。北京から同道してくださった林林氏も一しょだ。鉄カブトをかぶり、坑内灯を額につけ、長靴をはいてエレベーターに乗り、長い坑道を電車に乗って切羽近くへゆき、坂を登り、坂を降りして、目的地に着いた。闇の中に、あわい電灯がともり、電動の採掘機がバリバリ音をたてて穴の壁をけずっていた。けずり落ちるあとから炭は、ベルトに乗って後方へ川のように流れた。光沢のある黒い石は、光りの中で水にぬ

人物ルポ

傑出した地質学者 李四光氏

（上）

徐遅

李四光は中国の傑出した地質学者である。一八八九年、湖北省黄岡県回龍山の一農家に生まれたかれは、若いころ日本やイギリスへ留学し、帰国後は地質学の研究と後進の指導に従事した。

地質学理論に対する李四光の最も重要な寄与は、地質力学を創始したことである。かれは弁証法の観点から地質学を解き、力学を応用して地盤構造と地盤運動の現象を研究した。そしてさまざまな構造形質は地盤内部に働く応力が及ぼす変化の結果とみて、（この種の地盤内部応力の変化は、地球の自転速度の不均衡が引き起こすもの）そこから「構造システム」という地質力学の基本的概念をうちたて、地質学に新生面を開いたのである。

李四光は、地質力学を応用して鉱床分布の法則を探しあてたことにより、わが国の豊富な鉱物資源を開発する上で不滅の功績を残した。

かれはまた、地質力学理論を応用して地震発生の原因をつきとめ、地震予知のために現地へ赴き、調査研究をすすめ、科学的な地震の予知と探査の道をきりひらいた。中国第四紀氷河の断定に関するかれの研究もまた、すぐれた成果を上げている。かれの主な著書には、「地質力学概論」「中国第四紀氷河」「天文・地質・古生物資料摘要」「区域構造分析」「中国地質学」「地震地質」「地震論」などがある。

李四光は生前ずっと地質部長の要職にあり、一九五八年、中国共産党に入党、党の九全大会では中央委員に選ばれた。そして一九七一年、病気のため逝去したのであった。

では前後二回にわたって、波瀾に富んだかれの生涯を紹介することにする。

編集部

祖国をあとに

一九四七年の暮れに、李四光は国際地質学会からの通知を受けとった。それは、一九四八年の夏に、ロンドンで開催される第十八回大会に出席し、この数年間の科学研究の成果を発表してもらいたいという招請であった。

その大会は、第二次世界大戦勃発のために七年間も延期されていた。その前の大会は一九三七年にモスクワで開かれたのだが、以来十一年近くの空白があった。その間に、地質学は長足の進歩をとげた。李四光の創始した地質力学も、そのうちの一つである。

この理論は一九二〇年代に初歩的なものが提出され、三〇年代、四〇年代に発展した。三十

年近くにわたるひたむきな研鑽と困難な作業——ある区域の範囲から世界的規模にいたる野外調査や実験室における研究など、実践活動から基礎理論までふくめてのきわめて広はんで繁雑な作業を経て、李四光はこの分野の学問を創始したのだが、それは、地質学と力学の間にある縁辺科学であった。それまでにかれが国の内外で発表した多くの重要論文は、いうまでもなく国際地質学界の関心をよび、重要視されていたのだが、国内ではごく少数の人にしか知られていなかった。

知る人こそ少なかったとはいえ、見識のある人びとは、その真価をよく理解しており、心からかれに関心を寄せていた。抗日戦争のころ、周恩来総理は重慶でかれと会見したとき、外国へ視察に行って個人の研究を続けるようにと勧めた。そうすれば国民党反動派の迫害をさけることができるという配慮からである。

ありし日の李四光氏

その後、かれは南方の杭州で前述の通知を受けとったのであった。これはチャンスだと考え、いささか喜びはしたが、一方やや残念に思うこともあった。

当時、蒋介石反動政府をくつがえし全中国を解放する人民解放戦争は、まさに戦火たけなわだった。深夜、かれと許淑彬夫人は固く戸じまりをして、窓のカーテンを引いたあと、短波ラジオから流れる中国共産党中央の所在地・延安のニュース放送に耳を傾けた。そしてかれらは、人民革命戦争がすでに転換期に入ったことを告げる春雷のようなアナウンスを聞いたのである。

かれはラジオのスイッチを切り、窓も戸もみな開け放った。身がひきしまるような寒風が思う存分入ってきた。それはあたかも山野を走り回ってひどく疲れたあと、山の頂に立ち、遠くかなたを眺めるのにも似ていた。すでに地質構造線が明らかとなり、大地の移動がはっきりしたときのような爽快な気分だった。暗黒に閉ざされた国民党支配区、動乱のただなかにある中国に、限りない希望が、未来の輝きが、閃いたかのようだった。

早くも二十世紀の初頭、わずか十四歳の李四光は湖北省黄岡県のふるさとを離れた。漢口へ赴いたかれは、二回受験してともに最高点で合格、日本への留学生として選抜され、造船を専攻した。

そのころ、かれは、孫中山先生（一八六六～一九二五年）の指導する旧民主主義革命に参加した。その後、辛亥革命（一九一一年十月十日に起こった中国ブルジョア民主主義革命）は失敗に終わったが、かれはなおも希望をすてず、ひたすら科学技術の研究に努めようと決意した。そしてもともとは造船の専門家であったかれが、のちに地質学者を志すことになる。かれは、いつの日か政治の汚れが清められることを願っていた。その暁には、生涯のすべてを捧げることができる。その日が必ず訪れることをかれは固く信じていたが、果たしてその日がやってきたのだ。

かれは三〇年代に、気の合った仲間と連れだって中国南方の山地を踏破した。野外での観測やテント生活など、地質活動は困難きわまるものだった。湖南と広西の境界を踏査したときなど、ところによってはほとんど道もなかった。

中国東方歌舞団の公演

〈ホイェジャ〉——エチオピアの牧人の踊り

〈高原のまつり〉——アルゼンチン北部高原のインディアンのまつりの踊り

〈クメールの女民兵〉——勝利を喜ぶカンボジアの女民兵

〈八木節〉——日本の友人から習ったもの

再び舞台活動ができるようになった東方歌舞団は、さいきん、北京語言学院で勉強する外国留学生のために、特別公演をした。場内は、中国人民と各国人民との深い友情につつまれていた。写真は、舞台の一部。

芸術の使者

日本の有名な指揮者・小沢征爾氏

するその指揮ぶりに、北京の首都体育館を埋めた20000人近
本の著名な指揮者・小沢征爾氏がさる六月、中国を訪問し、
交響曲演奏会が催された。結果は大成功で、音楽関係者や
大衆が音楽のダイゴ味にひたるとともに、芸術を通じての

幅広いもので、しかも氏は古典から現代音楽に至るまで独
の演奏会でも氏は全力でぶつかり、中央楽団もそれに応え
りを示した。ドイツの作曲家ブラームスの「第二交響曲」、
オーズの序曲「ローマの謝肉祭」のほか、中国作曲家の作
幼い姉妹」と弦楽合奏曲「二泉映月」、日本の作曲家小山
も演奏され、一部はテレビでも放映された。

8

好友の広場

一衣帯水 いちいたいすい

〈望郷詩〉と阿倍仲麻呂

天の原ふりさけ見れば春日なる
三笠の山に出でし月かも

これは、いまから千二百年の昔、中国に住まった日本の学者・阿倍仲麻呂が祖国をしのんで詠んだ和歌である。それから千百年らい、中日両国の人びとはこの和歌を詠み伝えて、両国人民の友好のかけ橋となった仲麻呂をしのんできた。この和歌と阿倍仲麻呂の事績をもとに、依田義賢氏の脚色による史劇〈望郷詩〉が河原崎長十郎氏の演出と主演で、昨年東京で公演されたが、これは中日友好事業の発展を促進するうえで、ひじょうに有意義なことである。

阿倍仲麻呂は、紀元六九八年に生まれ、七七一年に没した。時は盛唐、日本では文化が栄えた奈良時代にあたる。

七一六年、二十歳にもならない阿倍仲麻呂は、留学生として日本から第九次遣唐使団に加わり中国の土をふんだ。かれは唐の都の長安（今の陝西省西安市）で勉強することになり、中国名を晁衡（朝衡）とした。

長安で学業を終えた仲麻呂は、唐の朝廷で官職につき、長期間、文化関係の仕事にたずさわり、のちには従三品秘書監兼衛尉卿となった。こんにちでいえば、国立図書館の館長にあたる役職で、唐朝の図書管掌部門の最高の官吏であった。仲麻呂は学者でもあり、詩人でもあって、漢詩に長じていた。かれは、唐代の有名な詩人・李白、王維、儲光羲、趙驊、包佶らと親しく交わり、深いよしみをむすんだ。

仲麻呂が中国ですごした数十年のあいだに、日本からは遣唐使団や留学生、留学僧がなんどもやってきた。そのころ、かれは事実上、中国に常駐する日本の民間大使の役をつとめていた。

七五三年、仲麻呂は中国で三十六年の歳月をすごし、五十を越していた。かれは、遣唐使・藤原清河といっしょに祖国・日本へ帰りたいと申し出た。唐の朝廷は、かれを唐朝の日本訪問使節に任命した。それを知った中国の詩人たちは、送別の詩を詠んで別れを惜しんだ。詩人・王維は、つぎのような詩を贈った。

郷樹は扶桑の外
主人は孤島の中

切り紙　滕鳳謙　作

— 76 —

9

再会した中日陸上競技選手

男子一〇〇㍍競走の猛烈なダッシュ

11

山水の旅・友情の旅

―日本人旅行団随行記―

本誌記者　秦　泥

早春二月、私は京都府の南部五市から来られた二十四人の友人に随行して、二週間、行程二千キロ余りに及ぶ愉快な旅行をする機会にめぐまれた。

広州の初対面

×××

二月十六日、私は中国民航の旅客機で十二時二十分、広州の白雲飛行場に降りたった。その足で中国国際旅行社の広州分社に車を走らせた。分社の事務室の掲示板でみると、この時期に広州を訪れる、あるいは広州を通過する外国の旅行団や華僑の旅行団は二十八組もあった。そのなかで日本の団は八つで、二二・四%をしめ、人数では百四十九人に上っていた。旅行社の人の話では、日中両国間の空路がたいへん忙しくなってきたため、航空券は手に入れにくくなってきた。そのため、香港経由で、入ってくる日本の旅客も少なくない、とのことである。

掲示板には、日本京都府南部友好訪中団が、この日の午後二時四十五分に深圳経由、汽車で広州に到着する予定であることが記してあった。時計をみると、あと一時間とちょっとしかない。私はすぐ日本の友人が泊まることになっている東方賓館にいって一室を借り、あわただしく昼飯をとって、少し身づくろいをすると、旅行社の接待係りである二人の娘さんといっしょに駅に、車を走らせた。

汽車は定刻どおり到着。私たちは駅の待合室で、二十四人の日本の友人と初めて顔を合わせた。日本の友人たちは、長途の旅行にもかかわらず、みな元気

写真上　漓江の景色にウットリと見とれる。写真下　上海の玉仏寺本堂の前で

— 30 —

12

200万冊の蔵書、千人収容可能な閲覧室がある図書館　夜間は九時半まで開かれている。

新入生の三分の一は高校、中学、小学校の教員であった。教育に打ち込み、かなりの経験を積んでいる。大学でさらに何年か勉学することによって、将来、社会主義教育を発展させる主力になる人びと。

13

解説　カラー参照

昆曲〈十五貫〉

物語は封建帝王の時代にさかのぼる。ところは江蘇省の無錫県。

肉屋の尤葫蘆は、十五貫の金を借りて豚を買い、商売を再開しようとする。金を手に入れ、上気嫌で酒に酔って帰ってくる。冗談半分に、養女の蘇戌娟に「お前を売ることにして手に入れた金だぜ」と告げる。真にうけた養女は、売られてドレイになるよりは、と、夜どおし歩いておばのところに逃げていくことにし、あわてて扉を閉め忘れて飛び出していく。ばくち打ちの婁阿鼠がそのあと肉屋の尤の家に忍び込み、金を盗んだうえに肉屋を殺してしまう。

翌日、近所の人たちは肉屋が殺されているのを発見、県知事に報告する。殺人犯の婁阿鼠は群衆にまじって善人であるような顔をしながら「蘇戌娟は色好みで、情夫と共謀し、父を殺し金を盗んだ」という話をでっちあげ、下役人や近所の人たちをそそのかして「高飛び」した「野合の男女」を追いかけさせる。一方おばの家に逃げていく途中、道に迷った娘の蘇戌娟は、若い手代熊友蘭に出あって同行していたが、たまたま熊青年は元手として十五貫の金を身につけていたので、弁解のしようもなく、つかまって連れもどされる。

県知事過子執は自分が「英明果断」な人間であると自負しているが、実際は愚昧で無能な男である。この事件の審理に当って、かれは全く調査研究をやっていない。知事は蘇戌娟のような若い美人が若者と一緒に道行きをしているのを見て、てっきり若い手代の熊友蘭がこの娘の「情夫」である、と思い込んでしまう。そこから、当然二人のふるまいが娘の父親を怒らせたのだろうし、そこで二人は共謀して娘の父親、肉屋の尤を殺し、金を奪い去った、という結論をみちびき出す。その結果、偶然出会ったにすぎない若い男女は無実の罪で死刑に処せられることとなる。

若い男女は再三無実を訴えたが、無錫県の知事過子執はそれを聞こうとしなかった。そのうえ、皇帝の名代として各地の民情視察にまわっている巡撫役の周忱も、無錫県の知事から届けてきた書類を見ただけで、原審のとおりにやれ、と力説する有様。蘇と熊の二人の運命は極まったかに見えた。

まもなく、処刑の命令が下りてきた。蘇州府の知事、況鐘が死刑監督官になった。況鐘は人の生命をチリアクタのように思っている過子執や周忱と違い、「法の執行はきびしく、はっきりしており」、「民衆をわが子のように思っている」官吏である。況鐘が裁きの席についたとき、かれは、二人の「犯人」が声高く無実を訴えるのを聞く。かれは、「姦通、謀殺」の宣告をうける証拠が事実にあわない、という二人の申し立てを詳細に聴取し、事件の状況を分析して見るに及んで、いろいろと問題があることに気づく。さらに熊友蘭の申し立てを手がかりにして証人をさがし出し、それを通じて、若者が所持していた十五貫の金が確かに品物を仕入れる金であって、死者尤葫蘆の身辺から奪い取ったけがれた金ではない、ということを確認する。況鐘は熊友蘭青年が無実の罪に落とされたものであろう

—106—

14

15

16

パラカンツァンは聡明な蒙古族の羊飼いです。かれはいつもトンチを働かせては、搾取階級の悪人どもをこらしめているので、牧畜民の間には、パラカンツァンのとんち話がたくさん伝わっています。

馬のシッポ

ある日、パラカンツァンは道ばたにうなだれて座りこんでいるひとりの貧しい羊飼いに出会いました。

「どうしたのかね。なんでそんなに浮かない顔をしてなさるのかね」と心配そうにたずねました。

羊飼いは、かなり遠くの前方で馬にのっている人間を指さしながら答えました。

「あの牧主（解放前の地主にあたる階級）のやつがわしの馬をかっぱらっていきやがったんだ。あれはわしが羊を放し飼いにする時にのっている馬なんだよ」

しばらく考え込んでいたパラカンツァンは、「心配することはないよ。私が取りもどしてあげよう」というなり、近くで馬のシッポをひとたば探してきました。そして近道を通って牧主の先回りをしました。

先を越して泥沼にたどりついたパラカンツァンは、馬のシッポを泥沼にさしこみました。それから、さも力をいれて馬のシッポをひっぱっているポーズをとりました。

間もなく、そこへ牧主がやってきました。

—110—

17

1978

廖承志是推动中日关系发展的重要人物。这一年，他意味深长地两次题词。为《中日和平友好条约》签订的题词体现了他对这份政治文件重要分量的理解和对未来中日关系的洞察（增刊，见图 1）；为创刊 25 周年的《人民中国》的题词，则寄托了他希望这份杂志为中日友好全力发声的期待（1 月号，见图 2）。

这一年，日本的许多重量级文化人在《人民中国》撰文或开设专栏。中岛健藏的《新疆纪行》（1 月号，见图 3）、水上勉的《大同访问记》（9 月号，见图 4）、菅沼不二男的《友好往来回顾与展望》（8 月号，见图 5），都提升了《人民中国》在读者中的知名度。

与之相呼应，中国重量级文人的文章或专栏也不遑让。常书鸿的连载《我在敦煌 36 年》（7 月号，见图 6）、徐迟的人物特写《杰出的地质学家李四光》（3 月号，见图 7），也极大地提升了文章选题的内容档次。

指挥家小泽征尔访华掀起了小泽征尔热。图片报道《友谊与艺术的使者》及时地介绍了这次现象级文化交流活动在中国的反响（10 月号，见图 8）；专栏《友好广场》介绍了诸如阿倍仲麻吕等很多历史上人文交流使者的功绩（1 月号，见图 9）；东方歌舞团的经典保留节目《八木小调》再次成为重点节目（1 月号，见图 10）。

编辑部及时收集交流信息追踪报道。图片报道《中日田径运动员重逢》适时捕捉到中日选手争先恐后的竞赛瞬间，画面颇有视觉冲击力（1 月号，见图 11）。资深记者秦泥随日本旅行团采写的《山水之旅友谊之旅》预告了即将爆发的日本人来华旅游热（8 月号，见图 12）。

1978 年，关乎千万人命运的高考恢复，《人民中国》的彩色跨页及时地记录了莘莘学子准备高考的历史性场面（7 月号，见图 13）。

介绍传统戏剧的专栏用水墨画做插图，顿时使版面看上去空灵起来（4 月号，见图 14）；从这一年开始，封面也开始尝试使用水墨画作品以增加杂志的雅趣（12 月号，见图 15）。

对于美食家来说，每期一道精美的中国菜彩色图片，足以勾起他们来中国品尝正宗“中华料理”的“馋虫”来（12 月号，见图 16）。

图文并茂的少数民族民间故事专栏，使得这一时期版面的趣味性得到进一步增强（7 月号，见图 17）。

第四节

创刊 25 周年纪念文章[1]

《人民中国》的 25 年[2]

创刊时还是中年人的工作人员如今头上已爬上了白发。不过，我们希望本刊成为中日两国人民友好桥梁的初衷至今从未改变。

今年 6 月，《人民中国》迎来创刊 25 周年。25 年的岁月，在人类历史上不过是弹指一挥间，但对我们来说，有着四分之一个世纪的分量。

今年的第 6 期正好是《人民中国》总第 300 期。

参与创刊号编辑和翻译工作的中年人已步入暮年。我是在 1961 年创刊 10 周年时参加工作的，在《人民中国》编辑部工作至今已有 16 年了。之前我也从老一辈的记者和翻译那里听说过很多创刊时的往事，在即将迎来创刊 25 周年之际，我有更多机会从同事那里听到过去的故事。故事有喜有忧，我给大家讲讲其中的几个。

创刊号的诞生

《人民中国》是在中华人民共和国诞生后不久创刊的。最初的英文版是在 1950 年创刊的。之后，俄文版开始出版。当时面向日本发行的是英文版，但随着中日两国人民交流的日益增多，很多读英文版的日本读者来信表示希望出日文版。于是，《人民中国》就开启了日文版的创刊进程。

据说刚开始编辑创刊号的时候，大家都忙得晕头转向。工作人员也只有十几人，杂志编辑都是外行，大多都是只懂一点日语的人。那时新中国刚成立 3 年多，物资匮乏。虽然遇到了各种各样的困难，但大家还是在竭尽全力

---

1 此节文字载于 1978 年 6 月号。

2 撰文者署名“纪华”。

地工作。据说创刊号快要清样时，男员工们都把被子带到单位，除了睡觉就是校对、推敲译文。心急的人已经备好了酒，说创刊号出来后要喝一杯庆祝。

拿到创刊号时，大家的喜悦之情溢于言表，都松了一口气，沉浸在喜悦中。“啊，印错了！”突然有人冒出一句话让大家大吃一惊。大家发现图片说明中出现的日本友人的名字应该是“儿岛”，而不是“儿玉”。然后大家就乱成一团了。

最后决定，全员出动赶到印厂，一边小心地用小刀刮掉“玉”字，一边按上“岛”字的铅字，不能把纸弄坏。修改工作足足花了一个晚上。全部改完时，东方的天空已经露出白色，大家也顾不上举杯庆祝了。不过第一本杂志终于出炉，那种喜悦令人至今难忘。

杂志虽然出来了，但谁也不清楚到底有多少读者会看，因此最初只印了3000册。结果，编辑部接二连三地收到订阅申请，于是决定加印。据说当时来到北京的岩村三千夫先生也说：“真没想到会有这么多订阅者，杂志再版是一件很难得的事。”

创刊10周年纪念活动

1963年6月，《人民中国》迎来创刊10周年。编辑部从那年春节过后开始着手筹备10周年纪念活动。我们准备了展示《人民中国》杂志10年来发展的展板，还展出读者来信和礼物。作为新员工，我被指定担任展示会场的引导员。我那时大学刚毕业，不怎么会说日语，都是从前辈那里一句一句地学，才把解说词背下来。

此外，为纪念创刊10周年，社里还派出了访日代表团。一行5人于6月14日前往日本。此外，我们还策划在北京举办盛大的招待会。

周恩来总理出席《人民中国》创刊 10 周年纪念招待会

那时的编辑部，用日本的俗语形容，就像“盂兰盆节和正月同时来了”一样热闹。有人为“创刊 10 周年纪念刊”采访刚刚归来，也有人还在四处奔走找人约稿。编辑和版面设计的负责人全力投入展板的策划和制作工作。毛笔字好的人每天写一点展板的说明和标题。我们几个年轻人一边帮忙，一边讨论中央哪位领导同志会出席招待会。这些情景如今依然历历在目。

6 月 13 日下午，纪念《人民中国》创刊 10 周年展览在政协礼堂五楼举行，还举行了招待会。受邀嘉宾先参观图片展，再进入宴会厅。

很多中国和日本的客人都参加了活动。当时在北京的日本朋友几乎都来了。其中有西园寺公一夫妇，也有刚刚访问中国的日本和平委员会代表团、福冈县访华经济友好代表团、日本金属共斗会议第二次访华团。

我站在展会会场，兴高采烈地做着解说。过了一会儿，我突然意识到，周恩来总理和陈毅副总理走到我身边了。我亲眼见到了平日里仰慕的领导人，心怦怦直跳。两位领导看到我紧张的样子，好像在用眼神对我说：“你要稳住！”

招待会开始后，周总理向帮助编辑和翻译《人民中国》的日本专家们、向出席招待会的中外宾客，以及编辑部全体成员举杯祝贺。

之后由陈毅副总理致辞。他把《人民中国》比喻为“中日两国人民友好的桥梁”，鼓励我们办好杂志。

一晃 15 年过去了。令人难过的是周总理和陈毅副总理都离开了我们。然而，他们那时对《人民中国》的关怀和鼓励的话语，至今仍深深地印在我们的脑海中。另外，毛主席和其他革命前辈的教诲，也是我们办好这本杂志的动力源泉。

在友谊的海洋里

那是 1972 年夏天的一个下午。大家一起品尝了张秋菊托人送给记者的红薯。张秋菊是河北省满城县郭村人民公社的一个女社员。大约在 1964 年，她的肚子里长了一个 45 公斤重的肿瘤，苦不堪言。当时，她去了许多医院，但总是不顺利，最后她去了解放军的一家医院。多亏那里的军医为她做了手术，大肿瘤才被摘除，她也很快恢复了健康，又可以干农活了。本刊 1969 年 3 月号杂志上，曾经介绍过张秋菊的故事。

那一期出版后，我们收到了很多给张秋菊的慰问信和祝贺她康复的信。读者们纷纷表示希望了解张秋菊后来的情况。为了满足大家的愿望，记者再次前往郭村采访。1972 年 9 月号杂志登载了她身体恢复后的照片。

同时，她也被日本读者的慰问信和日本朋友的深情厚谊所感动，希望我们把《人民中国》办得更好，并将生产大队收获的红薯送给了我们。

《人民中国》的记者经常到中国各地采访，所到之处，都能感受到中国人民对日本人民的友情。

在中国西南部边陲的西双版纳，我遇到过一位种茶几十年的少数民族老人。这位老人说，大约 40 年前，一架从缅甸飞来的日本军国主义飞机向老人居住的村庄投下了炸弹。他告诉记者，当时有几百年树龄的茶树都被炸断了，然后他递给记者一片嫩叶，说："被炸弹炸毁的老茶树，现在长出了新芽，枝繁叶茂。请把这件事告诉日本人民。我们很清楚谁是敌人，谁是朋友。日本人民是我们的朋友。"

还有一件事，是本刊记者陪同日本朋友去北京郊外的卢沟桥。卢沟桥是 1937 年日本军国主义对中国发动全面侵略战争的地方。一行人访问了附近的一所小学，学生们唱着日本的民歌迎接来自日本的客人。日本朋友和一个 10 岁左右的女学生握手，问她："你知道卢沟桥事变吗？""我知道。课本上写着。但是老师告诉我，这不是日本人民干的。老师说，我们应该和日本的孩子友好相处。”

日本朋友和记者听到这个女孩的回答后都流下了眼泪。

得到读者的鼓励

1953 年日文版的《人民中国》一出版，日本读者的信就纷至沓来了，而在当时，日本和中国通信还十分不便。

从那时开始写信鼓励我们的人有东京枣寺的住持，现已去世的西川景文。西川长老是一位对中国非常友好的人，曾多次访问中国，直到去世前，他都一直热心地阅读《人民中国》，并写下了许多感想和建议寄到编辑部。

说一句题外话，在日本留学两年，今年春天回国的本社员工田某在西川长老家寄宿，受到了很大的关照。西川景文长老现在虽然已经去世了，但是他的夫人和弟弟夫妇对田某的照顾就像对待自己的孩子一样亲切。

本刊的读者群体非常广泛，既有老年人，也有中年人。另外，高中生、初中生也相当多。我们和大多数读者都没见过面，但和一部分读者是通过书信交流建立起联系的，因此知心朋友也越来越多。

其中有一个叫平冈的四国人，虽然身体有残疾，但他还是一直写信给我们。1976 年，周恩来总理、朱德委员长、毛泽东主席相继逝世，他给我们来信，勉励我们不要泄气，要紧密团结，努力建设社会主义。

通过这些通信，编辑部和读者得以经常开展交流，我们也努力与来中国的读者交流。

1966 年 4 月至 5 月，我们邀请了第一个《人民中国》读者代表团。为了使《人民中国》成为受日本读者欢迎的杂志，双方交换了意见。我们还一起去了长城和颐和园，在那里度过了愉快的时光。

1976 年 4 月上旬，我们在北京迎接了 140 名第一批“三刊[1]读者友好之

1 本刊、《北京周报》、《中国画报》等在中国出版的三种日文期刊。

翼”访华团的朋友。第二年10月下旬，又迎来了由134人组成的第二批“三刊读者友好之翼”访华团。我们和这些读者几乎都是初次见面，不过一谈到《人民中国》，我们立刻就有了亲切感，有了和老朋友聊天的感觉。

第二批“三刊读者友好之翼”访华团访华期间，我担任翻译。在同行者中，有一个东洋大学研究生院中国建筑专业的学生，他虽然只有22岁，却留着胡子，人称“胡子先生”。“胡子先生”去上海的友谊商店时，买了一面中国的国旗——五星红旗。当我问到为什么要买这面旗子时，他的回答是：“我准备回学校后，把这面五星红旗插起来，介绍访华见闻，扩大《人民中国》的影响力。”

“三刊读者友好之翼”访华团回国两周左右，我收到了“胡子先生”的来信。他不仅言出必行，还在朋友的帮助下办了一个小型的“中国展”。然后“胡子先生”用举办这个中国展的收益买来词典，寄给了我们。他希望能帮助我们将《人民中国》办成一种更好看的杂志。

我们的愿望

本刊编辑部位于北京西郊一座不太显眼的三层小楼里，具体有五个组，即编辑组、翻译组、摄影组、通讯组、行政组，工作人员共有60余人。建筑的一层由负责拍摄和排版的摄影组使用。在二楼，翻译组的成员分别在八个办公室里，一边翻译编辑组同事编写的中文稿，一边查阅辞典反复校对。在这里，也有为我们修改译文的日本朋友与我们一起工作。三楼是编辑组，记者和编辑都有办公桌，但往往不会全员到齐，总有三分之一的人要去各地采访。通讯组就是负责收发信件的人员，也是在三楼的一个房间里，负责处理读者来信，将意见、感想、诉求传达给社内的人，同时负责给读者回信。行政组相当于总务科，虽然不直接参与杂志工作，但负责为制作杂志的公司内部人员提供全部服务。这60多人通力协作，确保《人民中国》的期刊质量。

在中日两国人民的努力下，中日友好事业正在日益取得进步。1972 年中日实现邦交正常化以来，友好往来和文化交流取得了进一步的进展。今年早些时候，两国还签订了长期贸易协定。令人遗憾的是，这几年来，本刊编辑做得不够好，没有满足读者们的期望。相信读者们已经知道，这是王洪文、张春桥、江青、姚文元等“四人帮”横行期间对中国各个领域造成恶劣影响的结果。本刊还曾报道过“白卷英雄”张铁生。刊载的文章和报道常是口号多、内容空洞，给读者带来困扰的情况也屡见不鲜。每当社里提到这件事时，大家都感到痛心。我们要和全国人民一样，批判“四人帮”的罪行，尽快革除弊病。

这几年来，读者们对我们提出了各种各样的批评，我们认为这是理所当然的。这是对我们的鞭策，我们要表示衷心的感谢。

各位读者，25 年的岁月已经过去了。随着 25 年岁月的积淀，我们的友谊也在不断加深。祝愿我们这一代人以及我们的子孙后代能够继续沿着两千年前两国人民的前辈克服种种困难开辟的友谊之路前进，而且我确信这条路会越走越宽。本刊创刊时还是中年的编辑们如今头上已有明显的白发，但他们的精力仍不亚于年轻人，一直在努力着。此外，每年都会有朝气蓬勃的年轻人入社，工作人员也从十几人增加到六十多人，在编辑、翻译、版面设计、摄影方面都精益求精。

我相信读者和编辑将共同努力，建设一个更加优秀的《人民中国》。请大家继续支持我们。

怀念戎家实先生[1]

《人民中国》迎来创刊 25 周年。然而，与我们共同学习、工作近 25 年，

1 康大川撰文。

同甘共苦的日本同志戎家实先生没等到这一天就去世了。

在这25年里，《人民中国》发生过许多人事变动，创刊时的成员至今仍在社内的中国人不超过10个，至于日本人，戎家先生是最后一个。创刊时的中国成员在这段时间内下放，也就是进干校从事短期劳动锻炼，或者因其他工作暂时离开了工作岗位。从创刊号开始，接触过每个月的杂志制作工作的人这时候只剩下戎家先生一个人。戎家先生身患肺癌，在医院与病魔斗争了3个多月，于1977年11月21日去世了，年仅61岁。接到讣告后，我们都呆住了，眼泪夺眶而出，好几天都无心工作。追悼会那天，有的同志甚至放声痛哭。戎家先生与我们如此亲近，我们从心底对他的死感到惋惜、悲伤和哀悼。

戎家先生是从1952年11月着手准备发行《人民中国》（日本版）开始和我们一起工作的。当时戎家先生人在沈阳，在滞留中国东北的日本人创办的日语日报《民主新闻》工作，接到我们的邀请后，他和其他七位日本同志一起来了。

当时我们还叫“外文出版社日文组”，同时兼顾翻译出版日文单行本、《中国画报》等。所以戎家先生不仅是《人民中国》的元老，也是《中国画报》（日文版）的开创者之一。

刚来北京时，戎家先生主要负责翻译工作。当时人手不够，熟练的翻译特别少。戎家先生的工作效率很高，人很随和。所以只要有急事，或者有长篇的翻译，我们都会请他帮忙。因为要出版两本月刊，所以他常常被要求在一夜之间完成多达一万字长文的翻译。虽然戎家先生总是说：“又来了啊，真烦啊，总是这么急急忙忙的……”但第二天他肯定会红着眼睛把译文递给我——那是他通宵翻译的。我虽然觉得过意不去，但一有紧急的翻译就又要拜托他。每当这时，戎家先生又会说：“真烦啊……”但最终还是欣然接受了。“又来了……”“真烦啊……”可只要是为了工作，他永远都不辞辛劳。1960

年是外文出版社日语翻译量最大的一年，就是在如此繁忙的这一年，戎家先生和其他同志一起，参与了巨著《毛泽东选集》第四卷的翻译工作。

60 年代中期开始，人民中国作为杂志社独立出来，翻译队伍也有所加强，戎家先生就开始以“改稿”的工作为主，成为专家。

所谓“改稿”，就是把中国同事翻译的日文加以润色，使之成为符合日语表达习惯的文字。当然，中国同事的译文质量也参差不齐，也有不像日语的糟糕的译文。每当看到这种译文，戎家先生又会接连说：“真讨厌啊……”接着说“还不如我重新翻一遍更快……”虽然如此，但他绝不会自己重新翻译，而是细心地改稿，把稿纸改得通红。不仅如此，他还会把文稿当成教材，给译者纠正错误、提出建议，在培养译者上下足了功夫。我自己也经常从中受教。

在我们外文局工作的外国专家，每年有一次半个月的假期和大约两周的团体旅行。休假大多在夏天，很多专家会在北戴河的海水浴场或避暑地休养。25 年来，戎家先生哪儿也没去过，每年都在北京休假，时刻准备应对紧急的工作。可以说，他将每年假期的一半都用于工作，从不去旅行。他把工作看得很重。

1976 年 7 月底，唐山一带发生大地震。北京也受此影响，纷纷建起了避难所。在避难所建好之前的几天里，戎家先生一直被“疏散”在轿车里，在那里过夜。盛夏时节，在狭窄的汽车里，戎家先生一直在满头大汗地埋头改稿。

戎家先生就是这样一个责任心强的“工作狂”。他非常关注年轻译者的成长，在培养年轻人方面不遗余力。

戎家先生也很关心编辑工作，经常提出改进杂志的意见。1963 年《人民中国》改版，前一年起就号召全社成员出主意，努力改进，结果读者很满意，有一段时间发行量也出现急剧增长。戎家先生热烈响应号召，提出了许多很好的想法，其中几个在杂志上实现了。

有一件事至今仍让我感到遗憾。戎家先生的阅读量相当可观，尤其喜欢回忆录和文学书籍，非常喜欢鲁迅。他建议在杂志上开设《中国作家的故乡》专栏，先以《阿Q正传》为背景，配照片介绍鲁迅的故乡绍兴。他自信地说："这个栏目一定会受欢迎。"我也认为这个创意很新颖，但由于人手不足，我一直犹豫不决。记得是从同年1月开始，日本一家大报纸的周日版开始在第一版刊登同样的策划，并配上照片。我觉得不能再等了，就和戎家先生商量我们也推出这个策划，然而，戎家先生这次表示反对。他说："这样会被认为是在模仿别人……"对于这件事，戎家先生非常遗憾，在那之后，他也多次提到这个话题，每次我都只能挠头。从中也可以看出戎家先生的一些个性。

在王洪文、张春桥、江青、姚文元"四人帮"横行跋扈之时，《人民中国》也未能幸免。记者和编辑都耷拉着脑袋，提心吊胆且不情愿地写着读者肯定不愿意读的文章。这不是因为他们的意志不够坚定，也不是因为他们不负责任，而是他们为了维护《人民中国》做出的痛苦决定。因为只要触动了无知、低能又盛气凌人的"四人帮"的逆鳞，最后就会被批斗。让大家"暂时休息一段时间"还算好的，最终搞不好会落得"临时停刊"甚至"彻底停刊"的下场。戎家先生深知这种痛苦，也对"四人帮"的霸道行为感到愤慨。不过，作为外国人，他却很客气，没有像我们那样把想说的话都说出来。话虽如此，可性格刚强的他有时遇事无论如何也不能忍受。最后，他把怒火都发泄到我身上了。"什么？这也太不像话了，这些同志过去写得那么好，现在这是怎么了？你得多激励他们……"戎家先生几次找到我，借《人民中国》的文章来发泄对"四人帮"的不满。那时"四人帮"横行跳梁，而我正"靠边站"，当然不能"上阵"，更别说激励别人了。我只能敷衍着安抚他说："过一段时间会好起来的。"戎家先生似乎很明白"过一段时间会好起来的"这句话的意思。文章写得不好的同志们也都认为戎家先生的意见很有道理，虽然都有想要改好一些的想法，但当时的社会条件不允许，还是只能写一些戎家先生口中那种"没劲"的文章。因为若是真的彻底停刊，那可就前功尽弃了。

由此可见，戎家先生是一个很爽快的人。如果是为了工作，他会毫不客气地说出自己想说的话。因此，很可能会在一时间触动别人的神经，但正因为他的直率，最后他反而赢得了人们的好感并与之亲近。

还有一件发生在戎家先生住院期间的事。一起去探望的 C 君对我说了这样的话："戎家同志有时批评人很严厉，说话太重了，让人受不了。但他不是那种让人讨厌的人，希望他能早日康复，继续鞭策我们，并全力投入工作。"

戎家先生病重后，全社的同志都轮番值夜班看护他。有时戎家先生也会指定请某个人来。现在想来，他是想和大家聊聊往昔。25 年结下的同志感情实在太深厚了。而且戎家先生受到了大家的爱戴，与人交往很广。在外文局，司机、锅炉工、厨师、木匠、电工、修理工、接待员等都和他很熟，经常拉家常。不仅在外文局，附近的书店、商店、饭馆、邮局，还有修理店，都有戎家先生的好友。

与中国人民为友，热爱社会主义中国的戎家先生还格外敬爱中国人民的老一辈革命家。

1976 年 1 月 8 日，我们敬爱的周恩来总理逝世，大家整日以泪洗面。有一个星期天，我拜访了戎家先生。敲门后，戎家先生静静地打开了门。平时他都是一边开玩笑一边迎接我的，但那天他却沉默不语，用眼睛示意"进来"。然后一个人泡茶，坐在沙发上说："康先生……"叫完我的名字之后，他什么也没说。他家的墙上挂着一张系着黑丝带的周总理照片。我一时难以控制内心的哀伤，把手绢放在眼睛上。戎家先生目不转睛地盯着我，眼睛也湿润了。沉默了半个小时，我告辞了。戎家先生把我送到门边，终于开口说："请再来吧。"他的声音哽咽了。

当我们的伟大领袖毛泽东主席逝世时，戎家先生和中国人民一样深感悲痛。我暂时没有去看望戎家先生。我想戎家先生的心情恐怕也和我一样。

朱德委员长逝世时，《人民画报》出了悼念专刊，戎家先生在首都医院住院期间，得知医院的几位医生和护士没买到这一专刊后，通过编辑部的同志从画报社找来送给他们。

我手中的陈毅副总理的诗集是戎家先生赠送给我的。戎家先生得知我为了买它到处寻找后，立即拜托了熟识的书店特意为我安排。

不久，“四人帮”被粉碎。全国人民欢腾起来。我一连参加了 3 天的庆祝游行。然后马上跑到戎家先生那里。戎家先生兴致勃勃地拿出一瓶茅台酒。来北京以后，他一直不嗜酒，这一天，他虽然喝得不多，但三次举杯说：“《人民中国》不久就会好起来的。”他一直记得我之前说的话，一直在等待这一天的到来。

戎家实同志是日本兵库县人，1916 年出生，幼时在中国丹东度过，并在那里的学校学习。

“左邻右舍都是中国人。因为是在这样的环境下长大的，所以他对中国人非常有好感，非常亲近。当时中国人要承受欺压，生活也很艰苦。这让他幼小的心灵也很痛苦。可能正是基于这种反作用，他比别人更加亲近中国人，经常把附近的中国朋友带到家里来玩……”

回忆起戎家实先生时，他的哥哥戎家贤一边用手帕捂住眼睛一边这样说。也许正是出于这样的原因，1945 年日本战败时，戎家先生没有和家人一起回国，选择独自留在中国，又在新中国成立后较早地投身革命和建设事业。最初，他曾担任铁路工程师，并在太原等地先后担任研究室员、总工程师等职务。然后他去了沈阳，后来又来到了北京。

戎家先生一生都是单身。而且他和家人在丹东就分开了，一度没有家人的消息，没有得到家庭的温暖。也许是出于这个原因，虽然他有很多朋友，但总觉得他有些寂寞。我是一个爱管闲事的人，经常跟他讨论成家的事，但他毫无反应。我觉得好像有什么原因，他也迟迟不愿说出口。也许是被我的执着折服了，他终于暗示“很久以前，有过互相中意的人”。我又为他的坚定而惊叹不已。他是一个意志如此坚强的人，虽然一直单身，但他的生活过得非常认真。

60 年代初期，知道了哥哥在日本的住处后，戎家实开始与哥哥通信。戎家先生在中国长大，学生时代曾因修学旅行去过一次日本，对家乡了解甚少。虽然知道了亲人的住处，哥哥也多次邀请他去日本旅行，但他总是拒绝。他还是因为挂念工作，不愿离开北京。因此，1973 年，他的哥哥戎家贤夫妇特意到北京来看他。这是一次时隔三十年的会面。他们一同到上海、杭州、广州等地旅行，享受团圆的欢乐。那时，哥哥和嫂子也曾邀请他去日本旅行，但他还是以工作为由拒绝了。

“我们一家如此期待你回国，但邀请你访问日本一直未能成行。在你去世五天前，面对日渐消瘦的你，我痛心地抓着你的手对你讲了你的侄子和侄女，还有他们的家人的事。那时你说‘哥哥，再等两年。放疗的后遗症让我现在很难受，过两年就会好的，到时候我就回日本了’。但我知道你时日不多了，心里非常难过。

“小实，这次一定要回去。和哥哥一起，去你最喜欢的奈良，去哥哥家，回到家人的身边。”

在追悼会上，哥哥戎家贤念出了这样的悼词。这些骨肉至亲的话语，让我们痛哭不已。

1970 年，我才知道戎家先生患了癌症。当时我在河南的“五七干校”。我听说戎家先生因喉癌接受了放疗，担心他的病情会很棘手。可惜当时的我除了担心，什么也没能为他做。又过了一年，听说戎家先生痊愈了，我很高兴。然而也只有心中欢喜，当时的环境下，我连一封祝贺的信都寄不出去。不久，我回到北京，从 1974 年夏天开始回到社里工作。话虽如此，我自己都不清楚当时的我到底是不是在上班，时而休息，时而工作。于是，时隔 3 年我才再次见到戎家先生，时隔 8 年才再次和他交谈。戎家先生非常高兴。他的身体比以前结实了，气色也变好了。他很替我高兴，但对于自己的病却只字不提，只是非常担心我。然后我们聊了很多。他还说：“没了林彪这样的人，以后会好起来的。”他对林彪的恨和我们是一样的。当时我觉得他的声音变了，好像是被喉咙卡了一下才发出来的。他之前为了治疗，被折磨了好几个月。可是，被称为“不治之症”的癌症治好了，而且他的身体也变得健壮了，这才让我松了一口气。

第二年秋天，我因其他工作暂时离开了《人民中国》，每月最多与戎家先生见一次面。去年夏天，那项工作告一段落，我回到了《人民中国》，而此时，戎家先生已经住进了首都医院。诊断结果是肺癌，而且相当严重。当然，这件事对他本人是绝对保密的。

我马上去医院看他。他当时还很精神，坐在沙发上看书。桌子上放着批改后的稿子。他把工作带进了病房，一直在改稿。一见到我，他就像往常一样欣喜地欢迎我，听说我已经回到了社里，他一直说：“我现在这么精神……快点放我出去吧，我要工作。”因为当时要对他的病情保密，所以我只是默默地指了指桌子上的稿纸。他说：“在这里工作没有劲头啊。”当时他的病情已经恶化，肿瘤已经有小孩的拳头那么大了。把工作带到病房，也是为了不让他太把病放在心上，是得到了医生的许可的。

9 月上旬，接到戎家先生病重的消息后，哥哥戎家贤夫妇从日本前来探望。但很快就被戎家先生赶回去了。他自己觉得不是什么大病，不想被当成患者看待。说到底，他还是一个要强的人。

过了一段时间，他的病情进一步恶化，身体也明显地衰弱了。可是，即便如此，我去探望他时，他还是说话很大声，一个人滔滔不绝地说个没完。我悄悄地问护士：“他的情况还好吧？”“不，不是。他相当痛苦。大家一来，他就勉强表现得很高兴，其实癌细胞已经扩散到身体各处了。”听到护士的回答，我说不出话来了。

11 月，戎家先生的哥哥和嫂子又来北京了。又过了一段时间，医生要求他绝对静养，并提醒尽量不要接受探视。不久之后，去探望的同志回来说：“昨晚，他一直说你的事，说一定要见你。他已经病得很重了，你快去探望他吧，别久坐，最多 5 分钟就走，也不要让他说太多话。”之后，我就在那位同志的陪同下去看他了。因为医生要求不要和他说太多话，我先在纸上写好了要说的话：“我想看看你就来了。但我还有事，5 分钟就得走。你看着挺累的，就不要说话了。我也不多说了……反正你很快就会恢复健康的，到时候我们再好好聊吧。”戎家先生的哥哥和嫂子在社里同志的陪同下，一声不响地坐在客厅里。这是一种从未有过的凄凉气氛。我行了一个注目礼，一个人走进病房。戎家先生想起身，我按住了他，打开准备好的纸给他看。戎家先生看了看，点了点头，他似乎只有点头的力气了。然后指着输液瓶皱眉，伸出两根手指。他连着打了两天的点滴，我能想象出他是在诉说疼痛难忍。为了不让他看到我流泪，我把脸别过去，握住了他的手。那是一双皮包骨头的手。我想不能再折磨患者了，不到 3 分钟我就起身告辞了。戎家先生用我勉强听得到的声音用日语说了声“再见”，并伸出手与我握手。在门口，我又回头看了一眼。这次，他用中文对我说了“再见”，好像是他用尽了力气发出的声音，我听得清清楚楚。我行了个注目礼，走出了房间。

自此，我就和戎家先生今生永别了。3 天后，戎家实同志离世。“反正您很快就会恢复健康的，到时候我们再好好聊吧。”这是一句无意中说出的谎话。25 年来，我经常和戎家先生说笑话，也吵过架，但从来没有对他撒过一次谎。尽管如此，我还是不情愿地在这一次，也是在他临终的时刻，在纸上写了一句谎话。直到现在，我仍然感到遗憾。希望长眠于九泉之下的戎家先生体谅我的心情，并原谅我。

“戎家实同志对革命事业有非常强烈的热忱，倾注全力……一直视中国对外宣传事业为自己的事业……我们将永远铭记戎家同志对中国人民革命和建设事业的宝贵贡献……决心为中日两国人民友好事业的不断发展而奋斗。”

副局长金丰同志代表外文局全体同志，在戎家实同志灵前，献上这样的悼词。

戎家先生的葬礼上摆满花圈、花束，有数百人参加，场面十分庄严。治丧委员会由中日友好协会会长廖承志同志担任委员长，外文局局长冯铉、中日友好协会副会长张香山、外交部副部长马文波、国务院外国专家局局长糜镛、中日友好协会秘书长孙平化等同志担任委员，出席了遗体告别仪式和追悼会。

《人民中国》杂志社全体成员、外文局下属各单位代表及各国专家，以及戎家先生生前好友赵安博、林丽韫等同志也参加了仪式，悼念戎家先生逝世。

戎家先生的骨灰被安放在八宝山革命公墓，其中一部分按照日本的风俗，在戎家先生的哥哥和嫂子的护伴下回到了日本。我陪同戎家先生的哥哥和嫂子，将戎家实同志的骨灰送到上海国际机场。这是外文局领导的关怀，也是《人民中国》杂志社全体同志的意愿。1952 年，是我去沈阳接的戎家实同志，今天我送他一程也是理所应当的，但这也是一次非常悲伤的离别。

我含泪凝视着飞机起飞，飞机远远地飞走了，戎家先生无言地回国了。但是，25 年来建立的同志情谊深深铭刻在我的心中，永远不会消失。

“四人帮”横行之时，《人民中国》的状态让戎家先生倍感担忧。好在“四人帮”被粉碎了，《人民中国》情况也逐步改善，迎来了新的工作环境。我们决心全社同心协力，共同努力，办出更受读者欢迎的杂志，告慰戎家实同志的在天之灵。

第五节
1979—1980年度点评

1

青年よ これからは貴方がたの時代です

久保田瑛子

北京大学で

これからが大変だ

「新来的の目で書くように」という、編集者の上手なお勧めに励まされて、浅学の[illegible]にペンを執ることになった。日本では慣習のスピーチに先立って、「許多の先輩が御列席の中で、甚だ僭越ではございますが、おめでたい席ゆえお許しを賜わりまして云々」と断る。それに因んで、おめでたいことゆえ、新来的の失言妄言をお許しいただきたい。

一九七八年八月、条約締結を西安で聞いた。日中交流史の中でも白眉ともいうべき遣唐使の時代に、文化への憧憬に充ちて馳せ参じた長安の地で、調印を耳にした喜びは筆舌に尽し難い。目眩く夏の日射しの中で、込み上げる喜びと共に、責任というか、ずしりと重いものを受けとめていた。

漢書にいう「楽浪海中に倭人有り、分れて百余国を為す。歳時を以て来り献見すと云う」の昔から、今日までの歴史が明滅し、不幸な時代に身を挺して今日の礎を築かれた諸先輩を偲び、締結へ心血を注がれた方々へ、心からの謝意を捧げた。

時には対立し、断絶し、抗争し、[illegible]までして戦火を交えた両国が、近代史の不毛を克服して結んだ条約、殊に社会体制を異にする国と国が、反覇権を誓い合った意義を思う時、日中友好という言葉に陶酔してはいられない。条約締結は目標ではなく出発だ、仕事はこれからなのだと自らに言いきかせた。錯覚や躊躇の上にでも友好は成立するが、交流を深め、真の理解へ達する為には、軋轢も不快も乗り越えねばならぬ。これからが大変だ、というのが今の偽らざる実感である。

ことばを正確に受け渡ししよう

まず、日本にまだ少し存在する中国アレルギーの一因に、言葉の問題があるように思うので、司馬遼太郎

— 34 —

条約発効を記念して、北京市の

日本を訪問した中国か

特集　新春を迎えた中日関係

＊座談会＊新春を迎えた中日関係

昨一九七八年は、中日関係史上、忘れることのできない年であった。中日平和友好条約の調印、鄧小平副総理の日本訪問と条約批准書の交換によって、中日友好関係は新しい段階に入った。

一九七九年——この喜ばしい新春にあたり、本誌編集部では、中日友好協会副会長の夏衍氏に司会をお願いして、座談会を開催した。ご出席いただいたのは、長年中日友好の仕事にたずさわって来られた各界の知名人である。中日友好に深い関心を寄せていた毛主席や周総理のこと、中日友好に掛け橋の役目をはたした古くからの友人の思い出、両国友好関係の展望など、話はつきなかった。

夏　衍　中日平和友好条約の締結は、両国交流史上まことに大きな意義をもっていると申せましょう。鄧小平副総理が日本を訪問して、批准書を交換したことで、両国の友好関係はさらに新たな高まりを見せています。

さて、この、中日友好の新しい幕明けを迎えて、「人民中国」雑誌社では、新春座談会を企画され、私が司会役をおおせつかりました。みなさん、どうか、お気軽にご発言いただきたいと思います。

趙樸初　たしか文化大革命前だったと思いますが、「人民中国」で新春座談会をしたことがありますね。

謝冰心　一九六三年ですね。趙さん、私、それに夏さんも参加されました。

夏　十何年か経って、また一緒に顔を合わせるなんて、思ってもみませんでした。

趙　仏教の言葉で申しますと、「縁がある」ということになります。(笑)

謝　「縁がある」と言えば、私は一九五五年に趙さんとご一緒に日本へ行ったのがご縁で、お近づきになりました。

趙　日本で原水爆禁止世界大会があって、それに参加したときです。

謝　出発前に名簿を見ると、仏教界の方のお名前があって、ちょっと……。私、和尚さんとか居士とかいう方、どうも苦手でしたから。

— 12 —

趙　「縁がない」(笑)

謝　「縁がない」のではなくて、あまりにも高遠な方たちのような気がして……

袁鷹　私以外は、みなさん、日本に行かれたことがおありなわけでしょう?

銭人元　私は二回です。一九七三年は日本高分子学会年次総会に出席、一九七五年はある国際会議に参加しました。

夏　では、そろそろ本題の方に入っていただきましょうか。回顧、展望など、ご自由にどうぞ。

五十年代の交流の先駆者たち

趙　中日平和友好条約が締結されてからというもの、私はお正月気分というか、うきうきして、いまだにそうなのです。

孫平化　日本でもそうだと中国へ来られた日本の方がいっています。条約調印にはじまって、鄧副総理の訪日とつづき、それからずっと今日まで、日本じゅうお祝い気分だそうです。

白楊　わたしたち中国映画代表団が日本に行ったのは、調印のすぐあとでしたから、その雰囲気がよく分かりました。

袁　鄧副総理が批准書の交換に日本に行かれたのは、秋のとり入れの時期でした。中国人は「春華秋実」(春の花と秋の実)という言葉をよく使いますが、この条約は「秋実」ですね。中日友好の、よろこばしい豊かなみのりです。

● 出席者 ●

夏　衍（司会）　中日友好協会副会長

趙樸初　中日友好協会副会長　中国仏教協会責任者

孫平化　中日友好協会秘書長

謝冰心　作家

銭人元　中国科学院化学研究所教授

袁　鷹　詩人、「人民日報」文芸部主任

白　楊　映画女優

— 13 —

2

する盛大な式典が催された。

本のかわいい子供たち

3

私は日本語を学んでいる

張潤春

三年前のことでした。北京市第二外国語学院の先生が北京放送で日本語講座を受け持つことになったのですが、その講義の参考に、ということだったのでしょうか、私が働いている工場で試験的に日本語講習会をひらくことになったのです。自由参加の建て前であったので、私は一も二もなく申し込みをしました。私がこんなにも日本語学習に積極的だったことには、私なりの理由があったのです。

日本人観の変遷

私は今年二十六歳になります。生まれた時は中華人民共和国が三年目をむかえた一九五二年の夏でした。両親とも労働者で、私は小さいときから母の工場の託児所や幼稚園に入っていました。前後六年間、園児の生活を送ったのですが、その幼稚園に外国のお客さんがよくきたことはまだおぼえています。お客さんのなかでは日本人が一番多かったので、それだけ私の印象も他の国の人よりつよかったように思います。温かい手で私たちのほほをなぜてくれたり、ニコニコしながら私たちの唱歌や踊りを見てくれました。その人たちについての私の最初のイメージは、やさしくて親切だということでした。幼稚園の先生も世界各国の人びとと仲よくしなければならないと教えてくれました。

筆者

ところが小学校四年生のときでしたが、私たちは国語の先生につれられて、抗日戦争の映画「平原遊撃隊」を見にいきました。舞台は華北平原で、村民が縦横に掘った地下道を利用して日本の侵略軍と闘う物語りです。そのなかに日本軍が地下道の入口で草を燃やし、煙で地下道にひそんでいる村民をいぶす、たまらなくなった村民は地下道から出てくる、そこを機関銃がねらうというような場面や、小宝というかわいい男の子が日本軍の隊長に射殺される場面がありました。ショックでした。

翌日私は「平原遊撃隊の映画を見て」という題で作文を書きました。私はその中でつぎのようなことを書きました——

「ボクは日本人がとてもやさしくて親切な人たちだと思っていたのに、昨日の映画を見て、びっくりしてしまった。日本の軍隊はなぜ、わざわざ遠い日本からわが国にやって来て、中国人にひどいことをするのだろう。それが分からない。ボクは大きくなったら小宝のかたきを打ってやる」

私の作文のうしろに意味ありげな先生の意見がついてきました——

「君の気持ちはよく分かる。しかし、どのようにして小宝のかたきを打つかがはっきりしていない。小宝を殺したのは日本人の中のごく少数の帝国主義者である。日本人民と手をたずさえて少数の帝国主義者に反対することこそ、小宝のかたきを打つ正しい道なのだ」

先生の意見はどうもよく分かりませんでしたが、日本人民と少数の帝国主義者を区別して見なければならない、ということは私の頭に残りました。

その後、中学校の歴史の時間に、第二次世界大戦で日本人民のこうむった苦しみについて教わりました。原子爆弾で廃墟になった広島や長崎の写真は、私に強い印象を残しました。よく分からなかった小学校の先生の意見が分かりかけてきたように思いました。中国の人民も、日本の人民もその戦争の被害者であった、ということです。

魯迅が書いた「藤野先生」という短編を読んだことがあります。魯迅が仙台医学専門学校で勉強していたときの日本人の先生——藤野先生のことを書いたものです。私は藤野先生と魯迅のあいだに結ばれた美しい師弟

— 40 —

5

特集　新春を迎えた中日関係

災難のなかで友を知る

王景懸　白峰渓

唐山大地震と日本の技術者

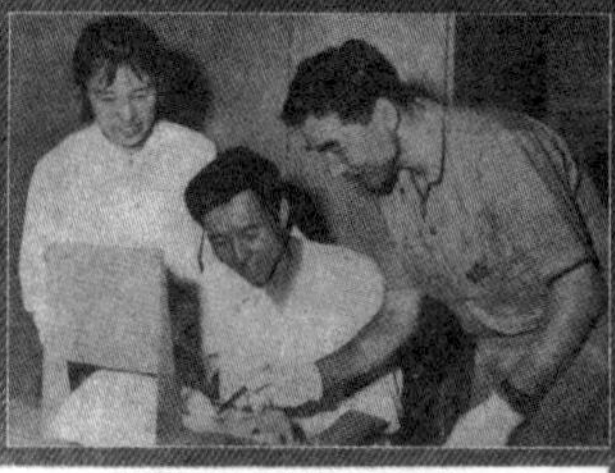

ふたたび陡河発電所にもどってきた河田安司さん（右の人）は、中国の技術者と協力して亡き同僚が果たせなかった任務を完成させたのだ。

一九七八年八月中旬のある晩、それはちょうど中日平和友好条約が調印されてから五日目の夜だった。宮廷料理を出す北京の北海公園の料理店「仿膳」で、ささやかな歓送の宴がはられた。それは対外貿易部の中国技術進口総公司と水利電力部北京電業管理局の関係者と、それに華北の重工業都市唐山からかけつけた人達が、数名の日本友人を歓送するために催した宴会であった。

招待した者とされた者との間でしきりに杯が交わされたが、双方ともいつまでも名残りを惜しんでいた。それはかつてこの数名の日本の友人は、唐山の陡河発電所の建設現場で、中国の人達とともに作業し、そして生死をともにしたからである。

地震の前夜

一九七六年七月二十七日の夜、それはひどく暑い夜だった。鳳凰山の頂から見おろすと、燈火できらめく唐山市はあたかも活気でも沸き立っているかのようだった。

— 45 —

6

ここにも「井戸を掘った人」が…

通化葡萄酒工場の日本人

梁玉徳

工場長をしていた。撫松は通化市の東北約一二〇キロの山中にある町で、この工場は従業員三、四十人の小規模なものだったらしい。

東北が解放された後の一九四七年三月、人民政府は撫松葡萄酒工場を接収して通化葡萄酒工場と合併した。村上さんは家族とともに通化に移り、通化葡萄酒工場の技術員となった。いらい私たちは一緒に働いてきたのである。

私は、日本帝国主義の支配下で、一九三七年に通化葡萄酒工場がつくられた当時から、雑役労働者として働いてきた者である。工場が帝国主義者および国民党の手から人民の手に帰ってきたとき、私たちは大いに奮い立ち、工場の新建設にのりだした。

だがその仕事は困難をきわめた。もともと旧工場は規模も小さく設備も老朽化しているところへ、解放前の混乱による破壊も加わり、また私たちの技術力も貧弱で、ほとんどがゼロからの出発だった。当時の緊張した日々を私たちは忘れることができない。それはまさに夜を日についでの戦闘であった。

間もなく生産は軌道にのり、輸出も開始されて、工場は新中国の経済建設に貢献しはじめた。さらに数年後、生産を拡大するため、私たちは旧工場を解体し、設備を一新して、近代的な葡萄酒工場の建設をはじめたのであった。

村上さんは、こうしたなかで、技術者として全力を傾け、文字どおり献身してくれた。

その働きぶりは、私たちひとりひとりの従業員に深い感銘を与えた。とくに私は、村上さんが技術員だったころ生産技術員として日常の仕事を共にしたので、彼について終生忘れることのできない強い印象が心に焼きついている。その一つは、何ごともいいかげんにせずコツコツと仕事をするという精神であり、もう一つは実践を重んずる科学的な態度である。

毎年、八、九月の山葡萄買い付け期には、工場は戦場のようなさわぎとなる。村上さんは、この期間中ずっと、山葡萄の入荷がはじまる朝の四時に出勤するのが日課だった。そして山葡萄が荷受け場から一つ一つの発酵槽に運び込まれるまで丹念に見とどけていた。良質の葡萄酒をつくるためには、まず新鮮な葡萄を手早く処理することが必要なのだ。

かつて村上さんといっしょに仕事をしていた人びと。右から副工場長の李家謙さん、中心化験室責任者の王玉文さん、技術研究室主任の梁玉徳さん、検査科長の黄思忠さん（左後）と技術員の高[illegible]さん。

そして夜、村上さんは労働者たちがみな帰ったあとまで残り、発酵槽の温度や発酵処理のぐあいを調べるのだった。技術的に不備なところがあると、彼は夜を徹して解決にとりくんだ。見るにみかねた仲間が、「もうそのくらいにしては」といっても、村上さんは自分で満足がいくまでやめようとしなかった。工場の指導部がその健康を案じ、栄養物や彼の好きなブランディーなどを仕事場にとどけさせたが、村上さんは、「我的、你的、一様、特殊化的不要」つまり、特別扱いはしないでくれ、といって断わるのが常だった。彼のこの独特の言い方は今でも私の耳にこびりついている。仕方なく指導部では、よくその品を彼の家にとどけたものだ。

一九五八年、村上さんは技師に昇格し、醸造の技術面について総責任をもつことになった。当時、私は技術検査科長となり、仕事上の連けいはますます緊密となった。

ある日、私たちが原酒工場へ技術検査にいったときのことだ。杜慶芳という若い労働者が、決められたとおりの仕事をしていないのをみつけた村上さんは、彼の肩をたたきながら、きびしい顔でいった。

「君たちが国家の主人公になった以上、それにふさわしい仕事をしなければならない」

このことばは杜慶芳同志にとっての教育となったばかりでなく、居合わせた私たちにも深い感銘を与えたのであった。励ましを受けた杜慶芳同志はその後、研さんを重ね、急速に成長していった。喜んだ村上さんは、よそから持ち帰った四本の見本酒を彼に贈った。その後、杜同志は中国共産党に入党し、大衆に推されて工場責任者の一人になっている。いまでは、りっぱな指導者だが、あのときの話が出るたびに、彼は心から村上さんに感謝している。

一同の努力が実り、一九六三年の中国名酒品評会で、通化葡萄酒は銀メダルを獲得した。全工場あげて喜びにわいたが、私たちはこれに満足することなく、質的にも量的にも、さらに躍進をはかろうと立ち上った。

その一環として出てきたのが、限りある山葡萄の資源問題である。村上さんをはじめ技術

— 61 —

舞台映画

鏡獅子

獅子の精と化した弥生は、白くて長い髪を振りまわし、豪快な舞を踊る。

塩冶判官（尾上辰之助）は刀を抜いて高師直に斬りつけるが、みなにはばまれ、あやうく死から免れる。

足利直義（坂東蓑助）は討死した敵将新田義貞の兜を宝物殿に奉納するため、分どった多くの兜を塩冶判官の妻顔世（市村門之助）に鑑定させる。

高師直（尾上松緑）は早くから顔世によこしまな恋情をいだき、権勢をかさにきて、かの女を意のままにしてしまおうとたくらんでいる。

尾上梅幸、松緑氏らの菊五郎劇団による日本歌舞伎訪中使節団は、北京、上海、杭州で公演し、中国の演劇ファンから盛大な歓迎をうけた。今回の出し物は「仮名手本忠臣蔵——大序から城明け渡しまで」と「鏡獅子」の二つであったが、感動的な芝居の筋書き、俳優の高度な演技力がけんらん豪華な舞台装置と相まって観客に深い感銘を与えた。

大奥の女小姓の弥生（尾上梅幸）は「双扇舞（ふたつおうぎのまい）」を踊って、乙女心の喜びを表わす。

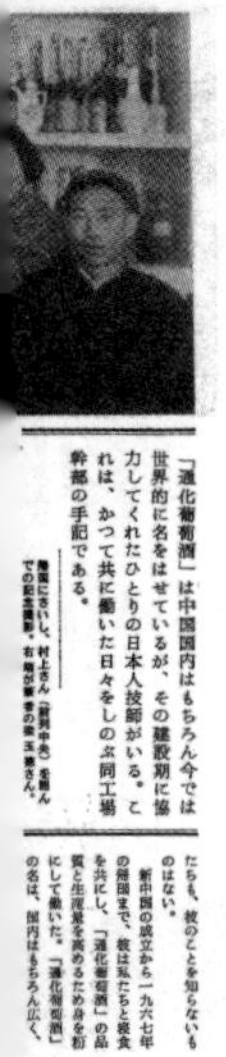
「通化葡萄酒」は中国国内はもちろん今では世界的に名をはせているが、その建設期に協力してくれたひとりの日本人技師がいる。これは、かつて共に働いた日々をしのぶ同工場幹部の手記である。
たちも、彼のことを知らないものはない。
新中国の成立から一九六七年の帰国まで、彼は私たちと寝食を共にし、「通化葡萄酒」の品質と生産量を高めるため身を粉にして働いた。「通化葡萄酒」の名は、国内はもちろん広く、

7

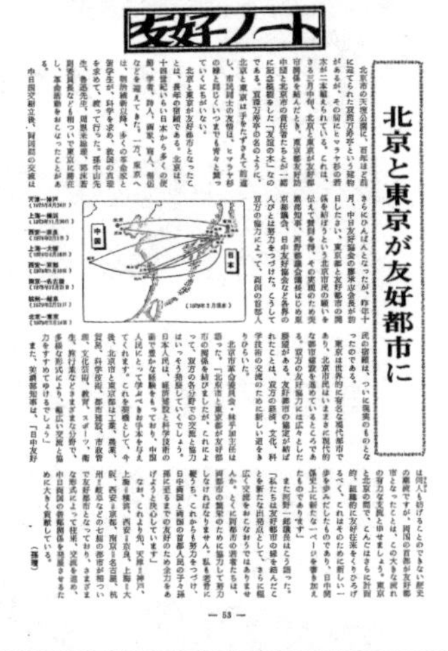
友好ノート
北京と東京が友好都市に
— 53 —

8

雷任民氏
合弁企業を語る
（中国国際信託投資公司取締役副会長兼副総経理）
秋晴れのつづく北京のある一日、本誌記者は、さる十月発足の中国国際信託投資公司取締役副会長兼副総経理に新任された雷任民氏（全国人民代表大会常務委員会法制委員会委員、対外貿易部顧問）を訪ねた。氏は、長年、中国対外貿易部副部長・中国国際貿易促進委員会副主席をつとめ、一九五五年、新中国最初の貿易代表団をひきいて日本を訪問したことがある。
日本にも知り合いの多い氏に、中日貿易、合弁会社などの問題についていろいろ語ってもらった。以下その一問一答である。
— 12 —

9

10

緑の並木
— 27 —
中國風景の美
東山魁夷
序章
— 26 —

11

シルクロード関係図
養蚕とローマ婦人
— 87 —
新連載①
シルクロード
今と昔
出立を前にして
西域の駿馬
黄河から地中海へ
— 86 —

12

わが母何香凝とその絵

廖承志

制作中の何香凝と筆者（1958年、自宅にて）

きる二月中旬から北京で「何香凝中国画遺作展」が開かれ盛況を呈した。何香凝女士（一八七八～一九七二年）は、清末からの革命歴をもつ闘士であり、孫中山を助けて国民党の結成と国共合作に重要な役割を果した廖仲愷（一八七七～一九二五年）の夫人だが、夫が右派によって暗殺されたのちも、国共合作を主張しつづけ、新中国成立いらい、全国人民代表大会常務委員会副委員長、中国美術家協会主席、国民党革命委員会主席、全国婦女連合会名誉主席として内外の敬慕を集めた。

長征にも参加した革命家廖承志氏（全国人民代表大会常務委員会副委員長、中日友好協会会長）がその子息であることは、いまさら言うまでもないが、氏が「人民日報」に発表した一文を、ここに訳出しよう。

— 38 —

舞台映画 話劇〈声なきところに〉

に送られた 梅林の息子欧陽平に

で周恩来総理を偲ぶ詩集『揚眉剣出鞘』（意気昂然して、剣がさやから出される）を配布し、「反革命分子現行犯」として、全国に指名手配された。そうとは知らぬ梅林・欧陽平の親子は、ある日、梅林の病気治療のため北京へ行く途中、上海に立ちより、何是非の家を訪ねた。何是非はまたもや「四人組」一味に欧陽平を密告しようとする……。

「八億の人民はいつまでも黙ってはいない。勝利は必ず人民のものだ」と恋人何蕓（何是非の娘）に話す欧陽平（右）。

天安門広場でいかに人びとが周総理を偲び、「四人組」を指弾したかを何為に説明する欧陽平（右）。

何是非の息子で外科医の何為（右から二人目）は梅林たちに、「四人組」の非道ぶりを話す。

京劇俳優の卵たち

中国戯曲学院の訓練ぶり

撮影 狄祥華

身のこなしの訓練。ことし11歳の胡巧辰さん（左）、呂恵敏さん（中央）、ともに昨年入学したばかりだが、どうしてなかなか、目配りも堂に入っている。

本号の特集は京劇。まずその人材を養成する「中国戯曲学院」の訓練ぶりを見ていただこう。中国語の「戯曲」は「伝統演劇」のことだ。この学校は文化部直属で、京劇演技科、音曲科、演出科に分かれており、さらに脚本科、舞台芸術科、戯曲教育科の開設も計画中という。現在、教職員374 人に学生367 人というぜいたくな教育ぶりだ。

京劇演技科は10歳前後の少年少女を全国各地から選抜し、8～9年にわたって訓練する。こうして伝統演劇の担い手が育ってゆく。

喉もよく、嘱望されている胡巧辰さんは、北京生まれの北京育ち。

〈三撃掌〉（三たび手を叩く）という出し物による実習
の自由のため封建制のしがらみと戦う千余年前の女性の

1979

这一年的新年号封面是一幅群芳争艳的水墨画，封面上赫然提示的重点内容是特辑《迎来新春的中日关系》(1月号，见图1)。特辑的重头选题是重量级人物的座谈会（1月号，见图2)。新任的中日友协会长夏衍主持座谈，赵朴初、孙平化、谢冰心、钱仁元、袁鹰、白杨等五六十年代起就致力于中日交流，推动中日关系发展的“过来人”，充满深情地回忆过去，信心满怀地展望未来。

那个时候，中日民众之间的亲密关系从四季青中日友好公社挂牌到热情欢迎中国来宾的日本孩子的表情上都可以真切地感受到（1月号，见图3)。人们认为，中日的未来是属于青年们的时代（1月号，见图4)，年轻工人开始学习日语以便掌握日本的先进技术（1月号，见图5)，唐山大地震时有日本技术人员在陡河电站遇难，其继任者替补其岗位的故事，令人肃然起敬（1月号，见图6)。《这里也有挖井人》讲述了帮助建设通化葡萄酒厂的日本人的故事（2月号，见图7)。北京与东京结为友城，拉开了地方结对友城开展深入交流的序幕（6月号，见图8)。《雷任民谈合资企业》一文展望了中日企业深度合作的前景（12月号，见图9)。

友好交流继续深化，《忠臣藏》《镜狮子》等歌舞伎剧目随再次到访的歌舞伎访华团上演，令中国观众耳目一新（4月号，见图10)。来华创作的东山魁夷写来题为《大美中国风光》的文章，对黄山等中国景色大加赞赏（1月号，见图11)。

车慕奇沿古丝绸之路采风，推出新连载《丝路今昔》(1月号，见图12)。廖承志写来的回忆文章《我的母亲何香凝和她的绘画》充满了亲子间的温情（2月号，见图13)。这两个选题都以其真情实感得到读者的高度评价。

这一年，来自上海的话剧《于无声处》，对“四人帮”横行时期的人性进行了拷问，在全国引发轰动，《人民中国》以图片报道的方式介绍了此剧（3月号，见图14)。

本年度可圈可点的摄影报道当数《古建筑修复队的工作日常》(7月号，见图15)、《京剧演员的摇篮》(8月号，见图16）等以细节取胜的选题。

1980

人民中国

北京で療養中の筆者（1959年6月）

岡崎嘉平太

華国鋒中華人民共和国総理は、さる五月二十七日から六月一日まで、日本を訪問された。中国の最高指導者が、わが国を訪問せられたことは、過去二千年にわたる長い日中友好関係のなかでも、初めてのことである。そして華総理は、東京滞在わずか三日間という極めてご多忙の日程のなかを割いて、われわれの希望を容れ、五月二十九日午前、NHK大ホールに来臨され、堂にあふれる数千の東京都民――なかにはわざわざ地方から上京した多数の者もいた――に、貴重にして有益、また友情のこもった講演をして下さったのである。

華総理は終始微笑をたたえながら、遠い隋・唐―天平・平安のころからの日中友好関係をなつかしく回顧された。阿倍仲麻呂と中国の大詩人李白、王維らとの心肝相照した交遊、唐代の高僧、鑑真和上の身命を賭しての渡日。そして近代に入って、ここ百年来日中間には、不幸かつ不愉快な一時期があったが、その間でも救国の道をさがし求めるため、多くの中国の志士たちが日本にやって来、最も多いときには一万人にも達したと述べられ、孫中山、李大釗、周恩来、魯迅、郭沫若など諸先覚の名をあげられている。

「中国人民は（日本の）友人の皆様のうち立てた歴史的功績を永久に忘れないでしょう。往年周恩来総理は『水を飲むときは井戸を掘った人を忘れるな』という古い言葉を引用して旧い友人たちにたいする中国政府と人民の深い友好の気持ちを表わしました」

と話されたとき、私はとっさに、それは逆だ、と声をあげて叫びたかった。日中国交正常化以前、わが国の政府がアメリカの反共政策に同調して、かたくなに中国との国交正常

中国历史の旅

杭州

陳舜臣

「西子湖」――淡粧、濃抹、総て相宜し……

1

甲骨文字からはじまって、中国の太古の記録は、ほとんどが黄河中流地域にかんするものでした。そのため、これまでの史書にも、中原の文明がしだいに南へ伝わったように記されることが多かったようです。もちろん北から南へ伝わった文明もありましたが、かといって、それまで南方は文明がまったくなかったのではありません。ことに近年の考古学的発掘によって、中国の南方にも古くからすぐれた文明が存在したことが証明されています。

杭州市の西北約二十キロの良渚というところで、新石器時代の遺跡が発見されましたが、それは独自の文明様式をもったもので、考古学者は「良渚文明」と名づけました。また杭州市の東北の嘉興県でも、江蘇省の青蓮崗で発見された新石器時代文明と同系統の遺跡が発見されています。

中国文明は、ある限られた文明様式が、一方的に拡散したものではなく、各地にバラエティに富んだ文明が存在し、それがたがいにまじり合って、よりはばのひろいものとなったと考えるべきでしょう。

前置が長くなりましたが、杭州を中心とする浙江のことを語るまえに、このことはぜひとも念頭においていただきたいとおもいま

2

日本回想

蘇歩青

筆者紹介

一九〇二年九月浙江省平陽県生まれ。一九一九年九月日本留学、卒業後も大学講師をしながら研究生活をつづけ、一九三一年二月理学博士となり、三月帰国。

現在、第五期全国人民代表大会常務委員会委員、復旦大学校長、教授、中国科学院数理化学部常任委員等の職にある。

一九七九年五月末から六月中旬にかけて、私は上海市学術交流友好訪日代表団団長として、大阪、奈良、京都、東京、千葉などの各都市を歴訪し、日本側から手厚いおもてなしを受け、大学や研究所の教授や学者の方がたと学術交流を行なったが、それは、いまだに記憶に新しい。

〈東行献呈日本諸親友〉

風馭翼軽雲路長、山青水碧認扶桑。

千年旧誼添新誼、万里他郷作故郷。

幸未霜寒侵白髪、何如歓聚可傾腸。

阿倍宝剣鑑真寺、文化之花代代香。

（大意　はるばる日本を訪ね、歴史的な友好往来の上に、新しいよしみを重ねた。阿倍仲麻呂、鑑真……文化交流の花は代代香る）

これはその時作った詩だが、この阿倍仲麻呂は、いうまでもなく唐代に日本から派遣された留学生である。今世紀に入ってからは、中国から日本へ多くの留学生が行っており、その中でも魯迅や郭沫若の名はよく知られている。

私も、今回の訪日のちょうど六十年前、一九一九年に日本に留学し、十二年間滞在していたことがある。

ふりかえってみると往時の思い出の数数は感慨無量だが、何はともあれ、まず、留学中いろいろと気をつかって私を助けはげまして下さった先生方と友人たちへの、なつかしさと感謝の気持ちをここに記すことにしたい。

佐伯好郎先生、この方は私が生涯忘れることのできない恩師である。当時は東京高等工業学校、つまり蔵前高工の生徒監をしておられた。私は一九二〇年の春に試験を受けてその電気科に入学し、二四年に卒業したのだが、先生は私たち十八歳前後の若い学生に対して、その学習や生活にいつも心を配られ、日本文化が中国から伝わったことなどもよく話されたし、また佐伯先生が、杭州で発見された景教の碑の研究をされていることもお話に出た。先生のこの御研究は二冊の本になって英国で出版されている。

先生は、いつも日本人学生に対して、

いる。その中には、両国の友好のためにひじょうに大きな貢献をされている茅誠司さんも含まれている。

佐伯先生からは私はかずかずの大恩をうけている。まずあの一九二三年の関東大震災で、住む所も、生活用品も、学習資料も一切を灰にした私を、先生は自宅に引き取って、卒業までずっと勉強をつづけることができるようにして下さったことである。

つぎは、私の卒業のときのことだが、佐伯先生は教授会の席上で、私の卒業証書に「優秀ナル成績ヲ以テ卒業」という一句を書き入れるように主張して下さったことである。この件については、説明が必要であろう。自分でいうのもおかしいが、入学以来、私の成績は毎年優等だったので、いつも学年末には賞状や賞品をもらう学生の一人だった。だが卒業試験の場合はパスしたというだけに止まったので、私の卒業証書には「優秀ナル……」という文字は記入されていなかったわけだ。

当時、日本人学生にとってはこれは就職問題と大いに関係してくることだったが、私にしてみれば、実のところ、別にどうというほどのことではなかった。

私にはその厚意がうれしかった。それにしても佐伯先生は、私のためになぜそ

東北帝国大学数学部主任林鶴一先生を囲んで、左から筆者、陳建功、戎昌驥。1928年仙台にて。

んなに力説して下さったのか。それは、大震災で私が本もノートも全部失ったので、いつものような成績が取れなかったのであり、単に一回の卒業試験の成績だけをみて、私の四年間の学習を評価すべきではないとのお考えからであった。

第三は、卒業の後も私の研究と生活に多大の御配慮を頂いたことである。優秀な成績で卒業、という証書を得たものの、当時の中国は動乱の絶え間がなく、工業関係どころではなかったので、やむを得ず私は他の大学にもう一度入って数学を専攻することにした。佐伯先生は東北帝国大学理学部の数学科の主任教授林鶴一先生と親しい友人でいらっしゃったのですぐに紹介状を書いて下さった。この学生は成績極めて優秀、数学科を受験するについてはいささかの問題もないと思うが、ただ、合格後の生活問題に関して林先生のお力添えをお願いしたい、というような内容であった。

試験にはさいわい一番で合格し、私も面目をほどこした。そのあとまもなく林先生にお目にかかったとき、林先生は、佐伯先生が頼んで下さったことを、即座にお引き受け下さった。

一九五五年に、解放後はじめて日本を訪問して広島に行ったとき、二十日町の町長をなさっていた八十五歳の御高齢の佐伯先生は、わざわざ広島まで会いに来て下さった。先生の私への御厚情はとりもなおさず中国人民に対する御気持ちであり、私は深く感動した。その佐伯先生も先年逝去された。もう一度ぜひ中国へ行ってみたいとおっしゃっていた生前の御念願が実現できなかったのが返すがえすも残念でならない。

一九二四年から二七年まで、私が東北帝大の数学科にいた間、中国国内は内戦つづきで、公費留学生に送金されてくる費用が、数カ月も来ないことが度重なり、生活に困ることが多かった。林先生はひじょうに心配して下さって、いろいろな方法を考えて、卒業まで私を持ちこたえさせて下さった。家庭教師として中学生の数学の補習をしたこともある。また林先生が編集されていた国際的な刊行物『東北数学雑誌』の校正とか、数学図書館の管理などもやらせて頂いた。働きながらの大学生活というのは、当時はひじょうに少なかったし、仕事をみつけるのは容易なことではなかったのだ。

私がここを卒業した年は、中国の第一次国内革命が失敗した一九二七年である。中国からの公費は完全に絶えた。もうこれ以上日本留学を続けることが出来なくなったわけだが、その時、林先生は私を大学院に入れ、研究生として残して下さった上、はじめの四カ月間は先生個人で私の生活費を負担して下さった。

林先生のご奔走のおかげで、五カ月目から東北帝大の臨時教員養成所の講師に招聘され、高等代数を教えることになった。外国人である私を採用することは、東北帝大の教授会でも、全く異例のこととして通過したのであった。早速、当時の仙台の地方紙『河北新聞』が「非帝国臣民、帝国大学講師に」などと事件のように取り上げたのも当時としては無理はない。

私は帰国するときまでこの仕事をつづけた。現在の日本でもこういう例はあまり多くないであろう。まして当時はまだ、中国人といえば、外国人から軽蔑されていた時代である。

窪田忠彦先生は大学院での私の指導教授で、研究を指導して下さったうえに、奨学生に推薦して下さった。当時、外国籍の研究生に対しては奨学金を出さない

恩師佐伯好郎先生と1955年に広島で再会。左は筆者。

日本回想

下駄の鼻緒

廖夢醒（題字も）

筆者紹介

廖夢醒さんは、孫中山の片腕であった有名な革命家廖仲愷氏（一八七七〜一九二五年、蒋介石の陰謀により暗殺さる）と何香凝女史（一八七八〜一九七二年）を両親として一九〇四年に香港で生まれ、日本生まれの弟廖承志氏とともに東京で成長した。のちには欧州にも留学し、一九三一年中国共産党に入党、革命闘争のなかで夫の李少石氏（一九四五年暗殺さる）を失った。新中国成立後、中華全国婦女連合会副主席などの任務につき、全国人民代表大会代表に選出され、現在、全国政治協商会議の委員である。本年四月には、日本の友人の招きで日本を訪れることになっている。

生まれる前から

以前にも「人民中国」に書いたことがあるが、わたしは生まれる前から日本にいたといって、よく笑われる。

一九〇〇年代のはじめ、腐敗しきった清朝政府の支配にあきたらない多くの青年たちが、救国の真理を求めて、ぞくぞくと海外に留学した。とくに、日本には多くの留学生が渡っていっただけでなく、孫中山先生を中心とする中国革命同盟会が東京で結成されるなど、東京は清朝の封建支配を倒そうとする運動の海外基地の観を呈していた。

わたしの母は、結婚後、経費を工面してまず父を日本に送りだし、ついで一九〇二年、自分もそのあとを追って東京に留学した。いらい、両親は、孫中山先生の運動に参加し、清朝打倒の闘争をすすめることになる。

その間、東京に渡った翌年、母はわたしを身ごもったが、前に一度流産したことがあるので、大事をとり、香港の実家に帰ってお産した。一九〇四年、母が二十五歳のときである。

当時、改良主義を鼓吹する一派は、孫中山先生のとなえる革命運動の切り崩しをはかり、世界各地の華僑に、運動を援助しないよう働きかけていた。これを反駁する手紙を各国の華僑に書くことも、父母に課せられた任務だった。そのほか、母には、連絡、文書の保管、見張りなど、さまざまな仕事があった。

そこで母は、勉強のじゃまになるという口実を設け、私に乳母をつけて祖父母のもとに残し、日本へもどった。

私は満一歳を迎え乳離れをしたところ、任務のため一時帰国してまた日本にもどる父につれられ、日本へ渡った。少しでも母の仕事のさまたげにならぬよう、香港から、子守りの娘をつれていった。

父母はほとんど私の相手をしているひまはなく、もっぱらこの子守りにまかせていたので、彼女は私の守りをしながら日本語をならったそうだから、赤ん坊のわたしもそれにつれて日本語を覚えたにちがいない。後にこの娘は、神田神保町の中華料理店の主人のところへ嫁いだ。とてもわたしをかわいがってくれたので、彼女がいなくなったあと、わたしは毎晩泣いて、両親を困らせた。

幼児時代の友だちで、近所の駄菓子屋のお梅ちゃんという仲よしのことをよく覚えている。前後のことははっきりせず、両親も当時同居していた従兄たちもみな亡くなって聞くすべもないが、わたしは当時、たしか神田三崎町の仏英和小学校付属幼稚園に入っていたことがある。

一九一一年、辛亥革命がおこり、清朝政府は倒れて、孫中山が臨時大総統に選出された。

前後して私たち一家も祖国にもどった。

弟の「行方不明事件」

やがて、辛亥革命の成果は、袁世凱にかすめとられ、反革命の独裁支配がうちたてられる。いらい、五・四運動までの八年間に、反動と進歩の激しい闘争が進められ、情勢はめまぐるしく変化する。

わたしが十二歳になったとき、一家は亡命を余儀なくされ、また日本に渡って東京の渋谷に住んだ。渋谷といっても、青山七丁目の実践女学校の裏である。日本の年号でいえば大正のはじめで、東京はノンビリした町であった。

わたしは、もうすっかり日本語を忘れていたが、近所の友だちができると、すぐまたどうにか話せるようになった。そして、日本の学校に入るため、家庭教師の女先生にきていただいた。この先生は、学課だけでなく、刺繍も教えて下さ

筆者（1976年8月、上海で）

った。毎週三回の学習の日が待ち遠しかった。

ところで一家はお正月を迎えたが、そのときの忘れられない思い出がある。そのころ、袁世凱のテロを逃れて日本に亡命している同志たちが多く、その人たちがわが家に年始にやってきた。

お客さまが帰るとき、父、母、それにわたしは玄関まで見送りに出た。部屋へ帰ってみると、さっきまでいた弟の承志がいない。そのときは、外へでも遊びにいったのかと思い、気にもしなかったが、夕方になっても姿を見せないので、父母は心配しだした。

とくに母は居ても立ってもおられずウロウロし、青山六丁目にあった革命党の事務所や知人の家に、かたっぱしから電話したが、どこにもいない。当時は、自動車事故などはなかったが、あるいは悪人に誘かいでもされたのではないかと、だんだん不安がつのった。

夕食の卓にはついたが、だれも食べようとはしない。電気がついた。そのとき、ふとんを入れた押し入れのなかで大きな物音がした。びっくりしてあけてみると、ぷんと酒くさく、弟が関羽のように真っ赤な顔をして眠りこんでいるではないか。音は弟の寝返りであった。

そういえば、お客さまを迎えて、父はおとそ代わりに葡萄酒をすすめたのだが、見送りして部屋に帰ったとき、杯に残った葡萄酒がなくなっていた。気にもしていなかったが、それは弟がたいらげたのだ。

まだ酔っているようなのでそのまま押し入れでねかし、戸はあけたまま、一同大笑いしながら改めて夕食の卓についたのであった。

やがて、わたしは仏英和小学校の六年、弟の承志は暁星小学校の二年生に入ることができた。当時、わたしたちの住まいは、渋谷から、九段坂の中ごろにあった[illegible]上写真店の横丁にある小さい二階屋へ引越してきた。玄関の三帖に八帖と四帖半があり、二階の八帖に父母と弟、四帖半がわたしの部屋だった。小さいながら庭があり、風呂もついていた。

父は忙しくてほとんど家にいなかったが、わたしたち姉弟によく本を買ってきてくれた。イプセンの「人形の家」、坪内逍遥訳のシェークスピア作品、それに園芸の本などが記憶にある。とくに、園芸の本が[illegible]を作りたいと思ったものだ。

20歳のころの筆者（1924年、広州廖公館で）

三崎町の学校へいくには、九段坂下から市電にのり、神保町でのりかえるのだが、神保町を通らずに歩いて行く近道がある。その道を歩いて電車賃を浮かしたり、また、夏、お弁当が腐るのでお昼はパンを買うようにともらったお金を節約したりして、花の鉢や、苗を買った。庭に台を作り、そこにすえた。わたしの"庭園"は貧弱なもので、日当たりも悪く、とくに冬はまったくかげになったきりだが、わたしには大事なものだった。

見知らぬ大学生が

このころのことで、強く印象に残っていることがある。わたしが小学六年の冬のある日であった。

大雪の降った翌日のことで、わたしは[illegible]

その帰りのことだ。わたしは、いつもの近道を歩いて帰った。途中に橋があり、そのまんなかごろまできたとき、足駄の歯に雪がはまってどうにも歩きにくい。そこで、足駄をぬいで雪をふりおとすため橋の欄干につかまろうと思い、橋の右側に歩きよった。

ところが、そこは道の中央とちがって人がふんでいないから、雪が深い。そういうことを知らなかったため、欄干までたどりつかないうちに、わたしは雪のなかに転んでしまった。そのとたんに、右の足駄の爪皮のひもも鼻緒も切れてしまった。

わたしはビッコを引いて、橋の欄干につかまり、途方にくれた。ぐっしょりとぬれた足袋は、氷のようにつめたい。転んだひょうしに離した風呂敷包みが雪の

4

日本回想

文学にあけくれた日び

張香山

筆者紹介

一九一四年、浙江省寧波市生まれ。一九三三年十月〜一九三七年四月、日本留学。現職、中国共産党中央宣伝部副部長、中央広播事業局局長、中日友好協会副会長等々。

一九七三年四月、中日国交が回復された半年後に、私は中日友好協会代表団副団長として、日本を訪れた。そのとき、同窓たちに母校ゆかりの茗渓会館に招かれ、その席上、記念として「大塚文学」の複写本を二冊贈られた。それは昭和十一年十二月の創刊号と昭和十二年の三月号であった。大塚は私の母校の、東京文理科大学と東京高等師範学校の所在地である。「大塚文学」は、同校の二三名の学生の同人雑誌で、私はその中の唯一の中国人留学生であった。開いて見ると、私が三十数年まえ、日本語で書いた文章があった。創刊号に、エッセー「肉体と理念」、三月号に、中国の大文豪魯迅の逝去に際し室伏高信らの魯迅に関するさまざまな謬論を批判する論文「魯迅論」があった。

1977年、代表団長として日本を訪問したときの筆者、東京にて。

一九三七年、中日戦争が勃発、私はペンを銃に持ちかえた。いらい、青年時代に新聞・雑誌に発表した作品は手元に全然のこっていない、それをもう一度集める気もなかった。というのは、その当時の作品は幼稚で読みなおすと顔が熱くなるようなものだから、わざわざ恥を残すような真似をしない方がよいと考えたからだ。この度、私の旧作を贈られようとは、夢にも思わなかった。この二編は、私の手元にある唯一の戦前のものである。読んでいるうち、私はたちまち三十数年まえの文学青年時代に引き戻された。

亡命か、留学か

一九二八年、私は十四歳で、故郷の浙江省寧波から北平（いまの北京）に出、文学にひかれるようになり、その後、日本語をおぼえて、日本の雑誌を通じて、プロレタリア文学を知るようになった。一九三二年、私は天津左翼作家連盟に加わり、一九三三年、左翼運動に関係したため、天津中日学院を休学せざるをえなかった。同年十月、私は、ある友人と一緒に日本へ渡った。船が渤海に出たとき、果しない荒海を前に、一種の不安とロマンチックな感情が入りまじった。「今、自分は日本へ行こうとしているが、これが留学となるのだろうか、それとも亡命となるのだろうか」と。

私たちは、東京に着いてから、友人に、東中野に四畳半の下宿を探してもらい、一緒に住んだ。出費をはぶくために、私たちは、机二つとざぶとん二枚だけを買い、ほとんど毎日本を読んだり、文章を書いたりしていた。日本式の生活にはまだなれていないので、三十分もあぐらをかいて坐っていると足がしびれて、どうしても横に寝転ばなければならなかった。慣れてくると、半日でも平気になったが。

東京には、賑やかな見る所、遊ぶ所がたくさんあるが、私のような貧乏学生には縁遠いものだった。私たちの最大の楽しみは、五銭を奮発して高架線で新宿へ行き、紀伊国屋書店で新刊書や雑誌を一、二時間立ち読みすることぐらいであった。

読書や書きものの合間に、よく下落合あたりまで散歩した。当時は、まだ一面に田園風景が残っていて、遠くの森、近くの雑木林、ゆるやかな小川がいかにも

のどかであった。緑の原っぱで、いつも色あざやかな和服を着た少女が、黄やとき色の兵児おびをゆらゆらさせて遊んでいたのが、美しい蝶が舞っているようであった。こんな静けさを破って、ときどき西武線の電車が走り抜けて行った。武蔵野に立って、国木田独歩の「武蔵野」

1936年、中国左翼文学家たちと、東京にて。前列中央は郭沫若氏、後列の左から二人目は筆者。

一鍋の焼鳥やおでんを肴に、五銭の焼酎を飲んで温まったものだ。夜の屋台で飲んでいるのはほとんど労働者である。談論風発の彼らのことばは荒いが、日本語を勉強中の私には、格好の場所である。

屋台ののれんを出て、明るい月を浴びながら、長い影をひいて、下駄の音をひびかせながら帰るのも、詩趣があった。

一九三三年の暮を、どのように過ごしたか、もうはっきり覚えていないが、町じゅうに年末大売出しの旗が立っていたことと、二階の窓からちんどん屋で客寄せをしていた叫びがあったことだけは、いまでも覚えている。女装のちんどん屋の、白粉をこてこてに塗った顔は、中国の京劇の化粧に似ていた。

入試の狭き門を突破する

か、学校に入るか。浪人していては、自力では生活を維持できない。そうかといって、学校に入るとしても、私立大学では奨学金を受けるのが難しく、ふところのさびしい私にはとても学費を払い切れない。だから学校に入るなら国立に限る。当時、東京では、工業大学、高等師範学校、第一高等学校に、中国人留学生を受け入れる予科があったが、この三校の入試の狭き門を突破することは、並大抵ではなかった。再三考えたあげく、とにかく東京高等師範学校を受けてみることにした。入試の経過はもう忘れてしまったが、口頭試問に、東中野から学校まで来る途中、どことどこを経由して来たか、と聞かれたとき、私は、「春日町」を「ハルヒ町」といいまちがえて、試験官を笑わせたことだけを、いまでも覚えている。その後、春日町の市電の停留所を通るたびに、口頭試問のことを思い出した。

中国にいるころから日本語と英語を何年か勉強していたので、入試の狭き門を突破する際、それがひじょうに役立った。二月に、合格通知書を受け取ったときには、ほっとした。

四月に、東中野から、学校に近い小石川区茗荷谷町に移った。部屋はやはり四畳半だが、静かな所だった。その家は、[illegible]た。そのほかには、樺太から来た女学生が一人下宿しているだけであった。

東京高師の予科に二五人の中国人留学生がいて、そのうち、東北出身の者が二〇人もいた。当時劉[illegible]といっていた劉仁もそのうちの一人で、本科に上がってから英文科に進んだ。彼は、その後、日本のエスペランチスト、長谷川テルさんと結婚した。一九三七年、上海に潜行して来た夫妻と、私は上海へもどってきてから何回となく会った。抗日戦争中、長谷川さんは、ずっと中国に残って緑川英子という名前で得意のエスペラントを武器に、日本軍部の侵略戦争に反対する活動をしていた。さきごろ、日本のTBSテレビが製作した「望郷の星」は、ほかでもない劉仁と長谷川さんの生涯を描いたものである。栗原小巻さんがテルに扮し、中国中央広播（放送）事業局広播文工団の高飛が劉仁に扮し、中日両国人民の友好を描いた、感動的なテレビ映画である。

東京高師に入ったおかげで、私は東亜同文会から一年間、半額の奨学金を受けることとなった。それに原稿料も少々入るので生活はあまり困らなかった。予科では、週に四十四時間、土曜日の午後を除いて、毎日、授業があった。朝七時に下宿を出て、学生食堂で朝食をとるのだ

5

五人の学友たち

日本回想

司徒慧敏

筆者紹介
一九一〇年二月生まれ。広東省の出身。一九二八年春～一九三〇年春、東京美術学校図案科に学ぶ。帰国後、映画プロデューサー、映画監督となる。現在は文化部副部長、中国電影工作者協会副主席。

ひとりの若き学生として、一九二八年から一九三〇年まで、わたしは東京で二年間の留学生活をおくった。

いつのまにか「人生七十、古来稀なり」の歳を迎えた現在である。だが、数十年の風雪も、青年時代に刻みこまれた深い記憶を消し去ることはなかった。

新中国が誕生してから、わたしは二度、日本を訪問している。第一回目は一九六二年であった。戦後、中国からの初の映画代表団に加わって訪れたのである。ことしはまた、春から夏にかけ、中国映画人協会（中国電影工作者協会）代表団の一員として、友好の国日本を再訪した。

二度とも東京を訪れ、あわただしい参観や訪問のなかであったが、なんとかして時間を工夫し、すぎさった日々の痕跡をたずねたいものだといつも思った。そんな私を懐旧趣味という人もいた。だが思い出深い歳月をなつかしみ、幾多の忘れられない追憶を記念するのに、なんの不都合があろう。半世紀以上ものあいだに、多くのものが千変万化したなかで、いやなことも多かったが、奮起させられたことも少なくはない。生活の波瀾には順流もあれば逆境もある。また闘争にも勝利もあれば挫折もある。これはきわめてあたりまえの道理である。だから、わたしは東京を訪ねるたびに、さまざまな思い出が浮かんでくるのをおさえきれないのだ。

初めての東京

二十年代の中期から後期にかけ、激しく燃え上がった第一次中国国内革命戦争は、失敗におわった。一九二七年の暮れ、誕生したばかりの広州コンミューンは反革命の黒い手によって粉砕された。大通りは革命烈士の鮮血に染まった。当時の広州は白色テロのなかにおかれ、この都市を離れて他郷に流亡する者は少なくなかった。わたしもそのなかのひとりだったのである。

一九二八年の初めごろ、わたしは香港、上海と転々とし、年上の友人ふたりにつれられて、日本の東京にわたった。

当時の東京といえば、「よみがえりの時」という言い方があてはまるであろう。すなわち、一九二三年、関東地方一帯に大地震がおこった。それは中国で一九七六年におきた唐山大地震と同程度で、その破壊ぶりはすさまじいものであった。わたしが東京へ着いたのは、ちょうど日本の「帝都復興」の最中だったのだ。そのころの東京市内は、地震からすでに五年の歳月が過ぎていたが、崩れたあとがときたま見られた。市の中心部にある神田区の日本大学や神保町の中華基督教青年会付近の道路もまだドロンコ道で、東京駅は地震の大きなひびがはいったまま、まだ修復されていなかった。東京全体についていうと、丸の内一帯の銀行ビルは比較的整っていたほか、ほとんどは木造バラックで、皇居前の警視庁の職員たちも震災後に建てた木造バラックで仕事をしていた。

こうした状況のもとで、一部の学校や工場は復興していたものの、人びとの生活は苦しそうだったし、失業者数も日を逐ってふえていった。

東京のいくつかの通り、たとえば神田猿楽町付近や新宿などでは、夜店がならんでいた。売り手が大声で「よりどり、見どり、なんでもあるよ」などと叫ぶ。「アメリカの舶来品だ、上等だよ、まけておくよ」というのもある。あのころの世相の一端がうかがえよう。ともかく、こうしたことが、わたしの日本初印象だった。

この年の三月であったか四月であったか、わたしは上野公園にある東京美術学校にパスした。この学校は当時一般に上野の美校とよばれていた。現在の東京芸術大学だ。専攻は図案科であった。わたしたちの教室も震災後に建てたらしい木造だった。勉強の環境ももちろん現在とは比較にならないものであったが、わたしのような亡命青年にとっては、勉強する場所があるというだけでも、大したものだったのだ。

一九六二年に日本を訪ねたとき、母校をたずねてみたが、当時の木造教室がそのまま残っていた。東京の新聞に、このとき、わたしが往時をしのんで当時の教室の座席にすわっている写真が載ったように記憶している。

1980年6月、母校・東京芸術大学を訪れた筆者。構内の白山松哉教授像前で。

藤田さんという方

恩師と学友のほか、藤田さんは、わたしがいちばん早く知りあいになった日本人のひとりであろう。

東京についてまもなく、ある日、わたしは皇居前の広場の道の東側にあった正金銀行にでかけた。父からの送金を受けとり、銀行の門を出ようとしたとき、ひとりの男がそばへよってきてわたしに話しかけた。「そんな大金をもって電車に乗るときは、用心しなさい」というのである。みると風采もりっぱで、きちんとした黒い背広を着ている。わたしは、この人は銀行の職員で、好意から注意してくれたのだろうと考え、礼をいった。そして電車に乗らずに、神田神保町の青年会まで歩いていったのであった。これが藤田さんとの最初の接触で、まさか彼が銀行員でないとは思いもよらなかった。

このときいらい、青年会でよく藤田さんの顔をみかけた。ときには、わたしの住んでいる東中野の付近で彼に出会ったこともある。やがて、彼はわたしの住まいにまでようすを探りにくるようになった。おだやかな顔で「司徒さん、きょうは在宅ですね。ちょっとお邪魔させてもらってもいいですか」とやってきたり、「訪ねていってもいいですかね」などと聞くこともあった。家へくると、いつも礼儀正しくあれこれとたずねるのだった。あるときは、ちょうど来客中にやってきたので、別の機会にしてほしいというと、そのまま入ってこなかった。時がたち、顔見知りとなるにつれ、私にも彼が何者かということがわかってきたのである。

一九二〇年代の末ごろ、当時日本に「説教強盗」なるものが出現した。おしいって金品をとったあと「戸締りに注意しなさい」などという変わった強盗があらわれ、それを新聞が「説教強盗」とかきたてたところから、これをまねした賊がひんぴんとあらわれ、なかには、キリスト教の伝道のふりをして訪れ、入ってくるなり強盗に変身するのもいたように覚えている。

わたしははじめ、藤田さんもこういう手合いではないかと用心したが、よく見ていると、どうもそうではないらしい。そこで、それなりの応待をするようになったが、彼はいつ来ても来意を告げるわけでもなく、わたしも、あえて聞こうとはしなかった。お互いに、よくわかっていたのである。

ある年の「明治節」であった。これは天皇が祖父に当たる明治天皇を記念する日で、明治神宮外苑は大へんなにぎわいとなる。わたしも好奇心からそのにぎわいを見にいった。

見物するからには、人びとの往来や文武百官のきらびやかなすがた、おごそかな場面を見なければならぬ。ところが、いつのまにか、一群の人たちがわたしをとりまき、文武の高官たちのところに近づけないようにしているではないか。見まわすと、藤田さんもそこにいた。わたしが歩きだすと彼もあとからついてくる。どこへいっても尾行してくるのだ。

あのころはわたしも若かったし、いたずら好きでもあったから、わざと、からかって、まいてやろうと考えた。そこで明治神宮外苑をでて、信濃町まで歩き、中央線の電車にのって、わざとわたしの住まいとは逆の方向にむかった。藤田は次の車両からわたしの動向を監視していた。電車が神田につくとわたしは市内電車に乗りかえ、さらになんどか乗りかえて、早稲田大学付近で下車した。そして、ある中国料理屋にとびこみ、裏口から脱けだして、まんまと彼をまいてやった。何日かして、わたしはまた通学途中の山手線電車で藤田に出くわした。彼はいくぶん不気嫌そうだったが、それでもおだやかになじった。

「司徒さん、まったくいたずらだなあ。あの日、消えてしまって、わたしは帰って報告しようがなかった。あの何時間か、どうにもならん」

これが、当時の中国留学生がおかれていた境遇である。私服警察が一週間か十日に一回は必ずやってきて、あれこれと詰問し、なにか「違法」なことはしない

読者

――中国

私たち中国三誌（『人民中国』『北京周報』『中国画報』）訪日代表団一行が静岡県の富士川町を訪れ、庵原郡婦人会連合会の会員の方々と懇談し、「餃子と寿司の交流会」を開いたときのことだ。

ギョウザの具をつくるため、ネギとショウガをきざんでいる

あとで知ったのだが、かなり多くの方々が、本場の中国のギョウザは具のなかにニンニクをたくさん入れると思いこんでおられたらしい。ところが、私の知っているかぎり、中国ではギョウザの具には、ニンニクを使わない。ただ北方の人は、ギョ

り固く巻くとおいしくなりますよ」との説明に、私は〝オヤ？〟と思った。いままで、日本のお寿司は、なるべく固く巻いて、形を整えるのがコツだとばかり思いこんでいたからだ。もちろん、これは、ほんのささいなことではあったが、なにか

接、日本語で交流ができた。六月十日から二十五日まで、静岡県をはじめ、東京、長野、京都、奈良、神戸、大阪の各地を訪問して、感激を胸いっぱいに帰国した。

静岡をはじめ行く先々で、私たちは、温かく迎えられた。ま

6

〈サンダカン八番娼館〉、田中絹代が演ずる薄幸の女性は観客の胸をうった。

中国で、この二年ほどの間に再上映もしくは初上映された外国の映画は数十部に上るが、日本の〈サンダカン八番娼館〉（中国訳名〈望郷〉）、〈君よ憤怒の河を渉れ〉（同〈追捕〉）、〈愛と死〉（同〈生死恋〉）、インドの〈流浪者〉、イギリスの〈オリバートゥイスト〉〈ナイル川殺人事件〉、フランス、イタリア共同製作の〈ノートルダム・ド・パリ〉、フランスの〈尊敬される娼女〉、さらにチャップリンの〈モダンタイムス〉（中国訳名〈摩登時代〉）、〈街の灯〉（同〈城市之光〉）、〈ライムライト〉（同〈舞台生涯〉）などは、とくに大入りをつづけ、そのいくつかはテレビでも再三放映された。

なかでも〈サンダカン――〉は後述のように論争をまきおこし、〈君よ――〉はとくに青年層に受けてロングラン・主題歌が漫才にも登場、〈愛と死〉は若い科学者の愛情と友情ということで共感をよび、またチャップリンの〈モダンタイムス〉は二度も三度も見たという人がザラで、子どもから大人まで笑い、かつ泣き、ベルトコンベアに使われるチャップリンのしぐさがこれまた漫才でもまねされ、喝采をあびるなど、大きな反響をよんだ。

外国の映画祭も何度か催された。一九七八年、中日平和友好条約調印にさいしての第一回日本映画祭では、前記の〈サンダカン――〉〈君よ――〉のほか〈北狐物語〉が上映された。昨七九年の初め、中米国交樹立にさいしてはアメリカ映画祭が催され、現代アメリカの生活をあらわす〈車隊〉、SF映画〈未来の世界〉などが上映された。

またメキシコ、ルーマニア、ユーゴスラビア、朝鮮民主主義人民共和国の映画祭もつづいて催された。

昨年九月には第二回日本映画祭が催され、〈愛と死〉のほか〈お吟さま〉（中国訳名〈吟公主〉）、〈竜の子太郎〉（同〈竜子太郎〉）、〈先生の通信簿〉（同〈我的老師〉）、〈金環蝕〉（同題）を上映、栗原小巻、中野良子、吉永小百合、渡辺篤史などの俳優陣が来訪、各地で中国の観衆と交歓した。また、日本はじめ各国で中国映画祭が開かれたことは、読者もよくご存じのとおりである。

これも“論争”をよんだ映画〈水晶の靴とバラの花〉

映画〈サンダカン…〉で論争

このような文化交流が、「百花斉放」の一翼をになったことはいうまでもないが、おびただしい資本主義国の文化芸術をどう受けとめるかということで、あたらしい問題がおきたことも事実である。

一昨年秋、日本映画〈サンダカン八番娼館〉が中国の各大都市で上映されると、まもなく、人びとのあいだに興味ある論争がおこった。この映画の深刻なテーマ、すぐれた技法、演技は感動を呼び、大ヒットしたが、娼館を舞台にした作品

映画〈ナイル川殺人事件〉

を公開することの可否について、二つの意見が出た。

肯定論は――帝国主義時代の日本で、「南洋進出」の裏側で、南洋に売りとばされた貧しい日本女性の惨めな境遇を描いたこの映画は、当時の日本社会の現実を知るだけでなく、抑圧された人民同士の共感をよびおこすものであり、大きな意味がある、というのであった。

否定論は、売春を舞台にしたこの映画は、中国の青年に対して、よくない影響を与えるから上映すべきでない、というのであった。

新聞には賛否の両論がぞくぞくと投書され、やがてテレビでこれに関する座談会まで開かれるに至った。けっきょく前者の意見が優勢を占め、そのまま上映、放映が継続されたが、一時期、かなりの話題をよんだのであった。

映画祭で上海を訪問、中国の俳優と交歓する日本の女優さんたち。

キス・シーンをめぐって議論

もう一つの論争は、イギリス映画のキス・シーンに端を発するものである。昨年、月刊誌「大衆映画」に掲載された映画〈水晶の靴とバラの花〉中の王子とシンデレラがキスをする写真について、同誌編集部に遠く新疆から読者の投書が寄せられた。

投書者は、この舞台写真だけでなく、最近、中国の文芸界にあらわれてきた新しい情勢に対してきびしく批判をくわえたのである。すなわち、抱擁、キスなどは「外国の旦那さまの腐れはてた愛情」のあらわれであり、ワンピース、社交ダンスなどは「資本主義の腐敗した生活方式」にほかならず、新中国の雑誌にこのような写真を載せることは、ブルジョア階級の雑誌と堕し、ひいては「社会主義の方向をゆがめ」「九億もの人民から糾弾・審判されるべきだ」ときめつけてあった。

――海外の読者から見れば、こうした意見の出ることは、不可解と思われるかもしれないが、「四人組」がながいあいだ中国で流した毒はここまで及んでいたのである。

「大衆映画」編集部は、この投書全文をそのまま同誌八月号に掲載し、これについて読者の意見を求めた。その結果、全国各地からなんと四千通あまりの投書が寄せられたという。しかも先の投書に対する賛成意見はさすがに百余通しかなく、圧倒的多数は反対意見であった。「大衆映画」はひきつづきその一部を発表した。

反論の多くは、先の投書が文芸界の新しい情勢について誤った見方をしており、思想の解放と創造を損うもので、こ

小沢征爾氏の率いるアメリカ・ボストン交響楽団は首都体育館で公演、満場1万8000人をわかした。

かれて

の記　安淑渠

の文流（静岡県庵原郡富士川町で）

考えさせられるところがあった。

＊

私たちの雑誌は、いうまでもなく中国の実情を日本の方々に知っていただき、お互いの理解を深めることによって、友好を促進するのが使命である。そのためには、私た

7

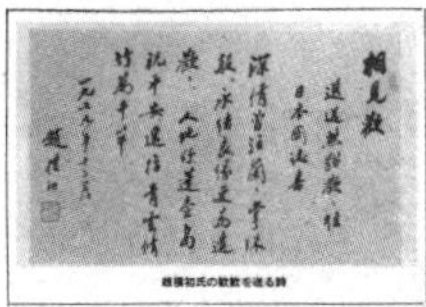

趙樸初氏の歓歓を送る詩

趙先生の送別の詩

みなさん、よろしくね

お茶目なところもある

— 35 —

「お嫁入り」直前の歓歓（ホワンホワン）

曹復

北京動物園で歓歓を見る大平首相夫人。1979年12月7日。

で、花嫁さんはきまりが悪いのでしょう……」

私も歓歓に会いにきたのですが、これには困りました。彼女はもう心ここにあらずだとか……

ながらやっと出てきました。そして、わざわざ来訪された賓客に向かってていねいに「万福」のおじぎをしました。万福というのは中国古式の礼法による婦人の敬礼のしかたのひとつです。

話を受けて、まもなく彼女は新しい生活に完全に慣れました。

野外で捕獲されたので、彼女の両親の情況などはまだ明らかになっていません。

彼女は一九七五年十月に、四川省の宝興県の山林で捕獲されたのですが、小さいときから空気の清浄な環境で育ったからでしょう、体がひじょうに健康で、現在まで病気というものをしたことがありません。

はにかみやさん

歓歓はことし八歳、人間でいえば芳紀まさに二十代。まるい顔にまっ黒な目のふちが可愛らしく、毛なみは白と黒がくっきりして、し

また彼女は臆病で、ときには飛行機が咳をしてもびっくりします。それで、耳がとても敏感で、何か少し変わった気配を感じるとすぐに耳をピンと立てます。そのようすがまた可愛らし

彼女の健康は、その旺盛な食

北京での最後の日々

きをなくして、庭を行ったり来

こうして育ちました

— 34 —

8

特集　若者たちはいま何を考えているか

現在、中国には、十四歳から二十五歳までの青年が一億八〇〇〇万人いる。それは、大体、中国の人口の五分の一にあたる。彼らが育ったのは、十年にわたる文革の動乱期、「四人組」がのさばった時代だった。この世代の青年こそ……の世代」などとも言われる。

この特集は、青年たちの総合的な評価をねらったものではない。彼らの間にみられるさまざまな類型から、任意に数人をえらび、自由に心情をのべてもらって、彼らがいま直

— 13 —　　— 12 —

10

〈水かけ祭り〉（部分）

雲南省に住むダ
分）、「生命の賛
熱帯の風物と若
縦3.4m　原画・

中国南部の亜熱帯林をえがいた〈森
イルのモザイクだ。　横20m ×縦3.4
劉博生　陳開民　工芸協力・施于人

連載〈シルクロード〉今と昔

タクリマカン砂漠の南辺を行く——和田（ホタン）地区

撮影　金伯宏

喀什（カシガル）に別れをつげたわれわれは、まず南に向かってすすみ、それから約一〇〇〇㌔の道を東進した。この道は大砂漠と世界の屋根の北縁、崑崙（クンルン）山脈にはさまれたところにある。そして若羌（チャルキリク）から北上、西域の起点庫爾勒（コルラ）に帰ると、ちょうど塔克拉瑪干（タクリマカン）砂漠を一周したことになる。とくにこの大砂漠の南に沿った東西一〇〇〇㌔の間は、わずかにオアシスが点在するほか、ほとんどが乾ききった広漠たる無人地帯である。簡単な道路はいつも流砂にのまれ、全コースを踏破するのは容易なことではない。だが、この道こそ古代シルクロード南路なのである。地元関係者や新疆博物館関係者の協力でわれわれはこの道を踏み出した。まず訪ねたのがこのホタン地区であった。

ホタンの町は漢・唐の史書にいう于闐国（うてんこく）の故地であるといわれる。いまここは新疆南部における政治経済の中心だ。——これは日曜日の朝、町へ買物にきたウイグル族の農民。

職場カメラ訪問
北京の公衆浴場

撮影 秋和爛

ここは北京最古の庶民風呂「鈔泉浴堂」。もと「宝泉堂」といい、清末いらい70余年の歴史を持つ。文字どおりハダカ同士の話がはずむ。

13

新しい中国を伝える月刊総合雑誌

人民中国

2 1980

特集 中国文学・芸術界の新風

11

15

北京の居酒屋

ふつう、セルフサービスだ。売り場でビールを買う。家に持ち帰って飲む人も少なくない。ビール人口は年々ふえ、今夏は品切れになったこともある。

北京の町のあちこちに「小酒店」つまり居酒屋がある。いってみれば酒を売る小食堂で、二つか三つの食卓が並んでいるだけのもあれば、十余りの食卓を並べた店もあり、各種の酒に酒のさかな、その他にタバコや菓子などを売るところもある。朝の散歩ついでに一杯ひっかける退職老人のため朝六時半開店という店まであり、晩は大ていが十時ごろまで。

たてこむのは、やはり、昼めしと晩めしの前後、一、二杯やり、ひと休みしてから家に帰る。また、酒とつまみを買って持ち帰る人もいるようだ。ねばる人は少ない。

撮影　火洋華

16

「きっとまた舞台に立てると思ってました」と侯宝林（自宅で）

復活した漫才師　侯宝林

撮影　劉世昭　金伯宏

古いコンビの郭全宝（右）と漫才〈関羽と秦瓊の戦い〉のかけあい　（撮影　張祖道）

反骨とユーモア

文　金伯宏　薛宝琨

「相声」の侯宝林といえば、中国では知らない人はいない。「相声」とは漫才である。

侯宝林の名を聞いただけで、大人も子どももニヤリとする。彼が文化大革命で大衆の前から姿を消したとき、多くの人びとは暗然とした。そして「四人組」粉砕後、再び舞台に姿を現わした時、人びとは明るさのシンボルとして大喝采をおくった。庶民の心の代弁者――復活した侯宝林の表情をみていただこう。

彼が人気があるのは、ただ面白い話をするからではない。

文化大革命にさいし、彼もまた批判会にひき出され、床几の上に立たされた。「侯宝林を打倒せよ」という声がかかると、彼は自分からよろめいて床に倒れ、「打倒されたぞ」と叫んだ。みんなはどっと笑いだし、主催者側は苦りきったがどうにもできなかったという。

何ともしたたかな反骨と風刺精神である。こうした話は、たちまち口伝えで全国に広がったばかりでなく、数々の「侯宝林伝説」も生まれた。

たとえば――闘争の対象にされた人物は、衆知のように紙製の高い三角帽子を被らされたのだが、彼は、自分から小さな三角帽子をとりだした。「それでは小さい」といわれると、彼はその端をひっぱった。帽子は伸びて大きくなった。また小さいといわれ、またひっぱって大きくした。本人に確かめると、どうやらこの帽子の一件は事実ではないらしいが、ともかく林彪、「四人組」の横行した時代、「侯宝林伝説」は人びとを痛快がらせたものである。

文化大革命中、彼の「罪状」は、「反動的な権威者」であり、彼の漫才は、「社会主義を攻撃し」「労働人民をバカにする」毒草とされ、人びとの前から姿を消した。

すでに五十歳を越していた彼も、監禁されて審査を受けたのち、河南省の農村に追いやられた。彼はそこで野良仕事のかたわら、大工や左官の仕事を覚えた。

しかも、彼は漫才師としての自信を失うことなく、このチャンスを生かして、河南省の方言と俗曲を身につけている。そして畑で働きながら大声で掛け声をかけ、のどを聞かせた。当時は、それがまた「労働を破壊する」という罪名をかぶせられ、何度となく批判されたという。

一九七六年、「四人組」粉砕の後、六十歳の侯宝林は再び舞台にもどった。そして自作の漫才で、政治的詐欺師のしわざを風刺した。聴衆は腹をかかえて笑い転げ、手が痛くなるほどの拍手を送った。そのころ、侯宝林が舞台にもどったというニュースは、北京中の話題をさらい、どこへいってもその話でもちきりになったものだ。

彼は、第四期、第五期とつづいて全国人民代表大会の代表であり、大

14

鑑真和上　日本へ渡る

（揚州の切り紙）

蔡千音　熊崇栄　作

1200年の昔、身をもって中日文化交流に尽した唐の高僧鑑真。その前後11年にわたる渡航の艱苦を、和上ゆかりの地「揚州」の切り紙（揚州剪紙）で見ていただこう。

鑑真は揚州の生まれ。14歳で出家し、21歳のとき洛陽、長安に遊学。仏教の教義はもちろん、建築、彫塑、医学、薬学なども究めた。

唐の天宝元年（742 年）、日本の留学僧、栄叡と普照は、揚州の大明寺を訪れ、日本に仏法を広め戒律を整えるため鑑真の渡日を要請する。

船もでき、渡航の用意は整ったが、一行から外されると思った僧の如海が官憲に誣告、栄捕えられ、第一回目の渡航計画は失敗した。

、鑑真は重ねて渡航をはかる。だが、途中、風め船に浸水、修理して再出航したものの、こん礁してしまう。二回目もこうして失敗した。

17

1980

进入20世纪80年代，中日关系继续稳步发展。冈崎嘉平太思考着如何帮助中国建设“四化”（9月号，见图1），作家陈舜臣的连载《中国历史之旅》深受读者好评（1月号，见图2）。苏步青（3月号，见图3）、廖梦醒（4月号，见图4）、张香山（8月号，见图5）、司徒慧敏（11月号，见图6）等曾在日本生活过的老一代对日工作者纷纷投稿回忆他们的“青葱岁月”。

安淑渠随中国三刊代表团访问日本，受到读者设家宴款待，感慨地写下了《受邀拜访读者家》一文（9月号，见图7），并在日后接待读者访华团时借鉴了这种有效沟通情感的做法。

“北京动物园的大熊猫欢欢就要‘嫁’到日本，为‘丧偶’的康康‘续弦’。”记者曹复以拟人化的笔法写下了报道《就要出嫁的欢欢》，将这一消息告知喜爱大熊猫的日本读者（3月号，见图8）。

外国电影的引进让中国观众看到了外面的精彩世界，特别是《望乡》《追捕》等日本电影给观众带来了对日本的无尽想象。《人民中国》敏锐地抓住这个选题进行了报道（2月号，见图9）。

意气风发的80年代，中国的年轻人以梦为马憧憬着未来。特辑《年轻人今天在想什么》如实地传递了这样的时代氛围（7月号，见图10）。彩色画页介绍了首都机场的一幅有如波提切利《春》一样讴歌生命力的傣族妇女裸浴壁画，令人感受到扑面而来的春意（2月号，见图11）。

摄影记者金伯宏的《丝路今昔》记录下80年代南疆和田一带的生活气息，十分珍贵（11月号，见图12）。摄影记者狄祥华完全以平视视角拍摄的《北京公共浴池》在当时堪称大胆，却得到了同样谙熟“钱汤”（日本公共澡堂）文化的日本读者的高度共鸣（6月号，见图13）。

摄影报道《重出江湖的相声大师——侯宝林》，介绍了以幽默与讽刺见长的传统民间说唱艺术的复兴（3月号，见图14）。

从祥和的版画风格儿童主题封面（2月号，见图15），到北京街头酒馆（12月号，见图16）的卷土重来，再到尝试用套彩剪纸表现鉴真东渡的题材（4月号，见图17），《人民中国》的选题也在开放而宽松的气氛下有了更多创新。

第四章

1981—1990年

继往开来再创辉煌时期[1]

1 80年代，康大川出任总编辑，团队人才济济。借助改革开放与中日关系蜜月期大环境，《人民中国》大胆探索，人文风格日臻成熟，迎来事业发展的第二个黄金期。

第一节
1981—1983年度点评

四つの現代化・経済調整と日本

岡崎嘉平太

岡崎嘉平太氏

『人民中国』を愛読していられる日本の友人の多くは既にご承知のことであるが、中国では、一九七八年(昭和五十三年)二月の第五期全国人民代表大会で決定した農業、工業、国防、科学の四つの現代化を中心とする国民経済発展十年計画が、中国の現実の経済能力を超えていることが判明して、その儘では実行不可能ということになり、早くも翌年には計画を「調整、改革、整頓、向上」する方針を打ち出したのである。最近になると更に調整期間を延長せざるを得ない状勢となっていると伝えられている。昨年秋には宝山製鉄所の第二期工事が延期或は中止されるという報道が伝わって、わが国日本の関係企業はその成行を見守っていたが、本年に入ると、とうとう契約済のプラントを解約破棄する、或は建設中のプラントも中止するという中国側の通告が出され、彼我ともに困惑しているのが現状である。(四月初めの状況)

四つの現代化政策は、一九七五年(昭和五十年)一月、第四期全国人民代表大会に於て周恩来総理が、政治活動報告の中で「今世紀の内に農、工、国防、科学の現代化を実現して世紀末には世界の先進国と肩を並べよう」と提案されたものである。私は周恩来総理のこの提案の報道を読んだとき、重い病気で数年来入院加療中であったにも拘らず、あえて大会に出席して提案された重大な意義、その実現について人民大衆に大きな期待をかけていられるであろうこと、更には中国の四つの現代化を達成して発展途上にある総てのアジア諸民族の繁栄にも協力しようと願って居られるであろうことを推察して大きな喜びを覚えたのであった。それはまた、私が学生の頃から抱いていた願いにも叶うものであったからでもある。

私は大正五年(一九一六年)第一次世界大戦の最中に、第一高等学校に進学した。ここには多数の中国留学生がいた。私のクラスにも龔徳柏という留学生がいた。私は岡山中学校でも寄宿舎で上級生の陳範九という留学生に親しくしてもらっていたものだから、龔徳柏君ともすぐ話し合う仲になったのである。龔君の外にも四、五人の中国留学生と交際していた。

当時は日本が青島を攻撃占領し、例の二十一ケ条の要求を突きつけて無理矢理に承認させていた頃であったから中国留学生の中にも抗日思潮が盛んであったようだ。私はアヘン戦争以来、中国が欧州諸国から、後には之れに倣ったわが国からも不当に圧迫されていることを、これらの留学生との交遊の中で知って、自然彼等に同情するようになっていた。それを決定的にしたのは、上海の英租界の或る公園の入口に「犬とシナ人入るべからず」という制札が立っているという話を聞かされて、これは独り中国人だけに向けられた侮辱ではなく、東洋人全部に対する侮辱

— 43 —

1

四月

「激しい春」に思う

村山孚

北京にはポプラ並木が多い。三月末のある朝、それまで寒々としていたその枝先に、突然、猫のしっぽのようなものがいっぱいぶら下っているのに気づく。二日目、三日目、みるみるそれは大きくなり、並木の枝をうずめつくす。

葉よりも先に咲くポプラの花の房なのである。間もなく風で散り、道ばたのくぼみに吹きよせられると、ゴミのようで、言われなければとても花とは気づかないくらいだ。これは飼料にもなるらしい。

これと前後し、三月末から四月上旬にかけ、迎春花(黄梅)と連翹が、これもある日突然、葉の出る前に花を咲かせる。まだあたり冬枯れの淡色のところへ、ひときわ鮮かな黄色の花があらわれるのだから、実に目立つ。咲くというより吹きだすといったほうがピンとくるほどである。

木蓮も負けていない。"枯れ枝"に突然、白い花をつけ、みるみる大きくなっていく。気温は急激に上昇する。

おもしろいことに、葉が出るまえに花が開くこの迎春花にせよ、連翹、木蓮にせよ、みな中国原産の植物だということだ。冬の厳しさ、乾燥の激しさと関連があるのだろう。

やがて中旬、若葉の芽と競いあうように、これも中国原産の杏、海棠が花開く。それを追いかけるようにライラック(丁香)の花の甘い香りがただよってくる。

春たけなわ——公園は若者のグループや家族づれでいっぱいだ。

・

それにしても、中国北部の春は、その来かたがまことに激しい。日本では、冬がいつのまにか春となり、けだるいような日和がつづく。同じ中国でも、江南の春はシットリとしている。ところが北部の春は、冬を撃退し、猛烈ないきおいでやってくる。花がいっせいに咲くのを「百花怒放」と表現する文章を見かけたが、まさにピッタリである。

私は、北京の四月を迎えるたびに、いつも中国人の性格を思い浮かべるのだ。(失礼シテ脱線サセテモラウ)もちろん、個人にせよ、世界のどの民族にせよ、性格は簡単にきめつけられるものでなく、とくに民

のはある。

それによると、一般に、中国人はおだやかで、しかも忍耐強いというのが世界的に流布しているイメージであろう。私も、それはたしかにそのとおりだと思う。だが、その反面、中国人が爆発的な激しさを秘めていることが忘れられがちである。

気候風土と民族の性格形成とが、どの程度の因果関係をもつのかは分からないが、長く厳しい冬、そして激しい春の到来はどことなく中国人の性格を彷彿とさせてくれるのである。忍耐力の大きさは、裏返せば爆発力の大きさとなる。

日本人も激しいが、どちらかというと熱しやすく、さめやすい。怒るのでも、マグニチュード1か2の地震を頻発させ、それで発散してしまう。中国人はめったに怒らないが、怒るとなると、マグニチュード8でドカンとくる。また、腹を立てる動因も、日本人と中国人ではまるでちがう。これも大きな、"研究課題"だが、歳時記になじまないから、別の機会にしよう。

— 35 —

上海の公園で子どもたちに囲まれた「真由美」

です。こんなところで二、三カ月勉強できたらいいなあって思いました」

「私、古文物も好きなんです。こんど、西安、成都と回りましたでしょ。屋根のそりに各地それぞれの特徴があって、おもしろかった。建築様式は、その土地の住民の方の表情とも何かつながりがあるみたい。古い文化、新しい国づくり、それを結

きて、中国では、映画のもつ社会的役割がきわめて大きい。もちろん、娯楽という要素も強いには強いが、それだけでなく、教育的役割ももち、一般観衆も映画の主題や登場人物の生き方について、よく考えたり話しあったりする。

そこで、日本映画が中国でどういう受けとり方をされているか、その一部を紹介するとしよう。

日本映画が中国で本格的に上映されるようになったのは、一九七八年秋からだ。いらい二年間に計十三本の日本映画が全国各地で上映され、テレビで放映されたものもあり、いずれも好評を博している。

皮切りは一九七八年の秋。中日平和友好条約が締結されたばかりで、北京はいやが上にも中

憤怒の河を渉れ」のほか、「サンダカン八番娼館」(中国名「望郷」東宝作品)、「キタキツネ物語」(中国名「狐狸的故事」サンリオ作品)などが上映された。

つづいて、七九年秋、二回目の日本映画祭がおこなわれて、中国の観衆はたびたび日本の映画を見ることができた。二回目の映画祭には「愛と死」(中国

品)の五部が上映された。また昨八〇年に入ってからは「人間の証明」(同「人証」東映作品)、「砂の器」(同「沙器」松竹作品)も上映された。

反響はもちろん映画によってちがうが、総じて「日本の映画はおもしろい」というのが定評となったようだ。

日本の映画が生き生きとしており、千篇一律でなく、「始めを見れば終わりがわかる」というようなものでないことも、好評の一因であった。

とくに、それまでの動乱の十年間に、中国では、劇といえば八つの「模範劇」しかなかった。映画も、テーマといい、人物といい、限られたものだけであった。その主人公たちはみな普通の人間とかけはなれた、ミスのない「偉大な英雄」ばかりだった。内容は、いずれも「以階級闘争為綱」(階級闘争を柱とする)という主旨を貫徹するもので、ストーリーも同工異曲、階級敵が社会を攪乱し、英雄がそれをやっつけるといったものであ

— 67 —

漢詩の跡を尋ねて

新連載《1》

杜牧の「杏花村の酒家」はいま…

秦　泥

清渓にある「李白釣台」。「江祖石」ともいう。

清明時節雨紛々，
路上行人欲断魂。
借問酒家何処有？
牧童遥指杏花村。

清明の時節、雨紛々
路上の行人、断魂を欲す。
借問す　酒家は何処にありや、
牧童　遥かに指さす杏花村。

晩唐の詩人杜牧（八〇三〜八五三）の詩「清明」である。中国では古来、広く一般に愛誦され、とくに前の二句がよく知られる。

日本では後の二句が有名だそうで、雑誌の酒の広告に使われているのを見たことがある。日本にいってきた友人の話では、案内された居酒屋の壁にこの二句が書いてあったという。杜牧もニヤリとしているだろう。

清明は二十四節気の一つ、陽暦でいうと四月五日か六日に当たり、中国ではこの日、墓参をし故人をとむらう。詩は——春雨がしとしと降り、旅びとは故郷をおもい、故人をしのび、物悲しいおもいにかられる。というと

ところで一転し、「ちょっと聞くが居酒屋はどこにあるだろう」とたずねる。すると牛の背に乗った少年が、むこうの杏花村を指さした、という大意で、杏の花咲く村と居酒屋のとりあわせがまことに心なごませる。

杏花村の本家争い

ところで杏は、中国ではきわめて広く分布しているため、杏花村という地名も全国的に少なくない。そこで、杜牧が詩によんだ杏花村は一体どこにあるかということについて、昔からよく〝論議〟される。なかでも有力なのは山西省汾陽県の杏花村で、内外にも知られる中国十大名酒の一つ「汾酒」の産地であるだけに、世間一般にも、ここが杜牧の詩にいう杏花村の〝本家〟だと思われているようだ。

これに対し、長江南岸にある貴池県（安徽省）の杏花村がそれだという説もあるが、これは少数意見にすぎない。でも、どうも私には、こっちのほうが正しいと思えてならぬ。難しい考証はぬきにして、理由は簡単だ。一つには、杜牧の生涯を追ってみると、唐の会昌五〜六年（八四五〜八四六）ごろ、彼は池州、つまりいまの貴池の刺史（州長官）をつとめたことがあるということである。もう一つの理由は、詩に描かれているような清明のころのたたずまいは、典型的な江南の風光だということにある。「杏花」「春雨」「江南」これらのことばは、ともに豊かで明るいイメージをもち、よくいっしょに使われ、杜牧の別の詩「寓言」のなかにも「杏花時節在江南」という句がある。

さて北京から貴池まで、もちろんいろいろなコースがあるが、私は直通列車で安徽省の省都合肥市に着き、そこから長距離バスに乗り換えて南下、長江をフェリーで渡って貴池の町についた。北京から正味一日半だが、乗りかえ時間をいれて三日かかった。この町は貴池県政府の所在地で人口四万人。昔の池州は江南でもわりあい大きな州で、景色にも物産にも恵まれて人口も多く、文化はさか

5

北京で上映される日本の映画

国で好評の日本映画

客はどううけとったか？

李　恵　春

みんな知ってる「真由美」

いま、中国の若者たちのあいだで、一番有名な日本人といえば、まずは「真由美」さんということになるだろう。中国読みにして「チェンユーメイ」といえば、大ていの若者が知っている。実はこれ、先年、中国各地で上映された日本映画「君よ憤怒の河を渉れ」（中国名「追捕」大映作品）のヒロインの名で、女優中野良子さんのことなのである。

昨年五月下旬、華国鋒総理の日本訪問にさいし、中国大使館でひらかれた答礼宴会に、中野良子さんも招かれたが、華総理は笑顔で「中国には、あなたのファンが大勢いますよ。あなたは、真由美で通っていますよ」といったほどだ。

その中野さんが、昨秋、一昨年につづいてまた中国にきた。さる九月、西安市、成都市で、日本映画週が催され、「ああ野麦峠」（中国名「啊！　野麦嶺」）、「絶唱」（中国名も同じ。ともに東宝作品）を上映、その開幕式が開かれた。中野さんは、この映画

繁（東光徳間）の諸氏とともに、代表団の一員として、九月十二日西安市、十五日成都市での開幕式に出席したもの。

開幕式で彼女は「親愛的観衆們，你們好！　我是真由美」と懸命に練習した中国語であいさつ、どっと沸いた観客を前に歌をうたい、とくに成都市では鳴りやまぬ拍手に退場できず、日本のおどりをひろうするという一幕もあった。

役目をおえて帰国を前に、北京に立ちよった中野さんにインタビューした。映画、テレビでおなじみの顔なので、記者もうっかり「真由美さん、今日は」とよびかけて、「あら、ゴメンナサイ」

彼女は「いいんですよ」と笑って、訪中の感想を歯切れよく語ってくれた。以下はその断片だ——。

「どこへいっても、こんなに見知っていていただいて、役者冥利につきます。しかも、昨年は公園などにいっても、みなさん

2

北京の読書熱

▲はて、このオジサンは何を？　実は北京の書店には、いささかお役所的な店もあり、本棚がカウンターの奥にあって客は一々、頼んで見せてもらわねばならないし、また混んで遠くから見えないこともあるので、こうした〝新兵器〟持参というわけ。でも近ごろは批判に応え、おいおいと開架式になりつつある。◀

3

近藤 芳美

一歌人の中国紀行〈その一〉

新連載

故宮をバックにした筆者。景山の上から。

一 北京まで

朝食とも昼食ともつかない、軽い機内食が出て、それをとり終えたころ、気流の悪いところを通過するからベルトを着けるようにという放送が流れた。成田空港を発って北京に向うJL三〇五便であり、晴れわたった九州西端の島々を見てもはや一時間近く海の上を飛んでいた。何も見えない、藍一色の海である。それが一面に雲に覆われていった。雲の濃淡のはてが島影のようでもあり、陸地の汀線のようでもある。機体がやや揺れるのは、飛行の行手に中国の国土である広漠とした大陸が迫ろうとしているのであろうか。あるいは、すでに長江の河口のあたりにさしかかっているのか。

いつかベルト着用のあかりが消えていた。相変らず機窓に見えるものは雲のひろがりであり、その彼方の青い虚空である。やがて雲がわずかに薄れ、眼下におぼろな影が縦につづく。長江と思う。もしくは長江の下流のどこかの湖水なのであろう。それもまた一瞬に雲海のきらめきにとざされていく。飛行は北を指し、わたしたちはもはや中国大陸の空を飛んでいた。

わたしは機窓にすがりつづける。わたしの傍らの席の妻も同じである。雲の切れ間がしだいに明るい視野となり、眼下に、褐色の土と緑の畑との平野がどこまでもひろがる。長方形の、ちょうど短尺でも並べたような無限の畑地のひろがりは変であろうか。村落があり、道があり、川が蛇行する。その中の、わたしたちの飛行に添うかのように隠見する一直線の黒い水路のようなものを大運河かと思う。

中国の大地である。華中から華北にひろがるはてしないこの国の大地である。そうしてそれを機窓に見下して飛びながら、わたしには悲しみともつかない感情が胸を去来する。わたしは中国が始めてなのではない。否、遠い日の侵略者の一兵士として、今眼に見ている大地のひろがりも緑の麦野も、土色の村落も黄の河の濁流もすべてみな心の底に知っている。

それを先ず言わなければならない。そうして、その上でわたしはこれからの長い中国の旅に向わなければならない。あるいは、いくらか遅過ぎた旅とも言えよう。

一九四〇年、わたしは一人の兵として戦場に連れ出された。赤紙と呼んだ、一枚の召集令状のためである。陸軍輸送船で海を渡り、長江をさかのぼり、今の武漢の、戦火に焼けくずれた紡績工場あとの兵営に収容され船舶工兵としての訓練を受けた。

— 50 —

— 51 —

6

小説

賭け

尤鳳偉

え・童介眉

賭けで勝ったからといって、娘をよこせなんて言えるもんか。おれは証文に火をつけて燃やしてしまったが……。

この日の夜ふけ、おれは月の光をかりて村はずれの田畑でうろついていた。つらなる山々、広がる田畑、芽の出はじめた麦を見ながら、おれは先祖代々のこしてくれた土地を見て自分に問いかけた。宮術の扉をひらく鍵はどうすればみつかるのかと。あれこれ考えながら歩きまわっているうち夜を徹してしまった。いつのまにか月が落ち、星影がうすれて、朝になっていた。東の昆羅山から太陽がのぼりはじめた。

そのとき、すぐ近くの畑に娘がひとり、朝日を浴びて、つき刺さるような風に赤いスカーフをひらひらさせているのに気がついた。あれ？ 明輝じゃないか？ いつのまに？ 何しに？ 首をかしげながらそっちへ歩いていったが、明輝はおれの姿をみても、べつに驚いたようすもない。おれの顔をみつめながら、ちょっと会釈すると、静かな声でいった。

「東昇お兄チャン、やりにくい人でしょう？」

「うん」

「名案がみつかった？」

「明輝は？」

明輝はしばらく考えていたが、ポケットから万年筆をとり出した。

「赤壁の戦いの話をおぼえている？ 諸葛亮と周瑜のはかりごと。ほら、廟のところでいつも叔父さんが話してくれた、あの謎みたいに私たちも答えをてのひらに書いてみない？」

そういって、まず自分のてのひらに考えていることを書き、おれに万年筆をよこした。明輝のすることが芝居じみておかしかったが、まあいうとおりにした。握っている手をのばして、そろそろと指を開いて見せ合ったとき、二人とも同時に、あっといった。おれの大きな手にも、明輝の小さな手にも、書いてあったのは同じ字だ。水の一字だった。

そうだ、水だ！ 互いの視線がぶつかって、それからまた同時に、東の昆羅山に向いた。山の中腹に万里の長城のように連なる「勝利用水路」に目がいったのだ。これは何年か前に、全県の数十万の労働力を動員して作った大水利工事で、えんえん五十キロもつづいている。この用水路のために、人びとはほとんど財をつかいはたしたといってよい。

水路が完成し、いよいよ通水の段になったとき、意外、水は水路の端までいかないのだ。かみのほうのダムはとっくに水がかれていた。大きな馬に小さな車をひかせるとはこのことだ、科学的根拠を持たない、めくら滅法の指揮のおかげで、ひどい目に会わされた農民は、腹のなかで涙を流したものだ。

それいらいこの水路は、農民をひどい目にあわせた大蛇の死がいのように山に横たわっている。勝利という名のこの水利工事には農民の苦難がきざみこまれているのだ。おれたちは黙って昆羅山を眺めながら、心のなかでは大声で泣きたい気持ちだった。

水だ、水なのだ。毎年毎年ひでりつづきの丘陵地帯では、これが鍵なのだ。

隊の委員会で昼夜ぶっ通しの会議の末、水源さがしの件がやっと決定した。なんとしても、水が必要だ。

次の日、皆はいくつかの組に分かれて出発した。半径二、三十キロの地域で地下水がどうなっているか調べるため、この辺一帯にある何百もの井戸の水源の情況を、手製の地図にいちいちていねいに書きしるしてゆくことにしたのだ。気の遠くなりそうなめんどうな作業だったが、さいごには、地図の上で理想的な地下の水脈をつかめるはずだ。手間ひまかけたかいがあって、帯状に長くのびた水脈の全容が、地図に浮かびあがったときには、皆どっと歓声を上げた。この地下水脈はまさにわが河西村を貫通しているじゃないか。

だが待てよ、前にここで井戸を掘ったことがあるぞ。そうだ、人民公社のほうから馬社長が「蹲点」（機関の幹部が工場や農村の現場へいって労働にたずさわりながら調査研究を行うこと）で村に来ていたとき、その指揮で掘ったのだ。だが十何メートルか掘り下げても水が出ないので、

前号のあらすじ

河西村は稼の当手もない貧乏村。除隊した趙東昇（おれ）は村に帰ったが、貧乏をきらったいいなずけに破談を言い渡される。世話ずきの「来福のかみさん」と仲人話のことから、口争いとなり「今年中に河西で一畝あたり八百斤の収穫をあげたら、娘の明輝を嫁にやる」との証文をとったが……。

これは、そのいきさつを部隊の戦友だった虎子に知らせる長い長い手紙。

— 120 —

— 121 —

7

おとなの雨靴をはいて雨と遊ぶ

雨上りは清掃労働者もひと苦労

江南の水郷——紹興

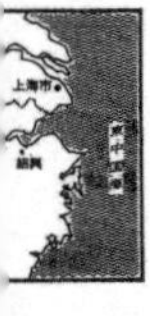

紹興といえば、古くは二千五百年前の春秋時代末期、「越王勾践」「臥薪嘗胆」などの故事にゆかりの越の都、また近代に至っては魯迅の生まれ故郷として、さらには中国の名酒「紹興酒」の産地、越劇の本拠として、内外に知られている。

浙江省の省都杭州から東へ約六〇$^{\circ}$。北に杭州湾をひかえ、南は会稽山脈を背負う寧紹平原の西部に位置し、川と湖の多い地帯で、「江南の水郷」という名がまさにふさわしい。

かつて魯迅が、「どんよりした空の下にわびしい村々が、いささかの活気もなく、あちこちに横たわっていた」（『故郷』）と描写したこの地方も、いまは活気に満ちた農業基地となっている。だが、この地方独特の郷土色はあらゆる面で豊かに生きており、名勝旧跡も多く、ぜひ一度は訪ねたいところ。

杭州市からは汽車、自動車の便もよく、日帰りも可能だ。

撮影　狄祥華

世紀の大書家・王羲之が友人たちと酒をくみ詩を賦し、名筆を残したといわる蘭亭は、町の西南12*。あまりのところにある。書家にとっては聖地ともいところ。王羲之の使った墨汁で黒く染まったという伝説の「墨池」も……。

魯迅が少年時代に学んだ私塾「三味書屋」は生家の筋向かいに、いまもそのまま残っている。

8

◀ 毎朝、出勤途中に広場でやる太極拳は、雨の日だからといってやめられない——軒先をかりてソーレ。

夕立だ！　早く雨宿りしなくちゃ。

靴店のショーウィンドーをのぞく娘さんたち。雨にもめげず。

雨の日の買い物はいささかシンどい。街頭の八屋で、「ホレ、おばさん、落とさないように」

9

水遊び

北京の6月から9月にかけての平均温度はセ氏34度ぐらい。昆明湖、什刹海、玉淵潭、京密運河など、湖や運河は水泳ずきのカッパたちの楽園になる。多くは若者のグループ、または親子のグループだ。ここは訓練場とちがって、緊張や厳しさはなくて、明るく、楽しい雰囲気が満ちみちている。暑さから逃がれるため、また一日の仕事の疲れをいやすための水泳だから、泳ぐというよりは水にたわむれるといったほうがふさわしい。

撮影　翁乃強　汪雁中　魯忠民

10

12

▲小学校の教師黄富莉さんは停年退職後も自宅を開放して、子どもたちの宿題をみる。

去年、このアパートから二人の大学合格者が出て、みな、わがことのように喜んだ。これはその二人。

▲上海織物工場の「先進工作者」である彭翠娣さんは、よく隣近所から頼まれて服の仕立てをする。

◀共働き夫婦にとって毎日の食料買い出しは、頭が痛い。労働者の朱素英（左）さんと沈聡定さんがよく代表で野菜、肉、魚などの共同購入に行く。分けるのは正確に……。

13

11

15

981

冈崎嘉平太敏锐地意识到中国的经济调整对日本而言是一个重要的机会，中日经济的互补关系可以使两国通过双赢互惠互利。从他的投稿《四个现代化、经济调整与日本》可以看出他的认识比去年深入了（6月号，见图1）。

这一年《人民中国》在走向成熟中进入第二个发展黄金期。

编辑部抓住日本电影热这一文化现象，组织了报道《中国观众怎么看大受好评的日本电影》进行了深入采访与分析（1月号，见图2）；图片报道《北京的读书热》则用镜头记录了当时的北京市民对知识的渴求（1月号，见图3）。

日本专家村山孚开始了他的连载《北京新岁时记》，通过四季的风物向读者讲述北京的魅力（4月号，见图4）；记者秦泥的新连载《汉诗访古》以旅行的方式探寻产生经典诗句的风土，为后来的深度专题文化旅游开辟了道路（3月号，见图5）。这些连载大受好评，连载结束之后又被日本的出版社集册成书出版。日本的和歌诗人近藤芳美也来华采风，并在这一年开始新连载《一个歌人的中国纪行》（10月号，见图6）。

《小说》栏目经过几年的探索，越来越贴近社会现实，通过文学形式将那个时期中国人的喜怒哀乐呈现出来（8月号，见图7）。小镇旅行栏目以讲究用光的摄影取胜，《江南水乡——绍兴》将晨雾中波光粼粼的江南非常富有诗意地呈现出来（3月号，见图8）。北京街头在雨中狼狈奔跑的人群被记者即兴地收入镜头，呈现为一组20世纪的黑白浮世绘（6月号，见图9）。摄影特写《玩水》中抓拍到的玩水的孩子洋溢着无邪的雅趣（9月号，见图10）。摄影报道《一年级的小豆包》抓拍到了当年毫无学习压力的孩童入学时的纯真可爱的表情（4月号，见图11）。胡同书场里聚精会神听说书的老者专注的眼神令人难忘（11月号，见图12）。上海里弄里蜗居的人们在互助中自得其乐的生活态度绝对提升了读者的生活信心（8月号，见图13）。以充满动感的少数民族歌舞为主题的每月封面，一幅幅彩色勾勒的中国画优雅灵动，深受读者喜爱（2月号，见图14）。

最令人忍俊不禁的是，以熊猫为招牌的天津感冒片广告，宣告扭扭捏捏的物产专栏终结，商品广告“满血复活”了（10月号，见图15）。

1982

人民中国

要求日方纠正文部省篡改侵华历史的错误

我外交部官员约见日本驻华公使

日方为篡改军国主义侵略历史辩解

王晓云公使驳斥日本文部省官员

吴学谦副外长约见日驻华大使重申我立场

再次要求日方纠正文部省审定教科书中的错误

中国政府认为，承认还是不承认日本军国主义对中国侵略的历史，是发展中日关系的一个重大原则问题。日本政府对审定教科书问题，有不可推卸的责任

日本文部省が中国侵略の歴史を改ざんしたことに対し、中国は七月二十六日、七月二十九日、八月五日の三回にわたり、その誤りを正すよう日本側に要求した。

日本文部省の教科書改ざん行為を中国人民はどう受けとめたか

本誌記者

今年の九月二十九日は、中日両国の国交正常化十周年にあたる。

中華人民共和国誕生以後、中日両国人民の二十三年の努力を通じて、両国の国交が回復したことは、歴史的に重大な意義を有する、記念すべきことであり、中日両国人民は種々の記念行事を行なってきた。

ところが折りも折り、日本文部省は教科書の検定にあたって、日本軍国主義の中国侵略の歴史を改ざんし、日本侵略者が中国人民を虐殺した野蛮な暴行をごまかし、侵略戦争を引き起こした軍国主義者を美化した。これはきわめて許しがたい重大な傾向のあらわれである。

日本文部省が侵略の歴史を改ざんしたこの行為は、かつて日本軍国主義者が引き起こした戦争の苦しみをなめつくした中国人民の、きわめて大きな憤りをまき起こし、日本各界からも強い反対を受けた。

歴史的事実を尊重せよ

中国の世論は、約半世紀前に日本軍国主義が引き起こした全面的な中国侵略戦争は、近代帝国主義による中国侵略史上、中国人民に最も大きな災難をもたらしたものであることを、一致して指摘している。八年の長きにわたり、日本侵略軍は焼きつくす、殺しつくす、奪いつくすなど、ありとあらゆる悪事と罪業を犯し、その数はかぞえ切れない。

一九三七年から一九四五年の間に、中国では戦争による死亡者は一千万人以上、家を失った難民は四千二百万人に達している。日本侵略軍に侵略占拠された大小都市数は九百三十余で、全国の四七％を超え、破壊された工場数は三千八百四十に達した。戦争の災害を受けた被災地区の人口は全国で二億六千万以上、戦争によって損なわれた公私財産は六百億米ドルを超えている。

これは中華民族の歴史上、空前の大災難であり、この時期の血と涙で綴られた歴史を、中国人民は永久に忘れることはない。

日本文部省が教科書の検定に便乗して、日本軍国主義の侵略史をほしいままに改ざんしたことは、中国人民に対するきわめて大きな侮辱であり重大な挑発である。日本文部省のこのような、歴史を歪曲しようとする行為に対し、中国政府と中国人民はきわめて大きな憤りと断固とした反対を表明せずにいることはできない。

今年七月二十六日、中国外交部は中国駐在日本大使館に対し中国政府の立場を表明し、日本文部省が検定した教科書の誤りを正すよう、日本側に要求し

— 32 —

中日国交回復の前後

孫平化

1972年7月、孫平化氏（左端）の率いる上海バレエ団が日本を訪れたとき、[illegible]になる吉村孫三郎先生も出迎えにみえた（上）。1972年9月29日、日中友好諸団体は、東京で日中国交樹立祝賀パーティーを開いた。中日備忘録貿易弁事処東京駐在首席代表 蕭向前氏（前列右4）らが参加した。

— 12 —

1

日本のお姉さんが「手拍子」のてほどき

万里の長城を遊覧しての帰り、さっそく記念のTシャツをごひろうする日本の友人。

故宮の太和殿を遊覧

4

現地取材

ゴンガ山で遭難した松田隊員救出記

曾慶南

松田さんを発見・救出した四人のイ族公社員。左から毛紹軍、毛光米、倪明全、倪洪軍の四人。右はしは公社幹部の董明勇さん。

しばらくぶりに戸外に出て大喜びの松田さん。右端は急きょ中国にきたお母さんの松田君子さん。

今年の五月初め、四川省から、「ゴンガ山の登頂アタックに向かった日本・市川山岳会登山隊の松田宏也と菅原信両隊員が行方不明になった」との不吉な知らせが伝えられた。

これは悲しい知らせにはちがいないが、ゴンガ山での遭難は、これまでもけっして珍しいことではなかったのである。

牙をむく「魔の山」

「山々の王」と呼ばれるゴンガ山(貢嘎山。ミニアコンカ)は、海抜七五五六メートル。白一色の険しい雪の峰である。山頂は四季を通じて氷雪にとざされ、断崖絶壁の間には無数のク

切れ間にその壮麗な姿をあらわすだけで、山頂から山腹にかけては氷河が縦横に走り、気候は非常にかわりやすい。

地元の人々は、ゴンガ山のことを

初の中日合作映画「未完の対局」

順調にすすむ中国ロケ。カメラの左が佐藤監督。

孫道臨(況易山)

黄宗英(況婉怡)

杜澎(関小舟)

沈冠初(阿明)

沈丹萍(阿恵)

阿明の子役に演技をつける三国連太郎と段吉順監督(中央)

——晴れわたった空。万里の長城。対局をおえた中日両国囲碁界の棋士が、遊覧のひと時をすごしている。青年棋士たちの楽しそうな笑い声。そのあとを二人の老人が肩を並べて登ってくる。中国人棋士・況易山と日本人棋士・松波麟作だ。若い棋士たちの晴れやかなすがたに目を細める況と松波。三十二年前、二人はひとつの碁盤をはさんで宿命的な対局をしたのだった。

松波 三十年前の対局を、まだ覚えていますか?

況 何度も忘れようとしましたが、どうにも消し去れなくて……

これは中日国交正常化十周年を記念して、九月に中国と日本で同時公開される初の中日合作映画「未完の対局」(中国名「一盤没有下完的棋」)のラスト・シーンである。

日本の中国侵略戦争を背景に

この映画は、今世紀の二〇年代から五〇年代にかけての長い歳月を背景とし、中日両国の棋士とその一家の離合集散を通じて、両国の変わらぬ伝統的友誼と中国人の「奮飛」の精神をドラマチックに描いている。

○

「江南の棋王」況易山は、一九二四年、北京で、日本の名棋士・松波麟作と対局する。かたわらでじっと看観するのは況のひとり息子、阿明。だが対局中、軍閥、廬都督の邪魔が入り、況易山は当局に逮捕される。松波の奔走で、況は釈放されるが、松波の帰国の時期が迫り、対局は未完に終わった。帰国にさいして松波は況の一人息子阿明を、手元にあずからしてくれぬかと頼む。阿明を立派な棋士に育てるつもりだったのだ。況はその願いをききいれ、阿明を日本に送り出す決意をする。かれは況家に伝わる"奮飛"と書かれた扇子を阿明に手渡し、しっかり学んで、将来、中国囲碁界の第一人者となるよう激励した。日本に渡った阿明は父の言葉を心の支えに、師の松波の行き届いた指導のもと、めきめき腕を上げた。

盧溝橋事変がぼっ発した。阿明は、帰国を決意するが、松波のひとり娘で、いいなずけの巴に説得され、日本にとどまってひきつづき囲碁の研鑽にはげむ。

二人は結ばれ、長女・華林が生まれた。阿明は、ついに日本囲碁界の最高位「天聖位」を獲得した。だが日本軍部は、「天聖位」につきたければ日本に帰化せよと強要した。「わたしは中国人の誇りを守るために妻といっしょに帰国します」 恩師・松波の前で阿明は決意を語る。事情を察した松波は、政界の黒幕、右翼の総帥である堀本の手引きで、阿明と巴の密航を手配する。実は、堀本は軍部と組んで、阿明を亡き者にしようと目論んでいたのである。阿明は横浜の埠頭で射殺され、巴はそのショックで発狂してしまう。

戦争はますます激化し、松波にも召集令状がきた。松波の入隊した部隊は、くしくも況の故郷、無錫に駐屯する。

部隊の大佐・尾崎は、いっぱしの棋士きどりだった。況の盛名をきき、かれと松波とを対局させようとする。況はがんとして拒み、妻の婉怡、娘の阿恵を連れて逃亡をはかるが、途中婉怡と阿恵は日本軍に射殺され、況は、捕えられた。尾崎は、「いうことをきかぬなら、指を切るぞ」とおどして、松波との対局をせまった。況はそれをはねつけ、みずから小刀で指を切り落とした。その惨状をみた松波は苦しみぬく。

戦争は終わった。況は、阿明の消息を求めて日本に渡る。やがて松波の妹・忍をさがしあてた況は、阿明の死を知らされ、息子は松波の手で日本軍部に、売られたのだと誤解する。

「この決着は必ずつけてやる」

況はこう決意するが、松波をさがし出せぬまま、恨みをのんで、帰国した。そのころ、松波は、酒とバクチですさんだ毎日をおくっていた。数年後、巴は、ショックから立ち直ることなく悶死した。

その後松波は妹の説得で棋界に復帰した。況易山に会って誤解をとかなければ……との一心からだった。

一九五六年、松波は日本囲碁代表団の一員として中国を訪れた。妹の忍がつきそい、阿明の忘れがたみ華林もいっしょだった。松波の手には、阿明の血にまみれた「奮飛」の扇子がしっかり握られていた。

況と松波は再会をとげた。松波の涙ながらの告白をきいて、

1980年３月に訪中した時の写真を于明新さんにみせる上川さんのお母さん。右は勇吉さん。
「料理交流会」で本場の餃子づくりを披露する劉乃成さん。
林さんの牧場で労働する劉積臣さん。写真中央はご主人の林政隆さん。

日本の農家の一員として暮らした日々

農業研修団に随行した本誌翻訳部員の座談会

于明新　劉積臣　李樹徳　劉乃成

編集部　みなさんは、「中日友好人民公社訪日農業技術研修団」に通訳として同行し、あい前後して日本の農村に滞在しました。農家に泊りこんで、朝夕日本の農民と共に生活したわけです。きっと〝収穫〟も多かったことと思います。中日国交回復いらい、両国間の友好事業は日を追って、広く、深く発展しています。みなさんの日本滞在は、この新しい情勢をひとつの側面から反映しているということができるでしょう。こうした国民間の直接の交流、共同の生活は、国交回復以前には考えられませんでした。

きょうはひとつ、日本滞在中の生活についてざっくばらんにいろいろ話してもらいたいのですが……

于明新　わたしたちが日本滞在のチャンスに恵まれたのも、まったく中日国交正常化のおかげです。一九七八年十月二十三日の午前、東京で中日両国政府の代表団によって、中日平和友好条約の批准書交換式が行なわれました。同じその日の午後、北京では「中日友好人民公社」の命名式が開かれました。式の席上、中国の農民が日本の農家に泊りこんで農業技術を研修・交流したらどうかという案が出

— 26 —

出席者（発言順）
とき　1982年５月
ところ　「人民中国」雑誌社会議室
于明新　36歳　翻訳部　1980年４月～11月　福島県福島市
劉積臣　37歳　翻訳部　1980年４月～11月　北海道野付郡別海町
劉乃成　36歳　翻訳部　1981年４月～11月　福島県喜多方市
李樹徳　37歳　翻訳部　1981年4月～1982年3月　北海道野付郡別海町
司会　本誌編集部

されたわけです。これをきっかけに、私たち四人が農業研修団の通訳としてあいついで訪日することになりました。

一同　そのとおりですね。

編集部　四人とも初めての訪日だし、そのうえ長期間異国で生活するのだから心中、不安や動揺もあったんじゃないですか。

感激と責任感と

劉積臣　ご指摘のとおりです。なんといっても初めてのことですから、滞日中ずいぶん緊張もしたし、その分感激もしましたね。いまでも思い出すと、心が波うちますよ。

于明新　気持ちは誰でも同じだったでしょうね。人民公社から派遣された研修生たちにしても、自分が行けるということを知らされた時は、なかなか興奮が収まらなかったということです。

劉乃成　わたしにしても、ずいぶん興奮しましたよ。「人民中国」という雑誌を通して中国の様子を日本の読者に紹介するのがわたしたちの仕事ですから、チャンスがあったら日本を訪れて直接読者からご意見をうかがいたい。この目で日本を見てみたい。雑誌社につとめる誰もがそう思っています。そのチャンスがついにやってきたのですから……

于明新　年がいもなく興奮したのも無理ないね。けれど、一面不安もあった。農業技術研修団の通訳として同行するんですが、都会生まれ、都会育ちのわたしなどには農村のことがよくわからない。まして生活するの

— 27 —

ことしの春節前後、中国では親族や友人をたずねて故郷へ帰る人びとが１億2600万人におよんだ。

スポット

一億人の大移動

満員の客の間をぬって食事サービス

最大の祝日

農暦の元旦である春節は、中国の伝統的な年中行事の中でも最大の祝日だ。春節ともなれば、どの家でもごちそうの仕度や、贈り物、家の飾りつけ、着るものの準備、それに子供の好きなおもちゃや、赤いろうそく、飾りちょうちん、爆竹や花火も買わなくてはと、大いそがしだ。

農村はもっと大変で、家ごとに豚や羊を殺したり、料理をしたり、むこう一カ月間の親戚知人との往来に備える。贈答品を用意したり、村芝居や竜灯の踊り、船の踊り、武術のおさらいと、除夜になるまで、老若男女、村じゅうに暇人はひとりもいない。

春節は団圓節ともいって、日頃遠くにいてなかなか会えない親しい人びとが、この機会に集まってきて共に春節のだんらんを楽しむ。そうして、その席で来年の春節にはどこに集まるか相談をする。ふつうはしぜんに家族の中の最年長者のいる所に決まるが、これは中国人の変わらぬ伝統的美徳というものだろう。

一億人の大移動

交通部門の統計によると、近年、春節の時期の旅客が毎年一億人に上っている。「団圓節」のための家族づれが、鉄道や船や飛行機で、東西南北、大移動をするからだ。

今年の春節にはその人数がもっと増えた。というのも、去年、春節がすぎてまもなくのころ、新しいきまりができたからだ。

夫婦が別々の土地で働いている場合は毎年三十日間の休暇があるほか、親がいる者は四年ごとに二十日間の休暇が取れることになった。いずれも往復の日数はこの中には含まれていない。旅費も夫婦間の場合は全額公費負担で、親もとに帰る場合も大部分が公費負担だ。それに近年、各人の経済状態が一般に良くなってきたこともあって、大移動の人数がまた増えたのだ。

ことしの春節は一月二十五日だったが、ピークの始まりは一月五日、終わりは二月十三日で、この四十日の間に、鉄道を利用した旅客数は約一億二六〇〇万人、一日平均三〇〇万人に上った。

運ぶ側では

春節の大移動は、交通運輸部門のいまや恒例の年中行事だ。毎年十月には、関連の各部門で特別班が編成されて春節に備える。各地の旅客数、行き先、路線など、流動の概況をつかんだ上で、鉄道、船、飛行機などの臨時便の時間や回数を決める。

ことしは鉄道だけでも四五一便の臨時ダイヤが組まれたほか、通常ダイヤの各旅客列車にも、安全の範囲内で一部車両を増結した。春節前後の四十日は、もちろん交通運輸部門は総動員で、設備の検査、秩序の維持、安全の確保にあたった。

旅客の便宜と、業務の効率の向上のために、この期間中、各大都市、主要駅、主要港には、切符の発売や乗り換え手続きをする窓口を沢山増設するとともに、営業時間を延長した。事前に購入する場合、従来は三日から四日前に受け付けていたのを、一カ月前から受け付けることにした。そのほか、工場、鉱山、政府機関、学校など、流動人口が集中している所へは、前もって係員が出向いて、個人旅行、団体旅行の受け付けをした。

また、この時期は、交通部門に所属する飲食業のかき入れどきというか、一番忙しいときだ。一億の人間が移動する間の飲食を保証した上、経由する各地の特産品を用意して、旅客のふるさとへのおみやげの便宜を計らなければならない。北京の烤鴨、天津の包子、南京の蒸し餃子、蘇州の菓子、杭州の茶、貴陽の老酒等々。自分自身は寝食を忘れ夜を徹して多忙な裏方さんたちだ。

春節の当日をはさむ数日間は、一年じゅうでこれまた一番乗客の少ないときだが、それでも、旅の途中で除夜を迎える少数の旅客ももちろんいる。だがこの旅人たちも、それほどさびしい思いをしなくてもよい。交通機関の服務員たちは、春節の飾りつけをし、伝統の餃子を作って、この旅客たちといっしょに、ゆく年くる年の家族的な「団圓」をするのが慣例になっているからだ。

（林振慶）

プラットホームも春節気分

— 66 —

国縦断5000キロ　SL－ジーゼル乗り継ぎ旅行

今年1982年、3月17日午前8時20分。われわれ取材班一行は、蒙古族ら少数民族もともに住む中国最北端の駅、満州里を出発、はるか広西チワン族自治区の中国最南端の駅、憑祥（ピンシャン）へ向かって、中国大陸縦断の汽車旅行を開始した。全行程は、北緯49度から北緯22度までの5108キロ。その間黒竜江、内蒙古など11の省、直轄市、自治区を通過、沿線の駅は大小あわせて551を数えた。哈爾浜（ハルビン）、北京、南寧と三回乗りかえはしたが、乗車時間はのべ84時間37分である。本号では、連載第1回として、満州里からハルビンまでの車上・車窓風景を紹介することにした。

車外につられた行先表示プレート

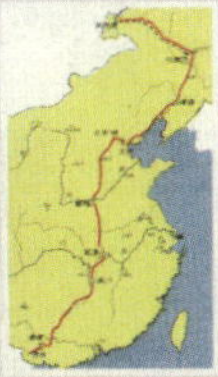

知だが、満州里の町では皮袍（毛皮のオーバー）を着こんだ蒙古族の人も少かった。ところが、3日後、広西で会ったチワン族の娘さんはもう夏服。

満州里駅。SLもディーゼル機関車にまじって健在、立派に輸送任務をはたしている。

天然冷凍の羊をかついで家路へ——牙克石駅のホームで

安全、定時をとりしきるのは車掌車長

3月といえば、春がきた、と思う。しかし、高緯度の北方を行く客車内はさながら防寒帽の陳列室。

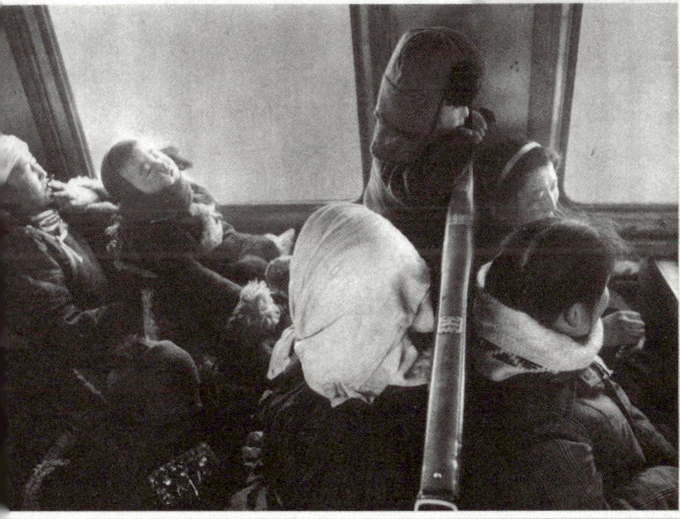

草原からきたらしい蒙古族の旅客が目立つ

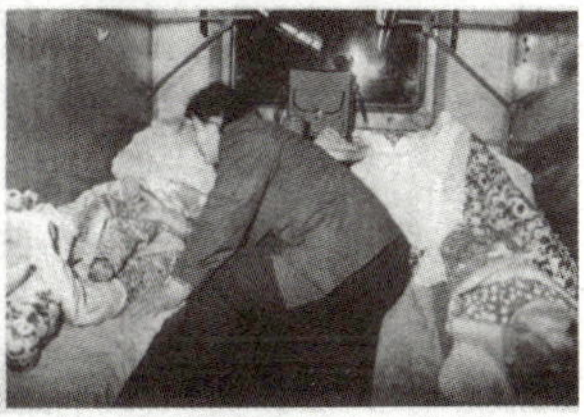

寝台車内では、若いお母さんが双子の赤ちゃんの世話に大はりきり。

食堂車で食事をたのしむ蒙古族の旅客

王燕栄さんの「お話し」を聞く鋼鋼君。奥さんも編物をしながら聞いている。

カギっ子をもつ共働き家庭

李世清

日曜は一家で散歩にでかける。鋼鋼君は大好きなバスケットボールを持ちだすのを忘れない。

これはありふれた共働き夫婦の家庭生活である。

男の主人公は王燕栄さん。三十八歳で、中国国際書店に属する朝華出版社で編集の仕事に従事している。女の主人公は田新星さん。夫より一歳年下で、北京市西城区のある中学で英語の教師をしている。夫婦には、一人息子の鋼鋼君がいる。十一歳で、小学校五年生だ。

北京には、このような夫婦共働きの小家庭はごくありふれている。たとえばわが社のばあい、既婚者六六名の家族構成をみると、共働き家庭は五〇人を占める。年齢は一般に三十歳から四十五歳のあいだ。一人か二人の子どもがいる。ほかに年齢のやや上まわる者が一五人いる。やはり夫婦とも働いているが、すでに子どもが就職しているので、家族構成は夫婦共働き家庭から多就労家庭に変わった。単身就労者の家庭は一人だけ、それは配偶者が農村にいるためだ。

共働き家庭の収入は、それほどちがいはない。右の五〇人の家庭を例にとれば、毎月の収入は基本的には一三五～一五五元。記者のおとずれたこの三人家族の家庭収入も毎月一四七元で、やはりこの幅のなかに入る。

共働き家庭の基本的状況はこのように大差ないが、個々の家庭についていえば、異なっている。それぞれ独自の生活方式と習慣をもっていて、みなそれなりに苦楽をかかえているわけだ。この三人家族のばあい、具体的にはどんな暮らしを送っているのだろうか。

新居の楽しみ

かれらの家は北京市の東南隅、護城河のほとりにある。ここは朝陽区に属し、「勁松」住宅区とよばれている。近年らい、さかんにつくられている新興住宅区の一つだ。四一三号楼二門一二層三号というのが、かれらの住所だ。二部屋からなるアパートで、居間は大小合わせて二五平方㍍、ほかに台所と洗面所がある。幅の広い廊下もあって、ここにも物をおくことができるので、全部合わせた使用面積は四〇平方㍍ほどになる。夫婦で大きいほうの居間を使い、小さいほうは子ども部屋に当てている。

記者がおとずれたのは、かれらがここに引越して半年もたたないときだった。もとの住居は北京市内の

— 13 —

— 12 —

10

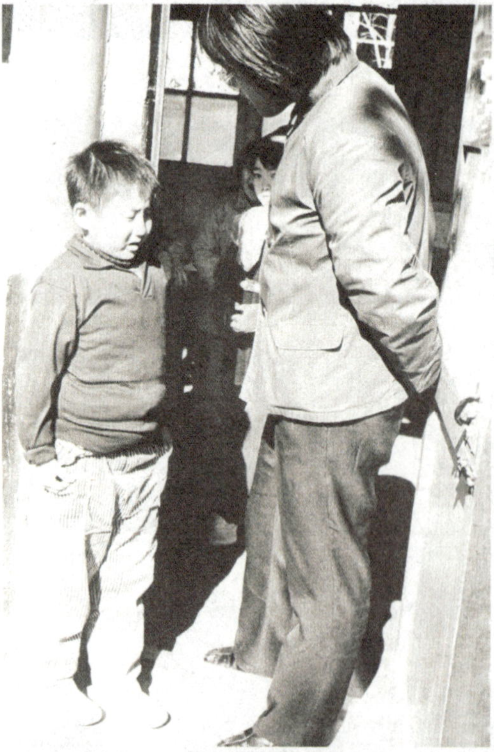
この子はどんないたずらをしたのだろうか

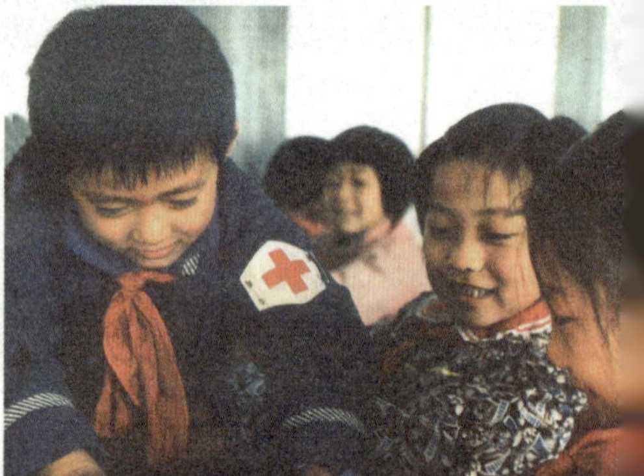
⇧毎朝、ホームルームの時間に当番の生徒が衛生検査を受けもつ。

集団給食を楽しむ生徒

12

982

这一年尽管两国关系在主流上是积极向上的，但不和谐音的出现也带来了隐忧。《人民中国》综述《中国人民对日本文部省篡改教科书的态度》，将中国政府连续三次发出的严重抗议和中国各阶层民众的愤怒传递给日本（10月号，见图1）。

在此事件发生之前，孙平化撰写的以《中日邦交正常化前后》为题的回顾文章，对当年的艰辛不易与艰苦卓绝进行了全面总结（9月号，见图2）。

反映中日那段不幸历史的电影《一盘没下完的棋》作为两国首部合拍片完成并上映，引起两国民众的关注与热议，《人民中国》对此策划了特别报道（9月号，见图3）。

从纪念邦交正常化十周年纪念活动中北京劳动人民文化宫太庙前身穿和服的夏日祭队伍活跃的盛况，可以看到中日关系依然热度不减（11月号，见图4）。记者曾庆南亲赴现场发回的题为《解救贡嘎雪山遇险的日本队员松田宏也》的报道，收到许多读者的回信（11月号，见图5）。《人民中国》四位翻译随赴日农业研修团住进日本农家，感受到日本农村基层的劳动与生活。《作为日本农户家庭一员的日子》一文以座谈的形式记录了大家的感受（9月号，见图6）。

这一年，反映中国春运盛况的报道《一亿人的大移动》凭借接地气的选题视角和吸引眼球的文章标题，引发了众多读者的惊叹与肯定，从而成为《人民中国》的成功策划案例而被反复提及（4月号，见图7）。

摄影系列报道《横穿中国5000公里蒸汽火车之旅》，不论是铁路沿线原生态的城乡景观（9月号，见图8），还是车厢内百姓真实乘车状态的镜头（9月号，见图9），都为80年代的中国留下了罕见的珍贵记录。《双职工家庭里脖子上挂门钥匙的孩子》介绍了当时普遍而熟视无睹的城市生活实态（4月号，见图10）；图片报道《史家胡同小学的日常》抓拍到学生之间、师生之间有趣的互动，留下了珍贵的时代记录（3月号，见图11）。这一年封底的套色版画《北京的四季》令人印象深刻，体现了80年代《人民中国》的设计美学（2月号，见图12）。

1983

人民中国

『人民中国』創刊30周年祝賀会
《人民中国》杂志30周年庆祝会
祝賀会が開かれた北京飯店宴会ホール

祝賀の絵と題字
为人民中國杂志创刊三十周年纪念而作

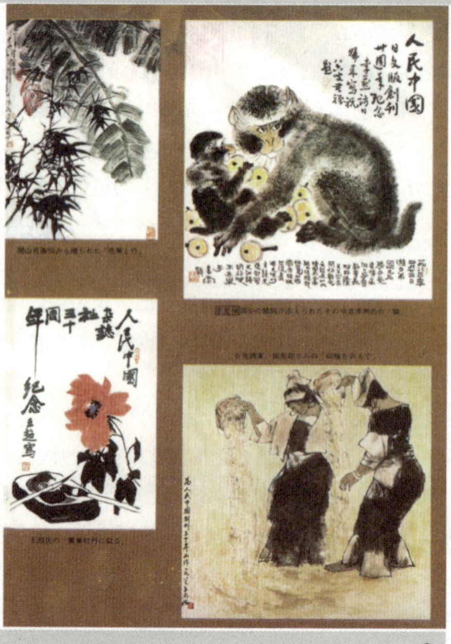

人民中国日文版創刊卅周年纪念
人民中國杂志社三十周年纪念

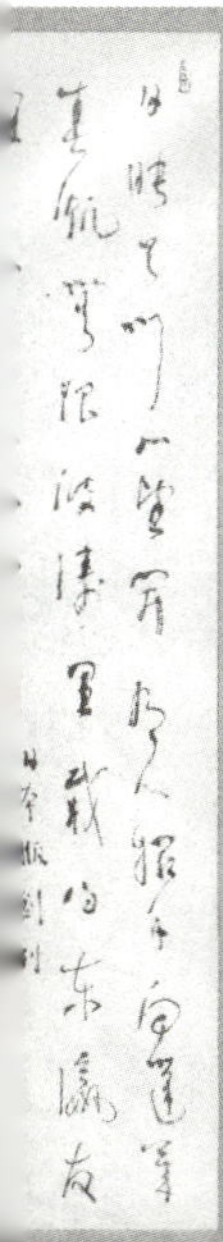

…家、林散之氏の題字。

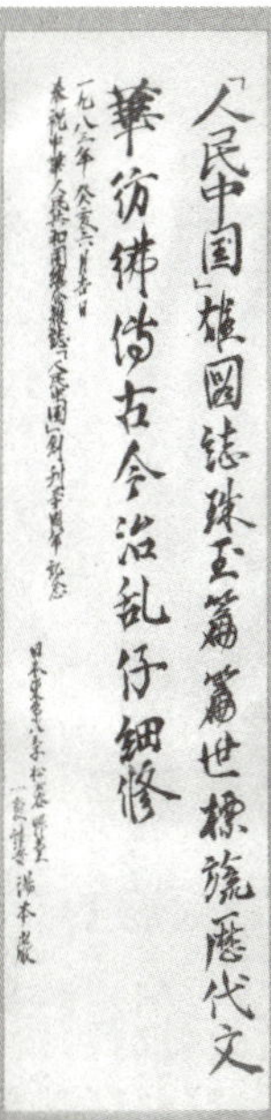

日本の読者、湯本巌氏から送られてきた題字。

著名な版画家、頼少其氏の題字。

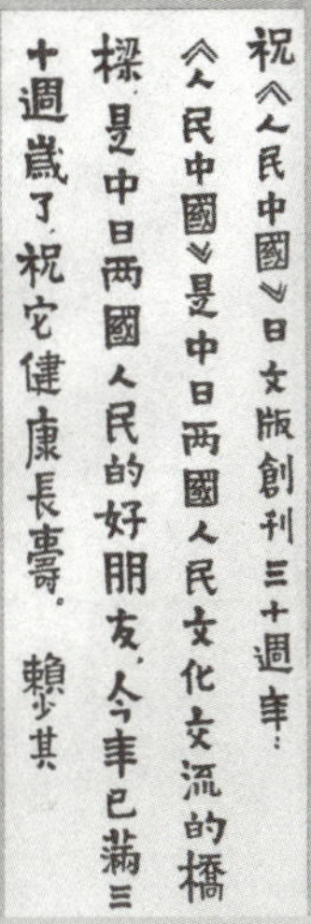
祝《人民中國》日文版創刊三十週年：
《人民中國》是中日两國人民文化交流的橋
樑，是中日两國人民的好朋友，今年已滿三
十週歲了，祝它健康長壽。
頼少其

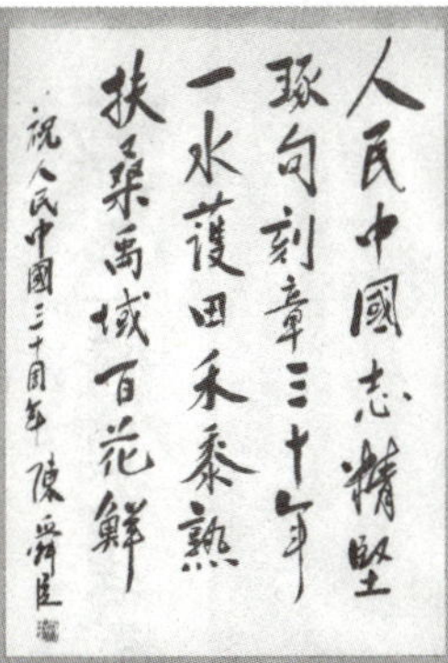
人民中國志精堅
琢句刻章三十年
一水護田禾黍熟
扶桑两域百花鮮
祝人民中國三十周年 陳舜臣

台湾省出身の在日華僑で著名な作家の陳舜臣氏から贈られた詩

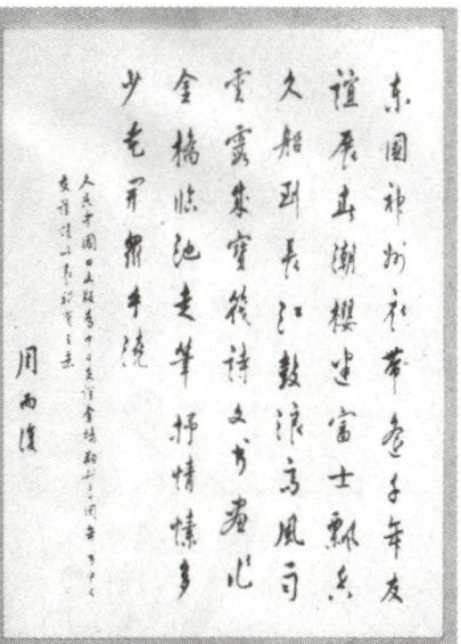

中国人民対外友好協会副会長・周而復氏の詩。

書道家、黄苗子氏の手になる故郭沫若氏の詩の一節。

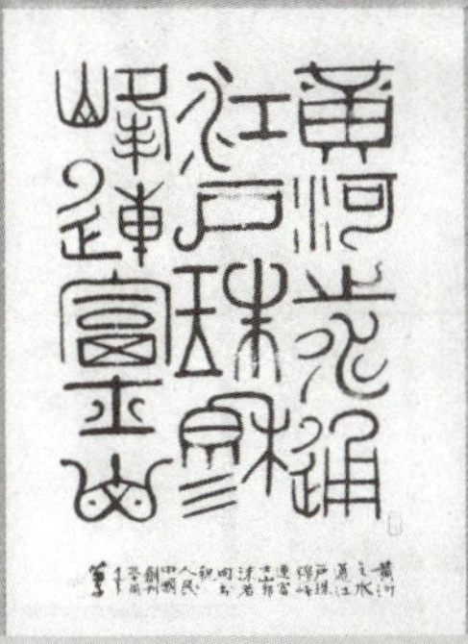

全国政治協商会議副主席・董其武氏の題字。

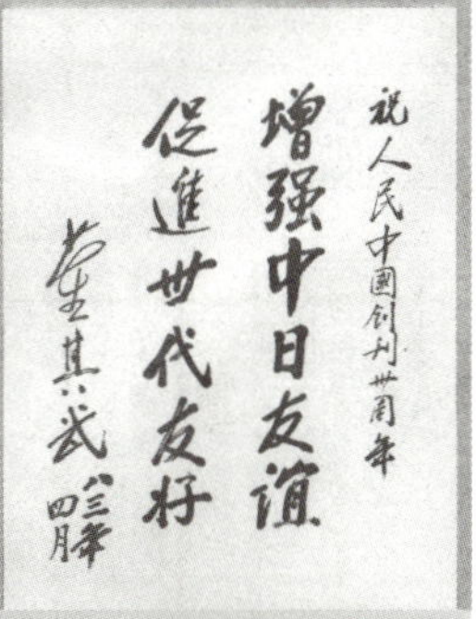
祝人民中國創刊卅周年
增强中日友誼
促進世代友好
董其武 八三年四月

山高水長
人民中國創刊卅周年紀念
作人敬賀

第六期全国人民代表大会常務委員、全国美術家協会代理主席・呉作人氏の書。

…副会長、全国政治協商会議副主席・趙樸初氏の「漢俳」。

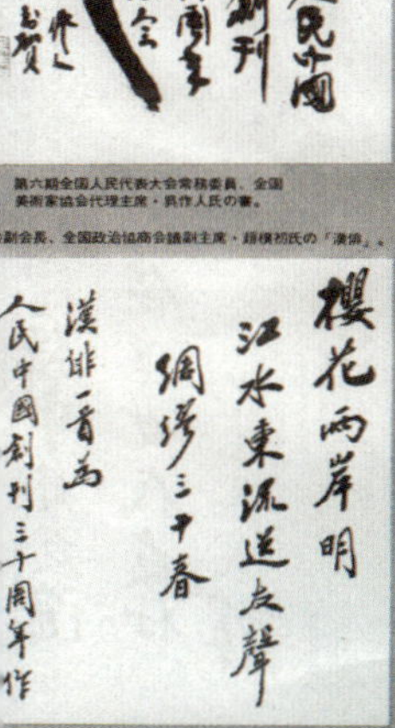
櫻花两岸明
江水東流送友聲
綢繆三十春
漢俳一首為
人民中國創刊三十周年作

廖承志全国人民代表大会副委員長の題字

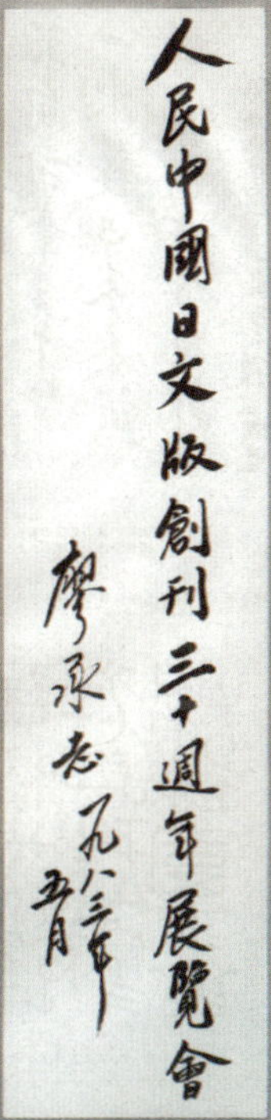
人民中國日文版創刊三十週年展覽會
廖承志 一九八三年五月

董寿平画伯の「松」。

黄冑画氏の「春」。董、黄二画伯は共に本誌と縁が深い

日本語で、「子子孫孫世世代代の友好」としたためる廖承志氏。中日友好の後継者づくりは、廖氏の念願でもあった。

廖承志の一生

中日友好の礎をきずいた人びとの一人、廖承志氏の死去に対して、多くの読者から、哀悼の言葉とともに、氏の生涯をもっとよく知りたいという要望が寄せられた。本号では、廖承志氏が執筆した「私の童年」をはじめ、その日常と、同窓、友人、同志、近親の、氏を偲ぶ文章を特集した。

特集中の、廖承志氏自作の絵画のほか、写真にも、未公開のものが多い。

この特集をもって、私たちの廖承志氏への追憶の念を表するものとしたい。

— 12 —

5

ありし日の老舍。宴会の席で。

老舍 新劇

で客のご機嫌取りに余念がない代の流れに従って茶館の〝改良〟もはかった。しかし、うちつづく戦乱の時代とあって、茶館に来るのは、お客ではなく、あるいは税金を取りたてに、あるいは言いがかりをつけては金をゆすりとりにやって来る警察や兵隊、与太者や密偵といったてあいばかり。

戦乱に乗じてひともうけした者もいないわけではなかった。手相見の唐鉄嘴は商売繁盛でほくほく顔。密偵もうまい汁を吸った。人を密告して捕えれば、賞金にあずかれるとい……すりとることもできる……

第三幕は、抗日戦争勝利後の一九四七年。待ちに待った抗戦の勝利がやっと現実のものになったというのに、民衆の生活はかえって苦しくなる一方。

王利発が手塩にかけてきた「裕泰」も、今では昔日のおもかげすらとどめていない。密偵も与太者も人買いも太監も、すでにこの世を去ったものの、子の代は親の代にもまして性根が悪い。用心棒や密偵を買って出ては学生や教師をいじめ、ひとかどの大物きどりだ。龐太監の甥の嫁は、結社の頭となり、「皇后」を自任するしまつ。茶館で手伝っている康順子を、「皇太后」として迎え入れようとするが、気丈な順子は相手にしない。「皇后」は、王利発に、「おまえの茶館などぶちこわしてやる」と捨てゼリフを吐いて出てゆく。北京全市の売春婦やダンサーを扱う〝会社〟の社長におさまろうとするあばたの劉の息子は、憲兵司令部の処長とぐるになって王利発を追いだし、茶館をわがものにしようとたくらむ。

半世紀以上もつづいた茶館「裕泰」も、ついに店を閉じなければな

— 83 —

連載

1300年の大運河を行く 自転車で走破北京―杭州1800キロ 3

文・沈興大　カメラ・劉世昭

通州鎮略図

北運河の起点―通州

春の訪れで、通恵河の堤の柳が芽ぶいた。

六月十九日。朝六時にかけておいた目覚し時計がまだ鳴らないうちに、妻と娘、息子は起きていた。家族にとって私が出発するのは、もう別に珍しいことではないのだが、なにしろ、こんどは自転車での遠距離旅行である。そして北京の取材も一段落して、今日からいよいよ本格的に南下するというので、家族たちは、なんとなく名残り惜しい気持ちになったのだろう。「お腹が空いてはペダルを踏めませんよ」こういって家内は玉子を二ついれたうどんを作ってくれた。二人の子どもたちも私の手荷物を点検してくれる。

朝の七時から八時まで、北京はラッシュアワーである。私と劉君は洪水のような自転車の流れの天安門広場を通り抜けて北京駅付近の東便門にやってきた。

東便門は、北京外城の東北角にある、いわば通用門であり、大運河の最北端部——西北から東南へ流れる通恵河が北京城内を抜けるさいの閘門にあたる。修復されたばかりの東便門の城楼は、朝日を浴びてくっきりとその壮麗な姿を浮きたたせていた。昔、通恵河の水は、城楼の下を東に向けて銀色のおびのようにえんえんと流れて行ったのである。

北京をあとに初めて見た古代の閘門

通恵河は、六、七百年を経た今日、元の面影と本来の名を留めているのは、東便門から東へ二〇キロの区間だけである。

通恵河の高い堤を約二・五キロほど行ったところで、白地に赤を使って「慶豊閘前街」と書かれた道路標識が目にとまった。名前からすれば、ここは、史書にかかれた「慶豊閘」の所在地にちがいない。車を降りて、河辺を散歩中の老人にたしかめたところ、やはりそうであった。

西北郊の山間区から北京の小平原にみちびかれた通恵河は、地勢の高低差が大きいため（東便門から東へ二〇キロの区間で二〇メートルの高度差がある）、流れが早く、水源がすぐ流失して、航運に支障があった。そこで元代の水利専門家郭守敬は、通恵河の開削にあたって、水源を節約するため、河道上にとくに二〇カ所の調節閘門を設けた。慶豊閘（原名は籍東閘）もその一つである。

通恵河にまたがるこの慶豊閘は、長い年月を経て、今では八の字形の基礎部分しか残っていない。両岸の

— 60 —

大運河取材に旅だつ朝、本社の玄関先で同僚の見送りを受ける沈記者（左三）と劉カメラマン（左）。

住民が行き来できるよう、いま、茶堤の上に板が架設されている。

河辺を散歩していた、先ほどの王恵蔭（七十九歳）老人の話によると、昔、慶豊閘の閘門は、長さ六メートル、幅・厚さともに約四〇センチの閘板一三枚を列ねたものだった。閘門を開くときは、まず人間が水中に飛び込み、閘板上の鉄の輪にロープを結びつけてから、岸辺のろくろで一枚一枚巻き上げた。一三枚の閘門板を全部閉じると、水位は五メートル以上あがる。もうそれは歴史の舞台から退いてしまったが、閘門を通りすぎる水は、今でも、大きな水しぶきをたてて流れ去る。これをみれば、往年の激しい水勢が想像できよう。

上流の東便門から数えて、慶豊閘は通恵河の二番目の閘門にあたるので（一番目の東便門下にあった大通閘は、今では跡かたもない）、俗に「二閘」と呼ばれている。北京で二閘といえば、年配者ならまず知らない人はいまい。

前世紀まで、北京には一つも公園がなかった。今日、市民の憩いの場所となっている北海公園、頤和園、景山公園などは、当時はすべて皇室に独占されていたので、清流めぐり、両岸に緑陰連なる二閘一帯は、北京の住民にとって得がたい景勝地であった。

毎年、夏になると、城内の住民は続々ここに避暑にやってくる。大通閘から二閘までの二・五キロの水面は、どこもボートで埋まるし、河辺の散策者はひきもきらない。物売りや芸人も集まってきて、急ににぎやかになる。……今世紀初めに辛亥革命が起こり、皇室の名苑がつぎつぎに開放されるに至って、ようやく二閘に遊びに出る人波は少なくなったのだった。

だからといって、二閘はその後忘れられてしまったわけではない。そ

— 61 —

7

に伝統というものは残っている。

「茶館」第一幕の舞台。中央の門口に[illegible]人の姿もみえる。

初の訪日公演

謝　民

今年の九月、北京人民芸術劇院が、老舎の名作「茶館」をたずさえて、初の日本公演を行なうことになった。

半世紀をつづる風俗絵巻

「茶館」は、老舎が一九五七年に書いた三幕の戯曲である。舞台は、清朝末期から新中国成立直前までの五十余年間、北京の茶館で、多彩な人人を登場人物に庶民の歴史がくりひろげられる。

幕があくと、舞台は、清朝の末期、北京の「裕泰」という大茶館だ。客の入りも上々で、大いに賑わっている。鳥籠をさげた者、素焼きの鉢の中のこおろぎやきりぎりすに夢中になって見入っている者、将棋ファンや芝居マニア、嗅ぎたばこのつぼや扇子の玉の根付けをもてあそぶ者……手相見までが客の間をあちこち行き来している。人々は、なに

常連で、剛直な性格の常四爺は、外国人がいばりちらしているのを見て、「大清国はもうおしまいだ」と嘆く。この一言が災いのもととなって常四爺は獄につながれてしまう。茶館の家主で、若く気骨のある秦仲義は、実業救国の道を歩もうと、工場の経営を考えるが、それも改良維新派と見なされ、「反逆」の罪に問われてしまう。この二人とは対照的に、宦官でよぼよぼの老人ながら、清朝が変法維新運動の弾圧に成功したと知った龐太監（太監は宦官の俗称）は、喜色満面で、若い嫁を迎えようとする。どうにも生きてゆけなくなった農民の康六は、銀十両の代

— 82 —

6

スポット

大学生の日曜ボランティア

今年三月二十日、北京にある六四の大学・高等専門学校の学生一万人あまりが、"知識を市民に提供"の呼びかけに応え、街頭にくりだしてさまざまな活動を行なった。王府井通りに「知識提供」ステーションを設置する北京大学の教師と学生（写真上。桑祥森　撮影）。文学愛好者と文学作品について話し合う北京大学の中国文学専攻の学生たち（写真右。楊紹明　撮影）。

9

特集

中国の若者　恋愛、結婚、家庭

恋愛―「出会い」のさまざま

結婚―結納から挙式まで

家庭―亭主関白か　カカア天下か

…などが主催した集団結婚式。159組がよろこびの式をあげた。

中国の人の恋愛、結婚は？　職業的仲人がいまもいるか？　「父母之命，媒妁之言」に従えという古い習俗はどうなったか？　現在、どのようにして配偶者をみつけるのか？結婚式などはするのか？……等々、読者から本誌へ寄せられる御質問には、この種の問題が多い。

そこで思い出すのは子供のころ南方の農村で見た結婚式だ。旧社会の農村では、まだ子供が小さいうちから父母は、仲人だ、占いだ、結納だと活動を開始し、子女の結婚の準備をする。ドラや太鼓のはやし立てる中を、まだ羽根蹴りをして遊びたいような花嫁が、八人担ぎの大きな輿

— 12 —

13 —

8

街まちで談ひろった巷はなし議

"福の神"争奪戦

"車三"自転車修理店

— 56 —

10

カメラ・ルポ
"陸・海・空"なんでも手がける農民

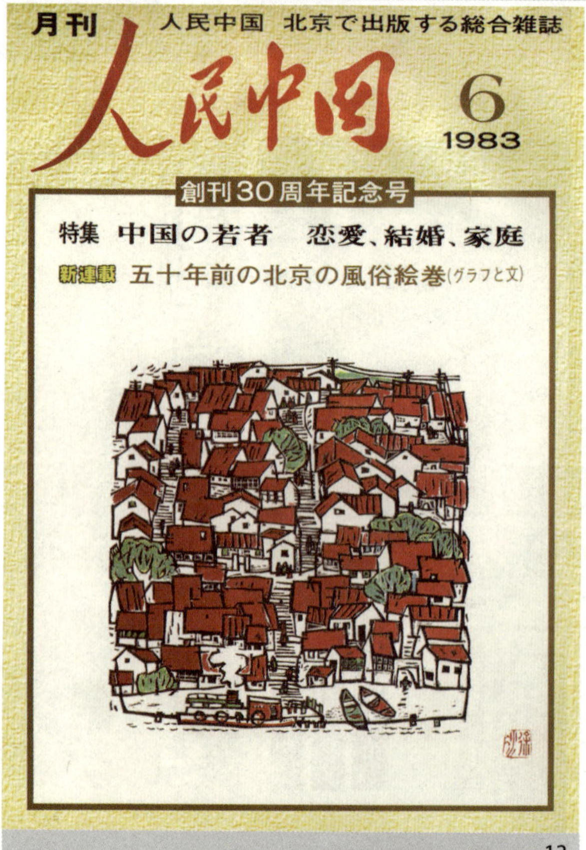

月刊
人民中国　北京で出版する総合雑誌
人民中国
6
1983
創刊30周年記念号
特集　中国の若者　恋愛、結婚、家庭
新連載　五十年前の北京の風俗絵巻(グラフと文)

13

承徳市街頭の「小人書」の店。店主の多くは停年退職労働者だ。

お客は子どもだけではない。勤めがえりの労働者、映画館の前で入場待ちの青年などもよいおとくいさんだ。

「小人書」はお母さんが子どもに話してやる最初の教科書といってよい。

南方の町では雨が多いので、露店ではなく店内で売られている。

12

1983

在中日关系的“蜜月期”,《人民中国》迎来了创刊30周年。如果说预示着《人民中国》发展第一个黄金期到来的创刊10周年纪念大会以其空前的规模宣示了以民促官实现邦交正常化的决心，那么在北京饭店举办的规模空前的创刊30周年纪念大会（9月号，见图1），则与走向全盛期的中日关系以及与之相伴的《人民中国》第二个黄金期完全吻合。许多大家、名家赠予祝贺的书法与绘画作品（9月号，见图2、图3）。其中两幅书法令人印象深刻：赵朴初写的短诗不再是小令，而是在上一年接待日本友人时即席创造的新诗体——汉俳；廖承志写的书法题词竟是他即将走到人生终点的最后墨宝（9月号，见图4）。

6月10日，就在《人民中国》刚刚举办过创刊30周年纪念大会后不久，推动中日关系发展的极重要人物廖承志因病逝世。《人民中国》以《廖承志的一生》为题策划了综述文章，缅怀这位为中日关系发展做出卓越贡献的先贤（10月号，见图5）。

这一年,《人民中国》刊发了谢民撰文的《老舍话剧〈茶馆〉首次访日公演》，介绍了该剧在日本的火爆反响（9月号，见图6）。

这一年又一个日后被反复提及的原创策划《大运河自行车之旅》开始连载（6月号，见图7），刘世昭、沈兴大的这一壮举提升了80年代《人民中国》的知名度。

日本读者尤为关注中国年轻人的状况。特辑《中国年轻人的恋爱、结婚、家庭》(6月号，见图8)、摄影报道《大学生的周日志愿者活动》(6月号，见图9）等回应了这些关注，为转年大规模中日青年交流提供参考。

新栏目《街谈巷议》关注社会现象背后正在发生的观念变革（2月号，见图10）；摄影报道《海陆空全方位装点生活的中国农民》将镜头对准了开始美化生活环境的农村（6月号，见图11）；摄影报道“小人书”则抓拍到漫画尚未进入中国之前全民阅读连环画的火爆场面（12月号，见图12）。封面采用的各地风光版画是日后名声大振的前卫艺术家徐冰的作品（6月号，见图13）。

第二节 创刊30周年纪念文章[1]

座谈会——《人民中国》的30年[2]

时间：1983年4月

地点：本社会议室

出席人：本社老职工五人

A：时间过得真快，一晃就是30年了。

B：对啊！这一期杂志的封面标上了“创刊30周年纪念号”。

C：真让人感慨万千啊！这30年咱们国家和咱们的杂志都走过了艰难曲折的路。

D：孔子曰“三十而立”，咱们杂志今年也30岁了，是不是“立起来”了？让我们趁这个机会回顾一下杂志的发展历程吧。

E：应该谈谈创刊前后那些有趣的事，后来的人可能都不知道。

A：今年是日文版《人民中国》创刊30年，但《人民中国》品牌是始于英文版，创刊时间更早。C是英文版创刊时就在的老资格了。

B：那是日文版《人民中国》的“前史”，可以简略地谈一谈，从而知道咱们的“根”在哪里。

C：新中国成立前，我在上海求学。因参加反对国民党的学生运动，我被学校开除了。在上海站不住脚，我就逃难到香港。当时，香港聚集了许多从国民党统治区去的学生、文化人和民主人士。进步文化活动在香港的影响很

1 此节文字载于1983年6月号、1984年4月号。

2 参与座谈会的五人中，经请教刘德有先生，基本可以推定，A是康大川，B是安淑渠，C是车慕奇，D是李雪琴，E是孙战科。此稿收入本文集时内容有所调整。

大，新中国成立后活跃在外交舞台上的乔冠华夫人龚澎，当时在香港主编了一本叫《中国文摘》的英文半月刊，专向海外介绍解放区情况并揭露国民党的黑暗统治。我于1948年到那里去工作。

A：我是1949年新中国成立后不久调来北京的，当时我还看到过《中国文摘》。这本杂志的封面很别致，我特别欣赏。它的英文名叫*China Digest*，上面还印有一块仿篆刻图章的图案，上写“中国文摘”四个字，中国风格非常浓，一看就迷上了。

C：在新中国成立前夕，《中国文摘》的全班人马迁到北京，一面向香港发稿，一面筹备出版一本向国外介绍新中国的刊物，起名叫《人民中国》，仍然是英文半月刊。《人民中国》于1950年正式出版了，因为是英文版，杂志名为*People's China*，同时宣布《中国文摘》停刊。所以，《中国文摘》可以说是《人民中国》的前身。到了1951年又增出了俄文版。

A：D就是那时候来的，梳着两条小辫子。我还想：怎么调来这么一个小姑娘，看，当时的小姑娘，现在……（笑）

C：她给我的第一个印象是一个法国胖娃娃。（笑）

A：论“资格”，D在这里算是老二了……

E：“根”已经清楚了，现在是不是介绍一下日文版《人民中国》的创刊经过和30年来的历史？

A：今天咱们在座这几位看起来似乎都是在《人民中国》干了30年，但其实却不然。因为经历“大跃进”之后的经济调整时期，不少人或者去了农村；后来的“文革”期间又有人进“学习班”或下干校，离开了杂志社。这些离开的人在那段时间里甚至连《人民中国》也看不到。D自1953年便出国到莫斯科大学新闻系留学，日文版创刊时，她不在国内，直到1958年才回国。

D：“文革”期间我也“靠边站”了几年[1]。

A：因此，能真正完整地讲述30年历史的人B最有资格啦，她一直没有离开《人民中国》杂志社。

E：好，那咱们大家一起凑一凑《人民中国》日文版的历史吧！

募集人马

A：英文版《人民中国》刊名虽是*People's China*，右下方却印有《人民中国》四个汉字，在我看来别具一格。

E：《人民中国》这四个汉字是毛主席的手书吧？

C：字的确是毛主席的手书，却不是专门为我们写的，是从不同来源拼起来的。在英文版封面上，这四个汉字很小，后来在日文版封面上，就放大了。

A：这四个字，刚好成为日文版杂志的刊头题字。但是，那时候咱们和日本来往很少。不来往，出了杂志，送不进去也没用呀！不过我坚信，国家与国家之间，人民与人民之间，要互相了解才能促进友好。新中国才成立不久，我们应该想办法让日本民众了解新中国的一切。后来北京召开亚太地区和平大会，来了不少日本人。看来两国人民之间开始往来了！他们能来，咱们杂志也送得进去吧！亚太和平大会闭幕以后，1952年10月我们决定创办日文版的《人民中国》。

C：从内容上讲，这两个文版内容大同小异。

A：对，英、俄文版都是半月刊，两个语种每月共出四册。我想从两个文版中各选择一些文章，就可以编出一本内容很好的月刊，再有一批翻译、编排设计人员就可以轻松地出一本日文杂志。于是我就开始招兵买马，进行筹备。

1 指“文革”期间领导干部被解除职务，在单位里被边缘化的状态。

E：B就是那时招来的吧？

B：是的，我是那时来的，不过，我来之前已有几个人了。

A：我们现在的上级单位叫中国外文局，但新中国成立初期领导我们的是国际新闻局。国际新闻局于1952年改组成立外文出版社——就是今天外文局的前身。当时全社懂日文的只有一个半人，我算是那半个。这点力量还办不了日文杂志。当时从日本回来一批留学生，我又从中物色了两个，请他们加入日文版编辑团队。

B：现在翻译组的R就是其中的一个，他比我资格老。

A：四个人显然还是不够的。正好当时沈阳有一家日侨办的日文报纸，由于日侨陆续回日本了，读者逐渐减少，该报决定停办。报社有些人愿意留在中国。听到这个消息，我立即跑到沈阳聘请这些愿意留下的日本同志。但光有日本同志还不行，还得再找一些中国同志才能搭建起旗鼓相当的团队。由于历史原因，当时东北地区特别是旅大[1]一带懂日文的人比较多。于是，我从沈阳又赶到大连，在那里物色杂志需要的人才。

C：我们接到你从东北写回的信，知道募集人马很顺利，我们都很高兴。《人民中国》在英文版和俄文版之后又将有一个姐妹版了。

A：那时候地方上很合作，北京要什么干部就给什么干部。这样我们顺利地在大连找到了四位中意的中国同志。

D：目前上调的L和B都是这一批吧？

A：对，一男三女一共四位，现在只剩下B一个人还在《人民中国》工作。

B：当时我在大连日报社工作。从金州纺织厂采访回来，社长找我谈话说北京外文出版社调我去工作。我听了吓了一大跳（笑）。

A：刚才也说到了，当时国际新闻局已经改组为外文出版社了。

1 即今天的大连市。当时从旅顺和大连各取一字命名为旅大。

B：当时没告诉我去《人民中国》，我猜想是要日文干部，心里很胆怯。我从幼稚园到高中都在日本人办的学校上学，中文反而很差。抗战胜利后，我为没能学好祖国语文深感愧疚，就拼命学中文，结果日文几乎都扔了。

D：幸亏扔了许多，不然《人民中国》也装不下那么多（笑）！

B：真的扔了许多！所以我很担心我的日文能否胜任工作。可北京是新中国的首都，党中央和毛主席就在北京，那可是我日夜向往的地方！所以我当时的心情可以说又高兴又忐忑……

C：不过那时咱们都坚决服从祖国需要，不管多远的地方，只要上级一声令下，即刻启程。哪怕心里再有矛盾也是绝无二话的。

B：是的。记得离开大连的那天，我们同行四人在大连车站集合了。每个人的家属、亲友自然都来送行。不过为 L 送行的有几十人之多，这些人都是 L 执教的日侨学校的学生。我永远忘不了，他在火车启动前，站在列车扶梯上用日语发表的长篇“演说”。我听了惊讶极了。因为我已有六七年不讲日语了，舌头早就硬了，说不出几句话了。一路上我都在担心：未来的工作我能胜任吗？

A：在民主新闻社我又招聘到八位日本同志和一位中国同志。

E：是 S[1] 吧？她真是一位好同志。

B：她日文很好。起初安排她上了三个月的打字学校，当了打字员，后来负责校对，最后又从事翻译。她热爱自己的工作，责任心很强，校对的差错率是二十五万分之一，60 年代初是外文局的校对标兵，得了红旗。很可惜动乱年代死于非命。我与她相处得很好，至今还时常会想起她。

A：和 S 同时入社的日本同志中有两对夫妇。当时他们在沈阳的报纸还没停刊，于是决定先过来几位参加筹备工作。其中菅沼不二男夫妇令我印象深刻。菅沼不二男同意夫人暂留在沈阳的民主新闻社，他本人先来到北京参与

1 S是《人民中国》优秀翻译校对李薰荣。

筹办工作。

C：这是你一手制造的第一对两地分居吧？（笑）

A：这绝对是一个误会。我很同情他们，但菅沼同志说这是为了工作，他们是自愿来的！（众笑）第一批赶来的日本同志有五个，当时一下子买不到那么多卧铺票，我们很着急。可他们说不必买卧铺了，到北京只要 18 个小时，忍一忍就到了。于是大家在硬座车厢里坐着对付了一宿熬到了北京。

对了，从东北来京的还有几位日文排字工人。当时，我们虽然已经有外文印刷厂，但却是上海英文报纸的印刷厂班底，没有日文铅字。听说沈阳铁路印刷厂有一套日文铅字，承蒙他们好意转让，还同意调四位懂日文的排字工人给我们。他们四个人都是单身汉，一说就成了，和我们同车来到北京。

E：一切都是从无到有啊！

C：他们来是 R 君去车站迎接的。从火车上下来一群人，一出站四个排字工人不见了，把 R 君急坏了。这可是责任重大！（众笑）后来才知道被印厂的人给接走了。

A：我到东北去募集人马的时候，北京的筹备工作也在积极进行。回来时又多了一位女同志。

C：是 R 君物色来的。这位女同志是他留学日本时的相识，也是新中国成立后回国的。

A：人员到位了，办公用品准备好了，办公室也布置起来了。后来新楼盖成，给咱们一间 60 平方米的大房间，东、南、北都有窗户，又宽敞，又亮堂。

B：我是在你们搬进大房间后才来的，那是 1952 年 12 月 10 日。

A：也是 R 君去接你的吧。

B：我们一行四人，都是第一次来北京，可是下车后在站台上却没看到有人来接，我们都急了，决定先出站。在出站口看到一个人高高地举着一张纸，上边写着我们四个的名字，大家这才放下心来。于是我们跟着他乘上派来的吉普，直奔机关。

A：我还在开会，忽闻“有人来报到了”。一看，走进一个英俊男青年和三个梳着小辫子的姑娘。

B：当时我才 22 岁。一进大房间，见到那么多的老前辈和日本朋友，心里慌极了。好在大家热情地上来欢迎我们，这股热情把我们的顾虑打消了一半。

C：至此，人马齐全，就等试刊了。

创刊号问世

B：当时，日文版全体人员都挤在一间大房间里，就像日本杂志社一样。A 和专家一摊，翻译一摊，编排校对一摊，行政一摊。我们同来的四人，有的做翻译，有的做行政工作，我被分配做编排校对工作。

A：我们先试出了第一本样刊，送至一些报馆及研究日本问题的专家处，征求各方意见。他们都很热情，派人来参加我们征求意见的座谈会，会上提出不少宝贵的改进意见。有的谈译文，有的谈内容和文风。其中有一位同志的意见我至今记忆犹新。这位同志说，对一篇文章如果有不同的意见，哪怕只是一个人的意见，也要放一放，冷静地想想，然后再决定是否发稿。没有主见不是好编辑，不倾听不同意见也不是好编辑。30 年来，我们一直是这样做的。这已经成为《人民中国》的工作作风。当然，有时为了赶时间，也登了不少与这种作风不符的文章。

B：根据大家反馈的意见，我们又出了第二本样刊。第一本样刊的封面只有重要文章的标题。第二本样刊的封面增添了一张鞍钢建设的照片。

A：火候差不多，就要考虑正式出版了。正好这时日本红十字会派了一个代表团来中国。日中友协也派代表参加了这个代表团。我们利用这个机会去向他们请教，探讨杂志出版后在日本是否会有读者，以便就是否正式出版做出决断。

B：内山完造先生作为日中友协的代表也参加了这个代表团。

A：就是先找到他，通过他征求了岩村三千夫先生的意见。

D：岩村先生也是我们创刊时的老朋友了！

A：是的，岩村先生也是老报人，还是研究中国问题的专家。他说，杂志内容还可以，但能否在日本畅销不敢说。以他的估计，销路不会很多，多了说能卖到 2000 份，最多不会超过 3000 个订户。

B：当时的形势和现在大不相同，难怪他的估计偏于保守。

A：我汇报了这次调研的情况，领导说：一本外国刊物能有两千名读者就算不错了，哪怕只有一千名读者也值得发行。这一千人将成为促进两国人民友好的力量，有了一千就会有两千，就会有两万，读者圈会不断扩大。最后的结论是“发行”。于是，我们制作发行了日文版《人民中国》。第一期印了两千本，运到日本一抢而光，我们不得不再版。

C：杂志再版应该说是十分罕见的。

A：咱们的日文版《人民中国》一起步就创造了奇迹。当然，这说明日本公众十分关注中国，也可以说，我们出版这本杂志是一个正确的决断。创刊后杂志发行量一期比一期多，到“文革”之前，最多的一期发行量高达 12 万份。

C：这可是我们始料不及的。

A：是啊！ 60 年代岩村先生来中国时说，“这真是一件好事。必须承认我输了，我当时的估计过于保守了。没想到有那么多人关心新中国，渴望了解新中国的情况。这也是中日两国人民源远流长的友谊基础的体现。”作为促进日中两国人民友好的一分子，他是非常高兴的。他还提出了改进意见，希望我们的刊物办得更出色。

C：从你刚才讲的情况看，日中友协从《人民中国》创刊时就是我们的支持者了。后来，日中友协大力推广发行《人民中国》，长期支持我们。今年，他们又把 5、6、7 月份定为“‘三刊’[1]普及月”，将要在推广“三刊”方面做

---

1 日文版《人民中国》《北京周报》《中国画报》在日本被称为“友好三刊”，很长时间是日本公众了解中国的重要窗口，日中友协等日本各友好团体都把推广“三刊”作为会员义务。“三刊”并举的局面一直持续到 21 世纪初纸质版《北京周报》《中国画报》终止出版为止。

出更大的努力呢!

D：顺便说一下，1963 年创刊 10 周年时，日本各界友好人士开会庆祝。《人民中国》派了一个五人代表团去日本，我也参加了，这是我第一次去日本。代表团在日本聘请了三个人组成国外顾问小组。

A：岩村三千夫先生是三人小组的成员之一，还有一位是我们杂志在日法定发行人、东方书店的经理安井正幸先生，另外一位成员是《人民中国》的老专家菅沼不二男先生，他是 1961 年回到日本的。

B：就这样，《人民中国》创刊号于 1953 年 6 月 5 日正式出版了。大家都认为封面上最好要用照片。当时正值“五一”国际劳动节后不久，于是封面选用了毛泽东、周恩来、刘少奇、朱德及其他领导同志在天安门上接受少先队献花的黑白大幅照片。

A：将这本凝聚了我们的血汗的杂志拿到手后，我心里真是高兴得不得了。我们准备了一点啤酒，刚要举杯庆祝的时候，一个同志喊了一声：糟糕!大家放下酒杯，围过去一看，原来是把一位日本朋友的名字印错了一个字。

D：人名排错是很难发现的，如果不知道其人，根本发现不了。

A：实际上，发现错误的人是参加了“五一”外宾接待工作的翻译，很熟悉那个名字。因为杂志上登了那位日本朋友的照片，他拿起杂志一眼看到照片上熟悉的面孔，再一看相关文字，发现名字给排错了。

E：这可真巧了。不过杂志要重印吗?

B：日本友人的姓名出错是很失礼的，特别是在创刊号上出错更不好。可当时杂志已经装订好，重印肯定来不及了。好在创刊号只印了两千本，大家一商量，立即把所有的杂志搬到办公室，用刀片把错字刮掉，再用指甲磨光，然后用蘸了油墨的铅字盖上去。大家都珍惜这个初生儿，改得很仔细。当所有杂志都改好时，天已大亮，大家精疲力竭，都忘记祝酒了。后来再版的一千份，大家又十分认真地校对了一遍。

C：出师不利的消息传开，有人要 A 写书面检查，不少人替他说情，创刊不易，就不要求全责备了吧。

B：A为此几夜没有睡好，对我们反复说：千里之行，始于足下，咱们可要兢兢业业啊！后来，我们便十分注意校对。S能够将校对差错率控制在二十五万分之一的水平，与对那次教训的重视不能说没有关系。可惜，创刊时奠定下的严谨作风，在十年动乱期间被破坏了。现在正在努力恢复，可要恢复起来还很费劲呢！

八方支援

A：创刊30年了，今天我翻阅了创刊号，的确是感慨万千。这本杂志一创刊就得到老一辈革命家的关怀。你们看，从创刊号直到后来几期，杂志目录上面都刊登着本刊的宗旨，这是胡乔木同志为《人民中国》各版规定的共同宗旨。他当时是新闻总署署长，国际新闻局就属新闻总署领导，是咱们的直接上级，又是中央宣传部副部长，现在他已经是中央政治局委员了。

C：还有郭沫若同志，对杂志也是倍加关心。创刊号的发刊词是郭老专门为日文版写的。直到1978年逝世前，郭沫若同志都一直关心着这本杂志，多次为《人民中国》撰写文章。

A：只要我们提出要求，上级领导总是有求必应。

B：当然，关怀杂志的领导同志不只他们两位，还有周总理、陈毅副总理，他们都出席了《人民中国》创刊10周年纪念招待会，挨桌向中外来宾及全体工作人员包括日本专家敬酒，并为我们题词。

A：尤其是廖承志同志，一段时间里他亲自过问杂志工作，问我们有什么困难，为我们排除障碍，使杂志能顺利出版。

C：翻一下30年刊物的总目录，多少名作家、名画家为我们撰文作画。这个刊物是领导关心、社会支持的产物。

D：我是1958年回到编辑部的，在国外学习期间，我得知《人民中国》又出了日文版，俄文版、英文版先后停刊。不过这一段时间里因为不在国内，所以我插不上嘴。

C：停刊不准确，应该说是转移阵地吧！俄文版是因出版《中苏友好报》于 1957 年停办的。英文版是因为出版《北京周报》，大批编辑和翻译人员转移了过去，才于 1958 年停办的。你回国时又出版了法文版和印尼文版。但不久《北京周报》出了法文版，《人民中国》的法文版便于 1963 年停办了。印尼文版也因为形势的变化停刊了。

D：1963 年《北京周报》出版日文版，但并没有影响到《人民中国》的生存，日文版的《人民中国》始终健在。

A：不过人员方面险些受到调动的影响。当时我们在出版《人民中国》日文版的同时，还负责出版《人民画报》日文版，后来还负责出版日文图书。人员一动就会伤筋动骨，好在那时《人民中国》的发行量近十万份，不能因为人员的调动影响杂志的出版，所以才得以幸免。

C：尽管都是日文刊物，但一个是周报，一个是月刊，它们的功能是不一样的，完全可以像现在这样各出各的。可以各自发挥所长嘛！

读者的鼓励和批评

B：在各方的关怀和支持下，《人民中国》备受日本读者的欢迎。1955 年咱们有三个人随中国贸易代表团赴日。那是新中国成立后继红十字代表团后的第二个访日代表团，共去了三十九人。我们这三个《人民中国》派去的人中，两个是翻译，一个是随团记者。由于我们是《人民中国》派去的，因此受到日本公众的双倍欢迎。随团记者受到和团长同样的献花束欢迎。我们还出席了日本各界为《人民中国》举行的座谈会。在东京和大阪，常有读者到住处来访。

D：社里曾有几位研修生，是外单位送来进修的。其中有一位曾被借去随一个代表团访日。每次欢迎会上，介绍团长，掌声热烈，一个个介绍下去，掌声也逐渐减弱，最后介绍到这位翻译时，掌声再次热烈起来。作为《人民中国》的工作人员，他受欢迎之热烈程度不亚于团长。

A：当时中日尚未复交。日本当局对日本人读《人民中国》是不高兴的，设置了重重障碍。但不少人不怕受迫害的危险，依然想方设法地订阅《人民中国》，还义务推广发行。其中有青年人，还有老妇人。这对我们是一种极大的鼓舞。

D：比起日本读者的热情，当时的《人民中国》办得还不能令人满意。

B：至少是太生硬了。很多读者说，他们在阅读《人民中国》前，首先要下定决心，然后头扎毛巾，正襟危坐翻阅杂志……（笑）

D：当时的编辑部统一为日文、法文、印尼文三版供稿，内容大同小异，针对性不强。再加当时“左”的倾向已经抬头，国内报刊的文章常常原封不动地搬上杂志，也不管读者看得懂看不懂。那时还常常出附册，内容多数是文献，记录某次重要会议或对国际事件的立场。文献性的附册当然严肃而深奥，而一般文章也是照此办理，杂志自然就生硬了，尽管受研究者欢迎，却为一般读者所敬畏。

A：《北京周报》（日文版）创刊后，及时刊登重要文献，我们就解除了这方面的任务，可以更多地考虑一般读者的需要了。为此，我们要感谢《北京周报》。（笑）

D：那是 1963 年。其实，早在 1962 年杂志的内容已有所改进。

A：那是一次大改革。当时，我和 C 君下放四川刚回北京，后又被借调出去。这一段我只能听你们讲了。

D：当时的改革并不是自觉的，而是来自两个方面的要求，逼得我们不改不行了。哪两个方面的要求呢？刚才讲了读者的“辛苦”，他们来信说这样的文章不想再看了。除了读者方面，上级机关方面也有领导指出：《人民中国》的宗旨是促进中日两国人民的相互了解和友谊，不要把我们的见解强加于人。

B：之后，廖公[1]还对另一本刊物提出，“打倒‘豆腐块’，面貌要改观”。他的意思是说，不要总是登领导人接见外宾时严肃的照片，版面又呆板，一张张排列起来，像豆腐块。从他的批评中，我们得到启发，从此力求上内容生动的文章、有生活气息的照片，同时在编排上也要求做到大胆活泼，进行了多方面的改革。

A：到1962年下半年，杂志开始有了新意。

D：当然，1962年以前也还是有受欢迎的内容，像民间故事、小说、集锦、一月新闻，经济、社会、文教方面的报道文章，中国历史故事等都保留下来。1962年下半年以后，增设了《知识分子走过的道路》、《中日友好史话》、西园寺公一撰写的《随笔》等新栏目。

A：提到西园寺公一我要多讲几句，他也是咱们的热心支持者之一，当时他为咱们写稿，从来不拖延时间，有时交稿日赶上星期天，咱们没有人去取，他就叫他儿子一晃君骑自行车送稿来。还有他的夫人雪江女士也为咱们写了文章，还教咱们的女同志跳日本舞。可以说，他们全家都是《人民中国》的热心支持者。

B：《人民中国》得到了众多日本友人的支持。

A：已故的中岛健藏先生也给予了我们很大的支持。他为我们撰写稿件，参加座谈会……每次来北京必定到社里来为改进杂志提出不少好意见。“文革”中我受到不公待遇，先生也没再来中国。从那以后我们就再没见过面。

前几年见到了日本邮趣协会的水原明窗先生，他说中岛先生一直挂念着《人民中国》的事情。那时先生已经病重。……去年访日时，我有幸来到先生墓前献花缅怀，也算是向先生表示我们的感激之情吧。

B：支持我们的日本友人真是数也数不过来。

D：我们的画刊也有了较新的内容，比如引人瞩目的永乐宫壁画，那是

---

1 对廖承志的昵称。

1963 年 9 月号刊登的，从那时起杂志不断得到好评。

编辑内幕

B：《人民中国》包括机构层面的全面改进则是从 1964 年开始的。我们成立了自己的编辑部，一切文章都要求考虑到日本读者的需求，这样刊物内容的整体针对性得到了加强。同时翻译组也不再兼管画报和小册子，全力以赴，聚精会神地办《人民中国》。

A：补充一点：1956 年以后，进来了不少新同志，团队得到进一步加强。这批人员都很年轻，有中国人，也有日本人。1960 年又来了一批人员充实队伍。这样日文版《人民中国》才有"资本"和其他文版分家，可以分一批人过去专搞画报和图书。

C：前面说过，1963 年创刊 10 周年，咱们第一次派出了由五个人组成的访日代表团。虽说一直在办日文杂志，但是很多同志没去过日本。让没见过日本的编辑、记者给日本读者写文章的确很难为大家。这次派出的代表团，多少解决了这个问题。D 从日本回国后，在《人民中国》推出了 6 期连载《访日四十五天》，受到欢迎。这样接地气的内容不是亲眼看到日本的人是写不出来的。

A：中国人是怎样看日本的？日本读者很关心这一话题。如果不改革，我们是做不到这一点的。改革之后，工作目标单一明确，团队劲往一处使，效率也上来了。这是能办出比较受欢迎的杂志的重要因素之一。具体说，比如 1964 年的新设专栏《北京一角》，就是针对日本读者需求量身打造的。为了能写出有《人民中国》特色的文章，为给这个专栏文章树立样板，最初一篇文章三次易人，改写了八稿，才最终定稿。俗话说"文章自己的好"，知识分子历来都敝帚自珍，不习惯别人说三道四。要不是大家一心为了办好刊物，这样折腾早就闹翻了。

E：的确，大家心齐才有干劲。

A：现在，我们大家也都在齐心协力。用日本当下一个时髦的词儿来说，我们都是“猛烈社员”（拼命三郎），没有比这更令人高兴的事了。

D：每期杂志常是在争论中办出来的，有时个别人甚至动了肝火。可拿到杂志的样刊，大家都开心地笑了。什么吵啊闹的都忘光了。（笑）

E：有些情况很让人感动。比如我们的老摄影家 H，为了这本杂志他总是任劳任怨，全身心扑在工作上。

A：有一次，眼看要拖期了。我很严厉地催 H 限期交出照片，当时外文局局长也在座。H 离开后，局长责备我不该这样粗暴地对待这么一位老知识分子。我说都是为了工作，他不会计较的。说这话是在星期六下班前，我心想他星期一定会如期完成任务。星期一，局长特地告诉我：昨天他到办公室来，果然看到 H 在暗房工作。他很受感动。我说，《人民中国》的全体工作人员都是这样工作的。我们许多记者、翻译、编辑、美工，每个人都一心为工作，所以《人民中国》才能一期一期地高质量地办下来。

C：H 两年前因患癌症离开了我们。

A：我每每想起这件事总感到内疚，觉得对不起他，越想越难过。

另外这 30 年中，还有四位同志在工作岗位上故去。1963 年日本专家池田亮一逝世，刚才提到的 S 即李薰荣 1967 年在动乱中死于非命，1977 年日本专家戎家实逝世，还有翻译组的田增华同志也于今年去世，他们都是好同志。在纪念《人民中国》创刊 30 周年之际想起他们真是感慨万分啊。

B：说到大家齐心办好《人民中国》，我想补充一点：印厂的同志为出版杂志尽了很大的努力。日常工作自不必说，咱们的校样常常一改再改。虽然师傅们常提意见，甚至发火，但总是尊重我们的意见，不管多么麻烦也会精益求精地完成。记得在 1961 年到 1962 年那段困难时期里，由于得不到应有的营养和热量，有的人身体出现浮肿。国家除了尽力调剂食品，还强调劳逸结合，严禁加班。谁加班，不仅不给加班费，主管领导还要受处分。但 K 师傅为了赶《人民中国》的拣字排版工作，一个人在车间里遮住灯光，瞒着领导，偷偷加班。

D：我算了一下，那时咱们的工作人员，包括日本同志一共 40 人。到了 1965 年，有四位同志下乡参加“四清”运动达一年之久，有几位休病假或休产假离岗一两个月，还有个别同志调离，实际只有 32 人超负荷运转。人员减少了 8 位，可杂志照常出版，内容也越办越好，受到读者欢迎。很快杂志发行量就达到 12 万份。大家不齐心，是做不出这样的成绩的。

A：杂志确实有起色，也很受欢迎。只是这 12 万份发行量的数字是有水分的。当时赠阅的数量多于销售数量。一位来华访问的日本朋友坦率地说，虽然他和夫人的工作单位各赠送他们一份《人民中国》，但为了日中友好，他自己又自费订了一份，全家共有三份。这种情况很普遍，实际上杂志拿到手并没有怎么看，当时的 12 万份中有 5 万人看就很不错了。

D： 接下来在“文革”期间，A 等受到冲击，离开了《人民中国》。受“左”的路线干扰，杂志经常出错，发行量骤降到万把份。

A：最近我翻阅了前些年的《人民中国》，1967 年 1 月号连封面封底一共才 60 页，大部分是照片，文字只有 24 页。可是 2 月号、3 月号又合并，这些反映了混乱时期的工作之艰难。

C：两个月出一本杂志这是创刊以来所没有过的！

D：你们两位确实对“文革”时期的杂志不了解。1967 年 1 月号、2 月号合刊，1969 年 11 月号、12 月号合刊。1976 年的 11 月号和 12 月号也是合刊。

A：难怪，我们这一期创刊 30 周年纪念号，从杂志出版排序来说至少也应该是总第 361 号，但目前把以往的增刊号都编进去了，却也只有 360 号。

B：那段时间编辑、翻译、印刷厂都经历了艰难历程。苦到头了，也就时来运转了！

A：这要得益于我们党及时结束“文革”动乱，并实行改革开放，真正扩大了朋友圈。

重新起步

A：新时期开始时，我还在外边工作。但由于形势好转，我心情舒畅，每天上下班路过编辑部，有空总要回来看看。我感觉杂志社内部的紧张气氛有所缓和。

D：其实变化在 1976 年周总理逝世前后就开始了。

E：当时大家一起去天安门悼念周总理，同在一起彻夜做花圈，表达对周总理的怀念和对“四人帮”的不满。

A：1977 年初我回社时，就看到你们热烈讨论如何改革杂志，迎接新局面。

D：这是政治形势使然。通过反思，许多人渐渐觉得“文化大革命”之中受批判的 1962 年到 1964 年的杂志办得比较好！

B：被批得最厉害的《北京一角》，又作为好选题得到了肯定。《知识分子的道路》和《历史故事》也受到人们称赞。《中国历史》甚至连载三年多，日本的出版社还要将其编辑成书出版呢！

A：《中国历史》专栏中的岳飞又挺起胸膛，恢复了民族英雄的本来面目。当然，杂志不能满足于恢复到“文革”前。1979 年以来，我国各方面的形势在拨乱反正之后，与“文革”前相比大大发展了。

B：在对外开放的政策下，中日两国的来往更加频繁密切了。我们编辑部接待的日本朋友比“文革”前多得多。他们对我们的要求也更多、更具体了。

A：今天我们发行的 7 万份是实实在在的。更可贵的是，我们的订阅读者占绝大多数，其中国内订户和日本长期订户就超过 5 万份，其余的在书店零售也卖得不错。从读者来信中知道，有时候一本杂志常常几个朋友传看。也有来信说，他们喜欢的文章就自己复印送给朋友。有的学校老师一次复印 50 份给学生读。可以推测现在实际的读者数要比发行数字多很多。为了适应新时期的新形势，还要继续改革。

D：这就要求我们思想解放。现在，编辑部成员思想活跃程度远远超过60年代，许多好点子纷纷涌现出来。

C：1982年7月号刊载的关于“第三者”的文章介入一对夫妇和情人的讨论，就是一个例子。不仅在“文化大革命”期间，就是退回到1964年，我们也不会刊登这样的讨论。刊登这类讨论，是否向日本读者暴露了我们社会的阴暗面呢？答案是否定的。经历了思想解放之后，我们认为坦率地进行这样的社会报道，恰恰是为了让读者更全面、更深刻地了解当代中国的真实状况，帮助读者了解中国的青年男女当前遇到了什么问题，以及怎样解决这些问题。

A：这是我们继续改革的重要方面，就是力求真实地，全面地报道中国，增进国外公众对我们的了解。

B：我们的任务还很艰巨，内容方面当然有待进一步改进，文章的翻译也要下更大的功夫，才能进一步增进读者对杂志内容的理解与好感。总而言之，《人民中国》要办得像一本真正的日文杂志。

A：座谈会开始的时候，D引用了孔子“三十而立”的名言。通过今天这场座谈会，我们回顾了《人民中国》这30年走过的曲曲折折的道路。可以说，杂志还在“立”的过程当中。现在《人民中国》真的30岁了，又赶上了这样好的新时期。现在在中日关系上常说“天时、地利、人和”，对于《人民中国》来说情况也完全一样。如果再办不好这本杂志，我们可真就没话说了。以此为起点，我们应该“立好”这本刊，进一步办好这本杂志，用以报答广大读者30年来对我们全体同人的支持和爱护，使这本杂志继续为促进中日两国人民友好发挥更大的作用。

我们的员工都是“拼命三郎”，信心十足，希望各位读者继续多多给予指导和帮助。

座谈会：努力把杂志办得更好[1]

时间：1983 年 11 月 24 日

地点：本社会议室

出席者：《人民中国》创刊 30 周年纪念访日代表团——

团长：康大川（总编辑）

团员：刘德权（翻译组副组长）

狄祥华（摄影记者）

李玉鸿（美术编辑）

沈兴大（记者）

李要武（记者）

康：我们回国两个多月了，这个座谈会早就应该开了……

李：的确，我们这些搞期刊的人，不容易凑在一起，你有时间了，他却忙起来了，或者另一个人又要出差了。

康：是啊，我们去日本访问了一个月。去以前，花了三个星期做了必要的准备；回来又得做一些善后工作，比如整理笔记啦，给日本朋友发感谢信啦，又花了三个星期……这样，前后有足足两个半月的时间我们完全脱离了编辑部工作。而我们又是“一个萝卜一个坑”，我们的工作由留下的其他同志代劳，增加了这些同志的负担，我们不能再脱离工作了。

玉：这几天，杂志要清样，我不能再让同志们代我干了，所以，几次我都脱不了身。我想，这个座谈会最好等一个时期再开，但狄祥华同志很快就要出去采访，再拖，人更不齐了。

1 康大川等人座谈汇总成文。

沈：我负责的《大运河自行车之旅》的连载，出国前写好的存稿已用完，再不续写，就要影响杂志按时出版了。所以这几天我躲起来赶稿子。不过今天我还是放下了手头的工作，硬着头皮赶来参加。

康：我们在日本的一个月，做了什么活动，有些什么收获，虽然回国后已经向社内的同志们做了汇报，但我们在日本接触了那么多读者、朋友，他们一定也想知道代表团通过一个月的活动，有了什么收获，对日本有什么印象……

刘：在几次的座谈会上和几次的拜访时，日本的读者和朋友们都问起我们对日本的印象或感想。

沈：我们回来后，日中友协总部的坂田先生陪同金泽代表团来中国，他告诉老安[1]说那天我们去机场接他，因人多、时间短，没有来得及讲，他希望代表团应该将访日的感想体现在杂志上……

玉：那天，我们和鸟取县的广田喜代治先生在一起吃饭时，他也提出了同样的意见。

访日前后的心情

康：我们代表团一共 6 个人。为了让读者知道我们是一些什么人，过去对日本有什么了解，这次抱着什么感情去日本，是否先介绍一下我们自己，这样人家才能了解每一个人产生这些观感的因由。

玉：好，我们 6 个人中，狄祥华、沈兴大、李要武他们三个人是第一次到日本的，感受一定更深一些。

刘：我不是第一次去日本。早年我曾在日本上学，在那里待了 6 年。但这一次我的感受也很深，因为日本的变化实在太大了。我是 1950 年回国的，这次是时隔 33 年再次踏上日本土地。这 30 多年的变化之大，简直令人难以

1 即安淑渠。

置信。我离开时，正是日本战后最艰苦的时候，一派穷困、败落景象。城市里到处是临时搭建的棚户房，街道很脏、很乱。

沈：当时你在哪个城市？

刘：我在大阪。我从关西学院毕业后，就在关西、大阪一带工作。当时，大街上游荡着衣衫褴褛的人，公众场合打架骂街的现象也颇多。

玉：我是在横滨出生的。当时横滨情形也差不多。看到因发动侵略战争失败而陷入困境的普通民众的惨状我心里也很不是滋味。不久，我就回国了。那是 1953 年，记得离别时我对同学说，这里是我的出生地，我希望再看到它的时候，不再是这种悲凉的景象了。

刘：这些年不断有朋友、同学来，说日本“大变样了”，“今非昔比”了。但是，到底变成什么样了，我没有亲眼见到，说不出印象。这次一去，把我原来记忆中的那幅可悲的图景冲淡了。

狄：你们有一个比较，我们是一张“白纸”。虽然在《人民中国》工作了这么多年，但老实说，日本的情况，我了解得很少。一是我常年在外面奔波采访，二是不懂日语，去日本以前才学会了“谢谢”“再见”几个词儿。虽然我也经常翻看日本杂志，但也只是从图片摄影角度看看而已。所以，我这次在日本是抱着什么都想看看的态度去的。要从自己的工作角度看看日本，也想能有多一些接触，多了解一下日本人的真实情感。这样，今后拍出来的照片或许能比较符合日本读者的要求。

李：我也一样。对日本，我似乎是一张白纸。我不懂日文，无从了解日本。虽然有些关于日本的知识，但那也都是通过我们国内的书刊得来的，我之前没有去过日本，更说不上感情。不过我一直认为，作为《人民中国》的记者，不到日本看看，是很难写出对读者口味的文章的。在我们社里，我是“打杂”的。我虽然主要写农村的文章，但也写了不少有关青年、城市的文章，这也符合我们杂志这个“杂”字吧。我这次去日本也是抱着什么都想看，什么都想接触的思想去的。既看看城市，也看看农村；既看看经济，也看看文教；既接触老人，也接触青年人。了解读者——读者所处的那个社会环境、生活状况，他们想什么，想了解中国什么问题等——这是做好文章的前提嘛！

沈：我没有去过日本。但也不能说一点都不了解日本。我接触过来访的读者，也听过一些访日回来的人介绍。但写出来的东西，我自己也感到还不是那么够味。例如我骑自行车沿大运河采访，见闻不少，但针对我们的日本读者究竟写哪些情况，从什么角度来写，我总是拿不准。还是“百闻不如一见”，这次是我第一次去日本，是一个好机会，亲眼看一看，印象会更加深刻、实际，我就是抱着这种态度参加这次代表团的。

李：所以我回来逢人就说：去和不去，大不一样。有了这么一个感性认识，今后写文章时，我的头脑里就有个具体的“参照物”了。

康：我去过日本。战前甚至待了 8 年，我那时是在日本上学。虽然也去过几次关西的几个大城市，但我大部分时间主要都待在东京。战后，50 年代，我跟着代表团去过两次，也是主要在东京活动。“文化大革命”结束后，去年我时隔 24 年再次造访了日本，依然只在东京活动。这一次我差不多从北到南跑遍整个日本，大多数地方，我都未曾去过，对我有很大吸引力。更重要的是在《人民中国》杂志社干了 30 年，这次去日本主要是和协助我们工作的日本朋友以及我们的读者接触、见面，听他们的意见，好不兴奋。目前我的工作已经到了一个段落了，应该交出接力棒了。所以这次访日活动本来我不一定参加，可能算是对我的照顾吧，让我最后去一趟日本。因此这次访日真是感慨良多。我正是怀着这样的复杂情感去的。

日本印象

康：好了，现在谈谈印象吧。谁先谈？

李：看来你挺感伤的，印象也更加深刻，还是你带个头，接着讲下去吧。

康：不，还是你们先谈吧。记得在东京和大阪的读者座谈会上，他们怕我这个“团长”先发制人定调子，都叫我最后谈印象。在访问山形新闻社时，他们还叫第一次去日本的人先谈呢。还是尊重读者意见，你们先谈吧。

刘：那我先谈吧。我起不了定调子的作用（笑）。我是“老日本”，我的印象是在一个变化的比较上形成的，不至于影响同志们的看法。一句话，时隔 30 年，日本变化太大了。在大阪，我曾试图独自一人回母校看看，可是不认得路了。城市街道的确已经面目全非了。最后不得不请求日中友协全国本部的陪同中村达雄先生做向导带我过去。事实上，我在大阪住过五年，而中村先生只是“到过大阪”而已。对大阪的街道，我应该说比中村更熟悉，但他却反而当了我的向导。这是因为最近几年他去过几次，而我却是相隔 33 年重访故地。可见这 30 多年里大阪的变化实在太大了。

玉：人家说日本是我的第一故乡。老实说，以前除横滨、东京之外，我哪儿也没去过。就是这两个城市，也不深入，比如工厂的情况就完全不了解。从这一点来说，我这次也应算第一次深入地去看日本了。

沈：既然要尊重读者意见，还是我这个真正第一次去日本的人先谈一下吧。我的总体印象可以用这么一句话来概括：“美丽的岛国，深厚的人情。”

9 月 20 日上午，经过两个多小时的飞行，我透过机窗俯瞰下面的日本列岛呈一片绿色，就像浮在大海上的一块巨大的翡翠。茫茫无边的大海，在阳光的照耀下，波光粼粼。正在航行的船只在海面上拖着一道长长的白色光带。

从成田机场乘车向东京进发，左侧的东京湾海面一片瓦蓝。推土机正在忙碌工作，沿着海湾填海造地，在新填出的陆地上，高架电车线路正在架设中，显示了日本人民见缝插针，向大海要土地的意志。我对这个岛国的土地狭窄留下了强烈印象。

以后到各地访问，也几乎都离不开大海。在鸟取县，我们还坐船到海上转了一圈。刚驶出港口，海浪汹涌，游船陡然颠簸起来，我在船上险些摔倒，后来扶住船上的柱子才稳住了脚跟。那一次我真正领略到大海的磅礴气势和无比辽阔。日本的国土狭小，但大海非常辽阔。在神户，我们乘无人驾驶电车参观人工岛，更增强了我对岛国的印象。

日本的山脉很多，在我们从一个城市到另一个城市的途中，列车几乎都是在山谷中穿行的。只有从大宫到长野的路上，才能看到较大的平原，犹如在我国的江南旅行。但一到长野，我们又钻进了山谷的怀抱。

我们沿途见到的所有的山上都密密匝匝地种满了松柏、竹子，绿化做得很好。只有一次在电视上看到，有一个什么地方山上一大片树木遭到砍伐，有几个搞生态研究的专家在做调查，批评这种乱伐森林的现象。

康：在盐釜，乘船游览了松岛后，我们不是参观了瑞严寺嘛。那里景色宜人，环境肃静，特别是古木参天，令人心旷神怡。不料，那位陪同我们的高桥先生却指着远处一些椿树说，“这里不久前有一个和尚，爬上高位便利用自己权力，砍了不少古木卖掉喝酒。幸亏他的行为很快被制止了，才没有酿成大害。”他讲这些事时是那么咬牙切齿。我想，日本的青山绿水得以保持，是与日本人对大自然的爱护分不开的。你说的那个电视新闻，看来也是为了提高人们对大自然的责任心而拍的。由此我想到，我们也经常在电视上揭露乱砍滥伐行为，播放严惩乱伐森林犯罪分子的节目。在这一点上，我们这两个国家是有其共同点的。

沈：说到松岛，那里的风景真是太美了。蔚蓝海面上点缀着无数郁郁葱葱的大小岛屿，而每一个岛屿又都有着自己的名字和美丽的传说。诸如“夫妻岛”“双子岛”“钟岛”“烟袋岛”等，与我国许多山川景观一样，其背后都有一个美丽的传说。当时没有人替我翻译，我没能听懂日本朋友的介绍。但这些大自然的美景本身就胜过千言万语。在我看来只用一个字就可以概括：“美！”

山形县的葡萄园也很美。我们参观的紫金园，不仅生产葡萄和葡萄酒，还供人游览。坐在葡萄架下，吃着随手摘下来的鲜葡萄，饮着主人自酿的葡萄酒，真是别有一番风味。

玉：松岛自古以来就被列为日本最美丽的风景区，它与严岛和天桥立并称为“日本三景”。

刘：说到“三景”，日本还有“三大名园”。除了偕乐园，金泽的兼六园，冈山的后乐园，我们都参观了。我们去兼六园时正在下雨。去后乐园时又是雨天。这次我们在日本期间，雨特别多，多少影响了我们的行动。但雨中游园，却也别有一番味道。

玉：我们在京都瞻仰周总理诗碑时，也正下着雨，使我们更能体会到周总理《雨中岚山》的诗情。

康：日本的名胜古迹、风景区很多都点缀着与中国有关的事物和典故，让人感到很亲切。岚山有周总理诗碑，兼六园、后乐园也都与中国有很浓厚的因缘。首先，它们的名称灵感就来自中国典故，如兼六园，它建筑时就有意让它要兼有洛阳名园记的“宏大、幽邃、人力、苍古、水泉、眺望”六胜。后乐园则是取自范仲淹的名句“先天下之忧而忧，后天下之乐而乐”。

李：在后乐园，我们首先看到的是郭老在1955年重游日本时赠送的丹顶鹤。还有，那里有一块耕地，它的耕种形式也取自中国古代的“井田制”。

康：我这个人爱种一些花啊，草啊，树啊什么的。在后乐园，我看到地下掉了不少银杏。得到园内向导岸本优先生的同意后我拾了几颗。他说中国也有银杏。我说这是你们后乐园的，我带回去如果种活了，也是一个好纪念。他说日本没有白皮松，有人送给他们几粒种子，他用花盆培植，活了两株，已长到二十厘米高了。开春以后，这两株树苗就要移植到地里，这样就会生长得更快。将来，后乐园将增加一种来自中国的植物。中日两国自古以来就有各种交流，现在交流仍在不断扩大，中日两国人民的友好会因此更加密切起来。这令我十分欣慰。

沈：你们说的是名胜景点，我倒觉得整个日本处处都是风景。在仓敷从鹫羽山眺望濑户内海，就在我们的眼帘下，无数岛屿点缀在平静的蓝色海洋中，各种颜色的大小船只，穿梭在松柏茂密的石岛之间。我们老祖宗早就把日本形容为“蓬莱仙岛”，我想，是不是他们也到过这些地方。我们坐了不少趟火车，沿途的风光，几乎都离不开海，海。大海的加持使这里的自然景观格外迷人。

康：我少见寡闻，过去总主观地认为，日本海风大浪高，因此北陆一带不如东海美，必定很荒凉。可是这次我第一次去了，而且坐火车来回几次，不得不另眼相看。整个坐火车期间，我的双眼都被沿海的美丽风光吸引住了。我们这次日程排得比较紧，本来可以利用在车上的时间闭目休息，但不行，总感到如果不饱览沿途的风光，便有虚此行。所以日本朋友问我累不累，我总是回答说，哪有时间累啊。当我双眼盯住沿途风景，就忘记了赶路的疲劳。对我来说，观赏一路风光就是最好的休息。

沈：山也增加了大自然的美感。我们从山形乘火车去长野，在大宫换车，不久后转入山区。列车在山谷中穿行，沿途郁郁葱葱。我想如果都是黄土秃山，我可就要闭眼休息了。

狄：我是一个摄影记者，风景那么美，我不得不多按快门，因此那些海光山景，我大都通过取景镜窥看，不能用肉眼观赏，不过那些美丽风光，都已收入胶卷，我可以慢慢地观赏，同时也可以向同志们展示共饱眼福。

玉：你带去那么多胶卷，很快就拍完了，又补充购买了几次胶卷，精彩镜头一定少不了的。

李：我们都知道，富士山是日本的象征，又很美丽，我想这次一定可以一饱眼福，可惜愿望落空了。我们乘飞机来回一共四次经过富士山上空，但都因为下雨或云层太厚未能见到富士山真容，实在遗憾。

刘：不过我们却看到一个新鲜的东西，那就是在北海道千岁[1]看到用印第安水车捕马哈鱼。在国内我也在电视里看过几次，成群的马哈鱼逆水而上进入水车的小水道，便被水车拖上来，自动抛进船上，顶稀奇的，这次却亲眼看到了。如果不是这个季节是看不到的，早几年也是看不到的。

1 北海道地名。

沈：千岁川的水车捕鱼，的确给我们留下了深刻的印象。它向人们描绘了一幅古老、恬静的田园风光。千岁川的水是那么清，一眼都望见了河底的石子，溯流而上的马哈鱼摆动的尾鳍也都一目了然。

刘：马哈鱼是洄游鱼。曾几何时日本公害很严重，大部分河流都遭到污染，马哈鱼要么死绝了，要么“拒绝”回故地产卵。这几年克服了污染，人们又人工培养鱼苗投放在河里，这些鱼长大后游向大海，再洄游产卵。

李：这是消除了公害的结果。在我的印象中，日本消除公害很有成绩。我没有到日本前就想着日本工业发达，工厂林立，汽车又多，空气一定污染得很严重。但到了日本一看，完全不是那么回事。东京也好，大阪也好，那么大的城市看不到乌烟瘴气，河水清澈见底。在消除污染方面，日本的做法值得我们借鉴。

狄：我通过相机的取景窗看到的蓝天也能感受到清澈的空气。

沈：我们说日本的大自然那么美丽，恐怕是有赖于消除公害，如果空气污染得很严重，河流又是那么混浊，不管有多么好的天然美景，给人的感受也必然会大打折扣。

玉：不过，现代化总会给环境带来影响。你看那么美丽的松岛，却是这里一个发电厂，那边一个什么厂，一拐弯又是林立的大烟筒，多煞风景啊。

刘：我最佩服日本的城市卫生情况。无论是大城市还是小镇，街道都是干干净净的，很少看到废纸、烟头、痰迹；各家的垃圾都用纸箱或塑料袋放好，处理得也及时。

李：尘土也很少，我们住了 32 天，我却只擦过三次皮鞋。农村也一样。

狄：大街小巷，工厂的角落，农家的四周都打扫得干干净净。

刘：我认为很重要的一条是人们养成了讲究卫生的习惯——不随便往地上丢脏物、废物。单靠清扫工清理是不行的，贵在人人保持卫生。

沈：不过，我也看到有人就在大街上撒尿。（众笑）就在东京。

刘：不错，忘了在什么地方，我也看到那么一位——他大概是酒喝多了，

慌慌张张，一出店门，就撒了起来。（笑）

沈：个别现象。

康：这是日本人的习惯，可能只是很少一部分人还没改过来的习惯。这次我倒没有看到，但是战前却是司空见惯的事。不但男人随地小便，妇女也随地小便，那时我经常看到进城卖菜的妇女背着一大筐菜，站在我下宿房间的楼下不动，我开始还不知道她在干什么。当然，那是一道小巷，当时东京的公厕较少，日本的房子又是进去必须脱鞋，不方便随便借人家的屋子上厕所。后来我才知道这种情况，倒是报以同情的。

沈：有很少一部分人，到现在还改不过来这个习惯，在光天化日之下的闹市区就方便起来了，当然，我看到的是男人。

康：当然，我也染上了这种不良习惯，有时急了，看四周没有人就干起来了。1938 年我回国，在上海的南京旅行公司购买去温州的小火轮票时一时内急，便钻进小巷准备方便一下。这时来了一个印度人。当时日本侵略军还没有进外白渡桥，桥南还是所谓“英租界”，这个工部局的印度人“嗬，嗬”地把我赶走了。当时要不是西装笔挺，我可能会吃一些苦头的。当然，现在我已没有这个陋习了。

玉：50 年代，东单公园还是一块广场时，住在新侨饭店的日本客人晚上回去时，路上急了，就在这里干起来。他们有这个“习惯”，觉得无所谓，但中国人没有这个习惯，对此很看不惯。

刘：看到与自己不同的习惯，都会看不惯。例如我们有些游览区的厕所，有隔板却没有门，日本的旅游者就很不习惯，特别是女游客对此就很有意见。其实，女厕所只有妇女进去，不会出什么问题，我想比起公共浴室总好些吧。不过话又说回来，人家不习惯，你却不改良，只说欢迎人家来旅游，还是安个门好一些。总之，不好的习惯还是改过来才好。

康：这个陋习我早已改了。（笑）不过有些习惯，虽然互不相同，看不惯，但只要不是坏习惯，还是要尊重人家的习惯，不要说三道四。例如吃生鱼片，我们中国人，特别是北方人不习惯，不吃，说是什么……

李：我是北方人，我可吃啊，而且感到很好吃。生鱼片、大酱汤、生鸡蛋，我都能吃——我对日本朋友讲，记者都有个好胃口——但是，像和食，包括日式“中华料理”，要是长期吃还是不习惯。

玉：我认为他们三位没有去过日本，一定不吃生鱼片。他们不吃，我们在日本生活过的三个人可以包下来代劳，每人吃两份。谁知道，他们却都吃了，而且吃得那么香，还不住地叫好。

康：我在奈良日中友协会长坂本先生家里做客，在吃中饭时，我作为话题提到了这一点。坂本先生马上要他的儿媳妇给我多端来一份，饱餐了一顿。

狄：生鱼片的确好吃，尤其用芥末酱油蘸着吃，更显得鲜，清淡中带着一点说不出的鲜味。

玉：他们的饭菜清淡，甜食多，跟我国江南一带的口味相近。

沈：所以，我吃得很合口味。生鱼片当然不在话下，我也喜欢那个煎咸鱼就米饭——我小时候在家乡常州一日三餐都这么吃，早就吃惯了。

刘：我们三个在札幌，由中村先生招待吃了全套海味，有生的、有蒸的、有炸的、有烤的，完全日本风味。

狄：另外，我觉得突出的一点是，日本城市和乡村的差别不大，似乎交通同样发达，物资丰富。就我们所看到的，家庭生活水平和生活方式也没有多少区别。

沈：是的。你看，我们访问过的仙台郊区农民阿部先生一家，同戎家贤先生的家（奈良）、菅沼伸家（东京），都差不多；而且农村的住房条件要优于城市。

李：恐怕可以说，这是整个国民经济发展到相当水平的一个标志。

刘：由此联想起一点，我颇有感慨。日本发展得这么快，原因很多，但其中有一点，就是“干劲”，说干的时候，拼命地干。

康：到现在也还是这样。你们还记得吧，有一天晚上，我们路过小学馆出版社，当时已经八九点钟了，除了一个房间黑着灯，其他所有房间都还灯火通明。这说明他们还在工作。后来小学馆的相贺先生说，只有每年新年那几天他们办公室的电灯会全关掉，而平时不少人就在办公室过夜。

玉：这是我们去参观小学馆那一次说的吧，记得有一个小学馆的职员当着他们这位社长补充了一句“而且还不要加班费”，引起了哄堂大笑。相贺先生当然也笑了。

康：这体现了他们的干劲。

沈：还有，他们的纪律观念也很强。记得在长野，我们在茑友印刷株式会社吃过午餐，看到工人、职员有的在下围棋，有的在打盹，但上班铃一响，大家立即各就各位，机器立刻运转起来，当时给我的感觉是，大家就像是在战场上，指挥员一声令下，每一个人都各就各位。

刘：除了干劲，还应加上守纪律。有的人喜欢谈论日本的经济如何如何发达，如何如何繁荣，却不去探讨他们之所以有今天，主要原因是他们踏踏实实地干出来的。没有“干”字，繁荣是不会从天上掉下来的。

李：再有一点，日本人讲究文明礼貌，实在令人佩服。不论是在公共场所，还是在各工作单位，不论是对待客人，还是同事之间，看上去都那么彬彬有礼。我没有看到那种互不相让、出口不逊的现象。

刘：是啊，一个多月的时间里，在各种公共办公场所一次也没看到打架吵嘴的现象。

康：说到纪律，在津市，早晨我们步行去车站搭车去奈良，走到一个小巷口，正好遇上红灯，一大早人车稀疏，又是小巷口，不是通行要道，根本没有汽车通过。巷子只有八九米宽，几步就可以走过去，对面却有几个背书包的小学生，规规矩矩地站在那里，等待变灯。那位陪同我们的日本朋友说，要是一般情况下，我们可以直接走过去，但看到孩子们那么规矩，就不好意思了。这番话使我很感动。他们既受到这些小朋友的纪律教育，反过来，又时时刻刻考虑到对下一代的纪律教育。

狄：你说起孩子，我倒想到一点：我看日本的电视节目还是有点问题，那些渲染暴力和色情的东西，恐怕对儿童的成长不利吧？

刘：据说，日本还算比较“文明”，西方更厉害。

狄：我们听到几位老年人埋怨，有部分日本青年表现得颓废、不务正业，是不是跟这种导向有关呢？

康：原因恐怕是多方面的。去年我去日本时就有一个感觉，东京——去年我主要是在东京——的“欧化”现象相当普遍。

刘：这一点，我也感觉到了。比如人们的生活方式——

康：前不久一位美国朋友经过东京来到北京，我问他感觉东京怎么样，很像美国吧，他说：“不！东京，比我们美国还要美国。”（众笑）他指的是那些笔直的高楼大厦、嘈杂的马路和触目皆是的英文广告和招牌。

玉：讲日本话，不懂一点欧美语言，有时也讲不通。外来语太多了，特别是美式英语。

刘：日本吸收外来的东西特别快。

康：取人之长，补己之短，这是好的。但保持自己的长处也很重要。我感到他们虽然洋了，但在生活中却保留着很浓厚的土味，当然是经过精练的土味。刚才提到的礼貌等，也是日本人的传统美德。喂，沈兴大，你那“高见”，后一半还没发挥啊，我们是不是从这方面谈谈。

在友谊的海洋里

沈：对，我还要说说“深厚的人情”。在访问过程中我很自然地就得出这么个印象。

狄：我在日记中曾写过：我们每天都像是生活在友谊的海洋里。

刘：对对，老狄说得形象。我想不出这么好的词，可是我真的受感动啊！真的。

狄：一踏上日本的国土，我们就受到朋友们亲人般的欢迎和关照。

康：讲到友谊，我又有很大的感触。而且又有比较，这比较指的是“步步高”。我们的《人民中国》办了30年了。在这期间遇到一些波折，但我们坚持下来了。这都仰仗日本朋友和广大读者的有力支持，这正是中日友好的具体体现。近年来我们杂志的发行量又在稳步上升，表明我们的朋友圈在不断地扩大。我们创刊30周年，日中友协、日中文化交流协会、日中协会都派代表团来北京参加我们的纪念会。宇都宫德马先生、井上靖先生、茅诚司先生，他们都那么忙，又都是高龄，却亲率代表团来参加活动，真是不容易啊。这不是中日友好的具体表现是什么？

沈：他们还特地在日本举行《人民中国》创刊30周年庆祝会，此次日中友好协会又以宇都宫德马会长的名义邀请我们的代表团到日本去参加活动，还为我们组织各地分会举行各种形式的集会，派专人陪同我们跑遍日本，让我们有机会与读者见面做深入交流。这次访日我们不仅会晤了不少老朋友，更结交了许多新朋友。

康：在东京的酒会上，我见到了不少阔别近30年的老朋友。在地方也是如此。我想举出几个老朋友的名字，比如伊藤武夫。在酒会上，他走到我面前问我“你还记得我吗”？这句话证明我们的确将近30年没有见面了。不过我当然还记得他。还有小泽正元先生，他拄着拐杖来参加庆祝酒会。他幽默地对我说，他是“19世纪的人”（笑），这意味着他至少已经84岁了。还有赤津益造先生，他也是80开外的人了。他不仅参加了酒会，后来有一天还特地来到日中友协本部看望我们。还有参加仙台活动的大须贺一郎先生，也是一位高龄老人，他们都住得离会场很远，特地赶来参加活动。这些人都是从事日中友好运动的老前辈，老掘井人。我很是感动。当然，如果不是篇幅所限，我还可以举出更多这样的老朋友。

玉：宇都宫先生已经87岁高龄，公务又那么忙，可谓“日理万机”。可是他却多次抽时间接见我们，特别是为代表团举办那样隆重的欢迎仪式和庆祝酒会，真叫人感动！

刘：不论走到哪儿，不论过去是否相识——多数人是头一次见面——见面大家就像是老朋友似的。

沈：尤其是日中友协——全国本部也好，各地日中友协也好——我们哪怕第一次进入他们的办公室，也没有陌生的感觉，而是好像“到家了”一样踏实。

李：对于我们整个的访问日程他们安排得相当出色，一站接一站无缝衔接，有条不紊，事无巨细，真是难得啊！

刘：这要感谢日中友协事务局长西堀先生的周到的计划和缜密的协调运筹。

李：我看西堀先生十分精明干练。而且我发现各地日中友协的事务局长都是出类拔萃的人。

玉：是这样的，都是踏踏实实的实干家。

康：到处都有这样一些实干家！忠心耿耿、默默无闻地为日中友好而不辞劳苦，殊为难得啊！

狄：本部的中村达雄和菅原修两位先生接力陪同我们，也真够辛苦的。

沈：还有金泽市的高野先生——

李：高野行雄先生，石川县日中友协事务局次长，还是一个“歌唱家”，对吗？

沈：对，高野先生，还有奥田先生，我们在那里3天，他们始终陪同我们，从参观访问、座谈，到我们的生活、伙食，无不关照入微。高野先生说，他夫人支持他搞日中友好工作，在他陪同我们的3天里，其他事务都由夫人代为料理。

李：啊，难得！不仅是“贤妻良母”，还是日中友好的“促进派”！

沈：还有三重县的恒冈利一先生，对我们的情谊也很深。

狄：对了，他好像是小学校长吧？为了欢迎我们，他特地布置了一条横幅。谁知书写时，把代表团的“团”字，写成了日文的“団”字。于是又重写，结果一直忙到深夜两点。

刘：还有鸟取县日中友协理事长吉田达男先生，他白天陪我们忙了一天，晚上还得赶回家——他的家在郊区农村——忙着收稻谷。

康：哎呀，这样的事可多了去了。比如冈山的犬饲勤先生；在仙台一直陪我们的佐佐木信男先生，他是宫城县友协的会长，又是日中友协全国本部的副会长；还有北海道的两位老大姐，渡边和歌子和井口惠美。

康：对！她们一直陪着我们。由于天气关系，青森机场不能降落，我们提前一天直飞札幌。一下飞机，渡边和歌子女士已在机场等着我们，而且住处也安排好了。要知道，改变日程是会给接待机构带来很大困难的。这一天，北海道又下着雨，她都安排得妥妥当当。既热心，又能干。这两位大姐我是第一次见面，不过她们很早就是日中友好运动的积极分子。对我来说是新认识的老朋友。还有长野的——长野的欢迎酒会那么盛大，仅次于东京的规模，还有金泽、小松、仙台……规模也很大，中日双方还出节目表演，很好地烘托了友好气氛，彼此相互拉近了距离。

狄：津市和铃鹿市也如此。对啦，是在津市吧？有一位女士第一天参加了座谈会、晚宴，第二天一早又从很远的家里跑到车站，为我们送行。她特地煮了一包鸡蛋——而且据说还是她自家养的鸡下的蛋。

众：啊，想起来了！那位女士胖胖的，40 多岁……

康：那位女士名叫中岛静子吧？这次我们接触的人太多，很难一下子记准所有名字，有时会记串了，很是失礼。

狄：我为什么印象深呢？因为，我们的家乡就是这个风俗：亲人出门时，家里人就为他（她）煮几个鸡蛋带上。

李：你们还记得，在大阪临别的前一天晚上，一直陪我们的那位事务局次长吗？他白天领我们参观访问，还兼摄影，晚上很晚才离开我们住的旅馆。临别时他好像开玩笑似的说，回去太晚可不行，他有“妻管严”！（众笑）

刘：是吗？要真的是那样，就太难为他了！

康：还要提到我们的华侨同胞。我们无论是在东京，还是到其他地方，华侨总会的朋友们都热情地迎送，陪同参观访问。真是手足之情啊！

刘：还有一个人物，我很佩服，就是铃鹿市新成立的日中友协副会长，也是百货商店的社长恩田正二先生。他颇有事业心，有气魄。

李：而且他讲话还特别风趣！

刘：对，他们那里对我们的盛情接待，令人难忘。

康：铃鹿市有一对夫妇，松本修一和松本文子，都是热心肠的朋友。文子女士是议员，修一先生是三重县友协常任理事。他们二人第一天晚上赶到津市欢迎我们，第二天在铃鹿市又一直陪着我们。

玉：有些地方虽然只是路过，但印象也很深。

沈：像在名古屋，当地日中友协的朋友就冒雨到车站来接送我们，还有奈良、神户——

玉：在奈良日中友协会长坂先本生家，以及在副会长戎家贤先生家做客，令人难忘——好像回到了自己久别的家一样，给人亲切、温暖的感觉。

狄：在陈舜臣先生家也是如此。陈先生的夫人蔡锦毅真是一位和善的老大姐。

康：京都友协理事长水上七雄先生独当一面负责接待协调。他到车站迎接我们，冒着雨陪我们游岚山，在周总理诗碑前和那些热心的青年交谈。晚上很晚了，他又陪着我们来到亲自约好的饭店安排我们入住。他也一把年纪了，很是辛苦。最近他来信说，他上任不久，没有经验，没有招待好，向我们表示歉意。其实应该抱歉的是我们，因为第二天一大清早我们就走了，没有看到他，连一句感谢的话都没有来得及向他表示。

刘：还有几位女士也热情得很。比如像日中友协本部的三浦先生。

李：还有那位小铃木！

刘：对，铃木惠子。她中国话说得很不错。还有那位女书法家横山英子，以及从半路上上车来见我们的后藤惠子——

沈：后藤惠子先生是我们的老读者，老朋友！

康：我们乘列车从山形去长野。快到长野时，我看到后藤上了我们这一节车厢。她在新潟是教师。我想怎么这么巧，我向她打招呼，她直奔我们这里说，“好了，终于见到了。”她很担心见不到面，据说是打电话去东京打听，才知道我们的车次。她是乘了两个多小时的列车赶来见我们的。和我们在车上热情地聊了一个来小时，她下车了。她说第二天还有课，还得坐三个多小时的车才能回到家，所以要在这里搭下一班车马上折返。她是《人民中国》的老读者，而且不遗余力地为推广我们的杂志而奔走。还有老刘讲的横山英子，她参加丝绸之路旅行，回到东京的第二天就到饭店来看我们。后来她又来了一次，最后还把我们送到机场。野上繁子女士也是一样。丝绸之路旅行回来她就参加了读者座谈会。这两位也都是《人民中国》热心的推广者。还有……多着呢。

刘：记得在东京都日中友协召集的读者座谈会，有的读者从丰桥赶来出席。我这脑袋不好使，记不得名字了。（笑）

康：你说的是若林春雄先生吧？他后来又同后藤一夫先生赶到大阪来欢迎我们。还有从广岛赶来的吉国博先生、从姬路市赶来的渡部富美男也参加了大阪的欢迎会。

刘：我们到冈山时，还有人从仓敷市赶来见我们。

沈：那是姬井绫子女士。记得当时好像还下着雨？

刘：当时我就想，人家的时间是那么宝贵，可是为了要参加我们的一次座谈会或欢迎会——在会上也许都轮不到她发言——光在路上就要花掉几个小时，他们为的是什么？

沈：最令人难忘的是大阪读书会的朋友们。

狄：他们在大阪车站列队欢迎我们的场面，简直使我受宠若惊！（众笑）真的！我一生都不曾经历过那样的场面呢！

康：一大群青年带着横幅标语，挥着五星红旗列队欢迎我们，的确是令人不敢当，受之有愧。听说还有人为欢迎我们，花了很多时间，准备意见，还排练了文娱节目。

李：可惜，我们在大阪待的时间太短了，只有一天。与读书会的朋友们的聚会，也只是两三个小时——至今还觉得好像“欠”了他们什么似的。

玉：欢迎我们的宴会上，有十几个是老康的老朋友。

康：他们中有不少也是《人民中国》的读者，有的还是《人民中国》的推广者哩。包括在东京单独为我们举行欢迎宴会的那一批人，我与他们都是抗战时期在我们的大后方认识的。那时，他们所处的环境比较特殊，因此各有各的抱负或思想。现在他们都和睦相处，联合在一起来欢迎我们。有几位我还是 1946 年分别后第一次见面呢。快四十年了，听说有些朋友已不在人世，否则我还能见到更多的老朋友。这让我实在感慨万分。我感到他们来欢迎我们，表明中日两国人民的友谊一天一天在扩大。

玉：还有在京都岚山，同那批青年朋友的聚会让人难忘。

康：那一批“小家伙”的确很可爱，很天真！

沈：要说深入交谈，我看还就数那一次。因为他们差不多都会说中国话，所以可以三三两两，分头交谈，畅所欲言。

李：我认为在仙台的一次座谈会也是令人印象深刻的。读者大部分是二十岁左右的男女青年，很坦率，会上互相提问、交流感情，无拘无束。

康：可惜，那次时间不够用。如果再延长一小时，我们的交流会更深入，彼此会更知心了。可喜的是，佐佐木信男先生答应我，他将设法安排，使我们《人民中国》的工作人员，能有更多的机会和更多的宫城县的青年作更多的见面和接触。他是一个爽快人，一定会兑现这个承诺的。

刘：你们还记得有几次座谈会上读者与读者争论起来了吗？

众：记得，在东京、大阪、北海道，还有什么地方？

沈：而且有时很激烈，就像我们编辑部里常常出现的那种场面。

狄：那情景也很感人。我就想，他们为什么争论？还不是为了我们这本杂志——大家都想把它办得更好啊！

康：是啊，意见是对还是错，这是一回事，但这种积极的直言相告的精神，却是极可贵的。

玉：还有的人，既是读者，同时又是推广者，不仅自己读，一有机会还向别人介绍《人民中国》。在北海道，我就看到，一位老读者在旅店遇到一位素不相识的外来人劈头就问："你知道《人民中国》杂志吗？""你这样有知识的人不订阅这本杂志，那可太遗憾了。"

刘：有时我想，我们有的读者比我刘德权都更关心这本杂志啊！

康：我们听了读者以及其他方面的那么多意见，不管是表扬的，还是批评的，结合目前日中友好这个大好形势，各位对今后杂志的前景有何想法？

要把杂志办得更好

刘：刚才我不是讲了吗？读者和其他日本朋友那么热心，我们要是不努力，那就太没有志气了，太对不起他们了！

沈：通过这次访问，我的信心增强了。我想，首先我们有这么好的读者群，他们是站在中日友好这样的高度，把《人民中国》看成是他们自己工作的一部分，来关心、阅读，他们发自内心地为杂志的点滴进步而高兴，为它的不足而着急。

康：所以，我刚才说，我们的读者太好了。像大家都知道的黑崎保先生，这次我们没有去福冈县，没有见到他，他可是推广《人民中国》最为积极的一位啊。还有这次我们在冈山遇到的那位老先生，叫——

李：尾田景一先生，是一个农民。今年他一个人就推广了 40 份《人民中国》。而且他讲，他决心使他周围 60% 的农户都成为《人民中国》的读者。

刘：那天开座谈会，他把町长先生都动员来了。

康：另外一个有利条件是现在形势大好。政府间复交，两国领导人互访，中日关系的确进入了一个新阶段，这就为两国人民更多的交往和更深入的了解，打通了更广阔的渠道。

狄：这是很明显的，我们这次在各地差不多都拜访了县、市政府官员，他们都很友好，以礼相待，有的还为我们提供车辆和其他方便。

玉：还有各地的新闻出版、广播、电视部门，这次也与我们广泛接触。同行相识，彼此都有一种很自然的亲切感。

康：对呀，这次我们交了许多新朋友。而过去我们就没有这个条件。五六十年代，在日本读《人民中国》要冒被视为“通共”的危险呢！

玉：那时候，我们和读者，双方都有困难。不过，我们的发行量还是与日俱增。

李：不管怎么困难，人民还是要交往。尤其是中日两国人民，我认为我们之间有一种特殊的感情。几千年来的根深蒂固的文化渊源，这是一条无形的纽带——这次在日本我就体会到，无论从传统道德观念，还是吃饭穿衣这样的日常生活小事，我们都能找到同一个“根”。

刘：不过，我们无论如何都不能忘记当初冒着风险搞日中友好的老朋友、老前辈、老读者！

狄：记得我们去祭菅沼不二男先生的那一天，在他的书房里看到已故郭沫若会长于 1962 年写给先生的一首诗：“纵有寒流天外来，不教冰雪结奇胎。东风吹遍人间后，紫万红千次第开。”我想，郭老预言的美好局面，该是出现了吧？

康：我刚才讲的，也正是这个意思。这是我们杂志发展可以借助的“东风”。

沈：我说有信心，还有很重要的一条，就是我们这方面，在“文革”以后坚持实行对外开放政策。——

康：对，这很重要！像“文革”时期那么干，杂志还有什么希望——我们苦心经营的事业险些葬送掉！

玉：所以这次老康沿途“赔礼道歉”！

康：应该的嘛，在“文化大革命”期间，《人民中国》刊载了不少违心的文章，造成了不少读者对中国的看法的混乱。尽管当时我们处境困难，无法过问，我更是连看这本杂志的权利都没有，但究竟还是《人民中国》这本杂志造成的混乱，我们应该做深刻的反省。

李：这么做很有必要。我们的心情也是一样的。我注意到，在东京的酒会上老康公开讲：“‘文化大革命’中，我们的杂志，做了一些违背事实的违心的报道，记者写了些连他们自己也不愿意写的文章。”我感到这正讲出了我们的心意，同时，我看到听众纷纷点头，有的竖起拇指——表示赞同和谅解。我如同搬掉了一块久久压在心头的大石头。

沈：是应当这样！就像胡耀邦总书记讲的那样：实事求是，既报好的，也报坏的——我们听到了，这也正是读者所希望的嘛！一份杂志，不这么办，怎么能取信于读者！这是一重意思，我说开放政策，还有一重意思是，本社社员去日本的机会越来越多。

李：我刚才讲过，我认为要搞好《人民中国》的工作，应该有机会去日本看看。有了理论认识，也应该有感性认识嘛。我已深深感到，去与不去的确不同。我希望我们还没有去过的同志都能有机会去看看。

康：这是没有问题的，因为日中友好协会很支持我们这样做。另外，日本的很多朋友也都表示欢迎《人民中国》的人到他们那里去访问。去的人越多，了解日本的情况越多，对办好杂志越有利。一句话，我们这次第二次组织代表团去日本活动了 32 天，很有收获。我们深深感谢日本朋友和广大读者对我们的热情帮助和欢迎款待。

第三节
1984—1988年度点评

本誌創刊30周年記念訪日代表団員の座談会　とき　1984年1月　ところ　本社会議室

日本　見たまま　感じたまま

出席者
団長　康大川（編集長）
団員　劉徳権（翻訳組副組長）
狄祥華（撮影記者）
李玉鴻（レイアウト・美術担当）
沈興大（記者）
李要武（記者）

昨年秋、本誌30周年を記念する代表団が日本を訪問した。康大川編集長をはじめとする一行六名は、9月20日から10月22日まで、東京を皮切りに、小松、金沢、名古屋、津、鈴鹿、奈良、大阪、神戸、京都、鳥取、岡山、倉敷、札幌、仙台、山形、米沢、長野などを歴訪し、東京で開かれた『人民中国』30周年祝賀会に参加したほか、各地で温い歓迎を受け、懇談、見学、読者との座談会など、得がたい機会をもつことができた。いらい半年、やや遅きに失したが、団員一同のざっくばらんな思い出を話しあった座談会をおとどけしよう。妄言をお許しねがうとともに、改めて、お世話になった各界の方々に深くお礼を申し上げる次第です。（編集部）

本誌創刊30周年祝賀と代表団歓迎の集い

各地で新聞社、出版社、図書館などを見学

仙台の阿部さん宅を訪れて

大きな変化

康大川　帰国して三カ月あまり、この座談会もとっくに開かなければならなかったんだが……。

李玉鴻　弁解になるけれど、どうも雑誌の仕事をやっていると全員が揃いにくい。こちらが時間があると思うと向こうは忙しい。向こうが暇だとこっちがだめ。そうかと思うと、だれかが出張してしまったり。

康大川　日本にいっていたのは一カ月だが、事前準備で三週間、帰ってきたらきたで、あとしまつやノート整理、礼状書きなどでまた三週間……。つまり二カ月半、仕事をあけてしまったんで、これ以上ほかの諸君に迷わくをかけにくくてね。つい仕事に追われてのびのびとなった。今月はさいわい「正月」ということで、やっと顔がそろったが……。

沈興大　日本で会った読者や友人のみなさんは、われわれがどんな印象を受けたかということに関心をお持ちだと思う。

康大川　そう。報告の義務があるわけだ。まごまごしていると訪日一周年になってしまう（笑）。言いわ

— 41 —　　— 40 —

特別寄稿　国際ペン東京大会によせて
私の期待

巴　金

今年五月に四十七回国際ペン大会が東京で開かれる。このたびの、空前の規模で行なわれる各国作家の集会では、他の議題以外に日本文学の成果と世界への影響が討論される。今回の各国作家の大会がわれわれの友好的な隣邦で行なわれることを、中国の作家はひじょうに嬉しく思っている。

この二年ほど、私は体の調子が悪く、長らく入院していて、書き物をしたり出歩いたりが不自由である。昨年来、私の老友で、日本ペン・クラブ会長の井上靖氏が上海に来られた時、病院へ見舞に来て下さり、東京大会にお招きを頂いた。一年前に病院に見舞に来て下さった時にも、このお話があった。ご厚情もだし難く、健康が許すかぎり出席すると答えると、井上氏は、「では、それまではここでよくよく養生していて下さい」と笑われ、私はそのお気持ちに感謝した。

今回の東京大会にはぜひとも出席したい。第一の望みは日本の古いおなじみに会うことだ。そうしてもっと多くの日本の作家に会いたい。日本には肝胆相照らす友人が多く、いつもその人たちのことを考えているが、共に歓談するのが楽しみだ。今大会への参加は、私の創作活動にとっても、それを鼓舞する力である。わたしたちは、各国の作家と経験を交流したいと思っている。「以文会友」という中国古来の精神は、国際ペン・クラブの主旨とするところに通じるものだ。

一九八〇年に日本に行った時、東京の朝日講堂でこんな話をした。私は口下手で、めったに人前で話をしないが、今日はしきたりを破ってここで講演をすることになった。というのも、日本の友人の深い友情にお答えするためである。私の言う友情は、決して外交辞令としてではなく、この言葉の中に深い感情をこめたものだ。友情は空虚な文字ではなく、わたしたちの心と日本の友人の心をしっかりとつなぐ紐帯である。日本の人びとのことを思うたびに、感情の高まりを抑え切れない。私は皆さんに友誼の負債があると思うので……

しかし、十六日間の日程が終わり、長崎から帰国する時になって、友誼の負債は返済できなかったどころか、増える一方だったことに気がついた。友誼の紐帯はわたしたちと日本の人びとの心をいっそう強く結びつけていた。日本の人びととの惜別の涙を見て私も声を殺して泣いた。この友誼の涙は春雨のように私の心をうるおし、最も好ましい人間感情を育てた。私にとっては、友情こそ生命のともしびであり、それを離れては、生存に光明がなくなる。それを離れては生命の花を開くことも実を結ぶこともできない。

中国の作家の中では、私は外国文学の影響をわりあい多く受けたほうだろう。若い時は欧米や日本の小説

自宅で水上勉氏と歓談する

— 30 —

「中日青年友好交流」日程（予定）表

	9月 24日	25日	26日	27日	28日	29日	30日	10月 1日	2日	3日	4日	5日	6日	7日	8日
第一団	上海			杭州		北京									
第二団		上海		南京		北京									
第三団					北京					西安		上海			
第四団						北京					武漢		上海		

大の支流・漢江が長江に合流する地点に開けた「川の都」。武漢鉄鋼コンビナートを中心に、近年、工業都市としての発展も目ざましい。古来、長江中流域の交通の要衝だったことから、独特の文化が栄えた。湖北省博物館に収められた数々の出土文物の中でも、「編鐘」は"考古学上の奇跡"とまで言われる逸品。湖北省博物館では、この二千四百年前の戦国時代の楽器によって演奏される「さくらさくら」のメロディーが、日本の若者たちを迎えることになるだろう。

歓迎行事は、「武漢青少年宮」で行なわれる。「青少年宮」は、武漢の"青少年の家"。わが家に遠来の友人を迎えるとあって、飾りつけも入念に。湖北省は武術の盛んな土地柄だけに、演武を中心に生彩ある出し物が準備されている。

夜は、長江に船を浮かべて両岸の夜景をたんのう。長江万里の波濤に身をゆだねた船上では、"中日対抗

— 53 —

「梅派」京劇　4度目の訪日

文　秋

北京京劇院三団の十八番・「貴妃酔酒」を演じる梅蘭芳の子息・梅葆玖（左。楊貴妃）と張嵐方（右。高力士）

…は日本の歌舞伎にも造詣が深かった。1956年、訪日の折に「室町御所」を…市川猿之助氏に舞台上で花束を捧げた梅蘭芳（左2）と梅葆玥（左3）。

北京京劇院は京劇芸術の大家・故梅蘭芳に代表される「梅派京劇」を中心にした京劇芸術団――北京京劇院三団を今年の三月下旬、日本に派遣し、各地で公演を行なうことを決めた。読者の中には、京劇に関心を持つ方もいらっしゃるはず、公演に先だって、今回日本を訪れる「梅派京劇」を主に、簡単な紹介をおこない、読者の参考に供することにしよう。

北京京劇院は、「四大名旦」（女形の四大名優）と称された梅蘭芳、程硯秋、尚小雲、荀慧生がそれぞれ創立した四つの劇団と馬連良、譚富英、張君秋、裘盛戎、趙燕俠らの名優が籍をおいた北京京劇団が合併してできた京劇芸術の一大団体である。北京京劇院に合併する前の各劇団は、いずれも京劇芸術の継承・発展に卓越した貢献をし、広はんな京劇ファンから高く評価されていた。一九七九年、この五つの劇団が一所に会し、北京京劇院が設立されてからは、数多くの名優がともに技をみがきあい、めいめいのすぐれた技量を十分に発揮して、舞台にいっそうの色どりを添えるようになった。今日、北京京劇院は、数ある京劇芸術団の中でも、大きな影響力をもつ著名な団体の一つになっている。

北京京劇院は生（立役）、旦（女形）、浄（敵役）、丑（道化役）のそれぞれに秀でた名優を多く擁しているため、舞台芸術の一体性を重んじる一方、異なった演技・唱の風格と各流派の特長を余すところなく発揮し、国内外にその名を馳せている。

今回の訪日公演団は、北京京劇院三団の中・青年俳優七十人あまりで構成されている。故梅蘭芳の子息で梅派京劇の後継者でもある梅葆玖のほか、梅蘭芳の娘・老生（善人を演じる老け役）の梅葆玥、武生（立回りが主）の李元春、武旦（現在は女優が主。立回りの女役）の趙慧英、李韻秋、老旦（女性・女形の老け役）の王樹芳と、若手俳優の裘少戎（裘盛戎の子息）、斉建国、解建華、趙安敏、秦雪嶺ら……。

十年に及んだ「文化大革命」の動乱中に、中国の伝統京劇はひどく破壊されてしまった。江青ら反革命グループが猖獗をきわめたため、多くの伝統的な演目は公演を禁止され、才能ある俳優の多くが舞台にのぼることすらできなかった。観衆は、もっぱら「八つの模範劇」を見せられるばかりだった。「四人組」が打倒された一九七六年には、かつて隆盛を誇った京劇芸術も壊滅のせと際にまで追い込まれていたのである。

その後、党中央は次つぎと有効な措置をとって、全国の各部門、各方面で混乱収拾にあたり、京劇芸術の分野にも新生をもたらした。北京だけでも、二千人あまりの俳優を擁する十一の京劇団が新しく結成された。この数年来、「百花斉放、陳きを推して新しきを出す」方針が貫徹され、多くの伝統的な演目が再び舞台で演じられるようになったばかりか、人びとに喜ばれる新しい演目がいくつも創作・再編された。各芸術流派で後継者が続々育ち、百花咲き競う喜ばしい局面が出現しつつある。

北京京劇院三団が今回の訪日公演に携えてゆく演目には、すぐれた伝統劇もあれば、新しく創作された歴史神話劇もある。

梅蘭芳の子息・梅葆玖は、今年四十九歳、数多い梅派後継者の中でも最も有名な俳優の一人。他の[illegible]ることになる。一九八二年、梅葆玖が香港公演した時は、遠くアメリカや台湾、東南アジアから京劇ファンが駆けつけるなど、大成功をおさめている。その優美な舞台姿、よく通る滑らかな唱、高雅な格調は、父親の梅蘭芳に比べてもひけを取らない。"後継ぎ"の名に恥じないとは、京劇ファンの一致した評価である。今回の訪日は、梅葆玖にとっては二度目。一九五六年の夏、父の梅蘭芳率る中国京劇芸術団の一員として、朝日新聞社などの諸団体の招きに応じて日本を訪れ公演している。この時の公演は中日文化交流史上、エポック・メーキングな一大快事だった。当時、わずか二十二歳の梅葆玖は父と同じ舞台に立って好演し、大成功を収めている。今回の訪日公演には、父に代って梅派の伝統的な演目で主役を演じる。「貴妃酔酒」「大登殿」など、日本の観衆を魅了するに十分だろう。

梅派芸術の代表的な演目「貴妃酔酒」は、典型的な中国の古典歌舞劇として、つとに有名だ。――唐の明

る。

第三陣は、十月三日、西安へ。第四陣は、十月四日、武漢へ。五日、六日と、あい前後して上海に集い、上海での交流をおえたあと帰国する。

四つの団に分かれて、それぞれ十日間、あわせて十五日間のあいだ、中国の大地は、文字どおり「熱烈歓迎　日本青年」の"一色"にいろどられるのである。

さて、北京での交流と交歓は――三千人を迎えての大宴会の場は、やはり人民大会堂。壁の朱の色も、ひときわあざやかに"化粧直し"された天安門が臨む天安門広場の西、十二本の大円柱が林立する正門玄関から人民大会堂の中央ホールへ。赤いじゅうたんを踏みしめて大理石の階段を上れば、二階は大宴会場。五千の席が設けられた会場には、中国の政府、各団体の責任者と二千名近い中国の青年たちが、隣国の友人を待ちうけている。食事をともにしながら、友情を心ゆくまで語り合う夕べ。天安門広場から長安街にかけては、街灯が一斉に明るい光を投げかけ、建物の輪郭をくっきり浮かび上がらせて、イルミネーションが秋の夜空を彩る。……

交歓会は、一万八千人を収容する首都体育館で行なわれる。首都の青年と三千人の日本青年とが一堂に会して、歌あり踊りありの"出し物"の交換。日本側の"出し物"に、中国青年の熱いまなざしが集まることだろう。

十月一日は、「国慶節」。天安門前では、雄壮な閲兵式典と豊富多彩なパレードが行なわれる。天安門前での閲兵式典とパレードは、実に十四年ぶり。パレードの"主力"になる学生たちは、夏休みを返上して行進の練習につとめたほど。人民解放軍陸・海・空三軍の精鋭による力強い行進と、労働者・市民・学生の生彩あるパレードは、建国三十五周年を祝う最大の行事。三千人の日本青年も、この一大祭典を"観閲"する。

夜は、花火大会。天安門広場にくり出した数十万の北京市民と一緒に、大輪の花火が次つぎと炸裂する夜空の下、「平和」と「友好」をたたえ、祝日の夜を、ともに歌いともに踊って楽しくすごす。

北京では、また、グループに分かれての「歴史古城」見学も予定されている。故宮、頤和園、長城、十三陵、……記念植樹も行なわれ、「中日青年友好交流」の記念樹に、二十一世紀への変わらぬ友情を託す。

地方色ゆたかな歓迎行事

地方都市での"歓迎プログラム"はどんなだろう。

西安――

古都・西安と日本との係わりは、遠く遣隋・遣唐使の昔にまでさかのぼる。唐朝の離宮・興慶宮の跡につくられた興慶公園に建つ「阿倍仲麻呂碑」が、千二百年来の友好の歴史を語りかけてくるだろう。西安市での歓迎行事の"目玉"は、ここ興慶公園でのキャンプ・ファイア。時は折しも"仲秋"。仲麻呂の仰ぎみた同じ満月が、この夜は、中日の若者たちの喜びに輝く顔を照らし出す。

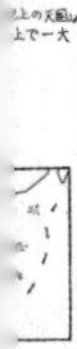

ようこそ

熱烈歓迎

3000人の日本の若者たち

この秋、日本から3000人の若者を迎えて「中日青年友好交流」が、中国の6都市を舞台に行なわれます。

「人民中国」雑誌社では、社員の総力をあげて『中国の旅　イラストガイド』を編集・作製し、3000人の団員にお贈りすることになりました。あわせて、「友好交流」参加者から写真・スケッチ・文章を募集し、「友好交流」特集を組んで、歴史的な10日間を誌上に再現します！

募集！　＊写真・スケッチ・文章

テーマ　『わたしのみた中国・中国人』

ふるってご応募下さい

麗しい21世紀を創造するため、いま、中日両国の青年は堅く手を握りあいました。友好交流の10日間は、あなたの青春に、どんな"軌跡"をしるしたでしょう。

「わたしの見た中国と中国人」をテーマに、あなたの撮った写真、描いたデッサン、感想の文章を、ぜひ『人民中国』にお寄せ下さい。

- 写真　カラー・スライド（規定なし）／カラー・プリント（６切版）　１人10点まで
- スケッチ　１人５点まで
- 文章　400字詰原稿用紙５枚前後

★作品のそれぞれに、題（写真の場合はキャプションも）、氏名、性別、年齢、職業、連絡先を明記下さい。

■しめ切り　10月31日（当日消印有効）

採用の作品は誌上に発表し、お礼として記念品を贈呈いたします。なお応募作品は返却いたしませんので、デュープ、コピーをおとり下さるよう。

送付先　中華人民共和国　北京市車公荘　『人民中国』雑誌社

「1分間小説」特集——生活の窓

日本でいえば「コント」もしくは「ショート・ショート」に当たるだろうか。しかし、中国のこれはもっと「土」くさく、生活のにおいが濃厚で、中国独特の味がある。

「一分鐘小説」(一分間小説)は、『北京晩報』(夕刊)に毎週何回か掲載され、広い読者をつかんでいる超短篇小説である。この種の作品は、他の新聞や雑誌でも、「千字小説」「小小説」などとさまざまな名称で登場、静かなブームをよんでいる。

ニヤリとさせ、シンミリさせ、あるいはドキリとさせるなかに、中国人の生活や感情がにじんでおり、いま中国がめざしている方向や問題点なども、巧まずして表現されている。

小さい窓だが、そこから見える景色は広い。最近の作品のなかから13篇を紹介しよう。

— 13 —　— 12 —

6

カメラルポ　〝家事手伝い〟引きうけます

撮影

「家務服務公司」——つまり、〝家事のお手伝いさんをあっせんする機関が昨年十二月、北京市の朝陽区に誕生した。共働きで家事に手が回らない市民に歓迎され、毎朝、〝家人〟の登録をする人が、受付開始前からつめかけているほどだ。

北京市腫瘍研究所生化室主任の于樹玉さんの家で働く趙亜江さん。近ごろ、とみに研究業務が忙しくなった于さんと共働きの妻にとっては大助かり。家人がみな出勤したあとで趙さんが活やくする。

7

特集

は好奇の目で見るか、はなはだしきは疑いの目で見ていた。「たとえ成功

済特別区

ま「深圳」なのか

本誌記者　南　英

四年間の成果は一目瞭然だ。現代都市深圳は刻一刻と様相を変えてゆく。

まきおこる〝深圳ブーム〟

四年前、香港と隣接する深圳は、これといって注目されるところのない小さな町にすぎなかった。ところが、どうだろう。いまや国内外の関心を〝一身〟に集める新興都市として大きく生まれ変わろうとしているのである。とりわけ、今年の初め、鄧小平党中央顧問委員会主任が深圳を視察し、その発展の方向に肯定的な結論を下してから、一種〝深圳ブーム〟ともいえる関心の高まりがまき起こった。

筆者は、今回の取材に先立って、北京で深圳行きの手続きをしたが、この〝ブーム〟をひしひしと感じたものだった。深圳は辺境に近いため、仕事であれ遊覧であれ、行くためには、通行証を取らねばならない。北京の通行証交付事務所は、それこそ人でいっぱいだ。あるいは商談のために、あるいは視察のために、さらには事務所を設置するために赴く人もいる。……

広州に来てみて、〝ブーム〟の過熱度にもう一度驚かされた。広東省の省都・広州市から深圳までは、一八二キロの距離だが、客車は日に四往復、そのどの列車もきまって満席だった。中国の各省・直轄市から来た参観の団、商談の団が、続々南下し、人の流れはあとを断たない。列車が深圳の羅湖駅に滑り込むと、今度は川ひとつ隔てた香港からの旅客が南下してきたこの大群に加わり、南北あい合して巨大な人波となり、深圳市内へと流れ込む。

中華人民共和国九竜税関の報告によれば、この数年、羅湖を経て深圳へ入った香港の商人・旅客、海外華僑と外国人は、年に八百万人を越えているという。つまり、国外から一日に二万人余の人びとが深圳を訪れているのである。四年前まで深圳の人口は二万三千人だったから、この数字がいかに大きなものかが知れよう。

深圳を訪れる人の大半が、深圳経済特別区に関心を寄せていることは言うまでもない。投資環境の視察、業務の打ち合わせ、工場の建設、貿易、オフィス・ビルや住宅、観光・レジャー施設の合資による建設・運営など……。単なる見学・訪問の客や南中国海に臨むこの新しい都市の風光を楽しむための観光客も少なくない。

市内に分布する百近くのレストランやホテル、五、六カ所のレジャー村は、どこもパンク寸前だ。市内のタクシーや大・小型バスは、たえず増やしているとはいうものの、まだまだ必要を満たすには至っていない。市の中心部を走る幅五〇メートルの大通りはもちろん、他の幹線道路でも、車が長い列をつくり、街はゆきかう人で、どこもいっぱいだ。

深圳のこうした変化は、とりもなおさず、中国の対外開放政策の実施によってつくり出されたものなのである。

〝開拓者〟の精神で

一九八〇年八月、全国人民代表大会常務委員会は「広東省経済特別区条例」を承認・公布して、広東省の深圳、珠海、汕頭と福建省の廈門に経済特別区を設置するこ

ベット高原に眠る「古格王国」遺跡

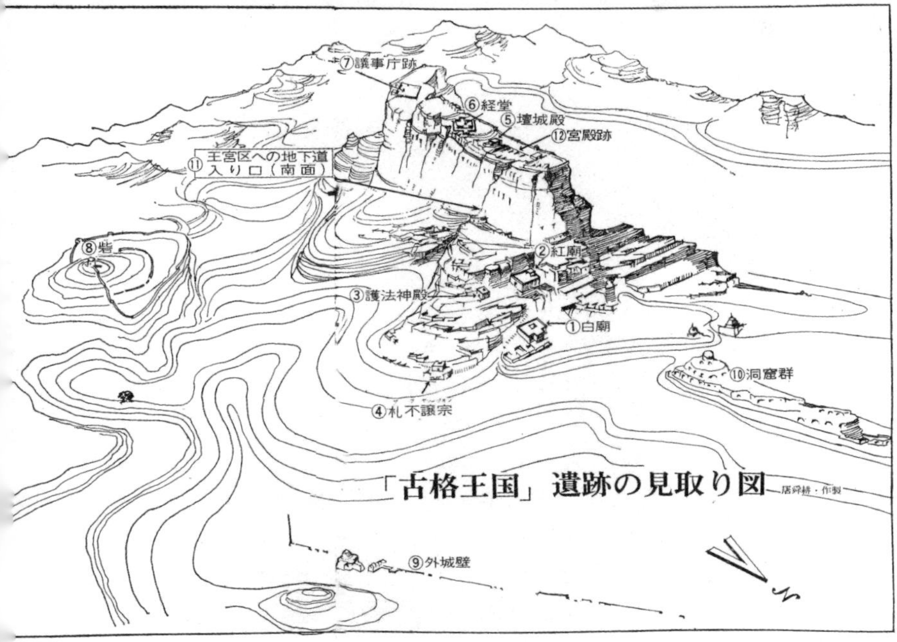

「古格王国」遺跡の見取り図—屠舜耕・作製

中国の民俗を探ぐる
福建の漁村
福建省恵安県——台湾省と海を隔てて向き合う同県の漁村の民俗は風変りなものが多く残っている。
撮影　魯忠民
男たちが漁に出ると、女たちは家事のすべてと、"後勤"工作を受けもつ。
漁村女性の服装
福建省
恵安

10

月刊　人民中国　北京で出版する総合雑誌
人民中国
1984 2
座談会 中国人の毛沢東観
首都北京　21世紀への青写真

12

1984

前一年，在举办完创刊 30 周年纪念活动之后，9 月至 10 月，总编辑康大川率团进行了他在任上的最后一次为期一个月的访日之旅。访日团在日本进行了深入的走访交流，并以座谈会的形式完成了题为《日本所见所感》的访日报告（4 月号，见图 1）。

这一年，梅葆玖率领北京京剧院三团实现了“梅派京剧”的第四次访日，在日本引起轰动（3 月号，见图 2）。作家巴金挂念着即将在东京召开的国际笔会，特地在病床上给本刊投稿，回忆了和日本文学家的交往，对笔会寄予了良好的祝愿（5 月号，见图 3）。金秋时节将迎来三千名日本青年来华访问交流，《人民中国》对交流计划做了图文并茂的详细介绍（9 月号，见图 4），还向即将来华的日本年轻人发出了活动观感文图征稿启事（9 月号，见图 5）。

内容创新还在继续。《一分钟小说特辑——生活之窗》打破写实报道的传统，整篇特辑以反映社会生活的小小说构成，使日本读者通过文学作品形式得以进一步窥察中国人民的百态人生（3 月号，见图 6）。摄影报道通过家政服务等社会新现象介绍了节奏逐步加快的社会生活新貌（6 月号，见图 7）。

四年前起步的深圳特区如今已经面貌大变。深圳特区特辑中《为什么现在要看深圳》一文对深圳兴起的必然性进行了令人信服的解读（12 月号，见图 8）。另一篇印象深刻的特辑是《沉睡在西藏高原的古格王国遗址》，白描的题头图一目了然，将古格遗址的面貌呈现给读者（5 月号，见图 9）。摄影报道系列《中国民俗探访》将福建渔村和惠安女的原生态收入镜头，留下了珍贵的民俗学资料（1 月号，见图 10）。

《本刊员工的家常菜》栏目深受读者欢迎，男性员工手艺的亮相愈发引起读者的赞美，并由此引发男女平等的议论（1 月号，见图 11）。又一轮以儿童为主题的水墨画封面标志着唯美取向的《人民中国》封面日臻成熟（2 月号，见图 12）。

11

3000人の中国体験

'84 中日青年友好交流参加者からの寄稿

中国の６都市を舞台に、「1984年中日青年友好交流」がくりひろげられたのは昨年の秋のこと。中国の青年たちと、ともに語り、ともに歌い、ともに踊った日本の3000人の若者は、どんな思いを胸に帰国の途についたのだろう。

『人民中国』雑誌社では、記念写真・文集『21世紀』編集のために、3000人の参加者から感想の文章を募ったが、200名に近い参加者から心こもる便りが寄せられた。どの文章にも日本の若者の友好の気持ちが満ちあふれていた。

今号には、寄せられた文章の中から楽しいエピソードを綴ったエッセイを９篇掲載して、中日青年友好交流が果たした役割の一側面をうかがってみることにしよう。

❶ふたりの青年・黒田杏子　❷一衣帯水　友好隣邦・今井基之　❸忘れられない熱いお茶の味・岡田守史　❹南京の夜の１時間・福井秀行　❺王さんとの出会い・水品紫乃　❻上海の素顔に触れて・金尾聡志　❼殻ごと食べた西瓜のタネ・渡辺久美子　❽ウェートレスさんとの交流・山口寿一　❾友好の後継ぎとして・河原崎栄子

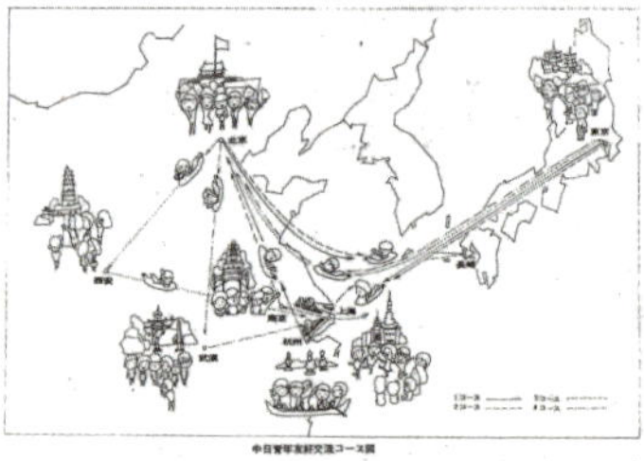

中日青年友好交流コース図

— 29 —

LIGHT Spot 話題

天安門広場に掲げられた「小平さん　こんにちは」のスローガン。学生の〝創意〟に称賛の声

写真　賀延光

中華人民共和国成立三十五周年を祝った昨年の十月一日、天安門広場では、十四年ぶりに盛大な祝賀パレードが行なわれた。十四万人が参加した一大パレードのこと、エピソードも数ある中で、今なお人びとの話題にのぼるのが、北京大学の学生たちが掲げた「小平您好」の横断幕。「（鄧）小平さん　こんにちは」は党と国家の指導者に対して、ちょっと不謹慎じゃないか、という反発も、ごく一部にあるとはいえ、大衆の気持ちをよくぞ代弁してくれた、という称賛が圧倒的だ。

この〝奇抜なスローガン〟を考え出したのは、北京大学・生物学部と哲学部の四年生数人。自分たちが学業ひとつに専念できるのも党の政策あってのこと、十年の動乱を収め、祖国に希望と発展の道をさししめした鄧小平に対する親愛の気持ちをどうしても表現したかった。パレードを翌日にひかえた九月三十日の夜、宿舎であれこれ知恵をしぼったものの、いい案がうかばない。「小平同志万歳」と書いてはみたが、どこかよそよそしい。自分たちは鄧小平主任をこんなにも身近に感じているんだ、その心のままに「小平　您好」でいいじゃないか、との結論が出たのは、もう夜もだいぶ更けた頃だった。

こうして「小平さん　こんにちは」の〝スローガン〟が、堂々、天安門広場に掲げられ、数人の学生たちの〝英断〟が、期せずして、中国の大衆の気持ちを代弁することにもなったのである。

1

2

座談会

日本人孤児の養父母として四十年

とき 1985年8月12日
ところ 大連日報社会議室
司会 本誌編集部

四十年前、日本軍国主義の植民地だった大連では数十万に及ぶ日本人居留民が敗戦後の困境に陥り、子供さえ養いきれない家庭が少なくなかった。こうして多くの「戦争孤児」が生まれた。日本軍国主義の支配下から解放されたばかりの数多くの普通の中国人は、徳をもって怨に報うべく、これに援助の手をさしのべた。四十年がすぎ、「戦争孤児」はみな成人して中日友好の新しい時期を迎えた。彼らの多くは離散していた日本の実の親を捜しあてた。そのさい中国の養父母たちは、これを心から祝福するとともに涙を流しながら彼らを実の父母の元へ見送ったのだった。

出席者

于秀英 55歳 津田朝子（王傑）の養母 衣料品工場縫製工

陳宴林 65歳 谷川勇（陳勇）の養父 停年労働者

周桂蘭 67歳 山本節子・（黄京緒）の養母 街道居民委員会委員

徐兆憲 73歳 小森寿美子（徐玉花）の養父 停年労働者

陶伝英 74歳 正野弘（姜樹慶）の養母 主婦

四十年前の大連

編集部 八月十五日を前に、いま中国各地で抗日戦争の勝利と世界反ファシスト戦争の勝利四十周年を記念する行事が行われています。大連はこの八月が日本軍国主義の長い間の占領から解放されて四十周年にあたりますが、ちょうどこのとき、この街で、この座談会を開くことになりましたのは、偶然とはいえ、大連解放四十周年を記念する、大連らしい集まりと申せましょう。

近年日本では、日本人戦争孤児の里帰り、親さがしが大きな話題になっており、中国でも関心を集めています。これは両国民の間の、血と涙、仇と愛、別離と団円がいりまじった、一つの人生劇で、実の父母、孤児、養父母、みなその主役です。新聞やテレビなどで、戦争孤児だった人たちが三十数年ぶりで日本に帰って実の父母に会えた様子がよく報道され感動的ですが、一方の主役である中国の養父母はほとんど登場しておりません。きょうは、ご出席下さったみなさまから、養父母としてのお話をいろいろお聞かせ頂きたいと思います。

于秀英 そうですわ、登場といえば去年登場してるんですよ、わたし。日本の政府と民間団体のお招きで去年の秋にね。養父母代表団ということで三十日ほど日本に行って、ずいぶん丁重にもてなして頂いたんです。でも、あの子らと三十年も四十年もいっしょにすごしてきた間の、大変だったことやなにか、話す機会は、ほんと、なかったわね。

編集部 うちの記者が皆さんのことを調べに市役所へ行って、登記簿を見せてもらったのですが、分厚いものでした。当時大連に残された日本人孤児の数は相当なものだったのですね。

陳宴林 そうですよ。一九四五年のころ大連市の人口は約、五十万で、

— 12 —

その半分が日本人でした。日本人孤児を引き取った中国人の家庭は、いま私が知っているだけでも百世帯以上ありますよ。こういう子供は東北の各地にいますが、大連に残されたのがいちばん多いんじゃないですか。

編集部 そんなに多くの日本人が大連にいて、いよいよ敗戦となったとき、その人たちのほうも、大変だったでしょうね。

周桂蘭 そりゃあもう。あのときわたしの家は、日本人がかたまって住んでいた文化台のあたりにあったんですけどね、どの家も夜になっても電灯もつけないし、大人も子供も町なかへは出ようとしないの。若い女の人なんか、どうしても出なければならないときは、なべ墨を顔に塗っていました。

于秀英 ソ連兵がいたんですよ。それが軍規を守らないんで、なにをされるか分からないでしょ。それが一つ。もう一つは、中国人に恨まれてかたき討ちされるんじゃないかと。あのころはね、普通の中国人の気持ちは複雑よ。わたしたちを侮辱した日本人はほんとうに憎らしい。ここにいるみなさんの中でも、日本人に殴られたりののしられたりしたことのない人って少ないでしょう。でもね、普通の日本人を見ているとかわいそうになるし。となり近所が寄り集まっちゃあ、あの人たちは敗戦国民だけど、普通の人なのだから、あの人たちに非はない、侮辱してはいけないって、みなでそう言っていたわね。

陳宴林 よく覚えていますが、一九四六年に、共産党の指導する大連市人民政府が成立してまもなく、こういう通知が出たんです。中国を侵略した日本軍国主義者と、普通の日本人とは区別すべきである。彼らも戦争の被害者なのだから、大連市民は日本人居留民に対して妥当な扱いを

— 13 —

5

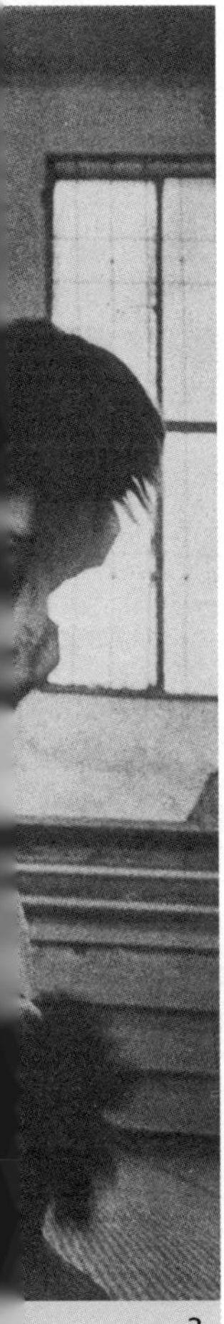

3

Spot LIGHT 話題 中国古典音楽に結ばれて、万里の長城で日本人カップルが挙式。

撮影 馮進

北京郊外に花の咲きそろう四月二十五日、日本の作曲家でジャズピアニストの深井克則さんと箏曲家の大月貴美子さんが、新修成った八達嶺長城の居庸外鎮の方台で手を携え、声を合わせて結婚の誓いを朗読した。——今日私たちは中日両国の友人に見守られて、中国対外友好協会北京分会の陸禹氏御夫妻のご媒酌で結婚式を挙げます。二人は終生の伴侶として助け合い平和な生活を築き、両国の文化交流につくすよき社会人となることを誓います。夫深井克則、妻貴美子——お二人はともに二十四歳で岡山の人。一昨年九月訪日した北京の音楽学院の公演で知り合い、中国楽器の研究などを通じて愛を育ててきた。陸禹さんは、長城での結婚式は世界でも始めてで、新郎新婦にとってこの日がよい思い出になるようにとあいさつした。岡山県文化交流団をひきいて訪中した新婦の父の箏曲家大月宗明さんも結婚式に参加した。貴美子さんの琵琶の先生である中国音楽学院の呉俊生助教授も式に立ち合い、三三九度にあたる「交杯酒」の介添えをした。二人は中国式に胸に赤い花をつけ、花嫁は赤いモールの竜と鳳凰を髷に飾っていたので、たちまち大勢の観光客がカメラを向けたり祝福の言葉をかけたり賑やかな式になった。この日呉先生から贈られたおしどりの刺しゅうに涙を流した貴美子さんだった。

4

特集

農村富裕化のシンボル——「万元戸」

本誌記者　李要武

四川省鄰慶県公義郷の楊茂春さん（左2）は竹編み細工の「専業戸」だ。一家7人、こぞって竹編み細工に精を出す。

河南省西華県の農民・何俊勤さんは、昨年248ムーの耕地を請け負った。小麦だけでも収穫は65トン、収入は2万元にも上がった。

アヒルの養殖で村ぐるみ豊かになった四川省双流県中和郷の五世子村。124戸の農家が協同で滷鴨（たれで煮たアヒル）の加工工場をつくり、昨年は53万羽を出荷、19万元の収益をあげた。

— 12 —

昨年12月、静海県大邱荘の食糧「専業戸」馬俊良さん夫婦は、フランスのテレビ局の招きに応じて訪仏、ミシェル・ロカール農業相とも会見した。

「私たちの乗る日航機が滑走路から北京―東京航路へと飛びたったとき、私は、ここ数日間、中国の農村をみてまわった印象について連想せずにはいられなかった。たとえてみれば、中国の農村（経済）も離陸したばかりの飛行機といっていいだろう。それは、点検、注油、始動、助走などの緊張した過程をへて、ついにしっかりと『現代化』の航路へと進入したのである。……」とは、ある日本人学者の感想である。

われわれはこの感想に、もう一言付け加えたい。もしこの「飛行機」の主体が農業経済（林業、牧畜業、漁業、果樹栽培も含めて）であるとするなら、この数年間に抬頭してきた「専業戸」と農村企業はその「両翼」であるといえると。

農村企業については、別に紹介することにしよう。

ここではまず、「専業戸」（専業農家）について、特集を組んでみた。特集をつうじて、「専業戸」——「万元戸」ともいう——がいかに豊かになったか、そしていかに伝統的な中国農業に「現代化」という刻印をおしたか、読みとっていただければ幸いである。

— 13 —

特集

進むもう一つの改革——農村企業

農村にわきあがる企業熱

王守栄　任忠

開発した技術の売却について、研究所所員と商談

全国にその名を馳せた"小康村"。河南省新野……ピューターを導入し、科学研究、財務上のデー……

北京市大興県の農民は、資金を出し合ってタク……た。おかげで、こんな辺鄙な村までタクシーが……

本誌は今年の四月号で「専業戸」の特集を組んだ。その冒頭、ある日本人学者の感想を引用し、われわれは更にこう付け加えた。現在の中国の農村経済を、しっかりと現代化の航路へと進入した「飛行機」とするならば、農業（林業、牧畜業、漁業、果樹栽培など）こそまさにその「胴体」であり、「専業戸」と農村企業はその「両翼」であると。

そこで読者にすでにお約束のとおり、今月号では中国の農村経済を支えるもう一つの翼——破竹の勢いで発展する農村企業とその創始者たちについてのレポートをお届けしたい。

まさに変革中の中国農村に対する理解に、もう一つの好材料を提供できればと考える。

— 12 —

今年の初め、胡耀邦総書記は保定地区21県の代表を中南海に招き、農業現代化の状況を聞いた。

北京中南海で体験報告

河北省保定地区（北京南部郊外と隣接）は、二十一の県と七百万余の農民を抱えている。昨年の増加収入は一人平均百元余り。さらに今年も百元以上の増収が見込まれている。

このニュースは中国で大きな反響を呼んだ。今年初め、胡耀邦総書記も手中の大事を置いてまで保定地区

— 13 —

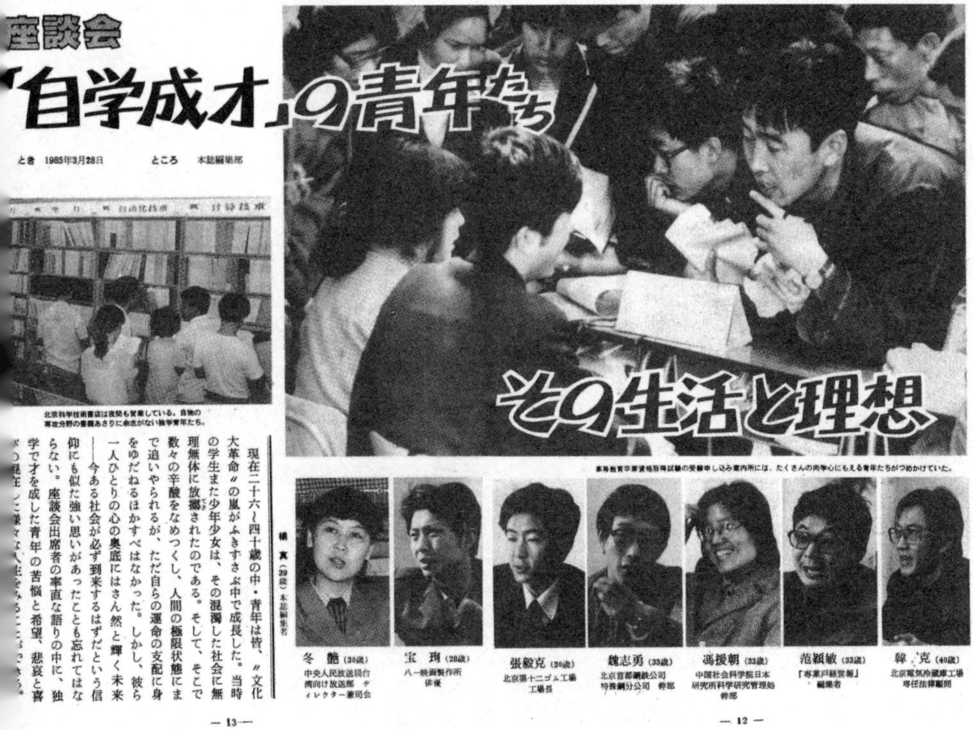

座談会

「自学成才」の青年たち その生活と理想

とき 1985年3月28日　ところ 本誌編集部

北京科学技術書店は夜間も営業している。自物の専攻分野の書籍あさりに余念がない独学青年たち。

楊真（39歳）本誌編集者

現在二十六～四十歳の中・青年は皆、〃文化大革命〃の嵐がふきすさぶ中で成長した。当時の学生また少年少女は、その混濁した社会に無理無体に放擲されたのである。そして、そこで数々の辛酸をなめつくし、人間の極限状態にまで追いやられるが、ただ自らの運命の支配に身をゆだねるほかすべはなかった。しかし、彼ら一人ひとりの心の奥底にはさん然と輝く未来──今ある社会が必ず到来するはずだという信仰にも似た強い思いがあったことも忘れてはならない。座談会出席者の率直な語りの中に、独学で才を成した青年の苦悩と希望、悲哀と喜

— 13 —

高等教育卒業資格取得試験の受験申し込み案内所には、たくさんの向学心にもえる青年たちがつめかけていた。

出席者

冬艶（30歳）中央人民放送局台湾向け放送部　ディレクター兼司会

宝珣（28歳）八一映画製作所　俳優

張毅克（30歳）北京第十二ゴム工場　工場長

魏志勇（33歳）北京首都鋼鉄公司　特殊鋼分公司　幹部

馮援朝（33歳）中国社会科学院日本研究所科学研究管理処　幹部

范穎敏（33歳）『専業戸経営報』　編集者

韓克（40歳）北京電気冷蔵庫工場　専任法律顧問

— 12 —

8

中国最初の老人大学

◀ 済南市の山東省紅十字会老人大学は中国最初の老人大学で、バラエティーにとみ、入学希望者が多い

▼ 扇子片手に旅行科の講義に耳をかたむける…さん（前右）は77歳の大学生

9

1985

这一年最为醒目的两幅图片都来自前一年的金秋十月。一幅是国庆 35 周年群众游行队伍中青年学生自发打出横幅“小平您好”（1 月号，见图 1）；一幅是中日 3000 人青年大联欢活动中，两国青年在北京长城上挥手（2 月号，见图 2）。青年交流拓展了中日关系的深度与广度。不论是中日女子柔道交流（5 月号，见图 3），还是日本情侣在长城上举行婚礼（7 月号，见图 4），可以看到镜头中的中日青年在 3000 人外进行着更多的日常交流。中国养父母养育了许多日本战争孤儿，他们中间的代表者讲述了作为日本孤儿养父母这 40 年的含辛茹苦（12 月号，见图 5），显示了中国养父母的仁慈胸怀。

中国农村改革在深化，象征先富起来的“万元户”的故事受到关注（4 月号，见图 6）；《方兴未艾的农村企业热》更是以特辑的形式得到详细的解说（9 月号，见图 7）。青年座谈会“自学成才青年的生活与理想”让读者了解到青年们自强不息的生活态度（10 月，见图 8）；《中国第一个老年大学》则介绍了开始走向老龄化社会的中国面对老人问题在如何未雨绸缪（10 月号，见图 9）。摄影报道《庙会恢复》生动地传递了人们新年时回归传统习俗时的喜悦（6 月号，见图 10）。

《小说》栏目选用了青年作家王朔的《空中小姐》（3 月号，见图 11）发表，这距离他名声大噪还有一段日子。这一年的封面改回了摄影作品，不过似乎还是带有一点东山魁夷的画风（12 月号，见图 12）。

小説

スチュワーデス（上）

王朔

え・葉欣

五年前の夏休み、避暑地として知られる中国北部の港湾都市で、天真爛漫な少女と海の男がめぐりあった……テレビドラマ化された話題作。

— 99 —

— 98 —

11

月刊　人民中国　北京で出版する総合雑誌

人民中国　1985　12

座談会　日本人孤児の親として四十年

グラフ　北国冬遊——小興安嶺に大レジャー基地

12

1986 人民中国

1

わたしの北京風物誌　一月

李順然

わたしは東京で生まれ、東京で少年時代、青年時代を送りました。そして二十歳の時に北京にやってきたのです。北京と東京――ことばが違うのはもちろんです。気候も違う、食べものも違う、習慣も違う……。「江戸っ子」から「北京人」への切り替えのなかでは、とまどうこともたびたびでした。ですが、三年、四年と暮らしているうちに、この二つの街に住む人たちの共通した心をあちこちで見つけられるようになりました。季節の折り折りに北京市民がみせる心、たとえば北海公園の柳の枝先におとずれる春をたずねる心、香山の紅葉に行く秋を惜しむ心……。北京の王さん、李さん、張さん……が、季節の折り折りにみせるこうした心の襞に流れているのは、平和な暮しへの強い願いです。東京の鈴木さん、斉藤さん、山本さん……

「中国的師走」

一月の北京の街には、お正月という雰囲気はありません。しいて雰囲気というならば、日本の「師走」のあの雰囲気に似たものが、街のすみずみにただよっているといえましょう。そう、あわただしさのなかに、なにか浮き浮きしたものを感じさせるあの雰囲気です。

というのは、北京にかぎらず中国では、人々の頭のなかにあるお正月とは、だいたい一月の末か二月の初めにやってくる「春節」――旧暦のお正月だからです。今年は二月九日が旧暦の元旦にあたります。

さて、一月に入り「春節」が近づくと、北京の街に「中国的師走」がおとずれます。あちこちに春節用品――お正月用品の特設売場がつくられるのもこの時期です。

まず目にとまるのは、子供たちの遊び道具の売場でしょう。形は日本のとちょっと違いますがタコやコマ、それに大晦日の夜に鳴らして厄を払い新しい年を迎える爆竹、「灯節」ともよばれる「元宵節」（旧暦の一月十五日）の夜にともす灯籠や提灯――こうした百年、いや千年といった長い歴史をもつ玩具は、いまも北京の子供たちのお正月の遊び道具売場にとって欠かせない存在なのです。

ところで、清の光緒三十二年（一九〇六年）にかかれた『燕京歳時……

— 72 —

2

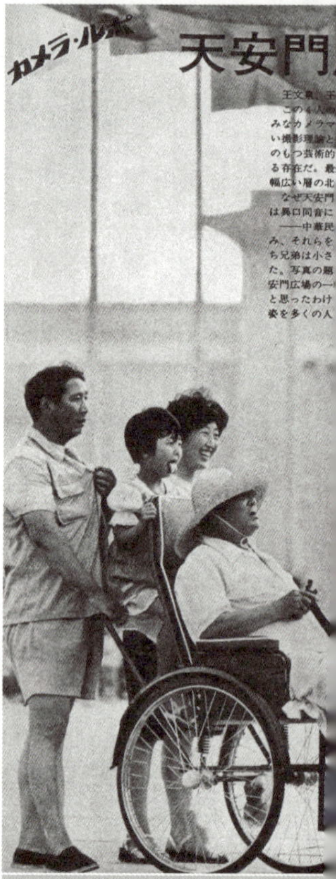

南池子の門を北にくぐったところがこの東銀糸溝胡同

魏おばあちゃんの茶店

ス、タクシー、各種の自動車の流れが絶えませんが、こちら側はしんとして、重い瓦屋根の四合院がならぶ、一見水墨画のような胡同の町です。

城壁の真裏にくっついているのが東銀糸溝胡同で、端から端まで百……

今はこの川は暗渠になっています。昔、この一帯に住んでいたのは、直接皇宮に出入りを許された宦官や、宮廷お抱えの職人たちでした。現在ここに住んでいる四十五世帯は、もう清朝ゆかりの人たちではありませんが、生粋の北京人ばかりです。

南池子門のアーチをくぐった所が、東銀糸溝胡同の西口です。そこに、繁昌している露天の茶店があって、白いエプロンのおばあちゃんが、忙しく立ち働いています。どんぶりで売っているお茶に一息いれる客は、いれかわり立ちかわりひきもきらず、道をたずねたり物を聞いたりする人もいます。

「お茶ですか、ジュースですか」私を客と思ったおばあちゃんに愛想よく声をかけられてしまい、私も腰を……

— 13 —

3

4

北京　城壁裏の胡同を訪ねて

戴徳忠　え・魯忠民

一滴の水も太陽を映すといいますが、北京の小胡同にも、大都市の一般市民の生活が反映されています。

一九七六年に、十年の動乱が終わって、また十年の歳月がながれました。現在の市民生活はどうか、改革の潮流と市民の関係は、市民はいま何をかんがえているかなど、北

「大胡同三百六，小胡同如牛毛」というほど、北京には胡同が多いのですが、ではどの位かというと、大小合わせて四千五百五十だそうです。

最近は北京市の周辺に多数の高層建築を擁するベッドタウンが続々出現していますが、生え抜きの北京人は、やは

— 12 —

5

「西遊記」、この老いも若きもよく知っている中国古典小説を題材とした大河テレビドラマが、春節（旧正月）に放映された。億を数える視聴者の絶賛を浴びたのは言うまでもない。

原著に忠実　斬新な手法

中国テレビドラマ製作センターによる「西遊記」は二十五回シリーズもので、現在までに十七回分が放映され、残り八回分は今年の末までに撮影完成の予定。一回の放映は一時間。

ドラマは前・後編の二部から構成される。前半は「猿王　世に出る」から「孫悟空　天宮を騒がす」まで、権威を否定、伝統を軽視し、粉骨砕身する孫悟空の姿を通して、中国の封建社会に生きる人びとの封建的伝統に反対し、皇帝の権威や尊厳に果敢に立ち向かう何ものをも恐れぬ精神力を暗に描いている。後半は、主に孫悟空が西国へ経文を授かりにゆく三蔵法師に随伴する過程で起きる事件が中心となっている。数々の難関を突破した孫悟空、法師ら四人の堅忍不抜、不撓不屈の精神を称えることによって、古代中国人の進取の気性とあらゆる邪悪な勢力を打ち砕こうとする願望と決意が反映されている。

このテレビドラマは、中国の有名な長編小説『西遊記』をもとに書き改めたもの。シナリオ担当の戴英禄、鄒憶青各氏は中国京劇院の名高い中年作家。二人はこれまでにも共同で、いくつか評判になった京劇の脚本を書きあげている。

演出は五十六歳の楊潔氏。彼女は中国第一期のテレビドラマ演出家で、有名な古典劇や現代劇をテレビ化した芸術作品の演出を手がけてきた人。

この名作をよりよくテレビに再現するため、演出家やシナリオ担当者はまず孫悟空、法師、猪八戒らの人物像に着目し、原著に忠実に、しかも斬新な手法で描くことに力を入れた。

ドラマの中の孫悟空は、原著よりもっと個性豊かで、しかも真実味がある。中国の演劇界には、孫悟空の演じ方に南、北の二派が従来からある。孫悟空の性格的形象については、南派は「人間が猿に学ぶ」ことを主張し、猿の生活習性を重視するため俳優は猿の頭のようなかつらをかぶるので、猿の気質が色濃く表現

— 78 —

6

昨年の10月27日から11月12日にかけて、「中国青年友好の船」（紫羅蘭号）代表団500人が日本を訪問した。17日にわたる期間中、日本をひとめぐり、停泊した港6カ所、経由・訪問した市町村は280余りにのぼり、ゆく先々で熱烈な歓迎をうけた

東京・晴海埠頭で行われた歓迎セレモニー

小雨けむるなか、着船をまつ子供たち

カメラ・ルポ

中日定期フェリー「鑑真」号乗船記

李世清

「鑑真」号の船内レストラン。好みのおかずはセルフサービスで各自のテーブルまで。

中日合弁の「中日国際輪渡有限公司」によって開設された上海—神戸、上海—大阪の定期航路は、新中国成立以来、中日両国の海上を結ぶはじめての定期航路で、中日友好の先駆者、鑑真和上にちなんで命名された「鑑真」号は、この海上ルートを通う初の貨客船である。

「鑑真」号就航一周年（一九八六年七月六日）を前に、記者は、上海からこの「友好の船」に乗って、神戸までの海の旅を楽しんだ。

「鑑真」号

「鑑真」号は週一回、上海と神戸、大阪間を往復する。私たちが乗ったのは五月十日上海発神戸行の「鑑真」号。切符を買うのも便利だ。上海には三カ所の切符売り場がある。東方飯店の「国際客船切符売り場」と和平飯店、華僑飯店の各代理切符売り場。本人のパスポートさえあれば、その場で買え、往復切符は割引になっている。

「鑑真」号が停泊する埠頭は外白渡橋（ガーデン・ブリッジ）付近で、上海市の中心に近く、上船、下船にたいへん便利である。

午前十一時、「鑑真」号上の客になる。「いらっしゃいませ」 制服姿の船員と乗務員が笑顔で迎えてくれた。若い乗務員は、さっそく客の荷物を受けとり、部屋まで運ぶ。「鑑真」号の六十五人の乗務員はみな中国人。

船室は〝三階建〟。一階が二等室、二階が一等室、三階が貴賓室と特別室。私たちが案内されたのは特別室だった。設備はかなり整っている。ソファー、テレビ、電話、専用トイレ、……。船旅は何度もしているが、これだけの設備をそろえた船室ははじめてである。特別室は洋室が四室、ほかに和室が二室ある。

パーサーの焦金鐸さんの紹介によると、貴賓室には居間もあって設備は最上等、従って値段もやや高い。一人十万円。特別室は一人三万九千五百円、四人が泊れる一等室は一人二万九千円。二等室は泊れる人数も多く、それで値段も割安になっている。一人二万二千円、飛行機代の四〇%ほど。「鑑真」号の定員は五百人である。

出港

サイレンが長く鳴って、「鑑真」号がゆっくりと埠頭を離れた。旅客はデッキに並び、手をふって親しい人たちと別れを告げる。黄浦江を背景に記念写真を撮る人も多い。

陸地がしだいに遠ざかり、海水が大海の青い色に変わった。船のスピードも速くなって、白い航跡が目に染みる。広々とした海を眺めれば、誰でも中日両国の長い友好往来の歴史が思い出されるだろう。

いまから二千年も前、中日両国にはもう海上の往来があった。中国の三国時代、西暦二三八年には、三国

— 71 —

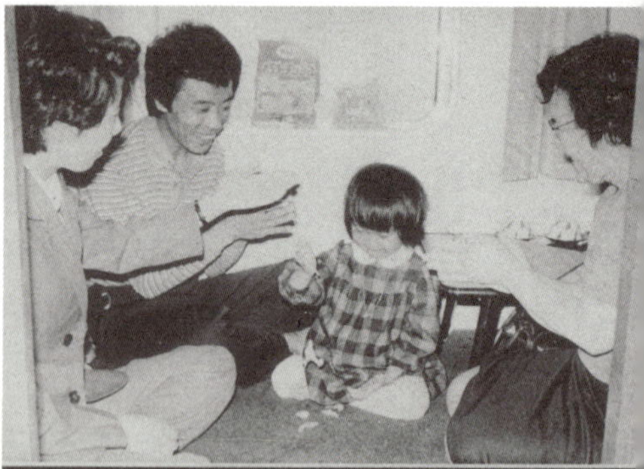

一家そろって48時間の船旅

神戸港も間近、六甲山が眼前に迫る。

日中不再戦」の旅を終えて

中国語学習者の現地体験

座談会　とき　一九八六年八月二十日夜
ところ　南京・丁山飯店　会議室

●司会　本誌編集部・林曄

創立三十五周年をむかえた日中学院（安藤彦太郎院長）ではこの夏、在校生、卒業生を中心に百十二名からなる大型訪中団「日中学院友好の船」を組織した。

鑑真号で上海へ。瀋陽、撫順、北京、南京と回ったコースは、撫順の平頂山殉難者記念碑、北京の蘆溝橋「七・七事変」記念館、南京の大虐殺殉難者記念館の参観や生存者の老人を囲む座談会なども組み込まれた「日中不再戦のため」の旅だった。〝老・中・青〟の団員たちは、中国語学習の成果を、今回の旅にどう生かしたのだろう。どんな思いを抱いて二週間の旅を終えたのだろうか。本誌では、記者を南京に派遣し、六名の団員から「中国現地体験」をお聞きした。

編集部　日中学院創立三十五周年、おめでとうございます。日本における中国語教育のセンターとして、文字どおり戦後の日中関係史とともに歩んでこられた日中学院が、三十五周年の記念活動として組織されたのが、この「友好の船」であったわけです。団員百十二名。老、若、男、女、ずいぶんバラエティーにとんだ楽しそうな団ですけれど、団員の多くのみなさんが中国語を学んでいらっしゃる。上海、瀋陽、撫順、北京、南京と回られて、旅も大づめに近づきましたが、南京最後の晩、六人の団員におあつまり願い、「中国語学習者の中国現地体験」と題してお話しいただくことになりました。

どうでしょう。まずは、自己紹介もかねて、中国語学習歴から話していただくということで……。

吉田　トップ・バッターは勝又くんかな。若い世代の代表として。

（笑い）

勝又　学習歴といっても、まだほんの四カ月ですから、ピンイン（中国語のローマ字表記）がやっと読めるようになった程度で。あんまり勉強熱心なほうじゃないんで、中国に来てみて、ああ、もっと勉強しておけばよかったなあ、とつくづく思いました。あいさつもろくに出来ない。

（笑い）

田中　わたしも「若い世代」の代表です（笑い）。小さい時から歴史が好きで、大学は史学科を希望していたんですけれど、歴史を学ぶには、やっぱ、中国でしょ。それで中国語を学んでからと思って日中学院に入ったんです。中国語がおもしろいんで、そのまま大学には行かずに学院に居残ってます。勝又くんよりはかなり勉強熱心な方なんですよ。（笑い）

小林　本科の卒業生です。中国に行きたいな、行くならしゃべれて行きたいな、と思って勉強したんですけれど、勉強してみて、中国語のむずかしさが骨身にしみて分かりました。今回、中国に来て、ティンリー（「聴力」。聞きとりの力）がダメな

しゃべれない人よりは五割がた楽しんだんじゃないかしら、五割よぶんに楽しんだんじゃないかしら、よかったナ、って思っております。

吉田　「聴力」がダメというのは、それは自分のせいですか、それとも学院の教え方が悪かったせいでしょうか。（笑い）

小林　わたくしは、年いってから習ったからじゃないかしらなんて慰めてるんですけれど。若いと進歩も早いですよね。年いってると、やっぱりダメ。しかたありません。

吉田　学院のせいじゃなかった。安心しました。（笑い）

鈴木　わたしは、今、高校で非常勤の講師をしながら、かたわら大学院の博士課程で中国経済史を専攻しています。中国語は、まあ専門ですから、もうかれこれ十年は学んでるんですが、ほんと読むだけといった環境なんで、ひとつ覚悟をきめて、発音の基礎から始めようと一念発起してはみたものの、一年たって中国に来てみて、やっぱりダメでした。

（笑い）

きょうも、タクシーであちこち回ったんですが、運転手さんから、

9

水原明窗氏と中国の切手

楊　珍

水原明窗氏にサインを求める中国の切手収集家たち

白髪童顔、風格あるひとりの日本人が、北京の中国郵趣公司に足を踏み入れると、詰めかけていた切手収集家のあいだにざわめきが起こった。

「あの方が水原先生でしょうね」

「そうだとも。あの人だよ！」

中国の三百万におよぶ切手収集家は、水原氏のことをよく知っている。

とくに、一九八五年十月にローマで行われた世界切手展で、氏の「中国海関郵政」がインターナショナル・グランプリを受賞したことは、中国郵趣界にさらに衝激を巻き起こし、十二月十九日に北京で開かれた招待会では、氏にサインを求める人々が長蛇の列をなしたのである。

さて、水原氏はなぜ中国の郵趣界でこのように人気を博しているのであろうか。それは、氏が中国の切手と数十年にわたる〝切っても切れない縁〟があるからだ。わずか一寸四方の紙の上に、氏の中国人民に対する限りない愛情が託されており、そして氏自身の刻苦奮闘のすばらしい成果が凝集されている。

少年時代から切手収集に凝っていた水原氏は、一九四七年からは中国の切手に引きつけられ、その収集を始めた。一九四九年に新中国が成立した際、氏は日本は中国人民と仲よくしていかなければならないと痛感し、切手収集を通じてその念願を果たそうと、ひたすら中国の切手を追い求めた。中国郵趣公司が設立されるや、氏は直ちに公司と業務上の連絡をとった。氏が理事長をしている日本郵趣協会では、中国切手会が設けられており、『中国集郵』という雑誌も隔月に発行されている。また水原氏は中国郵政史の研究に打ち込み、『華郵集錦』という、画文ともにすばらしい著作も出している。

水原氏は、きわめて多忙、〝方寸の世界〟に自由に遊べるのは深夜のわずか三時間。氏は、清代から中華民国、かつての解放区から新中国にいたるまで、各時代の中国の切手を探し集めた。氏の中国切手に対する思い入れ、人生の目標への飽くなき追求に、中国の郵趣界はすっかり感服させられた。そして、氏のコレクションの豊かさ、学識の深さも次第に世界の郵趣界の認めるところとなった。

一九五七年、氏は初めて中国を訪問して、有名なフィラテリスト姜治方氏と知り合い、初めて姜氏のコレクション〝大竜切手〟のアルバムを目にした。中国の海関郵政の最古の切手がずらりと並んでいるアルバムを前に、氏は目をみはり、かつわれを忘れた……。

〝大竜切手〟は、一八七八年に清朝政府によって発行された中国最初の切手である。この切手は三枚がセットになって、一分銀、三分銀、五分銀がそれぞれ緑、赤、黄に色分けされている。デザインは、ともに中華民族を象徴する竜である。以来、氏はもっぱら「中国海関郵政」の収集研究に力を注ぎ、ついに国際郵趣界の最高栄誉を獲得したのである。

成功への道は、平坦ではなかった。氏は、一九七〇年から、中国の切手を世界に紹介するためにひんぱんに国際切手展に出品することに力を入れてきた。中国の切手収集が国際郵趣界の圏外にあって、あるべき評価を得ていないことを痛感していた氏は、日本国内だけでなく世界の人びとにまで、中国の切手はあらゆる面で世界一流であることを認めさせようと決心した。ところが、すでに固定した認識を変えるのは容易なことではなく、最高賞をとれないという挫折を何度も味わった。無念やる方なく、手を引こうと思ったことさえあったが、幸いにもその当時、日本郵趣協会会長であった中島健蔵氏（故人）や中国郵趣界の旧友たちの再三の励ましを受けて、氏は自信を取り戻した。その間にも、氏のコレクションは絶えず充実し、ローマで行われた国際切手展では、数多いフィラテリストとの競争の中で、ついにナンバーワンの座をかちとった。九十八年の歴史を持つヨーロッパ国際切手展覧史上で、アジアの切手が初めて第一位を占めたのだ。これは世界郵趣史上でも画期的な事柄だと言えよう。

一九八五年の暮れに北京においての招待会では、水原氏は中国郵趣界の友人たちからその受賞について祝賀を受けた。中国の有名なフィラテリストであり映画芸術家でもある、中日友好協会会長の夏衍氏は、とくに水原氏と会見し、ともに中島氏をしのんだり、中国郵趣界の将来を語り合ったり、よろこびひとしおのようであった。

水原氏は、『人民中国』の古くからの愛読者であり、〝老朋友〟でもある。また昨年、本誌社外顧問への就任もお願いした。最近、中国を訪れた水原氏は、相かわらずの多忙にもかかわらずわが編集部を訪ねられ、全員と語り合った。その際、本誌の顧問である康大川氏は、社を代表して水原氏の受賞に心からお祝いの言葉を述べた。

歓談する水原明窗氏と中日友好協会会長夏衍氏

10

中日友好病院を見学して

劉　東　平

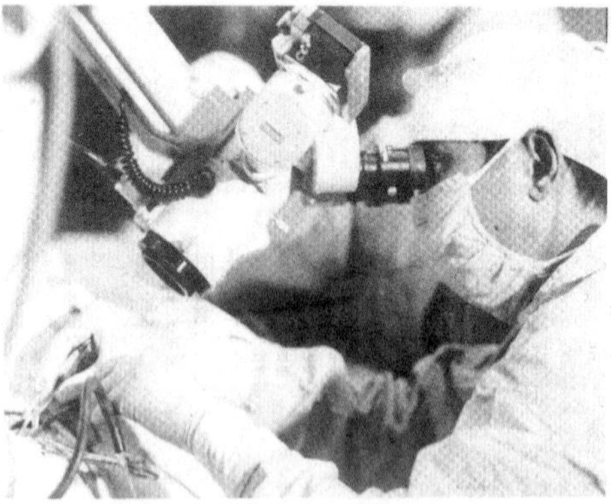

この病院ではマイクロ・サージェリーも行われている

中日友好病院は北京の東北の方向、桜花路の東側にあり、一九八四年十月の開業いらい、一年あまりたった。

数多くある北京の大病院のうちでも一番若い病院であるが、後の雁が先になるとのことわざのように、その名声は広く国内外に伝えられている。先日、筆者はこの病院を見学した。

最先端の医療設備

敷地八〇〇〇平方㍍をこえるこの病院は、十四階建ての病棟を主体として外来診察用ビル、リハビリ・センター、臨床科学研究所、衛生学校などの建物がある。建物全体が乳白色で、清潔で上品な感じを与える。病棟の前には蓮の花をあしらった大きな噴水池があり、そのそばに日本の彫刻家の手による大型レリーフ「一衣帯水」が聳立している。レリーフの真ん中に二つの抽象的な造型が刻まれていて、中日両国人民の友情のシンボルと言う人もいれば、漢方医学と西洋医学との結合を象徴するものだと言う人もいるが、筆者としては、そのどちらでもあると言いたい。それはまさに彫刻家としての繊細さと、高い識見を表現したものだといえる。

中日友好病院の医療設備は現在、国内の最先端をいく。たとえば、病院の技術科のひとつである映像診察科は、二十台の先進的X線装置をもつ。筆者が見学に来たとき、ちょうど診察中だった。密閉された部屋の検査台に患者が横になると、別の部屋にあるテレビのブラウン管に患者の肝臓、すい臓などがはっきりと映し出されてくる。ここでは、人体の各部位に対して横断面走査を行うのに効能のある、X線体軸断層撮影装置（CT）が使われている。CT検査は時間が速く、病変部位に対する診断も正確なので、脳の異常や肝

— 22 —

11

のどこかの土地に〝舞い降りた〟としても、その土地にテレビが普及しているなら、人びとは、すぐに「おしん」と分かって、笑顔で迎えに出るだろう、と筆者は信じる。

週に二晩、火曜と日曜の夜八時には、しのこした仕事があっても、人びとは、ひとまず置いて、テレビの前にかけつけた。火曜と日曜の夜八時から九時半までの間は約束があっても繰りあげるか繰りのべるかして、「おしん」に見入ったのである。

実は、「おしん」の少女篇（修行篇）が放映されたのは昨年三月のことだった。視聴者の反響は強烈で、中央テレビには「続行」を要求する手紙や電話が殺到したという。それで、中央テレビ局は最終的に、「おしん」全篇の購入を決め、翻訳スタッフと吹き替えスタッフは、それこそ〝大車輪〟で中国語版「おしん」を仕上げたのだった。今年の夏の〝話題〟は、「おしん」に独占されてしまった、といっても決して過言ではないのである。

そこで、中国人は「おしん」をどうみているのか、また中国の識者は「おしん」をどう〝評価〟したのか、この読者に関心のあるテーマで、中国での「おしん　フィーバー」の〝余熱〟をうかがってみることにしよう。

田中裕子おしんの人気は絶大！　中央テレビ局にも沢山のファン・レターが届いた。

なぜ「おしん」は受けたのだろう

まず、視聴者の〝最大公約数的評価〟は、——

おもしろかった！　次回の放映が待ちどおしくてならなかった。「おしん」が終わってしまってからは、ほかのテレビ・ドラマは何を見ても興が湧かない。……つまり、圧倒的な好評である。

日本の明治、大正、昭和の三つの時代を背景に、ひとりの女性をとおして、日本人の世態と人情の委曲を描きつくした作品、それが「おしん」だったからだ。日本人とは、いったいどんな民族なのだろう。敗戦の痛手の中から今日の繁栄をきずきあげた日本人の原動力は何だったのだろう。こうした中国人の〝疑問〟に、「おしん」はひとつの答を与えたのだった。ストーリーがドラマチックだったことも、好評の大きな原因になっている。先が分からないおもしろさ。困難が、またいつふりかかってくるのか分からない。さしものおしんも、ついにはくじけてしまうのではないだろうか、……。人びとは、自分が劇中の人になったような気持ちで、おしんに声援を送ったのだった。

識者の間でも、概して好評だった。

中央テレビでは、番組終了後、北京在住の文化人を招いて「おしん」討論会を開いたが、席上、シナリオ・ライターで映画評論家でもある黄宗江氏は、興奮の面持ちで次のように語っている。

——以来ずっと、わたしは「おしん」の回想の中に浸っています。申し分なく立派な作品で、作者の力量がおのずから知れると言っていいでしょう。一部に「俗っぽい」という意見があるけれども、「俗」であって何が悪いと、あえて、わたしは言いたい。大俗大雅。俗中に雅がある。「俗」であってこそ多くの人をひきつけ、多くの人の感動を呼び起こすことができるのです。「おしん」は人情、人間性、そして人道主義に満ちあふれた作品です。ひとつ不満を言わせてもらえば、仁夫婦の関係と、おしんの二人の孫むすめの描き方はまずかった。玉にキズといったところでしょう。

同じくシナリオ・ライターの柯霊氏は、

— 41 —

中国で

〝三人のおしん〟。右から乙羽信
林綾子ちゃん。田中裕子さん（写
中央テレビ局に寄せられた視聴者
の一部（写真下）。

主人公、おしんの〝運命〟に、どれほど多くの中国人が、〝一喜一憂〟したことだろう。少女時代のおしんを演じた小林綾子ちゃん、青年時代のおしんを演じた田中裕子さん、そして乙羽信子さん。この三人のどなたかが、ある日、突然、中国

新一年的封面再次改回了油画，而油画内容大多是反映当下的。比如青年学子专注听课的作品就反映了大学的真实氛围（1月号，见图1）。封面的另一个变化是，使用了32年的书法体刊名改成了汉字与英文合璧的美术体风格。

李顺然开始了他的新连载《我的北京风物志》，通过四季风物介绍北京的新变化（1月号，见图2）。摄影报道《天安门广场漫步》记录下人们放松惬意的状态（1月号，见图3），“金色童心”摄影大赛入选作品中，乡下孩子快乐无忧的表情定格在80年代（1月号，见图4）。那时北京的胡同尚保存完好，图文并茂地在胡同中探幽，对于记者和读者都是一件惬意无比的事情（8月号，见图5）。象征着“路在脚下”时代探索精神的电视剧《西游记》正在热播，对此，本刊做了及时的深度报道（7月号，见图6）。

这一年，日本方面也邀请了“中国青年访日友好之船”访问日本，接待场面也是盛况空前（3月号，见图7）。往返于上海、大阪、神户间的客轮“鉴真号”是一艘真实的渡船，本刊记者的随船采访留下当年的珍贵镜头（4月号，见图8）。日中学院友好之船代表团乘“鉴真号”抵沪后访问了沈阳、抚顺、北京、南京，在不幸历史留下的创伤之地参观学习。座谈报道《“日中不再战”之旅结束前汉语学习者畅谈历史现场体验》记录了大家的真实感想（12月号，见图9）。

报道文章《水原明窗与中国邮票》介绍了集邮家水原明窗在保护中国珍邮方面做出的努力和贡献（4月号，见图10）。《中日友好医院访问记》介绍了医院的使用情况和患者的评价（5月号，见图11）。日本电视剧《阿信》在中国受到热捧。《〈阿信〉在中国的反响与评价》较全面地介绍了中国观众对这部剧的看法（12月号，见图12）。

意气风发的歌曲《年轻的朋友来相会》是一首反映80年代中期时代风貌的流行歌。歌曲栏目内容朝着轻松、欢快的方向变化，受到越来越多读者的喜爱（1月号，见图13）。

響と批評

下 成

今年の九月九日、中国全土で放映されていた日本の連続テレビ・ドラマ「おしん」が終了した。

毎週火曜日と日曜日の夜、一回十五分の原版を六本ずつまとめて週に二回、中央テレビで放映したもので、この時間は、テレビのある家庭なら、どこもチャンネルを中央テレビに合わせて、一家こぞっての“テレビ鑑賞”だった。現在、中国全土には七千万台のテレビが普及してい

12

13

1987

人民中国

この人と30分

聞き手　本誌副編集長　安淑渠

とき　1987年6月19日　ところ　中日友好協会

孫平化さん　民間交流　三十五年

孫平化さん「昔は、中日両国はまさに“近くて遠い国”でした」

——中日友好協会の会長にご就任以来、初めてお目にかかります。おくればせながら、おめでとうございます。

孫　これはどうも。

——戦後の中日関係の発展に関与されたお一人として、ぴったりのポストに就かれたわけですね。三十数年に及ぶ中日往来のご経験は語り尽くせないと思います。今年は中日国交回復十五周年、感慨一際のことでしょうが、そのあたりからお話しいただけませんか。

この三十数年の変化、隔世の感ですね。先駆者はすばらしい基礎を築いてくれた。

孫　新中国成立後の対日関係というものは、毛主席、周総理が決定されて、廖公（廖承志氏のこと）が直接指導されたのです。たくさんの仕事をされ、すばらしい基礎を築いてくれました。わたしはただ、廖公の指示に従って細かい仕事をしていただけですよ。一九五二年に戦後初めての日本の客を迎えてから七二年の国交回復まで二十年、それから今日まで十五年。三十五年間の変化は、隔世の感がありますね。

一九五二年に帆足計さん、高良とみさんらがパリからモスクワを経て北京へ入られた。当時、共産党の国へ来られるのは、大変な勇気が要ったでしょうね。

海ひとつ隔てただけの隣国というのに、国交がないためにわざわざ香港を回らなければならない。道草しないでも北京へは三日間もかかる。当時、中日両国はまさに「近くて遠い国」だったのです。

松村謙三先生は、“どうしても直接中国へ”との願いから、一九六四年四月に、竹山祐太郎、古井喜実、岡崎嘉平太の諸先生とご一緒に、二〇〇〇トンあまりの貨物船玄海丸に乗って、門司から秦皇島へ来られました。入港がいつになるか分からないので、わたしと王暁雲と早目に秦皇島まで出迎えに行ったのを覚えています。

——あのころ、日本へ行くのも大変でしたね。

孫　そう。わたしが戦後初めて訪日したのは一九五五年三月、雷任民対外貿易部副部長（次官）を団長とする中国貿易代表団に随行してですが、もちろん香港回りです。ビザの申請で国籍の欄に「中華人民共和国」と書いたため、その交渉で一週間もかかったのですからね。

——あのとき、わたしも通訳のはしくれとして随行したので、いまだに忘れられないのですが、孫さんは副秘書長で、手続のために先遣隊として香港へ、本隊は広州で待機。当時は、代表団を出すたびに“闘い”でしたね。日本の受け入れ側では、ビザの取得にはほんとにご苦労された。座り込みまでやって……。一日に何便も飛行機が飛ぶようになった今日、若い人たちには恐らく想像もつかないでしょうけれど。

孫　国交回復までの二十年間というものは、日本政府は一貫して中華人民共和国不承認の政策をとってきましたから、真に中日友好と国交回復のための基礎を築いたのは、やはり民間の往来ですよ。政府間の接触がなかったので、本来役所がやるべきことも民間のルートでやったのです。こんな例は珍しいでしょう。

これは、われわれ社会主義国の外交の特徴でもあるのです。かって周総理が「われわれの外交には二つの面がある。一つは政府間外交、一つは人民外交だ」、こう言われたのをよく覚えています。

——あの困難な時代に、国交正常化のために貢献された日本の方々のご努力は、ほんとに貴いものですね。

孫　そうですとも。あのころ、共産党国家と接触するのは“こわいこと”でしたからね。しかし、新中国成立二年目には日中友好協会ができて、松本治一郎、内山完造先生らが日中友好のために奔走されました。フロンティアの方々です。

安淑渠副編集長「中日復交15周年、感慨一際でしょう？」

——日本側関係者のご努力もさることながら、中国側としては、孫さんの功績大ですね。一九六四年から三年間、廖承志弁事処の首席代表として東京に駐在されたことも、「民間大使」として大きな役割を果たされたわけです。国交回復前、ちょうど西園寺公一先生が中日双方公認の「民間大使」として、北京にいらしたのと同じように。

孫　とんでもない！　さっき言ったでしょう、わたしは前座で具体的な仕事をやっただけですよ。

周総理はチャンスを逃がさなかった。私はバレエ団団長の看板で復交の根回しを。

——一九六二年七月には、囲碁代表団の副団長として訪日されましたね。

孫　ええ、囲碁はサッパリの“碁盲”なのですが。実際は、周総理、陳毅副総理、廖公から与えられた任務を帯びて、急に決まった訪日だったのです。この訪日が、のちに半官半民のLT貿易を成立させる基礎になりましたが。

——まだありますね、“舞盲”が。ごめんなさい、こんなことを申し上げて。一九七二年の夏には上海バレエ団を率いて訪日。これも国交回復のための先遣隊だったのでしょう？

孫　周総理の言葉を借りれば、“チャンスに出くわした”ということ。わたしは五・七幹部学校から中日友好協会へ帰ってきたばかりでしたが、あれはやはり周総理が、わたしがどうしているかと気にかけていてくださったので……。

七月四日、二百八名の大型代表団を率いて列車で広州へ向かいました。そのときは佐藤内閣でしたが、広州へ着いた翌日の七月七日、田中内閣の誕生をラジオで知りました。わが団は、佐藤内閣の時代に出発して田中内閣の時代に到着したわけですよ。（笑い）

——内閣二代にわたったわけですね。

孫　田中首相が就任後初の記者会見で「日中国交正常化の機はすでに熟している。私はこの歴史的な課題に真剣に取り組むつもりだ」と発言された。周総理は直ちにそれをとらえて七月九日、イエーメン政府代表団歓迎の席上で「七日に成立した田

孫　平　化
（そん　へい　か／スン　ピン　ホワ）

1917年，遼寧省の生まれ．1939年春，東京工業大学付属予備部に入学．1943年，東京工業大学を中退して帰国．

1952年5月，新中国成立後初の日本人訪中団，帆足計，高良トミ氏ら一行を中国国際貿易促進会秘書として接待．1964年から3年間，廖承志弁事処の首席駐在員として日本に滞在．1972年には上海バレエ団を率いて訪日，中日国交正常化のために奔走した．中国人民外交学会理事，対外友好協会副会長等を歴任．現在，中日友好協会会長，中国人民政治協商会議全国委員，中国国際人才交流協会理事．

著書に「中日友好随想録」（世界知識出版社）がある．近く日訳版が日本で出版される予定．

もっとも大切なのは相互理解

夏　衍

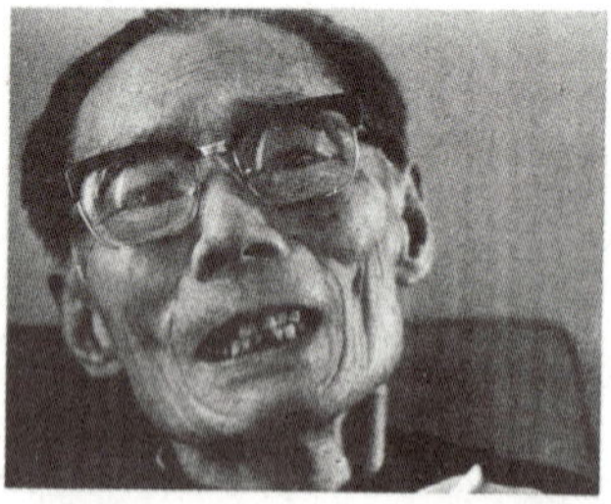

『懶尋旧夢録』の一部が阿部幸夫さんの翻訳によって、まもなく東方書店から出版されます。去年の秋、阿部さんが北京に見えられ、まえがきで日本の読者になにか話してほしいという。青年時代の七年を日本で過ごした私は晩年、中日友好協会の仕事にたずさわり、話したいことは山ほどあるのですが、往事は煙のごとく、一体どこからはじめたらいいのか……。

私は十九世紀最後の年に生まれ、八十七歳になります。この時期は中国も、日本も、そしてすべての国が動乱の中にありました。私が生まれた年に八カ国連合軍が北京を占領、小学生のときには第一次世界大戦が勃発し、中学を卒業する前の年に五・四運動の洗礼を受けました。興業救国の夢を抱いて日本に留学したのは、二十歳の年。周知のように、その時代、祖国は列強分割の危殆に瀕しており、軍閥の混戦、経済の破綻と人びとは塗炭の苦しみに陥っていました。

私たちの世代は小学校で四書五経を読み、地理、歴史も勉強しました。辛亥革命や五・四運動を経て、中国と世界の出来事を多少理解できるようになり、少年の私たちはいろいろな疑問を抱くようになったのです——教科書によれば、ギリシャ、インド、エジプトは古代文明国だったが、当時すでに衰微の極に達していたか、あるいは滅亡し、中国はまだ滅んでいないとはいえ、風前の灯のごとく、いつでも分割に処せられる危急存亡の秋にある。同じアジアにあるインドは亡国となり、中国は再三侵略されているが、国土はせまく、資源の少ない日本は日々興国の基を固めていき、ロシア、中国に勝利を収めて世界を制覇するほどの強国になったのはなぜか。一八六八年の明治維新は成功したのに、それから三十年のちの中国の戊戌変法はわずか百日しかもたなかったのはなぜか。

二十歳になったばかりの私は、こうした数え切れないほどの問題を胸に、せきたてられるように日本へと向かったのです。

今世紀の初めには、中国から日本へ行く留学生は年に七、八千人から一万人はいました。国費留学生になるのはとても難しかったのですが、本腰を据えて試験準備に取り組んでみたら、思いがけず一年もたたないうちに厳しいことで有名な明治専門学校（今の九州工業大学）に入学できたのです。専攻は電機でした。初めは、それこそ真面目に勉強に精を出していたのですが、年を重ねるごとに、工業救国の夢はぐらつきだしたのです。当時の中国にあるのは、非常に時代的な民族的工業だけで、上海の工業都市にしても、ほとんどの設備は外国から輸入したものです。米国の「ゼネラル・エレクトリック」のものか、西独の「シーメンス」のもののどちらかでした。発電機、変圧器は中国では製造できず、ごくごく普通の部品さえ外国メーカーの独占、機械設備も外国にたより、据え付け、修理、維持なども外国人技術者の手に握られていました。こんな半封建的半植民地的中国で、たとえ大学を卒業して技師になったとしても、祖国にどれだけ貢献できるでしょう。近代中国は魯迅、郭沫若という二人の文豪を輩出しました。いずれも日本で医学を学びましたが、のち、医学ももとより重要だが、もっと重要なことは封建的、非文明的無知蒙昧な「国民性」を変えることにある、と痛感します。私も自然、二人と同じような道を歩みはじめたのです。

これも恐らく時代の潮流だったのでしょう。いうまでもなく、私が工業を棄てて文学に従ったのは「明専」の校訓「国ノタメ爾ク家ヲ忘レ、公ノタメ爾ク私ヲ忘ル」といくらか関係もあります。独立、自主、強大な国家でなければ、工業の振興は望むべくもないと次第にわかってきました。

それでは、「明専」での五年間はむだであったかというと、そんなことはありません。「明専」の厳しい教育と訓練（軍事訓練も含む）は、体格、性格形成の面で大きな影響をあたえてくれました。

一九三八年に写したもの。右から夏衍、蔡楚生、丁聡、黄苗子各氏。

今の若い人は信じられないかも知れませんが、二〇年代初期（大正十年から昭和元年まで）、「明専」の授業と生活面での厳しさ、そして訓練は日本でよく知られていました。授業で「歩兵操典」「築城教範」の講義をし、毎日早朝には体操があります。秋には決まって長距離行軍が行われ、厳冬期には必ず一、二回「寒稽古」で奇襲を受けます。十二月末から一月初め、深夜あるいは未明に緊急の集合ラッパが鳴ると、五分以内にゲートルをしっかり足に巻きつけ、背のうを背おい、三八式の歩兵銃を担いで暗闇をグラウンドに集まるのです。一分でも遅刻しようものなら、叱責は覚悟しなければなりません。集合したあと、気をつけ、点呼、休めがあって解散するときもあれば、寮に戻って床につくや再び集合をかけられるときもあります。

寮生活もすべて軍隊同様の厳しさがありました。当時、物価はとても安かったのですが、私たち「明専」の学生が口にできたのは麦飯とまずいパンだけです。そのときは苦しかったに違いありませんが、いまから思うと、この生活によって私は鍛えられたのではないでしょうか。一九八二年、中日友好協会の会長を勤めていたころ、北京駐在の日本の新聞

聞き手　本誌記者　沈興大

緊急インタビュー

「光華寮事件」の真相は……

北京大学国際法教授　趙理海氏に聞く

趙理海教授

光華寮の入口

——あと数カ月で、中日国交正常化十五周年の記念すべき日を迎えますね。折も折、あのような光華寮判決という不愉快な事件が起こった。中日両国の友好を願う者は、憂慮せざるをえません。

趙　たいへん遺憾なことです。

——「光華寮訴訟」に、なぜああした判決が下されたのか、事の次第について、国際法の専門家でいらっしゃる趙教授からお話をいただければ、と思います。

事の次第

趙　それでは、事の発端からお話いたしましょう。一九四五年八月十五日、日本は無条件降伏しました。ポツダム宣言に従って、日本は連合国軍の占領下におかれます。当時の中国政府も駐日代表団を派遣しましたね。光華寮は、京都市左京区にある地下一階、地上五階建ての建物で、日本の敗戦前から中国人留学生の宿舎となっていました。敷地は約一千平方メートル。駐日代表団は、この寮を買収しますが、買収に充てた金は、日本侵略軍が大陸で略奪した大量の物資を接収し、それを売り払って得た公金の一部でした。一九六一年、台湾当局は、いわゆる「中華民国」の名義で、この寮の所有権登録をおこなった。

一九六七年、台湾当局は、「駐日大使」陳之邁の名義で、当時寮生だった于炳寰ら八名の立ち退きを求めて京都地裁に起訴した。訴訟期間中の一九七二年九月二十九日、中日両国政府は中日共同声明を発表し、両国の国交正常化が実現します。

一九七七年九月十六日、京都地裁は、光華寮が中国の国家資産であることを認める判決を出します。日本政府が中華人民共和国政府を中国の唯一の合法政府として承認した以上、旧政府が有していた中国の国家資産に対する所有権と支配権は中華人民共和国政府に移るとしたわけです。京都地裁は、こうして原告の要求を却下しました。

——理の当然ですね。

趙　ところが、この判決を不服として、台湾当局は、一九七七年十月、「中華民国」の名義で大阪高裁に控訴します。大阪高裁は、あろうことか、この控訴を受け入れるとともに、一九八二年四月十四日に判決を下し、一審判決をしりぞけて京都地裁に再審を命じたのです。

一九八六年二月、京都地裁は差し戻し審で原判決をひるがえし、光華寮の所有権は台湾当局に属するとの判決をおこなった。これは、中国の合法的な権益に対するゆゆしい侵害です。当然のことながら、寮生側は控訴します。

一九八七年二月二十六日、大阪高裁は、台湾当局の主張を認め、差し戻し一審判決を支持、寮生側の控訴を棄却しました。以上が「光華寮訴訟」の事の次第です。

政治的な誤り

——大阪高裁で差し戻し控訴審判決が言い渡された二十六日の夜、劉述鄭外交部副部長（外務次官）は中江要介駐中国日本国大使と緊急会見し、厳正な交渉を提出するとともに、中国駐在日本国大使館あての口上書を手渡しましたね。

口上書は、「大阪高裁が光華寮問題に言い渡した判決は、政治的に誤っているだけでなく、法理論上でも成り立たないものである」と指摘しています。そこで、専門家の立場から、なぜ政治的に誤っているのか、詳しくご説明いただきたい。

趙　中日国交正常化以後、日本の裁判所が、台湾当局が「中華民国」の名義で提出した訴訟を受け入れるということ自体が理にかなっていないのです。これは重大な原則問題です。

日本政府は、一方では、中華人民共和国政府が中国の唯一の合法政府であることを承認しておきながら、一方では、司法手続の名を借りて台湾当局が中華人民共和国政府に反対することを支持しています。

これは、「二つの中国」、「二つの政府」をでっちあげるものであり、わが国の内政に対するゆゆしい干渉です。

国際法によれば、新政府の承認は、旧政権の承認を排除することにほかなりません。これは、きわめてはっきりしたことです。一つの政府は一つの国家を代表しますね。一国には一つの政府があるだけです。すでにくつがえされた旧政権は、法律上存在しないのです。したがって、新政府を承認した国では、司法手続の権

2

悠悠大陸に　万華咲く

〈巻頭カラー参照〉

——久保田博二写真展「中国万華」に寄せて

金田　直次郎

塞上　チチハル郊外

雲南　洱海　漁に出る鵜飼い舟

久保田さんから、中国取材の話をうかがったのは、たしか一九八〇年の夏のはじめだったと思う。

中国撮影家協会の秘書長をしてらした呂厚民さんが訪日され、久保田さんと、久保田さんの写真のマネジメントをしているPPS通信社の社長カーシンバウムさん、それに呂厚民さんと私の四人で夜の新宿にくり出し、"赤ちょうちん"で日本酒をくみかわしながら、だいぶ遅くまで歓談した。

久保田さんは、二回目の中国取材を終えて帰国したばかりで、四月いっぱい、桂林に滞在して、雨季の桂林・陽朔を撮りおえていた。それで話は、いきおい「桂林の魅力」にしぼられてきて、久保田さんは、顔を紅潮させながら、「桂林はすばらしい。とても一度や二度では撮りきれない。ボクは少なくとも三年はかけて桂林ととりくむつもりだ。……」と熱っぽく語られたのだった。

はたして、この年の九月、空撮許可の知らせを受けた久保田さんは、写角百十度の超広角レンズをひっさげて桂林にのりこんだのである。

新中国が、外国人カメラマンに航空撮影を許すのは初めてのことで、呂厚民さんはじめ中国撮影家協会や中国展覧公司、中国文化省の関係者の骨折りがあってのことだった。

搭乗した複葉機「運ー五号」は、畳一枚半もあるドアを開いたままで飛行でき、気流がよければ、滑空するようにも静かに飛べる。久保田さんは、体をロープでしばりつけ、開けたドアから身を外にのり出すようにして超ワイドカメラのシャッターを押しつづけたという。

「夢幻の世界を撮りたい」という久保田さんの熱意が通じて、航空撮影は翌年四月にもくりかえされる。一九八一年の四月十五日から三週間、飛び立ってはまた飛行場にもどり、天候をうかがってはまた飛び立つ、という気まぐれ天気との根気くらべの中で撮影はつづけられた。

チャーター時間は計三十時間。

こうして、人びとをアッと言わせた久保田博二の写真集『桂林夢幻』が生み出されたのである。

「恵まれていましたね。カメラマン冥利に尽きると言ってもいいでしょう。あの桂林の空からの眺めの美しさ、荘厳さは、とてもとても言葉では言い表せない。撮っているボクがハッと息を飲んで、シャッターを押すのを忘れてしまうほどの美しさだったですからね。押した瞬間、これはいけるという確かな感覚が指に伝わってきました。林立する奇峰が、奥の奥まで無限につづいている。湧

江西　南昌近郊　アヒルの"放牧"

中原　永定陵の石人　麦が芽ぶく

いては消え、消えては湧く霧。ベストの時間は、それこそほんの数分間だった。霧しだいですね。霧がなければ、桂林の写真も、ただの絵はがきになってしまうんですよ」

『桂林夢幻』（八二年三月、岩波書店刊）を、わざわざ『人民中国』雑誌社まで届けにきてくれた久保田さんから、ひとしきり空撮の苦労話をうかがったものだ。

『桂林夢幻』については、おもしろい話がある。

中国の友人に、この写真集を見てもらったところ、開巻一ページめの写真を、「これは写真ではない。東山魁夷の日本画である」と言ってゆずろうとしないのだった。ページを繰るにつれて、「うん、これは確かに写真だ」と独りごちて、やっと納得。……

この三月三日から二十二日まで、久保田さんの写真展『中国万華』が北京の中国美術館を会場に開催される。主催は、中国展覧公司。後援はモービル石油。七年、一千日を費やして、中国大陸の全省区を踏破した久保田博二・中国取材作品の集大成である。写真集は、すでに、日、米、英、独、[illegible]

「桂林夢幻」は『中国万華』の中の一小部分を占めるにすぎないのである。厳寒の東北地方から海南島の南端・三亜港まで。上海・黄浦江の賑わいから開けゆくチベット・ラサの街の表情まで。文字どおり中国大陸の東西南北に、久保田さんの足跡がしるされている。

中国取材の大旅行を終えて、『中国万華』の編集にかかっていた久保田さんから、何度か国際電話をいただいたことがあった。

「いざ選ぶとなると、これも採りたいあれも採りたいで、心千々に乱れてね、……。それと、キャプションを書くのが辛い。カメラマンは、だいたい文章を書くのは苦手だから、ほんと頭いたいよ、……」

どうしてどうして、『中国万華』巻末の写真説明は、さながら中国大陸風土・風俗紀行の趣があって、楽しい"読み物"になっているのである。「黄河の渡し舟」のキャプションには、

「対岸までの渡し料は、人、自転車は各々〇・四元、ウマは六元、ロバは三元。『馬やロバは保険がついているが、人には保険がないよ』と船頭はすましていた」

とある。

「一度、中国と日本のカメラマンで"競撮"をやってみたいね。同じテーマで双方が撮る。両国のカメラマンの感性の違いが、はっきり作品に出てくると思うよ。もちろんボクも参加したい。中国でやったら、次は日本でやる。『人民中国』が主催するのがいいな。車慕奇編集長に今度ボクから話してみようか。……」

『中国万華』写真展の打ち合わせで昨年末に北京にやってきた久保田さんからのこれは"提案"である。

（人民中国雑誌社勤務）

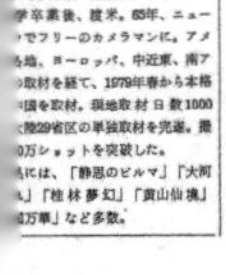

久保田　博二氏

…9年、東京の生まれ。62年、早稲…学卒業後、渡米。65年、ニュー…でフリーのカメラマンに。アメ…各地、ヨーロッパ、中近東、南ア…の取材を経て、1979年春から本格…中国を取材。現地取材日数1000…大陸29省区の単独取材を完遂。撮…0万ショットを突破した。…には、「静思のビルマ」「大河…」「桂林夢幻」「黄山仙境」…国万華」など多数。

4

特集 中国映画の"ニュー・ウエーブ"

座談会 中国映画は世界にはばたけるか

「芙蓉鎮」のロケ風景。中央カメラ右が謝晋監督。

とき 1986年10月30日 ところ 小社会議室

●司会 本誌編集部 喬若鵬

鍾惦棐 氏（68歳）
中国映画評論学会会長

鄭洞天 氏（43歳）
北京映画学院演出学部主任

章柏青 氏（43歳）
中国映画配給公司編集室編集者

王忠明 氏（32歳）
北京青年映画評論学会会長

喬若鵬 映画は、いろいろな意味で、二十世紀という時代の寵児である、と言っていいと思います。あと十年たつと、映画誕生百周年を迎えますね。この新しい芸術も、今や"成熟期"にある。ところが、一方で、映画の危機が叫ばれてもいます。日本では、映画事業を評して「斜陽産業」などと言う人もいるようです。一理あります。一九八〇年代に入ってから、映画の観客が激減してしまった。事情は、フランス、イタリア、アメリカでも同様です。中国ではどうでしょう。事情を異にします。改めて申しあげるまでもありませんが、「文化大革命」の十年間には、衰退そして壊滅という、きわめて芳しくない時期がありました。しかし、この七、八年来、中国の映画は、一転して、復興から隆盛へという、目を見張らせるような新しい時代を迎えているのです。

きょうは、四名のエキスパートにお集まりいただき、「中国映画の現状」をテーマに、思想上、芸術上の特色についてお話いただきます。日本でも、今年（一九八六年）は、ちょうど、「中国映画新作公開十周年」ということで、十一月から十二月にかけて、規模の大きな「中国映画祭」が開かれますね。時機を得ていると言うべきでしょう。活発な討論をお願いいたします。

王忠明 まずは、大先輩の鍾先生から……

鍾惦棐 いやいや、みなさんのお考えをうかがってから、……（笑い）

鄭洞天 それでは、わたしから始めましょう。いま、中国の映画事業は、たしかに雄飛の時期にあります。映画事業全体が、これまでにない盛り上がりをみせている。中国全土で、映画事業にたずさわる者の数は五十五万人。これは大変な数で

特集 新しい経済階層 ── 自営業者の活躍

インタビュー 国家工商業管理局個人経営司 王忠明司長に聞く

個人経営の現状と展望

聞き手 本誌記者

王忠明氏

全国に千八百万人

――この数年来、わが国の個人経営経済の発展には目を見張るものがありますね。北京でも、野菜や果物の屋台店、衣服の仕立て屋、自転車の修理、雑貨の小売り店などが、街のいたるところで見られるようになった。ほんとうに活発です。王さんはこうした新興業界の管理にあたっていらっしゃる。個人経営がどのようにして、今日の隆盛をみたのか、その経緯をよくご存知のことと思います。きょうは、読者に代っておうかがいにあがった次第です。

王 いやいや、一緒に討論するのがいいでしょう。一方的にわたしが話すのでは、"官僚主義"になってしまう。（笑い）

――一九七八年十二月に開かれた党の第十一期中央委員会第三回総会で、「国内経済活性化」と「対外開放」という新しい経済政策が定められましたね。以来、個人経営経済は、日を追って盛んになります。人びとに与えた印象も深い。発展のスピードと規模は、全国的にみて、どんなだったのでしょう。

王 個人経営経済は、曲折した道を経てきています。まずいくつかの数字をあげてみましょう。新中国が成立した一九四九年から一九五三年まで、全国には個人経営者が八百万人いました。それが、ソ連の国営経済中心のパターンを丸うつしして、

北京展覧館前の一角は個人経営の出店がならぶ衣料品街になっていて、しゃれた輸入品などもある。

「京時表店」は親子でやっている小さい時計修理の店だが、部品の取り替えをしない限り料金を取らず、営業時間の三分の一を無料サービスにあてている。

北京西郊の中関村の農貿市場は、本格的設備がととのっている。

ンタビュー

家出版局顧問
王　益 氏に聞く
●聞き手　本誌記者

変わりつつある出版界

王　益氏

青年たちの真剣な顔、顔、顔。売り切れたら最後、入手はきわめて困難なのだ。

繁栄は思想解放のたまもの

——書店に並ぶ本は、近年ずいぶんと増えました。出版界は活況を呈しています。一方で、問題も少なくない。たとえば、欲しい本が手に入らない。よい本はすぐ売り切れてしまう。こうした苦情を読者からよく聞きます。著者の側からの苦情は、せっかく脱稿したのに、いつまでたっても本にならない、というものです。王さんは出版界の大先輩でいらっしゃるので、こうした方面について、きょうはお話をうかがいたいと思います。

王　益　ここ七、八年間、わが国の出版事業は大いに発展しましたね。これはたしかな事実です。一九七九年には、出版社といっても、全国に百二十九社あるだけでした。現在は四百十六社にのぼっています。一九八五年の一年間に、全国で四万五千点余の新しい本が出版され、印刷部数は六十六億部に達した。絶対量では世界第一位です。総人口比にしても、先進国と肩を並べています。同時に、中国の書籍が世界中で歓迎されるようになった。八五年に輸出した書籍は一万二千点、総部数は四百万部を超えています。

——大きな進歩ですね。出版事業が盛んになった原因はなんでしょうか。

王　益　思想解放と対外開放です。それと国内では経済の活性化政策がおこなわれるようになったこともあずかって力となっています。以前は、北京と上海にある十いくつかの大出版社が主で、各省の出版社は、政治運動に見合った本か、大衆的な普及読物しか出せなかった。

——たしかにそうですね。最近、わたしは、湖南省の長沙市へ取材に参りましたが、湖南省出版局の黎維新副局長の話では、三十年近くも、湖南省では動きがとれないも同然だったと話してましたね。一九七八年までは、人口五千万もある湖南省で、出版社はただ一つ、湖南人民出版社があるだけ、年に九十点ほど、総数で九千万部がいいところだったということでした。人口一人平均二冊にも及ばない。その上、多くが、ほんの数十ページの薄っぺらな本で、農民なら、一つか二つのたまごで交換できる、いわゆる「たまご本」でした。

王　益　だからこそ、一九七九年に長沙で開かれた全国出版会議では、「世界はすでに『知識全盛』の時代に入っている。五〇年代の制限で地方の出版社の手足を縛るべきではない」との主張が出ました。

湖南省と四川省が先頭に立ちましたね。「省を足場にして全国に乗り出す。さらには世界へ進出し、より多くの書籍を国際市場に送り出そう」がスローガンでした。すぐに各省の出版社が応じた。こうした改革精神は、党中央と国務院から称賛を得たのです。

わくが破られると、四川、湖南、山東、広東、河南、遼寧などの省から数多くの質の高い書籍が出版され、そうしてわが国の出版界にこれまでにない繁栄をもたらしました。

——湖南省では、人民出版社のほかに、教育、科学技術、少年児童、美術、岳麓、文芸などの出版社があいついで発足します。一九八五年には、全省で千二百四十八点の新しい本が出版され、総数三億五千万部が発行されました。

王　益　出版事業が繁栄した最も重要な原因は、編集者の思想が解放されたことにあります。思想を解放

集

李　世　清

「独生子女（ひとりっこ）」100人のアンケートから

誰の責任　え・蘭　林

一九七〇年代の後半から中国では「一組の夫婦に子供は一人」が奨励されているが、現在それを実行しているのは、若い夫婦の総数の二一・二%に、ひとりっ子の数は三千五百万人余りになっている。

この子らは中国の歴史にこれまでなかった全く新しい世代だ。したがって、ひとりっ子世代に対する評判はさまざまで、中国の「小皇帝」、家庭の「小太陽」などと呼ばれたりする。また、

中国歴史人物遺跡の旅②

「水滸」の旅 その一 ——山東省曲阜

駒田信二

第二十一回のさし絵・宋江

「水滸」の旅、という名の旅行団の一員として、山東省と河南省との幾つかの古跡を、いわば駆け足でまわり歩いたことがある。

一九八〇年夏のことなので、もはや旧聞に属するが、見たままを記しておきたい。現在は形を変えているところもあるけれども、これも「歴史」の移ろいの一部分として、そのときの形を書きとめておくことも無意味ではなかろうと思うので——。

北宋（九六〇〜一一二七）の徽宗の宣和年間（一一一九〜二五）、宋江ら三十六人が反乱をおこし、山西・河北・河南・山東・江蘇の各地を横行して一時大いに官軍をなやましたが、後、降伏した、という簡単な記述が「宋史」の三か所に見え

— 52 —

9

博物館めぐり①

古鐘博物館 北京・大鐘寺

鍾 煒　夏明明

「鐘王」と呼ばれている永楽大鐘

北京の西北郊外、北三環路に面して高層アパートやビルが建ち並んでいる。その一角に古めかしい清代の寺、大鐘寺がある。この寺の中にある古鐘博物館は、さまざまな古鐘百六十あまり、そのほか古鐘に関係ある珍しい文物をたくさん所蔵している。その魅力に、内外からの参観客が引きも切らない。

「鐘王」のすべて

ここを訪れる人びとの一番の関心は、やはり「古鐘の王」だ。一番奥の大鐘楼につるされている。

およそ五百年前、明朝第三代の皇帝朱棣の命令で鋳造された銅鐘。鐘の高さ六・七五メートル、直径三・三メートル、重さ四六・五トン。鐘には、上から下へ、表も内も、いっぱいに字が鋳込んである。いずれも一センチ平方から一・五センチ平方の大きさ、すっきりと並んだ美しい字である。明の名書家沈度の手になると言われている。

考証によると、この鐘には、仏経七部、漢文の陀羅尼九項と梵語の陀羅尼百数項、合わせて二十二万七千あまりの字が鋳込まれている。その主たるものは『諸仏世尊如来菩薩尊者神僧名経』、成祖朱棣がみずから

— 48 —

10

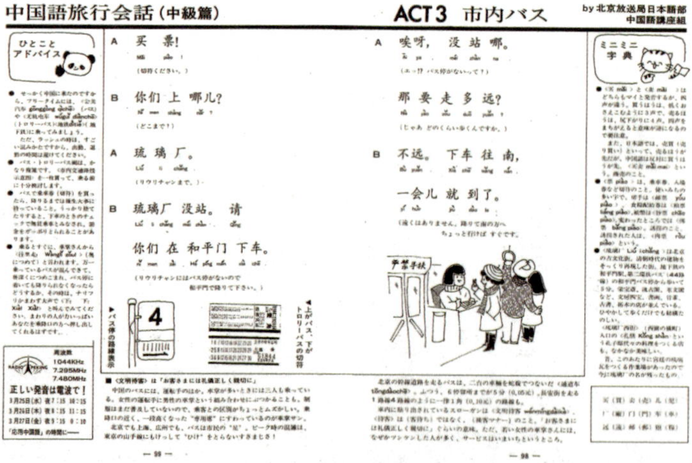

中国語旅行会話（中級篇）　ACT 3 市内バス

by 北京放送局日本語部 中国語講座組

ひとことアドバイス

A 买票!
（切符ください。）

B 你们 上 哪儿?
（どこまで？）

A 琉璃厂。
（リウリチャンまで。）

B 琉璃厂 没站。 请 你们 在 和平门 下车。
（リウリチャンにはバス停がないので和平門で降りて下さい。）

A 唉呀, 没 站 哪。
（エッ!? バス停がないって？）

那 要 走 多 远?
（じゃあ どのくらい歩くんですか。）

B 不远。 下车 往 南, 一会儿 就 到了。
（遠くはありません。降りて南の方へちょっと行けば すぐです。）

▶バス停の路線表示

◀上がバス、下がトロリーバスの切符

ミニミニ字典

周波数 1044KHz 7.295MHz 7.480MHz

正しい発音は電波で！

「応用中国語」の時間に——

— 99 —　— 98 —

11

1987

康大川的继任者——总编辑车慕奇创新力度不减。《30分钟名人深度访谈》是这一时期起步的金牌栏目，安淑渠对孙平化的访谈《民间交流三十五年》，翔实地回顾了中日民间交流的独特历程，为两国关系史留下重要的口述史证言（3月号，见图1）。这一年的2月发生的一桩诉讼事涉“一个中国”的问题，在中日关系上制造了不和谐音。对国际法专家进行的紧急采访《“光华寮”事件的真相》向日本公众说明了中国政府的立场，得到读者的积极回应（5月号，见图2）。夏衍的文章《最要紧的是相互理解》，道出了发展到一定阶段的中日关系需要格外注意的问题（9月号，见图3）。这个问题挥之不去，直到今天还被反复提及。

日本唯一签约马格南图片社的摄影师久保田博二两次来华完成的摄影作品即将在中国办展，日本专家金田直次郎撰写的《悠悠大陆万华开》生动地介绍了台前幕后的趣闻（3月号，见图4）。

特辑《中国电影新浪潮》中的座谈会讨论了中国电影能否享誉世界（2月号，见图5），强调了改革大潮下电影事业发展的可能性以及增进相互理解的重要作用。另一篇特辑《新经济阶层——大显身手的自营业者》展望了个体经济的现状与未来，帮助读者理解中国的经济社会发展状况（6月号，见图6）。对国家出版局顾问王益的访谈《变化中的中国出版界》则介绍了出版事业的改革（3月号，见图7）。还有一篇特辑《独生子女问题百人问卷调查》对于人口结构给中国当下和未来带来的影响展开了讨论（5月号，见图8）。

这一年的特辑策划问题意识鲜明，同时在杂志版面上的改革创新力度也在加大。驹田信二开始了《中国历史人物遗迹之旅》的连载（2月号，见图9）；《博物馆巡礼》的连载与之形成珠联璧合的呼应（2月号，见图10）；语言学习栏目《汉语旅行会话》加强了实用性服务（3月号，见图11）；在外采风的摄影记者拍回了接地气的照片如《瓯江放排》（6月号，见图12）。80年代《人民中国》注重意象的美学意识十分强大，封面再次改回水墨画风格（3月号，见图13）。

13

12

1988

人民中国

「敦煌」上映を前に 寇鴻烈さんを訪ねて

楊 珍

1

この人と30分

井上靖さん

詩仙李白ものがたり〈一〉

頭を挙げて 明月を望み 頭を低れて 故郷を思う

——その生家と少年時代

秦 泥

「陶製」と「陶盃」

穀物による酒づくりの始まり

4

とき　1987年10月31日
ところ　釣魚台国賓館

井上靖さん「『敦煌』は幸せな小説です。中国側から全面的なご協力をいただいて」

——しばらくでございます。お元気でいらっしゃいますね。
井上　ありがとうございます。昨年少し病気をして手術しましたけれども、もう回復しました。
——八三年には、「人民中国」創刊三十周年にお見えいただいて、光栄でございました。
井上　あれから、何年たちますか。
——もうすぐ五年ですね。来年（八八年）の六月で三十五周年になります。
井上　それはおめでたいことですね。

——先生のお供をして歴史研究所を訪問したとき、先生の学問に対する態度からいろいろ勉強させていただきました。孔子の時代、明かりにローソクを使っていたのかとか、油を使っていたのかとか、詳しく質問していた……

千五百年ほど前です。非常に世の中が乱れた、大変な時代でした。
不幸なことも多かったのですが、やはり人間が、生まれてきてよかった、と思うような世の中でなきゃいけない、そういう世の中にするのにはどうすればいいのだろうか。

井上靖

1907年（明治40年）、北海道旭川に生まれる。小説家。幼時を伊豆湯ケ島の祖母のもとで過ごした。第四高等学校を経て、京都帝国大学哲学科に入り、美学を専攻した。在学中から、詩、劇、小説も試みたが、卒業後、毎日新聞大阪本社に入社、14年間、記者生活を続けた。
1950年、『闘牛』によって芥川賞を受賞した。中国を舞台にした小説としては、『楼蘭の人』『天平の甍』『楼蘭』『敦煌』『蒼き狼』などの作品がある。
1964年、日本芸術院会員に推され、1976年、文化勲章を受賞した。
現在、国際ペンクラブ副会長、日中文化交流協会会長を務めている。

2

西域——長安——奈良
——古代日本にもたらされた中国文化

片山　智志

鳥毛立女屏風（部分）

文化はもちろん人も

東アジアの離れ小島である日本列島に稲作技術をもった人々が大陸から移住してきたのは、紀元前三百年ごろのことである。そのころの列島の住民は未開の狩猟民で、古人口学によると十六万人ばかりと推定されている。

中国ではすでに数千年も前から農耕文明にはいり、夏、殷、周などの国家や諸都市が成立し、繁栄していた。

前二二一年、始皇帝が戦国の時代を収拾して強大な統一国家をつくり上げる。秦である。そして長安（西安）東郊に、あの巨大な兵馬俑坑を持った始皇帝陵（驪陵）を造営するが、それには七十万人の囚人を使役したという。

前二〇二年、漢が成立、紀元二年の有名な人口統計によると、五九五九万四九七八人と、六千万人近い人口を擁している。日本に稲作文化がはいってから紀元三百年ごろまでの六百年間を弥生時代と呼び、この間に人口もにわかに増加するが、その推定は約六十万人である。

池に石を投げると、波紋が四方に広がる。

古代中国の文明はちょうどこの波紋のように四囲へ伝わり、東海の日本列島にも及んだ。

紀元五七年、後漢光武帝が北九州の王に与えた「漢委奴国王」の金印、三世紀の「親魏倭王」卑弥呼への後ろ楯、以後四～八世紀へかけて古代日本の国家が成立するまで、はかり知れない影響をおよぼした。それは水が低い方へ流れるごく自然の波及でもあったし、一方日本から積極的に学びとり受容したものでもあった。

五世紀の〝倭の五王〟の時代の数度の入朝、推古天皇八年（六〇〇）に始まる（隋書倭国伝）四度の遣隋使、舒明天皇二年（六三〇）以降、九世紀までの十八回の遣唐使（入唐

3

ルーツ
酒

郭伯南

「酔猿」と「猿酒」
果実酒の始まり

酒は、人類の文化を象徴するものの一つです。

中国文化の歴史の長さと大きさを知るには、中国における酒の起源に触れないわけにはいきません。

現在、中国酒の種類は多いのですが、白酒、黄酒、果実酒、薬酒、ビールの五種に大別されます。それぞれに歴史があり、起源もまちまちです。

ここに言う「酔猿」とは、動物の猿のことではなくて、今から五万年も前の古人類の名称の一つ。それでは、五万年前の先住民は、酒を飲んでいたでしょうか、また、飲んで酔うことができたのでしょうか。

すばらしい味だ。これを「猿酒」と呼ぶ」と。

猿が酒をつくったといっても、意識的にやったとは考えられません。花や果物が堆積して偶然に発酵してできたものにすぎず、目的をもって酒づくりをしたとは言えないでしょう。猿人が目的をもって果物を摘み酒をつくった、これはあり得ると思います。したがって、糖分のある果物による酒づくりは猿人時代に始まったという推断をしている学者もあ

5

座談会
中日友好 協会 四半世紀

とき　1988年8月5日
ところ　中日友好協会会長
　　　　故廖承志氏の元執務室
司会　本誌編集部

孫平化氏　中日友好協会会長

1917年の生まれ。遼寧省人。日本に留学。64年8月、中日覚え書貿易（L・T貿易）東京連絡事務所初代首席代表に。現在、中日友協会長、政治協商会議全国委員。

黄世明氏　中日友好協会副会長

1930年生まれ。福建省人。日本で育つ。帰国後は、中国外交学会に勤め、要人の通訳として活躍。現在、中日友協副会長、政治協商会議全国委員。

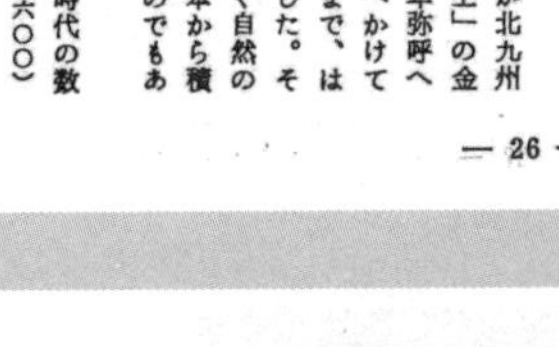

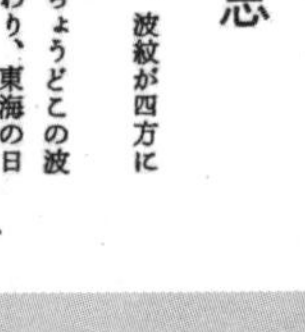

蕭向前氏　中日友好協会理事

1918年、遼寧省の生まれ。日本に留学。孫氏の後任として覚え書貿易東京連絡事務所首席代表に。駐日中国大使館参事官、外交部第一アジア局局長、駐バングラデシュ大使を歴任。

林麗韞さん　中日友好協会理事

1933年、台湾省の生まれ。神戸で育ち、52年、帰国。中共中央対外連絡部局長、全国婦女連合会副主席、共青団中央委員を歴任。現在、中華全国台湾同胞連誼会会長、全国人民代表大会常務委員会委員。

王効賢さん　中日友好協会副会長兼秘書長

1930年、河北省の生まれ。日本占領時代、大連の日本人高等女学校に学ぶ。北京大学日本語科在学中から通訳として活躍。駐日中国大使館参事官を務めたあと、現在は中日友協副会長兼秘書長。

——今年は、中日平和友好条約締結十周年、そして中日友好協会成立二十五周年にあたります。きょうお集まりいただいたみなさんは、どなたも三十年あるいは四十年と、ずっと中日友好事業のために奮闘されてきました。中日友好事業の往事をふりかえり、未来を展望するのに、これ以上のメンバーは、いらっしゃらない。きっと、みなさんには、尽きぬお話があるはず。さっそく、存分に語っていただきたく思います。

鑑真和上の志を今に

孫平化　実は、この部屋は、故郭沫若中日友好協会名誉会長、故廖承志初代会長のお二人が執務されていたところなんですね。当時のままに残してあります。こうした、わたしどもには思い出深い部屋で、二十五周年の記念座談会がもてたということに、ひとしおの感慨があります。

蕭向前　中日友協（中日友好協会の略称）の成立を語るとなると、いきおい話は新中国誕生直後のことにまでさかのぼりますね。新生中国は、建設のための平和な環境を必要としていました。ところが、当時の日本政府は、アメリカに追随して中国敵視の政策をとっていた。新中国との国交を望まないばかりか、新中国「封じ込め」の〝一員〟をかって出たのです。これでは政府間の交流は望めない。民間の友好往来をすすめるほかに方法はありません。

孫平化　一九五二年の春でしたね。モスクワ国際経済会議に出席した帆足計、高良とみ、宮腰喜助の三氏が、中国国際貿易促進委員会の南漢宸主席の招請を受けて、戦後の日本人としてははじめて、北京入りをはたします。こうして、第一次中日（民間）貿易協定が調印された。この協定によって、中日友好の〝扉〟が開かれました。記念すべき出来事です。

蕭向前　同じ一九五二年の十月、北京でアジア・太平洋地域平和会議が開かれました。招請状は、宋慶齢さん、郭沫若さんらの連名で、日本の平和団体に送り届けられていた。当時の日中友好協会の会長・松本治一郎先生は、六十人からなる代表団を組織されました。ところが、日本政府は頑としてパスポートを出そうとしない。やむなく、十四人の代表が、ヨーロッパ回りをするなど、たいへんな苦労をされて北京にいらっしゃったのです。中村翫右衛門さんや亀田東伍さんらは、漁船で海を渡られた。大海を数日間航行され、や

6

SPOT LIGHT 友好

「割烹白雲」 開業五周年 故廖承志会長の遺志をついで

写真 胥志成

北京第一号の「日本料理店」・「割烹 白雲」が開業五周年を迎えた。

開業は一九八三年八月のこと。故廖承志中日友好協会会長は、生前、よくこんなふうに話していたという。

「ほんとうの日本料理を食べさせる料理屋が、北京に一軒もないようでは困るね。北京に長期滞在する日本人は多くなる一方じゃないか。日本で食べるのと同じ本場の日本料理を供する店を、一日も早くつくらなければ……」

廖会長は、八月の開業を見ずに、八三年の六月に亡くなった。「白雲」は、廖会長の遺志をうけついで、この五年間、「本場の日本料理」を供しつづけてきたのである。

五周年式典の会場で、記者は、関係者からこんなエピソードを聞いた。

——正式開業を前に、中国人の板前見習いに包丁さばきを教授するため来ていた日本人の板前が、心をこめて寿司をにぎり、病床の廖会長に送り届けたことがあった。廖会長は賞味されてから、「うまい。ほんとうの日本の味だ。中国の味に同化されていないのがいい。開店後も、この味をずっと維持してゆくように」と、その味のよさをほめたという。……

日本で生まれ日本で育った廖会長の"おすみつき"だけに、「白雲」の関係者も、安心するとともに、責任の重大さを感じたことだろう。

はたして、「千客万来」。「味を落とさない」というモットーが受けて、今では、在北京の日本人長期滞在者で知らない者はいないほどに有名になっている。

「うちの板前は、全員が日本で研修してきています。味自慢の"伝統"は決してくずしません」とは王天官総経理の弁。写真は五周年式典でのひとこま。右一は、孫平化中日友好協会第三代会長。

7

SPOT LIGHT 舞台

小野小町 中国の舞台で歌う 中日合作のオペラに拍手

写真 史和平

8

妻 米子

蘇歩青

る。私はいつも彼女の明るい声や笑顔を夢に見、その度に数十年にわたる私たちの共同生活を思い出している。

桜の季節に結婚

若いころ、仙台の東北帝国大学に留学してまもなく、松本教授の娘、松本米子と知り合うようになった。桜の花が満開の季節に、私たちは恋愛結婚した。彼女は二十三歳だった。

教授は私たちの結婚にあまり賛成

くれた。中国人だといって親類の嫁笑を買うのを恐れ、結婚式ではほんとうの国籍を言う勇気はなかった。私が理学博士の学位を取得し、中国人留学生としてあげた成績が新聞で報道されてはじめて、親類は私の国籍を知ったのである。「こんなすばらしい中国人なのに、なんで早く知らせてくれなかったのか」と、内々で話していたという。

学位を取得すると、私は帰国することを決意した。一九三一年の春、まず一人で帰国し、妻と子供は実家に仮寓した。夏になると、私は日本

に認めてくれたものが嫌いて、きたないと言っていた。あんなに美味なものが嫌いだなんて、と私も言い、彼女に気づかれないように"改造"してみることにした。上の皮を取り、砂糖を入れて食べさせてみた。米子はすぐに食べられるようになった。いま一つはピータンである。その変わった味は日本にはないもので口にできなかったが、それもだんだんに慣れていった。そのころ、杭州の日本領事館から、中国での食事は不便だろうから、朝食はこちらでとったらどうか、というよう

中国新旅行時代

1 大陸縦断 自動車の旅 快走ときどき迷走 広州——北京2800km

『人民中国』老・中・青 五人組が、新車を駆って大陸を行く！ 頼りは道路地図と道標。日暮れて道遠く……

金田 直次郎

〈前回のあらすじ〉 社命を帯びて、広州から北京まで、新車「プジョー505」を陸送する『人中』五人組。炎熱の地・広州を脱して一路北上。韶関で一泊して、翌朝、天険・南嶺に挑む。「油断は大敵なんだゾ」というワン師傅の〝第一講〟を奉じて、シャオイエがハンドルを握る。開放中国の窓・広州に軽いカルチャーショックを覚えたわたしたち五人は、「なつかしい北京」めざして新しい行程についたのである。

「シャオイエ、いいな。カーブの切り方しだいだゾ」 ワン師傅の〝第二講〟があって、シャオイエが運転席に着いた。いよいよ南嶺越えである。

道は二車線。カーブが多い。切りたつ断崖、迫る谷。

霧が山々のふもとを這うようにして流れ、視界は先五十メートルまで。難路だ。睡眠十分のシャオイエは、それでも、自信満々の態である。広州で買った「テレサ・テン歌曲集」のテープをカー・ステレオのカセットデッキに装塡し、ONのキーをプッシュした。

甘い歌声が流れる。ドライブ気分は満点。

しかし、後部シートに控えるワン師傅は厳しかった。

「シャオイエ、いったいどういう気構えでいるんだ。おまえは。オレたちの任務はな、いいか、無事に車を社まで運ぶことなんだゾ。もし途中で事故でもあってみろ。社に顔向けができなくなるんだ。テレサ・テンの歌なんかは宿についてから聞けばそれでいいんだ」

「師傅、そういったって、テープレコーダーはカー・ステレオっきゃありませんよ。宿じゃ聞けません。大丈夫です、しっかり覚めてます。まかせて下さい」

「ダメだ！ 根本的に思想がまちがっている。歌は止めるんだ。止めろ！」

甘い歌声は止められてしまった。

私とシャオスンは顔を見合わせて双方ちょっと気まずい気持ちになったことを確認しあう。ラオスンは、「ワン師傅の言ってることは正しい」といった表情。……

韶関から湖南省境までは、地図をたどると、百五十キロメートルほど。新しい道が工事中とあって、峠で小休止させられる。アスファルト舗装の間道を建設中なのである。

全員、車を降りる。さわやかな大気。広州の炎熱がウソのようだ。

お孫さんを抱いた山の民が工事現場の〝見学〟に来ていた。

「仕事は林業なんでしょう？」

「半林半農だね」

「かわいいお孫さんですね」

「そうさ。ワシの孫だよ」 普通話（共通語）が通じるのである！

「山の木には何を植えてるんですか」

「そうさナ、松と杉だ」

「ほかには？」

「ほかの木は、みんな雑樹で、役に立たんよ。名前もない」

山の民によれば、木とは松と杉のことで、ほかは「雑樹」、役に立たないらしいのである。

樹種の多くは松（主にタイワンアカマツ）か杉（コウヨウザンだろうか）で、クスノキも見られる。

白い旗が振られ、「道路開通」。めでたく南嶺を越えたのだった。

「湖南省ですよ！ 省境で記念写真とりましょうよ」とシャオスン。

私とシャオスンが車を降りて省境の標識をさがす。見あたらない。

行人に聞いてみよう。

「省境はどこですか」

「ここが省境だよ」

「標識がありませんよ」

「そんなものはない。しかしここが省境だ」

土地の人の言うことだから正しいのだろう。ともども記念写真をとる。

郴州で昼食。

「景気よくやりましょうよ、ね、ラオスン」とシャオイエが発議。

実は、今回の旅、一食一人一元までというラオスンの「監察」があって、おうばんぶるまいはご法度なのだった。

「はみ出た分はボクたちが補塡しますから、ね、ラオスン」

シャオイエの建議が入れられて、わたしたちは、初めて〝豪華〟な昼食をとることができた。

タニシの油炒め 一皿二元。

カエルのもも肉と黄ニラの油炒め

一皿四元。

「紅焼全魚」（草魚のしょうゆ煮込み）

一皿六元。

フクロダケとトリの油炒め

一皿三元。

キクラゲと玉子の油炒め

一皿二元。

五品である。ラージャオ（唐辛子）の味がピリッときいていて、なかな

広州では、ラオスンに内緒で、こっそり夜食の屋台店などに出かけていた私やシャオスンの心はずっと複雑だったのだけれど、「まずは腹ごしらえ」というのも、旅では重要なことであることを、ラオスンにも理解してほしいと念じたことである。

泣き出してしまったお孫さん。おじいさんを質問ぜめにしたからだった。

湖南は、どことなくのんびりしている。人びとの表情も交される言葉も、広州に比べるとずっとマイルドだからだろうか。

行路難 どこもかしこも工事中！

ところで、湖南一帯は、どこも「修路」（道路整備）のまっ最中だった。主要幹線道路拡張の一大工事が始まっていたのである。

渋滞、そして渋滞。

「修路」のスローガンは、

——同時進行。全面開展！

いったいどうしたらいいのだろう。嶺南から湖南まで、土質は、「紅壌」といって、ミルク・チョコレート色か褐色の〝紅い土〟である。渋滞に加え、路盤工事のために深く

「これじゃ、ディスコ道路じゃないか。まいったナ」とワン師傅。

「まいりましたネ、師傅」とシャオイエ。

日は西に傾く。

長沙まで突っ走ろう、という当初の予定は、あえなく頓挫してしまった。

ここは、中国の道路工事の現場をシッカリ視察してみるにしくはない。

ぶ

へ戻った。その時、中国へは帰らないようにと多くの人に勧められ、大学講師の給料と博士研究生の奨学金まで保証してくれた。一家の生活に

SPOT LIGHT 改革

国有地の「使用権」を競売で深圳特区を沸かした実験

写真 程至善

「エッ、中国でもこんなことが？」と驚く向きがあるかもしれませんが、これは、経済を活性化するための試みの一つで、「社会主義がまだ初級段階にあるという現実にもとづいて経済体制改革を促進する」と決めた昨年十一月の中国共産党第十三回代表大会の決定でも、不動産（房地産）市場の創設がうたわれています。

中国の土地制度は、都市の土地は国有、農村の土地は原則として集団所有制（いわば部落共有地）です。しかし、その「使用権」は個人や企業に帰属する場合があります。たとえば、都市でも、個人所有の住宅の場合、その敷地の使用権は個人に帰属し、国に地代を払います。また、国や企業が都市近郊に施設をつくる場合には、農民に使用料を払ってその権利を譲りうけます。ですから、もともと社会主義だからといって、土地がまったく金銭の対象にならないということはなかったのです。

それにしても、従来の閉鎖された配分やお仕着せ価格では、用地の有効利用はできないことが、経済改革と開放政策が進むにつれてわかってきました。そこで、使用権の売買をやりやすくし、市場メカニズムの役割をここでも発揮しようということになったのです。

しかし、慎重を要するので、まず、経済特別区の深圳市で試験的に実施してみることになったわけです。

国有地使用権の競売（公開拍売）が、さる十二月一日、住宅用地八五八八平方㍍（使用期限五十年）について行われました。会場の市公会堂は、香港からの企業家や報道陣もまじえて約八百人が見守るなか、四十三社が参加して、最低価格二百万元から出発、市当局が胸算用をはじいた三百万元をはるかに突破し、11番の深圳特区房地産公司（国営の不動産会社）がなんと五二五万元（一億八千万円強）で競り落しました。

同社はマンションを建設、外国企業に分譲しますが、その価格はコストの一一五％に押さえられています。

座談会　物価はどうなる

とき　1988年6月6日
ところ　中国経済体制改革研究所
出席者　許志超　中国経済体制改革研究所研究員
夏風雷　中国経済体制改革研究所研究員
楊珍　本誌記者

夏風雷
中国経済体制改革研究所研究員

許志超
中国経済体制改革研究所研究員

楊珍　この三、四年、物価上昇の幅が大きいことで、人びとの苦情が絶えませんね。特に去年は、全国都市住民の二一パーセントの世帯が、物価の上昇によって、実質的には収入が減ってしまった。今年の三月から四月にかけて開かれた全国人民代表大会と中国人民政治協商会議でも、多くの代表たちが、最大の問題として、物価政策をとりあげていました。

にもかかわらず、五月十五日には、北京でも、肉類、玉子、砂糖、主要な野菜の四種類が値上がりした。毎日の食卓に直接関わる大問題ですから、議論が議論を呼び、会えば話題は「物価」ということにもなってしまった。最近、鄧小平さんも趙紫陽さんも、外国のお客に会見するたびに、物価問題に言及しています。党の中央政治局には、物価対策を講じるための「物価小組」（小組はグループの意）がつくられました。物価の問題を置いては、今日の中国は語れない、と言ってもいいでしょう。

そこで、きょうはお二人の専門家から、実際にはどうなのか、率直なお話をうかがいたい、そういうことでおじゃまいたした次第です。

— 34 —

夏風雷　「専門家」の肩書きで言われると、肩身の狭い思いがしますよ。研究所の「物価グループ」に属しているということで、それなりに「一家の言」は持ち合わせているにしても、決して「専門家」ではない（笑い）。ほかに、ほんとうの専門家や学者たちが、それぞれに見方を述べていらっしゃる。

研究所の出した見解も各方面の批判、反対に当然会うことは避けられないでしょうね。実は、わたしたちもサラリーマンですから同じことで、物価の上昇には頭が痛いのです。（一同笑）

許志超　わたしたちの研究所ではですね、こんな言い方が流行ってますよ。「物価上昇への〝うらみごと〟は、貨幣も同じで、人の住むところどこにでも〝流通している〟」（一同笑）

楊珍　さすがに経済体制改革研究所だけあって、流行り言葉も学術用語です（笑）。それでは、その〝うらみごと〟から始めることにしましょう。（一同笑）

明らかに〝赤信号〟ではあるが……

夏風雷　この数年来、物価の上昇率はたしかに大きい。末端での小売物価指数でみてみると、一九八五年は前年より八・八パーセント、一九八六年は前年より六パーセント、一九八七年は前年より七・三パーセントと、上昇している。北京、天津、上海の三大都市では、上昇率はさらに大きい。平均して前年比九・七%です。今年第一四半期では、全国の物価指数は、すでに前年同期比一一%を越えてしまった。一〇パーセントの大台を越えたのは、はじめてのことです。

許志超　改革・開放の政策が実行に移されて九年、一部の都市住民の実際の収入が、物価の上昇によって減少したというのは、はじめてのことですね。家計にとっては明らかに〝赤信号〟です。

楊珍　それで〝うらみごと〟が絶えない。

許志超　それならば、天下の一大事かと言うと、決してそうではないのです。統計数字は現金収入によって計算したものですから、楽観できないとはいえ、補充説明が可能です。たしかに現金収入が減少した世帯は二一パーセントを占めているが、これらの家庭の中には、もともと収入が低い世帯が九・六パーセントあるのです。

夏風雷　統計の結果に反して、北京、天津、上海の三大都市では、物価の上昇にほんとうにおびやかされている家庭は、想像以上に少ないんですね。全国平均に比べても、数は少ないくらいです。ところが〝うらみごと〟を言う声は高い。なぜだと思います？　月給だけが現金収入のサラリーマンが集中して住んでいる

楊珍
本誌記者

— 35 —

12

1988

这一年中日合拍电影《敦煌》成为话题。5月号特辑《丝绸之路在发现》就以此话题在影片上映前独家专访了该片中方美术指导寇鸿烈，向读者介绍了拍摄过程的花絮（5月号，见图1）；连载《丝路今昔》的作者、总编车慕奇通过《30分钟名人深度访谈》，以《我与西域》为题，与电影原创小说《敦煌》的作家井上靖完成了一次有深度的对话（5月号，见图2）。同样的西域丝路情结，还反映在片山智志的投稿《西域—长安—奈良传到古代日本的中国文化》中（5月号，见图3）。新连载《诗仙李白的故事》也令读者勾起对长安的历史乡愁（8月号，见图4）。郭伯南的《中国文化探源》体现了老记者深厚扎实的文化史论功底，连载完毕后分上、下两册在日本出版（3月号，见图5）。

这一年8月5日，在中日友协原会长廖承志生前的办公室里，会长孙平化和萧向前、林丽韫、黄世明、王效贤召开座谈会，回顾中日友协走过的25年历程（10月号，见图6）。孙平化等还出席了在廖承志的关怀下开业5年的“割烹白云”的纪念活动（11月号，见图7）。

以日本平安朝时期的歌人小野小町为主人公的中日合作歌剧上演，也是这一年文化交流的成果之一（1月号，见图8）。苏步青撰文《怀念亡妻米子》（4月号，见图9）情真意切，令人唏嘘。

《人民中国》五人去广州接新车开回北京的一路经历与见闻以《广州—北京二千八百公里从南到北驾车穿行大陆，时而畅行，时而迷路》为题，在金田直次郎的笔下活灵活现，令人发噱（2月号，见图10）。

这一年改革还在深化，《深圳特区国有土地使用权竞标》（3月号，见图11）、《座谈会：物价怎么了》（9月号，见图12）、特辑《中国即将进入老龄化社会》（3月号，见图13）等反映了那个时期的兴奋与焦灼。这一年是农历龙年，封面从这一年切换为摄影作品，孩子的微笑带给人们宽慰（1月号，见图14；4月号，见图15）。

特集　中国も高齢化社会に

聞き手　本誌記者　戴徳忠

九千万の　老人たち

中国老齢問題全国委員会主任・王照華氏に聞く

今日、人口の老化は、世界的に重大な社会問題の一つになっている。とりわけ、中国の人口老化の速度は速い。国連の規定によれば、六十歳以上の人口が総人口の一〇%を占める、あるいは六十五歳以上の人口が総人口の七%を占める場合、老年型国家あるいは老年型都市となる。

イギリス、フランス、スイス等は、成年型から老年型へ移行するのに、百年前後の時間がかかっている。老化速度の比較的速い日本でも、約五十年を要している。中国は、二〇〇〇年には老年型国家になる。その間、わずか十八年である。

中国の急速な人口老化の現状は？　原因はどこに？　そのもたらす社会問題は？　これに対する政府の対策は？　老人の今の生活は？

本特集で、その背景と情報をお伝えする。

— 16 —

王照華さん

二〇〇〇年には老年型国家に

——六十五歳になられるそうですね。近来、老齢者関係のお仕事に打ち込んでいらっしゃる。老いてますます盛ん、ですね。

王　いいえ。お若いあなた方のために道づくりをしているだけですよ。第一線からは退いて、老齢者のための仕事をぼつぼつやっていますが、なかなか楽しいものです。（笑い）

——ここ数年、北京市内でも何となくお年寄りの数が増えてきている感じですね。公園はもちろん、胡同の塀のきわ、立体交差の下あたりで、トランプをしたり将棋をさしたり、鳥かごを手に散歩したり、気功をやったり、おしゃべりをしたり……。みんな七、八十歳のお年寄りです。

王　そうですね。ここ数年来の大きな変化です。一九四九年に新中国が成立したのですが、そのころ働いていた人たちが、定年で続々と仕事から離れています。これは、かなりの社会的な階層でして、毎年百八十万人平均の速度で増えている。現在、定年退職した職員・労働者数は全国で千八百万人に達しています。それに加えて、七千万余の農村の老人です。わが国はすでに九千万の老年人口を抱えています。世界の老年人口の二二%、日本のそれの約七倍にもなるのです。

——たじかに驚くべき数字ですね。これは多分、人間が丈夫で長生きするようになったことと関係があるんでしょう。新中国成立前のわが国の平均寿命は三十五歳。あの当時のままでしたら、今、こんなに老年人口が多いはずがありませんが。

王．もちろんです。生活や医療の条件の向上に伴って、現在の中国の平均寿命は六十八・九二歳に延びています。八十歳以上の老人が五百万人、百歳以上が三千八百五十一人。最高齢者は、新疆・温宿県のクリジハン・タリフさんで、百十四歳です。このおばあちゃんは、今でもロバにまたがって自由市場へ買物に出かけるそうですよ。

昔は「人生七十、古来稀なり」でしたが、今では「六十、七十は鼻たれ小僧」ですよ！（笑い）

——長生きすることは、もちろんいいことですが、同時に新しい社会問題も起こってきますね。

王　おっしゃるとおり。中国は現

— 17 —

13

●北京で出版する月刊総合雑誌
人民中国
People's China
座談会 竜を語る
1
1988
新企画 ●経済改革最前線 ●中国新旅行時代 ●ショートショー ●北京人情
短期連載 随感 安徽 山東の旅 段連城
付録 シルクロードを行く カレンダー

14

●北京で出版する月刊総合雑誌
人民中国
People's China
4
1988
特集 外国人が見た北京
巻末フォト シルクロードのもう一つの美 馬蹄寺石窟

15

第四节
创刊 35 周年纪念文章[1]

我与《人民中国》[2]

今年六月，《人民中国》迎来了创刊 35 周年纪念。向日本人民报道新中国的信息，为了可怕的战争不再重演，中国和日本必须结成坚强的纽带……本着这一愿望创刊的《人民中国》日语版，由于得到众多读者的鼓励，走过了 35 年漫长的道路。

我们感到高兴和自豪的是，创刊 35 周年纪念刊号，能以读者的投稿《我与〈人民中国〉》组成特辑。与其举行盛大的纪念活动，不如和读者们一起来纪念 35 周年——这是我们的心情，这份心情得到了众多读者的支持。在一百多篇来稿中，洋溢着读者的真情实意。遗憾的是，我们只能刊登其中的十二篇文章。

35 年。回顾这漫长的道路，种种往事记忆犹新。可是，我们不能只沉浸于回忆之中。

我们脚踏实地地走过了 35 年，但更要致力于今后的发展！我们将与读者一起，走上新的征程。

来稿《我与〈人民中国〉》下的标题，均为编辑部所加。

本着“前事不忘，后事之师”的精神[3]

祝贺《人民中国》创刊 35 周年。我购读贵刊已 6 年，这不过是创刊年数

1 此节文字载于 1988 年 6 月号。

2 创刊 35 周年纪念特辑导语部分，由编辑部撰写。

3 坂本一信（教师）撰文。

的六分之一，但在这期间，我从《人民中国》里获得了各种各样的信息，使我得以渐渐地对中国有了广泛而深入的了解。

6 年前，当第一次踏上中国大地时，我感到时间的流逝可真“慢”啊。我常常可以看见人工一块一块地砌砖头建房的场面。然而，当我去年第二次访问中国时，在 6 年前的那片地方，已经建起了漂亮的公寓，令我感到吃惊。这不是“缓慢”而是“从容”地踏踏实实地前进。从《人民中国》的各类报道中我也感到了这一点。

中国正在发生着重大变化——依我所见，在许多方面还远未迈出摇篮期阶段。正因为如此，中国国内外的人才有必要密切注视它的真实面貌。从这一点上说，像《为什么会发生学生游行》（1987 年 4 月号）中看到的那样，《人民中国》很重视情报的公正报道。而且对于错误，则客观地予以承认。在《大兴安岭森林火灾起因》（1987 年 10 月号）中，作者列举了有关部门的不妥当的对策。此外还能看到《在干部任命中倾听群众反映》（1987 年 2 月号）等文章。做出这样的批评，是要有勇气的。《人民中国》向我们介绍了中国的现状和今后的前进方向，这是非常重要的。

另外，去年到中国旅行时，我将贵刊登载的《中国语旅行会话（初级篇）》汇集整理出来，随时带在身边。因为这部分内容是以实践为目的而编写的，所以我很想实际应用一番。当我说“ミンシンピエン”时，售货员拿来了明信片，我不禁惊喜“我说对了！”还有，在友谊商店里，我的同行用日语三番五次地招呼“劳驾”也得不到接待，这时，我想起了文中介绍的“请你招呼一声‘师傅’”，于是马上试了试，售货员果然立刻走过来，热心地接待了我们。

我现在在高中教授现代日语、古代日语、中文。对我的中文授课有所帮助的是《考古学新发现》，我把每一期都剪贴保存起来。在课堂上讲解“刎颈之交”时，我把 1983 年 1 月号中的《金盏、镂空小金匙》拿给学生们看。对于当时就已达到的高度文明，学生们十分惊叹。此外，《报刊文摘》的《所谓〈三十而立〉的〈立〉》（1987 年 3 月号）和《〈学而时习之〉新释》（1987

年 5 月号）等，对于做学问是很有意义的。还有《集锦》专栏，我从中得到了各种珍闻，并把它们用于授课之中。

就这样我从《人民中国》中得到种种教益。最后，我能看到《北岛三郎演歌博得满场掌声》这样的文章说明，日中关系无论是在政府间还是在民间，近年来都得以友好地发展。但是，如同我从贵刊中学到的周总理引用的名言“前事不忘，后事之师”那样，过去的不幸历史是不应忘却的。在上海，我从电视里看到了一位老人展示了日军在他身上留下的伤痕的镜头。在今日的日本，有关当年日军在中国所作所为的报道已很少见了。我总觉得，日本人对过去的反省是十分不够的，仅仅从极富经济潜力的市场这一视点来看待中国。我期待着《人民中国》今后也能在这一方面对我们日本人有所启迪。

大阪读书会的 15 年[1]

打着“王道乐土”“大东亚共荣圈”的幌子寻衅中国的侵略战争结束了，我们日本人民体会到了和平的珍贵。但等待着我们的是战争中被夷为平地的国土的重建和为维持生存的战后谋生。战后 10 年间，我们正是为此而埋头奋斗的。当我们能够抬起头来环视四周时，对于新中国的关心便强烈起来。

日本在一千多年的历史中曾从中国学到了许多东西，但自“甲午战争”后约 50 年的时间里，日本以中国为战场，进行资源与国土的掠夺，并杀害了数以千万计的中国人。尽管如此，中国却没有要求赔偿。我对此是何等的感动啊。

就这样，我在加入日中友好协会的同时，开始阅读《人民中国》。而且每月都会寄去我的读后感。

1973 年 6 月，正值《人民中国》创刊 20 周年之际，编辑部的田家农、包慧、安淑渠诸先生来日访问。正好这时阪神百货商店在举办中国商品展，于是我决定呼吁各位入场者参加“《人民中国》读书会”。参加第一次聚会的

1 胜田弘（公司职员，大阪《人民中国》读者会发起人）撰文。

安淑渠先生，针对当时预定的“学习会”这一名称，提出“这样显得我们太不谦虚了”，于是改为“读书会”。创办之初，包括已故的相原、佐伯、信贵野等，有十几位参加者。

但是，或许是好激动又易淡漠的国民性使然吧，此后3年间的读书会，运营状况很不理想。但是，在《人民中国》编辑部的朋友们见证下成立的读书会怎么也不能停办——如果没有这一决心，或许早就半途而废了。如今，读书会的成员已为《人民中国》寄去了500多篇读后感。

3年过后，随第一次“中国三刊读者友好之翼”访华的今森林、木本、吉川四先生以及女性会员楠木，接着又有林兼三、刈谷等先生出席了读书会。

在迎接第一百次集会的时候，正在东京大学留学的《人民中国》翻译部的李惠春前来参加这次盛大的纪念会。《人民中国》创刊30周年之际，我们迎来了以康大川（原总编）为团长的代表团。中国影响力最大的报纸《人民日报》刊登了《〈人民中国〉在日本》的报道，文中提到了石桥湛山、藤山爱一郎、冈崎嘉平太、中岛健藏、西园寺公一等人，以及我们读书会会员的名字及业绩，真是荣幸之至。

在我们读书会的推动下，以林兼三、刈谷为中心，在尼崎市也成立了读书会，至今已快5年了。在大阪的西成区和尼崎市，还成立了以年轻人为主的读书会。

今年5月，在迎接读书会创办15周年时，我们打算请《人民中国》驻东京记者于明新来一起庆贺。今后，我们仍希望得到上述各位的支持，继续向第200次集会而共同努力。

与中国的重逢[1]

《人民中国》，这是一个多么令人感到亲切的名字啊！

---

1 乾条哲子（主妇）撰文。

去年4月，相隔20年之久我再度与之相逢，心里热乎乎的。学生时代的情景犹如昨天一样浮现在我的眼前。

高中汉语课上学唐诗时的琅琅读书声，让人读来心醉的“敦煌”“楼兰”，还有哥哥常唱的“三高寮歌”的歌词里出现的昆仑、戈壁沙漠，这一切都激起了我对这个历史悠久，辽阔而又充满幻梦的丝绸之路国家的憧憬。

我在大学攻读中国文学，目的是更深入地了解中国。课余的社团活动我也选择了中国研究会。平时，我的腋下总喜欢夹一本《人民中国》或《中国画报》，有时还挺着腰板夹一本《北京周报》，得意扬扬，自认为还算得上是一个中国通。

日中友协是为数不多的与中国交往的团体之一，它在那时分裂成“亲华派”与“反华派”。中文系学生也照例分成“亲华派”和“反华派”以及对此全然不关心的“逍遥派”。我本人本来是不关心政治的，因此做了逍遥派，糊里糊涂地度过了大学的第一年。

同学之间的对立情绪日益尖锐，我讨厌这一切。我对课程内容也不感兴趣，刚入学时的那股热情消失了，与中国疏远了，每天沉醉于少女时代就喜欢的登山运动中。

大学毕业后第四年我结了婚，接着生了三个孩子，从此每天照顾孩子、料理家务，转瞬就是10年。没完没了的家务事使我与社会完全隔离，我有时会想，难道我就这样庸庸碌碌地度过一生吗？

我不甘心当妇女中的落伍者，于是开始涉猎一些有关妇女问题的书籍。人生八十载，总要过得有意义才是。

两年前，照料子女的工作好不容易告一段落。我从报纸上看到日中友好学院举办中国语讲座的消息，便立即前往报名。这是我与中文“绝交”十五年后的重逢。学生时代没有认真学习，又搁置了这么久，我不免有些忐忑不安。但同时我身上有一股青年时代从未有过的干劲。我决意重新学习中国近代史。在育儿阶段我看过许多连环画，每天读给孩子们听。如果我能把这些优秀的连环画介绍给中国儿童，再把中国的童话、连环画介绍给日本儿童，不就是为日中友好出了一份力吗？于是，我在心中描绘了一幅巨大的梦的图画。

去年 4 月，我开始参加鸟井克之先生组织的《人民中国》读书会。我想了解中国的一切，而鸟井先生将《人民中国》杂志的所发文章均做详细讲解，因此每月参加一次读书会是我的一大乐事。

我将对青年时代不用功读书的悔恨，和育儿阶段产生的要有意义地生活的想法，化为一种热情一股脑地全部倾注给中国。

报刊、电视上只要有关于中国问题的报道，我都不会轻易放过。而且与志同道合的朋友交换阅读有趣的图书或录音磁带，无论连环画，妇女问题，政治问题，什么都好，只要是讲中国的，我就要看、要听、要说，我都感兴趣。

现在我和孙子一起读[1]

我曾经特别讨厌《人民中国》这本杂志。

在我尊敬的老前辈里面有一位政治家 S·O 先生。他是原总理田中角荣战后工作过的一个公司的社长，是他把田中角荣送入政界的。记得那是 25 年前，受 S·O 先生之邀我到他家做客。与往常一样，我们的谈话涉及财政界及国际问题，谈得很投机。这时，S·O 先生递给我一本《人民中国》说：“请务必读一下这本杂志。”我粗略地看了一眼，感到里面登的净是一些反复地讲中国如何如何好，日本如何如何坏的生硬的文章。增刊里面还登着中国大人物的长篇大论的演说。这本杂志那时给我留下的印象很不好。

由于两次入伍和在军队的服役，我的青春时代几乎是在军队里度过的。我感到，如果肯定《人民中国》中写的日本人恶者论，就是否定了在那个时代里为国捐躯的朋友们，否定了自己的人生。因此，我在所有的场合里都强词夺理地说：“古今中外，国家的兴亡就是战争与侵略。中国不是也有权力之

1 柳井卓二撰文。

争吗？中国古时不是也有成吉思汗扩大版图到欧洲吗？”再加上，我的军队生活是在航空部队的机械班里度过的，没有直接参加过战斗，飞走了的飞机都干了些什么，我全然不管。真是“小偷也有三分理”的歪理。因为住家里我也这么说，所以逐渐地，讨厌《人民中国》，甚至是讨厌中国的气氛也在我的家里蔓延着。

我第二次见到《人民中国》是在爱知县选出的参议院议员 I・F 先生家里。与上次看到的有所不同，《人民中国》的页数少了，但内容照样是日本人恶者论，还大肆报道红卫兵的狂热场面。虽然人并不是伊索寓言中的《北风和太阳》，但是，谴责者的“北风”刮得越大，被谴责者的态度就越顽固，“小偷也有三分理”的外套就会加厚到四分、五分。因此，我更加讨厌这本杂志了。

那时，田中角荣是自由民主党的干事长。前面提到的 S・O 先生告诉我：“在议员会馆的理发厅里，别的人只是行注目礼，而田中，哪怕是正在理着头发的时候，也要站起来与人打招呼，他会成为一个大人物的。”不久，田中就成了首相，发表了日中联合声明，两国恢复了邦交正常化。我的中国观也逐渐地发生了变化。

在这前后，日中友好的掘井人 S・O 先生的事务所送给我好几本《人民中国》。杂志的封面明朗，文章也改变了原来的调子，读起来亲切多了。更使人惊讶的是内容的变化：《人民中国》改变了日本人恶者论的说法，说可恶的是一小撮指挥者，老百姓跟着他们是出于无奈。

我疑惑这是否就是《人民中国》，于是就到位于神田的东方书店订购了《人民中国》。那以后的编辑工作一直是以友好为基调的。

人，特别是东洋人，很重感情。

充满温情的文章就像温暖的太阳照射着行路人一样，小偷也脱掉了那“三分理”的外衣，而且还要想办法去报答这种温情。在各种集会上我都拿着杂志做宣传，必要时把文章复印下来进行分发。

之后我连续阅读《人民中国》数年，现在我对其中的文章没有任何疑虑。

尤其是近几年，这虽然是向外国发行的杂志，但是，《人民中国》对国内一些消极现象也敢于报道，使人感到编辑的真诚的态度和新中国的自信及能力。现在在我家里，每月都翘首盼望看到这本杂志的不仅是我一个人，而是包括孙子在内的全家人。

现在我最喜欢的月刊杂志就是《人民中国》。而且，这本杂志也是我了解中华人民共和国的敞开着的一扇大门。[1]

我的丝绸之路[2]

《人民中国》从1979年1月开始连载“丝绸之路今昔”，算来已是九年前的事了。那之前我读到的有关丝绸之路的书，都是日本人所写。“丝绸之路今昔”，与那些书相比稍觉风格不同。这也许是日本视角与中国视角之间的差别所致。文章连载了长达两年的时间，每个月，我都在地图上查找地名，做上各种各样的标记，抱着终有一天我要去那里走上一遭的愿望坚持阅读。想不到这机会竟然来得这么快，而且还是与文章的作者车慕奇副总编（现任总编）一同前往。

1983年夏天，为了纪念《人民中国》创刊30周年，组织了“丝绸之路之旅”活动。参加的日本人很多，便分成了两组，我参加了第一组，于8月7日到18日，从丝绸之路的起点西安出发，依次游览了兰州、酒泉、敦煌、吐鲁番、乌鲁木齐。

我们的交通工具是飞机、火车和汽车，站在海拔千米以上的地方向下俯瞰，只见兰州往西是一片荒凉的沙漠区，那里隐约可见的绿色地带便是绿洲了。

1 编辑部注：中国一贯是把“日本军国主义者”和“日本人民”区别开的。一贯坚持着侵略中国的是“日本军国主义者”，“日本人民”也是受害者的立场。自新中国成立以来，这一立场从没改变过。因此，“日本人恶者论”的这一提法在《人民中国》35年的历史中是不会有的。如果给柳井先生留下那样印象的话，那是我们的日语表达还有生硬之处，应进行自我批评。为了使杂志更通俗易懂，使读者感到亲切，我们感到我们的日语表达方法的改革势在必行。

2 横山英子（书法家）撰文。

汽车行驶在由酒泉到敦煌的甘新公路上。当过了西安距敦煌还有不到 70 公里的地方时，汽车轮胎爆了。于是我们直到轮胎换好之前，一直从敦煌往西，在沙漠中缓慢地徒步行走。除了南面有很低的小山连绵起伏以外，一眼望去便是没有尽头的沙原了。我一直朝着山脚的方向往前走，可走了 30 分钟后还没有接近那座山。最后，我终于放弃了这种好奇，折转了回来，在沙漠中，人似乎丧失了距离感。

从柳园到吐鲁番，我们乘坐的兰新线火车行驶在沙漠中。8 月的天气，白天燥热，一到傍晚，沙漠里却变得十分寒冷。尽管软卧车厢的乘客每人都领到了一条毛毯，可夜里我还是被冻醒了好几次。

窗外是漆黑一片，没一点意思。我后来还得了感冒。

即使今天的交通机构已经十分进步了，可丝绸之路旅行也仍然充满了艰辛，难以想象古时的人们如何会产生这种异想呢？

途中，在兰州我们偶然与敦煌文物研究所前所长常书鸿夫妇相遇，在饭店里，我们围绕敦煌这个话题谈到很晚。后来我又在甘肃省博物馆，和书法家黎泉先生互相交换了书法作品，学到了许多东西。更令我高兴的是，车慕奇先生的详细讲解，使我的旅行收获累累，极为充实。

人民中国杂志社举办了旅游摄影比赛，获奖者的作品被刊登在杂志上。我用的只是一台小型照相机，大概是被那不同于日本的风光所震慑的缘故吧，我觉得这回拍的照片比以往哪次都要强。

丝绸之路旅行结束一年半以后，举办了“中国之旅书法展”。展览中，展出了与水浒之旅、中国历史之旅及丝绸之路之旅三次旅行有关的书法作品、照片及日记等。在丝绸之路这一部分，有用从乌鲁木齐带回来的天池水磨墨书写的穆天子传中西王母和周穆王的诗等作品，还有在石川忠久先生的指导下，将吐鲁番印象作成七言绝句的，还有以维吾尔文字为素材创作的作品，此外还展出了在《人民中国》举办的摄影比赛中获奖的部分作品。

去年，《人民中国》又组织了一次丝绸之路巡游，其详细情况可以看《人民中国》上登载的驹田信二先生的文章。

在丝绸之路上旅游的人很多。作家、画家、僧侣，还有陶瓷艺人等，他们各自眼中的丝绸之路各有不同。对我来说，丝绸之路总是与书法有着不解之缘的。

我渴望到塔克拉玛干沙漠转上一圈，也想去草原上的丝绸之路看上一看。我幻想着有一天，举办一个“我的丝绸之路”展。

前途路漫漫[1]

有时候，我们会因为与某人的邂逅而改变了自己的一生。战后，我参加了工会活动，而且很活跃。看到《毛泽东选集》（三一书店出版）是在 1952 年。从那里，我发现了我这个技术专家从未涉足过的一个崭新的世界。我不停地阅读、学习，后来，我变了一个人。

我很想了解在这位出色领导人指挥下的中国。于是我接触到了《人民中国》这本杂志。不仅自己读，我还把它介绍给了其他人。1966 年，《人民中国》邀请了 10 名为这本杂志推广立过功的日本人访华。我作为代表之一，在 15 天里，访问了中国的许多地方。

这次旅行给我留下了深刻的印象。当时，两国尚未建立外交关系，我们取道香港，用了 3 天时间，到达了北京机场。在后来的 15 天里，在中国各地，我切身感受到了中国人民希望日中友好的强烈愿望。

我决不会忘记经过了“文化大革命”而走到今天的《人民中国》。我也不会忘记凝聚在这本杂志里的编辑部同志们的辛苦以及他们对日本人民的友情。

以这次邂逅为契机，日中友好将成为我一生为之奋斗的目标，我将和我的家人一起来走这条漫长的道路。

话说回来，在那次旅行出发之前，我见到了中国的小朋友，这让我感到很高兴。在访问中小学校时，我向近 30 个学生提出了相同的问题“你们长大

---

1 神宫寺敬（公司职员）撰文。

了想干些什么？”回答是一致的，“我要到祖国最需要的地方去。”我进一步问道：“你难道不想去自己喜欢的地方吗？”回答是：“不。我要到祖国最需要的地方去。”他们个个目光炯炯地回答着我的问题。在旅行中，无论走到哪儿，我都能看到“为人民服务”的字样。这种忘我地为人民服务的精神面貌，实在令我感动。我觉得中国真是一个了不起的国家、伟大的国家。这种感受十分强烈。

在与《人民中国》邂逅20年后，1986年4月，我和妻子一起到北京访问。和以往一样，与《人民中国》的工作人员一起登上了万里长城。站在接近山顶的地方回首俯瞰来路，只见杏花遍野开放，窄而陡的山路曲曲折折一直向下延伸而去。这或许可以看成是20年来，不，是35年来《人民中国》所历经过的道路吧。往上看，道路仍在延伸。我的路也在朝前伸展。我希望10年以后，能够与《人民中国》的工作人员一起重登长城，回望走过的路。

创刊之时[1]

记得那是1952年秋天，人家问我愿不愿意到外文出版社工作。当时正值在华的日本人开始归国，大家从全国各地陆陆续续地汇集到了葫芦岛和天津等地。我曾在沈阳出版针对日本侨民刊物的民主新闻社工作，此次日本人归国，这份工作也便没有了，所以我们这些社员也决定做完善后工作一并回国。那时正好听说英文版、俄文版的《人民中国》要增设日文版，于是我二话没说答应道：“去。”北京——我日夜向往的地方，她是刚刚诞生的中华人民共和国的首都，是毛主席、周总理居住的地方。

当时的外文出版社是向国会街的新华社借的房子，日文组就在一个大房间里办公。日本人、中国人都在一处，我们这些被喊作“专家”的人无论是工作还是学习，就连吃饭也和大家一个步调。

1 菅沼久美撰文。

除了负责人康大川，其他社员都是二十来岁的年轻人，出版业对他们来说还是一门新学科。现今在中日关系中起着重要作用的刘德有、安淑渠都是那时社里的成员。

宿舍在离王府井很近的南河沿，每天坐电车上班。我因为睡懒觉没时间吃早点，常常咬着烤白薯或嚼着烧饼就赶来上班了。那时北京的生活节奏总的说来还比较舒缓，早晚也不用像现在那样拼命挤车，也没有今天的自行车流，天安门前的长安街大马路上，满载乘客的电车来来往往，畅通无阻。

在制作了与正刊的程序及体裁完全相同的试验版之后，终于，在 1953 年 6 月 1 日出版了创刊号。封面是“五一”天安门城楼上的照片。一男一女两个少先队员正在向毛主席献花，两边有朱德、彭真、刘少奇、周恩来等党和国家的领导人，他们也都慈祥地微笑着。

再也没有比创刊号拿到手里那一瞬更令人感到幸福的时刻了！我们亲手制作的日文杂志在北京出版了！当我一想到这些杂志就要被送到久别的祖国日本，就要同日本的兄弟姐妹们见面时，不禁感到心里热乎乎的。

欢呼雀跃的高兴劲儿还没有消散，就听说校对出了错误。凹版页的图片说明中，日本代表的名字印刷错了。谁都不想凑合着涂改了了事。可重印又没有时间。于是，大家把尚带印油味儿的杂志运到办公室，然后用刮胡刀刮掉错字，再拿指甲轻轻抚平，用蘸了印油儿的铅字像盖印一样按在上面，就这样，一个字一个字地订正。当黑夜过去，黎明到来的时候，我们终于完成了订正的工作。望着初升的太阳，那种喜悦的心情我至今记忆犹新。

校对的人多一些，出错率自然就会大大减少，因此，当时除了负责校对的同志，其他人都会参与这项工作。当我们去工厂时非常吃惊，拣字和照相植字的都是中国的熟练工人，可他们却一点日语也不会。那时候，原稿都是手写的，涂改的地方很多。而且每个人笔体不同，省略法、草写字五花八门，连日本人看了都要费一番功夫呢。只见他们一手拿着原稿，眼睛飞快地略过一排排字迹，虽然不懂意思，可拣字却很少有错误，着实令人叹服。他们甚至有时还能指出原稿中的错误。厂里的工人工作热情很高，其中有些人希望学习日语，于是日语组的人便去教他们。我们与印刷厂的工人们一起联欢，一起郊游，那些美好的回忆我至今难忘。

我在《人民中国》杂志社工作的时候，中国对日本来说是一个虽近却远的国家，两国间似隔了一道竹帐，没有人员往来，各种信息也少得可怜。35年后的今天，日本采访团拍摄的丝绸之路以及黄河沿岸的风土人情影像在日本电视中放映，每年数以万计的日本人到中国各地旅行，这种状况令人仿佛有隔世之感。

《人民中国》随着中日两国关系的发展也在发生变化。不仅页数比创刊时的50页增加了一倍多，而且内容也愈加丰富多彩，文字明快、亲切、通俗易懂。那时候有中文编辑部，各个语种的内容都是一样的。像今年开始增设山本市朗先生的《北京风情话》及《中国新旅行时代》这样的新设想，那时候是决不敢想象的。

不过，我相信，正如发刊词中郭沫若先生所言：介绍中国的实际风貌，使日本人民能够全面地了解中国，促进中日两国人民的友谊这一宗旨是不会改变的。

祝愿《人民中国》今后更上一层楼。

是知音一人不觉少[1]

我的青年时代是在中国度过的。

我年轻时之所以那么喜爱中国，全是因为中国的长裙对我有着极大的诱惑力。

于是，我便暗下决心，总有一天我要去中国看看。当时，我就跟留日的中国学生学习中文。

大概算是幸运，我通过了文部省的教职员外地派遣考试，我的夙愿实

1 塙千代子撰文。

现了。我作为一个年轻的女教师，带着满心的希望，只身一人渡海到了沈阳（旧时奉天）。

当时正值1943年（昭和十八年）2月上旬，在沈阳站下车时，迎接我的是一个寒风刺骨的黑夜。然而，我却丝毫按捺不住自己激动、喜悦的心情。“啊，终于来到我梦想已久的中国了！”我将寒冷以及旅途的劳累统统忘到了脑后，久久难以平复自己的心情。那一时刻真令我终生难忘。

后来，我身边的中国朋友越来越多。这期间我遇到了一个善良、出色的男人，他就是我后来的丈夫，我们有了孩子，生活得非常美满、幸福。

可是，可恶的战争使我周围的一切发生了变化。一切都化为乌有，1946年（昭和二十一年），我抱着孩子和丈夫一起返回了日本。

生活在目前的和平环境里，我真想大声疾呼：今后不要再有战争了！不，决不允许再发生战争！这不仅仅是为了我的憧憬与愿望。事实上，那时候很多人去中国也是“殖民政策”的手段之一。对此我却一无所知，生活在众多和蔼可亲的中国人当中反而感到很愉快。

回国以后，我的女儿也长大成人，结了婚，生活得十分美满。可就在去年4月13日，一直非常健康的女儿突然遭到病魔的侵袭，患了蛛网膜下出血症，转瞬间便辞世而去了。死时年仅39岁。她扔下了两个儿子，大的13岁，小的10岁。这给我的打击是沉重的，每当我想到“这个中国给予了生命的孩子”时，便越发加深了对中国的怀念。

我回日本时，正值战败贫困期，我作为学校的教师，工作十分卖力。而且，我还参加了浜松市日中友好协会。

在出入那里的办公室时，我看到了《人民中国》这本杂志。开始时我只是翻了翻，可后来越读越有意思，就渐渐地喜欢起这本杂志来，至今读来仍然津津有味。

最近，发生了这样一件事。我的一个朋友对我说：“别人让我接手光华寮问题，可我对此不太了解，你能不能给我介绍介绍？”

刚好，我刚刚读了去年的《人民中国》5月号，上面有题为《光华寮问题的真相》一文，讲得非常明白，于是我向朋友推荐了这篇文章。朋友读后说："太清楚了。以后我也想订这本杂志看看。"就这样，在我的影响下，《人民中国》又多了一位读者。

这真令我高兴。一个人阅读了《人民中国》，就会加深对中国的了解，中国也便又多了一个朋友，这难道不是一件喜事吗？我打算今后一有机会，就把《人民中国》介绍给更多的朋友。

我的意见被采纳了[1]

发现自己的意见被采纳，实实在在地刊登在杂志上时，如果不是当事人本人，恐怕理解不了这份喜悦吧。

姬路市接待的首位《人民中国》的记者是于明新。1986 年 6 月 27 日晚上，姬路《人民中国》读者会和姬路中国语学习会的成员聚在车站前福亭二楼的一个房间里，一边品尝着日本料理，一边热烈地和于明新讨论起来。

四十多位与会者各自做了自我介绍之后，便就《人民中国》向于明新提出了一个个尖锐的问题和热切的希望。于明新一只手拿着话筒，满头大汗地回应着我们。

座谈会上提出了许多对《人民中国》的希望和建议，于明新都认真地一一做了记录。回到我家之后，他还兴奋地谈论着这些建议，直到很晚才休息。

会上我也提了一个建议。《人民中国》杂志的中心页上介绍了一些绘画作品，但却没有标明原画的尺寸，因而无法判断原作的大小。日本的美术杂志则不然，凡介绍绘画必标明尺寸。因此，我建议《人民中国》最好也这样做。于明新把这条建议记在了本子上。

半年之后，翻开 1987 年 1 月号《人民中国》的中页，上面是《画家新

1　渡边富美男撰文。

作》专栏，介绍了詹建俊的《清风》和《飞雪》，画的下面竟然分别标明了“油画 100cm×120cm”“油画 72.5cm×91.5cm”的字样！

我的眼角一阵发热——我的意见被采纳了，实实在在地印在了《人民中国》上面！

也许，这是一个很不起眼的建议，况且，读者当中或许根本就没人注意到这一点变化。然而对于我来说，这点变化却令人深深地感动。

开在路旁的无名花朵，似乎谁也不会去注意它，即使被人践踏也无须心疼，它却仍在盛开着，为生存而努力着。

杂志上一个小小的角落里，谁也不去注意的小小铅字，也是由某个人写在纸上，某个人拣字，某个人排版，某个人印刷才能完成的。

说不定我的建议碰巧与别人的建议相同。那样更好。如果有人提出了与我相同的建议，那我们两个人的建议就都被采纳了。

1988 年 1 月号开始刊登中日对照的《一分钟小说》了。我早就盼望开辟这个栏目了。我准备以《一分钟小说》的中文稿为教材，在今年开始的读者会例会上继续学好中文。

“《人民中国》，你好！”[1]

《人民中国》，你好！

你“来信”说你就要迎来 35 岁生日了。我向你表示衷心的祝贺！

自从收到你每月从北京送来中国的“暖风”，转眼即将过去一年时间了。每当收到那大大的信封中装着的“暖风”时，我总是要后悔没能早些结识你。

说来还是两年前我去中国旅行的时候才结识了你。出发前我尽可能地阅读了大量的旅行指南，于是自以为了解了贵国的一切，到那里去旅行了一次。

然而，结果呢？你的“来信”中所写的竟都是我不曾知道的事情！都是

1 藤平早苗撰文。

些以深刻而敏锐的目光审视自己国家的内容！比如说，我满不在乎地走过的公园里的小石碑，实际在历史上有着重要的意义。又比如我经过了多次的一条路，是以为建立今日的贵国而立过大功的人名命名的。

你一定很惊讶吧？我对贵国了解甚微，几近无知！如果我知道的话，我会认认真真一字一句地读一下石碑上的字；如果我知道的话，我会在路旁坐上一整天，望着来往的人流，去追寻伟人的足迹。

所以，请你今后继续送来你那开阔的视线中的贵国的“暖风”吧。而且，将来若我能够再次去贵国的话，我也许就能够实现一次真正的旅行了。

再一次祝贺你即将迎来的 35 岁生日。

使我忘记吸烟的莫高窟[1]

1983 年，为祝贺《人民中国》创刊 30 周年组成“《人民中国》读者友好访中团”，我作为第二期团员于 9 月底前往中国。对我来说，从开始订阅《人民中国》我就决定，如有机会一定要拜访中国——而这次便是绝无仅有的机会，在这次旅行中，我得到了许多宝贵的收获。

其一，我竟戒烟成功了。我被眼前呈现的一切——莫高窟的亭阁、佛像、壁画深深吸引，忘掉了长年吸烟的习惯。

从莫高窟回到敦煌招待所换衣服的时候，我才发觉早晨装到口袋里的香烟竟依旧是原来的样子！原来我的心已经被记笔记、周围的画面以及从石崖角落里悄无声息落下的流沙所占据，脑海中有关香烟的一切都已荡然无存了。

我思索起来，这莫非是佛的指引？今天一整天都不曾吸烟，那我明天也试着这样干吧。这只是以一种极其轻松的心情想想而已，并不用特意下多么大的决心。我坚持了两三天，有时也极想吸一口，每逢这时我便闭上眼睛，回想莫高窟的一切：窟顶上优雅曼舞的飞天，倾首问物的菩萨。于是，我便

1 佐藤贞撰文。

渐渐忘记了香烟的事情。我曾在梦中见到自己在吸烟。我大吃一惊，旋即安心于这情景是在梦中。在驶向敦煌的途中，在剧烈颠簸的巴士里，我费力点燃的那支香烟竟成为我抽的最后一支烟。

其二，我在中国结识了友人。一个清晨，我漫步在上海外滩，正在出神地看着那些练武术、打太极拳的人。这时，一个60岁左右的男子看到我衣服上的“人民中国”几个字便走来与我讲话，他拉着一个可爱的小女孩。我用生涩的中国话与笔谈的方式和他聊了一会儿。分别的时候我们在一艘轮船前面拍了纪念照。从此我们便开始了书信交流。这鼓舞了我学习中文的热情。如今，若我再到中国去，应当能应付一气了。他的那位可爱的小姑娘如今已经上小学二年级了，也许长大了她也会对日本感兴趣吧。我十分期待。

其三，我的作品在《人民中国》摄影大赛中入选。那是在吐鲁番观看坎儿井的时候，莽莽苍苍遮住了天日的林木隧道深深地感动了我。靠着沙漠之下潺潺流淌的天山雪水的滋润而茁壮成长的林荫树木，每棵都有近一抱粗，层层密植。不像白杨那样笔直地伸向天空，大概是胡杨吧，像一个圆顶覆盖着道路，并在树缝间随处泄下斑驳的光影。长长的绿色隧道对面，几匹骏马信步而来，我将这一场面收入相机。照片以《沙漠林荫》为题在《人民中国》上发表，我收到了热情的致辞和一方精美的印章。我珍爱她们，一直妥善收藏。下面的话有些离题了。翌年我去长江时，船舱中的一本《人民中国》赫然映入我的眼帘，其中便刊载着我的照片！这偶然的相逢使我忍俊不禁。丝绸之路以其无穷的魅力强烈吸引着我，从那以后每年我都去探访西域，去年从喀什翻越了我期待良久的帕米尔。在险峻的巴基斯坦公路上与边防人员的营房旁，我只有赞叹。

越办越好的《人民中国》，正是中国发展的一面镜子，当目睹她跻身于日本众多杂志当中时，我高兴得仿佛自己就站在那里一般。衷心祝愿中国与人民中国杂志社日益壮大。

耕耘《人民中国》的人们[1]

1961年夏，我们夫妇从四川成都回到了北京，以“专家”的身份参加人民中国杂志社的工作。

所谓专家的工作，是将中国人的译稿润色成地道的日文，中国话就叫作“改稿”。

当时，《人民中国》已有三位日本专家，其中之一的菅沼不二男先生，是日中战争时期《同盟通信》驻沪特派员，一个真正的新闻记者，以后调到伪满洲国工作。战后，他参加了中国革命。中国共产党的军队解放了沈阳以后，他成为日本人管理委员会（负责人是赵安博先生）发行的日文报纸《民主新闻》的编辑人员。那时，他常来我家闲谈，有时还聊到很晚。推荐我到这里来工作的也是他。我到任之后，他便回国担任日中旅行社社长，80年代初死于心脏病。

另一位是从民主新闻社商调来的专家池田亮一先生。伪满洲国时期任职于“满映”[2]。战后，“满映”为中国共产党接收，改名“东影”。[3]该制片厂疏散到东北边境的鹤岗时，他是“满映”众多日本留用人员的政治学习辅导员。

来《人民中国》后，他热衷于搜集中国的古陶瓷器，一到星期天就以逛琉璃厂为乐。此外，他还时而被围棋爱好者（业余初段）、当时的外交部部长陈毅邀到家里对弈。

这位温文尔雅的绅士原名三村亮一，战后为日共中央委员、日共机关报《赤旗》报总编辑。1932年因受热海事件[4]牵连被投监狱。当年他是一位血气方刚的斗士。这些，当时人民中国杂志社的人恐怕谁也不知道。他也是一位理论家，文笔很好。1963年，他猝死于脑出血。

---

1 横川次郎撰文。

2 即“满洲映画协会”。

3 即“东北电影制片厂”。

4 1932年，由于日共内部奸细告密，致使一千五百余人遭起诉的镇压事件。

现今在中央编译局任专家的川越敏孝先生，当时也在《人民中国》从事改稿工作。这位战前求学于京都帝国大学经济科的优等生，在战争中应征入伍来到军队，在俄语教育队学习俄语，毕业前夕迎来了日军战败。战后，他在东北民主联军管辖下的卫生部工作。东北人民政府成立之后，他被调到沈阳卫生部教育处翻译科从事俄语翻译工作。以后又转其他工作，不久调入《人民中国》。因擅长修改政论性的文章，1963 年《北京周报》发行日文版时，他又被调到《北京周报》工作。

在专门从事翻译的人员中，还有一位叫戎家实的青年，是“满铁”[1]培养出来的人。战后，他在东北铁路部门工作，被誉为“三员干将”之一，十分活跃。之后，他转入《民主新闻》社，由此再调至《人民中国》社。此人译稿速度快，据说一个晚上能译两万字，他于 1977 年死于癌症。

池田夫人和菅沼夫人均系作家檀一雄之妹。前者毕业于东京美术学校，在《人民中国》画刊头，从事编排。解放战争时期，日本青年突击队在鹤岗煤矿挖煤支援前线，菅沼夫人就是突击队的炊事员，是一个假小子。和菅沼先生的结合是这以后的事。她在《人民中国》担任翻译。

中国方面有总编辑康大川先生（原名康天顺），出生于台湾，在公学校[2]学日语，毕业于东京锦城学园，进早稻田大学商科。据说，田中角荣在锦城学园商业学校部上学时，康大川比他高两级。从早稻田毕业后，为参加抗日战争，康大川于 1939 年潜回上海，在驻湖北前线的原十九路军任中尉，从事日语工作。以后任职于郭沫若属下的国民党军委政治部第三厅，为对敌（指对日军和日军俘虏）工作做出了贡献。正是在这段时间里，康大川与组织日本反战同盟的鹿地亘等人相识，并一起工作。康大川先生活跃在贵州时，被国民党宪兵投狱两年，在重庆集中营迎来了抗日战争的胜利。解放战争时期，康大川在皖南参加游击战。

新中国成立后，康大川来到北京，任国际新闻局人事科科长。1952 年，

1 即“南满洲铁道株式会社”。

2 日本侵占台湾地区时期，由日本人创办的专为教育台湾地区儿童的学校。

国际新闻局改组，成立了外文出版社（现外文局前身）。翌年《人民中国》（日文版）创刊，康大川先生作为核心人物起了很大作用。从沈阳、大连召集许多人才来的也是他，他为《人民中国》立下了汗马功劳。

关于康大川先生，还必须补充说明一下：他恐怕是中国唯一掌握日本战犯丰富资料的人。他曾去抚顺战犯管理所做过采访；还曾以检察院方面属下的翻译处处长名义，得到了战犯手记等许多珍贵资料。光文社发行的《三光——日本人在中国的战争犯罪告白》（1957 年出版，神吉晴夫编）的材料就是康大川先生提供的。

现任文化部副部长刘德有先生当时是日文翻译组副组长。他不仅在大连进过日本人经营的幼儿园、小学和中学，而且悉心研究，精通日语，熟悉日本。郭沫若接见日本朋友时指名要刘德有翻译一事已广为人知。他还经常为毛泽东、周恩来担任口译，是早期中日交流时的一员干将。日本投降后，他在大连的日本人学校教中文。1964—1978 年他被派为驻日记者。著有《在日本十五年》、《现代日语趣谈》（1986 年由村山孚翻译并出版日译本）、《战后日语新探》等。

现任副总编辑安淑渠女士出身于大连一个资本家家庭，和刘德有一样，她自幼儿园至高等女子学校一直在日本人办的学校上学。日本战败后，她任《大连日报》记者。她是现今《人民中国》社内中国人中日语最好的人。

翻译组组长伍仲先生是一位高级知识分子。作为官费留学生，他在日本高等师范学校专攻英国文学，后任湖南大学英语讲师。他在《人民中国》的工作是和刘德有共同将专家润色过的译文与中文原稿核对，最后斟酌译文是否贴切。这是一件很重要的工作。和刘德有不同的是，伍仲先生比较严厉，对专家的稿件提出过尖锐的意见，带给我们很多启发。

其他还有各具特色的几位翻译者，由于版面所限，容我不做一一介绍了。

得益于人才济济，当时《人民中国》的翻译水平是非常之高的。中国文学家、已故竹内好先生曾在其《为了了解中国》一书的第一集（劲草书房 1967 年出版）中写道："……然而，在此我想说的是，这本杂志（引用者

注：指《人民中国》）的日文真不错，实在是好；岂止是好，不如说是漂亮的日语，漂亮的日文为好。”这种赞美，我想绝不言过其实。今天《人民中国》的翻译水平之高，也是继承了这种传统之故。

人民中国

1989

第五节 1989—1990年度点评

【特集】

こんな暮らしをしています 改革のなかの市民生活

丘相興

① 物価はたしかに上がったが……

先日、東京にいる日本の友人から手紙がきた。長年、北京でいっしょに仕事をしていた人である。「中国で二十年以上生活したが、中国の近年の変化についてはもうあまり分からない。最近は物価が上がり、市民は貯金をおろして物を買っているそうだが、市民の収入や生活はどうなのか」と。

一 物価の上昇

この友人の気がかりは、ちょうどいま中国でいちばん問題になっていることだ。たしかに中国では近年物価の上昇が激しい。十八インチの中国製カラーテレビが、一九八七年に段階小売値が一三四〇元だったのが、去年の春には一七九〇元になり、品物は店頭から姿を消し、ヤミで三千元になった。一キロが三四・六元だった純毛の毛糸が、いまは九四元。二年ほど前に十何元だった木綿の上着が、いまは安くても二〇元だ。食物も高くなった。去年十月の一キロの値段は、青菜〇・五元、カリフラワー〇・九元、いんげん一元と、それぞれ一昨年より三〇%から五〇%上がっている。鰱魚も二・六元から三・六元に、コイも三・六元から五・六元になった。リンゴは値上がり分が〇・六元乃至一・四元、ナシは〇・四元乃至一・三元。初物のミカンはいま一キロ四・四元する。

近郊の農民が自転車の荷台の両わきにキュウリのかごをつけて、自由市場で「安いよ！」と売っている。新鮮な若いキュウリが、一キロ一元でとぶように売れていく。「安いというけれど、国営の店より〇・三元高いじゃないか」「ハハ、オレのは花がついてるんだよ。このトゲトゲを見てよ！ それに化学肥料使ってるからね、少しは高くしないと損しちゃうよ」

また、鋼材、木材、セメント、化肥など、生産財である一部の製品は、従来、国家計画にもとづいて公定価格で供給されているものだが、

改革と開放の政策で審美観も更新。美容院で美顔術を受ける人が増えている。

シルバーエイジもぐんとおしゃれに。「これなんか、いいんじゃない？」

19　18

この画家の新作

呂勝中　1952年山東省平度県に生まれる。76年に山東師範大学芸術学部に入学、卒業後、同大学中国画学部で教鞭をとる。このころから、中国民間美術の研究を始める。84年、中央美術学院大学院に進み、民間美術をテーマに修士号を修得。

これまでに内外の美術展に作品を数多く出展している。「春の趣」「願月集」で第3回、第4回全国年画展の三等賞を獲得。「タコ」が全国雑誌表紙コンテストで二等賞。「果物」で全国教師の日書画展プロの部の優秀賞を得る。著書に『中国民間の切り紙』などがある。

現在、中国美術家協会会員、中央美術学院民間美術学部講師。このほか、民間美術グループを主宰している。

春の趣　（年画）　40×40

63

カナダと共同で大作「秦の始皇帝」の製作が進められている

もう切符を買う金はなし、金に換えられそうなものは、新しい防寒靴しかない。冬のさなかに靴を脱いで、映画館の前で売るわけだが、誰も相手にしてくれない。道ばたの靴直しのおやじさんになんとか掛け合って、やっと手に入れた一元で、三回分の切符とパンフを買った。映画に魅せられたハダシの青年はこの時十八歳、「将来、映画監督になるんだ！」という固い決心はこのとき生まれた。

高校を卒業後、西影の試験に合格し、俳優としての新生活を始める。七六年、北京映画学院で演出を学び、二年後にまた西影に戻った。

一九七九年、共同監督による第一作「生活の顫音」を発表し、大きな反響を引き起こした。が、第二作の「親縁」は失敗した。大陸と台湾の若者の恋物語だったが、「つくりものの典型」といわれ、大ショックを受ける。だが、真の強者は、自分がいつも正しいなどとは思わないし、失敗の中から教訓を汲み取るものだ。それ以来、「虚偽は中国映画のガン」「真実こそが人の心を動かす」といつも言っている。まもなく「標識のない川」を発表、これはベネチ

呉天明の名を世界的にしたのは、なんといっても黄土高原を背景に描いた「人生」だ。農村の青年が、立ち遅れた閉鎖的な農村から都会へ脱出する。自我の発展のために、農村のいいなずけまで捨てたのだが、奮闘むなしく、また村に戻るというストーリーだ。

「人生」は大成功で、その年、中国のもっとも有名な映画賞「百花賞」の、最優秀作品賞と最優秀女優賞を獲得した。「人生」は黄土高原の人情風土を描くと共に、農村を逃げ出し都会に新生活を求める主人公の行動を肯定した。この行き過ぎ的な行動に同情することで、呉天明は伝統に対する突破を表明した。数千年にわたって黄土地帯によどむ伝統観念がどれほど人を束縛したかを理解し始めたのだ。

受賞は成功のあかしだが、呉天明は、喝采に酔って芸術的進歩をおろそかにするようなことはない。「もう一度撮り直すなら、男女の主人公の関係を全く変えて処理する。『人生』では、ヒロインを完ぺきに作りすぎたため、青年の負い目が自然に重くなった。いま思うととても不公平だから」と言っている。ヒロイ

31

★わかもの・YOUNG・年軽人①

スーパースターはこうして生まれた
ロック界の旗手 崔健

本誌 林 曄

〝きみに何度もささやいたことがあったね、僕についてきてくれるかい? と。
きみは笑って、あなたには何もないと言うだけだった。
そう、僕には何もない。
でも、きみは僕にこたえるだろう。
あなたは何も持っていないから、あなたが好き、と。
今、僕についてきてくれるね。……

若者の〝心の叫び〟を歌いあげた「何もない（一無所有）」は、無名の音楽青年を、それこそ〝あっと言う間に〟、スターダムに押し上げてしまった。

崔健（ツォイ・ジエン）。

今、北京で誰の音楽会が一番客を集めることができるかといえば、まずこの人の右に出る者はいない。なぜそんなにも人気があるのか。

ほかでもない。彼が作詞作曲した「何もない」が、大陸で最初のオリジナル・ロックだったからだ。借りものでない、〝地に足のついた〟歌に、多くの若者が本気で熱狂したのだ。

若者の耳は鋭い。外国曲や香港・台湾の曲に〝にわか歌詞〟をはめこんで、ものまねで歌う〝二番煎じ〟は、すぐにあきられてしまう。

自分たちの歌がほしい、自分たちの〝心の叫び〟がほしい、こうした若者たちの欲求に応える形で生まれたのが、崔健の「何もない」だった、そう断定しても間違いないだろう。

崔健 ボクの歌は、まるで時代の申し子のように言われているけれど、実際にはそんな大げさなものじゃない。ちょっと成功すると、やれ〝崔健現象〟だ、〝中国ロック元年〟だ、と天まで持ち上げるくせに、ただそれっきりで、本質を知ろうとしない。中国のマスコミ報道は、まるで場当たりですよ。

ボクは、ボクの人生に忠実なだけだ。ありのままを歌にしたということです。ボクの内心を表現するには、ロックしかなかった。そういうことです。

今は、新しいものなら何にでもとびつくという時世じゃありませんか。ロックはナウい、ロックはカッコいい。ロックこそ自己表現の最たるものだ、……〝若者の心の声は、ロックでなければ表現できない〟、といわんばかりの〝ロックばやり〟だけれど、大半は、まねごとだね。ボクの心にはロックが合う、ロックで歌いたい、ボクはそう思って歌った。それだけです。……

北京歌舞団のトランペット奏者だった崔健が、ロック音楽のバンドをつくったのは一九八四年の末。気の合う仲間たちと、「七合板」という名の小バンドを始めた。ロックとはいっても主としてジョン・デンバー、ポール・サイモンなどの抒情歌曲を、そのまま〝なぞって〟歌う〝二番煎じ〟だった。

崔のいわば修業時代だ。

一年後に「七合板」は解散、崔は、やがて、自分で作詞作曲するようになる。自分自身の音楽を求めて、崔の探究が始まったのだ。

崔健 何もなかった。ほんとうに「一無所有」。だってそうでしょう。社会は、ロックが歌えるような環境じゃなかったし、ついこの間まで、ロックは、西側世界の腐りきったシロモノとされていたんですから。社会に理解がなければ、ロックが成長できる土壌がないも同じです。

それに、練習する場所もない。楽器だって、人の使いふるしか借りものでしたしね。

もっとヒドかったのは、ボクたちには、西側の現代ロックを聞くことさえムズかしいという

コンサートで歌う崔健。〝心の叫び〟が若者の心をつかむ。

〝閉鎖状況〟です。レコードもテープも、入手はきわめて困難だった。幸い、ボクには、レコードやテープを借してくれる友人がいて、それで、むこうの音楽に、なんとか接触することができた。ただ、作品は聞けても、創作の背景や歌手個人の生活といった情報からは、完全にシャットアウトされてましたけどね……

こうした「何もない」情況から生み出されたのが、崔がのどから声をふりしぼるようにして歌いあげる「一無所有」だったのである。

自分の歌を試してみたい。そうしたチャレンジ精神から、崔はテレビ局が主催するアマチュア歌謡コンクールに応募する。一九八六年のことだ。結果は予選落ち。理由は簡単だった。「テレビ放映にはふさわしくない」

しゃがれた声、風采のあがらない短躯。年来、中国では、堂堂とした体格で朗々と歌う、見るからにプロ然とした歌手が〝貴ばれて〟きたのである。歌詞も、あまりに〝個性的〟だった。「何もない」は、つまり「愛だけはある」という、何よりのプロポーズなのに、ラブソングと言えば、海より深い、胸にわきたつ、式の紋切り型がまだまだ「正統」なのだ。

崔の名声を決定的にしたのは一九八七年初めに、首都体育館で開かれた「合同演奏会」だった。はじめて若者の前で、崔の〝心の歌〟が炸裂したのである。

〝そう、僕には何もない。
でも、きみは僕にこたえるだろう。
あなたは何も持っていないから、あなたが好き、と。
今、僕についてきてくれるね。

会場は沸きたった。万余の若者が総立ちになり、「ツォイジエン」の名前を声を限りに叫んだのである。いわゆる〝中国ロック元年〟だった。

崔健 分かってもらえた、あの時の感動は、忘れようとして

んものでしか勝負できない！ 今も、これからも、ボクはそう思う。だから、コンサートは多くやりたくない。歌を、自分を、切り売りしてしまったら、創作のための生活のリズムがこわれてしまう。孤独でいいんです。心の叫びが沸きあがってきたらその時に、歌が自然に生まれてくるでしょうね。ボクはいやだ。マシンのように、わけもなく歌をつくりつづけるなんていう生活は。……

今、崔健は、四人の仲間からなる「ADO」というバンドをバックに歌っている。今年二十七歳。「何もない」の大ヒットは、何もなかった彼を、一躍、時代の寵児にした。富と名声を手中にしたのだ。「娘たちが、うるさいくらいプロポーズしてくるんじゃないの」と水をむけると——

「結婚で腐心するほど、ぼくはバカじゃない。溝があれば、水はおのずから流れてくると言うじゃないか。歌も縁も、ごく自

鬼才 呉天明と

西安映画製作所の呉天明所長

金熊賞を獲得した。この「古井戸」と「紅い高粱」の受賞は、中国の映画にとって、かつて黒沢明の「羅生門」が、ベネチアで金獅子賞を獲得したのと同じような意義を持っている。

呉天明は西影を蘇生させたといわれるが、これは過言ではない。一九八三年、所長に就任したとき、西影のランクは、全国十六の映画製作所のうしろから第一位で、作品が少なく質も悪くて、赤字つづきだった。もうこれでは神仙でも手だてがないだろうと思われていたが、呉天明が所長になると、鋭意改革、二年のうちに奇跡が出現した。一九八五年には、売り上げが全国のトップになり、赤字から黒字に転じたのだ。特に最近の二年は、内外の映画祭のたびに、大手柄を立て、大小六十余の

SPOTLIGHT 映画

中国映画界は競作ばやり!?
あの川島芳子を2社同時製作中

写真 周希授

もう一人の清朝ゆかりの人物、川島芳子の映画が製作進行中です。

清朝ものの多いこのごろ、ここまではべつに珍しくもないのですが、片や西安電影の「川島芳子」、片や北京電影と海南電影の共同で「超級女諜」が、同時に製作中で、たぶん同時に封切りというので話題になっています。

「川島芳子」の主演は、前に宋慶齢を演じた張小敏、「超級女諜」のほうは「紅楼夢」の薛宝釵役とかけ持ちで傅芸偉が演じています。

「超級女諜」では、義父の川島浪速を日本人の武松孝章さんが演じ、民俗顧問を大沢愛子さんが担当していますが、お二人はいま北京中国戯劇学院で研究していらっしゃる方です。

写真は「超級女諜」の青島ロケで、芳子が冬の海で自殺するシーンを撮るところです。中はもちろん和服です。大沢さんのブーツの中は冷たい海水と砂でいっぱいとか。

「川島芳子」の西安組は、一九八五年にシナリオにとりかかり、去年三月から北京、瀋陽、唐山、天津などでロケをし、はじめ主役の人選に悩んだそうですが、人気女優の張小敏を得て、大連ロケも無事に終了しました。何平監督は、史実性の強いものに仕上げたいといっています。

「ところで、川島芳子とか女スパイとかって、それなあに?」という人のために、彼女の略歴を少々。

字は東珍、又の名を金璧輝。清末に粛親王の娘として生まれた。日本帝国主義の勢力を借りて清王朝の復興を企図する父の意で、日本人川島浪速の養女となり川島芳子に。九・一八事変を機に男装で各地に出没、美貌と血統の特権を利用して要人に接触した日本の国際女スパイ。一九四八年春、漢奸、スパイとして北平第一監獄で銃殺された。四十二歳。

ファインダー

さようなら　大同蒸気機関車製造工場

写真　李建平　李長海

工場を出る最後の蒸気機関車・建設形ＪＳ9999。白い蒸気が吹きあがり、力強い蒸気音が響きわたった。

長男（中央）長女（左）と。若き日の申紀蘭さん。右はご主人の妹さん。

村だから、一台のラジオもなかった
し、当時、今日のようにテレビがあろうはずもない。有線放送から流れた毛主席の力強い宣言「中国人民はここに起ちあがった」という言葉を耳にして、どれほど嬉しかったことか。開国大典のあのすばらしい光景は、後に「年画」（旧正月に張りかえる極彩色の装飾画。伝統的な絵柄だけでなく、写真のような細密画もある）で目にした。毛主席こそ中国人民の救い

も、その血と汗とで

ってもいいと思う。

西溝村は、山も石ころだらけ、谷も石ころだらけの、ほんとうに貧しい山間の僻村だった。わたしたちは、このままではいけない、山は緑の木でおおい、どこでもまるまる太った牛や羊が放牧できるような、そんな新しい西溝村にしようと決心したのである。

わたしは村人の先頭に立って、朝

はじめて

もなり、姉妹たちといっしょに男性にたちまじって労働するようになったのである。同一労働同一報酬だった。

数年間の刻苦奮闘が実を結び、山は緑に、数千株の果樹が根づいたのである。牛も羊も増えた。村中のどこでも放牧された牛や羊を見ることができるようになった。みんなが、ほんとうによくやった、と思う。

日本青年海外協力隊（ＪＯＣＶ）をご存知だろうか。発展途上国を舞台に、経済・文化・衛生・教育の分野で、現地の人びとと共に汗を流している日本の若者たちだ。

中国へは一九八六年から、すでに三十余名が、十三の省と自治区に根をおろし、あるいは都市で、あるいは農村で、きたえた技術と知恵を、「四つの現代化」のために捧げてきた。

昨年末、任期を終えて帰国する仲間の送別のため、北京に集結した隊員たちを訪ね、協力の現場からの感想と支援の現状をおうかがいした。

――送別会を兼ねて日ごろの経験の交流をされる、こうした〝集結〟は、よくあるのでしょうか。

まず、日本国際協力事業団北京駐在事務所に常駐するＪＯＣＶ中国協力隊の小松征司代表にお聞きする。

小松征司さんは四十九歳、ＪＯＣＶのＯＢということで、隊員たちの

特集　建国40年を語る5

愛する大地とともに

山西省平順県西溝村　農民
全国人民代表大会人民代表
申紀蘭

一九四九年、新中国誕生の年に、

の星であり、毛主席のおかげで、わ

早くから夜遅くまで、山をきり開いては植樹した。みんなの熱意は、ほんとうに天を衝くほどにもすばらしかったのだ。

一九五一年、西溝村に初級合作社が成立した。農業協同組合である。わたしが副社長だった。若く、思想は純粋で、情熱に燃えていたわたし

7

小松征司さん

鈴木博子さん

升田憲次さん

54

9

●北京で出版する月刊総合雑誌
人民中国
People's China
1989 9
四月以来の北京の情勢　周文華
巻末フォト　陝西省南部の茶の里——煥古鎮

12

仏指舎利。高さ四・〇三センチ。法門寺の至宝とされてきた。

北京
天津
黄河
西安
扶風県

私はお釈迦さまの骨をなめました

陝西省考古学会秘書長
韓偉

世に仏弟子の数は多いが、仏祖の真身霊骨——お釈迦さまの、ほんものの遺骨を見ることのできた、しあわせな者は何人いるだろう？

釈迦入滅ののち、八カ国が仏舎利を求めたので、遺骨は八つに分けられ、それぞれに奉じて帰ったと伝えられるが、いまではもう、ありかが分からない。ところが、仏教徒ではない私が、この上ない幸運に恵まれ、ほんものの遺骨が発掘されて再び世に現れるところをこの目で見、その上、夢にも思わなかったが、現在の世界でただ一人の「仏骨をなめた」人間といわれるようになるとは。結縁というほかはない。

あっ！地下宮殿だ

仏舎利が出土したのは、法門寺で、西安の西一二〇キロの扶風県法門鎮にある古刹だ。境内に十三重の磚塔があるが、一九八一年、八月二十一日の午後、大音響とともに崩れて半分になってしまった。陝西省は一九八六年に塔の再建を決定した。私たちが塔の基礎部分を整理しているとき、くわの先にカチンと石が当たった。はっとして、上の土をとりのけると大きな石の蓋だ。そこで移動させると、下はまっ暗なほら穴で、ひんやりした風が上がってきた。

懐中電灯を手にのぞきこんだ仲間が、あっと叫んだ。ただならぬ声に、そばにいた者が「どうしたんだ、なにかあるのか」ときくと、身を起こした仲間は、興奮でものがいえない。しばらくして、やっとひとこと「宮殿だ！」といった。

一躍有名になった法門寺の地下仏殿は、こうして発見された。仏舎利は、この奥深くに大切に保存されていたのだ。それは、一九八六年の四月二日だった。

二日後、塔の基礎から真南の方角に入り口がみつかった。その後の調査で、何段か下りて石造りの門をくぐると地下道で、突き当たりが地下宮殿の門、そして中は前室、中室、後室に分かれ、入り口から後室まで、全長二一・一二メートル、総面積三一・四八平方メートルということが明らかになった。

四月九日、入り口から地下道の石門までの道を調査した。門をふさいでいる八つの巨石を移動させると厳重に錠を下ろした石門が現われた。石門が閉じられたのは唐の咸通十五年正月四日、西暦八七四年の一月二

19

法門寺全景。13層の塔が新しく建てられ、
前中央）や珍宝閣（奥左）などの建物が

特集
陝西省扶風県
巻頭カラーフォト参照
法門寺の秘宝

1989

这一年改革风高浪急。特辑《改革中的市民生活》对居高不下的物价表示了担忧（1 月号，见图 1）。新设栏目《年轻人》采访了摇滚旗手崔健，分析了他的作品《一无所有》何以引发共鸣（1 月号，见图 2）。《画家新作栏目》推出了前卫艺术家吕胜中的民族性、装饰性极强的充满寓意的作品（1 月号，见图 3）。

专题报道《鬼才吴天明与西安电影制片厂》介绍了西安电影制片厂的改革与突破（4 月号，见图 4）。《两家电影厂同时拍摄川岛芳子题材的电影》一文也引起关注与轰动（4 月号，见图 5），后来留给人们深刻印象的是导演何平在西安电影制片厂完成的《川岛芳子》。《再见！大同蒸汽机车制造厂》像是宣告一个时代落寞结束，引发蒸汽机车迷的叹息（5 月号，见图 6）。

1953 年创刊号上首次亮相的农村妇女模范申纪兰，为新中国成立 40 周年特辑写了《与深爱的大地同在》一文（10 月号，见图 7）。日本专家村山孚在他的专栏《了解中国的钥匙》中以《这样走过二十世纪》为题介绍了康大川鲜为人知的波澜壮阔的人生与心路历程（10 月号，见图 8）。座谈会“在中国大地上发出青春的光热”，由几位活跃在中国的日本青年海外协力队队员畅谈他们在中国工作生活的感受（5 月号，见图 9）。

《中国新旅行时代》栏目推出《手绘丝路景点导游》，受到读者欢迎（1 月号，见图 10）。“法门寺秘宝”特辑中，陕西省考古学会秘书长韩伟的撰文《我舔舐了释迦牟尼的指骨舍利》，算是最早的“标题党”题目了（12 月号，见图 12）。这一年的封面调整为女青年主题，令全年充满扑面而来的青春气息（9 月号，见图 12）。

中国を知るカギ⑨ 個人史

二十世紀をこう歩いてきた（上）

●村山 孚（本誌顧問）

お互いさまだが、よその国を理解するのはむずかしいことだ。中国のこんどの騒ぎについても、いろいろな見方があるが、いずれにしてもそれは、中国には中国独自の長く曲折した道があるということ、近代化というものが大きな痛みを伴わざるを得ないことなどを、改めて教えてくれた。隣人としては、中国が改革と開放の一貫した方針によって、着実に（「一日も早く」というお世辞は言わないことにする。急ぎすぎると失敗する）近代化をなしとげ、物心両面で豊かな国になるよう期待しよう。

長い歴史を持った中国のことは、長い目で見なければわからない。この十月、中国は建国四十周年を迎えた。中国の今日を理解し、中国の明日を考えるためには、この「四十年」だけでなく、三千年の歴史……とまではいかないにしても、少なくとも今世紀の歩みを視野にいれる必要があろう。

中国人の人生は政治に直結している。どこの国であれ、政治と生活は切り離せないが、とくに中国は、政治の影響が強い。中国人のだれをとっても、その個人史のなかに国家の運命が深く刻みこまれている。わたしは七十歳の大台が見えてきた男だが、わたしたち世代の日本人は、多かれ少なかれ、軍国～敗戦～復興～経済成長～ひずみという日本の現代史と共に歩いた人生体験を持っている。だがしかし、同世代の中国人が紆余曲折の歴史とともに歩いてきた人生体験の深刻さに比べれば問題にならない。中国人の個人史は、中国を知る重要なカギである。

ここに、二十世紀のマラソンコースを走り抜いてきた、いや今も走りつづけている一人の中国人を紹介しよう。本誌の元編集長康さんである。かれは、対日関係の仕事に半生をささげ、数年前に第一線を引いた。この人物を選んだのは他意はない。日本とのかかわりが深く、わたしたちにも「なるほどあのとき……」と理解しやすいからである。以下は「わたしのことなんか」と渋っていたのを、ようやく納得させて聞き取った記録である。

日本脱出、中国大陸へ

康大川、もとの名は天順、かれは一九一五年五月、当時、日本の支配下にあった台湾の「新竹州苗栗郡」通霄という町で生まれた。台湾は「甲午戦争」（日本でいう日清戦争）の結果、日本に割譲され、もう二十年が経過していた。

康家の先祖は福建から移来してきたという。父は雑貨商を営み、男子六人、女子二人の子沢山であった。当時、台湾人の子供たちを入れる小学校は「公学校」といわれ、もっぱら「国語」（日本語のこと）による教育が行われた。かれは両親の配慮で、公学校のあいまに、塾で中国文の読み書きを学んだ。

わが少年時代、つまりは昭和初期なのだが、わたしの学んだ東京の小学校で探検家の講演があり、台湾は「〝皇民化〟がすすんで治安もよい蓬莱島だ」という話を聞いた記憶がある。今日、侵略といえば物理的暴力だけが語られているが、精神的暴力をともなう圧迫、たとえば「皇民化」という日本人の独りよがりの発想が、どれだけ相手の心に傷を与えたかということを再思三省する必要があろう。

康さんの記憶には、日本の当局が「官幣大社ナントカ神宮のお札」を各家庭に買わせ、台湾人が先祖の位牌を安置する場所の真ん中に貼るように強制したということが強く焼きついている。このナントカはおそらく天照大神などを祭神とする「台湾神社」のことだろう。子供心に「なんで日本人の先祖をうちの先祖より大事にしなければならないのだろう」と思ったそうだ。わたしの手許にある資料によると、日本は台湾各地に六十八の神社を設立し、台湾人にも参拝を強要している。

公学校三年のとき、体操の団体競技で一人の児童が失敗したところ、同じ台湾人の同級生が「チャンコロ」と罵った。台湾人教員の陳という先生は笛を吹いて競技を中止させ、全員を教室にもどし、涙を流しながら、それは日本人が中国人を軽蔑することばであり、中国人同士で口にすべきではないということを教えた。みんな泣いた。この思い出話をしながら、康さんの目は潤んでいた。陳先生は後に思想問題で一年近く牢屋に入れられ、出獄して大陸に渡ったという。

公学校を卒えて台南のある私立商業学校に入った康さんは、十五歳のとき東京に遊学し、神田の錦城中学を卒えて早稲田大学の商科に入る。

一九三七年七月、盧溝橋の銃声を機に日本軍による全面的侵略がはじまった。多くの中国人留学生が学業を放擲し、祖国に戻っていった。

康さんも大陸に赴き、祖国防衛の戦いに参加しようと決心した。郷里の父は三年前に死去していた。母のことが気がかりだったが、兄たちもいることだしと自分に言い聞かせた。後のことになるが、その母とは音信不通のまま、開放政策が緒についた一九七九年になって、彼女がすでに一九六四年に死去していたことを知った。

心には決めたが、決行は翌春まで待つことにした。「どうせ半年あまりで卒業だから、勉強するだけしなければ損だからな」とかれは当時を回想して笑う。それに、「台湾籍の日本帝国臣民」が大陸へ渡るのは厳しい制限とチェックがあったので準備は慎重を要した。

三八年三月、康さんは早大を卒業し、三十一日、横浜からカナダの客船で上海に渡った。大陸渡航の許可証を持っていないこの「臣民」は、横浜港で密航もどきのスリルを味わい、持ちまえの機転と運で難関をくぐりぬけたのだった。大陸へもどる中国人学生の男三人、女二人が仲間だった。三等船室の相客に日本人の慶大生がいて、『中央公論』を貸してくれた。なかに郭沫若の日本脱出記があった。この有名な文学者も官憲の目を逃れ戦列に参加するため帰国したのだ。「ひじょうに激励になった」と康さんは言った。

上海は、前年、中国軍が三カ月にわたって必死の抵抗をつづけたが、十一月、ついに陥落し、日本軍が闊歩していた。だが、西欧側の租界は太平洋戦争勃発まではまだ残っていて複雑な情勢だった。「日本の習慣で上海の銀座にもあたる南京路の横町で立小便をしてインド人警官にとっつかまったよ」と、かれは妙なことまで覚えている。

すでに南京も陥落しており、この方面から抗戦地区にはいることは難しい。そこで康さんは、上海から船で浙江省温州に渡った。ここまでは日本軍の手も及んでいない。

温州からは陸路を麗水～金華を経て同行した友人の故郷蘭渓に立

一九三七年、新宿駅東口地下のスナップ写真にて。

中国新旅行時代

シルクロード イラストガイド 7 新疆 カシガル

構成・え 魯忠民　ガイド 孫悟空

わたくし、姓は孫、名は悟空、人呼んでスーパー・モンキーと発します。

好評につき、カラーページに昇格！　読者のみなさまの暖かいご支持により、イラストガイドにカラーページが加わったのであります。うん、気分いいですナ。わたくし、もってガイド冥利に尽きるということで、絵師の魯忠民同志ともども、いっそうの御奉仕に、これつとめます！

カシガルは、パミール高原のふもと。シルクロードは、ここで西と南に分かれ、パミールの険を越えて、インドへ、西アジアへ、ヨーロッパへと向かいます。

師父のご著書「大唐西域記」には、「伽藍数百所、僧徒万余人」と記されました。中国の領土内では、仏教が最も早く入った地方のひとつなのです。今日のカシガルはイスラム色濃いウイグル族の街！

ベールで顔をおおった婦人。カシガル市内で。

人口20万、17の民族が仲よく住んでますが、74パーセントを占めるのは、新疆ウイグル自治区の代表民族・ウイグル族。宗教はイスラム教であること、もう、ご存知のはずですネ。ラマダン（断食月）明けの開斎節と、その少しあとの宰牲節（クルバン節）が、イスラム教の二大祭日。運よくこの祭日の日にめぐりあわせれば、市内のエイティガール広場を埋めて礼拝する万余のモスレムたちの敬虔な姿を見ることができます。そう、祭日に限りません。毎週の金曜日、同じエイティガール広場が、モスレムの男たちで埋まります。女性が一人もいない！　不思議な光景ですが、それは、イスラムのきまり。女たちは、自宅で礼拝するのです。

新疆のもっとも新疆らしい街、それが、カシガルです。

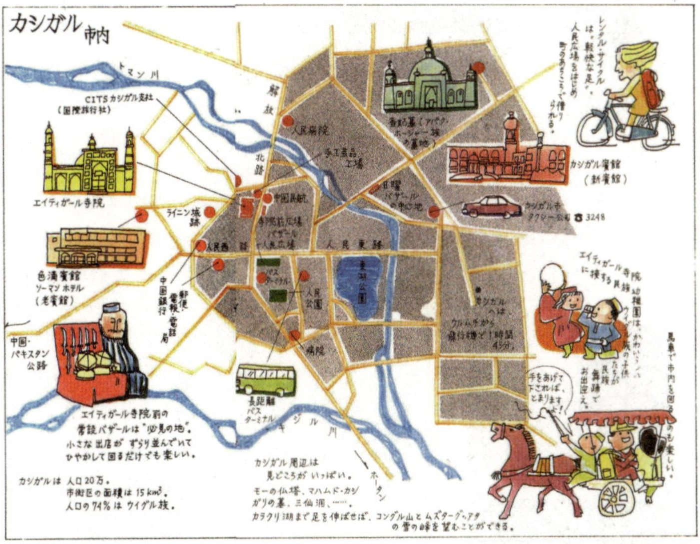

1990 人民中国

人間毛沢東

護衛長 李銀橋 いま語る

第一回

中国の革命と社会主義建設に果たした毛沢東の功績については多言を要しない。人びとの心に深く根ざした崇敬の念は、やがて彼を〝皇帝の地位〟にまでまつりあげた。野心家は、これ幸い、競って〝神格化〟を謀る。

こうして晩年の毛沢東は、〝神〟にもひとしい一種神秘的な存在にまでなってしまったのである。

実際はどうだったのか。死後、あのうわさ、このうわさが乱れとんだが、多くは憶測に近く、遠くその実際からはかけはなれていた。

〝素顔の毛沢東〟とは？

十五年にわたって毛沢東のそば近く仕えた護衛長・李銀橋が、その堅い口を開いた。

「銀橋。わたしとわたしの家庭のことは、たとえ天をだまし地をだますことはできても、おまえをだますことはできない」「正直に話すことだ。話す以上、あのこと、このこと、すべて事実どおりに話してくれ」

これが護衛長に対する毛沢東の委嘱だった。

「話しましょう。わたしは主席のおっしゃられた通り、事実を話すだけですが……」

時間のたつのはなんとはやいことか。主席が亡くなられて、もう十三年余になります。わたしにしても還暦をすぎる年になってしまった。仕事の第一線から退き、こうして穏やかな毎日をすごしています。時折、中南海を囲む紅い塀のほとりを歩くとき、塀の内側で主席とともに送った往事のことが思い出されてならない。主席の音容、主席の、あの人を包み込むような笑顔が思い出されてならないのです。

毛沢東主席は、その一生を中国人民の解放事業に捧げられた。晩年の誤りを指して、主席をひどく言う者がいますね。それは、あたっていない。瑕が美玉の光をくもらせることができますか。その証拠に、主席は人びとの心の中に、それも多くの人びとの心の中に生きつづけているのです。わたしにしてみれば、毛主席がわたしと家内との仲をとりもってくださった。今のささやかな幸せも、もとはといえば主席のお心あってのことなのです。

十五年間、わたしは主席に寄りそうようにして毎日毎日を送った。朝な夕な、主席を見てきました。

30

2

特集 にぎわう北京の副食品市場

重くなった市民の〝買い物かご〟

北京市内の国営野菜売り場。品数も豊富に。

一千万の人口を抱える北京。ここに住む市民の〝買い物かご〟の中味は？　市中心の国営副食品市場でも、静かな裏通りにある自由市場でも、野菜、肉、タマゴ、牛乳、魚なんでもある。〝買い物かご〟の中は実に豊富になった。価格も安定している。市場にははなやかなムードが……。

本特集では、この数年来の北京市の副食品生産、市場への供給、家庭の消費状況をさぐってみた。あわせて北京市民のさまざまな食習慣をご紹介する。

（巻頭カラーフォト参照）

19

中国新旅行時代

イラストガイド　広西　南国風情 ① 南寧

取材・構成　金田直次郎　え　劉倩

広西チワン族自治区歌舞団の踊り子　[illegible]さん

南寧市は、広西チワン族自治区の主都。「南国風情」をたずねて、南寧―柳州―桂林―陽朔とめぐります。チワン族をはじめ十二の民族が住む自治区は、西江を経て珠江の流れに合流するいくすじもの川が盆地をうるおす緑ゆたかな土地。地質時代には海の底だった地勢は、典型的なカルスト地形で知られます。ひとり「桂林山水」に限らず、自治区内には、奇峰や鍾乳洞が無数に散らばり、奇観絶景のかずかずをつくり出しているのです。

自治区のほぼ中央を走る交通幹線・湘桂線に沿って北上しますが、自治区の山間部には、まだまだ大自然が残されています。

まずは都市部から。開けゆく広西のまちの表情を見て回りましょう。

ビロウの並木、ハイビスカスの花。南寧市街。

天を衝くユーカリの木。空は抜けるように青い。

89

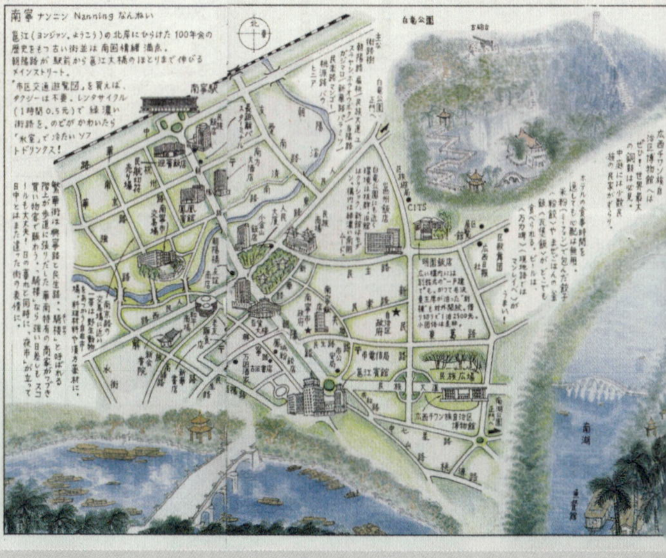

南寧 ナンニン Nanning なんねい
邕江（ヨンジャン、ようこう）の北岸にひらけた100年余の歴史をもつ古い街並は南国情緒満点。
朝陽路が駅前から邕江大橋のほとりまで伸びるメインストリート。
「市区交通游覧図」を買えば、タクシーは不要。レンタサイクル（1時間0.5元）で緑濃い街路を。のどがかわいたら「氷室」で冷たいソフトドリンクス！
南寧駅

中国新旅行時代

市内37カ所で もりだくさんな展覧会

第11回アジア競技大会

★さまざまな展示会

大会期間中、さまざまな大型展示会が三十七カ所で開かれる。アジア人民の体育と芸術の成果を展示し、アジアの芸術家と中国各民族人民との団結、友情と理解を促進するのがその目的だ。

1 中国スポーツ展覧会　会場は中国体育博物館。古代から現代までの中国のスポーツ、各民族の民間スポーツおよび競技場・体育館の設備などを展示。

2 第二回中国スポーツ美術展覧会　会場は国際文化交流センター。スポーツをテーマとした一九八五年以降の美術作品を展示。

3 国際スポーツ切手展覧会　会場は中国革命博物館。サマランチIOC会長自身の提案で開催されるもの。同会長秘蔵の切手のほか、アジア各国・地域、ヨーロッパ、中国から三千フレームの珍しい作品が出品される。

4 アジアスポーツ写真展覧会　会場は国際文化交流センター。アジア各国・地域のスポーツの現状を展示する。

5 アジア少年児童スポーツ絵画展覧会　会場は国際文化交流センター。アジア各国・地域の六～十六歳の少年たちがスポーツをテーマに描いた絵画を展示。

6 中国スポーツ芸術写真展覧会　会場は国際文化交流センター。新中国建国以来の優れたスポーツ写真を展示。

7 国際スポーツ測定機器展示会　会場は中国国際展覧センター。主に体育科学測定器具、競技・訓練・健身用の器材およびスポーツ・ウェア、バッグ、スポーツドリンク、保健用品などを展示。

8 中国現代彫塑芸術展覧会　会場は中国人民革命軍事博物館。一九四九年以来の優秀作品と現代彫刻家の新作によって中国現代彫塑芸術の成果を展示する。

9 北京風景写真展覧会　会場は中国革命博物館。新しい装いを加えた首都の現在を紹介。

10 北京文物展　会場は首都博物館。同館が収蔵する殷・周代以来の青銅器、出土文物、玉器、明・清代の書画などを展示。

11 北京民俗展　会場は正陽門箭楼。明・清時代を主とする北京の民衆の生活習俗を紹介。

12 北京工芸美術展　会場は元の北京工芸美術博物館（沙灘後街三十号）。首都の工芸美術の傑作を展示。

留学情報

先生との楽しい語らい。もちろん中国語で。

「北に北大（ペイダー、北京大学）ありとせば、南には、われらが復旦（フーダン、復旦大学）」というのが上海の名門校・復旦大生の・口ぐせ・。

中国最大の工・商業都市を自他共に認める上海には誇り高い知識分子が少なくない。工・商業の現代化はわれらの手で、とのスローガンの下、復旦をはじめ、同済、上海交通、華東師範、上海といった各大学の学生たちは、進取の意気も高らかに、学業および課外活動に励んでいるのだった。

キャンパスは上海市の北郊。一九〇五年の創立。「復旦公学」から、一九一七年、現在の「復旦大学」に。独特のカラーを持つ文理科系総合大学に発展した。

六つのカレッジ（学院）、二十三の学部、十八の研究所を擁し、学生は一万人近く。教授・副教授は七六〇名。「南には、われらが復旦」との自負は、当っていよう。

留学生の受け入れも早く、人数も年を追って増えている。一九八七年の五月には、「国際文化交流学院」が、独立したカレッジとして成立、留学生を対象にした教学の充実がはかられることに。

経験豊富な基礎漢語教師を主に、留学生の関心が高い学科の専門教師が、もっぱら留学生のために教鞭をとっている。三十余の国と地区から、毎年五百名に近い留学生を受け入れているが、日本人留学生が最も多く、常時、百名余。施設もゆきとどいている。

カリキュラム

「国際文化交流学院」の基礎漢語学科は、8ランクに分かれていて、自分の中国語の水準に合わせて、どのランクからも始めてもよい。1ランクを修了するのには、九週間を要する。第7ランクまで進んで修了試験にパスすれば、専門の学科に進むことが許されるというシステム。「学院」内には、漢語（中国語）、中国文学、中国歴史、中国経済、中国哲学、国際政治、中国法律、中国歌祝、中国旅遊地理の九学科が設けられている。

もちろん、「学院」外の専門学科に転入することも可。要は、講義を聞きとれるだけの中国語力があるかないか。

本科は四年。進修生は、一年ないし二年。普通進修生は日本の大学の二年生以上の学歴が要求される。高級進修生は、日本の大学で修士以上の学位を取るか、それに相当する学力を有するか。自分で研究テーマを提示し、最もふさわしい担当教師に就く。

研究生は、修士コースあるいは博士コースへ。どちらも三年制。

本科、修士・博士コースとも、論文にパスすれば、「卒

留学ホットラインQ&A

Q　ところで、いっさいがっさい含めて、年にどれほどの金がかかるのか。

A　北京語言学院を例にとると、学費は年に一五〇〇米ドル、二十万円強。宿舎が年に七三〇米ドル、十万円強。食費は一日一〇元あれば満腹、年に十万円といったところ。教科書代、諸雑費、修学旅行費用等を含めても、年に六十万円あれば、まず落ち着いて勉学に励めるだろう。

Q　学割はあるのか。

A　ある。さまざまな方面で、学生は社会的に優遇されている。一意専心、学業に励むように、との社会的な配慮からだ。

Q　そう言われても、昨今のインフレの波は、学生もかぶっているのではないだろうか。

A　あなたが高級ホテルのレストランや日本料理店で、しかも、しばしば食事をする、といった、学生にあるまじき行動に出るなら、それはインフレの波をかぶることにもなろう。「円」が強いからと言って、そうした行動がくりかえされると、当然、年に百万は、ゆうにかかる。

Q　つまり、学生である以上、清貧に甘んじろ、ということか。

A　もちろんだ。食っちゃ寝の生活で、学業が成就するなどと思うなら、それは、甘い！

最新中国

校名は毛沢東が揮毫。

国際文化交流学院を新設
復旦大学
THE FUDAN UNIVERSITY

業証書」および「学位証書」が授与される。

目下、多くは普通進修生。こちらには「進修証明書」が授与される。

「一九九一年四月から、本科に中国学を設けることで準備を進めている。中国を総合的に理解してもらうのがその目的だが、修了後、論文にパスすれば、卒業証書と学士学位が与えられることになろう」

蔡伝廉学院長は、こう記者に明かしてくれた。カリキュラムは、いよいよ豊富になることにも。

授業

本科留学生は、中国人学生と同じ。留学生だからといって、甘やかされる・ことはない。中国の学生と一緒に四年間のキャンパス・ライフを送るのだから、中国の若者を理解し、ひいては中国の将来を占うのに、これは最も・恵まれた・環境だとも言えよう。

一方、進修生は、一クラス十人ほどの精鋭制。男女一人ずつの教師が、きめ細かく指導にあたる。

授業は、すべて午前。土曜と日曜は休み、という・週休二日制・。進修生は、週に十から十六校時、授業に臨む。

「ちょっともの足りない感じもしますね。でも、その分、中国人の同学とおしゃべりしたり、中には、中国人同学から補習を受けている人がいたりで、みんな結構忙しく・学んで・ますよ」（細谷啓史クン、東京都立大学に在学中）

ともかく、留学生の質は高いと見た。昨年五月に開かれた上海テレビ局主催の「外国人漢語能力コンクール」のなんと上位五名（ベスト・ファイブ）は、すべて復旦の留学生が独占してしまったとか。和田愛子さんは、九月に入学したばかりで、「上海市大学・高校生歌唱コンクール」の、なんと三位に！「大海美」を、みごとなソプラノ（もちろん中国語）で歌ったのだった。

生活

カレッジ（国際文化交流学院）が、独立した生活空間になっていて便利。宿舎、食堂、サービスセンター、トレーニング室、ダンスホール、バレーやバスケットのコートもある。熱い湯が24時間供給されるので、シャワーも快く、・共同キッチン・では手製の・夜食・も。

55番バスに乗れば、上海港を見下ろす「外灘」へ。

「復旦は、すばらしいナって思いますよ。自由な雰囲気が好き。中国人の同学は、情熱的で、それにまじめ。とってもよくしてくれます。中国人としての伝統的な良さを持っているだけじゃなくて、やっぱり大学生でしょ、現代的な感覚とセンスがあるのよネ」とは山内広子さんの感想。

（本誌・王衆一）

DATA

復旦大学

漢語修得を目的にした基礎漢語科のほか、9学科が設けられた「国際文化交流学院」が、留学生受け入れの主体。

受け入れ対象／「分配学生」、学術交流による交換留学生、日本の各種団体による推薦学生、個人自費生」

学費／本科、普通進修とも年に…0米ドル。高級進修は、年に…0米ドル。

住所／中華人民共和国上海市邯鄲路220号　復旦大学国際文化交流学院。

郵便番号　200433

電話　483962（留学生部）

SPOT LIGHT

経済

北京最大の中日合資企業に「北京・松下」が正式に操業を開始

写真　喩恵如

北京市内では最大規模の中日合資企業「北京・松下カラーブラウン管有限公司」が、昨年十一月二十四日、正式に操業を開始した。テスト生産が始まったのは四カ月前の七月、正式操業までの間に七万個の二十一インチ・カラーブラウン管を生産し、国内の十五のテレビ受像機生産工場に提供した。きびしい製品チェック・システムを敷いているが、合格率は九六・五パーセント。生産管理にすぐれた優秀企業として注目されている。

中国の輸出向けテレビ受像機の〝アキレス腱〟だったカラーブラウン管が、はじめてアメリカの安全規準をパスしたのは、昨年十一月六日のこと。ほかでもなく「北京・松下」の製品が、この認定を得たのだった。公司では、西ドイツ、イギリスの安全規準にも挑戦、「北京・松下」の製品を海外に送り出そうと万全の構えだ。

「心ひとつに、国際競争を勝ち抜くため、ガンバロウ」が公司のスローガン。正式操業を祝うテープカットの晴れの場でも、蜂川親義総経理の音頭で、このスローガンが唱和された。できるだけ早い時期に部品の国産化を実現し、外貨バランスの正常化にも貢献したい、と公司の責任者は語っている。

写真右上は、北京市北郊に建設された「北京・松下」の工場。屋上に掲げられた大きな看板「BMCC」は、「北京・松下彩色顕像管有限公司」の英訳会社名の略称。敷地面積は一三・六万平方メートル、建築床面積は五・三万平方メートル。従業員は一三〇〇人。二本の生産ラインで年に一八一万個のブラウン管を生産する。合資経営期間は二十年。

十一月二十四日のテープカットには、中国側から田紀雲国務院副総理が、日本側からは松下俊彦松下電器産業株式会社最高顧問がそれぞれ臨み、中日経済協力の発展を共に祝った。写真がテープカットの瞬間。中央右が田紀雲副総理、左が松下俊彦最高顧問。

友好都市に――

南峰

河南省・南陽市と山形県・南陽市との友好都市締結調印式。中央右が李宝興、左が大竹俊博両市長。

「世界広しといえども、異なる国家に同じ名前の都市があるのは、唯一、我々南陽市だけでありましょう。ですから、我々二つの南陽市は、さらに友好関係を強化し、交流を密にしていかなければなりません」

これは、一九八五年六月、当時の日本国山形県南陽市市長・新山昌孝が、中国河南省南陽市の市長へあてた手紙の一節である。

一九八八年十月六日午前。中国南陽市の市庁ホールは喜びと和気あいあいの雰囲気にみちみちていた。中国の南陽市市長・李宝興と、わざわざ日本より代表団を率いてやって来た山形県の南陽市市長・大竹俊博がそれぞれ両国の南陽市を代表し、この場において友好都市締結の協定書にサインをしたからである。こうして、世界の友好都市史上でも極めて珍しい異国同名の友好都市が誕生した。

この〝誕生の過程〟には興味深い秘話が存在するので御紹介しよう。今を去ること二十三年前、すなわち一九六七年四月一日、山形県の赤湯町と宮内町は、間にある一部の村も含めて合併し、〝市〟となった。ところが、市の名称を決める段になると、なかなか両町の意見が一致しない。それでは、と当時の山形県知事・安孫子藤吉と山形大学学長兼博物館館長・平沢東憤は、大量の文献史料を調べた後、こんな提案をした。共に博学多才、人望も厚い史学者である。

「中国河南省の南西部にある古い歴史を誇る町・南陽市は、北に山脈、南に沃野、白河が町をめぐり、土地は肥沃で気候も温暖。わが誕生したての〝市〟と自然環境がきわめて似ている。だから、この新しい〝市〟の名称は〝南陽市〟としたらどうだろうか」とそろって提案したのだ。このアイディアはすぐさま市民全体の賛成を得た。こうして新しい町――南陽市は日本の山形県に誕生したのである。

日本の南陽市は北緯三十八度一分から十三分、東経百四十度五分から十四分に位置する。総面積は一六〇・一二平方キロ、人口四・七万。農業を主に、若干の工業をも合わせも

呂洪年

峨山郷村に残る清代の墓。シェー族の風俗を今に伝えてきた。

桐廬県の鉄砧村で村人の話を聞く鈴木満男（右1）、直江広治（右2）の両氏。左2は筆者

中日共同で「越」文化を調査 九州と交流した可能性も

中国のいろいろな民俗文化圏の中で、東中国海に面する浙江省は、呉越文化圏に属している。この地方は、海一つ隔てた日本との往来が昔から非常に盛んで、住民たちが話している呉方言は千四、五百年前の六朝時代に日本に伝わり、「呉音」として日本の代表的な三つの字音の一つとなった。

このたび、越文化について深い興味を持つ山口大学の鈴木満男教授、筑波大学の直江広治名誉教授らの日本民俗学者が、浙江大学の沈善洪学長、山東大学の金中教授ら中国の学者と共同で越系文化の調査を行ない、大きな成果をおさめた。

調査団に参加した一員として、わたしの見聞の一端を簡単に紹介しよう。

幸先のよいスタート

シェー族は、東南海岸のいくつかの省の山地に散らばって住む少数民族である。考証によると、彼らは古代南方の百越民族の中の山越族の後裔だという。現在この民族は三十八万人しかいないので、杭州市の七〇キロほど西南にある桐廬県にその村落があるのをきいた調査団は、大きな興味を抱いて彼らが住む峨山郷を訪れた。

山のくぼみにある鉄砧石村は、村の中に、鍛冶屋が鉄を打つときに使う鉄砧（作業台のこと、金敷ともいう）のような石があるので、この名がつけられたのだという。中日の学者はそれを聞いて珍しく思い、村に着くとすぐ鉄砧石を見に行った。日本の学者が石のまわりを回って詳しく観察しているうちに突然、鉄砧石の台座に神像を安置する場所があるのを見つけて、すぐカメラにおさめた。

土地の人に聞いてみると、もともとここに祭っていたのは五路神だった。しかしもう神像はないし、どのような職業を司ったのかも不明、村民もただ正月や節句に香をたいてお供えをする習わしがあるだけだという。

考証によると、五路神はもともと五経の一つ『礼記』の中の〝五祀〟の一つ、すなわち周の時代にまつった戸神、竈神、土神、門神、行神の中の行神である。古代は交通が不便で旅は辛かった。強風や大雨、野獣や追いはぎなどの恐れもあったから、人びとは外に出るとき、いつも神さまのお助けを祈った。だれもが

ハルビン外僑養老院に憩う日本婦人

中国に生きて

左から上田貞子さん、玉田芳子さん、亀井光子さん、林由子さん。

哈爾濱外僑養老院――中国に居留する、身寄りのない外国の老人を引き取ってめんどうを見ている。中国広しといえども、こういう養老院は他に例がない。

いま、この養老院には十五人の外国人のお年寄りが暮らしているが、そのうち四人が日本の婦人である。この人たちは、なぜここにいるのだろうか、ここではどのように暮らしているのだろうか。

快適な住み心地

ハルビン外僑養老院は、市の東南部、文景街にある。八〇〇平米あまりの二階建て、乳白色の外壁、屋根のついた高い門構えの典型的ロシア風建築である。前庭は緑の豊かな、静かでゆったりとした環境である。

この養老院は、もとはソ連の居留民が自費で始めたものだそうだ。一九五四年にソ連の人たちが大量に帰国したあと、話し合いの結果、中国政府に引き渡され、現在の名称になり、中国に住む各国の身寄りのない老人を引き取って世話をしている。三十年来、三十三カ国、千人あまりの老人が、ここで人生の最後の日々を送ったという。

私が訪ねようとする四人の日本婦人は、みな二階に住んでいる。亀井光子さん（72）と上田貞子さん（73）は、それぞれ中国人の夫とともに個室に、林由子さん（79）と玉田芳子さん（70）は、仲のよい朝鮮の婦人幾人かといっしょに大部屋に

ー、テーブル、戸棚など、家具はみんなそろっている。カラーテレビもある。窓ぎわには植木鉢も並んでいる。いまの中国の経済や生活の現状から見て、これほど快適な養老院はめったに見られないだろう。

それぞれの苦しみが……

「みなさんは、どういうことで中国へ来られたのですか」

この問いかけが、お年寄りたちを昔のつらい思い出に誘うことになった。

亀井光子さんの場合。小柄だがしゃきっとしている。新潟県の生まれ。八歳のときに母に死なれ、二十四歳で父を亡くした。一九四二年、二十五歳のとき、結婚十二日目に、夫について黒竜江省尚志県の帽児山開拓団に来た。

一九四五年五月、夫は兵隊にとられ、その後、どこへ行ったか分からなかった。三十年後に初めて知ったのだが、八月十五日に日本が無条件降服したあと、夫は日本に帰って別

特辑《热闹的北京副食市场市民的菜篮子沉起来了》宣告过热的经济得到初步遏制，市民的焦虑得到缓解（4 月号，见图 1）。毛泽东的卫士长李银桥的回忆文章《充满人格魅力的毛泽东》开始连载（1 月号，见图 2）。此时已经开始为迎接北京亚运会营造气氛，37 处展示会的跨页示意图出现在杂志版面上（9 月号，见图 3）。休假归来的金田直次郎带回了在南国采风为《中国新旅行时代》绘制的《广西风情》手绘导游图（3 月号，见图 4）。新栏目《最新中国留学信息》是笔者首次独立操作的选题（4 月号，见图 5），这个栏目与当时日本留学生来华热形成互动，别致的形式与实用信息得到学校和读者的欢迎。

留学生来华热的背景与中日各领域合作的深化密不可分。《北京最大中日合资企业——北京松下正式启动》表明日本依然看好中国市场（3 月号，见图 6），投资力度有增无减；《中日两国南阳市结为友好城市》（3 月号，见图 7）、《中日联合调查“越”文化不排除历史上与九州已有交流》（12 月号，见图 8）等报道表明地方交流在继续扩大。

《我们的故乡是中国》展现了生活在哈尔滨外侨养老院的日本老年妇女对中国的感恩之情（4 月号，见图 9）；《〈人民中国〉大阪读书会举办活动累计两百次》是东京特派员李惠春亲赴大阪发回的报道，印证了人员交往与联系的纽带意义（5 月号，见图 10）。

当年一位略含羞涩的女孩王丹丹登上《人民中国》的封面，如今的她早已成为《人民中国》的骨干美编之一（4 月号，见图 11）。

200回を迎えた
大阪『人民中国』読書会

大阪『人民中国』読書会のメンバーがそろって

大阪『人民中国』読書会がことしの一月二十八日、二百回目の会合を開きました。

れば一家団らんの喜びに浸っているだろうにと、単身赴任のわびしさがこみあげてきましたが、大阪駅で出迎えて下さった読書会の会長・勝田弘さん、それに楠本光子さんと関西朋友会会長の原田親雄さんご夫妻の顔を見たとたん、そんな思いは消し飛びました。

大阪『人民中国』読書会は一九七三年六月に成立されたものです。当時、『人民中国』創刊二十周年と『北京周報』創刊十周年を記念する中国外文出版訪日代表団を迎えた大阪府日中友好協会が学習会を提案しました。この読書会には、代表団の団員で当時『人民中国』の責任者の一人だった包慧さんが出席しました。勝田さんも参加したお一人で、以来、月に一回の会合をつづけ、二百回目を迎えることになったわけです。

不思議なめぐりあわせと申しましょうか、百回目読書会のとき、留学で日本にいあわせたわたしはご好意にあまえて出席させていただきました。そして、八年後の二百回目もま

か、初めてお目にかかる六十数人もの方が見えておりました。勝田さんが開会のあいさつをされたあと、今年一月号をめぐって、みなさんの熱心な発言がつづきました。

「遅配があまりにもひどい。一月号は昨日（一月二十七日）やっと届いた。これでは新しい読者を拡大できないな」

「新連載『人間毛沢東』はなかなかいい企画だ。毛沢東はあまりにも偉大だが、やはり人間だということがよくわかった」

「中国文化のルーツ・『走馬灯』や博物館めぐり・『陝西省秦始皇兵馬俑博物館』はおもしろかった。とくに二千年前の秦代にクロム化処理でさびを防ぐ技術があったというのは驚きだった」

「中国だよりは地味だけれど、時々貴重な情報がある。『貴重な鉱物資源十四種埋蔵量は世界第一』というのを見て、資源のない日本と中国の関係を改めて考えさせられた」

「日本はいま"マドンナブーム"と

82

10

11

第五章

1991—2000年 走向成熟并面临新挑战的时期[1]

1《人民中国》走向全面成熟，但人才流失、观念创新停滞等新的挑战也形成新的困扰。20世纪最后10年，中日关系不断深化调整，经贸合作与人文交流持续深入，但新的问题也不断出现，在发展中孕育着新的转机。

第一节 1991—1993年度点评

文・李順然　え・于叔方

人・文字・暮らし

第二話 羊年談羊

羊年談羊——「ひつじ年にちなんで羊を語る」、これが今月のタイトルです。本誌一月号の「食べもの、飲みもの」欄にも似たようなタイトルがあったのを覚えている方もおられることでしょう。わたしのこの雑文は、あそこからヒントを得たもので、姉妹篇とでも思って読んでいただければと願っています。

今年は十二支のひつじ年、羊という字（象形文字カット参照）の下に「大」と書くと「美」という字になりますが、まず今年が中国にとっても、日本にとっても美しい年であるよう願っています。

ところで、この「美」という字の解字をめぐって、ちょっとした「論争」がおきています。これまでは紀元百年ごろに書かれたといわれる中国でもっとも古い漢字の解説書『説文解字』の解字、つまり「美」は「羊」に「大」の会意文字で、形のよい大きな羊をあらわすというのが、ほぼ定説になっていました。くだって清の乾隆年間（一七三五〜一七九五年）の学者段玉裁も「羊大なれば、すなわち肥美なり」とのべています。

ところが、この二千年近く定説とされてきた解字に異議をとなえる人がでてきたのです。甲骨文字をくわしく調べたところ、「美」という字は会意文字ではなく、象形文字だというのです。祭りの月に角をつけたままの獣の毛皮を頭から被って着飾った男の姿をあらわす象形文字だという説なのです。そういえば中国東北地方に住む少数民族オロチョン族は、角をつけたままの鹿の頭部の皮で帽子を作っているという話を聞いたことがあります。

大きな肥えた羊にしろ、角のついた礼服を着た男にしろ、美味、美容の差こそあれ美の範囲内のこと、素人のわたしの見るかぎりではどちらの主張にも道理があるようにも思えていたのですが……。

こうしたある日、わたしは北京の文物屋でたいへんな出土品にお目にかかりました。北京の東郊外平谷県で出土した商（紀元前一五五〇年ごろ〜紀元前一〇三〇年ごろ）の時代の三羊文銅罍（カット参照）です。饕餮（獣面）文様と浮彫りの羊頭を巧みに組み合わせて華麗な装飾をほどこした銅罍、つまり銅のさかだるです。この銅罍の羊頭の部分に釘付けにされてしまったのです。三千年も昔の北京での中原文化と北方遊牧文化の融合を具現しているこの羊頭を見ているわたしの脳には「羊」という文字の象形文字が浮かぶのでした。「羊」は象形文字だという確信のようなものを感じるのでした。そして「羊」が象形文字ならば「美」は象形文字ではなく会意文字だろう——わたしは銅罍の羊頭を見ればみるほどそう思えてならなくなるのでした。

甲骨に取り憑かれたる冬の夜

北京郊外で出土した銅罍の羊頭もさることながら、わたしの四十年近い北京での暮らしも「羊」プラス「大」の「美」という文字が会意文字だろうという実感をつのらせています。

甲骨文　金石文　篆書　楷書

104

1

おれっちのはなしもきいてくれ

特集 当代中国人

行きかう人びとの心のうちは……

「人同此心」（この気持ちはみな同じである）ということばがあります。人類はそれぞれ異なった国籍や肌色や言葉などを持っていながらも心は互いに通じあっています。

では、十一億の中国人はどのように生活しているのか、どんな理想を抱いているのか、その喜びや悩みは何だろう？清掃労働者、孝行息子、精神科医、盲学校教師、バーテン、定年退職者など、ごく普通の人に登場してもらって、普通の中国人の生活とそのホンネを収録しました。

19

が停泊可能な天然の不凍港である。

港近くのくねくねした山道を歩いていると、ちょっと生臭い潮風が顔をなでた。だが、北京の乾いたほこりっぽい気候に比べれば、ここの空気はすがすがしくて気持ちがいい。道沿いに自由市場があった。いろいろな海産物で一杯だ。イシモチ、タチウオ、マナガツオ、スズキ、ハマグリ、イタヤガイが有名で、中国八大漁場の一つに数えられている。山の斜面の緑濃い木々の中に、家々が軒をつらねて並んでいる。

案内の范君が、ふもとの古い建築物を指さして言った。

「あれが一九三〇年代にオランダ人が建てた鐘楼です。港の歴史を語る"証人"です」

楼は三階建て。てっぺん四面に時計がはめ込まれていて、その周囲に欄干がある。遠くから見ると、岸辺に停泊する巨大な客船のようだ。現在は連雲港駅の待合室、事務室として使われている。ここが、隴海鉄道の東の起点だ。

連雲港はわずか三十九戸の漁民が住む漁村だったが、一九三三年にオランダ人がここに港を造った。この地を最初に推せんしたのは、隴海鉄道の建設を引き受けたフランスとオランダの合弁会社の職員、ブレネというフランス人。一九一三年のことだ。その理由は、フランス、ベルギー、オランダなど植民地主義者にとって、中原地域の資源略奪に便利だったからである。その後、オランダ人は入札で今も残る一号、二号埠頭を建設した。

それから数十年。連雲港のバースは十五を数え、一万トン級以上のバースは四つ、年間呑吐量一五四〇万トンの中国八大港湾の一つまで成長した。現在、七十二カ国・地域の約百七十の港と貿易関係を持ち、八三年には日本の堺泉北港と友好関係を結び、大阪との間に定期航路も開設されている。

八〇年代に入って、西側約六千メートルの海岸線に廟嶺新港と墟溝新港の建設が始まった。廟嶺新港の一期工事はすでに完成し、石炭専門埠頭としてすでに利用されていた。また、二期工事である五つの雑貨専用埠頭と墟溝新港は建設中で、港は熱気に包まれている。港湾建設指揮部の劉佳有主任は、連雲港は将来百のバースを持つ、呑吐量五千万トン以上の大型港湾になると話してくれた。ユーラシア横断鉄道東の起点に"大陸橋"が建設されるわけで、計画が達成されれば、連雲港は"オリエントのロッテルダム"として世界的に名を知られることになるだろう。

"海州の二大石刻"

港の取材を終えたあと、そこから西南へ八キロのところにある市政府

オランダ人が建てた鐘楼

53

ユーラシア横断鉄道の旅

第1回

東の起点 連雲港

ドルジバ駅の間で、中ソ鉄道の軌道がつながれた。これによって、世界が注目する二番目の"ユーラシア大陸橋"が全線開通することになる。

同大陸橋は中国東部の連雲港を起点に、隴海鉄道（連雲港—蘭州）、蘭新鉄道（蘭州—アラ山口）を通ってドルジバ駅でソ連側の鉄道と接続し、終点はオランダのロッテルダム。中国、ソ連、ポーランド、ドイツなどを通過して、オランダまで全長一万八百キロにおよぶ。そのうち中国領内の鉄道距離は四千百キロ。江蘇、安徽、河南、陝西、甘粛、新疆の六省・自治区を通る。

この大陸橋を連雲港からアラ山口まで、本誌戴徳忠記者と沈進カメラマンが取材した。途中駅で見聞した面白い体験を十二回にわたってご紹介する。

オランダ人建設の港

私たちの「ユーラシア横断 鉄道の旅」は連雲港から始まった。金色に輝く美しい秋、簡単な荷物を持って、私は馮君といっしょに北京から徐州方面に向かう汽車に乗り込んだ。最初の目的地までは十時間ちょっとだ。

連雲港は江蘇省の北部にある。正確に言うと、北緯三四度四四分、東経一一九度二七分。山と島に囲まれた風光明媚な港町だ。雲台山を背に、前には東西連島が広がる何隻もの船

……民委員会は、共働き家庭の子供のために幼稚園も経営している。

……時代の町の美容師たち

特集 変貌する大上海

浦東の開発が始まった

近年、上海には大小の住宅区が多数建設され、市民の住宅難は緩和に向かいつつある。

上海では、どこへ行っても浦東開発の話でもちきりだ。黄浦江の西岸でなら、ベッド一つでもがまんするが、東岸の浦東地区なんて、どんな広い家でもごめんだ、と昔よくいったことなど、もう誰もが忘れている。

開発を待つ宝の地

上海市内を流れる黄浦江は、上海を浦東と浦西に大きく分けている。

一八四二年、帝国主義諸国の砲艦が、中国の国門を破り、清朝政府に、不平等条約の第一号となった「南京条約」の調印を迫って、上海は強いられて国際商港となった。その後、百年余りのあいだ上海の建設は浦西に偏り、浦東は、いなかとみなされるようになった。

一九四九年、新中国成立後、浦東には千九百余の工場ができ、四十万人が就業している。石油化学、冶金、造船、建材、機械などの各工業が発展し、交通や公共施設、社会事業も基本的に整った。ただ、浦東の経済と社会生活は、高層ビルが林立し車の流れが絶えない浦西とは比べものにならない。

浦東は、長江にも面しているので地理的位置がすぐれている。広大な地域だし、潜在力は大きいので、上海にとっては、新開発のための宝の地なのだ。一九九〇年四月、李鵬総理は、浦東の開発と、浦東の開放を内外に宣言、上海の前進の歩みは東へ向かった。

新しい投資ポイント

浦東大道にある二階建てのオフィスビルで、新任の浦東開発弁公室主任の夏克強さんが筆者にいった。「いまの浦東は魅力に富む新しい投資ポイントになっています」

今年五月、上海杜邦（デュポン）農業化学が、浦東の外高橋で定礎式をした。浦東開発第一号の大型合資企業で、総投資額は二千五百万ドル、年産一〇〇トンの除草剤を生産する予定で、年内にテスト操業が始まるそうだ。

今年四月、日本の八百伴と上海財貿弁公室が、覚書きに調印し、双方が一億ドルを共同投資して、浦東新区の張楊路に、多くの機能をもつ総合的な大ショッピングセンターを作ることになった。

浦東の開発が始まって一年余りの間に、中外合弁経営、中外合作経営、外商独立経営の企業が、十年前の三十七から百三十五に増えた。協議の成立した各項目の投資総額は四億二千万ドル、そのうち外国からの投資が一億七千万ドルで四割を占めている。

目下協議中の項目が二百二十、すでに具体案を提出し許可されたものが九十項目になっている。アメリカ、イギリス、フランス、ドイツ、日本、カナダ、オーストラリア、タイ、シンガポール、香港、澳門、台湾などから投資の意向が約三十六億ドルあり、大部分は工業方面への投資だ。

この人と30分　聞き手 本誌副編集長 安淑渠　とき 1991年7月17日 ところ 長富宮飯店

訪中130回

小林 隆治さん 日中貿易の井戸掘り人

こばやし　りゅうじ
小林 隆治

1910年10月26日生まれ。1937年京都大学法学部卒業。1953年東工物産株式会社を設立、取締役に就任、1981年同社代表取締役社長に就任（現任）。1988年株式会社コーセンユニバーサル代表取締役社長に就任（現任）。なお、日中石油輸入協議会副会長、日中経済協会常任理事、日本国際貿易促進協会常任理事、日中東北開発協会常任理事などを兼任。

安副編集長「ほんとうに、社長は中国の建設に貢献された方ですね」

――今回は、小林社長の訪中百三十回ということで、七月九日、中日友好協会の孫平化会長が人民大会堂で記念の宴を催しまして、私も参りましたが、あの晩はほんとうに和気あいあいで、盛りあがっていましたね。

小林　来年は日中国交回復二十周年になりますね。まあそういう時期に中日貿易関係の先達雷任民先生はじめ、元老の方々にお目にかかれて、それがわたしの今回一つの目的だったものですから、大へんに感激いたしました。

中日貿易関係の先達の方々が非常にお元気で嬉しかったですよ。

――老朋友の方々ばかりでしたね。

小林　ええ、もう、なつかしい方ばかりで。雷任民先生は新中国ができて、はじめての貿易代表団の団長として、一九五五年に日本にこられましてね。孫平化さんがそのときの副秘書長で、まあ、それ以来のお付き合いでございましてね。三十六年になります。

それから、当時、新しいプラントの導入を担当しておられた張有實さん（科学技術委員会副主任）、中国技術進出口総公司の総経理の崔群さんたちとは一緒に苦労してきたようなもので。そのころは大型のプラントの中国輸出にはいろんな困難があったのですよ。非常にまあ、仕事のうえでも、また個人的にも親しくお付き合いしてきた方方です。皆さん、お元気で、非常に嬉しかったですよ。

――社長は一九五五年に初の訪中をされたとうかがっていますが、それ以来、今度が百三十回というわけですね。

小林　そう、そうです。

――社長はいま八十歳のご高齢で、しかも第一線でご活躍で、敬服しております。五〇年代といえば、そのころは、まあ「中国敵視」「中国封じ込め」の時代ですね。ああいう時代に日中貿易を目指されたというのは？

小林　そうですね。当時、私は工業繊維という会社におりましてね。そのときの社長が川瀬一貫でね。後の東工物産の社長ですが、この川瀬氏、私、それに社会党代議士になった帆足計氏とわれわれは戦時中から非常に仲が良かったもんですから、たまたま帆足氏はモスクワで開かれる国際経済会議に出席し、そこで雷任民氏にお会いして、それから中国に入るということに相成りましてね。で、これに多少の金がかかるもんだから、われわれがそれを用立てして。

それで、帆足計、高良とみ、宮腰喜助の三氏が、まあ、日本人として戦後はじめて北京入りをしました。中国側も、その時に中国国際貿易促進委員会ができましたね。たしか一九五二年ですね。

――そうです。中国国際貿易促進委員会が成立したのが一九五二年五月十二日で、その翌日にはじめて三人の日本のお客様を迎えたわけです。

小林　そう、そこで第一次民間貿易協定が成立しまして、具体的な貿易活動に入るわけです。ところがですね、金門、馬祖の緊張がありましてね、なかなか船が出せない。というようなことで、貿易の実行が困難で。ところが、翌年の一九五三年七月、朝鮮の停戦協定が成立しましてね、実質上朝鮮戦争が終わったという段階にきて、そこで、第二次日中貿易協定の締結ということで、日本から大規模な交渉団が派遣されることになりました。自由党の池田正之輔さんが団長で、帆足さんが副団長でした。団が北京に出かけるという段階で、今度は相当大きな契約ができる可能性があると。したがってね、従来みたいなことではまずいので、日中の仕事をやる専門の商社をつくるべきだという帆足さんからの提案がありましてね。それで、経団連のなかのですな、新中国派といいますかな、うちの川瀬一貫、それから、東京電力の会長をしておられた菅礼之助、それに古河グループの代表で、上島清蔵といった方が発起人になりまして、東工物産をつくったのです。皆さんまあ、歳もいってるし、それから、内外の超一流の人たちなもんですから、あまりおおっぴらに日中友好、日中貿易を推進するわけには行かん。で、わたしが東工物産の実質的にひきうけまして、それで出発したわけです。いらい、川瀬氏と私とがまあ二人三脚で、川瀬氏は一九八一年に亡くなられたんですけれどもね。それまで、川瀬、小林ということで東工物産をやってきました。う余曲折はありますけれども。まあ、国交回復の前と後とではずいぶん、模様は変わって参りましたけれどもね。

当時官庁にお百度を踏んだのは六十回、帆足計さんが靴代をよこせと…

――そうですね。中国との長年の貿易を通じて、苦しみも、楽しみも多かったと思います。社長の一番印象的なことはなんでしょうか。

小林　さて、これまた数が多くて。一番といわれるとなかなか、取り上げにくいのですけれども。私はこの日中の仕事のなかでですね、友好運動にしろ、貿易活動にしろ、業界のベースでの代表団とか、そういう形の仕事よりも、具体的な取引の成果ですな。これで中国の社会主義建設に貢献できるということが一番大事なことだという考え方をもっていましたから、そういう面で、もっぱら実際に具体的に中国が要求されるものであるとか、技術であるとか、そういうものにご協力できることを第一にしてきましてね。

一番最初の出発点は先ほど申し上げました帆足さんが第二次貿易協定で、十五億くらいの契約を結んでこられまして、当時の金としては大きいですよ。これの実行がまあ、最初であって、それはね、日中間の具体的な貿易契約としてね、第二号ですわ。第一号はその前の年かな、契約されたようですが、実行されなかったわけですから、具体的に実行された契約としては、私の方が第一番目だと思います。その中で最も私として、今になって思い出深いのは、硫安が五千トン契約されたことです。これは当時の中国として、化学肥料の輸入が非常に大きな課題であったわけですね。ところが、大陸中国に肥料を出すと、台湾のほうから買付けをストップするという、おどかしがありましてね。日本政府はビクビクして、なかなか許可しない。それこそ帆足さんと私とで、官庁にですね、いまでも覚えてますが、お百度を踏んだのは六十回ですわ。なかなか頑としてですね、壁が破れないのでね、帆足さんが靴代をよこせといったぐらいですよ。それでやっとこすっとこ、契約できたのが一九五三年の十月三十日で、出しましたのは翌年の四月でございます。裏日本の伏木港から五千トンの化学肥料を積んで、その船が出たという第一報を聞いたときには、目まいがしましてね、入院したんです。

それまでほんとうに張り詰めて肥料輸出をなんとかして実現したいとね、これが成功したことに対して中国の進出口公司からですね、大へんな感謝状を頂きました。

――それが東工物産にとって最初の取引だったわけですね。

小林　それが皮きりの貿易ですね。それが肥料の口切りにな

中日友好協会副会長

林林さん　漢俳の創作に情熱

黄秀芳記者「漢俳は日本の俳句を移植した新しい花ですね」

——本日はありがとうございます。よろしくお願いいたします。お体の方はいかがですか？

林　ありがとう、とても元気です。本を読んだり、ラジオを聞いたり、家内の手伝いもやってます。頭ははっきりしてますし、道もちゃんと歩けますよ。

——この数年、先生のお仕事がちょっと少なくなったようですけど、私は御作をいつも拝見しておりまして、とくに漢俳は、日本の俳句を中国に移植した一輪の新しい花だと思っております。

林　いやいや、それはほめすぎです。漢俳を作り始めたのはまだそんなに古い話じゃなくて、日本の俳人と交流してぼつぼつ試作するようになったという程度でね。

五月俳人来　北海楼頭薄酒会　談詩真快哉

——先生はお若いころ日本に留学して日本文化を広く研究された方ですから、日本の定型詩のこともよくご存じなんでしょう。

林　そう、私が早稲田大学に入ったのが一九三三年のことですね。授業のあと、日本語を自習したり、翻訳を勉強したり、たまには街もぶらつきました。よく覚えていますが、下宿の近くに「ハイネ」とか「ゲーテ」とかいう喫茶店がありました。私はとくにハイネの詩が好きでね、あのころの日々はいま思い返してもほんとに楽しい。それから友達の紹介で「中国左翼作家連盟・東京分盟」に参加し、郭沫若さんのもとで雑誌を作って、文学運動を始めました。日本に三年もいて、詩もたいへん好きだったんですが、残念ながら日本語の力が足りなかったので、短歌や俳句にまでは手が回らなかった。それからどんどん時間だけ経ってしまって、この年でようやく俳句の勉強を始めたわけですが、絶好の時期はもう過ぎ去っていましたね。（笑い）

——それはご謙遜というものです。先生が長い間中日の文化交流に大きく貢献されてきたことは、多くの者がよく存じております。それで、先生が漢俳を始められたきっかけはどんなことだったのでしょうか。

林　一九八〇年五月、私たち中日友好協会は大野林火先生を団長とする日本俳人協会訪中団を初めてお迎えしたんですが、そのとき芭蕉、蕪村、子規などの句集を頂戴しまして、それからのことですよ。

俳句は日本文学史上に重要な位置を占めていて、今でも広く人びとに愛されているばかりか、国際詩壇にも大きな影響力をもっています。一九八三年、私はアイルランドを訪問して、街で「TOYOTA」の広告を見かけましたが、その後に開かれた作家懇談会でなんと「HAIKU」を作っている人に会いましてね、しかもそのHAIKUが十九世紀の初めに渡来してきている、というんです。イヤ、驚いた、HAIKUはTOYOTAよりずっとスピードが速かったんだ、と日本の友人に冗談を言ったらみんな大笑いしましたよ。まあ俳句のむずかしさはよく承知していますが、いつも一生けんめいに励んで、いつも苦吟しています。一九八〇年にいただいた句集を翻訳して一九八三年に「日本古典俳句選」という本を出し、一九八八年にも「日本近代五人俳句選」という翻訳を出版しました。

——先生は俳句の翻訳のほかに漢俳も創作しておられるわけですが、その漢俳を初めて正式に作られたのが、いまおっしゃった一九八〇年五月、先生と趙樸初先生が日本俳人協会をお迎えしたときだったと聞きましたが……

林　そうです。あのとき両国の詩人が一堂に会したというので詩情横溢、すばらしい雰囲気が盛り上がったんですね。それに感激して趙先生が中国語で五、七、五の十七音節の詩をよまれた——

「緑蔭今雨来　山花枝接海花開　和風起漢俳」（緑蔭に今雨＝新しい友＝がやって来た、山花の枝が海花に接いで開いた、和風が漢俳を起こした——来、開、俳と韻を踏んでいる）

私も「迎俳人」というのを作りましたが、その中の一句はこういうものでした。

「五月俳人来　北海楼頭薄酒会　談詩真快哉」（五月に俳人が来て、北海公園の楼でささやかな宴を催し、詩を談じて実に楽しい）。これが最初の漢俳で、それこそ即興の、急ごしらえのものだったわけですが、この新形式の詩がどんな影響をもたらすのか、まだそこまで詳しく考えたことはないんです。

——でもそのとき漢俳が呱々の声をあげたわけですから、まさに歴史的記念日ということになりますね。

林　で、そのあくる一九八一年の初めに雑誌「詩刊」と「人民日報」が、詩人の袁鷹さん、公木さん、陳大遠さん、それに私、などが作った漢俳を発表してくれまして、これで漢俳の幼い苗木が初めてお天道さまの光を浴び、中国の文壇に影響し、日本の文化界からも注目されるようになってゆくんです。

春意何其多　騎自行車還拍拖　沿街唱恋歌

——漢俳は中日両国の文化が共同で育てた花だということですね。では、漢俳は俳句とどう違うんでしょうか？

林　俳句は日本人が創造した、世界で最も短い定型詩で、十七音節であることと季語が要求されます。漢俳というのは、すなわち漢語（中国語）で作った俳句のことで、形式的には俳句の約束に従っています。しかし、日本語は多音節語で、一音節では意味を成さない場合が多いのに対し、中国語は単音節語で、その十七音節はつまり十七個の漢字ですから、内容も日本の俳句よりずっと多くのものが含まれるわけです。そのため十七字を三行に分けて、三行詩という形式になってきます。

——季語の使用についても、いろんな意見があるとか……

林　季語は俳句を美しくする大切な要素ですから、漢俳でもできるだけ使うべきです。しかし、言い訳になりますが、季語にこだわるあまり、情緒や趣がおろそかになることがあるとしたら、どうでしょうか？　実際、日本の有名な俳人、例えば一茶の「米まくも罪ぞよ鶏がけあふぞよ」という句でも、季語を使っていませんね。それからヨーロッパやアメリカで作った俳句も季語を使わないものが多い。これは民族の習慣や文化的伝統から来た違いでしょう。それに、社会的生活を題材にすれば、どうしても季語の使用は難しくなる。ですから、季語の有無については、日本の俳壇でも以前から論争があります。要するに、漢俳も俳句の音節と季語という二つの約束を守ってはいますが、その中に自由を求めているということですね。

——その辺は融通無碍というわけですね。ところで山本健吉先生のお説によると、俳句はあいさつと滑稽と即興であるということなんですが、漢俳の特徴もそこにあるのでしょうか？

林　最初は日本の俳人と詩であいさつのやりとりなどをしていましたが、いつもそればかりでは飽きてきましてね、自然や風光、社会、歴史などに題材を広げて行きました。その一つが「白鷺」という句で、改革開放の時代に、危険を恐れ、進取の

林林さん「ハイネの詩は好きでしたが、俳句までは手が回らなかった……」

林（lín）林（lín）りん　りん

1910年、福建省詔安県生まれ。1933年、早稲田大学に留学。現在、中国日本文学研究会会長、中国郭沫若研究会会長、中日友好協会副会長、中国作家協会理事。第5～7期全国政治協商会議委員。著書に「扶桑雑記」「東瀛（とうえい）吟草」など。

——徳間康快さんに聞く

張丹

徳間康快さんは、中日両国映画交流のかけ橋役をつとめてきた方だ。一九七六年以来十五年間、熱心にこの事業のために寄与してこられた。

長い間のご苦労話をうかがいに、この五月、東京で徳間康快さんをおたずねした。

映画交流のきっかけ

徳間さんは十五年前のことを思い出してくれた。

一九七六年、鄧小平副総理（当時）が日本を訪問したとき、徳間さんは宴会の席で鄧小平氏に同行してきた廖承志中日友好協会会長に会った。お二人は早稲田大学の同窓生。廖会長は徳間さんに、両国の映画交流のためにひと肌ぬいでくれないかと相談をもちかけた。その要請に応じて、徳間さんは中国映画輸出入公司と協力して民間レベルの映画祭を催すことにしたのである。

一九七七年、第一回目の中国映画祭と日本映画祭がそれぞれ日本と中国で開かれた。そのときから徳間さんは、中国映画輸出入公司と密接な協力関係を結んでいる。

十五年という歳月が流れた。過ぎし日を振り返って、徳間さんは感慨深げだった。

「日本で行われる外国映画祭はアメリカ、フランス、ソ連などの映画大国をふくめ、数えきれないほどある。しかし十五年もの間、一度も欠かさず開かれた映画祭は、中国映画祭だけなんだよ。ほとんど奇跡に近いね」

友誼の種をまく映画祭

十五年来、中日両国の観衆は、年に一回の映画祭を通じて、相手国の歴史や文化、社会の動き、民俗習慣などを知りあうことができた。優れた映画の力だろう。毎年中国で行われる日本映画祭は、北京、上海、天津、広州、ウルムチ、蘭州、ホフホトなどの地で友誼の種をまいた。「君よ、憤怒の河を渉れ」「ああ、野麦峠」「愛と死」「遥かなる山の呼び声」「サンダカン八番娼館」「人間の証明」「絶唱」などの日本映画は、中国の観衆の間で人気を呼び、高倉健、栗原小巻、山口百恵などはだれでも知っている。

一方の日本では、中国映画は一から出発しなければならなかった。初めは紹介された映画が内容、形式とも限定されていたため、容易には日本の映画ファンに受け入れられなかったのである。のちに「舞台姉妹」「天雲山物語」「阿Q正伝」「駱駝の祥子」「牧馬人」など社会問題を真剣に取り上げた映画が相ついで上映されて始めて、日本のファンの中国映画に対するイメージが変わってきた。さらに一九八七年の「古井戸」が第二回東京国際映画祭で大賞に輝き、「茶館」「郷音」「黄色い大地」「盗馬賊」「芙蓉鎮」「紅いコーリャン」などが上映されるにつれ、しだいに深い印象を残すようになった。中国映画の動向に関心を持つ人やファンがだんだん多くなってきた。中国映画狂になった人も少なくない。この人たちは、どんなに遠くてもかならず中国映画祭が行われるところに足を運び、心ゆくまで眼福にあずかる。

中国で行われた日本映画祭開幕式の席上で、あいさつする徳間康快さん。

年一回の映画祭は、今では両国民の文化生活に欠かせない行事になっている。どこで映画祭が行われようと、いい作品は観衆に忘れがたい印象を残し、友好の種となって、大きな花を咲かせてきた。

広がる協力と交流の輪

たがいに映画祭を開くことでスタートした日中映画交流は、しだいに共同製作など新しい段階にまで進んだ。一九八二年、初の共同製作による「未完の対局」が完成し、中日両国で評判になったばかりか、カナダのモントリオール映画祭で大賞を獲得した。この映画のプロデューサーが徳間さん。それから両国映画界は協力して「天平の甍」「上海バンスキング」「空海」などを製作してきた。徳間グループの大映映像が中国映画輸出入公司と協力して、八八年に製作した「敦煌」は、まれにみる大ヒット作になった。八九年に共同製作した張芸謀監督による「菊豆」は、アカデミー賞の最優秀外国語映画の候補作にノミネートされた。

中国は多くのすぐれた映画人と無限の題材に恵まれているので、両国の映画協力の分野は広く、大いに将来性がある。日中共同だけではだめだ、アメリカ、ヨーロッパとも手を組んで世界一流の映画をつくらなければならない、と徳間さんの構想は大きい。

気宇広大な徳間さんは、はやくも国際市場に目を向けている。近いうち日本では中国映画の専門館がオープンするが、中国でも日本映画専門の映画館をつくり、両国映画交流の場としたい、と徳間さんは抱負を語った。ちなみに、映画交流に押される形で、ここ数年、中日のテレビ交流も長足の進展を見せている。

徳間さんは現在、東京国際映画祭の執行委員長をも務めている。東京国際映画祭を通じて、アジア映画全般のレベルアップを図り、アジア映画の国際地位を向上させたいと意気さかんだ。

中国映画人にとっても、東京映画祭は腕の見せ所である。公式コンペティション、若手監督、女流監督、アジア優秀映画の四部門に、いずれも中国映画が出品される。日本の観衆と各国の映画人はその折、集中的に中国映画の現状を知ることができる。委員長の徳間さんは、中国の映画界から審査委員を招いて、中国と外国の映画人が大いに交流する場にしたいと考えている。

中日初の合作映画「未完の対局」の一シーン。この作品はカナダのモントリオール世界映画祭でグランプリをとった。

三年計画に成算あり

今年は中日両国が映画祭を設けて十五周年、両国では盛大な記念行事が行われる予定である。これについて徳間さんは語る。

「中国映画祭をわれわれは非常に重視してきました。今年はなおのこと、この機会に全力をあげて宣伝し、中国映画を見てもらって日中友好を促進したいね。昔の映画祭は一つかせいぜい二つの都市でしかやらなかったが、今年は東京、大阪、名古屋、福岡でやるよ。映画館も小さかったんだが、今年は、東京国際映画祭で使う大きな映画館を、中国映画祭に充てている。映画祭は日本映画製作者連盟が協力してくれるほか、今度は外務省と国際交流基金の援助もとりつけた。政府と民間が共同主催するのは十五年以来初めてなんだ。東京では政府の代表が中国映画代表団と会見するでしょう」

今回の映画祭で上映される中国映画は「李蓮英」「女の物語」「街角の騎士」「おはよう北京」「双旗鎮刀客」「老店」の六作だという。

徳間さんのスケジュールには今年の映画祭だけでなく、来年、再来年のことまでも織りこみずみである。来年は中日国交正常化二十周年にあたって一連の文化交流が行われるが、映画もその重点項目の一つ。一九九三年は廖承志さん逝去十周年なので、日本ではその六月に日本語版「廖承志文集」を出版して、氏の両国友好への貢献を記念する。その際、徳間さんは北海道から九州にかけて、大規模な中国映画祭を催す計画である。三年先の計画まで成算ありという徳間さんは、中日映画交流の将来に自信満々とお見うけした。

中日合同座談会

司　会　『人民中国』編集部
ところ　北京大学臨湖軒　外人応接室

野村純一　日本国学院大学教授、日本民俗学会代表理事
伊藤清司　日本慶応大学名誉教授、日本杏林大学教授
神野善治　日本文化庁文化財保護部文化財調査官

葉大兵　浙江省民俗学会主席
鍾敬文　北京師範大学教授、中国民俗学会理事長、中国民間文芸家協会主席
段宝林　北京大学教授、中国民俗学会常務理事、中国故事学会副会長

張紫晨　北京師範大学教授、中国民俗学会副理事長兼秘書長
賈蕙萱　北京大学助教授、北京大学日本研究センター秘書長

民俗の異同と交流

——こんど日本の国際交流基金などのご援助で初の「中日民俗比較学術討論会」が北京大学で開かれ、約三十名の両国の専門家が日ごろのご研究の成果を発表されたわけですが、これを機会に本誌でもいろいろとお話をうかがいたいと思って、この座談会を催したような次第でございます。先生方には快くご出席いただきまして、本当にありがとうございました。ではさっそくですが、まず両国の民俗で共通しているところからお願いしましょうか。

共通点がいっぱい 農具、着物、たたみ、お膳…

鍾　中国と日本は一衣帯水の隣国で、二千年を超える交流の歴史を持っています。日本は古代に中国文化を取り入れ、中国の風習もたくさん日本に伝わったので、中国ではのちに変わってしまったにもかかわらず、日本ではもとのままで残っているものもあります。

神野　ある日本の農村で調査を行ったとき、私は昔から保存してきた農具を見たんですが、例えば唐箕、ぬかをふるいのける竹製の篩、穀物のくずを除く箕、土をかきならす鉄製のまぐわ、草をかき集める竹製の熊手など、中国から伝わってきたものがたくさんありました。

段　日本の着物はゆったりとしていますが、これは中国の古代の服装の特徴です。伝統的な日本式の家屋は靴を脱いで座敷に上がり、たたみに座りますが、これも中国の古代の風習です。今日の中国の北方の農家では、オンドルの上によしで編んだ敷物を敷いて、その上に座ってご飯を食べたり、世間話をしたり、お客さんをもてなしたり、読み書きをしたりしていますが、これが古代の面影でしょう。

鍾　日本人が食事のときに使う銘銘膳、あれも二千年も前の中国の古い習慣ですね。私がまだ若いころ読んだ本に、後漢の孟光が食膳を眉の高さにささげて夫の梁鴻に給仕したという話があった。か弱い女性があんなに大きくて重い八仙卓（正方形の卓、八人掛けができるのでこの名がある）をどうして持ち上げられたんだろうと、いくら考えてもわからなかったんですが、日本へ行ってみたら、すぐにわかった。孟光が持ったのは日本にあるこの銘銘膳のことだったんですね。

賈　中国も日本もお箸で食事をしますが、使い方のエチケットも同じです。例えば、箸で食器をたたいてはいけないとか、箸をお茶碗のへりにかけるのは、主人がお客を追い出す、あるいはお客が主人のケチに抗議するという意味になるとか、箸はご飯に差し込んではいけない、それは仏さまにお供えするときだけだとか——。

北京大学で開催された中日民俗比較学術討論会

46

47

8

北京空港で出発前に記念撮影する記者団の面々

潘岳さん。『中国青年報』副編集長・団長。

中国青年記者が見た日本

今年の二月二十八日から三月九日まで、中国青年記者訪日団は、日本各地を取材訪問しました。訪日団は日本外務省の招待をうけて、中国プレスセンターが組織したものです。新聞社、雑誌社十社から、それぞれ一人ずつの代表が参加しました。十日間という短い期間でしたが、若い記者たちが見たもの感じたことは、いろいろだったと思います。旅をしめくくるに当たって、みんなにざっくばらんなところを語ってもらいました。

者	
岳	団長　『中国青年報』副編集長
民	週刊誌『瞭望』副編集長
国	北京放送局記者
軍	『天津日報』カメラマン
英	月刊誌『中国婦女』記者
群	『経済日報』記者
旋	『人民日報』記者
楓	『衢州日報』記者
軍	月刊誌『海外文摘』記者
会	
一	本誌記者

王　あっという間の十日間でしたね。帰国がもう明日に迫りました。私たち十人の団員は皆三十五歳以下の若い記者なので、日本の読者も、中国の若い人の印象談をきいてみたいだろうと思います。ひとつ、肩の力を抜いて、見たまま感じたままを率直に語ってもらいましょう。

潘　日本に来たのは初めての人ばかりだから、まず第一印象から始めたらどう。

劉　ジャルで来ましたね。スチュワーデスはきれいなユニホームを何度も着替えたんですが、どうも外国に来たような気がしなかったな。顔立ちなんか中国人とほとんど同じだったからね。たぶんぼくが英語を勉強してきたせいで、外国人と言ったら、高い鼻と青い目を連想してしまうからだろうな。"日本通"のみなさんはどうでした。

平　夜の明りはすごかったね。飛

ね。あれにはびっくりした。天の川が下に見えるんだ。あとで夜の東京を歩いたら、どの建物にもネオンが輝いて、まぶしかったですよ。日本は省エネに力を入れてると聞いていたけど、"灯火管制"はどうも尻抜けだな。湾岸戦争が終わったばかりで、石油不足は心配しないでよくなったということかな。（笑い）

王　明りときいたら、谷崎潤一郎の『陰翳礼賛』を思い出しました。日本の伝統的な建築は、陰影を利用してせまい室内空間に奥深さをつくり出しているという内容だと覚えていますが、このような「陰影の美」は京都の二条城の古建築をみたときには感じましたが、街に出たら、オフィスビルも、商店も民家も、昼間明るいのはもちろん、夜も灯火が一斉に輝くんですね。日本人の美意識がいつごろからこんなに大きく変わったのか分かりません。

厳　どこへ行っても清潔だったのは忘れられないな。都市の街路は清掃してあって、いろんなごみはビニ

98

9

歴遊 三国志 12

赤壁古戦場はどこか

いよいよ赤壁だ。官渡の戦い、夷陵の戦いとならんで、三国の三大戦役の一つである赤壁の戦いは、弱いほうが強いほうに勝った例として有名な大戦で、史書にはもとよりだが文学作品に描かれた曲折に富む雄壮な場面は、いまなお感動的だ。

三国の赤壁はどこに

紀元二〇八年、曹操は二十余万の大軍を率いて江陵（湖北省）から長江ぞいに東へ下り、呉に進攻して一挙に南方の孫権と劉備を消滅しようとしていた。

このとき柴桑（江西省九江市の西南）に軍を擁していた孫権と、退いて樊口（湖北鄂州）を守っていた劉備は、それぞれ強敵に直面して、策を立てた。曹軍が遠征で疲れていることや、水上の戦いに慣れないこと、疫病が流行し、後方が不安定なことなど、諸葛亮孔明と周瑜の形勢分析にもとづいて、孫権と劉備は軍事同盟を結んで、連合軍を作って曹軍に当ることにした。

孫権は、水陸の精兵三万を周瑜に率いさせ、これに劉備の二万の軍が加わって、赤壁、烏林一帯で曹軍を迎え撃つことになった。

決戦の当日、孫権の部下の老将黄蓋が命を受けて曹操に偽りの投降をし、油や薪を満載した十数そうの船隊を率いて曹軍の本営に向かった。

曹操が気づいたときには、黄蓋の乗った大船も火の竜と化し、曹軍の水軍大本営は火の海になっていた。

これが、孫劉連合軍が、火攻めの計で曹軍を赤壁に破った物語だ。

この大戦の様子は『三国演義』に詳しく描かれているが、史書の赤壁の戦いに関する記載は簡単で、またあまり一致していない。赤壁古戦場の正確な地点は、後世の解釈がまちまちで、決めるのが難しい。

隋、唐以来、湖北省内の長江と漢水の流域に、五つの赤壁が出現している。蒲圻、黄州、武昌、漢陽、漢

蒲圻の赤壁は長江中流の南岸で、三国の赤壁古戦場とされている。

71

10

梅里雪山に慰霊碑
中日合同登山隊の遭難

登山隊の中国人隊員で通訳を兼ねていた王建華隊員が撮った第二キャンプ。王隊員も遭難した。

今年一月、中日合同登山隊十七人全員が、中国の雲南省と四川省の境界にある未踏峰、梅里雪山（メイリシュエシャン＝六七四〇メートル）で遭難し、中国登山史上、日本の海外登山史上、最大の惨事となったことは記憶に新しい。

梅里は聖なる山

この災難が発生するまでは、一般の人は横断山脈の中の梅里雪山についてほとんどなにも知らなかった。八〇〇〇メートル級の山が沢山ある中で、六七四〇メートルの山は全く目立たなかった。

だがこの山は山脈の中の未踏峰であり、天候や地形が複雑で、未知の魅力にあふれていた。崖の上では対岸と話ができても、対岸へ行こうとすれば半日もかかる切り立った岩壁が多い。八八四八メートルの世界最高峰チョモランマ（ヒマラヤ）登頂の時には、輸送用車両が五〇〇〇メートル地点まで行けたが、この山では二〇〇〇メートル地点までしか行けない。

人が立ち入らなかったためか、この山はずっとチベット族の人びとが神聖な山としてあがめてきた。毎年十二月になると、山のふもとで行なわれる「転山」という宗教行事に参加するため、隣接の各省から何万もの人が集まる。昔、パンチェン・ラマが、聖山の全容を見たいと思い、ふもとで経文を唱えて祈りながら、一碗の水を地上の雪にそそいだ。すると、頂上の霧が散り、陽光に照らされて気高く輝く、山の全容があらわれたという。山のふもとの徳欽県の県誌に、詳しい記載がある。また古来、聖山には登ってはならぬとされ、それを犯すと、山の天候が急変して罰を受けるともいい伝えられている。

だが、勇敢な山男たちは、そんなことを恐れはしない。

頂上へ二七〇メートルまでは順調に

中日合同梅里雪山登山隊は、中国登山協会の雲南登山協会と、日本の京都大学学士山岳会が組織したもので、中国側十八人と日本側十一人の、二十九人の隊だった。前々から二回の調査と一回の挑戦が行なわれ、主峰南側の二号尾根伝いにアタックするルートを見つけていた。

中国側の宋志義隊長（三九）は、

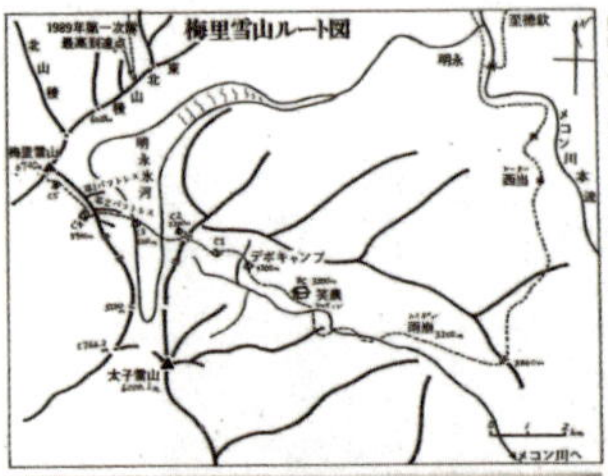

中国側救援隊による第一キャンプの発掘作業

中国で五人の勇将の一人にかぞえられ、チョモランマ、トムール、ネピュン、ナムナニに登頂し、豊かな経験を持っている。日本側の隊長井上治郎教授（四五）は、気象の専門家で、今回の気象データは教授が自ら調査収集したものだ。特殊な局地気候の梅里雪山に、著名な気象学者がいるのは、なによりも頼もしい。

昨年の十二月二十八日、中国人二人（宋志義、孫維琦）と、日本人三人（広瀬顕、近藤裕夫、船原尚武）のアタック隊が出発した。六四七〇メートル地点で、突然大雪になり、視界が悪くなったため、頂上まであと二七〇メートルだったが、第三キャンプ（五一〇〇メートル）に引きかえした。

その晩から雪が降りつづき、再度アタックの機会もないまま、一月三日の夜七時には、積雪はすでに一・二メートルに達していた。これが最後の交信になった。

翌日の朝、ベースキャンプ（三五〇〇メートル）で当番に当たっていた隊尚仁隊員は、起きるとすぐに第三キャンプに連絡をとったが応答がない。機器は正常で、故障はなかった。朝から晩まで呼びつづけたが、第三キャンプからの応答はなかった。

第三キャンプに集結していた十七人の隊員は、めいめいトランシーバーを持ち、高感度のアンテナも二つあるので、二十四時間応答がないのは、十七人の上に予想外のことが発生したことを意味した。

緊急救援

この状況が北京に報じられると、中国登山協会の史占春主席は、救援機の要請、救援隊の派遣、中国登山協会に二十四時間体制を敷くなど、ただちに救援措置をとった。報告を受けた中国政府と国家体育運動委員会も、救援に全力をつくすよう指示をした。

しかし、現地には地上の誘導がないので、軍用ヘリコプターでも難しく、偵察機を飛ばすほかなかった。

第一次救援隊は五日に北京を出発してベースキャンプに向かい、中国登山協会の最強力メンバーが全員出動した。いっぽうチベット登山隊が派遣した六人の救援隊も、ラサから梅里山区に向かった。

日本からは、救援隊が三回、計十七人が現地に着いた。

地元雲南省は、もとより多数の人

11

13

ココシリー地区の総合調査

青海チベット高原の秘境に科学のメス

——ココシリー地区は、青海チベット高原上の最大の無人区ですね。一九八〇年代の末に至ってもなお、謎に包まれていた。今回の総合科学調査で、はじめてその謎が明かされました。『人民中国』では、調査隊が提供してくださった珍しい写真を巻頭フォトとして二月号に掲載します。あわせて隊員のみなさんから調査の結果をお話いただければ、と考えた次第です。

張百平 温さんからですね。温さんは、わが調査隊の副隊長でいらっしゃいます。（笑い）

温景春 まいりましたね（笑い）。それ話の"呼び水"ということで、それ

19

温景春(54) 地質学者　李炳元(51) 地理学者　馮祚建(53) 動物学者　鄭祥身(43) 地質学者　郭柯(29) 植物学者　張百平(26) 地理学者

12

991

李顺然的新专栏《人、文字、生活》轻松、细腻、幽默，从许多人们熟视无睹的细节中提炼出中国人的文化特点。其夫人于叔方配的插图更使栏目清新可人（2月号，见图1）。轻松的特辑还有《当代中国人的气质》，讨论了改革大潮下中国人内在精神气质的新表现形态（6月号，见图2）。

改革向纵深发展。特辑《改变面貌的大上海》宣告了浦东开发的开始（12月号，见图3）；新连载《横贯亚欧大陆的铁路之旅》则是在亚欧大陆桥的理念下探讨铁路交通可能带来的机遇（10月号，见图4）。

安淑渠采访了中日贸易掘井人之一的小林隆治，被访者谈及当年开创事业的各种艰辛（11月号，见图5）；黄秀芳采访中日友协副会长林林，听他讲述了汉俳诞生的来龙去脉和热衷创作汉俳的故事（10月号，见图6）；中影公司《中国银幕》记者张丹的投稿《访德间康快：中日电影交流这十年》（10月号，见图7），披露了中日电影交流的幕后艰辛与喜人成果。都是见证现代中日交流史的宝贵证言。

《中日学者联合座谈会：对中日民俗异同的讨论》引发了对东亚文化特点的思考与关注（11月号，见图8）。而受日本外务省邀请到访日本的中国青年编辑记者访日代表团座谈的见闻则体现了年轻的一代媒体人对日本的观察及对中日关系的思考（7月号，见图9）。

《历游三国志》连载一年来深受三国迷的喜爱，为三国线路专题旅游准备了足够的话题（12月号，见图10）；中日联合登山队挑战梅里雪山失利，《梅里雪山下的安魂碑》一文详叙了这场悲剧的始末（6月号，见图11）。座谈会《青藏高原秘境可可西里科考》，由6位学者介绍了在可可西里无人区科学考察的最新进展与成果，引发读者关注（2月号，见图12）。

这一年封面照片的主题调整为少数民族女性，呈现出中国文化的地域多样性（7月号，见图13）。

1992 人民中国

SPOT LIGHT

ミュージカル

劇団四季が『李香蘭』を公演 北京を皮切りに長春、瀋陽、大連で

写真 郭実

劇団四季のミュージカル『李香蘭』が、四月十日から十五日まで、中日国交正常化二十周年記念行事の一環として北京の国際劇場で上演された。

中国文化部（省）の招へいを受けて訪中した劇団四季は、総勢百四名。四月五日に北京に到着し、約一カ月にわたる公演の準備に入った。

李香蘭の名と歌は、中国でもよく知られている。とくに蘇州夜曲は、数年前まではご法度だったが、いまではカラオケでも歌われるほど。また、国交二十周年ということもあって、日本の中国侵略をテーマにしたミュージカル上演を中国側も重視。こうしたことから、今回の公演が実現したもの。

四月八日午前、中共中央政治局の李瑞環常務委員が演出家の浅利慶太氏、団長の春日英照氏や主演たちと会見、激励の言葉を送っている。

「前の事を忘れることなく後の戒めとする。中日両国の人びと、とりわけ若者が過去のある時期の歴史を理解することは、両国の友好関係の強化と増進に大きな意義がある。中国での公演はきっと、大成功を収めるだろう」

四月十日夜の初日公演には、政府の指導者、芸術の専門家や学者、常駐の外国人や一般中国人など千人余りが訪れ、会場は熱気に包まれた。チケットの値段は、外国人の公演のなかでも高いほうだが、すべて売り切れという人気ぶりだ。

浅利慶太氏や、初めて中国の土を踏んだ若い出演者たちの関心は、このミュージカルが中国人の理解を得られるか、反応はどうかということだったが、歴史に忠実、臨場感がある、透明な歌声が印象的、テンポが軽快など観客の感想は一様に肯定的。

ミュージカル『李香蘭』は北京のあと、侵略戦争の大きな舞台となった東北地方の三大都市、長春、瀋陽、大連でも上演された。

39

2

い一九七〇年代から、無錫市はすでに日本のいくつかの都市の注目を浴びていた。

兵庫県明石市も、その一つで、民間人友好訪中団が何回も無錫を訪れ、この江南の町に親しみを深めていった。無錫市も明石市の友好的な態度に感動し、両市の間に友好都市締結の機運が高まった。

明石は瀬戸内海に、無錫は太湖に臨み、ともに山紫水明の自然に恵まれている。緯度も無錫が大体北緯三一度、明石が三四度で非常に近いし、経度は、明石の東経一三五度に対し無錫が一二〇度で、一五度の違い。つまり両市はそれぞれ、日本と中国の標準時となっている子午線上に位置しているわけだ。

両市の積極的な努力の結果、一九八一年八月二十九日、衣笠哲明石市長らの代表団が無錫を訪れ、馬健無錫市長と友好都市締結議定書に調印した。式には李泓競駐大阪副総領事、栗原俊夫日中友好協会全国本部理事長ら百四十名の来賓が出席し、明石と祝賀大会の会場は国際電話で

内陸都市相模原では、ちょっと縁遠い感があるが、それについてはこんなエピソードがある。

一九五七年、当時中国政府の農墾部長だった王震氏（現、国家副主席）の一行が、農業事情の視察のため相模原を訪れた。いま中国の農村で広く使われている耕耘用トラクターは、このときの縁で王震氏が日本から導入したものだ。

相模原市の方も、一九七七年から毎年、各界の代表者による訪中団が中国の主要都市を歴訪し、交流を深めていった。一九八一年、中国社会科学院の馬洪院長ら一行が相模原市を訪れ、舘盛静光市長と懇談したとき、無錫市出身の団員静保樹、藤蒋橋の両氏が、熱心に無錫訪問をすすめた。以来、両市の相互交流が回を重ね、一九八五年十月、相模原市で両市の市長が友好都市締結議定書に署名したのだった。

先駆者たちの功績

無錫市外事弁公室友好都市処の朱

43

日本からの借入金はどう使われているか

曹紅

秦皇島港の埠頭。コンベヤーの総延長は六五三三メートル。

北京－秦皇島鉄道は北京東郊で自動車道と交差する。この京秦線は第一次円借款によって行われた大プロジェクトの一つ。

買った買った、日本の西瓜だよ

「さあ、どうだ、日本の西瓜だよ、うまさ甘さは保証つきだ」

「買った買った、日本の西瓜、甘くなきゃ銭はお返しだ」

ここ二年来、夏になると北京の大通り裏通り、地下鉄の出入口、道ばたの木陰に姿を現す西瓜の露店商が、大声で客を呼ぶ殺し文句が「日本の西瓜」になってきた。

北京の庶民はむかしからなかなか味にうるさい。ところがこの皮が薄く、実がしゃりしゃりして、甘みが濃く、大きさが適当な「日本の西瓜」はかれらにすんなり受け入れられた。北京で大受けの「日本の西瓜」は今ではもう北京西瓜市場の顔役になってしまった。

実際のところ「日本の西瓜」とは露店商のキャッチフレーズで、ほんとうの名は「京欣一号」という。だが「日本の西瓜」と呼ばれる理由がまったくないわけではない。京欣一号は日本の専門家・森田欣一さんを中心とする中日の技術者たちが共同で研究し、育成に成功した新品種だからだ。中国側の合作者は北京野菜研究センターだった。そこで北京の「京」と、森田欣一さんの「欣」の一字を取って「京欣一号」と名付けたというわけだ。

北京野菜研究センターは設備も技術も第一級の全国に聞こえた野菜果物研究のメッカだ。同センターは日本から無償提供された資金で建てられた。北京市民の副食品を改善するため、一九八七年から、日本政府は北京に無償資金一〇・六七億円を提供し、このセンターを設立した。また、共同研究体制をつくるため、五年にわたって毎年一億円の研究経費を提供してきた。一九八八年、日本側から専門家が参加して共同研究体制が発足し、野菜の優性遺伝、品種の資源調査、良種の育成、種子の検査・検疫、バイオテクノロジー、栽培技術、収穫後の鮮度保持、養分品質の向上といった課題と取り組み、多くの成果を収めた。京欣一号はそ

45

4

特集　中日国交正常化20周年

岡崎嘉平太さんと周総理の友誼

中日友好協会副会長　王効賢

一九八四年の十月二十五日、中日覚書貿易事務所の相互開設と記者交換二十周年を記念するレセプションが、宋之光中国駐日大使の主催で開かれました。岡崎嘉平太さん、古井喜実さん、田川誠一さんたち、中国人民の「老朋友」の方々が夫人同伴で出席されました。このほか出席者の中には川崎秀二氏夫人の川崎三緒子さん、松村謙三さんの娘の小堀治子さんをはじめ、覚書貿易の参加者で組織している「覚友会」の多くの老朋友がいらっしゃいました。

宋大使のあいさつのあと、岡崎さんがすぐに長いお話をなさいました。その中の大半は、周恩来総理との友誼の思い出でした。

——一九七二年九月十二日、夜八時、私が家に帰るとすぐ電話が鳴りました。北京にいる金光貞治がかけてきたのです。金光は覚書貿易事務所のスタッフです。彼がいうのには、古井喜実さんがいま周総理と会談中です。周総理がそばにいる劉希文さんに、中日国交正常化のレセプションに岡崎先生に参加して頂かなくてはならないが、招待状をお出ししたかとたずねられ、まだだと分かると、すぐに金光から電話をさせなさい、国際電話の費用は自分が負担するからとおっしゃったのです……

岡崎さんの目に涙が光り、席上の皆さんはみな感動しました。

金光さんの電話から一週間後の九月二十日、招きに応じて岡崎さんが北京に着かれ、九月二十三日、岡崎さんの歓迎宴で周総理は、「飲水不忘掘井人」という中日友好関係の名言を、岡崎さんに対していわれたのです。二十年らい、多くの日本の方方は、よくこの言葉を引用して、周総理をしのんでいます。長期にわたる中日友好と中日国交正常化に貴い貢献をされ、生命を犠牲にすることも惜しまない岡崎さんや日本各界の友人を、周総理はきわめて高く評価し、中国人民がいつまでも老朋友を忘れないように教育されたわけです。

九月二十九日の中日国交正常化を祝う盛大なレセプションに、岡崎さんは貴賓として招かれ出席されましたが、両国政府間の行事に、異例の民間の功臣として出席されたわけです。席上、周総理はわざわざ岡崎さんのところに歩み寄って茅台酒で乾杯をされましたが、このことを、岡崎さんは誇るべき一段の経歴としておられました。

岡崎さんはつねづね、外国の政治家の中で、最も尊敬するのは周総理だとおっしゃっていました。文章の中にも、周総理は自分の「人生の師」とお書きになっています。

岡崎さんがはじめて周総理に会われたのは一九六二年の十月で、高碕達之助さんと共に訪中されたときです。当時、岡崎さんは新中国に対していろいろ疑惑をもっておられました。廖承志さんがある席で「あなたは色めがねで中国をごらんになっているわけではないので、どんな問題をお出しになってもかまいません」といわれたひとことで、岡崎さんの疑惑は消滅しました。それと、周総理の中日関係やアジア、国際情勢に対する透徹した分析と、周総理の個

中日友好協会副会長兼秘書長、王効賢さん。

22

5

特集　中日国交正常化20周年

周恩来さんの拍手

日中経済貿易センター会長
国際石油株式会社社長　木村一三

日中国交回復の前夜に当たる七〇年代に入った当時の国際情勢の特徴は、ベトナム戦争の泥沼化による軍事行動の挫折によって、否応なしにアメリカは、その対中国政策の大転換を決断せざるを得ない局面へと近づいていた時期であり、このためにアメリカの対中国接近の動きがひそかに胎動していた頃であった。このような状況のもと、中国首脳の国際情勢についての興味深い雑談交じりの発言のなかで、日本のアタマ越しに米中接近の兆候があることをひそかに感じていた私は、やがて沖縄返還を花道に退陣が予測されていたポスト佐藤の時期こそ一挙に日中復交を実現する絶妙のタイミングであると考え、澎湃たる日中関係打開の世論を背景に政府自民党の実力者と財界指導層への接触を精力的に一段と強めると共に、日本財界の最高指導者層を網羅した代表団の中国訪問を計画した。その後、さまざまな反対勢力の執拗な妨害もあったが、遂に予定通り東京、関西両財界代表団の訪中は相次いで実現し完全に成功を納めた。

慎重さを身上とし、政府の背後にあって最も影響力をもつ財界首脳が、時の政府の意向を事実上無視して敢然と身を以って訪中という政治行動に出たことは、まさに画期的であり政府の対中政策の転換と、それを支持する国内世論の形成に大きな影響を与えたことは言うまでもない。

かくして日中復交を公約した田中内閣の実現によって予定通りに歴史的な日中国交正常化が一挙に実現した次第です。

まさに感無量とはこの事で、一九七二年十月、私は中国側の招電に応じて訪中したが、日中正常化を慶祝する千名におよぶ賓客の瑞気溢れる大宴会が、周恩来総理主宰のもとで人民大会堂で開催され、藤山愛一郎氏が日中議員連盟を代表し、岡崎嘉平太氏が覚書貿易を代表し、私が民間貿易業界を代表して祝賀演説をするよう指名をうけたが、そのときの思い出としては、私は演説の中で「日中正常化実現に貢献された中国側の指導者毛主席と周総理をたたえ心から感謝の意を表明するとともに、日本の田中首相と大平外相に対してもその労苦をねぎらい謝意を表明」したその瞬間、真っ先に力づよく拍手されたのは演壇のすぐ下のメインテーブルに居られた周恩来総理であった。

筆者近影

このような中国の公式の大会場で日本人が日本人をたたえたことに対し、真っ先に周恩来総理の拍手を受けたことはまったく予想外の光栄なことであって、ここにも周総理の高邁な見識と気高い品性がうかがわれ

32

6

1

李鵬総理栄誉証書に輝く
原　正市さん
稲のため　中国のために

曾慶南記者「先生は中国でもう1000日以上働いていらっしゃるとうかがいました」

――はじめまして。ご帰国前のお忙しいところ、インタビューに応じてくださいまして、ほんとにありがとうございます。

原　『人民中国』雑誌社の記者の方にお会いできて、私もうれしいですよ。

――先生のご訪中はもう何回目になりますか。

原　二十三回目です。しかし私の訪中は、観光でも商売でもなくて、中国に奉仕するため、というのがほかの人と変わっている点でしょうね。

――先生が初めて中国に来られた時から計算すると、もう千日以上中国で働いていらっしゃるとうかがいました。

原　そうです。一九八二年四月から数えて、今日まで合わせて千百二十三日です。

――先生は五十年以上も水稲を研究されてきた、北海道の稲作技術の第一人者であり、水稲の畑苗移植栽培法の創始者でいらっしゃるわけですが、七十五歳のご高齢にもかかわらず中国で熱心にボランティア活動を続けてくださって、ほんとにありがたいと思います。

原　いやいや。私はただ稲と中国が大好きなだけですよ。

郷長さんが私の足を洗ってくれましてね
その感動がそもそものきっかけでした

――いったいどんなことから先生はこんなに長く中国で働かれることになったんですか。

原　話せば長くなりますね。私と稲とはもう長いつき合いですが、私が初めて中国の水稲を見たのは一九七九年の六月でした。そのとき私は、日中農業技術交流訪中団の一人として、遼寧省の鉄嶺という農村を訪ねたんですが、田んぼに行ってみると、雑草はないし苗もよく生長している。だが土壌から根や茎と、稲の生長ぶりをよく観察してみると、なんだか物足りない。で、いつものくせで靴と靴下を脱ぎ、ズボンの裾をまくって田んぼに飛び込んだんです。

――六月の東北はまだ寒かったでしょう。

原　そうです、水はまだほんとに冷たかった。それなのに私が田んぼに入ったもんだから、みんなびっくりしましてね、これぞプロだと言ってる人もいました。で、その田んぼなんですが、あぜに近い方はきれいに雑草一本もなかったのに、まん中あたりに行ってみたら、これがダメ、雑草が相当残ってた。

――うわべだけとりつくろっても、すぐボロが出ます。(笑い)

原　いや、私たちにもおぼえがありますよ。(大笑い)

とにかくそんなわけで、私は泥だらけの足で車に乗って帰ったら、なんと、郷長さんが自ら洗面器にお湯をくんできて、私の足を洗うとおっしゃるんですよ。いくら断ってもきいてくれないので、結局片っ方だけ郷長さんに洗ってもらい、もう片っ方を自分で洗ったんです。それから最後に、これで足をふけと、真新しいタオルを出してくれた。まだ貧しかった時代ですからね、私は今でもあの情景を忘れません。

――郷長はよほど先生に感動させられたんですよ。

原　感動させられたのは私も同じです。このことでよくわかったんですが、中国人は、官職にある人も含めて、農業技術者をたいへんだいじにしているんですね。だからもし中国の稲作りに何か役に立つことがあったら、また来てもいいなと思いました。

――そうしてそれが一回や二回ではすまなくなった……

原　そういうことです。一九八一年十一月、北海道と黒竜江省の間に日中農業技術交流に関する協議書というのができて、北海道から黒竜江に農業技術者を派遣することになり、私は自分から希望してそれに参加しました。以来中国、中国の農村、中国の農民、そして中国の水稲と深い深いご縁ができたわけです。

――十一年の間に先生は中国のずいぶんいろんなところにいらっしゃいましたね。

原　そうです。まずは黒竜江、遼寧、吉林。それから北京、河北、内蒙古、山西、山東、新疆、甘粛、陝西。それからもっと南下して湖南、湖北、四川、江蘇、浙江、上海、広東、広西など、十九の省(自治区)・市に行きました。

――どこも名勝旧跡の多いところですが……

原正市さん「私の訪中は、観光でも商売でもなく、中国に奉仕するためでして……」

はら　しょういち
原　正市

1917年8月、北海道岩見沢市生まれ。38年3月、北海道帝国大学農学部卒業。38～52年、北海道農業試験場職員、主任。52～74年、北海道農務部農業改良課技術員、主任技術員、首席技術員。74～82年、北海道農協中央会特約審査員。83年3月、退職。

原　いや、残念ながら中国に二十何回も来て、十一年間に十九の省・市を歩き回ったというのに、まだ観光するひまがないんですよ。あくまでも稲の増産が目的ですから。それでも中国は私にたくさんの忘れがたいものを残してくれました。例えば新疆です。あそこは民族も多く、宗教心も厚く、人びとの顔立ちから服装、生活習慣など、アラビア人に似ていて、ほんとうに中国は広いなあと思いましたね。

――広東省にもいらしてますね。

原　去年の十一月に初めて行って「ここが中国か」とびっくりしました。中国が全部広東みたいだったら、これはもうまちがいなく世界の一流国ですよ。

――ここ数年来の改革開放がああいう巨大な変化をもたらしたわけですが、万事意の如く、というわけでもないです。

原　そのようですね。率直に言って、中国の商店のサービスは悪いし、汽車の窓から客がポンポン物を外に投げ捨てるなんてのもよくないですね。

――おっしゃる通りです。そういうことは、田んぼの雑草と同じで、みんなが努力して、きれいに除いていかなくてはいけません。

原　そうそう、観光と言えば、一度だけ行きましたね。

――それはどこですか。

原　私は前後六回、湖南省の長沙に行ったんですが、いつも試験田と宿舎を往復するばかりで、やっと試験に成功して、それで地元の方が例の馬王堆漢墓に案内してくださったんです。

シエシエ、シエシエと私の手を握った
あの無骨な手のあたたかさを忘れません

――先生の技術普及の最初の土地はどこだったんですか。それについてなにか思い出は……

原　海倫でした。黒竜江省のハルビンの北にあります。行ったのが一九八二年四月。扎音河郷の東大村というところで栽培試験をやって百七十四日滞在しました。

――農民の態度なんかはどうでした?

原　はじめて行ったときは、資料など何も見せてくれないんでね、ぜんぶ手さぐり。村の朝鮮族の人たちが稲作が上手で、一ムー(六・六六七アール)の収量が約二二五キログラムでした。だから彼らは、日本人に何ができるかと思ってたようですよ。

――あまり信用されなかったんですね。

原　そうです。それは当然ですよ。しかし私も寒冷地で畑苗移植栽培法をやってきた人間です。苗床に施肥するには均等にやることが大切なんで、自分で模範をやってみせた。田植えをやったのはまだ気温が低いときでしたが、村長が率先して田んぼに入りました。ところがその翌日氷がはりましてね、これはまずいとみんな言っていたが、

日本沙漠緑化実践協会会長
遠山正瑛さん
緑の衣を中国に贈る

丘主任「けさは先生[illegible]樹をされて感激しま[illegible]

――はじめてお目にかかります。先生は八十六歳のご高齢でありながら、きょうは自ら日本のボランティアを率いて北京北郊の順義県で植樹されましたが、先生の中国に対する熱いお [illegible] 意義があったと思いますね。今年は日中国交正常化二十周年であり、私が日本の沙漠開発を完成して鳥取大学を退職してからも二十年になります。日中関係にとっても私個人にとっても記念すべき年なので、日本がお金を出して北京に中日平和友誼林をつくり、メタセコイア二千株を植えようと提案したところ、中国政府をはじめいろんな友人のご協力が得られて、この希望が実現したというわけです。

昭和天皇も「メタセコイアは中国、日本、アメリカの協力が実った成果だ」と……

――あの「中日平和友誼林」の碑の題字は、全人代(全国人民代表大会、日本の国会に当たる)常務委員会の万里委員長が書かれたんですね。

遠山　そうです。ちょうどいま全人代は開会中なんですが、万里委員長はそういうお忙しい中を、私たちに会ってくださったんです。東京、福島、大阪からきた百三十人を超えるボランティア、それに北京日本人会の会員、日本人学校の小学生、中国緑化基金会、そしてご当地の人たちがけさの植樹活動に参加しました。

――メタセコイアという木は湿気を好むそうですが、北京のような乾燥地帯で生きられるんでしょうか。

遠山　おっしゃるとおり、そういう問題があるんで、この友誼林の場所を潮白河のほとりの水上公園に決めたんです。それに特別の給水所やモーター井戸も設けて水を吸い上げますのでね、大丈夫、りっぱな林に育ちます

[illegible] ヨーロッパ、北米、アジアの中国、日本などに広く分布していたんですが、日本列島を覆っていたこのメタセコイアが五十万年前に全滅してしまいました。一九四一年、京都大学の三木茂教授が一つの化石を発見し、これがあの絶滅したメタセコイアの化石だと著書の中で指摘された。しかし、その後、中国の植物学者が四川省と湖北省で一本ずつメタセコイアの木を発見したんです。そのニュースを知ったアメリカの植物学者がさっそく中国を訪れ、その種子をアメリカに持って帰って植えたんですね。それから中国、アメリカ、日本の学者でメタセコイアの植樹と研究が進められ、アメリカがその苗木を日本の天皇に送り、皇居に植えられて、今ではすでに周囲三・四メートル、高さ四〇メートルという、まさに天をつくみごとな大樹に生長しています。ですから昭和天皇は、お亡くなりになる六カ月前に出版された「皇居内の植物」という本の序文で、このメタセコイアは中国、アメリカ、日本の三つの国の協力でできた成果 [illegible]

――北京に二千株を植えられたというのはどんな意味なんでしょう。

遠山　二千というのは日中両国の友好が二〇〇〇年に向かって邁進するシンボルなんです。もちろん、私たちは今後も植え続けて、この友誼林を拡大していきます。そのため、三年以内に三ヘクタールの苗木畑をつくり、植物資料館を建てます。この資料館を見学してから、苗木を採って植樹する、というわけです。

――メタセコイアというのは大変長寿で、五、六百年も生きられるそうですね。やがてこのメタセコイアの林がうっそうと茂って、先生と日本人民が中国に注いでくださった友情を永遠に伝えてくれることでしょう。

ところで先生は、世界的に有名な治沙専門家として、私もかねがねお名前はうかがっていました。本誌でも一九八六年の九月号に先生の記事を掲載したことがあります。

遠山　ええ、よく覚えています。私も貴誌の熱心な愛読者ですから。

遠山正瑛さん「百三十人ものボランティアがあの植樹に参加しました」

とおやませいえい
遠山正瑛

1906年、日本山梨県の農家の家に生まれ。京都大学農学部卒業。1935年、中国に留学し、農耕文化、植物生態などを研究。1937年帰国し、鳥取高等農林学校(現・鳥取大学農学部)教授となり、沙漠開発の研究と実践に従事。1972年退職。鳥取砂丘の一角に沙漠開発研究所を開設。現在、鳥取大学名誉教授、日本沙漠緑化実践協会会長、中国沙漠開発日本協力隊隊長。

砂の下には地下水が流れている
だから私は必ず「沙漠」と書くんです

――いま申し上げた記事では、先生と中国沙漠との縁はもう半世紀以上も前からのものだと紹介しているんですが。

遠山　ええ、その通りです。私は一九三五年九月、外務省文化事業部の派遣留学生として、農耕文化や植物生態などを研究するため中国に来ました。その翌年、私は馬車に乗って、内蒙古のフホホトから西へ旅をし、黄河流域の農耕を調査したんですが、その途中であの無限に広がるゴビ沙漠に初めて出会ってものすごく興奮しました。そのとき私が思い出したのは、「これからの日中関係はますます重要になる。中国に実地調査に行く君は、将来どんなことができるか、それを見てくるんだよ」という恩師の菊池先生のおことばだったんですね。よし、この沙漠をオアシスに改造しようじゃないか、という考えがここで芽生えたんです。当時は包頭が交通便利で大いに将来性があると思ったんで、将来の実験のために、「宜瑛」という名前で包頭に土地も買ったんです。ところが残念なことに、寧夏に着いたら、あの盧溝橋事件です。戦争は一人の青年学者の治沙の夢を簡単にうちくだいてしまったというわけです。

――でも先生は帰国後すぐに沙漠の研究を始められたんでしょう。

遠山　そうです。日本には沙漠というものがなく、海岸に二四万ヘクタールの砂地があるだけなんですが、そのなかで一番広いのが、鳥取砂丘。それで私は鳥取大学――当時は鳥取高等農林学校といっていましたが――に奉職することにして砂丘に井戸を掘り、畑を開墾し、なんとか作物を植えてやろうと……

――当時は「砂地で農業ができたら、おてんとうさまが西から昇るよ」と、その程度の理解だったそうですね。

遠山　そうなんですよ。不毛の地に作物ができるなんて、夢にも考えられなかった。しかしね、砂の下にはちゃんと地下水が流れているんです。だから私は砂漠という字を使わない、必ず沙漠と書く。それで沙漠開発研究所というのを鳥取砂丘の一角につくりまして、大変な努力の末、やっとダイコン、マクワウリ、スイカ、アスパラガス、チューリップなどの栽培に成功しました。その後私たちはこの成果を各地に応用して、三十年努力を続け、日本の砂地の九〇パーセントを農業地域に開発しました。現在では、砂地の農民の収入は、日本の農民の中で最高なんですよ。

――「太陽が西から昇る」という記事は、ひところ日本人の間で大きな話題になったそうですね。それで中国での沙漠開発のお仕事はいつから始められたんでしょうか。

「北京ー大阪」往復物語

中国政法大学客員教授
弁護士・海事補佐人　**高橋正毅**

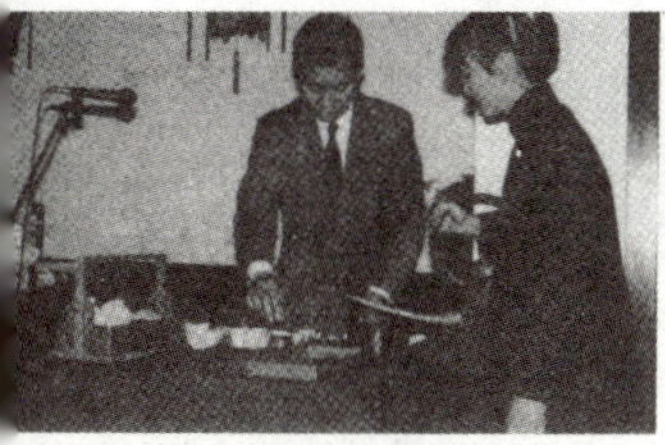

北京の日本人会で中国茶の飲み方を実演してみせる筆者（左）

中国服を着た（左から）妻・恵美さん、筆者、長女・麻衣ちゃんの全家福（一家そろった写真）。

春節好！　Kさん、その後、お元気でお過ごしのことと存じます。私の方は相変わらず北京と大阪を行ったり来たりの生活で、お蔭様で、病気をする暇もなく、四回目の春節を北京で過ごすことになりました。

本日は、珍しくKさんに手紙を書く時間をうまく見出しましたので、日頃、北京と大阪の間を慌ただしく往復し、無沙汰を重ねるKさんに、私の近況の一端をお知らせして、Kさんが北京での仕事を終え、日本に帰任されてから近しくお目もじを得ない、せめてもの申し訳とさせて頂きます。

私が一九八八年に北京に来て以来、こちらでの生活も既に四年目となりましたが、この間、北京と大阪、約三時間半のフライトの往復を、一年間に少なくとも十回は繰り返しております。

もともと京都に住み、大阪に事務所を構える普通の日本の弁護士であった私が、中国の大学で中国人に中国の法律を教えるようになったこと自体、今、改めて考えてみても本当に不思議なことですが、しかしそのお蔭で、北京でKさんを始め、私にとって、生涯、お付き合いをお願いしたい大切な友人を数多く得ることが出来たのですから、私が中国に来たことは、やはり最初から定められた縁であったのかも知れません。

中国「中毒」の患者

さて今までお話する機会がありませんでしたが、私が初めて中国の地を踏んだのは、忘れもしません、一九八三年の五月のことですから、もう九年近くが経ってしまいました。そのときは、関西の法律家の代表団の一員として、中国司法部（日本の法務省に当たる）の招聘で、北京、洛陽、西安、上海を回りました。

北京では、私が、奇しくも、現在奉職するようになった中国政法大学、当時は北京政法学院といいましたが、そこの学生さんたちが、私たちのために歓迎会を開いてくれたことが今も強く印象に残っております。しかもその折の学生の一人であった郭華君が、弁護士となり、北京での私の貴重なアシスタントとして活躍してくれているのですから、人の出会いとは不思議なものです。

こうして初めての訪中の印象が大変良かったものですから、その後も、司法部から誘われるたびに訪中を重ねておりますうち、一年に二回、三回と中国各地での講演やシンポジウム出席の要請が相次ぎ、一九八六年には、中国法学会の王仲方会長から、中国でじっくり腰を据えて講義をしてほしいとの依頼がなされるようになりました。これは、恐らく私の専門が、アメリカのジョイントベンチャーを始めとする「多国籍企業の税務」という、比較的特殊ではありますが、これからの中国にとって必要不可欠な領域であったことも、数多い日本の弁護士の中から、中国側の関心が私に注がれ[illegible]とになった原因と想像しています。

しかし最初のうちは、そのようなお誘いも、全く非現実的なことと深く考えることすらしなかったのですが、王仲方会長の誠実で熱心な勧誘と、その頃になって漸く私自身の気持の中に、それまでの物見遊山と違って、改革開放路線を歩む現代中国の壮大なる「実験」の行方に強い関心が芽生え出したこともあり、次第次第に中国での長期滞在を真剣に検討するようになったのです。

そうはいっても、小さいながら独立した事務所を構える弁護士が、すぐに三年も四年も事務所をあける訳にはゆきません。受任している訴訟事件も途中で放り出すことは出来ませんし、顧問先に迷惑をかけることも絶対に出来ないことなのです。

そこで一九八七年から新しい事件は、すべて信頼できる同僚弁護士に振り分けて、私と共同で引き受けてもらうことに致しました。顧問会社にも事情を説明して、理解を得るように努めましたが、会社によっては、顧問弁護士の不在に耐えられないところもあり、やむなく辞任するか、二、三割にまで激減です。先輩や同僚の弁護士も、私の中国行きに首をひねる人が大半でした。

しかし私は生来の凝り性であろうえ、当時、私は、既に中国の持つあやしげな魅力にとりつかれた中国「中毒」患者になってしまっていたのです。

私は、早速、中国語の個人レッスンの教授を捜しました。実は、私は大学院まで、英語のほか、ドイツ語やフランス語しか勉強したことがなく、それまで何回も中国を訪問してはいたものの、言葉の面では「ニイハオ」の挨拶ぐらいしか知らなかったのです。

そして、このとき、幸いにもめぐりあったのが、いつもお話しする林修三老師だったのです。三つの漢字だけで日常生活の中ですぐに使える慣用表現を手ほどきをする林老師のいわゆる「三文字学習法」の成果で、一年足らずの短いレッスンでしたが、私の中国語学習の基礎は完成し、その後、一九八八年末から三カ月余り、北京語言学院の短期班で仕上げをしただけで、今では新聞雑誌を読むことはもちろん、

修三老師とは、その後、大阪北浜で「現代中国語センター　有朋塾」という中国語学校まで一緒に設立し、「有朋塾」は、現在では単なる語学学校としてだけでなく、中国大好き人間の集まる中国文化サロンに発展するに至っております。

こうして二年間の準備期間を経て、家族全員で中国北京に長期滞在するようになったのが、Kさんと初めて知り合った一九八八年の六月のことだったのです。

バイリンガルの弁護士

さて近況を報告すると言いながら、Kさんと北京で知り合う以前のお話が長引いてしまいましたが、このあたりで、Kさんが北京から日本に帰任されてからの話題に移りたいと思います。

まず北京での私の本来の仕事である大学での講義ですが、政法大学では、相変わらず大学院の学生たちにゼミナール形式での指導を続けておりますし、中央財政金融学院など、

筆者紹介

1946年生まれ。72年、同志社大学大学院法学研究科修了。78年、弁護士・税理士として、大阪弁護士会に登録。88年、中国司法部・対外経済部（いずれも日本の省に当たる）の招聘により現職に。専門分野以外に、日本・中国の伝統芸能に造詣が深く、著書『巻き返す女義太夫の世界』で文化庁の地域文化功労賞を受賞。

かまどの神

収蔵　薄松年　写真・文　魯忠民

灶神の画像（天津市楊柳青）

灶神の画像（江蘇省）

かまどの神は中国語で「灶神」と言い、「灶君」「灶王爺」「灶王灶母」「灶君菩薩」などとも呼ばれている。中国の民間信仰のなかで、最も広く祭られている神のひとつだ。

昔は、上は天子から下は庶民まで、みなこの神を祭っていたが、現在では、一部の辺びな農村にしかこの習慣は残っていない。

毎年、農暦の十二月二十三日か二十四日になると、人びとは台所の灶神の画像の下や位牌の前に、酒、お菓子、果物などを供え、年長者から順に頭を地面につけて礼拝する。それが終わると、画像は焼かれてしまう。これは灶神を天に送ることを意味している。そのあと、新しい画像を貼るが、こうすることで灶神は再び戻ってくるのだ。

伝説によれば、灶神は一家の災いや福を支配するために、玉皇大帝が各家に送ったのだとされている。二十三日は、天に帰って俗世間の善悪を大帝に報告する日なのだ。このため、灶神が美辞麗句を並べるようにと、多くの地方では灶君の口に粘り気のある飴を貼ったりしている。下界の貪欲な官吏と同様、灶君も袖の下をもらって事を処理するのだと、人びとはそう考えているのだ。また、画像の両側に「上天言好事」「下界保平安」の対れんを貼り、真んなか上に「一家之主」の横軸を掛けるところもある。

灶神の起源は古い。火と関係した神で、人間の飲食や生活に直接影響をあたえており、秦以前は国家の七大祭祀のひとつだった。漢代以降、灶神の"職責"は変化していく。単に飲食を掌握するだけでなく、人びとの災いや福を支配するようになった。灶神が大帝に人の罪を告げるのだという考え方が広まったのは、後漢からだ。記載によると、灶神の画像は年末から売られ、印刷する作業場が全国各地にあったのは宋代からのことで、墨線だけでなく色刷りの画像もあったといわれる。大きなもので約六〇センチ幅、小さくて一五～二〇センチほど。

灶神の多くは襟を正して正座しており（ベー族の灶神は立像）、わきに護衛を従え、前には鶏、犬、宝がたまるとされる鉢、上には天宮の正門である南天門が描かれている。また、八仙や財を招く童子、縁起のいい仙官、二十四節気の表などが印刷されているものもある。画像は「単座」（主像は灶神）、「双人灶」（灶神と夫人）、「三人灶」（灶神と二人の夫人）の三種類。

かまどを祭る習俗で、その形式が最も多いのは北京だ。

「家灶」は一般家庭が祭る神。灶神と夫人が並んで座る画像が印刷されている。「宮灶」は灶神が座った図で、宮廷の護衛府、商家の作業場や台所に貼られる。「上天灶」は馬に乗る灶神が、南天門に赴いて大帝に会見する場面を描いている。山東の農村に多い。「神灶」は、灶神が単座し、描写がきめ細かい。比較的大きなもので、満州族の貴族たちが好んで用いた。「焼灶」は墨で印刷され、彩色は使われていない。灶神とその下に一頭の馬が描かれている。帰る家のない人や、旅で北京にいる外地の人がよく買っていったという。

灶神の上には暦が刷られている（山東省濰坊）

カシュガル大バザールの衣料・服装市場

カシュガルの大バザール
さながら「中央アジアの物産展」

写真　馮　進

119

11

1992

以日本天皇访华为契机，迎来邦交正常化20周年的中日关系在这一年达到顶峰。身着盛装的中日两国少女以长城为背景含笑并立的封面便具有这样的象征意义（9月号，见图1）。这一年，浅利庆太的四季剧团携音乐剧《李香兰》在多地公演，剧中对历史的反省态度得到多数中国公众的肯定（7月号，见图2）。友城结对已经蔚然成风，新栏目《友城故事》报道了这些城市间开展的各种地方交流所取得的成果（7月号，见图3）。综述报道《日元贷款都用在了哪里》回应了日本公众对此问题的关切（9月号，见图4）。

为纪念邦交正常化20周年，王效贤撰文回忆了《冈崎嘉平太与周恩来的友谊》（9月号，见图5）；木村一三撰文回忆了《周恩来总理为我的答谢辞鼓掌》（9月号，见图6）。这一年集中采访了帮助中国培育良种水稻的原正市（8月号，见图7）、为内蒙古

植树治沙做出突出贡献的远山正瑛（7 月号，见图 8）等默默无闻、埋头苦干的功臣。多年工作、生活在北京的律师高桥正毅写来的《寄自中国的航空信：往返于北京与大阪之间》，将他对中国文化的热爱娓娓道来（3 月号，见图 9）。

薄松年是中国年画收藏的集大成者。专注民俗研究的记者鲁忠民据此开设的新栏目《传说与民间艺术》，讲述了作品背后的民俗故事，受到关注与好评（1 月号，见图 10）。冯进的摄影报道《喀什大巴扎——中亚物产集散地》反映了 90 年代初当地的市场繁荣景象（1 月号，见图 11）。最为壮观的策划当数刘世昭的《徒步走三峡》（8 月号，见图 12）。他将 80 年代“骑行大运河”的风格再次升华，抢救性地记录下三峡库区淹没之前的自然与人文景观，留下了珍贵的时代记录。

1993

人民中国

座談会

これが中国の市場経済だ

この14年らい、全国各地の都市や農村の住宅建設には巨額の資金が投じられ、建築面積は建国以来30年間の倍以上になった。これは目下北京市で最大規模の、設備の完備した新住宅区―方荘小区。

中国共産党第14回全国代表大会で江沢民総書記は、中国経済体制改革の目標は社会主義市場経済体制の建設にあると発表した。

出席者

高尚全 国家経済体制改革委員会副主任
童大林 中国世界経済研究所所長
馬家駒 中国社会科学院経済研究所研究員
何 偉 中国人民大学経済学部教授
范敬宜 「経済日報」編集長

——十月中旬に五千万人の党員を擁する中国共産党の、第十四回全国代表大会が北京で開かれました。き

「伝統の社会主義の方式」をなぜ改革？

——「中国の特色をもつ社会主義を建設しよう」という新しい標語を見て、「中国の特色をもつ社会主義」とはなにかと多くの読者から質問が来ていますが。

馬家駒 それにお答えするために、まず「伝統の社会主義方式」の説明をしなければなりません。ご承知のように社会主義制度というのは、十月革命のあと、レーニン指導下のソ連で最初にできたものです。レーニンは早く世を去り、スターリンがあとを継いで全面的に社会主義を築きあげて、一つの体制としました。これが「スターリン方式」または「伝統的社会主義方式」といわれるものです。第二次世界大戦後、アジアから東欧にかけて社会主義国がいくつかできました。それぞれ自国の特色がありますが、基本的にはソ連の方式でした。

経済の面からいえば、公有制を基礎としていた中央計画経済です。工業は基本的にすべて国有、国営で、農業は主に集団所有制でした。公有制でないのはゼロに等しかったのです。経済の運行は全部、政府の行政命令によって指揮、調節されていました。

ようは読者から関心を寄せられている問題について、お話をうかがいたいと思います。

范敬宜 何 偉 馬家駒 童大林 高尚全

経済と社会の発展につれて、この種の経済体制に重大な欠陥が出てきました。企業には活力がなくなり、労働者には積極性がなくなりました。経済効果は低下し、技術の進歩が緩慢になりました。産業構造は奇形化し、消費物資が極端に欠乏するようになりました。

ソ連がいっきに解体し、また、一般国民がそれを傍観していたのはなぜでしょうか？

何十年も社会主義をやって、トイレットペーパーや石けんさえ手に入らないのでは、誰がこのような社会主義を擁護しますか？ こういう状況は、かつて中国にもあり、多くの物が購入手帳や購入券によって供給されました。

何 偉 社会主義の優越性が発揮できず、国民の生活はあまり良くなかったのです。

高尚全 「文化大革命」の動乱が終結したあと、中国共産党はこれまでたどってきた道を検討し、ついにはっきりと認識しました。それは、社会主義をやっていくには、硬直した教条主義の束縛を受けてはならないし、人さまの後ろをついて歩くのもだめ、ということです。どうしても、実事求是でマルクス主義の普遍

19 18

1

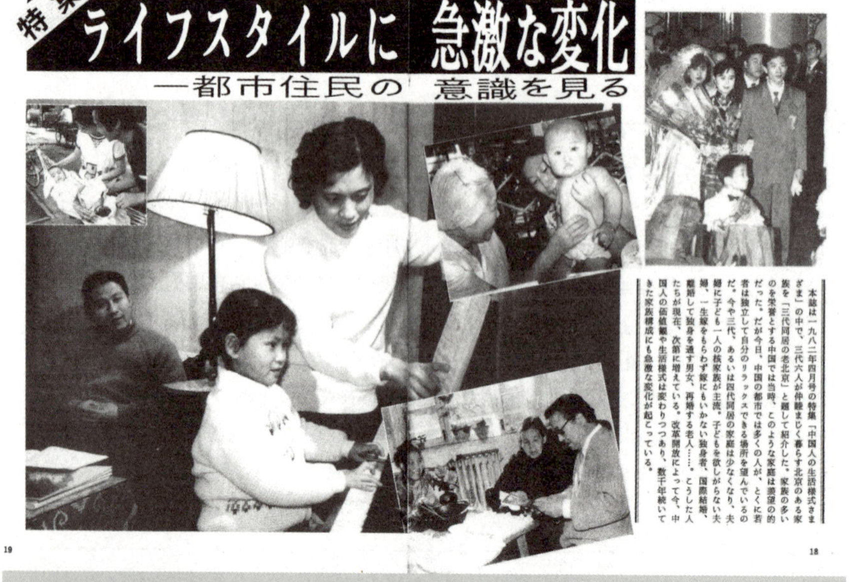

特集

ライフスタイルに急激な変化

—都市住民の意識を見る

本誌は一九八二年四月号の特集「中国人の生活様式さまざま」の中で、三代六人が仲睦まじく暮らす北京のある家族を「三代同居の老北京」と題して紹介した。家族の多いのを栄誉とする中国では当時、このような家庭は羨望の的だった。だが今日、中国の都市では多くの人が、とくに若者は独立して自分のリラックスできる場所を望んでいるのだ。今や三代、あるいは四代同居の家庭は少なくなり、夫婦に子ども一人の核家族が主流。子どもを欲しがらない夫婦、一生嫁をもらわず嫁にもいかない独身者、国際結婚、離婚して独身を通す男女、再婚する老人……。こうした人たちが現在、次第に増えている。改革開放によって今、中国人の価値観や生活様式は変わりつつあり、数千年続いてきた家族構成にも急激な変化が起こっている。

19 18

4

も愛想がいい。

分と便利になった。

ごらんの通りのにぎにぎしさ。　にぎやかな王府井がますますにぎやかになる。

●特集 北京

ただいま商都に変身中

七〇年代の新聞の社説にはいつも「市場繁栄、物価安定」という文字がおどっていた。読者のほうは見れども見えず、すっかり慣れっこになって、またかと思ったものだ。市場の「繁栄」なんかどこにもなかったからだ。

一九七九年に経済改革、対外開放政策が始まってから十五年たった中国で、市場にどんな変化が起こったか？　以下は本誌記者が北京のマーケットを見て回ってまとめたものだ。

十年前、記者は中国女子バスケットチームに随行して日本に行き、アジア女子バスケット選手権大会を取材したことがある。

出発を控えて、背広を買うために妻について一時間もバスに乗り、渡航者専門用品店にたどりついた。それから店で一時間余り、やっとダークブルーのウールの背広に決めたが、試着してみると、上着はまあいいがズボンがだぶだぶで長い。しかし、これ以上のものはほかの店にないことが分かっていたし、店員はとっくに眉間にしわを寄せていらいらしていたので、仕方なしにそれを買った。

当時、中国は十年つづいた文革時代にピリオドをうち、すでに改革開放政策を進めていた。しかし長い間にしみついた守旧観念が抜けきれず、背広を着る人などめったにいなかったのはもちろん、背広を扱う店もほとんどなかった。

だが今はピエール・カルダンを始め、高級品から普及品まで、あらゆるタイプのブティックやスーツ専門店がいたるところにある。店にはいりさえすれば、店員の娘さんが「いらっしゃいませ」と愛想よく迎えてくれる。

生まれ変わった王府井百貨大楼

北京市の中心、天安門広場から東北に少し歩けば王府井大街に出る。王府井は中国でいちばん有名な商店街だ。銀座を知らない日本人がいないように、王府井を知らない中国人はまずいないだろう。さしずめ「北京の銀座」といったところである。

王府井大街は南北に八〇〇メート

●特集 10人10話　暮らしは　こう変わった

▲ 燕莎友誼商城の店内風景

最近、中国の各新聞各雑誌は「身近に起きた出来事」をテーマに読者から文章を募り、相次いで掲載して注目を集めた。

応募した人たちの年齢、職業は実にさまざまで、いずれも素朴で飾るところがなく、短いが生き生きとしたものばかり。まさに、どこにでもいるごく普通の人たちが経験した小さな出来事に過ぎないが、そこから、十数年前に始まった改革開放以後の変化を知ることができて、非常に興味深い。

各階層の人たちが書いた文章は、テレビ購入、引っ越し、農村の変化など多岐にわたる。ここでは『人民日報』の海外版などに載った十編をご紹介する。

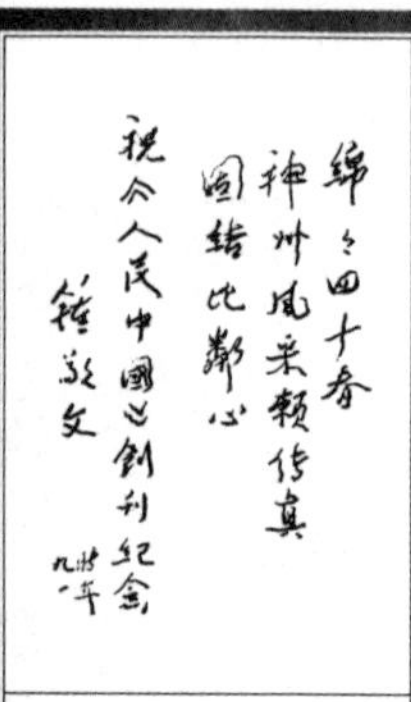

漢俳一首　人民中国創刊四十周年を祝賀す
綿綿たり四十春
神州の風采、頼って真を伝う
団結す比隣の心
鍾　敬文（九十一歳、中国民俗学会理事長）

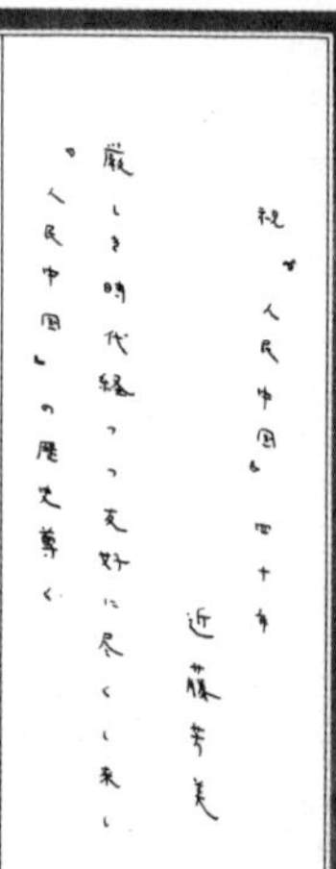

近藤　芳美（日本の著名歌人）

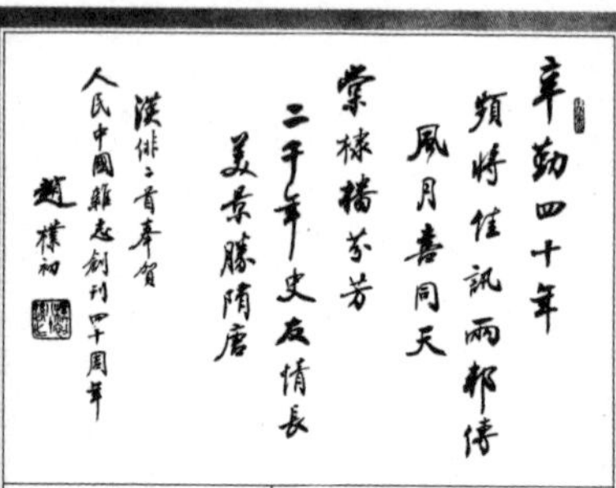

辛勤四十年
頻りに佳訊をもって両邦に伝え
風月、天を同じくするを喜ぶ
棠棣、芬芳を播き
二千年の史は友情長し
美景は隋唐に勝る
漢俳両首、人民中国雑誌
創刊四十周年を奉賀す
趙　樸初（全国政治協商会議副主席）

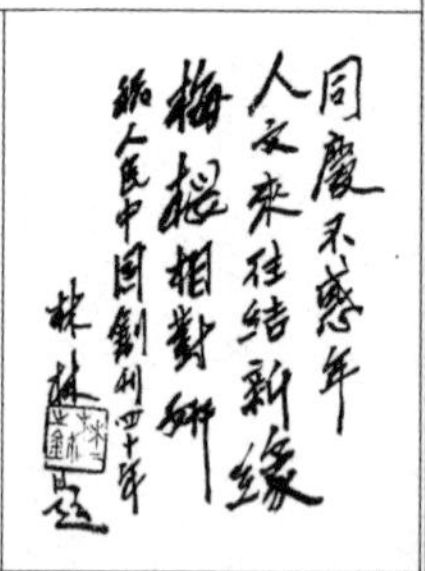

人民中国創刊四十年を祝す
同に不惑の年を慶び
人文来往して新たな縁を結ぶ
梅桜相対して妍し
林　林　題す
（中日友好協会副会長）

この

村山さん「中国人の風刺とユーモアは年季が入っていますね……」

中国研究家。
院、中央大学、
記者、出版社役
1978年5月～81
～88年12月にわ
主な著書に「新
「もはや旧満州
「中国兵法の発
路・一日一言」

になり二十年ぶりにまた「人民中国」へ戻ってきたとき、私は初めてお会いしたが、明るいのでビックリしたものです。翻訳部にいていまは定年退職した劉徳楨さんも、五七年

SPOT LIGHT

交流

中国初の日本料理コンテスト 次の目標は調理師認定制度を

写真　王衆一

第一回「日本料理店中国人調理師技術競技大会」なる催しが、北京日本人調理師会（永澤功会長）と北京かわら版クラブ（根箭芳紀代表）の共催で、四月二十五日、北京中日青年交流センターで開かれました。

もともと「料理」という言葉は、中国語では「処理する、整理する」という意味で、食べ物とは全く無関係なのですが、昨今では「日本食」という意味で使われるようになり、一つの流行語として定着してきたようです。

「しかし、わざわざ日本料理を食べに行く中国人となると、まだまだ少ない。日本料理店は、北京でさえ二十数店、中国全土でも五、六十店、全国のホテルで働いている中国人調理師も六百人程度です。せっかく日本料理店で修業した板前でも、いざ就職、あるいは独立開業というとき、中国料理または西洋料理の方に移ってしまうのは、働き口が少ないからという現実がある上に、中国料理や西洋料理の調理師には、一級から三級までの認定証が国から出され、ステータスが保証されるのですが、日本料理の調理師にはまだそれがない。だから彼らは、かなり不利な条件下で働いているわけで、こういう催しを企画したのも、彼らに今後も大いにがんばってもらおう、と考えたからです」と永澤会長の解説です。

今回の参加者は北京と天津で包丁を振るっている十八人。「試験科目」は、刺身盛合せ、煮魚、野菜煮、小鉢、採点のポイントは、仕事の進め方、包丁使い、刺身の盛付け方、味付け、時間（後片付けも含む）など。二時間半にわたる競技の結果、第一位に選ばれたのは、この道七年、天津ハイアットホテル勤務のブルース・シーさん（写真の左）。王光英・全人代副委員長、国広道彦・駐中国大使、孫平化・中日友好協会会長らの来賓も出席して表彰式が行われ、大会は大成功裏に終了しました。「この大会も次回からは全国的規模で実施したい」と根箭代表の話でした。

中日合同 ナムチャ

一九九二年十月三十日午後零時九分（中国時間、以下同じ）は、世界登山史上で記念すべき時刻となった。中日両国のアルピニストが、世界最高の未踏峰ナムチャバルワの登頂に成功したのだ。

「白い死神」の魔界

ナムチャバルワ峰は海抜七七八二メートル、ヒマラヤ山脈の東端にある。

海抜7782メートル、
年10月30日午後0時

ある。そのため、ふもとのニンチ地方の人びとは、毎年ここに来て線香を立て、仏に平安を祈る。

ナムチャバルワは、世界最高のチョモランマ（八八四八メートル）より一〇〇〇メートル以上も低いが、にもかかわらずその登頂はまさに至難の業だった。

すでに一九八四年、中国登山隊はナムチャバルワ峰に挑み、七〇四三メートルの地点まで到達した。頂上まであと七〇〇メートル余りというところで、隊員たちは根限りの努力を払ったが、どうしてもそれ以上進むことができなかった。

ナメンバーを派遣したのにヤバルワ登頂という至難の事業にこんどこそ絶対に成功しようと決心したからだ。

もろもろの準備が極めて周到に進められた。双方とも前回の失敗を教訓とし、早くも三月から準備を始めた。装備、計画作成、後方支援、気象サービスなどなど、あらゆる面で十分の準備を整えた。

中日登山界は、すでに十数回の合同登山の経験を持ち、のべ百人が世界の高峰に登っている。日本側隊員は今回のナムチャバルワ挑戦を「共同登山の決算」であると見なしてい

き手　本誌東京特派員　李恵春

とき　1993年3月8日　ところ「人民中国」東京支局

顧問

村山孚さん

本誌40周年 ザックバラン放談

李特派員「ちょうど開放と改革のはじまりを経験されたわけですね」

――『人民中国』は本号で四十周年を迎えました。村山さんは再三にわたり専家として北京に赴任され、編集委員、ついで顧問にも就任していただいています。この機会にご意見を聞かせてください。

村山　私などの出る幕ではないが、いつのまにか「古老」の仲間に入れられてしまった。「古老税」のつもりで話しましょう。（笑）

四十年というと「不惑」ですね。いうまでもなく孔子が「四十にして惑わず」といったのが語源で、「自分は四十歳になって信念が固まり、惑いがなくなった」と解釈されているが、孔子の生涯をみると、この解釈はヒイキの引き倒しです。孔子は四十歳代で人生の岐路に立ち、進路について悩んでいるのです。

孔子は四十歳で進路に惑ったからこそ「不惑」といったのです。本誌も転換期を自覚して…

――それは新説ですね。

村山　いや真説です（笑）。孔子はこの苦い経験から、後年になって「四十代は迷いの多い年頃だということを自覚し、過ちのないようにしよう」と語ったのではないか。これが「四十而不惑」の本当の意味だと思います。

――で、『人民中国』の「不惑」は？

村山　そこなんですよ。だれでも四十歳ぐらいになると、経験もつみ、社会的地位もできてくるかわり、迷いや悩みも多くなる。『人民中国』も同じで、関係者の大変な努力と読者の協力でここまで発展してきたが、日中関係が緊密になるにつれて、問題も大きく、また複雑になってきた。『人民中国』はそれに十分応えていない。そこに悩みがある。冒頭から悪口いうとまずいかな。

――いえ、どうかおっしゃってください。それが本当の友人ですから。

村山　とにかく不惑は『人民中国』にとっての大転換期であるべきでしょう。以前は中国に関する情報が少なかったから、なんでも珍しかった。いまは開放されて中国の情報も氾濫し、しかも旅行やビジネスで外国人が中国の実態にふれることも多くなってきた。これはわたしの親しい中国人の名言だが、「人が見たことのない化け物の絵はだれでも描けるが、みんながよく知っている犬の絵は描くのが難しい」（笑）

――きれいごとばかり書いたら、かえって読者の信頼を失います。だからといって欠点ばかり書くのも真実ではない。それにしても、日本で生活していると、中国関係の報道が多い。しかし、わたしたちからすると、現象だけで、率直にいって見当ちがいのものも少なくありません。

村山　そこに『人民中国』の存在価値があるんですね。外国人が関心を持ちながら分からないことが一杯ある。外からでは分からない中国の実情と中国人の心を率直に書いてほしい。

どうも中国の出版物は、善いとなると天まで持ち上げ、悪いとなると地の底まで引きずりおろす。そうではなくて、新政策でもプラスとマイナスの両面を書いてこそ信頼されるし、発展にも役立つのではないですか。

14

最近はそうした書き方が出てきて　いました。

創刊号のさりげないルポで、「ああ、あの社会は変わりつつあるなあ」と感じたものです。

――村山さんは創刊いらいの読者で、創刊号もお持ちだとか？

村山　ええ、これがそうですよ。当時、私は新聞記者をしていたのですが、日中友好協会の新聞で創刊を知り予約しました。中国の切手を貼って香港経由で送られてくるのが珍

人民共和国が成立して四年目です。

村山　日本では敗戦後八年目。前年にサンフランシスコ講和条約が発効したが、冷戦構造のなかでアメリカ一辺倒だった。中国は生まれたばかりの国で、しかも朝鮮戦争の火の粉をあびながら復興と努力し、新

試の準備中でした。将来、中日関係の仕事をするようになるなんて思いもよらなかった。

村山　この創刊号の田洗という人の農村ルポで、村人たちが小川で洗濯している。青年が若い妻の着物を洗っていてひやかされ、真っ赤になりながら「男女平等じゃねえか」と弁解しているところが、ひどく印象に残りましたね。ああ、戦前のあの社会から変わりつつあるなという実

6

北京の胡同

〃一番〃がつく胡同

北京が自慢できる大通りは長安街だ。詩人たちはこれを十里長街と呼ぶが、実は北京の町を東西に貫く大動脈で三十八キロある。威風あたりを払うあの天安門の前に来ると、道幅は百メートル以上にひろがる。

これはまあ別格として、顔ぶれが変化に富んでいるのは胡同。長いの、短いの、広いの、狭いの、まっすぐの、折れまがったのと、千差万別だ。

いくつか一番を拾ってみると、長さにかけては東交民巷・西交民巷。長安街と平行に走り、天安門広場をつっ切って三キロあまり、数十年前には各国大使館が集まっていた。あちこちの洋館を今では銀行や政府機関や文化部門が使っている。

短いのでは、ずばり一尺大街というのがあって、たった十メートル。両側に店が並び、片方は酒屋、鍛冶屋、散髪屋、片方にはハンコ屋が三軒あったらしい。土一升に金一升というわけだ。狭いのが右の写真。その名を小喇叭（ラッパ）胡同といい、天橋の近くにある。この胡同を抜けるには太った人なら横向きになる外なく、すれ違いなんかとんでもない。ところが最近、幅四十センチというのが見つかった。前門（チェンメン）付近の銭市胡同の途中にあり、ここでだれかと出会ったら、ひとりは近くの家の門の下に避難して待つ。

これらは短いにしろ狭いにしろ、大体はまっすぐなのだが、折れまがっているので有名な胡同もある。たとえば雍和宮に近い九道湾胡同は、角が九つどころか二十以上はある。東にまがり西にまがりする内にどうなっていたのか分からなくなってしまうので、九道湾東巷、西巷、南巷、北巷、中巷と五つに区切りをつけている。（郭）

11

北京の胡同

一番狭い小喇叭胡同　写真　郭　実

10

9

登頂

山は険しく、気候は変化が激しい。常になだれの危険にさらされ、登頂が極めて困難なところから、土地の人びとは「白い死神」とおそれ

一九九一年、中日合同登山隊がこの山に挑戦したが、複雑な地形や変わりやすい天候、大雪、落石、なだれなどにはばまれて失敗。そればか

104

8

シリーズ 秘境
最古最狭の鉄道に沿って③
戈姑―倮姑

ガイドブックにない北京 地下鉄 西単駅

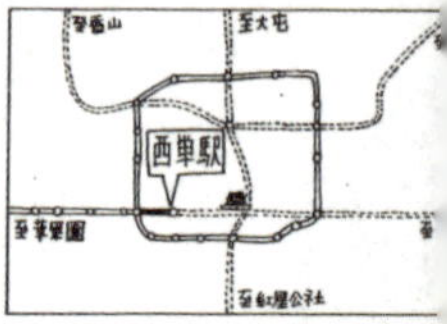

偉をめざして、北京の都市建設が急ピッチで進んでるね。火力発電所の排熱を利用した地域暖房のネットワークづくりや、二号環状道路の完全立体化など、そんな大工事をわずか半年くらいでやってのけたかと思うと、由緒ある建造物を修復して博物館にしたりしている。そういう「ガイドブックにない北京」を、この欄で紹介してゆこうというわけ。よろしく案内頼みますよ。

W 全く、北京の変わりようはぼくたち中国人でもたまげてるくらいですからね、これは面白い探訪になりそうです。皮切りは、昨年十月に完成したばかりの地下鉄西単駅でいかがです。

三年がかりの難工事

P いいねえ。予備知識として聞いておきたいんだが、いったい北京

W 建設を始めたのは一九六五年ですが、すぐ文革でしょ。環状線と東西線の二系統合わせてまだ四〇キロぐらい。

P 東京は大体二三〇キロだそうだから、北京ももっと欲しいところだね。

W 全然足りません。だから地上を走るバスがどこでもいつでも満員になる。で、こんど出来たのが復興門駅から西単まで。一・八一キロを二分弱で走ります。これに約三年かかった。

P どうしてそんなに？

W その答えは、北京で一、二を争うこの雑踏です。従来の地下鉄工事は露天掘り方式でやっていた。中国語では明挖（ミンワ）と言います。挖は掘るという意味ですが、こんなものすごい交通量の所ではそれは不可能なんで、暗挖――つまりトンネルを掘り進めたわけですね。それだけならまだしも、この道路の下にはいろんなパイプがなんと二十本も埋まってます。下水管などは直径一・六メートルもあった。下手にさわったらえらいことです。

P そりゃあ大変だ。建設工事は

道部十六工程局」に変身したんですね。三十数年間に掘ったトンネルが二〇〇〇キロというプロ中のプロ。

P ア、西単駅に着いた。話はちょっと中断して、まず実地見学だ。地下一階。コンコースだね。ウーン、こりゃ広い。オッ、商店街もある。北京の地下鉄でこんな駅、初めてじゃないの？

W 初めてです。じゃあ切符買って。五角均一です。

P 日本円で十二円弱だ。身長二メートル近いW君なんか、良心がとがめないかい？

W ハハ、それが社会主義の優越性ですよ。冗談はともかく、ハイ、地下二階。ホームですね。幅が二六メートル、長さが二六〇メートル、天井までの高さも一三メートルあります。北京では最大、世界でもトップクラスの大きさだそうですよ。北京市地下鉄総公司の予測では、乗降客が一日平均十万人。将来は二十万人を超えます。それでこんなデカいものをつくったんですね。

P 三年かかったわけだ。

W そこでさっきの工事の話の続きです。掘った穴をまず太い鋼鉄の柱で支え、それから厚さ三〇センチの鉄筋コンクリートで地盤固定棚をつくった。砂の層を固める凝固剤も、三〇秒足らずで固まるものを使った。最後に三百あまりの計器で地盤の変化を調べた。とにかくいろんな実験を三百回以上もやって、慎重に慎重に作業を進めたそうです。それからこれも専門的になりますが、コンピューターをはじめ、もろもろの付帯設備を全部地下に集中させたこと。何度も言うように、地上が超過密地帯ですからね。

西単駅の豪華なホーム

歴史を映す駅の壁画

P 柱は大理石だ。ぜいたくなもんだねえ。

W 八十八本あります。

P 日本では八は末広がりで、めでたい数なんだが……

W 中国でもそうです。広東あたりでは「発発」に近い発音で、豊かになる、お金がジャンジャン入って来るという意味です。

P そう言えば、この壁の広告なんかも、まさに改革開放時代を強く印象づけるものばかりだ。

W そうなんです。早い時期にできた建国門駅のホームの壁画、あれは中国の四大発明を描いていますが、それと対照的ですね。古代文明を誇った中国が、いま社会主義市場経済の確立へと邁進している、その歴史が、駅の壁画にまで現れているわけですね。

P いいことを言うねえ。感心しました。ところで、今後の建設計画はどうなってるの？

W こんどできた西単までの新線は、復興門駅から一二・八一キロ東の八王墳までの「復八線」の一部なんでね、残りの部分もすでに去年の八月建国門駅の少し東のところから工事を開始しました。完成は一九九六年です。

P まさに北京のど真ん中を通るわけだね。ぼくまで興奮してくる。どんな駅ができるの？

W 西単、天安門西、天安門東、王府井、建国門（ここで環状線と連絡します）、永安里、大北窯、熱電廠、八王墳、そして八王墳東の十駅ですね。将来はもっと東の通県まで延びます。

P いつか新聞で見たんだが、遠大なプランがあるらしいね。

W そうです。例えば、環状線の西直門から頤和園までの線。これはPさんたち日本人専家が住んでらっしゃる友誼賓館や北京大学などを通ります。北京の文教地区なので、ホームの壁画はうんと芸術的なものにするそうです。

P そんなことまでもう決めてるの。

W 首都空港までの線とか、アジア競技大会のときに作った選手村と王府井を結ぶ線などもありますよ。

P 君たちの前にはすばらしい未来があるんだねえ。「加油、中国（がんばれ、中国）！」だ。

文　王衆一　平井輝章
写真　劉世昭
取材協力　北京地鉄西単駅工程指揮部常務副指揮長　胡尭甫
同指揮部広報担当　黄長江

へ手紙を書いて長期居留を願ったのである。
最も代表的な人物なのである。彼の処分につい
上、中ソ両国の対立と友誼の喪失、社会主義陣
95

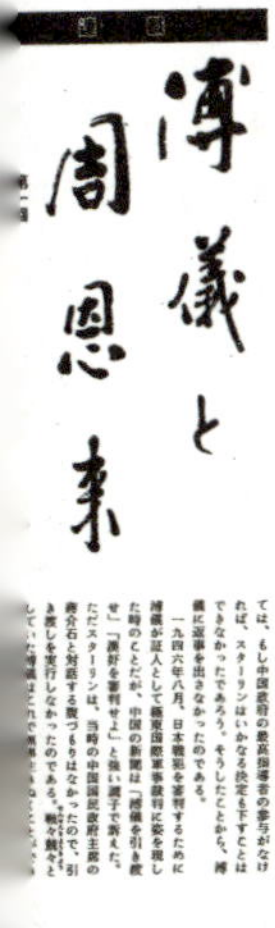

11

12

14

1993

邓小平南方谈话之后，社会经济的发展进入新一轮高潮。主张社会主义市场经济的专家召开座谈会解读《这就是中国的市场经济》(2月号，见图1)；特辑《北京正在变身为一个商业都会》通过种种现象分析了中国首都正在发生的嬗变(12月号，见图2)；特辑《10人10话：生活就这样改变了》通过10个人的见闻剖析身边的生活正在发生的深刻变化(5月号，见图3)；特辑《生活方式的急剧改变》则从大家庭的解体、丁克家庭的出现、不婚单身者的增加、跨国婚姻等现象讨论延续千年的家庭观念的改变(9月号，见图4)。

就在这样的时代背景下，《人民中国》迎来了创刊40周年。汉俳已经蔚然成风，赵朴初、林林、钟敬文都以汉俳作品送来祝贺。歌人近藤芳美则以和歌形式寄来了祝贺创作(6月号，见图5)。本刊顾问村山孚接受专访，客观地指出“不惑之年”的《人民中国》将面临新课题与新挑战(6月号，见图6)。

中日民间的交流已经平常化。日料店的激增急需建立料理师认定制度。“中国首届日料大赛”正是为此做前期准备(8月号，见图7)。不屈不挠地挑战世界高峰的行动还在继续，《中日联合登山队首次登顶南迦巴瓦峰》记录了他们又攻克一座世界处女峰的壮举(2月号，见图8)。

编辑部的摄影记者有的将镜头对准身边行将消失的胡同(5月号，见图9)，有的将镜头瞄向云南边境地区硕果仅存的窄轨铁路(8月号，见图10)。新连载《溥仪和周恩来》日后成册出书(1月号，见图11)；《大众诗人白居易》是秦泥自《诗仙李白》获得成功后又推出的连载力作(11月号，见图12)；专栏《导游手册上没有的北京》则将触角伸向普通人不知晓的都市秘境(1月号，见图13)。这一年的封面终于将镜头朝向了火热的经济社会的日常(9月号，见图14)。

第二节
创刊 40 周年纪念文章[1]

本刊顾问村山孚[2]畅谈《人民中国》40 周年[3]

李：村山先生多次作为专家来北京赴任，经历了改革开放初始阶段，后来又担任《人民中国》编委、顾问。恰逢《人民中国》创刊 30 周年，想趁此机会听听您的意见。

村山：虽然现在不是我等该出场的时候，但不知不觉我已经加入了“老古董”的行列。就当是交“老人税”吧。（笑）

40 年真是“不惑之年”啊。孔子说的“四十而不惑”，解释为“到了 40 岁时，信念已经坚定，不会迷惑了”，但从孔子的一生来看，这个解释并没有什么说服力。孔子 40 多岁正处于人生的十字路口上，进退为难。

正因为孔子 40 岁对未来感到困惑，所以才会“不惑”。《人民中国》现在也意识到了转折期的来临……

李：这是个新说法。

村山：不，这可是真的。（笑）我想正是这种痛苦的经历，使得孔子在晚年说“要知道 40 岁是犹豫不决的年龄，尽量不要犯错”。我相信这就是“四十而不惑”的真正含义。

李：那《人民中国》的“不惑”是什么呢？

---

1 此节文字载于 1998 年 6 月号。

2 村山孚，中国问题研究者。1920 年生于日本新潟县，毕业于哈尔滨学院、中央大学和大同学院等。曾担任报纸和杂志的记者，以及出版社董事等，此后埋头撰写中国相关问题的著述。1978 年 5 月至 1981 年 10 月，1983 年 10 月至 1984 年 6 月，1987 年 11 月至 1988 年 12 月，他都在北京为《人民中国》工作。主要著作有《新北京岁时记》《中国考古与历史之旅》《不再是旧满洲——中国东北游记》《中国的民间故事》《中国兵法所表达的思想》《孙子》《论语的阅读方法》《论语一日一句》《史记中的人类学》等。

3 访谈者：人民中国东京支局特派员李惠春。

村山：这就是问题的关键。任何人到 40 岁时，都积累了一定的经验和社会地位，但同时也有许多疑虑和担忧。

《人民中国》也是如此。《人民中国》在相关人士的巨大努力和读者的助益之下取得了今天的发展成果，但随着日中关系日益密切，问题也越来越多，越来越复杂。然而，《人民中国》没有充分意识到这一点。上来就说些不中听的话是不是不太好？

李：不，您请讲。真正的朋友不避讳。

村山：总而言之，"不惑"应该说是《人民中国》的一个重要转折点。以前，关于中国的信息很少，所以显得罕见。现在中国已经开放，关于中国的信息大量涌现，越来越多的外国人通过旅行和商务了解到中国的现实情况。我有一位中国好朋友说过这样一句名言："任何人都可以画一个没有人见过的怪物，但很难画一只大家都很熟悉的狗。"（笑）

李：如果只介绍正面的事物，就会失去读者的信任。虽说如此，但只写缺点也是不对的。生活在日本的人能看到很多与中国有关的报道。然而，从我们的角度来看，其中许多只是表面现象，坦率地说，有不少是误导。

村山：这就是《人民中国》的价值所在。有很多东西是外国人感兴趣但不了解的。我希望《人民中国》能坦率地写出中国的现实和中国人民的心声，这些从外界是了解不到的。

中国的出版物好的时候会捧上天，不好的时候甚至要把它拖到地底下。我不这样认为。只有对新政策也能写出积极和消极两方面时，它才会被信任并能够更好地发展。最近这种写作方式出现了。

创刊号轻松的报道让我感受到了当时中国社会正在发生的变化。

李：您从创刊起就一直是《人民中国》的读者，您是不是还保留有《人民中国》的创刊号?

村山：是的，那是当然。我当时是一名报社记者，通过日中友好协会的报纸得知《人民中国》创刊，就订了一份。当时是贴着中国邮票途经香港寄到日本的，非常珍贵。

李：创刊号是在1953年6月出版的，也就是日本的昭和二十八年，中华人民共和国成立第四年。

村山：是日本战败后的第8个年头。《旧金山和约》已于前一年生效，在冷战局势下，一切都向美国一边倒。中国是一个新生的国家，它正在朝鲜战争的炮火下努力建设国家，给了大家一种新鲜感。小李，你当时在做什么?

李：我当时是沈阳的一名初三学生，准备参加中考。我当时没有想过，自己将来会从事中日关系方面的工作。

村山：《人民中国》的创刊号里刊登了一篇田流所写的农村报道，其中提到村民们在小河里洗衣服。一个年轻人因为在洗他妻子的衣服而受到非议，他脸色通红地为自己辩护说："不是要男女平等吗?"这篇报道给我留下了深刻的印象，我感到社会正在发生变化，和战前不一样了。

李：当时，中国已经经历了三年的准备阶段，社会主义建设的基本方针（社会主义总路线）已经确定，中国充满了活力。

村山：创刊号的卷首有郭沫若的创刊词，还有对土地制度改革的介绍，内容很丰富。孙战科写了《中国的普选》。我听说他是从抗日战争时期的儿童团成长为一名记者的。然而，1957年，他被扣上"右派"的帽子，下放到东北的北大荒，日子过得很艰难。1979年，当他时隔二十年再回到《人民中国》时，我第一次见到他，他开朗的性格令我惊讶。不仅是《人民中国》的人，所有中国人都经历了一段艰难的时期。然而，令人惊奇的是，他们没有被命运压垮，还坚强地活着，我想这是值得中国人民自豪的。

李：您真是过誉了，可以明确的一点是，《人民中国》的历史与每一位员工的人生经历是紧密相连的。

村山：你能否为新读者简单介绍一下《人民中国》创刊的缘起。

李：新中国成立后，英文版的《人民中国》很快问世，向世界介绍新中国，但这并不足以满足日本人对中国的好奇心。因此，在1952年秋天，出版社决定出版专门面向日本人的《人民中国》（日文版）。“日本通”康大川带头招募人员，刘德有、安淑渠、李玉银、于鸿运等许多资深前辈聚集在一起，夜以继日地工作，筹备出了创刊号。

村山：从那时起，中国和日本的关系起起伏伏，但《人民中国》一直在坚持介绍中国。

李：1963年举办的创刊10周年庆祝会颇受重视，周恩来和陈毅出席了庆祝活动。我在1961年从北京大学毕业后加入人民中国杂志社，当时中国终于从自然灾害和极“左”路线导致的“大跃进”政策的失败中恢复过来，杂志上也显现出了明快的气息。

村山：比如说“北京的街角”系列就是这样的报道。

李：一直在写生硬文章的记者很难写出那样的报道，甚至有的记者被康总编要求改了八次稿子，最后都哭了。

村山：后来在“文革”中这成为康大川总编辑的罪状之一。

李：“文革”中，杂志社内部也分裂了……

村山：当时在日本看到报道，还以为会发生改变人类历史的划时代大事呢。然而，当时《人民中国》上刊登的都是一些固定表述和对“文革”的赞美，毫无可读之处。所以我暂时停止了订阅。

李：村山先生作为专家赴任是在1978年创刊25周年的时候？

村山：是的。创刊以来，一些外国工作人员会被称为“专家”，其中包括菅沼、池田、横川、川越、戎家等一代代优秀挖井人。经过曾在北京长期生活的早稻田老师安藤彦太郎的介绍，我喝上了“他们挖出的水”。我赴任的时候，正好是“四人帮”被逮捕一年半之后。在此之前我是有顾虑的。毕竟曾经在“满洲国”工作过，觉得没法厚着脸皮去中国。在东京的中国驻日大使馆说起这件事时，使馆工作人员告诉我，只要我想去，中国就会欢迎我。于是，我和妻子两个人就下定决心去了。

面向外国发行外语杂志是一份很辛苦的工作，但即便大家偶尔有怨言，也会把工作做得很好。印厂的工人不懂日语却很认真地排字，这令我十分感动。

李：先生的工作态度，深深激励着我们。因为“文革”的后遗症还很顽固，当时人们盲目追求形式上的平等，积极性很差。

村山：咱们就别互相夸了。（笑）我其实是一个懒人，就因为是外国人，所以工资是中国同事的好几倍，不能不工作。（笑）而且我们这些外国人上下班都是车接车送的。中国员工里，即便社长和总编都是骑自行车，而且他们的年龄都比我大。我真是太汗颜了，哈哈，听说这是八路军优待俘虏的传统。（笑）当然，也有一些令我感到意外的事情。我上班的第一天，从早上开始，全体员工都去看了电影，我记得好像是罗马尼亚的电影。

李：确实有这样的事。

村山：每逢春节等节假日我会叫社员们来家里做客。平时中国人来我们宿舍做客都不会一个人来，一定是两个人。不过现在不会有这种事了。

李：“文革”中会被当作特务，主要是为了避免这种怀疑。

村山：当时“文革”的遗风还在，街上也是杀气腾腾的。商店货架上的东西也很少，有的只是喧嚣声。（笑）从 1978 年前后开始，明显地一切都变得明朗起来。1978 年三中全会召开后，改革开放就开始了。

李：您正好经历了改革开放的初始阶段。

村山：当时发生了巨大的变革，每天都会有新鲜事物出现。

员工的生活不也变好了吗？ W 以前住在下雨时天花板渗成世界地图的房间里，曾笑称“身在陋室，放眼世界”，现在已经住进单位分的三居室里了。L 喜欢抽烟，饭盒里没有肉。他非常认真地说：“这是社会主义初级阶段的便当。”现在虽然已经买得起肉，但为了健康，他更愿意吃蔬菜。在中国人的讽刺和幽默里显示着他们的阅历。希望《人民中国》也能有这样的幽默。

无论是好的还是坏的，希望《人民中国》不要停留在讲表面现象，更要写出深入、多角度的报道。

李：每次去中国都会看到新变化，您一定会感到惊讶吧？

村山：是啊。快速的发展也会让我们失去一些东西，在过渡阶段出现这样的问题也是没有办法的。拜金主义也是如此。中国被古老的传统束缚着，而且是一艘巨轮，改变方向的时候会产生加速度，难免会过了头。但纠正的时候又容易矫枉过正。所以无论如何道路都是曲折的。贪污、卖淫、走后门等问题也很突出。不过，我认为，只要中国坚持自我净化，一定能独立实现现代化。我希望《人民中国》能把这个过程记录下来。

我之前也说过，希望《人民中国》不要停留在讲表面现象，更要讲得深入，讲出为什么，讲出中国要往哪个方向发展。

李：《人民中国》的不惑之年确实是一个很重要的时刻。我们还有很长的路要走。

村山：是的。21 世纪中国和日本都将发挥重要的作用。只有互相了解对方的不同之处，了解对方的缺点，才能实现真正的友好。从这个意义上讲，《人民中国》的作用很大。建议在 41 周年到来之前，向读者广泛征集改革方案。

李：来到日本之后，我才明白读者的声音有多重要。我深感需要相互交流。

纪念创刊 40 周年——我与《人民中国》[1]

为了让日本人民感受到新中国的新生气息，1953 年 6 月创刊的《人民中国》杂志在广大读者的热情鼓励下，走过了 40 年的历程。

---

1 特辑导语由编辑部撰稿。

在创刊40周年之际，我们没有选择推出华丽的纪念文章，而是为了让《人民中国》成为一本与“不惑”之年相称、对读者更有益的杂志，继续毫不犹豫地倾注力量。

带着这种想法，我们刊登了6篇站在各自的角度，讲述对本刊饱含热切深情的读者投稿，与各位读者一起在杂志上进行纪念，同时也为“不惑”后开始新的阶段做好思想准备。

扎根现场的三天[1]

《人民中国》迎来了创刊40周年。作为自创刊号起就关注《人民中国》的读者，我想向《人民中国》表示由衷的祝贺。这40年来的历程是非常艰辛的。尤其是在“文革”期间，辛苦是可想而知的。

我1949年10月从大连回国后，当月便开始参与开拓与新中国的贸易，由于年纪大了，前年停止了贸易工作。其间的42年可谓一路艰辛。40年的光阴并不短。我想《人民中国》杂志的40年，也是起起伏伏，顶风抗雪的40年。

刚才提到我从创刊号起就是《人民中国》的读者，但最初的一年，我一直读的是免费赠阅杂志。之后是通过日中贸易促进会统一申请阅读的。创刊号的封面很朴素，内容也不像现在这样丰富。当时很难了解到与中国有关的信息，对于希望了解中国的人来说，《人民中国》是十分宝贵的。我一直认为，在创刊时，《人民中国》编辑部可能也没有足够的工作人员既懂日语又能用日语写文章。我在1949年就听说过康大川的日语很好，但我很久以后才知道“日语大拿”刘德有也参与了《人民中国》的编辑工作。

1　前高庄株式会社社长高桥庄五郎撰文。

我记得是在1953年，和我一起开拓日中贸易的合作伙伴铃木一雄从北京回来，说中国的胡愈之先生希望他马上从日本寄去铅字字模、铅字铸造机、铅条铸造机等。字模需要假名和汉字两种。

我想这应该是为了解决中国对日出版物印刷之需。《人民中国》杂志是1953年创刊的，现在想来，应该是印制《人民中国》需要这些设备。

铅字字模交给东京的制造商，铅字铸造机交给京都的制造商。然而，当时京都制造商的工人正在罢工，工人们要求厂方支付拖欠他们的工资。

我马上跑去制造商那儿一探究竟。他们的专务董事好像是自己跑进了一个小房间，被堵住了。我告诉专务，在建造铸造机期间，工人的工资将直接从我们这里支付给工会。并且，我们还与工会主席展开了谈判。我告诉专务新中国迫切需要这些设备，请务必配合。和专务商量妥当后，我告诉他制造铸造机的工资会由我们直接支付给工会。

工会委员长离开谈判席不到3分钟就回来了，当即十分肯定地表示同意开工。他说大家达成了共识：既然新中国需要，我们就要造出来。我问他什么时候开始，他说马上。

我感动得流下了眼泪。那里的男工穿着缝缝补补的工作服，一些女工也穿着破烂的工装裤。他们在现场接连3天近乎彻夜不眠地工作，我也一直在现场盯着。

当时，我腹泻严重，靠着氯霉素挺过来了。

7台铅字铸造机在3天半内完成并调试完毕，从横滨经香港乘船到达天津。

大约两年前，康大川携夫人来日本，我和妻子与他们一起聚餐，偶然聊到了这件事。他说："确实有这回事。"不过，《人民中国》从3月起做了两次试验版，我们发货的机器没有赶上，最终是靠从张家口运来的设备和从沈阳运来的铅字赶上工期的。后来为了确保字形一致，正式出版的时候也用的是沈阳的铅字。听了这段插曲我才明白，怪不得当时《人民中国》的铅字字体有些奇怪。

我写下这件事，是希望能让各位读者知道当时日本工人对新中国的热切期盼，以及《人民中国》克服资源匮乏的困难坚持向日本介绍新中国的热情和付出。《人民中国》杂志的风格已经变得愈发贴近时代潮流。我希望《人民中国》能准确掌握日本读者的需求，毫不退缩地大胆向前迈进。

如庭前梅树茁壮成长[1]

我的书架上摆放着从 1957 年至今的《人民中国》。其实，我从创刊号开始就一直在看《人民中国》了，之所以从这一年开始有了保存的念头，是因为我觉得这本杂志可以作为中国历史的见证者。

1967 年，“文化大革命”之初，《人民中国》的封面都是毛主席像，文章也满是“毛泽东思想伟大胜利”之类的内容。当时我觉得中国很厉害。后来我才知道“文革”是一场灾难。

中国克服了“十年动乱”和重重困难走到现在。《人民中国》的封面也换成了漂亮姑娘。报道转向宣传改革开放，图片则反映了中国经济的发展。

我对中国的看法也变了。我开始觉得中国人民迫切需要发展经济。通过阅读《人民中国》我了解到中国现在正在走什么样的道路。

1966 年我应人民中国杂志社邀请访问中国。历时 50 天游历北京及各地，认识了许多期盼中日友好的中国人，我也立誓要致力于日中友好。在这次访华过程中我结交了很多朋友。友好始于人与人的交流。我们彼此提出不同的想法，也结识了能真诚交谈的朋友。

1　山梨县日中友好协会理事长神宫寺敬撰文。

《人民中国》的车慕奇先生，一边爬山一边与我讨论社会主义市场经济，是我难忘的朋友之一。

我每年10月都会去北京，亲眼看到中国的发展，我就放心了。1966年46岁时访问人民中国杂志社，现在我已经73岁了。我对妻子说，再过10年我还想去北京和《人民中国》的各位工作人员见面。我的想法得到了她的支持。

我很喜欢看《人民中国》的读者来信。很多人称赞一篇报道好，编辑部的成员也会感到很愉快。不过，在日本，“捧杀”已经成为流行语。

所以，有缺点我们也要指出，不能捧杀《人民中国》。这才是真正的友谊，也是编辑部希望看到的。

《人民中国》今年迎来创刊40周年纪念，已经拥有了辉煌的历史。

我家院子里有一棵梅树。今年鲜花盛放，满园飘香，硕果累累。希望《人民中国》也能像这棵梅树一样茁壮成长。

当回忆与杂志上的故事重叠[1]

1939年春天，在女校时期的好友的再三写信邀请下，我来到了中国。

中国给人感觉悠然而有韵味，与日本完全不同。中国人爽朗的性情更是深深地吸引了我。这让我深感要理解中国这个邻国，要加深友好就必须懂语言，于是，我便开始跟着中国老师学习汉语。

回国后，我对中国和汉语的感情难以割舍，一直在认真地自学。看到在东北大学任教的中国讲师赵迺桂老师的报道后，我便请他教我继续学汉语。当时我听说了日中友好协会，便加入了协会。在那里我知道了《人民中国》，马上就决定订阅。

---

1 锄柄千代枝（主妇）撰文。

中日两国是邻国，但当时却没有正式往来。《人民中国》把我们想了解却很难了解到的中国消息，带着中国的气息从北京直接传递过来，让我感到中国愈发亲切，愈发新鲜。杂志中的日语准确且优美，让我明白我们对中国的有些事情只知其表，不知其里。这本《人民中国》堪称“了解当今中国的小百科全书”，我经常阅读，爱不释手。

我通过《人民中国》附录中的北京广播汉语课本参加了汉语讲座，在1964年获得了北京广播电台基础讲座结业证书，并在第二年获得了中级讲座的结业证书，现在也成为一段美好的回忆。另外，为了让更多的人了解中国，我开始致力于扩大三刊读者，还为促成日中恢复邦交到处征集签名。通过《人民中国》，我在中国结交了许多朋友，让原本一直围着锅台转的生活也发生了变化。

对我来说，1972年日中实现邦交正常化是最值得高兴的消息。认识我的邻居们特意来向我道贺，真是一件非常值得高兴的事。

第二年，1973年，我作为访华团的一员，访问了阔别30年，已然获得新生的中国。当时没想到《人民中国》的发行方国际书店、北京广播电台的各位工作人员都把我当作“老朋友”，专程到宾馆来见我，真的很感激。

现在我家里保存着30多年来订阅的《人民中国》，虽然因为中途搬家等缘故并不完整，但大部分都保存得很好。直到现在，每当我对中国有不了解的地方或者有想知道的事情，我还会翻阅它，把它当作中国小百科全书。有时我会不由自主地思绪飞扬，沉溺于对往昔回忆中。比如，我心中很挂念当年在汉语讲座上认真解答疑问的陈文彬老师，但“文革”发生后一直没有他的消息。后来，我在《人民中国》的《词汇》栏目上看到了他的名字，这才放心了。看到老舍先生的报道，我就会想起他作为中国作家代表团团长访问仙台时，我因为读过他的作品参加了交流会，听到他的亲切谈话非常高兴等。这些《人民中国》的报道与我的回忆相合，让我感到《人民中国》既是一本百科全书，也是一本珍藏回忆的影集。

1989 年我再次访问中国时，《人民中国》的安淑渠先生和国际书店的各位工作人员专程为我举行欢迎宴会。在我丈夫去世让我感到身心俱疲的时候，《人民中国》特派记者李惠春还来看望我，令我非常感激。

我还参加了在八王子图书馆举办的“李惠春特派员围坐学习会”，由于场面十分热烈，预定时间不够，我们中途转移了活动地点，一直讲到傍晚。她不仅积极促进杂志发行，还为增进日中之间的友好交流、相互理解，不辞劳苦，这种全情投入的工作状态让我非常感动。

今后也希望她能继续作为促进日中相互理解的桥梁发光发热。

与《人民中国》交往的开端[1]

在日本，一本杂志除了要有扎实的报道和编辑，还要刊登一流企业的广告，这样才能被称为一流的杂志。

1984 年 8 月，我在中国人民大学进修语言时，在友谊宾馆对在人民中国杂志社担任专家的和田先生（现拓殖大学教授）说起我的观点。

和田说：“正是。说到这件事，我要跟你介绍一个人。跟我来吧。”他说着就把我带到了位于车公庄的人民中国杂志社安副总编辑那里。

安副总编辑给我看了《人民中国》杂志，说：“我们也正式开放广告了。请一定要介绍日本一流企业在我们的杂志上刊登广告。”出于对安副总编辑的尊敬，我当即答应下来。这就是我与《人民中国》杂志社交往的开端。

《人民中国》的印刷品质在当时的中国算是顶级的。不过，与日本杂志的印刷水平相比，还是有差距的。我虽然答应了，但还是担心日本一流企业的

1　中国广告代理公司总经理寺田亘利撰文。

广告商看到这样的印刷品质和内容是否会愿意登广告。

回国后，我在东方书店的安井社长的帮助下，初步整理了媒体资料。日本很多大企业非但不了解《人民中国》，更不了解中国的现状。我们向这些企业的宣传部、公关部寄送了“样刊”，之后前往每一家公司逐一进行详细的说明，让他们了解《人民中国》是一个什么样的媒体。但那时还很难想象有企业愿意在《人民中国》上刊登广告。

1985 年，我托朋友关系，请“东急观光”突破常规，在《人民中国》封底刊登了广告。这是广告开放的开端。之后“东芝”连续三次刊登广告。紧接着 1986 年，“全日空”“狮王”开始全年刊登彩色广告。

然后是封二、封三、文章中的彩色广告和开放广告接连出现。在此期间，《人民中国》的印刷技术也取得了进步，现在已经发展到可以与日本的一流杂志在书店里并驾齐驱的地步。

正因为和田先生的热心介绍，安副总编辑的英明决断，才有了今天《人民中国》的发展，广告版面愈发充实。为了让更多的日本朋友了解和订阅了解现代中国的最佳媒介《人民中国》，我们热切希望《人民中国》全体员工、读者、经销商、相关单位动员开展“一人一册介绍运动”。

让阅读《人民中国》的快乐百倍增长的方法[1]

我第一次看到《人民中国》还是在学生时代，是在大学图书馆里看到的。当得知可以连续三年定期订阅时，我便为自己订阅了一份。从那以后，我已经坚持读《人民中国》将近十五年了。我确实很喜欢读汉文，但此前对中国也没有特别大的兴趣。但读着读着，还是对中国产生了喜爱之情，变得很熟

1 福原喜作（公司职员）撰文。

悉了。现在我几乎每年都去中国旅行，回想起来，这本每月一期的杂志对我个人的影响力是相当大的。

十多年来，我读《人民中国》时最期待的是专栏和咨询类栏目，比如《词语广场》《聚光灯》《中国来信》等。杂志首尾的彩色照片直观地反映了中国的风景，令人动容，而且每次都有精心设计的特辑，还有介绍中国深奥历史的连载读物，让人受益匪浅。但是，除此之外，在看似随意的短短几行报道中，却闪烁着很多宝贵的东西。

例如，《中国成功研发〈孙子兵法〉检索系统》《今年福建省安溪县的乌龙茶大丰收》等信息之间，会突然出现《一个长着两个头的婴儿在天津降生在左臀打针左边哭，在右臀打针右边哭》这样的话题。或者在《中国颁布跨国婚姻规定》这篇文章的后面，会出现《上海出现了天才少女，能做因数分解》，后面还有题为《发现一只能下三黄蛋的鸭子》的报道。

不拘泥天下国家发展的大题目，而是以这种看似无关紧要的话题写出来的报道，出乎意料地令人感到轻松愉快。最近刊登的《有异食癖的王玉兰，吃纸后感到心情舒畅》《中国的“百面相”——从喜怒哀乐到北京猿人》等报道，标题起得好，令人难忘。我暗自想，发现这些标题吸引眼球的简短报道，或许正是《人民中国》狂热“粉丝”的另一种享受方式。

从大主题到琐碎的新闻，包罗万象。我想这就是“在北京出版的综合月刊”这一宣传口号所包含的“综合”的意思。当然，我希望《人民中国》能始终认真关注重要的问题，同时也让这样的花边新闻适当镶嵌其中，让读者感到愉快。我想，除了我，还有很多读者想读到《是喜马拉雅山的雪人还是秦岭的野人？破解谜题的探险队神秘追踪报告》（1980 年 9 月号）之类的报道。

总之，我将继续热爱《人民中国》，创造属于我的中国风景。然后时常去中国旅行，给自己心中所塑造的这幅中国风景增添更多鲜艳的色彩。我期待今年也能充分享受在中国旅行的乐趣。

作为生于同时代的邻居[1]

恭祝《人民中国》创刊 40 周年。

说到 1953 年创刊，正是朝鲜战争停战，日本开始播放电视节目的那一年。我生于 1949 年，几乎和《人民中国》生活在同一个时代。

当我们这代日本人通过旅游和商务活动与中国打交道时，就意味着我们注定将在日本和亚洲的现代史中留下足迹。从中国的角度来看，我们可能是不合作的一代。我们只能一边展望日中关系和世界的未来，一边确定自己的姿态，立足历史向前迈进。

几年前，我通过《人民中国》认识了菅沼久美。菅沼久美是一位永远充满活力的母亲。她总有聊不完的话题，和她谈话很愉快，而她提出的意见也很犀利，总是积极地为下一代着想。所以，我怀着深深的敬意叫她“妈妈”。但她在去年 3 月去世了。

菅沼不二男夫妇二人从《人民中国》创刊起就参与其中。菅沼生前曾答应我，要在文章中结合自己的人生经历谈日中关系和亚洲的动向，但却未能如愿，失去了宝贵的历史记录。

尽管历史的传承并不连贯，但时间仍在不停流逝。我从事的是设计方面的工作，这方面的中日交流至今还没有明显的进展。

但是从文字来看，最近无论是在日本还是在中国，横排文章都多了起来。如果我们能共同开发出易读、美观的横排字体，优于为竖排而创设的明朝体（中国叫宋体），也能为今后将更加广泛应用的电脑排版提供帮助。

1 前野幸夫（平面设计师）撰文。

此外，作为表意文字，汉字也许能在下一代信息传输系统中发挥其长处。能开展这项研究的恐怕也只有日本和中国了。中日还有十分广阔的合作空间。

除了物品的生产和建设，我们更需要以广阔的视野思考当今时代要创造什么样的文化。希望我们能集思广益，助力创造与发展。

为了纪念创刊40周年，我想对人民中国杂志社提出一个建议。那就是开设“中国基金”账户，用于援助救灾、医疗、教育。通过这个账户，让生活在同时代的邻居能提供援助，前人能为后人提供援助，形成每个人都能怀着各自的寄托提供资金支持的窗口。其他国家也可以根据需要开设援助账户。

日本在经历大地震和台风灾害时，以及战后的重建时期，都得到了许多国家的支援，才得以重振和复兴。特别是战后对教育的援助，成为现在日本繁荣的重要基石，经过40年终于结出了硕果。

今年的《人民中国》1月号杂志上提到了中国的失学儿童。贫富差距导致的教育机会不平等是人生中最遗憾的事，也是社会最大的损失。另外，如果可以把为了表达反省和追思而建造石碑的资金用来建设、运营学校，我们就可以把梦想寄托在未来，为日本和中国，乃至世界的发展做出贡献。这才是最有用的反省与追思。

我认为《人民中国》是面向全日本最广阔的窗口，所以提出了这个建议。我希望能建立起一个便于普通人使用的、更为切实的基金。

第三节 1994—1998年度点评

長江経済ベルト2500キロ

第5回

黄金の三角地帯
江西省に経済発展のチャンス

江　贛

長江中・下流の南岸にある江西省は中国の内陸の省で、略称は贛、面積は一六万六六〇〇平方キロ、人口は三千九百十三万人だ。

同省は今世紀二〇年代に中国の人民解放軍が誕生した地だ。一九二七年八月一日、革命軍創始者の一人、周恩来総理と朱徳元帥の指導で蜂起の発生した南昌は、現在省都になっている。一九四九年に新中国が成立してから、八月一日は、中国の建軍節（人民解放軍創立記念日）と定められた。

中国陶磁器の町として内外に知られる景徳鎮も江西省にある。

南昌、景徳鎮そしてもう一つの重要都市・九江をつなげると、長江の南岸に沿って三角形の地域になり、地理的に優れた位置にあり、経済的潜在力が大きいので、長江中・下流南岸の「黄金の三角地帯」と呼ばれている。

中国政府は一九九二年、長江沿岸の二十八の都市と八つの地区の対外開放を決定し、まず沿海から、後に内陸地区に向けて対外開放を進めて行くという新たな配置の確立、及び江西省と隣りあう湖北省の省都・武漢を中心とする長江中流経済圏の形成につれて、江西省は新しい経済発展のチャンスを迎えた。

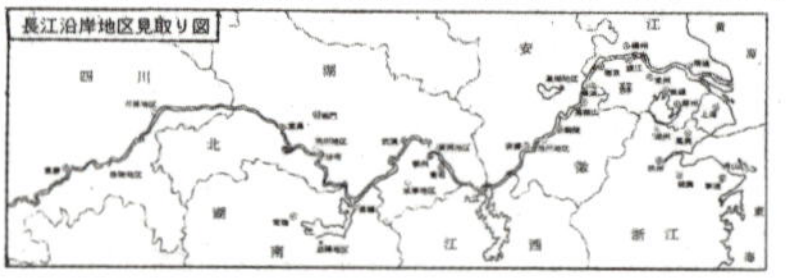

50

「黄金の三角地帯」の優れた投資環境

九江、南昌、景徳鎮は江西省の重要な工業都市で、またいずれも古い文化の歴史を持つ都市だ。同省のほかの地区に比べると、この三市の投資環境は際立っている。

――まず交通が発達し便利なことだ。三市は水路と陸路の重要な位置にあるから、水陸空が調和して発展した総合運輸体系を形成している。水運の面では、九江港は長江の大きな港の一つで、江西省で唯一つの長江を通って海に行ける対外港で、世界の各大港に直航できる。道路の面では、四本の国道がそれぞれ三市を通って、さらに広東、福建、浙江、安徽、湖南、湖北へ通じる上に、省内の各市にも通じる。鉄道の面でも、四本の鉄道がこのデルタ地区を貫通し、建設中の京九（北京ー九竜）線は九江市や南昌地区を貫通している。空路の面では、三市はいずれも空港を持ち、全国の主な大・中都市へ直航できるし、南昌市からは香港への直航チャーター便が開通している。

――工業の実力が十分なこの三市には、省内の半分以上の大・中型企業があり、すでに一連の機械、化学工業、石油、電力、航空、陶磁器、服装など種類の豊富な工業体系が建設されている。南昌には、中国で初めて飛行機を生産したメーカー・南昌飛行機製造公司、大型の紡績企業・江西綿紡績捺染工場および大型自動車とトラクター工場がある。九江には、中国最大の羽毛加工やダウン製品の企業および発電所と製油所がある。景徳鎮は、陶磁工業を主体とし、世界でも珍しい陶磁器生産を専門とする都市で、ここで生産する青磁器、絵つけ磁器、染つけ磁器、粉彩磁器という四種類の磁器は、世界でも名だたるものだ。

――農業的基礎がしっかりしているのも強みだ。三市には五一万六〇〇〇ヘクタールの畑と三七万八〇〇〇ヘクタールの水田があり、穀物、綿花、搾油用の農作物、茶、かんきつ類などを多く産出する。

このほか、デルタ地区の鉱産資源（景徳鎮の陶磁器用土は有名だ）と観光資源（避暑地・廬山は九江市にある）が大変豊富だ。

長江沿岸地区を開発するという、国の総合配置にもとづいて、江西省は、省内の沿岸地区の経済発展企画をつくった。主として次のような構想である。

――デルタ地区で一部の土地を外国企業に提供して投資・開発させ、九江に保税区を設け、南昌に保税倉庫と保税工場を設立し、景徳鎮港をつくるため努力する。

――三本の高性能の道路を重点的に建設する。すなわち、南昌ー九江の自動車専用一級道路、九江ー景徳鎮、南昌ー景徳鎮の高速道路だ。また、長江最大の九江長江大橋、湖口大橋をかけ、大型旅客機の発着できる南昌空港を建設し、九江空港と景徳鎮の観光空港を拡張する。それと同時に、国内で一流水準の南昌駅、九江駅を新しくつくり、五百個の標準コンテナーと五〇〇〇トン級コンテナーバースを一つ新設し、二〇〇〇トン級のばら積み雑貨のバースを二つ拡張して、三角地帯の水陸空の総合的運輸システムをさらに完全なものにする。また一連の中・小型の水力発電所の建設も計画されている。

――文化、宗教、陶磁器という専門的観光コースをしだいにひろげ、廬山での観光バカンス区の開設と、三市での一連の観光用高級ホテルの建設に力を入れる。

――景徳鎮陶磁器基地を建設す

酒を温める高級な白地染付けの壺を検査する景徳鎮の労働者。これは江沢民総書記が訪日の際の記念品。

51

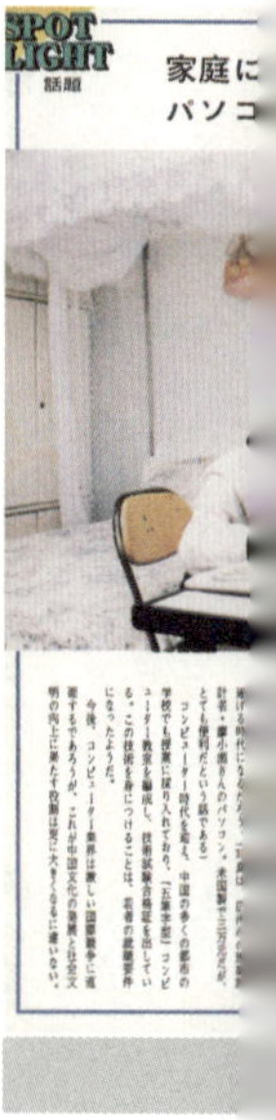

●特集「輸血」から「造血」方式へ
貴州省の貧困脱出作戦

ミャオ族やトン族の伝統的な高床式住居

いろりを囲んだミャオ族の家族

トン族の村の入り口に立つ楼門

中国大陸西南部、雲貴（雲南・貴州）高原に位置する貴州省は、「天に三日の晴れなく、地に三尺の平地なく、人に三分の銀なし」と言われるほど自然条件が悪く、また貧乏な土地だった。一九八五年に至っても人口三千万人のうち二千万人以上が貧困ライン以下の生活を送っていた。八六年から全国的に救貧政策が実施され、この貴州省でも貧困人口は一千万人に減った。それでも貴州省は、中国で最も貧しい省であり、その国民総生産と農村の一人当たり平均年収は全国最下位にランクされている。

この現状に対して、人びとはどのような挑戦を展開しているのか？　貴州省東南部のミャオ族やトン族が居住する地方を訪ねたレポートを紹介する。

久仰村への途中であったミャオ族の女性たち

20

民族楽器の調べに合わせて踊る人びと

21

ついに週休二日の時代くる

遊びに買物　支出も増えた

今年二月七日、中国国務院は「従業員労働時間に関する規定」を公布、この三月一日から全国的に四十四時間労働制を実施し、毎月の第一と第三土曜日を休日とすると正式に定めた。人びとはこれによって土日連休になるウィークエンドを「大礼拝（ダーリーバイ）」（礼拝は日曜日の俗称。つまり大きい日曜の意）と名づけ、もと通り一日休みの日曜を「小礼拝（シャオリーバイ）」と呼ぶようになった。

今日まで中国は四十四年間、週四十八時間労働制度で通してきた。そういった国民の労働時間について法的調整を行うのは新中国建国以来はじめてのこと。この規定の発表は、中国がすでに世界各国で進められている労働時間短縮――つまり時短の潮流にうまく乗っていることを意味する。

突然訪れたこの時短という大変化に中国人はどんな反応を示したのか。月二回増えた休日を人びとはどのようにエンジョイしているのか。新しい労働制度は人びとの暮らしと社会各分野にどのような変化をもたらしているのだろうか。

三月五日、六日は新しい労働時間制度の実施以後初めて迎える「大礼拝」、すなわち土日連休である。記者は四日金曜日の夜と五日、六日（土、日曜）の昼間に北京の街と公園、娯楽施設を歩いてみた。

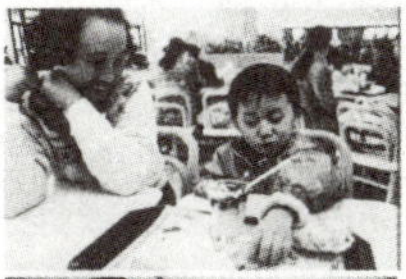
週休にマクドナルドで食事をとる母と子

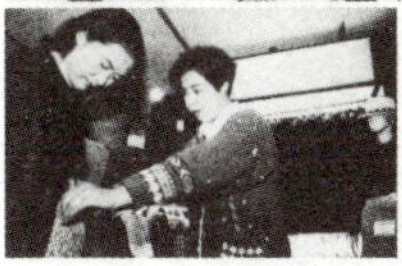
女性は週休でも街に出かけて家族の衣服を買うのに忙しい

史上初めての週末連休

三月四日、中国人は初めてこの金曜日をウィークエンドとして過ごすことになった。夕方六時、北京の繁華街の一つ西単商業区にある首都映画館で、お菓子やジュースを両手にした若いカップルを見つけ、さっそく話を聞いた。

ある企業に勤めるというこのカップルは「週休二日制は大賛成です」と興奮気味に語ってくれた。「一週間忙しい思いをした後は、どうしてもリラックスできるレジャータイムがほしい。もし明日の土曜日が出勤日だと、映画見にくる余裕なんかないですよね」

同じく西単のあるカラオケバーで病院勤めという若者たちを取材した。その仲間の二人はステージに立って流行曲を歌っており、とても楽しそうな様子だった。「これまでは週にたった一日の休みしかなかったので、その日はかえってあれやこれや忙しい。やりだしたらきりがないもので、遊んでいる暇なんかなかったわ。いまは助かったという気がしている。二日連休だと一日で雑事を片付け、残る一日は思いきって遊んで回るようになったわ」と、一人の女性は言った。

しかし連れのもう一人はまだ不満気のようだった。仲間の話を受けて彼女は言った。「第一、第三土曜だけでなく、すべての土曜日が休みになればいいのにね」

翌日の午前、北京北西郊外の円明園遺跡（一七〇九年に造園された清代の庭園。一八六〇年英仏連合軍に焼き払われた）では、遊覧に訪れる人が跡を絶たない。切符売り場の女性に聞くと、今日は例の土曜日より倍ぐらい売れているという。

園内で一人の公務員らしい中年男性に話を聞いた。彼は田舎から上京した父親を案内して歩きながら、シャッターを切っている。彼はこう言うのだった。「北京で勤めて十数年になるが円明園にきたのはこれが初めてです。実はずっと前から行ってみたいと思っていましたが、家が遠いのでね。今日は心配しないでもいい、明日も休みだから」

午前十一時、記者は北京動物園に来た。入り口は出たり入ったりする人で賑わっていた。チケット係の二人の女性は忙しくてしようがない。「普段は一人のチケット係でも充分間にあっていたのですが、今日はお客さんが増えてね。とくに子供連れの三人家族が多いようです」

日曜日の天安門広場での凧揚げ風景

休日には一家そろって公園で遊ぶ人が多い

子供を連れて歩いている男性に話を聞いてみた。「この子の母親は首都鋼鉄公司に勤めていますが、今日は休みじゃありません」男性は言った。「妻とはいつも同じ日に休めないので、これまでの週一日だけの休日にはいつも洗濯やら買い物やら炊事やらで忙しい思いばかりしたのです。いまはほんとうにらくになりました。二日続けて休めるので、うち一日は子供を連れて外に出て、動物園に行ったり、博物館を回ったり、子供の視野を広めてやることができるようになったものですから」

三月の北京はちょうどしだれ柳がポツポツ緑の芽を吹きはじめ、桃の花咲くうるわしい季節である。アウトドア・レジャーを楽しむ人びとの表情も和やかそのものだった。

休日の増加によって消費の機会も自然に増え、その選択肢の中で娯楽とショッピングが目立つようになってきた。土、日曜になると北京の各デパートはいずれも顧客で込み合う状態で、平日より明らかに人が増えている。

北京商業情報相談センターが市内の中型デパートとマーケットを対象に行った統計によると、土、日連休制を実施してから売上高が平均三〇%伸びている。うち王府井百貨大楼、西単ショッピングセンター、燕莎商城、長安商場、藍島大廈の売上高はほぼ倍にとうなぎ登りであるという。売れ行きの伸び幅が最も大きい商品は洋服、家電製品、食品類の順。

北京一の繁華街・王府井大街南口にあるマクドナルド・ハンバーガーの入り口には次のような看板が掛かっていた。「一日休みが増え、一日分歓楽が増えます。マクドナルドで楽しみましょう」同レストラン広報部の張女史の話によると、新しい労働制度の実施で売上げがいちじるしく伸びたので、人員の配置にも調整を行ったという。

千世帯の市民の生の声

土日二日連休を市民はいったいどのように思っており、どのように過ごしているのか? 新しい労働制度は市民の暮らしにどのような変化をもたらしているのか? 人びとが二日連休を二回、間に一

暮らしが豊かになるにつれて、人びとは洗濯機、冷蔵庫、カラーテレビ、コンポ・ステレオ……

姜文　監督第一作も完成

「いま君は二十九歳、もう七本の映画に出て、中国の男優でトップスターだという。二十九歳と言えば、私が『卒業』で映画デビューした年ですよ」と語ったのは有名なダスティン・ホフマン。姜文の演技の秘密はどこにあるのだろうか。

1963年生まれ。80年中央戯劇学院入学。84年中国青年芸術劇院に配属される。85年「最後の皇后」で映画デビュー。87年の「芙蓉鎮」と88年の「春桃」で百花賞男優主演賞受賞。ほかに87年「紅いコーリャン」、89年「黒い雪の年」、90年「李蓮英」など。

今日はギョーザで

「特になにかを求めて、というものじゃない、ごく自然な流れ。きのう

ってみようと……」

と語るのは、いま最も輝いている男優と評価の高い姜文（ジァンウェン）。第一作『陽光きらめく日々』は、まだ文革が続いていた一九七〇

明の小説『凶暴な動物』を自身で脚色し、主演も兼ねた。

この方向転換を多くの人が意外と思ったのは、俳優姜文の実績があまりにもすばらしいからだ。

右派と断じられ労働改造をやらされている男が、道を掃除しながらワルツを踊った『芙蓉鎮』。花嫁をさらい、酒のかめに放尿し、最後は爆弾を抱えて日本兵の中に突進してゆく『紅いコーリャン』。刑務所を出たばかりの男が、かれんな少女歌手に心を動かされ、脱獄した死刑囚の親友をかばって、自らも破滅してゆく『黒い雪の年』……。

このように姜文は、まだ十年にもならない映画生活の間に、個性的で生き生きとした人間像を演じ続け、観客に忘れ難い印象を与えてきた。

一九九三年には初めてテレビに出演、『ニューヨークの北京人』で、なんとか世に出ようと苦闘するバイオリニストを等身大に演じた。この

に投書した。演出者の一人、馮小剛は「姜文なくしては、このドラマはありえなかった」と言った。

無から有を生む仕事

姜文の監督としての力量はまだわからないが、独創的で魅力に満ちた演技者であることは万人の認めるところだ。

「私は、芸術面で自分をコピーすることを好まない」と彼は言う。確かに彼が演じる役は、性格、外形、年齢、経歴、文化的な背景などのすべてが異なった人物となっている。

「俳優というものは、一枚のキャンバスであり、一つの色なんです。私は、そのキャンバスと色を使って、自分の肉体をさまざまの性格、さまざまの外形を持った人物に描き上げてゆくんです」

姜文は「随意に」演技している、という評があるが、これに対しては次のように言う。

「随意に、というのは、決して勝手ということではない。随意に、とい

う演技も、

特集①

現代に生きる生活の指針
農暦よもやまばなし

中国では、大昔から近代までに百二種類の暦法を使ってきた。それらの多くは、月の満ち欠けと太陽年の二つの長さを考え合わせてつくうたものだ。現在中国で使われている農暦は、はるか昔の夏の時代（大体、紀元前二十一世紀～同十六世紀）にすでに使われていたので、「夏暦」ともいわれている。

一九一一年、万国共通の太陽暦が中国にも導入されて、中国は二種類の暦法を併用するようになった。太陽暦が「陽暦」とも呼ばれるのに対して、農暦は「陰暦」とも呼ばれている。

同じ地球に生活している他国の人びとと時間を共有する上で太陽暦が重要な役割を果たしていることは論をまたないが、農暦が中国の農事に不可欠の指針となっていることも厳然たる事実。農暦は、数千年に及ぶ農耕文化の産物であり、しかも多くの中国の伝統的な祭日が農暦に基づいているので、これを廃棄することができないのだ。

中国の新聞はすべて、太陽暦のほかに農暦の年、月、日、節気を掲載している。テレビ、ラジオのアナウンサーも、一日の番組を始めるとき、必ず農暦の年月日を告げる。

中国文化がある限り、二つの暦法が併存し続けることも間違いない。

●北京で出版する月刊総合雑誌
人民中国
People's China
1
1994
巻頭フォト　春節を彩る年画
巻末フォト　芸くらべで賑わう侯馬の元宵節
新企画
●長江経済ベルト二千五百キロ
●巻頭エッセイ・中国の民家
●対談・中国ざっくばらん
●素顔のトップスター
和氣吉祥

河

ひとが断崖絶壁に挑み、全長一五二五キロに
ぶ灌漑用水路「紅旗渠」を完成させたのだ。

いま林県は、林州市に昇格しているが、人びとはかつての苦闘を忘れず、改革開放の新路線にふさわしい新しい歴史に挑戦している。貧困という巨大な山を切り崩してさらなる豊饒を生み出そうという、現代の愚公たちの物語を紹介する。

第130窟　大仏（部分）（唐）

特集

敦煌研究院の半世紀
莫高窟の今と昔

敦煌研究院の創立五十周年を目前に控え、私は再び莫高窟を訪れた。私にとってこれは、四度目の敦煌訪問だった。

文革中に初めて訪問

私と莫高窟との縁は実に一九七五年にさかのぼる。文化大革命の災厄はまだ終わっていなかったが、一人のカメラマンと甘粛省を訪れたのを機に敦煌に足を伸ばしたのだ。

当時は莫高窟を見学する人などほとんどいなかった。「批判」からはもう「解放」されていたとはいえ、常書鴻所長はまだそのショックから立ち直っていないようだったが、「遠方から来た大切な客」として私たちを心から歓迎し、彼の粗末な平屋の家で、莫高窟の歴史的な意味と芸術的価値について語りながら、収蔵されているみごとな画集を見せてくれた。

私たちは、窓のすきまから風が吹き込んでくる小さな接待室に十数日間泊まり、朝から晩まで石窟にこもって壁画と塑像に見入った。常所長の特別許可をもらって石窟内の写真も大量に撮った。当時は発表できなかったが、文化大革命後一冊の写真集にまとめ、一九七八年六月号の『人民中国』誌の別冊付録にして読者の大好評をいただいた。

21

莫高窟中央部から第96窟を望む

8

太行山の絶壁を流れる紅旗渠

特集

二十世紀の愚公
紅旗渠の戦士たちはいま

李建明　師文竜　楊真

20

9

人情あつき人びとの物語

―日本人負傷兵を救った農民一家

康振帥　王来青

孫保傑さん一家。前列中央が孫さん。

歴史は、日本が無条件降伏を宣言した一九四五年八月にさかのぼる。中国人民は、八年にわたる抗日戦争を経て、勝利の夜明けを迎えた。

河南省南陽県、伏牛山区劉村の孫邦俊さん一家は、何度も戦火に見舞われ、苦しい生活を送っていた。この日、空がかすかに明るくなると、孫さんはいつも通り何里（一里は五〇〇メートル）も離れた山村の黒石寨へ、商売をしに出かけた。天秤棒の荷をおろしてまもなく、髪はぼうぼう、顔はあかだらけ、ぼろぼろの日本の軍服を着た乞食が寄って来て、手まねで食べ物をくれ、というふりをした。「こいつは日本人だ。飢え死にさせろ！」とそばの村びとが吐き捨てるように言った。

目の前の日本の負傷兵を見て、孫さんは何とも言えない気持ちになった。正直言って、日本の兵隊には、恨み骨髄なのだ。頭に重傷を受けているこの兵隊は、中国人を殺したかもしれない。追い払おうとしたが、早朝の秋風の中でがたがた震えている姿を見ると、やはり哀れみの気持ちがわいてきた。ふところの食料袋から二つの窩窩頭（トウモロコシの粉を蒸した円錐形の食べ物）を取り出して兵隊にやり、大口をあけてかぶりつくのをじっと見詰めていた。

その日、彼はやせこけた兵隊をつれて家に帰った。まず妻の張金栄さんにいきさつを話し、特にこうさとした。

「もし日本のおえらがたが中国を侵略しなかったら、彼もこんなひどい目に合わなかっただろう。今、面倒を見てやらず、見す見す飢え死させるのは、理屈に合わないぜ」

心やさしい妻は、涙ぐんで言った。「私だってこんなかわいそうな人を見殺しにできないわ」こうして名前も何も分からない負傷兵は孫さんの家に引き取られた。物乞いのさすらいの旅が終わり、とうとう四十七年間も居ついてしまった。

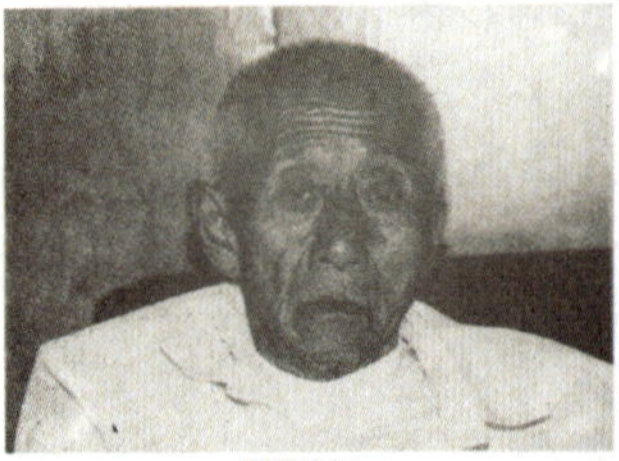

石田軍四郎さん

四十七年間、もし丈夫な体の持主だったら、孫さん一家を多少なりと手助けできたろうが、その兵隊は、記憶を喪失していて、話もできないし、頭もおかしい。

畑に連れて行き草取りをさせても、苗まで掘り取ってしまい、たきぎ拾いをさせても、半日以上野山をぶらついて、かご半分のたきぎも拾えない。一種類のたきぎしか分からず、ほかのは拾わないからだ。

野良仕事は何の役にも立たないが、大飯食らいだった。一度の食事に大きな茶碗で三杯食べて、やっと満足する。鍋の蓋をあけると、真っ先に茶碗を持っていくのは必ずこの男だ。何十年来、孫さん一家はすっかり慣れてしまって、「先ずおじいちゃんに御飯をよそおう」孫家の三代目も子供の時から譲り合いの美徳をうけ継いでいる。

それだけでなく、日本の負傷兵がこの家に来てから、彼はいつも徹夜に大声でわめき、綿入れの掛けぶとんを引き裂いて、綿だけにしてしまった。一番閉口させられるのは、外で小便がしたくなると、女性がそばにいようといまいと、その場でしてしまうことだ。

異常な行動が、いつも周囲の人びとを驚かせたせいか、村びとたちは彼を見ると「憨」（河南省の方言、バカのこと）と呼ぶようになった。一部の人は、「お前の生活も楽じゃないのに、バカにむだ飯を食わせるなんて。それに日本人なんだ。追っ払った方がいいよ」と勧めた。またある人は孫さんに面と向かってズバリとこう言った。「バカなのは彼じゃなくて、お前じゃないか」しかし、孫さんは自分なりの考え方を持っていた。「頭もへんだし、口もきけないし、追っ払ったら彼はどうやって生きて行くんだ」

一九六四年、孫さんは不治の病にかかり、臨終の時、兵隊の今後の生活問題を、息子に何度も持ち出した。

「保傑や、おれがいなくなっても、日本のおじいさんの世話をちゃんとしておくれ。誰でも両親、兄弟姉妹がいる。もし普通の人だったら家族を思わないわけがない。家族の人だってきっと彼のことを心配しているだろう。今後、機会があったら、ぜひ日本の家族を探し出して、一家だんらんをさせてやってくれ」

父の最後の頼みに、孫保傑さんは涙ぐみながらうなずいた。

重い生活的負担
精神的圧力

孫邦俊さんが兵隊を引き取ってまもなく、彼は半身不随で寝たきりになった。孫夫婦は、となり近所から借金をして、医者に見てもらった。八カ月の病臥の末、日本の兵隊は奇跡的に立ち上がれるようになった。

しかし、一九七五年の大洪水の後、彼は急に関節炎の発作をおこ

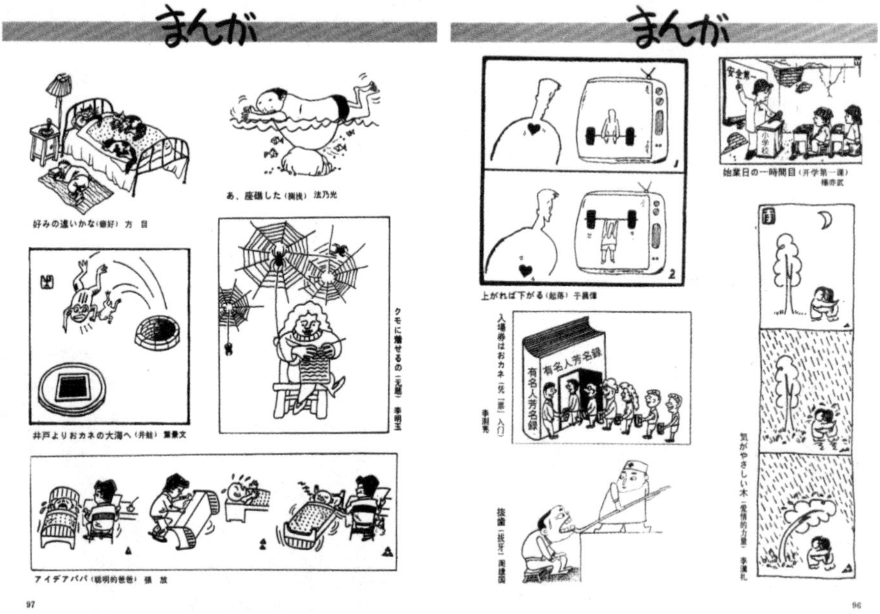

12

994

随着经济向纵深发展，《2500公里的长江经济带》一文使长江经济带进入人们关注的视野（5月号，见图1）。为克服发展不均衡问题，地区脱贫工作加大力度，特辑《改输血为造血：贵州省脱贫之战》报道了当时的脱贫思路调整和工作进展（8月号，见图2）。双休日的实施改变了人们的生活，《社会纪实》栏目敏锐地抓住这个选题，策划了题为《双休日时代到来：旅游、购物开支大增》的报道（8月号，见图3）；改变人们生活的另一个标志性事件是《聚光灯下》栏目的报道《渐渐渗透：家庭电脑时代拉开帷幕》（6月号，见图4）。《素面明星》栏目则将镜头瞄向被偶像化的男女明星，反映了社会追星意识的兴起（2月号，见图5）。

生活节奏的加快使人们怀念起四时有序的农业时代。特辑《现代生活指南：农历作用漫谈》反映了人们对借助传统智慧恢复宁静生活的期待（1月号，见图6）。这一年罕见地用年画《一团和气图》作为开篇封面（1月号，见图7）。特辑《莫高窟今昔：走过半个世纪的敦煌研究院》介绍了甘于寂寞，默默无闻地保护、发掘、整理敦煌文物的一代代献身者的故事（2月号，见图8）。还有一篇特辑《二十世纪的愚公：红旗渠勇士现况如何》介绍了在林县升格为林州市后，当年的林县人如何在改革开放中跟上时代步伐的故事（10月号，见图9）。秘境系列摄影栏目刘世昭深入贵州采访了明王朝最后的“国都”安龙，讲述了一段鲜为人知的故事（2月号，见图10）。

《救助日本伤兵的中国农民一家人》一文讲述了当年日本投降后，一个失去自理能力的伤兵被村里的一家人救助收养的故事，在读者中引起不小的反响（10月号，见图11）。《漫画》栏目刊登的幽默漫画夸张地提到一些社会现象，彼此相通的笑点令读者忍俊不禁（8月号，见图12）。

1995 人民中国

Peo

●連　載

北京―九竜鉄道のはるかな旅①

三峡ダムと並ぶ大プロジェクト

孫戦科

中国鉄道建設 史上空前の規模

——孫副部長、はじめましてどうぞよろしく。

孫永福　はじめまして。『人民中国』は、私が一九八四年、日本で研修している時、広く読者のいることを知りました。

——日本の読者は中国の鉄道にとても興味を持っているようで、本誌はこれまでも二回、「鉄道の旅」という形で、中国の鉄道の話を連載しました。一回目は八〇年代に北の満洲里から南の憑祥まで南北縦走幹線の話。二回目は一九九一年に、東西を貫くユーラシア横断鉄道の報告を載せました。この二回の連載はいずれも好評でした。

孫　どうも貴誌は鉄道部とご縁があるようですね、これからもよろしくお願いします。

——京九鉄道の建設は、三峡工事に次いで今世紀二大プロジェクトの一つですが……。

孫　まったくその通りです。中国鉄道建設史上、京九鉄道は、多くの点で新記録ずくめです。一つは規模の最も大きいこと、工事は北京から南部の九竜にまでわたり、中国の国土の半分を貫き、三本の連絡線を入れると、全長二五八一キロもあります。一挙にこんな長い鉄道を敷くのは未曽有のことです。次は工期が最も短いことです。こんな長距離の鉄道を一九九三年から三年間で敷設し終え、四年目から運行を始めるというのも前例のないことです。三つ目は工事が非常に大掛かりなことです。京九鉄道には鉄橋が七九〇カ所、延べ一九九キロ、トンネルが一五〇カ所、長さ五六キロもあります。全工程を通じて二億六〇〇〇万立方メートルの土を運び出さなければなりません。これを幅と高さ各一メートルの堤につくると、地球を六周する量です。

——工事計画図で見ると、この鉄道は北京を起点として、途中連絡線で天津をつなぎ、さらに河北、山東、河南、安徽、湖北、江西、広東の各省を通って、九竜、香港に至ります。途中九つの省と直轄市の人口密集地区を通るので、経済効果もなかなかたいしたものでしょう。

孫　まったくその通りです。まずその強大な輸送力です。計画によると、その輸送能力は年間一億トンを超える予定です。いま中国は南北間の輸送力が最も不足していて、毎年滞貨が膨大な規模分量にのぼりますが、京九鉄道が開通すれば滞貨は半分以上が捌かれます。京九鉄道の将来の輸送力は、来世紀の一時期に予測される南北間の運送需要を折り込んで計画されています。また、京九線の通る地域の四億四〇〇〇万人以上が直接、間接に利益を受けます。

——京九鉄道は北京と香港を最短距離で結ぶことになりますね。九七年に香港、九九年に澳門が前後して中国に返還されますから京九鉄道は両地域を北京と最短距離で結び、四方に通じる重要な幹線でしょう。

孫　それこそ京九鉄道の重大な意義のある所です。この鉄道によって

47

黄河の特大鉄橋工事の本部は現場で仕事を行い、工事の進行を大いに速めた。

中国の交通地図を開くと、北京から南へ二本の鉄道が延びている。一本は北京から上海を経て、いくつかカーブを描きながら福建省の廈門に至る。もう一本は北京から広州経由で深圳に着く。来年の年末には、この両線間に、新たに北京から九竜までの京九鉄道が出現する。これは投資額、延長距離いずれも中国では、今世紀最大規模の鉄道の建設プロジェクトである。京九鉄道が着工して以来、本誌の多くの愛読者からお手紙をいただき、日本でもこの鉄道へ関心と興味の高まっていることがうかがえる。そこで、本誌は孫戦科記者と王恩誉カメラマンを特派して建設の現場を取材した。今月号からその現場報告を一年間連載する。みなさまのご意見、ご感想をお寄せください。

（編集部）

京九鉄道建設本部本部長の孫永福氏

いま急ピッチで進められている京九鉄道プロジェクトは、全体の規模、投資の状況、開通の見通しなどが広く関心の的になっている。記者はまず鉄道部（鉄道省）の副部長兼京九鉄道建設本部本部長の孫永福氏を訪ねて、話を聞いた。

本誌の孫戦科記者

46

——巻頭フォト参照——

三峡ダム 113万人の大移動を雲陽県に見る

ニュータウンの造成工事が精力的に続いている

世紀の大事業といわれる長江三峡ダムの建設工事が、一九九四年十二月十四日、正式に開始された。長江上流の西陵峡地区に高さ一八五メートルの大堰堤を築き、四川省重慶市から湖北省宜昌市に至る六〇〇キロメートルの長江を、貯水量三八三億立方メートルの巨大な湖に変貌させようというのだ。

これによって水没する陸地は六三二平方キロ（その約三八パーセントに当たる二万四〇〇〇ヘクタールが耕地と果樹園）、移住民は実に百十三万人に上り、そのため国は総額四百億元の予算を計上している。史上空前の大移動の実態を、記者は四川省雲陽県の現場で取材した。

張飛廟も原状通りに

雲陽の名は、あの『三国志』の物語によって有名となった。蜀の将軍関羽が呉の孫権に殺され、張飛はその弔い合戦にいきりたつが、これも閬中（四川省北部）で部下の張達、范疆に殺されてしまう。二人がその首を持って雲陽まで逃げてきたとき、呉が蜀に和を求めようとしていることを知り、首を長江に捨ててしまう。一人の老漁夫がその首といっしょに一缶の金を拾い、これで張飛

72

第４回世界女性会議記念特集

中国女性はこ

湖南の女教師・呂××さん（中央）は××ミャオ族の里に住みつき、少数民族の教育に心血を注いでいる。

第四回国連世界女性会議が、九月四日から十五日までの十二日間、北京で開催されるが、これを契機に、女性の地位、権利、職業、生活、意識などが、人びとの関心をあつめている。

一九九〇年代も後半に入ろうとしている今日、中国の女性は男性に劣らず、改革開放という国の大事業に参加し、激烈な市場経済の競争に身を投じ、伝統的道徳と現代的観念の衝突に直面している。さらに職業と家庭のはざまにあって、男性の及ぶべくもない矛盾に悩んでいる。

複雑極まる現代世界の中で、女性はいかにして自身の位置を確立し、才能を伸ばし、意識を調和させているのだろうか。何に喜び、何に悩んでいるのだろうか。さまざまの職業、さまざまの階層の女性六人の思いを、以下に紹介しよう。

京九鉄道の建設現場でも、多くの女性が働いている。

華々しい活躍を見せている弁護士の李××さん

天津では美容・髪形コンクールも開催された。

21

4

記念特集 抗日戦争勝利50周年

座談会 なぜ、われわれはこだわるか
「前事を忘れず、後事の師とす」

抗日戦争勝利にわく東北の人びと

■出席者
張香山 中日友好二十一世紀委員会 中国側首席委員・中国国際交流協会副会長
孫平化 中日友好協会会長
符浩 中日友好二十一世紀委員会 中国側委員・元駐日大使
林林 中日友好協会副会長・中国日本文学研究会名誉会長
駱為竜 中華日本学会常務副会長・中国社会科学院日本研究所研究員
司会 沈錫飛 本社社長

張香山氏

孫平化氏

符浩氏

駱為竜氏

林林氏

お茶で勝利の乾杯をした

23 22

6

役目を果たした外貨兌換券

とき 1995年1月5日 ところ 北京瑞賓大廈1316号室

対談 国家外貨管理局政策法規司副司長 王淑敏 & 本誌記者 曾慶南

曾 今年一月一日でもって、外貨兌換券の流通が停止しました。外国人にはFEC（フォーリン・エクスチェンジ・カレンシー）という英語の略語の方で親しまれてきた兌換券が廃止された、というわけですね。

王淑敏 そのとおりです。中国人民銀行（中国の中央銀行、日本の日本銀行に相当）が九四年十二月二十一日に発表した「九五年一月一日から、外貨兌換券の市場での流通を停止する」との公告によるものです。中国国内の空港、外国出資の企業、中国に在住あるいは訪問している外国人、華僑、香港、澳門、台湾の住民、そして中国大陸の人はすべて、兌換券で価格を表示したり取引や決済してはいけない、ということになったわけです。

曾 この公告は兌換券の流通の停止と、もう一つ期限内での交換ということも言っていますね。

王 そうです。九五年六月三十日までに指定の銀行で人民幣に交換してください。

「貴族貨幣」として14年 商品経済の未熟に対応

曾 私も百数十元の兌換券を持っていますが、歴史を物語る資料として手元に保存しておくつもりです。

王 それもいいでしょうね。なにせ「貴族貨幣」として、十四年も幅をきかせてきたんですから。

曾 本誌の読者はほとんど日本人ですが、日本へ持ち帰った兌換券はどうなるんですか？

王 それは心配無用。外国人が外国で所持している兌換券も、九五年六月三十日までに、その国にある中国銀行（中国唯一の外国為替専門銀行）の支店で一九九三年十二月三十一日のレート（一ドル五・八元）でドルに交換できます。

曾 それではいよいよ本題に入って、兌換券は一九八〇年四月一日に登場したわけですが、それにはどんな事情があったんですか。

王 くわしく説明すると長くなるんで簡単に言いますが、当時の中国はまだ改革開放政策が始まったばかりで、商品経済が未熟、商品も非常に少なかったですよね。

曾 全く、その通りでした。何を買うにも配給切符が必要でしたね。食料品では小麦粉、米、油、豚肉、鶏卵、砂糖にはそれぞれの切符があったし、春雨とごまみそは配給手帳を見せないと買えない、タチウオやキグチなどは海魚で高級魚でしたから、祝日とか春節にだけ、決まった量しか買えなかった……

王 衣類では、布地、ふとん綿、ふとんカバー、さては石けん、腕時計、自転車、家具などなど、なんでも切符制でした。

曾 われわれの収入なんてもともと少なかったんですが、せっかく貯金しても、切符がなければ何も買えない。

王 ところが、開放政策が進むにつれて、中国に来る外国人がだんだん増えて来ました。

曾 そうですねえ、外国人に切符を配給するわけにはいかない……

王 それで彼らの買物のために、中国銀行が一九八〇年に人民幣と等価値の外貨兌換券を発行したわけです。額面は一角（一元の十分の一）、五角、一元、五元、十元、五十元、百元の七種類がありました。

曾 みんな一枚ずつ保存していますよ。当時は、兌換券なんてめったに持てなかったんですが、兌換券がなければ友誼商店（外国人のためのデパート）には入れませんし、大きなデパートにも兌換券でないと買物できない専用カウンターがあり、タクシーにも「支払いは兌換券に限る」とか、「兌換券優先」などと表示したのがありましたねえ。

王 兌換券だと安くていいものが買えました。

曾 人民幣と等価値とは言いますが、われわれ庶民から見ればまさに花も実もある「貴族貨幣」でした。友人が手にした兌換券で深圳からカラーテレビを買ってきたときの喜びようを、いまでも覚えています。

中国 ざっくばらん

王淑敏（おう・しゅくびん）1956年湖北省武漢市生まれ。82年中南財経大学卒。国家財政部（省）処長を経て、91年から現職に。高級経済師。

王 兌換券はそういう特殊な歴史的背景の下で生まれ、外国との経済、文化の交流を促進したわけです。もちろん外国人や華僑の買物に便宜を与え、彼らの利益も保護しました。

曾 改革開放政策が実施されて十六年以上になります。商品もびっくりするほど豊かになって、昔は兌換券でないと買えなかったものが、何でも人民幣で買えるようになりました。

王 特に為替レートの改革によって、人民幣のレートが合理的になり、兌換券の特殊な役割が消えた――つまり存在理由がなくなったわけです。

曾 兌換券というのはあくまでも変則的なものですから、「引退」はけっこうなことですが、その影響はどうでしたか。

王 全体的に見て問題なしです。買い占めに狂奔するといった現象は起こりませんでした。

曾 九四年初めにちょっとそんなようなことが……

王 そうでしたね。中国人民銀行が一九九三年十二月二十八日に出した公告は、「九四年一月一日から兌換券の発行を停止し、既に発行された兌換券は続けて使用できる」とはっきり言っています。ところが、一部の人が発行停止を流通停止と誤解して、買い占めに走ったんですが事情が分かってすぐそれも沈静化した。そして今回はそんなことは一切なかった。兌換券所持者の利益を保護し、いかなる損失をも与えるものではないという原則が、よく理解されていたからです。

為替自由化一部で開始 外貨のヤミ屋も失業？

曾 こうして兌換券が廃止されたわけですが、それでは人民幣はいつ国際通貨となるのか……。

王 それはわが国の国力と国情によって決まる問題ですね。私の考えでは、大体三つの段階を通ることになるでしょう。まず当面の目標として経常取引の兌換を条件つきで行うようにする。次に中期目標として経常取引は無条件で兌換するようにする。最終目標は経常取引と資本取引を完全に自由化することです。

曾 どうも、専門用語ばっかりで……

王 ごめんなさい。経常取引とは、貿易または貿易外取引――例えば、商品の売買、観光、サービスなどはみな経常取引です。資本取引とは、資本の流動によるもの――例えば投資、契約調印後導入した資金など。

曾 国際慣行としては、一国の貨幣が国際通貨になるにはどんな条件が必要なんですか。

王 国際通貨基金（IMF）は、四つの条件を設けていますね。第一は合理的で適当な交換レートがあること。第二は充分な国際清算能力と支払い能力があること。第三は健全かつ強力なマクロ経済政策とそれを実施する手段を有すること。第四は、企業が市場に対し敏感に反応するメカニズムをもっていることです。

17 16

5

た

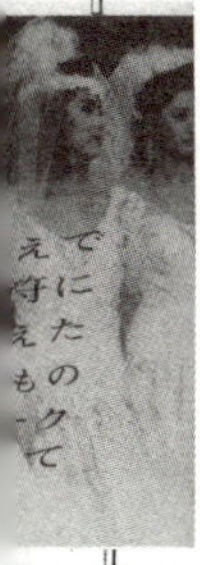

20

3

保定市と西条市

百五十九組目の友好都市に

友好都市議定書に調印して握手する
桑原西条市長（左）と関保定市長

一九九四年十月二十四日、日本の愛媛県西条市と中国の河北省保定市が友好都市となった。一九七三年に天津市と神戸市が友好都市第一号として生まれて以来、百五十九組目に当たる。

風光明媚の瀬戸内海にのぞむ西条市は、森林被覆率が七〇％に及び、遠い昔から農業が盛んだったが、一九三〇年代中ごろから数回にわたって埋め立て地が造成され、現在では四国中部の重要な工業都市になっている。

一方の保定市は、北京のほぼ南一五〇キロに位置し、三千年の歴史をもつ古都として知られる。ここ数百年は河北平原の政治、経済、文化の中心として発展を重ね、新中国成立後は中国最大のフィルム工場や、国有基幹企業である変圧器工場、化学繊維工場などが相次いで建てられ、河北省の重要工業基地の一つに飛躍した。

桑原富雄市長の宿願

西条市の桑原富雄市長は、一九二三年生まれ、長身痩躯、挙措優雅な人物で、市民の信望あつく、すでに四選を重ねている。

一九八〇年、桑原市長は中日友好協会の招きで初めて中国を訪問した。短い滞在だったが、中日両国の文化的親近感や、中国という古い民族の新しいエネルギーを肌に感じて帰国し、それ以来、中国のどこかの都市と友好関係を結ぼうという思いを抱き続けてきた。

中国の友人の紹介を経て、彼は保定市をその第一候補に選んだ。

連載①

遣唐使が歩いた道

徐福が開いた中日航路

徐福像の前に立つ筆者

中日両国の二千年にわたる友好交流の歴史の中で、紀元六三〇年から八九四年の間に行われた交流はとりわけ緊密なものであった。日本は前後十九回にわたって唐王朝（六一八～九〇七）に使節団を派遣したが、その中にはたくさんの僧侶や留学生がおり、両国民は互いに学び影響しあいながら、文化交流史における輝かしい一章を書き残した。中日両国には今でも遣唐使ゆかりの遺跡や遣唐使にまつわる逸話伝説が残っている。

この時代の輝かしい歴史を振り返り、遣唐使の精神を再現することは、中日両国の文化の源流や発展を探る上で大きな意味があるだけでなく、両国の友好的な未来の構築にもつながるものと思う。

今月号から遣唐使が入唐した道をたどりながら当地の自然風景、名寺古刹、民俗風情、近代における変貌ぶり及び遣唐使にまつわる逸話などを綴ることにした。

二千二百年前に 徐福が開いた中日航路

日本の公式使節として遣唐使が中国に派遣されたのは千年以上前の話である。長い歳月の彼方にかすかに浮かぶ歴史の実態をつかむということは、容易なことではない。それはまるでおぼろ月夜に一人佇んで、遥か離れた夜空の星を眺めるのに似ている。

ちょうど筆者があれこれ思案していたとき、中日関係史研究会の楊正光副会長から、山東省竜口市で行われる第三回徐福国際シンポジウムに参加してくれないかという電話を受けたのだが、まさに闇夜に光明を見た思いであった。

中日両国の歴史家が考証した大量の史料は、徐福が二千二百年前山東半島から日本を目指して船出した、その航路が後に遣隋使や遣唐使が往復した航路に当たるということを裏付けている。中日交流史の序幕に登場し中日交流の航路を開いたのが徐福である。そういう意味で、遣唐使の足跡を追う長旅の一回目の目的地をここ山東半島に決めた。

中国からの　エアメール

王朔有钱了 我还没钱

貧乏暇なし 翻訳稼業

翻訳・フリーライター　石川郁

新年好！

新しい年を迎えていかがお過ごしでしょう。

昨年は忙しさに紛れてすっかり御無沙汰してしまいました。この間中国語を生かした仕事を見つけるのが難しいと嘆いていらっしゃいましたが、その後お仕事は順調でしょうか。

私のほうは相変わらず貧乏暇なしですが、このところ取り組んでいた小説の翻訳の仕事が上がりまして、ほっと一息ついています。

以前に少しお話ししたことのある、北京の若手作家（もう中堅作家というべきかな？）王朔の小説でどうやらこの一月に出版の予定です（『北京無頼』（仮題）、学研出版）。

今回私が訳したのは、『頑主』と『一点正経没有』という、彼の初期作品にあたるもので、八〇年代後半の中国の若者の意識と生態を、スラングを駆使したイキのいい北京語で描き出しています。

北京の流行作家　王朔

王朔は一九五八年生まれ、今年三十七歳。近年最も売れっ子の作家の一人です。

文化大革命期に少年時代を過ごし、高校卒業後四年間解放軍に入り、その頃からぼつぼつ創作に手を染め始めたと聞いています。除隊後ある製薬会社に勤めましたが、することもなく、空虚な毎日の中で本格的に小説を書き始めたと、本人は当時を述懐します。

「別に小説家になりたかったわけではなく、文革当時は職業の選択の幅は極端に狭かった。工・農・兵しか道はなく、解放軍の兵士になるのが最良の道だった」

筆者紹介

1954年、東京生まれ。東京
子大学大学院日本文学修士
卒。89年から北京在住、留学
経て94年夏まで北京外文出
に日本人スタッフとして勤
現在はフリーで翻訳・編集
携わる。

七八年に処女作『等待』を発表、八四年に『空中小姐（スチュワーデス）』で文壇にデビューし、その後一貫して「単位」（職場・所属機関）に属することなく、一匹狼で執筆活動を続けてきました。

最近は改革開放が進み、こうしたフリーの専業作家、原稿料だけに頼って生活する作家も増えてきましたが、当時は作家もみな単位に属しており、王朔のような存在はまだまだ珍しかったのです。八七、八八年には、若者を中心に爆発的な人気を呼び、小説が四本も映画化されるなど第一次王朔ブームが起る一方で、政府や文壇からは通俗小説、精神退廃との批判も相次ぎました。

私が初めて王朔の作品に触れたのはもう五年程前のこと。崩した北京語は難解でしたが、印象を一言でいえば〝新鮮〟に尽きます。翻訳して日本に紹介したいと思ったのは、とにかく私自身が作品を面白いと思ったからですが、中国人でも年配の人や地方の人には判りにくいといわれる彼の小説は翻訳がひじょうに難しく、正直に言って早く誰かが訳してくれないかしらんと思っていました。

新しい若者像を描いた王朔の小説はもっと早く日本にも紹介されてしかるべきなのに、どうやら日本の中国専門家や学者の間では（中国でも同じですが）、通俗小説、風俗小説と片付けられて、その真価が評価されず、なかなか翻訳紹介される気配がありません。それならば自分でやるしかないと思い至った次第です。

新しい小説世界の登場

八〇年代後半の、改革開放が浸透し大きく変わりはじめた中国社会を舞台に、定職もなくその日暮らしで都会に浮遊する若者たち。時に「流氓」（チンピラ、ワル）といわれ、世の中を斜に構えて生きる、反抗的とも一種反社会的ともいえる、それでいて大まじめな意識や行動が、生き生きとした小気味良い会話を中心に綴られていく王朔の小説は、変わりゆく中国の姿を如実に映し出していて、当時中国に来たばかりの私にとってやはり、新しい〝発見〟でした。それは過去に私が読んだことのある中国現代文学とはずいぶん違うイメージで、ああ、中国にもこういう小説ができてきたのだなと思ったものです。言い換えれば、それまでの文革に題材を取った「傷痕文学」や、今でも大量にある農村や歴史を描いた小説にはどこか飽き足りなくなっていて、もっと〝今〟の中国を反映した新しい小説に出会いたかったのですね。

「文学！ そりゃ、一キロいくらのモン？」

これは、『一点正経没有』の中の台詞ですが、王朔の小説中にはこういったシニカルで、諧謔的な語り口が至るところにでてきます。あらゆる権威や規範がひっくり返り、社会が大混乱に陥った文革期、少年だった王朔は「自由を感じ」、文革は「盛大な祭りのようなものだった」と言います。

彼のものを見る目、社会に対する価値観は極めて相対的で、「すべての権威、既成価値を信じない」処に立脚しています。この点、日本で中国芸術界の第五世代と呼ばれている作家や映画監督、例えば梁暁声や史鉄生、陳凱歌や張芸謀などと共通するものがありますが、王朔ら第六世代は、その人生に対する姿勢や社会の捉えかたに、彼らとは大きな違いがあるようです。

「文革紅衛兵世代の人間は、人生や生活に一種の幻想を抱いている。四〇年代の革命を通して、『人間は世界を変えられる』という希望がもたらされた。文革世代はその神話の影響を強く受けている。努力によって、あるいは彼らの作品自体によって人生が改善されていくと信じている。理想主義と言ってもいい……でも俺はそうは思えない。生活や人間なんてそう簡単には変わらないものさ。革命後数十年経って、根本的に変わったものなんてありゃしない」

小説に手を染めた動機の大きな要因を、彼はお金と出世といってはばからない、作家や文学を何か特別なものとして崇めるようなことが一切ありません。

「もし才能があれば、商人として成功するか悪徳官僚にでもなりたかった。文学者だって名誉欲や物欲は商人の利潤追求となんら変わりない。知識分子といわれる連中は、現実を認識せず、精神的な優位性に寄り掛かってるぶん、虚偽に満ちている」と非常に突き放して見ています。

文学に欠かせない「毒」と「遊び」

彼の小説の登場人物の多くは、個人営業主やブローカー、待業青年たち、当時としてはいわば社会主義中国のアウトサイダー的存在です。彼らは実際王朔が身近に接していた層で、王朔は一貫して都会生活を題材にし、つまり中国の都会の新しい「現実」を書いているわけで、彼らの個的欲求の在り方を誠実な姿と捉えています。旧態依然としたイデオロギーや権威を揶揄し、それが若者の共感を呼ぶ。彼の作品には偽悪的な姿勢の中に強烈な正義感がある、と中国の若い友人が語っていましたっけ。

作者の王朔を含めて、彼らは置かれている社会状況の中で、個的に、一匹狼として格闘しており、それが

京九铁路连接南北，在新连载《京九铁路的漫漫旅程》中，以《齐名三峡大坝的重大项目》为题，采访了建设指挥部负责人（1月号，见图1）；和三峡相关，刊头摄影报道和内文以《三峡库区一百一十三万人的大规模搬迁》为题（7月号，见图2），聚焦云阳县，对移民情况做了深度报道。

这一年引人关注的选题还有在北京怀柔召开的第四届世界妇女大会，特辑以《今日中国妇女取得的进步》为题，介绍了在中国劳动妇女、职业女性社会存在感的提升（9月号，见图3）。封面以从事肉猪养殖的农村妇女的劳作展现了中国妇女的一个侧面（9月号，见图4）。随着改革的深入，外汇双轨制走到尽头，《完成历史使命的外汇兑换券》一文向读者介绍了这一变化（4月号，见图5）。

纪念抗日战争胜利50周年特辑，社长沈锡飞主持的座谈会“前事不忘后事之师：我们不能忘怀的理由”，请来了张香山、孙平化、符浩、林林、骆为龙等重量级人物，严肃地讨论了历史问题（8月号，见图6）。新连载《遣唐使走过的路》开始了，其中《徐福开辟的中日航路》一文，引发了日本徐福爱好者的强烈关注（1月号，见图7）。地方交流还在深化，报道《第一百五十九对友城：保定市和西条市结对》，从题目就可以看出当年友城的交流规模（4月号，见图8）。《寄自中国的航空信》栏目刊载了翻译家石川郁的投稿《王朔有钱了我还没钱——越穷越忙的翻译匠》，讲述了她用关西方言将王朔的小说《顽主》介绍到日本的故事（1月号，见图9）。雪域高原西藏人们的生活和城市面貌也发生了深刻变化，图片报道《发展势头看好的雪域高原西藏》留下了宝贵的时代记录（10月号，见图10）。

日本人居留者の思い出

趙安博

第一次日本帰国者4900人、1953年3月に天津・秦皇島・上海の各港から。

私は一九三四年上海同済大学高等部卒業後、日本の東京に留学しました。三七年七月七日抗日戦争が勃発し、二週間後私は急遽中国に帰国したのです。十月山西省五台県に赴き、王震将軍指揮下の八路軍第一二〇師団三五九旅団において対敵工作科長の任につき、対日本軍反戦宣伝、日本軍捕虜工作の責任者になりました。このあとも、一貫して対日工作に従事してきました。この十年ほどは脳血栓でからだが不自由になってしまいましたが、脳裏にはいつも日本の友人一人一人の面影や様々なできごとの思い出が去来するのです。

日本軍捕虜が議員に選出される

私が接触した初めての捕虜は吉積清という人でした。彼は福岡出身で、失業していたので姉の夫を頼って長春にやってきて、「満鉄」の鉄道監視員になりました。その後、日本軍軍属として山西省の平社駅に移り、三八年二月に捕虜になったのです。八路軍は捕虜を優遇しており、王震将軍は自ら彼を見舞っています。暫くして、彼は延安の八路軍総政治部に送られて学習し、やがて抗日軍政大学の日本語教師になっています。

当時日本軍は「共産党は捕虜を捕まえればすぐ殺す」などのデマを、至るところに流していましたが、実際の八路軍は戦場の現場で捕虜を釈放することも含めて、捕虜を優遇していたのです。三九年春、日本軍は五千余の兵力で、山西省繁峙県細腰澗村で合同訓練していた第三五九旅団所属の一個連隊を攻撃しました。王震はすばやく部隊を整えて迎撃し、七百余名を殲滅、千丁近い銃を捕獲しました。この時、日本兵四名が捕虜になったのですが、王震はこの四名に「八路軍にとどまりたいか？それとも日本軍に復帰したいか？」と聞いたのです。彼らは全員日本軍復帰を希望しました。王震は彼らの靴が破れているのを見て、新しい靴と靴下に取換えさせました。そして村人にロバをひいてきてもらい、彼らを付近の日本軍拠点へ送り届けたのです。

趙安博氏（中）と「人民中国」元編集長康大川氏（左）、右は趙氏夫人。

四一年五月十五日、延安で日本工農学校の開校式が挙行され、延安に来ていた日本共産党の指導者野坂参三が校長に、私が副校長に就任しました。一番多かった時には、日本の学生は四百五十人にも達しています。彼らは窰洞（山腹を掘って造った横穴式住居）に住み、勉強していました。そして、反戦活動をいかに展開するかを討論したり、延河の川原で野球を楽しんだりしたのです。食事も外国人だということで、優遇されていました。

四一年十一月、陝甘寧辺区で参議会議員選挙が行われました。この時、吉積清は候補者に推薦されていました。規定では、候補者の演説時間は二十分間でしたが、日本語の演説には通訳が必要ということで、彼の場合特別に四十分間の演説時間が許可されていました。私が通訳を務めたのですが、特に彼のために紹介と推薦の辞をつけくわえました。その結果、彼はついに議員に当選したのです。

さて、ある程度学習を終えた日本の学生たちは、全員口々に前線に行くことを要求しました。日本軍に向けて宣伝ビラを配り、敵陣の前でメガホンで呼びかけ、電話で話し合い、慰問袋を送り、時には生きたままの鶏を送ったりもしました。また、日本軍の陣地の前に「殴るのを許すな！」とか「お腹いっぱい食べさせろ！」などと大書した短幟を掲げて、戦意を喪失させる反戦活動を行ったのです。この日本の友人たちの正義感と何者をも恐れぬ精神は、抗日戦争の勝利に大きく貢献したのです。生命までも投げ出した友人もいました。私はこうした人々に対して、限りない尊敬と親愛の情を禁じ得ません。

日本人居留者のための活動

四五年八月十五日、日本は降伏しました。九月十五日、ソ連赤軍駐瀋陽司令官と冀東軍区司令官曽克林は空路で延安に到着し、東北の状況を報告しました。この時、毛沢東と周恩来は重慶において蒋介石と和平について会談中であったので、党中央の仕事を執行していた劉少奇が彼らの報告を聞きました。日本の投降後、ソ連は「満州国」皇帝溥儀、大臣、官僚と日本関東軍兵士を捕虜にし、シベリアへ押送していました。当時の東北の情勢は混乱しており、残された数十万の日本人居留者、特に日本の開拓団の人々の境遇は困難を極めていました。報告を聞いた党中央は彭真、陳雲、張聞天、伍修権らの指導者に多数幹部を率いさせて東北に派遣する決定を下しました。

十一月、私は一幹部小隊を率い、徒歩で東北に向かいました。出発の直前、胡耀邦は私の要求通りに馬を一頭送ってくれました。半年後の翌年四月下旬、ようやく遼寧省の通遼に到着しましたが、まもなく私は六区区委書記に就任するため、汽車でチチハルに行くことになったのです。

この時、ソ連軍は撤退して一週間ほど経っていました。チチハルの秩序はまだ不安定で、日本人居留者の生活は著しく、特に辺境地区からた

27　　26

1

連載⑰

遣唐使が歩いた道

潤州の金山、焦山、北固山

蘇州での取材を終えて、列車で二時間半ほどの近い町――鎮江市にやってきた。唐代に潤州と呼ばれた鎮江は、蘇州―揚州間を往復する際に必ず経由する町である。遣唐使団のメンバーはじめ、多くの日本人僧、留学生などがこの町に足跡を残している。

千七百余年の歴史を誇る町

二〇九年、三国時代の呉の孫権がこの地の戦略的位置に着目して、北固山に鉄甕（がめ）砦をつくり、京口と称した。これが鎮江市のはじまりである。

のちに政権が交替するたびに城の名が変わったが、町の東に潤浦と呼ばれる川があったので、隋代に州が置かれたときに潤州という名がつき、唐代にはその名がそのまま受け継がれた。北宋の政和三年（一一一三）に鎮江府と改められ、今日に至っている。山を背にして長江に臨み、地勢も険しく、鎮守、長江を利用した防御の要衝だったので、このように呼ばれた。

大運河と長江の交差点に位置する鎮江は、昔から南北の水上交通の中枢であり、名高い歴史・文化の町として栄えてきた。現在の市街区の面積は二二・四平方キロ、人口は四十万人である。

前回は日本人にもおなじみの蘇州の寒山寺の話をしたが、鎮江の金山寺も日本と密接なかかわりがあると聞く。そこでさっそくその著名な古刹を訪ねることにした。

金山寺は都心から北西へ三キロほど離れた金山にある。標高は六〇メートル。唐代には長江の中央にぽつんと聳えていたので「沢心」山と呼ばれ、山に建てられた寺も沢心寺と呼ばれた。唐代に高僧の法海がこの山で黄金を手に入れたので、通称金山寺と呼ばれるようになった。

金山寺を訪ねて不思議に思ったのは、山門をくぐったときから目に入るのは寺の屋根ばかり、山がまったく見えない。案内してくれる市政府広報室の朱広宝さんによると、金山寺は地勢に沿って建てられ、寺と山が渾然として一体をなしていて、近くではもちろん、遠くから眺めても寺があるだけで山は見えないので、「金山は寺が山を裹む」と言われる。

山の傾斜に沿って、段々と並ぶ寺の建物を見学して歩いていると、次第に息切れがしてきた。山頂からは鎮江の町の風景が一望の下に広がっている。清の康熙帝が母親をこの金山寺に案内したとき、山頂に立ってレンガ塔のそばにある古い東屋を指さして、「あれを『江天一覧亭』と呼ぼう」と言ったという。その三百年前の東屋はいまも残っている。

康熙帝がおとずれたことで、清の時代に金山寺はかつて「江天禅寺」と呼ばれたこともあるという。

36

2

7

中国の**服飾文化**を語る

連載（五）

飄々とした「佩巾」の美

華梅

「九歌図」（元、張渥作）

紀元前六世紀に編さんされた『詩経』の中に、「召南・野有死麕」という恋歌があります。若者が林の中で狩猟をしていてきれいな少女に出会い、求愛するのですが、歌の結びが「無感我帨兮！　無使尨也吠」となっています。帨は腰につけた手ふき用の布で、少女は「私の帨に触らないでよ、犬に吠えられないでよ」と言っているのですが、この詩から、すでにこの頃から半ば装飾的意味をもつスカーフ風のものが腰につけられていたことと、しかも男女の恋愛行動の上で特別な意味をもっていたらしいことが読みとれます。

帨、つまり古代の佩巾は、頭に飾っても腰に締めても、ちょっと身体が動くか風に吹かれると揺らめいて、衣服にいっそうの風情を添えました。男は帯で腰を締め、垂れ下がった部分は飾りで「紳」といい、「紳」の長さは高級官僚は三尺（約一メートル）、一般官吏は二・五尺（約〇・八五メートル）という決まりがありました。身分のある人はこれで「紳」と呼ばれるようになったのです。こうして見ると紳士の風采には帯が不可欠なものと言えましょう。後世の女性は、更に衣服の上に垂れる絹帯に装飾的工夫をこらし、侍女の服飾に仙女のような飄逸感を添えてきました。

「洛神賦」に見る洛水の女神

二二〇年、魏の文帝曹丕が皇帝になると、弟曹植に対する迫害がひどくなり、何度も爵位を下げたり封地を移したりしました。二二三年、首都洛陽で気分の晴れぬまま文帝に謁見した曹植は、帰途洛水で河を渡ろうとしていたところ、洛水の女神宓妃が水面を渡ってくるのがおぼろげに見えました。豊飾で軽やかな洛水の女神は舞雲に見え隠れする月のように美しくて、着衣は今まで見たこともない華美なものです。人が天界の女神と一緒になることはできないので、曹植は女神と目で気持を伝え合い、洛水を前に来世を誓い合って別れたのですが、文才にあふれた曹植はその思いを『洛神賦』という詩で後世に残しました。

東晋の画家顧愷之は『洛神賦』に描かれた女神の絶世の美貌とたぐいまれな衣裳をもとに絵巻『洛神賦図』（宋代の人が顧の名前をかたって描いたとも言われる）を描きました。彼は襟、リボンのはためきを上手に使い、風を御して水面を行く女神のたおやかな肢体や古くから伝わる中国服飾の飄逸たる美を巧みに表現しました。

曹植の詩と顧愷之の絵から判断して、女神の衣裳は魏・晋時代に流行っていた「雑裾垂髾服」に間違いないでしょう。この服は元来裾巻き式深衣から発展してきたもので、袍服はもともと裾の違いにより直裾大袍と曲裾深衣に分けられます。秦・漢以降、男性はほとんど深衣をやめましたが、女性は曲裾深衣を「雑裾垂髾服」に発展させ、裾の沢山重なりあう逆三角形にデザインし、このような裾を「髾」と名付けました。「髾」はもともと車につけた旗を飾る羽毛のことで、女性たちはそれをファッションに取り入れてはためきの効果を出し、更に巻きスカートに何本かの「襳」と呼ぶリボンを伸ばすという、奇想天外なことを考え出しました。このような服を着た女性が歩くと、絹の髾と襳が麗しくはためき、まるで風に乗って疾走する仙女のように見えるのです。

魏・晋の時代には動乱が続き、人々が俗世を逃れて仙人の住むユートピアに憧れたことが、このような浮世ばなれした衣裳を流行させたのでしょう。

南北朝時代になると、リボンをやめて、代わりに尖った燕尾のような飾りを付ける人たちが出て来てファッションも一変するのです。

スカーフよもやま話

七五〇年代（唐代）のある夏の話です。玄宗が某親王と碁を打ちながら、賀懐智にそばで琵琶をひかせていました。楊貴妃もそばで碁を見ていましたが、寄せに入ってどうやら玄宗が負けそうだと気付いた楊貴妃が、西域から献上された猟犬を放すと犬が碁盤に飛び上がり、碁石を蹴散らしてしまったので、玄宗は大喜びしました。ちょうどこの時風が吹いて来て楊貴妃の領巾（スカーフ）が舞い上がり、賀懐智の頭巾にしばらく止まったのです。賀懐智は家に帰ってから自分の衣服に芳香が残っているのを知り、頭巾を錦の袋に入れて大切に保存しました。安史の乱が収まって、玄宗は廃墟と化した皇居に戻りましたが、この時楊貴妃はすでに馬嵬駅で命を落としており、楊貴妃のいない淋しさに耐えかねる様子でした。これを見た賀懐智がしまっておいた頭巾を献上すると、玄宗は「これは瑞龍脳香だ」と、はらはらと涙を流したそうです。

領巾は帔子（肩掛け）とも言います。『釈名・釈衣服』によると、それは肩や背中を覆うもので、その起源については諸説があります。秦の時すでに「披帛」（絹のショール）があったという説がありますが、証拠となる文献や絵はまだ見つかっていません。漢代には女性の肩や背を覆う長方形の披巾が現われ、墳墓の壁画で見ることができます。晋代永嘉年間（三〇七〜三一三）には、「絳暈帔子」という装身用肩掛けがつくられました。帔は隋唐時代の文物や絵に大量に見られますが、厳密に言えば、装飾用の帔子は古代ギリシャのキトンに起源があります。ソクラテス時代には一枚の大きな肩掛け風の生地を肩からはおり、体全体をつつんで、飾りピンで止めていましたが、これがその後ペルシャ人のチャドルやインド人のサリーを生みました。長方形の肩掛けをまとった姿は特別の風情があるのでペルシャからシルクロード経由で中国に伝わり、たちまち隋唐時代のファッションとなったことは、隋唐時代の絵画を見るとよく分かります。

発見された陶俑（人形）や絵画を見ると、肩にかけた帔子は片方が短く、もう一方は腕を覆うほど垂れています。楊貴妃のスカーフは風に吹かれて舞い上がるほど柔らかく軽かったのですから、絹を使っていたのでしょう。このような肩掛けはその後二つの方向に分化しました。一つはだんだん厚みを増し、表に雲形、花、波などを刺繍する方向で、このような肩掛けを「霞帔」と言います。唐代の詩人白楽天の詩にも、霞帔という表現がすでに現れています。宋代になると、霞帔は皇后、妃、貴婦人の礼服の一部に指定されましたが、明代になるとマフラーのように狭くなり、清代になってまた元に戻っています。もう一つの方向は肩掛けを長く細くして両腕にまとい、純粋に装飾的効果を追求する方向です。五代の頃、画家顧閎中は名作『韓熙載夜宴図』を完成しましたが、彼が絵の中で描いている細く長い披帛は、侍女用の服飾になっているのです。

唐の時代、庶民の女性は、未婚者は披帛をかけ、結婚したら帔子をまとうべしとされましたが、宋代になっても一部の士族はなおこのしきたりを守っています。貴婦人の礼服とされた霞帔に対し、庶民の間では直帔が使われました。ただ清代になり、庶民の娘も嫁入りする時に一度だけ霞帔を借り着することが許されたのです。

唐の風流天子玄宗は女性のスカー

泥頭木身人形（新疆トルファン張雄夫妻の墓から出土）

「韓熙載夜宴図」（五代南唐、顧閎中作）

国農業の現状と未来

文・孫戦科　写真　王恩普

便利な田植え機械（江南地方）

政府に食糧を売り渡す湖南省益陽県の農民。同省は中国の穀倉地帯である。

「食は生命の源泉」中国は地球上の僅か七%の耕地を使って、世界の人口の二二%を養っているが、これは過去の歴史に照らして奇跡とも言えよう。

とは言うものの、農業が中国国民経済で最も脆弱な部分であることに変わりはない。なぜなら、中国ではこのところ毎年千三百〜四百万人の人口が増えており、一方農地は工場や住宅の建築、道路の拡張などでつぎつぎに潰され、更に水利事業の遅れや水害旱魃の被害で農業が傷つき、特に食糧の生産が厳しくなりつつある。

つい先頃開かれた中国経済会議で、改めて農業振興を国民経済の第一課題とする事が決まったので、食糧増産の方策、農業の現状と未来について、中国農業部の専門家に話を聞くと同時に、現在農業大県と言われる山東省の平度県を訪ねた。

【特集】

中国にも高齢化社会が近づいた

文・曾慶南　　写真・王恩普　曾慶南

「老いては扶養する者がある」というのが、二千年前の戦国時代の思想家荘子の大同幻想の一つで、中華民族の伝統的な美徳でもある。しかしいまや中国には１億人を超える高齢者がいる。彼らには本当に養ってくれる者がいるのだろうか？　一体だれが扶養してくれるのだろう。

毎日元気に簫を吹く[illegible]（98歳）

麦わら細工の準備に心が弾む

退職教師合唱団の若々しい歌声（北京市西城区）

市内の到るところで見かける秧歌踊り

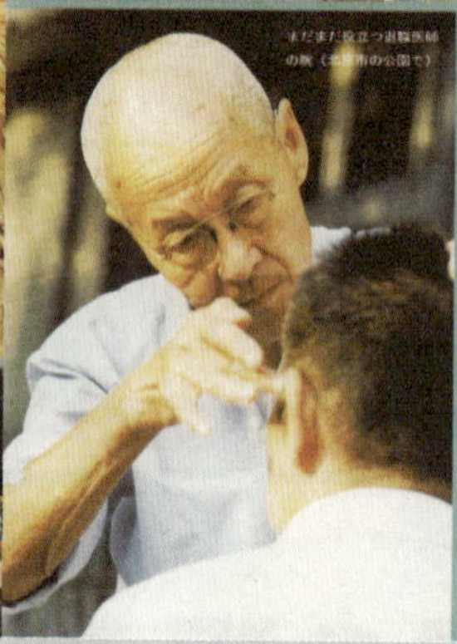
まだまだ役立つ退職医師の腕（北京市の公園で）

早朝、当代商城（北京市海淀区）前の広場で元気にダンス。

玉淵潭公園は、釣りキ…老人のメッカ（北京市…

黄河に生きる 9

黄色い大地 晋陝峡谷

文・写真 [illegible]

福建省南靖に見る客家の土楼
写真・文 郭 実

7

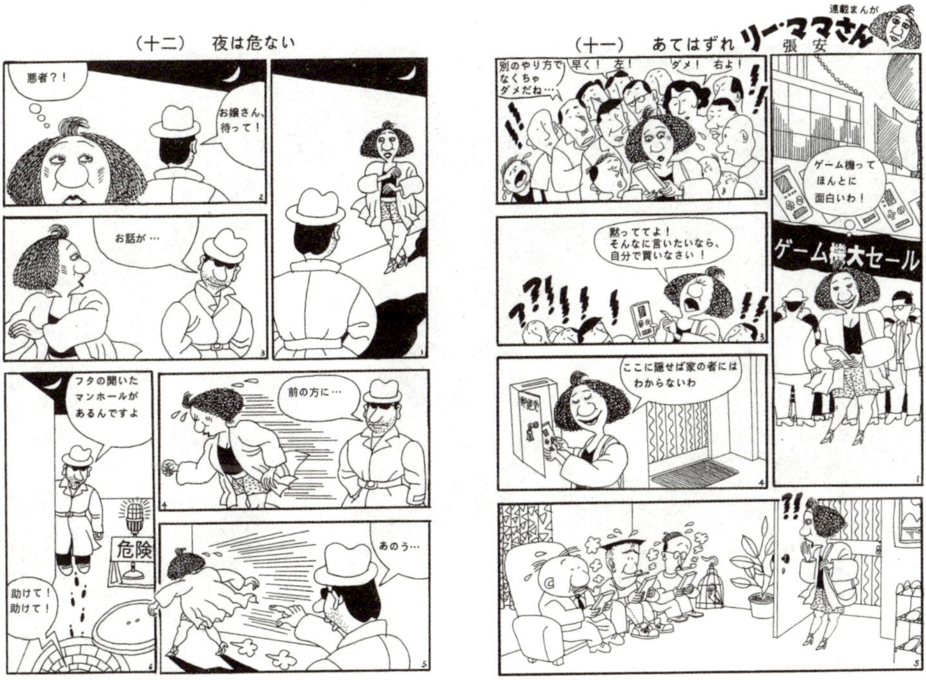
連載まんが
リー・ママさん
(十一)　あてはずれ
張 安
ゲーム機大セール
ゲーム機って
ほんとに
面白いわ！
別のやり方で
なくちゃ
ダメだね…
早く！　左！
ダメ！　右よ！
黙っててよ！
そんなに言いたいなら、
自分で買いなさい！
ここに隠せば家の者には
わからないわ
(十二)　夜は危ない
お嬢さん、
待って！
悪者？！
お話が…
前の方に…
あのう…
フタの開いた
マンホールが
あるんですよ
危険
助けて！
助けて！

8

89年ソウルで青年として

北京の雍和宮でお祈りをする

「私が女性になることを選んだのは女性であることが自分の芸術の表現領域をさらに広げ、限定されないからです」中国の現代舞踊を代表する金星は昨年秋、性の転換手術を受け、男性からあでやかな女性に変身した。衝撃的なできごとだった。

現代舞踊の話になると、今でも大多数の人は首を振って、見たことがないとか、見ても分からないという。だが中国への移入は早く、一九〇五年に西太后と光緒帝の前で披露されたという記録があり、三〇年代には呉暁邦の「新舞踊」活動もあった。

その後、九〇年代初めまでの中断を経て、改革開放が現代舞踊の発展の環境を生んだ。九五年末、北京に現代舞踊団が設立。九六年初め「赤と黒」と題する公演が開かれ、跳躍する人体のすばらしさと音楽、色彩、照明の美しさが北京の観客を魅了した。この公演を企画し、出演したのが、ほかならぬ金星である。

金星は幼いときから舞踊が好きで、十代の早くから頭角を現した。だが、二十歳のとき自分の舞踊に迷いを生じ、それまでに獲得した賞金のすべてを持ってアメリカへ渡り、多くの大家の門をたたいた。大きく成長を遂げたのは、この時期である。三年連続して米国の国際舞踊祭に招かれ、振り付け部門では最優秀に選ばれた。大家マリ・ルイスが誰にも伝授しなかった作品『トレマ（身震い）』を金星に教え、演じる権利まで与えた。ニューヨーク・タイムズ紙は「金星はルイスの舞踊の演劇性と深い意味を十分に表現し、新たな解釈さえ加えた」と絶賛した。海外公演が相次ぎ、国際的な知名度も上がった。

金星は常に観客心理を研究している。観客は男性舞踊家に十分な力強さを望むが、女性的な要素を少しでも感じると不満を持つ。逆に女性舞踊家は優美さのほかに力強さが加わると、貴重なものとして称賛される。このあたりに、金星の今回の決意の秘密があるのかもしれない。

あるドイツの舞踊家は「米国で長年学びながら、金星は中国の現代舞踊家になった」と評したが、金星はこの言葉が気に入っている。転身後の中国での舞台が注目される。

金　星（チン・シン）

1967年瀋陽市生まれ。9歳で瀋陽軍区前進歌舞団に入り、解放軍芸術学院舞踏系に進む。85、86年全国舞踏コンクールで大賞受賞。88年米国へ留学、イタリア、ベルギー、日本、オランダ、韓国などの海外公演に参加。特にソウル、ブリュッセルの個人公演は絶賛された。

病院で治療に当たった医者たちと

33

金星が自作自演した『夢うつつ』は、91年の米国での国際舞踊フェスティバルで「最優秀振り付け師」の称号を得た。

90年米国に滞在中、ブロードウェーの劇団の要請を受け、映画『ミスター・バタフライ』の日本での撮影に出演した。

89年韓国ソウルの広場で『あこがれ』に出演。当時はまだ男性舞踊家として。

32

9

……陽光きらめく日』……を博し、主演の……た。この映画の成功は、中国の……携わる若い映画人達を勇気づけ、……の新展開を推進することになった。

1996年2月、彼らは影像製作、宣伝、配給を一体化した新会社をスタートさせた。

『陽光きらめく日』の夏雨

寧静に演技をつける姜文

10

11

996

这一年围绕中日关系比较有分量的文章有赵安博撰文的《日侨的回忆》，将战后安顿日侨以及50年代安排日侨有序撤离的情形做了翔实的回顾（5月号，见图1）。深受欢迎的《遣唐使走过的路》继续连载，许多和扬州、镇江等地有关的故事继续吊起读者们的胃口（5月号，见图2）。新连载《中国服饰文化》，涉及较多专业术语，翻译起来颇有难度，其日文版后来由中国画报出版社结集出版（5月号，见图3）。

发展过程中也有隐忧，比如农业始终是国民经济当中较为脆弱的部分。记者走访了山东平度，以《中国农业的现状与未来》为题，对当地振兴农业的新举措进行了深入调研与报道，形成特辑（3月号，见图4）。老有所养的中国古代哲思，如何在老龄人口超过一亿的中国得以实现？特辑《中国迈向老龄社会》较为系统地讨论了这个已经迫在眉睫的问题（11月号，见图5）。新连载《家在黄河》似乎怀着向沈延太致敬的意味，加上当地民俗内容悠缓地展开。《黄河渡船》这一期的视觉冲击力确实将黄土地带来的震撼传递给读者，必须点赞（9月号，见图6）。图片报道《福建南靖的客家土楼》是摄影记者郭实深入当地生活拍摄的，镜头所记录下的温馨的共同体生活实况，为21世纪留下珍贵的客家人原生态日常（10月号，见图7）。漫画栏目《李大妈的一天》将社会热点浓缩在虚拟人物身上，讲述当今社会的新鲜事（5月号，见图8）。舞蹈家金星已经开始引人关注，其前卫的舞蹈和日常生活成为摄影报道追踪的题材（8月号，见图9）。1995年姜文导演的《阳光灿烂的日子》在威尼斯电影节获奖，激励了当时处在困境中的电影人的探索，成为图片报道关注的选题（8月号，见图10）。这一年《人民中国》的标题LOGO再次做了调整。骑车人群鱼贯通过天安门的封面图片，作为北京20世纪末的场景将被永久记忆（1月号，见图11）。

1997 人民中国

『人民中国』と私

瀬田万里

私と『人民中国』との出会いは、それこそ今から四十年くらい前に遡る。もちろん当時私はまだ小学生で、自分で『人民中国』を購読していたわけではない。私の父が『人民中国』の購読者であった。私の父は新聞記者で時折海外からの郵便物も自宅に届いていたが、とにかく毎月中国から届く『人民中国』は、私にとってはきわめて印象深いものであった。特に、当時私は切手のコレクションに熱中しており、いまでこそ切手のコレクションはすっかり下火になっているが、当時の小学生たちは、競って切手収集を行っていたものだ。私もその例に漏れずに、記念切手が出る度に中央郵便局の窓口に並んだりしていた。そんな切手収集少年にとって、『人民中国』の封筒に貼ってある中国切手は、それこそ宝物だった。現在の『人民中国』にもあるが、当時から『人民中国』には、中国の切手を紹介するページがあって、これが大変興味深いものだった。私は父が『人民中国』を読み終わったあと、自分で切り抜いてノートにスクラップしていた。

話は現在に至るが、私はいま国会で後藤茂さんという代議士といっしょに市民リーグという政党に所属している（註　この原文は昨年六月号の『東方』に発表されたもの）。この政党は自民党、新進党だけでないもうひとつの政党を創るための捨て石になる覚悟だから、ひょっとするとこの散文が活字になって、皆さんの目に留まるころは、市民リーグは解散して、新しい党ができているかもしれない。ともあれいま私が国会で一番親しくしていただいている後藤茂さんが、実は中国切手の収集家として日本一の人物であることは、つい最近知るところとなった。後藤茂代議士に先日、私の当時のコレクションのことをお話したところ、興味をもってもらい「ぜひ一度拝見したい」という言葉をいただいたが、私の何度かの引っ越しで、このコレクションはすでに散逸してしまっていまは私の手元にはない。

ということで、私と『人民中国』の最初の出会いは私の父と、中国の切手が媒介しているということである。私が中国に対する興味を抱くようになったきっかけは、やはり万里という名前に由来するところが大きい。この五月、私は日中民間人会議の代表として後藤田正晴先生たちと

筆者

エアメール

オペラ鑑賞後、女性の会のメンバーと歌手を挟んで記念撮影。（筆者は右）

©TAMAKO　SADO

動く！ウーマン・ネットワーク

須藤美華

夜七時半。北京の港澳センター・スイスホテル。仕事帰りの、ビシッとキメた女性たちが吸い込まれていく。彼女たちが目指すは、「Working Women In Beijing（北京で働く日本人女性の会）」。そう、今や北京にも「働く女性の会」なるものが存在する。上海にも同様の会があるとかで、日本人女性の中国進出ぶりがうかがえる。

もともと、ホテルウーマンたちが定期的に集まってお食事会を開いていたのを、もうちょっと業種の違う人たちにも広げようと、会が生まれ、二回目のこの日。「えーっ、こんなに（北京で働いている女性が）いるんだ?!」。次々に会場に入ってくる彼女たちのカオには驚きが見える。

訪中していた佐々木かをりさんを招いての講演会ということもあり、なかなかの盛況で、参加者は五十三人。

佐々木さんは、フリーランスのテレビレポーター。通訳・翻訳会社の社長でもある。今、中国でも話題となっているインターネットだけでなく、ネットワークの重要性についても講演。テレビ朝日の「ニュースステーション」専属レポーター時代や、現在の会社を設立するまでの経緯や運営などのエピソードを織り込みながら話を進めた。

「Network と一言で言ってきたけれど、net は人脈という人との網がつながっていくことで、work は機能するという意味。人との網がうまく機能してはじめて Network と言えるという話が印象的でした。中国では特に人とのつながりが大切ですから、今日知り合えた人たちとの Net も大事にしていきたい」とは、メー参加者の職業・業種は、日系企業を中心とするホテル、メーカー、旅行会社、銀行、不動産会社などさまざま。また、日本から派遣された駐在員もいれば、中国留学後そのまま現地採用された人もいる。後者には、せっかく留学したのだから中国に残って働こうという根性のある人たちも多い。特に、最近は日本での就職難もあり、現地採用を希望する女子留学生は増えているようだ。

留学生たちの中国での就職活動が始まるのは、卒業の半年くらい前、つまり春節前後から。まず、中国に進出している企業の中から、これはという駐在員事務所や日系企業をリストアップする。日本人会やコンサルティング会社などを訪ねて情報収集を行う。『会社四季報』を使って、企業研究する熱心な人もいる。目星を付けたら、資料請求するか直接履歴書を持って会社訪問する。

でも結局、中国の場合もモノをいうのはコネ。悪い意味ではなく、これまでどのように Network を作ってきたかが問われる。佐々木さんの言葉どおりだ。日本のような就職情報誌（中国人向けはある。求人・求職

エアメール

打ちあげ会場での筆者（左）と音響と大道具担当の中村政俊さん

日中学生合作公演を終え

渡辺日奈子

初日、オカマのシーンが中国の観客にウケたとき、思わず涙が溢れて止まらなかった。張りつめた糸が切れたのを実感した、というよりは、切れて初めて張りつめていたことに気がついた。十二月二十一、二十二日の土日の四ステージに向けて、我々『夜行動物』（原題＝夜の一族）劇組は、約二カ月間、殆ど寝る暇もなく準備してきた。場所は中央実験話劇院という劇団の小劇場。公演は日本語と中国語の二種類。日本語の方は中央戯劇学院（中戯）を中心とする全て日本人留学生による公演、中国語のだと自分事ながら感心する。先の見通しのつく人が企画していたら、まずやらなかっただろう。

この企画は「北京でお芝居がやりたい！」という六人が集まって始まった。中戯は演劇大学であるため、演劇に関心を持つ留学生が比較的多い。劇組隊長の山崎理恵子は演技コースの聴講生。大学の授業で、彼女のめざす笑いを取り入れた関西系演劇を演じると、リアリズムを基礎とする先生には否定されるが、クラスメートは受け入れる人と受け付けない人が半々であった。そこで彼女は問題は観客が受け入れるかどうかだと思い、それを試すチャンスを待っていたのである。私自身は、演劇の制作の実践がやりたかったのと同時に、今振り返ると、北京に留学したという何か軌跡を残したかったのかなと思う。

台本は、日本の新宿梁山泊という劇団の小山洋一氏の作品に決定。この作品は、日本の都会の病理を描いたもので、毎晩町を騒がす空き缶を叩く騒音が、実は孤独のＳＯＳを発するモールス信号であり、主人公のいわゆる都会病が発生しているようで、「この作品、とても分かる」と言う中国の観客も少なくなかった。劇中、チャイナ服を着てオカマが踊るシーンは観客の爆笑を買い、暴走族の登場には一瞬しーんとなったが、族のリーダーが中国と日本の国旗を頭に着けていたこともあってか、後には手拍子が起こった。中国では見られない日本社会の断片に彼らは興味を覚えたのだろうか。この意味で、作品の選択は成功だったと思う。が、何しろ登場人物が多く、大道具も自分たちで造るので、さあ大変。経験者も乏しく、材料の調達方法も分からない状態でのスタートである。

問題は山積みであった。中国での公演で一番困難と思われるのが上演許可の取得。通常は、市の文化局へ台本を添えて申請し、その許可を得なければならないのだが、この手続きが非常に面倒で時間がかかるのだ。ところが今回は留学生弁公室のボスの高静さんが全面的に協力をしてくれ、大学内の学生の実習公演という形でクリア。稽古場や大道具の製作場所まで使わせてもらうことが出来

エアメール

北京交響楽団とモーツァルトの協奏曲を演奏（１９９６年９月 北京音楽庁）

ピアノとともに中国を生きる

瀬田裕子

二月五日に東京から北京に戻って中国のお正月「春節」を大家族だんらんで過ごし、十九日に北京音楽庁で主人と共演した「盛中国・瀬田裕子バイオリンとピアノによる名曲リサイタル」を成功裏に終え、一息ついております。振り返ってみますと、一九八七年から本当に不思議な縁で中国と日本を行き来するようになり、早くも十一年の歳月が流れようとしていることに感無量です。

★

私は子供の頃からピアノが大好きでした。ピアノを弾いていると時間を忘れてしまうほどで、大学を出てからもピアノの勉強を続けるかたわら、個人教授やジョイント・コンサート等の演奏活動をしていました。ところが学校を卒業して三年経った一九八六年末、日本国際音楽コンクールの審査員として中国から来日していた著名なバイオリニストの盛中国氏に紹介され、一緒に演奏活動を始めるようになりました。とは言うものの盛氏は一九六〇年から六四年までモスクワ音楽院でレオニード・コーガンに師事し、六二年にチャイコフスキーコンクールで栄誉賞を受賞して、中国音楽界の第一線で活躍している演奏家であり、当時大学を出たばかりの私とはキャリア、その他で到底つりあわず、無我夢中で練習し、また彼から色々なことを学びました。中国語は全く勉強したことがなかったので、会話は筆談と音楽用語と辞書を使った奇妙なものでしたが、音楽の仲立ちがあったからか、これが不思議とよく通じました。八七年三月に東京で「盛中国バイオリンリサイタル」の伴奏を務め、成功を収めた時から私の演奏家としての生涯が始まったと言えるでしょう。八七年八月末に、帰国した盛氏から初めて演奏家として中国に招かれ、広東省の各都市で公演及びレコーディングをしました。母と二人で一カ月半程滞在しましたが、当時改革開放政策が始まって間もない南方は活気に溢れ、市長を始め、若い指導者の方々が中国の未来を熱っぽく語っておられました。その頃から中国の底力とエネルギーを感じておりましたが、今日迄の各地の変化には目をみはるものがあります。さてコンサートの方ですが、どこの都市も二千人は収容できる大会場が満席になるのには驚いてしまいました。もちろん「盛中国人気」もあるのですが、それにしてもよくこれだけクラシックファンがいるものだと感心しました。ただ会場や楽器などの演奏条件となると決して良いとは言えず、珠海市では会場に用意されていたのが、アップライトのピアノ――この程度はそう驚く事ではないのですが――で、しかも音程が狂っているためにバイオリンと全然音が合わず、本当にどうしたらよいものか。遠路はるばる来たのにという悔しさやら満席の聴衆に申しわけないとか、色々な気持ちを抑えきれなくなり、とうとう終演後関係者の前で泣いてしまいました。その後の宴席でこの事を耳にされた市長さんから「申しわけなかっ

エアメール

海帆バー店員全員集合！（筆者は右から３人目）

北京で喫茶店の夢を

大西邦佳

「どうしてこんなところでお仕事されていらっしゃるんですか?」

中国人、日本人を問わず、何度もこの質問を投げかけられた。一日中働きづめで、

ない、と言えば誰でもこう質問したくなるであろう。お金じゃない、何かが得られる、と言えば信じてもらえるかしら?!

つての友人楊帆。自分のバーを作るというのは以前からの彼の夢。それはおもしろそうと話に乗ったのがそもそものきっかけ。はじめは一緒にあちこちのバーを見て回った。

九六年の初め、バーがちょうど流行り始めたころだ。バー・ストリートと呼ばれにぎわっている三里屯のバーをはしごする。確か九四年に北京に来たばかりの頃は、この通りは真っ暗で、二、三軒しかバーはなかった。それが今ではびっしりバーが建ち並び、建設中のも何軒かあったので、きっとまだまだ増えるのであろう。

楊帆とのバー巡りを終え、物件探しにかかる。友人たちに物件を探していることを伝え、いい情報があれば見に行くという手順である。七、八軒も見たであろうか。どこも、帯に短し、たすきに長し、という感じ。気に入らない。夏には開店したいという思いが強く、焦り始める。そんなとき、楊帆は不動産を通して動物園の近くの物件の情報をキャッチ。交通の便、などを考慮しそこに決定。トントン拍子に契約、内装工事となった。大工を雇い、設計図をあげ、工

約十三人分の昼食と夕食作りを私が担当する。

完成が延びに延び、八月十八日にやっとオープンできた。三日間にわたる華々しい開店式を終えて、営業を始めた訳だが、なにぶん未経験者の集まりなので、毎日何か新しい問題が発生する。そのたびに、人に聞いたり、本を参考にしたりして解決してきた。最初のうちはしっかりした体制が出来ていなかったので、仕入れ、カウンターの中の仕事、メニューづくり、ウエイターの教育、レジスターと、いろんな事を誰に言われるともなく自主的に携わっていた。だんだんまわりの従業員のサービス意識も向上し、体制が整い初め、私の仕事はひとつ減り、ふたつ減り、最後にはレジの仕事だけとなった。ここにきてやっと、開店前から希望していた喫茶店を始めることとなった。それまでは、夜六時から店を開けており、それ以前はずっと閉めている状態であった。

家賃や条件の交渉の時、楊帆は昼の時間、私に貸すことを渋った。出された条件は、一カ月の家賃は五千元（バー全体の一年の家賃は五万一

エアメール

羅鈴氏と私。初めて会った日に撮ったもの

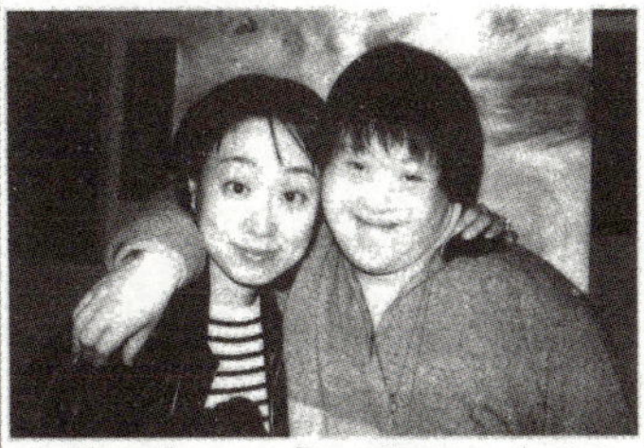

中国の友人一家に教わったこと

原口純子

九三年春、家族の転勤で全く思ってもみなかった北京に暮らすようになって、もう四年以上になる。当初ゼロから始めた中国語が、一年もして相手の話が聞き取れるようになると、交流が広がり始めた。東京で出版社や映画会社にいた関係で、時には日本人の友人に頼まれて取材をアレンジしたり、文章を書かせてもらう機会なども出てきて、自然に芸術関係の知り合いが増えていった。そのなかでも私の中国での生活を最も豊かに、実りの多いものにしてくれた、北京のあるご家族について、深い感謝とともに書かせて頂きたいと思う。

取材で知り合ったあるピアニストに紹介されて交流が始まったご家族は全員で四人。

お父様の羅忠鎔氏は中国音楽学院教授で著名な作曲家、理論家。作品が、日本でも何度か演奏されている。お母さんの李雅美さんは声楽家。社会音楽学院で教壇にも立たれている。女同士、とても仲よくしてもらった長女の羅鑾は中国交響楽団所属のピアニスト。音楽一家で、四人のうち三人が、それぞれ自宅でも、作曲や声楽、ピアノを教えているので、羅家には音楽を学ぶ生徒の出入りや、レッスンの音が絶えない。

一家の四人目、今年三十二歳の長男である羅鈴は、ダウン症で、知的障害がある。九二年、二十七歳頃から絵を描き始め、作品が現在中国美術界で高い評価を受けている。素晴らしい絵だからとにかく見に行ってごらん、と言われ、初めて彼の家を訪問したのが二年前である。

行ってみると、その一番最初の作品が壁に掛けてあった。毛筆で描いた、二つの丸、だ。羅鈴のいたずら書きを、父の羅氏が見つけておもしろく思い、飾ったのだという。ところがしばらくして、偶然その「丸」を見た一家の友人の画家が、羅鈴に絵を描かせてみることを勧めた。これが彼の創作活動の始まりだった。

絵筆と絵の具が与えられた彼は次々に絵を描くようになった。家族の誰もが全く予想もしなかった出来事だったという。

絵の具を重ねて行く順番も筆の運び方もまったく自己流で、最初はただ絵の具を塗っていた彼だが、次第に画題をいうようになった。

音楽をテーマにした『火の鳥』『海』『春の祭り』、遊びに行ったあと描いた『円明園』『頤和園』、画集で見た『ピカソ』『ロダン』など……。全て色彩豊かな抽象画だ。九四年には初の個展を開くほどになる。

羅鈴の言語表現力は十分でなく、自分の考えを論理的な長い文章で人に伝えることはできない。絵を描くという自分を表現する手段を獲得して、彼は以前より明るく活発になったという。そのことを心から喜んでいる家族の人の様子をみていると、一つ一つの作品が、四人の愛情のスクラムがあって初めて生まれたものであることが、よく分かる。

砕石運搬に忙しいダンプカー

珠江デルタ経済圏を訪ねる①

活気溢れる大都会 — 広州

珠江デルタ経済圏は、珠江が南中国海に出る河口の付近一帯をさし、広東省の省都・広州を中心とする二十八の都市と四百二十の町をふくんでいる。広さ四・一万平方キロ、人口二千百万人をもつこの地域は中国でいちばん早く対外開放されたところであり、経済成長が最も速く、対外貿易が最も進み、極めて投資環境のよい地域の一つである。この地域は香港に隣接して地縁や血縁があるという利点があり、経済面でもよく協力しあってきたので、香港の中国復帰が近付くに連れて多くの海外の投資家、とくに日本の企業家がふたたびここに狙いを定めた。

省外からぞくぞく流れてくる出稼ぎ族

との直線距離は約二〇〇〇キロである。紀元前二一四年に秦の始皇帝が全国を統一して、ここに郡を設け町を作ったときから数えれば、すでに二千二百年の歴史をもっている。

ここにはたくさんの名勝旧跡がある。南越王墓、光孝寺、六榕塔、鎮海楼、五仙観、中山記念堂など、いずれも由緒ある旧跡であるが、特に南越王墓から出土した前漢時代最大の竜鈕の金印・「文帝行璽」は日本人必見の価値がある。これが日本の福岡の博物館にある「漢委奴国王」という金印と同時代のものだと分かると感無量の様子で、日本の元首相海部俊樹氏がこれを見学して「感動歴史」と題辞した。

中国第一の庭園式レストラン

「食は広州にあり」とよく言われるが、たしかに広州の料理は美味しい。六歳位の頃だったか、父が広州からお菓子を土産に買ってきた。毎日一個ときめられていたが、どうしてもその美味しさに我慢ができず、ついに一箱食べてしまって後でさんざん叱られたが、幼い日の思い出である。

広州の美食には料理、菓子類、軽食品、粥、野生の鳥獣がふくまれ、その種類は広州料理だけで五千を超えるという。その特徴は材料が珍しく、空をとぶ鳥から獣、ヘビ、ムシ、ネズミ、犬など何でも料理してしまうところにある。もちろん、これらのものはいずれも養殖したものである。記録によると、広州人のヘビ料理はすでに二千年の歴史があり、百年の歴史をもつと称する老舗「広州蛇王満」店の「竜虎闘」または「竜虎鳳煮」という料理が有名である。これはコブラ、マルオアマガサ、キングコブラという三種類のヘビ（竜と見なす）と猫（虎と見なす）と若めんどり（鳳と見なす）にいろいろの調味料を入れて煮た料理である。うまいだけでなく、体にも良いという。

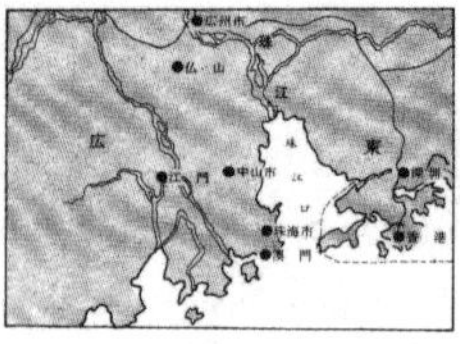

広州人には「飲茶」の習慣がある。「泮渓酒家」はその飲茶の最高級レストランである。朱漆の大門を推して中に入ると、そこは、古典的な彫刻と絵で飾ったきらびやかなホールであり、古いガジュマルやヤナギが立ち並び、甘い香りが漂って来る。王支配人の話によると、「酒家」になる前はここは屋根だけの粗末な茶飲み場に過ぎなかったが、一九五九年に中国の有名な園芸家・莫伯治が、清の園林をまねて敷地一万二〇〇〇平方メートル、座席三千の中国最大の庭園式料亭に改造した。現在毎日の来客は、観光客も合わせて延べ一万人に達するそうだ。

これまでこの酒家へ朝茶を飲みにきたのは、多くは年寄りたちであった。朝六時になると老人たちは時間通りに酒家にきて、いつも同じ場所にすわり、ウーロン茶か紅茶に二、三の点心を注文して、ゆっくりと茶を飲み点心を食べるのだ。八十七歳の黄爺さんが「香荷糯米鶏（はすの葉ちまき）」を食べながら、「私は三十年間、雨が降ろうが風が吹こうが、毎日この席に座って朝の『飲茶』をしてきました。一度も欠席してません」という。

泮渓酒家の飲茶点心は現在百種類を超え、名前も「石嶺梅花餃（梅花焼売）」「珍珠丸（もち米肉団子）」「脆皮百花波（海老クルトン揚げ）」「鮮蝦水晶包（海老入り饅頭）」などとなかなか奇麗で、しかも一点一点が工芸品のようによく工夫されている。現在多くのビジネスマンが、ここで朝茶を飲んだり点心を食べながら仕事の相談をするようになった。そして多くの家庭も連休を利用してこの酒家を訪れ、食事をしながら一家団欒を楽しんでいる。

また、王支配人の話によると、泮渓の美食を日航や関連のスーパーマーケットが気に入り、ここで生産される冷凍食品を大量に買い付けては、毎月数十トンも日本に輸出しているので、大勢の日本のお客もおいしい「広州式飲茶」を味わうことができるようになったという。

ウェートレスが一皿の「緑茵白兎餃（ウサギ型餃子）」を出してくれた。これは泮渓のベテラン点心係・羅坤さんがはじめた有名な食品で、「点心の王」と呼ばれている。海老餡の餃子をウサギの形につくり、ハムをさしてウサギの紅い目とし、それに中国パセリを敷いているので、まるで活発な白いウサギの一団が緑の芝生を嬉々としてはね回っているように見える。羅坤さんはかつてこの芸を日本とアメリカで披露したことがあり、ニューヨークの中国レストランで大人気となって、一個一・七ドルで売られたというから、地元の二十倍の値段である。よく味わってみたところ、たしかに滑らかで香りがあり、甘くて後を引く。

夜、赤い提灯がいっぱいぶら下がっている湖濱粥家荘に来た。数十個の小さな土鍋から蒸気がぶくぶくあがっているのは、「三元及第粥」

中国碑林紀行（三）

豊かな唐代の碑石　昭陵碑林（陝西省）

昭陵碑林の碑石陳列室

西安から車で西へ行く道は、かつてのシルクロードをたどる。見渡す限りの黄色い大地からは古代文化の息吹が濃厚に感じられ、漢代と唐代の多数の陵墓もそのひとつである。「中国の南方は才子が輩出し、北方は将軍を生み、陝西の黄土は帝王を葬る」という言葉があるように、このあたりには前漢の十一陵と唐代の十八陵が点在し、早くから内外に知られている。

昭陵、堂々たる皇室陵園

唐代の二十一人の皇帝の陵墓は、河南省の洛陽と山東省の菏沢に葬られた末期の二人を除いて、みな陝西省渭北高原の西は乾県から東は蒲城までの六県内に集中している。高宗と則天武后が合葬されたため、陵園としては十八陵となり、「渭北唐の十八陵」といわれている。

昭陵は唐太宗李世民（五九九～六二代の皇帝だが、実質的には建国の祖として政治体制を整え、在位中は経済も文化も繁栄し、史上まれに見る名君だった。

礼泉県の東北二〇キロのところに、主峰の標高一一八八メートル、谷が縦横に走る九嵕山が聳えている。昭陵はその山腹にあり、山を背後にして陵を造営する制度はこの昭陵から始まったという。唐の十八陵のうち、規模が最も大きく、陪陵が多く、歴史文物も最も豊富である。陪陵は百八十五基がこれまでに確認され、陪葬者は皇族などの近親者よりも魏徴、房玄齢、秦叔宝、李勣、尉遅敬徳、程知節、李靖など太宗に従って建国時に南北に転戦し、国を治めた文官、武官のほうが多い。これらの陪陵は月を取り巻く星のように、主峰の南部と麓の平野に散在している。

昭陵から南へ一一キロ行くと、唐代の二十四人の建国功臣の一人である李勣の墓が見える。その規模の大きさ、彫刻の精妙さ、碑石の雄大さは、陪陵のなかで抜きんでている。一九七二年、彼の墓園が昭陵博物館の地に選ばれ、七八年に正式に開館した。館内には昭陵陵園から出土した様々な珍しい文物が収集、展示されている。ほかに「碑石展示室」が二つあり、これが「昭陵碑林」である。

千年の歴史のある碑石

唐代では、「樹碑立伝」といわれて墓の前に碑を立て、墓室に墓誌を据えることが一般的になった。昭陵の陪葬者は三品以上の高官が多く、そのほとんどに碑と墓誌がついている。宋代の金石学者によると、昭陵の陪葬墓の碑は八十基以上あるという。

唐代の滅亡後、金石学（青銅器、石碑に刻した文章、文字を研究する学問）が盛んになるにつれて、昭陵石碑の人気も高まり、学者たちは目録の作成、拓本の収集、関係資料の保存に意欲的に取り組んだ。反面、そのことがこれらの石碑に不運を招くことにもなった。拓本は拓本を独占したい心理のためか、石碑は拓本を取られるたびに、損傷されることがあったし、周辺の農作物が荒らされるために農民の怒りを買って石碑が破壊されたり、石材として他に転用されることも起こった。また、露天に放置されたものは風雨による損傷も進んだうえ、千三百年の歳月の中で埋まったり、散逸したりした石碑も多かった。

一九七四年、昭陵博物館は野外に散在している石碑を集め、また前からあった唐代、宋代、明代、清代の石碑四十余基と新しく出土した墓誌二十余点を整理して、「昭陵碑林」を新築した。

「李勣碑」は高さ6.65メートル、昭陵碑林で碑石としては最も大きい。

石碑の数は西安や曲阜の碑林と比べようもないが、唐代の碑に関するかぎり、ここが最も多い。欧陽詢の「温彦博碑」、褚遂良の「房玄齢碑」、王行満の「周護碑」、高宗李治の「李勣碑」および尉遅敬徳の墓誌、孔穎達碑の台座など、大家による名筆が多いほか、唐代の歴史を研究する貴重な資料にもなっている。これらの石碑はそれぞれに特色があり、書体から見ても楷書、行書、草書、篆書、隷書、飛白書などさまざまで、多彩な書道芸術の殿堂の名に恥じない。昭陵碑林を中国三大碑林の一つに挙げる日本の専門家もいる。

珍しい「飛白書」

昭陵碑林の中に、「尉遅敬徳墓誌」という碑石がある。石質がきめ細かく、つやつやと光っている。一辺一二〇センチの正方形で、この碑林では最も大きい。墓誌のふたに二十五字があり、「飛白書」で彫られたのである。

「飛白書」とは、隷書と同じように筆先を表裏反転させながら書く書法で、筆線の中に墨のつかない部分が櫛の目のように現れ、飛翔している絹を感じさせる独特の書体であり、「飛帛書」ともいう。この書体は後漢（二五～二二〇年）の大書家・蔡邕が刷毛に石灰水をつけて壁を塗っている左官職人からヒントを得たのだという。以後、この書体を習う書家が多くなり、竹の筆を用いたものもあった。唐の時代にさらに流行し、太宗帝、高宗帝、則天武后などはみな「飛白書」が得意で、自筆の「飛白書」を大臣などに賜るということが当時の風雅とされていた。残念なことに、後世に残る「飛白書」作品はきわめて数少なく、それだけに「尉遅敬徳墓誌」は貴重なものである。

「尉遅敬徳墓誌」のふたにある珍しい「飛白書」（部分）

台座に彫られた文字

昭陵碑林を建造中の一九七四年、孔穎達碑の運搬中、本体と台座をつ

白雲観の山門

燕九節には白雲観で盛大な修業の行事が行われる（撮影・劉世昭）

伝統の民俗が今も息づく 全真教の聖地北京・白雲観

写真・郭　実　文・楊天乙

秘境探訪

住民とパンダの心の触れ合い

――パンダの故郷を訪ねて ③

写真・文　郭　実

…の家にパンダがご訪問

1997

民主党议员海江田万里是一位资深的汉学家，他和《人民中国》可谓渊源颇深。他的投稿《我与〈人民中国〉》将他还是小学生时就订阅本刊并关注中国的故事娓娓道来（2月号，见图1）。20世纪末，有更多年青一代的日本人选择生活在北京。这一年《寄自中国的航空信》改版为《航空信》，约到了许多在北京工作、生活的中青年日本女性的投稿。须藤美华的《女性工作网络在行动》介绍了一群在北京寻找机会的职业女性（3月号，见图2）；和中国小提琴家盛中国结为伉俪的濑田裕子的《我在中国的钢琴生涯》讲述了他们二人为中日文化交流做出的努力（5月号，见图3）；渡边日奈子的《日中学生携手公演》将中日学生合作小剧场演出的故事娓娓道来（6月号，见图4）；大西邦加撰写的《在中国开咖啡馆的梦想》介绍了在世纪末咖啡馆热当中日本女性的积极作为（12月号，见图5）；最打动人的还要数原口纯子的《中国一家人教会我的》，讲述了她与唐氏综合征天才画家罗铮一家人的深度交往与精神收获（11月号，见图6）。

这一年三峡大坝工地建设取得较大进展，特辑《三峡大坝工地建设》佐以图片对其做了较为全面的报道（11月号，见图7）。新连载《探访珠三角经济圈》则对华南地区方兴未艾的经济活力进行了深入采写与报道（3月号，见图8）。

文化类报道有杨珍与郭实采写的新连载《道教文化之旅》，将道教文化与民俗结合起来审视，增强了选题的趣味性（2月号，见图9）。书法题材一直是日本读者十分喜爱的选题，史和平采写的《中国碑林纪行》介绍了各地珍贵的碑拓，大受好评（3月号，见图10），日后在日本出版。《秘境探访》在大熊猫的故乡拍摄到和当地淳朴的村民友好相处的熊猫访客，令读者羡慕不已（3月号，见图11）。关于足球的特辑有一篇《国足职业化改革进展》的报道，体现了当时人们对国足翻身的热切期待（5月号，见图12）。这一年的封面图片，将20世纪末中国女性的时代美留在人们的记忆里（5月号，见图13）。

人民中国
北京で出版する月刊総合雑誌
PEOPLE'S
CHINA
一九九七年五月五日発行（毎月一回五日発行）通巻五二七号
1997
5
●特集
中国サッカー百景
●巻末フォト
長白山に最も近い村　白西林場
13

もはや二国間の関係ではない

小島　朋之

小島朋之氏

日中国交正常化はもう二十五年経過し、日本と中国の国家関係を規定する平和友好条約もすでに二十周年を迎えるところまで来た。日中両国は二国の国家関係としては成熟していることを意味していると思いますね。そして中国と日本がアジアの中でも、アジア太平洋の中でも、経済的な意味でも、政治的な意味でも、影響力のある国家同士の関係になっているということです。

特に中国の場合は、この二十年間に目覚ましい経済発展を遂げたことによって、中国経済がアジア経済の中でも非常に重要な役割を果たす、貢献的な存在になってきていると思います。日本は確かに現在経済的に難しい状況に入っているけれども、しかしながら依然としてアジアの中では最大の経済大国であることも確かなわけですね。経済的に非常に影響力のある二つの国としての日中関係はすでにこの二十年、そして二十五年の間に作り上げられてきているということだろうと思います。

数年前日中関係は若干の問題があったことは確かですけれども、中国自身が、そして日本自身が、日中関係がいかに両国そしてこの地域にとって大切であるかを認識することを通じて、この数年間また日中関係は安定的な発展の軌道に乗り始めていると思います。

今回江沢民主席が中国の国家元首として初めて訪日されることになり、日本の各界は大きく期待しています。この前橋本総理の訪中の際に両国首脳が定期訪問する合意ができているわけですね。首脳同士がお互いに意見を交換しあって、相互理解を深めて行くことはとても必要です。こうした首脳訪問の定期化を高く評価したい。

お互いにどのようなことを考えているかを理解しあうと、意見が食い違っているところをお互いに認めあうことになるわけです。そうすると、むだな対立も紛争も起こらずに済むでしょう。紛争や対立が起こっても、話し合いを通じてその問題の解決をすることが可能だし、たとえ一時解決できなくても両国関係を悪化させない方向に持って行くことが出来ます。

なかったと思います。一番[illegible]るのはお互いの関係というのが不可欠になってきたことです。この二十年間の積み重ねの結果として、いまお互いを抜きにしてお互いの経済も政治も国際関係も存在しない、そういう関係になってきました。これからはその積み重ねの上に単なる友好を越えた関係作りをしていかなければいけません。

これからも意見が食い違うことはあるでしょう。しかしながらお互いの関係を安定させていかなければこの地域が迷惑するということをお互いに認識して行くことが必要だと思います。

というのは、今の日中関係は二つの国の間の関係だけでは決してないということです。日中関係がどうなるかということは、朝鮮半島にとっても、東南アジアにとっても、オーストラリアにとっても、ロシアにとっても、あるいはアメリカにとっても非常に影響があります。日中だけ仲よくしたらそれで十分という関係ではもはやない。そこから日中二十一世紀の新しい関係の内容が作られていくのだと思います。(談)

(筆者は慶応義塾大学教授)

[illegible]

中江　要介

中江要介氏

私はちょうど日中友好のハネムーン時代に大使を勤めてきたので、時代の証人として感想はいろいろありました。二十年前、日本と中国は平和友好条約を締結しました。この条約は制度が違う国同士の間で結ばれたので、当時の冷戦状態のもとでは、世界に大きな影響を与えました。この二十年間、潮流としては日中関係は非常に良かったし、いい方向に流れていると言えます。しかし主流の流れの表面にもいろいろな小波があったと思います。

日本では、新婚の夫婦の一生のことをこういう言い方をします。結婚するときは愛情で何でもうまく行きますが、やがて努力や忍耐を必要とする時期が来るというのです。

日中関係も、愛情でお互いに日中友好で非常にうまく進んでいた時期は、もう二十年も経つと終わっていますね。そして努力しなければならない時代になっています。二十五年前、両国の政治家たちの努力で日中国交正常化が実現しましたが、その上で更にこれからの両国民の共通の努力で、両国関係の「平常化」を求めるべきではないかと思います。要するにお互いに努力しなければ日中関係は続いていかない、そういうことになってくるのではないかという感じがします。

これまで二十年の問題点としては、やはり戦争責任の問題が残っているという気がしますね。これは戦争が終わったときに日本が日本自身に自分の戦争という行いを裁くというか、評価するということが不十分であったためで、戦争に関する認識についても日本全体が認識が浅いということは、二十年経った今も同じ状態だと思います。これから二十一世紀に邁進するに当たって解決すべき問題点は何かというと、やはり世代交代、若い次の世代同士の相互理解、相互信頼、そういうものがこれからの解決すべき問題だと思います。

しかし二十年前と比べると、いま中国に対して関心を持っている日本の若者が減っているという感じがして、懸念を持っています。なかなか簡単な問題ではないと思いますね。お互いに相手に関心を持つようにするためにはどうすればいいか。これはなかなか名案はないと思いますね。

いま、共通に話をする場がどこにです。日本も中国も、相手の国とか自分の国のことばかりをいうと、親しみは深くならない。

例えば西洋の音楽だと北京のコンサートでも日本のコンサートでもベートーベンを演奏しますね。日本と中国の若者はベートーベンを通して共通の話題を見つけることができます。やっぱり共通の土俵を作る、あるいは見つけることが大切です。

ですからもっと双方が関心を持っているところで話し合うということをやれば効果が上がると思います。つまり日本でいえば歌舞伎だ相撲だ、中国でいえば京劇だなんだと言うんじゃなくて、共通の話題を見つけることが大切です。例えば最近、インターネットというものが普及してきましたが、両国の若者がインターネットを使って西洋音楽の研究する会を作ることが出来ますね。こういう方法で相互理解が深くなるんじゃないかというのが私の個人的な考えなんです。(談)

(筆者は日中友好協会全国本部副会長、元駐中国大使)

● 特集

「声明」と「条約」を再読して

王　效賢

筆者

昨年、国交正常化二十五周年を熱烈に祝った中日両国人民は、今年さらに平和友好条約締結二十周年を迎える。両国関係史上のこの重要な時期に当たって、私は共同声明と平和友好条約の条文を再読し、自分の感想をいくつか記して、われわれの努力の糧にしたいと思う。

戦後、両国人民の相互往来が再開された一九五二年から、一九七二年の共同声明の発表まで、まる二十年の年月を要した。それから、平和友好条約の締結まで、さらに六年を要した。この二つの文献は、両国の先輩政治家の心血と知恵の結晶であり、また卓識をもった勇気ある決断の結果であり、両国の世々代々にわたる友好関係を発展させるための針路を示したものでもあった。

得るは容易ならず 民を以て官を促さん

周知のように、中日国交正常化を実現させるための根本問題は、歴史への正しい認識と台湾問題の解決にあった。一九四五年、日本はポツダム宣言を受諾して降伏し、日本軍国主義は徹底的打撃を受けた。しかし、中国革命の進展につれ、アメリカは国際協議を無視して日本を再武装し、一九五一年中ソ両国を排斥して単独で日本と「講和」した。一九五二年、日本はアメリカにそそのかされて蒋介石集団といわゆる「平和条約」を締結した。だが、これらの新中国敵視政策も、日本人民の日中友好を求める流れを阻むことはできなかった。一九四九年十月の新中国成立前後、日本に多くの日中友好団体が相次いで発足した。歴史の暗雲を払って中日関係正常化の道を切り開くために、周恩来総理は「民間が先行し、民を以て官を促そう」という方針を打ち出した。一九五二年四月、国会議員の高良とみ、帆足計、宮腰喜助の三氏がモスクワを迂回して北京を訪れた。その後、両国人民の往来は度重なる妨害を突き破って発展、拡大していった。政府間の関係がない状態のもとで、民間ルートが政府の職能を数多く代行した。例えば日本居留民の帰国、戦犯の釈放、漁業の安全、貿易の展開などがそれだ。周総理は来訪の日本友人に対し、よくこのように訴ったものだ。

「日本人民と日本軍国主義者とを区別して扱わなければならない。日本人民には戦争の責任はなく、日本人民もその被害者なのだ。前事を忘れざるは後事の師なり。この不幸な歴史を過去のものとなし、決してそれを再現させてはならない」

周総理はまた対日活動に従事しているわれわれの同志に対し、中日両国人民が友好的につき合うことは両国人民の共通の利益になるのだということを人民によく説明し理解させるように、と指示した。私はかつて周総理の通訳を担当したことがあるが、周総理が日本の友人たちに言った「中日両国人民の間には平和友好の種子が存在している」という言葉を、今もはっきり覚えている。その最もよい例は、多くの日本人が武装解除後中国人民解放軍に参加し、われわれと行動を共にし、互いに信頼し合ったことだ。これこそ友情、それも信頼すべき正真正銘の友情である。

最近、中日友好協会は日中議員連盟訪中代表団を迎えたが、その中に戸井田徹氏という若い国会議員がいた。彼の父、戸井田三郎氏が周総理の言った信頼すべき友人であった。

24

1

長野五輪へ
中国から大参観団
日中友協の1日10円貯金で

〝信濃の国は十州に、境連ぬる国にして、聳ゆる山はいや高く、流る川はいや遠し。松本伊那佐久善光寺、四つの平は肥沃の地、海こそ無けれ物さわに、萬足わぬ事ぞ那起。……〟

長野県日中友好協会主催の「長野冬季オリンピック大会中国友人参観団歓迎パーティー」は今やクライマックスを迎え、斑尾高原の夜空に『北信流』謡曲の一節が高らかに響きわたった。この地方色豊かな謡曲は最も大切な賓客を歓迎する時にうたわれるものだという。北京に帰っても数カ月になるが、あの歌声は今も耳に残り、印象的なシーンが次々と目の前に浮かんでくる。

会員三千名の熱意実る

「冬季オリンピック大会までの三年間に三千万円を貯めて中国の友人二百名を招待する」「会員一人一人が一日十円貯金すれば一年で三千六百五十円、三年で一万円になる。一日十円ならだれでも貯金できる」――長野県日中友好協会の西堀正司理事長が出したこの提案は、同協会の会員ばかりでなく長野県庁、各友好団体、長野冬季オリンピック大会組織委員会に支持され、九四年十月一日「長野オリンピックに中国の友人を招く実行委員会」が発足した。

三年後、「一日十円貯金」の募金額はついに三千二百万円に達した。

そして九八年二月、長野県日中友好協会の招きに応じて、北は黒竜江省から南は広東省まで、長野県と友好関係のある省、市、自治区の百八十人からなる参観団が日本に向かった。参観団は四つのグループに分かれ、一週間日本滞在。そのうち二泊は会員の家にホームステイという予定。オリンピックはたくさんの人に深い感銘を与えたが、厚い友情が私たちに与えた感銘もまた、言葉では言い表せない、深いものがあった。

『人民中国』の于明新副社長と私の二人は、この創刊四十五周年記念号の取材を兼ねて参観団に加わったので、訪日前に長野県と友好関係にある河北省の取材を済ませていた。

日本では成田空港でさっそく熱烈な歓迎を受けた。長野県日中友好協会常務理事、企画交流委員長の新井敬一、同協会理事の荒井幸平、水沢光男氏らがわざわざ迎えに来られた。新井、荒井の両氏は于副社長や中日友好協会の井頓泉理事らと旧知の仲。また水沢氏は中国スキー界の古い友人で、長野オリンピック開幕の直前に中国中央テレビ局のスポーツ番組でも紹介されていたので、初対面の私も旧友のような親しみを感じた。

長野に向かうバスの中で自己紹介が行われ、桑逢文吉林省副省長のような「大物」も同行していることがわかった。中野市に着いた時、新井氏が「これから海抜千㍍の斑尾高原に向かいますので、みなさんちょっと厚着してください」と注意した。窓の外は雪になっていた。夜九時半、斑尾ホテルに着く。

翌朝。外はすでに一面の銀世界だった。遠くの山も近くの屋根も木も自動車も……すべてが雪に覆われ、そして雪はまだ降り続いていた。広東省から来た欧陽江施さんと陳謙さんは、生まれてはじめて見る雪景色に興奮し、写真をとりまくっている。

新井、荒井両氏の案内で午前中は県歴史博物館と善光寺を、午後は長野市内を見学し、県庁に表敬訪問。夜は県日中友好協会の盛大な歓迎宴が催された。その席上、県日中友好協会会長で中国友人招待委員会会長の堀内巳次氏は「中国の友人の皆さん、長野冬季オリンピック大会参観のため長野県に来られました皆さんを心から歓迎いたします。長野県日中友好協会三千名の会員が九四年から行ってきた一日十円貯金運動が今このように実りました……」と熱情あふれるあいさつを述べた。

会で記念品を披露する長野県日中友好協会の幹部たち

『人民中国』雑誌社の「老朋友」でもある西堀理事長も「全会員の努力と各方面の支持をいただいて中国の友人二百名を招待する計画がついに実現いたしました」とあいさつを述べた。

これに対し、吉林省スキー協会名誉主席でもある桑逢文吉林省副省長は「長野県各界友人の親切なご接待を受けて私たち一同は深く感動しております。いろいろな参観訪問を通じて長野県と日本国民に対する私たちの理解はさらに深くなるでしょう」と答辞を述べた。

夜十時斑尾ホテルに戻ったが、歓迎宴の熱気さめやらぬ新井、荒井両氏は酒やおつまみをもちこみ、私たち『人民中国』の二人や中日友好協会の六人とよもやま話に花を咲かせた。私たちも北京産の白酒（パイジョ）「二鍋頭」（五十六度の強い酒）をとり出して興を添え、時計はいつのまにか翌日の午前零時三十分になっていた。

親しきこと一家の如し

三日目と四日目はホームステイで、私たち『人民中国』の二人と広東省対外友好協会の二人は、小布施町の民家におじゃますることになった。八時二十分、高速道路の中野出口で小布施町日中友好協会の友人たちの出迎えを受ける。

松本氏宅の『人民中国』の2人を迎えた夕食風景

私たちを迎えて下さったのは、かつて中学校で美術の先生だったという松本七郎、利子さんのご夫妻。前夜のパーティーで会っているので、初めから百年の知己のような感じだ。

長野市のある会社の副社長をしておられるご子息も、休みをとって私たちの運転手をつとめてくださるというので、すっかり恐縮する。車に乗るとさっそく松本さんが「于明新先生、李世清先生歓迎計画」と書いたスケジュール表を渡してくれた。これから夜十時まで、見学、交流、表敬訪問から車の移動時間までびっしり書いてあり、細かい心遣いにまたも恐縮する。奥さんは奥さんで、どんな食べ物が好きか、すしはどうですか、としきりに聞かれる。すしは私たちも好きですと答えると、「よかった」とうれしそうに言われるので、私たちまでうれしくなる。

松本さんのご専門は陶芸で、家に陶器や中国の伝統的な木彫りの仏像がたくさん飾られている。今年七十歳、十年前に定年退職された。それからまもなく、家から三十*。離れた山中に窯場をつくり、愛い季節こは

江西省・九江を流れる長江の堤が決壊。8月7日から3日3晩の間、土のうを積む作業が続けられた

大洪水——猛威と闘いの記録

写真・賀延光　江志順　程至善　文・暁　語　王恩普

中国石油産業の発展

中華人民共和国が成立するまで、中国の生産する原油は年間十二万トンに過ぎなかったが、六三年には六百五十三万トンに達して、基本的に自給自足が達成された。七二年、産油量は四千万トンを突破、七三年、中国は初めて石油輸出国となった。しかし九六年になると、石油生産量は世界第五位の一億五千七百万トンとなったが、消費量がこれをはるかに上回り、千万トン余りの石油が輸入された……（詳細は特集に）

南中国海の海底油田から採掘するリグ

写真提供・中国石油撮影協会

7

特集

"神様たち"はもう我慢しな
——中国の消費者保護運

商工局とたばこ専売局は協力して 40 万元を超える偽たばこを発見し焼却した

街頭相談に詰め掛けた消費者たち

三月十五日は国際消費者デー。中国各地ではこの日、消費者保護法令のアピール・法律相談・被害をうけた消費者の訴えなど消費者の権利と利益を守るキャンペーンが繰り広げられる。中国の消費者保護の現状は、法律と組織はどうなっているか——特集してご紹介する。

15

羊肉で気分はシルクロード
新疆村食堂街

写真・文　郭実

八〇年代に入って、地方から北京に出かせぎに来る人がどんどん増えてきた。臨時雇いとか個人営業とか、世過ぎの道はさまざまでも、同じ省から来た人が一カ所に固まって住むようになり、「浙江村」「安徽村」「新疆村」といった「村」が自然にできてきた。どの村もそれぞれの特色があるので、例えば服を買おうと思えば浙江村に行く。浙江省の人は昔から縫製のうまさで有名だからだ。そして西部の味を賞味したいと思えば、行くところはもう新疆村に決まっている。

北京の甘家口商場から増光路に入ると自由市場がある。この辺に一歩入っただけで濃厚な烤羊肉（シシカバブ）の匂いがプーンとただよってくる。

ところ　北京市海淀区甘家口商場増光路西
営業時間　10.00~22:00

北京の人にとっては、この匂いは新疆そのもの、さらに言えば西域の、シルクロードの香りであり、これだけでもう食欲をかきたてられる。

羊の肉を鉄の串に刺し、炭火で烤（直焼き）し、塩とトウガラシと、ツーランと呼ばれる新疆特産の香料を振って食べるのが羊肉串。十数年前に北京にお目見えしてアッという間に人気を獲得し、額に汗して働く肉体労働者から、モダンなスタイルをピッチリ決めたお嬢さんまでが、その芳香にしびれた。羊肉串を「先導車」として、新疆の人々が続々と北京にやってくる。こうして新疆村が生まれ、今日のように大きくなったのだ。

新疆村は道の両側に約百メートルにわたって連なり、今では二千人近い新疆出身者が住んでいるそうだ。たくさんある食堂の屋号は、新疆の地名をとって「天山」といったり、あるいはウイグル族の名字をとって「賀賀提」といったり。内装ももちろん新疆のカーテンや壁掛けじゅうたんで飾り、新疆の少数民族の音楽をテープで鳴らしている。彼らはほとんどがイスラム教徒なので豚肉は食べず、羊が主だが、その食べ方にもいろいろあって、烤全羊というのは読んで字のごとく羊の丸焼き。柔らかく煮込んだ羊肉をちぎって手づかみで食べるのが手抓羊肉。羊肉にめんやトマト、トウガラシを煮込んだ拉条子というのもある。そして欠かせないのが、ナンと呼ばれる新疆風のパンで、小麦粉をこねて発酵させずに焼く。黄金色に焼きあがったナンの歯ざわりのよさが、肉にぴったりなのだ。

近くには新疆ウイグル自治区北京事務所があり、中央民族大学からも一キロと離れていないので、新疆からの出張者や学生がよくやってくる。イスラム教徒が斎戒するイスラム暦九月を「斎月（ラマダーン）」と言い、その断食明けの十月一日に行われる祭りを「開斎節」と言うが、どこの店もこの日だけは休んで、あとは年中無休だ。

◉レストラン新時代 48

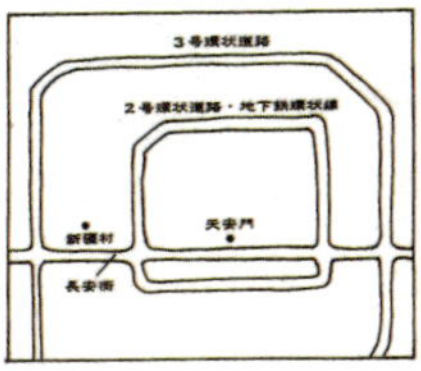

村のあるレストランの内部

新疆特有のナン

8

■特集■

前人未踏のヤルンザンボ峡谷に挑む

文・張継民　写真・張継民　杜沢泉

ヤルンザンボ大峡谷が世界最大であることを発見した（右から）大気物理学者の高登義研究員、新華社の張継民記者、地理学者の楊逸疇研究員、植物生態学者の李渤生研究員が、峡谷の大カーブを望む

中国科学探検協会はことし春、関係部門と共同で二十人から成る探検隊を組織し、チベットの秘境ヤルンザンボ江大峡谷とその周辺地域の科学調査を行った。これにより中国は世界最大、前人未踏のヤルンザンボ江大峡谷踏破の第一歩を踏み出したのである。隊員たちは土砂崩れや雪崩の危険を冒し、千尋の谷をものともせずに高山に登り、キャンプでは山ヒルの襲撃に悩まされながらも一カ月に及んだ調査を終え、多くの収穫を得て北京に帰ってきた。

『人民中国』誌は、今回の調査に同行した新華社の張継民記者に寄稿を依頼した。張記者の現地報告には、ヤルンザンボ江大峡谷の神秘と調査の模様がたっぷり盛り込まれている。（編集部）

9

西南シルクロード⑥

涼山（中）

太古の母系家族制を保つ摩梭（モースオ）人——瀘沽湖（ルークーフー）

写真・文　魯忠民

A　昭覚のイ族の女性
B　察爾瓦を織る女性
C　イ族の村の市場
D　岩壁に刻まれた『出行図』——布石瓦黒
E　そろって、市場に出かける

99

98

10

人民中国
北京で出版する月刊総合雑誌
PEOPLE'S CHINA

1998 9

一九九八年九月五日発行（毎月一回五日発行）

●特集
北京でチャンスをねらう"上京族"
●巻頭フォト
ダウに見るチベット族の家

12

11

998

这一年是“中日友好条约”签订 20 周年，计划中的高层访问也在准备当中。两国之间存在的问题不容回避，正在发生的时代变化必将影响两国的未来。王效贤的《重读“声明”与“条约”》提醒，只有不忘初心，迈向新世纪才能行稳致远（8 月号，见图 1）；小岛朋之的《已经不仅仅是两国关系》提出，要在更大的格局中讨论中日关系（8 月号，见图 2）；中江要介的《夯实相互理解的共同基础》指出沟通与对话的重要性（8 月号，见图 3）。地方友协在这一年里加大了友好交流的力度，《日中友协每天储蓄 10 日元邀请中国大参观团来看长野冬奥会》一文讲述了长野友协西堀正司理事长提出三年内 3000 会员每人每日储蓄 10 日元邀请 200 名中国朋友参观长野冬奥会的设想并付诸实施的过程，令人感动（6 月号，见图 4）。

长江中下游特大洪水的发生给这一年的一些计划带来了意想不到的影响。特辑《与肆虐的大洪水作战全记录》图文并茂地介绍了 1998 年那场牵动无数人心的抗洪故事（12 月号，见图 5）。特辑《中国石油产业的发展》介绍了走向现代化的中国石油产业（5 月号，见图 6）。

特辑《“上帝”不再忍耐：消费者权益日在行动》介绍了每年 3 月 15 日国际消费者权益日在中国的落实情况（3 月号，见图 7）。北京的“新疆村”是当年的美食热点，《新时代美食探访》专门介绍了这个很快将在地图上消失的打卡地（9 月号，见图 8）。

特辑《挑战前人未至的雅鲁藏布江大峡谷》介绍了独家的科考秘话（11 月号，见图 9）。新连载《西南丝绸之路》介绍了《走婚的摩梭人》等奇异的民俗传统，版面设计也很讲究（3 月号，见图 10）。连载《胡同的四季》将世纪末幽静的北京老胡同里的人和风景细腻地记录下来，为未来存下珍贵的底片（8 月号，见图 11）。民俗味极浓的少数民族女性封面，使《人民中国》享有“中国人类学图片大全”的美誉（9 月号，见图 12），日本的人类学博物馆对这些原生态民俗记录给予了极高的评价。

第四节
创刊 45 周年纪念特辑[1]

时代的记录《人民中国》的 45 年[2]

中华人民共和国的诞生

《人民中国》（日文版）已迎来创刊 45 周年。通过此前发行的 540 期，《人民中国》像一幅画卷，向日本读者介绍了新的中国、历史中的中国以及世界中的中国的沧桑巨变。在纪念创刊 45 周年之际，我们想围绕新中国走过的道路，与读者一起回顾《人民中国》所记录的每一帧历史画面。《人民中国》与新中国齐头并进。我们可以从中看到，中国像一条流入大海的河流，蜿蜒曲折，但也气势磅礴地走向现代化的图景。日文版《人民中国》的前身是由周恩来总理倡议创办的半月刊英文杂志《中国文摘》，《中国文摘》于 1950 年更名为《人民中国》（*People' s China*）。英文版《人民中国》的首任总编辑是著名外交官乔冠华（1971 年，在中国重返联合国之际，率中国代表团出席联合国大会），但日文版《人民中国》的创刊却离不开康大川。康大川出生于台湾，曾留学日本，回国后加入抗日军队战斗，还曾入狱。他是日文版《人民中国》的创办人，和团队筚路蓝缕 30 年一路走来，1983 年从总编辑岗位上离休。

现年 80 多岁的康大川对于创刊之初的情景至今记忆犹新。1949 年 11 月，他奉命从安徽进京，几年后在《人民中国》（英文版）的基础上创办了《人民中国》（日文版），为创作出生动的杂志内容大显身手。后来《人民中国》英

1　这一年的纪念特辑由笔者策划，分图文两部分对 20 世纪进行全面回顾，载于 1998 年 6 月号。图片加说明部分由笔者选图，杨珍撰写说明，此章中略。文章部分与图片部分相呼应，以详细的长文对《人民中国》走过的 20 世纪进行总结，体现对 20 世纪前辈努力的致敬，以及面临世代更替，对即将到来的 21 世纪的期许。

2　采编部记者黄秀芳撰文。收入本文集时有调整。

文版转型为《北京周报》，俄文版和印尼文版相继停刊。《人民中国》（日文版）作为唯一向日本读者介绍新中国的综合月刊，一直发行到今天。

《人民中国》（日文版）经过两次试刊，于 1953 年 6 月正式发行。创刊号封面刊登了“毛泽东主席在天安门庆祝五一国际劳动节大会检阅台上接受少先队员送出的花束”的照片。4 年前的 10 月 1 日，同样是在天安门城楼上，毛泽东主席向全中国和全世界做出了“中华人民共和国成立了！中国人民从此站起来了！”的庄严宣告。

获得解放的中国人民

曾在国民党统治下的中国生活了 8 年的奥地利《福克斯 · 施廷梅报》驻华记者弗里茨 · 延森（中文名严斐德），在新中国成立后不久，就到中国各地旅行了 6 周，感叹道“4 年来，这个国家取得了前所未有的巨大进步”。

他谈及在华旅行时接触到的中国人时说，“和我交谈过的人，谈到以前的痛苦和悲伤时，十个人里有十个人都会说道：‘后来就解放了。’有的说‘那时共产党来了’，‘毛主席来了’，这都是同样的道理，意思是‘从那时起，一切都变了，我们的生活变好了’。”

事实也完全如此。人们的生活确实好了。人们的脸上浮现出了幸福的笑容。

田桂英小时候别说上学，连饭都吃不饱。经过培训，她成为新中国第一批女机车司机。女奴隶伊尼利尼 27 岁时被迫嫁给一个十几岁的男孩，新中国成立后当选为四川省理县彝族自治州猫猫沟乡副乡长。得知自己当选副乡长，她一时陷入茫然，不禁问自己：“这是真的吗？”

集京剧精粹于一身，将女性角色演绎得淋漓尽致的一代著名演员梅兰芳，在1949年5月上海解放的当天一大早，就兴高采烈地上街了。看着路边抱着枪背靠背睡着的战士们，他感动地说，“我从战士们的身上感受到了黎明红日般蓬勃的生机，自己现在也要开始新的人生了”。

许多来中国访问的日本朋友也亲眼看见了新中国人民的崭新面貌。日中文化交流协会顾问越寿雄到1959年为止共有6次访问中国的经历。他说：“不仅是我，第一次访问新中国的代表团成员最强烈的感受是，古老的中国产生了一群完全无法想象的新的中国人民。天堂里有人类重生的故事，但在这片土地上六亿五千万人重生的事实让我震惊不已。”

人民政府为建设新中国提出了过渡时期的总路线。“全国人民要一致努力，为实现第一个五年计划（1953—1958年）的基本任务而奋斗，为在相当长的时期内逐步实现国家的社会主义工业化，逐步实现国家对农业、工业、手工业、私营工商业的社会主义改造而奋斗。”

过渡时期指从旧中国半殖民地半封建制的社会逐渐向社会主义社会过渡的时期。在过渡时期总路线的指引下，各领域各部门的人民全力以赴地完成任务，庞大的重工业体系逐渐建立起来。140个新兴重点工业企业在当时苏联政府的经济、技术援助下建成或得到改造。工人们充分发挥积极性、能动性和自觉性，取得了无数奇迹般的生产成果。鞍山钢铁公司机械总厂青年工人王崇伦发明了能在刨床上固定各种形状和尺寸的工件的装置，一个刨床就能切削多种零件，大大提高了生产效率。在1953年一年里，他完成了4年1个月7天的工作量，在“与时间的赛跑”中取得了巨大的胜利。

50年代的中国取得了许多值得骄傲的成就。鞍钢投产仅15个月，就在中国首次生产出无缝钢管。另外，中国第一家仪器切削工具厂在1年6个月内就在当时苏联的援助下诞生了。连接中国南北的武汉长江大桥历时7年建成。开通了素有“世界屋脊”之称的青藏高原上的两条交通大动脉——西康雅安至西藏拉萨的康藏公路和青海西宁至西藏拉萨的青藏公路。在此之前，从拉萨到北京需要一年的时间，随着这两条公路的开通，人们仅需20天左右的时间就可以来回了。

在农村，人民政府没收了仅占人口6%的地主持有的80%的土地，将这些土地分给农民。农民由家庭个体经营走上了集体生产的道路。关海林当时是沈阳东郊一个农业生产合作社的社员，因为互助、合作社化，生活富裕了。他经常说："一定要听共产党的，要坚持走共产党指的路，走到哪里都要走好，一步也不落后。"

独立与民主

毛泽东主席在1940年2月20日撰文中指出："中国缺少的东西固然很多，但是主要的就是少了两件东西：一件是独立，一件是民主。"经过多年的奋斗，中国人民终于迎来了自己成为主人的日子。

1954年9月15日这一天，中国人民永远不会忘记。这一天，中华人民共和国第一届全国人民代表大会第一次会议在首都北京召开，中国人民第一次充分享受和行使自己的民主权利。在这次会议上，代表们民主选举产生了毛泽东、刘少奇、周恩来等国家领导人，并审议通过了第一部《中华人民共和国宪法》。这个宪法草案大约在3个月前公布，提交全民讨论。参加讨论的公民超过一亿五千万人。上海国营第17棉纺织厂工人沈长林在讨论宪法草案时感慨地说："30年前，这个工厂是日本人经营的东洋裕丰纺织株式会社。当时中国女工在工厂里遭受严重虐待。两三个人凑到一起说几句话，日本人就会马上跑过去踢一脚，骂一句太吵了。如今这种情况已经完全改变了。我们可以安心地坐在这里讨论国家基本大法。"

1950年6月，朝鲜战争爆发，中国人民志愿军跨过鸭绿江作战。志愿军战士们得到了全体人民的爱戴，他们以维护国家独立与世界和平的坚定信念，将武装现代武器、占据优势的美国侵略军驱逐至三八线，迫使其在停战协定上签字。在这场胜利的背后，中国人民付出了极大的牺牲。毛泽东主席也在这场战争中失去了长子毛岸英。

为解决朝鲜问题和恢复印度支那和平，1954 年 4 月 26 日举行了日内瓦会议。这次会议对中国和世界而言，具有极其重要的历史意义。兼任外交部部长的周恩来总理代表中华人民共和国首次登上国际舞台，世界人民通过日内瓦会议开始认识并了解新中国。中国此后在世界政治舞台上扮演着越来越重要的角色。日内瓦会议召开 1 年后，在印尼万隆举行了由 29 个国家代表参加的亚非会议。尽管各国国家制度和意识形态不尽相同，但代表们共同就和平与合作问题进行了讨论。周恩来总理在会议上秉持求同存异原则，团结了多数与会国代表，推动会议圆满结束。

中日民间往来的开端

日本与中国一衣带水，但当时的日本政府和美国一样，不愿承认共产党执政下的新中国，对华实施了“封锁政策”。由于日本官方不允许日本公民自由前往中国，两国间的往来首先是靠民间贸易打通的。1952 年 4 月，在莫斯科举行的国际经济会议上，中国代表南汉宸、雷汉民邀请出席会议的日本国会议员帆足计、高良富和宫腰喜助访问中国。三人冒着风险来到北京，与中方签订了贸易协定，中日两国之间的经贸往来之路由此打开。1953 年，滞留在中国的日本人开始集体回国，以此为契机，两国之间的人员往来正式开始。中国红十字会照顾日本侨民回国，日方和平友好团体和宗教团体也收集了在日本死去的中国烈士们的遗骸，陆续送回中国。

1954 年 11 月赴日的中国红十字会代表团是新中国第一个派往日本的民间使团。由于受到日本政府的阻挠，一行人的访日日程被推迟了 22 个月之久，但一到日本就受到了空前的欢迎。李德全团长在《访日之旅归来》一文中写道：“从 10 月 30 日到达东京羽田机场的那一刻起，我们代表团一行人无论走到哪里，都被欢迎的旗帜包围着，大家都在用热烈的掌声和欢呼迎接我们。……我们乘车从京都到大阪，京阪国道上一直都有欢迎的人群。”

曾任《人民中国》社员、后任文化部副部长的刘德有回忆中日正常化前的经历。他从1954年开始从事中日友好工作，多次为毛泽东主席和周恩来总理做过翻译。1964年，中日两国第一次互派记者时，他作为7名驻日中国记者之一赴日工作。他说："1949年以后，冷战阴云笼罩世界。日本从吉田政府到佐藤政府全部追随美国，敌视中国。然而，广大日本人民在艰苦的环境下，仍然强烈要求同中国开展友好往来。我经常去日本访问。在我跟随郭沫若率领的中国科学代表团访问日本时，代表团每到一处都受到热烈欢迎。记录当时盛况的电影胶片，至今仍收藏在郭沫若故居。

"正是在这种民间交流的积累下，中日邦交正常化的时机逐渐成熟起来。'以民促官'是中国对日本的外交战略。在周恩来总理的直接领导下，郭沫若、廖承志、孙平化等人为实现中日关系正常化的目标不遗余力。邦交正常化前，两国经贸、文化、宗教、青年、妇女团体频繁互访交流，其中不乏感人的场面。日本歌舞伎演员市川猿之助与中国京剧演员梅兰芳面对面亲切交谈。日本松山芭蕾舞团协助排练中国芭蕾舞剧《白毛女》。在日本电影《米》中饰演职业女性米子的女演员望月优子，和在中国电影《祝福》中饰演劳动妇女祥林嫂的女演员白杨相互鼓励提高演技。1961年访华的中国殉难烈士名单捧持代表团团长大谷莹润探望了在日本受难后生还的刘连仁。1944年，被日本侵略军强征到日本北海道的刘连仁不堪虐待，逃进深山，过了13年吃草木充饥、靠泥水解渴的非人生活。在大谷莹润领导的团体等营救下，在日本人民的帮助下，他终于在1958年4月回到祖国的怀抱。

"日本代表团来华时，几乎都是周恩来总理亲自接见的，令人感触颇深。两届乒乓球世锦赛冠军得主松崎君代经常得到周总理的照顾。周总理不仅赞扬她的球技和人品，还呼吁中国运动员向她学习，并对她的生活也给予无微不至的帮助。在万隆会议8周年纪念宴会上，周总理亲自邀请松崎君代访问中国。1964年，松崎随日本乒乓球队第三次来华时，周恩来在家中设宴招待她。结婚后随夫姓的栗本君代在1977年再次访华。邀请方国家体育运动委员会官员对她说：'这次按照周恩来总理的遗嘱……'得知周总理一直牵挂着自己，她感动得流下了眼泪。

“中日两国人民的友好交流，如潺潺流水，任何人都无法阻挡。日本政府也感到，日中友好是大势所趋、人心所向。在内外形势的推动下，中日两国于 1972 年终于恢复邦交。这印证了周恩来总理常说的谚语‘水到渠成，瓜熟蒂落’”。

国内建设的艰辛探索

1959 年 1 月号《人民中国》上刊登了一篇题为《奇迹般的丰收》的文章。这篇文章介绍了天津东郊新立人民公社在实验田创造的奇迹。文章的作者之一李雪琴（本刊原副总编辑）现在回忆起当时的情形笑着说：

我小时候五谷（米、麦、黍、粟、豆）不分，也没下过乡。后来一直在苏联，回国后看到祖国那种热情洋溢的情景，就抑制不住激动的心情。当时，很多领导人也视察了那块实验田。甚至苏联大使馆的武官都说：“中国人过去叫我们‘老大哥’，以后我们要叫你们‘老大哥’了。”大家都相信了这样的事情。所以我也相信了。我当时并不是没有发现奇怪的事情。大声说话的都是干部，农民们都对着土墙，一声不响地抽着烟。

尽管在“大跃进”运动中出现了忽视实际可能性急于求成的倾向以及浮夸现象，但中国人民意气风发地建设社会主义的干劲和独立自主、自力更生的精神是值得肯定的。中国从 1959 年起连续遭受了三年自然灾害，又遇到了苏联停止对中国援助等困难，但这种干劲和精神贯彻始终。原定两年完工的第二座长江大桥——重庆长江大桥提前 8 个月建成。只用 58 天，中国第一艘万吨级远洋货船“跃进”号就下水了。正常需要两三年才能建成的北京的十三陵水库工程，经 40 万人之手，用 160 天就建成了。

1960 年，中国掀开了自主开发油田的历史新篇章。经过一年多时间的地质勘探，探明了油田储量，用三年时间建成了中国第一个大型油田——大庆油田。建设之初，从货车上卸下大型钻探机械时，别说吊车和卡车，连一条像样的路都没有。工人们都用肩扛、绳拉、摆上滚子运送等方式，把沉重的机器设备运到油井现场。终于在 1963 年，中国政府宣布：“中国大体上可以实现石油自给自足了，依赖外国石油的时代一去不复返了。”

60 年代后期发生的长达十年的“文革”更是让中国在探索过程中经历了重大曲折。康大川等《人民中国》的创办者也在运动中受到不公正的待遇。但一些成就与时代风貌还是被记录在《人民中国》这一时期的报道中。

1972 年湖南省长沙市对马王堆汉墓开展发掘和研究，也许是因为这座汉代墓葬出土的文物非常重要，各领域相互配合得很好。出土的是一具历经两千年仍保存完好的女尸。

《白毛女》讲述了农民女儿喜儿遭受恶霸地主黄世仁摧残躲进深山，最后得到解放获得新生的故事。这部中国民族歌剧最早由日本松山芭蕾舞团改编为芭蕾舞剧，1958 年曾来中国公演。1972 年，中国上海舞剧团赴日演出这部芭蕾舞剧《白毛女》，为这年秋天的中日邦交正常化做了“民间外交”层面的铺垫。

“文革”期间，松山芭蕾舞团团长清水正夫多次访问中国，替“日本喜儿”松山树子询问民族歌剧中喜儿的扮演者王昆和电影中喜儿的扮演者田华的消息。直到 1977 年 6 月，天津歌舞团副团长王昆率访日团访日，中日两国“喜儿”才得以团聚。王昆对松山树子说：“如果没有粉碎‘四人帮’，我们可能再也见不到面了。”

在“文革”中，医疗界探索用针灸疗法治疗聋哑和小儿麻痹，或者在手术时用针刺麻醉代替药物麻醉。针刺麻醉的纪录片甚至还曾在日本放映过。在毛泽东主席“中国医药学是一个伟大的宝库，应该努力发掘，加以提高”的指示下，这一时期（1972 年），日本医生、针灸医生来中国参观后，在报告中指出：“我亲眼看到一根针就能起到麻醉作用。中西医结合的探索取得了世界瞩目的成就。”

1964 年，农妇张秋菊腹部长出肿瘤，在几家医院看过后，都被诊断为

"绝症"。四年后的1968年，挺着大肚子的张秋菊在丈夫的陪同下，来到解放军驻京部队医院接受治疗。3月23日，经过长达十几个小时的手术，从她肚子里成功切除了一个四十五公斤重的肿瘤，被誉为"世界医学史上的奇迹"。1972年，《人民中国》对张秋菊进行了报道，那时已过不惑之年的张秋菊正在田里收割小麦。

"文革"期间也有不少让中国人自豪的成就，如南京长江大桥建成通车、世界最高峰——珠峰地区综合科考、中国第一颗人造卫星"东方红一号"成功发射等。1971年中国恢复在联合国的代表权，1972年2月尼克松访华，中美发表上海公报，同年10月中日实现邦交正常化，中国的国际影响力得到空前提高。

思想解放与"实事求是"

1976年1月8日，深受中国人民爱戴的周恩来总理去世，4月5日清明节，北京人民自发悼念周恩来总理。9月9日，一代伟人毛泽东主席逝世。10月6日，党中央果断粉碎"四人帮"，此后宣布"文革"结束，并以历史决议的形式做出了结论。

1977年10月，教育部决定恢复大学和高等专科学校的入学考试，人们高兴地互相告知了这个消息。

1978年2月的第五次全国人民代表大会重提"实现四个现代化"的口号。而"实现四个现代化"的人才——"文革"后的第一批大学新生这一年入学了。他们中有已为人父的三十岁"老"学生，也有初中刚毕业的"小"学生，这些变化让许多人看到了中国的希望。

1978年12月，召开了一次给中国带来希望的重要会议，这便是具有历史意义的中国共产党十一届三中全会。这次会议上中国共产党提出了对内改革、对外开放的政策，并号召全国人民解放思想，实事求是，纠正错误，拨乱反正，把工作重点转移到经济建设上来。

1978 年秋，中日和平友好条约缔结，北京笼罩着中日友好的气氛。第一届日本电影周放映了《追捕》《望乡》《狐狸的故事》等影片，令中国观众耳目一新。

1980 年 8 月 21 日，邓小平会见意大利女记者奥琳埃娜·法拉奇时全面评价了毛泽东主席的历史地位，对她说："我们还要继续坚持毛泽东思想……毛主席的画像永远挂在天安门上。"听了邓小平的话，人们就像吃了定心丸一样，心情平静下来，党内外人士都一致拥护起来。

1981 年 6 月，中国共产党在十一届六中全会上通过了《关于建国以来党的若干历史问题的决议》。这个决议提振了人民对党的信任，也厘清了一些重大问题的是非。由此，中国人的思想得到了真正的解放。《人民中国》记者、历史学家郭伯南从 80 年代开始，以"史石"为笔名，撰写了《中国历史》的连载报道。受思想解放的鼓舞，这个连载摆脱了思想束缚，如实地还原了历史人物的本来面目和历史作用，得到了广泛的肯定与好评。

"万元户""大锅饭"与经济特区

当国家还在犹豫如何制定经济政策时，农民开始自己搞改革。安徽省凤阳县小岗村的一些干部群众冒着风险试行包产到户。即土地仍归农民集体所有，但土地的使用权却分到了各家各户；所收粮食除上缴国家、集体部分外，全部归个人。这就是后来在全国农村实行的"包产到户责任制"。

这一年，农民们在这片承包到自己手里的土地上投入全力从事农业生产，当年就获得空前大丰收，一改 20 年来吃"返销粮"的状态，上交国家 400 吨粮食。中央肯定这是一个具有创造性的壮举。此后，"联产承包责任制"开始在全国各地农民中推广。就连"文化大革命"时靠集体化劳动为全国树立榜样的山西大寨农民也认可凤阳县的做法，依制而行。农民向"致富路"迈出了一步。通过实行多种经营，出现了粮食生产、生猪饲养、蔬菜花卉种植等各有专长的"专业户"。年收入超过一万元的农户，在农村走在前头，生活富裕起来，被称为“万元户”。1984 年，北京昌平养鸡专业户孙桂英成为数以亿计的中国农民中首位购买私家车的人。

那时一些农民开始自发办企业。因为是在乡镇建立的企业，所以被称为“乡镇企业”。乡镇企业不仅使农村的经济多样化，也使农民受土地束缚的传统生活发生了变化。到 1984 年年底，全国有 5208 万农民进入乡镇企业工作，这就吸收了一半左右的剩余劳动力。邓小平评价说：“改革开放政策一开始，有一些没有预料到的收获，其中最大的收获是出现了乡镇企业。”乡镇企业现在已成为中国国民经济的重要支柱之一。

城市里有人开始尝试打破“大锅饭”制度。浙江省海盐县衬衫缝纫厂厂长步鑫生推行“按劳分配”的分配制度，在全省、全国引起强烈反响。

福建省福州市铅笔厂厂长龚雄进行改革不到一年，就被旧体制束缚住了手脚。龚雄与省内 54 名企业负责人联名写信，请省委负责人“解开绳索”，要求取消束缚生产力发展的各种规定、制度。

1984 年 5 月，第六届全国人大二次会议上提出了在城市进行经济改革的号召。同年 10 月，《中共中央关于经济体制改革的决定》由党的十二届三中全会正式通过。这是以城市为重点，改革整个经济体制的决议。改革终于从农村辐射到了城市。进入 90 年代，打破“铁交椅”“铁工资”“铁饭碗”的“三铁”运动在全国推行。这是一场改变旧有的干部任用方法，任用有才者，废除论资排辈、按学历决定薪酬制度和终身聘任制的运动。这是从根本上把不合理的企业体制转变为高效体制的关键。

即便如此，城市的经济体制改革也不像在农村那么容易做到的。在改变多年形成的体制时，遇到了种种困难。进入改革从社会主义计划经济向社会主义市场经济过渡的 90 年代，国有企业改革依然进展缓慢。在第九次全国人民代表大会上，李鹏作政府工作报告时指出，“金融体制改革、国有企业改造、下岗失业人员再就业，将是未来几年的重点攻关课题”。

实施对外开放政策，与农村改革取得了同样的成效。直到 70 年代末，妇女烫发、穿高跟鞋还被认为是资产阶级生活方式，而现在外国游客、外国企业、外国资金和技术都获准进入中国，从“封闭”到“开放”，中国面貌出现了翻天覆地的变化。

然而，对外开放政策的实施，正如邓小平所说，必须“摸着石头过河”，没有现成的经验可以照搬，只能小心谨慎，探索前行。

1980 年 8 月，在开放深圳、珠海、汕头、厦门四个城市作为“经济特区”试点后，中国又开放了一部分城市，设立了“经济技术开发区”“保税区”等，招商引资。深圳经济特区在 4 年内从一个小渔村发展成为现代城市。日本前外相大来佐武郎感慨地说。“我曾往返穿梭于世界各国，从来没有见过一个城市在短短几年时间里能发生如此巨大的变化。”如今，世界五百强企业半数以上都进入了中国。

最早的中日合资企业是中国大冢制药有限公司，由中国医药工业公司和大冢制药株式会社共同出资，成立于 1981 年。它既是第一家中日合资企业、第一家合资药企，也是天津首家合资企业，荣膺“三冠王”。随着发展重点向经济建设转移，80 年代后的中日关系也顺应时代潮流，重点在进行现代化建设的中国与发达国家日本之间开展广泛的经济合作。

1978 年 10 月，为交换中日和平友好条约批准书，邓小平访日。这是邦交正常化后中国最高领导人首次访问日本。

在中日经济合作时代，感人的人物和事件不断涌现。水稻种植专家原正市和从事荒漠化防治的远山正瑛在中国家喻户晓。远山正瑛说：“友好光靠倡导是不行的，必须实实在在地去做。把友好的事情实实在在地做起来，比什么都更有说服力。这才是经得起历史考验的真正的日中友好。”

1990 年 12 月 19 日，上海证券交易所开市。次年 4 月，深圳证券交易所也开市了。上海证券交易所上市的证券有 40 多种，其中股票只有 14 只，人们还是怀疑，这究竟是社会主义的，还是资本主义的？1992 年春天，邓小平赴南方考察，有针对性地发表了许多谈话，讨论关于改革开放的问题，这些谈话以“南方谈话”的形式整理出来。邓小平说：“证券、股市，这些东西好不好，有没有危险，是不是资本主义才有的东西，社会主义能不能用，要在反复看清的同时坚决地去试……社会主义要优于资本主义，必须大胆地吸收和借鉴包括资本主义发达国家在内，世界各国一切反映现代社会生产规律的先进经营方式和管理方式。”中国的改革再次注入了强劲活力，得到了巨大发展。一年之内，全国成立了 9440 家股份有限公司，上市股票达到 250 只。现在，股票几乎无人不知，有 3000 多万人投资股票。

1992 年召开的第十四次党代会上，党中央提出社会主义市场经济的新理念。中国由此进入了包括文化在内的一切事业都讲求经济效率的时代。

改革开放使农民收入比 1978 年以前翻了四五倍。在城市里，电话普及，电脑、汽车也进入寻常百姓家，证券交易所和商场一样拥挤。各种酒吧、美容院、健身房、超市等闻所未闻的事物不断涌现。“不是我不明白，这世界变化快”，流行歌曲这样唱出了日新月异的中国的变化。

随着社会经济的发展，一些负面现象也令人担忧。比如环境污染也在日益加重。更出现了盲目追求消费的风气、部分官员腐败、贫富差距拉大等各种严重问题。中国遇到的各种前所未有的困难与挑战，必须在推进改革的过程中解决问题。

改革开放 20 年间，人们的生活普遍得到改善。在 1984 年 10 月举行的新中国成立 35 周年阅兵仪式上，当群众行进队伍经过天安门前时，北京大学的队伍中拉起了横幅，上面大字写着“小平您好”。1997 年 2 月邓小平去世时，在灵车开往八宝山公墓的路上，又有北京大学的学生拉起了横幅，上面写着“小平走好”。这两句评语充分表达了人们对“改革开放总设计师”邓小平的真实情感。

20 世纪最后 10 年，中国也发生了一系列值得载入史册的重大事件。贯穿中国南北、全长 2535 公里的北京至九龙铁路建成通车。京港直通车开通不仅有重要的政治意义，更是惠及列车所经地区的 4000 多万民众，数亿人间接从中受益。此外，备受争议半个世纪的长江三峡大坝工程于 1993 年开工建设，1997 年 12 月成功截流。三峡大坝的修建，可以与长城的建筑及元代完成的京杭大运河工程相媲美。跨越 20 世纪到 21 世纪的三峡大坝工程建成后，将保护 2000 万当地居民免受水灾，华北地区的旱灾问题将通过数百亿立方米的蓄水解决，发电能力将增加 300 万至 500 万千瓦。与此同时，113 万因施工而淹没故土的居民要离开故乡，举家搬迁。

最令世界瞩目的是，1997 年 7 月 1 日被英国统治百年的香港回归中国。6000 多名记者报道了这一历史时刻，全世界中国人都有幸感受到了香港回归祖国的喜悦。英联邦国旗降下，五星红旗和香港特别行政区区旗升起的一瞬间，映照出中国百年的变化。在香港实施“一国两制”，彰显了中国人在现代化道路上奋力前行的决心。

去年秋天，中国共产党第十五次全国代表大会在北京召开。在今年春天召开的全国人民代表大会上，制定了面向下个世纪的目标。来到人民大会堂采访的外国记者们和中国记者们一样兴奋。即将告别 20 世纪，进入 21 世纪的中国，将以更大的发展和社会进步为人类社会做出新的贡献。

第五节
1999—2000年度点评

1 天安門と天安門広場

構成　鄒忠民　周衛軍

20世紀も後1年、いよいよ21世紀がやってくる。今世紀は中国5000年の歴史の中でも類まれな激動の一世紀だった。

中華民族にとっては空前の災難と屈辱の100年、史上例のない政治の大変動が相次いだ100年であった。その一方、膨大な代価を払いながらも、歴史的な変革を成し遂げ、偉大な発展を遂げた100年であった。

20世紀に入って、中国は無一物から出発し、近代的な工業、農業、国防、科学技術、文化教育と近代国家としての政治経済体制を築き上げた。数千年の歴史を持つ中国人の衣食住、生活様式、物の見方、考え方に根本的な変化が起こった。20世紀は中国が近代化、国際化に向って動き出した世紀である。中国人が立ち上がった世紀である。

20世紀　写真と証言でたどる中国の100年

【1912～49年（中華民国の時代）】
5　第1次大戦後のパリ講和会議で強要された中国の主権を侵害する条約に反対して、3000人余りの学生が19年5月4日、天安門前をデモ行進。「5・4運動」の引き金となった
6　日本侵略軍は31年、東北3省全土を占領、さらに華北に侵入した。国家の生死存亡の危機に臨んでなお無抵抗の国民政府に抗議し、全国民に抗日を呼び掛ける「12・9」学生運動が、35年12月9日、天安門で始まった

【1900～11年（清朝末期）】
1　明、清時代、皇帝が即位すると、天安門で詔書が発布された
2　1900年、北京に攻め入った八カ国連合軍が天安門前で閲兵式。中華民族は大きな屈辱を受けた
3　辛亥革命がぼっ発。秦の始皇帝以来2000年以上続いた絶対君主制に終止符が打たれた
4　民国初年、廃れた天安門は庶民がたむろして涼をとる場所となった

天安門は中国の首都北京のシンボル、中華人民共和国のシンボルである。北京を訪れる人たちは必ず天安門と天安門広場で記念写真を撮る。外国人はよく「北京に行かなければ中国に来たことにならない。天安門に行かなければ北京を見ないのと同じだ」と言う。

天安門広場は中国の政治の表舞台である。中華民族の盛衰にかかわる無数の歴史ドラマがここで上演された。

明の永楽帝は十三年かかりで造営した紫禁城（故宮）が完成すると、永楽十九年（一四二一年）に北京へ遷都した。皇城の正門である天安門は、最初は「天の教えに承い、その言いつけを守る」という意味を込めて承天門といった。清の順治八年（一六五一年）に改築され、天安門と名が改まった。当時の天安門前広場はT字形をしていて、面積は十一万平方㍍。庶民は立ち入りを禁じられていた。天安門は清の皇帝たちの至高の権威、老大国の栄光と威厳のシンボルであった。

十九世紀に入ると、中華帝国は世界列強による「アヘンと砲艦」の脅威にさらされて衰え、天安門も廃れてしまった。

人民中国　1999年1月号　74

1

分け入って中国
梅里雪山——チベット八大霊峰の雄
——「シャングリラ」の里へ(1)
写真・文

2

放談ざっくばらん
「目黒の秋刀魚」と「西太后の窩々頭」

劉徳有

漢詩を詠唱するある日本人がアメリカ公演から帰国後、東西文化の違いから起きた、笑うに笑えない話をしてくれた。

両人　対酌すれば　山花開く、
一杯一杯　復た一杯

彼女が吟じたのは、有名な李白の詩『山中、幽人と対酌す』であった。彼女はアメリカの聴衆に「幽人」の意味を説明しようとした。ある程度の教育を受けた中国人や日本人なら、「幽人」と言えば騒々しい浮世を離れて、山で閑静な生活を送る隠者のイメージが浮かぶ。ところが、アメリカ人たちはいくら説明しても理解できなかった。結局、聴衆の一人が想像の赴くまま、「あっ、分かりまし

「十年寒窓の苦」という言葉がある。英語に直訳しただけでは、官吏の登用試験が行われていた昔の中国で、知識人が出世するために、長年部屋に閉じこもって勉強に没頭した、風景を欧米人が想像できるとは限らない。中国のこの「科挙」の制度は日本には伝わらなかった。それでも「十年寒窓の苦」という句を訓読すれば、年配の日本人なら、その意味を想像できると思う。この言葉が西洋人には分からないが、日本人なら想像できるのは、東西文化の違いから来ることだ。中日両国は昔から歴史や文化に深いつながりがあり、中国の古代文化は日本文化に大きな影響を与えた。『背書』に載っている「蛍窓雪案」（蛍の光、窓の雪）の故事はいまでも日本で広く知られている。これも「十年寒窓の苦」が日本人にとって理解しやすい背景になっているのだろう。

中日両国はこのように文化の面で[illegible]かに多くの共通点がある。両国間

るし、今後もそういうふうにすべきであろう。中日両国は「同文同種」（同じ文字を使い、人種も外見上同じ）という考え方は科学的ではなく、両国が同じ言語を使っていると錯覚させる。それでも人々に親近感を覚えさせ、心の距離を縮めることができる。実は、同じ漢字を使い、一部の言葉が同じか似ているだけで、中国語と日本語は全く異なる語族に属している。中日両国の文化に共通のところがあるのは事実だが、一方、双方が異なっていることを認めなければならない。中国と日本の文化は「異文化」なのである。

しばらく前のこと。日本のあるプロデューサーが中国の俳優を招いてテレビ映画を製作した。昼食の時間になると、日本側は弁当を用意してみんなに食べさせた。最初の一日、二日は無事に過ぎたが、三日目になって、中国の俳優は我慢できなくなり、仕事をやめると言い出した。「どうして毎日冷たい弁当を出すんですか。わたしたちは冷飯を食べに日本に来たわけではないですよ」。日本では、誰でも平気で冷たい弁当を食べる。

放談ざっくばらん
蘭の花と黄色い大地

刈間文俊

映画は国境を越える芸術といわれる。世界マーケットで大きな影響力をもっているのは、もちろんアメリカ映画だが、最近では日本でも、中国をはじめ、いろいろな国の独自の文化を背景にした映画を見る機会が多くなってきた。十九世紀を小説の時代とすれば、二十世紀は映画に代表される映像芸術の時代である。映画を通して伝えられるその国のイメージは、じつに大きな影響力を持っている。なんといっても、映画は分かりやすいからだ。

だが、その映像のメッセージを、観客がいつも的確に読み取れているとはかぎらない。イスラム圏の映画のように、文化背景が日本と大きく異なるときは、見るほうもそれを意識しているから、まだいい。これが中国映画となると、同じ漢字文化圏に属し、多くの文化的な共通項をもっているため、なかなか文化的な差異を意識することがない。日中間でさえ互いの差異をそれほど意識しないのだから、西欧の観客には両国の映画が同じようなものに見えてしまうのも無理はない。

いまから十七年前、イタリアで中国映画に関する最初の国際シンポジウムが開かれたときのことだ。サイレント映画から最新作まで百二十本の作品が集中上映され、私はこのとき初めて中国映画史を生きた歴史として体験することができた。なかでも費穆監督の『小城之春』（一九四八年）は、素晴らしかった。田舎町の旧家を舞台に、仲の冷えた夫婦の前に妻の昔の恋人が現れる。彼は夫の親友であり、しかも夫は二人の過去を知らない。誠実な大人どうしの恋の苦悩が、淡々とした語り口で語られる心理主義リアリズムの傑作だった。もちろんシンポジウムでも、この作品が取り上げられ、欧米の映画研究者から「これは日本の小津安二郎監督を思わせる映画だ、当時の中国映画は日本の影響を受けていたのか」という質問が出された。シンポジウムに日本から参加したのは、私と映画評論家の佐藤忠男さんの二人だったが、その質問が出されたとき、私たちはちょっと驚いた。『小城之春』がいかに日本映画と違うかを、二人で話し合っていたからだ。

たとえば、こんなシーンがある。引き止められて泊ることになった男の部屋に、女から蘭が届けられる。「夜は花を飾らないのに」といぶかしがる男。そこへ机に置かれた蘭のアップが挿入される。画面の左半分を蘭の鉢がしめ、右半分は背景の壁に斜めに月光がさしている。安定さを欠いたアンバランスな構図だ。しかし、日本人はそこに不安を感じない。かえって落ち着きさえ感じるかもしれない。だが、書の掛け軸を二本ずつ対で飾り、かつては花瓶も二個ずつセットで売っていた中国では、これは不安定そのものを現す。まして蘭である。蘭の香りは『詩経』以来、恋のシンボルとされてきた。春の夜に、昔の女から蘭が送られ、それが不安定な構図で映される。夫の前では冷たい表情を崩さなかった妻が、昔の恋人に思いを伝える秀逸な官能

特集3

坂東玉三郎さんが選んだ七演目

年少の役者たちが今回日本へ携えていくレパートリーの大部分が京劇の伝統演目だ。ざっとかいつまんでその荒筋、見せ所などを紹介しよう。

舞台に上がった役者たちは、頃合を見計らっては、唱、せりふ、しぐさ、立ち回りなどで自分の得意とする技をいかんなく発揮する。これが長い期間同じ役者によりいくども繰り返されると、徐々にその役者の特徴を示す見せ所となる。したがって、見せ所とはきわめて精彩に富んだ唱、せりふ、しぐさ、立ち回りやその他の絶技といえよう。舞台がいよいよ役者の見せ所にいたると、観衆は息を詰めて凝視し、聞き耳をたて、しかる後にやんやの喝采を送る。

『鍘判官』　北京市戯曲学校が伝統演目をもとにアレンジした。入り組んだストーリーに生死、忠奸、公私、情仇がからまるという中国戯曲の伝統的なテーマだ。大家の令嬢柳金蟬がなに人かに命を奪われる。現場に姿を現していた書生の顔査散が犯人として死刑の宣告を受けた。顔は官府と冥界で盛んに無実の罪を訴える。ところが、真犯人の親戚である冥界の判官が人界の寿命を司る「生死簿」をこっそり書き直したため、顔は首を切り落とされ、真犯人は法の網を逃れた。柳金蟬の霊魂は、正義感から清廉、剛毅の役人包拯に顔の冤罪を夢に託して訴える。調査を始めた包拯に、冥界で柳と顔を看守していた油流鬼が真相を教える。二人に同情していたのだ。包拯は法をないがしろにした判官を処刑し、正義を守った。

『鍘判官』ではどの役も高度の演技が求められ、しかも、どの役にも見せ所がある。包拯に扮する李小培さ

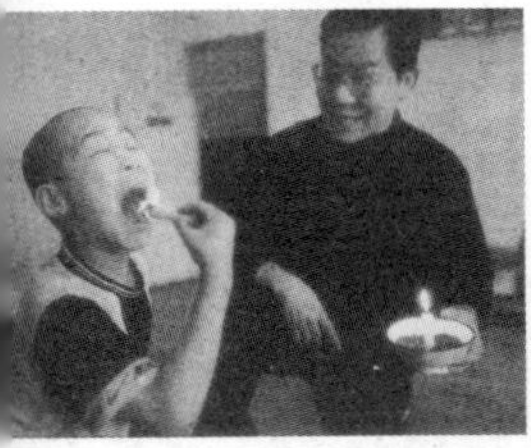

「呑火」は王茂生先生から習った王浩君の絶技

柄とは性別でも性格でも大きな開きがあるが、それを見事に乗り越えている。今年七歳の王浩君は、まず顔を押送する官府の差役を、ついで冥界の油流鬼を演じ分ける。出番こそ多くないが特徴の大いに異なる二役なのだ。さらには、高所からの落馬など、見落とせない細部も組み込まれている。判官役もまた口から火を

ど、技巧性がきわめて強い。

伝統劇は普通、何幕かをもってストーリー全体を構成し、上演時間は長い。『鍘判官』も短くアレンジしてあるとはいえ、二時間半続く。時には役者が最も見せ所のあるくだりだけを演じるが、これは「折子戯」（見取り式）といわれる。「折子戯」を見る観衆はそのストーリーを先刻ご承

『時遷偷鶏』を演じ終えた王浩君を抱き上げた坂東玉三郎さん。右は孫毓敏・北京市戯曲学校校長

ここまで来た「農業革命」

農業技術の進歩により、ホルチン砂漠にほど近い内蒙
区ジレム盟でも稲作が始まっている。順調に規模が拡
いけば、近い将来砂漠の景色も大きく変わるかも知れ

寧夏回族自治区西海固地区はマルチフィルムの利用や合理的な灌漑方式の採用など、新しい農業技術の普及に力を入れている

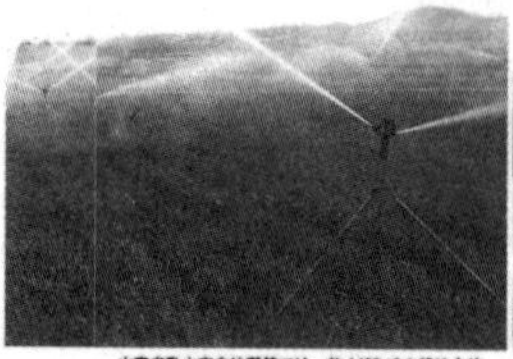

山東省乳山市白沙灘鎮では、約1400㌶の耕地全体でスプリンクラーと地下水道を使った灌漑を実施。合理的に水を供給できるので、必要な水量は河水を引き入れていた従来の方法の約40%で済むという

浙江省温嶺市箬山鎮では、鎮内の漁港に水揚げされた海産物を加工して市場に出荷。農業だけでなく、漁業も産業化の道を歩み始めている

福建省長汀県河田鎮の農民は、砂地に果樹を植え、そこで鶏を飼育する。無味乾燥の砂地の生態環境を変え、収入アップにつなげようという意欲的な取り組みだ

耕地少なく、人多し。これは中国が長年抱えてきた大きな問題だ。中国の人口は世界の二二%を占めるのに対し、その土地は世界の七%しかない。改革開放政策が始まる前、約六億の農民が日々田畑を耕していたにも関わらず、食糧問題は一向に解決する兆しが見えなかった。

こうした状況に大きな変化が現れたのは、一九七〇年代末のことだ。生産請負制の導入で農民たちの生産意欲は大いに刺激され、優良品種の導入や温室栽培の実施など、新しい農業技術が積極的に取り入れられるようになった。これにより生産効率は目覚ましく向上し、中国はついに食糧不足の心配から解放されたのだ。

しかし、その後の市場経済の発展は、個々の農家を単位とする小規模生産の限界を露呈し始めた。穀物も食肉も簡単には売れなくなり、増産が必ずしも増収につながらなくなってきたのだ。そこで多くの農民たちは結束し、農業経営を企業化することで、市場の変化に対応する道を探り始めた。資金や技術、情報を集約し、生産、加工、販売を一体化させる動きが生まれたのだ。こうした「農業の産業化」の波は農村に眠っていた力を掘り起こし、ここから新たな発展が始まろうとしている。

『人民中国』はこうして生まれた 外文局五十年の歩みをたどる

車慕奇（遺稿）

『人民中国』の前身『中国ダイジェスト』

新中国誕生前夜の一九四九年九月、私は国際新聞局（いまの外文局＊の前身）所管の『人民中国』社に配属されて、その編集者の一人となった。以来、定年退職するまでずっとここが私の職場であった。あれからあっという間に五十年の歳月が経ってしまった。周りを見てみると、『人民中国』を創刊した当時のスタッフは、この世を去ったかあるいは転職したかで、ずっとここに残った者は私一人しかいない。私の胸は誇りを感じると同時に、何とも言い難い思いが去来している。

このような言い方をすると、疑問をお持ちになる人もいるかも知れない。康大川さん、安淑渠さんなど名声のある『人民中国』の元老は、いまもお元気ではないか。なぜずっとここにいたのはあなた一人しかいないと言うのか。

ちょっと説明する必要があるだろう。この二人は確かに一九五三年に創刊された日本語月刊誌『人民中国』の創始者であるが、この月刊誌は英語版の隔週誌『人民中国』（People's China）を基に創刊したものである。最初は英語版の『人民中国』の記事や写真を選んで載せていたが、後になって日本の読者の好みに合わせて特色のあるコラムを作るようになった。つまり、創刊初期の日本語版は、英語版の内容とほとんど同じだったのである。

一九五〇年一月に創刊された英語版『人民中国』も、解放戦争の時期に共産党が香港で作った英語版の隔週誌『中国ダイジェスト』（China Digest）の後継ぎと言える。この雑誌の編集長は、国民党と共産党が交渉した当時周恩来の腕利きの助手だった龔澎さんだ。彼女は一九四六年に上海で英語版『新華週刊』（New-China Weekly）の編集責任者をしていたが、三号まで作っただけで国民党当局に差し押さえられてしまった。

英語版隔週誌『中国ダイジェスト』

学識と流暢な英語は外国のジャーナリストに深い印象を残した。両党の交渉が失敗した後、夫の喬冠華さんと香港に居を移した。喬さんは新華社香港支社の社長を務め、解放区（国民党の支配下から共産党によって解放された地域）を代表して外交事務と統一戦線活動に携わっていた。龔さんは夫の仕事に協力しながら『中国ダイジェスト』を創刊したのである。

生き生きと編集されたこの雑誌は、一九四六年から四九年にかけての全国解放戦争期に、中国の解放区が外部に向けて開いた唯一の窓口であった。文字も写真も豊富で、特別寄稿、ニュース記事や社説もあれば、解放区政府が発表する重要な文書も掲載した。この雑誌を通じて解放区の人々の生活の動きや内戦の展開状況、中国共産党の政策がすぐ分かり、外の世界の人々にも大変好評だった。私もこの雑誌の発行に関わった者の一人である。

香港の繁華街を遠く離れた馬宝道にある普通のアパートが『中国ダイジェスト』の社屋代わりだった。賑やかな国際都市に身を置いていたが、

特別寄稿

私たちは解放区でのような質素な生活を送っていた。小遣いとして一人ずつ月に数香港ドルもらう以外に、四季の移り変わりに合わせて服が配られるだけで、給料はなかった。大きな部屋が一つあって、これをオフィス兼寝室として使った。机と板で作った簡易ベッドが並べられ、昼間はそこに新聞を積み上げた。

馬宝道の「解放区」での生活には、二つの楽しみがあった。一つは夜が更け人が寝静まってから、当時は珍しかった短波ラジオで延安放送を聞くこと。もう一つが月に一度の例会だ。時に私たちは、みんなで編集長の龔さんの家へ行って会議を開いた。

会議では、喬さんの見識の広い話を聞くのが大きな楽しみだった。彼は若いころ日本とドイツに留学して、哲学を専攻。帰国後、重慶の『新華日報』社の編集者を務め、文才溢れる国際評論によって名が知られていた。彼が国際問題について述べたり、内戦の情勢を的確に分析したりするのはとても面白かった。彼の家では、作家の夏衍さんや音楽家の趙渢さんなどの有名人にもよく会えた。彼らが文学や芸術を語るのを傍らで聞くのもまた、大きな喜びだった。

1950年代以降、『人民中国』は日本語による対外刊行物としての役割を果たしてきた。写真は1965年、羅俊外文局長（前列左から3人目）が日中文化交流協会の中島健蔵理事長（同5人目）、白土吾夫秘書長（同1人目）と会見した時のもの。安淑渠（第2列左から1人目）、康大川（同2人目）、車慕奇（同右から2人目）など諸先輩の姿も見える。

政治や文化の空気が色濃くにじむ職場で、私たちは忙しくも楽しく働いていた。北平（北京）と天津の解放、百万の軍隊が長江を渡り上海を解放したとの知らせに歓喜の声を上げたのもこの時期である。これらのすべては当然、『中国ダイジェスト』が報道すべき重要な内容だった。ニュース記事を編集、翻訳したり、写真をレイアウトした時に、私たちはいつも感動で胸がいっぱいになった。龔編集長の書いた社説をチェックした時などは、いつも思わず机を叩いて「すばらしい」と叫んだものだ。彼女は燕京大学（北京大学の前身）を卒業した才女で、中国語も英語も達者だ。毎号の社説は、彼女が小さな部屋に閉じこもりタイプライターで打っていた。下書きを翻訳家及び作家として有名な蕭乾さんに推敲してもらい、さらに文章の格調を高めた。

『中国ダイジェスト』の時代、私は編集者としての総合的な訓練を受けた。龔さんと喬さんの指導はとても厳しいものだった。テーマの設定、原稿の編集や翻訳、ゲラの校正、写真のレイアウトなど、雑誌出版のすべての段取りに参加させてもらっただけでなく、全身全霊をこれに傾けることを求められた。全て校正を終え、印刷所に出す時になると、ほっとして身も心も軽くなるのを感じた。印刷所を出て、町の小さな食堂で食べた牛肉入りのラーメンは、ことのほかおいしかった。そうしてまた、翌日から次号の新しい仕事に取りかかったものだ。

英語版『人民中国』創刊号の表紙

国際新聞局と英語版『人民中国』

一九四九年の下半期、香港に滞在していた大陸のブルジョア階級知識人や文化人が相次いで北方に赴いた。

駆け足で見た日本
——『人民中国』訪日団の報告

昨年の十一月二十五日から十二月四日までの十日間、わたしは『人民中国』誌訪日代表団の一員として日本を訪れた。大阪、京都、三重県を見物し、名古屋を経て、東京へ。東大を訪問したり、講談社を見学したり忙しい日程に追われた。これは駆け足で見た日本についての報告である。

古代日本の残る京都

日本人の生活テンポが速いというのは世界でも有名だ。日本に着いたばかりのわたしはそれを肌で感じた。大阪の全日空ホテル十五階の部屋に入り、テレビで「MAX」の歌と踊りを楽しんだのは、もう深夜だった。窓の外の高架道路には、まだ車のライトが川のように流れ、大都会の夜を彩っていた。

翌朝、わたしたちが阪急鉄道で京都に向かった時は、ちょうどラッシュアワーだった。みんなが急ぎ足で歩いて行く。人の波が押し寄せてきて、息詰まるような圧迫感に襲われた。

東京はテンポが速いと言うが、大阪もすこしも引けをとらない。一時間ほどで、京都に着いた。まるでタイムトンネルを通り抜けて古代の日本に来たようだ。高層ビルやネオンサイン、延々と続く人波が消え、のどかな風景が広がる。嵐山のふもと、カエデの木の下で仲むつまじそうに話をする老夫婦、人を深い思いに誘う龍安寺の庭、真昼の太陽に映えて金色に輝く、三島由紀夫がたたえた金閣寺、清水寺の辺りをくねくねと続く小さな通り……

寺では多くの老人と制服姿の小、中学生と出会った。懐古趣味の老人たちが古寺を好んで見て回わるのは理解できる。生徒たちが寺を見学しに来るのは、中国で言う「歴史伝統教育」を受けるのと同じようなことだろう。だがインスタント食品を食べながらマンガを読んで育ったこの世代が本当に昔の寺に興味を持つことがあるのだろうか。二条城の城壁には「おれは天才である」とか「山田太郎はここに来た」といった少年

奈良の東大寺でシカにえさをやる筆者（撮影・佟果強）

『人民中国』訪日団の王衆一団長と意見を交わす東京大学の蓮実重彦学長（左）

仕事場の陶芸家河合紀さん

たちのいたずら書きがたくさん残っている。

京都の文化を深く理解するため、わたしたちは陶芸家河合紀さんの家を訪問した。河合家は八百年余り続いた京都の旧家。祖父と父親も有名な陶芸家だった。河合さんのお宅は家中が陶器の世界だ。壁画、卓上の花瓶、来客用の湯飲みから奥様の首飾りまでみんな自分の手で焼いたものである。河合さんは七十三歳、六十年余りの間焼き物を作ってきた。陶磁器に対する思いは言葉では言い表せない。わたしたちを仕事場に案内し、自分の作品をなでる様子はわが子を可愛がっているみたいだった。河合さんの作品は、成田空港や北京の首都空港などいろいろな公共施設に展示されている。

抹茶を頂きながら、河合家の製陶の歴史をうかがった。おじいさんは明治時代から製陶を始め、中国の伝統文化を、お父さんはヨーロッパの文化を吸収した。ご自身はアメリカの影響を比較的多く受けた。当時日本に駐留していたアメリカ兵が河合さんの所へ陶芸を習いに来た。とい

ていないのだろうか。河合さんは「近代化が進んでも、変わらずに残るものがあります。昔も今も変わらずにわたしの作品を評価してくれる人がいます」と言う。

日本の子供たちが金閣寺を見て、嘆声を漏らしたり、伊勢神宮を二十年ごとに建て直す訳が分かった。

国際化時代の『人民中国』

東京は、国際的な大都会と言われるように、各種の文化が集まり、よく調和している。新宿の街を歩くと、日本映画やアメリカ映画の看板に交じって中日合作映画、陳凱歌監督の『始皇帝暗殺』と香港で製作された『宋家の三姉妹』の看板も見える。古代衣装を身に着けた鞏俐の大きな写真は街頭で非常に目立つ。ここ十数年来、日本では中国映画に対する関心が高まり、『古井戸』から『菊豆』『さらばわが愛』『変面』『過ぎにし年迎えし年』まで、東京のシネマフェスティバルで高い評価を得た。

夜になると、歓楽街はカラフルなネオンの海になる。料理屋や酒場のネオンの中でアメリカたまご「マー

でなかなかいかす。ギターを弾きながら歌う西洋人の街頭芸人やたどたどしい日本語で衣服を売り付けようとする黒人もいる……

東京大学を訪問した。代表団一行は赤門の前で記念写真を撮り、イチョウの落ち葉を踏んで学長室へ。

代表団長の王衆一副社長は蓮実重彦学長にわたしたちの雑誌を紹介し、中日間の文化交流と雑誌経営の方針について、ご意見をうかがった。蓮実学長は「文化交流は非常に重要だが、一国の文化を他国に押し付けないように自分の文化を紹介するだけではなく、異文化との融合も考える必要があります。来世紀は国際化の時代で、異なる文化は同一の背景の下でそれぞれの個性を表すことになるでしょう」と指摘した。学長はまた、『人民中国』は中国が好きな日本人だけを対象にするのではなく、今日の中国人が何をしているのかを、一般の読者に分かってもらうような内容にし、中日両国の文化にとどまらず、大都会の国際化の流れを取り上げる必要があると提言した。

北京の中高生が見た日本

一九九八年十一月、江沢民中国国家主席が訪日したとき、中日両国は『中日青少年交流の枠組みに関する協力計画』に調印した。これによって、一万五千人規模の両国青少年の相互訪問が、一九九九年度から二〇〇三年度までの五年間に実現することが決定した。来世紀に向かう中日両国の関係を発展させる上で、この交流が極めて大きな役割を果たすであろうことは間違いない。本誌は、そのスタートの年に当たって、北京の中高生が日本をどのように見ているかを調査し、その結果を分析した。

修学旅行で京都・金閣寺を訪れた北京第14中学の高校生たち

オン・ザ・スポット
極限状況の人間を描く
姜文監督の戦争映画

人民中国
北京で出版する月刊総合雑誌
PEOPLE'S
CHINA
10
1999
世界人民大
総力特集
建国50年
新中国が見た50のシーン
●巻末フォト
花と緑で世界一周——'99昆明世界園芸博覧会

人民中国
PEOPL
CHIN
●グラビア特集　未来の京劇俳優は
●20世紀　写真と証言でたどる中国の
●オン・ザ・スポット　——競技ダンスに情
●老舎生誕100年を記念して
●分け入って中国　——「シャグリラ」の里

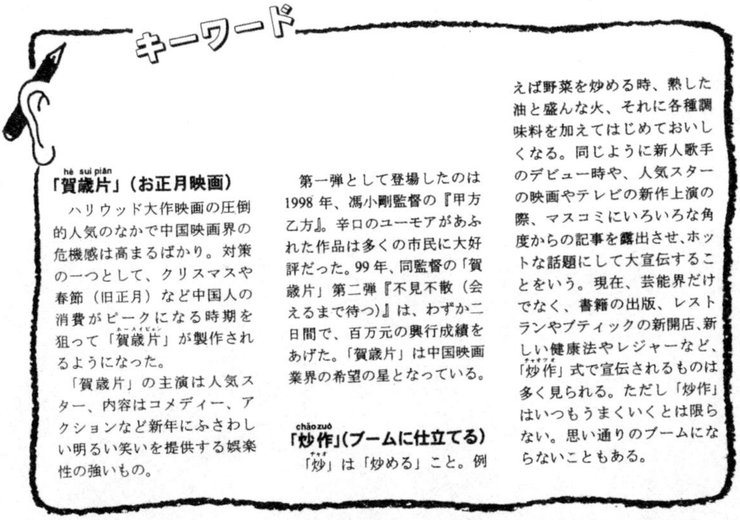

キーワード

hè suì piàn
「賀歳片」（お正月映画）

ハリウッド大作映画の圧倒的人気のなかで中国映画界の危機感は高まるばかり。対策の一つとして、クリスマスや春節（旧正月）など中国人の消費がピークになる時期を狙って「賀歳片」が製作されるようになった。

「賀歳片」の主演は人気スター、内容はコメディー、アクションなど新年にふさわしい明るい笑いを提供する娯楽性の強いもの。

第一弾として登場したのは1998年、馮小剛監督の『甲方乙方』。辛口のユーモアがあふれた作品は多くの市民に大好評だった。99年、同監督の「賀歳片」第二弾『不見不散（会えるまで待つ）』は、わずか二日間で、百万元の興行成績をあげた。「賀歳片」は中国映画業界の希望の星となっている。

chǎozuò
「炒作」（ブームに仕立てる）

「炒」は「炒める」こと。例えば野菜を炒める時、熱した油と盛んな火、それに各種調味料を加えてはじめておいしくなる。同じように新人歌手のデビュー時や、人気スターの映画やテレビの新作上演の際、マスコミにいろいろな角度からの記事を露出させ、ホットな話題にして大宣伝することをいう。現在、芸能界だけでなく、書籍の出版、レストランやブティックの新開店、新しい健康法やレジャーなど、「炒作」式で宣伝されるものは多く見られる。ただし「炒作」はいつもうまくいくとは限らない。思い通りのブームにならないこともある。

11

1999

受NHK纪录片《影像的世纪》启发，在笔者建议下，鲁忠民收集了大量图片资料推出新连载《图片与证言盘点中国百年》(1月号，见图1)。系列图片报道《深入中国》则是由大量诸如《梅里雪山的真容》等有难度的深度采访构成的恢宏画卷（5月号，见图2)。新推出的文化评论类栏目《东张西望》以文明对话为高起点定位。刘德有的杂文《目黑的秋刀鱼与西太后的窝窝头》对中日文化的异同展开讨论，提出要在尊重“异文化”的前提下推进文化互鉴（4月号，见图3)。东京大学教授刈间文俊像是回应一样，写来了《兰花与黄土地》一文，对电影交流在增进相互理解方面具有的作用做出了阐述（5月号，见图4)。图片特辑《未来京剧名角的摇篮》中，《坂东玉三郎选中的七个剧目》讲述了中日传统戏剧交流中鲜为人知的故事（5月号，见图5)。

特辑《农业革命的最新进展》，介绍了随着地膜技术、滴灌技术、沙地改造技术的应用，中国农业从粗放型向精细型过渡的新气象（9月号，见图6)。

这一年是外文局建局50周年，车慕奇生前完成的遗稿《回望外文局五十年历程〈人民中国〉是这样诞生的》，讲清了《人民中国》从英文版到日文版的前世今生，是一份宝贵的历史证言（6月号，见图7)。

《人民中国》访日代表团在多方接触、深入调研的基础上形成了颇有新意的调研报道，为在新世纪办好更加国际化的刊物凝聚了思路（4月号，见图8)。特辑《北京的中学生眼中的日本》介绍了中国孩子们与日本中学生的交流以及他们对世纪末日本的独到观察（11月号，见图9)。《聚光灯下》栏目以《描写极端状况下的人性 姜文导演的战争电影》为题，在拍片现场进行了深度采访（4月号，见图10)。

笔者注意到新词和流行词所蕴含的丰富的社会信息量，便策划了前所未有的小豆腐块栏目《关键词》。这是后来一直持续的《新词与网络用语》栏目的滥觞（8月号，见图11)。

这一年两个封面令人印象深刻，一个是天安门前人群中手举国旗的孩子（10月号，见图12)，一个是翩翩起舞的社交舞场景（5月号，见图13)。前者经过了深度策划与设计，后者令读者联想到日本电影《谈谈情跳跳舞》的场景。

陰暦1月、四川省チベット族自治州の阿壩県は、至福の時を迎える。寺院は黄赤との僧服で埋まり、澄み切った青空の下にはほらの音と読経の声が響きわたる。
高原に雪が積もると、それは聖なる白絹「ハダ」のようだ。大地までが盛装し、ムンラム大祭に集う人々の喜びはさらに高まる。

高原の冬を 黄と赤に染めて

チベット族ムンラム大祭

写真・王達軍　文・果如

中国漫遊マップ

丸ごと「地質博物館」 雲南・騰冲県

文・写真　劉東平

温泉水を利用した「吸いふくべ」もある（撮影・汪紹仲）

長い年月をかけ巨大な岩のようになった温泉華

雲南省西部に位置する騰冲県はその独特の地形と周囲の火山がもたらす豊かな資源で知られ、「自然の地質博物館」とも呼ばれる。

火の山に登る

私たちを乗せたバスは、騰冲県の町から北へ二十キロほど走ったところで停車した。夕暮れ時の空の下、赤土の大地が広がり、その向こうに三つの山が見える。一見、何の変哲もない山だが、実は比較的最近生まれた火山だとのこと。それぞれ大空山、小空山、黒空山という名前がついている。

騰冲県の周囲百キロ四方には大小の火山が七十以上もあり、つい三百年前まで噴火活動を繰り返していたものもあるという。騰冲県自体、来鳳火山から流れ出た溶岩の上につくられた町で、今もこの一帯では小さな火山活動が頻繁に起きている。

続いてバスは大空、小空、黒空の三火山の麓に向かう。間近で見上げてみると、いずれも思った以上に大きい山であることに驚く。私たちは三火山の中では最も標高の低い小空山に登ってみることにした。山の頂上に登ってみると、大きな鍋のように火口が広がっている。その直径は約百五十メートル、深さも七十メートルはあるという。火口の周りは背の低い松に覆われ、まるで大鍋の周りに緑の花輪を飾り付けたかのようだ。

火口の中を覗いてみると、なんと、はるか底の方に人の影が見えるではないか。聞けば、彼らは火山石を採っているのだという。私も火山石が欲しくなり、近くの松の木陰などを探してみた。ニワトリの卵大の褐色の石を見つけたが、これは「火山蛋（火山卵）」と呼ばれるもので、もっと大きくなければ火山石とは呼ばないそうだ。その石は硬くて丈夫だが極めて軽く、表面は発泡スチロールのような細かい穴に覆われている。火山石は「浮石」ともいわれ、赤いもの、灰色のもの、黒いものなどがある。赤い火山石が最も軽く、水の中に入れても木のように浮かぶ。昔、蜂の巣のように穴だらけの石で体を洗っている人の姿を見たことがあるが、今思えば、あれは火山石だったに違いない。私は自分で見つけた「火山卵」をそっとポケットの中にしまいこみ、旅の記念にした。

私が目にした火山はいずれもそれほど高い山ではなかったが、騰冲県内で最も高い打鷹山は標高二六一四メートルもある。形は日本の富士山にも似ており、火口の直径は三百メートル、深さも百メートル以上に達するという。

火山は地元の人々に豊かな自然の恵みをもたらしている。一帯で採れる大量の火山灰を使ったコンクリートは粘着性に富み、防音防熱効果

皇帝陵の新出土文物を見る

グラビア特集

1999年、秦始皇陵の発掘調査で、2200年前の秦の騎兵をほうふつさせる彩色俑6体が発見され、考古チームを小躍りさせた（撮影・張衛星）

6

〔マカオ好日 六〕

マカオの街を日本の友人に案内する筆者（左端）

江戸の大老(たいろう)とマカオの大老(ダイロウ)

兪長安

海を渡った新語たち

江戸時代、徳川幕府の将軍の下、老中の上に大老という要職がありますが、その源は秀吉が定めた五大老の制度に始まるとか。

中国の官職には、この〝大老〟というのが当時の明朝にも、それ以前にもないようです。

それがなんと、マカオのかいわいに、昔からあったのです。但し官職ではなく、庶民のなかの俗語として。

マカオの大老は、一般には、自分の兄貴というイミで、弟は細老です。

ところが同じ大老でも、あの人はどこそこの大老だというと、顔役のイミになります。何々幇の大老となると、そこの大親分のことです。

また、私の生まれた長崎のいなかでは、妻の事をカカ、母の事をカカさんといっていましたが、私も長崎弁でオッカさんと呼んで育ちました。

それがマカオあたりの俗語に、女性をカカ、オカアと呼ぶ音のことばが、今でも一部に残っています。これはどうも、オシャレ上手で庶民に羨まれた清朝の高官の奥方やお嬢さんが、格々と呼ばれ、その広東音が無気音のカカとなるのが語源らしいのです。中国の他の地方にはありません。

お米の文字をマイと読むのも、中国では広東だけ、コメというのはポルトガル語で、食べるとか食事という、動詞、動名詞。

長崎のいなかでは、人の尊称にドンをつけて、だれそれドンといっていました。ポルトガル語でドンは首領のイミです。のちに西郷隆盛のオイドンは有名です。

こちらでは男女とも、自分のことを我地といいますが、下町の発音ではオレとなります。江戸時代に始まる俺と関係がありそうです。それ以前の武家社会ではやったワシというのも、あるいは福建語の我是かもしれませんね。

むかしの海の新幹線

十六世紀の中葉から、ポルトガル船によって開かれたマカオ—長崎航路はわずか一週間の船旅で、当時としては、超特急の海の新幹線だったといえましょう。これが貿易だけでなく、文化交流にも大きな役割をはたしているようです。

中国の隋、唐の時代から対外貿易港として栄えた寧波や福州、泉州、広州などは、十六世紀の明朝の頃は海賊を恐れ、海禁令がしかれたため、火がきえたようにさびれていました。

鉄砲、大砲を持つポルトガル船は、海賊もこわくない。この辺の役人と仲良しになり、マカオに足場をきずくと、ゴアから脱離した形で、マカオ—長崎の貿易航路を独占、これが一六三九年の鎖国令まで、百年近くつづきます。その間に日本は、戦国末期の織田信長時代、豊臣秀吉の桃山時代、徳川家康、家光の江戸時代初期と、三つの時代を足ばやにけみしています。

まさにこの時期、日本は貴族文化や武家文化をしのぐ勢いで、町人文化が芽生え、たくましく育ち、さかえてゆきます。この江戸時代の町人文化が養分として吸収したのは、中国本土の豪族文化でも、ポルトガルやインドなどの異国文化でもなく、主としてマカオに集まる中国嶺南地方の、非儒教系ともいえる豊富な庶民文化だったと思われます。

この辺が、従来の歴史ではどうもブランクだったようで、今後の学者諸兄の研究が待たれます。

さて、初期のポルトガル船は、ガレオンという大型の軍用帆船だったのが、後には荷の積みおろしに便利な中型帆船になります。

マカオや広州で荷積みを終えた順に、船は南へ五十カイリの上川島へゆきスタンバイ、仲間の船がみな集まったら、いい南風を待って一気に九州をめざします。

ふつうは、六月から九月までに吹く南風に乗って、六、七日の船旅、帰りは十一月から翌年の二月頃までに吹く強い北風を帆にはらみ、五、六日で走破したらしい。

全盛期には百艘からの船を動かしていたらしく、船主や水先案内はポルトガル人ですが、乗組員はほとんど中国系で、中国の商人や学者、職人、芸人なども便乗したといわれます。

他方、日本から国外へ出ることは統制がきびしかったようですが、池田好運などは御朱印を持つ万能恵留権佐呂なるポルトガル人に師事して、航海術習得のため、長崎からマニイラや、シャムラウ、天川などへ乗り出し、その経験と学識を『元和航海書』（「記」とも）に集約大成しています。（一六一八年八月上梓）

東洋のどこにもない、マカオ—長崎の海の新幹線、それがポルトガル船オミットの鎖国令がしかれた後も、唐船に早がわりして、民間の交流は延々と続いたのです。

それを念頭に置きながら、余りにも特殊で、豊富な内容をもつ江戸の町人文化のあれやこれやを吟味し、ふりかえってマカオに残る嶺南地方の庶民文化の数々をほじくりかえしてみますと、中国の他の地方にない共通点がつぎつぎと現れて、いやがうえにも私の心は、マカオに埋もれてしまうのです。

南蛮渡来はピンからキリまで

二月号にマカオのえんぎの文化について述べましたが、江戸時代の人名や屋号、船名には、マカオの習慣と同じく、福、吉、富、為、良、幸、徳、豊、盛、栄、喜、慶、長、久、寿、恵、利、勝、多、百、千、万、鶴、亀、松、竹、梅など、えんぎのいい文字が目立ちます。

マカオでは徳利という屋号も多く、福の字なども使い古されて、阿福というと、おめでたい奴、ガラッパチというイミになります。

おみくじの方式など、今でもマカオの観音堂や媽祖閣では、竹筒の中の竹べらを落とし、その番号でおみくじ札をひくやり方が残っています。媽祖閣のおみくじは記述が詳細で楽しめます。

第4回澳門大学日本・マカオ研究国際シンポジウムでルイ・マルティンズ学長から記念品を受けとる

なお、二月号では、媽祖が日本に入っていないみたいと書きましたが、金沢兼光が一七六一年に著した『和漢船用集』を調べていますと、第三巻の「舟玉神の事」の項に、長崎に来る唐人船、薩摩の国、野間権現は則ち娘媽の神なり、という記述がありました。やっぱり名前をかえて入っていたんですね。つけても、この『和漢船用集』というのは、船の百科事典ともいうべき集大成で、とても二百四十年前のものとは思えないほど、驚異の作です。

マカオの下町を歩きますと、なつかしい食べ物をさりげなく売っています。

さつまチマキやさつま揚げと全くおなじものが

文 写真・何彬

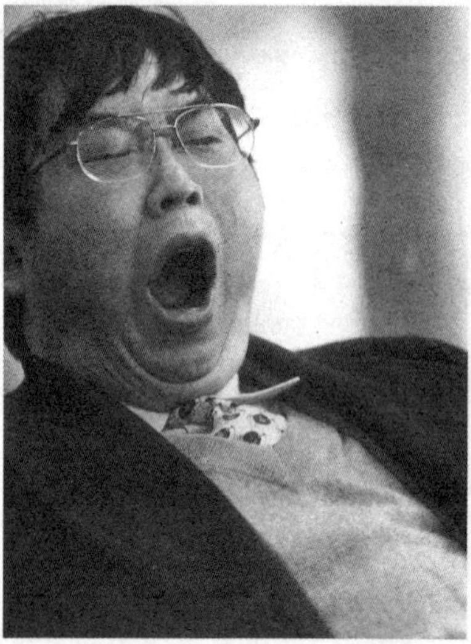

疲労の極限に達したことも

棋聖に指導碁を打ってもらうのは、囲碁ファンの夢だ

二〇〇〇年二月、四十八歳の聶衛平九段は、四川省雅安県で、これまでのギネス記録を上回る百五十人という人数を相手に多面打ちを行った。一三六勝一一敗三持碁、勝率九二・五%という成績だった。

多面打ちは朝九時半から夜十時五十一分まで、十二時間二十一分もかかる長丁場だった。L字形に並べられた碁盤は百五十面、百㍍にもなる。聶九段は、定先から三子までの相手に、計二万手近くも石を打った。

九時半に、多面打ちが始まると、最初のうちほとんどの参加者は、「棋聖」を目の前にして緊張していた。

聶九段は三十分打ち続けた後、用意された車椅子に乗る。十二時三十分から休憩に入った。それまで、聶九段が打ったのは、わずか二十五手。周囲の人々は九段が最後まで頑張れるか心配になったという。ところが、休憩の間に、聶九段の弟子、劉世振四段が「新人王」のタイトルを獲得したという知らせが届き、聶九段はとても元気づけられたようだ。

午後、聶九段は元気一杯、猛烈なスピードで打ち始めた。百五十人の挑戦者は目を見張るばかり。夜十時五分、聶九段は「もういいです」と、車椅子から降りた。十時五十一分、聶九段は最後の一手を打ち、「大した

さすがの「棋聖」もここは考えこんだ

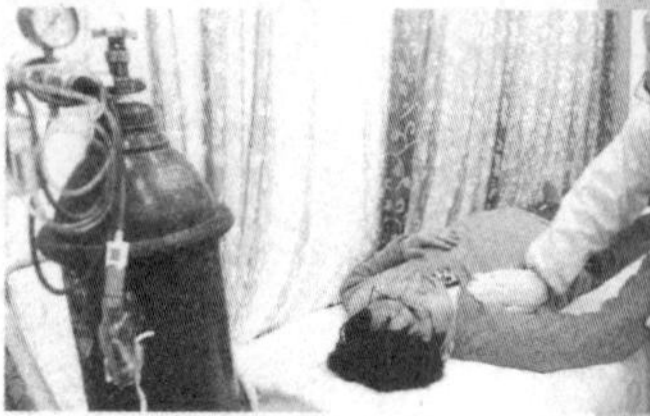

「車椅子と按摩師」が聶九段の唯一の要求だった

桜の国で出会った人々

『人民中国』訪日団報告

訪日団のメンバーと東方書店・福島会長（前列左）、神崎社長（前列中央）、岡田課長（後列右から2人目）、東京支局・常俊池（前列右）

『人民中国』訪日団は、ちょうど桜の季節を迎えた日本で、東京、埼玉県飯能市、そして能登半島をめぐる十一日間の友好訪問を行った。訪日団の一員として、日記の形式を借りて、その模様を読者の皆さんにご報告したい。

四月十日（月）曇り

成田空港を一歩出ただけで、日本の空気の滑らかさと潤いが感じられる。私たち訪日団は、日本に発つまでの七日間、連日黄砂の「洗礼」を受けた。特に昨日の黄砂はひどく、飛行機は結局日本に向かうことができず、訪日の予定が一日狂ってしまった。環境問題の深刻さを思わずにいられない毎日だから、よけい空気にも敏感になるのかもしれない。

今日は順調に成田空港に着いて、『人民中国』東京支局の常俊池の出迎えをうけ、とたんにホッとして旅の疲れも吹き飛んだ。

夜の第一印象は、きらめくネオンやライトアップの数々、そして地下にも地上にもくまなくある電車の駅。地下鉄の駅を出るとすぐ高架高速道路や電車の高架線が目に入り、日本の公共交通の速さ、便利さ、高度に発達した科学技術に裏打ちされた立体化を実感することができた。

街中にあふれる漢字を見ると、親しみの気持ちがわいてくる。乗り物の中でも、街でも、人々の顔立ちや着ているものは私たちにそっくりで、日本は外国ではない、という誰かのセリフにまったく同感だ。宿をとった後楽園ホテルの周囲の風景は、何となく上海を思わせる。小雨のあとの湿った空気までよく似ている。でも、これから人々を細かく観察してみれば、きっとたくさんの相違点が発見できるに違いない。

四月十一日（火）曇り

訪日団のメンバーは、団長の王衆一（副社長）と秘書長の唐暉（インターネットセンター副主任）以外の三名はすべて編集部のスタッフだ。編集部長の楊珍、レイアウトの楊加、それに私。気まぐれな天気のせいで、ただでさえ忙しい日程が一日短くなったため、スケジュールはさらに緊迫している。

今日は十一時に講談社の阿久津勝氏にお目にかかる予定。私たちは早目にホテルを出て、日本の「国花」を眺めることにした。

千鳥ヶ淵の桜はまさに満開、あたりは花で煙っているかのようだ。そよ風に桜が散り、地面やお堀に花びらが舞う。澄んだ水、緑の木々、戯れるお堀のカモたち、まさに絵のような眺め。日本初訪問の私と楊加は、何度もカメラのシャッターを押し、桜をフィルムに残そうと一生懸命だった。

本誌を読む陳健大使

午後一時五十分、衆議院に河野太郎議員を訪問。わずか二十分だったが、河野議員は私たちに、仕事の関係で日本と中国をたびたび往復していること、中国と『人民中国』に深い関心を抱いていることなどを話された。そして、中日の文化交流はこれまで伝統的な芸術や歴史的名所に重きをおいていたが、今後は若い世代を引き付けなければならないとの見解を述べられた。この後「相互理解、着眼未来」との揮毫を頂いた。

夕方は、東京大学社会情報研究所の先生方とのミーティング。王副社長による本誌の歴史、現状、今後の展望についての説明の後、鶴木眞、小林宏一、橋元良明の各教授が本誌の内容について、意見と積極的なアドバイスを述べられた。小林教授は本誌全体のアートディレクションの重要性について強調。写真を多用して読者の視覚を引き付けるよう提案頂いた。橋元教授は、四十歳以上の日本人は中国文化に興味を持ち、三十歳前後の世代は中国の経済発展に関心があり、さらに若い世代はサブカルチャーに注目していると分析。このような状況のなか、すべての世代を満足させる誌面作りは困難で、読者設定を明確にすべきと話された。鶴木教授は、読者は中国の伝統文化のほかにも現在の巨大な変化に関心があり、本誌はすべての世代の読者の共通の関心事を常にフォローする必要があると話された。先生方との業務全般にわたる討論は続き、ホテルに戻った時は夜九時を過ぎていた。

私たち五人はさらに討論を続け、こうした話し合いからの収穫の重要さを実感した。

四月十二日（水）晴れ

日経BP社国際部のスタッフのみなさんが実に温かく迎えてくださった。私たちは今後の参考にするようにと、パソコン機器、医療、生活など各ジャンルにわたる数十種の雑誌を頂いた。そして私たちは電子出版と伝統的な印刷媒体の相乗効果によって成功をおさめている日経BP社の業務内容について説明を伺った。こうした分野で私たちの学ぶべきものは実に大きい。

日経BP社ニュース編集部編集長・中井祐之氏は、インターネットは一瞬にしてニュース伝達をおこなうが、深い内容の記述については、印刷媒体が欠かせないだろうとの見解だった。またネット上の媒体の多くが泡のように頼りなく、実力があり内容が充実したものは、ごく限られているとのことだった。このような意見は日本の他のインターネット関係者の口からも聞いたことがある。最近、中国では「インターネットによってその他の媒体は淘汰されるだろう」という見方が強まっているが、日本でこうした見解を聞いて、目が醒める思いだった。

午後、私たちは中国大使館に陳健大使を訪ねた。陳大使は中国を紹介する『人民中国』の力について積極的な評価を下さり、さらに別れ際、王副社長の申し出を聞いて「築起了解中国的橋梁」と揮毫して下さった。そう、私たちにはこれからやるべきことがある。道のりはまだまだ長い。

四月十三日（木）晴れ

東京にきて浅草を見ないなんてことができるだろうか？ ここでは、到着と同時に仕掛け時計の人形たちの日本舞踊を見ることができて、とても楽しかった。そして参道の脇の色とりどりのおみやげに思わず足をとめてしまう。本堂の外ではハトの群れが歩きまわり、学生や観光客がエサをあげている姿は、本当に豊かでのんびりした風景だ。

長年『人民中国』の発行元となって下さっている東方書店を訪ね、福島正和会長、神崎勇夫社長、岡田燕課長とミーティング。皆さんここ数年の『人民中国』の内容、写真、連載コラム、編集方針などについての際立った変化を認め、大いに励まし

王副社長（右から二人目）と本誌を手にとる河野太郎議員

特別掲載

どこでも熱烈な歓迎を受けた

王效賢

中日友好はこうして始まった
新中国から初の訪日団

一九五四年十月三十日、新中国初の訪日団、中国紅十字会代表団は、羽田空港からその第一歩を踏み出していた。一行は団長・李徳全（当時、衛生部部長）、副団長・廖承志からなる計十名で、当時、団長の通訳を務めたのは、外交学会の若手スタッフだった、王效賢女史。すぐれた日本語能力を生かし、その後も要人の会見の場で活躍、四十六年後の今は、中日友好協会副会長として多忙な日々を送る女史に、初めて公表されるエピソードを含め、当時を語ってもらった。（本誌編集部）

道を切り開く

――もともと地上には道はない。歩く人が多くなれば、それが道になるのだ……魯迅の名言である。戦後の中日友好もまさにそのとおり、なにもない所から、一人一人の歩みが道を築きあげたものだといえるだろう。

初の代表団が東京に到着したその夜、記者会見で廖承志が語った言葉を、私は今も鮮明に思い出すことができる。彼は見事な江戸っ子なまりの日本語で、魯迅のこの言葉を引用

開かれる。アジアの平和のためにも、中日友好協力は、我々の急務である。そして両国の友好のためには、ただ理屈だけによるのではなく、実際的な努力をしなければならない」。彼のスピーチに、居合わせた人々は、どれほど強く共鳴したことだろう。

第二次世界大戦の終結と、日本の中国侵略戦争の失敗は、中日両国の侵略と被侵略の歴史に幕を下ろし、両国の人民の間に伝統的な友情をよみがえらせる状況は整いつつあった。

新中国成立後、多くの日本の有識者は、新中国との友好と中日貿易を望んでいた。新中国誕生以前に、早くも日本には、「中日貿易促進会」（一九四九年五月）、「中日貿易促進議員連盟」（同）、「中日貿易会」（同六月）など、中国に関する貿易、経済の組織が結成されていた。（のち「中日」を「日中」と改称）そして新中国成立一年後、日中友好協会が設立された。労働者、農民、青年、婦女、それに与党の議員などを含む、日本の各界、各階層の人々は、その後も日中友好と日中貿易を促進するべく努力を続けていた。

しかし、当時の日本政府は、アメ

戯楼夜話（その十七）

京劇の衣装
舞台を彩る美意識との出会い

波多野真矢

『断橋』の白素貞。京劇の衣装には、誇張と省略を組み合わせた独特の美がある

背景もなく、大道具も机や椅子だけ、という簡素な京劇の舞台。それを視覚的に彩る華やかな色彩は、主に役者の着ている衣装によるものです。何もない舞台に、突然の事件のように現れるとりどりのあでやかな衣装は、中国のイメージそのもの、というエキゾチックな魅力に満ちています。

背中に旗を背負った武将の着る衣装、「水袖」という袖の先に付いた白い布、龍や花や不思議な図案の豪華で細やかな刺繍。ただ眺めているだけでも、色使いや形が独特で十分に面白く、興味がつきません。そして、役者の動きがこれらの衣装に命を与えます。武将の背中の旗や、剣の先についた房飾りまでが体の一部のように美しい動きをしたり、水袖の優雅で流れるような動きが、神韻縹渺とした美を作りだします。

水袖というのは、実生活の服装にはなかったものです。演技のために生まれ、動きが水の波紋のようであることからこの名がついたもので、主にゆったりした衣装についていて、色々な役柄で使われています。礼をするとき片方の手で端をつまんで顔の高さに挙げて挨拶したり、投げ出したり纏わせたりして心理や感情の表現に使われます。女性役では男性役のものより長く、普通で二尺（約六十七㌢）、長いものだと八尺もあったりします。私には、これがいったいどういう仕掛けできっちり三度でたぐりよせられ、手首の所でキチンと折りたたまれるのか、謎でした。京劇の役者さんから、両手の親指を立てて、手首を跳ね上げるようにしてたくしあげるのだ、と聞いて練習してみましたが、やはり修練をつまないと自在に操ることはできません。

私は青衣（歌を主とする正しい性格の女性役）を習っていたので、当然この水袖のついた衣装を着るものと思っていましたが、はじめて演じた演目は『女起解』の蘇三という、罪人の役。囚人だから仕方ないのですが、水袖のない、模様も何もない、派手な赤い上着とズボン。これだけだったら多分好きになれなかったでしょうが、ところがなんとも奇妙なものが腰から後ろを羽のように覆っ

漢詩望郷⑬

『唐詩三百首』を読もう（五）

棚橋篁峰

私は、漢詩をいつも作者のような気持ちで読みたいと思っています。ですから王維が友人、裴迪と唱和した『輞川集』は二人の存在があると同時に二人の気持ちが詩に通っていると思うのです。

この詩集の序文に「余の別業は、輞川山谷に在り。其の遊止は、孟城坳・華子岡・文杏館・斤竹嶺・鹿柴・木蘭柴・茱萸沜・宮槐陌・臨湖亭・南垞・欹湖・柳浪・欒家瀨・金屑泉・白石灘・北垞・竹里館・辛夷塢・漆園・椒園等有り。裴迪と閑暇に各々絶句を賦すと」とあり、輞川の二十景が書かれています。二人が互いに心を許し、打ち明けながら漢詩の応酬をした姿が目に浮かんでくるのです。前回読んだ「鹿柴」に裴迪は次のように唱和しました。

日夕寒山を見、
便ち独往の客と為る。
知らず松林の事、
但だ麏麚の跡有るのみ。

話しした王維の「鹿柴」の解釈が理解できると思うのです。

竹里館　王維

独坐幽篁裏、
独坐　幽篁の裏、
弾琴復長嘯。
琴を弾じ　復た長嘯す。
深林人不知、
深林　人は知らず、
明月来相照。
明月　来りて相照らす。

【通釈】
独り、奥深く静かに竹林に坐って、琴を弾き、また詩を口ずさむ。深い竹林の趣を人は知らず、名月だけが、私を照らしてくれる。

この詩を読んでいると正に「摩詰の詩を味わえば、詩中に画有り。摩詰の画を観れば、画中に詩有り」という言葉がぴったりするのです。この詩を鑑賞するときその美しさだけ

う結句に、王維の万感の思いが込められているのです。古来、詩文の月は、様々な形容に使われてきました。静かな生活を楽しむ竹里館にやって来た月は何でしょう。この月はきっと裴迪です。そうでなければ相照らすことにはなりません。そこに言外の意があるはずです。世俗を嫌い、塵外に暮らす王維には、肝胆相照らす裴迪こそが明月であったはずです。美しく描かれた竹里館の世界は、二人の心の美しさに通じているのです。裴迪は次のように唱和しています。

来たり過ぎる竹里館、
日々に道と相親しむ。
出入りするは惟山鳥のみ、
幽深世人無し。

この応酬詩は、前述のような詩人王維の心の奥を垣間見ない限り理解できないと私は思うのです。裴迪は「自分が竹里館に来て貴方（王維）と親しむ。ここに出入りするのは

聞こえるようです。ただ景色を美しく描写するだけならそれは詩とはいえません。詩文に隠された詩人の心こそが漢詩鑑賞の神髄であるはずです。

北京大学の袁行霈先生は、その著『中国詩歌芸術研究』の中国古典詩歌の多義性の中で、言外の意（義）について、「それは、行間にある。言葉にならず行間に暗示され、読み手に考えさせて詩人の気持ちに導くのです。言外の意が優れた詩歌は、物を描いて物に留まらず、読み手の連想や想像を拡大させ、読後も思いが深まり、理解が深まって、漢詩芸術鑑賞の醍醐味を手に入れることが出来る」と言っています。

筆者紹介
中国西北大学名誉教授、現代漢詩人、日

匂い立つ北京①　タバコ

煙と共に消えゆくもの

宣武大街に面した南堂教会。その門前の木陰に男たちが集まり、囲碁やトランプに興じている。人垣に加わって見物していた私のところに、ふと、焦げ臭いような、それでいてかすかに甘いようなにおいが漂ってきた。

振り返ってみると、男たちの賑わいから少し離れた所に、青い人民帽と人民服姿のおじいさんが座っている。においの元は、おじいさんの左手に挟まれたタバコだった。

遠くを見つめながら、時折、思い出したようにタバコを口元に運ぶ。プカリ、プカリ。その所作はひどくゆったりとして、目の前を行きすぎる若者たちの歩みとは対照的なリズムを生みだしている。久しぶりに見る、タバコの似合う男の姿だ。

「ライターを忘れてしまったんです。貸していただけませんか」。私は小さな嘘をついておじいさんの横に座った。彼はしわだらけの目尻をちょっと下げ、赤い百円ライターを手渡してくれた。よく見ると、タバコを挟む中指がヤニで黄色くなっている。長年、一本一本のタバコを愛おしむように根元まで吸ってきたのだろう。

「どうですか、一本」。私はポケットから取り出した日本製のタバコを勧めてみた。彼はタバコを挟んだままの左手をちょっと上げて「いやいや、ワシはこれが一番なんでね」と穏やかに答えた。「哈徳門」というそのタバコ。「老牌子（歴史の古い定番ブランド）じゃよ」。二十五年間、一日一箱ずつ吸い続けてきたという。

呂志軒さんというこのおじいさん。今年八十歳になる。曾孫の顔を見るのが一番の楽しみとか。二十歳の時に山東省から北京に出てきて、野菜市場でセロリの仕入れを担当してきた。三十歳のころから、仕事の合間に手巻きの安タバコを吸い始めたという。それまでは、吸いたくても買うお金がなかったのだそうだ。

タバコ一本分のよもやま話。呂さんはフィルターだけが残った吸い殻をポーンと指で器用にはじき飛ばし、「あんたは真似しちゃいかんよ。最近、警察もタバコの投げ捨てにはうるさいから」と、いたずらっぽく笑った。

ここ数年、北京でも愛煙家は肩身の狭い思いをしている。若者たちに人気のファーストフード店には灰皿を置いてない所が多い。小綺麗なデパートなどでは至る所に「禁止吸煙」の表示がある。先日、仕事帰りにバ

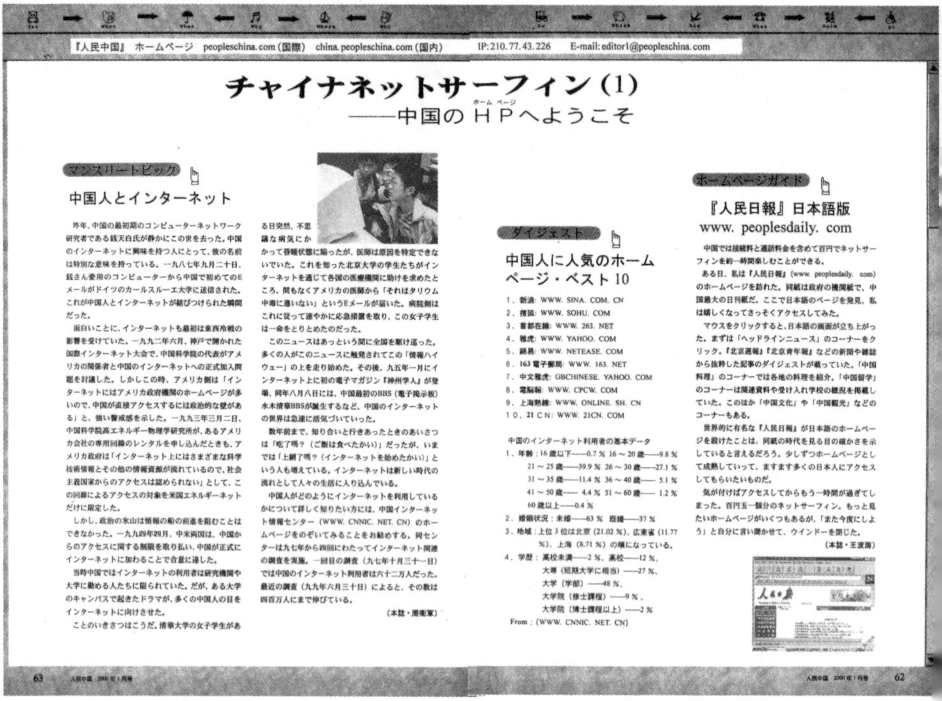

『人民中国』 ホームページ peopleschina.com (国際) china.peopleschina.com (国内) IP:210.77.43.226 E-mail:editor1@peopleschina.com

チャイナネットサーフィン(1)

——中国のＨＰ(ホームページ)へようこそ

マンスリートピック

中国人とインターネット

昨年、中国の最初期のコンピューターネットワーク研究者である銭天白氏が静かにこの世を去った。中国のインターネットに興味を持つ人にとって、彼の名前は特別な意味を持っている。一九八七年九月二十日、銭さん愛用のコンピューターから中国で初めてのEメールがドイツのカールスルーエ大学に送信された。これが中国人とインターネットが結びつけられた瞬間だった。

面白いことに、インターネットも最初は東西冷戦の影響を受けていた。一九九二年六月、神戸で開かれた国際インターネット大会で、中国科学院の代表がアメリカの関係者と中国のインターネットへの正式加入問題を討議した。しかしこの時、アメリカ側は「インターネットにはアメリカ政府機関のホームページが多いので、中国が直接アクセスするには政治的な壁がある」と、強い警戒感を示した。一九九三年三月二日、中国科学院高エネルギー物理学研究所が、あるアメリカ会社の専用回線のレンタルを申し込んだときも、アメリカ政府は「インターネット上にはさまざまな科学技術情報とその他の情報資源が流れているので、社会主義国家からのアクセスは認められない」として、この回線によるアクセスの対象を米国エネルギーネットだけに限定した。

しかし、政治の氷山は情報の船の前進を阻むことはできなかった。一九九四年四月、中米両国は、中国からのアクセスに関する制限を取り払い、中国が正式にインターネットに加わることで合意に達した。

当時中国ではインターネットの利用者は研究機関や大学に勤める人たちに限られていた。だが、ある大学のキャンパスで起きたドラマが、多くの中国人の目をインターネットに向けさせた。

ことのいきさつはこうだ。清華大学の女子学生がある日突然、不思議な病気にかかって昏睡状態に陥ったが、医師は原因を特定できないでいた。これを知った北京大学の学生たちがインターネットを通じて各国の医療機関に助けを求めたところ、間もなくアメリカの医師から「それはタリウム中毒に違いない」というEメールが届いた。病院側はこれに従って速やかに応急措置を取り、この女子学生は一命をとりとめたのだった。

このニュースはあっという間に全国を駆け巡った。多くの人がこのニュースに触発されてこの「情報ハイウェー」の上を走り始めた。その後、九五年一月にインターネット上に初の電子マガジン『神州学人』が登場、同年八月八日には、中国最初のBBS(電子掲示板)水木清華BBSが誕生するなど、中国のインターネットの世界は急速に活気づいていった。

数年前まで、知り合いと行きあったときのあいさつは「吃了嗎?(ご飯は食べたかい)」だったが、いまでは「上網了嗎?(インターネットを始めたかい)」という人も増えている。インターネットは新しい時代の流れとして人々の生活に入り込んでいる。

中国人がどのようにインターネットを利用しているかについて詳しく知りたい方には、中国インターネット情報センター(WWW. CNNIC. NET. CN)のホームページをのぞいてみることをお勧めする。同センターは九七年から四回にわたってインターネット関連の調査を実施。一回目の調査(九七年十月三十一日)では中国のインターネット利用者は六十二万人だった。最近の調査(九九年六月三十日)によると、その数は四百万人にまで伸びている。

(本誌・周衛軍)

ダイジェスト

中国人に人気のホームページ・ベスト10

1、新浪: WWW. SINA. COM. CN
2、搜狐: WWW. SOHU. COM
3、首都在線: WWW. 263. NET
4、雅虎: WWW. YAHOO. COM
5、網易: WWW. NETEASE. COM
6、163電子郵局: WWW. 163. NET
7、中文雅虎: GBCHINESE. YAHOO. COM
8、電脳報: WWW. CPCW. COM
9、上海熱線: WWW. ONLINE. SH. CN
10、21CN: WWW. 21CN. COM

中国のインターネット利用者の基本データ

1、年齢:16歳以下——0.7% 16～20歳——9.8%
21～25歳——39.9% 26～30歳——27.1%
31～35歳——11.4% 36～40歳—— 5.1%
41～50歳—— 4.4% 51～60歳—— 1.2%
60歳以上——0.4%
2、婚姻状況:未婚——63% 既婚——37%
3、地域:上位3位は北京(21.02%)、広東省(11.77%)、上海(8.71%)の順になっている。
4、学歴:高校未満——2%、高校——12%、
大専(短期大学に相当)——27%、
大学(学部)——48%、
大学院(修士課程)——9%、
大学院(博士課程以上)——2%

From:(WWW. CNNIC. NET. CN)

ホームページガイド

『人民日報』日本語版 www. peoplesdaily. com

中国では接続料と通話料金を含めて百円でネットサーフィンを約一時間楽しむことができる。

ある日、私は『人民日報』(www. peoplesdaily. com)のホームページを訪れた。同紙は政府の機関紙で、中国最大の日刊紙だ。ここで日本語のページを発見、私は嬉しくなってさっそくアクセスしてみた。

マウスをクリックすると、日本語の画面が立ち上がった。まずは「ヘッドラインニュース」のコーナーをクリック。『北京週報』『北京青年報』などの新聞や雑誌から抜粋した記事のダイジェストが載っていた。「中国料理」のコーナーでは各地の料理を紹介。「中国留学」のコーナーは関連資料や受け入れ学校の概況を掲載していた。このほか「中国文化」や「中国観光」などのコーナーもある。

世界的に有名な『人民日報』が日本語のホームページを設けたことは、同紙の時代を見る目の確かさを示していると言えるだろう。少しずつホームページとして成熟していって、ますます多くの日本人にアクセスしてもらいたいものだ。

気が付けばアクセスしてからもう一時間が過ぎてしまった。百円玉一個分のネットサーフィン。もっと見たいホームページがいくつもあるが、「また今度にしよう」と自分に言い聞かせて、ウインドーを閉じた。

(本誌・王波涛)

63 人民中国 2000年1月号

人民中国 2000年1月号 62

11

2000

摄影报道栏目《节日赞歌》将中国各地的民间节日收入镜头，留下许多原生态记录。《红黄一色的冬日西藏高原》中成群结队的藏民虔诚的表情颇具视觉冲击力（1月号，见图1）。《秦始皇陵的新出土文物》中彩色兵马俑的图片令读者倍感惊奇，刷新了人们对兵马俑的认识（2月号，见图2）。《中国漫游地图》介绍的《云南腾冲》，让读者领略到一种迥异于日本的温泉文化（6月号，见图3）。俞长安的连载《澳门好日》以十分诙谐的语言介绍了澳门的种种趣闻以及在中日文化交流史中的特殊地位（6月号，见图4）。《图片故事》展现了更新吉尼斯纪录的聂卫平九段筋疲力尽的表情，令人发噱（6月号，见图5）。

《人民中国》访日团再赴日本接触各方，深入调研，为改版做必要的准备。记者池倩的日记体访日报告详细记录了一行在日本的活动情况（8月号，见图6）。王效贤的文章《中日友好就这样开始 新中国第一个访日团》回忆了1954年中国红十字代表团成功访日的情形（11月号，见图7）。

波多野真矢的《戏楼夜话》已经连载到第三年，大量的京剧知识在她的连载里次第展开，引人入胜（5月号，见图8）。棚桥篁峰的《品读唐诗三百首》，从日本人的角度对唐诗的意境做出了解读（8月号，见图9）。年轻的日本专家林望以其敏感的嗅觉

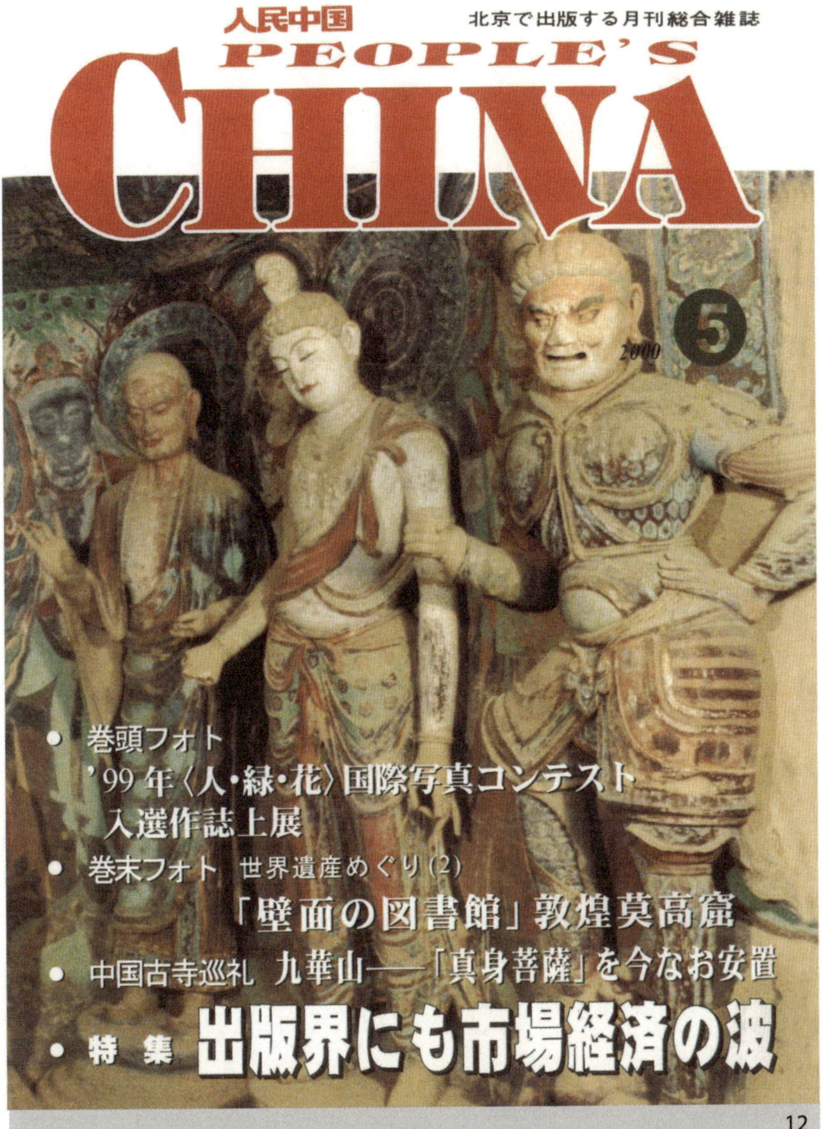

12

开设了独特的专栏《北京的气味》，通过气味这一小切口讲述北京人的生活，这种细腻的观察力充分展现了他作为媒体人的独特天分（8 月号，见图 10）。

人民中国
北京で出版する月刊総合雑誌
PEOPLE'S
CHINA
2000
5
● 巻頭フォト
'99 年〈人·緑·花〉国際写真コンテスト
入選作誌上展
● 巻末フォト 世界遺産めぐり(2)
「壁面の図書館」敦煌莫高窟
● 中国古寺巡礼 九華山——「真身菩薩」を今なお安置
● 特 集 出版界にも市場経済の波

互联网的普及引发读者关注。《中国网络冲浪》就是应读者要求开设的信息栏目（1 月号，见图 11）。

20 世纪最后一年的封面中，5 月号的莫高窟造像令人印象深刻。新世纪全彩改版正在酝酿，这期封面为《中国世界遗产》栏目的策划提供了灵感（5 月号，见图 12）。

第六章

2001—2010年 理念转型与深度改版时期[1]

1　这个时期，完成了世代更替的《人民中国》首当其冲面临崛起的互联网带来的挑战。理念转型、编辑方针与读者定位重塑、全彩改版、本土化工程启动等密集的调整举措，使《人民中国》提高了时效与报道效果，内容得以拓宽，平稳地完成由20世纪向21世纪的过渡与升级改造。

第一节

2001—2003年度点评

1

2

中国古寺巡礼(14)
普寧寺——甦った世界最大の木彫仏
文・丘桓興　写真・馮　進

3

お祭り
雲南省楚雄イ（彝）族自治州・銅羅祭り
銅鑼の音が村を守る
文 写真・楊振生

4

「男は泣かない！」。壁に掲げられた金メダリストの写真は、子どもたちの憧れだ

湖北省仙桃市幼児体操学校

金メダリストたちの揺りかご

写真　文・郭実

特集

三峡ダムの移住者たちは今

新生活への希望と不安と

方陽

「世界最大級のダム」と称される中国・長江の三峡ダム――一九九三年に着工され十七年間の歳月をかけて、二〇〇九年には完工する予定だ。この間、大規模な住民移転計画が実施される。水没地区の総面積は千八十四平方キロ、うち六百三十二平方キロが本来は陸地だったところだ。水没地区は重慶市と湖北省の二十の市と県におよび、その中には二百六十八の鎮（町）と千六百八十の村が含まれる。建設期間には、水没地区に住む百十三万人が移住する予定。「世紀を跨ぐ大移住」といわれるゆえんである。

ダム水力発電がスタートする前の二〇〇〇～二〇〇三年の間には、七万人の移住が計画されている。彼らは皆、住み慣れた故郷を離れ、はるか遠くの広東、安徽、江蘇、浙江、福建など十の省と上海市へ移らなければならない。

代々住み続けた故郷との別れを、彼らはどのように受けとめたのか？　中国の大規模な移住政策とその方針とは？　移住先の人々の反応は？　移住者たちは新しい生活に順応できたのか？　その未来はどう変わっていくのだろう……。

以下に、上海市崇明県と広東省博羅県、安徽省長豊県へそれぞれ移った第一次移住者――重慶の農民七千四百人のうち、いくつかのケースについて詳細にレポートする。

6

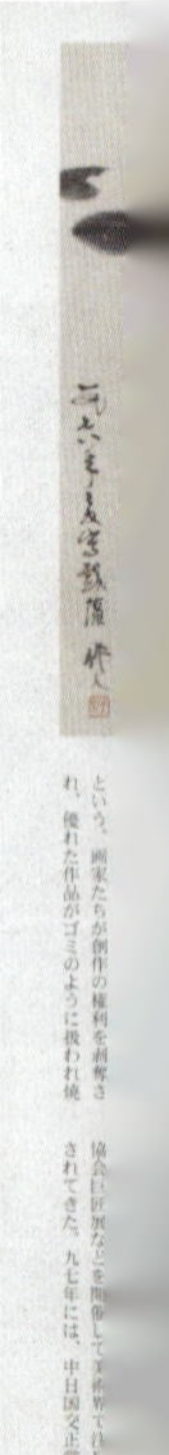
という。画家たちが創作の権利を剥奪され、優れた作品がゴミのように扱われ焼

されてきた。九七年には、中日国交正常

特集

大江健三郎の見た北京

7

「中国絵画ニイハオ　西洋画グッドバイ」

中川健造氏コレクションを語る

金丹実

8

創造の源はいつも文字——

中国モダンアートの旗手・徐氷

9

チベット画師
アムド・チャンパ氏を訪ねて

文　写真・温普林（ドキュメンタリー作家）

パンチェン大師像とともに（アムド・チャンパ氏提供）

50年代初めのころ（アムド・チャンパ氏提供）

チベットでは、宗教を題材とした重要な絵画には、作者の名前をつけないのが慣例となっている。有名な寺院宮殿のポタラ宮やノルブリンカの壁画は、歴史を刻んだ貴重な文物として称えられているが、作者たちのことを知る人は少ない。

その一人が、安多強巴氏（一九一四～）である。中国中央テレビ局（CCTV）は一九九七年、文芸番組「美術の星空」で、チベットのこの百年を絵画にしるしたチベット画大師・アムド・チャンパ氏を紹介した。このすぐれた三十分のドキュメンタリー番組は、同局の国際チャンネルでも英語訳が放送され、世界の注目を集めた。

美しく大胆な構図

彼は一九一四年、青海省の尖扎県に生まれた。七歳のときに郷里の支降寺で出家し、独学で絵を学びはじめた。二十三歳になると拉卜楞寺で勉学を進め、四二年、二十八歳でラサの哲蚌寺へ。その二年後、四四年から、ラサを行脚する生活をはじめた。五四年にダライ・ラマの宮廷絵師としてポタラ宮に入るまでの十年間、彼は人生で最も自由で、楽しい時を過ごしたという。またその間に、後の師僧となる更敦群培氏と知り合った。彼の人生や芸術に、きわめて大きな影響を与えた人物である。

師僧・ゲンドン・チュンペイ（一九〇三～五一）は、現代チベットにおいては異色の僧侶で、歴史から仏学、芸術、論理、言語、地理におよぶ多くの著書をのこした。彼が記した『白史』は、チベット史書のなかで初めて、神話性がなく科学的に分析された良書と評価されている。また彼は天才的な画家でもあった。しかし、当時のチベット政府に共産党とのかかわりを問われ、投獄されて、憤懣を覚えつつも他界した。生前は、ラマ王国の虚偽の本質を見ぬき、その行く末を案じていた。彼の言動は自由奔放で、礼法にはあまりこだわらなかった。アムド・チャンパ氏は、彼のこうした思想観念だけでなく、絵画の様式から色彩、人物の造形にいたるまで、深く影響されたという。

アムド・チャンパ氏が描いた、統一王国・吐蕃（今のチベット地方）を樹立した三大王（祖孫三法王）、つまり松賛干布、赤松徳賛、熱巴巾の肖像画をいくつか見ると、そのタッチは、師僧のものとほとんど変わらない。つまり、ソンツェン・ガンポ王がいずれも赤い絹を頭に巻き、五色半月形の錦のマントをはおり、つま先が反りあがった革靴をはく、といった中世ペルシア風のふんい気をたたえている。

師僧の教えにより、アムド・チャンパ氏は当時、世俗的な宗教画を多く描いたが、残念ながらその多くは失われてしまった。今はただ、チベット仏教の「白度母」の立像から、当時の画風をうかがうだけだ。宗教画ながらも、大胆な構図には驚かされる作品だ。その美しい顔かたちになまめかしい姿態は、まるで「現代的な美女」である。青いバックに後光が描かれ、白度母の高貴な美しさがよく表されている。毒蛇に襲われた時に、チベット仏教の「度母経」をひとたび念ずれば、度母が現れて蛇を退治するという神話に基づいている。

アムド・チャンパ氏が描いた度母は、イタリアの画家ボッティチェリの『春』と並べられるばかりか、イタリア・ルネサンス期の画家ラファエロのような前衛的な趣もある。その創作と思想に、かつてチベットで一時的にはやった欧州文化の影響があったことは間違いない。実際、彼の創作のインスピレーションは、五〇年代に見た、一枚のステンドグラスからきているという。

毛主席のタンカは1954年に完成。当時とすれば前衛的なデザインだった

毛主席の姿をタンカに

一九五四年、漢蔵連合工作委員会（チベット工委）は、北京で開かれる第一回全国人民代表大会（全人代）のダライ・ラマとパンチェン・ラマの出席手続きを行った。チベットの有名な政治家・平措旺階（注）の依頼を受けたアムド・チャンパ氏は、タンカ（仏像などを描いたり刺繍したもの。紙、絹地、綿布などを使う）の様式で毛沢東主席の肖像画を描き、ダライ・ラマの北京行きの土産とした。

毛主席の肖像画は、重要な史実を検証している。つまりダライ・ラマとしばしば対立したパンチェン・ラマが同年、一時的に和解し、ともに北京へ赴いて新中国の指導者・毛主席と会見したことである。

そのタンカは、純金の額縁に収められている。描かれた毛主席は、黄緑色の中山服を身にまとい、同じラシャ生地の帽子をかぶって、右手を大きく振っている。堂々たる恰幅の毛主席は、活力に満ちている。バックは中華人民共和国の国旗で、毛主席の足元には白玉石の欄干が描かれている。その周りには僧侶や民衆の暮らしが描かれ、主席の絵とよく調和している。最下部の横長の絵は、雪山を背景に、漢民族とチベット族が団結して、帝国主義に打ち勝つ場面を示している。全体的に豪勢かつ力強いデザインで、当時とすればかなり前衛的なものだった。当時の人々がそれを見てどんなに胸躍らせたか、容易に想像できるだろう。

こうしてアムド・チャンパ氏はポタラ宮に招か

ポタラ宮を仰ぐ校舎の前で学生たちと

中国雑貨店

街角でおみやげ探し（二十三）

湯を汲みにいく

data

「暖水瓶」
高さ42センチ 10.00元
藝様日用品商場
（住）北京市東城区鼓楼東大街238号
毎月、本欄に登場した商品を抽選でプレゼントいたします。詳しくはアンケートページをご覧ください。

中国語で「打水去」といえば、水を打つのではなく、汲みに行くこと。共同水道まで、生活用水を汲みにでかけるイメージです。この言葉は、またお湯の場合にも使います。例えば、職場で「打水去」といえば、ボイラー室にお湯を汲みに行くこと。そんな時には、手から下げられるよう持ち手がついた、写真のような魔法瓶が使われています。

細い持ち手の魔法瓶は、片手に二本ずつ両手であわせて四本くらいは下げることができ、大量のお湯汲みには、とても便利です。そして、ボイラー室に着いたら、魔法瓶の口からあふれるほどお湯を注ぎ、コルクの栓をしっかりしめる。こうして魔法瓶のなかに空気が残らないようにすれば、万が一、魔法瓶を倒しても、栓がはずれることがないのです。見かけは無骨なこの魔法瓶、使ってみるとなかなか細かな工夫があり、しかも保温にも優れています。

生水がほとんど飲めない中国の都市では、人々は仕事の間じゅう、魔法瓶のお湯で喉を潤します。だから多くの職場では「打水去」が一日の仕事の始まり。ボイラー室から立ち上る湯気のなか、挨拶をかわしながらお湯を汲む人々の姿は、職場の朝の風物詩です。ピカピカの高層ビルの、給湯機を備えた職場が急速に増えつつあるなかで、こんな朝も、まだあちこちに残っています。

写真・佐渡多真子　文・原口純子

隣の家常菜

【家常菜】jiāchángcài〔名〕家庭料理

「ササゲのあえもの」。ゆでたササゲに塩、ゴマ油、たたきつぶしたニンニクを入れたもの

だ、とはいっても山西省出身の彼、西北風味の牛肉や羊肉、メン類やパン類、乳製品には目がないそうだ。

夫人は湖北省出身で、ご主人の飲食習慣とは違い、中国南部の人が好む米や野菜、魚類が好きだという。しかし彼女も新聞記者だったため、キッチンに立つ時間はなかなか作れなかった。息子さんと娘さんも、競争の激しいマスコミ業界にいるため、ファーストフードなどの外食で済ませてしまうことが多い。親の世代よりもっと台所から遠ざかってしまうのも、いたしかたないところか。

夫人によると、もう何年もの間、家族そろってじっくり時間をかけて料理らしい料理を作った記憶はないという。どんな料理を作るかは、いつでもその時の気持ちやタイミング次第。それに、あるものを食べるという形だから、食に対するこだわりもな

されていた……に炒めれば、色どりがよく食欲もそそられる。今でも、急いで作りたかったり料理が一品足りないような場合、やっぱりこれが最適なのだそうだ。作り方もとてもシンプル。まず、卵数個を割ってよくかき混ぜ、油で炒める。次にぶつ切りにしたトマトを入れ、調味料として、刻みネギと塩のほか砂糖を少々加え、火を止める前に薄く切ったニンニクを放り込めば出来上がり。

郭さんの家ではこのほか、インゲン豆と薄切り豚肉の炒めもの、ナスのしょうゆ煮、ササゲのあえもの、トウガンのスープなどをよく作る。どれも大衆食堂や一般家庭の定番料理で、「簡単で美味しく、おかずに最適」という、うれしい特徴がある。これらの料理に流派はなく、誰の口にも合う。そこで私たち編集部は、郭さん夫婦が作ってくれた料理を「記者一家の江湖料理」と命名させてもらった。江湖とは、旅の侠客のことである。▲

［右］郭さんがよく食べたトマトと卵の炒めもの［左］東北料理の「老虎菜」。牛の舌トウガラシ、キュウリ、ニンジンを千切りにし、ハルサメとモヤシを湯通ししてから、塩、酢、ゴマ油、コリアンダーを混ぜ合わせたもの

21 世纪的第一年，《人民中国》启动全彩改版，刊名 LOGO 调整为以英文为主，中文出现在上方灰条中。全彩改版后的封面人物定位为体现时代气质的知性中国人。全彩版首个封面人物是二胡演奏家宋菲（1 月号，见图 1）。

根据俞长安提供的线索，记者探访了当时尚不广为人知的开平碉楼，并撰写了《曾经上演了华侨历史活剧的广东开平碉楼》一文，令读者颇感新奇（2 月号，见图 2）。《中国古寺巡礼》介绍了《普宁寺的世界第一木雕佛》，题图跨页吹号的喇嘛气势磅礴，令人印象深刻（2 月号，见图 3）。《节日赞歌》推出的《云南楚雄铜锣节》同样古风犹存，令人神往（2 月号，见图 4）。在摄影记者郭实在湖北仙桃幼儿体操学校拍摄的《金牌冠军的摇篮》中，9 个并肩悬吊在横杆上锻炼的孩子，每个人的表情都可爱至极（6 月号，见图 5）。特辑《三峡库区移民现状》报道了三峡移民对新生活寄予的希望以及初到陌生新居的不安（2 月号，见图 6）。

特辑《大江健三郎眼中的北京》详细记叙了大江健三郎来北京与中国社会科学院外国文学所研究院交流的情况（4 月号，见图 7）。中川美术馆馆长中川健造接受本刊采访，提出“中国画你好，西洋画拜拜”，高度评价新世纪中国画的潜力（1 月号，见图 8）。以创造“天书”而知名的徐冰接受本刊采访，指出“汉字给了我创作灵感”（2 月号，见图 9）。温普林撰文的《藏画大师安多强巴》讲述了这位创作了许多唐卡经典的画师波澜壮阔的一生（9 月号，见图 10）。

佐渡多真子和原口纯子联袂的一页栏目《中国杂货店》，抓取了许多国人熟视无睹的生活道具，从中发现中国人的生活智慧（11 月号，见图 11）。新设栏目《邻家的家常菜》通过普通人家的餐桌将职业背景特点呈现给读者，分享中国人生活方式正在发生的变化，也为后来的《13 亿人的生活革命》栏目的创设积累了灵感（11 月号，见图 12）。

記者一家の「江湖料理」

写真・文・郭 実

この連載にご協力いただけることになり、友人の友人である郭無忌さんの家にお邪魔した。部屋に入るなり、私は郭さんのコレクションに魅せられてしまった。――チベットの石板や泥仏、雲南省の少数民族の衣装や髪飾り、恐竜の卵の化石、有史以前の彩陶……と、挙げ始めたらきりがない。これらはすべて、中国各地を歩き回って集めてきた「収穫」だ。

郭さんは四人家族で、四人とも記者だ。家のあるじ・郭無忌さんは今年六十一歳。一九六二年に北京映画学院撮影学部を卒業し、中央新聞記録映画製作所に就職した。のちに中国新聞社映画・テレビ部に転職し、カメラマン兼記者として活躍した。夫人は『中国工商時報』の記者、息子さんは『北京青年報』の記者、娘さんは中央人民ラジオ放送局の記者である。この「記者」という職業は、四人家族の生活パターンを決めただけでなく、彼らの食卓にも影響を与えた。

郭無忌さんは若いころ、ゲバラを崇拝し戦場記者に憧れていた。しかし、その夢は「文化大革命」で崩れ去った。中年になって映画・テレビ人類学に興味を持ち、考古学や民俗学、少数民族に関する番組を数多く

PEOPLE'S CHINA 2001・11 68

12

北京
出稼ぎ労働者の 子らにも教育の光が
写真 文・魯忠民

1

お祭り
江西省南豊県石郵村・儺(おにやらい)
鬼を追い 払う春節の踊り

2

北京の旅・暮らしを楽しくする史話
わたしの北京五十万年
第一話　北京の点と線――はじめに
文・李順然　写真・馮進
五十万年も昔の北京原人から
北京を舞台に脈々と続く人類の歩み
そこに現われたあの事件この人物
『三国志』の劉備は北京っ子だった
詩仙李白は北京で詩を詠んだ
わかき日の毛沢東は北京で恋をした
こうした点と点を繋いでいくと
浮かびあがってくる一本の線……
劉備も北京っ子
李白が見た北京

3

【上海スクランブル】
vol.7
東西文化が交差する
いま時のレストランへ
須藤美華
創作中華のジャンルも
■COLUMN■
カクテル片手に絵画を堪能
世界中からお金と人間が集まってくる上海は、一流ホテルが林立する激戦市場。そのなかに今年、新たに「フォーシーズンズ」が加わった。上海四季酒店。中国大陸初進出で、上海で一番新しいホテルとして注目を集めている。
館内のアートはすべて中国人アーティストによるものだが、なかでも目を引くのがロビーラウンジにかかる巨大な絵画。3階まで届く絵は、高さ11．3メートル。中国美術院院長で、著名な油絵画家でもある許江氏の作品「上海ミラージュ」だ。
絵は、3つのパートに分かれる。下が100年以上前、上は新中国が建国された1949年当時、そして真ん中が現在の上海となっていて、上海の過去と現在の対比が描かれている。シャンハイ・マジックを現したものが、ここにもあった。
作品のタイトルを冠した上海スペシャルのカクテルを味わえば、絵の世界をより堪能できるかも知れない。

4

清風茶話①

お茶の縁ふたたび

在日中国人作家　靳飛

三百年以上前、中国の明朝は、国内の農民蜂起軍と北方遊牧民の満州族軍から攻撃を受けた。儒学者・朱之瑜（日本では号の舜水が有名。浙江省余姚出身、一六〇〇～八二）は、明朝が存亡の機にあったころ、単身海外を奔走し、日本や東南アジア諸国に援軍を求めた。しかし、満州族が明朝を倒して清朝を打ち立てた。そして彼は、故国に帰ることすら叶わなくなった。時は流れ、六十歳を過ぎたころ、水戸徳川家のお抱え儒学者となった。その後約二十年間、日本で中国儒学を教え、没後には、水戸徳川家の墓地に葬られた。

私は、彼の文集をめくっていて、いままで誰も注目しなかったエピソードを見つけた。それは、お茶好きの朱が、日本で中国茶を飲むのに苦労した記録だ。——ちなみに、大庭脩氏による『江戸時代の日中秘話』を読めば、当時の日本が中国茶をほとんど輸入していなかったことがわかる。

まずは、彼と弟子の小宅生順による以下のような問答を引用してみよう。

小宅　中国の煎茶の歴史は長いですね。唐代の陸羽（『茶経』の著者で、茶神と呼ばれた）、盧仝（詩人）は、煎茶に関する詩を残しています。宋代になると、今度は点茶に関する詩が登場します。この「煎」と「点」の違いは何ですか。

朱　宋代以降は、ずっと点茶の方法を用いるようになりました。点茶とは、すなわち、熱湯の中に冷水を入れる喫茶法です。沸騰したばかりの熱湯は、お茶そのものの味を損ないやすいため、まず、数さじの冷水を熱湯に加え、それから茶葉を入れます。こうすることで、お茶のおいしさを保つことができます。一方煎茶は、別の喫茶法です。例えば、六安茶などの場合、ある程度長時間煮て、ようやく茶葉の味を完全に湯に溶け込ませることができます。しかし、普段人々は、煎茶と点茶という言葉をごちゃ混ぜに使っていて、二つの意味の違いを気にしてはいません。

小宅　では、論茶の「論」とは何を意味するのですか。それに、師匠がおっしゃった「六安」とは何を指すのですか。

朱　論とは、浸けるの意味です。浸けるとはどういうことかと言えば、まず湯飲みに半分だけ熱湯を注ぎ、それから茶葉を入れ、最後に熱湯を満たすことです。六安は安徽省の地名です。六安産の茶葉は良質で、六安茶と名づけられました。この茶は、消化、油分分解を促進しますが、長時間煮ることで、ようやくこのような効果が現れます。

以上のような問答から、小宅のような当時の日本人は、基本的に文字から中国茶を理解していたことがわかる。当時の人は、唐や宋の詩に精通していたが、中国茶を飲んだ経験は、はなはだ少なかった。一方朱之瑜は、中国の喫茶方法や中国茶の品種による特性などを非常によく理解している。このことから、彼が喫茶愛好家だと言えない理由があるだろうか。

現代に生きる私たちは、朱の文集から、彼がお茶好きだというもう一つの証拠もみつけられる。彼はしばしば、友達から中国茶を手に入れていて、しかも、時には人に頼んで中国から茶葉を取り寄せていた。そして、中国茶を手に入れると、喜んですぐに飲み、同時に中国茶に興味を持っている日本の友達にも分けていた。面白いことに、友達によっては、分けてもらった茶葉がなくなってから、もう一度味わってみたいと、朱宛に手紙を送っていることだ。ところが、その頃には朱の茶筒も底が見えていたので、彼は次回中国茶を手に入れた時に、希望に応えるようにしようと返信するしかなかった。

このようなことから、私たちは、朱が自分の祖国を思う気持ちを中国茶に転化していたと想像することができる。小生もそのような感覚でお茶をたしなんでいるため、彼の文章には感動させられた。

当然、日本の茶種は、当初中国から伝わり、中国の唐、宋の喫茶文化の影響を受けている。しかしこのことは、中日喫茶文化が、同じ発展過程をたどってきたことは意味しない。極端な言い方をすれば、日本の喫茶文化は、長い間、中国の喫茶文化の影響がまったく及ばない場所で、独自の完璧さを求め続けていた。そして、朱之瑜の時代よりさらにさかのぼるが、千利休（一五二二～九一）が日本独特の「茶道」を作り上げ、日本の喫茶文化の独立性を確立した。これはちょうど、中国と日本では同じ漢字を使いながら、具体的な発音や筆法などの用法に数多くの違いがあるのと似ている。その上、中国の喫茶文化は、日本で茶道の原型が出来始めていた元代以降にも大きく変化し、朱が生きた時代には、中日喫茶文化は、実質上、かなりかけ離れたものになっていた。そのため朱は、両国の喫茶文化交流史上、唐や宋の伝統を継承し、近代の交流に役立てる重要な役割を果たした。

二千年もの間、紡がれていた歴史に注目することで、私たちは改めて、ここ数十年間の中日交流の発展に伴い、中日の喫茶文化が、唐、宋のころと似た活発な交流時代に入ったことに気付く。その先陣となったのは、ウーロン茶を代表とする中国茶である。いまでは、中国の緑茶やジャスミンティーも日本市場に進出し始め、中国茶を好む日本人はさらに増えている。私は幸運にもこの時代に生まれたため、日本にいながら、いつでも中国茶を買うことができ、朱の当時のような苦悩は味わっていない。

日本の茶道も、様々な交流を通して、中国人によく知られている。二〇〇一年六月、茶道裏千家は、記念すべき百回目の訪中を実現し、中国の江沢民国家主席と会見する機会にも恵まれた。そして私が誇りに思うのは、茶道裏千家の百一回目の訪中に同行できたことだ。

私は、国際交流基金が派遣した日本古典文化芸術訪中使節団の事務局長として、香道直心流、華道草月流、茶道裏千家の方々とともに、二〇〇一年秋に、北京、天津、広州、上海の四都市を訪問した。この年は朱之瑜逝去三百十九周年、千利休逝去四百十周年だった。

訪問した四都市の中国茶芸館では、どこでも温かいもてなしを受けた。茶芸館は、ここ数年で急速に店舗数を増やし、いまではかなり大きな市場を作りあげている。茶芸館は、中国の伝統的な喫茶文化を継承しているだけでなく、南方の工夫茶（広東省や福建省南部、台湾などに普及している喫茶法）を基礎として、日本の茶道の作法を取り入れていて、さらに明確に現代中国の時代特色も息づいている。私が特に印象深かったのは、北京市香泉村の「碧露軒」と天津市の「双泉名茶園」という茶芸館である。

「碧露軒」では、高級中国銘茶である碧螺春を味わった。長い間、北京の人は緑茶をほとんどたしなまず、江南（長江以南）地方の緑茶の最高級品が北京に運ばれてくることはまれだった。私はちょうど風邪をひいていたので、のどがかすれていた。しかし碧螺春を一杯飲み干したところ、すぐにのどがすっきりした。私はびっくりして、店の主人にお茶の由来を聞いてみた。主人によると、そのお茶は産地から特別に取り寄せた極上品で、北京では碧露軒のみが扱っていて、毎年、十五キロだけ買い付けるとのことだった。「北京市民は、いまではこのような口福（ごちそうにありつける運）もあるんだなあ」と感慨深く、北京の人たちの喫茶習慣がまさに変化していると実感した。

天津の「双泉名茶園」では、近くにある寺院の湧き水を使っている。店舗の内装は落ち着きがあり、お茶を楽しみながら、書画と骨董鑑賞もでき、文化人が集うのに最適な環境が整っている。もてなし好きな店の主人は、私たち使節団への贈り物として、一編の書を準備してくれていた。そこには、「広結茶縁」の四文字が書かれていた。

私たちが足を運んだ茶芸館では、どこでも日本の茶道との交流を深めていきたいとの声があがった。中日が唐、宋のころに結んだ「茶縁」を思い返すと、千年にわたる独自の発展を遂げたが、いま、改めて融合の時代に入ろうとしている。

「山川異域、風月同天（山川は隔てていても、同じ空の下に暮らす）」

私は、長い歴史を超えて、語り継がれてきたこの名言を思い出さずにはいられない。▲

朱之瑜の肖像画（名古屋市徳川美術館蔵）

茶道裏千家の101回目の訪中の際、天津市の茶芸館「双泉名茶園」韓国慶社長（右から2人目）が、茶道裏千家の業宮宗深先生（左から2人目）に「広結茶縁」の書を贈った

《プロフィール》
チン・フェイ。北京生まれ。中学教師、記者、編集を経験後、91年東京へ移住。朝日文化センター、東京大学などにて教鞭を取り、80年代末、文筆活動を始める。エッセイ集『風月無辺』『梅雪盛世』『北京記憶』など著書多数（中国語）。北京作家協会会員。

59　人民中国 2002・1

人民中国 2002・1　58

5

文人たちのモダンスタイル

燕京游記

村松伸（むらまつ しん）1954年生まれ。東アジア建築史・工学博士。78年東京大学工学部建築学科卒業後、81～84年清華大学留学を機に中国に没す。著作に『中華中毒』など。本欄の題字、イラストも担当。

今月の文人　竜安志

二十年間醸成されたパラレルワールドがいま北京で交差する。

北京に住んでいた頃だから、もう二十年以上も昔のことだ。西北郊外の清華大学の留学生寮に住み、配給制は免除されたけれど、贅沢品は何もなかった。ただ、日本からやってきたぼくには、その貧しさはけっして悲しいものではなく、むしろ、質実で清貧な生活態度だと羨ましくみえた。

時たま、本務である研究を進めなくてはと焦燥感に駆られ、日本から持ってきた自転車にまたがって、北京城内の古建築めぐりをしたものだった。北京に残るのは、紫禁城などの明清時代の公共建築ばかりではない。四合院という伝統的な住宅が、しかし、解放後の住宅難から集合住宅と化して、あちこちに残っていた。スケッチブックとカメラを携え、こんな四合院に住めたなら、と渇望をもって徘徊した頃が懐かしい。ぼくの中国文人への憧憬はここで形作られた。

ちょうど同じく一九八一年の夏、北京ではなく、天津の南開大学にひとりのアメリカ人留学生がやってきた。その学生はLaurence J. Brahm。中国名を竜安志という。その竜安志に会うために、二〇〇一年秋、ぼくは東四九条を歩いていた。二十年

竜安志（ロン アンジ）1961年ニューヨーク生まれ。アメリカ弁護士。81年南開大学留学を経て、香港の大学にてアメリカ人としてはじめて法律修士号を取得。コンサルタントに。

63　人民中国 2002・3

6

「中日間には共有する文化の基礎がある」

趙啓正・国務院新聞弁公室主任に聞く

国務院（政府）の機関である新聞弁公室は、世界に向けて中国を紹介する役目を担っている。中日国交正常化三十周年の今年、同弁公室の趙啓正主任は二回にわたり日本を訪問、中日関係について発言してきた。本誌はこのほど一時間半にわたって趙主任に、中日関係の現状や問題点、今後の展望などについて、率直に見解を語ってもらった。（聞き手・横堀克己　写真・馮進）

中日関係の現状をどう見るか

――今年は日中関係の節目の年にもかかわらず、政治・外交の面では、日中間に望ましくない雰囲気が漂っています。しかし、経済面では、今年の日中貿易総額は史上最高を記録しそうな勢いですし、人の往来、民間交流はますます盛んになっています。こうした状況をどう分析しますか。

趙啓正主任　中日関係がここまで発展してきたのは、両国の多くの人々の努力によるものです。当時の田中角栄首相や大平正芳外相らの信念と決断があり、中国の今は亡き偉大な指導者、毛沢東主席と周恩来総理らの努力が、大変重要な作用を果しました。中でも浅沼稲次郎先生のように、中日友好のために生命を投げ出した人もいます。

中日関係は非常に重要です。しかし最近、中国人民の間に、日本に対する失望感が広がっています。それは小泉首相がまた靖国神社を参拝したためです。

小泉首相は昨年十月、盧溝橋の抗日戦争記念館に行き、中国が蒙った歴史的な傷跡を目の前にして謝罪を表明し、中国人に好感をもって迎えられました。これは中国側が強要したのではなく、小泉首相自らが表明したことなのです。さらに小泉首相は、今年四月、海南島の博鰲で開かれたフォーラムで「中国脅威論」を公然と批判し、「中国経済の発展は、日本にとっても有利だ」と述べ、盛大な拍

人民中国 2002・11　36

7

中日の懸け橋となった日本女性　伊藤克の生涯

翻訳家・文潔若

一九八二年の夏、日本で教科書問題が起こった時、伊藤克は、かつて教鞭をとっていた東京の日中学院に招かれて、「日中戦争と私」というテーマで講演した。彼女は自分自身の体験を通じて、聴衆の中国語を学んでいる日本の若い人たちに、日本の軍国主義が行った犯罪行為を訴えた。そして、この侵略戦争で中国が大きな損害を蒙ったことを訴え、この歴史を再び繰り返してはならないと強調し、最後にこう締めくくった。

「若い皆さんにとって、日中戦争は遠い過去の出来事であり、あなたがたはこの戦争とまったく関係がないわけです。ですから、よくこういうことを耳にするのです。『それはあんたたち大人のやったことだ』と。親たち、または祖父母たちが犯した罪を背負いなさいと、私はあなたがたにはいえません。なぜなら、それは私たちが悪かったから、私たちが侵略戦争を阻止できなかったからです」

「あなたがたはこの学院で中国語を学び、将来は日中友好の懸け橋になろうとしている人たちです。だから、私はあなたがたにお願いしたい。こういういまわしいことが、あなたがたの時代、あなたがたの子ども、孫の時代に、二度とふたたび起こらないように、今からまわりに気をつけていてほしいと」

「たとえば今回の教科書問題、知らないうちに、『侵略』が『進出』に変わっている。これはとても危険なことです。こういう、ふたたび台頭してきた軍国主義の芽を、私たちといっしょに双葉のうちに摘みとってほしい。私たちが阻止できなかったこと、それが今後、ふたたび起こらないように、力をあわせて阻止してほしい。親は子に、子は孫に伝えて、子々孫々までの日中友好を実現していただきたい」

講演は、盛大な拍手のうちに終わった。年輩の講師の先生がたはもとより、若い学生たちもみなしきりに涙をぬぐっていた。伊藤自身も感動にふるえた。この拍手、この涙がある限り、子々孫々までの日中両国の友好関係は必ず維持されていくに違いない、と伊藤は確信した。

この年の十二月、長く中国で暮らした、日本文学の女性翻訳家、伊藤克の自伝『悲しみの海を越えて』が出版された。この本は本当のことが書かれていて、感動的であり、正直で善良な一人の日本女性が率直に自分のことを書いたものである。

伊藤克は一九一五年に東京で生まれた。十三歳のとき、医者をしていた父親が亡くなり、残された少しばかりの財産は、叔父に騙し取られてしまった。そのため彼女は学校を中途退学し、デパートの店員や母校の淑徳高等女学校、丸の内ホテルなどで働かなければならなかった。当時の日本は、大学卒さえ失業するほどで、彼女のような若い娘がどうやって、未亡人となった母親や弟、妹を食べさせていったらいいか、それは容易なことではなかった。

絶望のどん底で苦しみもがいていたとき巡り会ったのが蔡であった。蔡の父は華僑で、大阪でレストランを開いており、母は日本人だった。蔡は大阪帝国大学の冶金科を卒業し、自分の技術を貧しく遅れた祖国のために役立てたいと真剣に考えていた。

北京で活躍していたころの伊藤克

人民中国 2002・7　64

9

歳の誕生日を中国で迎えました"

◎Chinaわたしと中国

俳優・中井貴一さん

話題の大作映画『ヒーローズ・オブ・ヘブン・アンド・アース』

中国ロケで得た夢と友

今年、全米公開予定の大作映画『ヒーローズ・オブ・ヘブン・アンド・アース』は、唐代の中国を舞台に、二人の剣士が繰り広げる戦いとロマンの物語。主人公の一人を演じるため、日本から参加した中井貴一さんに、三カ月にわたった中国ロケ体験を語ってもらった。

人民中国 2002・4　54

8

中日弁護士対談 法律の現場から⑪
敵は中華包丁？
中国の野生動物保護事情

10

伝統の技
福を運ぶ多彩なちょうちん
文 写真・魯忠民
竜舞につかう竜のちょうちんをつくる四川省綿竹県のちょうちん職人

11

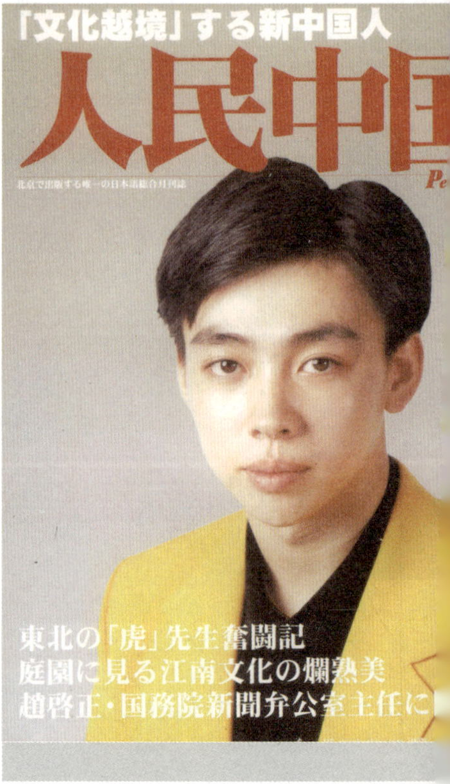
「文化越境」する新中国人
人民中国
北京で出版する唯一の日本語総合月刊誌
東北の「虎」先生奮闘記
庭園に見る江南文化の爛熟美
趙啓正・国務院新聞弁公室主任に

13

2002

大阪读书会的朋友们委托的一笔善款，最后决定捐给北京行知打工子弟学校。特别报道《让打工子弟也享有受教育的机会》就是在举行捐赠仪式的过程中完成的采访（6月号，见图1）。《节日赞歌》依旧保持着对原生态民俗文化追踪记录的执着，在江西南丰拍摄的《新春驱鬼傩舞》，敏锐地捕捉到村民与舞者之间的联动感（7月号，见图2）。

李顺然再次以他独特的漫谈式风格开始了新连载《我的北京五十万年》，旁征博引，思绪驰骋，带给读者无尽的阅读快感（1月号，见图3）；须藤美华的专栏《上海纵横》则体现了一个日本女性对上海精致生活的观察（7月号，见图4）。

在日华人作家靳飞的新栏目《清风茶话》（1月号，见图5）以茶缘带出故事，对中日茶文化进行有趣的比较。日本学者松村伸的新栏目《燕京游记：文人们的现代范儿》介绍了诸如阿城、张火丁、高振宇等文化名流的故事，在北京风生水起的洋人龙安志也接受了他的采访（3月号，见图6）。

国务院新闻办主任赵启正在接受横堀克己专访时指出"中日之间有共有的文化基础"，应据此展开两国间的沟通与交流（11月号，见图7）。在中国拍片现场过完40岁生日的中井贵一，接受本刊专访，讲述了参与拍摄《天地英雄》时，在取景地找到梦想与朋友的故事（4月号，见图8）。翻译家文洁若以《中日交流的桥梁——日本女性伊藤克的一生》为题投稿，介绍一个在历史问题和国民情感方面坚持正确认识的日本女性的故事（7月号，见图9）。专栏《中日律师对谈来自法律现场》持续推出近三年，坚持结合具体案例解读中国法律，因为实用性强而受到好评（1月号，见图10）。

记者鲁忠民采访民间手艺人的绝活，推出《传统技艺》栏目（11月号，见图11）。刊名LOGO这一年又调整为以汉字为主，京剧谭派传人谭正岩的封面令人眼前一亮（11月号，见图12）。

"生活汉语教室"内容轻松实用，张红绘制的插图充满生活情趣，为栏目增色不少（2月号，见图13）。

2003 人民中国

特集

SARSは中国に何をもたらしたか

伝染病――それは突然、人類を襲ってくる病魔である。多くの犠牲のうえに一つの病魔が制圧されても、また新たな病原菌が襲ってくる。人類の歴史はこの繰り返しだった。

新型の肺炎、重症急性呼吸器症候群（SARS）も、その一つである。それは初めのころ、正体がわからなかった。そのため、対策が後手に回った。しかも改革・開放の社会では、人の移動は激しい。感染が拡大するのは避けられない。だが、新しく選ばれた指導部の果断な措置と、人々の必死の奮闘によって、ついに六月、北京のSARS感染地区指定と渡航延期勧告が解除された。しかし多くの人々が病魔の犠牲となった。人々の生活は大きく制限され、経済活動も大きな影響を受けた。SARSのもたらした被害は大きい。

だが、ものごとには常にマイナスがあればプラスもある。指導部への人々の信頼、医師や看護師の示した自己犠牲の精神、社会全体の公衆衛生や道徳心の向上……。

私たちは、SARSの脅威の下で揺れた社会を内側から見てきた。これはその現場からの報告である。

危機に立ち向かった新政府

李耀武

SARSの流行期間中、北京に出入りする主要な道路では、車両や運転手、乗客に対する登録や消毒、体温測定が行われた（撮影・范湧）

四月下旬から五月上旬にかけての数日間、北京のSARS患者は一日に約百人の割で増え続け、人々は恐れおののいた。

四月二十四日早朝、「人民病院が隔離された」という情報が、市民の間を駆け回った。人民病院は北京・西城区にある有名な総合病院で、その信頼性は高い。『人民中国』雑誌社から、約五百メートルしか離れていない。

もともとこの病院には伝染病科はなかったが、SARSが突発したあと、人民病院もSARS患者の治療に積極的に加わった。しかしSARS患者を収容し、治療する過程で、九十人以上の医師と看護師が相次いでSARSに感染し、正常な業務が継続できなくなった。

こうした状況の下で院長は、北京市政府に対し『中華人民共和国伝染病防治法』の「隔離」条項を発動し、人民病院と外界との感染の連鎖をできるだけ早く切断することを緊急に請求した。これを受けて市政府は、直ちに関係部門の指導者を招集して状況を検討し、対策を立て、徹夜で作業を行った。そして明け方の五時ごろ、人民病院の隔離が完了した。

北京で、全体が隔離されたのは、この人民病院が最初である。二十四日正午には、さらに二つの大学にある四棟の宿舎ビルが、SARS患者の発見により隔離された。こうして、約三万人が、隔離エリアに入った。

その日の午後、本誌記者（李耀武）は現場に行って見た。そこには数人の警官が警戒線の中で勤務しており、傍らに救急車が数台、停まっていた。病院の中では医療関係者が忙しそうに行き来していた。門の前の街路樹には、千羽鶴や「中国結」という紐を編んだ吉祥のお守り、五色のテープ、縁起の良い言葉を書いた紙の札が懸けられていた。これは、隔離エリアに収容されている人々に対する市民からのお見舞いの気持ちを表していた。

数日後、本誌記者が住む住宅区でも、SARS患者が発見された。患者は病院に収容され、患者が住んでいたビルの同じ出入口を使うすべての家庭が隔離された。隔離された人々は、自分の家の中で、政府が派遣する医師と看護師の診察を受けた。また、臨時のサービス員が無料

（イラスト・徐嵐）

7　人民中国 2003・8　　SARSは中国に何をもたらしたか

1

特集

上海よ、その魅惑の秘密は

一冊の本が台湾で売れている。わずか半年で二十五刷りを重ねた。その本の名は『移民上海』。台湾を飛び出して、中国の大陸部、とくに上海を目指す台湾人にとって、この本は必読書になっている。

台湾人ばかりではない。香港人[illegible]本人もアメリカ人も、全世界のほとんどの[illegible]たちが、中国経済の最先進都市[illegible]関心を抱いている。「上海と関係がないと時代に遅れてしまいそう[illegible]人さえいる。

穏やかな響きの上海語を操り、繊細な上海料理を食べ、実用的だがアカ抜けした服を着た聡明な上海人が住む上海は、もともと外から来る人にとっては溶け込みにくい土地だった。しかし今は、四[illegible]人々がやって来て、ここにその身を投じる。

上海が人々を[illegible]する力はいったいどこから来るのか。なぜ人々は上海が好きなのか――その理由は人それぞれによって異なる。しかしさまざまな答えの中から、その秘密を探ってみたい。二〇〇三年の年の初めに当たり、今年もまた上海が、話題の中心となる予感がするからである。

2

んの調理具は西洋化している

ータ

理で使われる調味料は、品種が増え、料理に合
い分けられるようになった。数例を紹介する。

	金額	容量	主な用途など
	4.20元	500ml	料理全般
	3.20元	500ml	料理全般
酢	2.30元	420ml	料理全般
	3.50元	550ml	料理全般
酢	2.90元	500ml	海鮮料理
	2.60元	500ml	あえ物
酢	5.90元	500ml	ギョウザ
製生抽王	4.60元	510ml	あえ物
抽王	5.30元	510ml	肉、魚のしょう油煮など
菇老抽	6.20元	500ml	同上（フクロタケ味）
醤油	7.20元	500ml	あえ麺
醤油	7.50元	500ml	海鮮料理のタレ
涼拌醤油	6.40元	500ml	あえ物
化栄養醤油	4.10元	340ml	鉄分を多く含む
ヒマワリ油）	33.88元	2L	
ベニバナ油）	26.40元	1L	
ッカセイ油）	31.50元	1.8L	
	28.20元	2.5L	
ウモロコシ油）	51.00元	5L	
ダ油	23.20元	2.5L	
ゴマ油）	11.90元	400ml	

システムキッチン、電気調理具などにより、料理時間を短縮できるようになった

スピード時代に変わるキッチン

侯若虹＝文　馮進＝写真

ファッショナブルに生まれ変わる

テレビの番組制作者である張文華さん（三十六歳）は、定時に帰宅し、キッチンでのんびりと晩ご飯の仕度ができたら、それだけで幸せだと感じる。おしゃれな食器や流行の炊事用品をそろえるのが好きな彼女のキッチンは、温かい雰囲気に満ちている。

キッチンはわずか四・五平方メートル程度の広さしかないが、空間を合理的に利用している。コンロと流し台の間には適度な調理台があり、吊り棚には各種の食器が整頓され、調理台下の収納には、様々な調理器具が入っている。

調理台の壁際には、包丁置きやよく使う調味料などが並び、コンロの下にある引き出し式のカゴには、なべ類がしまってある。キッチンのドアの後ろ側には食器棚があり、調味料や缶詰などの保存食品をそろえている。狭い空間ながらも、板、棚、フックなどを適切に利用することで、使い勝手はよくなった。

都市部の庶民のキッチンは、いまではどこも似たようなもの。キッチンが狭いのは以前と同じだが、配置、機能性、炊事用品などは大きく変わった。

かつて大雑院（平屋の寄り合い住宅）に暮らしていた人は、建物の外壁を利用して、三方を囲んで粗末な小屋を建て、台所とすることが多かった。小屋は、コンロと小さなテーブルを置けば、足の踏み場もないほどの広さで、常に食卓に上がった白菜やジャガイモなどは、地面に積んで置き、水は共同水場の水道を使った。そのため食事時になると、主婦たちは

特集

どう見られているか日系企業

王浩＝文　劉世昭＝写真

日本企業が中国に雪崩を打つように参入してきている。二〇〇二年の一年間だけで、日本の対中投資は前年に比べ六〇％も増え、史上最高を記録した。中国で生産された製品が、中国国内の大きな市場で売られ、また、日本へ向け輸出されている。二〇〇三年一月に日本の財務省が発表した二〇〇二年の貿易統計（速報）によると、中国は、日本の最大の輸入相手国となった。

いまや中国は、日本にとって二つの顔を持つ国となった。一つは「巨大な市場を持つ国」であり、もう一つは「貿易大国」である。

しかし、中国の企業の成長も著しい。欧米の対中投資も活発だ。中国に投資した日本企業は、厳しい競争にさらされ始めた。

日本企業がこれから中国でさらに発展するには、何が必要なのか。それをさぐるためにまず、中国の人々の目に日本企業や日本製品がどう映っているかを知ることから始めたい。

心心相通

鄧媽媽のお漬け物

西園寺一晃＝文

【略歴】西園寺一晃

1942年、東京生まれ。58年、「民間大使」といわれた父、西園寺公一氏とともに、一家をあげて北京に移住。北京市第25中学初級部3年入学。62年、北京大学経済学部政治経済科入学。北京大学4年在学中に文化大革命勃発。67年、北京大学政治経済科卒業。71年、朝日新聞東京本社入社。調査研究室、文化企画局、総合研究センター主任研究員などを経て、2002年10月、定年退職。

現在、日中友好協会全国本部参与、東京都日中友好協会副会長、北京大学日本研究センター在外研究員。主な著書に『青春の北京』（中央公論社）、『中国辺境をゆく』（日本交通公社出版局）、『鄧穎超』（潮出版社）などがある。

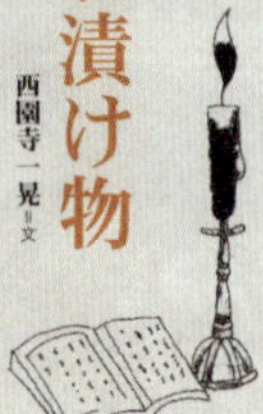

私は中国語と苦闘していた。言葉が満足に通じないというのは不安なもので、精神的にも疲れた。そんなある日、周恩来総理が私たち一家を自宅に招いてくれることになった。

中南海の中にある周総理の住居兼執務室「西花庁」は、典型的な清朝の建築様式だった。門をくぐると庭で、いろいろな花が植えられていたが、なぜか海棠の木が印象にのこった。

豪華な建物に比べ、室内は驚くほど質素だった。白い壁はきれいに塗ってあったが、古いせいか、いく筋もの亀裂があった。木製のどこにでもあるテーブル、白いカバーのかかったソファーは、座るとギシギシ鳴った。カバーは洗濯したてのようで清潔だったが、よく見ると、ところどころツギ当てがしてあった。

緊張して待つこと数分。奥のドアーが静かに開いて、おかっぱ頭の年配のおばさんが茶器を持って入ってきた。洗い晒しの木綿の人民服、布靴、上着の袖口にはツギが当たっていた。どこにでもいるような中国のおばさんである。

「良くいらっしゃいました。恩来同志はすぐ参ります」

私はさすが周恩来家だなあ、と思った。お手伝いのおばさんは、質素だが物静かで、優しそうで、気品がある。それに周総理を「同志」と呼ぶのだ。そこへ周総理が入ってきた。

「やあー、よくいらっしゃいました。歓迎します」

写真で見る顔と同じであった。濃い眉、優しそうな目、黒い人民服と布靴。わたしの目には偉い指導者というより、優しいおじさんという風に映った。周総理はかたわらのお手伝いさんの肩に手をやり、少し前に押し出すと、

「紹介します。私の妻、鄧穎超同志です」と言うではないか。

私たちは周総理夫妻に昼食をご馳走になった。周総理は主にわたしの両親と話をしていたが、鄧穎超夫人は私と弟につききりだった。

「学校どうですか、困ったことがあれば担任の先生か校長先生に話しなさい。それでも解決しなければ、私に電話してください。どうするか一緒に考えましょう」

「私を中国の媽媽と思って、なんでも相談してくださいね」

「中国の友達をたくさん作ってください。将来、きっと役立ちますよ」

楽しい食事が終わると、鄧穎超夫人は小さな壺を持ってきた。

「みなさん漬物がお好きなようですね。これは私が漬けたものです。毎年漬けるのです。お口に合うか。でも今年のは会心の作なんですよ。よろしければ毎年お届けします」。

その時以来、我が家には毎年、漬物の季節になると、鄧穎超夫人から壺に入った漬物が、庭の花と共に届いた。私は夫人のことを鄧媽媽と呼ぶようになった。鄧媽媽はときどき学校に電話してきて、私たちの様子をたずねたという。

後で聞いた話である。

幸福な無名時代

四方田犬彦＝文（明治学院大学教授）

一九八七年の夏が終わったころだった。わたしはニューヨークはマンハッタンの下町にある、古びたアパートに住みながら、週に一度コロンビア大学で日本映画の講義をするという生活を送っていた。同じ階にはジャカルタ生れの現代音楽の作曲家がいて、なんでもジャワの古い王族の裔で、皇位継承権をもっているという。わたしたちは同じ国際的な基金の奨学金を受けていたから、自動的に同じアパートに部屋をあてがわれていた。わたしと殿下はほとんど毎日を、議論しながらすごした。

彼が新しい留学先であるウィスコンシンに留学するというのでその部屋が空き、そこに中国から若い映画監督が入ってきた。陳凱歌だった。彼もまたわたしと同じ奨学金を受けて、ニューヨーク大学の客員研究員としてやってきたのだ。それはわれわれにとって、ガルシア・マルケスのいう「幸福な無名時代」の始まりだった。

わたしはすでに『黄土地（黄色い大地）』を、その前年に東京で観ていた。それがこれまでの中国映画のどれとも異なった種類のフィルムであることはただちに了解できたが、いわゆる「第五世代」の全体像を把握するにはあまりにも材料がなさすぎた。大方の日本の映画評論家は、テレビでは見られない珍しい結婚式の光景が見られるからといって褒める程度であった。

☆　☆　☆

わたしといえば、陳凱歌が挫折する主人公を描いたことに深い関心をもった。そして彼が政治や啓蒙といった人間中心主義の卑小を離れ、直接に宇宙四大元素をめぐる象徴法に手を伸ばそうとする強い意志をもっていることを直感した。男たちは水の不足を嘆き、少女は水の流れに身を委ねる。のちになってわたしは、彼が絶学無憂の老荘思想に強い親近感をもっていたことを、『孩子王（子供たちの王様）』の末尾を観たときに確信した。

わたしが手にした台湾の映画雑誌『四百撃』には、にこやかに笑っている監督の顔写真が映っていた。けれどもニューヨークでわたしの目の前に現われた陳凱歌は、背がおそろしく高く、長い顎鬚を堂々と垂らしていた。なんだい、王子様の次は京劇の鍾馗様かい。それがわたしの抱いた、最初の素朴な感想だった。

だが、彼は一見威風堂々としているようにも見えて、話してみるときわめて繊細な感受性をもった人間だった。わたしにはすぐにそれが、ある共感とともにわかった。彼は北京を出るにあたって、親しい女友だちと別れたことや、『大閲兵』の撮影をめぐって想像を絶する苦労をした話を、ひどく拙い英語で話した。

この男はわたしと同じ年であるにもかかわらず、わたしの知らないはるかに多くの苦しみと悲しみを背負っているのだと、わたしは思った。ニューヨークに到着したばかりの彼は、故国で受けた傷の深さから、まだ充分に快復していなかったのである。と同時にわたしは、彼が慎重に言葉を選んで話すことを学んだ人間だ、という印象をもった。

☆　☆　☆

あるとき、わたしのところにベルトルッチの『ラスト・エンペラー』の試写状が舞い込んだ。陳凱歌を誘ってみると、自分のところにも試写状が来たばかりだという。二人で連れ立ってミドルタウンの映画会社の試写室に出

放談ざっくばらん

よみがえれ　日本の名作映画よ

黄海存＝文（日本国際交流基金北京事務所）

二十五年前の一九七八年、中日両国は『平和友好条約』を締結した。鄧小平が日本を訪問し、多くの有名な日本企業を見学した。猛スピードで走る新幹線に乗って彼は「これこそ近代化のスピードだね」と感嘆した。

この訪日によって、戦後、飛躍的に発展した隣国、日本の現状を鄧小平が実際に見たばかりでなく、『君よ、憤怒の河を渉れ』（中国でのタイトルは『追捕』）など数本の日本の名作映画が中国にもたらされた。

それから二十五年が瞬く間に過ぎた。今日の中国人は、外国映画にすっかり慣れていて、みんなそろって『君よ、憤怒の～』や『望郷・サンダカン八番娼館』（同『望郷』）、『キタキツネ物語』（同『狐狸的故事』）などの映画を見に行く光景は、もはや見られなくなった。

しかし、「文化大革命」の時代を終えたばかりの中国人は、文化の面で飢えと渇きに苦しんでいる心理状態にあり、彼らにとって『君よ、憤怒の～』のような名作映画を見ることは、まるで喉がカラカラに渇いた人が初めて甘露を味わうようなものであった。彼らの受けた深い感銘は、いまの人々ではなかなか実感として理解できない。

私が初めて『君よ、憤怒の～』を見たのは十一歳のころだったと記憶している。原田芳雄が扮する、もみあげを長く伸ばした矢村警部の「矢村ヘアスタイル」や、分厚い縁のサングラス、日本のパトカーなどは、あまり好感を持たなかった。「矢村ヘアスタイル」がイヤだったのは、当時の中国の子どもには、いまのような「カッコイイ」という概念がなかったからだろう。

しかし、次から次へと起こる物語の筋の展開が、強く私を引きつけた。こんなに変化に富んで、おもしろく、ドキドキする映画があったとは！

映画を見終わった一人の女性の観衆が、興奮して皆にこう言ったのを覚えている。「本当にすばらしかったわ。『♪ラーヤーラー』というテーマ音楽もすごくきれいだった。もう一回見たいわ」

実際、『君よ、憤怒の～』は、当時の中国人の考えを一変させた。映画に映った近代化された新宿の街を見て、普通の中国人は、戦後の日本の姿を初めて感覚的に認識した。

たぶんそのときから人々は、日本の戦後に関するイメージについて、長年の空白を埋め始めた。そして中国の大衆の頭に、日本に関するふたつのイメージが現れ始めた。一つは中国を侵略した「鬼子」が統治した戦前の日本、もう一つは『君よ、憤怒の～』の中に登場する高倉健扮する「杜丘」らに代表される戦後の日本である。

改革・開放政策が始まった後の中国で、初めて上映された日本映画である『君よ、憤怒の～』は、中国でセンセーションを巻き起こした。物語のストーリーの展開も、男優、女優のすばらしい演技も、きわめて観賞性が高い。

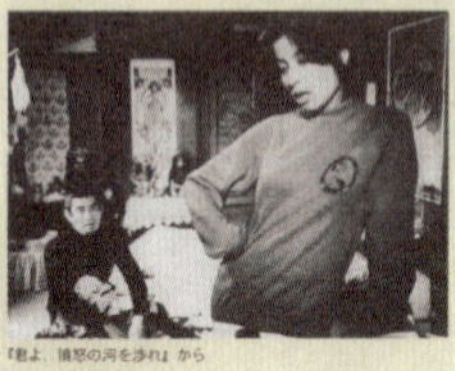

『君よ、憤怒の河を渉れ』から

多くの中国人は、一家をあげてこの映画を見に行った。映画に出てくるいくつかのシーンは、当時流行っていた漫才の中に組み入れられたほどだった。いま四十歳前後の中国人なら、たくさんのシーンやセリフをみなよく覚えている。

この映画は、当時の中国人の好奇心を満足させた。当時、中国の映画には娯楽映画が少なく、この映画はその足りないところを補ったのである。

寡黙で一本気な、がっちりとした体躯の高倉健のような男性が、一時は、中国女性が結婚相手を選ぶときの基準となった。女主人公の「真由美」の名前も、その音を取って「真優美」（真に優美）と訳された。そこからも観衆が、いかに彼女を好きだったか、見てとることができる。

今年は『中日平和友好条約』締結二十五周年である。日本国際交流基金北京事務所と中国映画資料館は共同で、今年の早春、「日本名作映画回顧展」を開催した。その少し前に、私は幸いにも同事務所の職員となり、文化交流の仕事に従事したいという長年の夢がかなった。思いもかけず、就職した後の初仕事が今回の「回顧展」の活動だった。

『君よ、憤怒の～』が、開幕式で特別に上映されると決まった。あの「♪ラーヤーラー」のテーマソングが流れはじまると、私の心は再び沸き立ち、古い友人と再会したように、思い出や感動、興奮が入り交じって、感無量だった。いっしょに見ていた人の中にも、感動し、思い出が次々と頭に浮かぶ人も少なくないと、私はひしひし感じた。

軽飛行機を操縦する「杜丘」のかっこよさ、「真由美」の馬上の雄姿や正しいことのためなら愛する人と地の果てまでついていく自己犠牲の精神は、いま見ても、依然、その魅力は尽きない。

しかし、二十五年経ってこの映画を再び見たのに、仔細に観察すると、やはり新しい発見があった。映画に登場する暴力団のボスのセリフで、「韓国」という言葉が「南朝鮮」と翻訳されていた。しかし現在、中国と韓国は国交を結んでからすでに十年間経っている。また、別のセリフの中で、誰かの「情婦」という言葉を「小老婆」（妾）と訳していた。今日の若い人々は、奇異に感じたに違いない。

それと同様に、当時、日本の警察やパトカーに違和感を覚えたものだが、今日それを見ると、中国の警察やパトカーが、すでに日本、いや、世界の多くの国のものと非常に似ていることを発見した。こうした細かいところに、この二十五年来、中国で起こった大きな変化が現れている。同じ映画を見たのに、当時感じたことから現実の中に立ち帰ると、私は自分が浦島太郎になったような感じに襲われるのだった。

「天の時、地の利、人の和」があったからこそ、普通の作品である『君よ、憤怒の～』が中国で成功を収めたとするなら、今回の回顧展で初めて上映された戦後初期の反戦映画の名作『暁の脱走』（同『黎明的逃脱』）も、中国の観衆に少なからぬセンセーションを巻き起こした。

この映画は、黒澤明が監督・演出し、山口淑子（李香蘭）が主演したことで、重量感を増し、軍国主義を直接的に批判している。抑圧され、苦悶する全編に漂う雰囲気が、兵士たちの戦意を阻喪した感情をうまく伝えている。とりわけ「春美」が歌う美しい日本民謡は、緩やかに響き渡って、酒で憂さを晴らそうとする兵士たちは暗然として涙を流すのだった。

この映画では、主人公の「三上」が捕虜になったときの落ち込んだ感情や、部隊に送還

黄華元外相が語る 条約交渉秘話

横堀克己＝文 王衆一＝写真

黄華氏の略歴
本名は王汝梅。1913年1月、河北省磁県に生まれる。32年、燕京大学入学。35年、同大学の学生会執行委員会主席に選ばれる。36年、中国共産党に入党。その後、エドガー・スノーや米国の軍事オブザーバーと共産党中央指導者との通訳を勤める。60～71年、駐ガーナ、エジプト、カナダの大使を歴任。71年、国連と安保理の中国代表。76年12月、外交部長（外相）に就任。80年、国務院副総理。82年、国務委員。共産党の第10～12期の中央委員。83年、第6期全国人民代表大会副委員長。

九十歳を越してもなお矍鑠たる黄華元外相は、二十五年前の、中日平和友好条約が締結された当時のことをはっきりと記憶している

今年は、中日間に平和友好条約が結ばれてから二十五年目に当たる節目の年である。しかし、条約の締結交渉は、平坦なものではなかった。「反覇権条項」をめぐって鋭く対立し、締結までに、国交正常化から五年の歳月を要した。その難しい交渉を外交部長（外相）として担当したのが黄華氏である。

一九七八年十月二十三日、東京で行われた条約批准書の交換式には、中国を代表し、鄧小平副総理と黄華外交部長が、日本側からは福田首相と園田外相が出席した。残念ながら、鄧、福田、園田の各氏はすでにこの世にいない。黄華氏は、唯一の生き証人と言っても過言ではない。日本では、条約交渉の会議の記録が、外交文書として公開された。しかし、なお不明な点が多い。黄華氏に、当時を語ってもらうとともに、この条約の現代的意義について意見を聞いた。

なぜ交渉は難航したか

――中国と日本の国交が正常化された一九七二年の中日共同声明では、第八条で「両国間の平和友好関係を強固にし、発展させるため、平和友好条約の締結を目的として、交渉を行うことに合意した」と明確に述べられています。しかし、交渉が難航したのはなぜでしょうか。

黄華 中日国交正常化に伴って、両国関係は順調に発展し、中日平和友好条約を締結する条件が次第に熟してきました。一九七四年十一月、中国政府は正式に、日本政府に対し、平和友好条約の締結交渉を開始するよう提案し、あわせて中国側のこの条約の内容に対する具体的構想を提起しました。

中国側の主張は、共同声明を明確に認め、再確認する状況の下で、台湾問題には再び言及せず、釣魚島問題はそのままにしておき、条約の中で解決することはしない、というものでした。

七五年一月から、中日双方は条約の内容をめぐって多くの会談が行われ、それぞれが起草した条約の草案を交換しました。中国側の草案は、前文で共同声明の原則を厳格に遵守すべきことを規定し、条文の中に反覇権条項、平和共存五原則、武力の不行使、経済文化関係の発展などの内容を含み、基本的に中日共同声明の関係規定を再確認するというものでした。また、中国側草案の、覇権を求めず、覇権に反対するという内容は、そっくりそのまま共同声明の第七条の関係部分を写したものだったのです。だから中国側の草案を基礎に条約を締結することは、日本政府にとっても本来、なんら困難はなかったはずでした。

しかし当時の日本の三木内閣は、一方で共同声明を誠実に守り、早期に条約の締結を実現すると言いながら、もう一方で、反覇権条項を条約に書き入れることを望みませんでした。同時に、外からソ連が圧力をかけ、中日間の条約締結を牽制しました。ソ連と日本国内の反対勢力の圧力の下で、三木首相はさらに一歩後退し、反覇権条項を条約に書き込むことに同意しなかったのです。

これに対し私たちは「条約は共同声明の基礎の上にのみ前進することができ、後退はできない」と強調しました。こうして反覇権条項が、交渉の闘いの焦点になったのです。

――先生は、中国の国連代表だった七五年九月、ニューヨークの国連総会を機に行われた中日の外相会談（喬冠華・宮沢会談）に同席されましたが、その会談では何が話し合われたのですか。

黄華 中日外相会談は日本側の要求で行われました。日本の宮沢喜一外相は、反覇権条項に関して四点にわたり、次のよう[illegible]

はそれに反対するが、両国が共同行動をとる必要があるということとはイコールではない。

（2）日本の反覇権は、特定の第三国に対するものではない。

（3）反覇権は、国連憲章の精神に合致している。

（4）反覇権条項は実際上、全世界の各地域に対して述べるものである。

北京の自宅で弊誌の取材に応じる黄華氏（左）

これに対して中国側は、

（1）我々の態度は積極的である。条約の早期締結は双方の共同の願望であり、双方はこのために努力しなければならない。

（2）もし日本側がさまざまな原因でなお困難があれば、我々は待つことができる。両国の友好関係は、これまで通り発展させることができる。条約交渉が順調に進行することができるかどうかは、反覇権条項をそのまま条約の条文に書き入れるかどうかがカギである。中日双方とも交渉がいかなる第三国の干渉を受けないよう希望する。

この結果、中日の条約締結交渉は、事実上、中断したのです。

交渉再開の背景

――先生は七六年十二月に外交部長に就任されました。そして条約締結へに中日間の接触が七七年七月に始まりましたが、どのようなことがあったのですか。

黄華 七六年十二月、福田首相が登場した後、中日共同声明を厳格に遵守し、双方が満足できる状況の下で、早く中日平和友好条約を締結しなければならない、と何度も表明しました。七七年九月、日本側から、鳩山威一郎外相がニューヨークの国連総会に出席する期間中に、私と会見し、食事に招きたいと提案して来ました。

九月二十九日の夜、私は鳩山外相の招宴に出席しました。宴会の席では、日本側から実質的な問題は語られませんでしたが、私は答礼の辞の中で、中日平和友好条約の問題について「条約に調印することは、中日両国人民の願望と根本的利益に合致し、ア

成果を踏まえ、新たな一歩を

『人民中国』創刊五十周年北京イベント総括報告

坪井信人＝文
劉世昭
魯忠民
楊振生＝写真

九月二十日午後、北京の中国外文出版発行事業局（中国外文局）の多目的ホールにて、『人民中国』創刊と日本での発行五十周年シンポジウムが開かれ、同日夜には北京新世紀飯店にて、祝賀レセプションが開催された。このイベントは、六月に開催が予定されていたが、ＳＡＲＳの影響で延期となっていた。七月十二日に、東京で開かれた『人民中国』創刊五十周年記念シンポジウム「日本の中の中国」（日中友好協会、東方書店などシンポジウム実行委員会主催）に出席した一部の方々も駆けつけ、五十年を振り返る貴重な意見交換が行われ、未来に向けての再出発の日となった。

シンポジウムには、『人民中国』の編集・翻訳担当、管轄機関である中国外文局の幹部、発行所の東方書店をはじめとした日本の協力会社の幹部、執筆者、日本各地の友好団体や読者会の会員など、約五十人が参加し、三時間に及ぶ意見交換を行った。

『人民中国』社長の沈文玉は冒頭、「輝かしい過去はすでに歴史になった」と前置きした上で、未来に向けて、貴重な意見を伺いたいとあいさつし、発売元の中国国際図書貿易総公司・張泰鳳副総経理は、「発行部数が十万部に達したら素晴らしい」と夢を語り、参加者からは大きな拍手が起きた。司会を務めた『人民中国』副社長の王衆一は、「本当の草の根交流が必要なのはこれから」と基調講演を行い、緊迫した空気の中でシンポジウムが始まった。

『人民中国』の知名度向上のために

最初に発言したのは、中日双方のメディア関係者で組織された長久会の西垣内義則さんで、体裁や内容について、「二年間でだいぶ改善された」と、『人民中国』が変わり続けていることへの喜びを語った。同会は二〇〇一年六月、訪日した『人民中国』社長・沈文玉と副社長・王衆一の求めに応じて懇談し、「目次を見やすくしてほしい」「若者向けの内容を増やしてほしい」など、数多くの改善案を提出していた。西垣内さんは、「読者の力で雑誌は変わる。沈黙すべきではない」と述べた。

『人民中国』の広告代理である中国広告社の寺田豆利社長は、「どんなに美しい女性も、部屋に閉じこもっていては、誰もその美しさに気づかない」と、『人民中国』が日本での広報活動を怠っていると指摘。日本のメディアで広告を打つなどの積極的な戦略の必要性を提案した。

一方、「改革・開放」後の一九七八年、日本人初の『人民中国』編集委員となった村山孚さんは、「宣伝予算がないのなら、日本メディアに話題を提供することが大切。（二〇〇二年九月号の）田中・毛会談の裏話は新鮮だった」と、魅力的な記事を日本メディアに転載してもらうことの重要性を主張した。同記事は、朝日新聞と読売新聞に抜粋され、「新事実」として紹介された経緯がある。

若者の心をいかにつかむか

中国書籍懇話会を代表して発言した内山書店の内山籬社長は、読者のターゲットが定まっていないことを指摘。「若者に読んでもらいたいのなら、政府活動報告を差し込んだり、大慶油田の特集（今年十月号）を組むことはふさわしくない」と語り、「新しい協力関係を築くためにも、十万部に達する内容が必要」と述べた。

東方書店の朝浩之取締役は、若い

『人民中国』創刊50周年シンポジウムが北京で開催
する長久会の西垣内義則さん❸発言する東方書店の
❹広告代理として発言する中国広告社の寺田豆利社
中国中央テレビ4チャンネルの李暁山ディレクター

9月20日夕方、創刊50周年を祝うレセプション

河北省博物館

文＝魯忠民　写真提供＝人民画報出版社

河北省博物館は、石家荘市長安区に位置する河北省最大の総合博物館である。1953年に保定市に創建され、現在の場所には82年に移転し、従来の省展覧館と省博物館が合併して新博物館となった。

２階建ての同博物館は、北京の人民大会堂を模していて、面積は1万9500メートルある。所蔵文物は約15万点にのぼり、特に貴重な文物だけでも100余点ある。至宝と呼ぶにふさわしい文物に、満城県にある漢代の中山靖王・劉勝とその妻の墓（満城漢墓）から出土した金縷の玉衣（古代に、貴人の死体を包むために使った衣装）、長信宮灯をはじめ、曲陽市出土の北朝（北魏、北斉、北周の３王朝、386～581年）の石像、保定市出土の元代（1279～1368年）の青花磁器などがある。

また、近代の文物も豊富に所蔵されていて、現在、「河北古代略史陳列」「満城漢墓復元陳列」「河北革命史陳列」の３つの常設陳列がある。そのうち、「満城漢墓復元陳列」ホールは、２パートに分かれ、２つの墓から出土した300件以上の文物を展示していて、観客は、漢代帝王の墓の様子を知ることができる。

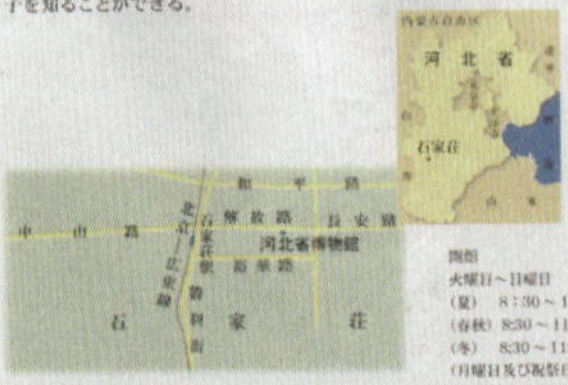

開館
火曜日～日曜日
（夏）　8：30～11:30、15:30～18:30
（春秋）8:30～11:30、14:30～18:00
（冬）　8:30～11:30、14:00～17:00
（月曜日及び祝祭日は休館）

侍女の心が伝わる「長信宮灯」

青銅器　前漢（前206～紀元25年）高さ48

前漢の青銅器である長信宮灯（ランプ）は、一九六八年、河北省満城県の漢代の中山靖王だった劉勝と妻の墓（満城漢墓）から出土した。かつて、劉勝の祖母である竇太后の長信宮に置かれていたため、この名がつけられた。

秦漢時代に、青銅工芸は、精巧で実用的な生活用品と、鑑賞用の芸術品という二つの方向に発展した。彫刻装飾がほどこされた灯籠は、早くは三千年以上前の殷代に現れ、漢代の職人が、先人の伝統を継承し、さらなる創造を加え、数多くの逸品を生んだ。同ランプは、漢代の代表的作品で、実用性と高い芸術性を兼ね備えた工芸美術品である。

材料には、純度の高い黄金が使用されている。ランプの高さは四十八センチあり、表面には六十五の文字が刻まれている。デザインは非常に精巧で、侍女がひざまずき、左手でランプの下を支え、右手はカバーと一体化している。全体は、頭、胴体、右腕、ランプの台、受け皿、カバーの六つの部分からなっていて、それぞれを鋳型に流し込んで成型したあと、接合されている。

受け皿には可動性があり、カバーは照らす方向と明るさを自由に調節できるように設計されている。女官の右腕と体は内部でつながっていて、煙が右腕から体内に入り、すすは空洞になっている内部にとどまるため、室内の汚染も抑えられる。

注目に値するのは、侍女の形だ。袖の部分が大きく広がった長衣を身につけ、自然な美しさがあり、顔立ちは清楚で美しい。また、頭を少し前にかしげ、一点を凝視し、少し疲れたように見えるが、とても注意深い様子が伝わってくる。当時の下級の若い侍女の心理的特徴をよく現している作品である。

note
中国教育部によると、2002年現在の大学進学率は約14%。1999年から徐々に枠は拡大されているが、まだまだ一部のエリートしか入学できない。

将来の夢

彼らとの出会いで、私の人生は変わったのかもしれない。

北京に来て最初に知り合ったこの二人は、電話番号をメモするのを見たことがないほど記憶力がよく、毎朝六時から勉強を始めるほど勤勉で、そして、いつでも、友達や家族を大切にする、びっくりするほどに優秀な人たちだった。

北京大学の英語学部に通っていた二人は、「一生懸命勉強して、いつか外国に留学するのが夢」とよく話していた。あれから何年たっただろう。公費留学生としてアメリカへ行く彼女、就職した政府機関の派遣でオーストラリアへ旅立つ彼を私は見送った。そして、そんな人たちが育ったこの国を写真に撮ってみたいという思いから、いつのまにか抜けられなくなっていた。

（写真／文　佐渡多真子）

profile
佐渡多真子（Tamako Sado）
1990年、フリーカメラマンとして独立し、日本の雑誌などで活躍。95～97年、北京大学留学。その後、北京を拠点とした撮影活動を続けている。写真集に、『幸福（シンフー）？』（集英社）、『ニーハオ！ふたごのパンダ』（ポプラ社）がある。

Sketch of BEIJING

note
写真は左から、さそり、蚕のさなぎ、せみのさなぎ、バッタのフライ、一本５元。カルシウム豊富で美容にもいいということで、若い女性に人気。

中国の生活の中で、楽しいと思うことが二つある。

ひとつは、日本と同じものに出会えたとき。長い年月にわたり、中国の文化をたくさん学び入れて来た日本だから、共通の単語や、年中行事などに、「ああ、やっぱり中国と日本はつながっている国なんだなあ」と感じる。

もうひとつは、日本との違いを見つけたとき。「わー、隣の国なのにこんなに違うの一！」と。

特に中国の食文化には、その想像力と勇気に驚かされる。

けれども、こわごわ食べてみると、さそりも、バッタも、卵に入ったひよこも蛇も、結構おいしいということがわかった。

頭だけは、口の中で動いたらどうしようかと思って、まだ食べられないけれども、自分の想像範囲を超える事柄に出会うと、世界が少し広がったような気持ちになれてうれしい。

（写真／文　佐渡多真子）

profile
佐渡多真子（Tamako Sado）
1990年、フリーカメラマンとして独立し、日本の雑誌などで活躍。95～97年、北京大学留学。その後、北京を拠点とした撮影活動を続けている。写真集に、『幸福（シンフー）？』（集英社）、『ニーハオ！ふたごのパンダ』（ポプラ社）がある。

夏の納涼会。ふるさと江蘇省北部のお国なまりの歌い手と、郷愁にかられる近所の人々

陸傑＝写真　程乃珊＝文

蘇州河に生きる ❸

バラック地区のいまむかし

上海市の貧民区は、かつて「バラック地区」とも「都会の中の村」とも呼ばれた。一列一列並んだ古い住宅は、ゆがんで傾き、乱雑なまでに込み合っていた。上海のバラック地区は前世紀末までに、敷地面積365万平方メートルもあった。相当数の上海人が、下水道もなければ、都市ガスも洗面所もない劣悪な環境で暮らしていたのだ。

食事どきには隣家と接する物干し台に板を置いてテーブルに。「うちのおかずを、隣の子どもに」

バラック地区に住み着いた「初代」の多くは、二十世紀初頭に長江以北の省市から、たとえば江蘇省北部や安徽省などから船をこいでやってきた。ゴミと工場廃水の悪臭がただよう蘇州河の流れに従い、工場地区の岸辺に身を寄せて、生きるすべを探したのである。

その後、肉親や同郷人らがつてを頼ってやってきて、河岸に住まいが広がった。彼らの多くは同族で血縁関係にあったため、原始的な集落のように義理人情の厚い、助け合いの精神が守られていた。こうした温かなつきあいは、こんにちの都会では詩歌で言えば「絶唱」である。

潭子湾は、上海市西北部の普陀区に位置する。上海新駅から遠くないが、公共バスは潭子湾へは入り込めなかった。かつては見渡すかぎりの

み合っていて狭いため、ここでの暮らしは透明で、プライバシーなどほとんどなかった。夫婦げんかは、外に出て「公衆の空間」で行われていた。家の中ではあまりに狭く、けんかをしたら物や家まで壊れるからだ。それに戸外なら、隣近所に善悪の判定を下してもらえるからだった。

水道がないので生活用水は給水ステーションに並び、容器に入れて肩に担いだり、両手に提げたりして家まで運んだ。往復するのが大変なので、貴重な水は仔細に量って上手に使った。たとえば洗面器一杯の水は、顔を洗い、足を洗い、最後にモップ掃除用の水として溜めておくのだ。個人はもとより共同の浴室がなく、水の持ち運びも大変なので、人々はみな露天の給水ステーションのわきで、手足や顔を洗ったものだ。

（上左）シャッターを切る瞬間、観音様のような顔の美しさを感じた　（上中）孫の世話をする翁。よく目にする家の中である　（上右）石だたみの道を歩いていると、翁が現れた。シメタと思ったとき、いたずら坊主が歩み寄る。私は日本語で「だめだめ」と言った。坊主は「これは俺の爺ちゃんだもの」と叫んだ。いま彼は私の助手をしてくれている　（下）流坑村の代表的な造型物の前で、媼が孫と遊ぶ。日本であれば、重要文化財のそばで日常生活が営まれている

（上）村の市場に、昼ごろになると集まる男たち。やはり孫がそばにいる　（左上）土に生きる老人の目に厳しさを感じる。この村は、村の外に畑や田があり、農業が主な産業になっている　（左下）働き者の農婦。私の姿を見ると皆、笑ってくれる

んなことから始まるんだわ。近ごろ世界中、悲しい知らせばかりなのに……」。この写真展を一番初めに流坑村で展示してよかったと、しみじみ思いました。

それ以後写真たちは、上海、北京、東京、ジュネーブと、一人歩きを続けております。これも『人民中国』が私にくれた「宝物」です。

声高に我を呼びし村人の
笑顔やさしさ故郷に似て

梵浄山は中国で最初の国家級自然保護区に指定された。ユネスコの「人と生物圏保護区」にも登録されている

梵浄山
——神秘の原始林をいだいて

鳥居龍蔵博士（一八七〇～一九五三年）は、日本の著名な人類学者であり、考古学者である。徳島県に生まれ、一九〇二年七月には、調査のために新妻を日本に残して、中国の西南地方に赴いた。過酷な旅をものともせずに、貴州省少数民族の村にわけ入り、貴重な写真を数多く撮影。『苗族調査報告』などの著書を世に出した。博士の視察から百年——。我々は彼の足取りをたどりながら、貴州のいまを取材した。

丘桓興＝文　馮進＝写真

平原のない省

百年前、鳥居博士は黔（貴州省の別称）に入り、東部から西部へと視察を進めた。しかし今回、我々は旅の便宜をはかり、北京から空路貴州省の省都・貴陽へ、さらにそこから黔東（貴州省東部）地区の銅仁市へと飛行機で向かった。すこぶる快適な旅であった。その昔、鳥居博士が船や足を使って、ようやくたどり着いた労苦のほどがしのばれた。

中国の西南部にある貴州省は、「地無三尺平」（地に三尺の平らなし）と言われる山岳地帯だ。省の面積は十七万六千百平方キロだが、その九二・五%が山地・丘陵だというデータもある。中国で唯一、平原のない省なのである。

険しい山々に隔てられ、交通も立ち遅れていたので、かつての貴州の旅は困難をきわめた。「貴州最初の自動車の話」を聞いたが、そこからは当時の移動がいかに大変なことであったかが、うかがえる。

——一九二七年、時の省長が広州において、一台の小型自動車を買った。しかし、当時はまだ道路がなかったので、車を運転して帰ることができない。仕方なく車をバラバラに分解し、人の肩に担いでもらい、貴陽まで運んで組み立て直した。貴陽市内では、安全運転をするためにこのようなスローガンが貼り出されたという。

「自動車はトラのように獰猛だ。通行人は道の両側を歩くこと」……。

貴州省の交通事情を解決するために、新中国が成立（一九四九年）して以来、とくに改革・開放後の二十年来、国家はこの地に巨資を投じて、道路や鉄道を設け、空港を建設した。雲南・貴州高原の中でも貴州高原における道路建設費は、平地でのそれの七倍になるという！　現在、貴州省の自動車道は全長三万四千六百四十三キロに及び、鉄道は幹線四本が四つの隣省に通じている。また航路は北京、上海、広州、青島、瀋陽、海口、香港、タイのバンコクなど、四十余りの都市と貴州省を結ぶ週四百二十便が運航されている。

山地崩壊の後で

梵浄山は、黔東地区の景勝地である。その裾野は延々三百キロあまりも広がり、印江トゥチャ族ミャオ族自治県（以下、印江県）、江口県、松桃ミャオ族自治県の三県にまたがっている。地元の受け入れ側が、先に車で印江県まで案内してくれ、梵浄山の西ルートから登山し、江口県の南ルートから下山した。

印江県の県城（県庁所在地）に着くと、道路のわきに一つの石碑が建てられていた。碑文には、一九九六年九月十八日に、そこで発生した山地崩壊について記されていた。その晩十時、二百七十万立方メートルにも上る土石流が発生し、長さ四百二十メートル、高さ四十二メートルの土石を積み上げた。それは印江河をふさぐ堆積物を造り上げたため、水位が急に上昇し、上流の町・朗渓鎮は一面水浸しになった。また、下流二キロの印江県城をはじめ一村一町が、堆積物決壊による洪水の恐怖にさらされた。

それは全国を震撼させたが、突然の自然災害を受けた印江県と貴州省の政府は、じつに適切な措置をとった。ただちに救護・救援組織をつくり、被災者を安全な場所に避難させ、被害を最小限に抑えた。死者一人、行方不明者二人、重傷三人、浸水耕地千四百八十ムー（一ムーは約六・七アール）……。

同時に彼らは、北京市と省都から水利工事の専門家を呼び、改修方法について協議した。ダムのように大きな堆積物になり、さらうことが難しかったので、両岸にそれぞれトンネルを設け、排水することを決めたのである。

急遽、工事が行われた結果、左岸に七百二メートルのトンネルが開通した。するとそれまでの浸水が流れて、朗渓鎮がまた姿を現した。その後、堆積物の側面を整え、道路も改修した。また、鉄筋コンクリートを使って山崩れを防ぎ、岩場を整備した。

大規模な山地崩壊に遭遇した印江の人々は、確固とした防災態勢と揺るぎのない自信を示した。現在の中国の実力と社会の姿を明らかにしたのである。

梵浄山の太子峰

民間の紙すき工房

現在、山崩れによってできた堆積物の「ダム」が、一景をなしている。ダムの上には、地元の書道家・王崎蒼氏の書による「天下奇観」の四文字が刻まれている。

印江県に住むトゥチャ族、ミャオ族は、長きにわたる漢族との交流の中で、だんだんと漢字を使った書道にも親しむようになった。清代からは、全国的に知られる書道家が数多く輩出されている（たとえば有名な北京・頤和園の正門の横額「頤和園」の文字は、印江県の厳寅亮の書である）。そのため、印江県は「書道の郷」と称されている。近年では、この県の書のいくつかが、日本や韓国、アメリカなどの展覧会に出品されている。

こうした活発な書道活動は、この土地で作られる書画紙と密接な関係がある。合水鎮蔡家坳

【ミニ資料】　貴州省の概況　略称は「黔」または「貴」。亜熱帯湿潤季節風モンスーン気候地帯にあり、冬温かく、夏涼しい。年平均気温は摂氏15度、年平均降水量1200ミリ。人口は3525万人。漢族以外に、ミャオ族、プイ族、トン族、トゥチャ族、シュイ族、コーラオ族、イ族などの少数民族が1333万9000人（省人口の[illegible]%）居住している。

黔の道①

福建省連城県の客家・「走古事」
英雄豪傑のせて疾走する

謝桂屏＝文　潘朝陽＝写真

2003

突如其来的“非典”是这一年的头号新闻。紧急策划的特辑《“非典”给中国带来了什么》就是对这场疫情所做的梳理与总结（8 月号，见图 1）。疫情过后，生活依旧。特辑《上海，告诉我你魅惑世人的秘密》对新世纪魔都上海的魅力进行了全景式解读（1 月号，见图 2）。迅速崛起的中产阶级给上海人的生活方式带来革命性变化，为读者带来对魔都的全新想象。

笔者策划的新栏目《十三亿人的生活革命》是自改版以后酝酿了几年的新栏目，分门别类地介绍了进入新世纪以来人们的生活从量到质各个方面正在发生的革命性变化，受到读者关注。一个有趣的插曲是，“生活革命”概念甫一提出，还曾受到质疑，认为“革命”一词使用得不够严肃。而十多年以后出现的“厕所革命”的提法，却历史性地印证了本刊在转型时代的先见之明。（8 月号，见图 3）。日企在中国的投资在不断增加，特辑《人们怎么看日企》对日企在中国的发展与融入进行了深度解读（4 月号，见图 4）。

西园寺一晃的连载《心心相通》回顾了他与中国结下不解之缘的心路历程，情真意切地讲述了周恩来、邓颖超关照他生活的故事（2 月号，见图 5）。《东张西望》发表了四方田犬彦和黄海存与电影有关的投稿，前者的《幸福的无名时代》回忆了他与陈凯歌在纽约建立的友谊（12 月号，见图 6）；后者呼吁《复活吧，日本经典电影》，希望加强中日经典电影作品的交流（8 月号，见图 7）。恰逢中日和平友好条约缔结 25 周年，横堀克己拜会黄华写下《条约谈判的幕后故事》一文（11 月号，见图 8）。受“非典”疫情的影响，本社无法派团参加在日本举办的《人民中国》创刊 50 周年纪念活动。不过金秋时节在北京举办的“《人民中国》创刊暨在日发行 50 周年”纪念活动上，中日各方人士却济济一堂。日本专家坪井信人撰写的综述报道《总结成果再启新篇》，记录了活动的盛况，归纳了各方提出的建设性意见（12 月号，见图 9）。

《一馆一品》独辟蹊径，一一介绍各地博物馆的镇馆之宝（5 月号，见图 10）；佐渡多真子的新栏目《北京写生》，通过讲究的图片或介绍怀揣梦想的普通情侣（1 月号，见图 11），或介绍街头小吃摊的串炸昆虫（6 月号，见图 12），勾勒出新世纪北京的市井画。《苏州河人家》图片中呈现的上海人温馨的邻里关系，俨然构成一幅沪上浮世绘（3 月号，见图 13）。摄影师高桥亚弥子多年往返流江西坑村，深入巷陌与当地人交流，成为彼此信任的朋友。在此基础上，她运用光影调度拍下一幅幅黑白照片，鲜活地记录下村里的老人和孩子自然而可敬的表情（6 月号，见图 14）。丘桓兴和冯进共同负责的连载《黔之道》介绍了梵净山等贵州独特的自然景观（1 月号，见图 15）。令人留下深刻印象的《节日赞歌》是《福建连城客家“走古事”》，人们肩扛载有古代英雄豪杰造型的花轿，簇拥着在河流中奔行的气势，洋溢着客家人独有的活力（8 月号，见图 16）。

第二节
创刊 50 周年纪念文章[1]

守望日新月异的中国[2]

俗话说"沧海变桑田"。

在动荡的世界中，中国这 50 年经历了不比寻常的沧海巨变。

新中国成立四年后，1953 年创刊的《人民中国》（日文版）在今年迎来创刊 50 周年，本期正值第 600 期。

《人民中国》伴随着新中国一路走来。可以说是中国现代史的见证者和记录者。因此，从 50 年代开始，我们每隔十年就会选出一个《人民中国》中提到的象征时代的人或物，从现代的角度重新审视。跌宕起伏的命运以及人与物经历的沧桑变化，昭示着中国正在发生的变化所具有的必然性。同时从中国人现在的面貌，也能读出他们对未来的希望和信心。

从铁路网建设时代开始目标：高速化"人民铁路"[3]

1953 年，刚刚创刊的《人民中国》刊登了一篇介绍中国铁路建设的文章，即时任中央人民政府铁道部运输局局长撰写的《新中国的人民铁路》。

当时，新中国的铁路建设才刚刚起步。虽然列车运营总长度只有两万四千多公里，但列车的基本设施设备和运行速度与以前相比，已经有所改善。

人们亲切地将从废墟中重建的新中国铁路称为"人民铁路"，并设计出了"人"字与铁路钢轨断面相结合的铁路标志。

---

1 此节文字载于 2003 年 6 月号、12 月号。

2 创刊 50 周年纪念特辑，导语由编辑部撰文。

3 采编部记者张春侠撰文。

显然，当时的中国铁路相较世界其他国家还处于较低水平。50 年过去了。中国铁路事业到底发生了哪些变化？为了获得切身的体验，记者近日乘坐了从北京开往上海的第 21 次列车。

速度就是生命

我们乘坐的是夜班车，傍晚六点发车，第二天早上八点到达终点站。夜班车既能缩短出差时间，又能节省住宿费，深受旅客欢迎。

在这趟火车上，我结识了一个姓刘的人。除了在北京开店，刘先生在上海也开了分店，所以他经常在京沪之间奔波。以前，为了赶时间他总是坐飞机。现在，他成为这趟列车的常客。

刘先生说："前几年火车慢，从北京到上海要十七八个小时，肯定要住一晚才能完成工作。现在坐火车睡一晚就到了，下班当天就可以回去，什么事都不耽误。飞机快是快，但机票贵，而且有时会因为天气原因飞不了。坐火车实在是太方便了。"

正说着，列车长侯来林走了过来。他从 1983 年起就担任往返京沪的火车的乘务工作。

侯列车长感慨地说："1983 年时，从北京到上海要二十多个小时，旅客和乘务员都累得筋疲力尽。现在一千四百公里，只需要十四个小时。"

从 1997 年到 2001 年，中国铁路先后四次提速，总营业公里数达 13000 公里，覆盖了中国大部分地区和主要城市。经过提速，客车的平均运行速度加快了 25%。特快列车的最高时速由 120 公里提高到 140 公里至 160 公里，广州至深圳的列车的最高时速达到两百公里。

由中国自行设计制造的"中华之星"电力机车牵引列车，在秦皇岛至沈阳客运专线上创造了时速 312.5 公里的最高试验速度。2002 年年底，上海建造的磁悬浮列车在世界上首次实现商业运行，最高速度达到每小时 432 公里。

50 年前，中国铁路的总运营公里数只有现在的三分之一。当时的列车运行速度为每小时三四十公里，和现在简直是有天壤之别。

今天，中国铁路已经进入全面高速发展的时代。中国铁道部表示，2003年和2005年，中国铁路还将进行两次提速，打造以北京、上海、广州为中心的“三个提速片区”。

“三个提速区”是指：①半径500公里左右的城市间可实现“当日往返”。②1200公里至1500公里左右的城市间实现“夕发朝至”。③2000公里至2500公里左右的城市可“当天到达”。此外，中国正在研究建设的京沪高铁，运行时速将达到每小时350公里。

“客户就是上帝”

“原来的铁路分为三级，人民铁路把客车的区别改为‘软座车’和‘硬座车’两种。另外，过去餐车是专门为一等车厢、二等车厢的乘客服务的，现在取消了这项不合理的制度，每一个乘客都能进入干净的餐车，以合理的价格用餐。”这是50年前《新中国的人民铁路》中的一段话。

的确，在当时，加入靠垫的“软席”和“人人都可以乘坐餐车”是区别于以往列车的根本性变革。如今，“全车卧铺”“和酒店一样的豪华列车”走进了寻常百姓的生活中。

我在从上海开往北京的火车上认识了70多岁的张阿姨，她正要去北京看儿子。为了不让老人在旅途中感到不便，家人特意为她买了一张高档“软卧”票。

张阿姨说：“我从来没坐过这么好的火车，电视、电话、厕所都有，乘务员的服务也不错，就像在宾馆一样。”

目前，京沪间共有四列“豪华列车”。这趟列车全部为卧铺车厢，在“高级软卧”和“软卧”车厢里，每个床都配有一台壁挂电视，可以看12个频道的节目。乘客将使用耳机看电视，不会妨碍其他乘客。

在“高级软卧”的隔间里，每个隔间都有一个卫生间，车内配有可联网的电话，还可以点餐、叫乘务员。

“硬卧”（普通卧铺）车厢为“半封闭式”6人间，略有独立空间，旅客可以舒适地休息。

"柔和的灯光、金色的装饰、高档的吧台，哪里都是绝对一流。"年仅 28 岁的年轻列车长洪占勇对自己工作的列车信心满满。

除了精良的设备，优秀的服务也是特色。

有这样一个故事。上海一位姓王的乘客有一次乘坐了开往北京的第 22 次列车，直到火车即将到北京站时，王先生才发现自己的机票、身份证等都落在了家里。他慌了神，不知如何是好。乘务员得知后让王先生联系家人，把遗忘的物品带到上海站，再托付下一趟开往北京的列车送来。

然而，王先生家里只有 80 多岁的母亲，她的母亲也不能出门。于是乘务员请自己的朋友去王先生家，帮他取来遗忘的东西。第二天一大早，物品就送到了王先生手中，他也赶上了飞机。

"这些都是我们应该做的，因为我们的职责就是为旅客服务。"年仅 21 岁的乘务员佟园园说。她参加工作才一年多，但已经成为一名优秀的乘务员。据悉，这趟列车的乘务员平均年龄为 21.5 岁。

在从事乘务员工作前，这些年轻人都要经过严格的业务训练和军训，再去航空公司专门接受基本功训练。"旅客就是上帝""旅客的要求永远放在第一位"是每个乘务员的座右铭。

当火车缓缓驶进北京站时，乘务员播报着北京的天气，专门为旅客运送行李的"小红帽"们也在站台上等待着列车的到来。这些在发达国家司空见惯的服务在中国落地，也是中国铁路不断发展壮大的体现。

小球推动大球　专注于乒乓球事业的庄则栋[1]

翻开 1964 年第 5 月号《人民中国》，其中用很大的篇幅刊登了图文报道《人物访谈庄则栋》。

1　采编部前主任杨珍撰文。

当时，23岁的庄则栋，已经是一个在中国家喻户晓的名人了。他在北京举行的第二十六届世乒赛上大放异彩，分别夺得男单和男团冠军。两年后，他在捷克斯洛伐克布拉格举行的第二十七届世乒赛上也成功卫冕。

在《人民中国》刊登报道后的1965年，他在当时南斯拉夫卢布尔雅那举行的第二十八届世界锦标赛上再次卫冕成功，取得三连冠的好成绩，举世瞩目。

然而，由于“文化大革命”造成的混乱局面，中国乒乓球队没有参加第二十九届、第三十届世锦赛。不过，1971年，中国队卷土重来，参加了在名古屋举行的第三十一届世锦赛。当时身材已略微发福的庄则栋使出了最后的力气，为中国队夺取男团世界冠军的宝座立下了汗马功劳。

庄则栋和中国乒乓球队的胜利，极大地鼓舞了艰难中的中国人。以前被戴上的“东亚病夫”的帽子终于扔掉了。中国在奥运会上已经无人可以轻视。在中国成为体育强国的过程中，乒乓球始终扮演着打头阵的尖兵角色。而庄则栋，就是其中极具代表性的人物。

在《人民中国》的访谈中，提到庄则栋曾任中日友好协会理事。当时在乒乓球领域，中国和日本是世界数一数二的，中日运动员的关系可谓是“赛场上的对手，比赛后的朋友”。荻村伊智朗、木村兴治、三木圭一、小中健、高桥浩、松崎君代，以及再后来的长谷川信彦、河野满等，这些闪闪发光的运动员的名字，也是当时中国人耳熟能详的。

同样，中国的世界冠军运动员们在日本的知名度也很高。中日双方运动员充分发挥了民间友好大使的作用，为中日邦交正常化发挥了积极作用。

中美两国的和解也是从乒乓球开始的。在名古屋，一名美国运动员不小心坐上了中国代表团的专属大巴。当时是冷战时期，中美双方都感到很尴尬，庄则栋走上前去，送给这位美国运动员一块绘制了万里长城的织锦，并进行了友好交谈。

自此，震动世界的“乒乓外交”拉开了序幕。敌对的两国青年亲密地握手、和睦相处的情景成为历史性的一幕。

紧随其后，美国乒乓球队应邀来华访问交流，中美政府官员秘密接触。美国总统尼克松走下飞机，与周恩来总理握手的那一刻，冷战时期的坚冰开始融化。中美复交震动世界，给人类和平事业带来深远影响。这就是世人所说的“小球转动大球”。

《人民中国》再次独家专访庄则栋，请他介绍当时的情形。他在这场“乒乓外交”之后，走向了人生的另一个巅峰，并被任命为国家体育运动委员会主任。

从反省中重新振作起来的人生

俗话说，“福兮祸所伏，祸兮福所倚”。过快升迁，会带来政治眩晕。“文革”结束后，庄则栋被审查和处分，跌入人生谷底。

面壁反省四年后，庄则栋去了山西。经历了人生的大起大落，他对一切都不再执着，但唯独没有放弃乒乓球。他执教山西乒乓球队，仅用一年时间，就在全运会上取得了骄人的成绩。他的得意门生管建华获得了世界女单铜牌。他撰写的乒乓球专著《闯与创》，成为畅销书。

80 年代中期，庄则栋回到北京，成为他学习乒乓球时期的少年宫体校的教练，并于两年前退休。但 60 多岁的他依然没有闲着。他在山东济南开办乒乓球学校，自己创作校歌和校训；受邀到以乒乓球为特色的北京中关村国际学校担任体育顾问。

此外，庄则栋还与女单前世界冠军邱钟惠一起创办了“庄则栋・邱钟惠国际乒乓球俱乐部”。俱乐部成立时，国家体委的负责人和知名人士还出席了开学典礼。美国前国务卿基辛格等外国友人也发来贺电。

近日，庄则栋再次接受《人民中国》记者采访时透露：“我犹豫了很久，在曾经的领队张钧汉、队友张燮林、郗恩庭、邱钟惠等人的协调，特别是木村老师的劝说下，我终于决定结束与乒协的宿怨。”庄则栋与曾经的队友徐寅生、李富荣见面，“相逢一笑泯恩仇”。庄则栋和他们并肩合影，与曾经站在世界最高领奖台上的那些阳光少年的形象形成了写照。

庄则栋的第一段婚姻，在 20 世纪 80 年代初破裂。后来，经邓小平特别批准，庄则栋与佐佐木敦子实现跨国婚姻。庄则栋和前妻生下的儿子和女儿已经独立了，时不时会来看望他。

庄则栋现在每天开车接送妻子到单位，自己则在乒乓球俱乐部当教练。闲时他会练练书法，唱唱京剧，每天都很悠闲和幸福。

他时常应邀到国外讲学，把余生的热情倾注在推广乒乓球运动上。

曾经的大寨“铁姑娘”如今的知名企业家[1]

面前的这个女人皮肤白皙，打扮靓丽。流行新词一个接一个地脱口而出。她一边打电话，一边走进接待室，和我们交谈了两三句，电话又来了。每次接电话，她都会说一声“对不起”。

她是谁呢？她就是曾因“农业学大寨”而闻名世界的大寨“铁姑娘”郭凤莲。

我们是前不久在北京召开的第十届全国人民代表大会第一次会议上见到她的。有人说她是“农业界”的代表，实际上她是“企业界”的代表。因为现在她的头衔是“大寨经济开发总公司董事长兼总经理”。

今日大寨的巨变

郭凤莲介绍称，今天的大寨早已“脱胎换骨”了。2002 年，村集体总收入超过 1 亿元。村民人均收入 4000 多元，是全国农民平均水平的 1.6 倍多，生活水平明显提高。

从 1992 年开始的近十年时间里，大寨已经有了十几家企业，其中包括羊毛衬衣制造厂、服装公司、水泥生产厂、酿酒有限公司、贸易公司、生态旅游公司、养殖场、饮料公司等。

1 前副总编辑李耀武撰文。

当然，大寨里还有农业公司。但目前农业产值只占大寨总产值的 1% 左右。村里的主要产业变成了工业、商业和服务业。

中国人民十分关注大寨的变化。这大概来自一种情怀。今天，“大寨”这一品牌，已经在中国的市场叫响。包括国外也有一些企业向郭凤莲提出合资经营“大寨”品牌的产品。她说，到那时仅凭“大寨”这一品牌就可以得到 20% 到 25% 的股份。

这几年，大寨出产的羊毛衫和核桃饮料，在市场上非常畅销。部分核桃饮料还出口到海外，受到消费者欢迎。

大寨目前也已成为山西的旅游景区之一。因为这里采用生态农业的模式，十多公顷的昔日大寨农田大部分已经依靠“退耕还林还草”政策由耕地变成了树林和草地。虎头山这个曾经男女老少战天斗地的“战场”，今天变成了珍贵的森林公园。山顶被绿色松柏覆盖，半山腰是观赏林和果园，山脚是草地和花园，周围是防护林。

如今，大寨的大地有 67% 被森林覆盖。仅剩不到两公顷的农田，完全实行现代化管理运营。人们修水库、挖深井，从根本上解决了过去无论如何也无法实现的水利化问题。

生态森林公园、当地独特的洞窟式住宅窑洞、乡亲们亲手制作的虎头鞋、五谷饭，每年都会吸引十万至二十万国内外游客来到这里。

1976 年 6 月号《人民中国》是这样介绍大寨与郭凤莲的：“大寨是山西省昔阳县大寨人民公社下属的生产大队之一，在海拔一千多米的虎头山脚下。共有 90 多户，人口 450 多人。男女劳动力共计 160 多人，耕地 56 公顷多。”

大寨过去是一座满是石头的秃山，耕地极少且贫瘠，经常干涸缺水。其中还提到村民常年贫困，缺衣少食等。

直到 20 世纪 60 年代，大寨的名头才渐渐声名远播。彼时，自然灾害频频发生，人们惶恐不安。时任大寨党支部书记的陈永贵不畏艰难困苦，他带领村民开荒造田、开山造田，战胜了自然灾害。最终，大寨非但不再向政府寻求粮食和资金救济，反而向国家交售粮食。

这种大寨精神，深深地打动了毛泽东。1964 年，毛泽东向全国提出“农业学大寨”的口号。从此，大寨成为全国农业的典范。

从失败中奋起

家境贫寒的郭凤莲从 14 岁初中刚毕业起就务农，并在 16 岁当上了“铁姑娘生产队”的队长。党支部书记陈永贵从大寨调到北京后，郭凤莲承担起了党支部书记的重任。

但后来，由于上级领导犯了“左”的错误，大寨也卷入了政治斗争的旋涡。回忆当时，郭凤莲这样说：“那时候，即使像我这样不懂政治的人，也跟在别人后面，说了很多错话。现在想起来，好像做了一场噩梦。”

“文革”以后，“左”的错误纠正了。中国农村一步步地废除了人民公社制度（人民公社制度是建立在生产资料集体所有和工分统一基础上的制度），并逐步改为并实行各家各户承包土地、农民自主经营的生产方式。农业之外，工业、商业、服务业也兴起了，市场开放，整体呈现出繁荣的景象。

郭凤莲说：“这段时间，我调到昔阳县政府工作，当了公务员。这让我有时间认真总结过去，对比中国农村目前正在采用的各种发展模式，并且终于产生了新的认识。

“那是因为，我们大寨过去只在满是石子的荒地上种粮食，吃了很多苦，但只能吃饱肚子，不能从根本上摆脱贫困。以后要‘跟着市场走，只要赚钱就干’，当然要遵纪守法，照章纳税。”

后来大寨也实行了各农户自主经营的方式，但生活变化不大。为了加快大寨的发展速度，尽快改变村民的经济状况，1991 年年底，昔阳县领导在听取了大寨村民的意见后，又决定让郭凤莲再一次回到大寨工作。郭凤莲欣然接受了这个决定。

郭凤莲略带感动地说：“那时我已经 45 岁了，我可以找理由推辞，但我没有这么做，原因有两个。”她说，一是她悟出了大寨的脱贫致富之路，二是她深爱着自己的家乡。

回到大寨后的郭凤莲，又鼓起了“铁姑娘”般的精神，带领村民辛勤耕耘近10年。最终，让大寨摆脱了贫困，走上了现在的致富路。这正是祖祖辈辈大寨人梦寐以求的路。

胡同正在消失　百姓生机犹在[1]

“都说一滴水也能映照太阳，北京的小胡同也反映了大城市普通市民的生活。”这是1986年8月号《人民中国》上刊登的北京东银丝沟胡同报告文学的开头一节。然而，曾经多到“大胡同三百六，小胡同如牛毛”的北京胡同，如今正在拆迁，迅速消失。

东银丝沟胡同现在怎么样了？胡同门口的茶馆里，卖茶的魏奶奶怎么样了？带着这样的疑问，我又一次来到了东银丝沟胡同。

胡同变公园

东银丝沟胡同位于从天安门向东延伸的红墙北侧。这里原本是紫禁城外侧的皇室专用地，普通百姓无法进入。但是，1911年辛亥革命推翻了清朝后，普通老百姓在流经皇室专用地的菖蒲河（又名银丝沟）河岸上建起了房子，这就是东银丝沟胡同的来历。

过去这条胡同全长不足百米，路宽不过区区两三米。那里有15间四合院，住着45户人家。四合院里的大杂院又窄又脏。

现在那里怎么样了？记者穿过面朝长安街、位于天安门东侧的南池子大拱门。那里本应是东银丝沟胡同坐落之处。然而，映入记者眼帘的竟然是一个整修干净的公园。胡同已经消失得无影无踪了。

新建成的公园叫菖蒲河公园。菖蒲河从公园内东西穿流而过，河流上架起了几座小桥。两岸种有垂柳，建有花坛。几棵古树都打上了标识，作为文

1　前副总编辑张彦、丘桓兴撰文。

物保存下来。还有亭子、楼阁、历史感十足的“东苑戏楼”等，让游人流连忘返。

曾经住在这里的人去哪了？他们现在又过着怎样的生活呢？

1986年时，已近七旬的魏奶奶在胡同门口摆摊，卖“大碗茶”。做这行一年多来，魏奶奶买了电视机、冰箱、录音机、落地式电风扇等家用电器，让记者羡慕不已。

但在“文革”中，连卖“大碗茶”这种小生意也被认为是“资本主义”，受到批判。到了80年代初，邓小平提出改革开放的政策，政府鼓励发展个体经营的“个体工商户”，街上出现了个体经营的餐馆、裁缝铺、修鞋店等服务业商店。后来还出现了民营百货店、西装店、旅馆、书店，这不仅让很多老百姓有了饭碗，还解决了困扰北京人多年的衣食住行方面的难题。

很遗憾，魏奶奶好像几年前就离开了人世，毕竟上次见她也是十几年前的事了。但像她那样的个体经营商户更多了。菖蒲河公园旁的南河沿大街，有民营食品店、西装店、杂货店、小餐馆等，到处生意兴隆。

知识分子夫妇的今日生活

当时的《人民中国》这样写道：“家住7号的屈宝坤和吴志玲，是这条胡同里唯一一对有大学文凭的夫妻。屈宝坤是北京190中学的老师，吴志玲是163中学的老师。夫妻俩在一间不足9平方米的小屋子里，挤得很。”如今，他们已经搬到了北京东边的朝阳区，我去那里拜访了他们。

他们的新居位于朝阳公园东侧的石佛营东里101号楼4层。两居室，面积67.5平方米，虽然不大，但家具也不多，再加上屈宝坤的精心设计，卧室兼客厅简朴而温馨，客房兼书房优雅而安静。再加上小饭厅和厨房、洗手间、阳台都相当舒适。“刚搬到这里，跟以前胡同里的生活比起来，感觉简直像天堂。”吴志玲说。

在胡同的时候，他们和两个女儿住在一间屋子里。房间里摆放的双人床几乎占据了一半空间，另一半放着衣柜、书柜、电视机，还有一张小方桌。

桌子既当饭桌又当课桌。晚上，上小学的女儿们写作业、预习，夫妻俩备课，总是要争着用一张桌子，这是令全家人头疼的一个问题。

而且那个房间是朝西的，夏天就像洗桑拿浴一样热，晚上很晚才能睡着。冬天西北风进来，室内只有 5 度，吴志玲因受寒得了哮喘。因此，他们十分盼望分房，但据说仅他们所在的东城区就有七百多名教师急需分配住房，五年内难以解决。

没想到 1991 年，教育局给他们分了新房，一家人非常高兴。虽然离学校远了，但上班、下班都有公交车，很方便。此外，郊外空气清新，环境安静。吴志玲说："最令人满意的是两间卧室都光照充足，室内明亮，冬暖夏凉，住得很舒服。加上这几年注意休养和治疗，我的哮喘也好多了。"

屈宝坤现在在北京财经学校工作，他在导游班教地理和北京历史。他觉得地理和名胜古迹特别有意思，有空就出去玩。

吴志玲两年前退休了，几所学校请她继续任教，她都婉言谢绝了。她说："我现在每个月有两千元的退休工资，这就够了。我辛辛苦苦工作了几十年，以后想过得轻松些。"

吴志玲喜欢唱歌，大学时是合唱团的成员，后来因为生活压力大，她便没心思唱歌了。现在，她每周二、周四，都会去北海公园、中山公园，参加市民合唱活动。她说："唱歌真的很舒服，不仅能让人心情好，还能进'清气'排'浊气'，有益健康。"此外，她还和退休的老师们相约爬香山，每周都会享受一次登山的乐趣。

拉纤的船夫把梦想寄托在孩子的教育上[1]

宋文刚今年 55 岁了。虽然头上多了一些白发，但憨厚的面容和炯炯发光的自信眼神依然没有改变。我和他相识已是 11 年前的事了。

1 前图片部主任刘世昭撰文。

那时，我漫步长江三峡采访，一路来到湖北省巴东县。我乘坐老宋的豌豆荚形木质小船在长江神农溪度过了3天。我将那样的木船称为“豌豆角”。

神农溪，是发源于湖北神农架的长江支流。

当时，他是一个船长，有一个助手和四个船夫。逆流行舟时，他在船尾操着一根粗木杆，以此为舵。顺流而下时，随水流前进，他站在船头操着粗木杆，控制着船的前进方向。

3天时间，我们的船历经了无数危险，又一次次攻克了难关。直到现在，我的眼前还反复浮现出他操纵“豌豆角”用娴熟的技巧穿过急流险滩的情景。另外，他粗犷地高声唱着“伊、伊哟、欧、嗨哟、伊嗨伊、欧”的声音，在我心中反复回响。我当时的见闻，刊登在《人民中国》1992年8月号的文章《巴东——神农溪的划船人》中。

今年3月，我再次来到巴东县。在老宋的邀请下，我乘坐他现在工作中使用的带发动机的小船，从长江上溯至神农溪，来到他家。老宋16岁开始在神农溪上学习开船，至今已有39年的经验。他是这一带最好的船家。

神农溪山水秀丽，其中逆流而上的“豌豆角”和船夫拉绳的传统工作方式，成了一种独特的生活场景。1984年，神农溪开始研究和开发旅游资源，1989年开始正式接待游客。老宋一开始就加入了这项旅游事业，用“豌豆角”搭载游客。

曾经的苦日子

“豌豆角”旅游开始前，他每天都在神农溪上行舟，经营运输生意，年收入仅千元左右。这笔收入，要养活岳父母、妻子和三个孩子，相当困难。自从老宋参与旅游项目后，收入稳步增长。然而，即便如此，1992年我第一次来采访时，虽然老宋一家人已经不愁吃了，但生活质量并不高。

老宋是一个喜欢动脑筋的聪明人。1995年，一个偶然的机会改变了他的生活。

在巴东县制作的一套明信片中，有一张是老宋操纵“豌豆角”的照片。

他想到了把那张明信片拿到“豌豆角”上卖。不仅是中国人，来自世界各地的游客，在乘坐了老宋驾驶的“豌豆角”后，都会买这张明信片，并请他签名留念。

他的收入不断增加，到2002年，他的年收入已经接近5万元。这相当于2002年中国农村人口人均收入的二十倍。

我们下了船，沿着崎岖的山路走了一个半小时，才到了深山中的老宋家。他家距离神农溪有四公里。这一带是土家族的聚居地，老宋也是土家族。这几年，农民们都盖了新房，现在很难再找到土家族传统的吊脚楼了。

把三个孩子送进大学

老宋是村里最富有的。老宋家有一台电视，是可以接收卫星数字信号的电视，楼顶装有太阳能热水器，还把自来水通到了家里……

老宋的“杰作”是陆续让三个孩子上了大学，并顺利毕业。“都是孩子们自己努力的结果，我受教育程度很低，才上了六年小学，平时的学习不可能由我来指导，所以我只看考试成绩，成绩不好，我只会吼他们。”老宋在回忆养育孩子的情景时说道。

孩子们在上小学和初中时，放学后一回家就帮着做家务：割猪草，背柴火，晚上才有时间做功课。

送孩子上大学，对老宋来说是一项巨大的经济负担。为此，他先后借款近五万元。这笔借款到2001年才还清。

说这些话时，老宋的神情是平静的，但我能深切感受到他的辛苦。我问：“为什么要这么努力把三个孩子都送进大学？”老宋回答说：“现在的社会大趋势需要有文化。”

我们一起登上宋家对面的山头。从那里向远处眺望，能看到神农溪发源处，传闻野人出没的大山——神农架。神农溪，在山下蜿蜒流过。

老宋说：“退休之前，我还有很多繁重的任务。”他说，一定要整治神农溪河道，保证游客的安全。一定要培养年轻的船工，努力开发连接神农架和神农溪的旅游线路。

在下山的路上，老宋给正在继续读研究生的大儿子打了电话，询问他的学习情况，得知学费还差1万元。然后他说："那我给你1万。"表情十分平静。

总结成果再启新篇[1]

9月20日下午，《人民中国》创刊暨在日发行50周年研讨会在北京的中国外文出版发行事业局（中国外文局）多功能厅举行，当晚在北京新世纪饭店举行了庆祝招待会。该活动原定于6月举行，但受"非典"疫情影响延期。7月12日，在东京举行的纪念《人民中国》创刊50周年"日本中的中国"研讨会（由日中友协、东方书店等研讨会执行委员会主办）的一些与会人士也赶来，回顾50年岁月，交流宝贵意见。大家共同度过了面向未来、重新出发的一天。

《人民中国》的编辑、翻译负责人、主管单位中国外文局的干部、发行方东方书店等日本合作企业的干部、专栏作者、日本各地友好团体和读者会的会员等约50人参加了研讨会，进行了长达三个小时的意见交流。

人民中国杂志社社长沈文玉首先发言，他在致辞中表示："辉煌的过去已经成为历史。"他希望大家面向未来，为《人民中国》提出宝贵意见。经销商中国国际图书贸易总公司副总经理张泰凰表示："希望未来发行量能达到十万册。"与会者掌声雷动。担任主持人的人民中国杂志社副社长王众一发表主题演讲，"今后我们更需要真正意义上的民间交流"，研讨会在紧凑的气氛中开始了。

为了提高《人民中国》的知名度

首先发言的是西垣内义则先生，他来自由中日双方媒体人组织成立的长

1 翻译部日本专家坪井信人撰文。

久会。他对《人民中国》在体例和内容上的不断变化表示欣慰，认为“两年来有了很大的改善”。2001 年 6 月，长久会应访日的人民中国杂志社社长沈文玉和副社长王众一邀请，进行了恳谈，提出了“希望目录更清晰”“希望增加适合年轻人的内容”等多项改善建议。西垣内先生说：“读者的力量也可以改变杂志，我们不应该沉默。”

《人民中国》的广告代理商、中国广告社社长寺田亘利指出，“女子再美丽，如果一直把自己关在房间里，那谁也不会注意到她的美丽”。他提出《人民中国》在日本的宣传活动还不够积极，需要采取积极战略，主动在日本媒体上打广告。

1978 年“改革开放”后，村山孚成为《人民中国》的第一位日本编委，他主张让日本媒体转载有吸引力的报道。“如果没有宣传预算，给日本媒体提供话题就很重要。（2002 年 9 月号）田中、毛会谈的内幕就令人耳目一新。”《朝日新闻》和《读卖新闻》摘录了该报道部分内容，称之为“新发现的史实”。

如何赢得年轻人的心

内山书店的内山篱社长代表中国书籍恳谈会发言时指出，当前《人民中国》的读者目标群体还不固定。他说：“如果想让年轻人阅读，插入政府工作报告或编写大庆油田专刊（今年第 10 期）都不太合适。为了建立新的合作关系，需要能让发行量达到十万册的内容。”

东方书店董事朝浩之强调了在年轻群体中增加读者的必要性，同时也强调不是所有的内容都面向年轻人，重要的是在满足中日议员联盟、友好城市、友好团体等“基层读者”的基础上扩大读者群体。

在日本转播中央电视台 4 频道（CCTV4）节目长达五年的 CCTV 大富编辑部部长张焕琦表示：“我们在了解日本人想看的内容的基础上改变了播出内容。《人民中国》与读者的距离还比较远。”央视导演李晓山则表示，“从研讨会上看，我感觉不到和读者在认知上有什么距离。关键在于创作者的态度与担当。”他认为创作者如何锁定目标很重要。

10 月以来，CCTV 大富一直在播放《人民中国》的广告。

此外，横滨市立大学矢吹晋教授、《周刊中文世界》等出版商的日中通讯社社长张一帆、读者代表和各地友好团体相关人士纷纷表达了对《人民中国》未来的期待，研讨会比预定时间延长了半小时才结束。

深化友谊的庆祝招待会

庆祝招待会在另一地点举行，来自中外的约 260 人出席。中国对外出版集团总裁、中国外文局局长蔡名照在致辞中指出：“我们相信，《人民中国》必将创造更好的业绩，赢得更多的读者，结交更多的朋友，为中日友好做出更大的贡献。”联谊会上，日本驻华大使馆首席公使原田亲仁、日中友协副会长铃木重郎、东方书店社长山田真史相继致贺词，国务院新闻办公室主任赵启正致祝酒词。

联谊会上，《人民中国》的相关人士和与会嘉宾一边品尝美食，一边深入交流，向为《人民中国》的发展做出贡献的人士颁奖，读者代表发言，并宣读了社会各界发来的贺电。

忘记年龄跃上舞台

在无数人的支持下，才有了现在的《人民中国》的成就。招待会上，从多年来协助《人民中国》推广工作的人士以及以年轻人的视角向《人民中国》投稿、提供摄影作品的中日学者、撰稿人、摄影师等群体中，特别选出五十位“功臣”，向他们赠送了华表造型的奖杯和奖状，表示感谢。大阪读书会代表胜田弘不顾年迈，兴奋得一步跃上舞台，现场顿时出现了惊呼声。

表彰仪式后，神宫寺敬先生登上讲台，讲述了他对《人民中国》的感情。他们夫妇二人都是从 60 年代开始就一直订阅《人民中国》的忠实读者。他在演讲中还提到了曾经受到周恩来总理招待的逸事等。与《人民中国》副社长王众一一同担任研讨会和招待会主持人的北京广播电台播音员王小燕女士在日本研修时，曾在神宫寺先生家寄宿。

高桥亚弥子被《人民中国》上刊登的流坑村的照片吸引，前往当地拍了许多摄影作品。去年，她在神奈川县横须贺市成立了《人民中国》读者会，这次他们一行 12 人来到北京。高桥声音洪亮地表达了参加招待会的喜悦之情。随读者会一同来到北京的创作歌手冈田轮学，手持吉他走上讲台，献上自己创作的歌曲，为《人民中国》开启新征程锦上添花。欢快畅谈的与会者们，这一刻都被舞台上有力的歌声吸引，庆祝活动达到高潮。

第三节
2004—2010年度点评

特集

動き出した中国の「農協」組織

は、すべての仕事の中での『重中之重』である」——三月に開かれた第十期全国人民代表大会第二回全体会議で、温家宝総理はこう強調した。「三農」問題こそ、中国が直面している最重要課題であるということだ。

生産請負制の導入で、以前より農村は豊かになったとはいえ、躍進する沿海都市部との格差は広がるばかり。農民の収入の伸びは鈍い。そのうえ世界貿易機関（WTO）への加盟で、中国の農業は、国際的競争の荒波にさらされている。

こうした苦境の中から、日本の農協にも似た農民の経済組織の「合作社」が誕生し、急速に全国に広がり始めた。これは農民の自主性から生まれ、農民権利を守る組織であり、新しい農業を生み出す可能性をも秘めている。

「合作社」とはいったいどんな仕事をしているのか。なぜ急速に発展しているのか。北京の近郊にある二つの「合作社」の実情を通じて、その疑問に答えてみたい。

客家望郷①

「囲屋」に暮らしたあのころ

丘桓興＝文・写真

作家馮驥才氏インタビュー

② 天津の個性をどう守るか

急速に発展する天津は、高層ビルが立ち並ぶ近代的な都市へと変貌している。しかしその反面、伝統的な天津の街のたたずまいは消え、天津らしさが失われて、他の大都市と同じ風貌になりつつある。

天津生まれの作家、馮驥才氏は、「このままでは天津は、個性のない街になってしまう」と危機感をつのらせている。多くの建物が壊されていくのを見て彼は、建築家、歴史家、都市計画専門家、文化人らとともに、天津の街の通りを一つ一つ実地調査し、それぞれの建築の価値を記録したあと、一九九四年から三年間かけて、百人の写真家に依頼し、三万枚の写真を撮った。これを四冊の分厚い写真集にまとめて出版した。費用はすべて自腹を切った。

その写真集に「これがあなたの心から愛する都市です」と書いて、市の指導部に一冊ずつ贈った。だが、天津市の再開発の速度は、その後さらに加速していった。馮驥才氏は現状をどう見ているのか、こうなった原因はどこにあるのか、これから天津はどうなるべきか、率直に語ってもらった。

天津市内では、昔の租界の建物がかなり良く保存されているところもあって、新しい街と古い街が二つの違った顔を見せている。手前は馬場道の旧英国租界

中華と西洋が共存する天津

「歴史的、文化的に見れば、天津市は非常に独特の都市であり、北京や上海とは異なっている。天津は『華洋雑居』『華洋並立』の都市だ。『華』は中国式であり、『洋』は西洋式。東西がいっしょに存在し、共存している。北京は完全に中国式だったが、いまや中国式でも西洋式でもない、奇怪なものになってしまった。伝統的な上海は、基本的に西洋式だったが、だんだん融合して西洋式を主とする都市となった。もともとの天津はすべて中国式で、租界だけは西洋式だ。西洋式の建物の中にもギリシャ風やバロック風もあり、また一九二〇～三〇年代に流行したモダニズム、折衷主義、新古典主義などの建築が存在している」

「点」が残っているだけ

「本当に古い歴史的街区はすでに存在しない。今の歴史街区は、もともとの街区が完全に壊されたあと、古いものを模して新しいものを建てただけだ。これは全国各地みな同じで、時代性も特徴もない。もともと薬屋には薬屋の建物の風格があり、百貨店や役所にもそれぞれに独特の風格があった。しかし現在の計画では、みな同じような建物にしてしまう。個別的にはいくつかの歴史的建築は残っているが、それは『点』の状態で保存されているに過ぎない。それは歴史的街区の保存ではない」

壊されたオーストリア租界

「海河の南岸は、英国、フランス、ドイツの租界が集中していて、比較的良く保存されている。海河の北岸にはオーストリア、イタリア、ロシア、ベルギーの租界があった。マルコポーロ広場周辺、イタリア租界の一部の保存が、いま、積極的に進められている。イタリア租界は一九九〇年代に一部壊されたが、風格ある建物がなお残っているのは嬉しいことだ。だが、ロシア租界とオーストリア租界は基本的に消滅してしまった。オーストリア租界で残されたのは袁世凱（中華民国初代大総統）、馮国璋（直隷総督）の旧居と、オーストリア領事館の旧跡だけだ」

馮驥才氏の略歴と作品

1942年、天津市生まれ。高校卒業後、天津市のバスケットボールチームの選手に選ばれたが、怪我のため書画美術社に就職。その後天津市文化局創作評論室から中国作家協会天津分会に移り、創作活動に従事。現在、全国政治協商会議常務委員、中国民主促進会中央副主席、中国文学芸術界連合会副主席、中国民間文芸家協会主席。

主な作品に『彫花煙斗』『啊！』『神鞭』など。邦訳単行本には『庶民が語る文化大革命』（講談社）、『三寸金蓮てんそくものがたり』（亜紀書房）、『陰陽八卦』（亜紀書房）がある。

危機に立つ伝統文化

「民族的民間文化が危機に立たされている。その背景は二つある。第一は中国の近代化の速度があまりにも速く、グローバリゼーションの速度があまりにも猛烈だからだ。経済がグローバル化する時代には、文化はむしろ本土化しなければならないと私は思う。中国の改革・開放政策は突然やって来て、経済の発展速度は速すぎ、このため伝統文化は大きな打撃を受けた。都市の古い建築などの目に見える物質文化だけではない。古くから伝わる民俗、民間芸術、口頭の文学なども打撃を受けた」

「第二に、現在は人類の文明の転換期にあることだ。歴史上、人類の文化の転換期は二回ある。最初は狩猟漁労文明から農耕文明への転換、第二次は現在、われわれが経験している農耕文明から工業文明への転換だ。第二次の変化の速度は非常に速く、農民は労働者となって村を出て行き、その文化は中断し、誰も継承しない。さらに多くの若い人たちの生活様式が変化し、短期間の内に、伝統文化に対するアイデンティティーを失った。これによって伝統文化は大打撃を受けたのだ」

官僚と不動産業者による破壊

「都市の破壊の原因は、一つには、文化を良く理解しない官僚たちにある。彼らは自分の成績をあげるため、目に見える形の変化を求めるからだ。その結果、都市の個性は破壊され、多くの都市は基本的に個性を喪失した。もう一つの原因は、不動産開発業者の金儲けだ。いま、一番金を稼げるのは不動産業だろう。庶民の住宅が劣悪で、人々が生活環境を変えたいと思っていることも、都市の変化の動力となっている」

［古村探訪］

徽省・南屏村

年の古民家たたずむ『菊豆』の故郷

写真・文

特集

じわりと変わる日本語教育

戴徳忠＝文　劉世昭＝写真

大相撲旋風

王浩＝文　馮進＝写真

一九七三年四月、日本の大相撲代表団が初めて中国公演を行い、中国の人たちに日本の伝統国技の魅力をタップリと味わってもらった。その三十一年後となる今年、北の湖敏満・日本相撲協会理事長を団長とする大相撲代表団がふたたび中国を訪問。北京と上海でそれぞれ公演し、中国社会に一大センセーションを巻き起こした。

首都体育館で行われた北京場所は、大勢の観客を魅了した

「信じられない！」

「信じられない！」――。大相撲中国公演で、中国人の感想でもっとも多かったのがこの一言だ。多くの中国人にとって、相撲はきわめて曖昧模糊とした概念である。身長二メートル近く、体重百五十キロもの力士たちが突然目の前に現れると、誰もがたいそう驚いた。また、ホテルの服務員たちが驚嘆していたのは、力士たちの驚くべき食事の量だった。食事は力士一人が一回につき、ふつうの人の三人前をぺろりと平らげるの

と万里の長城、繁華街の王府井をそれぞれ分かれて訪問し、参観したり、ショッピングを楽しんだりした。そして、至るところで観光客たちの注目を集めたのである。故宮を参観していたある二十代の中国女性は力士を見るなり息をのみ、目をまんまるくして、しばらく言葉にならない様子であった。「なんて大きいのかしら。まるで山のようだわ！」。また、王府井で力士が中国茶を買っているのを見た中学生たちは、競って力士たちの前で記念写真を撮っていた。ある力士は、記念撮影をしようと三、四歳の男の子を自分の膝の上に抱きかかえたが、男の子はその「巨人」にビックリして泣き出してしまった。母親が大急ぎで男の子を抱きかかえ、しばらくあやしていたほどである。

一日の北京観光中、力士たちはどこへいっても特殊な光景を作りだした。しかし、長時間歩くのは、彼らを疲弊させたようだった。天候はわりと涼しかったが、故宮を中ほどまで歩いただけで、びっしょりと汗をかき扇子をパタパタあおぐ力士や、そそくさと長いすに腰掛けて休みだす力士たちもいた。「ふだんはあまり歩かないんですよ。故宮はすばらしいけどスケールが大きくて、歩くには骨が折れますね」とある力士は語っていた。

❶「ハッケヨイ、ノコッタ」に観客も息をのんだ❷土俵下で目を光らせる審判委員❸子どもと力士たちとの「真剣勝負」❹闘志をみなぎらせる横綱・朝青龍

精彩を放った取り組み

大相撲北京場所の初日は、六月五日午後二時から始まった。観客たちは会場となった首都体育館に早ばやとやってきて、力士が登場するときを待っていた。そのほとんどが学生や家族ぐるみで訪れていた人たちである。会場は公演が始まる一時間前には、一万人近くの観客でいっぱいとなった。北京体育大学運動学部のある大学生は、大相撲中国公演のニュースを耳にするなり入場チケットを買ったという。「じっさいに相撲が観戦できるなんて、とても得がたいチャンスですよ。入場料は高かったけど、価値あるものだと思います！」（入場料は百元～千二百八十元まで。一元は約十三円）。

公演が始まると、北京出身で三段目の力士・仲の国（七月場所より幕下）の通訳により、力士たちが相撲の「基本動作」を披露した。土俵に上がったある力士が「股割り」を披露して、土俵に上半身をピタリとつける動作をしたとき、会場からはワーッという大歓声が起こった。これほど大きく、よく肥えた体のどこにそうした柔軟性があるのか、思いもよらなかったのだ。拍手も歓声もしばらくおさまることはなかった。

続いて、力士たちは中国と日本の小学生たちとのけいこを行った。小さな子どもが大きな力士に立ち向かう姿は、なんともいえず滑稽だった。土俵に上がったある子どもは渾身の力を込めて力士を押したが、力士はただ笑っているだけ。微動だにしなかった。それから力士が軽くたたく

迫力ある一番

教育さっくばらん
これでよいのか
日本の教育としつけ
藤巻啓森

6

特別寄稿
中国の大地に生きた日本人女医
葉綺先生を悼む
朱福来

7

中日国剧洲连巡演
祝近松座访华公演
圆满成功！
梅葆玖
2004.5.17
梅葆玖さんが揮毫した書
歌舞伎の公演が行われる北京・保利劇院
中村鴈治郎が主役を演じる『藤娘』
中村翫雀が主役を演じる『大刀盗人』

9

中国茶文化の変遷と漢詩②
スプーンで取り分ける

柳橋篁峰

唐代の茶具

古代の飲み方

古代には、お茶は薬であり食物でした。一体いつから飲むようになったのでしょう。

中国は広大な国ですから、いつ頃から飲まれるようになったのか、またどの地方から飲み始めたのかはよく分かりません。前回読んだ杜育の『荈賦』が三世紀末期に書かれたと考えると、後漢から三国時代には飲んでいたと思われます。

しかし、杜育のように茶をたしなんだ人はまれだと思われます。では一般的にはどんな飲み方だったのでしょう。

三国時代魏国の張揖（二三〇年前後）著『広雅』には、「荊巴（現在の湖北省と重慶市）の間の地方に、葉を採集して葉の餅を作る。老いた葉で作った餅は米で固める。煮る前に、まず赤色になるまで、火で炙る。それから、粉々にして茶器に入れて、お湯を注ぐ。葱、生姜、みかんの皮を混ぜる。これを飲むと、酒の酔いが醒め、眠れなくなる」というように、酒の酔いさましとして茶を飲んだことが書かれています。

また『三国志』「呉書・韋曜伝」のように、酒の代わりに茶を飲んだという記述があることから、この頃からすでに茶は一種の飲料となっていたことが推測されます。

また『広雅』には「茶を煮て飲もう」と書かれていることから、当時は「煮る」という方法で茶を飲んでいたと思われるのです。このような飲み方は一般的に非常に長く続きます。少なくとも唐代までは続いていたようです。ですから杜育のようにお茶を飲むことに水や茶器まで考えていたというのは、一部の文人や上流階級の人に限られていたようです。しかし、それはお茶の発展にとって重要なことでした。

唐代の飛躍

唐代中期には、茶を飲む風習が全国的に普及したと陸羽『茶経』「六之飲」に書かれていて、「唐朝は茶を飲むことが流行りだし、盛んになった。二つの都から湖北と湖南までの間にどの家でも飲んでいる」とあります。

『封氏聞見記』には、「南方の人はよく茶を飲んでいたが、北方の人は、最初飲む人があまりいなかったのである。開元中期、山東から都まで多くの茶店が茶を煮て売っている。道行く人たちは皆お金を払って、飲んでいる。……昼から夜まで飲んでいるので、ほとんど一般的な風習になった。中央で盛んになってから、辺境地域まで伝わったのである」と書かれています。

『旧唐書』「李玉伝」にも、「茶は米や塩と同じように日常的な食物になった。どこに行っても同じ様な飲用風習である。また、茶は米や塩と違って、疲れを取る効果があるから、非常に重要な飲み物となったのである。特に民間でよく飲まれている」等の記述が見られます。

盛唐の詩人儲光羲（七〇一～七六三）は次のような詩を書きました。

茗粥を吃するの作

当昼暑気盛、　当に昼の暑気盛んなり、
鳥雀静不飛。　鳥雀静かにして飛ばず。
念君高梧陰、　君を念う高梧の陰、
復解山中衣。　復た解く山中の衣。
数片遠雲度、　数片遠く雲は度り、
曽不避炎暉。　曽つて炎暉を避けず。
淹留膳茗粥、　淹留茗粥を膳し、
共我飯蕨薇。　我と共に蕨薇を飯す。
敵廬既不遠、　敵廬既に遠からず、
日暮徐徐帰。　日暮徐々に帰る。

【通釈】

昼頃に暑気が盛んになって暑く、
鳥も静かにして飛ばない。
高い木の陰で君を思いながら、
暑くなってきたので山中の衣を脱ぐ。
数片の雲が遠くに行ってしまい、
暑い光を避けることが出来ない。
残った茶葉で茶粥を作り、
ご飯とおかずと一緒に食べる。
粗末な我が家はもう遠くなく、
夕暮れにゆっくり帰る。

この詩を読んでみると、茶粥として食べていたことが分かります。ですから一般的にはお茶は食用であったり飲用であったりしていたのではないでしょうか。

当時の人々が一般にどのような飲み方をしていたかは、確実な資料はありません。しかし、宮廷においての様子は、『宮楽図』の中に描かれています。それをみると、スープのようにして鍋からスプーンで取り分けて飲んでいる様子がわかります。現代のお茶を飲むという考え方とは大きく違うことがわかるのです。♣

中国茶文化国際検定協会会長、日中友好漢詩協会理事長、中国西北大学名誉教授。漢詩の創作、普及、日中交流に精力的な活動を続ける。

中国語新辞苑

商務印書館の『新華新詞語辞典』をベースにリライトしたものです。

キーワード（※は造語）

海归（hǎi guī）〔returned students　**海外から帰ってきた留学生**〕海外学成归国，多指回国创业。有时也写作“海龟”。“海归”与“海龟”谐音，有诙谐意。/海外に留学し、卒業後帰国すること。帰国してから創業する者を指すことが多い。時には「海亀」とも書かれる。「海亀」と「海帰」は発音が同じだからだ。**例文**：国内对新型人才的旺盛需求和外国争夺中国人才的态势使国人醒悟，于是，许多地区从过去的争资金、争项目，转变到争夺人才资源，尤其是被称做“海归派”的留学人员更是成为争夺的焦点。国内では新しい型の人材に対する需要が大きく、また外国も中国の人材を奪っていく。これによって、中国人は目覚めた。多くの地区ではかつて、資金やプロジェクトを奪いあったが、現在その対象が人材資源に移った。とりわけ「海帰派」と呼ばれる人々が争奪戦の焦点となっている。（『北京晩報』2001年9月28日）

猎头（liè tóu）[headhunt：headhunter **ヘッドハンティング：ヘッドハンター**]①受企业等委托为其搜求人才。/企業などに頼まれて人材を引き抜くこと。ヘッドハンティング。**例文**：国外巨头惯用的“蚕食政策”亦将在国内旅行社内全面开花，其表现形式为收购和猎头，择优录取。/海外の大手企業でよく使われた「むし食い政策」が、国内の旅行社でも全面的に導入されるだろう。つまり買収とヘッドハンティングという形で優秀な人材を採用するのだ。（「解放日報」2002年1月11日）②专门从事猎头的人或中介组织。/もっぱらヘッドハンティングに従事する者か組織。ヘッドハンター。**例文**：1993年进京的雷文公司（英资）是京城第一家猎头。/1993年に北京に進出した雷文社（イギリス系）は、北京の初めてのヘッドハンター企業である。（『中国企業家』1999年10月号）

誌上ミニ新語辞典インデックス

知情权（zhī qíng quán）[right to inform　**知る権利**]当事人知道非机密的真实情况的权利。20世纪90年代以来，随着中国民主法制建设的发展，公民的知情权越来越受到人们的关注。/当事者が法律上機密ではない事実を知る権利のこと。1990年以来、中国の民主と法制の建設の発展にともない、公民の「知る権利」はますます人々の関心の的になってきた。**例文**：要有选择就先要知情，要保障消费者的选择权就先要保障消费者的知情权。/選択するためには、まず真実を知らなければならない。消費者の選択権を保障するには、まず消費者の知る権利を保障しなければいけない。（『人民日報』1996年5月2日）

取材日：2004年2月23日（月曜日）、取材場所：北京市

AM10:30

どんな失敗をしても、上司としてむやみに人を責めることはないが、逆にそんな姿が部下にとっては「恐怖」らしい。中途半端な仕事をすれば、自分の能力のなさを痛感してしまうからだとか。

明るく温和な蔡さん。人としてもマネージャーとしても、尊敬を集めている様子が伝わってくる。

☆　☆　☆

AM7:00

起床、朝食。一時間で身だしなみを整えて出勤。勤務するホテルまでは徒歩十分。

❶通信販売で買ったカードケース。各種カードは大好きなショッピングで重宝。
❷北京新世紀飯店の従業員証。従業員食堂の支払いカードにもなる。
❸電子新英漢字典（約400元）とPDA（電子手帳、約500元）。蔡さんは日本語だけでなく英語にも精通。
❹フランスの化粧品「ランコム」。無数の宿泊客と接するため、身だしなみには細心の注意を払う。
❺名刺ケースと名刺。
❻文具ケース。ボールペン、ペン型のICレコーダー（約1000元）、メモリースティック（約400元）などが見える。仕事に必要な道具への投資は惜しまない。
❼日本の友人からプレゼントされた万歩計。取材日は7000歩だった。
❽ビタミン剤と美容薬。
❾携帯電話（約2000元）。通話代は毎月200元程度。
❿バッグ（約300元）。明るい色でファッショナブルなバッグを好む。
⓫ホテルの更衣室、自宅、自転車のカギを入れている小物袋。
⓬イベントでもらった化粧ケース。中にはハサミ、爪切りなどもある。
⓭オフィスのデスクに貼った地図には、これまで足を運んだ国のキーホルダーを掛けている。

豆腐渣工程（dòu fu zhā gōng chéng）[jerry-built project　**手抜き工事**]比喻施工质量低……絞りかすのことで、質がひどく粗悪な、設計の要求に達しない建築工事のたとえ。**例文**：国……项目质量管理，防止出现“豆腐渣”工程。/国家質量技術監督局は最近、国家重点プロジェ……う通達した。（『経済日報』1998年11月10日）

在“三农”问题的讨论中，“新农协”的构想应运而生。特辑《呼之欲出的中国“农协”》参考日本的农协组织探讨了“新农协”的可能性（5月号，见图1）。在特辑《蓄势待发的直辖市天津》中，一篇对冯骥才的访谈是亮点——《天津如何在发展中保持自己的个性？》(3月号，见图2)。

《古村探访》栏目采访了徽派风格浓厚的安徽南屏村，翻译部标题会上改写的题目《千年古民宅屹立不倒　电影里〈菊豆〉的故乡》进一步吊起了读者的胃口（12月号，见图3）。本刊原副总编丘桓兴策划的栏目《客家望乡》对客家文化和社会生态进行了梳理，字里行间透着这位广东客家人的无尽乡愁（1月号，见图4）。

特辑《深刻变化中的日语教育》结合二次元文化的渗透和日企在华需求的扩大，就日语人才培养的新特点和日语教育面临的新挑战进行了讨论（8月号，见图5）。日本学者藤卷启森给《东张西望》的投稿《日本的教书育人出了什么问题》，则从日本内部对本国教育体制出现的问题进行了思考（5月号，见图6）。中日关系史学会副会长朱福来的投稿《悼念将毕生献给中国大地的日本女医生叶绮先生》回顾了这位真实的“大地之子”的感人故事（8月号，见图7）。大相扑来华使中国兴起相扑热，图文并茂的报道记录了这次交流的盛况（9月号，见图8）。歌舞伎公演也接踵而来，梅葆玖接受本刊采访，表达了对歌舞伎来华公演充满期待（5月号，见图9）。

棚桥篁峰开始了新栏目《中国茶文化》，解读茶文化在中国的发展（2月号，见图10）；介绍流行词的新栏目《中国语新辞苑》是上世纪末起步的《关键词》的升级版（2月号，见图11）；笔者策划的小切口栏目《我的一天》，试图通过不同职业的普通人在家庭和职场一天里的活动以及个人物品盘点，反映大时代里中国人的生活百态（5月号，见图12）。

12

中日友好の大型写真展開く

王浩＝文　于明新　王衆一＝写真

「ともに築こう、平和と繁栄」をテーマにした中日両国人民の友好写真集出版を記念して、大型写真展が、東京・六本木ヒルズ五十二階の大展望台東京シティービューで七月二十八日から八月七日まで開催され、連日、千人以上の観客で賑わった。

この写真展は、中日両国の今年の重要な交流活動の一つで、どの写真にも、中国と日本の友好の気持ちが溢れ、観客の深い感動を呼んだ。

❶開幕式でテープカットする来賓❷記者会見で説明する国務院新聞弁公室の趙啓正主任（左）と蔡名照副主任

歴史を全体として見よう

今年は中日戦争が終結して六十周年に当たる。この時期にこうした写真展を開催するのは、特別な意義を持っている。中国国務院新聞弁公室の趙啓正主任は、開幕式前に開かれた記者会見でこう述べた。

「中国にも日本にも、『歴史を鑑とする』という言い方があり、これは歴史を正視するということです。しかし中日の歴史はただ単に戦争の歴史だけではありません。二千年以上の長い友好の歴史があるのです。だから、全面的に中日関係を取り扱うことによってのみ、正確に判断することができるのです」

趙主任はさらに、戦後六十年の間に、中日両国で多くの感動的な物語があったが、これを両国人民、とりわけ若い人たちに分かち与えなければならない。現在、中日間には一部、困難が出現しているが、中日関係の中から積極的な要素を掘り起こさなければならない、と指摘した。

この写真展には百二十枚以上の写真が展示されている。その中でもっとも感動的なのは、ヒューマンストーリーである。例えば、魯迅と内山書店の付き合い、沈没した日本の『阿波丸』を中国政府が引き揚げた話、中国・河南省の農民、孫保傑一家が日本の負傷兵、石田東四郎さんを四十六年間にわたって養ったこと、日本の遠山正瑛教授が中国・内蒙古で植林し、砂を治め、亡くなった後には、遺骨を中国に埋めたこと……これを観た多くの人々は、深く感動していた。

国務院新聞弁公室の蔡名照副主任によると、この写真集と写真展の準備のため、企画チームが今年一月から、中国各地を走り回って写真を集めた。同時に、多くの熱心な日本の友人が、この写真集のために、数十年も保管していた貴重な写真を送ってくれた。

山のような写真の中から、二百六十枚が選ばれた。その中の約四十枚は、初めて公開される貴重なものである。展示された写真は、日本にそのまま残り、可能であれば、日本各地で引き続き展示される。また、中国語版の写真集は、印刷がすでに始まっていて、中国各省市で、宣伝、普及活動が展開されることになっているという。

和気あいあいとした開幕

この写真展のイメージ・キャラクターとして、香港の有名な映画スターのジャッキー・チェンと日本の卓球選手の福原愛ちゃんが、開会当日、会場に姿を現した。この企画はなかなかの思いつきで、二人の好感度は高く、会場の雰囲気は、二人の登場で最高潮に達した。

愛ちゃんは、きれいな中国語で「我出生在日本，我爱我的国家。我在中国打球，我也很爱中国」（私は日本に生まれ、日本の国を愛しています。私は中国で卓球をしていて、中国も大変愛しています）と挨拶し、来賓たちの笑いを誘った。

愛ちゃんはいま、中国の遼寧卓球クラブに所属し、遼寧を代表して中国卓球のスーパーリーグに参加している。試合の模様は中国のテレビで中継され、視聴者は「瀬戸物で作ったお人形さん」と呼ばれるこの日本の少女が大好きだ。彼女の加盟で、遼寧卓球クラブも大いに注目されるようになった。

開幕当日、展示を見終わった一人の日本の女性が非常に感動して、係員にこの写真集の買い方を尋ねていた。この女性は、展示された写真の中に自分の姿が映っているのだという。「私は中国へ行って多くの活動に参加してきましたが、展示写真の中に自分がいるとはまったく思いもよりませんでした。本当にうれしい」と彼女は言った。

「姑蘇城外寒山寺　夜半鐘声到客船」の詩で有名な中国千年の古刹、蘇州の寒山寺。その寒山寺住職の秋爽大師も会場にやって来た。そして開幕式では、中日両国の平和と幸福を祈求する「吉祥の鐘」を撞き鳴らした。

多くの来賓が秋爽大師を囲んで、彼に「一筆書いてほしい」と頼み、秋爽大師はこころよく揮毫に応じていた。東京に住んでいるという女性は、秋爽大師から「福寿康寧」と書いてもらい、「この字は幸運を運んでくれる。しっかりしまっておかなくちゃ」と大喜びだった。

写真展の期間中、観客の多くは、自分の感想を書き残した。千葉県柏市からきた高橋青枝さんはこう書いた。

「古くからの沢山の写真、拝見しました。日中友好の長い歴史、これからも永遠に続けていけたら幸せに思います」■

❶ブロック（右上）開幕式に出席した、右から趙啓正主任、王毅中国大使、蔡名照副主任、周明偉CEO（右下）趙啓正主任の案内で参観する河野洋平・衆院議長（右）ら（左上）王毅大使の案内で謝罪を聴く河野衆院議長（中央左）と橋本龍太郎元首相（中央右）（左下）周明偉・中国国際出版集団CEOの説明を聴く川口順子首相補佐官（外交担当）❷ブロック　会場には、マスコミ関係者や観客が多数つめかけた❸ブロック　イメージキャラクターのジャッキー・チェンと福原愛ちゃん、寒山寺住職の秋爽大師らが会場に姿を見せ、雰囲気を盛り上げた❹ブロック　出版された写真集「ともに築こう　平和と繁栄」から

【特別寄稿】

読み解く「井真成」の謎

中日関係史学会副会長　張雲方

昨年十月、西安で、唐代の日本の遣唐使として中国に渡り、そのまま唐の玄宗皇帝に仕えた日本人留学生、「井真成」の墓誌が発見され、大きな話題となった。この墓誌をどう読むかについて、中日両国の専門家や学者がシンポジウムを開催したり、論文を発表したりしている。

発表された見解や解釈に、大きな啓発を受けたが、その一部の結論について私は、やや異なる意見を持っている。「井真成」とはいったいどんな人物だったのかについても、いささか考えるところがある。

「井真成」は中日友好の歴史的な象徴である。浅学非才を顧みず、敢えて私の考えを述べるのは、さまざまな角度から「井真成」の実像に迫ることによって、「井真成」の研究がさらに深まり、中国と日本の友好がさらに発展することを願うからである。

「井真成」とはどんな人

埋葬された「井真成」という人物は、いったいどんな人なのだろうか。墓誌の中には、彼についての記述が四カ所ある。

（1）日本という国号の国からやって来た。生まれつき才能があり、命じられて唐に来て活躍したこと。

（2）唐で学問を修め、官吏として皇帝に仕え、他の人より抜きん出ていたこと。

（3）開元二十二年正月、官舎で、三十六歳の若さで亡くなったこと。

（4）皇帝がこれを哀れんで、「尚衣奉御」の位を贈り、その年の二月四日に万年県の滻水という川の東の岡に埋葬されたこと。

このように、墓誌はかなり詳しく「井真成」の生涯を記述している。しかし、依然として、いくつかの大きな謎が残っている。

まず「井真成」の姓は、「井」なのかどうか。そして彼が傑出した人物で、唐での業績があったのなら、どうして史書の中に書かれていないのか。

彼の生前の官職は何だったのか。生前の官職や彼のすぐれた学識と、贈られた「尚衣奉御」という官職とは、何か関係があるのか。さらに彼といっしょに入唐し、中日友好史上、その名も高い阿倍仲麻呂らとは交際がなかったのか……。疑問は尽きない。

私は「井真成」は、この日本人留学生の中国名であり、「井」姓はたぶん唐の皇帝から賜った姓だと思う。

古代中国では、日本人の名前を記述する仕方には、三種類ある。

①日本語の発音に近い中国の漢字で表記したもの。例えば、『後漢書』に出てくる「卑弥呼」や『魏書』の「卑狗」「卑奴母離」などである。

②日本人が自分の名前として使っている漢字の名前を直接使う。例えば、『旧唐書』の「橘逸勢」や「空海」、『新唐書』の「粟田」、『宋史』の「玄昉」など。

③中国に渡り、その地の風習に従って中国の名前を使うか、あるいは朝廷から姓を賜る。例えば藤原清河や阿倍仲麻呂は、入唐後、それぞれ「河清」や「朝衡」という名で中国の史書に記載されている。「朝衡」は、玄宗皇帝から賜った名である。

こうした過去の例から考えて、私は「井真成」は中国での名前であると判断した。

問題は、「井真成」と元の日本での原名と関係があるかどうか、またその名前に何か深い意味が隠されているかどうかだ。

藤原清河は、「河清」と関係があるが、阿倍仲麻呂の「朝衡」は、元の名前と関係がない。「朝衡」には、実際は永遠に唐の朝廷を拝し、朝貢するという意味が含まれていると思われる。「井真成」もひょっとすると「精真誠」（「精」と「井」は中国語の発音が似ている）という意味が隠されているのかも知れない。

❶❷「井真成」の墓誌（写真提供・博文氏）

人品骨柄の秀でた人物？

現在までのところ、現存する史料の中には、「井真成」という名前は見つかっていない。しかし、死亡した年から逆算すると、生まれた年は六九九年であることは間違いない。

日本からの遣唐使は、六三〇年から二百年間に十八回にわたり遣わされた。しかし本当の遣唐使は十二回で、三回は途中で中止、二回は唐の使節の帰国を見送りに、もう一回は唐の使節を出迎えに唐に来たものだった。

「井真成」は、年齢から推定すると、日本から七一七年に派遣された第八次遣唐使の時の留学生であったに違いない。第七次の遣唐使が派遣されたとき、彼はまだ三歳だったし、第九次は彼が死去する一年前だった。

一行は総勢五百五十七人で、この中には「井真成」のほか阿倍仲麻呂や吉備真備も含まれていた。阿倍仲麻呂は「井真成」の一歳年上、吉備真備も二歳ほど年上だった。留学生の多くは貴族の家柄で、阿倍仲麻呂の父は正五品に相当する中務大輔、吉備真備の家柄は阿倍より低かったが、右衛士少尉であった。これから推定すると、「井真成」も名門の出身であったに違いない。

遣唐使の一行に加えられる留学生や学問僧に選ばれるのは非常に難しく、学問、人品がともに秀でていることだけでなく、堂々たる容貌も求められる。「井真成」は家柄も良く、人品骨柄が衆に秀でた人物だったと思われる。

留学生は入唐後、学識と家柄によって国子学、太学、四門学などのコースに分けられる。国子学、太学を学ぶ者は五品以上の家柄の者、四門学は七品以上の家柄の者に限られた。史料によると、阿倍仲麻呂は太学のコースに入った。吉備真備は太学のコースには入れなかったが、幸い、四門学の助教授、趙玄黙の門下に入り、直接の指導を受けることができた。「井真成」もこうしたコースで勉強したのではないか。

科挙の試験で「進士」に合格した阿

張雲方氏（写真・馮進）

業の逆境作業中、そこから逃げ出した、十年経った後も、父の体には日本人に鞭で打たれた傷跡が残っている。母は監禁生活のせいで重い関節炎を患った。

日本人に対する憎しみは、このように両親の運命とともに続き、私の血の中にも流れ込んだ。ある日、小川監督の制作室でこの過去の話をしたとき、彼は頭を下げたままじっと聞いていて、長い間一言も発しなかった。監督がどのように考えているのか分からなかったが、その沈黙の間、何となく恐怖を感じ、言葉では言い表せない緊張感に包まれた……。しばらくすると、監督は急に頭をあげて、「私たち日本人は、あなたたち中国人に対して罪を犯しました」と言った。監督が言ったのは「私たち日本人」だった。監督は「私

しているのを見て、心の中は憎しみで満ちる。しかし一方では、心の片隅で、心の奥底で、小川監督は依然として私が深く敬愛した、偉大な日本人であることに変わりないことも分かっている。彼は日本にすばらしい文化を残したばかりではなく、世界にも豊かな財産を残したのだ。

小川監督が息づくフィルム

山形県の小村で映画の編集をしていたとき、外では雪が降りはじめた。部屋には暖房もなく、お湯さえもなかった。そこ

注水肉（zhù shuǐ ròu）［water-in-jected meat　水増しした肉］
を除く劣悪な肉類。例文：
「水増しした肉」が発見された。中には水分の量が80%以上に達したものもあ

放談さっくばらん

よみがえれ 革命詩人 秋瑾の心

伝記作家　永田圭介

浙江省紹興市の繁華街、軒亭口の道路を左右に分けるように、高さ十メートルほどのコンクリートの秋瑾烈士記念碑が立っている。一九〇七年七月十五日の夜明け前に、女性革命家秋瑾はこの碑の場所で衆人環視の中、斬首刑に処せられた。

午前三時に山陰県監獄から曳き出された彼女は、県衙門で即刻死刑の宣告を受けたとき、動じる色もなく知県（県知事）の李宗嶽に訣別の遺書を書かせよ、袒衣（斬首前に衣服を剥ぐこと）をするな、梟首（さらし首）をするな、と三つの要求をした。知県は時間がかかる遺書を除き、袒衣と梟首をせぬことを約束した。

この前日に、秋瑾は李宗嶽の取調べに対して『秋風秋雨愁煞人』（秋風秋雨人を愁殺す）と有名な絶唱を書き遺している。そのあとに代わった残忍な取調官が用意した火煉瓦、火鎖などの虐殺的拷問具を前にして、「革命党員は死を恐れない。殺したければ殺せ」と叫んだのみで、目を閉じ、歯を食いしばって遂に一言も吐かなかった。

翌晩に彼女の斬首刑を予定している官側は、衰弱死を恐れて拷問を打ちきり、贋造した供述書に力ずくで拇印を押させ、死刑宣告の体裁を作った。判決のあと直ちに、秋瑾は足に鎖枷をつけられ、腕は背後に縛り上げられて刑場に向かった。極度の疲労でよろめく死刑囚秋瑾を支えようとした護送兵に、彼女は一喝した。「自分で歩く！　手出し無用」。

暗黒の道の彼方から近づいてくる軒亭口刑場のたいまつの明かりを、秋瑾はまっすぐに見つめ、重い鉄鎖を引きずりながら、隊列の先頭を毅然として歩いた…。

書かなければならない

私がおぼろげに秋瑾を知ったのは、大多数の日本人がそうであるように、戦後文学を代表する作家の一人、武田泰淳の小説『秋風秋雨人を愁殺す（秋瑾女士伝）』からである。彼は魯迅の翻訳で有名な中国文学者竹内好と共に、中国を舞台とした多くの作品を書いた。

この作品は一九六七年に雑誌『展望』に連載され、六九年に第十九回芸術推奨文部大臣賞の対象になったが、武田は固辞して受けなかった。迫真の表現力で後進に大きな影響を与えたといわれるが、読者に中国近代史の知識があることが前提となっているような構成に、肝心の秋瑾についての事前知識がまったくなかった私は、人物と時間が前後に錯綜する複雑な記述についてゆけなかった。結局、漠然とした印象のまま、秋瑾は記憶の奥に埋没してしまった。

一九九九年の十一月に紹興の魯迅故居を訪れたとき、この静かな街に秋瑾の故居があったことをふと思い出して、次の機会には秋瑾故居を訪ねる気持ちになったのは、紹興という街の雰囲気がなせるわざだろう。二〇〇一年の秋に秋瑾故居を訪れて、和服姿で刀を構えた写真の前に立ったとき、私は何か大事なことを忘れていたような気持ちに襲われた。

秋瑾の子孫に自著を贈呈する筆者（右）

崇高なまでの美貌、優れた詩才、それに論理的な弁論能力、彼女はこれらの天分のすべてを、纏足に象徴される閉塞された女性の社会的地位の開放と経済的自立の推進、そして異民族清朝打倒の革命のために捧げた。まさに無私の正義感の権化である。

単に目標を掲げるだけでなく、その実現手段のために夫、子供、そして家庭を棄て、わずかな所持品や衣類を売って日本に留学し、自ら学びながら同時に留学生たちを教育した。目的は女性の解放、漢民

私は江蘇省蘇州市に縁者やビジネスのかかわりを持っていたので、秋瑾故居で購入した資料とあわせて、自分自身の手で新しい視点から秋瑾の伝記を書き上げることを志した。書かなければならない、困難や障害は山のようにあるが、とにかく書くことがこのような状況に恵まれた自分に課せられた義務だとさえ思った。

さらにこれを中国で中国語に翻訳し、二〇〇七年の秋瑾就義（義による刑死）百周年を期して中国で記念出版をする、この目標が、私の中に不思議な新しい力を与えてくれた。

改めて知る近代中国の群像

執筆の過程や参考文献を集める苦労話は本書の「あとがき」に述べているので、ここでは執筆によって、私自身が認識を新たにしたものについてお話したい。滅びかけた清国、新興の日本、この二つの国が生き残るための共通の手段としたものは、教育の改革であった。かつて中国と日

指導者となった思想家たちがその勢いを促進する。

立憲君主制を主張する梁啓超らの維新変法派、これに対して清朝打倒を旗印とする孫文、黄興、陳天華、宋教仁、そして秋瑾が所属する浙江革命党の光復会の陶成章、徐錫麟など、綺羅星のような若い群雄がそれぞれの理念を掲げ、共通の目標である革命に向かって行動した。

圧政と侮蔑の象徴であった辮髪の下の頭脳から、現在でも感嘆すべき周到緻密な革命論が生み出され、実行された。彼らの平均年齢はほぼ三十歳前後で、革命派の多くは刑死、獄死、暗殺、自殺などでこの年代で最後を遂げている。彼らがもし十年生き延びて国政に関与していたとすれば、その後の中国はかなり異なった姿になったことだろう。

当時の日本の社会では、辮髪や風習、気質に否定的な違和感をもち、清国留学生らを侮蔑と偏見の目で嘲った。神経を病んでいた陳天華は留学生を「放縦卑劣」と罵倒した東京朝日新聞の記事に衝撃を受

希望プロジェクト］指社会或个人以集资和捐赠的方式资助贫困广大地区失学儿童重返校园的一项
をしたりして、わが国の広大な地域で、学校に行けなくなった子供たちを学校へ戻すために資金

预热（yù rè）［warm-up　準備作業］原指复印机等电子电器设备使用前的加热过程。新义：比喻活动等的前期准备工作。／元々は、複写機などの電子・電気機械を、使用する前に暖めることを指した。新しい意味では、活動を行う前の準備作業を比喩的に指す。例文：北京火车站、首都国际机场等处的旅游咨询系统开始为"五一"长假预热。／北京駅や首都国際空港などにある、安い旅館のインフォメーション・システムが、メーデーの長期休暇を前に準備作業に入った。（『北京日報』2001年4月6日）

放談さっくばらん

小川監督が遺してくれたもの

映画監督、作家　彭小蓮（ポン・シャオレン）

今年二月七日、私はニューヨーク東三番街の映画館で、『満山紅柿　上山柿と人とのゆきかい』を上映していた。最後に観客と言葉を交わしたとき、その日は、小川紳介監督の没後十三周年にあたることに気がついた。すると、厳粛な気持ちで心がいっぱいになり、死に対して新たな認識ができた。このとき、死とは決して恐ろしいものではないことに気がついたのだ。人は死んでしまっても、命よりもさらに長期的なものが残る。そこには、その人の精神と魂がまだ存在している。

スクリーンの上には、生き生きとした小川監督の姿があり、彼のするどい質問が聞こえてくる。さらに感激したのは、監督の考えや人生に対する認識が、作品と一緒になって私たちの生活に融けこみ、永遠のものとなっていることである。世界とは、こんなに神秘的で豊かなものなのだ。生と死を前にして、小川監督は私に恐怖を超越させた。

『満山紅柿』は、小川監督が一九八五年に撮った『ニッポン国　古屋敷村』の一部だった。監督は小村で紅つるし柿（干し柿）を作っているというこの話が大好きだったが、『ニッポン国　古屋敷村』の中では調和が取れず、少し余計だったのでカットした。そして、この十七時間のフィルムはそのまま倉庫にしまわれ、十六年もの歳月が経った。

小川監督が亡くなってから六年後、夫人の白石洋子さんは資金を集め、映画の追加撮影をし、編集・録音をしてこの作品を完成させることを決めた。そして、四方八方手を尽くして、私を探し出した。

「どうしてあなたを探したの？　中国人であり、しかも劇映画を撮る監督に、どうして小川監督の作品の完成を頼むの？」こう疑問を持つ人は、きっと多いことだろう。私が山形県の辺鄙な農村で、追加撮影と編集作業をしていたとき、日本映画を教えていたアメリカ人のマークもそう尋ねてきた。そして私の話を聞くと、その話を映画の中に入れるべきだと言った。しかし、このことはそれほど大切なことではなく、最も重要なのは、小川監督の最後の映画を完成させることだと私は考えていた。

日本人と日本文化を見つめ直す

一九三七年、抗日戦争が始まった。私の母・朱微明は、当時、新四軍（中国共産党の国民革命軍陸軍新編第四軍）の機関紙『前鋒報』の編集長であった。あるとき、売国奴によって日本人に捕まり、鞭で打たれて男性の牢屋に監禁された。母は湿った土の上に一人で横たわっていた。もっとも怖かったのは、夜になると日本兵がやってきて、母をからかおうとしたことだったという。母は声の限りに叫んだ。自分の体がバラバラになるほど絶望的な叫び声だった。収容されていた男たちが鉄柵の向こうから、「日本人、女性をからかうな！」「日本人、中国から出て行け！」とみんなで叫んだため、日本兵は驚き恐れて逃げていった。鞭で打たれたり、さまざまな陵辱を受けたりした後、新四軍がようやく助け出してくれた。

危房（wēi fáng）［dilapidated building　危険な建物］危险房屋的简称。指年久失修、结构老化、急需整修或拆除的房屋。／危険な建物の略称。長年、修理せず、老朽化して、急ぎ修繕するか、取り壊す必要がある建物を指す。例文：由于受白蚁、漏水、排水等因素的影响，整座建筑已成危房。／シロアリや雨漏り、排水などの影響で、建物すべてが危険な建物になった。（『深圳特区報』2005年4月18日）

【あの人　あの頃　あの話】⑦

「情」は最良の潤滑油

北京放送元副編集長　李順然

中日友好協会の会長をしていた孫平化さん（一九一七〜一九九七年）は、情に厚い人だった。こんなことがあった。

中日友好協会の初代の会長だった廖承志さんが亡くなったのは、一九八三年六月十日だったが、それから半月ほどしたある日、北京放送では孫さんをスタジオにお招きして、廖承志さんを偲ぶお話をお願いした。日本向け番組なので、もちろん日本語で録音する。「十五分の番組だから、前後の紹介アナウンスを差し引いて正味十三分ぐらいで」と、あらかじめ電話でお願いしておいた。

廖承志さん（左）と孫平化さん

スタジオに入った孫さんは、原稿も持たずにマイクに向かう。まるで廖さんが目の前にいるかのように、しっかりと前を見すえ、ゆっくりと話を始めた。

「廖承志先生、あなたの肝いりで、北京の友好賓館の中につくられる日本料理店『白雲』が、もうすぐ開店し、あなたの大好物のマグロの刺身を食べていただけるのを、とても楽しみにしていたのに、それを待たずに亡くなられてしまった。まったく悲しいです。残念です」

こんな言葉で始まった孫さんの話は、多くの日本の友人の名を挙げながら、予定の十三分をはるかにオーバーして、なんと二時間あまり。一九五二年に廖さんの下で仕事をするようになってからの三十余年、廖さんをめぐる思い出の一コマ一コマを、孫さんは「悲しいです」「残念です」を連発しながら、ときどき目を閉じ、噛みしめるように話した。

録音を終えてスタジオから出てきた孫さんは、私に「やあ、だいぶ時間をオーバーしてしまった。でも、心にあることを、みんな話させてもらった。ありがとう。後はそちらで適当に削ってください」と言い残し、「ご苦労さま」と、スタッフ一人一人と握手をして部屋を出て行った。

孫さんの話は情にあふれるものだった。廖さんに寄せる「情」、中国と日本の民衆に寄せる「情」、中日友好という仕事に寄せる「情」……にあふれていたが、「情」といえば孫さんは、その遺言ともいえる『私の履歴書』（日本経済新聞社）で、次のように書いている。

「私がいつも思うのは、中日友好でも、日中友好でも、一番重要なことは、人間と人間の関係だということだ。おたがいに心と心で付き合う友情が大事だと考えている。その意味では、最近の中日関係には『情』がない」

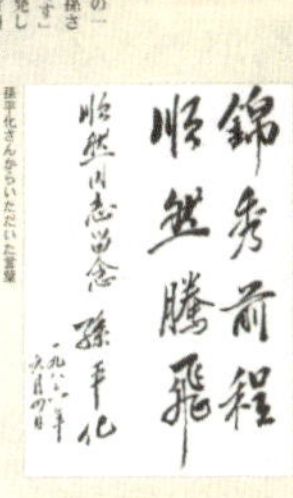

孫平化さんからいただいた言葉

半世紀にわたり、一兵卒として中日関係の仕事にたずさわってきた私も、孫さんの言葉に共鳴する。昨今の中日関係は『情』が薄くなったように感じるのだ。

中国と日本は隣同士である。百年後も、三百年後も、五百年後も……。隣同士にとって、「情」はことのほか貴重だ。あれやこれやのいざこざが起きるのは、古今東西、隣同士の常である。「情」は、それを解決する最良の潤滑油であることも、歴史は教えている。

私には、孫さんの「情」がないという言葉の裏に、「情」があって欲しいという孫さんの強い本音を感じるのである。▲

半世紀にわたり日本の負傷兵を世話したある農民の話

王浩＝文

今年は、あの悲惨な戦争が終結して六十周年の節目の年である。戦争が人類にもたらした大きな災禍をふりかえるにあたり、河南省南召県の農民、孫邦俊さんの一家が、なんと四十七年もの間、日本の負傷兵・石田東四郎さんの世話をして、ぶじに帰国させたという実話を聞いた。そこで、同県にほど近い南陽市を訪れ、孫邦俊さんの家族や証言者を取材、この実話を記録することにした。

日本の負傷兵

南陽市は河南省南部に位置する「歴史文化の町」である。三国時代（二二〇～二八〇年）の蜀国の丞相・諸葛亮は若いころに、この地で晴耕雨読した。いわゆる「三顧の礼」で知られる故事は、ここが発祥の地だという。

南陽市から北へ自動車で一時間ほど走ると、南召県太山廟郷につく。孫邦俊さんの家が、この村にあるのである。孫さんとその息子の孫保傑さんは、すでに他界したという。息子の嫁の王成香さんが、この話をもっともよく知る人物となっている。

彼女の話によれば、孫邦俊さんが最初に石田さんに会ったのは、一九四六年秋の収穫期のことだった。そのとき、隣村の黒石寨で商売をしていた孫さんは、ある大通りで、ボロボロの衣服をまとった物乞いを目にとめた。人に聞けば、日本の負傷兵であるという。流浪の果てにたどりつき、すでに一年が経過していた。聾唖者であるらしく、毎日、物乞いをして暮らしていた。空腹のために、捨てられた野菜くずまで拾って食べているようだった。見たところ、長くは生きられそうにない。ある友人が、孫さんに言った。「孫さん、あんたの家は家族が多いのだろう。あの負傷兵を、つれ帰ってくれないか。なにか少し食べさせてやれば、生きのびられる」

当時は、抗日戦争が終わって、まだ一年。日本軍が中国人に与えた災禍の記憶が、鮮明によみがえるころであった。孫さんの住む太山廟郷にも、日本軍の略奪に遭った村人は多かった。しかし、そのかわいそうな日本の負傷兵を見て、孫さんは深く同情した。そして、その日のうちに彼を連れ帰ったのである。

そのころ孫さんは五十過ぎで、子どもたちもまだ幼かった。妻は負傷兵をひきとることに反対したが、孫さんは言った。「うちに置いてあげようよ。でないと、飢え死にしてしまう」。孫さんの意志の強さに、妻はもう、二度となにも言わなかった。衣服や靴を持ってきて、負傷兵に着替えてもらい、さらには医者を呼んで診てもらったのだ。

孫さんの家が日本の負傷兵をひきとったという噂は、すぐにも村中に伝わった。多くの人たちが、門の前でこう叫んだという。「子どもたちが戦争に行かされて、いまでも音沙汰がないじゃないか。どうして、日本兵をひきとっているの！」。亡くなった肉親のかたきを打とうと、その負傷兵を叩き殺そうとする人もいた。しかし、孫さんは言った。「水心あれば、魚心あり。かけがえのない命だよ。彼を見殺しにはできないよ」

孫さんの説得のもと、この名前さえもわからない負傷兵は、このときから四十七年間、孫家の世話になるのであった。

苦労をともにして

負傷兵をひきとってから、孫家の暮らしは少しも落ち着かなくなった。

王成香さんは言う。「彼はよく深夜に大声で叫ぶか、なんの歌詞かわからない歌をうたっていたんです」。あるときは、自分の顔を殴ってあちこちに青あざをつくっていた。またあるときは、彼にあげたばかりの靴を、包丁で細かく切りきざんでしまった。寝床のかけぶとんも引き裂いて、中入れの綿だけが残っていた……。その後、彼の左耳の後ろ側に、小指大の弾痕があるのが発見された。おそらく弾丸は大脳まで達しており、そのため彼の自活する能力が失われたのだろうと考えられた。

負傷兵のこうした異常な行動は、まわりの村人たちを驚かせた。「生活は苦しいだろうに、なぜ負傷兵をタダで養っているのか。追い出せばいいじゃないか」などと忠告する人もいた。しかし、孫さんは言った。「追い出したら、あの人はどうやって生きていくんだい？」

頭をケガしているせいか、負傷兵には働く能力がなかった。村人たちの記憶によれば、いつも農作業に出かけるのだが、彼にはどのように教えてもできなかった。畑で草取りをするときも、彼は作物の苗までいっしょにさらってしまう。羊のエサを刈るときも、彼にはある種の青草しかわからないので、野山をあちこち探しまわった挙句に、集めた草は子羊一匹ですら満足させられないものだった。しかし、孫さん一家は、肉親

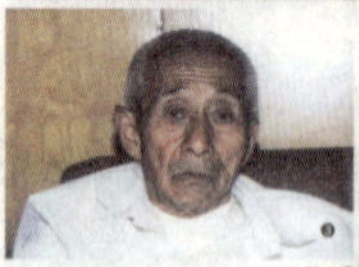

❶石田さんの「帰国実現報恩会」を開いた増田町の人々 ❷石田さんが四十七年間暮らした孫さんの家。王成香さんとその娘（写真・王浩） ❸石田東四郎さん

戦後六十年・混声合唱組曲

『悪魔の飽食』中国公演によせて

戦後六十年を迎えた今年八月、旧日本軍の七三一部隊を題材にして歴史を直視し、平和への祈りを高らかに歌い上げる混声合唱組曲『悪魔の飽食』の中国公演が、南京と北京で行われる。同名のノンフィクションの著者、森村誠一氏が原詩を、映画や舞台音楽などを幅広く手がける池辺晋一郎氏が作曲を担当している（中国公演名誉団長・森村氏、団長・池辺氏）。コンサートは、一九八四年に神戸市で初演されてから全国各地で開かれており、九八年には中国のハルビン、瀋陽でも開催された。第二回中国公演を前に、『悪魔の飽食』コンサートの足跡や抱負、期待することについて中日双方の関係者から寄稿していただいた。

「日本人の良心の灯」をともす

第二回『悪魔の飽食』中国公演団副団長
神戸市役所センター合唱団団長
田中 嘉治

合唱組曲『悪魔の飽食』は、神戸市役所センター合唱団の委嘱作品として作家の森村誠一氏原詩、作曲家の池辺晋一郎氏・神戸市役所センター合唱団編詩、池辺晋一郎氏作曲による全七章からなる四十分の混声合唱作品である。

森村先生の十六編からなる長大な原詩をもとに、団と池辺先生とののべ二十時間にも及ぶ編詩（補作や改作という意味でなく原詩のイデーを損なわずに一つのメッセージが発信できるよう全体のコンストラクションを作る）作業を経て生まれた。「編詩」という言葉は、池辺先生の造語である。

初演は、一九八四年十月二十三日。神戸において団員と一般公募した市民団員を含む総勢百五十人の合唱により千五百人の聴衆を前に演奏された。

その後、全国各地でも歌われてきたが、とりわけ一九九〇年九月、東京での「日本中国友好協会創立四十周年記念コンサート」で、演奏された際には、作曲者自らこの曲を初めて指揮し、大成功をおさめたことが、その後の壮大な事業展開の伏線となっている。

以後、全国縦断公演は世紀をこえて、これまでに埼玉、山口、京都、茨城、岡山、大分、奈良、広島、熊本、仙台、東京、福井、神戸、沖縄、長野、高知と十六回開催されてきた。二〇〇七年三月には神奈川でオーケストラ伴奏による公演が決定している。

このような偉業が成し遂げられるのは、今回の中国公演でも事務局長として大役を担ってくださっている持永伯子さんに全国縦断コンサートのプロデューサーとして、無二の推進力を発揮していただいているからである。

全国縦断コンサートを各地で成功させていく中で、九八年夏には、七三一部隊の本拠地であるハルビンと瀋陽での第一回中国公演を森村名誉団長、池辺団長のもと全国二百四十人の参加で大成功させることができた。

一九九八年八月、遼寧省の瀋陽音楽院で行われた第一回中国公演

『悪魔の飽食』公演を取り組むには、音楽的にも、運動的にもたいへんなエネルギーが費やされるわけであるが、過去の開催地での実例が物語っているように、「悪魔」をうたえば飛躍と平和の花が見事に咲き誇るのである。それは、この歌が、七三一部隊の真実からさらには戦争と平和の真実に肉薄した人間愛の真実を追求する作品としてのエネルギーを内包しているからである。

一歩間違えば残酷性のみが強調されるグロテスクな音楽作品と想像されやすいテーマであり、しかも、日本の軍国主義が犯した過誤と悲劇を日本人自らが告発した極めてリスクの多い「火中の栗」を敢えて題材にして、音楽作品化を試みようとしたのか。

着想はいつも偶然の衣をまとってやってくる。三千人以上に及ぶ「マルタ」と称された捕虜に生体実験等を重ねて、大量殺戮兵器としての細菌兵器の研究開発を行った「旧日本陸軍・七三一部隊」の全貌をドキュメントとして著した『悪魔の飽食』が、居酒屋の会話の中から突如、頭をもたげた。

一九八一年の暮れから西ヨーロッパを中心に燎原の火のごとく燃え広がった反核運動は日本国内においても、文学者、音楽家、美術家、新劇人等々をはじめとする文化人の核兵器廃絶を求める反核署名や反核決議にみられるように「草の根運動」として大きく盛り上がっていった。八二年の夏にニューヨークで開催される第二回国連軍縮特別総会（SSDⅡ）にむけ、代表派遣カンパ運動や署名活動が全国各地で取り組まれた。

この時期、神戸市役所センター合唱団でも約五千筆の署名を集めるなど、全国あげて反核活動に連帯を示すことができたが、当時の幹部集団の不団結により同年秋に予定していた演奏会を全団員一致で決定することができなくなった。すでに一年前から予約していた会場が宙に浮いてしまい、対策を練るために団長（筆者）と事業部長と二人で、飲み屋で怪気炎をあげていた会話での一コマである。

当時全国各地で反核コンサートが取り組まれていたが、神戸でもこれまで団が取り組んできた反核運動のエネルギーをさらに発展させるために特別ゲストによる講演と合唱とで構成した平和コンサートを開き、その会場に充ててはという話が急浮上した。

講演テーマは、いくつか案が出された中で、当時、日本中で大ベストセラーになっていた『悪魔の飽食』こそ、情勢に見合ったテーマであり、その著者である森村誠一氏を招くこと

私たちの「心」を伝えたい

中国公演団団長、作曲家・
日本作曲家協議会会長・指揮
池辺 晋一郎

中国で、『悪魔の飽食』を演奏する。それは、私たち日本人に、すさまじい緊張を強いる行為だと言っていい。ドイツ人のオーケストラが、イスラエルでコンサートするようなものかもしれない。だが、私たちは、国家の「建前」と民間の「本音」は異なる、ということを実証するために、皆さんの前にいるのだと考えている。ここにいる私たちは、戦後六十年を経た今、戦争を知らない世代が人口の多くを占め、平和を保つための努力の意味を理解しない人が増えていることを危惧する者たちだ。日本が、戦争をしない「憲法」を持つに至ったことを日々考え、それを誇りにしたいと願っている者たちだ。

だから、私たちは中国で『悪魔の飽食』を歌う。これは、あの「七三一部隊」の記憶を超え、多くの日本の一般の人間の現在の心の、そしてこの星に本当の平和が永く保たれることを願う世界中の人々の気持ちの、代弁だと思う。私たちの先人の「罪」に連座しつつ、私たちの隣人に私たちの「心」を伝えたいと、ただ願うのみである。

北京ウォッチング⑤

「竜の心」の躍動を聴く広場

邱華棟＝文　劉世昭＝写真

天安門広場は北京市の中心に位置し、よく集会が行われる（写真・葉用才）

私はこれまでに何度も天安門広場を散策しているが、いつもその広さ、雄大さ、荘厳さに感動する。ここは全中国人の心の聖地である。すべての中国人の公共の空間となっていて、北京を訪れた地方の人々の一番の願いは、天安門広場を歩き、そこで自分と民族全体が融合する気持ちを体感してみたいということだろう。

これはきわめて神秘的で崇高な感情だ。中国人はなぜ広場を自分と民族全体が融合する場と見なすのか。

それは、宗教意識はそれほど強くないが、民族への帰属意識がとても強いからである。何千何百年もの民族の融合によって、各省の間に大きな違いがあり、多民族国家であっても、中国人は統一された大きな共和国を永遠に支持していく。

中国人には求心的な道徳の追求と民族への帰属という意識があるようだ。このように、個人が集団に従属し、集団が民衆を構成し、民衆が国家を形成し、そして五十六の民族が中華民族となる組織構造は、中国人が天安門広場に対して参詣するかのような崇拝の感情を抱いていることから、十分見てとれる。

天安門広場は国家の記念式典や祝賀儀式を行うところである。五十数年来、ここで起きたさまざまな出来事は、中国の現代史のもっとも有力な証言となっている。すでに国家や民族の象徴となったので、この広々とした場所は単なる広場ではなくなり、ある種の精神的な聖壇となった。中国人が自我を確認し、ますます強大になる祖国との融合を感じる儀式を行う場となったのだ。

邱華棟　1969年新疆生まれ。雑誌『青年文学』の執行編集長、北京作家協会理事。16歳から作品を発表。主な著書に長編小説『夏天的禁忌（夏の禁忌）』『夜晩的諾言（夜の約束）』など。他にも中・短編小説、散文、詩歌などを精力的に執筆し、これまでに発表した作品は、合わせて400万字以上。作品の一部は、フランス語、ドイツ語、日本語、韓国語、英語に翻訳され海外でも出版されている。

一九四九年以前、天安門広場はT字型の細長く閉鎖された紫禁城の城門前にある大きな空き地に過ぎなかった。新中国成立後、天安門広場の改修が行われ、今、私たちが見ている天安門広場は、改修後の姿である。

ここで、改修当時の建築家・梁思成の壮大な構想について言及したい。彼は、北京の西部に新しい市街地をつくり、古い市街地の原形を留めておきたいと考えていた。城壁を残してその上に車が走れる道路をつくり、花を植えて北京をぐるりと取り囲む空中ガーデンを作ろうとした。

しかし施政者は、別に市街区をつくると、天安門広場を中心として、南北を貫く道路と東西を貫く長安街を十字座標とする新北京の形が崩れ、行政区の中心が西に移ると、北京全体の体勢が壊されるに違いないと思った。

そこで、梁思成の案を採用せずに、城壁を取り除いた。限られた財力の中で城内を発展させる必要があったことに加え、天安門を原点とし中心とした国家政治を確立させようと考えたためだ。

天安門広場の改修が成功したことは疑いない。百万人を収容してイベントを行える空間は、大国の気概と風格を示している。

数年前、開発業者や彼らを支持する官僚たちは、「新時代の北京には、新しいスカイラインや生活空間、生活方式があるべきだ。城壁を取り除いて高速道路に変え、胡同（横町）を高層ビルに変え、瓜皮帽（中国式の半球型の帽子）や長い中国服を超ミニスカートや洋装に変えたり、王室の庭園を人民が精神的に参拝する聖壇や公共の空間に変えたりすることは、歴史発展の中で必然性がある」と述べた。

このような「すべての古いものを取り除き、新しいものを作らなければならない」という論調が、北京の気質と風貌をいくらか破壊した。しかし現在、政府はこの問題を意識し、止めに入っている。

一九九九年、天安門広場は再び大きな改修を行った。地面を新しく舗装し、中央の大型噴水や緑地を設置するとともに、憩いの場を増やした。この施工水準は、今後五十年、立ち遅れる心配がない先進的なものだった。

紫禁城の南の外城であり、南第二環状道路に位置する永定門の甕城（城門の外を取り囲む半円形の小城郭）の改修も完了し、広場から南へ向かう中軸線も延長された。

長い歴史の流れの中で自然に形成されてきた天安門広場は、中国人が精神的こ[illegible]ある種の文[illegible]

れた永定門の甕城 ❷天安門広場は、市民が見学したり遊んだりする場所だ

(tuì gēng huán lín) [grain for green 退耕還林] 不再耕种那些不适于耕种的低产田地、水土流失严重的坡耕地、影响泄洪的江湖围垦[illegible]为种树、种草等，以恢复植被和生态平衡。／耕作に適しない収穫量の低い田畑や、水土流失のひどい斜面の田畑、洪水時の排水に影響す[illegible]拓地の田畑は、今後、耕作せず、その代わりに木や草などを植え、植生と生態系のバランスを回復させること。例文：有关省市开始了退[illegible]工作。／関係する省と市は、退耕還林を試験的に始めた。（『経済日報』2005年2月7日）

雅皮士 (yǎ pí shì) [yuppie ヤッピー] 西方社会称城市里受过良好教育、工作勤奋、事业有成、并追求物质享受的年轻人。译自英语Yuppie。／よい教育を受け、勤勉に働き、良い業績を上げ、また物質的なものの享受を追求する都市の青年に対する西側の社会での呼び方。英語のYuppieから来ている。例文：[illegible]／白いシャツと黒いズボンに着替え、ヨーロッパのヤッピーのおっとりとした雰囲気を漂わせた胡兵さんは、ゆっくりと恋の歌を歌いだした。（『羊城晩報』2002年2月16日）

上海モード

shanghai-mode

其の壱

21世紀的春節風景とは

文・写真／須藤みか

❶春節の飾りつけが始まった豫園❷豫園にて❸年夜飯（大晦日の食事）予約受付の看板❹2005年カレンダー❺春節の豫園（2004年）❻春節前に縁起物を売る店❼ショッピングセンター内の春節の飾りつけ

おめでたい日かどうか、中国では耳をすまさずともすぐ分かる。結婚式、引越し、国慶節…、めでたい日には爆竹を鳴らすからだ。そして、上海で一段とその爆音が高くなるのが、春節（旧正月）だ。

毎年、日にちが変わる春節は〇四年が一月二十二日で、〇五年は二月九日になる。春節は、中国人にとって一番大切な祝日。遠方に住んでいて、ふだんは会うことのない息子や娘、親戚が帰郷して、一家団欒を楽しむ。

春節まで一カ月を切るあたりから、街には年賀カードやお年玉袋など真っ赤なお正月グッズが並び、日本の師走のごとく街全体が気忙しく、しかしウキウキした気分に包まれてくる。故郷の家族への土産を買う、おそらく出稼ぎであろう人たちの姿にほのぼのとし、その一方で「スリが増えるから、用心して」と中国人の友人たちから声もかかる。タクシーが一年でいちばん混んでそして捨えなくなるのもこの時期で、冷たい風の中をタクシーを求めて右往左往しなければならなくなる…。そんなこんなに、春節の近いことを実感するのだ。

年夜飯も家庭回帰

日本の大晦日にあたる「除夕」には、「年夜飯」と呼ばれるご馳走を作って食べるのが古くからの伝統。この時必ず食べるのが、北方では餃子だが、上海などの南方では「年糕」と呼ばれるお餅だ。上海に居残れば毎年顔を出す上海の友人宅では、丸いことから家族団欒をイメージする里芋や、房が豊かで家族繁栄を象徴する枝豆なども出てきて、食卓は皿で埋め尽くされる。

最近は、年末だからといって自宅で食卓を囲む家庭も年々減少している。ここ数年はもっぱらレストランやホテルで除夕を過ごすのが主流で、三、四カ月も前からレストランでは年夜飯の予約が始まる。店頭には予約受付の看板が立ち、人気のある店では三カ月を切る頃にはすでに八割は席が埋まってしまうようだ。

しかし、『文匯報』によれば外で食べる年夜飯にも飽きて、今度は家庭回帰の動きも出ているとか。念願のマイホームで、寛ぎながらの年夜飯。自分で腕をふるうというよりは、今流は半加工済みの食材宅配サービスを利用したり、プロの料理人を呼んで作ったりという具合で、各様だ。

以前はお年寄りたちを嘆かせた「年越しは海外で」というスタイルも定番のひとつになりつつある。渡航先は、オーストラリアや東南アジアなど暖かい地域が人気だ。

中身も外見もブラッシュアップ

各様と言えば、休暇の時間こそブラッシュアップのために使おうとする人たちも少なくない。この激しい競争時代を勝ち抜くためにと、専門学校のTOEFL強化コースに通って英語漬けで過ごすサラリーマンもいれば、中身でなく外見のブラッシュアップをと、休暇中に整形手術を受けてしまうなんていうちゃっかり女性たちもいる。

新年の挨拶に携帯電話のショートメールを利用するとい景だ。『文匯報』によれば、春節一週間中に発信されたショートメールは全国規模では〇三年が七十億本だったのが、〇四年は約百億本。上海だけでも〇四年は五億一千万本を超えており、人口で割れば一人あたり三十数本送った計算になる。

時代とともに移りゆく上海の春節風景だが、変わらないのが街中で鳴り響く爆竹音。どんなに街の風景や生活のリズムが変化しようと、爆竹抜きに新年は始まらない。そんなDNAが上海人の中には組み込まれているのかも。中国で初めて迎えた除夕、鳴り止まない爆竹音に戦場にいるのかと耳をふさぎたくなった私も、今となってはあの威勢のいいドーン、ビリバリという音を聞かなければ新年が明けた気がしない。どうやら私にも上海的DNAが刻み込まれてしまったようだ。▲

■プロフィール　復旦大学新聞学院修士課程修了。日本の出版社、北京週報社勤務を経て、フリーランスのライターに。近著

[Internet bar : cybercafe ネットカフェ] 设置有若干台电子计算机、可供人们付费上网的营业性场所。／数台のコンピューター[illegible]料金を払ってインターネットに接続できる。これを商売にしている場所。

内退 (nèi tuì) [early retirement 繰り上げ定年退職] 职工还没有达到规定退休年龄而在单位内部办理退休手续。／法律で規定された退職年齢にまだ達していない職員が、職場の内部規定で早目に退職すること。

民間の文化遺産を訪ねて

天津・楊柳青　北方年画の代表格

精緻な技巧と鮮やかな色彩で描く庶民の夢

魯忠民＝文・写真

中国では、天津の楊柳青という地名がよく知られている。中国民間芸術の一つ、楊柳青木版年画が発達してきた土地柄だからである。

43　人民中国 2005・2

人民中国 2005・2　42

10

世界遺産

甘粛省

31　人民中国 2005・11

1905-2005

特集

「電光影戯」一〇〇年の風雲

王衆一＝文・写真

中国初の映画『定軍山』の誕生を描く作品『西洋鏡――映画の夜明け』（1999）のⅠシーン

二十世紀で最も重要な大衆娯楽は映画だろう。中国映画は今年、その誕生から百年を迎えた。

この百年間、中国では合わせて七千本の映画が撮られた。これらの作品は、中国人の喜怒哀楽を直接表現している。銀幕の世界と社会の現実は影響し合い、銀幕から出た声やイメージは、中国人の歴史や生活の中に深く浸透した。

中国映画は無声映画からトーキー（発声映画）へ、白黒映画からカラー映画へと移り変わり、啓蒙・娯楽・社会動員など重要な役割を果たした。そして、誕生から百年を迎えた今日、これまでのフィルムからデジタル技術の導入へと転換している。

本特集では、ローカルとグローバル、映画に見る戦争の記憶、映画に現れる庶民の意識・リアリズムの伝統、約三十年間の国産映画と産業の変遷など、いくつかのテーマを中心に、中国映画について紹介したい。

「電光影戯」100年の風雲　　人民中国 2005・12　8

12

600年の眠りからさめた莫高窟（上） 石窟群
原と西域の文化 が融合した芸術の宝庫
婁 婕＝文
孫志軍＝写真
人民中国 2005・11 30

11

005

主题为“和平友好共筑繁荣”的“中日友好大型图片展”的举办是对日公共外交的一大成果，《人民中国》参与其中，并进行了深度报道（9月号，见图1）。

井真成墓碑的发现引起轰动，中日关系史学会副会长张云方所撰写的《解读“井真成”之谜》一文，提出了颇为独到的见解（5月号，见图2）。传记作家永田圭介投稿《唤回革命诗人秋瑾的精神》，解读了秋瑾对于中日乃至亚洲的意义（3月号，见图3）。电影导演彭小莲投稿《小川绅介导演留下的遗产》，赞赏了纪录片巨匠小川绅介在历史问题上体现的良知，以及她完成导演遗作的故事（7月号，见图4）。李顺然在他的专栏《那人那时那些事》里讲述了中日友协两代会长廖承志与孙平化的故事，强调与人打交道“‘情’是最好的润滑剂”（7月号，见图5）。日本侵华战争结束60年之际，中国农民长达半世纪救助伤残日本兵的故事再被提及，本刊记者采访了这位农民孙邦俊及其家人（4月号，见图6）。《写在战后六十年混声合唱组〈恶魔的饱食〉来华公演之际》的投稿告诉人们，日本有良知的人士没有忘记曾经的加害行为（8月号，见图7）。

为迎接即将到来的北京奥运会，作家邱华栋执笔的栏目《北京观察》讲述了这座城市的前世今生（5月号，见图8）。上海的专栏作家须藤美华开始了新栏目《上海氛围》，将她对传统与现代相融合的城市情调的细腻观察娓娓道来（1月号，见图9）。

《民间文化遗产探访》栏目发挥了民俗采访的优势，深度发掘了民间原汁原味的活态文化遗产（2月号，见图10）；系列报道《中国的世界遗产》经过改版，图片与版式更加协调，选题更加聚焦核心遗产（11月号，见图11）。

这一年的收官之笔是笔者策划多年的特辑《电光影戏百年风云》，通过戏剧电影、功夫电影、电影中的战争记忆、现实主义作品的回归、中日韩电影合作构想等维度，梳理了中国电影诞生一百年来的前世今生以及电影所传递的国人百态与喜怒哀乐（12月号，见图12）。

十三億の食の確保に挑む ハイブリッド水稲の父、袁隆平さん

侯若虹＝文

二人の「平」に頼る

国際的には「オリエンタル・ミラクル・ライス」と呼ばれているスーパー・ハイブリッド（雑交）水稲は、中国の有名な水稲専門家、袁隆平さんが研究開発したものである。この水稲（中稲）は二〇〇四年に、一ムー（六・六七アール）当たりの生産量が七百キロという第一期の目標を実現したが、二〇〇五年には、第二期の目標である一ムー当たり八百キロをも達成した。この勢いで行けば、第三期の目標である一ムー当たり九百キロは、二〇一〇年以前に実現すると予測されている。

袁さんは、スーパー・ハイブリッド水稲が今後、全面的に普及し、大面積で栽培されて、平均生産量は一ムー当たり六百五十キロ以上に達すると予測している。こうなると、今の高収量のハイブリッド米よりも一ムー当たり百五十キロの増産となる。毎年の植え付け面積を二億ムーとして計算すれば、毎年、三千万トン多くコメが収穫できることになる。そうすれば七千万人を養うことができるので、中国は、限られた耕地で十三億の人口を養うことができるようになる、と袁さんは確信している。

中国自身の力で、中国人の「食」の問題を解決する——これは、中国政府が一貫して、きわめて強い関心を寄せてきた問題である。二〇〇五年、中国はスーパー水稲を普及する国家計画を正式的に策定した。

この年八月、温家宝総理は湖南省を視察し、とくに国家ハイブリッド水稲プロジェクト技術研究センターを訪ねた。そしてスーパー水稲の研究状況を調べ、袁さんを訪問した。温家宝総理は、袁さんが科学研究を通して、中国人の「食」問題を解決したと、その功労を称えた。

二〇〇五年末、同研究センターは、第三期スーパー水稲の研究用に二千万元の国家科学研究経費を、期日通りに受け取った。実際、大面積で一ムー当たり九百キロの収量をあげるスーパー水稲の第三期目標に向けて、プロジェクトはすでに計画より一年前から始まっており、湖南省の二カ所の実験田ではすでに、一ムー当たり九百キロを超す喜ばしい成果が出ていた。

二〇〇二年に北京で開催された第一回国際水稲大会で講演する袁隆平さん

スーパー水稲計画は、水稲の超高収量の育種計画とも呼ばれており、これは日本の科学者が一九八〇年に提起したものである。フィリピンの国際水稲研究所は、二〇〇〇年に一ムー当たり八百キロのスーパー水稲を育成する計画を立てていた。また世界各主要水稲生産国も、それぞれ独自の「スーパー水稲計画」を立てたが、中国以外の国は、今日まで、その目標を達成していない。

中国農業部が「中国スーパー水稲育種プロジェクト」を設立したのは一九九六年である。それ以来、袁さんが率いる中国の水稲専門家たちは、スーパー水稲の研究を始めた。二〇〇四年に第一期の目標が達成されたが、コメの生産量が大幅に増加しただけではなく、品質も明らかに改善された。

過去には、ハイブリッド米は生産量が高いが、品質は悪いという観念があったが、それはもう歴史になった。育種技術の向上や、細胞培養、遺伝子組み換えなどの現代の生物技術の応用によって、ハイブリッド米の品質は以前のものとは比較にならないほど良くなった。現在、中国のスーパー水稲の新品種はすでに十五種に達している。

二〇〇四年末までに、スーパー水稲の新品種は、四川、福建、湖南、安徽、遼寧、浙江などの水稲の主要生産地域ですでに一億六千万ムーで栽培され、九十二億キロを増産し、農民の利益は百三十億元増加した。

「中国の農民は二人の「平」に頼って飯を食べている。一つは鄧小平さんの生産責任制、もう一つは袁隆平さんのハイブリッド水稲だ」と言われている。

凶作が大きなショック

この高収量、高品質のスーパー水稲の生みの親である袁隆平さんは、どのようにしてこの研究開発を始めたのだろうか。

一九五三年、袁さんは、重慶にある西南農学院を卒業し、湖南省安江農業学校の教師へ配属された。彼は教師の仕事をしながら、生産実践活動に従事し、科学研究の課題に取り組んだ。

彼が最初に研究したのは、サツマイモとトマトの育種と栽培であった。一九六〇年から一九六二年まで、中国は、三年間の厳しい自然災害に見舞われた。凶作が国家と人民にもたらした苦痛は、袁さんにとって大きなショックであった。

彼は腹が減って歩けないことを自ら体験し、道端で餓え死にした人をその目で見た。その時彼はこう考えた。「雑穀の研究だけでは人々を救うことはできない。水稲こそが人々の命を救う食糧だ」

一九六四年のある日、袁さんは偶然に、学校の実験田で、勢い良く成長している一株の水稲を見つけた。彼は丹精込めてそれを一年間育て、二代目はもっと良い収穫があがるよう期待し、次の年、その種子を撒いた。ところが、生育した水稲はばらばらで、去年のように大きく成長した株は一株もなかった。

失望した袁さんは、純粋な品種の水稲は、発生の過程で細胞や組織が分化することができないこと、また彼が発見した良く成長した一株の稲は、一代目の天然のハイブリッド水稲に違いないことを悟った。これは、水稲にはハイブリッド優勢はないというこれまでの理論を打破するものであった。そこで、彼はハイブリッド水稲の研究と育成を始めたのである。

一九六五年十月、袁さんはハイブリッド水稲研究の初めての論文を書いた。しかし、その論文は、当時の権威のある学説とかけ離れているうえ、袁さんが無名の若者だったため、論文は何回投稿しても、なしのつぶてだった。

しかしその後、中国科学院の雑誌『科学通報』がこの論文を掲載し、国家科学技術委員会がこれに注目し、一九六六年五月から袁さんのハイブリッド水稲の研究を支持し始めた。

通常の稲同士では、近親関係が近すぎるため、雑交の効果があまりあがらない。そこで、種の比較的に遠い野生稲にその突破口を捜さなければならなかった。一九七〇年、袁さんの助手が海南島の沼地で「野稗」と呼ばれる野生の稲を発見した。これが、ハイブリッド水稲研究のもっとも重要な関門を突破するものとなった。

一九七三年、ハイブリッド水稲の育成に初めて成功した。水稲の生産量は一ムー当たり三百キロから五百キロ以上に上昇した。一九七六年には、ハイブリッド水稲の技術体系ができ上がり、大規模な生産が始まった。

その後、袁さんの水田から、生産量の高い水稲が次々に育った。それによって袁さんは、中国国家特等発明賞や数多くの国際賞を獲得した。たとえば国連の世界知的所有権機関（WIPO）の「傑出した発明家」金賞、国連食糧農業機関（FAO）の「食糧安全保障賞」、日本の「日経アジア大賞」、イスラエルの「ウォルフ賞」などを受賞した。国際水稲研究所は袁さんを「ハイブリッド・ライスの父」と呼んでいる。

あくまでも農民とともに

今、七十五歳を過ぎた袁さんは、中国スーパー水稲の第三期計画が実現する二〇一〇年には八十歳になっている。「たぶん八十までやれると思うよ」と彼は楽観的だ。

小さい時からずっと身体を鍛えてきた袁さんは、今でも水泳やバレーボールなどのスポーツに熱中しているし、研究センターの老年バレーボール・チームのエースアタッカーである。バイオリン、オートバイ、マージャンなどの多くの趣味は、彼にとっては生活の調味料となっている。

この四十年以上、袁さんは、まるで渡り鳥のように、毎年冬になると寒い湖南省長沙市から暖かい海南島に行く。種まきから収穫まで、彼は毎日、少なくとも三回、田んぼに入る。一年の三分の一以上の時間を農地で働き、観察し、研究する。

実在する『山の郵便配達』 馬とともに険しい道をゆく

霍仲濱＝文

二〇〇一年、中国映画『山の郵便配達』が日本で上映された。まるで絵のような境地と奥深いストーリーは、多くの観客の心を打った。実は、中国南西部の山中には、このような郵便配達人が多く実在する。四川省のムリ（木里）・チベット族自治県の王順友さんもその一人だ。王さんは映画で描かれているような美しい風景の中で、その美しさを楽しむ暇もなく、過酷で単調な郵便配達の仕事を行っている。

過酷な環境

ムリ県は、四川省涼山イ族自治州に属し、「大シャングリラ」（四川省、雲南省、チベット自治区にまたがる広大な地域）の東端に位置する。県内には、いくつもの切っ先のような山の稜線が平行に並んだり重なりあったりしている。山と山の間には深い谷があり、雅礱江など静かで深い大きな川が流れ、周囲は原始森林で覆われている。

風景は非常に美しいが、山は高くて険しく、道は歩きづらい。郵便配達人は馬やラバに郵便物を背負わせ、長い道のりを歩いていくほかない。このような馬やラバを使っての郵便配達ルートは、「馬班郵路」と呼ばれる。

王順友さんの「馬班郵路」は、ムリ県の県城（県人民政府が置かれている町）から、ミャオ族が住む白碉郷と三桷椏郷を経て倮波郷まで、往復三百六十キロの道のりだ。途中、十数の峰を越え、四つの川を渡る。全行程で十四日間かかるが、毎月二往復しなければならない。

王さんは二十年来、馬やラバをひき、辺鄙な山の中に郵便物を配達してきた。これまで歩いた総距離は二十六万キロに及び、赤道の六周半に相当する。

ムリ県の山岳地帯にある道は、ごろごろと石が転がっているなか、馬やラバが踏みつけてできた足跡をたどったものだ。片側は高い山で、もう片側は底が見えない断崖となっている。道の幅は、馬やラバが一頭ようやく通れるほどしかない。

中国の地理の教科書には、この地域に連なる横断山脈の天候について「山には四季があり、五キロごとに天気が異なる」と書き表されている。

春、道中の察爾瓦山はまだ氷雪に覆われている。空気は薄く、気温はマイナス一〇度以下。しかし察爾瓦山を越え、雅礱江の河谷に着くと、気温はとたんに三〇度以上になり、蒸し暑くなる。急に盛夏が訪れたかのようだ。

王さんは、峠が鋭い刃のような山中を年中往復し、汗びっしょりになったり、その汗が凍ったりという変わりやすい天気を、何度も体験してきた。

山の奥深いところでは、一～二日

配達ルートの風景はすばらしいが、配達人にそれを楽しむ暇はない（写真・潘浪）

NHKなど多くのメディアが王順友さんを取材しているが、配達ルートの全行程を同行した人は一人もいない。写真は王さんを撮影するNHKの記者（写真・劉昆）

間、誰ひとり見かけないことがよくある。このような場所で怖いのは、疲れよりも孤独だ。夜になると、人里離れた森のなかで、かがり火を焚き、テントを張る。そして、ツァンバ（ハダカムギを炒って粉にしたものにバターを入れて練る。チベット族の主要食品）や焼いたジャガイモを食事にし、自作の山歌を歌う。

王さんが山歌と酒をこよなく愛することは、彼をよく知る人ならみな知っている。ムリ県の冷酷な「仙境」のなかで、孤独と闘うには、これが最もよい方法なのである。

郵便配達をする王順友さん（写真・趙晶）

数々の危険

王順友さんは、父親から手綱を受け継ぎ、郵便配達に従事するようになった。八歳の冬のある夜のことを、今でも忘れられない。

その夜、父親は馬の尾を引っ張って家の門を押し開けたとたん、倒れた。そして「目が雪焼けした」と言った。母親は薬草を探してきて煮込み、その湯気を父親の目にあてた。翌朝、父親は目が見えるようになったと言い、郵便物を馬の背にくくりつけて、また出て行った。

父親の王友才さんはムリ県初の郵便配達人であり、まる三十年間勤めた。四十五歳のとき、もう歩けなくなったため、当時二十歳だった息子の王順友さんに郵便配達を引き継がせたのだ。このとき、王順友さんは人々から「王大胆（大胆な王さん）」と呼ばれていた。配達ルートは非常に危険だったからである。

配達ルートには、「九十九折り」と呼ばれる場所がある。それは、垂直に切り立った断崖の上の曲がりくねった小道で、頭を上げると絶壁があり、頭を下げると大波が逆巻いている。少しでも気を緩めると、崖から落下してしまう。そうなると、もう死体も見つからない。しかしこの道は、配達のために必ず通らなければならない。

一九九五年十一月のある日、王順友さんはラバの後ろについて、「九十九折り」を歩いていた。そのとき、林の中から突然、一匹のキジが飛んできた。ラバは驚いて暴れた。王さんは急いで手綱を引いた。するとあろうことか、ラバが突然、後足で王さんを蹴り、それがちょうどお腹の辺りにあたった。王さんは両手でお腹を押さえ地面に倒れこんだ。するどい痛みを感じたが、ひと息入れた後、再びラバを引いて歩き出した。

九日後、王さんはようやく配達を終えた。現地の人に支えられて病院へ行ったときは、すでに息絶え絶えの状態だった。腹腔をひらくと、血膿でいっぱいだった。「二時間遅ければ、死んでいましたよ」と医者は言った。四時間の手術の結果、命は助かったが、体は前より弱くなってしまった。

また、雅礱江にかかるつり橋の手前を歩いていたときのことである。十数メートル前に荷を積んだ馬の一隊がいて、彼らはちょうど橋を渡っていた。するとそのとき、つり橋の片側の腕の太さぐらいのケーブルが突然切れ、橋全体がまたたくまに九十度傾いた。つり橋の上にいた人と馬はまっさかさまに落下し、冷たく急な川の流れに呑み込まれてしまった。その恐ろしい光景に、しょっちゅうこの山道を歩いている王さんも、驚きのあまり呆然とした。

このような事故は初めてのことではない。かつて雅礱江を渡るときには、「溜索」（両岸を結んだロープにぶら下がって滑る）を使っていた。ある日、もうじき対岸に着くというとき

発展と保護が叫ばれる竜現村の「稲田養魚」

王攀＝文・写真

中国東南部の沿海に位置する浙江省青田県竜現村は、幹線道路から離れた村落である。周りは青々とした山に囲まれ、三百年余り前の古い家屋が、今でも完全な姿で保存されており、古風で美しい田園風景が広がる。

家屋の前後にはたくさんの池があり、まだ田植えをしていない棚田にも水が満ちていて、魚が泳いでいる。これこそが、この村の伝統的な耕作方法「稲田養魚」（稲と魚を共に育てる）だ。

「世界農業遺産」とは

国連食糧農業機関（FAO）は二〇〇五年五月十六日、世界中から、古い歴史があり絶滅の危機に瀕している五つの農業システムを「世界農業遺産」保護区として選定した。竜現村の「稲田養魚」は真っ先に選ばれた。

「世界農業遺産」とは世界的に重要でありながら、絶滅の危機に瀕している伝統的な農業文化や技術遺産を対象とし、それを保護することを目的とする。

農業大国である中国には、昔からの耕作方法が数多く残っている。今回、「世界農業遺産」に届け出された中国の「稲田養魚」システムには三つの候補地があった。江蘇省、貴州省従江県、そして浙江省青田県である。

江蘇省の「稲田養魚」は、現代化がかなり進んでいる。貴州省従江県は、当地のヤオ族により千年以上前の最も伝統的な方法が完全に留められている。青田県の竜現村はその中間だ。そこで、最終的に竜現村が「世界農業遺産」保護区に選ばれた。青田県では二〇〇四年、十万ムー余り（一ムーは六・六六七アール）の水田で「稲田養魚」が行われたという。

七百年続く「稲田養魚」

竜現村では七百年近く前から「稲田養魚」が行われている。当地は人が多い割に耕地が少ない。そこで、限られた水田を有効に利用しようと、稲と魚を共に育てるようになった。当初は、満水にした水田の溝に魚を放ち、あとは管理せずに自然に任せていた。しかし現在は、昔とはずいぶん異なる。

水田で養殖した魚は「田魚」と呼ばれる。鯉の一変種で、色は黒、赤、黄、白の四種類。水田に張る水は、山から流れてきたもので水質がよい。この水で育った魚は美味しく、鱗もやわらかくて食べられる。

この村の楊民康さん一家は、大規模に「稲田養魚」を行う農家である。

「水田の水温が十度以上になってから、生石灰をまいて消毒します。そのあと、薄い塩水で洗った稚魚を放ちます。昼間は水温が高すぎるので、朝か夕方に放たなくてはなりません」と楊さんは「稲田養魚」について語る。

稚魚を放つ前に、あぜを田んぼより五十～六十センチほど高くしなければならない。そして、魚に寄生虫が繁殖しないよう、山からクスノキや松の枝を拾ってきて水田に浸す。

楊さんの妻の伍麗貞さんは、毎日二回、午前八時と午後三時にふすまやぬかなどの天然のエサを魚に与える。村人たちの多くはエサを与えな

水田で魚をすくい上げる竜現村の楊民康さん

カモが「米」をしょって来た

侯若虹＝文　馮進＝写真

謝桐洲さんが水田で飼っているアイガモは、稲の生長を助けるため、村人たちから「アルバイトくん」と呼ばれている

…剤を使用せず、アイガモが雑草や害虫…で育った汚染されていない有機米

…タ

…アヒルの飼育
…ルを飼うことは、中国の伝統的な農法で、1960…技術が確立した。しかしその後、アヒルが苗を…穂を食べたりしてしまう。あるいは、化学肥料…てアヒルが毒されてしまうなどの理由により、…普及しなかった。

…農法
…はアヒルとカモを交配させたもの。
…、孵化後7～10日の雛を水田に放し、毎日1回…しかし鎮江水畜研究所は今年、孵化したばかり…田に放す方法を試験的に開始。この方法は、ア…的な本能を呼び起こすため、死亡率を大幅に低…ではなく、体質もよくすることができる。来年…い技術を普及させ、さらなるコスト減を目指す

生活環境を守るために

江蘇省南部の丹陽市延陵鎮西洲村に住む謝桐洲さん（五十六歳）の水田は、青々とした稲の上を数羽の白鷺が軽やかに飛んでいて、絵画のように美しい。差し出された名刺には嘉賢米業有限会社社長という肩書きが記されていたが、使い古した麦わら帽子をかぶり、真っ黒に日焼けした顔をほころばせる姿は、素朴な農民そのものだった。

しかし謝さんは普通の農民とはひとあじ違う。一九七〇年代から生産隊（人民公社の基礎となった農村の生産組織）の農業技術員を務め、その後、独学で専門学校卒の学歴を得た。「うちの水田はほかとは違いますよ。アイガモ農法をいかし、有機米を作っているんです」と自分の水田を指差しながら話す。

確かによく見ると、緑鮮やかな水田には雑草がなく、苗が整然と勢いよく伸びている。そして水田一つ一つを緑色の巻き網で囲んであり、その中を茶色のアイガモが泳いでいる。畦には小さな鴨小屋もある。巻き網はアイガモが迷子になったり、野良犬に襲われたりするのを防ぎ、鴨小屋はアイガモが休んだりエサを食べたりするところだと言う。

アイガモ農法とは、米とアイガモを水田で放し飼いにし、同時に育てる方法だ。中国語では「稲鴨共作」と呼ばれる。雑食性の家禽であるアイガモは、水田の雑草や害虫が大好物。アイガモが毎日、水田の中でエサをあさり、動き回ることで、中耕（畝を浅く耕すこと。空気の通りをよくし、地温を高め、根の呼吸や吸収を促すために行う）の働きをし、稲の生長を促す。また、アイガモの糞もよい肥料となる。

謝さんは二〇〇〇年からアイガモ農法を始めた。当初は三十ムー（一ムーは六・六七アール）の水田でのみ行っていたが、この技術が成熟し完璧なものになるにつれ、アイガモ農法を行う水田を徐々に広げていき、今では四百三十ムーに増やした。アイガモ農法に関わるようになったのは、農業技術員を務めたことがきっかけだと謝さんは語る。

西洲村の農民は一九六〇年代から、化学肥料や農薬を使い始めた。最初

パンダに魅せられた日本の元銀行員

沈暁寧＝文・写真

すくすくと成長するパンダを見ると、浅見さんはこのうえなく満足する（写真提供・浅見さん）

浅見洋一さんは、札幌市の銀行員だった。パンダに魅せられた彼は、一九八八年から現在までずっと、北京動物園のパンダたちに寄付金を送り、ボランティアで支援をしてきた。銀行を退職した昨年、三カ月間、北京動物園に住み込んで、ボランティアでパンダの飼育を行った。十八年間にも及ぶ浅見さんのパンダに注ぐ情熱は、多くの中国の人々から称賛されている。彼自身もパンダから無限の喜びを得て、このほど帰国した。

酒とタバコの代わりに寄付

一九八八年、浅見さんは初めて中国に来て、北京動物園を見学した。その時、かわいくて無邪気なパンダに魅せられて、その場をなかなか離れることができなかった。

そこで、動物園の園長に、もっとパンダに関する情報を知りたいと申し出た。園長との話し合いの中で浅見さんは、パンダ館が資金不足のため、パンダの生活条件は厳しく、施設もほとんどが老朽化し、先進設備の導入は困難だと知った。

心からパンダが好きな彼は、それをきっかけに、パンダへの資金援助を決めた。当時、浅見さんは、札幌市内の北海道銀行に勤めていたが、毎月の給料の一部をパンダに使うことにしたのだ。「日本のサラリーマンは普通、毎月、タバコと酒にだいたい三、四万円使っています。僕はタバコも吸わないし、酒も飲まないから、その分をパンダに使うだけなのです」と彼は言った。

パンダは熊のように強く見えるものの、その繁殖力と子の生存率は高くない。生れたばかりの子パンダは、子猫のようにか弱い。このころ、子パンダを取り巻く環境にちょっとした変化が起こったり、母パンダがちょっと不注意だったりすると、子パンダは命を落としてしまうことがある。

浅見さんは、パンダ館に二台の保育器を寄贈した。温度が一定で衛生的かつ安全な保育器の中で、子パンダは、人間の未熟児のように行き届いた保護を受け、一生のうちの最も危険な時期を乗り切るのだ。

子パンダが生れたあと、すべてが母パンダから懸命に育ててもらえるわけではない。身体が強く、活発な子パンダは、母パンダからより多くの乳をもらえるが、体質が弱い子パンダは、母パンダから無視されやすい。これはまさに自然界の「優勝劣敗」の生存法則なのである。

しかし動物園では、係りの人が人工飼育という方法で、弱い個体をも特別に保護している。残念ながら当時の中国には、まだパンダ専用の乳を作る技術はなく、栄養物質を添加した牛乳はパンダの口に合わなかった。

このため浅見さんは、日本の各地を探し回った結果、やっと、上野動物園とある牛乳メーカーとが十年の研究によってパンダ専用の粉ミルクを生産したことを聞きつけた。そこで彼は、わざわざ東京に出かけて行って、一缶五千円もする粉ミルクを買い求め、中国を訪れるたびに何缶かを持って来た。二〇〇五年には、浅見さんは、荷物のなかに四缶の粉ミルクと二台の電子体重計を入れて、北京にやって来た。

パンダは姿かたちがかわいいので人に愛されるが、本来は大型の猛獣である。したがって、大きくなったパンダを研究するには、さまざまな困難がある。パンダの体温を測ることさえ、大変な仕事なのだ。

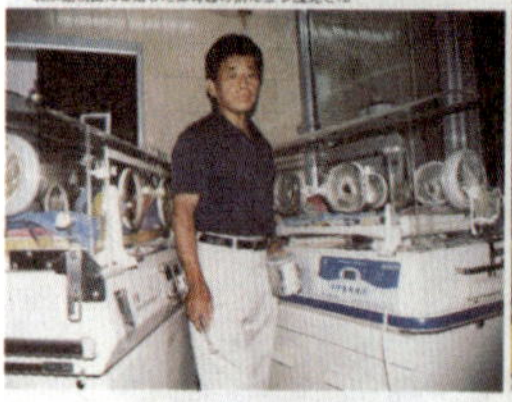

北京動物園に寄贈した保育器の前に立つ浅見さん

パンダ館の陳列窓を拭く浅見さん

一九九八年、浅見さんは、銃を撃つようなやり方で計る体温測定器があり、簡単に大型動物に使えることを聞きつけた。そこで、日本のすべての動物園に問い合わせ、この体温測定器を探してほしいと頼んだ。

ところが、返ってきた答えは「まだ配備していない」というものだった。だが、浅見さんは断念しなかった。彼は、それに関連する新聞や書籍を調べ、数え切れないほどの電話をかけた。そしてついに米国にいる友人から、嬉しいニュースがあった。

そこで友人に頼んで、米国で資料を収集し、それを購入すると連絡する一方で、三十万円を為替で送金した。努力のすえ、彼はついに、この最先端の動物用体温測定器を手に入れた。そしてこの貴重な体温測定器を北京動物園に贈った。こうしてパンダなど大型動物の体温を測定するという難問が解決された。

この十八年間、浅見さんはどれほどのお金や物を寄贈したか覚えていないが、彼のパンダへの思いはますます深くなってきたと、彼自身感じている。北京に来てパンダを訪ねるたびに、彼は自宅へ帰って子どもと会うような気持ちになるのだ。

パンダの名前に娘の一字

浅見さんは毎年、休暇を使って北京のパンダを見に来た。数日間という短い期間だが、彼にとっては最も楽しい日々だった。話かけたり、なでたり、餌を与えたりして、パンダと遊びながら写真を撮った。

浅見さんの呼び声を聞くと、パンダは頭を振り振り駆け寄ってきて、彼の足を抱きついたり、食べ物をねだった

上海に輝く「昴」

中国の音大生を育てる谷村新司さん

横堀 克己＝文 雅子＝写真

『昴』や『いい日旅立ち』『群青』など多数のヒット曲で知られる谷村新司さんは、二年半前から上海で、音楽を学ぶ中国の若者たちを育てている。そのために、これまで四千回も続けてきたコンサート・ツアーをやめ、月に一週間、上海の音楽学院（大学）に来て、教授として教壇に立つ。

その谷村さんに育てられた音大生たちが中心となって、日本の若い音楽家と同じステージで競演する「第一回中日青少年国際交流音楽会 in 上海・2006」が、六月十日、上海・蘭心大劇院で催された。「国を越え、言葉を越え、音楽を通じて触れ合うことが大切」という谷村さんの思いが、花開いた音楽会になった。

谷村さんはどうしてこれほどまでに中国の若者たちに心を寄せるのか。音楽会の翌日、上海興国賓館で彼は、静かな口調で、インタビューに答えた。

教えるのは「心」と礼節

上海音楽学院は、一九二七年に思想家の蔡元培らによって創設された国立の音楽の最高学府。学院長は楊立青氏、教授、助教授は百四人、学生は千二百余人。付属の小中高校があり、一貫教育で音楽家を育成している。

——どうして上海音楽学院の教授になったのですか。

谷村新司さん（以下、谷村と略称） 音楽学院の教授に正式に任命されたのは二〇〇四年三月です。音楽学院としては初めての外国人教授となりました。

その前に、楊院長からオファーがあり、「どうして日本人の自分に」と思って学院を訪ねたのです。

楊院長は「谷村さんは音楽にとって一番大切なものは何だと考えていらっしゃいますか」と質問しました。私は「技術も理論も大切だけれども、一番大切なのは『心』だと思います」と答えました。

「その通りだと思う。それを学生たちに教えられるのはあなたしかいない。それであなたに教授をお願いしました」と楊院長は言うのでした。「そういうことなら、もうお受けしなければいけない」と私は思いました。

上海音楽学院は、伝統的な民族音楽とクラシック音楽を教えてきたが、ポップスや現代音楽を教えるコースはなかった。谷村さんは音楽工程部の現代音楽部門を任された。授業には時に百人もの学生が聴講に来るが、コンサートなど目的を設定して、希望者による特別クラスを編成している。

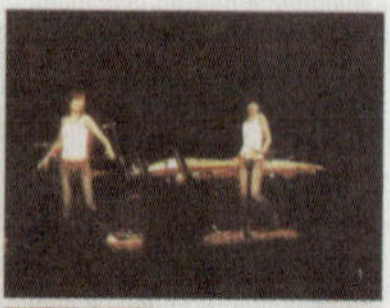

❶❷第1回中日青少年国際交流音楽会の舞台に立った谷村さんの教え子たち❸通訳を担当している史玢諾君

——授業では、何を教えるのでしょうか。

谷村 技術的なことは、一切、教えていません。彼らは付属高校を出た時点で、すでに技術や理論は十分持っているのです。私の教えるのは「心」です。そこを多分、誰も教えてくれなかったと思います。彼らは「音楽の目的」や「音楽の力」を聞くチャンスがないままで来ている。

先生自身が、舞台に立って実践していなければ伝えられないことがいっぱいあるのです。音楽学院には、バイオリニストとして舞台でパフォーマンスをする先生はいらっしゃるけれど、シンガーとして、ステージを創っていく方はいらっしゃらないようです。

——それを、どうやって教えるのですか。

谷村 最初の授業で、「詩を書いたことがある人は？」と問いかけたら、四十人のクラスの中で二人しかいなかったのです。そこで「自分で自分の言葉を書く」という訓練からスタートしました。彼らはかなりのスピードで伸びてきました。中には感心するようなものがありますね。

谷村さんの授業は、基本的に日本語で行われる。それを通訳したり、学生たちの書いた詩を直訳しているのは、史玢諾君（通称ピンノ君）である。彼は上海生まれの二十五歳。一九九九年に、日本で働いている母を頼って日本に行き、東京の音楽の専門学校で音楽を学んだ。彼は谷村さんのスタッフとして働きながら、学生たちとともに音楽を勉強している。

——言葉の壁を感じたことはありますか。

谷村 授業で、音が出てきたら、壁は一発で消えてしまう。音の中にいると、言葉はあまり関係ないのです。第一回の中日青少年国際交流音楽会でも、中国と日本の若い人たちの音楽は、何もかわりません。

——このコンサートで学生たちに学ばせたかったのは？

谷村 学生たちはまだ、未熟なところがいっぱいあります。技術とか理論は頭の中にあっても、コンサートを創るために協力してくれたスタッフや先輩たちに、ちゃんと挨拶やお礼ができるか、そういう礼節や当たり前のことができるかどうかが大切です。

コンサートが終わった瞬間に、学生を全員集めて、コンサートに来てくださった方々や手伝ってくださった皆さんに「ちゃんとお礼をして来なさい」と言いました。学生たちは全員で「ありがとうございました」と言いに行きました。そういうことが言われなくともできるようにしたいのです。

困難乗り越え、広がる交流

第一回の中日青少年国際交流音楽会には、上海の大学生や日本人学校の生徒ら、中日の若い人たちが数百人集まった。しかし、初めてのコンサートで、しかも手作りのため、準備にはさまざまな困難があった。開会直前まで行われたリハーサルでは、ジーパン姿の谷村さん自身が、学生たちの使う譜面台や椅子を並べていた。彼は二日間、寝ていなかった。

スペシャル企画

中日卓球交流の五十年

中国と日本が国交正常化するはるか以前の一九五六年、中国の卓球選手団が初めて日本の土を踏んだ。東京で開催された第二十三回世界卓球選手権大会に参加するためだった。

それから五十年。中日両国の卓球交流は、両国の間に難しい問題が起こった時も、ずっと変わらずに続けられてきた。その交流の歴史に足跡を刻んだかつての中日両国の名選手たちが、迎春花の咲き誇る北京で再び対面した。すでに齢七旬に余る選手も多かったが、相まみえればたちまち、往時の友情がよみがえり、思い出話に花が咲いたのだった。

横堀克己＝文　劉世昭＝写真

一九六四年九月号の『人民中国』に掲載された、中日のスポーツ交流に関する記事。筆者の村岡さんは、現在、日中友好協会の理事長を務めている

かつての名選手が再会した

旧交を温めた中日の名選手

北京の名勝、天壇の東に、中国のスポーツ界を指導する中国国家体育総局がある。広大な敷地の中には、さまざまな競技の練習場があり、卓球専用の体育館もある。

四月一日朝、日本から来た卓球代表団を乗せた大型バスが、この体育館前に到着した。バスを降りてきたのは、かつての日本卓球の男女の名選手たちである。髪に白いものが目立つ人も多かったが、みな背筋をピンと伸ばして、足取りは軽かった。少年少女の卓球選手も加わり、総勢三十七人だった。

「オーッ」と大きな声をあげたのは、角田啓輔さんだった。一九五六年の東京大会と五七年のストックホルム大会の二回の世界選手権男子団体で優勝した名選手だ。

彼の視線の先には中国の名将、王伝耀さんのほっそりした長身の姿があった。二人は駆け寄って、しっかりと抱き合った。二人はストックホルム大会の男子団体の準決勝で対戦したのだった。

しばらくして角田さんは懐から、一枚の紙を取り出して、王さんに見せた。それには当時の試合のスコアがきちんと書かれていた。「新聞をコピーして持ってこようと思ったが、当時の日本の新聞は、中国を『中共』と書いていたので、ワープロで打ち直してきました」と角田さんは言った。

この試合で王さんは角田さんに敗れ、中国チームも日本チームに敗れた。しかし、中国チームが挙げた貴重な一勝は、王さんが、日本の名選手で東京大会の男子シングルのチャンピオンの荻村伊智朗選手（故人）を破ったものだった。

「王さんはすごかった」と角田さんが言えば、「あの時の角田さんは強かった」と王さん。互いに昔の健闘を称えあった。

国家体育総局の体育館の前で再会を喜ぶ中日両国のかつての卓球の名選手たち。左から葉佩瓊さん、邱鍾恵さん、関（現在の姓は両沢）正子さん

日本の女子の名選手たちを待ち構えていたのは、かつての好敵手だった中国の女子の名選手たちだった。六一年の北京大会で女子シングルスのチャンピオンに輝いた邱鍾恵さん、六五年のユーゴ・リュブリャナ大会と七一年の名古屋大会で女子ダブルスのチャンピオンとなった林慧卿さんと鄭敏之さんのペア、そのほか葉佩瓊さん、李赫男さん、梁麗珍さんら、往年の名選手が顔をそろえていた。

バスから降りてきたのは、江口冨士枝さん、松崎（現在の姓は栗本）君代さん、田中良子さん、大川（岡田）富さん、山川（渡辺）紀久子さん、中山（富重）英子さん、山泉（伊藤）和子さん、関（両沢）正子さん、森沢幸子さん、深津（徳永）尚子さん……。日本ばかりでなく、中国でもその名を知られた名選手たちだ。

江口さんは五七年のストックホルム大会の女子シングルス優勝、松崎さんは五九年のドイツ・ドルトムント大会と六三年のプラハ大会で、女子シングルスで優勝した。田中さんは五四年の英国・ロンドン大会の女子団体で優勝。大川さんは東京大会の女子シングルス優勝した。

山泉さんはドルトムント大会の女子ダブルスで優勝、関さんはプラハ大会の女子ダブルスとリュブリャナ大会の混合ダブルスで優勝、森沢さんは六七年のストックホルム大会の女子シングルスで優勝、深津さんはリュブリャナ大会の女子シングルスで優勝している。

かつての対戦相手だとわかると、双方は手を握り合い、肩を叩きあって再会を喜んだ。感激で泣き出す人もいる。一人が泣き出すと、連鎖反応を起こしてみんなが涙ぐんだ。

中日の卓球交流五十年を記念して、体育館前で植樹が行われた。団長の木村興治・日本卓球協会専務理事は「今回の訪問を機会に、中日卓球交流の歴史をふり返ってみたい。私たちはこうして会っただけで、古い時代のことを思い起こすことができます。今回の訪問は、往年の選手だけでなく、次代を担う子どもの選手も連れてきましたが、彼らが将来、再びここで、中国の選手たちとプレーすることを望んでいます」と挨拶した。

副団長の角田啓輔さん（中央）は、かつて戦った王伝耀さんを見つけると、当時の試合の記録を書いた紙を取り出して思い出話に花を咲かせた

知られざる秘話の数々

中国と日本の往年の名選手たちは、歓送迎の宴会や中央テレビ局の番組収録で、何度も顔をあわせた。楽しい会話の中で、これまであまり知られて

修学旅行で日本に行く

千代田中学校の生徒と先生たちは、雨の中、道端に立って、中国の生徒たちを迎えた

中国では、修学旅行はまだそれほど一般的ではない。だが、経済的に豊かになった一部の地域では、海外への修学旅行が始まっている。

改革・開放後、最初に経済特区となった広東省深圳市では、二〇〇三年から、チャーター機による日本への修学旅行が始まった。その実態を見ようと、今年二月、深圳市の四つの中学校で組織された「深圳赴日修学旅行団」に同行し、五日間、九州各地を回った。

ほとんど知らない日本

この修学旅行に参加したのは、深圳外国語学校と前海中学、学府中学、南頭中学の百二十人の中学生と引率の教師である。全員が参加する日本の修学旅行とは違い、各中学校の希望者のみが冬休みを利用して参加する。費用は一人六千八百元（約十万円）。

参加を希望した中学生のほとんどは比較的豊かな家庭の出身だ。一部の親が公務員である以外は、ほとんどの親が商売をしている。貴金属店を経営している人もいれば、レストランやホテルの経営者もいる。

深圳外国語学校の中学二年生の張浩銘くんの両親は公務員だ。出発する前に、両親はいろいろな旅行用品を整え、小遣いとして三万円を渡し、くれぐれも安全に注意するようにと言った。ほかの中学生たちも、だいたい同じくらいの小遣いをもらったようだ。

張くんは家族と離れて旅行するのは初めてだ。空港へ向かうバスの中で、緊張と興奮を隠せない。「日本のことをどれぐらい知っているの」とたずねると、寡黙な彼はしばらく考えたすえ、「日本の寿司は美味しい。深圳には日本料理屋が何軒もあります」と言った。張くんの隣に座っていた黄嘉偉くんは「僕は日本のロックと宮崎駿のアニメが好きなんです」と口を挟んだ。

しかし、子どもたちは日本についての予備知識はあまりなかった。日本料理や和服、アニメぐらいしか知らない子どもが多い。

修学旅行生を乗せた中国南方航空のチャーター機は、予定より少し遅れて九州の熊本空港に到着した。夜のとばりはもうすっかり降りていた。空港の外では、熊本観光推進協議会と熊本県観光連盟の人たちが「熊本欢迎您！祝您来熊本愉快!!（熊本へようこそ、熊本を楽しんでください）」と中国語で書かれた横断幕を掲げて待っていた。

一行は、空港からバスで佐賀県へ。その夜は佐賀の竜登園温泉ホテルに泊まった。ホテルには温泉の大浴場があったが、温泉に慣れていない子どもたちが多く、温泉に入った子どもは少なかった。

中学生同士で交流する

机を並べて日本の生徒たちと交流する張浩銘くん（手前の立っている人）

翌日の朝、ホテルから佐賀県千代田町の千代田中学校へ向かった。バスが学校に着いたとき、千代田中学校の先生と生徒たちが全員、雨の中に立って待っていて、歓迎の声が湧きあがった。

中日両国の中学生の交流活動は、学校の体育館で行われた。日本の習慣で、体育館に入る際、靴を脱がなければならない。この日は寒く、体育館の床は冷え切っていた。亜熱帯に位置する深圳から来た子どもたちは、なかなか適応できない。中には震えていた子もいた。しかし、みんな黙って我慢していた。

しかし、日本の子どもたちは寒さを恐れなかった。そのことが中国の子どもたちに深い印象を与えた。

千代田中学校の男女の生徒たちは剣道の模範演技をしたが、深圳の生徒たちは、彼らの苦闘し、向上する精神に感銘を受けたようだ。深圳の生徒たちは京劇の隈取や歌の一節を披露し、大きな拍手を受けた。

そのあと中日両国の生徒たちは、国語、数学、英語、美術の四組に分かれ、いっしょに授業を受けた。美術の授業をのぞくと、中日双方の生徒が一組になって、手芸品をいっしょに作っていた。深圳外国語学校の黄婉瑩さんと日本の鶴麻衣子さんはいっしょに、植木鉢の中にチューリップの造花を作った。植木鉢の外側には「友好」を示す英語の頭文字「F」の字を貼りつけた。

協力して一つの作品を完成する。それを通して、子どもたちの心はしっかりと結ばれた。黄さんは中国から持ってきたお土産を鶴麻衣子さんに贈った。言葉は通じなくとも、生徒たちは兄弟や姉妹のように親しくなった。教室いっぱいに、笑いと歓声が溢れた。

九州の自然を満喫する

長崎県佐世保市のハウステンボスは、アジア最大で最新と言われるレジャー施設である。優雅なオランダ風の建物と静かで落ち着いた自然の景観が、生徒たちの目を引きつけた。

最も意義深かったのは、お城の中で行われた科学的な環境保護の知識講座だった。ここで子どもたちは、楽しみながら多くの知識を身につけた。そして思いもよらず全員が、ハウステンボス城の「環境保護リトルドク

熊本空港で、かわいらしい日本の女の子が、日本へ来た中のお兄さんとお姉さんに、中国語で「欢迎！你好！」と大で言った ❷深圳からの生徒たちは、京劇の隈取や歌を披露、拍手を浴びた ❸生徒たちは、ハウステンボス城から「環保護リトルドクター」の証明書を授与された ❹黄婉瑩さん）は、鶴麻衣子さんにプレゼントを贈った

木と石と水が語る北京 22

「琉球賓館」の樹々に花開く

歴史学者 阿南・ヴァージニア・史代＝文・写真

❶琉球使節が友好の印として植えた海棠 ❷屋敷でさまざまな役割を務めてきた宋樹沢さん ❸正面の建物を見下ろす巨大な槐の樹

琉球列島、すなわち現在の日本の沖縄県は、古い時代、東アジアおよび東南アジアと活発に交易し、例えば中国の生糸と日本の刀剣といった品々が、琉球商人の仲介で交換されていた。九州南部の島津藩の統治下にあったときでさえ、琉球王国は中国と通商関係を続けていた。

中国と国境を接する国々は、貢物を携えた使節を中国に送る慣例があり、これは中国外交の一般的な作法であった。十四世紀以来五百年間、琉球王と中国皇帝の間にはこの属国関係が存在していて、琉球使節たちは朝貢訪問の傍ら、高価な中国の絹を日本に持ち帰った。

十八世紀後期、中国の首都を訪れた朝貢使節たちは、清朝政府が市の南部に建てた宿舎に滞在した。この宿舎「会同館」は実際上、五十年以上にわたって清朝朝廷の国賓館であった。南横街という名の狭い路地に建てられた国賓館は、琉球使節たちが滞在した当時のまま手をつけずに残されている。

紫禁城に近い外国高官用邸宅が手狭になったとき、清朝政府は皇城外を物色して、明朝初期からの「兵馬司」を召しあげ、公賓用に改修した。私が二〇〇一年に訪れたとき、二棟の母屋とそれに付属する多数の建物がまだ残っていた。

宋樹沢さんはこの屋敷内で五十年以上、あれやこれやの役割を務めてきた。彼の説明によると、清代には琉球、ビルマ、韓国、ベトナムからの使節団は皆ここに滞在したという。二十世紀に入ると日本の軍事警察、さらに国民党軍がこの場所を占拠し、一九四九年以後は食料配給センターであった。宋さんは国賓館時代からの正門を記憶していたが、それは一九七〇年代に取り壊されたという。「食料配達用のトラックが出入りできるようにしたのですよ」と彼は言った。

建築は近隣の庶民の家々より格段に立派である。「この建物にお入りなさい」と宋さんは私を招き入れてくれた。いまも木製パネルが壁の一面全体を優雅に飾っていて、一番上には精巧な花と魚の図柄の彫物が交じり合っていた。宋さんが言った。「ここが琉球使節団の泊まった部屋ですよ！」

宋さんは植物、特にバラの手入れをして日を過ごしていた。しかし彼は、四つの中庭を優雅に飾る樹木をとりわけ誇りとしていた。「春になると、近所の人たちがゆったりと花盛りの果樹を楽しんでいますよ」。宋さんは桑、柿、イチョウ、梨、海棠を指さして言った。優に五百歳にはなる巨大な槐の樹が正面の建物を見下ろし、その厚い繁みは陽射しをほとんど遮っていた。

小さな西の庭には、蓮の模様をつけたアンティークの水槽が、並外れて大きな海棠の下に放り出されていた。秋にはたわわに実をつけますよ、と宋さんが言った。何より重要なのは、この樹は琉球使節団がここに滞在していたとき、彼らの手で植えられたらしい、ということだ。

「もしこの場所を修復しようというのなら、まずコンクリートの舗装をはがしてもとの石だたみの道をよみがえらせるべきです」と宋さんは言った。彼によると、道路拡張の噂があり、これらの樹々の何本かは遠からず無くなる運命にある。そうなると、二百年前、琉球使節が友好の印として植えた海棠も長くは生き延びられないだろう。▲

（訳・小池晴子）

五洲伝播出版社の『古き北京との出会い』より

筆者紹介

阿南・ヴァージニア・史代　1944年米国に生まれ、1970年日本国籍取得。正式名は阿南史代。外交官の夫、阿南惟茂氏（前駐中国日本大使）と2人の子どもと共に日本、パキスタン、オーストラリア、中国、米国に居住した。アジア学（東アジア史・地理学専攻）によって学士号・修士号取得。20余年にわたり北京全城の史跡、古い集落、老樹、聖地遺跡を調査し、写真に収めてきた。写真展への出品は日本、中国で8回におよぶ。

优死（yōu sǐ）［death with dignity　**尊厳死**］正确认识死亡，并采取措施提高生命最后阶段价值和意义的观念。／死を正確に認識し、命の最終段階の価値と意義を高める措置をとるという考え方。例文：临终关怀是一项长远的事业，我们国家提倡优生优育，提高人的生存质量，也应该重视优死。／ターミナルケアは長期的な事業で、我が国は「優生優育」や人間の生きる質の向上を提唱すると同時に、尊厳死も重視しなくてはならない。（『北京晩報』2000年6月4日）

惜贷（xī dài）［unwillingness to make loans　**貸し渋り**］商业银行在有放款能力、借款人又符合贷款条件的情况下，不愿发放贷款。／商業銀行が、貸し付け能力を持ち、借款者も貸し付けを受ける条件を満たしていながらも、貸し付けを渋ること。例文：现在企业负债率普遍较高，偿还能力低下，导致银行惜贷，企业通过银行信贷取得资金越来越困难。／現在、企業の負債率が普遍的に高く、償還能力が低いことは、銀行の貸し渋りを招き、企業は銀行の貸し付けによって資金を得ることがますます難しくなっている。（『中国経済時報』2000年5月11日）

Dear China
中国雅趣

写真・佐渡多真子
文・原口純子

京劇の舞台用髪飾り（北京）

京劇の衣装や道具を売る店が集まる西草市街で見つけた
役者が使う舞台用の髪飾り。
薄暗い店の奥に、いまにも舞台の響きがよみがえりそうな華やかな姿。

■原口純子（Junko Haraguchi）
エッセイスト。93年より北京在住。新刊『中国の賢いキッチン』が講談社文庫から発売中。
http://peking.exblog.jp/

■佐渡多真子（Tamako Sado）
北京在住カメラマン。国内外の雑誌等を中心に活躍。主な写真集に『幸福（シンフー）?』（集英社）など。
http://www013.upp.so-net.ne.jp/tamakosado/

特集 日本観光が促す草の根の
人民中
中国を知るための日本語総合月刊誌
13億の
生活革命
解放されたインナーのオシャレ
スペシャル企画
中日卓球交流の50年
●かつての名選手再会
●福原愛ちゃん大いに語る
あの人あの頃あの話
酒は「乱に及ばず」を
レポート
中日関係に関する
中国政府の基本的
在日中国人作家、毛

［秘境アバの自然と民族］⑧

「山神」に守られる「白馬人」の仮面踊り

劉世昭＝文・写真

白馬チベット族の民族学的分類については、人類学者の間に異なる意見があった。一九五〇年代の初め、公式にはチベット族の一脈とされたが、生活習慣、信仰、風俗の面でチベット族と異なることから、白馬チベット族と呼ばれるようになった。彼らは自らのことを「白馬人」と呼んでいる。

チベット族兵士の末裔

二日間の雨のあと、九寨溝の県城を離れ、勿角郷の下勿角村へ向かった。車で南へ約五十キロを走ったあたりから、幅わずか二メートルしかない、ぬかるんだ道を通って山へ登って行った。

下勿角村は高山にあり、白馬チベット族が住んでいる村である。

唐時代、青海・チベット高原に存在した中国チベット族の地方政権吐蕃王朝と唐王朝は、この地で激しく戦った。この戦争は吐蕃の勝利で終わったが、一部の吐蕃の兵士は奥山に忘れられた。年月が経つにつれて、元兵士たちは半農半猟の生活を送りながら、土地の人と結婚して子供を生み育ててきた。彼らは、故郷を懐かしんで自分たちのことを「白馬」と言う。チベット族の古語で「白馬」は、「チベット族の兵士」の意味だ。

下勿角村の五十八歳の村長バンウンユィさんによると、「白馬人」は、主に四川省の平武県と九寨溝県、甘粛省の文県に分布し、現在、約二万人が住んでいるという。

独特な風俗の「白馬人」

チベット族の家には、普通チベット仏教、あるいはボン教の仏像が祭られているのだが、バンウンユィさんの家にはそれらが祭られていなかった。チベットの地域でよく見かけるタルチョ（経幡）も、村のどこにも見られない。村長は、「私たちは仏教を信仰していないし、文字もありません。昔の事は、すべて代々口で伝えてきました」と説明する。

この村でとても目を引いたものがある。それは「白馬人」の服飾だ。女性は、髪を後ろで一つに編み、二本の白い鶏の羽を挿した黒いフェルト帽子をかぶっている。帽子の真ん中には、貝を磨いて作った丸い飾り物の「魚骨片」が飾られていた。

「魚骨片」は外から持ち込まれた装飾品だ。交通が不便だった昔、貝はとても珍しい品で、「白馬人」にとってそれは、豊かな生活を象徴するもの

❶「白馬人」の住居 ❷編んだ髪に飾られた「魚骨片」 ❸近くに住む平武県の「白馬人」の女性。九寨溝の同族の女性の服飾とは少し違っている ❹男性は、白い服を好んで着る ❺女性の服装は男性より華やかだ

10

2006

十三亿人口的“口粮”如何得到确保？本刊记者采访了被誉为“超级稻之父”的袁隆平，听他讲述研发过程中的艰辛，介绍了他在粮食增产方面的突出贡献（5月号，见图1）。此外，“稻田养鱼”（2月号，见图2）、“稻田养鸭”（10月号，见图3）等农民在生态农业方面的智慧也在这一年有所报道。

电影《那山、那人、那狗》曾在日本引起轰动。“现实版山间邮递员”王顺友的故事经本刊介绍后，也在读者中引起很大的反响（4月号，见图4）。“迷上熊猫的日本原银行职员”浅田洋一，曾多年坚持给熊猫捐善款，退休后来到北京动物园和熊猫朝夕相处三个月，他的故事引来许多读者的羡慕或嫉妒（2月号，见图5）。在中国知名度极高的日本歌手谷村新司来到上海培养中国新人，《星》唱响上海（8月号，见图6）。横堀克己夫妇在上海采访了谷村新司。横堀克己还在北京采访了一群紧紧相拥的中日白发老人，听这些国手讲述中日乒乓球交流50年的幕后故事（6月号，见图7）。中国游客日本游开通之后，修学旅行去日本成了中国孩子们的选项（6月号，见图8），日本来华修学旅行的减少反倒令人担忧。阿南・史代为采写专栏《北京的树、石头、水》跑遍北京，在罕有人至的院子里发现“琉球宾馆”的树上开满了花，令人不得不叹服她的脚力和笔力（10月号，见图9）。《秘境阿坝之旅》也是考验摄影记者刘世昭脚力的连载，《山神守护下白马人跳傩舞》记录下了“白马藏族”的独特民俗（8月号，见图10）。

佐渡多真子和原口纯子的《可爱的中国》，通过中国风格的各种可爱物件，发现无处不在的中国日常美（1月号，见图11）。在日摄影家于前拍摄的在日华人作家毛丹青登上封面，为这一年的杂志增加了一个亮点（6月号，见图12）。

○特別寄稿

受け継がれる中日文学交流
「歩く人が多くなれば、それが道になる」

中国社会科学院外国文学研究所教授 許金竜＝文 李聯朝＝写真

昨年9月に大江健三郎氏が訪中、また12月には芥川賞作家の中村文則氏をはじめとする20代、30代の若手作家が北京で中国の同世代の作家と交流。その「中日青年作家対話会」の企画者の一人であり、大江氏の訪中では通訳を務め、数々の大江健三郎作品の中国語翻訳者でもある中国社会科学院の日本文学研究者許金竜氏が、若者の未来へ希望を託した大江氏の思いとともに、2006年の中日文学交流を振り返った。（編集部）

サインをもらう若いファン。左は筆者の許金竜氏

このタイトルはもともと、中国社会科学院の招きに応じて、訪中は五度目となる大江健三郎先生が、二〇〇六年九月十日、北京大学付属中学で行った講演のものである。遡ること一九二一年一月、魯迅先生が発表した短篇小説『故郷』にも、同様の記述を見ることができる。

「思うに希望とは、もともとあるものともいえぬし、ないものともいえない。それは地上の道のようなものである。もともと地上には道はない。歩く人が多くなれば、それが道になるのだ」（ちくま文庫『魯迅文集』竹内好・訳）

さらに遡れば、魯迅先生が一九一九年十一月一日に発表した文章『生命の路』の中にも、同じような表現が見られる。

「路とは何か。それは、かつて道のなかったところに踏みつくられたものだ。かつて荊棘しかなかったところに切りひらかれたものだ」（学研『魯迅全集』伊藤虎丸・訳）

中日関係が停滞期にあった二〇〇六年、まさに「荊棘しかなかったところに切りひらかれた」道を歩いているのが大江先生である。

北京大学付属中学での講演の朝、大江先生の朝食の量は普段より明らかに多かった。先生は不思議そうな私の視線に気づくと、奥様に言い聞かされたのだと教えてくれた。「昨晩妻から電話があって、体力をつけるために、今日はいつもよりたくさん朝ごはんを食べなさいといわれたのですよ。日本のために、子供たちのために、未来のために、全力でこの講演を成功させるようにと……」そう言って、先生はにわかに表情を引き締めた。昨年七月末に成城のお宅にスケジュールの打ち合わせにお邪魔したとき、私はすでに先生から聞かされていた。自分は生涯無数の講演を行ってきたが、北京大学付属中学のこの講演は、その無数の講演の中でも最も重要な講演のひとつになると考えている、と。

「知識人の未来の職務」

北京大学付属中学へ向かう途中、大江先生がどこか落ち着きがなく、両手をこすったり、無意識に車の手すりをつかんだりしていることに気づいた。これまでの度重なる中国訪問において、先生は講演や学術会議などさまざまなイベントに参加してきたが、このようなことは初めてだった。私はそっと先生に申し上げた。今日は子供たち相手の講演ですから、そんなに緊張される必要はありませんよ、と。先生は儀礼的にちょっと笑っただけで、それ以上何も言わなかった。

学校に到着し、康健校長の案内で講堂の外の廊下までやってくると、ふいに先生はもともとひどくゆっくりだった歩みを止めた。明らかに落ち着きがなくなり、一旦控え室に行ってもよいかと尋ねた。「もう一度、一人になって気を静めたい」という。先生が誰もいない部屋に入ると、私はそっとドアを閉め、校長と一緒にドアから少し離れたところで静かに待った。このときの先生の気持ちが、私には理解できた。数日前の夜、私は先生が中国の子供たちの前で発表する講演原稿「歩く人が多くなれば、それが道になる」を翻訳していた。最後の部分を訳し終わったとき、目から涙が流れ落ちた。相互理解と尊重の基礎の上に和解を実現しようという、真心をこめた先生の願いに私は深く感動していた。講演原稿の中で、先生は旧友、アメリカの文学研究者であるエドワード・サイードの観点を引用している。「学者や、ジャーナリスト、小説家、詩人、音楽家、画家といった人たちは、それぞれの専門分野の中で、自分の積み上げた知識や技能によって仕事をします。しかし、自分たちの社会の進み行きがよくない時、その専門分野から離れて、社会、国、世界のことを心配するアマチュアとして集まり、発言しなければならない。それが、知識人の未来の職務だ、というのです」。そして、「一人の知識人として、日本の社会の進み行きについて心配することについて、自分の信頼している人たちと共に発言してきました」というのが大江先生ご自身なのである。

そして今、学生たちの前でなかなか鳴りやまない熱烈な拍手の中、先生は北京大学付属中学の演壇に上がり、中国の子供たちに向かって自分の声で率直に語った。「今日本と中国の関係はよくありません。（中略）そうした状況のなかで、日本と中国の若い人たちの間の未来が、本当の和解、その上での協働によって、すばらしいものになることが、どうしても必要だ、と私は考えます」

未来を生きる若者たちへ

演説の終わりに、先生は演壇の下の子

北京大学付属中学で行われた講演、約六百人の中学生が参加

興味津々の生徒たち

北京市内の書店でのサイン会につめかける中国の記者とファンたち

日本の「老戦士」の「里帰り代表団」は長春に到着し、航空大学の先生と学生たちから盛大な歓迎を受けた

新中国初のパイロットを育てた日本人教官たちの「里帰り」

高海寛＝文 張東賀＝写真

中国の友人たちと再会

一九四五年に日本が降伏した後、遼寧省南部にいた関東軍第二航空第四練成飛行隊の三百余人は、行き場を失った。中国共産党に指導された東北民主連軍は、この日本兵たちを受け入れ、人道的に待遇した。

林弥一郎隊長（少佐、当時三十四歳）に率いられた彼らは、後に東北民主連軍航空学校の創立に参加し、新中国における最初のパイロットを養成した。彼らは中国の同僚たちと深い友情で結ばれた。一九五〇年代、彼らは次々に帰国したが、ずっと中国を「第二の故郷」「実家」と見なしてきた。

しかし今、彼らの中でなお健在な人も、みな年をとった。だが、中国を思う気持ちは以前と変わらず、日夜、「里帰り」を望んでいた。

彼らは代表団を結成し、今年六月六日、もう一度、中国にやってきた。ほとんどが八十歳前後の高齢者で、中には、心臓病を患い、家人や医者から「行くな」と言われたが、「最後に一目、中国を見られたら、倒れても本望だ」という人もいた。

宿泊先の北京のホテルには、かつて航空学校でいっしょに働いた中国の仲間や友人が駆けつけ、日本の友人たちと旧交を温めた。その中には、当時、この学校から巣立ったパイロットで、後に中国空軍司令官となった王海氏や副司令官の林虎氏もいた。また、当時、航空学校の指導者だった姚俊氏や張開帙氏らの姿もあった。

翌日、空軍の指導者たちが代表団と会見し、宴会を催し、日本の友人たちが中国空軍の創設のために貢献してくれたことに感謝の意を表した。そして「里帰り」した日本の友人たちが、「実家」の様子をしっかり見てきてほしいと述べた。

六月八日の午後、一行は天安門を参観に行った。しかし時間が遅く、すでに楼上に登ることができない。随行の人が管理の人を説得して、特別な計らいをしてもらい、一行は天安門の楼上に上ることができた。ここで毛沢東主席が新中国の成立を宣言し、航空学校が育てたパイロットが操縦する飛行機が天安門の上空を飛ぶのを検閲したのだと思うと、彼らの感慨はひとしおだった。

北京滞在中、代表団は航空博物館を見学し、当時、彼らが修理した飛行機が展示されているのを見て、感慨深げであった。そして一行は、北京から汽車で吉林省長春に向かった。

近代的な航空学校を参観

かつて黒竜江省牡丹江にあった東北民主連軍航空学校は、ずっと前に長春に引っ越し、空軍航空大学と校名を改めていた。

六月九日早朝、日本の代表団の一行が長春駅に着くと、航空大学の先生と学生たちの盛んな出迎えを受けた。航空大学は広々とし、きちんとしたキャンパスに近代的な教室や設備が整っていて、学生たちはよく訓練され、元気はつらつとしていた。前身の牡丹江航空学校とは雲泥の差で、代表団のお年寄りたちは感無量の様子だった。

一行はまず、校史陳列室を参観した。そこには当時、彼らが修理した飛行機の模型や、日本人と中国人の同僚や学生がいっしょに写った写真が展示されており、これを見た一行は当時を思い起こした。

大学の指導者が、現在の学校の状況を紹介し、日本の古い友人たちに「栄誉証書」を授与して、当時、航空学校の創設につくした功績に感謝した。代表団側も航空大学に「心系東北老航校 難忘第二故郷情」と書かれた錦の旗を贈呈した。「中国・東北につくられた昔の航空学校を思い、第二の故郷の情誼は忘れられない」という意味である。

❶後に空軍司令官となった王海氏（左から四人目）が、「里帰り」した日本の友人たちに記念品を贈った ❷中国と日本の「老朋友」たちは、いつまでも話が尽きなかった

代表団のために催された宴会の席上、李校長は「日本の老朋友が母校に帰ってきた今日は、新しい航空大学が設立されて三周年の日に当たります。これはまさに『双喜臨門』（重ね重ねめでたいこと）です」と挨拶した。

宴席には、当時、日本の友人たちが食べていた料理が特別に用意された。鶏とキノコの煮込み、豚肉とハルサメの煮込み、粟粥、生キュウリと味噌……。これを見て、日本人たちは、中国の友人たちとともに過ごした忘れがたい日々を思い起こすのだった。

当時の生活は大変苦しかった。しかし日本人は、中国の人々より良い食物を食べ、すべての面で至れり尽くせりの特別な配慮を受けていた。こうしたことで日本人は、口には言えないほどの温かさを感じた。

代表団の伊東孝二郎団長ら日本側は、航空大学の指導者とともに、当時の隊長の林弥一郎少佐を偲んだ。林隊長は日本軍の教官だったが、後に部下を率いて新中国のために、中国人パイロットを一組、また一組と養成し、特別に貢献した。もし彼が今日、昔の航空学校がこれほど発展した姿を見ることができたら、どんなに喜んだことだろうか、と人々は語り合った。

父や母の墓に詣でる

代表団の一行は、長春から汽車で牡丹江へ向かった。列車が牡丹江に近い東京城駅を通過したとき、副団長の入角和男さんの胸中は複雑な思いでいっぱいになった。

日本が降伏したとき、入角さんと上の姉の敏子さん、下の姉の智恵さんの生活はきわめて苦しかった。誰も助けてくれず困っていたとき、東京城で収容されたのだった。後に三人は牡丹江の航空学

零家务 (líng jiā wù) [no housework **家事ゼロ族**] 一些家庭将洗衣、做饭等家务活交给钟点工，把自己做家务的时间最大程度地压缩至零，以使让自己有更多的时间去工作、学习或休闲。／より多くの時間を仕事や勉強、娯楽に費やすため、家庭において洗濯、炊事などの家事をパートタイマーに任せ、家事をする時間をゼロに至るまで最大限に圧縮しようとすること 例文：实行"零家务"的多为机关干部、医生、律师等具有高学历、高收入的家庭。／「家事ゼロ」を推進しているのは、管理職、医者、弁護士など高学歴、高収入の家庭が多い。（『茂名晩報』2006年8月21日）

交强险 (jiāo qiáng xiǎn) [**交通事故責任強制保険**] 中国首个由国家法律规定实行的强制保险制度。由保险公司对被保险机动车发生交通事故造成受害人（不包括本车人员和被保险人）的人身伤亡、财产损失在责任限额内予以赔偿。／国家法律が規定、実施する中国最初の強制保険制度。保険に加入した車が交通事故に遭うと、保険会社は被害者（保険加入者と車の同乗者を含まず）の人身の死傷、財産の損失に対して、責任限度額内で賠償する。

○特別寄稿

影響し合った人物描いた 中日交流漫画カレンダー

上海在住フリーランスライター　須藤みか

「小野妹子と隋の文帝」「清少納言と白居易」「足利義満と永楽帝」……この歴史上有名な日本人と中国人が、互いに影響を与え合った、ということをご存知でしょうか。これを漫画に描いて、日本語と中国語の解説をつけた『2007中日交流漫画掛暦（カレンダー）』が作られ、話題になっています。子供にも親しんでもらって、日中間の相互理解の一助になれば……。そんな願いを込めて、昨年から作られています。

十二組のペアが示す交流の歴史

このカレンダーを企画・制作したのは、上海の日系PR会社の共同拓信公関顧問（上海）有限公司。「日中関係が改善の方向へ進み始めましたが、日本人と中国人の相互理解はまだまだ足りないのではと、強く感じています。そこで、まずは毎日の生活の中で身近に接するカレンダーを通じて、お互いの共通点や異なる点を理解しあえればと思い、昨年に引き続き今年も制作しました」と、同公司副董事長の田岡子（たおか・し）氏は企画の意図を話す。

昨年のカレンダーは、日本人なら中国に、中国人なら日本にそれぞれ縁のある人物が描かれた。日本人は阿倍仲麻呂、宮崎滔天、内山完造ら六人、中国人は魯迅、孫文、鑑真ら六人が、毎月一人ずつ登場した。

今年のカレンダーは、互いに影響を与えあった十二組の日本人と中国人のペアを選んで、前回同様、故手塚治虫氏のプロダクションが描いた漫画をあしらっている。

例えば十一月は「魯迅と藤野厳九郎」。中国近代文学を代表する文豪、魯迅が留学先の仙台医学専門学校（現・東北大学医学部）で藤野教授と出会い、藤野教授との民族の壁を越えた人間的な交流をし、魯迅はそれを『藤野先生』という短編小説として著している。

六月の「平賀源内」のお相手として登場する中国人は「宋応星」だ。博物学者、からくり師、戯作者など多芸多才な活動で知られる平賀源内だが、海外の機械を参考に仕組みを研究して「エレキテル」という静電気発生装置などを製作したエンジニアの顔も持っている。その彼に影響を与えたもののひとつが、十七世紀末に大阪で翻訳出版された宋応星が著した科学技術書『天工開物』。さらに、同書は中国では遺失してしまったが、辛亥革命時に、日本語翻訳版をもとに再出版されたというエピソードもある。

そのほか、「大塩平八郎と王陽明」「林羅山と李時珍」「近松門左衛門と鄭成功」「朱舜水と徳川光圀」「大河内輝声と黄遵憲」「武田泰淳と秋瑾」「李大釗と吉野作造」とペアが収められ、二人の関係も、カレンダーに記されている。

へー、この二人が影響しあった関係だったなんて、浅学な私は、驚くことしきりだった。

日本と中国の暦を併記

カレンダーには、日本と中国の暦が併記されていて、双方の国の記念日などが一目で分かるようになっているのも特徴だ。

中国から日本へ伝わった季節の行事は多い。例えば七夕。

日本では新暦で祝うようになったため七月七日と固定されているけれど、中国ではいまも旧暦で祝うから、毎年、七夕の日が動く。さらに、日本が七夕を祝っているその日は、中国では抗日戦争のきっかけとなった一九三七年の盧溝橋事件が起きた日でもあり、中国人の心の中に深く刻まれている。

新しい月が来るたびに、今月はどんな記念日や伝統行事があるのだろう、と互いの国に思いを馳せ、確認することができるわけだ。外国人と交流をしていくうえで、その国のひとびとにとって大切な記念日を忘れないことは、相互理解の第一歩だ。

「オフィスや家庭でカレンダーを利用して頂くことで、相手の国の暮らしや歴史を考えるきっかけになれれば」と、田岡氏は話している。

【お知らせ】この『2007中日交流漫画掛暦（カレンダー）』を五名の方にプレゼントします。ご希望の方は、四月八日必着で、編集部までご応募ください。当選発表は発送にかえさせて頂きます。

支柱产业（zhī zhù chǎn yè）［pillar industry　**基幹産業**］能发挥支撑作用的产业。／支えとなる産業のこと。**例文：**旅游业已成为我国扩大内需、引导消费、促进经济发展的支柱产业之一。／観光業はすでに中国の内需を拡大し、消費を推進し、経済発展を促進する基幹産業の一つになっている。（『北京日報』2000年4月11日）

造血（zào xuè）［internal functions to revitalize oneself　**自力による活性化**］原指机体自身制造血液。新义：比喻单位、组织等发挥自身作用，增强活力。／もともとは体内で血液をつくるという意味だったが、新義は、機関や団体、組織などが自らの機能を発揮し、活力を強化すること。**例文：**通过不断的造血，证券市场的总体质量得到了较大的提高。／絶え間ない自力による活性化で、証券市場の全体の質が大きく向上した。（『羊城晩報』2002年2月24日）

心の交流が生まれた日本人女性たちの敬老院訪問

王浩＝文　楊振生＝写真

故宮の北に位置する景山公園と北海公園の間は、灰色のレンガや瓦の平屋と胡同（横町）が広がり、昔ながらの北京の雰囲気が残る一帯だ。ここに、三十人余りのお年寄りが静かに暮らす老人ホーム「什刹海金秋園敬老院」がある。

北京日本人会の婦人委員会は、二〇〇五年から毎月一回、この金秋園を訪問。入居しているお年寄りたちとおしゃべりや散歩、ゲームをして交流するボランティア活動を行っている。

お年寄りと一緒に北海公園を散歩する柳岡美子さん（右）と梅野満さん（中央）（北京日本人会提供）

水曜日の金秋園

ある水曜日、金秋園から絶え間ない笑声が響いてきた。お年寄りたちと日本の女性たち十数人が一緒に歌を歌っているのだ。金秋園の入居者の平均年齢は八十歳、最年長者は九十五歳になる。日本の女性たちは上手な中国語でお年寄りたちと言葉を交わす。耳の遠いお年寄りに対しては、耳の近くで話をする。

北京日本人会の婦人委員会が行っている敬老院訪問には、夫の北京赴任に伴って北京で暮らす専業主婦や会社員、留学生などが参加している。二〇〇五年の夏から始まったこの活動は、特別な事情がない限り、毎月第二水曜日に開催される。

どうして日本の女性たちが中国の老人ホームを訪問しているのだろうか？　婦人委員会委員長の柳岡美子さんは次のように説明する。

「日中の経済交流が盛んになったことにより、たくさんの日本人が北京に常駐して仕事をしています。そして、余暇には一般の中国の方々と交流し、中国社会に少しでも役立つことをしたいと考えています。高齢化社会に突入しつつある中国で、私たちはお年寄りたちの力になりたいと思いました。これに対して、北京市中日友好協会の仲立ちで、金秋園が私たちの訪問を受け入れてくれたのです」

近くの学校の小中学生をはじめ、金秋園を訪れるボランティアは少なくない。外国人のボランティアも時々やってくる。そのなかで、日本人会のボランティアは定期的な訪問を続けている。金秋園の呉士珍院長はこれについて、「一昨年の夏から、日本の女性たちは毎月定期的に訪れてくれます。一度も中断したことがありません。しかも、毎回しっかりと準備をしてきます。歌を歌うときは、事前に中国語と日本語の歌詞を持ってきて、お年寄りたちに配ります。活動に必要な道具やプレゼントはもちろんのこと、前回撮った写真もプリントしてきてくれ、高齢者たちに配ります。こんなにきめ細かい心配りは、なかなかできることではありません」と語る。

天気のいい日は、お年寄りたちの車椅子を押して、北海公園へ散歩に出かける。金秋園には常勤の職員が八人しかおらず、お年寄りたちと一緒に公園を散歩することは難しい。そこで、日本の女性たちがやってくる日は、三十人余りの入居者が一緒に外出できるため、みんな大喜びだ。お年寄りたちは水曜日を待ちわびている。

真摯な交流

北京日本人会は一九八九年の発足以来、植樹やバザーなど数多くのチャリティー活動を行ってきた。敬老院訪問は、婦人委員会の責任者である柳岡美子さん、梅野満さん、浦田啓子さんの三人が主に担当している。

お年寄りたちと一緒にビンゴゲームをする日本人会の女性たち

お年寄りたちとおしゃべりをする日本の女性

捻出して綿密な計画をたて、準備をする。ほかの女性たちも、おいしいお菓子を作ったり、自分の子どもの二胡の先生を老人ホームに招いて、お年寄りたちが好きな曲を演奏してもらったりと、積極的に関わっている。

毎回の訪問は半日程度だが、日本の女性たちはお年寄りと交流できることをうれしく思っている。この交流を通して一番強く感じたのは、「中国のお年寄りこ

たときのことについて次のように語る。「日本人であるため、お年寄りたちに拒絶されるのではないかと心配していました。でも、みなさんの笑顔を見て安心しました。北京の生活には慣れたかなどと私の生活状況を尋ねてくれ、初めて会ったのに、まるで古くからの知り合いのように感じました。外国人に対してとてもオープンです。みなさんとの交流によって、北京での生活

しました」

日本の女性たちの気配りや親切は、お年寄りたちにも深い印象を残している。八十六歳の林さんは、「日本の友人たちは親切でやさしい。私たちは、彼女たちがやってきて、たくさんの喜びをもたらしてくれるのを楽しみにしています」と話す。七十四歳の黄蓮さんも、「彼女たちはみんな礼儀正しくて、親しみを感じます」と

自分の家族や子どもについて自然と話が及び、引き出しから子どもの写真を出して見せてくれました」と話す。

日本の老人ホームにも行ったことがある浦田さんは、「日本の老人ホームは病院のようだが、中国の老人ホームはもっと人間味にあふれている」と語る。「日本と比べると、中国の老人ホームのほうが面白い。同じ部屋で暮らしているおばあさん二人が助け合っている姿に、とても感動

特聘（tè pìn）［specially engage　**特別任用**］特别聘用。／特別に招いて任用すること。**例文：**陕西省文物局特聘发现并保护宝鸡眉县杨家村西周青铜器窖藏的五位农民为文物保护员。／陝西省文物局は、宝鶏市眉県楊家村で西周青銅器の貯蔵庫を発見して保護した農民5人を文物保護員として特別任用した。（人民ネット2003年5月16日）

…n）［slim　**スリムになる**］主要通过增加运动、节制饮食等办法减轻体重，使体形匀称苗条。与减肥相比，更注重对皮肤和肌肉的护…比"减肥"婉转，更迎合人们的心理。／たくさん運動したり、食事制限をしたりすることによって、体重を減らし、均等のとれたす…になること。「ダイエット」に比べ、肌や筋肉のケアを重視する。語感が「ダイエット」より婉曲なので、好まれている。

放談ざっくばらん

中国のヘッドコーチになった理由(わけ)

シンクロナイズドスイミング　コーチ　井村雅代

迷いはなかった

アテネ五輪が終わり、私は六年間務めた日本代表ヘッドコーチの仕事にピリオドを打った。自分のクラブで若手選手の指導に専念していた時、中国から思わぬ連絡が入った。

「今度の五輪でメダルを取りたい。何色のメダルでも良い。そのために、今、一生懸命がんばっているが、経験もノウハウもない。あなたの素晴らしいコーチ力を貸してくれないか」と。

日中関係をめぐって、必ずしも友好とは言いがたいムードが漂っていたころだった。にもかかわらず、中国はあえて日本人の監督に要請を出したのだった。五輪のホスト国として、失敗は許されない。背水の陣をしいて私の技術を必要としている。

「これじゃ、もう断れない」。すぐに心を決めた。

しかし、世間の受け止め方は真っ二つに分かれた。「素晴らしい決断をしたね！」と言ってくれるのと、「何を考えてるんだ。日本のノウハウを敵国に売って！」という非難の声だ。

果たして私は、人の道に背いたことをしたのだろうか。繰り返し自分に問うた。日本代表は今まで世界でメダルを取り続け、世界トップレベルの自負がある。国際化に伴い、異国間交流が非常に大事になっている時代の中で、同じアジアの仲間として、どうして中国の要請を断ることができよう。

様々な意見があったことを承知した上で、自分が中国チームの指導に当たることに、迷いはなかった。世の中はもう技術を隠す時代ではない。交流を通して、自分の良さと相手の良さを知り、その上で、互いにどんどん強くなっていく。これこそ、「勝つ」ことなのである。

北京にフィット

中国代表ヘッドコーチを引き受けた後、しばらくはこれまでの仕事の整理もあり、日本と中国の間を行ったり来たりして指導していた。五月以降、やっと拠点を北京に移し、本格的に北京五輪に向けてのトレーニングを始めた。北京は食べ物がおいしいし、困ることは何もない。梅雨時、じめじめした日本に帰ると、乾燥した北京が懐かしくさえなる。

指導の際は、白慕煒さんという優秀な通訳がいてくれるお陰で、選手たちと何の隔たりもなく意思疎通ができる。ただし、通訳はリアルタイムで伝えられないという悔しさがある。その度に、中国語が話せたらいいなと思っている。

ようやく今、よく使う短い言葉を少し覚えたところである。一方、選手たちもどんどん日本語を覚えてくれている。シンクロは採点競技なので、選手の気持ちがそのまま動作に反映する。そのため、心のありかたの基本として、挨拶の大切さを

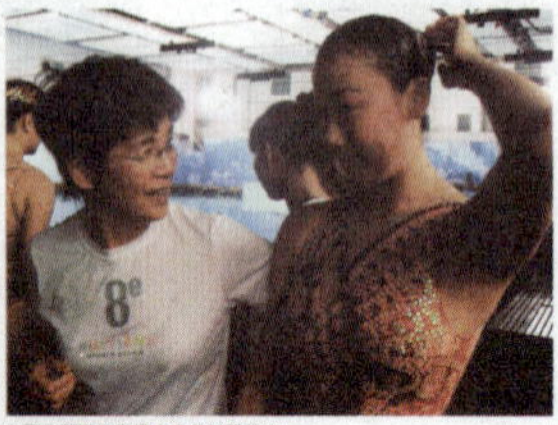

中国の選手を指導する井村雅代さん

抓手（zhuā shǒu）［**手がかり**］从机械角度来解释，就是完成抓取动作的自动机械，作为政治用语，指"重点工作"，或"突破口"。／機械の領域では、つかむ動作のできるオートメーション機械のことを指すが、政治用語としては、「重要な仕事」または「突破口」のことを指す。**例文：**北京156中学近年来坚持以教学为中心，以德育为抓手，教育教学质量显著提高。／近年、「教学を中心とし、徳育を手がかりとする」を堅持した北京第156中学校は、教育教学の質がめざましく向上した。（『中国教育報』2002年11月29日）

❶快適な車内で列車の旅を楽しむ乗客（写真・馬進）❷移動ラッシュの時期、押し合いへし合い乗車する人々（写真は1994年のハルビン駅。王福春撮影）❸スピードアップにより、かつてのような超満員の状況が緩和された。（写真は1992年の上海の列車内。王福春撮影）❹かつての列車はただ人々を運ぶためだけのもので、設備があまり整っていなかった（写真は1990年のハルビン—上海の車内。王福春撮影）

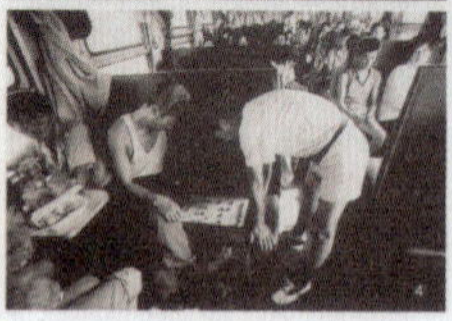

思いもしませんでした」と話す。

范さんの乗ったのは、上海—杭州間の「CRH」（China Railway High-speed）の列車。八両編成を二組連結させた計十六両編成で、定員は千二百二十人。先頭車同士を連結しているので、流線型の先頭車は合わせて四つある。

中国は鉄道のスピードアップをはかるため、アルストム（フランス）や川崎重工（日本）、ボンバルディア（カナダ）、シーメンス（ドイツ）の四社から最先端の技術を導入。三年以上の歳月をかけて、高速列車の車体やトラクションコントロール（駆動力制御装置）、ネットワークコントロー

放談ざっくばらん

芥川龍之介が観た一九二一年・郷愁の北京

北京日本学研究センター　准教授　秦剛

夕月や槐にまじる合歓の花
灰捨つる路は槐の莢ばかり
石壇に日照りいざよふ夕べかな
来て見れば軒はふ薔薇に青嵐

右の数首は一九二一年夏の北京の景観を詠んだ俳句だが、いずれも小説家芥川龍之介の手になるものである。中には、彼が北京から友人に送った手紙に書かれたものもあるし、後日発表したものや生前未発表のものもある。『羅生門』や『杜子春』などの人口に膾炙する名作を残した芥川龍之介は、実は俳句の名手でもあり、また、北京を句題にした俳句を書いたことは、中国でも日本でも知る人は意外に多くない。

一九二一年に大阪毎日新聞社から中国視察旅行に派遣された芥川は、江南地方や長江流域の都市をひととおりまわった後、北京に約一カ月間滞在した。この悠久の古都ののどかな風情に、彼はすっかり魅せられたのである。今年二〇〇七年は、ちょうど芥川の没後八十年にあたる。そして、彼のこよなく愛した北京は、一年後のオリンピック開催に向けて、二十一世紀の国際的大都会へと目覚しい変貌を一刻と遂げている。しかも現在、大手書店を覗いてみれば幾種もの芥川作品集が目につくように、中国で芥川作品の出版ブームが起きている。

こうした背景の中で、北京に惚れ込んだ東京生まれの天才小説家の八十六年前の北京との出会いを振り返るのは、もっとも時宜を得ていると言えよう。このような趣旨で草したこの小文をもって、今年の中日文化・スポーツ交流年並びに芥川龍之介没後八十年に捧げ、そして来年は世界的な大イベントの中心舞台となる北京に、ささやかな祝福を送りたい。

芥川龍之介が北京に入ったのは、一九二一年六月である。時期はちょうど初夏に入る頃で、彼はすぐに中国式の夏服を一式あつらえた。そして、毎日のようにそれを着て出かけ、中国民俗学者中野江漢の案内のもと、北京の街を隅々まで歩き回ったのである。万寿山（頤和園）、玉泉山、北海、天壇、地壇、先農壇、雍和宮、什刹海、陶然亭、白雲観、永安寺（北海公園内）、天寧寺……。その見学の熱心さと徹底ぶりは、北京に長く住んだ中野江漢を驚嘆させるばかりだった。

「花合歓に風吹くところ支那服を着つつわが行く姿を思へ」。この自作の歌は、初夏の北京を心より楽しんでいた小説家の様子を彷彿とさせる。

芥川が語った北京の印象には、必ずと言っていいほど、槐や合歓などのイメージが出てくる。例えば後に中国旅行記の『支那游記』に収められた「雑信一束」には、「北京」と題する次のような一節がある。

槐の黄色い紫禁城を繞った合歓や槐の大森林、——誰だ、この森林を都会だなどと言ふのは？

紫禁城を中心とする当時の北京は、「森林」としてその眼に映ったのである。鬱蒼とした大樹が黄色の瑠璃瓦を幾重にも取り囲んだ風景は、北京の城壁の上から眺めたものと思われるが、当時の北京は市民一人当たり三本の樹木を擁するほどの文字通りの「森の都」であった。高層ビルと立体交差で埋まる現在の北京からは想像もつかない古都の、今ではもはや失われてしまった姿が記述されている。

明清二代王朝の皇帝の住まいである紫禁城が故宮博物院となったのは一九二五年のことで、一九二一年当時は、退位したラストエンペラー溥儀がまだ内廷で暮らしていた。紫禁城の外側の一部、文華殿と武英殿だけが「古物陳列所」として開放され、民国政府の所有する文物を展示していた。そこの見学には筆記用具の持ち込みが禁じられていたため、芥川は見学後に記憶に頼って、眼にした古代書画を手帳に書きとめた。それによれば、唐・閻立本「職貢図」、元・王蒙「長松飛瀑図」、明・文徴明「古木寒泉図」、清・銭維城「林泉雨景図」など、歴代王朝の名品があったことがわかる。また、中国書画に高い鑑識眼を持つ芥川は、展示品の中に贋作が混じっていることも見抜いていた。

しかし書画の鑑賞という面でより芥川の眼を開いた場所は、古物陳列所よりも、西単の霊境胡同にあった陳宝琛の家であった。陳宝琛は清末の重臣で、溥儀の師匠に当たる人物である。彼自身も書画に長け、書画の収蔵家でもあり、なんと紫禁城宮内の元乾隆帝の収蔵品まで所有していた。訪ねてきた芥川の前に、陳宝琛は数々の珍品を惜しみなく持ち出して、芥川をしてすっかり瞠目させた。その中には、李公麟「五馬図」、宋徽宗「臨古図」、王時敏「晴嵐暖翠図」、郎世寧「百駿図」などが含まれていた。これら中国古代芸術の精髄と言ってもいい品々に芥川は感動し、友人にも「此処の御府の画はすばらしいものです」と伝えている。陳宝琛宅で芥川が鑑賞した書画はやがて散逸し、その多くが所在不明となっている。北京城内の胡同にある一軒の居宅で、これほど多くの名品を一斉に眼にすることは、もはや不可能である。その意味では、芥川龍之介は相当恵まれた旅行者だったとも言える。

芥川龍之介(左)、1921年北京にて

名所見学と書画探訪のほかに、芥川は中国戯曲の鑑賞にも熱中した。彼自身の言葉でいえば、北京へ来てからは「速成の戯通になった」ほどほぼ毎日劇場に出入りし、「芝居まわり」をしていた。しかも滞在中観た芝居は、「六十有余」にも上るという。一九二〇年代では、京劇という名称こそ定着していなかったものの、戯曲はもっとも主要な大衆娯楽であった。後に四大名旦と称される女形の名人梅蘭芳、程硯秋、尚小雲、荀慧生たちが頭角を現した頃で、この四大名旦はもちろんのこと、楊小楼、余叔岩、郝寿臣、龔大元など、京劇の全盛時代を飾る数々の名優の演技を、芥川は観たのである。ちなみに、梅蘭芳と楊小楼一代の当たり役と

3G手机（3G shǒu jī）［3rd-Generation mobile　**第3世代携帯電話**］采用第三代移动通信技术的手机，它能够处理图像、音乐等多种流媒体，提供包括网页浏览、电话会议、电子商务等多种信息服务。今年底，3G手机业务预计将于北京、上海等10个城市开通。／第3世代移動通信方式を用いた携帯電話。映像、音楽などのさまざまなストリーミングメディアに対応し、ネットサーフィン、電話会議、eコマースなどのさまざまな情報サービスを提供できる。第3世代(3G)携帯電話のサービスが、年末までに北京や上海など10都市で始まる見通しだ。

电子客票（diàn zǐ kè piào）［e-ticket　**電子航空券、eチケット**］电子客票是普通纸质机票的电子形式，是一种电子号码记录。电子客票将票务信息存储在订座系统中，旅客可以通过网络简单快捷地执行全部操作，与传统机票一样，电子客票可以依据各航空公司的规定变更、签转与退票。／eチケットは普通紙の航空券のデジタル版で、デジタルデータの記録である。旅客データが座席予約のシステムに保存され、ユーザーはネットで簡単かつ迅速にすべての操作ができる。従来の航空券と同じように、eチケットも各航空会社の規定にしたがって、変更、転機、キャンセルが可能である。

大地を駆け抜ける高速列車

中国の鉄道は今年四月十八日、第六回スピードアップを実施した。時速二百～二百五十キロの国産列車を主役に、中国は新しい高速列車時代を迎える。

張春侠＝文　劉世昭＝写真

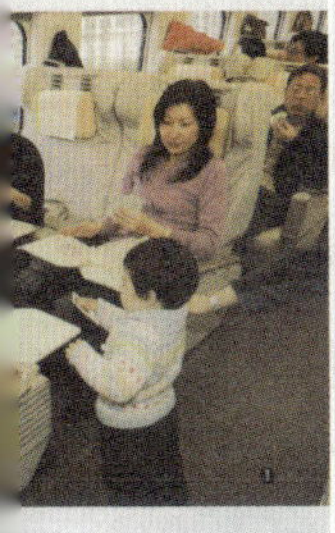

二十一時間が十二時間に

北京で販売の仕事に携わる李さん（四十五歳）。仕事柄、出張が多い。夜、上海行きの直通列車に乗る。上海に着くのは次の日の朝。昼間、用事を済ませたら、その日の夜行列車に乗って北京へ戻る。「この仕事は出張ばかりで、特に若いころは、一カ月に七日も家で過ごすことができればいいほうでしたよ。列車が移動する『家』のようなものだったのです」

しかし若いころの「家」は決して居心地のよいものではなかった。一九八〇年代、都市と都市を結ぶ直通列車がまだ走っておらず、上海行きの列車は各駅に停まり、スピードも非常に遅かった。北京から上海まで二十一時間もかかったのだ。

また、ほとんどが「硬座」（普通シート）だった。寝台席は少なく、切符を手に入れるのが大変だった。しかも、数少ない一等寝台席は、高級幹部しか乗れなかったため、乗務員は乗客の身分をときおり確認していた。

李さんは寝台席の切符が取れないと、硬座席の切符を購入した。「硬座席の切符も取れないときは、立ったまま目的地に向かうしかありませんでした。当時、北京から上海、広州までの切符は手に入れるのが非常に難しく、二十時間以上も立ったままで、足がパンパンになってしまったこともあります」

しかも、春節（旧正月）など移動ラッシュに遭遇してしまったらもう大変。車内の通路や洗面所まで人があふれ、手足を動かす場所もない。トイレはいうまでもなかった。「だから、列車の中ではなるべく水分をとらないようにしていました。あるとき、武漢へ向かう列車で、車内の温度は四十度以上に達し、見渡す限り人、人、人……。汗のにおいが充満し、もう少しで倒れるところでしたよ。いま思い出しても恐ろしい！」

これまで数十年間、中国の一般の人々にとって、列車はもっとも重要

流線型のボディが美しい「CRH」

な長距離移動の手段だった。しかしスピードが遅かったため、人々の移動は困難をきたしていた。

一九七八年十月、鄧小平は日本で新幹線を

足に陥った。乗車が困難、切符が手に入らない、貨物輸送が難しいという状況が日に日に顕著になり、鉄道の輸送力不足は国民経済の発展のボトルネックとなった。その一方で、自動車道路や航空路は急速に発展していった。

夕食や朝食も出ます。朝、目が覚めれば、もう目的地です。飛行機より便利ですよ！」と李さんは満足そうだ。

国産高速列車を投入

「これが列車かい？　飛行機のキャ

民間の文化遺産を訪ねて

甘粛省・慶陽市の「嗩吶」の調べ
冠婚葬祭に欠かせぬチャルメラ

嗩吶（チャルメラ）は俗に喇叭（ラッパ）と称され、中国各地で広く流行している民間楽器である。「慶陽嗩吶」は甘粛省の慶陽地区に流行っている、嗩吶を主とし、銅鑼や太鼓、シンバルが伴奏となる民間の吹奏楽と打楽である。その歴史は長く、今に至るまで民俗と密接な関係にあり、独特な芸術のスタイルを持ち、2006年、中国国家クラスの無形文化遺産リストに登録された。

魯忠民＝文・写真

Dear China

中国雅趣

写真・佐渡多真子

文・原口純子

アモイのコロンス島は、19世紀以来、
避暑地として瀟洒な別荘がならび、栄えた小さな島。
いまもクルマの通行が禁止されたここは、動物たちの天国。
犬たちもこんなにのんびりした顔。

ベンチの犬（アモイ・コロンス島）

■原口純子（Junko Haraguchi）
エッセイスト。93年より北京在住。
作品に、『踊る中国人』『中国の賢いキッチン』（講談社文庫）、『北京　上海　小さな街物語』（JTBパブリッシング）などがある。
http://peking.exblog.jp/

■佐渡多真子（Tamako Sado）
北京在住カメラマン、国内外の雑誌等を中心に活躍。
写真集に、『幸福（シンフー）？』（集英社）、『ニーハオ！ふたごのパンダ』（ポプラ社）、『パンダフルワールド』（アスペクト）がある。
http://www013.upp.so-net.ne.jp/tamakosado/

61　人民中国 2007・6

9

【李さんの一言】
乗客が私たちの仕事を理解し、
満足してくれることが、仕事の励みです。

お仕事道具
チェック！

職場から支給されたバスの車掌専用のカバン

❶乗車券の販売状況を記入する表と乗車券
❷市内バスの全路線図。乗客の質問に答えられるよう、熟読している
❸水筒。菊花茶を飲むことが多い。しかし、勤務中はあまりトイレに行けないため、水分補給は控えめにしている
❹車掌証。これを使って、カード読み取り機の中の金額を記録する

16:40
再びバスに乗車。男の子に席を探してあげる。

今日は運…
に停車駅に…

18:00
帰宅ラッシュの時間。窓から手を出し、ほかの車に道を譲るよう合図を送る。

乗車して…
守って順…

23:30
乗車券を売る。ICカードの本格導入が始まったとはいえ、従来の紙の乗車券を買う乗客もまだ多い。21時半、勤務終了。

一往復し…
てサイン…

草根网民（cǎo gēn wǎng mín）［**草の根ネットユーザー**］代指那些身份普通、平凡的网民，他们也是中国互…
ネットユーザーのこと。中国のネットユーザーの中で、最も活発なグループを指す。例文：…
…网民将一跃成为网络娱乐人气明星。／授賞式では初めてエンターテインメント・ブログを受賞項目に取り入…
ネットユーザーがネットエンターテインメントの人気スターになる。（『信息時報』2006年10月30日）

57　人民中国 2007・11

特集 新しい三峡を点描する

人民中国

中国を知るための日本語総合月刊誌

People's China

2007 2

『三峡好人』の賈樟柯監督インタビュー
「三峡の生活に心揺さぶられた」

グラフィックデザイナー杉浦康平さんインタビュー
「日中で漢字発展の可能性を探ろう」

溶けた鉄がつくる勇壮な火花の祭り

http://www.peoplechina.com.cn

映画監督　賈樟柯さん

11

特集 変わり行く草原と

人民

中国を知るための日本語総合月刊誌

世界遺産登録を目指す
「中国南方カルス

国際的な催し相

キノコがもたらす循

http://…ina.com.cn

わたしの一日 第47回

楊振生＝写真・文

路線バスの車掌　李妍さん

乗車マナーの改善に日々奮闘

明るく活発な性格。バスの車掌という仕事について、「今の仕事が大好きです。大変だけどいろんな人に出会えてとっても楽しい」と語る。昨年のお正月、あるおばあさんが「苹果（リンゴ）」を持って挨拶に来てくれた。中国ではリンゴは、その発音から「平平安安（平穏）」を意味する。

北京の路線バスは昨年、大きな改革を実施。乗車券にICカードを本格的に導入し、規律正しい乗車を推進し始めたのだ。李さんが車掌を務める1路バスは率先して改革を進め、中央のドアから乗車し、前後のドアから降車するという方法をとった。

しかしこの規律を知らない乗客もまだ多い。ある日、前のドアから乗車した女性がいた。辛抱強く説明したところ、その女性は降りる前に自分から謝りに来た。他の乗客が規律を守っているのを見て、恥ずかしく思ったようだ。李さんは、乗客との誤解が解け、ほっとしたという。

プロフィール

北京市出身。23歳。1999～2002年、北京市の公共交通技術学校で学ぶ。卒業後、同市のバス会社に就職し、現在は1路バス（長安街を走る基幹路線）の車掌を務める。水泳が得意。夫は同じ会社のバスの運転手。

職場拝見！

1路バスは停留所が22カ所あり、全道のりは21.7キロ。車両はリアエンジン・リアドライブ（後部エンジン後輪駆動）で、長さ18.1メートル、幅2.55メートル、高さ3.08メートル。180人乗車可能。

❶車掌の作業台。1路バスの車両にはこのような台が2つ設置されている

❷カード読み取り機。1路バスは単一料金なので、読み取り機は乗車口にしか設置されていない。乗車区間によって料金が異なる路線の場合は、降車口にも読み取り機がある

❸優先席。1路バスは普通席22席、優先席8席

❹液晶テレビ端末。ニュースや天気予報などを流す

桌面媒体（zhuō miàn méi tǐ）〔desktop media　デスクトップ・メディア〕以用户的电脑桌面为载体，为用户免费提供内容丰富的图片等信息。／ユーザーのパソコンのデスクトップを媒体として、豊富なコンテンツを含む写真などのデータを無料でユーザーに提供するもの。例文：桌面媒体创造了广告即内容的新模式，使用户变被动为主动地接受广告服务。／デスクトップ・メディアが、広告がそのままコンテンツになるという新しいモデルを作り出したことで、受動的だったユーザーが自発的に広告のサービスを享受するようになった。（『中国青年報』2007年7月3日）

人民中国 2007・11　56

10

12

2007

“有朋自远方来，不亦乐乎。”大江健三郎不顾年迈，心系年青一代又来到北京，他相信文学交流这个领域“走的人多了便会成了路”（4月号，见图1）。沿着当年开辟的路，帮助人民空军培养飞行员的日本教官“回家”探亲了（12月号，见图2）。在这些老兵里，就有日后成为我们漫画故事主人公的砂原惠。历史上，中日相互产生影响的人物有很多，他们的故事被有心的日本朋友制成了《中日交流漫画挂历》（3月号，见图3）。北京日本人会的妇女部，组织日本女性访问敬老院产生心与心的交流（5月号，见图4）。花样游泳教练井村雅代写来文字，讲述来中国当教练的缘由（10月号，见图5）。北京日研中心学者秦刚写的《一九二一年芥川龙之介眼中充满乡愁的北京》显示了他深厚的研究功底（9月号，见图6）。

动车组列车改写了出行的时间概念，《驰骋大地的高速列车》成为这一年备受关注的新闻话题（5月号，见图7）。在农村婚丧嫁娶中不可或缺的唢呐吹奏以颇具视觉感染力的画面成为《民间文化遗产探访》系列的亮点之作（4月号，见图8）。栏目《可爱的中国》抓拍到趴在公园长椅上小狗的可爱眼神，为盛夏带来一丝清凉（6月号，见图9）。系列栏目《我的一天》已经持续了4年，版面也听取各方意见进一步做了优化升级（11月号，见图10）。看胶片的贾樟柯（2月号，见图11）和吉祥三宝组合在歌唱（6月号，见图12），是这一年最有看头的封面。

2008

人民中国

1956年12月1日 第3種郵便物認可 2008年6月5日発行（毎月1回5日発行）通巻660号

人民中国

中国を知るための日本語総合月刊誌 *People's China*

June 2008 6
定価400円

●緊急企画
マグニチュード8
四川汶川大地震
【社会・経済】平常心で五輪に臨もう
【中国・日本】新連載 Beijing's Eye

1

8月15日、女子100mハードルの予選(東方IC)

Beijing

北京五輪に参加した各国の選手たちは、
「より速く、より高く、より強く」というオリンピック精神を体現し、
オリンピックの持つ「進歩と平和」の深意を世界に伝えた。
開催中の十六日間、競技会場では
三百二個の金メダルが授与されただけでなく、
私たちの心を揺さぶるシーンが多く生まれた。
選手たちの努力とスポーツマンシップに敬意を表したい。（文中敬称略）

王衆一　侯若虹＝文
中国翻訳協会＝写真提供

翻訳

——第十八回世界翻訳大会に寄せて

上海世界翻訳大会のシンボルマークの除幕式。左は中国翻訳協会の劉習良主席

2008年8月2日、第18回世界翻訳大会が上海浦東国際会議センターで開幕する

趨勢が形成されるに至ったといえる。
四百年後のいま、国際翻訳家連盟（FIT）の委託を受け中国翻訳協会が主催する「文化の多様性と翻訳」（Translation and Cultural Diversity）をテーマとした第十八回世界翻訳大会を上海で開催する。これはアジアの国で開催される初めての世界翻訳大会である。

この大会のテーマは「聖書」の中の一節、バベルの塔に関する伝説を思い起こさせる。この伝説では多様化する文化間におけるコミュニケーションの困難が暗示されている。バベルの塔に象徴される困難を超越した人類のコミュニケーションの手段として、多元的文化間の理解と信頼を再構築する役割を担い続けてきたのが翻訳である。

ポストコロニアル時代を背景に、アジアの国でこのような会議が開かれることは、人類が「調和のとれた世界」の「同じ夢」に寄せる思いを体現していることは疑いない。この特集では、中国における「文化の多様性と翻訳」をさまざまな角度から整理し、レポートする。

希望の種 イネに歌う

文・写真＝李暁山

天の恵み

春になると、中国雲南省のハニ（哈尼）族の人々は水源を祀る祭りを行う。歴史あるハニ族の史詩といわれる『虎培朗培』に、「谷にまっすぐに流れ落ちる滝がある」とカッコウが人間に教えた、という一節がある。

「祖先たちは苦難の末、ようやく山の水を飲めるようになった」

ハニ族の人々にとって水源は単なる泉ではなく、神様でもあり、生命の繁殖と万物の豊作を庇護してきた。水神を祀るのは、ハニ族の数々の年中行事の中で最初の祭祀である。

誰が水神を祀るかは、村によって異なる。徳と人望のある三人の男性が祀るという村もあるが、熱水塘村では必ず男の子と若い男性一人ずつというこ

錦が織り成すトゥチャ族の生活

家々から響く機織の音

魯忠民＝文・写真

湖北省南西部と湖南省北西部に境を接する酉水河の両岸に、古い歴史をもつトゥチャ（土家）族が代々集まり住んでいる。

酉水河畔の竜山県は湖南省側に位置する。県内の三十五万九千七百人のトゥチャ族のうち、トゥチャ錦織に精通する職人は四千三十四人。ここには、錦織の織機が三千八百十四台あり、図案が捞車河一帯だけで二百種類以上も伝わっている。

黎承鳳さんは夫とともに、錦織とトゥチャ族の服装を結びつける工房を開いた

錦を織る葉英さん（奥）と助手

西蘭卡普の伝説

トゥチャ族の錦織は、トゥチャ語で「西蘭卡普（シランカプ）」といい、漢語では「花模様の施された布団」を意味する。

言い伝えによれば、大昔のトゥチャ族の山村に、西蘭という少女がいた。聡明で美しい彼女は、生花を採集して織機の上に挿し、その花を見ながら五色の絹糸で手早く織機を操り、錦に花模様を織りこんだ。その錦織はきわめて美しく、「卡普」と呼ばれた。

西蘭はこの世のすべての花を卡普に織りこむことを決心した。お婆さんたちにさんざん尋ねてみたものの、誰もが「天下の花はすべてここに咲いている」と答えるのみであった。彼女は満足せず、会う人ごとに尋ねてまわった。

ようやくあるお爺さんから、「後山にある樹齢九百九十九年の赤い実のなる木は、昼間は目に見えないが、夜中になると真っ赤な花が咲く」という話を聞く。そこで彼女は深夜に起き出し、夜の暗さも寒さも恐れず後山に入り、その木の前に座り込み、夜毎待ち続けた。ついにある夜、その木が真っ赤な花でいっぱいになるのを見ることができた。彼女は大喜びで、一番美しい花を摘みとって織機の上に挿し、模様を織り始めた。

はからずも、彼女に嫉妬心を抱いていた食いしん坊で怠け者の兄嫁が、西蘭は夜毎に後山で恋人と逢引しており節操がないと父に告げ口する。酒に酔っていた父はそんな言いがかりを真実と思いこんでしまう。憤慨した父は西蘭の部屋に飛び込み、わけも聞かずに、そばにあったハサミを取り、西蘭に投げつけた。驚きの叫び声を上げて織機の上に倒れこんだ西蘭の血が錦に

北京の春をあでやかに装う
玉三郎の崑劇公演

崑劇『牡丹亭』（写真・李智勇）

日本を代表する歌舞伎の女形、坂東玉三郎が五月の北京に、そのあでやかな姿を見せる。演ずるのは、中国の古典劇「崑劇（崑曲）」の有名な出し物である『牡丹亭』と歌舞伎の『楊貴妃』。中国の役者たちと合同で、北京・湖広会館で十回、公演する。

中国で崑劇が誕生してから六百年。その歴史上初めて、中日の役者による合同公演が企画された。三月には京都の南座で、二十回の公演が行なわれた。

玉三郎が自ら追求してきた「透明感」に富んだ日本の美と崑劇の伝統の美が融合し、中国の観客をきっと魅了することだろう。（文中敬称略）

姜斯軼＝文

崑劇との深い縁

中国の芝居に対し玉三郎は、特別な感情を抱いている。祖父の十三代守田勘弥は、一九二三年に日本を訪問した中国京劇の名優、梅蘭芳といっしょに舞台に立った。守田家はそれから中国の京劇と深い縁をもち、梅蘭芳とも厚い友情で結ばれた。

玉三郎は子どものころから、父の勘弥から中国の京劇の素晴らしさを聴いていたので、梅蘭芳のことを熟知していた。玉三郎は梅蘭芳と会ったことはなかったが、彼から深い薫陶を受けた。

二十歳になったとき、「将来、何を演じたいか」と父に尋ねられると、玉三郎は「歌舞伎のほかには『楊貴妃』を演じたい」と答えた。梅蘭芳が『貴妃酔酒』の中で演じた楊貴妃がもっとも有名である。

これを聞いた父親は「大口を叩いてはいけない」と諭し、梅蘭芳がいかに優れているかを再び語って聴かせた。しかし玉三郎は心の中で「梅蘭芳の足跡をたどりたい」と想い、その想いが薄れることはなかった。

一九八七年、玉三郎はわざわざ北京にやって来て、梅蘭芳の息子の梅葆玖から京劇の『貴妃酔酒』の歩き方や袖を払う仕草を学んだ。そして後に演じた歌舞伎の『玄宗と楊貴妃』の中でこれを応用し、自分の当たり芸の一つに加えた。

玉三郎は後になって、『貴妃酔酒』が崑劇の影響を受けていることを知った。崑劇は、日本の能や歌舞伎と同じころに生まれた。玉三郎は崑劇にも深い興味を持ち、崑劇の代表作『牡丹亭』に注目するようになった。

二〇〇七年、友人の東大特任教授、靳飛の仲介で玉三郎は中国・蘇州に行き、本場の崑劇の『牡丹亭』を観賞した。そして崑劇の名優、張継青から主役の「杜麗娘」の役づくりを学んだ。

さらに周到な準備を重ねて今回、坂東玉三郎が主演し、松竹、蘇州崑劇院、北京夢花庭園文化伝媒有限公司が中日共同で制作した『牡丹亭』が、ついにできあがり、上演の運びとなった。

古典芸術の精神を理解

玉三郎は蘇州が好きだ。蘇州の空気はたおやかで、快適である。玉三郎はここで生まれた崑劇が好きだ。「崑劇の音楽はかくも美しく、色彩はかくも優しく、文学的内容はかくも深く、厚い」と彼は言う。

玉三郎に言わせれば、蘇州や崑劇には一種の奇妙な親近感がある。同様に玉三郎も中国の役者たちに似たような感覚をもたらした。

中国の有名な崑劇芸術家の許鳳山が玉三郎に会ってからの第一声は「あなたは、きれいな目をしている」であった。玉三郎の両眼は、梅蘭芳の目ときわめてよく似ていて、「杜麗娘」を演ずるのにもっとも適している。

演技の風格と演技の方法が特別に要求されるため、『牡丹亭』はほとんどすべての崑劇役者の必修演目だが、「杜麗娘」をうまく演じられる役者はきわめて少ない。これまでに、梅蘭芳、蔡瑶銑、華文漪、張継青らわずか数人が演じた「杜麗娘」だけが、観客に評価されたに過ぎない。

玉三郎に節まわしを指導する張継青（左）（写真・陸凱）

玉三郎と深く付き合ううちに、許鳳山は驚き、あきれた。「まったく中国語を解さない日本人が、中国の古典芸術が好きになり、しかも完全に、劇中のあらゆる人物が歌う歌詞の意味をはっきりと理解できている。歌や台詞もうまい。これは予想外のことだ。多くの中国の若い役者は、自分で歌う歌詞さえ完全には分からないと思う」と言うのである。

崑劇が難しいことは、みなが認めている。玉三郎は『牡丹亭』をうまく演ずるために、大変な修行をした。今年一月、蘇州で行なわれた本稽古のとき、張継青はただ「びっくりした」という言葉で、自分の見た玉三郎の芝居の印象を表現した。

玉三郎にとっては、崑劇の台詞は非常に難しい。去年六月に稽古を始めたが、中国語が分からず、崑劇を学んだこともない玉三郎を早く役になり切らせるために、張継青が自分で歌や台詞を録音し、口の形を撮影して日本に送り、玉三郎に学ばせた。

玉三郎は録音やビデオを無理やり記憶し、練習を繰り返した。仕事と睡眠の時間以外、彼は大部分の時間、録音を聞いていた。稽古の成果は目覚しく、玉三郎の進歩はとても速かった。また登場人物に対する理解や競演の役者、音楽との調和も素晴らしかった。張継青は「舞台での玉三郎の芝居で、他の脇役の役者たちがみな未熟に見えた」と言っている。

監督の靳飛は、こう言う。「『牡丹亭』をうまく演ずるために、玉三郎は早くから中国文化を理解しようと、『論語』『孟子』『荘子』『老子』を読んだ。またほとんど毎日、一時間半も北京に国際電話をかけてきて、私に『牡丹亭』の歌詞の意味を一つ一つ解説させたのです」

劇団の中国人通訳が玉三郎の家を訪問したとき、門を入るやいなや見えたものは、テレビに映し出されている張継青の口の形のビデオだった。玉三郎は彼に「これは毎日、見なければならないのです」と言った。

日本の美を溶け込ませる

本稽古の間、たくさんの崑劇界のベテランたちが、うわさを聞いて見学にやってきた。

笛や笙が奏でる抑揚ある音のなか、玉三郎扮するヒロイン「杜麗娘」がおもむろに登場する。玉三郎は『牡丹亭』の五幕の内、「驚夢」と「離魂」の二幕の「杜麗娘」を演ずる。「驚夢」の恋が

世界遺産めぐり 17
河南省・安陽市

商代の殷墟文化は、都市、文字、青銅器という三つの要素を有する、輝かしい文明である。――中国の著名な考古学者・夏鼐

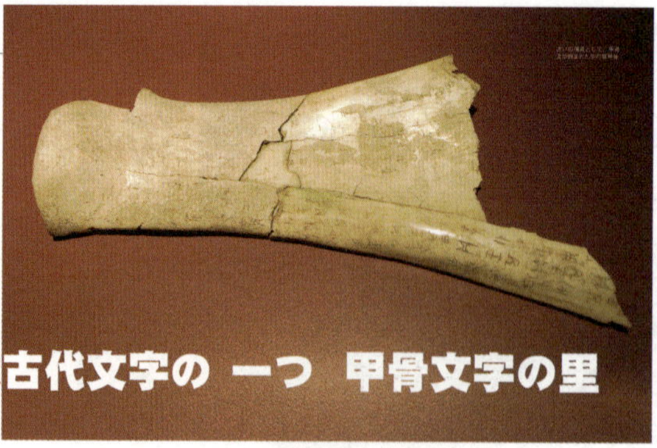

殷墟
世界四大古代文字の一つ 甲骨文字の里

劉世昭＝写真・文

殷墟の由来

甲骨から発見

49 世界遺産めぐり 広東省・開平市

移民文化のシンボル 開平の望楼と村落

錦江里村に立ち並ぶ三つの望楼・瑞石楼(右)、錦江楼(中央)、昇峰楼(左)

「碉楼(望楼)」の最大の価値は、この百年～二百年における中国の外国との文化的交流を代表し、そうした歴史的な条件のもとに創り出された、非常に独特な、生活環境と居住スタイルにある。
——中国文物学会会長・羅哲文

劉世昭＝文・写真

開平市は広東省の省都・広州市の西南約百二十キロに位置する。開平に入ると、自動車道路の両側の村々に、一般の住宅の中から突きだしたように高くそびえ立つ「碉楼」と呼ばれる望楼が断続的に並んでいるのが目にとまる。それが十棟以上にも及ぶ村もあれば、わずか二、三棟しかない村もある。専門家の統計によれば、最盛期には三千棟以上の望楼がこの開平にあったといわれるが、現存するのは千八百三十三棟のみである。

華僑との密接な関係

望楼の起源は明代(一三六八～一六四四年)後期といわれる。当時の開平市は新会県、台山県、恩平県及び新興県が相接する場所であったが、水利工事の修理を怠り、社会秩序が乱れていたため、村民たちは洪水と土匪の被害に悩まされていた。不測の事態に備え、また防衛のため、村民たちは続々と洪水及び土匪対策の望楼を建て始めた。

開平市は、「中国第一の華僑の故郷」と呼ばれている。千六百五十九

8

第50回 わたしの一日

「家属委員会」の主任
孫徳榴さん

定年後の人生を自治会活動に

9

映画のセリフで学ぶ中国語

ラスト、コーション(Lust,Caution)(色，戒)

監督 アン・リー(李安)
2007年 158分
2008年2月2日 日本全国公開

あらすじ

見どころ

解説

10

太極拳よもやま話 第4回

太極拳発祥地の陳家溝で生まれ、すべての太極拳の源流だといわれている「陳式太極拳」は、理論や套路（型）、器械套路、推手法、補助訓練法など、一連の体系がすでに確立されている。今月はこの「陳式太極拳」の基本内容、とくに套路と推手について紹介する。

陳式太極拳① 套路・推手

鄭福臻　魯忠民＝文・写真

陳式太極拳は伝承されていくなかで、その体系を豊かにし完璧なものにしていった。

理論については、陳王廷の『太極拳総歌』や陳長興の『太極拳用武要言』など多数の著書にまとめられて世に伝わっている。先人の思想の真髄が凝縮されたこれらの著書は、太極拳の研究や練習をするうえで貴重な財産だ。

豊かな套路

現在伝わる陳式太極拳の套路は、「大架一路、二路」「小架一路、二路」「新架一路、二路」などがある。器械套路は「単刀」「双刀」「単剣」「双剣」「青竜偃月刀」などがある。

套路は「大架」と「小架」に大別される。「大架」は陳長興が確立した套路で、動きのなかで描く円が大きい。そこから難しい動作をとりのぞいて形成されたのが「小架」。これは「大架」に比べ、描く円が小さい。陳有本が確立し、陳清萍が改良した。

どんな套路でも、動きのポイントは基本的に同じで、「松（緩）」と「柔」がベースとなって、「剛」と「柔」が互いに補い合い、「纏絲勁（らせん状の捻りを伴った勁）」を重視し、力を発するとき、震え弾きでるような感覚がある。

動作には「快（速）」と「慢（遅）」もあるが、一般的には、力を発するときや動作の変わるときは速く、動作の移行するときは遅い。また、「剛」も「柔」もあるが、動作の終わるときは「剛」で、移行するときは「柔」である。すべての動作は、「快」と「慢」、「剛」と「柔」、「開」と「合」、「曲」と「直」などの相対する要素が互いに依存し、転化するなかで行われ、途切れずにつながっている。

推手の極意

推手とは太極拳の組み手の一種であり、相手との協調や間合いを学ぶ練習方法だ。套路が一人で学ぶものであるのに対して、推手は二人でおこなう。

二人が手を合わせて、からみつく二本の線のように動くという独特の練習方法で、保護用具や設備がなくても、さまざまな武術の技法を学ぶことができる。全身の皮膚感覚や身体の感覚を磨くことができる競技でもある。

陳式太極拳の推手法は創始者である陳王廷が生み出した。明代の武術を受け継ぎ、それをさらに発展させて作られた。

最初の陳式推手は、「擒（捕らえる）」「拿（制する）」「跌（転ばせる）」「擲（なげうつ）」という動きをまとめたもので、レスリングのように姿勢は低く、動作は難しく、相手を傷つけやすかった。そのため、歴代の継承者たちは改善を重ね、今では、人を転ばせたり足をからませたりしなくなっている。

現在は相手の力の経路を制するだけで、経脈を抑えたり、関節をひねったりすることは禁止している。また、触覚と身体感覚を磨くことを重視している。

❶推手は老若男女を問わず練習できる ❷「勢いに乗り力を借りる」「実を以って虚を破る」陳式推手 ❸壮観な「青竜偃月刀」

陳式推手の基本的な足運びは、一歩進んで一歩退くというもの。連続で進み連続で退くこともある。また、「己を捨てて相手に従う」「引き込んで落とす」「己を知り相手も知る」という戦術を究め、「相手は自分のことを知らないが、自分は相手のことをよく知っている」という境地に達することを重要とする。

練習の際は、皮膚で相手の力の強弱や速さ、虚実、長短、動きを捕らえ、それに応じて自分も動く。

現代病にも効果あり

推手は太極拳の型や実際の使用の良し悪しを試すよい方法であり、練習者の腕をはかる唯一の基準でもある。基本的な太極拳の練習は、一人で能力を高めるものであり、「己を知る」段階であるといえる。そして、推手の技法を練習することで、「相手を知る」段階に入ったといえる。

『孫子』の兵法には「彼を知り己を知れば百戦殆からず」とある。推手は簡単に見えるが、実際には二人は「実戦」段階にあり、優れたバランス力のほか、技と力の密接な協調も必要だ。技と力がないと、効果的な作用を発揮することはできない。体力で競い合ってはならず、双方の力が均衡しているときは、柔が制するのである。

また、推手を練習することで、中枢神経系の働きや全身のバランスを調整できる。現代は生活習慣病が私たちの健康を脅かしているが、これは大脳が過度にストレスを受け、多くの精力を消耗しているからだと考えられている。そこで推手によって意念を拳の動作に集中させ、何もかもを忘れた境地に入る。これにより、心身ともに健康な状態を維持することができるのだ。

推手の上達には三つのポイントがある。一つ目は、簡単な動作からはじめ、だんだんと難しい動作に進むこと。二つ目は、自信を持ち、あきらめないこと。三つ目は、優れた先生に習うこと。■

チャイナ・パワー 第4回

海外展開を目指す中国文化

日本貿易振興機構海外調査部主任調査研究員 江原規由

伝統文化の影絵芝居は、今日のアニメ産業の先駆。中国が文化商品を発展させるための資源は豊かだ

世界第三位の貿易大国となった中国は、「文化貿易」では大幅な入超になっています。中国では「製品」に比べ「文化」の海外展開が遅れているということになります。

「文化貿易」を構成する製品には、図書、新聞、定期刊行物、ビデオディスク、レーザーレコード、電子出版物、ゲーム関連、DVDなどのソフト、テレビの放送番組や映画番組（ドラマ・アニメなど）などがありますが、今、中国では、文化産業（注1）を発展させ、文化製品を大いに海外展開させようとの機運が高まっています。数千年の歴史に根ざした中国文化、すなわち、中国オリジナリティーを輸出製品に仕上げていこうというわけです。

中国で海外展開といえば、中国企業が思い浮かびますが、これに続けとばかり中国文化に出番が回ってきたといえます。

中国文化部（省）は「他国の優れた文化を吸収するとともに、自国文化が他国民に伝わることを目指す」とし、「文化産業における国際提携を積極的に推進し、中国の文化製品の輸出を促進する」とのメッセージを対外発信しています。

表1を見てみましょう。米国や日本といった先進諸国では、対外貿易に占める文化製品の割合は極めて大きいのですが（注2）、文化貿易が中国の対外貿易全体に占める割合は、金額的にはまだまだ少ない。しかし、世界第三位の貿易大国となった中国にとって、次は文化製品の輸出大国を目指そうとの意識が大いに芽生えてきたということでしょう。

一流国家の証明

二〇〇八年一月に開かれた「中国文化産業新年国際フォーラム」で、ある商務部（省）の高官は、「ここにお集まりのみなさんの多くがアニメを見て育った世代に属するのではないでしょうか。そのアニメの多くが日本製でした。日本のアニメ産業は、日本の対米鉄鋼輸出額の四倍に当たる五十億ドルを稼いでいます。五十億ドル分の鉄鋼をつくるのにどれほどのエネルギーが必要か、環境への影響はどうか。アニメは事務所でコンピューターの前に座って製作できます」と発言しています（注3）。エネルギー問題や環境問題に直面している中国にとって、アニメ作品などの文化製品の輸出拡大により、多大な社会的恩恵と経済効果が期待できるというわけです。

中国では、「三流国家は商品貿易を、二流国家はサービスと技術貿易を、一流国家は文化貿易を発展させる」といわれます。文化貿易で大幅な赤字を計上しているということは、数千年の歴史をもつ中国文化の魅力、すなわち中国のソフトパワー（注4）が十分に海外発信されていないということにほかなりません。

中国は、外資の力を借りて「世界の工場」で製品を作る時代から、「文化産業」を発展させ、その製品の海外展開をはかる時代、つまり一流国家を目指す時代を迎えつつあるといえます。

文化産業や文化貿易が発達している日本は、こうした中国の潮流を、日中経済交流の新たな拡大チャンスにしてほしいものです。■

表1　中国の主要文化製品貿易（2005年）

輸出入額品目	輸出（万米ドル）	輸入（万米ドル）	差額（万米ドル）	輸入／輸出
図書、新聞、定期刊行物 うち、定期刊行物	3287.2 228.9	16418.4 10736.7	△13131.2 △10507.9	5倍 47倍
電子出版物、音・映像製品 うち、電子出版物	211.0 35.1	1933.0 1737.2	△1722.0 △1702.1	9倍 50倍
版権（件数） うち、図書	1517 1434	10894 9382	△9377 △7948	7倍 6.5倍

出典：『国際貿易』2006年第10期

注1　2006年の文化産業の付加価値額はGDPのほぼ2.2%、従業者はほぼ1000万人（全従業者の1.3%）を構成している。中国では、「創意産業」という言い方が一般的で、北京などはGDPの12%を占めており、北京五輪以後の経済発展の重要な柱に位置付けている。

注2　版権（図書）の輸入先上位5傑は、米国（輸入／輸出：246倍）、英国（22倍）、台湾（2倍）、日本（47倍）、韓国（2倍）

注3　人民ネット（日本語版）2007年11月14日

注4　総じて文化（思想、道徳、法律、教育、言語、歴史、価値観、政治制度、生活方式など）のもつパワーのことで、その先進性と吸引力を発揮し、他人や他国に影響する力と解される。文化製品はその重要な媒体である。

1950年生まれ。1975年、東京外国語大学卒業。日本貿易振興会（ジェトロ）に入る。香港大学研修、日中経済協会、ジェトロ・バンコクセンター駐在などを経て、1993年、ジェトロ大連事務所を設立。初代所長に就任。1998年、大連市旅順名誉市民を授与される。ジェトロ海外調査部中国・北アジアチームリーダー。2001年11月から、ジェトロ北京センター所長を勤めた。

主題餐厅（zhǔ tí cān tīng）［テーマレストラン］具有一定特色的餐厅。／特色レストラン。例文：最近两年，餐饮业流行主题餐厅，像无烟餐厅、汽车餐厅、老人餐厅等等。无疑，这是餐饮市场在激烈竞争的态势下，市场不断细分的结果。／近年、飲食業界ではテーマレストランが流行っている。無煙レストラン、カーレストラン、お年寄りレストランなどといったものが相次いで現れたのは、激しい競争の中で市場が細分化されつつある結果と考えられる。（中国食品産業ネット　2008年1月7日）

視覚汚染（shì jué wū rǎn）［visual pollution　視覚汚染］对人类视觉直接或间接的损害，及由此而产生的精神和生理方面……章的建筑物，凌乱不堪的电线，令人眼花撩乱的广告牌等，会使人情绪烦躁，疲劳倦怠，注意力不集中。／人間の視覚を直接……と、及びそのことによって、生じた精神的または生理的な影響。例えばごちゃごちゃとした建物、雑然と入り乱れた電線、……などを見ると、イライラしたり、疲労感や倦怠感を覚えたり、注意力が散漫になったりしてしまう状況。

放談さっくばらん

中国での子育てが楽な三つの理由

斎藤　淳子＝文・写真

我が家は六カ月の息子と四歳の娘とともに北京で元気に暮らしています。ご存知の通り、こちらの子育て環境は、いろいろと難点を挙げればきりがないのですが、それでも私にとってはかなり楽です。その理由は三つ。ここには、寛容で子供好き、さらに大勢の人々が子育てに関わってくれる環境があるからです。

子供にはなぜか優しく

大人同士では時に乱暴で、公共の精神には少々欠けるこちらの人々ですが、子供に関してはとにかく優しいのです。

旧正月前、娘を連れてラッシュ時の地下鉄に乗った際のこと。ドア付近で粘って立っていた女性が、力ずくで降りようとする乗客たちに押し倒されたのにでくわしました。ところが、この荒々しさとは打って変わって、この地下鉄で我が娘は、この日も席を譲られたのです。

大人同士には熾烈な生存競争が待ち受けている中国ですが、子供は別格扱いです。縁起物の絵にも、めでたい繁栄のシンボルとして子供が多く描かれている中国。子供の重視は、この国の伝統の一部なのかもしれません。

また、私が一人で二人の子供を連れ出すと、「貴女、一人だけか?」と心配されたり、「あんたは偉い!」と褒められたり。そしてタクシーの運転手は必ず乳母車の上げ下ろしをしてくれます。

ふだん、私が一人でスーツケースを額に汗して引っ張っていようとも、自転車で転ぼうとも、誰も見向きもしないのに、いったん子供のこととなると俄然、親切な彼らです。

さらに、こちらでは子供が公共の場で泣いた時も、周囲から怒られないどころかむしろ、子供を泣かせては「かわいそうだ」と、心配されるくらいです。息子が泣いても、みんな寄ってたかってあやしてくれたり、有益無益、さまざまなアドバイスをくれたりと、日本とは全然違った騒ぎが起こります。総じて子供に寛容、とにかくこの一言につきます。

放ってはおきません

寛容なだけではありません。人々は子供が大好きです。例えばレストランに連れて行っても、子供は歓迎されます。「抱っこしてもいい?」とウェートレスにあまりよく言われるので、夫は「これからは有料にしようか」と言い出すありさまです。

五カ月の赤ちゃんを連れて外食していた友人は、トイレから戻ってくると、従業員が家族を取り囲んでいる。早く帰れと威圧を受けているのかと思いきや、実は皆、赤ちゃん見たさに集まっていたとのこと。友人曰く「スターの親になった気分」だったとか。

大方この調子なので、親としては子供の「管理不行き届き」の心配なしに食事ができて、非常に好都合です。

中国人のエネルギッシュさ、元気さは良く知られる所ですが、そんな彼らはとくに子供に関しては有り余る関心を注いできます。

寒空の十二月の朝、息子を抱いて歩いていると、前方からくる婦人が「足! 足!」と私に向かって真剣に叫んでいるではありませんか。案の定、息子の靴下とズボンの間からのぞいている素肌のことを言っていたのでした。中国の子供は、冬には両手が下がらなくなるくらい厚着するので、足が三センチといえども露出しているなんてもってのま

けるといいわ」と言われたことか。とにかく子供といると「本当に色白ねえ」「この子太っているわ」（共に褒め言葉）「何歳?」と話しかけられ、決して誰も我々を放っておいてはくれません。

お母さんだけでなく、お爺さんやお父さんも子育てにかかわっています

楽な理由は、とにかく大勢が子育てに関わってくれる点です。中国ではあまり乳児を街に連れ出さないのですが、そもそもそれが可能なのは、ふだんから母親以外にも父親、祖父母、お手伝

親が約半分、その他祖父母と父親が残りの半分です。

中国の老人にとって、孫の世話は老後の楽しみです。若夫婦が子供の世話を両親に頼むのは、ここでは自然な流れなのです。子育ては思いのほか重労働ですから、中国の老人のタフさには脱帽です。

また、お手伝いさんも身近な応援団です。娘のクラスでは五家族中一家族にお手伝いさんがいるほど、手軽にお願いできます。我が家の助っ人も、彼女の実の子と同様、ひょっとするとそれ以上に、うちの二人をかわいがってくれていて本当に助かっています。

さらに頼りがいがあるのは幼稚園です。朝八時から夕方五時まで三食付で、祭日以外無休、二歳半から随時入園可能で、子供が少々風邪気味でも、持参した薬とともに預かってくれます。共働きを前提とした環境が整っています。

このようにここでは野次馬的おせっかいを含み、みんな子供に関心があり、子供を大事にしています。この子供を受け容れ

筆者略歴
日本国際協力機構（ジャイカ）中国事務所（一九九九～二〇〇二年）
北京の日本大使館（二〇〇四～二〇〇六年）
北京大学経済学部客員研究員（二〇〇六～二〇〇七年）

（写真・佐渡多真子）

arkour　パルクール】一项街头疾走极限运动，把整个城市当作一个大训练场，一切围墙、屋顶都成为可以攀爬、穿越的对象。／
中を疾走する究極のスポーツ、移動術。街全体を大きなトレーニング場として、あらゆる壁や屋根を攀じ登り飛び越える対象と
、重庆常玩跑酷运动的大约有30人，主要是20岁左右的年轻人和体育学院的学生，该运动既彰显个性又锻炼身体，但並不是人人
／最近、重慶市でパルクールをしている人は30人ほどで、主に20代の若者と体育学院の学生である。このスポーツは、個性を
し、体を鍛えることもできると思われるが、万人に向くスポーツというわけではない。（『重慶晩報』2007年11月13日）

13

2008

这一年的大喜大悲尽在版面中。突如其来的四川汶川大地震举世悲伤，废墟中却也看到复兴的希望（6月号，见图1）。《人民中国》撤换已有的内容启动应急机制策划抗震特辑，鲁忠民自告奋勇担纲完成超大特辑的图片排版。克服重重困难北京奥运会成功举办，百年奥运终于梦圆（9月号，见图2）。《人民中国》分阶段全年跟踪、报道了盛会的全过程，并借此良机，再次调整了杂志的刊名LOGO。外文局举办的国际盛会“第十八届世界翻译大会”在上海举办，笔者和记者侯若虹联合采写的相关特辑《文化的多样性与翻译》全面梳理了翻译事业在中国的前世今生（7月号，见图3）。

央视资深编导李晓山的连载《共饮一江水》是同名纪录片的副产品，反映了大湄公河次区域相关国家的多元人文与经贸合作，区域合作选题首次出现在本刊版面（9月号，见图4）。《织机声声——装点土家人生活的织锦文化》是《民间遗产探访》改头换面后的作品，反映了本刊记者对民俗题材的执着（1月号，见图5）。《装点北京春天的坂东玉三郎版昆曲牡丹亭》讲述了中日戏剧交流与合作最新巅峰的来龙去脉（4月号，见图6）。

《世界遗产巡礼》系列专栏升级改版，《殷墟——甲骨文的故乡》（1月号，见图7）、《移民文化的标志——开平碉楼与村落》（5月号，见图8）等令人耳目一新。同样焕然一新的，还有调整之后的常青藤系列专栏《我的一天》（3月号，见图9）和水野卫子撰文的人气专栏《看电影学中文》（4月号，见图10）。新设栏目《漫话太极拳》既美观又实用，开篇即吸引了读者的眼球（4月号，见图11）。

江原规由的经济观察专栏《中国力量解读》的内容涵盖经济文化，语言生动幽默，毫无枯燥感（4月号，见图12）；《东张西望》栏目收到在北京成家的日本女性斋藤淳子的投稿《在北京轻松养育儿女的三大理由》（4月号，见图13）。

国づくり60年

中華人民共和国が成立してから今年で六十年を迎えた。中国はどのようにして貧しい人々の食や住まいの問題を解決してきたのか。そして教育や医療、通信を整備し、工業を興し、科学技術を発展させ、環境を保護し、対外開放を進めてきたのか。

-2-

マイホームの夢がかなった

丘桓興＝文　魯忠民＝写真

昔、唐の時代、四川・成都に住んでいた詩人の杜甫は、ある夜、強風で茅葺きの家を壊された。雨漏りのため眠れない長い夜を過ごした杜甫は、世の中にたくさんいる貧しい人々に想いを馳せ、こう詠んだ。

「安得広廈千万間
大庇天下寒士倶歓顔」
（千万もの広い家があったなら、天下の貧しい人をそこに入れ、ともに喜びたいものを）

しかし、貧しい人たちがマイホームを持つことは、長い間、夢のまた夢であった。

新中国が成立した後、とくに「改革・開放」以来、苦難に満ちた模索や努力、改革を経て、ようやく「広廈千万間」が現実のものとなった。都市では高層住宅がニョキニョキとそびえ立ち、農村では農民たちが自分の家を建てたのである。

狭い住宅のつらい思い出

住宅の話になると、年を取った普通の市民はほとんど、思い出したくもない、つらい思い出を持っている。

昔から北京に住んでいる人々は、たいてい四合院に住んでいた。四合院とは、中央の庭を囲んで正房（母屋）と東西の廂房、母屋の向かいの倒座の四棟の平屋からなる住宅である。

筆者の同僚の魯忠民一家も、東城区南小街の竹竿巷にある小さな四合院に住んでいた。この四合院の母屋と東西の廂房は他の三所帯が共同所有し、魯の両親と兄弟姉妹の一家七人は、庭の南にある二部屋の倒座に住んでいた。広さはわずかに二十二平米しかなかった。

この三十年間で、北京の不動産業は飛躍的な発展を遂げ、市民の住宅面積は大幅に増えた

倒座は街の通りに面していていつも騒がしく、日当たりも悪い。しかも台所がないので、部屋の外の軒下にコンロを置いて炊事をする。四合院には便所がないので、母屋の後ろを通って公衆便所に行くしかない。

いろいろ不便はあっても、寝起きする家があり、それに隣近所の人々はいつも庭でおしゃべりしたり、助け合いながら水運びや物干しをしたり、睦まじく暮らしていた。四合院には十数人の子どもがいて、庭でゴム跳びや隠れん坊、木登りをしたり、胡同（横町）でサッカーや輪回しをしたり……。今でも楽しい思い出となっている。

しかし、子どもたちが大きくなると、二間の住宅では足りなくなり、魯の両親は頭を痛めた。そこで仕方なく、庭を少しずつ蚕食した。最初は庭の西の塀のそばに小さな小屋を建てた。数年後、それを拡張し、小屋の中を仕切って台所と玄関をつくった。さらに数年後には、思い切って上へ拡張し、小屋の上に屋根裏部屋をつくった。そこは魯と弟の寝室となった。

「密かな無断増築」のおかげで、なんとか住めるようにはなったが、家は古い。雨の季節になると雨漏りがする。そのため、屋根の瓦を取り替えたり、漆くいを塗ったり、天井に紙を貼り直したりしなければならない。柱の足の部分が腐ると、ジャッキや木の柱で梁を支え、腐った部分を切り取って、新しい木に取り替える。こうした大仕事でも自分たちと二人の知り合いの力で行った。四合院全体が大騒ぎする中、二日がかりでようやく完成したのだった。

60年前、北京市民の多くは四合院に住んでいたが、いまも残っている四合院は多くない

一方、地方から北京にやってきた政府部門の幹部や教師、医者、企業などに勤める従業員たちはほとんど住宅ビルに住んでいる。新中国成立後、全国から集まってきた従業員に住宅を与えるため、政府は会社や機関の人数に基づいて資金を配分し、会社や機関はそれぞれ、土地を探して住宅ビルを建てた。そして家族の人数によって無料で部屋を分配した。家賃がとても安く、平等なので、一般に「福祉住宅」と言われている。

しかし、政府の資金には限界があり、大量の住宅ビルを建設するのは難しかった。それに当時の「まず生産、生活は後回し」という理想主義的な思想の影響で、人々の生活面は軽視され、住宅は非常に厳しい状況にあった。

三世代が一室に同居したり、住宅がないため結婚を先延ばしにしたり、二、三十世帯が「筒子楼」と呼ばれる、中央の廊下を隔てて両側に部屋がある寮のような住宅に住み、毎日、廊下に充満する油煙や子どもの泣き声などに悩まされたり……。

筆者も一九七〇年初めに結婚したとき、八方手を尽くしてやっと一間の住宅を手に入れた。しかし、息子と娘が生まれ、とくに母親が広東省から子どもの面倒を見にやってきてから、わずか十三平米の部屋の中は、ダブルベッドやシングルベッド、箪笥二棹、本棚二つ、そして机と食卓兼用のテーブル、椅子数脚が置かれ、ものでいっぱいになり、まるで身動きもできなかった。二世帯共同で使う小さな台所は、コンロや食器棚でいっぱいだった。食事の準備の時間になると、料理を作っている隣人に、「すみません」と言っていったん手を休めてもらい、そこを通り抜けるしかない。また、五世帯共用のトイレは、利用者の多い朝は大変だった。

誰もが住宅に困っていた。筆者の住んでいた棟の一つ上の階に同郷の人が住んでいたが、部屋が狭くてベッドを置く場所がないため、二人の息子を二段ベッドで寝かした。下の階にいた翻訳者の一家は、子どもたちが大きくなったので、箪笥と本棚、カーテンで一部屋を三つに仕切るしかなかった……。

統計によると、一九七八年の北京市民の一人当たりの住宅面積は四・五五平米だった。

囧（jiǒng）［おるつ］含义类似日本的网络象形文字"orz"。把"囧"字看成是一张人脸，那么"八"就是两道因悲伤和沮丧而下垂的眉毛，"口"则张大的嘴。有郁闷、悲伤、无奈等义，当一个人说"我很囧"的时候，可以想象他的面部表情完全和"囧"一样。而"囧"字的发音和"窘"完全一致。／日本のネット上の象形文字「orz」と似ている意味である。「囧」を人の顔とすると、「八」は悲しみと落胆で垂れ下がった眉、「口」は大きく開いた口となる。憂鬱、悲しい、しようがないなどの意味がある。ある人が「わたしはとてもおるつです」と言うと、その時の表情はまったく「囧」と同じであることが想像できる。しかも「囧」の発音は、折りよく、困窮を意味する「窘」と一緒である。

拓展训练（tuò zhǎn xùn liàn）［outward-bound 野外研修］体验式训练通常利用崇山峻岭、瀚海大川等自然环境，通过精心设计的活动达到提升参加者的素质、完善人格、熔炼团队等培训目的。1995年拓展训练进入中国，发展至今已经形成了拓展行业。新华社房山绿化基地是中国第一个拓展训练基地。／野外研修は、常に高く険しい山、砂漠、大河などの自然環境を利用して行われる。工夫を凝らして編まれた項目をこなすことで、参加者の能力を高め、人格を磨き、団体での協調性強化などを目的としている。1995年に野外研修が中国に導入され、今ではすでに1つの産業になっている。新華社房山緑化基地は中国初の野外研修基地である。

2008年11月、江蘇省常州で建設中の京滬高速鉄道（北京—上海）（東方IC）

米国のサブプライム・ローン問題から始まった世界的金融危機が実体経済に影響を及ぼし、それが中国にも及んできた。対米輸出は激減し、輸出に依存していた外資系企業が「夜逃げ」する事態まで起こっている。

この未曾有の危機に対し中国政府は昨年十一月、四兆元（二〇〇九年一月上旬のレートで約五十四兆円）という巨額な投資計画と十項目の措置を発表した。これによって内需を拡大し、経済構造を調整し、従来の発展の方式を転換して経済の比較的速い、安定した成長を促進しようとしている。

四兆元は、インフラや住宅建設、環境保護、医療・衛生などに投入されるが、農民に特別価格で家電製品を販売する「家電を農村に」キャンペーンも展開されている。

「中国を救うことが世界を救う」（『21世紀経済報道』）とも言われる。世界同時不況に中国は、どう立ち向かおうとしているのか、その具体的な政策を詳しく紹介しよう。

特集1

四兆元投入で内需を引っ張る

王浩＝文

世界同時不況に対応するため中国政府が打ち出した十項目、総額四兆元の投資は、その半分以上が鉄道や道路などのインフラ建設に振り向けられる。これによって内需が拡大し、景気が浮揚するとともに、人々の生活が便利になることが期待されている。

十二万キロに延びる鉄道

中国では毎年、春節（旧正月）前後には、数億という人々が里帰りしたり、勤め先に戻ってきたりして、鉄道は人でごった返す。「故郷に帰って年越しをする」という観念は、中国人にとっては変えがたいものだ。しかし、短期間に多くの人々が動くことは、鉄道にとっては大きな負担である。「切符が買えない」という現象が続き、これが鉄道管理部門の頭痛の種になってきた。

二〇〇四年から、政府は鉄道建設に大規模な投資を始め、旅客輸送専用線の建設を開始した。二〇〇八年十一月には、鉄道部は「中長期鉄道網調整計画」を発表。二〇〇八年から二〇二〇年までに、総額五兆元以上を投資して約四万キロの新路線を建設することになった。これが完成すると、中国の鉄道の総営業キロ数は十二万キロ以上になる。こうした大規模な鉄道建設と投資は、中国の鉄道建設史上、かつてないことだ。

これに先立って二〇〇四年、中国政府は「中長期鉄道網計画」を発表した。その後、高速鉄道、旅客輸送専用線、石炭輸送路線、地域間幹線鉄道などを含む多くのプロジェクトの建設が相次いで始まった。

現在、最高時速三百五十キロの京津城際鉄道（北京—天津）や世界の屋根を走る青蔵鉄道（西寧—ラサ）などはすでに

1956年12月18日　第3種郵便物認可　2009年1月5日発行（毎月1回5日発行）通巻667号

人民中国

中国を知るための日本語総合月刊誌　*People's China*

January 2009
1
定価400円

●特集
北京・長安街に見る
新中国の歩み

●新連載
国づくり60年
遼・金王朝　千年の時をこえて
随想　世界とつきあう

設が全国的にブームとなっている。雲南省では観光
と麗江を結ぶ鉄道建設が行われている（新華社）

特集

二〇〇九 金融危機の中での 中国経済と中日関係

今年も残すところあとわずか。世界的な金融危機に見舞われた二〇〇九年は、中国経済にとって非常に困難な一年となった。と同時にそれは、中日関係にも大きな影響を与えた。

海外から需要が激減し、中国は輸出不振に陥った。一部の外資は撤退し、沿海部の外資系企業の人員整理などによって多くの出稼ぎ農民（農民工）が失業する事態となった。

中国政府は、内需拡大のため「四兆元の経済刺激政策」を打ち出し、緩やかな金融政策を実施して、この未曾有の困難に立ち向かった。

その結果、今年の中国の国内総生産（GDP）は、目標通り八％の成長が達成される見込みとなり、中国のGDPは日本と肩を並べるまでになった。

禍を転じて福と為すという。農民たちは電気製品を安く買えたし、農村の社会福祉も充実し始めた。輸出偏重の産業構造は改編されつつある。

中国経済はこれからどうなって行くのか。

（神奈川新聞社提供）

（神奈川新聞社提供）

特集

開港150年の横浜と中国

今年は横浜が開港してから百五十年。日本では、多彩なイベントが繰り広げられている。中国と横浜の関係も、開港とともに始まり、発展してきた。

初めのころは、西洋人と日本人の間の通訳として多くの中国人がやってきた。続いて「三把刀」と呼ばれる中国の職人たちが、はさみ、かみそり、包丁で生計を立て、いまの中華街の基をつくりあげた。そして革命を目指す孫文らの活動の拠点にもなった。

いまや中華街には、年間二千百万人の人々が訪れる。中華学校で学ぶ日本人の子どもも増えた。中国からIT ソフトの企業も進出してきている。横浜の中の「中国」に、中日関係の未来を見ることができる。

「横浜交易西洋人荷物運送之図」（横浜開港資料館提供）

遼・金王朝 千年の時をこえて

阿南・ヴァージニア・史代＝文・写真

宋王朝が中国の南部で栄えていた頃、中国北方はモンゴル系の契丹人によって建てられた遼（九〇七～一一二五年）と東北部から興ったツングース系女真族の金（一一一五～一二三四年）の支配するところとなっていた。これら両王朝の時代に、北京は初めて国都となったのである。

第十二回 応県の木塔——天空にそびえる曼荼羅

応県木塔——中国最古の、そしてもっとも高い木造の塔

山西省大同の南七十キロに位置する小さな町応県には、どこからでも目に入る高さ六十七メートルの壮麗な木塔がある。二〇〇一年に初めてこの地を訪れた時、私は、その驚くべき威容に圧倒され、これは、例えば、千年も前に米国の大平原に突然、高層ビルが現れたような意外の感に打たれた。この村の人々は、幾世代もの間、どんな気持ちで天空にそびえる奇跡のような建造物を見上げてきたのであろうか。

木塔の細部——塔の内外を支える54種類もの形の異なる斗栱

木塔は一〇五六年に建立された。正式名称は仏宮寺釈迦塔であり、当時応県は、西京行政区（西京道）の一部であった。単に壮大な建築という以上に、この塔は、遼王朝の支配者がいかに深く仏教に帰依していたか、そして仏教の影響力をいかに利用したかを理解する糸口を与えてくれる。

先帝を祭る陵墓をかたどった塔によって、仏教信仰と契丹の支配の結びつきを強調するのみならず、宋や西夏からそう遠くない彼らの領地の西端にこの雄大な塔を建てることによって、力の誇示を狙ったものと言い得よう。木塔の内部には、仏教関係の秘宝や膨大な経文、そして彩色の仏画が納められている。これらの逸品は、当時の燕京（北京）やその他の寺院で行われていた印刷技術の高い水準と注意深い経典の保存の様子を今に伝えている。この巨大な八面体の塔は遼道宗（在位は一〇五五～一一〇一年）が、子供の頃、応州の蕭家で育った父親興宗（在位は一〇三一～一〇五五年）のために建てたものであり、この場所は蕭家の菩提寺のあったところである。外観は五層であるが、各階の中間の内部に暗層（中二階）があり、実際上は九層になっている。九という数字は皇室の最上位を意味するものである。九は密教でも重要な意味を持っており、例えば八体の仏陀が大日如来を囲んでいるとか、曼荼羅の中の九輪の周辺には八つの花弁の蓮がかたどられている。この塔は正に曼荼羅が縦に並んでいるのである。

今年の五月一日に木塔を再訪した際、私は徹底的にこの塔の持つ意味を探求したいと考えた。先ず、私は五層のそれぞれが別個の寺院としての機能をもっており、三つの同心円の構造になっていることに気づいた。中心部は神聖な内層と呼ばれ、礼拝の対象である仏像数体が安置されている。その外側には外層があり、信者たちが経を唱えながら歩き回る円形の空間となっている。そして全体を取り囲むように外廊という欄干が巡らされているというのが、内部の構造である。この欄干からは周辺の景観を見晴らすことができる。

各層にはまた、それぞれに象徴される意味があり、八面の壁、八本の円柱と中心部の祭壇がある。第一層には、本尊の釈迦像が八角の藻井（飾り天井）の下に祭られており、それは「信」を象徴している。第二層の釈迦像を取り巻く四体の菩薩像は「解」（理解）を代表し、さらに一層上がると、そこには「智」を表す四方如来（四智）の四体の仏像の姿がある。また、その上の第四層は、慈悲の「行」であり、これは釈迦像を中心に二体の菩薩、普賢と文殊によって体現されている。最上階の第五層は「悟り」を象徴するもので、仏陀の世界へ至る道と位置づけられる。大日如来を取り囲む八体の座像があり、明らかに密教の胎蔵曼荼羅の世界を体現している。

第1層の中心に座す11メートルの釈迦牟尼仏の頭上には、八角形の精巧な藻井がある。扉の上部には遼の3皇帝が仏陀に供物をしている様子を描いた珍しい絵が見える

第2層の内陣に安置された仏像群

中国最古の彩色印刷（『文物』1982年より）

欄干から見晴らす応県の田園風景。2009年撮影。ここ数年で木塔周辺の住宅街が大幅に拡張された

一九七四年、第四層の仏像を修繕した際に、その内部から貴重な仏舎利や経文が発見された。遼時代の大蔵経の極めて珍しい写本や仏画、そして教本までが納められていた。この発見により遼時代の鮮やかな印刷作品に光が当てられたのである。とりわけ、弟子たちに取り巻かれた仏陀の姿を描いたものは、中国の彩色印刷の最古の傑作とされる。

早朝、ツバメの飛び交う木塔の周りを散策しながら、この遼時代の塔が通常の火災や腐蝕のみならず、この地方でかつて頻発した大地震や激戦の惨禍を生き延びた粘り強さに畏敬の念を禁じ得なかった。木塔の長寿が秘宝を安全に守り、その存在が仏教信仰に力を授け、塔自身を守り続けたのであろう。■

阿南・ヴァージニア・史代

1944年米国に生まれる。後に日本国籍取得。アジア学（東アジア史・地理学専攻）で修士号を取得し、現在、日本のテンプル大学で中国史を講義。2006年より北京市旅游局顧問。著作に『古き北京との出会い　木と石と水の物語』『円仁慈覚大師の足跡を訪ねて　今よみがえる唐代中国の旅』など。日中両国で多くの写真展を開催するほか、講演なども精力的に行っている。

「流動児童」の学校はいま

沈暁寧＝文・写真

中国では現在、約2億の農民が都会へ流入して働いている。農村に残っている子どもは「留守児童」、両親といっしょに都市で暮らす子どもは「流動児童」と呼ばれる。「流動児童」はすでに2000万人近くいるという。

こうした「流動児童」の教育をどうするのか。公立学校は満杯で、なかなか受け入れてもらえない。そこでこの数年、農民工たちが自分たちでお金を出し合い、さらに社会の支援を受けて、「流動児童」のための学校を興し始めた。

「流動児童」は学校に行けるようにはなった。しかし設備はお粗末で、資格のない先生もいる。社会には賛否両論の声がある。

同心実験学校は北京で初めてできた「流動児童」の小学校だ。その成り立ちと実情を紹介しよう。

教室でみんなといっしょに教科書を読む孟雲ちゃん（中央）

夢ふくらます子どもたち

二〇〇九年の春のある朝、北京市の東の郊外、朝陽区金盞郷皮村にある同心実験学校の新学期が始まった。六年生の教室では、十二歳の女の子、孟雲ちゃんが三十名余りのクラスメートといっしょに、大きい声で教科書を朗読している。

約三年前、孟雲ちゃんの両親は、故郷の湖北省鄂州市の農村から北京へ出稼ぎに来た。二人は皮村にある農家の小さな庭を借り、小さな浴場を開いた。ここは市内から遠く、家賃や物価がかなり安い。そのため、北京へ出稼ぎに来た多くの人たちがここに集まって住んでいる。おかげで、孟さんの浴場の商売はけっこう繁盛した。

北京での仕事や生活が安定した後、三十六歳になる孟雲ちゃんの父親の孟新明さんは、多くの農民工たちが自分の子どもを近くの同心実験学校へ入学させていることを知った。そこで妻と話し合ったすえ、故郷に残してきた息子と娘を引き取って、北京で教育を受けさせることにした。

二〇〇六年九月、十歳の孟雲ちゃんと五つ年下の弟が北京にやって来た。孟雲ちゃんは同心実験学校の四年生になり、弟は就学前のクラスに入った。もともと孟雲ちゃんは、故郷や祖父母と別れたくなかったし、まして転校生になるのも嫌だった。けれども、数日もすると、クラスメートがみな、自分と同じように、地方からやって来たことに気付いた。また、先生たちは故郷の先生と同じように親切で優しく、校内活動も、故郷の学校に比べもっと多彩であることがわかった。それからは、孟雲ちゃんにはまた楽しい日々が戻ってきた。

訓練中の学校のダンスチーム（同心実験学校提供）

可愛くて、活発な孟雲ちゃんは、すぐに学校のダンスチームのメンバーに選ばれた。先生の指導の下で、ダンスチームは歌や踊りを自分たちでアレンジし、放課後、近くの農民工たちの前で披露した。その後次第に、この「流動児童」のダンスチームは、工場や建築工事現場、住民の「社区」（コミュニティー）でも演じるようになり、北京の多くの大学の舞台にさえ立つようになった。

農村から出てきて視野が広がった児童たちは、いつも新しく見たものに興奮しておしゃべりをする。大学の舞台に立ってからというもの、大学生になることがみんなの最大の夢となった。孟雲ちゃんが心の中で、一番入りたいと思っているのは、中国人民大学だ。なぜならキャンパスが一番美しいと思ったからである。

楽しい時間は経つのが速い。いつのまにか孟雲ちゃんは六年生になった。成績も良いし、性格も活発である彼女は、今では学校でちょっと知られている。孟雲ちゃんも学校を、自分の家のように感じている。

「昔、故郷にいたころは、孟雲は放課

子どもたちを教える張徹先生

随想　世界とつきあう①

人に「人縁」あり、国に「国縁」あり

趙啓正＝文

職場や隣近所で「人縁（人受け）がよい」と言われる人は、謙虚に人に接し、責任感があり、信用を重んじ、人助けが好きで、周囲の人との関係が良いので皆に好かれる。孔子の弟子の曾子は「吾、日に三たび吾が身を省みる。人の為に謀りて忠ならざるか、朋友と交わりて信ならざるか」と述べたが、これを自分自身に要求する人は間違いなく「人縁がよい」人である。

国も、他の国に対して平等に対応し、世界に対して責任感を持ち、国内は民族が団結し、社会が進歩していれば、世界に良いイメージを持たれ、各国から尊敬される。こうした国は「国縁がよい」国と言うことができる。

世界が多極化し、経済がグローバル化している今日の世界では、「人縁」と「国縁」はともにきわめて重要である。もし国際貿易を業としている会社が信用を重んじ、扱う商品の品質が良く、価格も安く、すぐに代金を支払うなら、その会社の信用度は高まり、国際貿易にかかるコストは低くなる。同じ理屈で、国も「国縁」が良ければ、国際社会の中で、かなり大きな影響力と吸引力を持ち、すべてのことがみな、簡単に成功する。

中国は「調和のとれた社会」を建設しようとしているが、それればかりでなく、「調和のとれた世界」をつくるために貢献しようとしている。昨今、中国が強大になれば、他の国の脅威となるとひたすら宣伝する人がいるが、こうした論は実際とは違っているので、いまだに世界の大多数の人々から認められていない。

二〇〇七年三月、米国の「ニューズウィーク」誌は、中国の国際的声望が日増しに高まり、世界の普通の人々の中国に対するイメージは米国よりよいと報じたが、これは一部の外国人の予想を大いに裏切るものであった。

中国が「国縁がよい」というのは自画自賛ではないし、無理をして根拠もなしに「つくり上げられた」ものでもない。中国政府とすべての中国人がその言動に表裏がなく、長い試練を経て勝ち得たものである。

私たち中国人は常にこう言っている。「人心は秤であり、物差しである。権ればその軽重を知り、度れば長短を知る」と。複雑に入り乱れた世界の中で、人々は根本的な是非の問題に対して「まず権衡し、そして判断している」のである。■

趙啓正

1963年、中国科学技術大学核物理学科卒業。高級工程師などを経て1984年から中国共産党上海市委常務委員、副市長などを歴任。1998年から国務院新聞弁公室・党中央対外宣伝弁公室主任。2005年より全国政協外事委副主任、中国人民大学新聞学院院長。

黄河流域の麺食文化

魯忠民＝写真・文

農家が干麺を作っている

廖先生の中国料理教室【第4回】

西紅柿炒鶏蛋（シーホンシーチャオジーダン）

トマトと卵の炒めもの

廖八鳴＝文　岡本央＝写真

トマトのふるさとは南米で、百年以上も前に中国に伝わった。トマトを見た中国北方の人々は柿の姿に似ているとし、トマトを「西紅柿」と呼ぶようになった。一方、南方の人々は、茄子（なす）に似ているとし、「番茄」と呼んだ。「西」や「番」という字は、海外から伝来してきたことを指している。

いつのころか分からないが、中国人は「トマトと卵の炒めもの」を発明した。作り方が簡単で、味もおいしく、見た目もきれいなので、あっという間に全国各地に広まった。今では、中国の食卓には欠かせない一品であり、国民的なメニューだ。

トマトは加熱すると酸味を帯び、食欲を増進させる。また、豊富なカロチンやさまざまな栄養素が含まれており、特にビタミンPは、野菜の中でもナンバーワンの含有量を誇る。専門家によれば、トマトの栄養成分は加熱することでさらに吸収しやすくなるそうだ。食欲が衰える暑い夏に、おすすめの一品である。

材料

トマト3個
卵4個
サラダ油 50cc
塩1～2さじ
ワケギ3本

作り方

❶ 卵を溶きほぐし、塩を加えてまぜる。

❷ トマトをくし切りにし、ワケギを3センチくらいの長さに切る。

❸ 鍋にサラダ油 50cc を入れて中火で熱し、❶ の卵を流し込み、固まってきたら、大きく混ぜる。

❹ 卵がほぼ固まったら、❷ のトマトと塩を加え炒める。1分後、❷ のワケギを入れ、火を止めて混ぜ合わせる。

廖八鳴 PROFILE

四川生まれ、北京育ちなので、南方、北方を問わず、おいしい料理は大好き。小さいころから料理を作るのが好きで、以前、四川料理の「特級調理師」について習ったこともある。家庭料理をよく作り、そのモットーは健康、手軽、美味。1993年来日。現在は、日本の大学で中国語や中国文化を教えている。日本での暮らしが長いため、本場の中国料理が恋しくなり、日本で手に入る材料で中国料理を作る研究を始めた。

CHINA RADIO INTERNATIONAL

yì qiān ge shāng xīn de lǐ yóu
一千个伤心的理由

作词：邢增华　作曲：李菘

àiguoderén wǒ yǐ búzài yōngyǒu
爱过的人　我　已　不再　拥有
xǔduō gùshi yǒu shāngxīnde lǐyóu
许多　故事　有　伤心的　理由
zhèyícì wǒdeàiqíng děngbúdào tiānchángdìjiǔ
这一次　我的爱情　等不到　天长地久
cuòguoderén shìfǒu kěyǐ huíshǒu
错过的人　是否　可以　回首

àiguodexīn méiyǒu rènhé jiǎngqiú
爱过的心　没有　任何　讲求
xǔduō gùshi yǒu shāngxīnde lǐyóu
许多　故事　有　伤心的　理由
zhèyícì wǒdeàiqíng děngbúdào tiānchángdìjiǔ
这一次　我的爱情　等不到　天长地久
zǒuguodelù zài yě bùnéng tíngliú
走过的路　再　也　不能　停留

yìqiānge shāngxīnde lǐyóu
一千个　伤心的　理由
zuìhòu wǒdeàiqíng zài gùshilǐ mànmàn chénjiù
最后　我的爱情　在　故事里　慢慢　陈旧
yìqiānge shāngxīnde lǐyóu
一千个　伤心的　理由
zuìhòu zài biérénde gùshilǐ wǒ bèi yíwàng
最后　在　别人的　故事里　我　被　遗忘

ワンポイント

★天长地久：本来は、(天地のように) とこしえに変わらないという意味だが、ここでは名詞化され、恋は「"天长地久"ほどにはならなかった」、つまり「長く続かなかった」という意味になる。

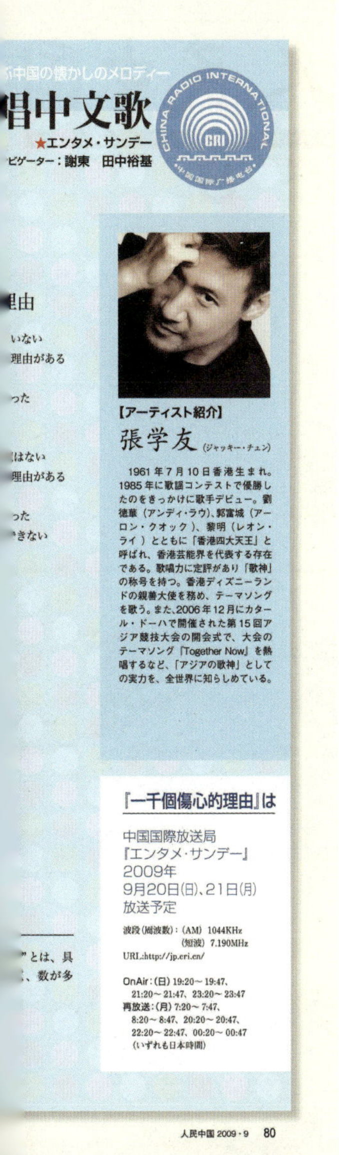

…の中国の懐かしのメロディー

唱中文歌

★エンタメ・サンデー

…ビゲーター：謝東　田中裕基

CHINA RADIO INTERNATIONAL CRI 中国国际广播电台

…由

…いない
…理由がある

…った

…はない
…理由がある

…った
…きない

【アーティスト紹介】

張学友（ジャッキー・チュン）

1961年7月10日香港生まれ。1985年に歌謡コンテストで優勝したのをきっかけに歌手デビュー。劉徳華（アンディ・ラウ）、郭富城（アーロン・クオック）、黎明（レオン・ライ）とともに「香港四大天王」と呼ばれ、香港芸能界を代表する存在である。歌唱力に定評があり「歌神」の称号を持つ。香港ディズニーランドの親善大使を務め、テーマソングを歌う。また、2006年12月にカタール・ドーハで開催された第15回アジア競技大会の開会式で、大会のテーマソング「Together Now」を熱唱するなど、「アジアの歌神」としての実力を、全世界に知らしめている。

…”とは、具
…、数が多

『一千個傷心的理由』は

中国国際放送局
『エンタメ・サンデー』
2009年
9月20日(日)、21日(月)
放送予定

波段（周波数）：（AM）1044KHz
（短波）7.190MHz
URL:http://jp.cri.cn/

OnAir：(日) 19:20～19:47、21:20～21:47、23:20～23:47
再放送：(月) 7:20～7:47、8:20～8:47、20:20～20:47、22:20～22:47、00:20～00:47
（いずれも日本時間）

人民中国 2009・9　80

11

2009

在全世界范围的金融危机背景下，新中国迎来60岁华诞。丘桓兴主持的国庆专栏《建国60年》从不断改善的生活细节讲述人民的获得感（2月号，见图1）。60年北京新貌看长安街，从细节着眼策划的封面令人感受到古都的沧桑巨变（1月号，见图2）。特辑《应对世界金融危机》综述了美国次贷危机给世界金融带来的冲击，以及中国政府应对挑战的一系列举措和收到的效果（2月号，见图3）。特辑《金融危机中的中国经济与中日关系》进一步梳理了逆势而上的中国经济、中日关系面临的新课题（12月号，见图4）。

借助本土化印刷与神奈川新闻社的合作关系，笔者与东京支局策划了特辑《横滨开埠150年与中国》，盘点了这座城市与近现代中国的关系（7月号，见图5）；阿南·史代女士的新专栏《越过千年时空的辽金王朝》将目光瞄向了更加久远的东亚地区史（11月号，见图6）。

时隔7年，记者的目光再次聚焦打工者子弟的教育问题。沈晓宁撰写的《“流动儿童”学校现状》深入采访了北京第一所招收“流动儿童”的小学同心实验学校。（3月号，见图7）国务院新闻办公室主任赵启正的专栏《与世界打交道随想》，结合实例，轻松幽默地阐述了他极有见地的公共外交思想（1月号，见图8）。图片报道《黄河流域的面食文化》以富于诗意的画面演绎了传统农业社会的悠缓生活，获得了外文局的图片类大奖（12月号，见图9）。在东京支局与《人民中国》的前同事、在日生活多年的廖八鸣策划的《廖老师教你做中国菜》，不仅家常菜选题贴近日本当地实际，而且得益于冈本央的美食专业摄影，综合效果明显好于从前的同类栏目（8月号，见图10）。与国际台（CRI）合作的联动专栏《快乐学唱中国歌》实现了杂志与广播的互动，得到了稳定的“双料”拥趸（9月号，见图11）。

2010 人民中国

1956年12月18日　第3種郵便物認可　2010年6月5日発行（毎月1回5日発行）通巻684号

人民中国

中国を知るための日本語総合月刊誌　People's China

June 2010　6

定価400円

●総力特集

さあ、上海へ行こう

玉樹地震続報

しっかり根づく民族教育

1

1956年12月18日　第3種郵便物認可　2010年8月15日発行（毎月1回5日発行）通巻686号

人民中国

中国を知るための日本語総合月刊誌　People's China

August 2010　8

定価400円

「鳳凰」は北京CBDエリアの高層ビルの間を舞い飛ぶ。徐冰さんはここが「鳳凰」にもっともふさわしい空間であると考えている

6台のクレーンが「鳳凰」を地上15メートルの高さまで吊り上げた。壮観な眺めである

作品である。

帰国後の徐冰さんは、中国のこの数年の日進月歩の変化を目の当たりにして、とりわけ各地の大型の土木工事、すさまじい勢いで展開される大規模な建設プロジェクト、数々のモダンで豪華なビルが、苦しい作業環境におかれている労働者たちの手の中から生まれてくることに、ひどく心を揺さぶられた。

そこで、彼は工事現場に捨てられた大量のスクラップで芸術作品を制作し、きらびやかに輝いている建物の間に置くというアイディアを思いついた。創作チームの協力のもと、彼はスクラップを利用し、労働者の生産あるいは生活のツールを材料に、二羽の巨大なスチールの「鳳凰」を作りあげた。この鳳凰は掘削ドリルのくちばし、ヘルメットのトサカ、さまざまな金属工具をくくりつけたガラスタンクが首、ブリキのバケツを巻いて羽毛にし、ショベルカーのバケットがその爪と化し、工事

47　人民中国 2010・7

●総力特集
上海万博で

2

1958年12月18日 第3種郵便物認可 2010年5月5日発行（毎月1回5日発行）通巻683号

人民中国

中国を知るための日本語総合月刊誌 People's China

May 2010
定価400円
5

●特集
日本に渡った中国企業

上海 ホテル三昧

中国のソフトパワーと日本

4

万博に舞い降りた鳳凰

魯忠民＝文 薛峰 倪欣欣 魯忠民＝写真

「物には神聖なる魂が宿っている。
この神聖性がこれら2羽の鳥の撒き散らした1枚の羽毛からもたらされ、
労働者の手で手渡されてゆく」

——徐冰

二〇一〇年三月二十七日午後、北京にある「今日美術館」の手前に、それぞれ長さ十八メートル及び十七メートル、重さ十二トンに達した二羽の大きな「鳥」が、六台のクレーンに引き上げられ、にぎやかな北京CBDの建築群を見下ろした。これは現代アーティスト徐冰さんと彼の創作チームが二年がかりで、都市建設の過程で出る建築廃材、道具、労働者たちの生活用品を用いて、心をこめて作り上げたインスタレーションアートの傑作「鳳凰（フェニックス）」である。一カ月後、この二羽の「鳳凰」は上海に飛んでゆき、万博会場で最大の芸術作品となった。

今年五十五歳になった徐冰さんは、原籍は浙江省だが、重慶市に生まれ、北京で育った。一九六〇年代後期の「上山下郷」運動の際に農村に送られて生産隊に参加し、農民として働いたのち、一九八一年に中央美術学院に入学、卒業後そのまま教師として学校に残り教鞭を執った。一九九〇年代の初めにニューヨークに移住したが、二〇〇八年に帰国、中央美術学院副院長となった。国際的には、徐冰さんは蔡国強、古文達、黄永砯とともに、中国モダンアートの「海外の四天王」と呼ばれる。徐冰さんのもっとも代表的な作品は、約

人民中国 2010・7 46

3

特集

いま中国で何が読まれているか

5

平山先生（左）と筆者

筆者略歴　中国美術[illegible]長。1931年フランス・リ[illegible]れる。1937年に父母と[illegible]年から父の常書鴻につ[illegible]画芸術を学ぶ。1948年[illegible]米国で絵画を学ぶ。1[illegible]年、中央工藝美術学[illegible]任。第7～9期全人代[illegible]

平山先生の著書『悠々大河』の表紙

みを覚えました。先生のご逝去を悼むとともに、先生と美知子夫人との半世紀に及ぶお付き合いと親交の思い出が、次から次へとまぶたに蘇ってきました。

あれは二年前の二〇〇七年六月三日のこと。ちょうど中日国交正常化三十五周年と『中日平和友好条約』締結三十周年を迎えるに当たり、先生の著書『悠々大河』（三聯書店二〇〇八年四月刊行）の一部として「平山郁夫と常沙娜の対談」が企画され、北京釣魚台賓館で光栄にも対談相手をさせていただきました。当然ながら先生が探求して止まなかった「玄奘三蔵を人生の師とするシルクロード」「敦煌芸術と日本文化の源流について」「文化財赤十字の構想」などが対談のテーマでした。

そして翌四日、貴陽経由で安順のミャオ（苗）族、プイ（布衣）族集落と凱山間を走る[illegible]景観を満喫しました。その途中、車を止めて一服するたびに、決まってさっと車を飛び降り、さっさとスケッチに取りかかる先生の敏捷な動きといったら、ほかに見られないものでした。疲れを顧みず作画一途に打ち込む精神に感服し、強く印象付けられましたが、これが先生との最後のお別れになろうとは思いも寄らないことでした。

＊

ここ数日、数十年来先生から贈られた画集と著書を、改めて取り出して見ずにはいられませんでした。それは、一九五九年に代表作『仏教伝来』が発表されて以来の軌跡をたどることができる、膨大な非凡の作品群を網羅したものです。そして、先生が生涯をかけたライフワークである玄奘三蔵の具現する精神

増え続ける中国人転校生

——対応をせまられる市立中学校

片岡希＝文・写真

中華街で立ち並ぶ店舗（写真提供・神奈川新聞社）

プロフィール
一九七七年生まれ。北京電影学院導演系（国立北京映画学院監督学部）・早稲田大学大学院GITS修了。電影学院在学中は司徒兆敦監督に師事し映画・ドキュメンタリー演出を学ぶ。帰国後、『中国の世界遺産』（ディレクター　小野鉄二郎）、『故郷の香り』（監督　フォ・ジェンチィ）、『ヨコハマメリー』（監督　中村高寛）等の劇場本編・作品にスタッフとして参加。約五年間撮影した『ヨコハマメリー』ではプロデューサーを務める。同作は、トロント、釜山、バンクーバー他の国際映画祭に招待。文化庁映画賞他受賞。横浜山手中華学校の子どもたちを記録した『中華学校の子どもたち』が、劇場公開初監督作品となる。プロードメディア・スタジオ所属。

私のしごと ⑧

都会人に癒しの場を
テーブルゲーム店経営者

王淼＝文・写真

客にテーブルゲームの遊び方について説明する店長の侯陳さん（左）。新しいゲームを薦めて彼らに新たな興味を次々に呼び起こさせるのが、ゲーム店が末永く発展するための経営の道である

最近、テーブルゲームとひっくるめて呼ばれる遊びが、独特の魅力で多くの人の暇つぶしになっている。

北京の鼓楼付近の、「猟人（ハンター）」というテーブルゲーム店で、四、五人の若い男女がそれぞれ一つのテーブルを囲んで、さまざまなきれいなカードや道具を面白そうにいじりながら、歓声が絶え間なく起こる。店のオーナーの陳競さんによると、テーブルゲームは通常は紙の材料に模型を加えてゲームを進める。囲碁や麻雀などの伝統的なゲームに比べて、テーブルゲームは気軽で楽しく、ふつう厳しい人数の制限もないので、親しい友人との集まりには最適。欧米ではだいぶ前からはやっているという。

「輸入品のテーブルセットの売値が数百元から千元に達する。ここではお客さん一人三十五元だけで、店内の百種類近くの人気テーブルゲームから自由に選べて、午後の開店から夜の閉店まで遊べる」

陳さんが明かすには、「テーブルゲーム店」は上海から始まり、やがて若いサラリーマンと、学生の間でだんだんはやり始める。二〇〇九年、上海のテーブルゲーム店は百何店から瞬く間に三、四百店に増え、ほとんど毎日新店がオープンした。陳さんと何人かの友人がそれをビジネスチャンスととらえ、二〇〇九年末、十何万元かを集めて北京に次々に三店のテーブルゲーム店「狩人」を開いた。

「去年、テーブルゲーム店は北京ではようやく盛んになり始めたばかりだったが、今はもう百店に上る。でも、利益幅は小さくなった」

そのため、お客さんをしっかりつかまえるために、陳さんはクラブ制を導入した。彼は、「テーブルゲームは、人が多くないと面白くない。でも自分の身の回りで常に十分な同好者を集めるのはそう簡単ではないと、多くの人が言う。私たちはネットで宣伝すると同時に口コミで、散らばっている客を店に集めて、遊びによって友達の輪を広げていく。私たちはかつて単身者の合コンを組織したことさえあります。反響もとても良かった」と言った。

「猟人」の中関村支店の崔振店長は、仕事が午後一時から夜の十時まで続き、給料が月二千元ちょっと。彼の話によると、週末と祝祭日は、店は常に満席状態で、予約しないと席が取れない場合もしょっちゅうあるという。

「お客さんは遊んだことがないと心配する必要はありません。遊び方とワザについて講釈するのも私たちの仕事ですから」崔さんは、「説明するには、弁舌に優れ、頭脳明晰で、ユーモアのセンスがあり、ルールに詳しくないといけない。すべてはお客さんに新しいゲームの面白さを感じていただくためです」

この店のスタッフの張増輝さんは、もともと一人の常連だった。今は大学院生の彼は、週末に店でアルバイトをしている。「お客さんが足りない時は、自分も一緒に加わって遊びます。ゲームを楽しめ、一時間十元の収入」と、彼は言う。

陳さんの紹介によれば、テーブルゲームの繁栄は中国オリジナルのテーブルゲーム「三国殺」の流行と関係がある。半分の客は「三国殺」をお目当てにやってくる。だが、だれも「三国殺」ブームがあとどれだけ続くかは分からない。陳さんたちはブームが去るのに備え、未来の市場を確保するために、自分たちに属する独自のテーブルゲームを開発したいとも思っている。■

中国の国産のテーブルゲーム「三国殺」。客は何人かが三国の中の人物に扮して、「主公」「忠臣」「内通者」「反賊」の4つの身分の形をとり、「主公」以外の身分は公開しない。客は自分の身分に基づいて遊びを進める。順ぐりにカードを出し、隙を見て相手を撃破する

店内の日常の様子。テーブルゲーム店を開くにはそれほど投資が必要ではない。数十セットのゲーム道具と若干のテーブルと椅子、それが全てである

菜奴（cài nú）［菜奴］尽管有专家坚称，中国经济并没有通货膨胀的压力，但老百姓却从日常的柴米油盐中切切实实地感觉到物价上涨的压力。市场上大蒜、绿豆、玉米等农产品价格大幅上涨，催生了一群苦苦探求省钱买菜策略的人，即“菜奴”。／中国経済にインフレはないと断言するエコノミストもいるが、実際、燃料や食糧、油、塩などの生活必需品は値上り、庶民の生活に影響を及ぼしている。特にニンニク、リョクトウ、トウモロコシなどの農産物が高騰しているために、苦心して野菜を安く買おうとする人々が現れ、彼らを「菜奴」と呼ぶ。

伪娘（wěi niáng）［疑似女性］源自ACG界名词（Animation、Comic、Game的缩写，是动画、漫画、游戏的总称），通常指由十足男性动漫角色的容貌外表设定少女化，使之被错认为少女，现指热衷于男扮女装的部分年轻男性，他们通常天生拥有接近于女性的相貌、身材，同时拥有男性与女性魅力。／語源はアニメ・コミックス・ゲーム業界にあり、それぞれの作品や商品に登場する美少女キャラに扮して、女の子に見間違われるような、現在の「女装」ブームに夢中になっている一部の若い男性を指す。こうした男性たちは元々女性的な顔つき、スタイルを持っていて、中性的な雰囲気を漂わせている。

平山郁夫先生を偲んで

常沙娜＝文・写真提供

「寸土寸金（寸土は一寸の金ほどに価値がある＝土地が貴重である）」といわれる上海のような大都市で、「永遠に拡張せず、現状がとどめられている」ということは、歴史ある美しい道への最高の称賛である。上海市の保護区にある武康路は、そんな道である。

華やかでにぎやかな南京西路から武康路にやってくると、たちまち周囲が静かになる。一キロあまりに過ぎないカーブしたその小道は、一方通行で車はあまり通らない。両側の緑の木々が木陰をつくり、壁に囲まれたさまざまなヨーロッパ風の建物とコントラストをなしている。時間にゆとりのある午後に、ぶらぶらと散策し、美しい建物を眺めたり、道端の小さなショップをのぞいてみたりするのに最適の通りである。二人乗りの自転車などを借りてゆっくりと走ってみても、気持ちがいい。

二十世紀の初期の武康路は、フランス租界に属していたため、フランス式の建物が非常に多い。中でももっとも代表的なものといえば、武康大楼の他にない。一九二四年に建てられた武康大楼は、当時、上海バンドでひとところ大いに名をあげたハンガリーの建築家・ヒューデックが設計したものである。当初はノルマンディー・アパートと名づけられたが、一九四九年以後、武康大楼となった。旧名は第二次世界大戦のノルマンディー上陸との関係はなく、第一次世界大戦に沈没したノルマンディー級戦艦を記念するためにフランス人が名づけたものだという。その外見は、細長く、いくらか三角形を呈している八階建てのアパートである。確かにそんな名前が似合わなくもない。淮海中路と武康路の交差するところにあり、二、三階建ての一戸建てばかりが並ぶこのあたりでは、極めて目立っている。遠くから見ると、波をかきわけて進んでゆく巨大な船のようである。

そのため、いつしか地元の人々には「ノルマンディー・アパート」とも「武康大楼」とも呼ばれなくなり、「汽船大楼」と呼ばれるようになった。人々は、本来の名にいかなる深い意味があろう

1924年に建てられた武康大楼。武康路のシンボル的な建築物となっている。かつて中国の映画スターたちがここで暮らした

69 人民中国 2010・3

8

2010・2 34

7

「良渚文化」と命名される

中国人は玉を好み、崇める。透き通るような玉器を飾りとするだけではなく、「以玉事神（玉をもって神に仕える）」といったとおり、玉を神聖化する。その後、人々は玉の堅さと瑞々しい光沢、きらびやかな彩り、透き通るような肌合い、澄んだきれいな音色を、それぞれ君子の仁、義、礼、智、信の五つの美徳の象徴とした。

中国の玉文化の歴史は長い。長江の下流の浙江省だけでも、大量の古代玉器が発見された。省都の杭州市から東北に二十キロメートル余りの良渚は、古玉で遠く名を知られている。清朝の乾隆皇帝は、良渚産の美玉を好んで収蔵し、これを愛でて楽しんだ。もっとも、当時はこれが二、三千年前の周・秦・漢時代から伝わる宝物と勘違いしていたようだ。

一九三六年、西湖博物館の施昕更さんが近代考古学の方法で、故郷・良渚で発掘されたいくつかの墳墓から出土した一群の石器や陶器、玉器を炭素14法に基づいて測定したところ、正に良渚美玉は五千年前の宝物だったということが分かった。その後も、良渚とその周辺地区で五千二百～四千三百年前に属する各種の遺物が大量に出土した。一九五九年、考古学界はこれを「良渚文化」と名付けた。現在、良渚及び瓶窰、安渓、長命鎮などの周辺地方、

の考古学界にセンセーションを巻き起こした。

反山の玉器は等級が高く、種類も多い。一つこま琮（内円外方の主形を

反山12号墓出土の[illegible]（杭州良渚遺跡管理局提供）

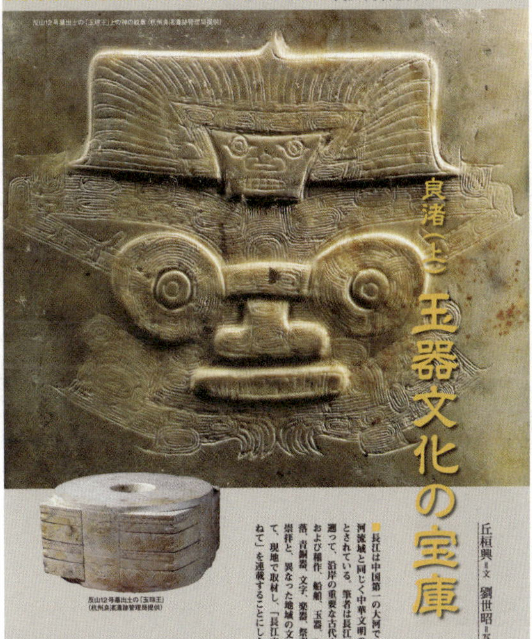

長江文明を訪ねて ~1~

反山12号墓出土の「玉琮王」上の神の紋章（杭州良渚遺跡管理局提供）

良渚（上） 玉器文化の宝庫

丘桓興＝文 劉世昭＝写真

長江は中国第一の大河である。黄河流域と同じく中華文明の発祥地とされている。筆者は長江下流から遡って、沿岸の重要な古代文化遺跡および稲作、船舶、玉器、陶器、村落、青銅器、文字、楽器、祭祀、信仰、崇拝と、異なった地域の文化について、現地で取材し、「長江文明を訪ねて」を連載することにした。

反山12号墓出土の「玉琮王」（杭州良渚遺跡管理局提供）

10

里耶 竹簡と木簡が語る古代社会

丘桓興＝文 魯忠民＝写真

里耶は、湖南省龍山県にある小さな鎮である。ここで二〇〇二年四月、戦国時代の古城の遺跡が完全な姿で発掘され、古城の古井戸から三万六千枚以上の簡牘（秦の竹簡・木簡）が発見された。この発見は考古学界に大きな衝撃を与え、専門家たちは新中国の考古学における最も重要な発見の一つと評価している。

里耶古城の発掘現場

【楚の国の古城から発見】

湖南省北部の武陵山奥地に抱かれた里耶鎮は、湖北省、重慶市、貴州省と境を接しており、湘西トゥチャ（土家）族・ミャオ（苗）族自治州龍山県に属する。この地を流れる酉水の流れは美しく、自治州の人々にとっては「母なる川」である。酉水は洞庭湖に流れ込み、さらに長江に注ぐ。

一九八五年六月、里耶鎮の瓦職人たちが土を掘り起こして瓦の生地を作っていた。そのとき、陶器や兵器が掘り出され、考古学界から注目された。

二〇〇二年四月十七日、酉水堤水力発電所の建設工事に合わせて、湖南省考古研究所は考古発掘チームを編成して里耶に派遣し、緊急発掘を行った。そして、二千年以上眠っていた里耶古城や数百基の古墓が再び白日の下にさらされたのだった。

里耶古城の遺跡は、もとは里耶小学校の敷地内にあった。小学校はすでに移転し、現在は完全な姿の里耶古城遺跡を見ることができる。

遺跡は、東は酉水に接し、長方形の平面で、敷地面積は一万平米をこえる。西、南、北三方は城を守る濠となっている。土で造られた城壁の土台はかなり良く保存されていて、屋敷の建築跡や街道の遺跡、排水施設がはっきりと識別でき、多数の古井戸が古城の内外に分布し、古代都市の完全な姿を構成している。

乗法の口訣が書かれた里耶の簡牘

3万6000余枚の簡牘が発見された里耶古城の1号古井

専門家は、遺跡から出土した器物や兵器を分析した結果、この城は戦国時代（紀元前四七五～同二二一年）の楚の国が築いた軍事施設であり、戦国時代の末期、秦の大軍が烏江流域から酉水流域に攻め入り、楚の軍は東に移動せざるを得なくなり、この城は捨てられたと論証した。

一号の古井戸からは、三万六千余枚の秦簡が発見され、世界を驚かせた。この古井戸の周りには直径四メートル以上の囲いがあり、上部は円形、下部は方形をしている。井戸の口から地表までの距離は三メートル、井戸の口から井戸の底までは一四・二八メートル。井戸の壁は、幅三十～四十センチ、厚さ十～十五センチの方柱形の木材をそれぞれにはめ込んでつなぎ、一段一段積み重ねて築かれていて、あわせて四十三段がある。

発掘してみると、秦簡は、井戸の最下層部に積み重なっていた。その上には四層の堆積物があり、陶器、玉器、鉄器、兵器、瓦当（文字や模様が刻まれた先端部分）などが出土したが、いずれも秦・漢時代の遺物であった。

考古発掘現場を訪ねたことがある北京大学考古文博学院の院長の高崇文教授はこう言う。「春秋時代（紀元前七七〇～同四七六年）から前漢時代（紀元前二〇六～紀元二五年）までの竹簡・木簡で、一回にこれほど多く、このように歴史的価値の高いものが発掘されたのは初めてだ。里耶から出土した秦簡の数は、当時、中国で発掘された秦簡の総数をはるかに上回っていた」

P-001

P-002

儺の踊りと儺戯

魯忠民＝文・写真

春節になると、「儺子」たちは毎日、儺神廟で儀式を行う

中国の演劇は、祭りを中心に発展し、京劇や昆劇などとなった。その原型は、「儺」にあると言われる。「儺」は、日本では「追儺」とか「鬼やらい」と呼ばれるが、中国の古代に盛んに行われた「災いを除け、福を納める」儀式である。

しかし今、中国では「儺」が残っている村はほとんどなくなった。わずかに江西省の農村などに、春節（旧正月）の儀式として生きている。その概要は二〇〇二年七月号の本誌で紹介したが、再びこの地を訪ねて、詳しく「儺」を見た。

甘坊村に「儺」の踊りを見る

江西省撫州市に属する南豊県には、現在も、「儺」を踊る組が百以上あり、二千四百人以上の芸人がいるという。彼らは毎年、春節（旧正月）になると、八十種以上の古代から伝わる「儺」を演じている。

甘坊村は南豊県の西南に位置し、山懐に抱かれるように家々が建っている。村のはずれには谷川が流れ、その流れが「丁」の字をしているため「丁渓」と呼ばれている。村は二百五十二戸、千三百人あまりが住んでいて、半数ほどが「甘」姓である。村は貧しく、出稼ぎに行く人もいるし、残って米や蓮根、蜜柑を栽培する人もいる。

言い伝えによると、甘氏の先祖は唐代

甘坊村のたたずまい

13

14

OIO

上海世博会的报道长达半年，这一年《人民中国》在正常报道的同时，还承担了《上海世博周刊》（日文版）的编辑工作。世博会开幕式的盛况在封面上得以呈现（6 月号，见图 1）；世博会期间来自日本的“遣唐使船”也上了封面（8 月号，见图 2）；艺术家徐冰为世博会制作的装置艺术“飞翔在世博上空的金属凤凰”形象地演绎了上海世博会化腐朽为神奇的环保意识（7 月号，见图 3）。

进入日本市场的中国企业与品牌引发关注，八仙过海，各显神通的中国企业远渡日本，特辑与封面尝试如此互动了一下（5 月号，见图 4）。特辑《今天中国人在读什么》介绍了中日文学著作的互译以及日本文学在中国的阅读市场（2 月号，见图 5）。

纪录片导演片冈希撰文《日本学校面对越来越多的中国转校生》，反映出中日之间人员往来已经体现在下一代身上（5 月号，见图 6）。常沙娜撰文《怀念平山郁夫先生》，向致力于敦煌保护的日本先贤表达了敬意（2 月号，见图 7）。

上海世博会引发了上海热。《漫游上海》专栏深入小巷对老上海打卡地的探访，唤起了游人对魔都的想象与乡愁（3 月号，见图 8）。《我的职业》专栏开始涉猎新生事物，介绍了治愈城市人的桌游店小老板的故事（8 月号，见图 9）。

系列专栏《长江文明探访》以《玉器文化的宝库良渚》为开篇，体现了不凡的高起点（1 月号，见图 10）。古井中发现的古代秦简给考古界带来冲击，通过湖南里耶出土的竹简解读出的古代社会生活，颠覆了许多先前的历史认知（9 月号，见图 11）。

专文《中国戏曲胚胎活化石——傩舞与傩戏》介绍了如今已难得一见的活态戏曲文化遗存（2 月号，见图 12）。《世界非物质文化遗产——维吾尔族的十二木卡姆》以一组生动而传神的图片给人留下深刻的印象（7 月号，见图 13）。

最令人忍俊不禁的是《世界自然遗产——峨眉山》中一只猴子有模有样，活像一个居士（5 月号，见图 14）。日文定稿标题会上，专家恶作剧般地定下副标题“圣山上天真烂漫的‘猴居士’”。“猴居士”日语读作（SARUKOJI），竟与法国风流政客萨科齐的日语发音相似。定下标题后，众人不禁捧腹。

第七章

2011—2020年 保持纸媒『骨密度』与数字媒体共舞的时期[1]

1 在数字媒体崛起的大背景下，《人民中国》坚守传统纸媒内容优势，保持纸媒“骨密度”，借助本土化工程、重大公共外交项目、青少年交流活动、人文交流创意等，与时俱进地调整理念，创新内容，追求卓越，逆势而上扩大影响；面对云谲波诡的中日关系，广拓人脉，“允执厥中”，确保实效，服务大局。《人民中国》的存在感与美誉度在这十年中得到明显提升。

第一节
2011—2013年度点评

59 人民中国 2011・8

1

二〇一〇年二月、それまで十分な労働力が保証されていた中国に、突然「労働力不足」現象が起こり、全国の多くの企業が頭を抱えることになった。この事実を受けて、少なからぬ経済学者が、中国は三十年余の「改革開放」を経て、その高度成長経済もついに「ルイスの転換点」を迎えることになった、との分析を発表した。一方で、専門家の中には、そうした転換点を迎えたとするのは時期尚早であるとする見解を述べる者もいる。

はたして、どちらの「見立て」が正しいのだろう。そして、「ルイスの転換点」を迎えたとするなら、中国経済にどのような影響を及ぼすのだろう。また何が「労働力不足」を引き起こしたのだろうか。現場を取材して、変わる中国経済の実情に迫った。

2

ミニブログを架け橋に

王焱＝文

十月中旬、中国共産党中央宣伝部の王晨副部長は国家インターネット情報弁公室が招集した会議の席上、党・政府機関と指導者は積極的にミニブログを使い、市民の声に耳を傾け市民のために奉仕するチャンネルと手段を多様化して、権威ある情報をタイムリーに公表し、社会の関心に積極的に応え、政府の活動を絶えず改善しなければならないと指摘した。

現在、中国のネットユーザーは五億人近くに増加し、特にミニブログはユーザーの増加が最も速く、成長率は二〇八・九％に達し、二〇一〇年末の六千三百十一万人から一億九千五百万人に急増した。この膨大な集団には、当然のことながら政府機関と幹部も少なくない。ミニブログのアカウント数が一億四千万を超えたあるウェブサイトの統計によると、政府機関と幹部のミニブログは九千を超えているという。

今年三月、新疆ウイグル自治区の張春賢・党委員会書記は実名でミニブログを開設し、ユーザーと交流し、最初にミニブログを公開した省クラスの党委員会書記となった。また六月には、浙江省

2011年上半期にユーザーが1億9500万人に達したミニブログ。街角でも大々的にPR cnsphoto

党委員会組織部の蔡奇部長が親しみやすい語り口のミニブログで、百万人の「ファン」を持つ最初の省・部クラスの幹部となった。多くの地方政府はミニブログを通じて民衆と親しく接し、行政に関する意見を問っている。また中央から一部の地方の党・政府の学校ではミニブログをテーマとした教育・研修がすでに幹部たちの必修科目になっている。

メディアの利用者数が五千万人規模になるのに、ラジオは三十八年、テレビは十三年かかったが、ミニブログはわずか十四カ月だった。これまでの大衆メディアと違って、ミニブログで発信される話題について、ユーザーは自由にコメントし、転送することができ、より大きな社会的な動員力があり、さらに世論を形成することもある。米国のオバマ大統領、ロシアのメドヴェージェフ大統領、ドイツのメルケル首相、ベネズエラのチャベス大統領はじめ多数の国々の指導者はとっくにミニブログを国民と交流する窓口としている。インターネットの重要性がますます高まっており、社会とコミュニケーションを行う欠かせないチャンネルになっている現在、中国の政府機関や幹部たちも手をこまねいてこの陣地に参戦しないわけにはいかないだろう。政府機関、とくに民生と深くかかわる部門と幹部は開放的な姿勢で、自信を持って一本百四十字以内のつぶやきを書き、ミニブログを通じて、民衆に行政に関する意見を問い、ネット上の話題やユーザーの要望に適切に応え、民衆の合法的な権益を守るべきだ。

政府機関と幹部がミニブログを開設する際は、当然、流行に盲従せず、派手に立ち回って人気取りをせず、また「一時の気まぐれ」を避けなければならない。幹部の責任と良心をしっかりと守ることによって、将来の情報交流、社会の共同建設に向かって最適なルートを見つけ、最大限の調和のとれた社会の実現に貢献すべきだ。

5

特集

労働集約型産業からの脱皮めざし——
転換期むかえた中国経済

沈暁寧　王焱＝文　新華社＝写真提供

著名な経済学者で、ノーベル経済学賞を受賞した故アーサー・ルイス氏は、一九七〇年代に、「ルイスの転換

3

コーヒーともてなしのプロ
バリスタ

王焱＝文・写真

失業中に養成学校で学ぶ

コーヒーは中国人の口に合わないと考える人も大勢いるが、この舶来の飲み物は中国でますます多

した。

ウエイターが運んでいくコーヒーに目をやりながら、彼は自分の思いを口にした。

「コーヒーの上にラテ・アートを

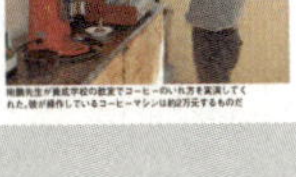

4

中国大学生の手作り
ゲーム『三国殺』が大ブーム

王焱＝文・写真

「劉備よ、この暗君め。わしを殺すだと？　わしは忠臣ではないか」

「殿、殺してしまいましょう。しらじらしいぞ関羽、この逆賊が！」

「わしが逆賊だと？　お前こそ裏切り者のくせに、張飛。ええい、一太刀くれてやるわ！」

通りすがりに、テーブルを囲む数人の若者たちからこんな会話が聞こえてきても、『三国志』（三国演義）にそんな場面があったかと驚いてはいけない。実は、彼らは「三国殺」と呼ばれるカードゲームで遊んでいるのだ。

このゲームはテレビゲームのようにリアルな迫力があるわけではないが、人間同士の交流という面では、テレビゲームをはるかにしのいでいる。

大ブームの「三国殺」

このゲームには五人から八人、あるいはもっと多くの人が参加できる。テーブルを囲み、それぞれが三国志の登場人物を演じる。プレーヤーは「主公」（主君）、「忠臣」「反賊」（反逆者、逆賊）、「内奸」（内通者、裏切り者）の四つの身分に分かれる。くじで「主公」を引いた者はそれを明らかにするが、ほかは自分がどれなのかを隠したままゲームを進め、カードを出し合いながら自分の任務を遂行する。「反賊」なら「主公」を殺すことに全力を尽くすし、「忠臣」は全力で「主公」を守る。「内奸」はさまざまな方法で自らの利益を図る——つまり、すべての「忠臣」と「反賊」を取り除き、最後に「主公」を弑するのだ。ゲーム中、参加者は自分の身分を隠す一方、いち早くほかの参加者の正体を見抜き、敵味方をはっきりさせて、「主公」に対するアプローチを進める（殺すにしろ、守るにしろ）。

誰かが「戦死」するとその身分が明かされる。あるベテラン・プレーヤーによれば、「このときに、ほかのプレーヤーの反応に注意しなければなりません。口では『やった！』と言いながらも、目に失望の色が浮かぶプレーヤーがいるかもしれません。半分は戦死者の側なんですから」ということだ。

「殺人推理」と「三国志文化」という人気要素が合体し、このゲームは青年から中年層に幅広い人気となり、あっという間に社交の場、パーティーでの流行アイテムとなった。一部の大学や企業では「三国殺大会」も開かれるようになったほどだ。

二〇〇九年九月、「三国殺」標準版が発売され、その後一年足らずで百万セットを売り上げた。コーヒーショップやファストフードショップから会社の休憩室まで、どこでも「三国殺」で遊ぶ人たちを見かけるようになった。さらに、このゲームのためにテーブルと飲み物を提供するテーブルゲーム（カードゲームやボードゲームなど、テーブルを囲んで行うタイプのゲームの総称）・バーまで登場した。こうした店は、上海だけで千軒を数える。

実は、この流行の一切は数人の大学生の手から生まれたものだ。

大学生が作ったゲーム

北京遊卡卓遊公司（YOKA GAMES）の黄愷チーフ・デザイナーは、子どものころからテーブルゲームが好きだった。二〇〇六年末、まだ中国伝媒大学の学生だった彼は、欧米のテーブルゲームで遊んだ経験をもとに三国志を背景とするカードゲームを考案し、手作りした。これが「三国殺」の原形だ。

この原形は十数セット作られ、彼と友だちの間で遊ばれただけだったが、このとき重要な人物が登場した。それが現在同社CEOの杜彬さんだ。

杜CEOは清華大学でコンピューターを学んだ博士だ。凡人には、なぜこの秀才がカードゲームなどという「横道」にそれてしまったのかまったく理解できない。

製品部の柱には「集智」の文字が見える。各部門にはみな「三国殺」に登場する故事、カード名、技などと呼応した言葉がかけられている。例えば人事部には「桃園結義」（桃園の誓い）、CEO室には「制衡」、男子トイレには「英姿」（周瑜の技の名）といった具合だ

会社ロビーで自信に満ちた笑顔を見せる遊卡卓遊のトップ3人。左からCEOの杜彬さん、製品部長の李由さん、チーフ・デザイナーの黄愷さん。中国5000年の歴史はテーブルゲームに多彩で豊富なテーマを与えてくれる。「三国殺」は始まりにすぎない（写真提供・遊卡卓遊）

「三国殺」標準版。10枚の身分カード、25枚の武将カード、100枚以上の遊戯カード、説明書、ネット版インストール用ディスクがセットになっている（写真提供・遊卡卓遊）

Interview 「この人に聞く」 万象

北京

「困難な時こそ問われる信念」

中国人民対外友好協会副会長
中日友好協会常務副会長
井頓泉 氏

中日友好協会の接客室で（写真・金田直次郎）

■プロフィール　井頓泉

1964年10月、北京市生まれ。1986年8月、北京外国語学院日本語学部卒業後、86年～93年、中日友好協会（中日友協）政治部に勤務。この間、公費留学生として慶応義塾大学で学ぶ。93年～96年、駐日中国大使館に秘書官として勤務。96年～2001年、中日友協政治部副部長、部長。01年～05年、中国人民対外友好協会（対外友協）弁公庁副主任。05年11月～、対外友協副会長、中日友協常務副会長。

□中日友好協会のホームページ　http://www.zryx.org.cn

半世紀近い歴史のある中日友好協会（宋健会長）の常務副会長として、多忙な日程をこなす四十六歳の若きリーダー。昨年九月に発生した釣魚島事件によって中日両国の国民感情は冷え込み、交流にも支障が出ている。どうしたら双方の信頼を回復できるのか、年初に緊急インタビューした。

（聞き手・王衆一）

——中日友好協会（以下、中日友協と略称）はその長い歴史（一九六三年十月、周恩来総理の直接の指導下で成立）の中で多くの重要な役割を果たしてきましたね。井副会長にもっとも印象深かった近年の活動をご紹介いただけますか。

井頓泉氏（以下、**井**）　多くの先達・先人の後を継いで私たちの世代が今、実務にあたっています。私が常務副会長に就任してまもなく、二〇〇六年の三月に中日友協は日中友好七団体の会長を北京にお招きしました。小泉総理の靖国参拝によって中日政府間のハイレベル交流が途絶えるという事態を克服し、関係の修復をめざすのが、その主な目的でした。

七団体の会長がそろって訪中されたのは初めてです。たいへん印象深いものがありました。胡錦濤国家主席との会談を通じて、日本国民への呼びかけが発せられ、その後の中日関係の新しい方向が示されたのです。

——記憶に新しいところですね。にも

Interview 「この人に聞く」

北京

徐福文化の愛の理念を多くの人々に広めたい

中国徐福会会長
張雲方 氏

「徐福さん」と親しい個人のように語る張雲方氏（写真・王衆一）

■プロフィール　張雲方

1944年7月、朝鮮半島で生まれ、4歳の時に帰国、中国東北で成長。1968年、吉林省の東北人民大学（現在の吉林大学）を卒業、1974年から『人民日報』の東京特派員、国際部記者を経て、国務院中日経済交流会事務局長、中華全国中日関係史学会副会長などを歴任し、昨年末に中国徐福会の副会長から第3代会長に就任した。『内源正男文集』、共著の『大平正芳』など日本関係の著書多数。

て、日本にやってきたと伝えられる徐福は、ロマンと謎に満ちた人物だ。伝説か史実か。出発地は？到着地は？中国、日本両国の古代史ファンの興味は尽きない。昨年末、会員十万人を率いる中国徐福会の第三代会長に就任したばかりの張雲方氏に、徐福研究の成果と現代史的な意義をお聞きした。

（聞き手・島影均）

——徐福との最初の出合いはいつごろのことでしょうか。

張雲方　両親は山東省の出身で、五歳のころから、毎晩のように夕食後の一家団らんの話題は徐福さんの話を何度も聞きました。ロマンチックな徐福さんの話題は徐福さんでした。徐福と深くかかわり始めたのは一九七四年、『人民日報』の特派員として東京に駐在してからです。徐福ゆかりの佐賀県諸富町、和歌山県新宮市などを訪れ、取材しました。特に日中友好協会の方々が中日友好に対する熱意を徐福に託して語ってくれたことに感激しました。徐福さんは中日友好のアイドルというかシンボルという印象を受けました。

——中国徐福会はどのような団体ですか。また中国での徐福の人気はいかがですか。

張　中国徐福会は一九九三年に設立された全国的な民間組織です。本部は

12月18日 第3種郵便物認可 2011年4月5日発行（毎月1回5日発行）通巻694号

人民中国

中国を知るための日本語総合月刊誌 People's China

April 2011 4

定価400円

●緊急特集

東日本大震災 中国から「頑張れ！日本」

北京公演で会場を熱狂させたSMAPメンバー5人

cnsphoto

SMAPが北京で公演 日本ファン含め三万人

結成二十周年を迎えた人気グループSMAPの初の海外公演が北京で実現した。二〇一一年九月十六日、北京工人体育場の晴れやかな舞台で、メンバー五人がエネルギッシュなパフォーマンスを披露し、三万人を超える大観衆を魅了した。今回の北京公演のテーマは、「がんばれ日本、ありがとう中国、アジアはひとつ」。今年三月、東日本大震災が発生した直後、中国はじめ世界各国から温かい支援と励ましが送られたことに対する感謝の気持ちから決めたという。「世界に一つだけの花」や「夜空ノムコウ」を中国語で熱唱し、テレサ・テンの名曲「月がわたしの心」（月亮代表我的心）が中国語で歌われると、ステージと会場が一体となって大合唱となった。また、ドラマ「月の恋人」で木村拓哉と共演した中国台湾の人気女優リン・チーリン（林志玲）も特別ゲストとして出演し、観衆の拍手で迎えられた。

公演では、デビュー以来の代表作をメンバー一人ひとりがそれぞれ得意のナンバーを披露して会場を沸かせた。日本や韓国など海外から追いかけてきたファンも大勢いた。途中で降り始めた雨も、この熱気を冷やすことは出来ず、全員がリズムに乗り、会場の熱気と興奮は最後まで続き、二時間の公演はあっという間に幕となった。

来年の中日国交正常化四十周年を控えて、今回の公演は前祝いとの位置づけで、注目されていた。公演前日、唐家璇・前国務委員がメンバー五人と会い、「成功を確信」と励ましのことばを贈った。また、五月に日本で面会した温家宝国務院総理からも「訪中公演を心から歓迎する」とのメッセージも伝えられた。公演前の記者会見で中居正広は「SMAPの年表を作るとしたら、北京公演は間違いなく太文字になる」と語っていた。中日友好の歴史に残る北京公演だった。

な「トマトの木」。棚には赤く色づいた実も

山東・寿光

中国最大の野菜基地 ハイテク栽培を実験

張春侠＝文 魯忠民＝写真

世界中の野菜が一堂に

北京から山東省中部に位置する寿光市までは、高速列車で四時間余り。寿光に着いて、地元の人と話をすると、およそ誰からも「中国寿光」の言葉が口をついて出る。この「中国寿光」の言葉には無限の誇らしさが感じられた。寿光市は濰坊市（省と県の間にランクされる行政区画）の管轄下にある県レベルの市であるにもかかわらず、「中国の寿光」とたたえられているのだ。寿光市のこうした栄誉は野菜と切っても切り離せない関係にある。

世界的に著名な「中国の野菜の里」として、寿光市は二〇〇〇年から、恵まれた条件のもとで進められる野菜生産とそのすぐれた生産技術をもとに、毎年国際野菜科学技術博覧会（略称は「菜博会」）を開催してきた。回を重ねるたびに規模も拡大し、近年は五十余の国と地区から多くの企業が出展し、会期中、会場は人の波であふれかえる。「中国の寿光」はこうして今日、誇らしい響きを持つ言葉として語られるようになったのだ。

四月二十日、第十二回中国（寿光）国

中国（寿光）国際野菜科学技術博覧会は毎年4月20日から1カ月間、開催される

四月二十日から五月二十日まで、第十二回中国（寿光）国際野菜科学技術博覧会が山東省の寿光市で開催された。国内外から二千を超す関係企業、およそ一万人のバイヤー・ビジネスマンが訪れ、経済・技術交流が活発に行われ、商談が積極的に進められた。

世界的に著名な「中国の野菜の里」である寿光市には五百四十平方キロの野菜生産基地が広がり、年間の野菜生産量は四百万トンを超える。国内の二百以上の大中都市に送り出されるほか、日本やEUなど二十余の国と地区に輸出されている。

博覧会開催の機会に本誌記者は寿光を訪れ、この著名な「野菜の里」の目覚ましい発展の秘密を探った。

曽侯乙の墓から出土した編鐘。今でも古代の音色を響かせる

編鐘を支える銅人形

長江文明を訪ねて 13

擂鼓墩 古代音を伝える曽侯乙の編鐘

丘桓興＝文　魯忠民＝写真

擂鼓墩は、湖北省随州市の西の郊外、省都・武漢市から北西へ百五十五キロ離れたところにある。二千年以上前の春秋時代（紀元前七七〇～同四七六年）に、楚王がここで太鼓を叩いて（擂鼓）、突撃する兵士を鼓舞したことに由来する。

一九七八年、湖北省博物館が二千四百年以前の曽国の王・曽侯乙の墓を発掘した際、大量の青銅器や漆器、陶器、玉器と竹簡などの貴重な埋蔵物一万五千四百点余りが出土した。その中で、「古代冷蔵庫」と称えられている青銅製の鑑缶（酒を冷やしたり温めたりする容器）や、彫刻が精美な大金盞、十六の環が繋げられた龍鳳玉飾りと「二十八宿図」を描いた衣装箱など、いずれもまれに見る国宝といえる。とりわけ完全に保存された六十五個の鐘を備えた編鐘は、現在でも各種の曲を演奏できることから、各国の考古学界で世界音楽史上の重大発見と見なされている。

棺に描かれている門と窓

随州市博物館の孫建輝副館長が、曽侯乙墓の遺跡を案内してくれた。一九七七年の秋、現地の軍隊が工事をした際、土の色がおかしいことに気付き上司に報告した。綿密な準備をした後、一九七八年五月、湖北省博物館の考古学担当者が発掘を始めた。埋め戻された土を取り除き、大きい石板を持ち上げて開け、さらに青いねばねばした泥と六十トンの木炭を取り除くと、ようやく地面から深さ十三メートルのところで、大きな墓を発見した。百七十一本の角材で囲われた多角形の墓室で、総面積は二百二十平方メートルあり、東室、中室、西室、北室に分かれている。長方形か正方形の普通の墓室と異なり、多角形の墓室は非常に珍しい。おそらく埋葬されていた墓主の生前の宮殿を縮小した形で、古代の「事死如事生（死後も生前と同じように仕える）」という埋葬習俗の反映だろう。

東室に安置されていた墓主の内外二重の棺は完全に泥水に浸されていた。担当者は二台のクレーン車を使っても引き上げられなかったため、二重になっていた棺の蓋を開くほかなく、中の文物を取り出し、さらに水を注入して内棺を浮かび上がらせ、総重量九トンを超える内棺と外棺を順番に引き揚げた。外棺はU字型の銅製骨組みに木板を嵌めた珍しい銅木棺で、さらに吊り下げて埋葬するのに便利なように、蓋に十二個の銅の取っ手、底には十個の円形の獣の脚が鋳造されている。内棺の表面には、龍、蛇、鳥や神仙、妖怪などの図案が漆画で描かれていた。驚かされたのは、外棺の壁面に一カ所、子どもが自由に出入りできるほどの穴が開けられ、また内棺の両側の壁面にはそれぞれ窓が描かれている。言い伝えによると、墓主の魂が出入りするためだという。

出土した器物の銘文から、墓主の曽侯乙は曽国の諸侯の一人で、名前は乙だと分かった。馬王堆漢墓で発見された女性のミイラのようには、遺体が完全に保存されていないものの、専門家は棺内の骸骨、特に頭蓋骨の継ぎ目の状態から、墓主の年齢は四十五歳前後、身長は一六三センチだと推定した。

古今東西の楽曲演奏が可能

四つの墓室の中で、中室がもっとも大きく、墓主の宴会場か客室だろう。ここで出土した一セットの青銅の編鐘と数点の国宝級の文化財は、世界中を驚かせた。編鐘は音階の違う音を出す青銅製の鐘を吊るした古代中国の打楽器だ。

出土したのは六十五個の鐘を備えた編鐘で、銅と木を組み合わせた三段の枠に吊るされ、中室の西と南の壁に立てかけられていた。全長は一〇・七九メートルで、剣を付けた六人の武士の青銅像と数本の柱で支えられている。最上段の鐘は鈕鐘といい、中段と下段は甬鐘という。それぞれ大きさが違い、最小の鐘は二・四キロ、最大の鐘は二〇三・六キロ、一セットの総重量は二千五百六

曽侯乙墓の墓主の頭蓋骨と骸骨から復元した胸像。42～45歳の男性と推定される

曽侯乙墓が発掘された時に、文物が置かれていた状態を復元した模型

外棺には出入り口らしい穴が開けられている

63 世界遺産めぐり

四川省汶川県臥龍　雅安市碧峰峡

四川ジャイアントパンダの生息地②

劉世昭＝文　衡毅＝写真

一九六三年、中国国家林業部（省）と四川省政府の承認を経て、四川省汶川県臥龍鎮の山林にジャイアントパンダの自然保護区が設立された。広さは二万ヘクタール。この時からジャイアントパンダを保護する人々のさまざまな努力が今日までずっと続いている。

吉祥と祝いの油紙傘 消滅の危機から甦る

魯忠民＝文・写真

特集 春節

春節 世代を超え、世界へ

中国人にとって、春節（旧正月、今年は二月三日）は一年でもっとも盛大でにぎやかな祭日だ。春節になると、家を離れてよそで生活している者も、いくら仕事が忙しかろうと時間を作って帰省し、家族と集い、爆竹を鳴らし、ギョーザ（餃子）をつくり、年始回りをして、ともに新春を祝う。

中国では地方ごとに春節の風俗に違いがある。また、時代の流れに伴って若者の春節の過ごし方にも変化が生まれていて、春節の大型連休を利用して旅行をするのが昨今もっとも流行の過ごし方になっている。そして、いまや華僑・華人にとどまらず世界各国の人々もさまざまな形で春節を祝うようになっている。

しかし、春節の過ごし方がいくら多様化しても、人々がめでたく喜ばしい雰囲気を求める気持ち、新しい一年が素晴らしいものになるように祈る気持ちは変わらない。

人民中国 2011・2 22

15

OII

纪念建党 90 周年的《红色纪念地巡礼》专栏，是金田直次郎在《人民中国》最后的采访，手绘的延安等地的参观线路图依旧带有他强烈的个人风格（8 月号，见图 1）。由于突然病倒，全程同行的沈晓宁完成了他最后的遗稿。汶川灾后重建的速度惊人，林崇珍提议策划的《那场地震过去三年之后》，用六张图，一家人和一条路三年的变化，无言地证明了强大的中国力量（6 月号，见图 2）。

特辑《转型期的中国经济》聚焦于告别劳动密集型主导的经济模式而进行的探索与突破（1 月号，见图 3）。更多的年轻人追求更加精致的生活，《我的工作》介绍了年轻的咖啡调制师及他的工作环境，俨然就是多年前“生活革命”的升级版（1 月号，见图 4）。网络空间也在扩展，微博已成为新的资讯平台（11 月号，见图 5）。《中国大学生开发的桌游“三国杀”大火》一文表明，年轻人文化正推动着文化产业形成广阔的市场空间（2 月号，见图 6）。

中日关系在艰难中前行，接受专访的中日友协常务副会长井顿泉认为，“越是困难的时刻，越要看我们的信念与定力”（2 月号，见图 7）；中国徐福会会长张云方则在接受专访时表示，“要把徐福文化中‘爱’的理念与更多人分享”（3 月号，见图 8）。日本“三一一”大地震发生后，《人民中国》策划超常规特辑，向日本民众送去中国人民大爱无疆的人道主义关怀（4 月号，见图 9）。三万多中日“粉丝”在北京欣赏到 SMAP 来华公演，青年流行文化交流的火爆为这一年的中日关系增添了轻快的亮色（10 月号，见图 10）。报道《山东寿光：中国最大蔬菜栽培基地的高科技实验》（6 月号，见图 11）引起日本农文协关注并转发，因为日本的大量物美价廉的蔬菜就来自这里。

长江文明的重要一支楚文化绚烂辉煌，敲响远古之音的曾侯乙编钟就是其中的国宝级文物（1 月号，见图 12）。另一个国宝——大熊猫在四川的天然生息地，经特批允许本刊记者进入，从而得以近距离拍到了熊猫的自然憨态（1 月号，见图 13）。同样处境濒危而得到抢救的民间绝活油纸伞，被收入摄影记者的镜头，使读者通过光影感受到它的质感与魅力（10 月号，见图 14）。跨越代沟、跨越世界的春节所焕发的活力，标志着中国传统文化生生不息、宽厚包容的亲和性（2 月号，见图 15）。

2012 人民中国

2008年11月12日、東京で開催された「中日青少年友好交流年」の日本側開幕式で、両国の青少年と観衆全体が「明天会更好（明日はもっと良くなる）」を合唱した（新華社）

青少年が拓く 中日友好新時代

今年はまさに中日国交正常化四十周年にあたる。両国国民の末長い友好は、結局は青少年から始められるべきもので、青少年の交流に両国関係の未来がかかっている。このため、中日両国政府はずっと積極的に各種の青少年交流・相互訪問活動に取り組んできた。そして民間でも、お互いの国の社会・文化に興味をもつ青少年が増えつつある。中国では日本文化を専門に紹介するムック『知日』が創刊され、日本では中国の民族音楽を生演奏するバンドが登場している。また、相手国に長期的に滞在して活躍する青年俳優や学生、ボランティアもいて、彼らはその体験と感想を本誌に語ってくれた。

日本語弁論大会主催の大中物産
コミュニケーションで相互理解促進を

王衆一＝文・写真

中日国民交流友好年である今年の四月、「二〇一二年大中物産杯日本語弁論大会」が北京の中国伝媒大学で行われ、北京や天津の大学から参加した選手たちが、レベルの高い日本語表現力を競った。

さて、大中物産が日本語弁論大会を主催するようになったのは理由がある。同社は、一九四七年に石炭製品の販売を行う商社として誕生した。その後、ガソリン・重油など石油製品の販売を始め、生コン・セメント、鉄鋼製品の販売へと業容を拡大した。現在では、環境リサイクル分野へも進出し、産業廃棄物の有効利用を提案している。

一見、中国での日本語弁論大会とは関連が薄い印象だが、実は八七年という早い時期から中国貿易に関わってきた実績を持つ。八八年には同社として初めて日本の高炉メーカーに中国産コークスを提供した。山西省からのコークス輸送は、当時としては画期的な出来事だった。その後、中国との貿易分野を拡大、九六年に北京事務所を創設した。しかし、取引の拡大に伴って現地の人々との間に、歴史、文化の相違による誤解と摩擦もしばしば起こるようになった。

七年前、河窪博史氏が代表取締役社長に就任した頃は、いわゆる「政冷経熱」現象が中日間に横たわっていた。河窪社長は、これと大中物産が直面していた問題とを考え合わせ、将来の発展にコミュニケーションの改善は不可欠と判断し、誤解と違和感の壁を乗り越えるために何か行動しようと決意した。

そんな折、河窪社長は中国の事情に非常に詳しい東京都日中友好協会の西園寺一晃氏に出会い、同氏を大中物産のアドバイザーとして迎えた。そして、コミュニケーションの意義をよく知る西園寺氏が提案したのが、日本語弁論大会だったのだ。

こうして二〇〇七年より毎年、中国伝媒大学で日本語弁論大会が開催されるようになり、今年で第六回目を数える。

弁論大会でスピーチする大中物産株式会社の河窪博史社長

この大会は、中国の若い人たちに日本をよく知ってもらいたい、中日関係と両国の未来について真剣に考えてほしい、日本語を学ぶ若者を応援したいとの気持ちからスタートしたものだが、北京、天津などで日本語を学ぶ学生にとっても絶好の訓練とチャンスとなり、参加経験者はみな立派な社会人に成長しつつある。中日国民交流友好年となる今年、審査委員会は新たに特別賞も設けた。

コミュニケーションは双方向性が必要という信念を持つ河窪社長は、毎年本戦第三位までの入賞者を日本に招待し、各地を見学してもらうと同時に、大中物産の社員たちとの懇親会も催している。中国の若者の本音、中国人の考え方を社員たちに理解してもらうためだ。これによって、草の根のレベルの相互理解が促進され、本来の事業にも好影響が出ているという。

現在、大中物産の中国関連の取扱いは、コークス・石炭を中心として黒鉛電極・合金鉄・ドロマイト・土壌類・スクラップ・古紙などに及び、品目、数量ともに拡大している。また、中国国内の水力発電プロジェクトによる温室効果ガス排出権取引への参画や、中国農業の高度化に貢献する日本式農機具の販売、そして中国への石炭輸出など複数のプロジェクトを進めている。

コミュニケーションの力を借りて事業の発展を推進することに成功した河窪社長は、「中国を中心とするアジアビジネスの拡大が、わが社の重要な基本方針の一つになっています。今後も積極的に中国とのビジネスを拡大、推進していきたいと思います」と、今後の事業展開に自信を見せている。■

Interview

文化交流で信頼関係を深めよう

国際交流基金理事長 安藤裕康氏 インタビュー

聞き手 王衆一

安藤裕康理事長（写真・王衆一）

——今回の訪中は、就任後初めてですか。

そうです。でもこれまで何度か訪中したことがあります。北京日本学研究センターの前身の大平学校の創設にかかわって初めて訪中しました。一九七〇年代末期で、ちょうど改革開放が始まったころに当たり、外国語教育の協力を英国、フランス、日本などに求めていました。日本語教育を中国で盛んにするために、中国人の日本語教師を養成する施設を北京に作るという合意ができ、私はその準備にかかわりました。これが実現し、大平正芳元首相の訪中時に、日本語教育の人材育成に大きく寄与してきました。

——外務省に勤務されていた時期に、何度も中国を訪れ、改革開放の各段階を見て来られたわけですね。何が印象に残っていますか。

印象に残る代表的な例は八〇年代中ごろ、中国外交部（外務省に相当）が日本の中堅指導者の招聘を計画し、日本外務省の中堅幹部も多数招かれ、三週間ほど中国国内を見学させてもらいました。西安、上海、広東などを訪問しました。案内役は現在駐日公使をされている韓志強氏でした。

もうひとつ印象に残る訪中は九〇年代半ばに、橋本龍太郎元首相に秘書官として随行して、瀋陽の「九一八記念館」を訪問した時です。日本の首相がこのような施設を訪問したのは初めてでした。

印象に残る三つ目の訪中は、二〇〇七年、内閣官房副長官という外交アドバイザーとして安倍晋三元首相に随行した時です。日中間の戦略的互恵関係が初めて提起されたのはあの時でした。

中国はこの三十年間に、大きな変貌を遂げましたね。空港を例に挙げていいますと、七〇年代末期の並木のある空港道路、そのあとにできた高速道路、そしてODA（政府開発援助）で協力したターミナル2、さらに成田空港よりも立派なターミナル3へと目覚しい発展ぶりだと思います。

——欧米勤務が長いですね。文化交流の面で、欧米との交流と、中国との交流はそれぞれどのような特徴がありますか。

確かに四十一年の外交官生活を通じて欧米勤務が長くて、通算十年以上になります。ワシントンは二度、ニューヨーク、ロンドン、ローマでの勤務経験もあります。欧米にいますと、異国で暮らしているという強い違和感がありますね。そして欧米では日本文化に対する関心の度合いはそんなに高くありません。

駐イタリア大使をしましたが、日本人はイタリアに百万人も行っているのに対して、イタリアから日本に来るの

Report

水墨画普及に尽力 平山郁夫氏に師事

日本で活躍する画家・傅益瑶さん

単濤＝文　傅益瑶＝写真提供

一人の中国人の女流画家が、日本で活躍している。中国近代水墨画の巨匠を父に持ち、日本に留学して美術を学んだ彼女は、仏教寺院の大壁画や日本伝統の祭りなどを描き、水墨画の新境地を開拓し続けている。そのかたわら、テレビの講座や展覧会を開催し、中日両国の文化の架け橋となっている。（肩書は当時のもの）

まず中国の古典の勉強から

傅益瑶さん（六四）だ。父は中国の水墨画に新しい境地を拓いた傅抱石氏。

るアトリエでインタビューに応じる傅益瑶さん（写真・賈秋雅）

Report

マリンバの音色に載せて

民間の中日交流事業　北京で開催

光部愛＝文・写真

民間の有志からなる日本の日中友好99人委員会と日本マリンバ北星会、中国国際友人研究会の三団体は、八月二十四日から二十七日まで、北京で中日国交正常化四十周年の記念事業を行った。日本からは六十二人が参加した。

今回の事業は、書画展の開催、シンポジウム、マリンバ演奏会の三つで構成され、それぞれ民間ならではの特徴ある交流活動だった。

日本からの一行が到着した二十四日、中国美術館で「中日国交正常化四十周年記念書画展」が開幕した。書画展には中国人書家による作品約二百点のほか、日中友好書道教育者協会の飯高和子さんをはじめ十人の日本人書家による、国交正常化四十周年に寄せる作品も展示され、中日両国の参加者が熱心に鑑賞していた。

市内の康銘大廈で二日間にわたり開かれたシンポジウムは、『日中国交正常化の歴史を振り返り、日中友好関係の未来を切り拓く』がテーマ。開会あいさつで、中国国際友人研究会の馬燦栄会長は、両国が署名した「四つの政治文書」に基づいて両国関係が空前の発展を遂げてきたとしたうえで「現下の両国関係は、一定の困難に直面し、若干の妨害要素も存在しているが、中日友好は変えることができない趨勢である」と指摘。これに対し99人委員会の横堀克己代表は、両国とも相手国に対する国民感情が悪化している現状を踏まえて「国家と国家の関係は、時に領土や

マリンバ合同演奏会の様子

中日友好を願い炎の祭典 いまも息づく楊貴妃伝説

沈暁寧　賈秋雅＝文　賈秋雅＝写真

絶世の美女、楊貴妃は、唐の至徳元年（七五六年）、「安禄山の乱」により唐の玄宗皇帝とともに四川に逃れる途中、馬嵬坡という所で、兵士たちに強要された玄宗皇帝から死を賜った。しかし、実は楊貴妃は殺されず、逃れて小舟で日本に向かい、山口県長門市油谷町に漂着し、そこで、人生を終えたという伝説が、今も生きている。

千年以上の歳月を経て、油谷町には、楊貴妃の墓と彫像、楊貴妃を祀った寺である二尊院などの建物がある。二〇一一年から、地元では楊貴妃を記念する「炎の祭典」が始まり、楊貴妃は中国と日本の新たな架け橋となってよみがえった。

燃え盛る鎮魂の炎

十月七日、静かな漁村である油谷の向津具地区は、カーニバルのような浮き浮きした喧噪に包まれていた。山口県の岡田実副知事と長門市の大西倉雄市長をはじめとする地元の人々と、九州から訪れた中国人留学生ら中日両国の数百人が「楊貴妃　炎の祭典」に参加するため、二尊院の前の広場に集まった。楊貴妃の彫像の前には、山伏たちによって仏像を祭る祭壇が設けられ、ヒノキの葉に覆われたやぐらが組まれていた。

午後一時半、祭典が始まった。二尊院の田立智暁住職に率いられて山伏たちは厳粛な顔付きで、やぐらを囲み、太鼓をたたき、法螺貝を吹き、矢を放った。

厳かな儀式のあと、火を点された長い竹竿が、やぐらに突き刺された。すると瞬く間に煙がもうもうと空中に舞い上がり、海風に乗って会場全体を煙が覆った。太鼓の音、ヒノキの葉の燃える音、山伏たちの読経の声、人々の歓声……。

燃えているやぐらの前に座った田立住職は、願いごとが書かれた札を炎の中に入れた。その中に三つの大きな札があった。それには「日中友好、世界平和」「地域の発展と繁栄」「祭典参加者の健康」と書かれていた。人々のこうした願いは、煙とともに楊貴妃の元へ届くように空へ舞い上がった。

祭典のクライマックスは火渡りの儀。炎が鎮まると山伏たちは、熾の上を裸足で渡った。さらに山伏たちに先導されて祭りに来た老若男女が次々に靴と靴下を脱ぎ、列を作って裸足で熾の上を渡った。これによって悪縁を断ち切るという古い儀式である。渡る前はひどく緊張していた人々だが、渡った後は例外なく微笑んでいた。

「この祭典によって、炎で楊貴妃の魂を鎮めるとともに地元を元気にし、日中友好の気持ちと伝統も継承したい」と同祭典の実行委員長でもある田立住職は言う。これからも祭典を毎年も行う意気込みだ。

炎の祭典

踊りを披露して雰囲気を盛り上げた。

福岡国際大学と九州産業大学から来た二人の二十二歳のウイグル族中国人留学生は、民族情緒豊かな舞踊で観衆たちを引き付けた。その風貌から欧米人とよく間違われる彼女たちは「自分たちはいつも、中国の新疆ウイグル自治区から来たと説明しています。日本人との交流を通じて、中国が多民族国家であることをより多くの日本人に知ってもらい、中国のことを理解し、好きになってもらいたい」と言った。

楊貴妃と玄宗皇帝との愛の物語のミュージカルも上演された。楊貴妃を演じた北九州市立大学文学部四年生の女子学生は、甘い歌声と美しい踊りで観衆の目を奪った。演じ終えた彼女は、われ先に記念写真を希望する人々に囲まれながら「中日両国の人々に好かれる楊貴妃を演じることができて、非常にうれしい」と言った。

油谷町の向津具小学校の小学生たちは、いきいきとした「油谷太鼓」を披露し、向津具保育園の子供たちは、可愛らしい踊りで拍手を浴びた。

長門市の服装工場で研修している山東省から来た李さん（女性、二三）は、日本人社長の案内で、同僚たちと一緒にこの祭りにやって来た。「楊貴妃が日本

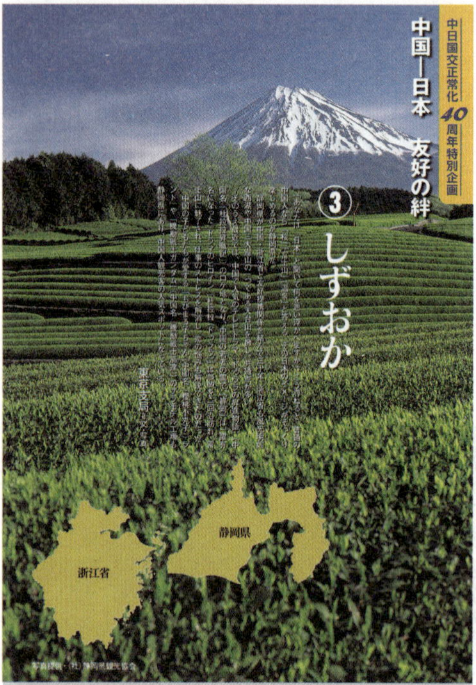

中日国交正常化40周年特別企画
中国—日本 友好の絆
③ しずおか
東京支局
静岡県
浙江省

Report

中日を結ぶ新しい海の定期便「オーシャンローズ」号第一船に乗る

段非平＝文・写真

二月二十九日、上海—長崎を結ぶ定期船「オーシャンローズ」号が運航を始めた。中日両国を結ぶこの歴史ある航路が、中日国交正常化四十周年を迎える節目に十五年ぶりに復活、中日間を往来する人々に新しい海のルートを開いた。

三月三日午前十時、初めての船旅だった私は、興奮と不安の相半ばした気持ちで、上海から長崎行き第一便の「オーシャンローズ」号に乗船した。そして、二百人余りの乗客とともに、二十六時間の船旅を体験した。

チケットとドアキー

SHANGHAI ⟷ NAGASAKI
Ocean Rose

低価格の座席で快適に眠る

格安さが魅力

クルーズは高価でお金持ちが楽しむものというイメージがある。しかし「オーシャンローズ」号の最大のセールスポイントは、低価格にある。最低料金一万円ほど。この価格で、クルーズが体験できる。

船内での買い物や食事も格安である。さまざまなショップで販売される製品はすべて免税。大きな荷物を持ち込んでも、超過料金は要らない。レストランで提供される日本料理や軽食は、中国国内での日本食の高価なイメージと違い、すべてお手頃な価格で、朝昼晩の三食セットがもっとお買い得。

乗客の上海に住む老夫婦は「年をとるにつれ、飛行機に乗るととても具合が悪くなり、もう五年ほど、長崎で働いている息子に会いに行けませんでした。これからは、船に乗って、いつでも息子に会いに行けます」と嬉しそうだった。乗客の李さんは「若者にとっては、手頃な価格で日本へ行くことができるのが魅力」と言った。

ハウステンボスのお買得商品を勧めるスタッフの小谷さん

クルーズの値段が下がれば、長崎・九州観光コースのコストも下がる。乗客の一人、蘇州旅行社の徐さんは「コースの価格は三千元から五千元（約四万円から六万六千円）までに設定できるでしょう。これなら多くの観光客を呼べると思います」と言った。

快適な26時間

二十六時間は、飛行機、高速鉄道の利用に慣れた身にとっては確かに長すぎる。乗船前は「この長時間をどうつぶすのか」と少々心配した。でも、実際に体験してみると、二十六時間は、それほど長くは感じられず、中身の詰まった楽しい旅となった。

スカイホールでは、マジックと音楽のショーがひっきりなしに上演されていた。船内の取材の傍ら、私は何回もここに足を運んだ。

日だまり

⑱ 島影 均

ささやかに「国民交流」

今年は日本と中国が国交を回復してちょうど四十年になります。孔子は大昔、「惑わず」と教訓を垂れましたが、人生百年時代の現代では「惑いの真っ最中」が四十代でしょうね。日中関係も戸惑いが続いていますが、両国政府は今年を「国民交流友好年」と名付けて、さまざまなイベントを企画しています。国と国との関係の潤滑油が人と人との交流だということは今さら政府に言われなくても分かっていますが、北京では随分前から、ささやかな国民交流が行われています。

二十数年前、筆者が北海道新聞特派員として北京に常駐していた時、「北海道人会」を結成しました。当時、日本人学校の校長が北海道中標津町出身の細見浩先生でしたので、初代会長を務めていただきました。

北海道出身者だけでは人数が少なすぎましたので「北海道が好きな人」も入ってもらいました。その後、この「北海道人会」は途絶えたらしく、現在、

日中交流の場にもなっている「埼玉県人会」（2011年11月18日）

成されたようです。

当時、北京には他にも県人会がありましたが、ほとんどが日本人だけの集まりでした。

ところが最近、筆者が加わっている「北海道人会」「埼玉県人会」にも中国人会員が増えています。主に留学、勤務などでその土地に住んだことがある人が参加していますが、地縁を求めて集まり、人と出会い、交流したいという動機は日本人も中国人も変わりありません。大多数は日本人ですが、中国人のみなさんは流暢な日本語を話し、臆せず仲間に入って、言葉の障壁は感じられません。

「埼玉県人会」には中国人女性と結婚した日本人や、日本人女性と結婚した中国人会員、その逆のケースの会員もいて、月に一度の会合は、いつも楽しい話題であっという間に時間が過ぎます。

ところで、北京には日中双方の人々が集う会が数えきれないほどあるようです。県人会、大学の同窓会、干支が同じ人の会や山登りなど趣味の会、血液型の会もあると聞きまし

ています。この会に……る歴史があり、これまでに飲みほした白酒の産地、銘柄、度数などを克明に記録したファイルが毎回更新されています。

「北京俳句会」にも誘われ、月に一度の句会で五七五に苦心しています。時々、日本語が相当レベルの中国人も見学に来ますが「これは難しい」と、みなさん入会をためらっています。

現在、中国滞在が三カ月以上の日本人は、総務省統計局のデータ（二〇一〇年十月現在）によると、全体で約十三万人、上海約五万人、香港約二万人、北京約二万人、広州約六千人だそうです。

仕事や勉強以外のサークルで中国人との交流の輪が広がり、意識するとしないにかかわらず、国家関係の基礎を作っていると思います。ここで取り上げたのは、日本語をしゃべる交流ですが、中国語で交流する会もたくさんあります。映画愛好会とか中国象棋の会などに参加している日本人もいるようです。

（題字・中野北溟）

11

12

2012

这一年的金秋时节将迎来中日邦交正常化 40 周年，人们对中日交流全方位展开充满期待。

特辑《青少年开辟中日友好新时代》集中梳理了青年力量崛起的种种案例（5 月号，见图 1）；青少年通过沟通加深相互理解十分必要，在西园寺一晃的牵头下，大中物产与中国传媒大学联合举办的“大中杯”日本演讲大赛于这年起步，到新冠疫情发生为止连续举办了 13 年（7 月号，见图 2）。

“通过文化交流增进彼此信任”，这是接受专访的日本国际交流基金理事长安藤裕康给出的建议（4 月号，见图 3）；“师从平山郁夫，致力于推广中国水墨画”的艺术家傅益瑶就是身体力行文化交流的实践者（2 月号，见图 4）。日中友好九十九人委员会、日本马林巴北星会、中国国际友人研究会借助马林巴的音色，别开生面地纪念了邦交正常化 40 周年（10 月号，见图 5）。

山口县长门市油谷町以“传诵杨贵妃传说，举行火祭镇魂”的独特方式促进了与中国的地方交流（11 月号，见图 6）；《人民中国》东京支局年初就开始了地方交流报道的系列策划，采访报道了静冈、长崎等多个地方交流的模范县与中国相关地方的交流情况（3 月号，见图 7）。

特辑《目的地日本　通过旅游推进中日交流》介绍了中国公民赴日游带来的中日人文交流新气象（8 月号，见图 8）。本刊记者段非平登上封面上那艘“往返于中日新航线上的游轮‘海洋玫瑰号’”，进行了深入的随船采访（5 月号，见图 9）。

本刊日本专家岛影均在他的随笔专栏《向阳处》中写到对日常化的国民交流充满的期待（6 月号，见图 10）。然而，就在邦交正常化纪念日前夕，野田政府罔顾中方警告，悍然购岛，瞬间打破和谐气氛，两国关系陷入空前困局。《人民中国》紧急组织《中国的钓鱼岛绝不允许任何人拿来买卖》（10 月号，见图 11）、《中日外交史上关于钓鱼岛主权之争的默契与共识》（10 月号，见图 12）等多篇文章，向日本公众说明经纬，宣示立场。

2013 人民中国

1

50年代 草創期

周恩来総理らの支持得て

単涛＝文

一九五〇年代初頭、冷戦構造が形成され、新中国は西側陣営の敵視と孤立化政策のターゲットだった。その半面、各国国民の間には相互理解に対する願望は大いに高まっていた。

『人民中国』（日本語版）は周恩来総理、廖承志ら先人たちの支持のもとに、一九五三年六月、創刊にこぎつけた。初代編集長・康大川の指揮下で、中日両国のスタッフが作業に没頭し、国内トップクラスの外交家、作家、芸術家が次々と寄稿し、新中国成立後のさまざまな成果や新鮮な様相を毎月、日本に発信した。当時、半官半民の文化、経済・貿易の交流はやっと緒についたばかりだった。

元文化部（日本の省）の劉徳有副部長（次官）は創刊当初から翻訳部でまる十二年勤務し、草創期のエピソードを鮮明に記憶している。

劉徳有（写真・楽園）

日僑発行の『民主新聞』から

一九五二年八月、大連日僑学校で中国語を教えていた劉は、瀋陽に赴き、北京から東北地方視察に訪れるアジア・太平洋地域平和会議代表団の視察予定地の説明文を翻訳せよ、という通知を受け取った。

劉の訳文は当時日僑が瀋陽で発行していた『民主新聞』社に送り、手直しされることになっていたため、同社で井上林社長と知り合った。さらに、そこで、彼の運命を変えることになる康大川とめぐり合った。

当時、『民主新聞』はまもなく休刊することになっていた。日本語版『人民中国』の創刊チーム作りに取り組んでいた康は北京で休刊話しを聞いて瀋陽を訪れ、『民主新聞』社に招聘されていたメディア勤務の経験がある日本人のスカウトを画策していた。

この時、井上林は劉を康に紹介した。康は劉に来意を説明し、北京で働く意向があるかどうか尋ねた。寝ても覚めても北京で働くことを願っていた劉は二つ返事で「行きます」と答えた。

同年十二月十日、二十一歳の劉が安淑渠、李玉銀、于湘渓と連れ立って、『人民中国』日本語部を訪れると、部屋にはすでに十数人のスタッフがおり、『民主新聞』社にいた日本人専門家・菅沼不二男や林弘、戎家実らもその中にいた。数日後、劉は翻訳グループに配属され、創刊準備にとりかかった。

細部にまで配慮する編集長

日本語版『人民中国』の創刊をスムーズに行うため、テスト版を三度作成した。最初のテスト版は薄めで、政府公報のようだった。表紙もあっさりしていて、康は、もっと雑誌らしくしなければならないと感じ、レイアウト、翻訳などに関して多くの改善案を出し合った。

テスト版の経験を踏まえて、日本語版の本誌は一九五三年六月に創刊された。創刊号の表紙にはメーデーに毛沢東主席が天安門で少年先鋒隊の隊員から花束を受け取る写真をあしらった。題字の『人民中国』の四文字が人目を引いた。劉は「まだインクのにおいがする創刊号を手に皆感動しました。特に日本の友人たちは自分たちの祖国にこの雑誌が届くことを心から喜び、感極まっていましたね」と、当時を回想する。

1950年代、本社で日本人専門家と一緒に仕事中の劉徳有（左）

1953年6月に発行した創刊号の表紙。当初は表紙に通巻番号を付けた

皆で繰り返しページをめくっているうちに印刷ミスを発見した。メーデーの記事の写真説明で、式典に参加した日本代表の名前が「児玉」となっていた。これは「児島」でなければならない。わずか一字のミスだが、これを日本の読者に届けるわけにはいかない。康は全員で誤字を削り、正しい印字を貼り付ける決断を下した。徹夜で作業を続け、二千冊の創刊号を一冊残らず直し、発刊予定日に遅れずに日本に送り届けることができた。

康の仕事に対する要求は非常に厳格だった。全ての原稿を隅から隅まで点検し、少しでも問題があると日本人専門家と相談して書き直した。掲載する写真、レイアウトにも細かく気を配った。写真は一枚一枚自ら点検し、毎号のレイアウトもすべて自分でチェックし、少しでも要求に達していなければ、現場に差し戻し、大目に見ることはあり得なかった。

「日本語版の創刊からその後の発展の過程で、康さんが果たした役割は大きかったですね。彼が培った謹厳な仕事ぶりが『人民中国』の質と品格を支えています」と、劉は語る。

「私にとって大学だった」

「『人民中国』は私にとって、大学であり、私の翻訳能力と知識、見聞はここで高められ、培われましたね。編集部の専門家からスタッフの一人ひとりが私の先生でした」と、劉は往時を懐かしむ。

創刊号に掲載された作家・魏巍が執筆した朝鮮戦争の戦場ルポ「前進せよ祖国」の翻訳を担当したのは劉だった。文芸作品の翻訳は難しい。劉が精いっぱい訳した原稿を林弘に送ると、封も切らずに返されてきた。「一番いいのは、君が先ず自分で直すことです」という言葉に劉はまるで冷水を浴びせられたようだった。彼はただやり直すしかなかった。その後、この原稿は林弘や池田亮一によって手直しされ、掲載された。劉は「この事件で私は挫折感を味わいましたが、もっと努力して翻訳レベルを磨く良いきっかけになりましたよ」と、劉は語る。

一九六四年九月、劉は本誌を離れ、戦後第一陣の日本駐在中国人記者として東京に赴任し、その後十五年常駐した。本誌の日本語部で勤務した十二年を振り返って、次のように感謝に満ちた思い出を語った。「大連日僑学校での勤務は、日本に関する業務に従事し始めた原点ですが、『人民中国』では視野を広げることができただけでなく、日本国民との距離を縮めることができました。その後、駐日記者として日本を観察し報道しましたし、文化部でも対日文化交流活動に従事しましたが、『人民中国』時代に蓄積した知識と見聞、培われた中日両国の文化に対する興味と教養は他に替えられない役割を果たしました」

2

60年代 奮闘期

訪日後に誌面刷新が進む

沈暁寧＝文

誕生から十年を経た新中国は戦争の傷跡が次第に癒え、人民大衆が国を建設するのだという空前の意気込みに満ちていた。六〇年代の後半には、「文化大革命（文革）」という深刻な歴史的誤りが起きたにもかかわらず、各業界は華々しい発展を遂げた。半官半民の中日交流は日増しに頻繁になり、民間交流が政府間交流を促す形で、国交正常化推進の機運が高まり、民意はすでに固まっていた。

本誌もその機運を反映して、各地の町や村、工場や鉱山、庶民の日常生活に焦点を合わせる編集方針に転換し、庶民の物語を紹介することによって新しい中国の姿を伝えることにした。生き生きとして、細やかな描写と飾らない誠実な文章は日本人読者に称賛され、それ以後、この独特のスタイルで定着した。

これらの変化は実は、一九六〇年代初頭の初の日本訪問によって生まれたものだった。

李雪琴（写真・泰源）

四十五日間の「日本一周」

「洞海の変化を眺めるとまもなく、羽田空港につく。窓からながめると、フィンガーには日中友好の大旗がゆれ、歓迎の横断幕がみえ、その下に並ぶ出迎えの人々の姿があった」

本誌一九六三年十一月号から六四年四月号まで連載した『日本四十五日間』の一節だ。この連載は、最初の訪日団に団員として加わった本誌記者・李雪琴が執筆したものだった。

「一九六三年六月、日中友好協会の招請を受け、『人民中国』は外文出版社の羅俊社長に引率され、初めて日本を訪問しました。四十五日間の日程で、われわれは九州から北海道まで三十六都道府県を訪問し、三千人余の日本人読者と百回以上の懇談会を開きましたよ」と李（八五）は回顧する。

六月十四日、東京で開かれた「『人民中国』創刊十周年訪日団」を歓迎するレセプションで、羅俊団長の情熱的なあいさつは千人余の日本側来賓の拍手で何度も中断を余儀なくされた。また中国侵略戦争を体験した一人の老日本兵は「私は前半生に中国人民に対して罪を犯しましたので、後半生は日中友好促進に全力を尽くし、子どもたちに本当の日中不再戦を教えます」と語り、深々と頭を下げた。情熱にあふれ、友好的な雰囲気に包まれて、本誌記者は四十五日間にわたる訪日の旅を始めた。

李の記憶の中には、今でも忘れられない多くの感動的な場面が残っている。「船で青森から東京に戻る時、埠頭には見送りに来てくれた多くの読者の皆さんが集まっていました。彼らは手を振りながら別れを惜しみ、船上のわれわれに向かって色とりどりの紙テープを投げました。われわれを乗せた船はこうして、長く美しい紙テープをなびかせながら、ゆっくりと埠頭を離れました」と、李はその情景を思い出して、微笑んだ。

ある日本人カップルは結婚式の日取りをあえて訪日団の到着する日に合わせ、『人民中国』に婚礼の立会人になってもらおうと希望していた。残念ながら、スケジュールが急に変わり、訪日団は結婚式に出席できなかったが、お祝いのプレゼントを贈った。

「雨をついて歓迎の横断幕を掲げてくれた読者のことを忘れられません。夜中にわれわれの宿泊地周辺でパトロールをしてくれた大学生も忘れられません。旅行の途中でお会いした日本人一人ひとりの笑顔も忘れられませんね。われわれはもともと赤の他人ですが、『人民中国』のおかげで、誰もが珍しい国境を越えた友情を結ぶことができるようになりました」と、李の感動は尽きない。

七月二十七日、訪日団はいよいよ日本を離れることになった。「空港のロビーには多くの友人が見えていた。わたしたちはあいさつをかわし、北京か東京での再会を約した。無情な時間においたてられて、中日友好万歳の歓声の中で、友人たちと握手をかわす。ものこそいわなかったがまぶたには涙があふれていた」（一九六四年四月号『日本四十五日間』より）

五十年も経った後の今日、改めて当時の誌面を読むと、本誌と日本人読者との間の感動的な友情を深く感じることができる。

1963年、兵庫県尼崎市で歓迎される本誌記者を含む外文出版社訪日団

1963年11月号から連載した李雪琴の「日本 45日間」の1回目の誌面

表紙や誌面をリニューアル

「初訪日のもうひとつの重要な成果は、『人民中国』の初の誌面刷新のきっかけとなったことです」と、李が語る。滞在中、ある読者が「『人民中国』を読む時は、えりを正してきちんと座り、心静かに読むのですよ」と、冗談めかして言った。一九五〇年代、日本人読者の好みを良く理解できなかったことに加えて、当時の政治環境の影響もあり、本誌の記事は堅苦しく、難解だった。これに対し、読者からもっと中国社会と市民生活に密着した記事を読みたいという希望が寄せられていた。

訪日団が帰国した後、羅俊社長と康大川編集長は日本人読者の意見を踏まえて、誌面刷新について全社的な議論を行った。「しばらくの間、事務室と廊下の壁は新誌面に関する壁新聞で埋め尽くされましたよ」と、李は懐かしげに語る。ある日、康が貯蓄所（銀行の出張所）で金を下ろす時、そこに警備員がいないことに気づき、これこそ中国の治安が良いことの証明ではないか、と考えた。そこで、彼は「北京の町角」というコラムの連載を提案し、北京の庶民生活を紹介することによって、中国社会の実像を知らせることにした。「町の貯蓄所」が連載の一本目だった。その後、「北京の町角」は「せんたく屋」「くすり屋」「果物店」などを紹介し、読者から歓迎された。

一九六四年、リニューアル後の本誌は、一新されたという印象を与えた。表紙には中国舞台劇の写真を、また毎号「特集」の形で読者の関心事を紹介する重みのある記事を掲載していた。中綴じのページでは中国人の日常生活と仕事の生き生きとした場面と美しい風景や文物の写真を掲載していた。こうした新機軸は日本の読者に受け入れられ、「読みやすい、分かりやすい、親近感があり、人情味がある」と評価する声が相次いだ。さらに重要なのは、李が言うように「『人民中国』の位置付けを明確にしたことです。つまり、堅苦しくなく読みやすく、記事と写真がマッチし、中国をまるごと紹介する総合月刊誌」という編集方針が確定された。

3

70年代　上昇期

これが「ピンポン外交」

丘桓興＝文

唐忠朴（写真・沈暁寧）

七〇年代、中国の政府、民間の外交活動は国際舞台で日増しに活発化した。一九七一年、名古屋で開かれた第三十一回世界卓球大会で世の中を驚かせた「ピンポン外交」は、中米関係を改善しただけでなく、日本の民間に日中友好ブームを巻き起こし、中日国交正常化実現を推進した。この大会を取材した本誌記者・唐忠朴はこの「外交ドラマ」をつぶさに目撃した。

この時期の本誌は、現地ルポの伝統を発揮して、長沙馬王堆の文物出土、はり麻酔から長江源流の氷河探訪まで、日本の読者に生き生きとしたルポ記事を届け、現場に密着し、真実を伝えるという伝統的なスタイルを一層確固たるものとした。

世界卓球大会に同行取材

今年八十五歳になる唐は、四十二年前の世界卓球大会の取材ノート、写真、読者懇談会の名簿を持ち出し、「ピンポン外交」に始まる中日友好の往時を振り返り、感動を新たにしていた。

一九七一年三月、名古屋大会を前に、日本卓球協会、日中友好協会はこれを機に、卓球の普及振興と日中国交正常化の促進を希望し、中国側に大会出場を強く要請した。

「こうした状況で、毛沢東主席が「出場すべきである」と指示しました。また代表団の出発前に周恩来総理は団員と夜を徹して懇談し、「友好第一、試合第二」と言い含めました。幸いなことに、私は同行取材することになりました」と、唐は語る。

中国代表団がタラップを降りると、日本各界の友好人士の熱気あふれる歓迎に包まれた。「大勢の人に取り囲まれ、待合室から短い通路を歩くのに三十分以上かかりましたよ。それに中国チームの出場決定によって、名古屋大会の入場券は一日半で売り切れたそうです」と、唐は回顧する。その後、中国代表団は連日、友好的な雰囲気に包まれた。

「友好第一、試合第二」を実践

周総理から指示された「友好第一、試合第二」を胸に刻んでいた中国選手は競技場内外で交流に務めた。唐のノートには当時の感動的なエピソードがたくさん記録されている。例えば、世界チャンピオンの荘則棟は試合の合間に日本選手のために卓球台の汗を拭い、中国チームの医師は試合中にけがした日本選手にマッサージやはり治療を行ったことなどだ。

中国チームが大阪を訪問した際、当地の星野展弥氏が中国選手一人ひとりを採寸して、特別あつらえのユニフォームをプレゼントした。中国チームが帰国する前に彼は東京までやって来て、歓送会で自作の中日友好を称える歌を披露した。

また、滞在中に東京都戸塚運輸労働組合から、中国選手に彼らの卓球技術を磨くために模範球技を希望する手紙が届いた。中国チームは希望を受け入れ、わずか十二人のトラック運転手の組合に赴くことにした。このうわさを聞きつけた人がどんどん増え、中国チームは近くの小学校の……

……の後、彼らは運転手や学校の教師、児童らとも愉快に卓球を楽しみ、なごりは尽きなかった。

荘則棟の近くで目撃した

この世界卓球大会開催中に有名な「ピンポン外交」が始まった。米国チームの一人の選手が間違って中国チーム……

……参加していた絹織物を取り出しプレゼントした。当時、中米間に国交はなく、このちょっとしたドラマがメディアの関心を呼び、「中米選手の間に友情生まれる」と、報じられた。中米両国はこれをきっかけに、民間、政府間の交流の扉が次々と開かれ、国交樹立に発展した。唐はこの時、荘の近くの席に座っており、歴史……

中日両国選手団が奈良で和気あいあいとシカに餌を与える交歓場面。卓球大会の別冊に掲載

名古屋で開催された世界卓球大会の記事を満載した1971年6、7月号の別冊

本誌読者のことだ。日本各地には大勢の読者がいるが、代表団がどこを訪れても、多くの熱心な読者が唐に懇談の時間を作ってほしいと要望した。「われわれは読者懇談会を七回開きましたよ。大阪では五十人以上が詰め掛け、会場は超満員でした。同行の新華社記者は『人民中国の読者はこんなに多いんだな。うらやましいよ』と話していましたよ」と、唐は懐かしそうに微笑んだ。

「この卓球大会前も日本の友好政党、団体、多くの人々が二十年以上にわたって日中友好のためにたゆまない努力を重ねていました。彼らは「ピンポン外交」によってひときわ高まった日中友好の機運を逃さず、民間が政府の背中を押す形で、山積していた障害を取り除き、一九七二年九月の国交正常化の実現に積極的な役割を果たしました」と、唐は力説した。

唐は四十日間の日本取材記事を一九七一年六、七月号の別冊として掲載した。現場取材の感動的で生き生きとした記事は読者から喜ばれた。

唐の名古屋大会記事は七〇年代の本誌のスタイルを遺憾なく発揮していた。現場に深く入って取材し、真実の情報を生き生きと読者に伝える―というスタイルだ。その後も、本誌記者は高原、氷河や考古学の発掘現場、手術台などさまざまな現場を取材し、中国の進歩

4

80年代　発展期

大好評「大運河を行く」

沈暁寧＝文

一九八〇年代、中国は改革開放政策が軌道に乗り、経済建設と世界進出が時代の要請となった。一方、中日関係は中日平和友好条約締結後、「ハネムーン」の時代に入り、両国民の相互理解に対する希望がより一層強まり、人的交流は未曾有の規模となった。

本誌は意欲に満ち溢れていた改革開放時代を積極的に誌面化する一方、中国の辺境の奥地にまで入り込み、深みのある文化、観光記事を掲載し、日本人読者の新しいニーズに応えようとした。質の高い文章と写真、中国ならではの視点は、熱心な購読者を増やし、本誌は発展期を迎えた。

好評だった連載のひとつ「一三〇〇年の大運河を行く　自転車で走破　北京―杭州一八〇〇キロ」は、日本の読者に中国の奥地、秘境に対する興味を抱かせた。

自転車で一万キロ取材旅行

当時、日本の人々は改革開放を実施した中国に強い好奇心を持ち、また悠久多彩な中国文化に対する興味も大きかった。四十三歳だった記者・沈興大はどのような記事を書けば読者を満足させられるか、いつも考えていた。

「いろいろ考えた末に、大運河を現地ルポしようと心に決めました」と、沈興大（七六）は往時を振り返る。「小さい頃から大運河のほとりで育ち、大学の専攻も歴史でしたから、古代中国の南北を結ぶこの大動脈の両岸には、数世紀にわたって育まれ、多くの人々を引きつけ、夢中にさせる文化的なエピソードや歴史的な古跡がたくさん残っていることをよく知っていました。きっと日本の読者に喜んでもらえると確信しました」

一九八二年五月十九日、沈はカメラマン・劉世昭と共に、自転車で「大運河の旅」を始めた。「大運河は北京から杭州まで全長千七百九十四キロですが、途中で五十三の市・県、七十七の村鎮と一千人以上の人々に取材しましたから、総走行距離は一万キロを超えたはずですよ」と、沈は記憶をたどる。

この四百八日間の取材旅行は艱難辛苦の連続だった。夏はカンカン照りにさらされ、アスファルトが焼かれて柔らかくなった道路を自転車で走った。二人は頭がぼうっとして目がかすみ、ペダルをこぐ両脚に力が入らない。冬になると、道路の側溝は完全に凍結していた。懸命にこいでいると、寒さで手足の感覚は麻痺していたが、身体は汗でびしょびしょになり、綿入れの防寒服に大きなしみができるほどだった。そこを寒風にさらされるので、とても我慢できなかった。

河北で、沈は下痢が止まらず、病院で十時間以上も意識がもうろうとしたまま点滴を受けた。翌日少し体調が良くなったので、歯を食いしばって五十五キロ走り、呉橋県に到着し、有名な雑技の郷を取材した。「連載記事では「へとへとに疲れきって呉橋にたどり着いた」と書きましたよ」と、沈は笑いながら話してくれた。

沈興大（写真・単庸）

江蘇では、田舎道の泥がくっついて車輪が回らなくなった。彼らは暴風雨の中、風で吹きまくられる雨具を抑えながら、細い竹の棒で車輪の泥をこすり落としていた。二人にとっては今でも惨めな思い出だ。

「旅は辛かったですが、楽しいこともたくさん出合いましたよ」。沈を最も興奮させたのは、現地取材を通じて、大運河についてあまり知られていないエピソードを発見したことだ。例えば、龍山の麓の雑草の中から口を大きく開けた九基の石彫の龍頭を見つけ、そこが大運河の北京側のスタート地点だったことを検証した。また、山東省汶上県の農村では、あちこち取材に回っているうちに、大運河にある戴家壩を設計した白英の子孫を探し出し、この時期の歴史研究の空白を埋めることができた。沈は全行程を十万字以上の日誌に書き、このルポ取材は大成果を挙げたと言えるだろう。

一九八三年一月十九日、二人はようやく大運河の終点―杭州にたどり着いた。

……、北京・天安門広場を出発する沈興大（右）と劉世昭。ふたり……大運河取材に挑んだ

1983年4月号から連載し始めた大運河ルポの初回誌面

300年の大運河を行く　自転車で走破　北京—杭州　1800キロ　①

焼津市の読者からお守り

一九八三年四月号から、沈、劉による「一三〇〇年の大運河を行く　自転車で走破　北京―杭州一八〇〇キロ」の連載が始まり、二十七回続いた。日本の読者から次々と手紙が寄せられ、豊かな知識、興味深いエピソードが盛り込まれた記事と生き生きとした写真は高く評価され、「これは偉大な計画でした」と賞賛された。愛媛県の読者は「毎月最初に読むのは「大運河を行く」です。その軽妙な筆致は不思議な魅力を持っており、比類なく楽しい中国の旅へ誘いました」と感動し、愛知県の教師は「まさに現代版の『マルコポーロの東方見聞録』です」と、評価した。

この連載は日本でも「大運河ブーム」を引き起こした。NHKと北海道新聞の北京駐在記者が沈を取材し、報道した。神奈川県日中友好協会は一九八八年から、杭州を出発……

……を企画し、延べ百九十人が参加した。一九九三年には、その一部の参加者がわざわざ北京の本社に足を運んで、沈と劉と懇談した。

沈の家には、日本のお守りを大切に保存されている。彼はそれを手にして「これは静岡県焼津市の当時七十歳だった榑林美沙さんが郵送してくれたものです。彼女は連載を読んで、私が途中で病気にかかったことを知り、わざわざ遠い道のりを歩き、山の上にある神社からお守りを二つもらって来てくれたのです。これは運河取材の旅で、最高の記念品のひとつです」と、語った。

四百八日、一万キロ余りの苦労は、読者から熱烈な反響を呼んだ。三十年余り過ぎた今でも、沈は当時の事を思い出すたびに、あの時の感動が鮮明によみがえる。「あの連載が日本の読者に好まれ、大運河は中日友好を促進する絆となり、私は何よりの幸福と誇りを感じています」

この長期連載は一九八〇年代の文化・観光記事の中の秀作と言えよう。中日文化の交流が最盛期を迎えた時期に、「中国縦断五〇〇〇キロ　SL―ジーゼル乗り継ぎ旅行」（一九八二年）、「中国の民俗を探ぐる」（一九八三年）、「あの町この鎮」（一九八五年）と「中国文化のルーツ」（一九八七年）など一連の好評を博した

90年代　成熟期

「三峡を歩く」を契機に

沈暁寧＝文

劉世昭（写真・沈暁寧）

上海・浦東開発推進と社会主義的市場経済への道をシンボルとし、改革開放は一九九〇年代の十年間により深みを増した。香港、澳門（マカオ）の祖国復帰は中国人に中華民族復興の夢を抱かせた。この間、紆余曲折を経て、中日両国間の人的往来と貿易額は持続的に増加し、両国元首の相互訪問も実現した。

この時期に、中国を知ってもらう窓口はますます増えたが、本誌は日増しに増える日本の読者の中国情報を知りたいという要望により効果的に応えるために、時代を検証するという編集方針を引き続き堅持する一方、「ペンとカメラの両方をこなす記者」「取材と翻訳を両立できる記者」の育成などの試みを始め、一人の記者がひとりで一本の記事に全責任を持つ手法が新しい潮流になり、また中国人記者が日本語で原稿を書くケースも増えてきた。

そんな中、連載ルポ「三峡を歩く」は上述のような記者育成の先駆けとなった。

消える景観を誌面に記録

長江上流にある四川省・奉節県から下流の湖北省・巴東県まで、西から東に向かって、全長百九十三*ₘの三峡―瞿塘峡、巫峡、西陵峡―の景観は世界的に有名だ。そこは美しい自然と歴史を物語る古跡にあふれていた。しかし、国民に利益をもたらす三峡ダムを建設するため、かなりの部分の景観が水没し、永遠に姿を消すことになった。

[illegible]の景観と情緒を記録にとどめ、日本の読者に紹介するために、カメラマン・劉世昭を現地に派遣した。四十三歳だった劉は直ちに写真器材を背負い、旅支度をして、三峡を踏破する旅に出掛けた。

「当時、北京から四十時間近く列車に乗り、重慶に着くと、そこから船に二日間乗って、ようやく三峡の起点・奉節にたどり着きました。北京と三峡の間を一往復するだけで、一週間もかかりましたね」と、劉は振り返る。

三峡を詳しく記録するために、劉は古人が長江両岸の険しい絶壁に開削した桟道を伝って歩きながら取材することにした。仕事の都合で何度も北京に戻らなければならなかったので、三峡取材は一年間近くもかかった。「三回に分けて取材を終えました。往復に時間がかかり、途中の道も険しかったですが、三峡で撮影した美しい風景と記録した人物や出来事を誌面に載せ、日本の読者にお伝えすることにやりがいを感じていましたよ」と、劉は微笑む。

蜀道を伝ってやっと山頂へ

唐代の詩人・李白は、「蜀道の難きは青天に上るよりも難し（蜀道難、難於上青天）」と詠んだ。劉はそんな道を渡って行った。最も危険な道は巫峡にあった。「道」とは言っても、七十数度の切り立った絶壁から突き出た手の平サイズの踏み石が幾つかあるだけで、下を見下ろすと、とうとうと流れる長江だった。「全身を岩壁に貼りつけるようにして、石を踏んで少しずつ前へ進みましたよ」と、劉はその時の緊張感を思い出す。今でも、その時に携帯していたカメラが岩肌と擦れ合う「ガリガリ」という音をはっきりと覚えているそうだ。

三峡ルポの連載で好評だった西陵峡の神農溪の船引きの男たち（写真・劉世昭）

三峡で有名な神女峰を撮影するために、劉は高山に登った。山頂で小さな集落を見つけた。そこの人々の生活は、土地がやせて、交通の便が悪いため、困窮を極めていた。一家族で一年に一頭のブタをつぶすが、ほとんどの肉を担いで山を降り、日用品と交換していたので、家族全員が一年に食べられる豚肉はわずかに脚一本に過ぎなかった。そこで会った一人のおじいさんが親切に劉を草むらの小道に案内してくれたお陰で、神女峰の麓にたどり着き、念願の撮影ができた。感謝の気持ちから、チョコレートとビーフジャーキーを差し出したが、おじいさんは受け取ろうとしなかったそうだ。

1992年5月、三峡のひとつ西陵峡の神農溪で船引きに取材中の劉世昭（写真・本人提供）

劉が撮影した数多くの三峡の写真の中で、最も代表的なのは「裸の船引き」で、巴東県の神農渓で撮った一枚だ。「この船引きは、水の中で引きやすいからという理由と、そもそも木綿を買う金がなかったので、素っ裸で働いていました。彼らの暮らしぶりを見て、ルポの目玉にしようとひらめきました」と、劉は当時の動機を語る。彼は積極的に船引きたちに近づき、船上でおしゃべりし、一緒に食事をしているうちに、打ち解けて、友だち付き合いができるようになった。最高のショットを撮るために、劉は三万元（当時、約七十五万円）もしたニコンの望遠レンズを購入した。「船引きは裸で船を引くので、私も裸で撮影しましたよ。そうすると、彼らの動きが自然になりますからね」。劉がカメラを持って川に入って、撮影しようとすると、足元の石はつるつるしているかと思うと、でこぼこもあり、とても歩きにくいことに気が付いた。「船頭さんが、自分のわらじを貸してくれたおかげで、やっと歩けるようになりました」。こうして、「裸の船引き」の撮影に成功した。

劉は途中で取材したものを記事にまとめ、一九九二年一月号から十月号まで連載し、読者に喜ばれた。時代の変遷と三峡ダムの完成によって、三峡の景観の多くが姿を消したが、かつての素晴らしさはこの連載によって、今でも読者の脳裏に刻み込まれているのではないだろうか。

「ペンもカメラ」の時代に

連載「三峡を歩く」に続いて、「パンダの故郷を訪ねて」「最古最狭の鉄道に沿って」など秘境を尋ねるルポ記事を掲載し、日本の読者を簡単には行けない中国の隅々に案内した。こうした記事は読者に歓迎されただけでなく、より重要だったのはこれらの記事が一人の記者が文章を書き、写真も撮るという「一人二役」の新たな取材スタイルだったことだ。

それまでは、取材部は「ペン」と「カメラ」の二部門に分かれていた。記者は原稿を執筆、カメラマンは撮影を担当してきた。取材効率を高め、より多くの情報を読者に伝えるために、取材部員に「ペンとカメラ」の両方をこなす「両足で歩く」マルチ記者になることを求めた。一九九〇年代からこうした記者が記者育成と記者レベルを評価する新たな基準となっている。

「三峡を歩く」は素晴らしい成果を残しただけでなく、「マルチ記者」への第一歩を踏み出すきっかけだったとも言える。

新世紀　転換期

汶川大地震から速報体制

王衆一＝文

[illegible]に成し遂げた成果は、過去二千年にわたる交流のすべての所産を凌駕したといっても過言ではないだろう。今世紀に入り、両国の経済発展の消長、国際情勢の変化は、「不惑の年」を迎えた両国関係の見直しを迫っている。

メディアのデジタル化革命の影響下で、如何にして、本誌が紙メディアとしての役割を基礎に、ネット技術を活用し、紙とネットを一体化したメディアを構築して行くか、また、如何にして新しい情勢のもとで、日本の受け手に、平和的発展を国策の基本とする世界大国―中国を理解してもらうか。これらが、全く新しい課題になっている。

[illegible]創刊の原点、つまり両国民の相互理解増進と友好促進という使命に回帰しなければならない。中日両国がそれぞれ巨大地震に遭遇した際、本誌は直ちに、両国民の相互支援、「人ごととは思えない」というヒューマニズムの発露を誌面で伝えた。これこそ本誌六十年の不変の主旨の集中的な現れだと言えるだろう。

2011年4月、四川汶川大地震から3年後の被災地を取材中の筆者（写真・島影均）

創刊以来の初挑戦に全力

二〇〇八年五月十二日午後、筆者は携帯のメールの受信音に気が付いた。四川省汶川でM8.0の巨大地震が発生した。その日は夜遅くまで、日本の読者、友人、知人からの電話やメールが絶え間なく続いた。ジャーナリストの本能に突き動かされ、編集作業をほぼ終えていた本誌六月号の全面差し替えを決断した。

先ず、編集済みの五十ページの記事を外して、地震記事を掲載するスペースを作り、緊急特集の構想を練った。こうした臨機応変の対応は創刊以来なかったことで、本社スタッ[illegible]者は現地取材を強く希望した。しかし、被災地の道路は土砂崩れで各地で寸断され、救援物資の搬入でさえ困難な状況が伝えられていた。被災地の救援活動に迷惑をかけてはいけないと判断し、最終的に、現地から配信される原稿と写真を精選して、緊急特集を組むことを決定した。

中日編集者は協力して、原稿の内容を精査し、的確な見出し作りに知恵を絞った。ひとつのコンセンサスがあった。それは「感動は伝えるべきだが、災難の『押し売り』はすべきではない」ということだった。扇情的な内容の原稿や血なまぐさい現場写真は避けることにした。緊急特集で紙幅を割いたのは、日本救援隊の活動と坂東玉三郎のチャリティー公演で、隣国から寄せられた支援に対する感謝の気持ちを伝えた。

締め切りが迫り、東京のレイアウト会社に依頼するのでは間に合わない。その時、編集部のベテラン記者・魯忠民が「以前、レイアウトをしたことがあります。私にやらせてみてくれませんか」と自ら進んで申し出てくれた。こうしたことがあって、全員総出でほぼ一週間の不眠不休の努力が実って、通常通り発行にこぎつけた。読者から頂いた高い評価が、われわれに対する最高の「ご褒美」だった。日本国内の印刷を委託している神奈川新聞社はわざわざ北京まで人を派遣して、集まった義援金を届けてくれた。

「雪中送炭」を誌面に反映

三年後の二〇一一年、震災三周年の被災地報告の掲載を準備していた最中の三月十一日午後、ネットニュースの速報でM9.0の東日本大震災の発生を知った。筆者は直ちに、福島、岩手、青森、山形の読者や友人に電話をかけた。幸いなことに全員無事だった。しかし、直後に津波による破壊、福島第一原発事故が起き、事態はますます深刻化した。

「三年前の四川汶川大地震の際に、日本の友人たちはわれわれを支援してくれた。今度はわれわれが支援する番だ」―社内にこうしたコンセンサスができ、被災状況のニュースに注目しながら、誌面作りの検討に入った。

震災直後に発行した四月号は「頑張れ！日本」と題して、中国各地の反応を集めて特集を組んだ。

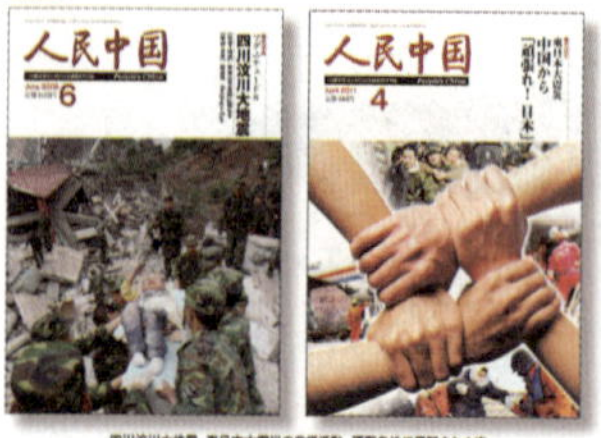

四川汶川大地震、東日本大震災の救援活動、両国各地で展開された支援活動でしばしば見られた「雪中送炭」のエピソードを特集した本誌

表紙には、珍しいことに自衛隊員と現地入りした中国救援隊員がそれぞれ廃墟で救助活動に従事している感動的な写真を同時にあしらった。また、中国メディアの素早い対応ぶり、国内のソーシャルメディアの声援、本社内で行った募金活動なども誌面で紹介した。この他、北京在住日本人の家族の安否に関する懸念、東京支局の現地取材、たまたま地震に遭遇した中国人旅行者の述懐にも多くの紙幅を割いた。特に大きな意義があったのは、ジャーナリスト陳言が寄稿の中で紹介した、中国人研修生を津波から守り、自らは犠牲になった佐藤充社長の逸話だった。さらに遡ってみると、斯飛が書いた「中日演劇界にも『雪中送炭』の美談」も誌面を際立たせた。京劇の大御所・梅蘭芳が一九二三年の関東大震災の際に行ったチャリティー活動と二〇〇八年四川汶川大地震後に、歌舞伎の大御所・坂東玉三郎が行った活動を対照して紹介した。

感動受け継ぎ知恵に期待

両者の対照は深い意味があり、困っている人を思いやる「雪中送炭」のエピソードの紹介が最も高い評価を得られたと思う。振り返ってみると、本誌はこの六十年、両国民の相互理解を願って「雪中送炭」に尽くしてきた。両国関係が良い時期に、美しいものをさらに美しくする意味の「錦上添花」の努力を惜しまなかったのは言うまでもなく、曲折や困難に遭遇した時期には、存在感をいっそう際立たせてきた。これこそ本誌が果たしてきた役割であり、これからも果たして行くべき役割だと自負している。

二十一世紀に入ってから、地殻変動は頻繁に地震を起こしたが、それによる破壊とダメージはヒューマニズムの博愛精神に癒され、次第に回復に向かった。深い人類愛は私たちに感動を与え、地震が解き放った「マイナス・エネルギー」を解消し、人類が信頼関係を築くための「プラス・エネルギー」に変換した。

地政学的なプレート変動も「政治地震」を醸成しているようだ。新世紀に入って、歴史認識問題から領土係争まで、地域の安全と健全に発展してきた中日関係を脅かす「マイナス・エネルギー」の湧出を目にする。こうした勢力が両国関係と両国民の感情に与える影響を過小評価するわけにはいかない。自然界の地震の予測は難しいが、人為的な「政治地震」は阻止できるのではないか。事態の好転には、大きな勇気と知恵が必要だ。

この四月二十日、汶川から遠くない四川省雅安市蘆山県でM7.0の地震が発生した。海外から外文局傘下のメディアに寄せられた最初の寄稿は中国留学の経験がある東京の大学生・中山一貴によるものだった。思いやりの気持ちが伝わり感動した。一方、その直後の二十三日、国会議員百六十八人が第二次世界大戦のA級戦犯も祭られている靖国神社を参拝し、また、右翼団体のメンバー八十人を乗せた船が釣魚島海域に進入した。一部の日本政治家、要人の歴史認識をめぐる発言は、強い「政治地震」のメッセージを発信しているように思う。

蘆山地震の救援活動で、新たなヒューマニズムの感動は受け継がれたが、右翼勢力の冒険主義を阻止するには、両国の有識者の真の知恵と勇気が必要ではないだろうか。還暦を迎えた本誌は引き続き中日関係を見守り、素顔の中国の紹介に努め、両国民の相互理解のために建設的な役割を果たして行きたい。

『共に歩んだ60年』

二〇一三年六月、「人民中国」日本語版創刊六十周年を記念するため、人民中国雑誌社が中国語・日本語の二カ国語により編集・出版。

この記念文集は主に、「人民中国」の編集者と読者が記した五十七本の文章を、「使命の伝承」「事業の発展」「友好交流」という三つの部分に分けて掲載したもので、さらに百七十枚余りの貴重で生き生きとした写真をも掲載しています。

「使命の伝承」では、「人民中国」が六十年もの間、日本の読者に中国を理解するための窓を開き、中日両国民の友好交流の懸け橋となるために、たゆまぬ努力を続けた様子が示されます。「事業の発展」では、「人民中国」の職員たちが、「人民中国」と共に成長してゆく物語が語られます。「友好交流」では主に、日本の読者と「人民中国」で仕事をした日本人専門家の寄稿が収録されています。

「人民中国」創刊六十周年にあたり、唐家璇氏、鳩山由紀夫氏をはじめとする中日各界の著名人から寄せていただいた熱情あふれる寄語も掲載し、さらに、「人民中国雑誌社六十年の歩み」、「人民中国」六十年の表紙なども収録しています。

こうした内容から、「人民中国」の発展過程、時代と歩調を合わせた変化、そして一貫して中日人民友好交流の推進を使命としてきた姿が浮かびあがります。まさに、中国外文出版発行事業局の周明偉局長が本書の序で述べているように、「この本は現代の中日関係史に、パブリッ

総発売元　中国国際図書貿易集団有限公司
TEL：0086-10-68413849
FAX：0086-10-68412166
E-mail：fp@mail.cibtc.com.cn

本書取扱店

株式会社　東方書店
電話　03(3937)0300
振替　東京　00140-4-1001
東京都千代田区神田神保町1-3

株式会社　亜東書店
電話　03(3291)9731
振替　東京　00100-3-141097
東京都千代田区神田錦町1-4日中友好会館内

株式会社　内山書店
電話　03(3294)0671
振替　東京　00170-9-116786
東京都千代田区神田神保町1-15

株式会社　朋友書店
電話　075(761)1285
振替　京都　01010-5-41041
京都市左京区吉田神楽岡町8

中国書店
電話　092(271)3767
振替　福岡　01710-6-31917
福岡市博多区中呉服町5-23

燎原書店
電話　03(6272)6145
振替　東京　00120-6-123489
東京都千代田区神田神保町3-2-9
堀木ビル　2F

株式会社　中華書店
電話　03(3515)6663
振替　東京　00100-4-93762
東京都千代田区神田神保町2-2-31

北九州中国書店
電話　093(921)6570
振替　福岡　01700-6-40079
北九州市小倉南区湯川4丁目2-19

有限会社　三皇
電話　03(3252)2149
振替　東京　00110-9171960
東京都千代田区神田美倉町1番地　大松ビル1階

社団法人　日中友好協会
電話　03(3291)4231
振替　東京　00120-6-18610
東京都千代田区神田錦町1-4

株式会社　かなしん広告
電話　045(226)1159
振替　横浜　00270-2-114388
横浜市中区太田町2-23
横浜メディア・ビジネスセンター　10F

静岡県「人民中国」誌普及会事務局
電話　054(255)5695
振替　名古屋　00830-1-203316
静岡市呉服町2-2-13 朱宮フジビル 8F
静岡県日中友好協会「人民中国」普及部会

香港和平図書有限公司
電話　00852-28046687
振替　香港　07091610399745
香港柴湾嘉業街 12 号百楽門大廈 17 楼

中国国内の購入問い合わせ
0086-10-6831-3990

この人に聞く

程永華大使に本誌が単独インタビュー

中日関係発展に大きなチャンスを

中国の程永華・駐日本国大使は五月十四日、東京の中国大使館で「人民中国」の単独インタビューに応じ、中国と日本の関係や将来の展望について、全面的、系統的にその所信を述べた。とくに、最近、困難に直面している中日関係を正常な軌道に戻すためには何が必要かに言及し、「日本側の実際行動」を求めた。さらに「民をもって官を促す」民間交流の重要性を強調した。（聞き手＝王衆一）

――昨年は中日国交正常化四十周年でした。今年は中日平和友好条約締結三十五周年です。中日関係のこれまでの発展は、必ずしも順風満帆ではありませんでしたが、大使はこれをどのように見ておられますか。

程永華大使（以下程）　中日国交正常化から四十数年、両国政府と各界の人々のたゆまぬ努力を通じて、両国関係は各界各層において、いまだかつてないほどの長足の発展を遂げました。

政治的には、双方は四つの政治文書を発表し、両国関係の基本原則を確立し、戦略的互恵関係を構築し推進するという大方向を明確にしました。

経済的には、両国の二国間貿易

（写真・賈秋雅）

この人に聞く

福田康夫 元首相にインタビュー

「吊橋」が「鉄橋」に変化
『中日平和友好条約』締結三十五周年

「中日平和友好条約」が締結されてから今年で三十五年。条約締結の立役者は中国の鄧小平氏と日本の福田赳夫首相であった。訪日した鄧小平氏を迎えた福田首相のそばには、当時秘書だった息子の福田康夫氏がいた。その後、福田康夫氏は自らが首相に就任、二〇〇八年には日中間の第四の政治文書に署名した。長い間、中日関係の発展にかかわってきた「証人」である福田康夫氏に、『中日平和友好条約』の意義や現在の中日関係について語ってもらった。

（聞き手＝光部愛　写真＝呉亦為）

私の上海ライフ　――日本人生活者に聞く――

出産で知った人々の優しさ

須藤みかさん（48）

ノンフィクションライター。出版社勤務を経て1994年に上海留学。北京、日本、香港在住をはさみ2004年秋より3度目の上海暮らし。この間に出産・子育ても経験した。上海、中国に関する著作多数。近著に、『エンブリオロジスト　受精卵を育む人たち』（2010年、小学館／小学館ノンフィクション大賞受賞）、『上海発！中国的驚愕流儀』（2010年、講談社＋α文庫）、共著に『上海路地裏万博』（2010年、双葉社）など。

――最近の上海についてどうお感じになっておられますか。

格段に生活は便利になりました。かつての話をすると、在住年数の少ない日本の方に大変驚かれます。現在の上海からは想像もできないからでしょう。

――上海の人たちについてはいかがでしょうか。

上海で出産を経験しましたが、出産、子育ての過程で、中国の方々の優しさに触れました。地下鉄に乗れば、妊婦だと気づいた若者が何人も席を譲ろうとしてくれましたし、雨の日にビルに入ると、警備員が走って来て「滑るから気をつけて」と回転ドアを押さえてくれ、階段を下りれば一見こわもてのおじさんが手を差しのべてくれたこともありました。見知らぬ人から「絶対男の子だよ」と何度も言われましたし、買い物かごを覗き込んで「うん大丈夫、（お腹の子に）栄養満点だね」と話しかけてくるなど、楽しいマタニティーライフでもありました。

――上海について書かれた著作が数多くありますが、最近取り組んでおられるのはどんなものでしょうか。

歴史街歩きの本を出版したいと準備を進めています。中国の近代史の舞台として、上海は非常に重要な役割を果たしましたし、日本の近代史とも大きくかかわっています。日本と中国の過去からの関係、そして過去が現在につながっていることを、建物や場所の持つ物語を通して分かりやすく書けたらと思っています。

――生活面ではいかがでしょう。

上海には数多くの日本人女性グループがありますが、東日本大震災後に、自分たちにできることをしたいという思いから、六つのグループが連携する「上海日本人女性ネットワーク」ができました。被災地支援などの活動を続けていますが、中国の方たちが被災地に温かい思いを寄せてくださっていることを感じる機会が多く、その思いを被災地にもつなげていければと思っています。

上海日本人女性ネットワークの中には、経済困難区の子どもたちの教育支援を続けるボランティアグループ、日中絵本交流や地元の自閉症児施設への定期訪問を続ける日本語図書館など、さまざまな形で中国の人たちと関わる女性グループがあります。こうしたささやかだけれど、人と人の間に笑顔が生まれる活動に少しでも関われることを嬉しく思います。最近では、日中の有志の仲間たちと六月一日の国際子どもの日に、「日中未来の子ども一〇〇人の写真展覧会in上海」を開催いたしました。明るい日中の未来を築きたいという願いに多くの方が賛同してくださって、成功のうち閉幕することができました。

――オススメのスポットを教えていただけますか。

外灘です。多くの方が建築の外観しかご覧になりませんが、絶対に建物の中、そして外灘の横道、裏道に入って見るべきです。現在も商業施設として利用されていて、中に入れる建物はたくさんあります。外灘エリアのそこかしこに歴史の小片があり、多くの物語が眼前に迫ってきますよ。

人民中国
12
December 2013
定価400円
1956年12月18日 第3種郵便物認可
2013年12月5日発行
(毎月1回5日発行)通巻726号
PEOPLE'S CHINA
中国を知るための
日本語総合月刊誌
三中全会
途上の改革をさらに推進
「中国の夢」に向かって
新体制の船出から一年
www.peoplechina.com.cn
11

report

上海－北京－福岡－東京

中日子ども100人写真展

写真提供＝李明（上の6枚）　今村拓馬（下の6枚）

素晴らしい未来

「次世代のために中日関係の素晴らしい未来」をテーマにした中日両国の児童百人を撮影した写真展が七月九日から一週間、北京の中華世紀壇当代芸術館で開催された。両国のカメラマンがレンズを通してとらえた子どもたちの生き生きとした表情は二千人超える来場者の感動を呼んだ。この展覧会は上海に次いで開催され、今秋には福岡、東京でも開かれる。この展覧会は中国外文局が主催し、人民中国雑誌社と日本側のBillion Beatsネットワーク、北京和僑会日中未来ラボが実行した。

また期間中に、中日児童合唱団の歌声が響き、手工芸教室、環境保護教室など子どもたちを対象にしたイベントも行われた。

開幕式で陸彩栄外文局副局長が今回の写真展開催の意義について「国と国との交わりは双方の国民の間の親密さにある」と言うように、国民の間の相互信頼と友好は両国の健全かつ穏やかで、調和の取れた関係の基礎であり、子どもたちこそが中日関係の未来を担って行く。両国各界の有志の共同の努力によって、中日関係の春を迎えることができ、次世代の子どもたちに素晴らしい未来を伝えることができる」と、あいさつした。

中日関係はいまだに国交正常化以来最も困難な時期に置かれているが、主催者側も来場者もこの写真展を通して、子どもたちの心の中にまかれた「友情の種」が大きく育つことに願いを込めた。

7月9日、孫娘に写真を説明するおじいちゃん

ここに百人の夢

百枚のパネルには百人の子どもたちの「一言」も付されていた。カメラマンの今村拓馬さんは会場に掲げられたあいさつで「無垢で純粋な笑顔というような一般的に言われるお決まりの台詞で子どもたちを捉えていない」と書いていた。その言葉通り、どの作品も子どもたちの本来の姿に焦点を合わせていた。その一枚一枚から子どもたちの日常生活の断片がうかがえ、表情には内面世界がにじみ出ていた。被写体の子どもたちは国の違いだけでなく、家庭環境も年齢もさまざまだが、敢えて共通点を探せば「夢」ではないだろうか。

佐賀県の鶴田瑠那さんは「歌うの好きだから、将来、音楽の先生になりたい」「薬剤師になりたい」と語る宗永莉那さん。北京の米宇君はバスケットボールの選手になるのが夢。毎週土曜日には公園で練習に励んでいる。曹凱歌君は全世界の安全を守る仕事を目指し、将来は警察官に。陳兆玉さんは雑貨店を開き、みんなが便利なようにしたい。郗凌楓君はお母さんの健康が思わしくないので、医師になるのが希望。

クローズアップ中日

上海、東京で子ども版画展
魯迅に贈った作品も「里帰り」

内山書店社長　内山　籬

上海展の開幕式

三新学校の子どもたちの作品の前で、和光学園の子どもたちが記念撮影

一九三一年八月、筆者の父・内山嘉吉（一九〇〇～一九八四年）が、兄・内山完造（一八八五～一九五九年）夫婦の経営する上海の内山書店に滞在していた時、当時教えていた東京の成城小学校五年生の児童たちから、版画で作った暑中見舞いのはがきが届きました。授業で習った版画で暑中見舞いのはがきを作ることが夏休みの宿題だったのです。

この、版画の暑中見舞いがきっかけとなり、魯迅は上海の美術学生十三人を集めて版画講習会を開きました。魯迅が自ら通訳したのですが、講師をつとめた嘉吉は、自分の日本語の説明より、訳していく魯迅の中国語の方がずっと長かった、おそらく不十分な講義を補って、いろいろなことを学生たちに教えていたのだろうと、のちになって書いています。

夏休みが終わって日本へ帰ってからも、嘉吉は成城小学校児童の版画作品を時々、魯迅に贈っており、それはのちに和光学園に移ってからも同じように続けられました。

和光学園は一九三三年、成城学園から分離独立し、それまで成城学園で教鞭を執っていた一部の教師と父母によって創立されました。嘉吉は創立時より美術、主に彫塑と版画を指導していました。そして一九三四年七月、刷り上がった生徒の版画作品を上海の魯迅に贈ったのです。

このことについて魯迅は次のように書いています。

魯迅日記（一九三四年）

七月二十日　晴れたり降ったり、暑し。……和光学園より絵

（5年生　井上伸）
＝魯迅博物館所蔵

水差し（5年生　青山博）
＝魯迅博物館所蔵

NAKA）

静物（5年生　吉澤春恵）
＝魯迅博物館所蔵

人民中国
PEOPLE'S CHINA
05
May 2013
定価400円
1956年12月18日 第3種郵便物認可
2013年5月5日発行
(毎月1回5日発行)通巻718号
中国を知るための
日本語総合月刊誌
高速鉄道で
変わる経済地図
www.peoplechina.com.cn

14

013

在中日关系相对困难时期，60 年坚持介绍真实中国的《人民中国》迎来创刊一甲子。刘德有讲述的“50 年代在周总理支持下创刊之后的草创期”（6 月号，见图 1）、李雪琴讲述的“访日归来实施改版的 60 年代奋斗期”（6 月号，见图 2）、唐中朴讲述的“乒乓外交”带出的“70 年代上升期”（6 月号，见图 3）、沈兴大回忆“大受好评的骑行运河”带出的“80 年代发展期”（6 月号，见图 4）、刘世昭回忆“徒步走三峡的艰辛”带出的“90 年代成熟期”（6 月号，见图 5）、王众一梳理的“汶川地震启动快速反应体制”及“进入新世纪之后的转型期”（6 月号，见图 6）构成了纪念特辑的基本框架。出版的纪念文集《共同走过六十年》更是汇集了众多中外亲历者的证言展现了一本刊物 60 年的心路历程（12 月号，见图 7）。

这一年又是中日和平友好条约缔结 35 周年，驻日大使程永华希望“为中日关系创造更多机会”（6 月号，见图 8），日本原首相福田康夫则表示“要将‘吊桥’打造成‘铁桥’”（8 月号，见图 9）。民间层面人员交往的平常化为打造“铁桥”创造了民意基础。常年居住在上海的作家须藤美华“在上海经历生产了解到当地人的体贴”，表明民心相通尽在生活日常中发生（7 月号，见图 10）。日本民音艺术团来北京举办的“日本诗情”公演，感染了梅兰芳大剧院里的中国观众（12 月号，见图 11）。内山书店社长内山篱在上海、北京发起儿童版画展，当年日本孩子送给鲁迅的版画作品也得以“回乡”探亲（9 月号，见图 12）。中日摄影家百名儿童摄影展在上海、北京、福冈、东京巡展，作品中两国儿童纯真的表情引发读者思考中日的未来（8 月号，见图 13）。

特辑《高铁改变中国经济地图》（5 月号，见图 14）、《集约化、高效化新型农业的发展》（10 月号，见图 15）反映了正在发生深刻变革的中国经济社会稳步前行。

第二节
创刊 60 周年纪念文章[1]

让历史告诉未来[2]

《人民中国》60 岁啦！ 60 年的点和线从过去连向未来。“温故”是为了创新，让我们一起随着记忆回到从前。

创刊肇始，康大川等第一代创业者，怀着增进两国人民相互了解与友好的使命感，白手起家。草创期的杂志洋溢着青春时代的新中国独有的热情和自信，许多普通的日本人因此成为《人民中国》的拥趸。

在没有互联网、没有电视、彼此也没有常驻通讯社记者的 50 年代，《人民中国》成为日本民众了解新中国的近乎唯一的纸媒窗口。新中国万象更新的精神风貌和国家建设的起步，以及重大政策的解读，战后中日之间最早的往来，都是通过这本杂志传达给读者的。

艰难探索的 60 年代，在周恩来、廖承志、郭沫若等人的关怀下，《人民中国》调整了编辑方针，在半官半民深入交流的时期，以社会、文化、历史的深入报道见长的本刊，见证了时代的巨变，在日本各地形成了稳定的读者群。

充满转机与成果迭出的 70 年代，见证了通过“以民促官”，邦交正常化得以实现等激动人心历史时刻的《人民中国》，部分恢复了在“文革”初期受到干扰的报道方针，关注社会生活、深入社会基层的报道风格成为办刊共识。

到了改革开放，百废待兴的 80 年代，这一风格引领《人民中国》走在时代前列，社会、民俗等深入探访报道成为国内媒体效法的样板。日本各地读者会纷纷成立，读者遍及社会各个阶层。

在整个 90 年代，《人民中国》坚守这一风格，并走向成熟。同时，深入

---

1 此节文字载于 2013 年 6 月号。

2 导语部分由本期特辑策划人、总编辑王众一撰写。

的经济报道、中日互动栏目、日本作者执笔的栏目初露头角，在新世纪里成为刊物的新亮点。

进入新世纪，《人民中国》第一次实现全彩改版，东京支局的本土化扩大了深度和广度。同时，在互联网时代媒体革命的冲击下，网络版、iPad版、推特版等全新媒体业态的探索也提上日程。如何增强选题的问题意识，提高观点类栏目的水平，改进报道的时效性成为新课题。

去年是中日邦交正常化40周年，今年《人民中国》迎来创刊60周年。几代办刊人和热心读者共同努力培育的这本杂志，面临的是不容乐观的两国关系紧张的现实。创刊号的发刊词中有着一句意味深长的话："在国家和国家的关系中，我们也希望能建立起'知己'的关系。""知己"尚未成功，编读仍需努力。我们愿意在今后的日子里和读者一道，在致力于增进两国人民相互了解的道路上携手前进。

2013年，《人民中国》迎来了创刊60周年。60年来，《人民中国》以大量图文并茂的报道，全方位地记录了时代变迁、见证了中日关系的发展历程，不少文章和画面历久弥珍。

借本刊迎来"甲子"，在新世纪里"再出发"之际，我们打开尘封的记忆，通过各时期版面集萃和回忆文章，一起回顾、梳理往事，旨在让历史告诉未来，为中日关系的新一轮健康发展萃取智慧，续写感动。

50年代：草创期的点和线[1]

20世纪50年代初，冷战格局的形成，新中国遭到西方阵营国家政府的敌视和封锁，但人民之间相互了解的愿望十分高涨。

《人民中国》（日文版）在周恩来、廖承志等前辈的支持下，于1953年6月正式创刊了。在第一任总编辑康大川的带领下，中日同人忘我工作，国内

1 采编部记者单涛撰文。

顶级外交家、作家、艺术家纷纷寄稿，新中国的种种成就和全新面貌等每月不停地发往日本。卓有成效的半官半民的文化、经贸往来，就在这一时期初具规模。

文化部原副部长刘德有，从创刊起在本刊翻译部整整工作了12年，见证了刊物草创期的鲜为人知的故事。

从日侨学校到《人民中国》

1952年8月，在大连日侨学校教中文的刘德有接到通知，来到沈阳，为即将从北京来东北参观访问的亚洲及太平洋区域和平会议代表，翻译参观点的说明文字。

由于刘德有需要将译文送到当时日侨在沈阳创办的报纸《民主新闻》编辑部去润色，因此结识了民主新闻社社长井上林。而就在那里，让他有机会见到了改变自己未来命运的人——康大川。

当时，《民主新闻》即将停刊，正在组建队伍创办日文版《人民中国》的康大川闻讯从北京赶到沈阳，希望能从《民主新闻》编辑部招募一批具有媒体经验的人。

这时，井上林向康大川推荐了刘德有。康大川向刘德有说明了来意，问他愿不愿意去北京工作。刘德有欣喜异常——能去北京工作是他梦寐以求的事情，于是他立刻回答："我愿意。"

1952年12月10日，21岁的刘德有和安淑渠、李玉银、于鸿运来到《人民中国》日文部办公室的时候，房间里已有十余名工作人员，包括来自民主新闻社的日本专家菅沼不二男，以及林弘、戎家实等日籍员工。几天后，刘德有被分配到翻译组，开始了创刊的准备工作。

一丝不苟的工作作风

为了保证创刊顺利，日文版《人民中国》出了两期内部试刊。第一版试刊比较单薄，封面也很简朴，看上去像一本政府公报。大家觉得应该做得更有杂志的味道，对设计风格、文章的译法等提出了很多改进意见。

两期试刊结束后，日文版《人民中国》在1953年6月正式创刊，封面是“五一”国际劳动节时毛主席在天安门上接受少先队员献花的照片。刊头的“人民中国”四个字非常醒目。刘德有回忆说：“当时手里拿着还散发着油墨味的创刊号，人人都激动不已。特别是那些协助我们的日本朋友，想到这本杂志不久就会到达他们的祖国——日本，更是激动万分。”

但是，大家翻阅创刊号时发现了一个印刷错误：在一处图片说明中，一位来华参加“五一”庆典的日本代表的名字“儿岛”，被错印成了“儿玉”。虽然只是错印了一个字，但也决不能就这样将错就错。康大川决定，大家一起用剃须刀片刮掉错字，再把正确的铅字盖在上面。全体人员忙了一个通宵，印出的两千册创刊号全部改完，没有耽误杂志按时发往日本。

作为日文版《人民中国》的负责人，康大川对工作要求非常严格。每一篇译稿他都要从头到尾审读，发现问题就和日本专家商量修改。他对杂志的图片和美编也很讲究。每一张图片、每一期版式他都要亲自过目，达不到要求便退回去返工，从不迁就。

刘德有说：“日文版《人民中国》从创刊到后来的发展，康大川起到了重要作用。他严谨的工作作风，保证了《人民中国》的质量和品格。”

“《人民中国》是我的大学”

“《人民中国》对我来说是一所大学，我的翻译水平、知识阅历是在这里提高和培养起来的。”刘德有说，“在《人民中国》编辑部，从专家到普通的工作人员，所有人都是我的老师。”

创刊号上刊登了一篇著名作家魏巍写的朝鲜战争的战地通讯《前进吧，祖国》，这篇稿子由刘德有来翻译。文学作品的翻译很难，刘德有尽力翻译好后交给林弘修改，却被原封不动地退了回来。“最好你自己先改一改”，林弘的这句话给刘德有浇了一头冷水。他只得硬着头皮返工。后来，这篇稿子经过林弘和日本专家池田亮一的修改后，最终发表。刘德有说：“这件事尽管让我有了受挫的感觉，但对我发奋努力，提高翻译水平的帮助实在太大了。”

1964 年 9 月，刘德有离开了《人民中国》，作为战后第一批新中国常驻日本记者前往东京，一住就是 15 年。回忆起在《人民中国》日文部工作的 12 年，刘德有的内心充满了感激：“在大连日侨学校工作是我从事对日工作的原点，而在《人民中国》的工作不仅扩大了我的视野，更拉近了我与日本人民的距离。无论是我后来作为驻日记者观察和报道日本，还是在文化部从事对日文化交流活动，在《人民中国》积累的知识和阅历，培养的对中日两国文化的兴趣和修养，都起到了难得的、不可替代的作用。”

60 年代：关键的出访与第一个黄金时代[1]

经过 10 年建设，新中国抚平了战争创伤，人民群众建设国家的热情空前高涨。这 10 年尽管后期发生了“文革”重大失误，但各行各业的建设还是取得了举世瞩目的成绩。中日半官半民的交往日益频繁，以民促官推进邦交正常化的呼声已经形成相当坚实的民意基础。

此时，审时度势调整了编辑方针的《人民中国》将视角转向街头巷尾、厂矿乡村及人民的日常生活，通过讲述百姓的故事反映中国的新面貌。那些生动细腻、自然真实的文章赢得了日本读者的赞誉，奠定了日后《人民中国》独特的报道风格，并由此迎来了《人民中国》发展的第一个黄金时代。而这一切的转变，竟是源自 60 年代初的一次成功出访。

45 天的友情之旅

“看着机窗外云海变幻，很快飞机来到羽田机场上空。从机窗望出去，地面上接机人群中飘扬着‘日中友好’好的大旗，人们展开欢迎横幅等待着我们的到来。”

1　采编部主任沈晓宁撰文。

这是发表在《人民中国》1963年11月号至1964年4月号上的日记连载“日本45日間”中的一段。它记录了《人民中国》代表团首次访日时的经历，作者是《人民中国》记者、访日团成员李雪琴。

“1963年6月，受日中友好协会的邀请，《人民中国》代表团在外文出版社社长罗俊的带领下，首次访问日本。”李雪琴（85岁）回忆道，“这次访问为期45天，我们从九州到北海道走访了36个都道府县，与3000多名日本读者举行上百次座谈。”

6月14日，在东京举行的欢迎“《人民中国》创刊10周年访日团”的宴会上，罗俊团长热情的讲话多次被现场1000多名日本嘉宾的掌声所打断。一名曾经侵华的日本老兵鞠躬表示：“前半生我对中国人民犯了罪，后半生我将全力促进日中友好，教育子女日中永不再战。”在热烈、友好的气氛中，《人民中国》代表团开始了45天的访日之行。

在李雪琴的记忆中，至今留下了许多令她感动的片段。“记得我们坐船从青森返回东京，码头上聚集了许多送行的读者。他们一边同我们挥手告别，一边向船上抛投彩色的纸带。我们的船就这样拖着长长的漂亮纸带，缓缓离开了港口。”李雪琴笑着回忆道。

有一对日本情侣，特意把婚期安排在访日团到达的日子，希望《人民中国》能成为他们的证婚人。遗憾的是，由于行程发生变化，访日团最终无法参加他们的婚礼，但是送上了祝福的礼物。

“我忘不了那些冒雨举着欢迎横幅的读者，也忘不了夜里在我们驻地周围自发巡逻的大学生，更忘不了一路上一张张日本朋友的笑脸。”李雪琴感动地说，“我们原本是素不相识的人，正是《人民中国》让大家结下了这份珍贵的跨国友谊。”

7月27日，访日团即将离开日本。“机场大厅来了许多送行的朋友。大家彼此说着道别的话，相约一定在北京或东京再会。时光无情地流逝，在‘中日友好万岁’的欢呼声中，我们和日本朋友们握手惜别。泪花情不自禁地模糊了视线，我们尽量控制着自己的感情。分别的时刻总是令人感伤。”

即便是在半个世纪后的今天翻看当年的报道，我们仍能深深地感受到《人民中国》与日本读者间的感人情谊。

《人民中国》换新颜

“那次访日的另一个重要成果，就是促成了《人民中国》的第一次改版。”李雪琴说道。在访问期间，有读者开玩笑说，阅读《人民中国》需要正襟危坐，静下心来方能读得下去。20 世纪 50 年代，由于对日本读者的接受能力不甚了解，加上当时的政治环境，《人民中国》的报道显得有些生硬、晦涩。对此，许多读者表示希望能看到更多贴近中国社会与百姓生活的报道。

访日团回国后，罗俊和康大川立即根据日本读者的建议，在全社发起改版大讨论。“一时间，办公室和走廊贴满了大家为改版献计的大小字报。”李雪琴说。一次，康大川去储蓄所取钱，发现那里竟无警卫保安，这不恰恰说明中国治安良好吗？于是，他提出开设《北京一角》专栏，通过介绍北京的生活，体现中国的社会面貌，《街道储蓄所》便成为开篇之作。此后，“北京一角”连续报道了理发馆、药店、菜店……受到了读者的欢迎。

1964 年，改版后的《人民中国》，让人顿感焕然一新——封面刊登了中国舞台剧照；每期有了以“特辑”形式出现的反映读者关心问题的重头文章；画刊选取的是展现中国人生活、工作的生动画面，以及精美的风光和文物图片……日本读者纷纷反映“易读易懂，有亲切感，有人情味”。更重要的是，“确定了此后《人民中国》的杂志定位：一本通俗易懂、图文并茂地全面介绍中国的综合性刊物”。

70 年代：深入现场 报道真实[1]

20 世纪 70 年代，中国政府与民间外交在国际舞台上日趋活跃。1971 年，

---

1 原副总编辑丘桓兴撰文。

在日本名古屋第三十一届世乒赛期间发生的“乒乓外交”，不但改善了中美关系，更在日本民间掀起日中友好热潮，推动了中日邦交正常化的实现。赴日采访第三十一届世乒赛的《人民中国》记者唐忠朴，见证了这段外交传奇。

这个时期的《人民中国》，发扬现场报道的传统，从长沙马王堆文物出土、实施针刺麻醉手术到登上冰川探寻长江源头，向日本读者传递出一篇篇真实、生动的报道，并由此奠定了《人民中国》深入现场、报道真实的风格。

采访新中国首次参加世乒赛

当 85 岁高龄的唐忠朴，拿出珍藏了 42 年的第三十一届世乒赛的采访本、照片和《人民中国》读者座谈会名单，讲起当年的“乒乓外交”和中日友好往事时，仍激动不已。

1971 年 3 月，在日本名古屋举行的第三十一届世乒赛开幕之前，日本乒乓球协会和日中文化交流协会，特向中国发出参赛邀请，希望以此促进乒乓球运动和日中邦交正常化。

“面对这个情况，毛泽东主席批示：我队应去。在中国代表团出发前，周恩来总理还特意与团员们彻夜长谈，叮嘱大家：友谊第一，比赛第二。”唐忠朴说：“我也有幸作为《人民中国》的记者随团采访。”

中国代表团一下飞机，立即受到日本各界友好人士的热烈欢迎。“在欢迎人群的簇拥中，从候机楼出来的短短通道，我们竟走了半个多小时。”唐忠朴回忆道，“而且，中国队的参赛使得世乒赛的入场券在一天半内就卖光了。”此后，中国代表团每天都沉浸在友好的氛围中。

友谊第一，比赛第二

遵循“友谊第一，比赛第二”的宗旨，中国球员在赛场内外广交朋友。在唐忠朴的采访本上，记录下当年许多感人的故事：世界冠军庄则栋在比赛间隙，给日本选手擦去球台上的汗水；中国队医生为带伤比赛的日本运动员做按摩、针灸治疗……

中国队去大阪访问时，当地的星野展弥先生为每一位中国球员量体裁衣，赠送定制的球衣。中国队回国前，他又赶到东京，在欢送会上演唱自己创作的赞颂日中友谊的歌曲。

还有一次，“东京都户塚运输劳动组合”给中国代表团写信，希望中国运动员能为他们展示球艺，辅导他们打球。中国队收到信后，随即安排球员前往这个只有 12 名卡车司机的工会。由于闻讯而来的人越来越多，中国球员只好改在附近一所小学的体育馆里进行球艺展示。展示结束后，他们又与司机及学校师生们打球，大家相处愉快，告别时依依不舍。

见证历史时刻的《人民中国》

第三十一届世乒赛期间还发生了轰动一时的“乒乓外交”。美国球员科恩错上中国队的车，中国球员庄则栋见状，热情大方地拿出一幅织锦，作为礼物送给了他。当时，中美尚未建交，这件事立即引起媒体的关注：“中美运动员交朋友了！”后来，中美两国以此为契机，相继打开了民间与政府间友好交往的大门，进而实现了中美建交。唐忠朴目睹了这一历史时刻——他当时就坐在庄则栋的身边。

让唐忠朴难以忘怀的还有《人民中国》热情的读者。《人民中国》在日本各地拥有众多读者。唐忠朴随中国代表团每到一地访问，都有许多热心读者来看望，希望他能挤出一些时间与读者见面和座谈。我们开过七次读者座谈会，其中大阪座谈会有 50 多人出席，把会议室坐得满满的。对此，同行的新华社记者说：“《人民中国》在日本有这么多热心读者，真让人羡慕。”

“应该说，在第三十一届世乒赛之前，日本各友好政党、团体和广大人民，为日中友好已进行了 20 多年的不懈努力。当时，他们趁着‘乒乓外交’掀起的中日友好热潮，以民促官，冲破层层障碍，为 1972 年 9 月中日实现邦交正常化发挥了积极的作用。”唐忠朴感叹道。

唐忠朴把他在日本 40 天的采访，编成两期图文并茂的别册，随《人民中国》1971 年 6 月号和 7 月号发行。那些来自现场的感人故事和生动场面，深受读者的欢迎，别册很快就销售一空。

唐忠朴的世乒赛报道，体现出 70 年代《人民中国》的报道风格——追求深入现场采访，力图将真实的信息生动地传递给读者。为此，《人民中国》记者历尽艰辛、走南闯北，从高原冰川到考古现场，从手术台到课桌，从中国到日本……他们用鲜活的报道，记录着中国的进步，见证着中日关系的发展。

80 年代：改革开放与第二个黄金时代[1]

20 世纪 80 年代，中国实施改革开放，经济建设与融入世界成为时代的主题。中日友好条约签订后，中日关系进入“蜜月期”，两国人民相互了解的愿望更加强烈，人民的来往达到空前规模。

《人民中国》一方面积极报道意气风发的改革年代，另一方面深入中国边陲腹地，以深入采访的文化、旅游报道满足日本读者的新需求。高品位的图文内容以及来自中国的独特视角，使热心读者队伍迅速壮大。《人民中国》迎来了第二个黄金时代。

其中，以《京杭大运河自行车之旅》为代表的连载栏目深受日本读者的推崇，引发了日本读者深入腹地了解中国的兴趣。

一万公里的艰辛采访

20 世纪 80 年代，日本民众对开放国门的中国充满了好奇，特别是对中国悠久多彩的文化更是热衷。此时，43 岁的《人民中国》记者沈兴大思索着应该写出一篇怎样的报道来满足读者的愿望。

“思前想后，我决定写大运河的连载。”沈兴大（76 岁）回忆道，“我从小生长在大运河边，在大学学的是历史专业，知道在这条中国古代南北大动脉的两岸，几个世纪以来积淀下许多引人入胜的文化故事和历史古迹。日本

---

1 采编部主任沈晓宁撰文。

读者一定会喜欢。”

1981 年 5 月 19 日，沈兴大和《人民中国》摄影记者刘世昭骑上自行车，开始了大运河自行车之旅。“虽然大运河从北京到杭州全长 1794 公里，但我们沿途因为采访了 53 个市县、77 个村镇和上千人，总共骑了有上万公里。”沈兴大说。

这次累计 408 天的采访，让沈兴大和刘世昭饱尝艰辛。夏天，烈日当空，柏油路都烤软了。他们骑在车上，晒得头昏脑胀，两腿乏力。冬季，路边的水沟都结了冰。沈兴大蹬车赶路，手脚冻得发麻，但身上汗水淋漓，把棉袄洇湿了一大片，寒风一灌，滋味十分难受。

在河北，沈兴大腹泻不止，在医院昏昏沉沉地输了 10 个小时的液。第二天，身体稍微好转，他就咬着牙骑了 55 公里，到达吴桥县，采访这处世界闻名的杂技之乡。“后来，我在这期连载里写上了‘人困马乏到吴桥’。”沈兴大笑着说。

在江苏，乡村小路上的烂泥把车轮糊得转不动。他们只得在狂风暴雨中，一边按着随风乱舞的雨衣，一边用竹签刮去车轮上的淤泥，狼狈不堪……

“虽然一路辛苦，但也有许多令我们开心的事情。”最让沈兴大兴奋的是能够通过实地采访，发掘出许多大运河鲜为人知的故事：在龙山脚下的杂草丛中，他们发现 9 只张开大嘴的石雕龙头，验证了这里是大运河北京段的源头；在山东省汶上县的农村，他们四处探访，找到大运河戴家坝的设计者——白英老人的后裔，填补了这段历史研究的空白……沈兴大一路采访，写下了十多万字的日记，可谓收获颇丰。

1983 年 1 月 19 日，沈兴大、刘世昭终于抵达大运河的终点——杭州。

三十多年幸福的收获

1983 年 4 月，《人民中国》推出了沈兴大、刘世昭的《大运河自行车之旅》连载，连续刊登了 27 期。日本读者纷纷来信，对文章中知识丰富、趣味盎然的故事和生动的图片给予了充分的肯定，称赞“这是一个伟大的计划”。

爱媛县的一位读者在来信中写道："我每期总是最先阅读《大运河自行车之旅》。它那轻松的笔调，具有不可思议的魅力，将我带入无比愉快的中国之旅中。"爱知县的一位教员说："它正是现代版的《马可·波罗游记》。"

《人民中国》的这个连载，在日本还引起了"大运河热"。NHK 电视台和《北海道新闻》派记者前来北京采访报道沈兴大和大运河的故事。神奈川县日中友好协会从 1988 年开始，先后组织了 190 人次，从杭州出发，沿着大运河骑车观光。1993 年，其中一些日本游客抵达北京，专门来到人民中国杂志社，与沈兴大、刘世昭座谈。

在沈兴大的家中，珍藏着一个来自日本的护身符。沈兴大把它托在掌心说道："这是静冈县烧津市 70 多岁的樽林美沙女士寄给我的。她从文章中看到我在旅途中生病一事，特地走了很远的路，从山上的神社为我和刘世昭请来了两个护身符。这是我运河之行最有意义的纪念品之一。"

408 天、1 万多公里的辛苦付出，换来读者热烈的反响。这让事隔 30 多年后的沈兴大，回想起来依然激动不已："这篇连载能让日本读者如此喜爱，让大运河成为促进中日友好的纽带，我感到莫大的幸福和骄傲。"

《大运河自行车之旅》是 20 世纪 80 年代《人民中国》文化旅游报道中的精品。在那段中日文化交流达到高峰的时期，《人民中国》相继刊登了《中国南北大动脉》《中国民俗探访》《小城镇之旅》和《中国文化之旅》等一系列令人拍案称绝的专栏与连载。可以说，文化报道成为《人民中国》在 20 世纪 80年代对日传播中的亮点。

90 年代：报道多元化时代的探索[1]

以浦东开发和走社会主义市场经济之路为标志，中国的改革开放在此 10 年向纵深发展。香港、澳门的相继回归点燃了中国人的民族复兴梦。在这 10

1 采编部主任沈晓宁撰写。

年中，尽管发展时有曲折，但中日两国间的人员往来和贸易数额持续上升，两国元首实现互访。

这一时期了解中国的窗口越来越多，《人民中国》为更加高效地满足日本读者日益增大的对中国信息的需求，在继续坚持见证时代的报道原则下，开始尝试“文字与图片采访合一”“编译合一”。由一名记者独立完成的报道成为一种新潮流，由中国记者以日文成稿的文章也出现增加的趋势。

其中，《徒步走三峡》栏目开创了《人民中国》此类报道的先河。

为了记住三峡的美

在长江上游的重庆市奉节县至下游的湖北省巴东县之间，自西向东由瞿塘峡、巫峡和西陵峡构成了全长 193 公里的三峡景区。那里有着美丽的自然景色和丰富的历史古迹。然而，为了修建造福百姓的三峡大坝，其中的一些景观不得不淹没在水下，永久消失。

1991 年 7 月，《人民中国》派出摄影记者刘世昭前往三峡，采访、记录下那些即将消失的美景与风情，将其讲述给日本读者。时年 43 岁的刘世昭随即背起摄影器材和行囊，踏上了徒步走三峡的旅程。

“当时，我要先从北京坐近 40 个小时的火车到重庆，然后再坐 2 天船，才能到达三峡的起点奉节。可以说，在北京和三峡之间，仅在往返的路途上就要花费一周的时间。”刘世昭回忆道。

为了详尽地记录三峡，刘世昭选择沿着古人在长江两岸的悬崖峭壁上开凿出的栈道，一路步行一路采访。加上其间因工作数次返回北京，三峡的采访竟历时近一年。“我是分 3 次完成这个采访的。虽然来回跑比较麻烦，采访途中的路也不好走，但我在三峡拍下的美景，记录下的人和事，特别是能把这些写成报道告诉给日本读者，让我觉得还是很值得的。”刘世昭笑着说。

来自三峡的艰辛与感动

唐代诗人李白曾写道：“蜀道之难，难于上青天。”刘世昭就是行走在这样的道路上。最危险的一段路在巫峡。那条所谓的“路”，实际是在70多度的岩壁上凸出的几块手掌大小的垫脚石，下面就是滚滚长江。“我是整个人贴在岩壁上，一点点踩着石头蹭过去的。”刘世昭说。现在，他还能清楚地记得，当时身上的相机与岩壁摩擦发出的“咔咔”声。

为了拍摄三峡著名的神女峰，刘世昭爬上了一座高山。在山顶，他发现了一个小村落。村子里的人因为土地贫瘠、交通不便，生活很穷困。一户人家一年会杀掉一头猪，背到山下换一些生活用品，只留下一条猪腿作为一家人一年的肉食。在这里，一个热心的老汉引导刘世昭寻得草丛中的小径，来到神女峰下完成了拍摄任务。刘世昭为表示感谢，拿出巧克力和牛肉干送给老汉，他却几番推辞。

在刘世昭拍摄的众多三峡照片中，有一张最为经典的《裸体纤夫》，出自巴东县的神农溪。“当地纤夫为了便于水中拉纤，又买不起游泳裤，索性就赤身裸体了。”刘世昭说，“我发现这群人的生活是一个报道的亮点。”于是，刘世昭主动接近纤夫们，与他们在船上一起闲聊、吃饭，不久就成了朋友。为了拍好纤夫的照片，他还特意花了3万元人民币买了一只NIKON镜头。“纤夫裸体拉纤，我就裸体拍照。这样他们才会更自然。”当刘世昭端着相机跳入水中，准备拍摄时，才发现脚下的石头又滑又硌脚，简直寸步难行。“多亏船老大把他的草鞋让给我穿，我才能在水中行走。”就这样，《裸体纤夫》拍摄成功。

刘世昭将一路的采访写成报道，在《人民中国》1992年1月号至10月号上连载，深受读者喜爱。随着时代变迁、三峡大坝落成，以往三峡的许多景象已经不见了，但它们留在了《人民中国》杂志中，留在了读者的脑海里。

做“两条腿走路”的记者

继《徒步走三峡》连载之后，《人民中国》又推出了《熊猫故乡行》《中国最古老的窄轨铁路》等探寻秘境的精彩报道，带领日本读者走进他们难以到达的中国角落。这些报道不仅受到读者的欢迎，更重要的是都是由一名记者独立完成的图文报道。

此前，《人民中国》的采编人员分属编辑部和美术摄影部两个部门。编辑部的记者负责写稿，美术摄影部的记者负责拍摄。但是，为了提高采访效率，把更多的信息传递给日本读者，《人民中国》向记者提出了要既能写稿又能拍照，“两条腿走路”的新要求。从 20 世纪 90 年代开始，这条要求成为《人民中国》培养、衡量记者的新标准。

《徒步走三峡》走出了精彩的三峡报道，也迈出了《人民中国》记者向复合型人才发展的第一步。

新世纪：两国关系的调整与媒体的转型[1]

中日两国关系自邦交正常化 40 年来取得的成就，超过了过去 2000 年交往成就的总和。进入 21 世纪以来，经济发展的消长以及国际形势的变化，使“不惑之年”的中日关系面临调整。

在媒体数字化革命的影响下，如何在纸版杂志的基础上，运用网络技术，形成刊网一体的报道格局，以更加现代与成熟的姿态，使日本受众正确了解以和平发展为基本国策的世界大国——中国，成为《人民中国》的全新课题。

而这一切必须回到《人民中国》的创刊原点：以增进了解和促进人民友好为使命。在中日两国分别遭受特大地震时，本刊及时地报道了两国人民相互支援、相互体恤的人间大爱，就是《人民中国》60 年不变的办刊宗旨的集中体现。

突发灾难　快速反应

2008 年 5 月 12 日下午，我接到手机短信：四川汶川发生了 8 级地震！

1 总编辑王众一撰写。

当天下午到晚上，来自日本的读者和朋友的电话和电邮便接连不断。媒体人的本能令我做出判断：《人民中国》要马上调整版面。

于是，我决定撤下已经排好版的现有内容，拿出50页版面，做紧急策划的大特辑。这样的快速反应在20世纪是不可想象的，对于我们是一个全新的挑战。记者们踊跃表示要去前方采访。但灾区的道路因山体滑坡多处阻断，救援物资进入已经十分困难。考虑到不能给前方救灾添乱，最终我们决定精选发自现场的图片，图文并茂地做好这期特辑。

中国籍编辑和日籍员工从文字内容到文章标题都认真讨论、琢磨。大家达成的一个共识是，“可以传播感动，但不可以‘消费’灾难”。不论是文字还是图片，都避免了煽情和血腥的内容。特辑以较大篇幅体现了日本救援队的努力和坂东玉三郎的赈灾活动，表达了对来自邻邦援手的感谢。

时间紧迫，来不及请前方设计公司制作。编辑部资深记者鲁忠民自告奋勇：“我以前做过设计，就让我来试试吧。”就这样，大家各尽所能参与其中，经过近一周不分昼夜的努力，终于如期完成了杂志的出版。来自读者的高度评价是对我们最好的褒奖。合作伙伴神奈川新闻社还派人将募集的善款专程送到北京。

人间大爱　雪中送炭

3年后的2011年，我们正在准备震后3周年灾区重建报道的时候，3月11日，网络速报告知，震度9级的东日本大地震发生了。我赶紧给福岛、岩手、青森、山形的朋友们打去电话，好在他们还都安全。可接踵而来的海啸造成的破坏，超出了人们的预期。

“3年前四川大地震的时候，日本朋友给我们以支持，现在轮到我们支援日本朋友了。”在这样的共识下，大家一面密切关注灾情的报道，一面迅速调整着版面。

这一期特辑以《日本加油》为题，汇集了来自中国的真情实感。封面上罕见地同时出现了自卫队员、来自中国的救援队员在废墟上奋战的感人场景；中国媒体的快速反应、来自中国国内社交媒体的声援与祝福、本刊同人的募捐活动在特辑中得到体现；住在北京的日本朋友对家人的牵挂、东京支局在日本的报道、亲历地震的中国同行的述怀也占据了较大篇幅。特别值得一提的是，陈言在文章中介绍了为了在海啸中救出中国研修生而牺牲的日本老板佐藤充的事迹；靳飞的“中日戏剧界‘雪中送炭’的佳话”，则对比着介绍了京剧大师梅兰芳 1923 年关东大地震时的赈灾活动与 2008 年四川大地震时歌舞伎大师坂东玉三郎的赈灾活动。

续写感动　期盼智慧

两者的对比意味深长，“雪中送炭”四字亦可谓对本刊点睛之笔的评价。回想起来，《人民中国》60 年来不就是在为增进两国人民相互了解“雪中送炭”吗？关系顺畅时的“锦上添花”自不必说，两国关系出现曲折和困难时，《人民中国》的存在感便会更加得到彰显。我想，这正是本刊所发挥的独特作用吧。

新世纪以来，地壳变化导致的地震频发，其造成的创伤，靠着人道主义的博爱精神逐步愈合。人间大爱带给我们的感动，抵消了地震释放的“负能量”，成为人类构筑信赖关系的“正能量”。

地缘政治的板块运动似乎也在酝酿着“政治地震”。新世纪以来，从历史认识问题到领土争端，总能看到一些“负能量”在挑战地区安全和健康发展的中日两国关系。这股势力对两国关系的破坏和带给两国人民的感情创伤不可小觑。大自然的地震难以预报，人为的“政治地震”则可以阻止。两国关系转圜要靠大勇气和大智慧。

4 月 20 日，距离汶川不远的四川雅安芦山县发生震度 7 级的地震。外文局媒体收到的第一篇国外投稿来自东京的学生中山一贵，他的爱心令人感动。但几乎同时，23 日，日本国会议员 168 人集体参拜祭祀有二战甲级战犯的靖国神社，80 名右翼团体成员驾船驶入钓鱼岛海域。安倍晋三总理有关二战的言论释放出强烈的“政治地震”的讯号。

芦山地震将续写新的人道主义感动；阻止右翼势力的冒险，则要靠双方有识之士的大智大勇。迎来甲子的《人民中国》将继续以守望中日关系，说明中国国情为己任，为增进两国人民相互了解和友好发挥作用。

第三节 2014—2018年度点评

Scope

対日イメージ損ねた安倍首相の靖国参拝

元中国人民外交学会副会長　黄星原

早稲田大学の大学院で学んでいる娘がたびたび私に質問する問題がある。普段接する日本人の多くはとても友好的で、一方、安倍晋三首相も日本でとても人気があるが、なぜ中国は日本が右傾化していると言うかというものだ。防衛大臣を務めたこともある自民党の石破茂幹事長も中日のシンクタンク・フォーラムの席上、私に、日本は戦後数十年平和の道を歩んできたが、なぜ中国はいつも日本が軍国主義を復活しようとしていると言うのかと質問した。日本の著名なニュースキャスター・田原総一郎氏も同様に、中日関係は荒波を乗り越えてようやく良くなってきたのに、なぜ今また不安定になってきたのかと私に問いかけた。

日本の右傾化問題については、中国が言い出したのではなく、自らのあらゆる行為が表しているのだ。25年前、私が初めて大阪で仕事をした時、日本の右翼が駐大阪中国総領事館前で騒ぎを引き起こしていたので、当時弁公室主任だった私は表に立って大阪府や警察との交渉に当たり、右翼の頭目と「対話」したことさえあった。

右翼のデモに民衆も参加

しかし、当時彼らは基本的に行儀はよかったが、民衆からは異端視され、孤立していた。ところが最近では、大使館や総領事館に乱入したり、門扉を破壊し、火炎瓶を投げたりするようになっている。問題は、最近右翼団体主催の多くの騒々しいデモに少なからぬ民衆が参加していることだ。右翼の主張がより多くの共感と支持を得るようになったのか、あるいは長く続いている経済の低迷にあえぐ国民が発散の口実にしているのか、私にははっきりしない。日本のメディアとは仕事の関係で私は10年余りの付き合いがあるが、一貫して右寄りの『産経新聞』はひとまず置くとして、長く中立公正を標榜してきた『読売新聞』やNHKも、ひんぱんに過激な言論を発表したり、あるいは極右的視点の一部政治家や学者に発言の場を提供し、不偏不党であるべき公器の建前まで捨て去っている。私から見るとかなり右寄りの1人の記者が、最近、私を大いに驚かせる話をしたのもうなずける。その記者は、同僚から日本の世論についていけない少数の親中派として批判されているというのだ。では、日本の政治家はどうかといえば、問題討論から問題発言まで、さらに問題発言から問題参拝までエスカレートしている。過去には、問題の発言や行動があったと見なされた政治家は外交紛争を引き起こしたとして引責辞任したはずだが、現在では逆に支持率を伸ばすほどだ。さらに教科書問題では、国際的な批判の声は年々高まっているが、戦争を美化した教科書の採用比率も年々上昇している。もしある国に右翼団体があり右翼首相までおり、右翼メディアから右翼教科書までが受けているとすれば、この国が右傾化していないと言えるだろうか。

日本で軍国主義が復活しているのではないかという問題について、私は日本が最近、軍事的、安全保障面で行っている猛攻撃を脇に置いて、私がテレビの公開討

黄星原

1960年黒龍江省生まれ。吉林大学卒業後、外交部（外務省）新聞司（報道局）に就職。駐日長崎、福岡、大阪各総領事館、駐日大使館で勤務。2007年、中国人民外交学会に異動し、秘書長、副会長などを歴任し、昨年から駐トリニダード・トバゴ大使。

戦勝記念日に平和の尊さを

世界の近現代史において、人類は1世紀余にわたる戦争と衝突を経験した。このうち、とりわけ2回の世界大戦は全人類に類を見ない損害を与えた。中国と日本は東アジアにおける二つの重要な国として、直接戦争に巻き込まれ、両国の国民は戦火に踏みにじられた。中国国民と日本国民は同じく戦争の被害者という立場にあるが、軍国主義に支配されていた日本は侵略戦争の実行者だったのに対して、中国は艱難辛苦の反抗を経て、最終的に反ファシズム戦争に勝利を収めた。

日光を遮る硝煙がすでに過去のものになり、祖父母、父母の世代が経験した苦痛が忘れられつつあるとき、私たちはほこりに埋もれている記憶の扉を開き、先人が血を流して取り返した自由と平和を記念する。ほかでもない、ただ歴史の教訓を忘れると、戦争が再び訪れ、受諾を裏切れば、平和が去ることを人々に気付かせたい。

Special report

「氷山の一角」に過ぎない

1945年8月、日本降伏の前夜から、長春市にあった関東軍総司令部は大規模な公文書焼却作業を開始したが、焼却が間に合わない文書を地下に埋めた。彼らが思いも寄らないことに、1953年11月、長春市は施工中に、これらの公文書を発掘した。公文書を保管している吉林省档案館は半世紀余の整理、修復を経て、このほど、日本軍が自ら残した侵略の確実な証拠として公開した。

これらの文書はほとんどが日本語で書かれ、日本軍の報告書、規定、書簡、月報、通話記録、民情調査などの筆記録と写真資料が含まれている。その中の「通信検閲月報」には日本軍の私的な手紙の記載があり、当時の戦争のありのままの姿が直感的に再現されている。同館の尹懐館長は次のように史料的価値を評価している。「これらの文書は記述内容から書き方に至るまで、規範に従い、詳細かつ正確であり、秩序正しく書かれている。生の資料として、信ぴょう性がある侵略の罪業の記録である。日本の右翼勢力が歴史問題について語る際の虚言、謬論を暴露し、歴史の真相を復元し、第2次世界大戦中に日本のファシストが人類にもたらした空前の惨害を物語っている」

これらの日本軍の公文書は10万件近くあり、今回、公開されたのはその中の89件だ。吉林省档案館の尹懐館長は「皆さんが見ているのは氷山の一角に過ぎない。公文書の整理、翻訳の進展に従って、今後、より多くの研究成果を公開できると思う」と語っていた。

「慰安婦」に関東軍が関与していたことを示す「仕入資金」の日本軍公文書の記録

中国侵略日本軍の暴行を伝える日本兵の手紙の記録

日本軍侵入前の南京の人口が100万人だったことを明記した日本軍公文書

10万件を超える中国侵略日本軍の公文書を適切に保存している吉林省档案館内部

人道に対するひどい蹂躙

「目下小生等大討伐ノ任務ニ当リ共産軍並ニ共産部落ヲ本月十日ヨリ引続キ焼討シテ男子ハ皆銃殺ス此ノ情況ハ實ニ悲惨ナモノテシタ主婦娘等ノ泣声ト悲鳴ハ實ニ見兼ネマシタ小児ハ終チ去リ之ヲ見レハ自然ニ涙カ出マシタ然シ之モ敵國ノ小児此ノ先成長シテハトト考ヘルト心ヲ鬼ニシテ火中ニ投込其時ノ氣持ハ申シ兼ネマス此部落テ討殺シ

Special report

731部隊が爆破し損なったボイラ室の残骸

発掘公文書が語る歴史の真相　侵略日本軍の新たな罪証

日本民衆は標的でない

歩平（Bu Ping）氏

前中国社会科学院近代史研究所所長。中日歴史共同研究委員会中国側委員長。中国抗日戦争史学会会長、中日関係史学会副会長を兼任

滅させることを明らかにしました。軍国主義と帝国主義の復活防止も規定されました。これは日本が投降時に受諾したものであり、遵守しなければなりません。

戦後、日本はこのような国際秩序の枠組の中で、平和の道を歩み、民主改革を進め、平和憲法を公布し、かなり長い間、非常に少ない軍事費だったため、これが経済の高度成長の助けになりました。こうしたことこそ、平和が日本にもたらした特典でした。

現在、日本の一部の人々が憲法改正

が日本を対外戦争の権利を持つ国に作り変えようとしていることを明確にしました。

徐　日本の民衆がこうしたことに警戒と抵抗を強めていることも見なければなりませんね。例えば、集団的自衛権の行使容認の件で、安倍政権は本来、憲法第96条の改正を準備し、憲法改正を発議できる衆参両院議員数を各院の3分の2以上から過半数にしようとしました。しかし、世論調査の結果から多くの回答者が反対していることが明らかになりました。安倍政権は憲法改

が立憲主義に反していますね。

このほど、集団的自衛権の行使容認が閣議決定されたあと、首相官邸前で1万人を超える規模の抗議デモが行われ、大江健三郎氏の講演会には2000人余が参加しました。安倍内閣の支持率低下もこの民意を証明しました。

われわれは日本に広範な平和勢力が存在することに信じるべきです。集団的自衛権問題に対し、日本の知識階層の反対がかなり強いようです。平和憲法が日本の名刺です。これを変えると、日本のイメージが損なわれます。われわれは平和の道を堅持する日本人と共に、右傾化を阻止しなければなりません。日本の右傾化は政治の右傾化であり、決して社会の右傾化ではありません。為政者の政治の右傾化を見ると同時に、日本の民主的な平和勢力のことも頭に入れなければなりませんね。少数の右翼分子の声が大きく、沈黙している大多数の声を打ち消しているのです。

歩　問題は、多くの人が平和を望んでいるのに、具体的な話になると、対立することです。また、一部の極端な意見が往々にして拡大され、両国民衆の対立を作り出していることです。昨年、日本の近代史学者がすでにこの問

本社会に冷静になるよう呼び掛けています。われわれもこの問題を考えて、認識のズレを整理しなければなりません。例えば、中日にとって共に有益な東アジア共同体に対して、米国は邪魔をする姿勢を崩していません。北米自由貿易圏や欧州連合（EU）が実現したのに、なぜわれわれの東アジアは対立しなければならないのでしょうか。われわれは自らの意志で、未来の新秩序を決めるべきです。

——3先生は日本の平和勢力を肯定されました。中国人民は得難い抗日戦争勝利の重要な遺産の一つは、平和的勢力と進歩的勢力との連携だと考えて宜しいでしょうか？

王　実際の話し、中日間には、かなり早い時期からこのような健全な勢力があり、互いに支持し合い、侵略、軍国主義に反対するという共通の目標を持っていました。五四運動の際、日本の世論は中国の学生の暴力的な反日運動だという罵倒の声一辺倒でした。そうした中で、東京帝国大学の吉野作造教授は北京大学の李大釗教授宛に「私は中国の青年が反対しているのは侵略主義、軍国主義の日本であって、平和主義、平民主義の日本ではないことを知っている。彼らの目標は私たちと一致しており、共に日本の侵略的軍国主

4

Scope

東京-北京フォーラムに参加して
「冬来たりなば春遠からじ」

呉建民＝文　佐渡多真子＝写真

東京－北京フォーラムで演説する中国国家創新・発展戦略研究会の呉建民常務副会長

9月28、29両日、東京で開かれた第10回東京-北京フォーラムは、中日関係が困難にある時期だけに、大変有意義だった。この2日間にわたる会議は極めて順調だった。私は幾つかの感想を皆さんと分かち合いたいと思う。私の感想は次の三つのフレーズで総括できる。「困難がある」「解決方法がある」「希望がある」。これは中国人が大きな難題にぶつかった時、いつも口にする言葉だ。

留学生交換に影響させない

「両国関係に困難がある」。中日関係は現在、1972年の国交正常化以来最も困難な時期に置かれている。参加者はこの2日間の会議で、中日関係が直面している厳しい情勢をそれぞれ異なる角度から紹介した。2国間の貿易額は下がり、日本の対中投資は大幅に減少し、多くの交流活動はストップし、合同プロジェクトは影響を受けたという。これは双方とも望ましくない状況だ。

28日午後の政治分科会では、ある中国

5

report

現場を指し示す[illegible]さん

人命救助に国境はない

溺れた日本の小学生救った中国の留学生

光部愛　張世琦＝文・写真

2013年9月16日、台風で増水した大阪の淀川で、鉄道写真を撮りに来ていた小学生の男の子が、川に落ち、濁流に流された。それを見た中国人の留学生が、着の身着のままで2回も川に飛び込み、ついに男の子を救出した。

身の危険を顧みない中国人留学生の勇敢な行動は、中日両国のメディアに大きく報じられ、彼は日本の天皇をはじめ、関係各所から表彰された。中国に関するマイナスの報道が続いている昨今、貴重な心温まる話として中日両国民の胸を打った。

6

2014東京コンセンサス

フォーラム閉幕式では、中国日報社と言論NPOによって「東京コンセンサス」が発表された。その内容は以下の3点である。

1. 中国と日本は一衣帯水の隣国として多くの利益を共有するだけでなく、避けることのできない重い国際的責任を担っている。中日が平和共存を堅持し、協力して共に勝ち、世々代々にわたる友好関係を保持することは、両国にとって最良かつ唯一の選択である。現在、中日関係は国交正常化以来、最も厳しい時期にあるが、これは両国民ひいては国際社会にとって望ましいことではない。私たちは互いに歩み寄り、中日両国のできるだけ早い関係改善を図るため、積極的に環境づくりを行う。
2. 歴史認識問題と領土問題について、中日双方で適切な処理を行うことこそが、中日関係の改善を図り、さらなる発展をするために極めて重要であると、双方共に認識している。目下の海洋事情ハイレベル協議の再開に、われわれはとても励まされており、早期に成果が得られることを期待している。
3. 過去10年間、フォーラムで行われた数々の対話は幾度となく重要な役割を発揮してきたが、この10回のフォーラム開催で培った最も重要な財産とは、両国関係の直面する情勢がどんなに厳しかろうとも、中日間における各種の問題に対して、真摯な対話を続けることができる、そして続けなければならないということである。

両国民が、民間対話の強化や民間外交が続けて重要な役割を発揮することを期待する中で、私たちはこうした要望に積極的に応えるべく、次の10年も引き続き北京－東京フォーラムという重要な中日間民間対話メカニズムを継続し、さらに高いレベルにまで引き上げ、さらなる重要な作用を発揮させるよう努力する。

次期10年への期待を込め、固い握手が交わされた

次期10年の「フォーラム」継続に向けて

年のための調印式が執り行われた。過去10年にわたり中国日報社が行ってきた中国側の運営は、中国国際出版集団に引き継がれた。主催者を代表して周明偉・中国国際出版集団（中国外文出版発行事業局）総裁と工藤泰志言論NPO代表が調印式に臨み、実行委員会代表者として、蔡名照・中国国務院新聞弁公室主任、趙啓正・中国人民政治協商会議外事委員会元主任、朱霊・中国日報社社長、王剛毅・中国外文出版発行事業局副局長、明石康国際文化会館理事長らが列席した。

あいさつで周氏は次のように述べた。

「このフォーラムは中日交流史上、特別な意義を持つフォーラムである。相互信頼を構築するために、中日双方がさまざまな努力をし、困難な時期を乗り越えてきたことに敬意を示したい」。さらに、「中国国際出版集団は日本との付き合いが長く、外国語により対外文化交流を行う、中国で最も古い事業機関である。傘下企業は国内に7社、海外に5社あり、毎年11言語、5000アイテム以上の出版物を刊行している。今後フォーラムの重要な担い手となる人民中国雑誌社も傘下にあるが、『人民中国』は60年以上続いてきた歴史ある雑誌である。次期10年に向かって、単なる経験の継承にとどまらず、さらに発展・刷新させたいと願っている」と述べた。

趙氏は、「参加者が率直かつ謙虚に相手の主張を受け入れてきたからこそ、現在のような関係が構築できた。このような姿勢は中日関係を改善するだけでなく、世界の交流親善の手本にもなるだろう」とフォーラムを評価し、明石氏は「今後日中関係はますます複雑に、かつ多層的関係になるであろう。新体制が過去10年間の奮闘へ立派に応えることを祈りたい」と未来への期待を語った。■

特集

スモッグを退治し 青空を取り戻そう

張春俠　高原　劉玉晨＝文　馮進＝写真

ますます深刻になっている。特に2013年以降、スモッグの発生率の高さ、及ぶ範囲の広さ、汚染の深刻さはすべて、前代未聞の水準に達している。微小粒子状物質（PM2・5）の測定値がメーターオーバーし、昼間でも視界が数十㍍以下となり、小中学校が休校となり、フライトのキャンセルが相次ぎ、高速道路が閉鎖され、バスが運行を一時停止するようなことがしばしば起きている。

そのため、人々もかつてないほど大気の質とスモッグに関心を寄せ、「スモッグ」は「改革」に次ぐキーワードとなっている。

日々深刻になりつつある大気汚染に対し、中国各地では相次いで自動車のナンバープレート末尾数字による走行制限、一部の工場の操業停止、高汚染排出高炉の取り壊しなどの措置が講じられた。李克強国務院総理は2014年の「政府活動報告」においても「スモッグへ宣戦する」ことを打ち出し、中国政府が大気汚染を防止・制御する決意を表明した。

「大気汚染防止・制御行動計画」では、2017年までに、全国の地区クラス以上の都市の粒子状物質濃度を2012年比10％以上削減し、大気の質が「優良」な日数を年々増加させ、北京・天津・河北地区、長江デルタ地帯、珠江デルタ地帯などの地域のPM2・5濃度をそれぞれ25％、20％、15％程度削減し、中でも北京市のPM2・5の年平均濃度を60μg／m³（マイクログラム毎立方㍍）程度にコントロールするとしている。

直島再生を中国の手本に

呉亦為＝文・写真

瀬戸内海に浮かぶ直島。人口3000人ほどで、養殖などの漁業で栄える島だ。工業発展に伴い環境汚染で悩まされたが「現代アートの島」として再生を遂げた。また、世界的に有名な旅行雑誌『Condé Nast Traveler』で、今後訪れるべき価値のある七つの島の一つに選ばれたという。本誌取材班は今年6月、経済発展と裏腹に環境汚染が深刻化している中国の手本にしたいという思いでこの「奇跡の蛻変」を遂げた直島へ出かけた。

虎形山ヤオ族郷（湖南省）

1着のスカートに30万針の刺繍

劉世昭＝文・写真

名前の由来は「鮮やかな花の海」

ヤオ族に分類されているが

湖南省の省都・長沙からオフロード車に5時間揺られ、ようやく省南西部にある隆回県小沙江鎮の花瑶のふるさと虎形山ヤオ族郷に到着した。虎形山ヤオ族郷は湖南省を南北に走る雪峰山脈の東のふもとにあり、標高は平均で1320mあり、気温も平地とはかなり違う。ここは降水量が多く、四季がはっきりしており、気候はおだやかで、冬暖かく夏涼しく、年間平均気温は摂氏11度となって

たちはみなおしゃれ好きだ

継いできた古く素朴な暮らしを忠実に守り続けている。

花瑶は謎めいたエスニック集団だ。1950年代初期の民族認定ではヤオ族に分類されたが、このたった6000人ほどの「ヤオ族の一派」は実はヤオ族の始祖とされる盤王のことも知らなければ、ヤオ族の祝祭日を祝ったこともない。彼らの身なりにヤオ族の痕跡はまったく見当たらない。

この集団の女性はとりわけおしゃれ好きで、彼女たちの服装やアクセサリーは一貫して祖先から受け継いだ古く、こまごまとして、奇怪で、伝統的なスタイルを持つ。遠くから見ると眼が覚めるように美しく多彩で、まるで鮮やかな花の海のようだ。そこで、人々は彼らを「花瑶」と呼ぶようになった。

「お年寄りに聞いたところでは、宋代の頃、皇帝が南方の民族を征伐したそうです。私たちの祖先は官軍に追われ

人民中国
7
July 2014
定価400円
1956年12月18日 第3種郵便物認可
2014年7月5日発行
(毎月1回5日発行)通巻733号
PEOPLE'S CHINA
中国を知るための
日本語総合月刊誌
難局打開へ「長崎対話」
寧徳　福建省の山奥に中原文化
特集
人間が中心の新型都市化へ
www.peoplechina.com.cn
11

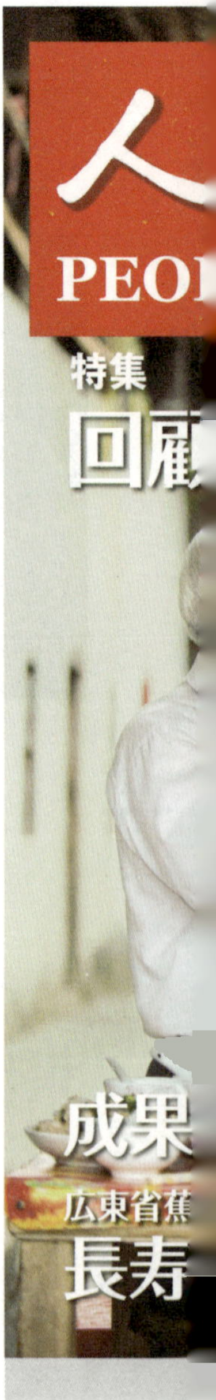

特集
成果
広東省蕉
長寿

2014

安倍首相参拜靖国神社，使本来已经很困难的中日关系雪上加霜。中国人民外交学会原副会长黄星原指出，“安倍首相参拜靖国神社有损日本国际形象”（2月号，见图1）；牢记历史，《尘封档案提供侵华日军新罪证》一文引发中日媒体关注（6月号，见图2）。在《胜利纪念日我们深知和平的宝贵》中，卢沟桥前的一束花象征着中日之间不忘过去才有未来（9月号，见图3）；近代史学者步平强调，“清算侵略罪行并非针对日本民众”（9月号，见图4）。

面对两国关系遇到的困难，吴建民不失乐观地表示“冬天到了春天还会远吗”（11月号，见图5）。“拯救生命无国界”，一位在日本的中国留学生勇救落水日本小学生的善良义举，为冰冻的中日关系送来一股暖人的春风（2月号，见图6）。北京-东京论坛第二个10年将由中国外文局与日本言论NPO联合举办，这个公共外交平台的转移，也为《人民中国》拓展格局提供了千载难逢的机会（11月号，见图7）。

治理雾霾夺回北京蓝天已经是当务之急，两会期间直观的逐日记录反映了当时北京的雾霾真实情况（5月号，见图8）。工业遗址如何焕发新生机？日本直岛的重生经验值得中国借鉴（6月号，见图9）。文化遗产需要保护，湖南瑶族绣有三十万针刺绣的裙子令人称绝，传统工艺必须后继有人（5月号，见图10）。

自下半年起，封面改由《美丽中国》栏目组特邀佐渡多真子实地拍摄。不论是《互整衣装的畲族姑娘》（7月号，见图11），还是《举杯庆寿的客家老人》（12月号，见图12），可敬、可爱、可亲的日常生活中“等身大”的中国普通人的形象，得到了读者的普遍认可。

人民中国 2015

report

「共鋳大器」のテープカットに参加するゲストたち

report

東京で陶磁器展、メディアシンポ
息吹き返す民間交流

于文＝文　呉亦為＝写真

昨年11月25日、東京で規模が大きいとは言えない陶磁器展が注目を集め、多くの日本の政界要人や中日両国の芸術家が開幕式に参加した。21点の主な展示品は中日両国の著名人と名工が共作した陶磁器で、参加者は展覧会のテーマである「共鋳大器」（共に大器を作り上げる）から「共築友好」（共に友好を築き上げる）までを話題にし、会場は大いににぎわった。

3日後の11月28日、同じく東京で中日両国が相手国の言葉で本国の情報を伝えるメディアが一堂に会した中日初のシンポ「中日対外発信メディアシンポ　交流と対話」が開催され、パネリストたちはメディアの果たす役割について熱心な対話を行い、将来の協力に向けて展望した。200人収容の会場は満席で、斬新で実践的なシンポは聴衆からも広く好評を得た。

この二つのイベント開催には人民中国雑誌社が深く関わっている。11月7日、中日両国政府は両国関係の改善に向け四つの原則的共通認識を発表、また、両国首脳の会見が実現し、中日関係は改善に向けて重要な一歩を踏み出した。両国関係が困難に陥っていたこの数年の間には、民間交流も多大な影響を受けていた。中日関係に良い趨勢が現れてきたこの時期に行われた二つの催しは、日本の政界要人から一般市民まで幅広い注目と歓迎を集めた。これらの活動はなぜ人心を動かしたのだろうか、また参加者の熱意は各界人士のいかなる願いを反映しているのだろうか。

作品に込めた長き友好の願い

陶磁器展が行われた東京中国文化センターの展示室で、鳩山由紀夫元首相は展示された紫砂の茶壺を手に取りつぶさに鑑賞、刻まれた書をしきりに賞賛した。題字は程永華中国駐日本国大使が書いたものだった。簡潔な「静心」の二文字に、鳩山元首相は共鳴を感じたという。また、鳩山氏の揮毫による紫砂の作品を目にした中国国際出版集団の王剛毅副総裁は、「あなたが『中日友愛』と書かれた茶壺は1200度という高温での焼成を経ており、きっと後世にまで伝わるでしょう。両国の友好もこの作品と同じように長きにわたって受け継がれるはずです」と語った。

展覧会の名称は「共鋳大器」。中日の政治家と芸術家による紫砂陶器の共作展で、展示品は鳩山由紀夫元首相、公明党山口那津男代表、民主党海江田万里代表、程永華中国駐日本国大使と両国の芸術家が揮毫して焼成された紫砂陶芸作品だ。本誌の愛読者である田畑正樂氏は、展覧会開催の知らせを受けて秘蔵の紫砂植木鉢に植えた蘭の花を届け、まさに展覧会に花を添えた。展覧会を観覧した田畑氏は、「書画と陶芸のコラボレーションは中国の先賢の知恵であり、この展覧会は両国の知恵の結晶です」と感想を語った。

開幕式には中国駐日本国大使館の韓志強臨時代理大使、中国国際出版集団王剛毅副総裁、参議院議員浜田和幸氏などの来賓が列席した。韓代理大使は展覧会「共に創造したのは芸術品だけではない。作品が内包する、中日両国の政治家と文化人が両国人民の相互理解と友好に寄せる美しい願いこそさらに重要なものだ。中日関係が重要な一歩を踏み出した今、共に創造した『大器』は中日関係の改善と、未来に向かって絶えざる発展を象徴する宝物だ」と述べた。

「共鋳大器」の会場で鳩山由紀夫元首相と話を交わした王剛毅中国国際出版集団副総裁（右から2人目）

期待されるメディアの役割

対外発信メディアとは、他国の言語で本国のニュースを伝えるメディアのこと。中国では、人民ネット、新華ネットなどが日本語サイトを開設し、本国のニュースを伝えている。『人民中国』誌も同様である。日本では共同通信社がネットで中国語ニュース配信を行っているほか、数多くの地方メディアも中国語による報道を行っている。対外発信メディアは相手国の視聴者に対して、自国に関するより客観的でより深い理解を促すという大きな役割を果たしている。中国国際出版集団と共同通信社の共催による今回の催しの目的は、対外発信メディアの交流プラットホームを目指すことにあった。

フォーラムは東京の国際文化会館で開催された。まず共同通信社の福山正喜社長、中国駐日本国大使館の郭燕公使、中国国際出版集団の王剛毅副総裁がそれぞれあいさつを行った後、中国外文局対外伝播研究センターの于運全副主任とキヤノングローバル戦略研究所の宮家邦彦研究主幹が、自国の対外発信メディアの現状と課題をテーマに基調報告を行った。続いて人民ネット、新華ネット、チャイナネット、中国国際放送、『人民中国』の中国側メディア代表が、共同通信、東奥日報、岩手日報、京都新聞、中国新聞、西日本新聞の日本側メディアの代表と共に「中日関係が困難な時期に、メディアの果たすべき役割とはなにか」、「地方の声をいかに伝えるか」という二つのテーマについて討論を行った。

『人民中国』の王衆

report

800万人が理想の教育に感動！
——なぜ読まれる『窓ぎわのトットちゃん』

孫雅甜＝文・写真

児童書ブームをけん引

女優・タレントの黒柳徹子さんによる自伝的物語『窓ぎわのトットちゃん』（以下『トットちゃん』と略す）は日本で広く知られる児童文学作品だが、実は中国でも2003年に新経典文化有限公司（以下「新経典」と略す）により正式に翻訳・出版（中国での書名は『窓辺的小豆豆』）され人気を博している。すでに累計800万部以上と日本での発行部数に肩を並べるほどのベストセラーになっており、教科書に採用している小中一貫校もあり、中国児童図書販売市場における一つの奇跡とさえ言われている。

さらに、今年1月には、北京颯風社文化有限公司（以下「颯風社」と略す）から『絵本　窓ぎわのトットちゃん』（中国での書名は『絵本　窓辺的小豆豆』）が出版され、数えきれないほどの人々に楽しみと憧れをもたらした作品は、絵本という新たな美しい姿で子どもたちの心の扉をノックしている。

近年、絵本に代表される日本や欧州、米国の児童向け図書が数多く紹介され、中国の子どもたちは海外の優れた書籍の魅力を知るようになった。従来からの中国の児童文学作品に海外作品が加わり、児童向け図書市場に豊かさと可能性が広がっている。こうしたブームをけん引しているのが『トットちゃん』なのだが、それでは日本人が書いた児童書が、中国の読者に愛されている理由はどこにあるのだろうか？

『絵本　窗辺的小豆豆』（『絵本　窓ぎわのトットちゃん』中国語簡体字版）

きっかけは編集長の記憶

「『トットちゃん』はミラクルです」颯風社の理事長になる以前、新経典に十数年間勤務した猿渡静子さんは、『トットちゃん現象』についてこう話す。13年前に『トットちゃん』中国語簡体字版の版権を取得し、中国での同書出版を成功させたのがほかならぬ猿渡さんだ。

「2001年でした。新経典の陳明俊編集長が一緒に出版の仕事をやらないかと誘ってくれたのです。彼は、この数十年両国の間に隔たりが続く一つの大きな原因が、中国人の日本に対する理解不足であり、両国はもっと交流すべきだと考えていました。そして、図書による交流は影響力が最も長く続くものなので、日本の書籍を中国に紹介したいというのです」

特集

戦争を経験し、最も大きな[illegible]国・中国は、戦後の国際秩序づくりと世界平和の再建に貢献するとともに、人道と寛容の精神で敗戦国・日本と付き合った。ファシズムと軍国主義から解放された日本国民も悲惨な戦争から教訓を得て、戦争放棄を掲げた平和憲法を誕生させた。その意味で世界反ファシズム戦争の勝利は日本国民を含む世界の人々が共有すべき勝利だ。

本誌は今回の特集で中国や日本、ロシアの人々を取り上げ、一個人として戦争の意味、戦勝の意味そして平和の意味を語ってもらった。私たちは戦勝70周年を機に、彼らの言葉を通して世界平和の尊さとありがたさをあらためて考えてみたい。

戦争終結から70周年が過ぎた今も盧溝橋の獅子像は静かに立ち並び、戦争と平和の目撃者として歴史の移り変わりを人々に語り継いでいる。新しい時代の息吹を放つ高速鉄道がその背後を走り抜ける。この盧溝橋はいまや単なる歴史の記憶を喚起させるシンボルではなく、時代の岐路に立つ21世紀のわれわれとわれわれの子孫が未来に向けてどう歩み出すべきかを考えさせる存在になりつつある。

もっと見たい！日本 もっと見よう！中国

東京支局取材班＝文・写真

銀座、浅草、お台場…。いま、およそ観光客が行くであろう東京の街で、中国人観光客の姿を見かけないことはない。日本の独立行政法人国際観光振興機構（政府観光局、JNTO）の発表によると、中国人観光客数は前年同期比83・3%増と群を抜き、約240万9200人が日本を訪れている（昨年1～12月累計）。まだまだ団体旅行が多くを占めて

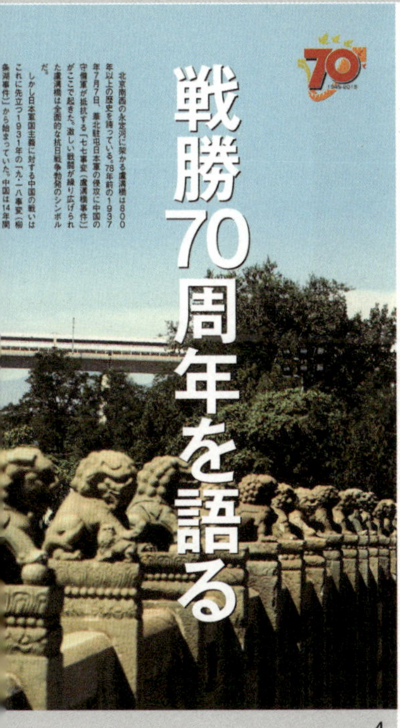

戦勝70周年を語る

北京南西の永定河に架かる盧溝橋は800年以上の歴史を誇っている。78年前の1937年7月7日、華北駐屯日本軍の侵攻に中国の守備軍が抵抗する「七七事変（盧溝橋事件）」がここで起きた。激しい戦闘が繰り広げられた盧溝橋は全面的な抗日戦争勃発のシンボルだ。

しかし日本軍国主義に対する中国の戦いはこれに先立つ1931年の「九・一八事変（柳条湖事件）」から始まっていた。中国は14年間

村山富市元首相に聞く
隣国との和解で拓かれる未来

聞き手＝王衆一　写真＝于文

20年前の1995年8月15日、当時の村山富市首相が戦後50年の節目に発表した「村山談話」は、日本にとってどんな意味を持つのか。安倍首相がこの8月に発表する「安倍談話」が「村山談話」の精神を継承するものとなるのか。中国、韓国をはじめ世界がこれに注目している。

日本の国会で安全保障法案が強行採決される直前、「憲法違反だ」との声が高まる中、村山氏がインタビューに応じ、「村山談話」成立の経緯やその後の推移などについて語った。そして村山氏の言葉からは、戦後の平和主義を守り抜くため平和憲法の堅持を、という強い願いがうかがえた。

――「村山談話」の実現には、非常に強い意志が必要だったと思いますが、そこに至るまでの困難を知らない人も多いと思われます。経緯についてお聞かせください。

村山富市元首相　日本は歴史的にも文化的にもアジアの一員であり、アジアか

report

レンガと友好を積み重ねて

——南京城壁修復20周年

単濤　田潔＝文　単濤＝写真

南京台城部分の城壁は、南京城壁の中でも景観が最も美しいとされる

南京を初めて訪れた人はみな、秦淮河の河畔にそびえる高い城壁に引きつけられるだろう。これは1366年から28年かけて建設された明の城壁で、明の太祖朱元璋が南京を都に定めたことを象徴するランドマークであり、南京ひいては中国の歴史的文化遺産である。

この文化遺産はかつて日本の侵略軍の砲火によって見渡す限り破壊の跡となったが、世界反ファシズム戦争勝利50周年の1995年に、中日両国の友好人士が「中日協力による南京城壁保存修復事業」を発起し、そこから戦争が両国人民にもたらした傷を癒やしてきた。

今年はこの事業が始まって20周年であり、同時に江蘇省人民対外友好協会成立60周年の年でもある。数十年の時の流れの中で、南京ひいては江蘇省各地と日本の間で多くの友好交流と協力が行われてきた。政府と民間の友好の付き合いの中には、数えきれないほどの感動的な物語がある。

今年5月15日、中国人民対外友好協会、中国日本友好協会、江蘇省人民対外友好協会と公益社団法人日中友好協会が共催する「『歴史を銘記し、平和を守り、友好を増進し、共に未来を切り開く』中日協力による南京城壁保存修復事業20周年記念式典」が南京で行われ、中日両国の新旧の友人が一堂に会し、記憶をあたため、未来について語り合った。

「一人っ子」緩和から1年

二人目は産む？産まない？

人口世界第1位の大国である中国の人口問題は、経済・社会の発展全体に関わっている。人口の過度な増加をコントロールするために、1970年代から計画生育（計画出産）政策の実施が開始された。

実施後の四十数年間で、中国で累計4億人超もの出産が減少し、人口増加の加速に歯止めをかける効果が得られた。しかし、第1次一人っ子世代が出産ブームを迎えるに伴い、高齢化、労働力不足などの問題も日増しに浮き彫りとなってきた。

2013年11月、生育政策は、夫婦どちらか一方が一人っ子である場合、2人目の子どもを産むことができるという「単独2子」へと調整された。

1年が経過した今、同政策の下で、産むべきか産まざるべきかがホットな話題となっている。（写真提供・新華社）

この人に聞く

住友の事業の源流は 1590年に京都で開業した銅の精錬業であった。銅鉱石に含まれる銀と銅を吹き分ける技術「南蛮吹き」を住友家に伝授したのが、当時明国から渡来した白水という人物で、当時の屋号「泉屋」は白水の名前にちなんで命名されたと伝えられている。また、住友グループ各社の商標に使用されている「菱井桁」は泉を表し、主要各社の社長会合の名称も「白水会」とされるなど、「白水」と「泉」は住友グループ結束の象徴として今日まで受け継がれている

うななかでも中日友好協会の王秀雲副会長は、東日本大震災発生時に中国の青少年と被災地でボランティア活動をするなど、民間交流のために努力されていました。私たちも王副会長を見習い、経済面だけでなく、草の根レベルでの地方との交流、文化交流などさまざまな活動を進め、相互理解を取り戻さなければとそれまで以上に頑張りました。同時に政治的な問題が起こる前に、何らかのチャンネルを通じて状況が非常に厳しい時期であるからこそ経済関係の改善は重要である」という言葉にはまさに同意します。二階氏は「中国通」として知られる自民党の総務会長で、日中経済交流を積極的に後押ししてくださることに心強さを感じています。

——確かに好転の兆しは見えていますが、本当に大丈夫だろうかと疑問に感じる人も少なくないようです。特に

report

せた背景には、双方の懸け橋となった人物の存在がある。大連金港集団有限公司の孔兆恩董事長（取締役会長）だ。孔会長と、住友化学の相談役で日本経済団体連合会の米倉弘昌名誉会長との間には、深い友情と信頼関係がある。

が担うことになった。05年のことだ。さまざまな困難を乗り越え非常に短い期間で工場の立ち上げを成し遂げたことが住友化学と大連金港集団有限公司の結びつきをより強固にした。なかでもトップの2人、米倉名誉会長と孔会

交流した。一方、米倉名誉会長は長期にわたって、大連と住友化学、ひいては日本経済界との友好交流や経済協力に取り組んできた。このような多大な貢献が評価され、米倉名誉会長は大連市名誉市民の称号を授与された。「名

いて、農業技術や農業関連製品において全面的な連携・交流をしたのは住友化学さんだけです。住友化学さんは教科書のような存在で、私たちは多くのことを学び、大きな成果を収めました。この小さな試験プロジェクトから中日

米倉弘昌・日本経済団体連合会名誉会長

企業の枠越え日中経済交流を

聞き手＝王衆一　写真＝呉文欽

昨年11月から2回の首脳会談を経て、中日関係は徐々に改善の兆しを見せ始めたが、「政冷経冷」と言われて久しい両国の経済界の課題は、いまだ山積みである。この局面を打開するためには一体何をすべきなのか。住友化学で社長、会長を務め、長年にわたり中日両国の交流に尽力し続ける、米倉弘昌・日本経済団体連合会（経団連）名誉会長（前会長）に聞いた。

――中日関係において経済交流は極めて重要で、大黒柱と言ってもいいと思います。しかし「政冷経熱」から始まった21世紀の両国関係は、さまざま

倉さんはまさにその最中に経団連会長に就任されましたが、大変なご苦労があったのでは。

米倉弘昌氏　私が経団連会長に就任

が悪化しないようにお互いが働きかける仕組みも必要なのではないかと、この体験を通じて強く感じました。

report

友好と信頼が咲かせた協力の花

段非平＝文・写真

穫間近のメロンを手に生育状況について確認する上川徹
長（左）と辛学鋭社長

08年6月に、住化金港化工合弁契約調印式に出席する
名誉会長（右端）と孔会長（中央）（写真提供・住友化学）

大連市金州新区の北部に位置する大連金州国家農業科学技術パークには、日本式ビニールハウスが三つあり、人目を引いている。その中で栽培されているのは日本から導入したメロン、トルコキキョウ、トマトの3種類。8月末はちょうどメロンの収穫時期となる。美しい網目模様をしたメロンは満足のいく成長を見せ、そこここになっている大きな実が収穫の時を待っている。

栽培作業を担当する大連好地農業有限公司の辛学鋭社長の説明によると、この三つの品種は現地での栽培に適しており、普及させる価値も高いという。栽培中に導入した日本の整備された農業システムや管理モデルもまた、同パークにおける農業発展の有意義なヒントとなったそうだ。住友化学と同パークによる栽培評価試験プロジェクトから得た成果は少なくないという。

昨年1月14日、住友化学株式会社と同パークは、住友化学グループが提供する農業用ポリオレフィン系特殊フィルム（農PO）や灌水資材、農薬、肥料、種子を用いて農作物の栽培評価試験を共同で行うことに合意した。このプロジェクトの協力期間は3年間。同パークが実際の栽培および評価を担当し、住友化学グループが必要な農業関連製品を提供するとともに、日本の方式による栽培指導を行う。このプロジェクトは双方が得意分野を担当し、協力して発展させていくものだといえよう。

●特別連載エッセイ●

北京の風景（前編）

李順然＝文　中尾太郎＝絵

家の本棚には『郷愁北京　尋回昔日的世界』（潘鐸光著・広西師範大学出版社）、『北京的胡同』（翁立主編・北京美術撮影出版社）といった、過ぎ去った北京、過ぎ去ろうとしている北京、そしていまの北京を記した画集、写真集、随筆集などが30冊ほど並んでいます。このなかで、ちょっと異色なのが、中尾太郎さんの画文集『北京の風景』（東京・丸の内出版）です。

作者の中尾太郎さんは、1983年から1986年にかけて、日本の出光興産の社員として北京に駐在していた方で、そのときに休日を利用して北京の街を散策しながら、描き、記したのが、この画文集なのです。ときどき取り出してページをめくると、そのたびに心地よい想いを感じさせてくれる好著です。

過日、畏友である『人民中国』誌の総編集長王衆一さんとの雑談のなかでこの本の話が出たところ、王さんは「うちの雑誌で紹介したいな」と言ってくれました。採用してくれるかどうか分かりませんが、浮き浮きしながらこの原稿を書いています。

もちろんわたしは脇役、主役は中尾さんの絵と文。なるべく沢山「なま」の形で紹介したいと思っています。ところどころで顔を出すわたしの「雑音」は、いわば「BGM」のようなものです。絵は中尾さんの画文集の第1巻「旧い街並、北京の胡同（路地・横丁）」から選んだものです。

李順然（Li Shun ran）

人民中国 2015・1　62

10

マンガキャラ　中国の諸民族

ウイグル族

李昀＝イラスト・文

ウイグル族は天山山脈のふもとに暮らす美しい踊り子だ。ロマンチックで情熱的な性格で、ダンスは世に知られている。彼女は特におしゃれで、髪の毛を細かく編み、刺しゅうなどの装飾が施された民族帽「ドッパ」をかぶる。天然の染料で眉を描くのも好きだ。イスラム教をあつく信仰しており、ベールで顔を覆うこともある。

彼女は歌や踊り、芸術などの分野で天性の才能を持ち、ユーモアと知性も兼ね備えている。ウイグル族の頓知話で漢族にも有名な「エペンディの物語」をいつも皆に語って聞かせ、好評を博している。伝統的な音楽や舞踊を集大成した「12ムカーム」、歌や踊りなどを交えた集会「マシュラップ」などの輝かしい文化遺産を誇る。彼女とウズベク族の関係は密接で、似ている点が多い。

民族衣装

ウイグル族の結婚前の女性は髪の毛を編むのが好きで、数十本に編み上げる人もいる。美しく特色があり、これに関連する言い伝えも多い。民族衣装はきらびやかで、色鮮やかな絹織物「アトラス」で作った服は最も好まれている。老若男女のかぶるドッパは地域ごとに形や色、模様が異なり、非常に種類が多く特色がある。

民族楽器

ウイグル族の伝統音楽にはとても多くの楽器が使われる。2弦の楽器「ドタール」の音色は柔らかで美しく、感情を表現するのに最適だ。弾き語りのほか、タンバリンと一緒に歌や踊りの伴奏に使われる。「耳を楽しませる弦楽器」という意味の名を持つ弓奏楽器「フシタール」は澄んだ音色をしている。

民族のグルメ

羊肉の塊とタマネギ、ニンジンを米と炊き上げた「ポロ」は色鮮やかで味も香りも素晴らしく、健康にもいい。主食のナンは数十種類あり、発酵させた小麦粉を円形に焼いたものをよく見かける。栄養豊富で長持ちする理想的な保存食だ。羊肉を串で焼くシシカバブは特色ある料理で人気がある。トルファンのブドウも全国的に知られている。

民族工芸

イェンギサールのナイフは精巧な作りで、華麗な装飾が施され、切れ味がとても鋭い。起源については多くの言い伝えがあり、パオアン族、アチャン族の刃物と並んで「中国少数民族の3大名刀」と呼ばれている。ナイフの素材選びや製作手順には非常にこだわりがあり、さやの形と質もナイフ全体の価値に影響する。

iPhone版

77　人民中国 2015・3

2015

中日关系寻求转圜，民间交流率先复苏，《人民中国》发起的“共筑大器”紫砂壶展和国际传播媒研讨会在东京启动（1月号，见图1）。《窗边的小豆豆》在中国热卖，800万读者被书中理想的教育所动（6月号，见图2）。人文交流应双向进行，但中日间旅游却出现失衡。特辑《还想再去日本玩！欢迎来中国转！》就这一失衡现象进行了分析，并提出了对策与建议（2月号，见图3）。

《世界反法西斯战争胜利70周年》一文提醒我们，必须不忘历史才能开辟未来（9月号，见图4）。辑跨页意味深长地将卢沟桥与远处疾驰而过的高铁列车置于同框，体现对历史与未来的双向关照。村山市前首相接受采访时表示，“只有与邻国和解才能开辟未来”（8月号，见图5）。在南京城修复20周年之前往当地采访的本刊记者意识到，“城砖砌补残破城墙，也砌起了友好的坚实城墙”（7月号，见图6）。

经团联名誉会长米仓弘昌认为，“要从企业的框架中跳出来做日中经济交流”（10月号，见图7）。友公司践行这种理念，在大连金州尝试推广日式农业，“友好态度与彼此信任浇灌合作之花绽放”（11号，见图8）。

国内“放开二胎之后，生还是不生”成了一个问题（1月号，见图9）。本刊对社会各方的反应做观的报道。和李顺然商量请他开始在新专栏《北京的风景》中，导入胡同素描要素，文字也充满了对消逝的风景的追忆，充满了乡愁（1月号，见图10）。漫画家李昀的栏目《最炫民族风》既炫又萌，志整体变得年轻（3月号，见图11）。乘风破浪的日照帆船封面令人印象深刻，是从佐渡在摇晃的船下的海量的照片中遴选出来的（8月号，见图12）。

人民中国
8
August 2015
定価400円
1956年12月18日 第3種郵便物認可
2015年8月5日発行
（毎月1回5日発行）通巻746号
PEOPLE'S CHINA
中国を知るための
日本語総合月刊誌
特集
「インターネット+」で
変わる中国
美しい中国　山東省日照
「ハワイもかなわない」砂浜
村山元首相緊急インタビュー
www.peoplechina.com.cn

2016

人民中国

特集

「小康社会」へ加速する民生改革

2012年11月に開催された中国共産党第18回全国代表大会（党大会、18大）で、小康（ややゆとりのある）社会を全面的に築き上げることが正式に提起された。この中で「人民の生活を全面的に改善する」ことが小康社会の重要な内容の一つとされたことには、広く国内外から期待が集まった。続いて、中国政府は社会民生分野の改革プロセスを加速した。「人間本位」と「真実を求めて実践に励む」という精神の導きの下で、中国庶民の生活には大きな変化が起きている。計画出産政策（いわゆる一人っ子政策）の調整（段階的に第2子出産を自由化）、社会的資源による高品質な社会的高齢者福祉発展の奨励、「対症療法」式に適所に正しく実施する貧困支援対策から、「人間本位」を追求した戸籍制度改革まで、人民大衆があまねく注目する民生問題が段階的に改善されている。

現在、小康社会の全面的構築という壮大な目標達成まで5年を残すが、中国では各分野の建設が最終段階に入っている。先頃開催された第18期中央委員会第5回全体会議（5中全会）では、将来5年間の中国の発展計画である「第13次5カ年計画（2016～20年、「13・5」）」が提出された。そこでは、民生改革の全面的深化が「13・5」の社会建設における重要部分となっている。そして中国の庶民生活の質を高めるため、社会の公平を体現するために、政策により力を注ぐとされている。今年になって間もなく、一連の民生改革に関する重要な政策が相次いで実施されたことは、中国人の生活が小康社会という目標に向けてラストスパートに入ったことを表している。

1

広州（下）

悠々自適のライフスタイル 飲茶や芝居が彩りを添える

2

特集

「そこの若いの、

できた巨竜が尋ねた。「この道を行く前にいくつかおまえさん方に聞きたいことがある。おまえさん方は飢え、貧乏、病気、困窮に耐えられるかね？」

「当然問題ない！」

「では、自分らよりもはるかに強い無数の敵に直面することに耐えられるかね？」

「もちろん！」

「人に見放され四面楚歌に陥り、孤独な一生を送るという悲惨な境地も受け入れられるかね？」

「言うまでもない」。勇者たちはそう声を上げ、牌坊を通り抜けた。

巨竜は翼を広げて飛び去った。牌坊の上部には大きな文字で「中国オリジナル漫画創作の道」と書かれていた……。

これは中国の漫画家の生活を題材にした漫画『比馬大（ウマよりでかい）戦記』のプロローグだ。1990年代初めの萌芽期以降、中国の現代漫画に従事する人々は貧しさに苦しみ、日米の漫画に衝撃を受け、家族に恨み言を並べられる中、懸命に「階段」を上り続けてきた。

いま、中国の現代漫画界に風が吹き始めた。億単位の資金が流れ込み、数万人の若者が漫画創作に身を投じ、単なる外国漫画の模倣から自国の若い読者の好みに合わせたスタイルに発展し、ウェブ漫画からアニメや映画、ゲームまで連なる産業チェーンのひな型もすでに出来上がっている。

成熟した日本の漫画産業も近い将来、大陸から吹き込む活気あふれる新風に感銘を受けるだろう。

遼寧省
黄海
蘇省
上海市
北京
杭州

京杭大運河・上

35年ぶりに自転車で走破 懐かしい味や風景に再会

劉世昭＝文・写真　李昀＝イラスト

1981年6月19日、当時「人民中国」のカメラマンだった私は、同僚の沈興大記者と共に北京を出発し、「自転車で行く京杭大運河の旅」の長い道のりに踏み出した。最終地点の杭州で取材を終えたのは83年1月17日だった。

その日、取材の後で私たちは「10年後、もう1度やろう」と冗談交じりで約束した。35年の年月が流れ、沈さんは79歳に、私も68歳になり、「もう1度」の夢は実現しなかった。しかし、退職して自由な時間ができた今年の春、私は2人の夢を携えて再度、大運河の旅に乗り出した。

北京市の通恵河上にある慶豊閘遺跡（2016年）

慶豊閘遺跡（1981年）

北京　待ちに待った魚料理

通恵河　獅子も踊った伝説の水路

2月28日午前、昔は貨物船が横付けされたという積水潭近くの恭王府から旅をスタートした。通恵河に沿って通州区（当時の通県）まで、35㌔の自転車の旅だ。

元代（1206〜1368年）に開削された通恵河は、北運河（京杭大運河の通州から天津までの区間）と北京城を結ぶ漕運（食糧を水路で国都へ輸送したこと）の河道だ。清代（1616〜1911年）末期、海上輸送や鉄道輸送が盛んになるにつれて、漕運は徐々に減少し、通恵河は北京の下水を排出する川になっていった。

現在の東3環路近くの通恵河上に古い水門――慶豊閘がある。別名を二閘ともいい、通恵河に造られた24の水門の一つだ。35年前に初めて取材に訪れた時にも、この水門の遺跡はあった。特に興味を引かれたのは、川岸の慶豊村で明代の宮廷から伝わったという獅子舞団が踊る「鋼鈴武太獅」だ。祭日ともなると、彼らは慶豊閘近くの川岸や船上で獅子舞を披露して場を盛り上げる。言い伝えによれば、ある時、商船で獅子舞を上演中に、一体の獅子が足を滑らせて川に落ちてしまったが、もう一体も川に飛び込んでじゃれあいながら踊り続けたので、両岸の観客は拍手喝采を送ったという。北京の民間に伝わる「二閘の獅子は泳ぎがうまい」という話はこのエピソードに基づいている。現在、この辺りは大きく変わり、河道は改修されて新しくなり、古い水門の遺物は博物館に収蔵された。両岸は公園となり、慶豊村はすでになく、村人たちは引っ越してばらばらになった。有名な「二閘の獅子舞団」の衣装は朝陽区文化館に収められてしまった。残念というほかない。

15㌔ほど自転車を走らせ、高碑店に着いた。当時われわれがここを通った時、下水が流れる通恵河はとても臭っていて、水の色も黒かった。今回、私が目にしたのは広い川幅と透き通った水流、そして川岸に建てられた龍王廟

3

新時代迎える中国漫画

4

人民中国
PEOPLE'S CHINA
5
May 2016
定価400円
中国を知るための
日本語総合月刊誌
緊急企画
がんばれ！熊本
特集
供給側改革に全力
美しい中国　成都（上）
英雄、詩聖が今も誇り
Twitter
WeChat
www.peoplechina.com.cn

5

中日専門家が見た「習—安倍会談」

9月5日、習近平国家主席はG20杭州サミットに出席した日本の安倍晋三首相と会談を行った。今回の「習—安倍会談」が今後の中日の政治、経済、外交、安全保障などの分野にどのような影響を与えるか、中日両国の専門家、研究者がそれぞれ独自の観点を表明している。

楊伯江（写真・沈暁寧／人民中国）

楊伯江　中国社会科学院日本研究所副所長

今回の「習—安倍会談」は、中日両国指導者の昨年4月以来の会談だった。現在、中日関係は非常に複雑で、対立や摩擦が際立っている。こうした状況下で、両国首脳の会談・意思疎通は中日関係に積極的でプラスの影響を与えることに疑問の余地はなく、関係の改善と協力の拡大に役立てるものだ。

しかし同時に、われわれは過度な期待を抱いてはならない。中日関係は一度の指導者会談で一気に順風満帆に進み、全ての問題が解決するものではない。なぜなら、現在両国間には従来からの問題が存在しており、また情勢の進展に伴って起こった新たな問題もあるからだ。今後の一時期、中日関係は長期的な協力と意思疎通、駆け引きと競争が併存する新常態の中にあることになる。

いかにこうした中日関係の新常態に対応すべきか？私は次のように考える。第一に、率直な意思疎通を堅持し、相手国に自国のボトムラインと政策的立場を知らしめること。次に、危機管理制御メカニズムを構築すること。そして、双方の政治対話と実務協力を着実に推し進め、相互理解を増進し、両国関係を改善し続けるために基盤を強化することだ。

今回の「習—安倍会談」は、両国指導者として3度目の会談であり、これまでの2回と比べて、一定の進展が得られた。まず、中日指導者が対話を持続でき、双方が平和協力、互恵・ウインウインを希望するという基本的な態度を表明した。次に、今回の会談の中で、中日双方が「海空連絡メカニズム」協議の加速などの問題について話し合ったことは、実質的な意義を持つ。

高原明生（写真・呉文欽／人民中国）

高原明生　東京大学教授

1年5カ月という長い時を経て首脳会談が実現しました。直接会って意思疎通をしたこと、その場で関係安定と発展への合意が出たことに対して、私は大きな意義を感じています。

「海空連絡メカニズム」の早期実用化の進展に向けてはずみをつけるという点でも、今回の会談は重要でしたから、「海空連絡メカニズム」の話題はあらかじめ予想ができました。しかしガス田共同開発の交渉再開に向けた協議再開の合意まで話題に上るとは思っていませんでした。このことから、両首脳が相当に前向きな姿勢で今回の会談に臨んだことが分かります。両国関係の前向きな進展の必要性は、日中双方が痛感していることでしょうから、安倍首相が会談後の記者会見で両国関係の発展について積極的な発言をしたのも、ごく自然な流れと受け止めています。

首脳会談の成果がすぐに現れるとは言い切れません。

中国の「大国化」をどう受け止めるか

横浜国立大学名誉教授
村田忠禧（ただよし）

16兆3800億円）。これは11年以来、前年比12・7%、11・2%、10・7%、12・2%、10・1%増という5年連続の2桁台の伸びが16年は7・6%増に下がることを意味する。おおかたの予想とは異なる発表で、本来ならその点に的を絞った分析があってしかるべきなのに、「日本の2016年予算の防衛関係費（約5兆円）と比べても3倍以上の規模」（『日本経済新聞』3月6日）と、中国の軍事費の突出ぶりを強調する記事が大半であった。

このお決まり論調の源は安倍首相にある。昨年の国会での「安保法制案」審議における答弁で、彼は中国の国防費の増大ぶりをしきりと強調し、それを法案成立のための口実にしてきた。一例を挙げると「中国につきましては、公表国防費が1989年以降毎年2桁の伸び率を記録し、過去27年間で約41倍になっており、今年度においては中国の国防費は日本の防衛予算の3・3倍に達しております」（8月25日の参院特別委員会での答弁）。

はたして現実はどうなのだろうか。われわれは客観的に分析する必要がある。

軍事費とGDPとの関係から見ると

スウェーデンにストックホルム国際平和研究所（Stockholm International Peace Research Institute、以下、SIPRIと略称）という研究機関があり、世界各国の軍事費を調査したデータベースを公開している。その内容は誰でも入手できる。

http://www.sipri.org/research/armaments/milex/milex_database

他国の軍事費と比較してみると理解しやすいのここではその当否は問わず、一研究機関の研究データとして扱う。

表1のように、中国の軍事費は10年以降、米国に次いで世界第2位である。14年の日本は第9位。90年を100とした場合、14年には米国が199、日本が183、ドイツが110であるのに、中国は

表1　（米・中・日・独）4カ国の軍事費（SIPRIより）

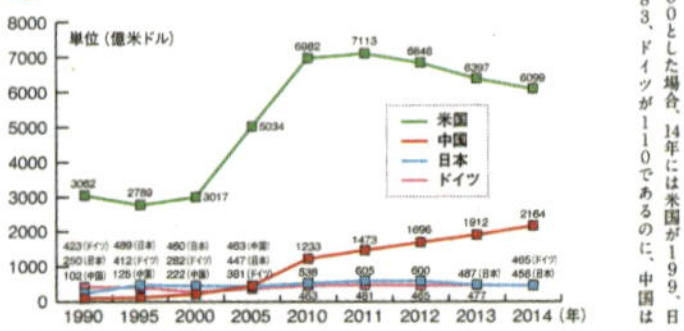

report

神宮寺さんは2人の娘さんに付き添われて本誌編集部を訪れ、中日の若者と交流を持った

神宮寺敬さん

がずっと気になっている。「終戦は双方が戦闘を停止することを意味するが、日本が中国に対して発動した戦争は明らかに侵略戦争であり、日本はこの戦争に敗れたのです」。だから彼は新聞などのメディアに原稿を書く時には、いつも「敗戦記念日」としている。

同年代の日本人と同じく、神宮寺さんは小学校で「天皇は神である」との教育を受け、「天皇の命令が全てだ」と考えてきた。優秀な成績で陸軍予備士官学校に入学した彼は、中国に対する戦争は国のための戦いであり、天皇の至上の命令だと考えていた。しかしながら、中国の戦場での経験は彼の心に戦争に対する疑問を芽生えさせた。そして、日本の敗戦で帰国した後、1952年に自分で短波受信機を組み立て、日本語のモスクワ放送、北京放送（現在のCRI・中国国際放送局）を聴いていて、戦争の真相を知った。

人民と人民の友好

自責の念や二度と戦争を繰り返してはならないという思いから、帰国後の神宮寺さんは断固として中日友好の道を歩み出し、生涯をその実践に捧げてきた。53年、彼は山梨県日中友好協会の設立に関わった。85年、彼は北京放送の日本語アナウンサーをテレビ山梨（UTY）で研修させる提携の橋渡しをし、研修生の生活の面倒を見た。これまでに30人近いアナウンサーがテレビ山梨で研修を受けており、彼は自分の子どものように研修生に接してきた。本誌の若手編集スタッフ2人も、山梨県で研修した際に大変お世話になった。

本誌との付き合いに関しては、神宮寺さんには多くの思い出がある。66年、本誌は読者獲得キャンペーンを行い、新規読者獲得に最も貢献した読者10人を中国旅行に招待した。彼もそのうちの1人だった。86年から、彼は北京を訪れるたびに本誌編集部に立ち寄るようになった。今回の座談会で、彼は誌名について示唆に富んだ理解を披露した。「『人民中国』という名前には、私はつまるところ人民と人民の友好のためにという、深い意味が込められているのだと理解しています」

一家総出の事業に

中日友好事業を自らのライフワークとしている神宮寺さんは、家族もこの活動に「巻き込んで」しまった。彼は家族、次の世代に、自ら中国を感じさせ、中国人と付き合わせることでこそ、友好を伝承していけると考えている。彼の助力で、家族も中国を訪れるようになった。68年、中学3年生だった長女の敬子さんは、学生訪中団に参加した。翌年には、夫人の綾子さんも教育視察訪中団に参加し、同じ時期に次女の伸子さんも学生訪中団の一員として中国を訪れた。

長女の敬子さん

次女の伸子さん

74年、伸子さんは日中友好協会の公費留学生試験に合格し、中国に留学した。中国で6年間学び中国医学の資格を取得した。彼女は子どもの頃から家は中国に関するものがたくさんあり、知らず知らずのうちに中国について知るようになり、中国には何の抵抗もなかったという。高校卒業後に中国に留学すると、先生や同級生はとても友好的だった。当時中国は豊かではなかったが、いい人ばかりだった。帰国すると彼女は、中国で受けた恩に報いようと、両国の友好に貢献してきた。現在、姉妹は山梨県日中友好協会でも最も熱心に活動するメンバーとなっている。

父親が毎年訪中し、若者に戦争経験と中日友好について語ることを、姉妹は強く支持している。多くの人々は過去の苦痛に満ちた戦争経験を語りたがらないが、今の時代、戦争の危機を感じている人も多い。次の世代のために、戦争の過ちを繰り返さないために、過去の物語を人々、とりわけ戦争を知らない若者に語り聞かせることが必要だと、姉妹は感じている。

北京大学に留学中の宇佐美希さんは、神宮寺さんの話を聞き終わってこう語った。「今日の座談会で最も深く考えさせられたのは戦争の話題でした。（日本の）こっそりと国民の思想を改造するやり方は、本当に恐ろしいものです……われわれ若者はたくさんの書物を読み、さまざまな人の話を聞き、自らしっかり考え、平和の道を選ばなくてはいけません」。時代の分かれ道にあって、戦争に巻き込まれるか、それとも人民の友好に「巻き込まれる」ことを選ぶか？　神宮寺さんは、自らの経験によって中日の若者に答えを示している。■

report

「斉了会」訪中団の半世紀

池上正治＝文・写真

日本で中国語を学んでいる日本の大学生が中国に留学し、また夏休みや冬休みを利用して中国各地を訪れて、日本語を学ぶ中国人大学生と交流する短期研修は珍しくない時代になった。しかし、今から半世紀前の1965年当時、まだ日中国交正常化交渉が「アヒルの水かき」だった時代に、意欲的な学生たちによって実現したのが「斉了会」の訪中だった。あれから半世紀。既に老域に達しているかつての参加者有志は昨年秋、活動をDVDにまとめた『斉了会の50年』を発行し、晩秋には北京で、「中国斉了会」と共に出版記念祝賀会も開催した。

渡航前には想像以上の困難

当時は、100人以上の日本の大学生が社会主義中国へ、団体訪問するなどまるで絵空事だった。ところが、日本側にこうした願望があると知った中国指導者の素早い決断によって実現した。

最初の試みには難関が山積していた。そもそも、この計画自体が

「斉了会の50年」の表紙

学の一学生が動き始めた。当時、中国旅行を手がけていた富士国際旅行社がサポートを申し出てくれ、早大のいくつかのサークルや個人、ついで慶応大学で理解ある人たちの協力があったという。

今聞けば、滑稽な話だが、当時は「赤い国まで、何をしに行く？」「そんなことをすると、いい会社に雇ってもらえない！」などの「忠告や警告」が、まるで集中砲火のように筆者たちを襲った。訪中を準備していた友人の実家へは、近所の交番から警官が訪れ「お宅の息子さんは…」と事情聴取さえ行われた。そうした家族の反対や周囲からの圧力で中国行きを断念した学生も少なくなかった。

さらに「旅券闘争」があった。国交のない地域へ行くということで、法務省が渡航を許可せず、外務省は旅券（パスポート）の発行を拒んだ。学生代表や訪中団顧問の大学教員、旅行社の社員らが何度も窓口を訪れ、交渉を繰り返した。その結果、やっと旅券を手にしたのだった。その後、67年の第3次訪中団までは、同じような困難の繰り返しだった。

こうした渡航条件だけでなく、経済的にも相当な負担だった。旅費の14万9000円は、当時の大卒初任給の半年分、あるいはそれ以上だった。現在の感覚でいえば百万円超であろう

池上正治　略歴

1946年新潟県生まれ。1970年東京外国語大学中国科卒。雑誌『中国』を経て作家・翻訳家。『龍と人の文化史百科』『徐福』『世界の花蓮図鑑』『医者に頼らない健康の知恵』など著書多数。訳書には『針灸学』『体系 中国老人医学』『中国養生術の神秘』『中国科学幻想小説事始』『徐福と始皇帝』など。

毛主席、周総理らとも握手

65年、中国は「中日青年友好大聯歓（大交流）」という大きなイベントを敢行した。それは数百人の日本青年を中国に招待し、各地で交流をするというものだった。

後に「斉了会」と名付けられた「訪中学生参観団」は、この大交流とは別ラインで計画、実行されたもので、独自の民間組織だった。幸運の女神がほほ笑んだ。私たちの「参観団」は、「大交流」で訪中した数多くの団体と共に、毛沢東、劉少奇、周恩来、鄧小平ら中国最高指導者の接見の栄に浴したのだっ

私の上海ライフ

――日本人生活者に聞く――

「90後」世代と映像を学ぶ

稲生紗也さん（24）

愛知県出身。映画監督の謝凱歌が院長を務める上海大学影視学院の4年生。

――上海留学を決めたきっかけは何ですか？

国際コースのある高校に通っていたので、中国への留学が特別なことだとはまったく思っていませんでした。必修科目に中国語があったり、中国語を話せる子が周りにいたりする環境だったので。在学中は1年休学してイギリスに留学したのですが、「きれいだけど住むにはどうかな」と思い中国への留学を決めました。最初は北京電影学院を勧められたのですが、ぜんそく持ちなので北京の空気の悪さが心配だったのと、当時ちょうど上海万博が盛り上がっていたのが上海に決めた理由です。

――映像を学ぶための留学は珍しいですよね。

今、クラスメートは100人近くいるのですが、日本人は私だけです。もともと演劇とミュージカルをやっていたのですが、演じる側ではないなと思い始めたのが映像を始めたきっかけです。グループでの撮影や脚本など、課題の提出がとにかくハードですね。特に理論系の授業の論文提出が大変です。上海大学の芸術系の学部はもともと厳しいらしいですね。作家で映画監督の郭敬明も論文の課題が厳しすぎて中退したと聞きました。

――課題ではどんな作品を撮っているのでしょうか？

ドキュメンタリーが多いですね。日本と中国の恋愛観の違いをテーマにしたり、あとは日本の武蔵野美術大学に通う中国人の生活を撮ったり。一つ賞をいただいた作品もあるんです。確か上海と米国のどこかの都市が共同で開催した映画祭か何かの賞で。先生が知らないうちに私の作品を応募していたので、賞の正式名称はちょっと今分からないのですが（笑）。今は卒業制作の撮影の準備をしています。ジャンルはファンタジー要素のあるラブストーリー。友達にキャストとして出てもらうのですが、ちょうど役に合う男の子が見つかって。上海は、かわいい女の子はたくさん見つかるのですが、男性のキャスト探しは毎回すごく苦労します（笑）。

――今後の目標をお聞かせください。

今、就職活動中なんです。映像制作会社の企画、演出志望なのですが、順調に決まったら今年帰国して日本の制作会社でAD（アシスタントディレクター）として働いて、ゆくゆくはディレクターとして中国に関わる仕事をしたいです。例えば、日系企業が中国向けに作るCMを日本のクオリティーで制作するといったような。今は日本からスタッフがわざわざ来て撮影しているんですよね。それと、今のクラスメートには面白い人がたくさんいるんです。卒業後、中国のテレビ局に入社する人や、女優として活躍する人も出てくるかもしれない。10年後の中国で中心となって働く「90後（1990年代生まれ）」世代と一緒に学べたということは自分にとって大きいですね。

――上海のお気に入りの場所はどちらですか？

武康路です。春や秋など、気候のいい時期は定番散歩コースとしてよく歩きます。私が一番好きな映画はアン・リー監督の映画『ラスト、コーション』なのですが、この映画に出てくるファーガソン通りが今の武康路なんですよ。

（写真＝足立真琴　聞き手＝萩原晶子）

ort

家族を友好こ「巻き込んだ」…経験者

@China わたしと中国

ふつうの日本人から見た「中国」

谷古宇　建仁（やこう けんと）

早稲田大学政治経済学部 5年

訪中の感想

今まで、「日中関係」を考えることはあっても、「中日関係」を考えたことはなかった。相手の立場から物事を見ようとしていなかった。今回、中国に行って、北京や曲阜の学生と話し合うことができた。

実際の中国は、想像以上に大きくて、歴史があって、良い国だった。中国から見た日本、中国の人が語る日本は、自身の知る日本とは少し違っていた。

中国に行って、中国についての興味や疑問はむしろ増えた。しかし今では、信頼できる友人が中国にいる。中国を知ろう、仲良くなろう、伝えようと日夜努力している友人が日本にもいる。何かあったら、彼らと一緒に悩んで、協力しよう。そうすれば、明日の"中日関係"はもっと明るくなるだろう。

私は比較的ふつうの日本人だ。埼玉で生まれ育ち、小中高と公立の学校に通った。今は、都内の大学で政治学を学んでいる。先月までは就職活動をしていた。他の学生と同じようにスーツを着て、選考を受け、内定をもらった。卒業論文を書いて卒業すれば、来春からは社会人だ。日本人として、ふつうの人生を送っている。

したがって私は、中国と特別な関わりがない。第2外国語では中国語を2年間履修して、単位は取れたが、今では少しの日常会話くらいしか話せない。中国に旅行も留学もしていない、ふつうの日本人だ。

しかしそんな私の生活の中にも、中国はある。小学校、中学校、大学には、中国人の友達がいた。キャンパスには留学生の数も多く、そこかしこで中国語を耳にする。街でも働く中国人を見かけるし、アルバイト先にも中国人がいた。観光ツアーで来日し「爆買い」をする中国人も見かける。今まで多くの中国人に出会ったが、特別、中国人を嫌いになったことはない。

日本文化の中にも中国はある。漢字や四字熟語、ことわざ、孔子や孟子の教えなども浸透している。日本は中国から多くの影響を受けてきた。逆に、日本が中国に与えた影響もあるだろう。海で隔てられてはいるが、その境目は曖昧で、切っても切り離せない。この関係は腐れ縁のようなもので、中国と日本があり続ける限り、私たちは永遠の隣人なのだ。

では、近年の隣人関係はどうだろうか。現在、中国と日本の関係が悪いと思っている人は多いだろう。そう思う理由は大抵報道によるものだ。両国政府間の関係、安倍政権の動向、領土、PM2・5や歴史観の問題などは、ネガティブなイメージへと繋がるだろう。

しかし、両国の政府間の関係が悪いということが、すなわち、中国人と日本人の関係が悪いということだろうか。私は決してそう思わない。個々人の関係は決して悪くない。

習近平主席も日本料理を食べれば、安倍晋三首相も中華料理を食べる。インターネットやSNSで、強気な発言をする人もきっと、刺身や寿司、麻婆豆腐やシュウマイを食べて笑顔になる。レッドクリフは日本でヒットしたし、日本のアニメや漫画は中国でも人気だ。関係が良くないのは政府間で、多くの人はその報道を見て互いを嫌いになっているだけだ。突き詰めて考えて、意見をぶつけ合えば、嫌い合う理由が大したものではないと気がつくはずだ。

私はふつうの日本人だ。敢えて他の人と違うことを挙げれば、ふつうの人より中国に興味があり、大学で「地域研究（日本・東アジア）」を副専攻としたこと、大学3年次に1年間イギリスに留学したこと、政治学を学んだこと、そして来年4月から記者として働くことがある。

中国について興味を持ち、学んでみて思った。食わず嫌いをする人もいるが、知れば中国はおもしろい。逆に中国の人にも、日本について知ってほしい。

イギリスに留学して思った。隣同士だから喧嘩することもあるが、それはイギリスとフランスも一緒だ。日本語で言う「ツンデレ」のようなもので、政治・外交で「ツンツン」しても、文化に対しては「デレデレ」する。心底憎み合っている人は多くない。

政治学を学んで思った。その国の軍事力や経済力は、政治や外交においては意味を持つ。しかしそういった力も、元をたどれば一人一人の国民のものだ。最近、日本では安保法に関して人々が声をあげ、政治に動きかけた。人々が望めば、両国政府の政治・外交もきっと良い方向に動くはずだ。

私は来年の4月から、ある放送局の記者として働き始める。いつか特派員になって中国の良さを日本に届けたい。また国内からも、日本の良さや、日本にいる中国人の良さを広めたい。

来年から記者になる私は、大きな希望を持っている。両国間の関係が悪いなら、これから良くすればいいのだ。両国の人々が仲良くする姿を人々に届ける、そんな報道をする日が楽しみだ。■

Panda 杯の詳しい情報は Facebook で

report

周明偉外文局局長とPanda杯全日本青年作文コンクールの入賞者との記念写真。今回のコンクールでは、優秀賞10人、入選5人、佳作39人が選ばれた（写真・馮進/人民中国）

report

鑑真や魯迅を訪ねて心温まる旅

——第3回Panda杯入賞者の中国見聞

文・写真＝王朝陽

10月29日、第3回Panda杯全日本青年作文コンクール入賞者からなる青年訪中団が北京に到着し、北京・揚州・上海の3都市を訪問する1週間の交流活動を開始した。この訪中団一行を出迎えた人民中国雑誌社の陳文戈社長は、「外は寒いけれど、室内は依然として暖かいです。これはまるで我々の関係のようで、両国には現在一部に困難な状況があるものの、われわれの間の友情はいつでも春のように温かなのです」と、現在の初冬の気候に例えて、情熱的に歓迎のあいさつをした。

わずか7日間の旅程ではあったが、日本の青年たちは身をもって中国での生活、中国の人々との密接な触れ合いを体験し、寒い冬の心温まる旅行となった。

「一期一会」で中国を感じる

出発前夜、入賞した青年たちは駐日本中国大使館の東京授賞式に参加した。この式では程永華中国駐日大使が間もなく中国訪問を始める青年たちへの希望を語った。北京・揚州・上海の3都市訪問に関し、これらは中国でも極めて魅力的な都市で、青年たちがこれからの1週間に中国をよく見て、よく聞いて、よく感じて、中国の人々と積極的に交流し、今後の中日関係についてよく考えてほしいと語った。

期待を胸に、訪中団の旅行が始まった。訪中団の団長である梶英輔教授は、「一期一会」という言葉を団員たちに送った。「中国でのどの出会いも体験も、一生の中で唯一のものとして大切にしてください。今回の訪問を各人の人生と両国の未来に役立てるものとしてください」。これもまた、青年たちの今回の旅の心の声となっただろう。

滞在日程がまだ半ばにも至っていないにもかかわらず、熊本大学の後藤翔さん（19）は早くも、「中国に来て、いくつもの新鮮で貴重な体験をしました。わずか2日間ですでに素晴らしい収穫が多くあったと思います。今晩、寝台列車で揚州に向かいます。寝台列車も揚州も、私にとって全く新しい体験と出会いです」と語っていた。

歴史と都市と人との出会い

多くの人にとって、揚州はよく知らない場所であり、どうして北京の後に揚州に向かったのか、その理由は、揚州の過去と緊密に関わっている。揚州は鑑真和上のふるさとであり、そこにある大明寺は彼が日本に渡る前に仏法を広めていたところだ。揚州はまた京杭大運河の要衝でもあり、この都市で中日交流の歴史と中国の南北統一の歴史を感じてもらいたいというのが、主催者側の狙いであった。

11月1日、訪中団は揚州に到着した。大明寺を見学した時、鑑

陳文戈・人民中国雑誌社社長に本場の北京ダックに招待してもらった受賞者は、感謝の言葉を記した色紙を記念として贈った

report

友好の証し 新鑑真像日本へ

■緊急企画

がんばれ！熊本

©2010 熊本県くまモン

…地の人々やその財産に深刻な被害をもたらした。中国政府と国民はこの現状に大きな驚きと悲しみを感じている。18日、習近平国家主席は日本の天皇陛下にお見舞いの電報を送った。その中で習主席は「中国政府と人民を代表して、犠牲者への深い哀悼と、遺族・負傷者に対する心からのお見舞いを申し上げる。日本の皆さんが1日も早く困難を克服し、郷里を再建できるよう心から願っている」と述べた。

本誌では、被災地の皆さんにお見舞いの気持ちを伝えたいと考え、この5月号の校了直前に急きょ誌面を調整して本ページを制作した。

中国と日本の九州地方は人的交流が盛んな一衣帯水の関係にある。自然災害の際、中日両国の国民はこれまでもお互いに助け合ってきた。8年前の四川汶川大地震や5年前の東日本大震災でも、人道・博愛の精神を持ってお互いに貢献し、本誌も十分な誌面を使って感動的な出来事を数多くお伝えした。

このようなわれわれの気持ちを漫画キャラに託してお届けする。「Panda杯全日本青年作文コンクール」の主役であり、四川汶川大地震では日本から心配の声が寄せられたパンダをイメージ特使として、熊本県のPRキャラクター「くまモン」にお見舞いを送る。漫画家によるイラストと共に、本誌の王衆一総編集長による「くまモンもパンダもクマで　同じもん（你萌我亦萌　今天都是熊本熊　危難見真情）」という川柳と漢俳（俳句の形式に倣い漢字のみで創作する詩）でもお見舞いの気持ちを伝えたい。

【熊本県の蒲島知事に送られたお見舞いメッセージの一部】

中国外文局局長の 周明偉 氏

熊本県は以前より中国との友好関係を重視し発展に努め、中国外文局および「人民中国」とも良い関係を築いてこられた。今回の地震はまるで友人が被災したようで心配でならない。中国外文局の代表ならびに私個人として、ここに謹んで蒲島郁夫知事に心からのお見舞いを申し上げ、さらに知事を通して、犠牲者に深い哀悼と、遺族・負傷者に心からの同情とお見舞いを伝えたい。今も不安な状況にある全ての被災者の安全と健康を祈っている。

駐福岡中国総領事の 李天然 氏

長年、積極的に中日友好交流に取り組んでこられた熊本県は、駐福岡中国総領事館の管轄区域内の良きパートナーであり友人でもある。今回の大地震の被害はわれわれ自身のことのように感じている。勤勉で純朴な県民の皆さんは、蒲島知事のリードの下できっと困難を克服し、災難に打ち勝ち、短い期間でふだんの生活や仕事を取り戻すことができるとわれわれは信じている。また、被災地に滞在している中国人に対する各種のサポートにも心からの感謝を伝えたい。

人民中国雑誌社の 陳文戈 社長

熊本地震は多数の犠牲者と1000人以上の負傷者を出し、深刻な財産の損失を引き起こした。当社の社員一同は今回の災害に深い関心を寄せるとともに、蒲島郁夫知事に謹んで心からのお見舞いを申し上げる。また、知事を通して、地震の犠牲者と遺族、負傷者に深い哀悼と同情、心からのお見舞いを示したい。蒲島知事の指揮の下で、県民の皆さんが1日も早く日常生活に戻れることを衷心より願っている。

小康社会的目标就在眼前，《加速奔小康的民生改革》成为一篇非常受关注的特辑（3 月号，见图 1）。小康应该什么样？看看广州便知道。《吃早茶听粤剧生活怡然又自得》记录了记者在广州看到的日常实态（4 月号，见图 2）。80 年代骑行大运河的刘世昭，时隔 35 年旧地重访，再次看到熟悉的风景，品尝记忆中的味道，感叹沿途旧貌尽换新颜（10 月号，见图 3）。特辑《迎接新时代的国漫》介绍了在追赶与创新中形成自己风格的国创漫画的最新动态（2 月号，见图 4）。“穿越”的关老爷在熙熙攘攘的宽窄巷子中摆定造型，感受着小康社会的繁华（5 月号，见图 5）。

在杭州 G20 首脑峰会上，中日首脑会面，中日专家对此给予积极解读（10 月号，见图 6）。日本学者村田忠禧通过缜密的研究，写下《日本如何看待中国的崛起》一文，对社会心态的微妙变化做了令人信服的剖析（4 月号，见图 7）。老读者神宫寺敬是一个“将全家人‘卷入’日中友好运动”的人，他和两个女儿来北京时，接受了本刊的深度采访（12 月号，见图 8）。同样的“铁粉”还有“齐了会”。半个世纪前因参加中日青年大联欢而形成的“齐了会”访华团半个世纪后的情况，池上正治撰文做了介绍（2 月号，见图 9）。日本姑娘稻生纱也正在上海大学影视学院和“90 后”一起学影像，对从前的交流史全无了解（2 月号，见图 10）。中日青年交流的一个重要任务是引导他们正确认知历史和现实。“熊猫杯”日本青年感知中国征文大赛的获奖者来华参观后谈及的观感，在这方面有了明显的提升（10 月号，见图 11），《寻找鉴真与鲁迅的暖心之旅》中记录了参观团的集体感受（12 月号，见图 12）。扬州和京都合作，将一座新鉴真像作为友好的信物送往日本（7 月号，见图 13）。熊本地震发生后，笔者第一时间策划并请漫画师齐梦非完成原创漫画《熊猫慰问熊本熊》，声援熊本（5 月号，见图 14）。该作问世后被广为模仿，成为现象级话题。东京支局长于文为寻找熊本熊来到灾区，将漫画复制品送到熊本熊部长手中（8 月号，见图 15）。

report

中国からのメッセージをイラストに乗せ

くまモンを尋ねて被災地へ

文＝于文　写真＝于文　呉文欽

今年の4月に熊本県を襲った地震を受け、本誌5月号では「がんばれ！熊本」というタイトルで緊急ページを組んだ。熊本のマスコットキャラクター・くまモンに、同じ「熊」のパンダ（中国語では「熊猫」）がタケノコを送るイラストを王衆一・総編集長が提案、漫画家の斉夢菲さんに作画を依頼し、応援メッセージと共に掲載した。

後にこのイラストを微信（ウィーチャット）にアップしたところ、多くのネットユーザーがこぞって「パンダとくまモン」モチーフの応援イラストを描いた。熊本県への復興の願いが中国全土に広まっていったのだ。このことが日本のSNS（ソーシャルネットワークサービス）でも話題となり、王総編集長のもとには、日本メディアからの取材が相次いだ。

編集部発信の小さなアイデアが中国全土からの大きなメッセージへと成長し、その思いが日本のお茶の間にまで伝えられたことは、編集部にとっては思いがけない喜びだった。「このイラストをくまモンに直接届けたい」という思いが社員の中で次第に高まっていった。その思いを実現させるべく九州を目指した記者が見た、熊本復興にかける中国人と日本人の心温まる交流を伝える。

©2010 熊本県くまモン

福岡総領事館が被災者移送に協力

イラスト制作の背景には、『人民中国』がくまモンへ抱く格別の思いがあった。

本誌主催の「Panda杯全日本青年作文コンクール」の本年度開催に際し、くまモンに作文を書いてもらいたいという意見が社内から起った。そして、熊本県庁との話し合いのさなかに大地震の報を受けたのだった。困難に立ち向かう熊本県の人々に『人民中国』独自の方法でメッセージを発信できないかという思いから生まれたのが、このイラストである。被災地が落ち着きを取り戻しつつあるのを見届けた本社東京支局は、その思いを胸に、くまモンを訪ねて九州へと向かった。

震災後、くまモンは5月5日に初めて避難所に姿を現してから、被災者を励ます活動をしているという。東奔西走するくまモンと熊本県の業務の妨げにならないよう、記者は直接の問い合わせを避け、聞き込みに頼って自力でくまモンを探し、イラストを渡そうと考えた。

有力情報を得るために最初に目指したのは、中国大使館と共に熊本県に協力を申し出た中国駐福岡総領事館だった。中日共同の救援に自ら陣頭指揮を執った張梅・副総領事の表情には、まだ疲労の色は見られなかった。「総領事館は中国人の在住者、留学生、旅行者の保護を最優先としますが、災害と救助活動においてはその限りではありません。両国民は困難の中、真の友として新たな絆を育んだと言えるでしょう」

地震発生直後、李天然・駐福岡総領事（当時）は中国人居住者と留学生の移送のために大型バスを3台チャーターした。高速道路はすでに封鎖され、一般道しか通行できない上に、頻発する余震で走行には危険が伴ったものの、バス会社は快くチャーターを引き受けた。この3台のバスは10数日にわたって熊本と福岡の往復を重ねた。中国人の他に韓国、オーストラリアの旅行者も乗せたこのバスチャーター措置は、外国人被災者の避難にも大いに役立った。中国からのツアー客が阿蘇の山中に取り残されているという情報には、蒲島郁夫・熊本県知事が中国語のできる職員を被災地に派遣し、救助に当たった。全員救出の吉報に、李総領事はようやく安堵の息をつくことができたという。張副総領事は「中国人の死傷者が1人も出なかったのは、熊本県と県民の皆さんの協力があったからです。総領事館の努力だけではありません」と、双方の緊密な協力体制を明かした。

程永華・中国駐日本大使は、各国大使の中では最も早い4月23日に熊本の被災地を訪問し、各地に在住する中国人居住者と中国系企業などによる1797万4460円の寄付を蒲島知事に託し、5240元（約8万円）の義援金と15万7000円相当の救援物資を届けた。また、李福岡総領事は34年前に熊本県と友好都市提携を結んだ広西チワン族自治区人民政府の代理人として、200万元（約3000万円）を義援金として送っている。

福岡での取材を終え、福岡総領事館から「熊本在住の中国人留学生の多くが被災者と共に避難所にい

withnews

老舗雑誌が発案

ネット上に何枚も投稿されているくまモンとパンダの漫画。中でも一番、拡散したのが「パンダがくまモンにタケノコを送る」という漫画です。

最初は出どころが不明でしたが、その後、海外に中国の情報を発信する雑誌『人民中国』によって制作されたことが判明しました。『人民中国』は1953年の創刊で、中国では最も古い雑誌の一つです。日本語でも発信しており、ツイッターのアカウントも持っています。

王衆一

ダからくまモンへのお見舞いイラストは、中日両国のネッ
ーザーの間で大きな反響を呼んだ

人民中国 2016・8

15

2017 人民中国

1

記念特集 PART2

過去を知り共に未来を語る

NPO法人日中未来の会代表・神奈川県日中友好協会名誉顧問　南村志郎＝文

南村志郎（写真・広岡今日子／人民中国）

現在の日中両国関係は、調査機関の調べによると過去最悪といわれている。正常化45周年を迎えた今日、直接交渉した両国の指導者をはじめ、長期にわたり実現のため努力した政治、経済、文化、労働者、青年など各界各層の人たちもこのことは予想だにしなかったと思う。私はいまこそ先人たちに学び、今後の両国関係改善の糸口でも掴めればと思い、過去の交流の数例を簡単に紹介したい。

おばあさんに学ぶ

1956年、当時私は鉄鋼関係の新聞記者をしていた。ある日、八幡製鐵常務の稲山嘉寛氏に呼ばれ、「10月、北京で戦後初となる日本商品展覧会が開催される。随行記者として行ってくれないか。そして可能ならば、唐山に行き開灤炭鉱が稼動しているか確めてほしい」といわれた。私はかねてから中国に関心を持っていたので即座に同意した。

展覧会は現在の北京展覧館で行われており、広場の中央には日の丸の旗が戦後初めて掲げられていた。連日多くの人が来場していたが、ある日、この旗の周りに黒山のような人だかりができていた。何事かと思った私は見に行こうとしたが、多勢の人で前に進めない。やっとの思いで前列に出てみると、一人のおばあさんが旗ざおにつかまって、「私の息子はこの旗の下で殺された。新しい中国になってなぜまたこの旗を掲げるんだ。早く降ろせ」と泣きながら抗議していたのだ。数人の警官が説得して離そうとするものの、おばあさんは頑として手を離さない。周囲にいる多くの人たちも、おばあさんを支持している様子だった。

私はこの状況を見て、いきなり冷水を頭からかけられたような思いだった。私は中国には親近感もあるし、理解もしているつもりで、日頃から「友好」という言葉や文字を軽々しく使っていたが、実際には加害者と被害者の間には雲泥の差があるということをあらためて教えられ、大きなショックを受けた。以来60余年間、私は友好運動に参加しているが、今でもそのおばあさんの教えに感謝している。

展覧会が終わってから、唐山に行き開灤炭鉱を訪れ、生産していることを確認し、日本に帰って稲山氏に報告した。そして、私は「なぜ開灤なのか」と聞いた。「日本の鉄鋼業の発展は、開灤炭抜きには考えられない。だからこれからは鉄鋼業界が全力を挙げて、中国の建設に貢献しなければならない」と稲山氏は答えた。しかし、その時は日本鉄鋼業界と開灤の関係、今後の中国に対する貢献について、十分に理解することはできなかった。その後、曹妃甸開発区を視察した際、気になっていたので炭鉱を訪れてみた。その時、資料室ができていたので何気なく入ってみた。統計表の展示を見ると、1930年から40年までの10年間、炭鉱の総生産量の98%が日本向けの輸出で、さらに40年から日本の敗戦までの5年間は、日本による操業となっていて、稲山氏のいう「切っても切れない縁」を理解できた。

「中国封じ込め」下の交流

57年当時、日本は米国の「中国封じ込め政策」下にあり、すべての中国との交流は困難をきわめた。とくに経済交流には制約が多かった。日中両国間では一応年間貿易協定（総額3000万英ポンド）があったものの、ほとんど履行されていなかった。

日本企業にチャンス到来

鳩山由紀夫（談）

「一帯一路」イニシアチブが沿線諸国の格差の縮小を目指していることは、人類運命共同体の思想を具体的に表している。今回のフォーラムでは、イニシアチブの今後の具体的な実施方針について議論が行われ、構想のさらなる実施につながり、極めて大きな意義がある。

近年、「中国脅威論」が日本社会で盛んに取り沙汰されているが、日本企業自身はこのために中国という大きな市場を捨てたいと考えていない。経済界のこのような声が安倍政権の態度を和らげたのかもしれない。二階俊博自民党幹事長がフォーラムに参加したことは、「一帯一路」への積極的な参与が日本に多くのメリットをもたらすことになると安倍政権が理解し始めたことを意味しているだろう。

そこで、日本と中国がより多く、より密接な協力を結べるように、日本政府はさらに態度を軟化させるべきだ。日本経済がすでに成熟期を迎え、国内市場の成長に限界が見られる中、多くの企業が「一帯一路」イニシアチブの具体的な実践に積極的に参与したいと考えている。これは中国市場に眠る巨大なチャンスを開拓するばかりか、中国と共に第三国の市場から金脈を発掘することもできる。日中両国の企業が利益にあずかるだけではなく、アジアの平和と安定の維持に重要な役割を果たすことになる。■

（取材と資料整理・呉寛静／チャイナネット）

革命軍人だった砂原恵さん
「日本は母国、中国は祖国」

北京で昔のことを振り返る砂原恵さん（写真・王焱／人民中国）

王焱＝文

解放軍歌が携帯の着信音

「砂原恵です」

今年5月のある日、北京のホテルで、訪ねてきた記者一行に日本人のお年寄りが礼儀正しく名刺を差し出した。顔立ちは痩せ、慈悲深い表情で総白髪、身なりはありふれていた。あいさつの後、主客双方が座ってちょうど話をしようとしたところ、部屋に勇ましい音楽が鳴った。

「前へ前へ前へ、われらの隊列は太陽に向かい、脚は祖国の大地を踏みしめている。民族の希望を背負っており、われらは決して負けない勢力なのだ……」

これは中国人民解放軍の軍歌だ。

お年寄りは目を細め、ひとしきりとても楽しそうに聞き、ようやくポケットから携帯電話を取り出した。音楽はふいに止まり、室内に分かりやすい中国語が響いた。「喂？　你是哪位？　哦，对对，我是小张，我到北京啦……（もしもし、どなたですか？　ああ、そうです、張です。北京に来ているんですよ）」。携帯電話を置き、お年寄りは再び客にほほ笑んで言った。

「砂原恵です。中国革命軍人の張栄清でもあります」

「満州」で育った軍国少年

砂原さんは33年に福岡県で生まれた。両親は日本で生まれ育った日本人で、砂原さんは長男だった。鉱物研究に従事していた父が「南満州鉄道株式会社」に派遣されたのに伴い、砂原さんは5歳の時に家族と共に中国東北地方に移り住んだ。父は当時「反逆青年」で、学生の社会運動を組織したことがあり、「満州」の職場に移されたのもそのことと関係があったという。

砂原さん一家は船で大連に行き、しばらく転々とした後に遼寧省内陸部の阜新市に落ち着いた。砂原さんは現地の小学校に入った。「父は静かにしているのが好きで、怒ったことがなく、私の勉強も無理強いはしませんでした」と砂原さんは振り返る。

砂原さんは基本的に現地の日本人移民のサークル内で生活していたが、中国人の子どもと一緒に遊ぶこともあった。当時、抗日戦争はすでに全面的に勃発していたものの、子どもの間では全く敵意はなかった。

45年の初め、既に日本の敗色は濃かったため、父は砂原さんを大連に送って中学校の勉強をさせ、万一の場合に息子が港から速やかに日本に逃げられるよう準備した。大連では独りで生活する必要があっただけでなく、無味乾燥な訓練と厳しい教官に向き合わなければならなかった。「私が受けたのは当時の典型的な日本式教育で、私も『軍国少年』だったといえます」

3、4カ月後、父が突然病気で倒れ、砂原さんはやむなく急いで家に戻って世話をした。父は7月中旬に病死した。1カ月後、日本は降伏を宣言した。

「私は糖葫蘆の行商人に変装し、国民党高官の邸宅周辺を偵察したことがあり、門の衛兵はとても怠けて、座ったり、たばこを吸ったりしていて、銃もしっかり持っていませんでした」（イラスト・神北克）

1953年春、朝鮮戦争の戦場だった平安北道の洞窟で、中国人民志願軍の戦士、張栄清さんが政治委員の前に呼ばれた。

「座りたまえ」。政治委員は手元の資料を置き、目の前にいる眉目秀麗で毅然とした若者をゆっくりと観察し、突然質問した。「張君、おまえは何者だ？」

「私ですか？　私は軍人です」。彼は少し困惑した。

「どんな軍人だ？」。政治委員は続けて質問した。

「中国軍人、革命軍人です！」。彼は断固とした口調で付け加えた。

「違うだろう？」。政治委員は若者の両目を見つめた。「言うんだ、おまえは日本人ではないのか？」

ロレタリアート」になった。このことで砂原さんの心は大いに揺さぶられた。「土地改革後、村の多くの青少年が八路軍に参加しました。そのころの男の子には軍人になる夢があり、私も例外ではありませんでした」

48年春、母の反対を顧みず、16歳にも満たない砂原さんは家を離れ、「張栄清」を名乗って共産党の指導する解放軍に参加した。「部隊に入る時に身分を書く必要があり、私は『六台子村生まれ、漢族、雇農』と書きました」。間もなく彼はある歩兵師団の偵察中隊の一員になり、東北地方を解放した遼瀋戦役、華北地方を解放した平津戦役に相次いで参加した。

「当時、少なからぬ日本国籍保持者が解放軍で働いていましたが、軍は決して彼らを前線には行かせませんでした。私は彼らと違って中国人として軍に加わっていました」

最も印象に残っている経験は糖葫蘆（サンザシあめ）の行商人に変装し、国民党高官の邸宅周辺を偵察したことだ。「門の衛兵はとても怠けていました。座ったり、たばこを吸ったりしていて、銃もしっかり持っていませんでした。私はたばこを渡して話しかけ、すぐに彼らと『友人』になりました。私を取り巻いて糖葫蘆を食べたがっている子どもがたくさんいましたが、ただであげるわけにはいかず、必ず売り買いのふりをしなければいけませんでした。そうしなければ露見してしまうからです」

この期間中、砂原さんは気がとがめたため、母に手紙で無事を知らせた。ほどなく母は返事を送ってきて彼を許した。また、村ではすでに彼の家が軍属家庭と認められ、尊敬を集めていることを伝えてきた。

49年10月1日、中華人民共和国が成立を宣言した。「私はあの時、中国人が本当に独立し、列強の意のままにされていた歴史が完全に終わったと思いました」

しかし、帝国主義が自らかく乱をやめるはずがなかった。50年9月、帝国主義の軍隊とその従僕が朝鮮民主主義人民共和国の内戦に介入し、戦火は中朝国境へと広がった。砂原さんは同年末、空軍の地上勤務兵として部隊につき従って朝鮮民主主義人民共和国へ出動し、いつの間にか2年以上過ぎた。「空軍とはいっても、私たちに制空権はなく、いつも洞窟で空襲を避け

航空学校勤務を経て帰国

洞窟内で「おまえは日本人ではないのか」と政治委員の追及を受け、張栄清さんは沈黙した。しばらくして政治委員はため息をついた。「張君、おまえは革命軍人だと言ったな。それなら聞こう。『3大規律8項注意』の第1条は何だ？」

「一切の行動は指揮に従う、です！」。この時、張栄清さんはきっぱりと答えた。

「よろしい。張同志、家に戻るよう命じる！」。政治委

「田中角栄先生は『どんな小さな物でも構わないから中国の商品を輸入しよう。中国人に外貨をためてもらう必要がある。そうしてこそ自国建設に必要な物が買え、日本の良い品が買えるようになる』と私にアドバイスしました」（イラスト・神北克）

民間文化交流のシンボルに

45年、抗日戦争の最後の段階を迎えた延安では、八路軍の兵士たちの階級意識を呼び起こすために、延安魯迅芸術学院の賀敬之氏と丁毅氏が、晋察冀辺区（山西省、河北省、遼寧省、内蒙古自治区にまたがる地域に設置された根拠地）一帯に伝わる「白毛仙姑」伝説に基づき、中国初のオペラ『白毛女』を創作した。オペラ『白毛女』は各地で上演され、人々の強い共感を呼んだ。当時、張家口の抗敵劇社が『白毛女』を上演した際、日本の美術家の小野沢亘氏が舞台美術を担当したことは特筆すべきである。小野沢氏はまた、49年10月1日の中華人民共和国中央人民政府の成立式典の際、天安門を飾った巨大な提灯とスローガン看板の設計者の一人でもある。同オペラは、また同時期に鶴岡にいた日本人によって演じられたことも忘れられてはならない。

新中国成立後、オペラ『白毛女』は映画化された。この過程で、当時の東北電影制片廠（長春電影制片廠の前身）の日本籍留用人員であった岸富美子氏らが編集担当として重要な役割を果たした。

松山バレエ団が55年に初めて映画『白毛女』をバレエ化したが、上海バレエ学校は松山バレエ団のこの作品から刺激と啓発を受け、バレエ寸劇『奶奶廟』から5年かけて創作を続け、9年後の64年に中国版のバレエ『白毛女』を創作した。これは両国の芸術家の相互学習の成功例といえる。周総理はかつて「最初に『白毛女』をバレエ化し、バレエに改革を行ったのはわれわれでなく、松山樹子氏と松山バレエ団である。この点だけでも、われわれは彼らに学び、感謝しなくてはならない」と語ったことがある。

松山バレエ団による『白毛女』の1958年訪中公演のプログラム

松山バレエ団による『白毛女』の1971年訪中公演のプログラム

日本版に比べ、中国版のバレエは文革前夜に生まれたため、主人公の造反精神が特に強調され、階級的感情が喜児と大春の愛情に取って代わっている。中国版はオペラ『白毛女』における基本的な人物関係を残していて、中国の民間舞踊、古典舞踊の振り付けが多く使われている。65年に初演され、当時の政治的空気と大いに合致したため、まもなく知らない人がいないほど大変な人気を集め、八つの「革命的模範劇」の一つとなった。

今回松山バレエ団が上演した『新・白毛女』は、東日本大震災の後に清水哲太郎氏が書き直したバレエ『白毛女』の第3版だ。中国版の同名バレエの音楽をそのまま採用したが、物語には日本の芸術家の中国に対する想像が数多く見られる。例えば、『新・白毛女』の出だしでは、盧溝橋のような石の橋を背景に序幕が開くが、悪徳地主が日本刀を捧げ持って貧乏人たちを踏みつけながら登場するシーンで階級対立や民族

『新・白毛女』には、日本人芸術家の中国に対する想像が数多く見られる（写真・王浩／人民中国）

対立を提示する。また、悪徳地主が子分に命じ、金づちで無理やり楊白労の家を取り壊す場面は極めて日本的な地上げを連想させる。太った悪徳地主や凶悪な地主の母、舞台化粧で表情を分からなくした子分などの設定は、中国版になじんだ中国の観客から見ればちょっと違和感があるかもしれない。白毛女のコール・ド・バレエ（群舞）は、中国版の発想と違っていかにもミュージカル風で幻想的だ。真っ白な雪の世界で生き残る白毛女は歌舞伎役者のような白化粧をし、まさに雪女のように見える。また、喜児が赤いリボンを大春に渡すようにと張おばさんに託す場面、そして喜児と大春が後にみんなに囲まれた中で結婚するという設定は、いかにも愛情中心に描いたもので、中国版よりもっと実生活に近く、共鳴を起こしやすい。

の公演で新たに創作された『新・白毛女』のコール・ド・バレエ（群舞）（写真・王浩／人民中国）

このように、オペラ、映画、そしてバレエに至るまで、『白毛女』はどの「進化」の段階においても感動的エピソードに満ちていて、中日民間交流と文化交流のシンボルとなりつつある。

新時代に語り継ぐ意義とは

5月19日、『新・白毛女』が人民大会堂で上演され、これまでと同じように、さまざまな年齢層の中国の観衆を魅了した。

バレエを学んだことのあるめいを連れて公演を見に来たある中年女性は、「この子は松山バレエ団の『白毛女』を見てとても感動したようです。レベルの高さは彼女の予想を全く超えたものだったようです。顔じゅうを涙でぬらしたダンサーたちの感動的な演技が中国バレエのオリジナル音楽と美しい舞台美術と相まって、至るところで共感を呼び、心に響きました」と話した。また、孫を連れて見に来たある年配の観客は、「バレエ『白毛女』は自分の記憶を呼び覚ましました。孫がこの名作をより理解できるように、休憩のときに詳しく説明をしました。『白毛女』の物語が語り継がれ、中日友好の絆になってほしいです」と願っていた。

清水哲太郎総代表は、中日国交正常化45周年という重要な節目の年に、松山バレエ団の第15回訪中公演を北京で、それも人民大会堂で『新・白毛女』を上演できることは、重要な意義と価値があると語った。「中国人民の恩に応えるため、団員一同が心を一つに力を合わせ、最も素晴らしい公演を行いたいと思います」

21世紀に入り、時代が大きく変化を見せている中で、いかにして『白毛女』の物語を

響き渡る声で言った。「どうして今日、いまだ『白毛女』の物語を語り続けなければならないのか。これはまさに、今日われわれがその意義と価値の在りかを仔細に考えねばならないところです。もしアジアと世界が本当に平和だったら、『白毛女』はもう語り継ぐ必要はないかもしれません。だけど現実はそう楽観視できません。むしろ今こそ、この物語を語り続けるべきときだと感じています。特に日本ではより意義があることです。なぜなら、世の中にはまだ多くの人の意のままにならないところがあり、世界にはまだ多くの喜児が叫び続けています。こうした喜児たちのために代言し、彼女たちに代わって平和を切に願う声を上げなければならないのです」

「白毛女」の物語をさらに大きな時代背景において、その普遍的意義を考えること、そして清水哲太郎総代表と森下洋子団長が、清水正夫と松山樹子夫妻の事業を引き継ぎ発展させたことは、新たな時代背景の下での『新・白毛女』の意義と価値を発見させてくれる

インタビューを受け、感極まった様子を見せる清水哲太郎氏と森下洋子氏（写真・王浩／人民中国）

主演の朱潔静さん（右）と王佳俊さんのパ・ド・ドゥ。きこりと朱鷺の喜び、朱鷺を失った記者の悲哀、探し求めた朱鷺についに巡り会った老人の歓喜を、超絶技巧と多彩な表現力で演じきった

report

舞劇『朱鷺（トキ）』日本再上陸

于文＝文　上海舞劇院＝写真

スモッグが立ち込める都会で、人々は表情もなく、日々をただ同じサイクルで過ごすだけ。街の周りに暮らす朱鷺も一羽、また一羽と死んでいく（左）

人間と自然、人間と朱鷺、そして人間と人間の調和。観客自らも田園で遊ぶような気分にさせるこのシーンでは、喜びにあふれる人々と鳥たちが心を通わせる（右）

2015年に30公演、計12万人の観客動員数を記録した中国舞劇『朱鷺』が日本で再演され、東京、大阪、名古屋の3都市で19回の公演を行った。チケットは早々に完売となり、前回公演からさらにバージョンアップした『朱鷺』の物語は、中日両国の協力で絶滅を逃れた日本のトキを想起させ、一層の感動と共鳴を私たちに与えてくれた。

真に迫る「魂」の表現

10年、上海万博の日本館の大スクリーンに映し出されたトキの清廉で高貴な姿は、多くの来館者の足を止めた。上海歌舞団団長で舞劇のプロデューサーを務める陳飛華さんもその1人で、トキの優美な動きから着想を得たことが、完成に至るまで4年の歳月を費やした舞劇『朱鷺』誕生のきっかけとなった。その間、団員たちはトキが生息する陝西省の洋県や日本の佐渡島へと足を伸ばし、トキの生態を理解するとともに音や映像の資料を集め続けたという。

『朱鷺』は、人間の「ジュン」と朱鷺の「ジエ」が時空を超えて邂逅する三部構成でストーリーが展開する。古代の善良なきこりと天真らんまんな朱鷺、近代の環境汚染を憂える記者とまさに息絶えようとする朱鷺、そして、現代の実直な教師と新たな生命を得た朱鷺。朱鷺の絶命で喪失の痛みに気付く人々を描写することで、自省と思慮の大切さを観客に問い掛ける。

主演を務める朱潔静さんは、過去にも何度か日本公演の機会があり、「日本の観客はダンサーと芸術をとても大切にしてくれるし、熱心なファンが多いので、日本公演は毎回楽しみなんですよ」とほほ笑む。今回の公演に際しては、朱鷺のしぐさを身につけるために動物園に足しげく通い、日がな一日観察を続けたという彼女に役づくりについて尋ねると、微笑が一転して真剣な表情に変わった。「ダンサーが役の解釈で一番心を砕くのは『精神』です。身体だけで演じるのはただの模倣で、私自身が朱鷺であると、見る人に感じてもらわなければいけないの

互いに影響し合って100年

王朝陽＝文・写

1919年に梅蘭芳が率いる訪日団が初めて日本で京劇を公演し、26年には十三代目守田勘彌が北京開明劇院で初めて中国人の観客に歌舞伎を披露した。それから京劇と歌舞伎の交流は100年近い歴史が流れた。

2017年の「松竹大歌舞伎 北京公演」が幕を閉じると協力団体の北京戯曲評論会から招かれた京劇の名優や評論家が一堂に会し、二つの伝統芸能が100年間交流するで互いを手本として学び合い、中日の名優が互いを尊重合っていた心温まるエピソードを語った。

張永和　伝統劇評論家

李光　京劇役者

梅瑋　北京梅蘭芳記念館研究センター主任　梅家第四代伝承者

王衆一　人民中国雑誌社総編集長

靳飛　北京戯曲評論学会会長

（写真・王浩／人民中国）

互いに学び合う間柄

靳飛　梅蘭芳は1919年に訪日公演した際、歌舞伎を観劇しました。彼は当時のことを振り返り、日本の古典演劇の中に中国の古典演劇との多くの共通点を見つけたと書いています。これらの共通点および明治維新以降歌舞伎が伝統的な演目を残し、それに常に改良を加える方法は梅蘭芳が参考にする(7)上で大いに役立ちました。

当時、梅蘭芳は京劇改良の岐路に立っていました。「時装新戯（清代末に生まれた当時の社会生活を表現する新劇で、当時の服装を着て演じる）」であっても、「伝統戯」や「古装戯（辛亥革命以後、梅蘭芳が創作した、女形が昔の服装を着て演じる劇）」であっても成功を収めた梅蘭芳だからこそ、どの道を選べばいいのか悩み、最終的に伝統的演目を残し、それに改良を加える道を選びました。このことは19年の訪日と無関係とは思えません。なぜなら梅蘭芳が訪日公演後に「時装新戯」の舞台稽古を止めたということは紛れもない事実なのですから。

張永和　演劇の改良に限らず、道具などの細かなところでも京劇は歌舞伎を参考にして歌舞伎の要素を取り入れています。京劇役者の李少春は「西遊記」を題材にした京劇の「鬧天宮」で孫悟空に扇を持たせて歌いながら舞うというシーンを追加しました。これは56年に李少春が訪日した際に鑑賞した歌

report

遊びで受け継ぐ詩歌の伝統

「百人一首」と「中国詩詞大会」の共通点を探る

大連大学日本語言文化学院教員　楊華　北九州市立大学中国学科教員　葉言材＝文

中国中央テレビ（CCTV）の番組「中国詩詞大会」が放送されると、古典詩詞（ほぼ日本でいう漢詩を指すが、宋代に流行し始めた「詞」も含まれる）ブームが再び巻き起こり、そして盛り上がり続けている。どのようにして中国の古典詩詞文化を普及させるか？　どのようにして伝統的な詩詞に対する若者の興味を養い、知らず知らずのうちに古典詩詞の魅力を感じさせるか？　中国古典詩詞の大家、葉嘉瑩氏も共に注目し考えた。彼女は独特な視点から、「中国詩詞大会」のやり方と日本の「百人一首」の遊びを専門的に比較した。東アジアの伝統詩歌の普及というレベルまで視点を拡大したこのような分析は、われわれに葉氏の大家らしい風格を感じさせる。

おいの葉言材氏とのやり取りの中で、葉嘉瑩氏は「中国詩詞大会」に対して肯定的に評価し、これほど多くの人々が詩詞を好んでいることに喜びを感じたと述べている。今回は、楊華氏と葉言材氏が本誌のために書き下ろした文章を皆さんにお届けする。葉嘉瑩氏の正しく深い見識を知り、中国の古典詩詞の伝承と発展に対する葉氏の切実な希望を感じてほしい。

古典詩詞の魅力を再発見

1月29日、CCTV科学教育チャンネルで放送を開始した「中国詩詞大会」第2シーズンは、国民全体から大いに注目され、大好評を得た。10日間にわたる激しい戦いを経て優勝を勝ち取ったのは、上海復旦大学付属高校の16歳の才女、武亦姝さんだった。現在、物欲があふれるファストフードのような時代において は、全く栄養のない各種リアリティーショー系のバラエティー番組が画面に氾濫しており、人々は古典の詩詞文化から離れて、さまざまな名誉と利益を追求する中で徐々に初心をも忘れてしまったようだ。今回の「中国詩詞大会」の放送は、まるで真夏に胸に染み入るお茶のように、人々の心を洗い清め、心に深く埋もれた詩歌の思いを呼び起こし、人々の視界に古典詩詞の優雅な姿を返り咲かせた。

「中国詩詞大会」の参加者たちは、社会のさまざまな業種の人々で、年齢層も幅広い。詩詞を愛する気持ちが彼らを一つの場所に集めたのだ。昔の人は、「詩言志、歌永言（詩は志を言い、歌は言を永くす）」と言った。代々の中国人に栄養を与え、心を豊かにし、情操を育んできたものは詩歌だ。大会参加者の一人、白茹雲さんが登場時に言った「千磨万撃還堅勁，任爾東西南北風（千磨万撃また堅勁、さもあらばあれ東西南北の風）」は、彼女の人生の態度をまさに描写している。古典詩詞は彼女に広い心と楽観的な

葉嘉瑩氏は毎シーズンの「中国詩詞大会」に注目している（CFP）

report

無錫市人民対外友好協会の王錫南会長、全国人民対外友好協会の宋敬武副会長、無錫市の汪泉市長が登壇した。汪市長は、「『中日桜友誼林』は今では両国人民の友情の象徴になっています。サクラの花と太湖の山水が互いに引き立て合う様子は、春の無錫で最も美しい風景であり、中日友好交流の大切なシンボルです」と述べ、さらに「無錫と日本との協力・交流はますます緊密になり、経済・貿易、文化、教育、スポーツ、環境保護など広い分野で著しい成果を上げています。『フォーチュン・グローバル500』にランクインした日本企業38社も無錫に進出しています。無錫および管轄の県・区は前後して、明石市や相模原市、藤岡市、松阪市、豊川市など日本の都市と友好関係を結びました」と紹介した。

日本側からは、駐上海日本総領事館の片山和之総領事、日中共同建設桜友誼林保存協会の新発田豊会長、日中友好桜友の会の小林充会長があいさつに立った。「1986年に桜友誼林活動を提唱して以来、88年の第1次訪中から、毎年無錫市を訪問してきました。今では無錫市と共に植えたサクラは3万本。中国一のサクラの名所となりました」と活動を振り返ったのは新発田会長だ。同協会では30年間に延べ1万人が中国を訪れた。両国関係が厳しい時期もあったが、そういうときこそ友好関係の構築を大切にしてきたという。壇上には、活動の提唱者の一人である長谷川清巳前会長の写真も掲げられた。「二度と不幸なことを起こさないようにという長谷川前会長の思い、日中友好・世界平和の願いをサクラに託して、子子孫孫に伝えることが私たちの使命です。30年の集大成で終わることなく、活動を続けることが重要と考えています」。現会長の力強い言葉が会場にいる一人一人の胸に響いた。

会場には若者の姿も少なくなかった。その中の一人、

を[illegible]68人です。一番の目的は、若者をたくさん連れて来て、このサクラの植林活動を知ってもらうこと。活動をさらに30年続けるためには、若い世代が参加して、次のアクションを考えることが非常に大事です。今後は上海だけでなく、北京や日本にいる人も集めて参加できたらいいなと思っています」。27歳になったばかりとのことだが、とてもしっかりとした口調が印象的だった。

新発田会長（左から1人目）のあいさつでは、長谷川前会長夫妻の写真、中国各地を回ってきた分団旗、今回の友好訪中団参加者の名前を記した横断幕も掲げられた

悩まない心をつくる人生講義

チーグアン・ジャオ（趙啓光）　訳＝町田晶

第9回

美

（本編第21章より）

所有できないからこそ美は美なのであり、宇宙から美をうばったり、他の人がその美しさを味わうことを邪魔することはできない。

先生が斉の国にいらしたとき、韶の楽をきかれ、感動のあまり三ヶ月の間、肉を食べても味がわからなくなられた。そこでいわれた。「まったく予期しなかったね、音楽がここまでゆきつけるとは」と。

（『論語』述而篇）

孔子が体験したのは本当の美だ。孔子は韶の音楽を必要としたわけではないし、それによって生きているわけでもない。ただ、世の中に辱められ傷つけられながらも知を求めようとする自分の心を否定できなかった。孔子はこの音楽との出逢いによって、食欲という本能を超越した。美は自然である。エマーソンは言った。「人の高尚な欲求、すなわち美を愛する心は自然によって満たされる」

美とは異なり、成功は我々の必要性を満たしてくれる。成功は多くのものをあたえてくれるが、美のような感動はあたえてくれない。美とはゴールのないプロセスだ。美とは無為だ。なぜなら美を所有することはできないから。

人は世界のすべてを手に入れることはできない。もしそれが可能だとしても、手に入れたすべてをどこに置くのだ。人は世のなかの成功すべてを手に入れることはできない。もしそれが可能だとしても、その成功をどうやって受け取るのだ。しかし人は、世のなかで一番美しいものを楽しむことができる。なぜなら、人はそれを所有することがないし、よそからそれを持ってきて自分の財産にすることはないからだ。美をながめ、体験し、感じることはできるが、それを手に入れることはしない。所有できないからこそ美は美なのであり、宇宙から美をうばったり、他の人がその美しさを味わうことを邪魔することはできない。成功は有限であり、美は無限だ。

老子は言った。「天下の人びとはみな、どのようであれば美しいとされるかを知り、そこに醜いということが生じた」（『道徳経』第二章）

人は美しいものを目にするとそれを手に入れたがる。美をめぐる争いはみにくい悪夢である。美によって自分が観察され、浸透されるまま、なにもせず、ただ自然にしていれば、自己を超えた世界で本当の美を見つけることができるだろう。

星空のもとに生まれ、その広大さによって心をはぐくまれた人々は自然を信じ、都市の喧噪やざわめきの中でも自分を見失うことがない。戦争の混乱、革命の無秩序、親しい者の死、またそれによって生じた痛みや悩みなど、苦しみに満ちた日常のただ中にいたとしても、星空はその人のために昔話を語り、心をいやし、痛みをしずめてくれる。そして、すべては短い間のことだと言うだろう。銀河はかがやき、ナイチンゲールは歌い、流星ははしり、月は照らし、星はまたたく。昼間の騒がしさは去って夜は静けさを増し、すべての動きはとまる。潮は満ち引きをくり返し、強風はやんで海はおだやかさを取りもどす。月の光はしずかな水面でかがやき、水は柳の根元でさざ波を立てる。すべておだやかな状態にもどるのは自然の法則だ。このような情景には人がおだやかで強い心を取り戻すための不思議な力がある。「すべては過ぎ去る」というささやきが遠くから聞こえ、一時的な悩みは忘れ去ってしまう。

美は宇宙という鏡にみずからを永遠に映しつづける。もし我々が鏡の一部となるなら、我々もまた美の一部となることができる。いつも花が満開に咲いている庭園を散策しながら、けっしてその花を摘むことはない。天使たちとけんかすることなく一緒に空を翔け、ドラゴンを殺すことなくともに舞う。

美とは自由だ。世のなかの雑事から自由になり、努力と成功の鎖から自由になることだ。美と成功という二者選択において、荘子が選んだのは美だ。

荘子が濮水という川で魚を釣っていた。楚王はそこに二人の臣下をやり、楚の国を荘子にまかせたいと伝えさせた。荘子は竿をもったまま、ふりむきもしない。「楚には神亀があるそうですな。三千年も前に死んだものだが、王さまは箱に入れ、廟堂の上にしまっておいでになるとか。この亀は死んで骨をのこし、人に拝まれたいのか、それとも生きたまま、しっぽを泥の中にひきずっていたいのかな」二人の臣下は答えた。「それは生きていて、泥の中にしっぽをひきずっていたかったでしょう」。荘子は言った。「それじゃ、お帰り！わたしも泥の中にしっぽをひきずっているとしよう」（『荘子』秋水）

四人は心から共感し合った

はるか上にあって
手に入れることができない美しさ

チーグアン・ジャオ　北京出身。カールトン・カレッジ教授、同済大学特別招聘教授、清華大学客員研究員などを歴任。中国社会科学院大学院で英米文学修士号、マサチューセッツ大学で比較文学博士号取得。著作に "A Study of Dragon, East and West"、"Do Nothing & Do Everything"、『古道新理』、『老子的醒悟』、『世路心程』、『客舟聴雨』、『コンラッド小説選』など。2015年3月、マイアミでの遊泳中の事故により永眠。ミネソタ州の『スター・トリビューン』紙で「北極オーロラの龍」と評価された。

町田晶　日中翻訳学院修了。東北大学文学部東洋日本美術史専攻、東北大学大学院文学研究科中国哲学専攻。学生時代の一人旅で中国文化の奥深さと中国人の温かさに触れたことから本格的に中国語を学ぶ。翻訳得意分野は思想、哲学、文学、食文化等。

"パンを手に入れることはもとより大事だが、その美味しさを楽しむことはもっと大事だ"

比較文化学者であるチーグアン・ジャオ氏が、身近な例から老子の人生哲学をわかりやすく解説した一冊。「よりよい老後」のために心身ともに無理を重ねる現代人に向け、老子の教えをもとに、肩の力を抜いて自然に生きることを勧める。

2016年4月、日本僑報社刊

report

平和の願いサクラに託して

無錫で「中日桜友誼林」30周年祝う

龍川可奈子＝文　王浩＝写真

太湖に面して続く鼋頭渚公園の桜並木

3月27日から4月2日まで、江蘇省無錫市で「2017無錫国際花見ウイーク」と「中日桜友誼林建設30周年記念活動」が開催された。

上海から130㌔余り、中国五大淡水湖の一つに数えられる太湖に面した無錫は、日本人にもなじみが深い町だ。1980年代末に一世を風靡した歌謡曲「無錫旅情」を連想する読者も多いだろう。同曲がヒットしたころから現在まで、中日共同で大切に育てられてきたサクラの林が太湖のほとり、鼋頭渚公園にある。今では100種類、3万本という規模を誇る。中日国交正常化45周年の今年、この「中日桜友誼林」は30周年を迎えた。日本から約300人のゲストを迎えて盛大に行われた交流イベントの様子をお伝えする。

友情が育てた花見の名所

青海（上）

伝説と信仰息づく青海湖 澄んだ黄河が流れる秘境

陳克＝文　佐渡多真子＝写真　李昀＝イラスト

人民中国
9
September 2017
定価400円
1956年12月18日 第3種郵便物認可
2017年9月5日発行
(毎月1回5日発行)通巻771号
PEOPLE'S CHINA
中国を知るための
日本語総合月刊誌
記念特集　中日国交正常化45周年
両国識者8人の証言と提言
時のひと　芸術大家
魚と竹を絆に「相互理解」
美しい中国　成都(下)
茶館の談笑が育む天府の国
Twitter
WeChat
www.peoplechina.com.cn
12

人
PEO
第1特集
党大
第2特集
AIIB
美しい中国
綿織物

2017

特辑《经济增长的新动力——共享经济》，从现象到原理对这一新生事物进行了总结（8月号，见图1）。从某种意义上说，“一带一路”构想是更大规模的“共享”产品。日本前首相鸠山由纪夫坚信，“对于日本企业来说是机会来了”（6月号，见图2）。日中未来之会代表南村志郎认为，“只有了解过去，才能一起谈未来”（9月号，见图3）。

日本人砂原惠曾经是一名解放军战士，他认为，“日本是我的母国，中国是我的祖国”（8月号，见图4）。这样的故事必须了解过去才能真正理解。砂原惠回国后一直从事中日友好运动，见证了芭蕾外交的成功。日本松山芭蕾舞团的《白毛女》又是一个了解过去才能理解的传奇。在日本“一直跳到今天的《白毛女》”和中国版的《白毛女》有着微妙的不同，体现了两国文化与表演体系的差异（7月号，见图5）。中国芭蕾舞剧《朱鹮》再访日本，在日本也同样深受好评（10月号，见图6）。传统戏剧的交流更久远，相互影响了百年（6月号，见图7），座谈会上许多花絮引人入胜。学者杨华与叶言才对比百人一首与中国诗词大会，撰文《中日通过游戏传习本国诗歌的传统》进行总结（4月号，见图8）。《寄托于樱花的和平愿景》是本刊专家笼川可奈子采访无锡中日樱花友谊林三十周年写就的报道（5月号，见图9）。从芭蕾到樱花，用哲学家赵启光的思想一言以蔽之，就是一个“美”字（9月号，见图10）。他在文章中对“美美与共”的境界做了精辟的提炼。

让我们顺着“美”的维度寻找本年度的视觉亮点：“传说与信仰生生不息的青海湖，清澄的黄河从省内流过”，青海湖边一片花海，一对韩国女生完全被美景迷住，这是一种自然美（10月号，见图11）；一对白发老人悠闲地喝着盖碗茶，这是一种从容的夕阳美（9月号，见图12）；两个少数民族妇女聊着天织土布，这是一种知足常乐的生活美（4月号，见图13）。

2018

人民中国

特集

「天眼」に幅広く尽力
漢方医学で世界を救う・屠呦呦
高速列車の「溶接者」・李万君

全世界に光を放つ中国の「地上の星」

この5年間で中国の高速列車の世界進出、大型旅客機C919の初飛行、「スーパーハイブリッド水稲」生産量の世界記録更新、天を仰ぐ世界最大口径の電波望遠鏡「天眼」など、中国が獲得した一連のハイテクノロジーの成果に伴い、中国の科学技術は向上し続け、さらに人々の生活を変え、世界の未来により多くの新しい希望と可能性をもたらした。

人々の視線がこれら大きな成功に集まる中、一体どれほどの人がその背後の功労者のことを知っているだろうか。彼ら「開拓者」や「創造者」は確固たる信念と艱難辛苦の努力と無私の奉仕精神で人々のために一つ、また一つと素晴らしい夢を実現している。今月号の特集では8人の代表的な人物にスポットを当て、彼らの奮闘の歴史を振り返る。彼らはバックボーンこそ中国だが、そのヒューマニズムや科学的精神、卓越した貢献の成果は世界の共通財産になっている。

尹莉＝文

特集

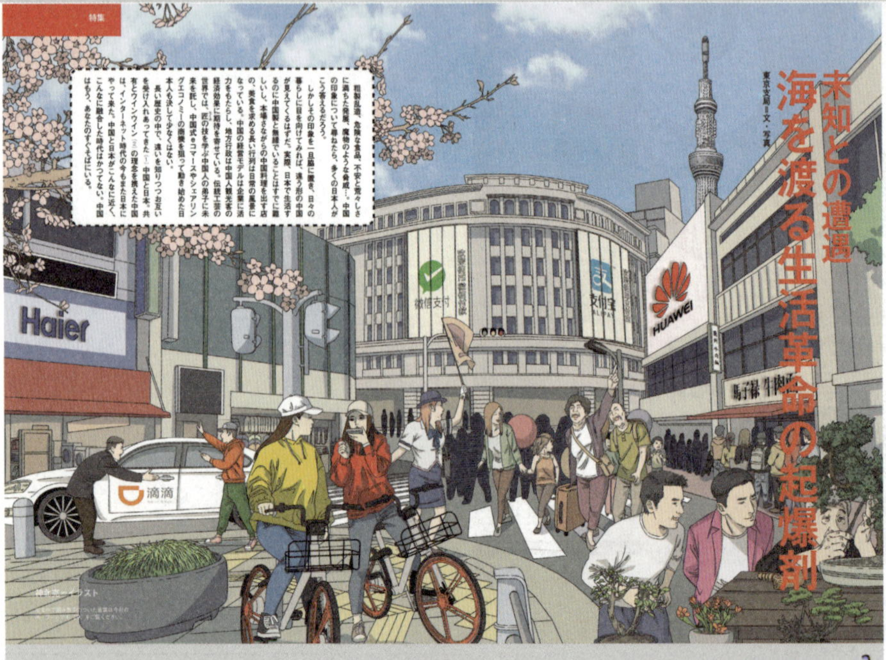

未知との遭遇 海を渡る生活革命の起爆剤

東京支局＝文・写真

粗製乱造、危険な食品、不安と荒々しさに満ちた発展、魔物のような脅威……。中国の印象について尋ねたら、多くの日本人がこう答えるだろう。

しかしその印象を一旦脇に置き、日々の暮らしに目を向けてみれば、違う形の中国が見えてくるはずだ。実際、日本で生活するのに中国製と無縁でいることはすでに難しいし、本場さながらの中国料理を出す店の、美食を求める長い行列は日常の風景になっている。中国の経営モデルは企業に活力をもたらし、地方行政は中国人観光客の経済効果に期待を寄せている。伝統工芸の世界では、匠の技を学ぶ中国人の弟子に未来を託し、中国式eコマースやシェアリングエコノミーの商機を狙って動き始めた日本人も決して少なくはない。

長い歴史の中で、違いを知りつつお互いを受け入れあってきた(1)中国と日本。共有とウインウイン(2)の理念を携えた中国は、インターネット時代の今もまた日本にやって来た。中国と日本がこんなに近く、こんなに融合した時代はかつてない。中国はもう、あなたのすぐそばにいる。

再出航した中日関係 進むべき航路を展望

中日平和友好条約締結40周年を迎える今年は、中日関係にとって歴史的な意義を持つ一年だ。5月8日から11日にかけて、安倍晋三首相の招きに応じて、李克強国務院総理は日本に赴き、第7回中日韓サミットに出席するとともに、日本を公式訪問した。これは中国総理の8年ぶりの公式訪日だった。訪日期間中、李総理は天皇と会見し、安倍首相と会談を行い、中日平和友好条約締結40周年記念式典に出席し、日本各界の人々と接し、北海道にも足を運んだ。両国政府はまた経済貿易、民生、安全保障など多分野にわたる二国間協力文書にも調印した。これらは中日関係の改善傾向がより強化され、両国関係が正常な軌道に沿って再出航することに向けて重要な役割を果たす。

国際情勢が大きく変化し、一国主義と保守主義が多国間貿易体系と世界経済成長の脅威になっている現在、世界2位と3位の経済国として、中日の関係の動向と傾向は非常に注目されている。李総理の訪日の成果は中日の外交関係、経済貿易関係、国際協力、安全保障、文化交流、民間往来などの面でいかなる変化をもたらすのか。中日の有識者がそれぞれの角度から見解を述べた。

本文中で囲み数字のついた言葉は今月のキーワードです。33ページをご覧ください。

「還暦」から5年を迎え 成長続ける『人民中国』

2013年、『人民中国』は創刊60周年の「還暦」を迎えた。当時の中日関係は国交正常化以来最大の困難に直面していたが、われわれは中日関係の発展に信念を失うことなく、かえっていっそう奮起し、60年間人民の友好に寄与してきた本誌の伝統を継承しながら、新たな歴史的状況下でそれを発揚するように頑張ってきた。

還暦を迎えての再出発は、このように不確定さの中で幕を開け、早くも5年がたった。『人民中国』はこの5年間の中国の奮闘と前進を検証し、さらにこの5年間、目まぐるしく激変する国際環境の中で中日関係が次第に正常な発展の軌道に戻っていく一部始終を記録した。われわれのチームもこの5年間で融合と革新によって新たな成長と発展を実現した。

この容易ではなかった5年間で、共通の初心と使命によって、支局と本社の中日のスタッフはまさに運命共同体のように一丸となって、より良質で、歴史の検証に耐えられるメディアプラットホームを目指して、肩を並べて奮闘し、さまざまな困難を乗り越え、内容を洗練し、形態を充実させ、交流のプラットホームを拡大した。この5年間の成果を振り返ると、どのメンバーも感慨深いものがある。

今月号の特集では、本誌の中堅スタッフの視点を主軸とし、表紙写真を担当しているカメラマンの佐渡多真子氏に寄稿していただき、読者に向けて彼らの成長と彼らの目に映る『人民中国』のこの5年間の変化を多層的に紹介したい。

特集
PART1

写真に収める等身大の中国

佐渡多真子＝文

1999年より北京を拠点に撮影を続ける。『人民中国』『NHK中国語会話』の表紙を担当。作品集に『幸福(シンフー)？』(集英社)など多数。読売新聞国際版にエッセーを連載中。

日中間の情報のギャップ

日本で5年ほどカメラマンとして働いたのち、1995年から2年間、私は北京に留学しました。そこで、日本の忙しい暮らしの中で失いかけていた、素朴な人々と触れ合う楽しさに出会いました。私は中国に移り住んで仕事がしたいという思いに駆られ、99年から北京に仕事の拠点を移し、今年で20年になろうとしています。その間、中国各地を訪れ写真を撮ってきました。

中国に暮らして強く感じたことは、日本で報道

は大きなギャップがあることでした。大手メディアの報道は、ほとんどが中国の政治や経済、社会問題ばかりです。一般の人々の暮らしや文化など、等身大の中国を伝えるメディアがあまりにも少ないと感じました。大手メディアが伝える中国の情報は中国の一面には違いありません。日本に伝わるべき情報だと思っています。けれども、繰り返し一部だけが伝わるのは、中国に対して現実とは違ったイメージを持ってしまうのではないかと懸

地理的にも経済的にも切り離すことができない隣国に対し、一面的な情報で誤解を招くことになれば、これからの日中関係に不必要な危機を招くのではと感じます。

また、この5年間をとってみても、中国社会は

模索と継承で生の声伝える

沈暁寧＝文

先輩の声が迷いを断つ

創刊60周年を迎えた2013年、中日関係における新たな変化や対日報道の新たな情勢に順応するため、『人民中国』はより専業化に向かう「二度目の起業」をスタートさせた。当時、私は政治や経済、中日関係関連を専門的に報道するチームを率いる任務を任された。社会・文化関連の報道を9年間担当してきた私にとって、まさに未踏の道だった。

5年間があっという間に過ぎた。今の『人民中国』には、政治・経済・中日関係の報道が大幅に増加し、総合的かつ深く掘り下げた内容も豊富になり、質的な変化が起こったともいえる。

私が中日関係の報道に関わった時は、ちょうど両国関係が国交正常化以来最も冷え込んでいた時期だった。中日双方で政府レベルの交流が中断するだけでなく、経済協力も減少し、国民感情がさらに冷えつつあり、両国のマスコミがみな「中日友好」の将来性を楽観視できなくなった。これによって、私は自分の仕事の意義まで疑い始めた。

その時、大先輩であり、元中国文化部副部長の劉徳有氏が私の迷いを解消してくれた。中日関係が「坂を上り苦境を乗り越えよう」としている16年、劉氏は『人民中国』に新たなコラムを連載し、毛沢東や周恩来と日本の友人の物語を執筆することによって、現代の人々に中日関係を改善する手本を提供し、「中日友好」の信念を固めた。

同コラムの責任編集者として、私は劉氏のご自宅を訪ねる多くの機会に恵まれた。家宝を数え上げるように中日関係の物語を話し続け、中日友好を記録するアルバムを持って書斎から出て来る劉氏の姿を見るたびに、私は深い感銘を受けた。ある日、私たちは中日関係が直面している苦境について話し合った。よわい80の坂を越している劉氏は丁寧な口調で次のように語った。「両国が40年余りにわたって収めた成績は苦労のたまものであり、両国の国民は多くの利益を受けました。ですから、中日友好を守り、発展させる理由は幾千万あれども、それを破壊する理由は一つもありません」

世々代々の中日友好を推し進め、両国民に幸福をもたらす。これは劉氏が固く守る初心である。先人らが数十年間追い求めたこの理想は、現代の私たちを先に導く信念となった。このことを思い出すたびに、私は自分の仕事を誇りに思った。中日関係が冷え込んでいたあの時期、私たちは両国民の友好・交流の物語の報道に特に力を入れ、中日関係が寒い冬の時代にあっても、両国の民間交流が依然として温かく、中日友好の信念が揺るがないというメッセージを読者に届けた。

今年の「両会」で手を挙げて質問する筆者

「リアル」を現場から発信

15年から人民中国雑誌社は「北京—東京フォーラム」の運営を毎年担当している。私たちはフォーラムのアシスタントとして、ゲストとの連絡や会議の記録、資料の整理などの業務を担当した。これによって私たちは、両国の有識者と知り合い、中日双方の最新の観点を把握し、グローバルな視点で中日関係を理解する機会に恵まれた。

フォーラムで3年間鍛えられたアシスタントたちは中日関係に対する理解を一層深め、フォーラムのゲストとテーマに関して話し合えるようになった。私たちが取材・編集したフォーラムの報道により、『人民中国』はフォーラムの成果とゲストの見解を最も詳しく紹介する、権威的なメディアとなった。

5年間の努力を経て、私たちは政治・経済報道の素人からプロに向けて少しずつ成長した。「政治経済班」も人民中国雑誌社の第1編集部にまで昇格した。この間、第1編集部は「一帯一路（シルクロード経済ベルトと21世紀海上シルクロード）」イニシアチブ、「中国の腐敗撲滅」「人類運命共同体の構築」「中国共産党第19回全国代表大会報告分析」などの重要テーマを報道し、読者から高い評価を得た。これは私たちにとって大きな励ましとなった。

「中国のストーリーをしっかりと語り、中国の声をしっかりと届ける」ことは私たちの仕事の使命だ。中国社会の変化を生き生きと描写するため、私たちは常に現場に取材に行っている。中国の的確な貧困救済政策を紹介するとき、私は青海省の貧困村を訪れた。現地の貧困救済を担当する幹部と共に、ぬかるんだ道を歩いて農民の家を訪れた。村民の生活環境を見たり、彼らの声に耳を傾けたり、普段の食事を食べたりして、貧困救済対策が村民たちの生活にもたらした変化を体験した。このような実生活の話を文章に織り込んだとき、無味乾燥な政策の説明は読みやすい現場報道となった。

今年3月、中国政府は「両会（全国人民代表大会と中国人民政治協商会議）」期間中、一連の重要な改革措置を打ち出した。その肝となる改革精神とシグナルを読者に全面的かつ的確に伝えるため、『人民中国』4月号の「両会」特集は当初予定していた28㌻を34㌻まで増やした。私たちは会場で取材しながら、会議の精神を勉強し、リポートを書き上げた。全員が1週間以内で国内外から注目された「政府活動報告分析」「憲法改正」「国務院機構改革」や全人代代表と全国政協委員の中日関係に関する発言のまとめなどを含めた報道を仕上げた。この特集は日本の読者が中国の現在の改革動向を知る重要な資料となった。

特集のゲラ直しは朝3時にようやく終わった。車を運転して家に帰ったとき、体がすっかり疲れ果てている一方、気持ちは充実してリラックスしていた。こんなにも多くの重要な情報を日本の読者に提供し、中国を総合的かつ客観的に伝えることは、まさに『人民中国』の使命と私の価値である。5年間同僚と共に奮闘した経験を振り返れば、目の前のわが家に向かう帰路と同じく、つらくありながらも、私の帰る道だとしみじみ思う。

第1編集部が制作に参加した2017年9月号の記念特集「中日国交正常化45周年」の見開きページ

時代に合わせ新しい誌面を

銭海澎＝文

2004年7月に入社してから、私はもう14年間も『人民中国』で働いている。最初の9年間、翻訳部で翻訳や原稿チェックの仕事をやっていたが、13年に陳文戈社長が本誌の内容を時事・経済、社会・民生、文化・観光、インフォコーナーの四つにブロック化するという構想を打ち出してから、私は文化・観光とインフォコーナーの記事を担当する第2編集部の部長職に就き、普通の翻訳者から、取材・編集・翻訳を一体化する人材になれるよう努力してきた。この5年間、業務革新を実践する中で『人民中国』という対日報道メディアの古い大樹に絶えず新芽が出ていたことをこの目で見てきた。新しいコラムのスタート、新人の加入、イラストの使用、交流イベントの主催などが紙面に活力を与えた。

上下一心で優秀コラム

私のデスクには『人民中国』創刊60周年に出版された文集『共に歩んだ60年』が並んでいる。読むたびに、先輩たちの仕事ぶりや成長の物語に感動させられる。そこから、各年代の編集者や記者がいかに時代の流れと読者の要望に合わせて、等身大の中国を反映し、読者の共感を引き起こした記事を一つまた一つと企画したのかが分かった。『人民中国』が創刊から現在まで、1度も途切れず65年間着実に歩んでこられたのは、先人たちが取材で発揮した探究心と文章を練る真剣な態度に大きく関わっている。それはまるで『人民中国』の魂のように、その生命が永遠に続く支えとなっている。

13年から現在まで、習近平をはじめとする中国共産党は全国の人民を率いて意志を固めながら前進し、新しい執政理念を次々と生み出した。「美しい中国」もその中の一つだ。陳文戈社長は時勢に乗り遅れまいと、『人民中国』で文化や観光、民俗の記事づくりに長けている第2編集部に対して、中国各地の自然風景、民俗、伝統技術および市民の生活を紹介するコラム「美しい中国」の企画と報道を始めるように指示を出した。王衆一総編集長は同コラムの報道を非常に重視し、異なる視点で中国の美しさを表現するために、中国人記者プラス日本人カメラマンという中日協力の報道陣を組んだ。その上で、企画書から表紙撮影、ひいては原稿の書き方まで細かく指導し、『人民中国』の優秀な伝統を若者に伝えた。

この5年間、取材グループは中国の20の省・直轄市に足を運んだ。現在東京支局で働いている于文支局長、呉文欽、陳克はみな「美しい中国」の取材グループの一員として経験を積んだスタッフだ。今年から、昨年入社したばかりの黄沢西と袁舒という若者2人が同コラムの取材を担当することになった。これまで、黄はすでに3本の原稿を書き上げ、今月号の担当者である袁は初めての原稿執筆で取材・編集・翻訳の一体化を試みた。

印象深い「長寿」コラム

『人民中国』には長寿のコラムが多い。現在、最も「長寿」のコラムは中国国際放送局（CRI）が寄稿する「快楽学唱中文歌」であり、もうすぐ20歳を迎える。同じく語学学習系コラム「新語ネット語」は私の入社と同じ時期にスタートし、私も担当者から責任者までになり、このコラムと切っても切れない縁ができた。14年間で、私はこのコラムの2度にわたる内容からスタイルまでのリニューアルを見届け、また13年からはオリジナルのイラストを加えて、軽快なスタイルを今日まで続けている。リニューアル後の「新語ネット語」は中国語を勉強している日本人読者から「最も関心があるコラム」と評価され、「これを参考にして卒業論文を書きたい」という読者もいた。読者の声は私にコラムをいっそう立派にしようという自信を持たせてくれた。

語学学習系コラムの「長寿」化は読者の強い希望を反映している。昨年、元中国文化部副部長の劉徳有氏が本誌で連載した「漢俳よもやま話」にヒントを得た王総編集長は、今年から俳句を漢訳したコラム「節気と花」をスタートした。東アジア文化共同体の視点から二十四節気の文化を紹介するこのコラムは、読者の好評を得たばかりか、日本の俳句刊行物『耕』にも転載された。1990年代に読者に愛読された中国の小説の原文とその日本語訳を掲載する「ショートショート」も読者の強い要望に応えて、4年間「楽らく対訳」コラムで作品選びのセンスを磨いた上で、今年「対訳　世相小説」として再登場した。読者に中国文学の特色を示すと同時に、今の中国社会の姿を伝えている。小説の内容に合わせて描かれた写実的なイラストも文章に花を添えている。

漫画大国日本の読者に向けて、イラストを使って記事に親しみやすさを持たせた。2015年から連載を始めた「マンガキャラ　中国の諸民族」はイラストで中国の諸民族のキャラクターや服飾および民俗を紹介するコラムで、その鮮やかな紙面と簡潔な説明が幅広い読者に読まれている。

間違った中国認識を是正

ここ数年、『人民中国』は中日両国の交流イベントを紹介するだけではなく、両国の若者を対象とするイベントの開催にも力を入れている。14年に『人民中国』、駐日本国中国大使館、公益財団法人日本科学協会が「Panda杯全日本青年作文コンクール」を共催し、優秀作品は本誌の「わたしと中国」に掲載された。このコラムで私が最も興味を引きつけられるのは受賞者の訪中の感想だ。自ら経験し自分の目で見た中国が、今までの中国認識を変えるかどうかが知りたい。和歌山大学の山本陽子さんの「メディアで報道されることしか知らず、それを疑いもせずにうのみにしていた。中国に訪問することで、私は中国に対するイメージと共に、自分自身も大きく変わることができた」というコメントを読んだとき、このイベントが行われた意味をしみじみと感じた。

5年間で『人民中国』は合計900本余りの交流イベントを掲載し、両国民の相互理解を増やして誤解をなくすことに全力を尽くした。最近、日本の書店で中国のマイナス面を紹介する書籍が陳列されたことがあったが、本誌は新刊紹介のコーナーで、中日両国の各分野で活躍し、中日友好・交流事業の促進に尽くしている中国人と日本人を紹介する『今こそ伝える日中100人』などの書籍を紹介し、ポジティブな面を最大限に伝えた。また、中国で中国語版『中国の歴史』（講談社）がベストセラーになり、中国語版『窓ぎわのトットちゃん』の発行部数が累計800万部を超え、中国の児童図書販売市場における奇跡を作るなど、日本とは異なり、冷静かつ客観的に日本の書籍を紹介する中国の書店という風景を伝えた。

65年間歩んだ『人民中国』はまるで経験豊かな老人のようで、起伏の多い中日関係を経たが、落ち着いて報道を続けている。この落ち着きの背景には、伝統による自信、革新がもたらす活力、および中日友好に対する強い信念がある。これらを堅持し、意志を持つことで、『人民中国』の将来は必ず希望に満ちたものとなる。

新メディア体制下で再出発

王浩＝文

情報の伝え方の変遷

この2年間、私はすっかり「スマートフォン（スマホ）中毒」になり、家でも会社でも、さらに通勤途中の信号待ちの間でも、時間があればすぐにスマホの画面をチェックする。いつも気になるのは、『人民中国』のSNSアカウントのフォロワー数と当日配信した記事のアクセス数だ。最初は数十人だったフォロワー数も今では数万人にまで増えたが、急速に増えたフォロワー数を見るととても心が躍る。

モバイルインターネット技術の発展に伴い、SNSが次々に誕生した。ツイッター、インスタグラム、微信（ウイーチャット）、微博（ミニブログ）などが人々の生活に浸透し、人々の情報の読み方を変えた。六十数年の歴史を持つ伝統メディアとして、『人民中国』もこのインターネット時代で変化している。目の前に登場したインターネットと新技術を進んで受け入れるのが唯一の選択肢だった。ここ数年、従来の雑誌とホームページの他に、『人民中国』は相次いでツイッター、インスタグラム、ウイーチャット、今日頭条（ニュース配信プラットホーム）などで公式アカウントを開設し、中日両国の愛読者、特に若者たちの注目を集めた。私は本誌の「シニア社員」として、ニューメディアの業務に参加する中で勉強しながら成長を遂げた一方、『人民中国』という「老舗」の新しい息吹を感じた。

SNSの場合、文字だけの表現はもう単調すぎる。写真、音声、動画はより視覚的で面白い。新技術を使って発信のやり方を革新することこそ、ニューメディアが目指す方向だ。2016年4月14日の夜、熊本県でマグニチュード6・2の地震が起きて、地元住民たちは大きな被害を受けた。翌朝、本誌の編集委員会は緊急会議を開き、地震に関する報道やいかにして被災地の人々に中国国民の思いを伝えるかを議論した。王衆一総編集長のアイデアで、漫画家の斉夢菲さんに「くまモンをお見舞いするパンダ」のイラストを描いてもらった。熊本城の前で、パンダがけがをしたくまモンにタケノコを贈るシーンを描いたイラストが本誌のウイーチャットで発信されると、瞬く間に両国のネットに拡散した。一夜のうちに、パンダとくまモンのイラストがどこでも見られるようになった。そのとき、SNSの力強さと、自分たちが「有名になった」感覚を覚えた。また、本誌が主催した「悟空杯」中日漫画コンテストのイメージキャラクターは頭に「緊箍児」の付いていない孫悟空だ。そのかわいらしい孫悟空は人間の自由奔放な想像力をイメージしている。

この2年間、私たちは音声、動画、Html5などさまざまな試みを展開した。「対訳　世相小説」「節気と花　俳句の中国語訳」などのコラムは雑誌では従来通りに文字とイラストを掲載したが、SNSではアナウンサーに朗読してもらい、さらに音楽を加えたデータを配信した。SNSの配信は読者から好評を得た。「勉強もできるし、楽しめるので、本当に『お得』です！」というようなコメントがよく書き込まれた。インターネット動画の利用者数の急増（17年の中国の動画利用者数は3億7000万人）に伴い、私たちもショートビデオの制作を始めた。現在、『人民中国』は文字、写真、音声、動画の要素をそろえた「全方位型メディア」の業態に向かって発展している。

ニューメディア部のメンバーたち

時間や国を越えるSNS

インターネットの特徴は「つながり」であり、人や物と情報のつながりを実現し、つながりによって、時空の距離を大きく縮める。毎朝、私は本誌のさまざまなSNSにログインして、コメントを見たり、返信したりして、フォロワーとのコミュニケーションが仕事の楽しみの一つになった。数年前、ウイーチャットで、甘粛省のある大学で日本語教師として働いていた丹波江里佳さんが当時の仕事や中日関係に関する考えなどを書いた「蘭州の学生たちと私の3年間」を掲載したところ、40以上のコメントがついた。その多くが丹波さんの中国人学生によるもので、教え子たちが恩師に対する尊敬と祝福の意を表した。丹波さんと学生たちは別れてもお互いのことを忘れず、数年ぶりに『人民中国』で再会したのだった。

SNS関係の仕事を長く続けているとSNSにはどれも個性があることに気付く。フォロワーを引き付ける魅力は独特な雰囲気にある。『人民中国』のニューメディアの業務が始まって以来、陳文戈社長をはじめとする編集委員会は統括的に計画し、毎週例会を開き、ニューメディアの進展をめぐって検討している。王衆一総編集長、王漢平副社長はそれぞれの角度から具体的な業務を指導する。本社と東京支局は連動体制でやっており、中国国内の記者がタイムリーな中国の最新情報を日本の読者に届ける一方、東京のスタッフも日本で取材・編集した情報をSNSで発信する。この2年間、中国でも日本でも、本誌のSNSアカウントのフォロワーは増えており、ウイーチャットのフォロワーは3万人近く、ツイッターのフォロワーは6000人近くになった。本誌が中日のメディアの中から頭角を現し、人気を呼んだ理由はなんだろうか。

それはニューメディア業態の革新において、私たちが終始、真実・理性・平和・友好を求めるという『人民中国』の六十数年来の一貫した理念を堅持していたからだと私は理解している。昨年2月5日、右翼書籍を客室に設置したアパホテルに対して在日華人・華僑が抗議デモを行った。翌日のウイーチャットに、東京支局のスタッフが書いた「平和的かつ理性的で、礼儀正しいデモ」を発信したところ、在日華人・華僑が理性的かつ合理的に要求を訴えた行為と願いを説明した同記事は中日各方面から好評を得た。また、内山書店と魯迅一家の百年にわたる友情、中日のダンサーたちが共演するバレエ演劇「白毛女」など、『人民中国』は中日の民間で伝わる友好の物語を紹介し続けている。

ニューメディア業態の発展に伴い、『人民中国』は観念、技術、業務体制などで静かに変化を遂げている。インターネットがわれわれにもたらしたのは無限の空間と可能性であり、変革と革新の中、『人民中国』は未来に向かってまい進している。

ウィーチャットで発信された「くまモンをお見舞いするパンダ」のページ

現地で広がる「朋友（ポンヨウ）」の輪

于文＝文

『人民中国』読者と最も近い場所にいる東京支局（以下支局）には、中日関係の寒暖を敏感に察知し、日本の動きに即時対応しなければいけないという重責があり、いわば「最前線」ともいえる役割を果たしている。特に中日関係が目まぐるしく変化したこの5年での体験や感動はひとしおで、私自身をも大きく成長させてくれたように思う。

愛すべき「朋友」

2016年4月、熊本大地震が発生した。『人民中国』編集部は、遠く離れた北京からの応援メッセージとして、本誌5月号とウイーチャットの公式アカウントに「くまモンをお見舞いするパンダ」のイラストを掲載した。中国でもくまモン（中国語・酷MA萌）は大人気のアイドルだ。SNSでの話題沸騰が、日本でも好意的な声と共に拡散され、被災地への思いを共有した。支局も急きょ現場取材を行い、被災地で奮闘する中国人の姿を伝えたが、その際イラストを持って「くまモン部長」を訪れたところ、部長は大喜び。早速オフィスの「とっておきコレクションコーナー」の一角を飾った。

以降、くまモンは東京支局にとって最も愛すべき朋友となり、中国語で「おめでとう」の意味を持つ「恭喜！恭喜！」と書かれた自筆色紙で65周年を祝ってくれた。

栄誉と幸せ

愛すべき出会いとともに、思わず緊張してしまうような政府要人との出会いも多数経験した。

15年の世界反ファシズム戦争勝利70周年の際、日本では安倍晋三首相が「村山談話」の精神を継承するか否かで世論が沸騰し、談話を批判する論調が優勢のように見えた。当時私は王衆一総編集長を伴い、村山富市元首相を取材に訪れた。村山氏はすでに90歳を超える高齢になられたが、「日本は国の名をもって戦争を反省し、被害国に謝罪すべきだ」と繰り返し強調する明確な口調と真っすぐな視線は、年齢を感じさせない意志の強さをにじませており、これが言うところの「先輩政治家の自負と知恵」というものなのかと大いに感じ入ったものだ。

鳩山由紀夫元首相は、14年に当社主催の中日政治家と芸術家が共同で芸術品を創作するイベント「共鋳大器」に参加をお願いしたことをきっかけに、何度か取材をさせていただいている。「一帯一路（シルクロード経済ベルトと21世紀海上シルクロード）」構想とAIIB（アジアインフラ投資銀行）に冷淡かつ不信任の態度を示す日本を懸念する私に、AIIBの特別顧問を務める鳩山氏は「AIIBは世界に夢を与えてくれるだろう」との自信を見せた。この取材が『人民中国』の公式アカウントに掲載されると数日のうちに21万アクセスを超え、それを知った鳩山氏は、「『人民中国』にそれほどの拡散力があるとは思いませんでした」と、驚きと喜びをあらわにした。日本の友人が「今の日本は、極論がメディアや有識者の声をかき消している。『人民中国』のニューメディアは身近な中国情報を読者に提供してくれ、有識者にとっても両国の利点を有効に伝える新たなチャンネルだ」と私に語っていたことを、この時に思い出した。

14年から中国外文局（中国国際出版集団）が「北京―東京フォーラム」の中国側主催者に決定したのに伴い、人民中国雑誌社も事務局として活動を始めた。支局も例外ではなく、これをきっかけに明石康、宮本雄二、山口廣秀各氏をはじめとする思わぬ出会いがあり、取材範囲がぐっと広がった。

最近は福田康夫元首相とお会いする機会も増えてきた。先日、博鰲（ボアオ）・アジアフォーラム関連の取材で訪れた際には、取材後にお茶を勧めてくださり、さまざまな話題に花を咲かせた。東京支局での収穫を聞かれ、「若くて平凡な私が、日本の政府要人や各界で活躍する方々とお会いすることができるのは『栄誉』なことですが、日本の読者に一番近い場所で中国を紹介し、両国にとってプラスになる言葉を広めるのが何より幸せです」と答えたものだ。

支局スタッフは日頃から活発な意見交換を行い、業務の細部にまでこだわり、読者により見やすく、理解しやすい内容を提供するよう心がけている（写真・張亮）

新旧「朋友」に支えられ

『人民中国』は日本各地に広がる読者との交流の場として、「読者会」を設けている。この「読者会」は支局と読者の絆を深める最良の方法で、長年にわたる伝統行事でもある。長野県読者会の福沢宏夫名誉会長、訪中回数が300回を超える田中誉士夫氏、100歳に近い今も『人民中国』を温かに見守り続けてくださる神宮寺敬氏、「小林人民公社」と名付けた田畑で農耕に励む小林泰氏、中日の書道界で活躍する大野亮弘氏……他にも多くの「老読者」が、『人民中国』の歩みを見守ってくれている。5年前の60周年で陳文戈社長が訪日した際には神奈川県読者会が、65周年を迎える今年は、群馬県と沖縄県の読者会が相次いで成立し、『人民中国』の大家族の一員になった。

最近は若い読者も増えつつある。14年10月、第1回「Panda杯全日本青年作文コンクール」授賞式が駐日本国中国大使館で行われ、多くの若者が参加した。彼らはコンクール受賞者であるとともに、『人民中

でもある。今は「何となく」中国が怖い、「何となく」中国には好感を抱かないという日本の若者がとても多い。そこで私は授賞式の際、「『何となく』から抜け出して」をタイトルに、受賞者の若者に向けて講演を行った。

講演後、「中国と聞くだけで話題を避けたり冷淡になったりするような人々の輪から抜け出したい」という声が聞かれ、将来に希望をつなぐことができたように思う。「Panda杯」開催5回目を迎える今、その思いに応えるように東京支局には若者の「朋友」が増え始めている。

現在、東京支局は私と2人の中国人スタッフに加え、4人の日本人スタッフに支えられた最強チームで日々の業務に励んでいる。本社編集委員会の全面的な指導の下、また社内各部門との緊密な協力の下、支局は企画と取材を「中日協力」体制で行い、業務の大小にかかわらず奔走する毎日を送っている。日本人スタッフの広岡今日子は翻訳、編集、レイアウト、SNSなどの広範にわたり目を光らせ、より読者に近い立場から、インターネット時代ならではのやり方で、支局の原稿をより良いものに仕上げてくれる。中国人スタッフの若手である呉文欽は入社間もなく支局に赴任したが、わずか3年の間に鍛えられて、才能を伸ばした。今春新たに加わった陳克は、最前線の雰囲気を感じつつ、今まさに力をためている最中である。

この数年で、支局スタッフも数回の入れ替わりを経験した。新旧読者、友人、外部から支局の仕事を支えてくださる島影均さん、福井ゆり子さん、そして一昨年お亡くなりになられた横堀克己さんの存在なくして、東京支局の成長はなかったと私は思う。創刊65年を機会に初心を忘れず、東京支

京支局は、中国に関する多くのニュースや中日交流関連のトックを毎日ツイッターで発信している。内容の豊富さと迅速な情提供から、SNSにおける多数の新たな読者を獲得している

多分野の交流の舞台を構築

王冬＝文

本社で陳文戈社長と記念撮影する「Panda杯」の受賞者

昨年12月に開催されたフォーラムを報道した特集の見開きページ

今年の第14回フォーラムの開催に向けた主催者同士の打ち合わせ

「フォーラム」の新出発

2015年10月下旬、第11回「北京―東京フォーラム」が北京で開幕し、中国外文局は新たな中国側主催として、フォーラムを再出発させた。開幕の1カ月前、国際交流活動の最前線で長年働いていた私は本誌の一員となり、フォーラムの運営を担当する中国側事務局と共に、新しい職業人生をスタートした。

13年に本誌創刊60周年を迎えた際、陳文戈社長は中国で一流の対日情報発信および中日交流のプラットホームを構築しようという本誌の長期構想を打ち出した。月に雑誌1冊という現状に満足せず、今までの優れた経験を生かし、新しい中日交流プラットホームを構築することで、本誌の新事業展開に乗り出そうとした。

しかし、意欲満々で新たに出発した「人民中国」はこの5年間で、あいにく国交正常化以来、中日関係が最も困難な局面に遭遇した。一方、「北京―東京フォーラム」という中日両国における最大規模の民間対話の舞台を、運営する者としても迎えた。両国関係が最も冷え込んでいる時期こそ、中日の有識者らが共に直面する課題に真正面から向かい合い、課題解決に取り組み、冷静で建設的かつ本音で語り合う当フォーラムが果たした役割は大いに注目された。私は第一線で働く職員として課せられた厳粛な使命を深く受け止めるとともに、重大な責任も感じた。

今まで3年間歩いてきたこの道を振り返ってみると、最初こそ不慣れによる中日主催者同士のぎこちなさが目立ったものの、現在では滞りなく進行し、閉幕後に双方でコンセンサスを発表した際に沸き上がる大きな感動や、フォーラム開催時期に寝る間も惜しんで働いた日々は、まさに夏目漱石の『吾輩は猫である』に出てきた「醍醐の妙味を嘗めて言詮のほかに冷暖を自知するがごとし」である。

唐詩に時間の流れの早さを表現した「海日生残夜、江春入旧年（夜が明けていないのに海から日が昇り、年が明けていないのに江南に春が訪れる）」がある。フォーラムは今年早くも4年目を迎えた。このプラットホームに集まった中日双方の有識者たちは両国の関係改善、国民感情の増進に非常に大きな役割を担ってきた。またこの対話と連動して実施する中日共同世論調査もすでに両国の民意を反映するバロメーターとなり、また外交政策決定に重要な民意のパラメーターとなっている。もちろん、「北京―東京フォーラム」は本誌およびSNSなどに、報道企画や話題など豊かな取材情報を提供してきた。その中で、本誌の編集会のメンバーたちがフォーラムに出席する学者や専門家とのコミュニケーションや連携を一層緊密にしたおかげで、「人民中国」は雑誌やSNSを活用し、中日関係に関する話題を焦点にして報道する力が大幅にアップした。関連する報道も両国の各界に、より一層注目されるようになった。何よりもうれしいことは、本誌の若いスタッフが運営チームに参加することにより、見聞と見識を広め、大いに成長したことだ。

中日関係の土台作り

本誌は文化をつなぐメディアとして、読者とじかに交流することを大事にしてきた。長年の愛読者である神宮寺敬さん（97）は昨年北京本社を訪問した際の座談会で、雑誌名の「人民」という二文字には「日中両国人民間の友情」の意味が含まれており、人民友好の理念を受け継いで日中友好交流事業に意欲的に参加するようにと会場にいた若者たちを激励した。古い友人を忘れず、さらに新しい友達をたくさんつくるのも大切だ。この5年間毎年、北九州市立大学から雑誌社を訪れる「五星奨」遊学団の大学生たちはまさに草の根交流を続ける若者グループである。彼らの北京での老人ホーム訪問に私は何度も同行したことがあるが、車椅子のお年寄りに腰を屈めて寄り添い、一生懸命中国語で話そうとする彼らの姿に大変感動させられ、両国交流の未来と希望がそこにあると深く感じた。

このように若者の交流を重要視してきた本誌はここ数年、「Panda杯全日本青年作文コンクール」、「笹川杯作文コンクール－感知日本」、「悟空杯」中日漫画コンテストなど数々の「杯」イベントに大いに力を入れてきた。応募人数や作品数は年々増えており、心打たれる作品やそれにまつわる逸話が数多く登場した。これらは若者の関心を呼ぶ魅力たっぷりの報道内容であり、雑誌に掲載したところ若い読者を大幅に増やすことになった。またかつて中国を訪問した「Panda杯」受賞者を社員の自宅に招いて、家庭見学や手作りの家庭料理を体験してもらったことがある、生き生きとした記事が読者に愛されていた。

感性豊かな若い世代がこのようなイベントに参加することで、日常的なメディア報道に固定化されたいわゆる「中国のイメージ」「日本のイメージ」から離れて、自らが相手国と直接触れ合うことによって、等身大の相手国を知ってもらうことは何よりも重要である。特に、イベントに参加する両国の若者たちは中日関係または中日間の問題に強い関心があり、独自の見解を持っているため、これらの実体験を通して、必ずや将来の中日友好の礎になり、強い推進力になるだろうと確信している。これこそ、本誌が当初これらの「杯」イベントを企画しようとした初心だと私は思う。

王衆一総編集長が「杯」イベントの将来について、笑いながらこう提案した。「参加人数が一定数に達したら、団体を立ち上げよう。例えば『藁薦会（中国語の語呂合わせで同盟会になる）』と名付けて、団体としての交流を習慣化し、中日関係の土台作りのために中継地点を増やそう」

そのように中継地点を一つ増やせば、中日関係の基礎は一層強固になるだろう。

追憶の長谷川テル 人、ドラマ、平和の尊さ

袁舒＝文　王浩＝写真

北京で開かれた座談会。長谷川テルさんをしのびながら、2時間にわたって思い出話やドラマ制作の舞台裏などについて語り合い、話に花が咲いた（左から王衆一総編集長、栗原小巻さん、長谷川暁子さん、劉文兵氏、横川健氏）

「あなたたちの敵はここにいません！」――80年前の1938年、凛とした芯の強い女性の声が、戦場に響き渡った。26歳のエスペランティスト長谷川テルは、日本軍の侵攻による中国の惨状を目の当たりにし、強く心を痛めた。そして、停戦と平和を訴えるために、武漢、重慶の戦場から電波を通して日本兵に心の声で呼び掛けたのだ。

その40年後、中日平和友好条約が締結。日中友好に命を捧げた先人をしのび、平和友好に対する信念を後世に受け継ごうと、長谷川テルの勇敢な一生がドラマ化された。森開逞次、福本義人両監督による栗原小巻主演の初の中日合作テレビドラマ『望郷の星　長谷川テルの青春』（1980年）である。

放送から再び40年近くたった今年、中日平和友好条約締結40周年を迎えた。この喜ばしい節目の年に、改めてこの作品の時代を超えた意義と今日における長谷川テルの精神の意味について問い直した。今回、長谷川テルとその夫・劉仁の墓参のために訪中した2人の関係者――長谷川テル役を演じた栗原小巻さん、長谷川テルの遺児・長谷川暁子さんを招き、日本中国文化交流協会専務理事の横川健氏と中日映画交流史の専門家劉文兵氏を交え、本誌総編集長・王衆一が北京で話を聞いた。

「80年前、火の玉が飛び交う戦場で、平和を唱えた勇敢な長谷川テルさん。彼女は一体どんな方だったのでしょうか」。本誌総編集長・王衆一の問い掛けに、長谷川テルの娘である暁子さんは、深い思い出の扉を開けた。

「母は困難にめげない真っ直ぐな志を持っていたのでしょう。娘として、そんな母を尊敬しています」

テルさんは抗日戦争中、留学生だった中国人青年・劉仁と知り合い、一生の愛を誓った。だが時代は戦争のさなか。悲惨な現状に耐えかねて、テルは夫と共に中国へ渡り、さらに重慶へと進む。当地で夫・劉仁は、東北地方の抗日活動を支援する東北救亡総会の機関誌『反攻』の編集長を務めていた。夫を支えながら、テルは反戦活動に身を投じる。1937年から、テルは日本に侵略戦争を思いとどまらせようと、武漢や重慶などの戦場で前線の日本兵たちにラジオで停戦を呼び掛けた。日本軍が中国で犯した罪、あまりにひどい行い。テルは自分が目にした全てをありのままに伝え、それを聞き涙した兵士もいた。しかし、そんな彼女は当時の日本側から「嬌声売国奴」（甘い声の売国奴）と言われ、日本国内にいた家族はさまざまな迫害を受けた……。

中国で『望郷の星』が放送されたのは80年。まだテレビが普及していない時代、烈士の遺児として中国で育った暁子さんは、当時住んでいた中衛（寧夏回族自治区の中西部の町）から2時間ほど汽車に揺られて、都会の銀川（寧夏回族自治区の中心都市）まで行き、当地の市役所の小さなテレビで初めてこのドラマを見た。幼い頃に両親を亡くした暁子さんにとって、父と母は漠然としたイメージで、むしろ栗原さんが演じる「お母さん」の方が印象深かった。暁子さんは、小さい頃から教えられて来た英雄・長谷川テルの娘という自分を心の底から受け入れ、両親が生きた時代に命懸けで守り抜きたかった信念を知ろうと決心した。

そして日本への留学の道を選んだ。

80年代は、日本に留学していた暁子さんにとって、長谷川テルの遺児というアイデンティティーを確実なものとしていった時期でもあった。中日友好運動に携わる人々に話を聞き、戦争のこと、強制労働者のこと、慰安婦のこと、そして731部隊のことを書いた中国の文献を日本語に訳したりするうちに、過去の歴史や国民感情を正視しなければならないと強く思うようになった。

「長谷川テルの娘としての使命というには少し大げさですが、やはりその面で努力していかなければならないなという気持ちになりました。その過程で、研究というほどでもありませんが、父と母のことをつづった本をたくさん読みました」

90年代に入り、テルを研究する大阪のグループと共に、テルが歩んだ道をたどることになった。暁子さんらは、上海でのテルの住まいや武漢、ジャムス（佳木斯）などを訪れ、当時両親が生きた場所に自らの足跡を重ねた。暁子さんの中で、長谷川テルという人間像が次第に鮮明になっていった。

「両親について理解を深めていくうちに、2人の性格や考え方を知り、彼らの勇気と正義感は何も特別なものではなく、彼らにも頑固さや身勝手さという欠点があったのと同じように、いたって普通のことなんだと気付きました」

両親の面影を追う中で、暁子さんは常に2人の平和に対する信念を支えたものは何なのか、と考えていた。若い頃には分からなかったことでも、時を重ねると、その本質が見えてくると言う。

「今、中国と日本の関係が低迷する中で、ほとんどの日本人は中日関係をあまり直視していないと思います。しかし、小巻さんや日中文化交流協会の多くの方々は、社会的に無視されている問題や、みんなが避けたいと思っている問題に取り組み、困難な状況の中にありながらも一生懸命に中国と交流をして、国と国ということを別にして人と人の心の交流を頑張って来られました。それはやはり、人としての良識や誠実さがあるからだと思います。当時、私の両親も同じだったのでしょう」

『望郷の星』が放つ輝き

『望郷の星』は夜空に光る一番星のように、暗かった中日関係の空を照らす存在となった。初めての中日合作の映像作品、テーマは反戦、知られざる一人の女性の勇敢な生い立ち。それは、視聴者に平和とは何か、友好とは何か、相手の国の人々とどう接していくべきかなどについて改めて考える機会を与えるものだった。

日本中国文化交流協会の横川健氏は振り返る。

「長谷川テルさんが偉大な女性だということはかねてから知っていましたが、夫に付いて中国に来て反戦活動に参加したという単純な経緯ではなく、強い信念と自分の考えを持って中国へ来て、中国の人たちと肩を並べて日本の侵略に反対する活動をなされたということを、このドラマを見て初めて知りました。そういう意味でこのドラマはわれわれ日本の一般人にとって、非常に大きな影響があったんだと思います」

また、長く中日映画交流の研究に携わって来た劉文兵氏は、『望郷の星』が中日の映像交流の中で画期的な存在だと評価した。

「当時、中日のスタッフたちは、戦争という不幸な歴史を避けるのではなく、しっかりと見据えた上で、誤解に翻弄されつつも常に対話しながら和解の可能性を探り、作品を仕上げていました。その意味で本作品は貴重な試みであり、当時の中日関係の改善に少なからず貢献したと言えます」

中日双方が協力しながら作品を仕上げること、また中日の観客たちが共同製作のドラマや映画を一緒

日本での和服姿の長谷川テルさん。夫と共に中国へ渡ってからは、現地の生活にすっかり溶け込み、和服を着ることは一度もなかったという（写真提供・長谷川暁子）

パオの前で祝杯をあげる蒙古族の男性たち。片側の腕を出すこの服装はチベット族の伝統的服装であり、ここからも民族融合を垣間見ることもできる

青海省最大の遊牧民定住区

黄色の壁に青色の模様がある10棟余りの家屋が居住区に整然と並んでいる。牛の鼻模様を代表とする蒙古族の装飾文様、パオ（蒙古族の住むフェルト製の丸いテント）に似た形の白と青の屋根、オボー（境界や道標のために石・土・草などを積み上げたもの）参拝などの伝統風習を題材にした壁画といった民族的要素が居住区の至る所にある。居住区の入り口正面には3階建ての建物があり、赤褐色の正門の左側にはモンゴル語と中国語で「トロガン家園」と書いてある。

トロガン家園はデリンハ市の北西角、バヤン川の西岸に位置する、2009年に建てられた青海省最大の遊牧民定住区だ。定住区の建設は、「医者にかかるのが難しい」「教育を受けるのが難しい」といった遊牧民族の問題を解決し、また、草原の生態が受ける負担も緩和された。このほか、トロガン家園で設立された協同組合は集約化生産を実現し、牧畜業の効率を大幅に向上させた。

居住区の壁画の前には、馬に乗ってむちを振り上げる蒙古族の英雄の彫像もある。彼はグーシハンといって、チンギスハンの弟の子孫だ。17世紀前半、蒙古族のホシュート部の部族長だったグーシハンは、兵を率いて、新疆から南下して青海チベット高原を統一すると、内蒙古、新疆などの牧畜民を率いてデリンハに移り、もともと現地に住んでいたチベット族の人々と初歩の民族融合を実現させた。このことから、グーシハンは青海地区の蒙古族の祖先とも見なされている。

トロガン家園にあるグーシハンの彫像

草原での生活

トロガン家園の責任者から、この日が牧畜業協同組合の設立セレモニー開催の日だということを教えてもらった。そこで、われわれは招待を受け、トロガン家園から十数キロ離れた草原へとやって来た。パオに入ってみると、青い布の壁と天井を囲んだ赤い布が互いに照り映え、木製のテーブルが周りを囲むように置かれ、黄金色のバター茶や乳白色のミルクティー、果物などがすでに並べられていた。「われわれ蒙古族には『歌声も酒も途切れずに続く』という言い方が伝わっています」と聞いて間もなく、民族衣装を着た主人2人がやって来た。一人は銀の杯を載せた盆を持っており、もう一人はハダカムギ酒を手にしている。彼らは蒙古族の民謡を歌いながら、来客に酒を勧めた。ハダカムギ酒を受け取った客は右手の薬指を銀の杯に入れ、指先に酒をつけ、まず上に向けてはじく。そして、2度目は下に向けてはじく。最後に自分の額に酒をつけた後、一気に飲み干す。これが蒙古族の人々が飲酒の際に行う「三弾礼」だ。1度目に天に向けてはじくのは、天への感謝を表している。2度目に地に向けてはじくのは、地への敬意を表している。3度目に額に酒をつけるのは、祖先に対する尊敬を表している。皆が1杯目を飲み終わったら、蒙古料理を食べ始めることができる。それと同時に、調理場では蒙古族の女性たちが血腸（ブラッドソーセージ）やウランイデー（羊肉の塩ゆで）などの新鮮な羊料理を作っている。

名物ウランイデー

パオで客人に酒を勧める蒙古族の主人。左のQRコードをスマートフォンでスキャンすると、動画を見ることができる

晴れ着姿の蒙古族女性

豪快なウランイデー

ウランイデーは西北地域の少数民族の伝統的な食べ物で、この料理が人々に与える第一印象は「豪快」だ。「私たちはこれを「沸騰肉」と呼んでいます。十分に煮えたら、すくってすぐに食べるからです」。エプロンを着けて、フライ返しを持った蒙古族の女性が鍋の中の羊肉をかき混ぜながら言った。これらの原始的で新鮮な食材は最も大きいものでだいたい30㌢まであり、グツグツと煮え立って、おいしそうな香りを漂わせている。

ウランイデーは食べ方にもこだわりがある。蒙古族の人々は煮込んだ骨付き羊肉を指2本分の幅の棒状に切り、来客の身分に合わせて異なる部分を皿に乗せる。バラ肉は最もおいしく、ネックは最も貴重で、シャンクは赤みが多く、歯応え十分だ。食べる際には、塩こしょうを一つまみ振りかけ、ニンニクと共にいただく。ツァイダム盆地の羊はアルカリ土壌のおかげで、赤身は赤く脂身は白く、脂が乗っているが、生臭くない。食事が終わると、主人は真っ白なハダク（絹の布）を取り出し、順番に客に掛けることによって、歓迎と敬意を表した。

蒙古族の人々はすでに現代生活に慣れているが、放牧の習慣も保ち続けており、その血に宿る情熱と豪快さは今も変わっていない。ナーダムなどの民族の伝統行事になると、彼らはやはり草原に戻っていく。■

data

海西州民族博物館

海西州最大の総合博物館。民族・民俗文化など八つの展示ホールがある。総面積は3162平方㍍。
所在地：海西州デリンハ市チャイダム東路25号
料金：無料
時間：9:00～22:00（月曜～金曜）
10:00～22:00（土・日曜）

「美しい中国」公式サイト
過去の記事はここで読むことができます。
http://www.peoplechina.com.cn/zlk/mlzg

対訳　世相小説

どこでも弁解の余地なし

査一路＝文　砂威＝イラスト

私と分室の張さんは農村に実地調査に出かけた。行き先は貧困地域で、極めて貧しい家庭では子どもの1年数百元の学費すら納めることができないという。張さんと私は相談して、食事の問題は自分たちで解決し、人々を煩わせないことにした。そこで、「康師傅」のインスタントラーメンを1箱買い、2人の2日分の食事とすることにした。

接待を受け持った副郷長は、テカテカと脂ぎった顔をしていた。お昼にわれわれがインスタントラーメンを食べると聞くと、顔を赤くして、「どんなに貧しくても、ご飯くらいは食べられます」と言い、その声に応えて一群の人々がどっと部屋に入って来て、声をそろえて、「そうです、そうです。インスタントラーメンなんてご冗談でしょう」と言った。私と張くんは弁解しようとしたが、人々は聞く耳を持たなかった。

何も言えないまま車に乗せられ、また農村から都市近郊に戻って来た。なかなか高級そうなレストランを探し、中に入った。食べるものがあるどころでなく、かなりのごちそうで、ウナギやカニが出て来た。これらの人々は、客が来れば、彼らの「ごちそうへの食欲」が刺激されるのだという。実際には、お湯だけで食べられる「康師傅」でも、われわれは辛くてあつあつの食事を楽しむことができたのだが。しかし、私は彼らの気持ちも理解した。客人が来た以上、すでに食欲は刺激されており、人々の食欲に対する責任も果たさねばならない。

午後にある村に着いた。ひそかに今回は「康師傅」が役に立つと思った。しかし意外にも、村長はそれを聞くなり極めて大きな侮辱を受けたかのように、「あなたがたは、われわれ農村の人間をあまりにも馬鹿にしています。

人民中国
PEOPLE'S CHINA
3
March 2018
定価400円
1956年12月18日
第3種郵便物認可
2018年3月5日発行
(毎月1回5日発行)通巻777号
中国を知るための
日本語総合月刊誌
特集
中国の
「地上の星」
美しい中国　正定県
三国の英雄・趙雲の故郷
report
①急逝した野中広務氏を追憶
②40年改革開放と歩んだ
伝記映画監督・丁蔭楠氏
Twitter
WeChat
www.peoplechina.com.cn
13

特集

14

特辑《中国的“地上之星”光耀世界》盘点了引领中国制造高歌猛进的大国工匠们（3月号，见图1）。“地上之星”日本读者耳熟能详，那是他们20多年前为怀念日本制造黄金时代的工匠们而制作的纪录片《X计划》的主题歌。支付宝、微信、滴滴打车……《遭遇未知：渡海而来的生活革命起爆剂》梳理了在日本不断渗透的中国生活方式带来的变化（2月号，见图2）。借着中国总理访日、中日友好条约签订40周年的契机，《中日关系重新起航》特辑围绕未来的航向与展望，请到中日多位有识之士畅谈看法，献计献策（7月号，见图3）。《人民中国》纪念特辑《甲子之后再起航的五年》，由各业务部门中坚骨干报告他们的成长以及他们眼中《人民中国》这五年的变化。封面摄影师佐渡多真子的《我与〈人民中国〉》（6月号，见图4）、第一采编部主任沈晓宁的《在继承与探索中前行》（6月号，见图5）、第二编辑部主任钱海澎的《老树发新芽　经典永流传》（6月号，见图6）、新媒体部主任王浩的《互联网＋人民中国＝未来》（6月号，见图7）、东京支局长于文的《现场报道的最前沿不断扩大的朋友圈》（6月号，见图8）、两京论坛办公室主任王冬的《迈向新的交流平台》（6月号，见图9），标志着新世纪《人民中国》团队日臻成熟。

记者在北京和栗原小卷一行举行座谈会，形成了综述报告《追忆长谷川照子——其人、电视剧以及和平的宝贵》（12月号，见图10）。记者在青海海西蒙古族藏族自治州采访，接触到原生态的蒙古族日常生活，注重礼数的酒宴规矩令人留下了深刻的印象（9月号，见图11）。双语小说短小精悍，反映世相，是了解民众喜怒哀乐的一扇小窗（6月号，见图12）。王浩拍摄的正定赵子龙京剧造型的封面，人物气质与空间构图、色彩搭配都讲究到位，佳作可遇不可求（3月号，见图13）；佐渡拍的畲族老人与孩子做草编玩具的封面，抓拍瞬间掌握得好，人物完全没有意识到镜头的存在，自顾互动，表情生动，也是一个难得的佳作（6月号，见图14）。

第四节
创刊 65 周年纪念文章[1]

甲子之后再起航的五年[2]

2013 年，《人民中国》迎来了创刊一甲子。而这时中日关系正面临着邦交正常化以来最大的困难。但是，困难没有让我们对中日关系失去信心，反而让我们加倍努力传承 60 年来《人民中国》致力于人民友好的传统，并在新的历史条件下将其发扬光大。第二个甲子的再启航，就这样在不确定中拉开了帷幕。5 年过去了。《人民中国》见证了这 5 年中国的砥砺奋进，更见证了中日关系在这 5 年云谲波诡的国际环境中逐步回到正常发展轨道的过程。我们这个团队也在这 5 年中通过融合、创新实现了新的成长与发展。这不平凡的 5 年里，共同的初心与使命把前后方的中日同事打造成一个命运共同体。大家为把《人民中国》办成高品质，经得住历史考验的良心媒体平台，并肩奋斗，筚路蓝缕，精练媒体内容，丰富媒体形态，拓展交流平台。回望这 5 年的成就，团队每个人都心潮澎湃。本期特辑以本刊中坚骨干的视角为主轴，多维度地向读者报告他们的成长以及他们眼中《人民中国》这 5 年的变化。

我与《人民中国》[3]

中日间的信息不对称

1995 年，我在日本做了 5 年多摄影师之后，来到北京留学 2 年。在北京，我找到了在日本的忙碌生活中行将淡忘的与人相处的平凡乐趣。于是，

1 此节文字载于 2018 年 6 月号。

2 纪念创刊 65 周年特辑导语，总编辑王众一撰文。

3 特约摄影师佐渡多真子撰文。

我有一种强烈的冲动想要在中国生活、工作。1999 年，我将工作重心转移到了北京，至今已经快 20 年了。其间，我走访中国各地拍摄了大量图片。

我在中国生活时，最强烈的感受就是日本报道的中国和现实中自己感受到的中国之间存在巨大差距。日本各大媒体的报道几乎都是围绕中国政治、经济和社会问题的，很少有媒体报道普通人的生活和文化等，传递真实的中国形象。无疑，日本各大媒体报道的中国信息反映了中国的一个侧面，这也应该是传递给日本人的信息。然而，我担心总是报道片面的中国，会让日本读者对中国拥有一种与现实不符的印象。

我觉得，对于中国这个无论从地理位置还是经济合作来说都与日本密不可分的邻国，如果因片面的信息招致误解，会给今后的中日关系埋下不必要的隐患。

回首最近 5 年，中国社会正在发生巨大变化。随着经济发展，人民生活水平日益提高，城市中随处可见在日本都罕见的高级汽车，许多城市像纽约一样高楼林立。移动支付覆盖了包括农村在内的全国各地，手机应用软件带来的生活变化以及与之相伴的弊端，对于这些中国社会的现实，日本人究竟了解多少呢？

中国人，特别是年轻人，通过看日本的动画和日剧，或是赴日旅游，对日本产生了兴趣，掌握了许多日本信息。与之相比，我感觉日本人了解的中国信息和关于中国的知识少得可怜。如果不能同时将日本各大媒体没有报道的真实中国、美丽中国和值得学习的中国的长处介绍给日本人，只会让日本人对中国不断心生误解。

共同传递“真实”

就在此时，人民中国杂志社的王众一总编和我商量能否为《人民中国》拍摄封面和为《美丽中国》栏目拍摄图片。他希望图片能够融入日本人的感觉，便于更多的日本读者接受。因为像《人民中国》这样向日本介绍中国人真实生活的杂志非常有限，所以我觉得能为其拍摄封面很荣幸。于是，我接受了这一工作。到今年，我已经做了 5 年。

为了拍摄每月的封面和《美丽中国》的图片，我和《人民中国》的王总编以及采编团队一起和各地旅游局、宣传部等机构的相关人士合作，到中国各地采访拍摄。我幸运地走访了日本旅行者难得深入的内陆腹地，接触到了珍贵的传统文化和少数民族生活。每一次采访结束之后，我都能感受到大家握手惜别时的满满情谊。

我做摄影师已经快 30 年了，但在中国拍摄期间，我从王总编和《人民中国》出色的采编团队身上学到了很多实战经验。封面的拍摄不是摆拍，而是坦率地和拍摄对象交流，发现并捕捉他们身上真实的魅力。这是一个非常重要的观察视角，让我了解到拍摄《人民中国》封面最基本的感觉。就这样，我终于明白好的封面必须有好的团队合作。在此之前，我总觉得好照片是靠摄影师的能力得来的，然而，即便技术再高明，如果找不到合适的拍摄对象，或者即便找到却没能获得对方的许可，或是没有好的背景衬托，或是场景不允许拍摄，缺少必要的道具，制订计划时没有考虑到天气因素，都不能拍摄出合格的封面作品。照片的构图、人物的表情和用光等或许是摄影师可以掌控的，但设计师的拍摄技巧，仅仅是构成封面图片众多要素中的一个而已。我深切地感受到，最终的封面成品是和编辑以及当地所有参与人员进行团队合作的结晶。

患难见真情

在采访过程中，我还经历了一件大事。去年 8 月，我在甘肃嘉峪关结束万里长城的拍摄后不小心摔倒，致使膝盖骨折。所幸这时已经拍完了封面，但我还是为给大家添麻烦感到很过意不去。《人民中国》的同事当即中止了剩余的拍摄工作，将我送到嘉峪关市最大的医院，接受当地最高水平的治疗。《人民中国》的陈文戈社长还非常细心地安排我乘坐能够将腿伸直的头等舱，让大家一路护送我回到北京。之后，我顺利回到日本接受了治疗。没想到一个月后，王众一总编辑担心我的腿伤，特意到日本来看我。直到今天，我都由衷地感谢王总编辑和各位采编人员的关爱之情。

我努力地进行了半年左右的康复训练。我很担心，缺席了半年的工作，社里还能继续让我参与封面拍摄吗？然而，编辑部一直在耐心等我恢复。前不久，我们又一起去了湖南采访。在我休假的半年时间内，编辑部发生了一些变化。之前一起去采访的中国记者被派驻东京支局工作，此次，我是和两个去年刚入社的新员工一同采访的。两个年轻人精通日语，拍摄视角也很大胆，画面中充满了新鲜感，使我顺利完成了时隔半年的拍摄。大家现在看到的这期封面，就是我第一次和两位年轻记者一起拍摄完成的。

如果我能有幸继续拍摄封面图片，我想除了技术，还要不断提升自己的内在素养，即不加修饰地表现事物的本质。因为我觉得，不具备发现事物魅力的悟性，就不能真正地表现它，拍好它。

所以，如果今后我还能够继续拍摄并展现日本媒体难以传递的中国魅力，我将感到非常荣幸。

在继承与探索中前行[1]

2013 年，《人民中国》在迎来创刊 60 周年之际，为了适应中日关系的新变化与对日传播的新形势，开启了走向更加专业化的“二次创业”之路。当时，我被安排带领一支小团队专攻时政、经济与中日关系报道。这对于从事了 9 年社会、文化报道的我来说，无疑是踏上了一条陌生的道路。

转眼间，5 年过去了。如今的《人民中国》有关时政、经济与中日关系报道的比例大幅增加，报道内容不仅全面，而且深入。可以看出，《人民中国》正在发生质的变化。

在我刚开始涉及中日关系的报道时，正是中日两国关系处在邦交正常化以来最为低谷的时期。中日双方不仅政界交流中断，经济合作也出现下滑，国民感情更是一路走低，两国舆论对“中日友好”的前景都不乐观。这不免

1 第一编辑部主任沈晓宁撰文。

也让我对自己工作的意义产生了困惑。

此时，一位老人的出现让我豁然开朗，他就是刘德有先生。2016 年正当中日关系需要“爬坡过坎”时，刘德有先生在《人民中国》杂志上开辟专栏，讲述毛泽东、周恩来同日本友人之间的故事，为今人提供改善中日关系的借鉴与坚定“中日友好”的信心。

作为该专栏的责编，我有幸可以经常拜访刘德有先生。每次听到他如数家珍般地将中日关系的往事娓娓道来；每次看到他抱着一本本记录着中日友谊的相册踱出书房时，都让我深感敬佩。有一次在谈到中日关系的困境时，年逾八旬的刘德有先生语重心长地说道：“40 多年两国关系取得的成绩来之不易，双方人民从中受益匪浅。因此，我们有千万条理由去维护它、发展它，却没有一条理由去破坏它。”

这就是刘德有先生坚守的初心：推动中日世代友好，为两国人民创造福祉。这份前辈们用几十年时间去追求的理想，如今成为指引我们前进的信念。每当想到这些，我便为自己的工作感到自豪。在那段时间，我们注意发掘报道两国民众友好交往的故事，让读者们看到，即便中日关系遭遇寒冬，两国民间依然暖流涌动，中日友好的信心不会动摇。

2015 年，人民中国杂志社开始承办“北京 – 东京论坛”，我们作为学术助手在论坛中承担起嘉宾联络、会议记录与资料整理等工作。这给我们结识两国精英、掌握中日双方最新观点、以国际化的视角看待中日关系提供了契机。

经过连续三年在论坛上的锻炼，学术助手们对中日关系的理解更加深刻，逐渐可以同论坛嘉宾就一些话题展开交流。由我们采编完成的论坛报道，让《人民中国》成为反映论坛成果与嘉宾观点最为翔实与权威的媒体。

5 年中，我们经过努力，逐步从时政、经济报道的“门外汉”走上了专业化的道路，“政经报道小团队”也发展成为人民中国杂志社的采编一部。这期间，部门完成的有关“一带一路”倡议、“中国反腐”、“构建人类命运共同体”、“中共十九大报告解读”等重大题材的报道，受到了读者的认可与好评，这给我们带来了莫大的鼓舞。

“讲好中国故事，传播好中国声音”是我们的工作使命。为了鲜活地反映中国社会的变化，我们深入一线采访。在介绍中国精准扶贫政策时，我来到了青海省的贫困农村，同当地的扶贫干部一起，踩着泥泞的道路走进农户家，观察村民的生活条件，聆听他们的生活愿望，品尝他们的日常饮食，感受扶贫政策给他们带来的变化。当这些生活中的故事出现在稿件中时，枯燥的政策解读变成了耐读易懂的现场报道。

今年 3 月，中国政府在全国两会上做出了一系列重大改革举措。为了将这些重要的改革精神和信号全面、准确地告诉给读者，《人民中国》4 月号的两会特辑从计划的 28 页增加到了 34 页。我们一边在会场采访，一边学习会议精神，一边撰写成文，大家用了不到一个星期就将全部稿件完成了。其中，包含了外界关注的“政府工作报告分析”“修改宪法”“国务院机构改革”，以及人大代表、政协委员谈中日关系等主要内容。这篇特辑成为日本读者了解当前中国改革动向的重要资料。

记得完成这篇特辑的清样工作时，已经是凌晨 3 点。我开车行驶在回家的路上，虽然身体疲惫，但我的心情却很充实与轻松。能够把这么多重大的信息呈现给日本读者，帮助他们全面、客观地了解中国，不正是《人民中国》的使命与我的人生价值吗？回想 5 年来与同事们共同奋斗的经历，就像我眼前回家的路，即使艰辛，但是归途。

老树发新芽 经典永流传[1]

从 2004 年 7 月入社至今，我在《人民中国》已经工作了 14 个年头。最初 9 年在翻译部做翻译、核稿工作，2013 年陈文戈社长提出板块化构想后，我开始担任主抓文化旅游和信息服务类内容报道的采编二部负责人，从一名

1 第二采编部主任钱海澎撰文。

单纯的翻译逐渐向采编译复合型人才发展。5 年来，我亲身感受到了《人民中国》这棵对日报道的“老树”，正在业务创新的实践中不断发出新芽。新栏目的涌现、新人的加入、漫画元素的运用、参与举办交流活动等，为版面注入了勃勃生机。

上下齐心打造精品栏目

我的办公桌上摆放着一本《人民中国》创刊 60 周年时出版的文集《共同走过六十年》。每次翻阅，我都会被前辈们的成长故事所感动。从中，我了解到一代又一代编辑记者是如何顺应时代潮流，结合读者需求，策划出一个又一个反映真实中国、走入读者内心的经典选题的。我觉得，《人民中国》从创刊到现在，能够无一期停刊扎扎实实地走过 65 年，和这些前辈在采访中的探索精神和打磨文稿时的严谨态度是分不开的，它好像是《人民中国》的灵魂，让《人民中国》的血脉生生不息。

2013 年至今，以习近平同志为核心的党中央团结带领各族人民砥砺奋进，一个个执政新理念应运而生，《美丽中国》便是其一。陈文戈社长审时度势，指示采编二部发挥我刊文化、旅游、民俗报道优势，策划实施综合展现中国各地自然风光、民俗技艺和百姓生活的专栏《美丽中国》。王众一总编辑高度重视该栏目的报道，提出采用“中国记者 + 日本摄影师”的合作模式，以展现不同视角下的中国之美，并对选题策划、封面拍摄乃至稿件写法进行细微指导，《人民中国》的优秀传统得以在年轻人身上传承。

5 年来，采访团队的足迹遍及中国 20 个省市。如今在东京支局工作的于文、吴文钦和陈克都曾在“美丽中国”团队中历练过。从今年开始，两位去年刚刚入社的年轻人承担起该栏目的写作工作。目前，黄泽西已经完成了 3 期稿件，而本期的作者袁舒，首次写稿便已开始尝试采编译合一。

“长寿”栏目的“保鲜”秘诀

《人民中国》有许多生命力持久的经典栏目，最“长寿”的当数由中国国际广播电台供稿的《学唱中国歌》。如今，该栏目已经快20岁了。而同为语言学习类栏目的《中国新词苑》和我的入社时间同龄，从参与者到负责人，似乎也印证了我与这个栏目的不解之缘。14年来，我见证了《中国新词苑》从内容到形式的两次改版，并从2013年开始，加入原创漫画。这一轻松的版面风格一直延续至今。经过调整，该栏目被学语言的读者誉为“最关注的栏目”，甚至有人称“想要以此为参考撰写毕业论文”。读者的肯定，让我更坚定了做好栏目的信心。

语言学习类栏目的“长寿”反映了读者对这类内容的强烈需求。去年，文化部原副部长刘德有先生在我刊连载了汉俳专栏后，王众一总编辑受其启发，今年新设了俳句汉诗对照学习栏目《节气与花》，从东亚文化共同体角度介绍节气文化，受到读者的好评，并被日本俳句刊物《耕》转载。而20世纪90年代深受读者喜爱的《小说互译》栏目也在读者的强烈呼声中，经过4年准备期——通过《美文对译》栏目磨炼选材感觉，今年再次登场。该栏目在向读者展现中国文学特色的同时，也反映出当今社会百态。根据小说内容创作的写实漫画更是为栏目锦上添花。

面对漫画大国日本，漫画元素的融入让读者倍感亲切。2015年开始连载的“民族娘”就是由漫画家亲自操刀，以全手绘插图介绍中国56个民族的人物形象、服饰及民俗。其色彩亮丽的视觉效果和简明扼要的文字介绍受到读者广泛赞誉。

不遗余力改变日本人的对华认知

近年来，《人民中国》除了报道中日两国的交流活动，也开始参与举办一些以两国青年为对象的交流活动。2014年，《人民中国》和中国驻日使馆、日本科学协会联合举办了“熊猫杯”日本青年感知中国征文大赛，并将获奖作品选登在《我与中国》栏目中。每次看这个栏目，我最留意的是获奖选手的访华感想，我想知道亲眼所见、亲身体验是否能改变日本人对中国的认知。当看到和歌山大学的山本阳子说“来中国之前我只知道日本媒体报道的中国，且深信不疑。通过这次访华，我不仅对中国的印象有所改观，我自己也发生了巨大变化”时，我真切地感受到了举办这项活动的意义。

5年来，我们报道交流活动总计900余条，不遗余力地希望通过增进两国民众的了解来消除误解。当近年来日本图书市场遍布负面报道中国的书籍时，书讯栏目却最大限度地传递着正能量，推荐了介绍为中日交流做出杰出贡献的百位各界人士主要事迹的《中日百人传》等书。还借《讲谈社·中国的历史》中文版热卖和《窗边的小豆豆》中文版累计发行超过800万部，创造了中国童书销售市场奇迹之机，报道了中国图书市场客观冷静介绍日本的截然不同景象。

走过65年征程的《人民中国》像一位阅历丰富的老者，经历了中日关系的起起伏伏，却波澜不惊，从容笑对。这份淡定的背后是传承带来的自信、创新增添的活力，以及对中日友好的坚定信念。相信有这份坚守和勇气，《人民中国》的未来将充满希望。

互联网+人民中国＝未来[1]

最近两年，我成了十足的“手机控”，无论是家里、办公室，甚至是上下班路上等红灯的间隙，一有空，我就会马上打开手机看两眼。我随时关注的，是《人民中国》社交媒体账号的“粉丝”量以及当天推送的文章的阅读数。从最初的几十个关注者，到现在的几万个，看到平台“粉丝”数字快速增长，是最令人高兴的事。

伴随着移动互联网技术的发展，社交媒体蓬勃兴起。Twitter、Instagram、微信、微博等应用程序进入了人们的生活，也快速改变着受众的阅读习惯。作为有着60多年悠久历史的传统媒体，《人民中国》也在互联网时代发生着变化。面对互联网和新技术，主动拥抱是不二选择。近两年，在传统

1 新媒体部主任王浩撰文。

杂志和网站的基础上，《人民中国》的推特、脸书（facebook）、微信、今日头条等社交媒体和新闻聚合类应用程序账号相继开通，吸引了众多中日受众特别是青年群体的关注。我作为杂志社的一名“老人”，参与到新媒体业务中，不断学习和成长，也感受着《人民中国》这家“老店”日渐焕发新生。

在社交媒体上，文字表达已经太过单调，图片、声音、视频以及动画更为直接和有趣。运用新技术，创新表现形式正是新媒体努力的方向。2016 年 4 月 14 日夜，日本熊本县发生 6.2 级地震，当地民众遭受巨大财产损失。第二天一早，人民中国社编委会紧急讨论本刊对熊本地震的报道，以及如何传达中国对日本灾区民众的关心。各新媒体平台冲在第一线。由总编辑王众一创意，漫画师齐梦菲创作了漫画《熊猫慰问熊本熊》。熊本城前，一只熊猫向受伤的熊本熊赠送竹笋的漫画在人民中国社微信平台上发布后，迅速在中日网络上传播。一夜之间，仿佛到处是熊猫与熊本熊的图案。当时，除了感到社交媒体的强大，我也有了一种“火了”的感觉。此外，人民中国社还主办了“悟空杯”中日漫画大赛，大赛主题形象是一只摘去紧箍的孙悟空。“猴子”活泼可爱，不戴紧箍，则寓意着人的想象力更加自由、奔放。

两年来，我们不断尝试音频、视频、H5 等各种形态的产品。《人民中国》杂志刊登了《中日小说互译》《二十四节气俳句与花》等栏目，我们在原有图文的基础上，请播音员朗读，并配以音乐，在社交媒体上发布后，受到了受众们的喜爱。有人留言说，这些内容可学习、可欣赏，真是“福利”。针对互联网视频用户的迅速增多（2017 年中国视频用户 3.7 亿），我们新媒体也生产了短视频。当前，《人民中国》正在向全媒体业态发展。文字、图片、音视频一个都不能少。

互联网的特点是连接，连接人、物与信息，连接的同时大大缩短了时空距离。每天早上，我都会打开电脑进入我社各社交账号后台，观看和回复用户留言，与用户互动是我工作的乐趣之一。我们的微信公众号曾刊登了日本丹波江里佳女士的文章《蘭州の学生たちと私の3年間》。该文讲述了她作为日语教师，几年前在甘肃某大学工作的情况，以及对中日关系的思考。文章推送后，文末留言达到了40多条，许多留言者是她的中国学生。他们在文章后表示对老师的尊敬和问候。多年不见的师生又重新在《人民中国》相聚，让人感动。

做社交媒体时间长了就会体会到社交媒体都是有性格的，独特的气质是吸引“粉丝”的魅力所在。《人民中国》新媒体业务开展以来，社编委会统筹安排，本社与东京支局前后方加强合作。国内记者及时把中国的报道发给日本受众，东京的同事也会把他们采编的消息在社交账号上发布。两年来，人民中国社在中国、日本的社交媒体账号的“粉丝”都有了大幅增长，微信“粉丝”近3万，推特粉丝近1万。我也曾经想，是什么让《人民中国》的新媒体能够聚拢人气，在中日媒体中独树一帜？我的理解是，在新媒体业态创新中，我们始终坚持的是《人民中国》60多年来的一贯理念，那就是真实、理性、平和与友好。2017年2月5日，在日华人华侨针对APA酒店摆放右翼书籍一事在东京游行。事件爆发后，中日媒体的报道层出不穷，说法各异。2月6日，由东京支局同事撰写的《一场和平、理性、高素质的游行》一文在《人民中国》微信平台发表。该文真实地报道了在日华人华侨理性表达合理诉求的举措和愿望。该文真实、平和，发表后受到了中日各方面的好评。此外，内山书店和鲁迅家族百年友谊，中日演员演绎芭蕾舞剧《白毛女》等中日之间的那些历久弥新的故事和情感已经浸润在《人民中国》的每篇报道中。

随着新媒体业态的发展，《人民中国》正在悄然发生着变化，体现在观念、技术以及业务流程等各个方面。互联网给《人民中国》带来的是无限的空间与可能。在变革与创新中，《人民中国》迈向更加辉煌的未来。

现场报道的最前沿 不断扩大的朋友圈[1]

东京支局是《人民中国》的报道前沿，是距离读者最近的地方，也是感

1 东京支局长于文撰文。

受中日关系冷暖最直接、最深切的地方。特别是最近 5 年，我经历了各种新鲜的体验、触动、感动、思考和成长，常驻而常新。

最萌的朋友

2016 年 4 月，熊本县发生地震，东京支局紧急出动赴灾区采访。当时，刊载于《人民中国》5 月号的漫画《熊猫慰问熊本熊》在中日两国的网络上广泛流传。灾区采访之余，我把漫画交到了这位被中国“粉丝”深深挂念的“熊部长”手中，它的办公室里便有了这件意义不凡的藏品。后来听说熊本熊专卖店在冲绳开了分店，这幅漫画的扩大版复制品也成为店里引人驻足的一景。

熊猫牵手酷 MA 萌，患难见真情。就这样，酷 MA 萌成为东京支局最萌的朋友。《人民中国》创刊 65 年之际，“熊部长”亲笔题写“恭喜，恭喜”，给《人民中国》送来祝福。

殊荣与幸福

2015 年，在世界反法西斯战争胜利 70 周年之际，围绕安倍首相是否继承“村山谈话”精神，日本舆论持续发酵，批判“村山谈话”的论调占据上风。当时，我陪同王众一总编辑采访年逾 90 岁的村山富市前首相。当他重申当年的讲话，强调“日本应该以国家名义反省战争，向受害国道歉”时，他的思路清晰，眼神坚定。这久违的正气让我感受到了力量，或许这就是常听人说的“老一辈政治家的胸襟和智慧”吧。

2014 年，鸠山由纪夫前首相参加了由我社主办的“共铸大器——中日政治家艺术家合作艺术品”活动。我有幸与他结缘，并由此开启了对他的多次专访。对于“一带一路”构想和亚洲基础设施投资银行（简称“亚投行”），日本社会多持冷淡与不信任的态度。出任亚投行特别顾问的鸠山先生在接受我采访时却充满信心地说：亚投行要给世界一个梦想。

这篇文章通过《人民中国》的手机平台被广为传播，发布短短几天，浏览量就超过了21万。鸠山先生得知此事，惊奇又欣喜地说：没想到《人民中国》具有如此之大的传播力，这在日本是无法想象的。我能理解他的这番感慨，因为曾有不止一位日本朋友向我倾诉：这些年片面、极端的声音充斥在媒体中，有识之士无处发声。恰在此时，《人民中国》的新媒体不仅让中国的信息离读者更近，也给日本有识之士提供了为两国传递正能量的新渠道。

2014年起，中国外文局成为"北京－东京论坛"中国主办方，我社负责会务实施，东京支局也参与其中。得益于此，明石康、宫本雄二、山口广秀这些很难接触到的高端人士都成为东京支局的采访对象，就连福田康夫前首相也与我渐渐熟识了。不久前就博鳌亚洲论坛采访过福田先生之后，他特意留我喝茶聊天。他问我在东京支局工作的最大感触是什么，我回答说："我如此年轻、如此平凡，却有机会与您以及许多日本政要、高端人士交流，这是一种殊荣。同时，我能在距离读者最近的地方介绍中国，又把日本充满正能量的声音广泛传播，我感到非常幸福。"

整装再出发

读者会是东京支局与读者联谊，增进感情的最好形式，也是支局多年的传统。长野县读者会的福泽宏夫名誉会长、访问中国超过320次的田中誉士夫先生、近百岁高龄的神宫寺敬先生、"小林人民公社"耕耘不辍的小林泰先生、活跃在中日书法界的竹寺住持大野亮弘先生……像他们一样许许多多的老读者，守望着《人民中国》杂志走过一年又一年。5年前在《人民中国》创刊60周年之际，陈文戈社长访日期间成立了神奈川县读者会。今年，在《人民中国》创刊65周年之际，又有群马县和冲绳县读者会相继成立，《人民中国》的大家庭又增新员。不仅如此，现在，《人民中国》正在迎来越来越多的年轻读者。

2014年10月，首届"熊猫杯"日本青年感知中国征文大赛颁奖仪式在中国驻日本大使馆举办，与会者全是青年。他们是征文大赛的获奖者，也是《人民中国》的新读者。那天，我以试写的"熊猫杯"征文的形式作了题为

《别再说“不知为什么”》的演讲。因为我发现在日本年轻人中表示“不知为什么就是感到中国恐怖”“不知为什么就是对中国没有好感”的特别多。通过演讲，许多人表示要通过亲身实践去寻找答案，走出“一谈中国就回避、就冷漠”的怪圈。今年是“熊猫杯”第五年，东京支局朋友圈里的年轻人还会越来越多。

如今，东京支局人强马壮，我和两个中国同事及四个日本同事组成了史上最强的团队。在总社编委会的统筹安排和指导下，我们的策划和报道极具特色，而且全部出自“中日合作”；东京支局工作无论大小，我们全体人员都在奔波。日本专家广冈今日子无所不能，翻译、编辑、设计、微传播，样样拿得出手，她用贴近读者的语言，紧跟网络时代的表达方式让东京支局的文章更吸引人。年轻的同事吴文钦入社不久便来到支局，短短三年，他已练就一身本领。新人陈克感受着前方不一样的氛围，也已蓄势待发。

过去这些年，支局人员一次次迎新送旧。东京支局在新老读者、新朋故友，以及一直在外围支持我们的岛影均先生、福井百合子女士，还有已经离我们而去的横堀克己先生的陪伴下成长壮大。65 年再回首，不忘初心。东京支局再出发，一起前进。

迈向新的交流平台[1]

“北京－东京论坛”的新征程

2015 年 10 月下旬，第十一届“北京－东京论坛”在北京开幕，中国外文局作为中方新的主办单位扬帆起航。在开幕前一个月，多年从事中日友好交流活动的我有幸成为人民中国杂志社的一员，在参与论坛筹办的工作中开启了自己新的事业。5 年前在《人民中国》喜迎 60 年华诞之时，陈文戈社长提出了“构建中国对日传播与交流领军平台”的战略，《人民中国》不再满足

1 两京论坛办公室主任王冬撰文。

于“一刊”的现状，而是在继承优良传统的基础上，通过打造中日交流活动的新平台，拓宽自己的发展空间。

5 年来，踌躇满志的《人民中国》既遭遇了中日邦交正常化以来两国关系的困难时期，也迎来了筹办“北京－东京论坛”的发展机遇。特别是两国关系受阻的严峻日子里，论坛汇聚两国各界共识和舆论导向、改善国民感情的作用备受关注。作为论坛主办单位的一名工作人员，我深感使命庄严，责任重大。回首 3 年前筹办之初的磕磕碰碰，到如今论坛顺畅举行并发表“共识”时的喜悦与激动，“遍尝人间甘辛味”的感慨总会涌上我的心头。

“海日生残夜，江春入旧年”。如今，由《人民中国》与日方合作筹办的“北京－东京论坛”已经步入第四个年头，“论坛”聚集的众多中日有识之士为改善两国关系、增进国民之间的感情发挥着举足轻重的作用。“论坛”的重要组成部分——“中日舆论调查”已经成为反映中日两国民意、相互了解的“晴雨表”，成为两国外交决策的民意参数。同时，论坛为《人民中国》杂志、公众号等提供了丰富的报道资源，特别是编委会成员与出席“论坛”的各界人士之间的交流与互动，使《人民中国》及全媒体对中日关系的聚焦报道有了很大的提升，引起中日各界的广泛关注。此外，论坛还开阔了《人民中国》年青一代的眼界和见识，更为他们提供了一个丰富而难得的成长环境。

为中日关系增加一个支点

多年来，《人民中国》作为一家跨文化传播的媒体，始终坚持与读者交流互动的优良传统。《人民中国》的忠实读者、百岁老人神宫寺敬先生去年来社里交流时说，刊名中的“人民”蕴含着“中日两国人民之间友好情意”，他鼓励年轻人秉承人民友好理念，积极投身人民友好事业。不忘老朋友，广交新朋友。作为新读者，近 5 年，每年来社做客的五星奖游学团就是这样一群积极投身草根交流的日本大学生。我本人有幸多次陪同他们走访、慰问老年公寓，现场交流的氛围感人至深，让人们看到了两国交流充满希望的未来。

在《人民中国》举办的各种交流活动中，堪称“三姐妹”的“熊猫杯”“笹川杯”“悟空杯”这三项杯赛活动，自举办以来，征集的作品数量和参与人数不断增长，涌现了一大批优秀作品，发现了中日间的许多感人故事，不仅为《人民中国》增加了年轻读者，还大大丰富了《人民中国》的报道内容。每年，员工们会把获奖的“小熊猫”们请到家里，用地道的家常菜招待他们的活动，已经成为《人民中国》的保留节目，而生动地描述这项活动的报道文章也深受读者们的喜爱。

易于接受新事物的青年一代通过征文或动漫竞赛的交流活动，能够激发起自己全面而客观地了解对方国家的愿望，从而摆脱教科书、影视作品和媒体报道塑造的所谓“日本形象”和“中国形象”。我们也从中注意到这些年轻人对中日间存在的问题有所思考，对中国、对中日关系比较关心，而且持有自己的独特看法。

我们相信，这些青年学生终究会成为两国人民友好交流的骨干力量，友好交流的重要推手，我想这也是《人民中国》举办这些活动的初衷。王众一总编辑建议：“当这些竞赛到了一定规模时，我们成立一个团体，让这种交流成为常态，给中日关系增添一个固定支点。”

是的，这样的支点，每增加一个，中日关系的根基就会稳固一分。

日本各界人士寄语[1]

村山富市　日本前内阁总理大臣、社会民主党名誉党首

今年是日中和平友好条约缔结 40 周年，《人民中国》迎来创刊 65 周年。在此，我表示衷心的祝贺，并向一直以来辛勤耕耘的历届编辑部的朋友们，以及支持《人民中国》的读者们致敬。

安倍政权执政以来，日中关系陷入了 1972 年邦交正常化以来最严峻的状况，但李克强总理访日象征着关系改善的征兆终于显现。

1　40 名日本各界人士的寄语由东京支局约稿编辑。

日本和中国是“一衣带水”的邻国，经济上相互依存加深，对于亚洲和平、世界和平也是重要的双边关系。今后，我们也要好好继承和发展为恢复日中邦交和友好合作而努力的众多前辈的意志。

为此，促进经济交流、民间交流、地方交流、文化交流、青年交流等各个领域的多样交流非常重要。祝愿《人民中国》不断发展壮大，将“真实”的中国更广泛地传播给广大读者。

福田康夫　日本前内阁总理大臣

《人民中国》多年来向日本发布各种有关中国的信息，通过包括“东京－北京论坛”在内的日中交流报道，为增进相互了解做出了贡献。今年迎来了日中和平友好条约缔结 40 周年，这对于日中关系十分重要。希望借此机会进一步密切两国合作，为在两国稳定关系的基础上实现东亚稳定发展迈出新的步伐。同时，期待贵刊能为促进日中两国民众的相互了解和友好发挥更大的作用。

鸠山由纪夫　日本前内阁总理大臣、东亚共同体研究所理事长

衷心祝贺《人民中国》创刊 65 周年，感谢贵刊长期以来在政治经济等广泛领域介绍中国，为外界了解中国、为中国与日本乃至世界的友好和平做出贡献。去年，在同习近平主席会谈时，习主席说，“因为我们只能在这个星球上生存”，随后又说，“我们是命运共同体。这就是我们共同努力的目标，不能弱肉强食，而是要创造一个包容、清洁、美丽的世界”。并且，“中国不追求霸权。历史上也没有这种基因。长城是为防御而建的。与周边国家和睦相处，以大国的责任担当帮助发展中国家”。衷心祝愿贵刊蓬勃发展，将“命运共同体”和“大国责任”的构想进一步推向世界，为构建世界和平做出贡献。

宫本雄二　日本中国关系学会会长

65 年来，《人民中国》作为中日之间的桥梁发挥了重要作用，对此，我表示衷心的敬意。让我们继承先人的遗志，在日中和平友好条约缔结 40 周年这一值得纪念的年份，再次坚定不移地坚持日中不再作战、珍惜和平、建立友好与合作关系这一条约的精神和原则。

明石康　国际文化会馆理事长

《人民中国》为推进中日两国人民的相互理解发挥了重要作用。如今，日中两国对于东亚的和平与安全以及共同繁荣、构建信任，发挥着不可或缺的作用。中国的发展举世瞩目。希望中日不要陷入自满和自负，应在尊重对方的同时，继续架起更多的沟通桥梁。

西圣一　熊本县议会议员

衷心祝贺《人民中国》创刊65周年暨日中和平友好条约缔结40周年。34年前，我也曾乘坐“日中友好九州青年之船”，加深了与中国的交流。每次访问，我都能感受到中国的发展。期待一衣带水的中国和日本能日益深化友谊，期待《人民中国》的准确报道能继续成为沟通中日的桥梁。

星屋秀幸　森大厦株式会社特别顾问

祝贺《人民中国》创刊65周年。贵刊长期以来联结中日两国国民的心，深受大家喜爱，成果值得称赞。贵社举办的“熊猫杯”征文大赛使许多日本青年加深了对中国的了解和友谊。在世界局势动荡的背景下，日中两国的友谊将为亚洲和世界和平做出巨大贡献。

小仓和夫　日本财团残奥会支持中心理事长

“家庭之事，不是东风压了西风，就是西风压了东风”——这是《红楼梦》中林黛玉说过的一句话。日中关系在历史上也曾经历过不和谐的时期，甚至数次发生战争。但是，从现在起，两国不应再产生摩擦或视对方为对手，而应放眼世界，齐心协力，在国际社会掀起一股新风。我很期待《人民中国》在未来发挥重要作用。

饭泉嘉门　日本德岛县知事

衷心祝贺《人民中国》创刊 65 周年，并对《人民中国》长期以来架起的日中友好桥梁深表敬意。本县在上海世博会参展时，与湖南省的各位人士结缘，不仅开展了友好交流合作，还开设了上海事务所，参加了日中友好交流城市中学生乒乓球联欢大会等，在各个领域开展了交流。以日中和平友好条约缔结 40 周年为契机，我们将更加专注于使日中两国之间的交流取得更大的飞跃。

西园寺一晃　东日本国际大学客座教授

《人民中国》一直以来为促进日中两国相互理解发挥了巨大作用，今后，这个任务会越来越重。我期待《人民中国》能够通过以下三个“结合”，做出更大的贡献：回归初心与灵活应对新时代的姿态相结合；报道客观事实与透彻分析问题核心相结合；介绍历史文化与及时报道政治、经济、社会、外交等方面相结合。

尾形武寿　日本财团理事长

祝贺《人民中国》创刊 65 周年。在此期间，日中关系经历了各种起伏，贵刊始终坚持重视日中民间交流，并为其发展做出了巨大贡献。日本财团本着“日中关系的稳定就是亚洲的稳定，亚洲的稳定就是世界和平”的信念，一直在多方面持续开展日中民间交流。今后，日本财团也将与贵刊共同推进民间交流，为日中的稳定，也为世界和平做出贡献。

村田忠禧　横滨国立大学名誉教授

期待《人民中国》继续作为日中友好的桥梁发挥作用。日中之间实现友好往来离不开相互了解。两国学习对方语言的人也有很多。希望《人民中国》能在网站上以互译的形式刊登重要文献和新闻，会更受欢迎。

濑口清之　佳能全球战略研究所研究主管

我认为《人民中国》是一家为构筑日本与中国的桥梁，不遗余力地进行精彩新闻报道的“宝藏级”媒体。今后，为了使日本和中国作为真正的世界领袖，作为世界的支柱引领亚洲和世界，日中关系的改善将变得越来越重要。而奠定这一基础的，是彼此之间的理解。我希望《人民中国》能够继续发挥促进这种理解的作用，并在今后发挥更大的作用。

鬼海洋一　熊本县日中协会理事、前县议会议员

庆祝《人民中国》创刊 65 周年及日中和平友好条约缔结 40 周年。熊本地震噩梦般的余震和主地震已经过去了两年，《人民中国》杂志上熊猫对熊本熊的慰问让熊本县的人民获得了巨大的勇气，全力投入灾后重建工作。感谢游轮入港增强八代地区活力的报道等作为友好与和平的桥梁所起到的作用，祝愿《人民中国》今后取得更大的发展。

大岛美惠子　日本科学协会会长

多年来，《人民中国》作为中日之间的桥梁，在许多领域做出了巨大的贡献。特别是最近，我们成功地建立了一个民间交流的平台。以年轻人之间的交流为核心的“熊猫杯”日本青年感知中国征文大赛和“感知日本笹川杯征文大赛”由人民中国杂志社和日本科学协会共同主办。我衷心祝愿贵刊今后能继续扩大日中友好的范围，无论何时都能继续成为维系两国关系的不可替代的存在。

并木裕之　神奈川新闻董事长、神奈川县日中友好协会会长

衷心祝贺《人民中国》创刊 65 周年，我社所在的横滨随着港口的启用也成为许多中国人生活的城市。我社同作为纸媒，再次向多年来为两国的相互理解做出贡献的贵刊表示敬意。今年也是日中和平友好条约缔结 40 周年，随着贵刊重要性的不断增加，期待贵刊未来取得更好的发展。

中村卓司　神奈川新闻综合服务董事长

能参与贵杂志日文版的印刷工作，为建立日中两国的相互信任贡献绵薄之力，对我司来说是莫大的荣幸。日中友好是亚洲和平与稳定的基石，今后也离不开基层的交流。我对贵社肩负着的重要使命和责任满怀敬意，祝愿贵刊瞄准创刊 100 年的目标，不断努力前行。

江原规由　国际贸易与投资研究所主任研究员

今年是改革开放 40 周年，在这里我谨向《人民中国》创刊 65 周年表示衷心祝贺。有很多接触过《人民中国》的人，应该会发现对中国“百闻不如一见”吧。希望《人民中国》能够得到更多读者的支持，取得更好的发展。

横堀雅子　《人民中国》编辑顾问·横堀克己的夫人

衷心祝贺《人民中国》创刊 65 周年。我的丈夫希望日本能加深对中国的了解，于是作为专家在人民中国杂志社工作，我们夫妻二人一起生活在北京。杂志社的各位同事像家人一样对待我，我也因而度过了一个充实的晚年。希望《人民中国》能够继续受到大家的喜爱。

小林和子　《周刊星期五》主编

祝贺《人民中国》创刊 65 周年。贵刊为日中友好的历史做出重要贡献，不仅涉猎的领域广泛，也能从中窥见中国民众的生活状态，这是贵刊的魅力所在。我能从中感受到新世代的潮流和珍惜历史与传统的真心。祝愿《人民中国》发展得越来越好。

山田真史　株式会社东方书店社长

衷心祝贺《人民中国》创刊 65 周年。期待《人民中国》今后更多地从市井百姓的角度讲述中国的生活和文化，为扩大日中两国的相互了解、增进同时代同地区的人们之间的共鸣做出贡献。

木村知义　前 NHK 主播、记者

20 世纪 60 年代中期，我订阅的《人民中国》还是用草纸印刷的，当时还是与《北京周报》《中国画报》共同构成“三刊”的时代。当时读到的关于“中国”的信息令我心潮澎湃。半个世纪以来，《人民中国》纸张质量的提高象征着中国显著的成长和发展；内容则综合了三种杂志的内容，十分充实。信息丰富，图片精美，完整展现了当今的中国。我相信今后《人民中国》内容的进一步充实将为日中关系的进一步发展做出贡献。

神宫寺敬　山梨县日中友好协会理事长

祝贺《人民中国》创刊 65 周年。自创刊以来，我一直是《人民中国》的忠实读者。很高兴《人民中国》能用通俗易懂的语言向大家讲述中国政治、经济、文化、旅游等方面的实际情况。正如《人民中国》的名字一样，我相信这是一本加深日中两国人民友好与理解的杂志，我会努力让《人民中国》拥有更多的忠实读者。

内山篱　株式会社内山书店社长

祝贺《人民中国》创刊 65 周年。自创刊以来，《人民中国》就一直用日语讲述着当下的中国。杂志如实地反映了各个时期的社会面貌、日中关系的现状，成为读者了解并理解中国最亲近的“朋友”。值此日中和平友好条约缔结 40 周年之际，衷心祝愿《人民中国》杂志越办越好，进一步加深日本和中国人民之间的相互了解和交流。

中村纪雄　群马县日中友好协会会长、群马县《人民中国》读者会会长

祝贺《人民中国》创刊 65 周年。为了实现真正的中日友好，获取有关中国信息是必不可少的。今年，我们迎来日中和平友好条约缔结 40 周年，两国关系日益密切。其中，《人民中国》发挥的作用也很大。愿《人民中国》的读者越来越多，共同为两国打造更加光明的前景。

野中大树　记者

前几天，我与一位日本官员交流时，那个人不经意间说道：“到处都有逆命利君。”汉朝刘向编著的《说苑》中有“逆命利君谓之忠”一说，这位官员的意思就是越来越多的官员践行这种“忠”。公元前诞生于中国的典故在2018年春天从日本官员口中脱口而出，这让我不禁感叹中国与日本之间的交往之丰沛。我认为《人民中国》对于加强这种往来起到了重要的作用。

田中誉士夫　神奈川县《人民中国》读者会会长

祝贺《人民中国》创刊65周年。衷心祝愿贵社未来取得更好的发展。我是《人民中国》的忠实读者，也在读者会上得到优先照顾，赴辽宁省、福建省、北京市、上海市、广东省、吉林省、黑龙江省、山东省、陕西省等地交流达320次。谢谢。

小林泰　大和地区日中友好协会会员

所有的动物都在寻找食物，寻找丰饶的土地，它们的生存竞争就是历史。世界人口每年增加9900万，世界总人口74亿的粮食与人口增长成反比。人类命运共同体对世界人类而言，是一个共同的主题。希望日中两国不断增进相互信任和人民交流，与世界各国友好相处，共同展望未来。庆祝《人民中国》创刊65周年，日中和平友好条约缔结40周年。坚持和平共处五项原则是开展民间交流的关键。贵刊在其中发挥着重要作用。

茂木博　长野县《人民中国》读者会会长

衷心祝贺《人民中国》创刊65周年。《人民中国》以色彩丰富的装帧，广泛地介绍了今日的中国，是我们“人民中国读者会”的宝贵教材。我非常期待《人民中国》杂志在增进两国人民相互了解、促进两国人民友好交流方面发挥更大的作用。

石丸大辉　独立行政法人国际协力机构职员

我在“熊猫杯”征文中写道：“只要接受多样性，保持积极态度，日中友好的桥梁就会自然浮现出来。”之后的 5 年，中日关系的风向变好了。中国成立了负责国际合作的“国家国际发展合作署”，作为来自日本的国际合作人，我感到非常高兴，期待有一天能与中国合作。

青木理枝　株式会社亚东书店代表理事社长

衷心祝贺贵刊创刊 65 周年。本公司自成立以来就与贵刊有着深厚往来，更是为贵刊感到高兴。希望这本杂志既能满足各位读者的期待，又能成为未来读者打开对中国的兴趣大门的入门杂志。

平原纪子　时事通讯社记者

我通过第一届“熊猫杯”活动访问了中国，日方同行成员和在当地交流的人士对我产生了很大的影响。我从《人民中国》杂志上可以感受到现在生活在中国的人们的生活氛围。希望《人民中国》今后继续以促进相互理解为核心，从多方面传播中国声音，增强人员往来。

山本胜巳　星城大学职员

通过《人民中国》日本人能了解到中国正在发生的最新鲜的事情，在其他媒体只报道政治和经济信息的情况下，通过这本杂志能了解市井百姓的生活情况。这就是我对《人民中国》的印象，希望它能成为一本与悠久的中国历史相辅相成的杂志。

北山彻　和歌山县国际担当参事

在日中和平友好条约缔结 40 周年之际，《人民中国》迎来创刊 65 周年，衷心表示祝贺。徐福传说、弘法大师空海等自古以来与中国的联系，以及与山东省 35 年来积累的友好往来，都是和歌山县的宝贵财富。今后，我将继续珍惜人际往来、地区往来，为日中友好做出贡献。

竹村幸太郎　毕业于庆应义塾大学、工作于汽车制造企业

我有缘参与过两年“熊猫杯”的运营工作，通过这段经历，我对中国的见解和与中国人的联系得到了前所未有的加深。衷心祝愿贵刊取得更大的发展，为日中两国的相互理解做出更大的贡献。

黑木真二　演员

我与《人民中国》相识是在 8 年前。我亲眼看见了许多人创作《人民中国》的情景，也为创作出的一本意义深远、内涵丰富的杂志而倍感钦佩。这种瞬间不断地积累起来，持续带给我们感动。这样的 65 年，有着非同凡响的重大意义。我今后也会怀着深厚的感激之情期待《人民中国》有更好的发展。

小嶋心　就读于东京学艺大学教育学部

每一期《人民中国》新刊出版，我与中国的本就深厚的感情就会更加深一层。参加“熊猫杯”访华的时间虽然很短暂，但每当看到陪同我们访华的《人民中国》记者们的文章，我心中的回忆就又拉近了我和他们之间的距离。65 周年，在约 60 万小时的日中友好活动中，一页一页内容承载的邂逅远远凌驾于我的想象之上。我的经历只是其中的一个方面，《人民中国》中超出杂志本身的连接在这一刻将中日紧紧联系在一起。

中岛大地　一桥大学研究生，中国文学专业

通过《人民中国》可以了解中国人的日常生活和流行趋势，所以我是《人民中国》的忠实读者。我也很期待《人民中国》在社交平台发布的流行信息。我也非常感谢在“熊猫杯”“笹川杯”等活动中，能有机会与关心日本的中国学生进行交流。我今后也会继续读《人民中国》的。

小金丸健　熊本县厅熊本熊组科长

衷心祝贺《人民中国》创刊 65 周年。2016 年 4 月熊本地震发生时，贵刊通过社交平台支持了熊本县和熊本熊，我们收到了很多来自中国人民的温暖支援和鼓励。感谢贵刊和各位中国朋友的友情，我们将与熊本熊一起努力，实现本县的复兴。

宇佐美希　东京外国语大学国际社会学系大四学生

通过参加“熊猫杯”，我有机会通过各种形式认识日本和中国的有缘人，非常感谢。与志同道合的伙伴们在获奖者旅行中共同热烈地谈论日中关系的回忆，对我而言是一笔宝贵的财富。希望《人民中国》今后也能有更好的发展。

第五节
2019—2020年度点评

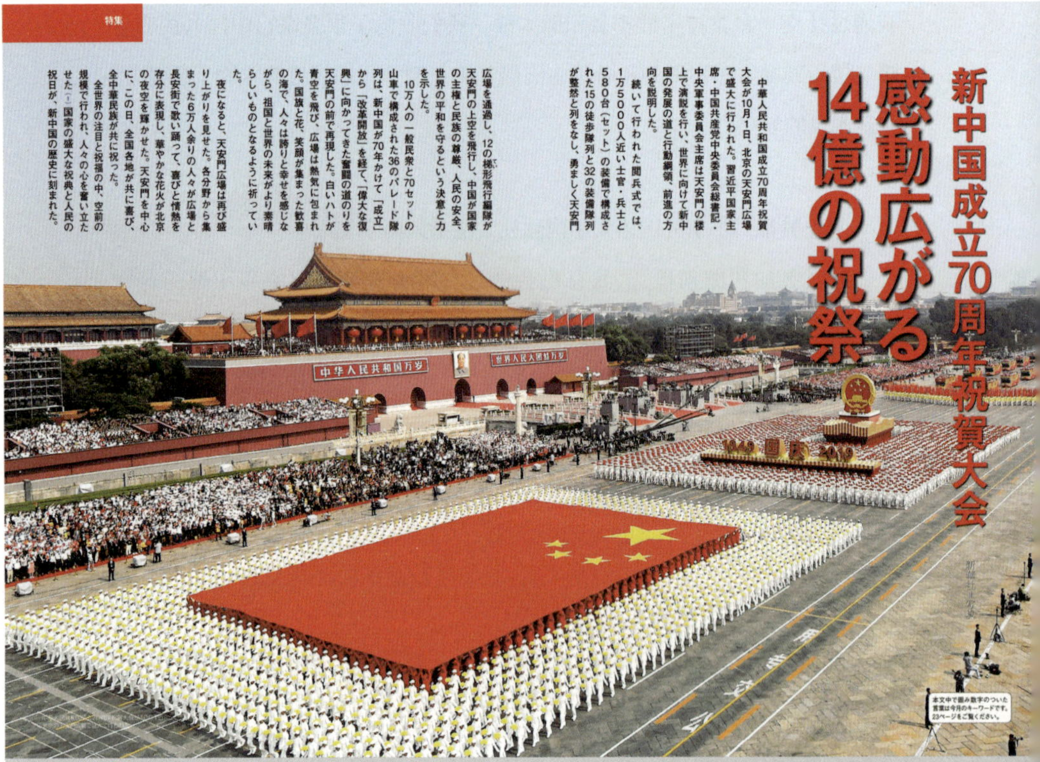

特集

新中国成立70周年祝賀大会
感動広がる14億の祝祭

中華人民共和国成立70周年祝賀大会が10月1日、北京の天安門広場で盛大に行われた。習近平国家主席・中国共産党中央委員会総書記・中央軍事委員会主席は天安門の楼上で演説を行い、世界に向けて新中国の発展の道と行動綱領、前進の方向を説明した。

続いて行われた閲兵式では、1万5000人近い士官・兵士と580台（セット）の装備で構成された15の徒歩隊列と32の装備隊列が整然と列をなし、勇ましく天安門広場を通過し、12の梯形飛行編隊が天安門の上空を飛行し、中国が国家の主権と民族の尊厳、人民の安全、世界の平和を守るという決意と力を示した。

10万人の一般民衆と70セットの山車で構成された36のパレード隊列は、新中国が70年かけて「成立」から「改革開放」を経て、「偉大な復興」に向かってきた奮闘の道のりを天安門の前で再現した。白いハトが青空を飛び、広場は熱気に包まれた。国旗と花、笑顔が集まった歓喜の海で、人々は誇りと幸せを感じながら、祖国と世界の未来がより素晴らしいものとなるように祈っていた。

夜になると、天安門広場は再び盛り上がりを見せた。各分野から集まった6万人余りの人々が広場と長安街で歌い踊って、喜びと情熱を存分に表現し、華やかな花火が北京の夜空を輝かせた。天安門を中心に、この日、全国各地が共に喜び、全中華民族が共に祝った。

全世界の注目と祝福の中、空前の規模で行われ、人々の心を奮い立たせた（1）国家の盛大な祝典と人民の祝日が、新中国の歴史に刻まれた。

本文中で囲み数字のついた言葉は今月のキーワードです。23ページをご覧ください。

report

私が見た中国の成長

達増拓也　花角英世　中村時広　小泉龍司　鈴木憲和

2

持続成長の原動力を維持

開放・新特区・革新で魅力の市場

陳言（Chen Yan）
日本企業（中国）研究院執行院長。1960年生まれ、1982年南京大学卒。中日経済関係についての記事、著書多数。現在は人民中国雑誌社副総編集長。

今年下半期に入って、国際的な経済成長の勢いに陰りが見え、明らかに下降局面に入った。この下降現象は、ある面では経済の循環法則から来たものだ。10年ごとの成長周期により、今年はその法則に沿って下降が出現している。しかし別な側面から見ると、経済成長を阻害する人為的な要素が、特に今年になって顕著になって出て来た。

中国経済が成長を持続する余地があるか否かに、中日両国は共に注目している。筆者は全体的に見て、中国が採用できる政策は依然として多く、また、さらなる開放拡大は中国の持続的発展に原動力を提供すると考えている。

リーマン・ショックに対処

10年前の2009年、米国の投資銀行リーマン・ブラザーズの経営破綻の影響で、世界経済にかなり深刻な下降局面が出現した。その当時を振り返ってみよう。

国際通貨機関（IMF）のデータによると、08年に突如発生したリーマン・ショックが各国にもたらした影響で、世界の主要国の経済状況は09年には以下のように下落した――中国はそれまで数年持続していた2桁成長が9・20%に下がり、米国はマイナス2・54%、日本の下落はさらに急速で、過去20年来で初めてマイナス5・42%成長に落ち込んだ。

各国の成長段階が異なるため、リーマン・ショックから受けた影響もそれぞれ大きく異なっていた。中国は、03年から保ってきた2桁成長が、08年についに1桁に落ち込んだ。09年は9・20%と一桁の成長率を維持し、10年も短期的に2桁成長（10・61%）を記録したものの、その後は2桁の高度成長を維持するのは困難となった。

米国は危機の「輸出国」だったが、タイムリーな対策を打ち出したために、むしろ米国自身が受けた影響は、日本などの国々に比べて少なかった。日本は01年以降、何とかプラスの経済成長を維持して来たが、08年にマイナス成長率を記録。さらに09年の成長率は、過去30年で最大の下げ幅を記録し、経済はかなり深刻な状況に陥った。

昨年は08年からちょうど10年だった。世界の経済成長率は17年6月の3・4%から今年は2・4%に下落した。貿易量がさらに減少すれば、今年の成長率はさらに落ち込む可能性がある。

経済が下降周期に入ると、規模が大きい成長期にある国家の方が、規模が小さくすでに高度成長段階を終えた国家に比べて下降への対応力が強いのはよくあることだ。10年前のリーマン・ショックでは、米国はそのスケールメリットで危機に対応し、一方、中国は経済を刺激し成長させて危機を克服した。両国が下降傾向から脱出する時間は比較的短時間だったが、日本は大幅に遅れを取った。

経済下降の人為的な要素

今年に入って経済成長が下振れしている。これは、経済の周期的な原因の他に、人為的な要素が下降速度を加速させているからだ。

周知のように、昨年、トランプ米大統領が世界各国に対して発動した貿易戦争は、世界のあちこちで火の手が上がり、世界の貿易量はかなり大きな下滑りを起している。オランダの経済政策分析局の調査データは、世界の貿易量が今年6月、前年同期比で1・4%下落し、ドイツの輸出量は4～6月期にマイナス成長となり、韓国の1～7月期の輸出量も前年同期比で9%下落したと明らかにしている。

貿易戦争は結果的に米国経済にも打撃を与えている。米国の今年9月の製造業景況感は、ここ10年来で最低水準に下落。連続2カ月で50を下回り、国内の製造業に陰りが見え始めている。また、トランプ大統領は貿易戦争によって、米国企業が米国に戻って来ると繰り返し主張しているが、現在、米国企業の大量帰国の状況はなく、逆に米国の輸出が低迷し、米国の経済状況も10年来最悪の状態であることを示している。

中国経済にも減速現象が現れている。昨年の中国の経済成長率は6・57%だったが、今年は6・27%と予測され、これは2000年以降、最低の水準だ。当然、経済規模は拡大しているので、昨年の6・57%は00年の8・40%に比べ、新たな富の生産は比べものにならないくらい大きいが、成長の鈍化は誰の目にも明らかだ。

改革開放40年、中国の発展の新たな原動力を生み出している西部地区の大都市・重慶の解放碑広場。高層ビルが林立する中をかっ歩する若い女性たち（東方IC）

日本の状況はどうか。先月から消費税率が8%から10%に引き上げられたが、市場に大きな動揺はほとんど起きていない。しかし、消費税率の上昇が日本経済の成長スピードをある程度引き下げるのは避けられないだろう。

IMFのデータでは、昨年の日本の経済成長率は0・81%であり、今年の成長率は0・98%と予測している。しかし、米国が発動した、他国に損害を与え自国にも不利な貿易戦争や、中国経済の成長率の鈍化、日本国内の消費税率引き上げなどに伴い、日本が昨年並みの0・81%を達成するのは難しいし、また0・98%という今年の予測値も恐らく高過ぎるだろう。

6・2%成長の源泉

10年前のリーマン・ショックが中国に与えた衝撃は比較的に小さかった。今回、米国が発動したグローバルな貿易戦争は世界経済の成長を後退させているが、中国に与える損害は、日本のメディアが予測する結果とはかなり異なるだろう。中国はトランプ大統領や一部の日本メディアが考えているほどぜい弱ではない。

経済学の角度から見ると、中国と日米の成長段階や成長の余地は異なり、中国が貿易戦争によって被っている損失は比較的に小さい。まず、中国市場の成長は決して停滞せず、市場があれば多くの投資を吸引できる。今年の外資の対中投資から見て、米国や日本を含む外資の対中投資は決して衰えを見せておらず、逆に米国が国外から呼び込む投資、特に中国サイドからの投資は大幅に減少している。

改革開放政策の安定性は中国の安定した経済成長を可能にしている。中米貿易戦争で、中国で聞こえるのはさらなる対外開放であり、目に付くのは新特区のさらなる拡大だ。対外開放と自国第一を強調する鎖国では、どちらの政策が経済成長に有利かは自明の理だ。

四川省や陝西省などを含む中国内陸部では、大部分の地区で経済発展がテークオフの段階だ。東部沿海地区の経済成長が成熟期に入った後、西部地区が台頭し、中国には経済発展を引き続き持続させて行くに十分な余地がある。

技術革新の角度から見れば、米国が発動した貿易戦争でも中国の技術革新はいささかも停滞していない。

開放拡大の国策に加え、国内市場の開拓と技術革新の推進が、中国が今年6・2%の成長率を維持する原動力となる。だからこそ、多くの米国、日本企業がこの点に着目しており、中国は今年も外資にとって魅力的なのである。■

伸びる民営 強まる経済

改革開放40年余りの中で、中国の民営経済は急速に発展し①、民営企業の数は全国の企業総数の9割以上を占めるようになった。中国の国内総生産（GDP）は昨年、初めて90兆元を突破し、このうち民営経済の寄与度は60%以上だった。さらに現在、中国の税収の半分以上と都市部の雇用の80%以上、技術革新による成果の70%以上は、全て民営経済がもたらしている。

この5年来、中国経済が質の高い発展を追求してきたのに伴い、民営企業は次々とモデルチェンジとアップグレード②を始めている。米『フォーチュン』誌の最新の世界企業番付「フォーチュン・グローバル500」には、中国の民営企業28社がランクインしている。しかも、ますます多くの民営企業が国家の政策の支持の下、改革と革新による発展と強化の道筋を模索している。

本文中で囲み数字のついた言葉は今月のキーワードです。31ページをご覧ください。

report

女性たちは真剣に草花を選び、見比べ、自分の中にある思いとイメージを花に託していた

生け花で咲く大輪の友情

——国際女性デーに中日友好迎春花会

袁舒＝文・写真

二十四節気の一つ啓蟄（けいちつ）——冬に眠っていた草花が目を覚まし、一足先に咲き始めた梅の香りがほのかに漂い始めるその日、北京市の中国人民対外友好協会和平宮には、花のかぐわしい香りと女性たちの笑い声があふれていた。

中国人民対外友好協会と中日友好協会の共催による「国際女性デー記念・中日友好迎春花会」が3月6日、開催された。中日両国のさまざまな分野の女性約80人が集まり、国際女性デーを祝った。会場の各テーブルには吸水スポンジや剪定（せんてい）ばさみ、色とりどりの色紙、そして摘んだばかりの花々が置かれ華やかさをいっそう引き立てていた。

詩歌の花に垣間見る文化の融合

人民中国雑誌社の王衆一総編集長は会場で、「節気における俳句と漢俳（中国式俳句）」をテーマに講演を行い、イベントに花を添えた。王総編集長は、二十四節気は東アジア漢字文化圏の国々の共有の文化遺産であり、中日両国は四季がはっきりし、開花時期にも規則性があるため、四季の変化と花に思いを託した、さまざまな詩文が詠まれてきたと紹介した。また、日本の和歌と中国の漢詩では、人と花の関係を詠む際、重きを置く点が異なるにもかかわらず、雰囲気は非常に似通っており、日本の俳句と中国の漢詩の美的感覚が一致していることは特に明らかであると話す。日本の俳句を読むと、旬の中に風物や草花への称賛が込められているのが感じられる。その一方、中国の漢俳を読むと、漢詩目線での美的感覚から旬の中に込めた思いを知ることができる。俳句と漢俳はまるで寄り添い合う花のように、中日の文化交流を実現している。

参加者の一人で、夫が北京の日本大使館に勤めるという藤岡由布子さんは、王総編集長の話に大きく

参加者たちが丹精込めて生けた作品

report

交流会のステージ。前列左から王衆一氏、1人おいて仲代達矢氏、陸川氏、濮存昕氏

生涯テーマは「戦争と平和」

陳克＝文・写真

日本の著名な俳優、仲代達矢氏（86）がこのほど、中国戯劇家協会の招きで、日中文化交流協会代表団に同行して、北京、上海を訪問し、一連の芸術交流イベントに参加した。3月21日午後には、北京の中国電影（映画）資料館で代表作『切腹』が上映された。その後、中国戯劇家協会主席の濮存昕氏、映画監督の陸川氏、本誌の王衆一総編集長が加わって開かれた「俳優人生——仲代達矢との対話」交流会に参加し、映画や演劇について熱く語り合った。

「黒澤作品にはもう出ない」

当夜の電影資料館の1号ホールは階段や通路も詰め掛けた映画ファンで超満員だった。万雷の拍手に迎えられ、仲代氏がステージに姿を見せた。彼のひげと髪は真っ白だったが、相変わらず姿勢正しくすっくと立ち上がり、張りのある声で、客席にあいさつした。

濮、陸、王3氏はそれぞれ、演劇、映像作品、中日文化交流史の三つの側面から仲代氏と語り合った。陸氏が最も評価する監督は黒澤明氏であり、黒澤作品で仲代氏の演技を見てファンになったというエピソードを披露した。彼は率直に、「『王的盛宴（邦題・項羽と劉邦 鴻門の会）』を撮影したときには毎日、仲代さんの『乱』と『影武者』の演技を見て、演出を熟考しましたよ」と語った。

仲代氏は、黒澤氏との最初の出会いは『七人の侍』で、せりふなしの浪人の役だったと振り返った。時代劇は初体験だった彼は、侍の歩き方ができず、刀の差し方も知らなかった。撮影は朝9時から始まり、彼は何度も歩いたが、黒澤監督は一向にオーケーを出さなかった。監督は「こいつに飯を食わすな。練習させとけ！」と言った。そこで、仲代氏は撮影村の空き地で昼の12時までずっと練習を繰り返した。それから、午後3時まで撮影は続いたが、まだオーケーが出ない。黒澤監督は、とうとう堪忍袋の緒が切れて、「何だ？ あんなに有名な俳優座は歩き方も教えていないのか？ 仕方ないな、これでいこう」と言った。

これは若い仲代氏の自尊心を大いに傷つけ、彼は「二度と黒澤作品には出ない」と誓った。しかし、後に彼が小林正樹監督の『切腹』に出演して侍が座ったり、歩いたり、戦ったりする場面の演技をする際、黒澤監督があの時に厳しく要求したことがいかに正しかったか、やっと分かったという。

けいこを積み重ねた結果、演技が次第に成熟した仲代氏は最終的に黒澤監督に認められ、数年後、『用心棒』の撮影に迎えられた。それから20年以上の時間を経て、『乱』に出演したとき、仲代氏は勇を鼓して監督に『七人の侍』出演時のエピソードを持ち出してみた。「監督は笑いながら、『潜在力のある若い俳優だと思ったから、厳しく注文を付けたのだよ』と言いました。私は彼にとても感謝しています」

心から愛する原点の舞台

映画界で輝かしい成果を上げてきた仲代氏だが、

report

内山完造没後60周年記念シンポジウム

中国認識の改善に尽力

続昕宇＝文・写真

岡山市日中友好協会と神奈川大学内山完造研究会の共同主催によるシンポジウム「内山完造と岡山－内山完造没後60周年記念」が、10月26日に岡山市で行われた。内山完造は中日関係が最も大きく揺れ動いた時代に、両国の心ある人々と力を合わせ、両国に暖かな日差しを注ぎ込み、文豪・魯迅に「老朋友」（親友）と呼ばれた人物だ。シンポジウムでは研究者と関係者による報告のほか、当時上海にいた完造が日本の家族や友人に送った貴重な写真が公開された。

1959年9月15日に世田谷の自宅で撮影。これが日本で撮った完造の最後の写真となる。日中友好協会副会長として新中国成立10周年式典に参加した完造は、20日に脳出血で倒れ、北京で死去した（写真・奥田清）

わんぱく坊主が書店主に

内山完造は1885年に岡山県後月郡芳井村（現・井原市）に生まれた。母は学者の娘で、父は村長だった。当時としては恵まれた環境に育った完造だが、小さい頃はとんでもない跳ねっ返りだったようだ。

「伯父は幼少の頃からわんぱくで、勉強を嫌い、おまけに周りの大人をからかうのが大好きで、学校の先生を泣かせたこともあったようです」。完造のおいで、現在内山書店取締役会長の内山籬（まがき）さんはシンポジウムでこう話し、苦笑いを浮かべた。自伝的回想録『花甲録』に、自分の名前の「完造」と薬用植物の「甘草」をかけ、「かんぞうはかねて甘しときつるにしおのからしときいてびっくり」という句を残しているくらいだから、自他共に認める手を焼く子どもだったようだ。

完造の扱いに困った親は、当時の高等小学校を中退させ、わずか12歳の息子をでっち奉公に出した。大阪と京都の商家で十数年間働いた完造は、1912年に27歳でキリスト教に入信し、京都教会の牧師・牧野虎次氏と知り合う。翌年に牧野牧師の紹介で大阪参天堂（現・参天製薬）本店の出張販売員として中国に渡った。

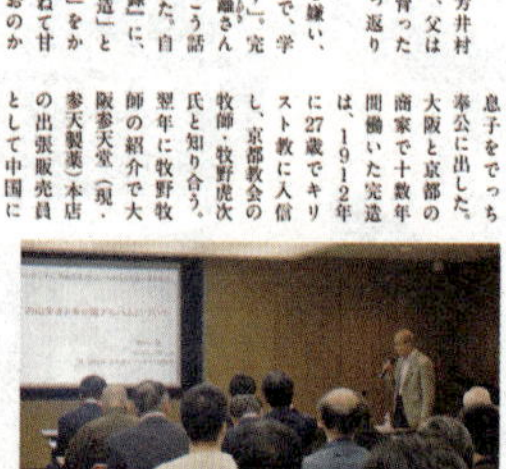

写真の裏話を語る、完造のおいで内山書店取締役会長の内山籬さん

中国では漢口、九江、南昌、海門、崇明島、長沙と各地を巡り、目薬を売り歩いた。14年に完造は長沙で、目薬の販売状況の聞き取りと未収金の回収のために英華大薬房を訪ねた。顔見知りの店主は4年前に辞めていたが、前店主から売掛金を託されていた新店主は、請求通りの金額を完造に渡した。中国でこのような経験を重ねるうちに、何よりも信用を重んじる商人の心意気と、辛抱強く勤勉な庶民の生き方が、敬虔（けいけん）なキリスト教徒である完造の心に深く刻み込まれていった。

完造は17年に美喜夫人のために上海の北四川路（現・四川北路）に小さな書籍売り場をつくった。これが内山書店の出発点となった。書店は規模が大きくなるにつれて、中日文化サロンの役割を果たすようになっていき、魯迅、田漢、郁達夫、郭沫若らそうそうたる顔ぶれが集い、自由に語り合う「文芸漫談会」が行われた。谷崎潤一郎、林芙美子、鈴木大拙らも内山書店を窓口にし、中国の文化人との交流を始めた。

29年には夜間日本語学校「日語学会」を開設、翌年には参天堂を辞めて、45年9月の閉店まで書店の経営に専念した。

完造と15歳年下の弟・内山嘉吉さん（左）。完造の影響を受けた嘉吉さんは、1935年に東京内山書店を開店した（写真提供・内山籬）

中日間を奔走した半生

内山完造と魯迅の友情は中国ではよく知られているが、完造と中国の間にもさまざまなエピソードがある。

47年に強制帰国させられてから、完造のもとには中国の現状を講演してほしいという友人からの要請が相次いだ。それまでは著書を出版、または新聞や雑誌に記事を発表することで日本に中国を紹介していたが、「こんどは一つ口から口へ伝えることをして、日本人にほんとうの中国人を、中国を知って貰うことを決心した」（58年11月30日日記より）のだという。完造は48年2月から17カ月にわたり、「中国漫談」の全国行脚を行い、講演は800回以上に及んだ。

全国行脚は完造に素晴らしい思い出を数多く残した。「始めてみると実に愉快だ。日本人の中国人を知らんことは、魯迅先生が看破している通りである。私は懸命の力を集中して、中国および中国人の実情を訴えた」（同右）。

完造はさらに、先の戦争に対する反省と両国の平和と友好への思いを込め、日中友好協会の発起人となり、両国友好の大切さを説いて回った。中華人民共和国成立1周年を迎えた50年10月1日に東京で日中友好協会を設立し、初代理事長として『中国を語る』というテーマの記念講演を行った。以降、完造は「中日の友好はまず中国を知るということであって、これが徹底こそ為さねばならんことである」を信条とし、59年に北京で亡くなるまで中日友好に身を投じた。

シンポジウム会場外に掲示された内山完造と交流のあった人々の写真に見入る中国人留学生

岡山市日中友好協会の松井三平専務理事はシンポジウムで、内山完造の精神を基礎にし、友好活動を行うべきと述べた。「今後私たちがどのような考えで日中友好活動に取り組むのか、まだはっきりした方向が見いだされているわけではありません。ただはっきり言えることは、伝えるべきは内山精神であると確信しています」。シンポジウムには、中国の若者の姿も少なくなかった。岡山大学の法学部で学ぶ中国人留学生は参加した感想をこう語った。「内山完造は中日両国の人的交流と経済交流の双方に多大な貢献をした人です。私も微力ながら中日友好に尽力していきたいです」■

内山完造の自伝「花甲録」

百年の名声留める梅蘭芳
～日本を席巻した1919年初公演～

王朝陽＝文　梅蘭芳記念館＝写真提供

京劇は中国文化の精華として、今では多くの海外公演が行われ、世界中にファンがいる。その海外公演の先駆けとなったのは、不世出の京劇役者として知られる梅蘭芳（1894～1961年）による1919年5月の日本公演だ。当時、梅蘭芳はまだ25歳だったが、その深い芸術性と絢爛とした東洋の美は日本の観衆に大きな感動を呼び、京劇の一大ブームを巻き起こした。また、五四運動という歴史の激流と重なり、中日両国民の感情が日増しに冷え込む中、この公演はつかの間の温もりをもたらした。

梅蘭芳の日本公演の一行が1919年4月25日、東京駅に到着。プラットホームに詰め掛けた記者たちにもみくちゃにされる梅蘭芳（中央）

大成功だった初の日本公演

京劇の役で旦（女形）を演じる梅蘭芳は当時、中国では大変な売れっ子で、熱狂的なファンも数え切れなかった。その一人が、中国銀行総裁（当時）の馮耿光だ。馮氏は、重要な客を自宅に招いて開くパーティーでは、必ず梅蘭芳を呼び、京劇の一節を歌ってもらい賓客をもてなしたという。

日本の帝国劇場の社長で大倉財閥の創始者・大倉喜八郎は、馮耿光を通して梅蘭芳の京劇を見て以来、梅蘭芳が開いた流派「梅派」の虜となった。それは大倉が北京を訪問した1918年のことだ。もともと馮耿光とは仕事の話だけだったのが、一緒に梅蘭芳の京劇を何度も鑑賞するうちに、大倉はすっかり京劇に魅せられてしまった。大倉は同年、自ら再び北京に梅蘭芳を訪ね、ひと月5万円（現在の約3千万円）という高額の出演料で日本公演を招請した。

大倉からの誘いを承諾した梅蘭芳は、劇団員一行35人を引き連れ19年4月21日、日本に向け出発。25日夜、東京駅に到着した。さっそく5月1日から週回公演が始まる。幕開けは大倉喜八郎の帝国劇場だった。それまで日本で京劇の公演はなかったため、この公演が成功するかどうか、利益が出るのか、招請した大倉も自信がなかった。そこで大倉は、公演が成功するよう財界の後押しを考え、当時の大財閥や実業家、政治家らによる梅蘭芳の後援会を結成した。

この後援会は、単に経済的な援護だけでなく、タイムリーに大規模な宣伝を打つといった形でも支えた。梅蘭芳の日本公演の2カ月前から、日本の各新聞に次々と広告や記事を掲載。日本の中国通たちが、中国の伝統芸についての論評を続々と発表し、梅蘭芳の京劇を紹介した。公演が始まると、梅蘭芳に対する劇評は賞賛の嵐となった。

特に梅蘭芳のおはこの演目『天女散花』は喝采を浴びた。これは仏教の故事が題材で、天女が人間界に舞い降りて病に伏す修業者を見舞うという話。天女に扮した梅蘭芳が、天から赤や白など色とりどりの花が降り注ぐ中、長い羽衣を翻し優雅に舞い踊る絢爛豪華な場面は、各方面から激賞された。公演終了後に回顧する評論も発表され、梅蘭芳の日本公演は興味の尽きない話題となった。

梅蘭芳の素晴らしい公演と大宣伝の効果も相まって、一番良い席の料金は当時（大正）の新任小学校教師1カ月分の給料分にも跳ね上がったという。それでも大人気の梅蘭芳を一目見ようという客たちで、公演は毎回満員御礼となった。また、一度では飽き足らず何度も観劇する客も多かった。このため、当初は5月1日から10日までの公演日程だったのが、2日間の追加公演を行うことになった。当時の日本の作家や画家、茶道家、学者、政治家などの著名人は、帝国劇場で京劇を鑑賞しては皆が絶賛した。当時の総理大臣だった原敬の日記にも、5月12日に観劇の感想が書かれている。

日本公演での代表的な演目『天女散花』の梅蘭芳（左から2人目）

多くの日本の観客は、それまで京劇を見たことがなかった。だが、梅蘭芳の公演を見た者は皆、中国芸術の神髄の魅力に触れ「梅ファン」となった。日本人のジャーナリストで劇評家の辻聴花は、『順天時報』紙に以下のように書いた。「梅蘭芳の1919年の訪日により、日本人は中国の戯曲に興味を持った。この影響はこの先長く続くだろう」。こうした大好評の背景には、日本にも京劇と同じような伝統芸術の歌舞伎があり、ともに女形が演じるという共通の下地があったことが大きい。そのため大衆が京劇をすんなりと受け入れ、その芸術性を理解し感動を呼んだのだろう。

この時の日本公演は、梅蘭芳にとっては初めての海外であり、中国の京劇が海外に初めて紹介された時でもあった。京劇が今のように舞台芸術として国際的に大きな影響力を持つに至ったのは、京劇の魅力そのものと切り離せないし、名優・梅蘭芳の功績とも切り離せない。また日本のファンたちの支持とも切り離せないだろう。

中日民間交流の使者として

1919年の日本公演を振り返ると、梅蘭芳はその深い芸術性を持つ演技を通し、京劇芸術の魅力を存分に日本に伝えたと言える。中国の伝統文化に対する日本の人々の認識を一変させ、中日両国の文化

梅蘭芳が1930年に米国公演に向かう途中、長年の京劇ファンだった大倉喜八郎の息子・喜七郎が、東京会館で1000人以上の参加者を集めて梅蘭芳（中央）の大歓迎会を開いた。日本での梅蘭芳の変わらぬ影響力がうかがえる

中日韓漫画の新星そろう
第2回「悟空杯」結果発表

王焱＝文

中国外文出版発行事業局（以下、中国外文局）が主催した第2回「悟空杯」中国国際漫画コンテスト（以下、悟空杯）の授賞式が7月2日、北京市内で行われた。中国・日本・韓国漫画界の関係者、受賞者など、計100人余りが出席した。今大会には、中国・日本・韓国の3カ国から計1000作品以上の応募があり、当日15の受賞作品が発表された。最優秀賞の「悟空賞」には程濂冰さんの『闖越謠』、最優秀ストーリー漫画賞には日本人の古賀信平さんと中国人の李賓さんによる創作集団「桜月」の『イレブン・ハーツ』、さらに最優秀漫画イラスト賞には、日本人の金丸愛実さんの『極道LOLITA』が選ばれた。韓国からも2作品が入賞した。

漫画の力で交流を促進

「全ての交流の最大の原動力は民間交流です。漫画は日中韓3カ国交流の最も良い方法の一つ」。授賞式のゲストで日中韓三国協力事務局の山本薪司事務次長はこう語った。漫画文化は、今の中日韓3カ国の若者に非常に人気が

大会を強力にサポートしてくれた松谷孝征社長と受賞者たち。松谷社長は受賞作品が出版されてほしいとコメントした（写真・楊振生／人民中国）

高く、多くの作品が言葉や文化の壁を超え、時差なく各国の若者たちに愛されている。「悟空杯」参加者の多くは、好きな絵をまねて描くことから始め、次第に漫画家の道に足を踏み入れて行った。「悟空杯」は、漫画創作の奨励を通して、各国の青年漫画クリエイター間の友好交流と異文化への理解を促進している。また同時に、若い漫画家とアニメ・漫画関連企業とをつなぎ、国際舞台で活躍する機会を提供し、より大きな成長の場をもたらすことを目的としている。本大会は2016年に初開催され、中国と日本から合計600作品余りの応募があり、前回の「悟空賞」受賞者だった左手韓さんをはじめとして多くの応募者が、その後プロの漫画家の道を踏み出した。今回の選考方法は下記の通り。まず、応募作品は組織委員会によって約60作品に絞られ、その後審査員が採点し、ノミネート作品を選出する。最後に「悟空杯」事務局が最終受賞作品を決定する。

授賞式のゲストとして招かれ、審査員を務めた日本デジタルマンガ協会の山田ゴロ事務局長は、「大会を通じて、中国の多くの応募作品が日本に劣らないことが分かった。今後はさらに新世代の漫画家を発掘していきたい」と話した。また、応募作品について「絵の技術はすでに高くなっているので、これからはストーリー性をさらに磨いてほしい」とアドバイスした。

滋慶文化学園福岡デザイン＆テクノロジー専門学校教務部の斉藤茂主任は、初めて中国を訪れたと言う。斉藤主任は「福岡に戻ったら、中国の漫画

教育で振興　世界へ飛躍
――南開大学創立100周年

李家祺＝文

今から150年余り前、はるか海を越えて欧州を視察した福沢諭吉は、「まず当面、日本が急ぎやらねばならぬことは、富国強兵であります。富国強兵の基本は、人物の養成にあります」と手紙に書き、教育による発展を目指し始めた。海を隔てた中国で、近代に各大学が歩んできた道も、国家や民族の運命と密接な関わりがあった。

人材を育てて国を救い、教育事業を興して国を強くすることを目的に、1919年、天津南部のくぼ地に南開大学が誕生した。今年10月17日、同大学は100歳の誕生日を迎える。

「中国を知り、中国に奉仕する」

南開大学の創立は、当時戦乱の中にあった中国の国運と深く関わっている。

1898年の威海衛（現在の山東省威海）で、中日甲午戦争（1894～95年）後も占領を続けていた日本軍が撤退し、黄龍旗（清の国旗）が掲げられた。ところがすぐに黄龍旗は降ろされ、威海衛を租借する英国のユニオンジャックが掲げられた。

海軍の人材養成学校である北洋水師学堂を卒業し海軍にいた張伯苓（1876～1951）は、この「国旗三変」事件に大きな屈辱を受けた。そして、中国を救うには必ず教育から始めなければならない、と痛感した。

月25日に開学した南開大学の教師と第1期生たち。最後列の左端は周恩来、
から7人目は張伯苓、同9人目は厳修（写真提供・南開大学）

修は張伯苓より16歳も年上だったが、二人は「自国を強くする道は教育以外にない」という共通した理念ですぐに意気投合した。張伯苓は厳修の設立した厳氏家塾に招かれて教壇に立ち、これが南開大学の前身となった。

厳修は清王朝での官位と好待遇を捨て、教育に打ち込んだ。私塾の設立に続いて、彼はまた天津で初の女子学校となる厳氏女学を開いた。さらに1904年、厳修と張伯苓は共同で私立中学堂を創設した。

しかし、大学の設立こそが厳修と張伯苓の宿願だった。

第1次世界大戦の硝煙がようやく晴れた19年、見渡す限り傷だらけの世界が現れた。長年にわたって衰退を続けていた中国は、パリ講和会議で帝国主義による国土分割の危機に直面した。国内では、外国から国家主権を奪い返そうという五四運動の大きなうねりが巻き起こった。

未来志向のPanda杯が新時代の中日友好の場をつくる

王朝陽＝文

Panda杯受賞者訪中団と外文局の杜占元局長（前列右から7人目）（写真・楊振生／人民中国）

習近平国家主席は大阪で開かれた主要20カ国・地域首脳会議（G20サミット）出席前の6月25日に、Panda杯全日本青年作文コンクール受賞者の中島大地さんの手紙に返信を送った。習主席は返信の中で、「中日の若者には、相互交流を深め、相互理解を進め、長きにわたる友情を育み、両国関係のより良い明日を切り開くために積極的な貢献を果たしてもらいたい」と激励の意を込めた。折しも中日青少年交流推進年に当たる今年、習主席が両国の若者へかけた希望と励ましの言葉は、両国民の心の距離をより一歩近付けた。

各界が続々と中日青少年交流にますます注目し、応援する中、2019年Panda杯受賞者訪中団は7月31日と8月5日にそれぞれ東京と北京で行われた授賞式に参加した。そして8月2～8日まで北京と西安を訪れ、中国の若者と交流し、さまざまな場面で中国の悠久の歴史や文化、さらに日進月歩の発展を遂げる現代の中国に触れた。

未来に向け進化し続ける

Panda杯全日本青年作文コンクールは駐日中国大使館と中国外文局傘下の人民中国雑誌社、日本科学協会が共同で主催している。今回、東京と北京で行われた授賞式では、孔鉉佑中国大使や外文局の杜占元局長ら主催側の代表者があいさつで、習主席の返信に込められた深い意味を強調した。孔大使は「習主席がコンクール受賞者に返信したことは、中日両国で大きな反響を呼んだだけでなく、主催側も励まされた」と述べた。また、杜局長は「習主席の返信は、Panda杯の参加者、運営者、支持者にとって、大きな励ましであり、より多くの中日両国の青年が中日友好のための事業に積極的に参加することを激励するだろう」と指摘した。

日本科学協会の大島美恵子会長（左）と孔鉉佑中国大使（中央）、人民中国雑誌社の王衆一総編集長は7月31日、東京で行われた表彰式で、Panda杯5周年記念文集『わたしと中国』の発行を祝った。文集には、中島大地さんの受賞作品を含む2014～18年のコンクールで選ばれた52点の優秀作品と作者の訪中の感想または受賞の感想が収録されている（写真・呉文欽／人民中国）

人民中国雑誌社の王衆一総編集長は東京の授賞式のあいさつで、「習主席の返信には、青年交流によって両国の人々の友好が促進されてほしいという期待が表れていた。われわれは今後、Panda杯作文コンクールのアップグレードを積極的に考えなければならない」と述べ、受賞者が今回の訪中旅行を終えた後、新しい『東方見聞録』を記すことを期待すると語った。

アップグレードしたPanda杯は過去の経験と密接に結び付いている。Panda杯は、14年に創設されてから6年にわたる進展の中で、全国47都道府県から2500点以上の応募があり、100人以上の若者を中国に招いている。これまで、大学生や会社員、記者、編集者、地方公務員らが参加した。

駐日中国大使館の郭燕公使は参加者を「パンダ青年」と親しみを込めて呼び続けている。「立場や職業はそれぞれ異なるが、全員が中日友好の推進に前向きに取り組んでいるからだ」と郭公使は語る。15年の受賞訪中者の山本勝巳さんは「パンダ青年」の中では先輩に当たり、コンクールの主催側やコンクールを通して知り合った中国の友人と常に連絡を取り合っている。今年は妻と1歳の娘を連れて、名古屋から東京の授賞式に参加した。記憶の奥底にでも、赤ん坊に中日友好の思い出を持ってもらうためだ。昨年の受賞者で、今年はボランティアスタッフとして参加した小嶋心さんは、先月4日の北京大学の学生との交流で、昨年知り合った友人と旧交を温めた。Panda杯は中日青少年交流の重要な場となり、中日友好に力を尽くす若者を磁石のように引き付け、彼らを巡り合わせている。

すでに積み重ねた成果の上、アップグレードしたPanda杯はさらに内容を豊かにし、形式を刷新し、規模を拡大し続け、「中日青少年交流を推進し、日本の青少年により理性的・客観的かつ包括的に中国を理解してもらう」というPanda杯の初心を実現する。主催側によるアップグレードの試みは、今年の中国旅行ですでに実行に移された。

温故知新の中国旅行

「パンダ青年」が中国に旅立つ前に、孔大使は訪中団に次のようなメッセージを贈った。「北京や西安を窓口として、新中国が成立してから70年間にわたる経済や社会の発展をあらゆる角度で理解し、中国5000年の悠久の歴史で培われた文化を体験してほしい」

北京で訪中団を迎えた人民中国雑誌社の陳文戈社長は、主催側を代表

12

report

継承し革新重ね400年

瀋陽市党委員会宣伝部＝文・写真提供

中国の旗袍（チーパオ）（満州族の長着・現在の日本でチャイナドレスと呼ばれているもののひな形）文化は清朝の国号が定まった1636年から始まり、今に至るまで400年近くの歴史を誇る。当時の清朝の都は盛京（現在の遼寧省瀋陽市）であったため、かつて同市は「旗袍の都」と呼ばれた。旗袍がどのように誕生し、広がり、発展・変化したのか？ 旗袍文化はどのように今日まで続いてきたのか？ 専門家はこの伝統文化をどのように考えているのか？ 中国民族衣装の代表「旗袍」の歴史と現在、今後の展望を見てみよう。

民族の融合を体現した服

清の第2代皇帝・皇太極（ホンタイジ）（在位1627～43年）が1636年4月11日、文武諸官を率いて徳盛門外の天壇祭で国号を「大清国」とし、年号を崇徳と改元すると宣言した。皇太極はその後、帽子の飾りで官位を見分ける「朝帽（頂戴帽）」、身分や位を一目で分かるように色分けされた服を着る制度などを次々と整えていった。そこから旗袍は皇后や妃などをはじめとする旗人（清の社会・軍事組織「八旗」に所属する満州族の人々）のための定められた服装となり、そして満州族、漢民族共に着用する服装となった。瀋陽もこれにちなんで「旗袍の都」と呼ばれるようになった。

腰部分がゆったりとした清代の旗袍

広く大きい袖の「深衣」

旗袍という呼び名はもともと「旗人の着る服」を指した。「袍（ほう）（長着）」は中国史上において多くの民族が上衣として着てきたものだったが、漢民族は身幅も袖幅もゆったりとした「深衣」を着ることが多く、対して満州族はもっぱら身幅も袖幅も狭めの「衣介」を着ていた。当時の清朝の人口構成は満州族を中心とし、漢民族や蒙古族などさまざまな民族が入り混じっていた。そこで、多民族文化の特徴をカバーし、満州族の新たなニーズに合った服をつくることが必要となった。

旗袍は袍を上着として着る他民族の伝統に合致すると同時に、ゆったりとして着やすく、人々に広く受け入れられた。着丈は足首まであり、両脇を完全に縫い合わせる、もしくは裾に短い切れ込みを入れるのは漢民族の袍の特徴で、袖が長く、袖幅が広いのは蒙古族の袍の特徴。そして、袖幅が狭くて丈が長いのは満州族の袍の伝統だ。このように、当時の旗袍はさまざまな民族の服飾文化を反映していた。

皇太極は服装にこだわりがあったため、服装の変革を強く推し、幾度もの勅令で旗袍のデザイン変更を急速に進め、旗袍は旗人以外の人々にも着られる服となり、全国に急速に普及していった。盛京に都があった間（1625～44年）は旗袍の生産量が非常に多かったため、官営の縫製場を建設して量産につとめた。

男女が着る服から女性が着る服へ

盛京期の旗袍は男女が着る長い上衣の総称で、用途に合わせて単袍（裏地なし）や夾袍（裏地あり）、棉袍（綿入れ）、皮袍（皮革）がつくられた。またデザイン的にも、皇族の箭衣はスリットが四つで、官吏のスリットは二つという違いがあった。

棉袍（綿入れ）

夾袍（裏地あり）

単袍（裏地なし）

康熙年間（1662～1722年）、貴婦人たちの間では黒襟に花丸文を金糸で刺しゅうした茶色の袍が流行した。乾隆年間（1736～96年）には女性たちの間でピンクの縁取に薄黄色をあしらった旗袍の上から如意紋をあしらったベストを合わせるコーディネートが流行する。清朝中後期の旗袍は次第に女性だけが着るものに変わっていった。嘉慶（1796～1820年）から道光年間（1821～50年）にかけて、旗袍の襟は低くなっていき、「雲肩」と呼ばれる肩掛けを組み合わせるようになった。同治年間（1862～74年）、着丈は次第に短くなるが袖幅は広がり、ターコイズブルーやピンクの地色が好まれた。光緒年間（1875～1908年）の女性の上衣は膝を覆うほどの着丈で、刺しゅうや縁取りを多用するデコラティブなものが好まれた。

1912年の中華民国成立以降、旗袍は新しい時代を迎え、現在私たちが目にする「チャイナドレス」へと変化していく。女性が着るものという

チャイナドレスを着た女子学生の広告

如意紋をあしらったベスト

概念はそのまま、デザインはよりシンプルに、色は上品になり、女性本来の自然な美しさを表現することに重きを置くようになった。また、北方と南方で地方色が異なった。

北方のチャイナドレスは裾に向かってまっすぐに広がるAラインで、襟は低め、季節ごとの実用性を重視していた。素材は木綿、絹織物、毛織物で、色は灰色、青色などがあった。当時の女学生の制服や仕事着、結婚式の正装などはチャイナドレスが主体だった。当時、瀋陽のほとんどの家庭にはチャイナドレスづくりの名人がいて、均一な縫い目と個性的な飾り布ボタン、繊細な縁取りでテクニックを競った。

南方では、社交などの場で着られる旗袍に重きが置かれていた。30年代の中頃にはチャイナドレスが大流行し、着丈が長くなり、スリットが高く、身体に沿ったシルエットが好まれた。40年代にな

1

14

2019

凝聚着光荣与梦想的70年新中国成立历程，此刻正在天安门广场演绎（11月号，见图1）。作为全国政协委员，笔者在观礼台上见证了庆典的全过程。本刊记者在大连采访到日本岩手、新潟、爱媛三县知事，以及自民党国际局局长、外务大臣政务官等，与他们进行深入交谈，写下《我所看到的中国的成长》一文（9月号，见图2）。见证新中国初心的日本人还有砂原惠，他的漫画故事《血与心》在国庆庆典之后启动连载，故事就从孔铉佑大使向他授予新中国70周年纪念章讲起（11月号，见图3）。

陈言在金牌专栏《当下中日经济》中强调，要保持持续增长的动力就要借重开放、新特区、改革打造魅力市场（11月号，见图4）。特辑《发展壮大的民营经济后劲强势》（9月号，见图5）印证了他的分析。

三八节这天，中日妇女会聚在全国友协友谊宫，通过插花艺术扩大朋友圈（5月号，见图6）。日本舞台影视不老松仲代达矢应剧协之邀来京交流，述怀自己毕生演绎的主题就是“战争与和平”（6月号，见图7）。在日本冈山举办的“内山完造逝世60年纪念研讨会”，就其“毕生致力于改善日本对华认识”（12月号，见图8）的努力进行了讨论。东京支局记者续昕宇对活动做了综述报道。1919年在日本首次公演便留下百年名声的梅兰芳再次被记起，记者王朝阳撰文回顾了这段中日戏剧交流史佳话（6月号，见图9）。南开大学也迎来百年华诞，记者李家祺撰文《教育救国腾飞世界》梳理了这所名校的前世今生（10月号，见图10）。

在北京，第二届“悟空杯”评选结果发布，中日韩漫画新秀济济一堂（8月号，见图11）；在东京，“熊猫杯”文集揭幕，持续六年的品牌活动着眼未来，成为新时代中日友好的新平台（9月号，见图12）。

沈阳市委宣传部投稿《传承与创新400年》，讲述了代表现代中国女性气质的旗袍是如何发祥于沈阳而名扬世界的（12月号，见图13）。在明亮的蒙古包里，一家三口惬意地共进早餐的画面，简直就在告诉我们，这一家人就是现实版的“吉祥三宝”（9月号，见图14）。

2020

人民中国

上海の名医による感染症対策②

張文宏教授が教える外出時の感染症予防

中国外文局傘下の新星出版社と上海科学技術出版社が共同出版した『張文宏教授が教える新型コロナウイルス予防』は、日本語版が研究者向け出版ブランド「アスパラ」から出版されている。同書の日本語訳を担当したのは、本誌の王衆一総編集長率いる翻訳チームだ。

張教授は中国最高峰の感染症指定医療機関の一つである復旦大学付属華山病院感染科主任だ。今年1月、新型コロナウイルスによる肺炎が発生してから、上海市新型肺炎医療専門家チームのリーダーに任命され、重症患者の治療を担当した。医師としての仕事のほか、張教授はこの新型肺炎の基礎知識や、個人ができる感染症対策を紹介する科学啓蒙書を編著した。現在、同書は中国国内で計110万冊以上出版され、デジタル版のアクセス数も数百万に上り、また16カ国語に翻訳された。日本語版の発行は、日本の方々が新型コロナウイルスの予防・抑制方法をより理解し、中日の感染拡大予防・抑制における協力と交流を強化することが目的だ。

本誌では5月号から、同書の内容の一部を抜粋し、3回にわたって紹介する。2回目は外出時の感染症予防に関する知識だ。

外出の際は何に注意すべき？

・公共の場所、特に公共交通機関や大勢の人が集まる場所ではマスクを着用してください。

・交通手段は、徒歩、自転車、自家用車をお勧めします。

・発熱、せきなどの症状がある人と接触するのは避けてください。もし遭遇した場合は、1m以上の間隔を保ってください。

・せきやくしゃみをする際は、ティッシュや肘で鼻と口を完全に覆ってください。

・公共の場所ではなるべく共有設備に手を触れないでください。

・汚れた手で鼻に触れたり、目をこすったりしないでください。

・小まめに手を洗い、アルコール成分を含む水不要のハンドジェルを使うか除菌シートなどで拭いてください。

・感染拡大中は、できるだけパーティーやイベントに参加しないようにしてください。

階段の手すりやエレベーターなど、共有設備にウイルスが付着している可能性はありますか？

・共有設備の表面にウイルスが付着している可能性があります。そのため、なるべく手で触れないようにし、またその手で鼻や目などを触らないようにしてください。共有設備に触ったら、すぐに手を洗いましょう。

・管理者は、共有設備の清掃や消毒を徹底しなければいけません。

エレベーター搭乗時のリスクは？

・エレベーター内部は通気性が悪いので、搭乗時にマスクを着用することをお勧めします。

・エレベーターのボタンには飛沫（ひまつ）やウイルスが残留しているおそれがあり、接触感染する可能性があります。ボタンを押す時は、直接指で触れるのは極力避け、指を使う場合は、ボタンを押した後に体の他の部位を触らないでください。エレベーターから出た後はすぐに手を洗ってください。

・エレベーターの利用回数をできるだけ減らし、低層階に上がる際はなるべく階段を使ってください。しかし、非感染拡大地域では感染リスクが低いため、過度な緊張は不要です。マスクを着用し、小まめに手を洗えば、感染を予防できます。

・管理者はエレベーターの清掃、消毒を徹底しなければいけません。

交通

・市内の公共交通機関を利用する際、マスクを必ず着用し、手すりなど公共設備に触れた後は必ず手を洗ってください。

・自家用車に大勢が乗る場合は全員マスクを着用し、会話を減らし、せき・くしゃみエチケットに注意し、できるだけ窓を開けて風通しを良くしてください。もし感染の疑いがある人が同乗していたら、車から降りた後に車内の消毒を徹底してください。

・汽車や飛行機など交通機関を利用する場合の注意点

◇乗車中の飲食は控え、マスクを外さないでください。

◇手で口や鼻、目に触れることも避けてください。

◇くしゃみやせきをする際は、ティッシュ、肘や衣服で鼻と口を覆ってください。

◇乗車中はできるだけ他の乗客と間隔を開け、周囲の健康状態にも留意してください。

◇異常を発見したら、できる限り座席を変えてください。

◇多くの人が頻繁に行き交う通路からできる限り離れ、車両や機内を往復することも減らしてください。

◇共有のウォーターサーバーは使わず、できるだけ自分で用意したり、ペットボトルの飲料水を購入したりしてください。

買い物（スーパーや市場）に行く際にはどのように予防したらいいですか？

生肉には触れず、市場にいる野良猫や野良犬など、またごみや廃水などに触れないでください。触れた場合は、できるだけ早く手を洗ってください。

スーパーで買って来たものは消毒する？

必要ありません。小まめに手を洗えば大丈夫です。新型コロナウイルスが付着した物に触った手で、目や口、鼻を触ってしまうと、間接接触によって感染してしまうおそれがあります。しかし、新型コロナウイルスの体外での生存期間は限られている上、非感染拡大地域では感染者の飛沫によって商品にウイルスが付着する可能性は低く、過剰な心配は不要です。

レストランに行く場合の予防方法

会食を避け、できるだけ一人で食事を取ってください。

デリバリーは安全？ 消毒が必要？

デリバリーは基本的に安全です。配送手段や配達員との接触による感染リスクが心配であれば、配達員に商品を玄関の前に置いてもらい、自分で取りに行ってください。包装を開けた後に、手を洗ってから食べてください。

屋外での運動時の予防方法

・感染拡大中は、ジムなど人の多い密閉空間はできるだけ避けてください。

・屋外でも人が密集する場所は避けるべきです。運動には、体操やヨガなど家の中でもできるものがあります。

ペット

・散歩後のペットに特別な消毒をする必要はありません。日常的に清潔を保ち、ペットの定期検診を行っていれば大丈夫です。

・屋外でペット同士を遊ばせても大丈夫です。

・疑似症患者と接触歴があるペットは、隔離観察をお勧めします。

外出して帰宅した際に注意すること

・上着を脱ぐ→上着を玄関（風通しの良い所）にかける→マスクを外す→手を洗う→入浴（就寝前にお風呂に入っていた人は、帰宅後に入るようにしてください）。これを行うと、新型コロナウイルスに感染する確率は低くなります。

・上着は特定の場所にかけ、清潔な服と混ざらないようにしてください。感染者と接触していない場合、上着の表面にウイルスが残っている可能性は低いです。■

1

report

日本思う詩をマスクに添えて

于文＝文

2

躍動と感動

13億人のものがたり

雲南奥地の貧困地帯に医療を背負い籠の医者、山中を行く

高原＝文　新華社＝写真

管延萍さんは珠海市による雲南省怒江リス（傈僳）族自治州の貧困救済活動で丙中洛鎮に派遣された第1陣の医師の1人だ。彼女は約3年間、食料や薬品を詰めた籠を背負って切り立った崖沿いの小道を歩き、山間部に点在する46の村の住人のために診療や身体検査を行い、「背負い籠のお医者さん」と呼ばれている。

2017年から続くこの貧困救済活動は今年3月で一旦終了する。管さんは珠海に残してきた息子と母のことをずっと気にかけているが、今では山村に住む精神疾患の患者やがん患者の方がずっと心配だ。「私たちは今、現地の医療スタッフの育成を急ピッチで行う必要があります。そうすれば、私たちがいなくなっても、村人により良いサービスを提供できるでしょう」と彼女は語る。

3

クラウド写真展 コロナ下の各国の日常

段非平＝文

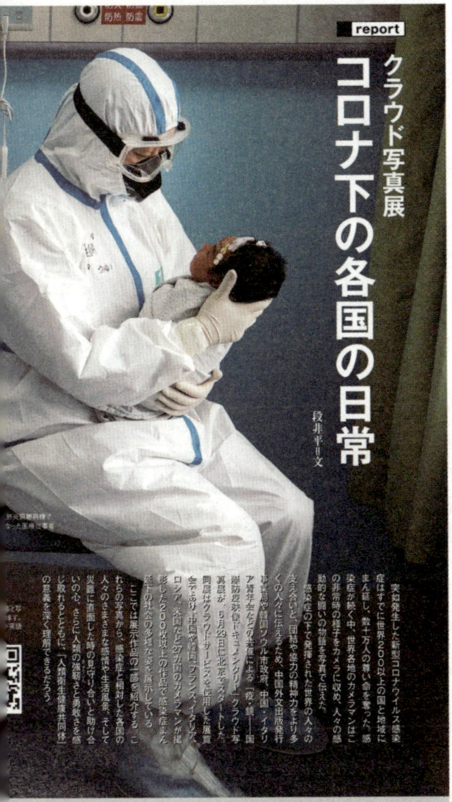

突如発生した新型コロナウイルス感染症はすでに世界200以上の国と地域にまん延し、数十万人の尊い命を奪った。感染症が続く中、世界各地のカメラマンはこの非常時の様子をカメラに収め、人々の感動的な闘いの物語を写真で伝えた。

感染症の下で発揮された世界の人々の支え合いと、団結や協力の精神力をより多くの人々に伝えるため、中国外文出版発行事業局や韓国ソウル市政府、中国・イタリア青年会などの共催による「疫・鏡——国際防疫映像ドキュメンタリー」クラウド写真展が、6月29日に北京でスタートした。同展はクラウドサービスを使用した展覧会であり、中国や韓国、フランス、イタリア、ロシア、米国など27カ国のカメラマンが撮影した200枚以上の作品で感染症まん延下の社会の多様な姿を展示している。

ここでは展示作品の一部を紹介する。これらの写真から、感染症と相対した各国の人々のさまざまな感情や生活風景、そして災難に直面した時の見守り合いと助け合いの心、さらに人類の強靭さと勇敢さを感じ取れるとともに、「人類衛生健康共同体」の意義を深く理解できるだろう。

世界が団結し、ウイルスに立ち向かおう

——東京で緊急シンポ開催

于文＝文

元国連大使の谷口誠氏など、シンポジウムの参加者が相次ぎ発言を行った（写真・于文／人民中国）

新型コロナウイルスの勢いはとどまることを知らず、ついに世界中にまん延した。日本での新型コロナウイルス感染症の流行は依然として憂慮すべき状態だが、国際情勢も心配な状況が続いている。この状況を懸念し、国際アジア共同体学会、一帯一路日本研究センター、アジア連合大学院機構の3団体が各界の有識者を結集、緊急特別シンポジウムを東京で開催し、人類史的危機にアジアがどう立ち向かうかについて討論を行った。

心を通わせたマスク

シンポジウムは参議院議員会館の地下会議室で開催された。集会に関する政府の注意事項にならい、もともとは20人程度の小規模な会にする予定だったというが、実際には100人近くが来場、ウイルス禍への高い関心をうかがわせた。主催側は参加者に欠品が続くマスクを配布。このマスクを無償提供したのが、シンポジウム参加者で日中一帯一路促進会の大野芳一代表だ。

大野代表はプラネタリウムを製造する会社を営んでいたが、2003年に北京で行った展示会とSARS（重症急性呼吸器症候群）の流行がぶつかった経験から、ウイルスと闘い感染を予防する大切さと、長期の闘いにも耐えうる製品の必要性を感じ、抗菌マスクの研究と生産に踏み切った。そんな大野代表は今年1月に武漢で未知のウイルスが発生したというニュースを聞いた瞬間、流行の可能性を察知。その直後から相次いでマスクの注文が入り始めたという。当初は大口購入にも対応していたが、中国での感染拡大が激しさを増したことを受け、中国向けに卸すバイヤーへの出荷を優先。最終的には在庫の80％を中国に向けて出荷した。その後状況は一転、先日は中国からのマスク5万5000枚を荷受けしたという。このマスクは、大野代表が中国の友人から「日本の感染予防を支援したい」と病院や高齢者施設向けの寄贈を委託されたものだ。「ウイルス感染拡大という状況下、小さなマスクが日本人と中国人の心を通わせている。マスクメーカーとして、こうしたさまざまな経験ができたことに万感の思いがある」としみじみ語る。

中国側としては南京師範大学現代アジア言語文化研究所の林敏潔所長が参加、ウイルス感染拡大で民間の感情が盛り上がりを見せたことについて、「こんな状況下だからこそ助け合い、中日関係をより一層強固なものにしてもらいたい」と期待した。

ウイルスと闘い共同体目指す

参加者は各国におけるウイルス感染拡大への対応策と国際協力についても討論を行った。横浜市立大学の矢吹晋名誉教授は、「中国は米国と共にウイルス発生地の共同研究を行いたいと思っているが、米国が拒絶している。米国は『中国』や『武漢』をイメージしたウイルス名を主張し

友好のバトンを受け継ぐ

——私たちの「中日青少年交流推進年」

日本の首相が2018年10月、7年ぶりに中国への公式訪問を果たした。習近平国家主席は安倍晋三首相との会見で「より広範な人的交流を展開し、相互理解を深め、両国各界、特に若い世代の中日友好事業への積極的関与を奨励する必要がある」と述べた。その後、両国指導者は今後5年間に3万人規模の青少年相互訪問交流を行うことで一致し、19年を「中日青少年交流推進年」と定めた。1年後の19年10月、安倍首相は中日韓3カ国首脳会談で再度中国を訪れたが、訪中前に本誌を含む駐日中国メディアの取材を受けた際にも、「これまでに、230件以上の事業を『日中青少年交流推進年』行事に認定し、日中両国で27万人以上の方が参加しています。日中両国間で活発な青少年交流が行われたことに祝意を表したいと思います」と述べている。

この1年間に、両国の青少年はどのような交流を行い、どのような体験と収穫を得ているのだろうか。自らの目で見て、体験することで、相手国に対する印象は変わったのだろうか。見学、訪問、コンクール、舞台公演など従来の交流スタイル以外に、言葉の障壁を越え、心を通わせられる新たな交流のスタイルとは。楽しい交流と涙の別れは、相互理解と信頼を高め、相互学習と協力関係を深める上でどのように役立ったのか。

今回は中日青年交流の現状を、交流の現場、あるいは訪問団に同行することを通じて探るとともに、友好交流推進年について青年交流経験者10人に語ってもらい、多角的にレポートする。19年はすでに幕を閉じたが、青少年友好交流はいまだ開演真っただ中だ。20年の中日スポーツ文化交流推進年を迎え、青少年友好に新たな1ページが書き加えられる。

本文中で囲み数字のついた言葉は今月のキーワードです。19ページをご覧ください。

「悟空杯」中日韓青少年漫画コンテスト2020がスタート

自国文化の魅力を漫画化

王焱＝文

漫画芸術は中日韓の若者に非常に人気が高く、3カ国の青少年文化交流の重要な手段の一つとなっている。7月22日午後、「悟空杯」中日韓青少年漫画コンテスト2020の開幕式が中国外文局で行われた。中国外文局の高岸明副局長、外交部アジア司（局に相当）の薛剣副司長、人民中国雑誌社の王衆一総編集長、在中国日本国大使館の藤岡謙一参事官、在中国韓国大使館の金万洙参事官ら中日韓の代表が共にスタートを宣言した。

3カ国首脳会談が発端

李克強国務院総理は昨年12月に行われた第8回中日韓首脳会談において、「中国は来年第1回『悟空杯』中日韓青少年漫画コンテストを開催する予定で、3カ国の芸術交流を促進し、青少年間の友好を増進する」と言及した。このコンテストは、中日韓の関係各方面が李総理の呼び掛けに積極的に応え、中日韓首脳会談のコンセンサス精神を実行したものだ。中国外文局が主催し、人民中国雑誌社が運営を担当し、中国のトップクラスのアニメ・漫画サイトの嗶哩嗶哩（ビリビリ）、日本の漫画アニメ業界の大手であるKADOKAWAなどの著名企業が実施団体として名を連ね、さらに韓国漫画映像振興院などの政府系の文化振興機関も参加している。

高岸明副局長は、「中国伝統文学の古典的イメージとして、勇敢で機知に富み、型にとらわれない孫悟空は、現実の流行要素に変身し、中日韓3カ国のアニメ・漫画作品の中で活躍しています。コンテスト参加者が孫悟空からインスピレーションを得て、3カ国の文化的魅力を表現し、東アジア文明の精神を示す優れた作品を創作してくれることを願っています。われわれは漫画を愛する3カ国の青少年が夢を叶える舞台を提供することに努め、3カ国の人文交流・協力という素晴らしい未来を共につくり上げていきたいです」とあいさつを述べた。

コンテストスタートのボタンを押す高副局長（中央）ら（写真・王浩／人民中国）

コンテストのマスコットキャラクター「悟空」をお披露目する人民中国雑誌社の王漢平副社長（手前右）ら（写真・王浩／人民中国）

薛剣副司長は、中日韓の青年たちにコンテストの中で友情を培い、3カ国の友好協力の物語を描き出してほしいと期待を込めた。

藤岡謙一参事官と金万洙参事官は期せずして同じく、「悟空杯」中日韓青少年漫画コンテストの開催により、新型コロナウイルスのもとで中日韓3カ国の文化交流が一時停止を余儀なくされている現状が打破されることを願っていると語った。

開幕式では中日韓3人の若手漫画家による「共にコロナと闘う」をテーマにした作品を展示

浅野竜哉さん（日本）

cookieさん（中国）

金栄煥さん（韓国）

漫画で人々を鼓舞

新型コロナウイルス感染症の影響で、会場に来ることはできなかったが、日韓両国の協賛企業の代表数人がオンラインでこの開幕式に参加した。手塚プロダクションの松谷孝征社長はオンラインによるあいさつで、日本漫画の巨匠である手塚治虫と中国アニメ界の巨匠万籟鳴の友情を回顧し、手塚治虫の作品である『ぼくの孫悟空』という作品を披露した。彼は、「手塚治虫先生は生前ずっと国際交流をとても重視しており、漫画・アニメにより互いの友情を深めることこそ、平和への道であると強調されていました」と語った。

感染症が世界にまん延し、日常生活と社会には共に大きな変化が起きている。韓国漫画映像振興院の申琮激院長は、「韓国・中国・日本は世界の文化芸術をけん引する中心的国家です。今、この難局を共に克服するに当たり、今回のコンテストにおいて、3カ国の漫画人材が多くの優れた作品を創作し、孫悟空のように、日常生活の中でたまった疲れを癒やし、希望と勇気と知恵をもたらしてくれることを期待しています」と語った。

KADOKAWAグローバルコミック部の梅澤淳部長もまた、「漫画は生活必需品ではありませんが、われわれの心を満たし、生活を楽しくしてくれるものです。コロナが猛威を振るう今、みんなが良い漫画作品を創り上げ、互いに励まし合うことをわれわれはより必要としています」と語った。

会場では、世界十数カ国の漫画家から送られてきたコロナとの闘いをテーマにした漫画作品のほか、中日韓の3人の若手漫画家に開幕式のために描いてもらった「共にコロナと闘う」をテーマとした漫画作品が展示された。王総編集長は、「このコンテストは原則としてテーマは自由ですが、今年はコロナ情勢を考慮に入れ、『互いに助け合う近所の情』という特別テーマを設け、3カ国の参加者が自らの投稿作品により、中日韓3カ国が共にコロナに対抗する近隣の互助精神を世界に示してほしいと思っています」と紹介した。

若者の自由な創作に期待

このコンテストは中日韓3カ国の漫画分野における代表的な国際一流コンテスト・人文交流活動を目指しており、3カ国の若い漫画家・愛好者に向け、中日韓の風土・人情、歴史・伝説、友好交流、現代生活などをテーマに、3カ国の文化的魅力を表現したオリジナル漫画作品を募集するものだ。コンテストには18歳以上と18歳未満という二つの年齢別部門が設けられ、応募作品は中日韓の審査委員会が共同で審査する。「悟空賞」3人、「小悟空賞」3人が選出され、創作タイプ別、年齢別に若干の賞が設けられる予定だ。

開幕式ではさらに、コンテストのマスコット「悟空」がお披露目された。王総編集長は、「この悟空の顔は中国の京劇の隈取りからヒントを得たもので、赤・黄・青・白・黒の5色には3カ国の国旗の色が含まれているだけでなく、さらには東アジア文化の価値観や哲学的思考が体現されています。3カ国の青少年が東アジア文化の養分を吸収して成長し、交流・融合するという期待が込められたものとなっています。また、この悟空は頭に緊箍児をつけておらず、これには、3カ国の若者たちが自由に創作することへの期待が象徴されています」と紹介した。■

report

「生きた化石」の魅力伝えるショル民間チベット劇芸術団

周晨亮＝文

15世紀に誕生し、チベット文化の「生きた化石」とされるチベット劇は、中国に現存する最古の劇の一つだ。半世紀余りの間、ラサ（拉薩）のショル（雪）民間チベット劇芸術団は、「伝統を残し、伝承を主とする」を理念に、太鼓やシンバルの音の中で一代そしてまた一代とチベット劇の歌声を伝え、人々に深く愛されている。

サラリーマンの心理洞察し世相描く

高孝午の彫塑展

龔海瑩＝文　馬悦＝写真

著名な彫像作家である高孝午の作品展「和楽——高孝午適園彫塑展」が、今年6月14日から2カ月間にわたり、北京市海淀区の適園で開かれた。適園は水辺にあり、緑豊かで、あずまややや楼閣、回廊がある中国古典庭園のたたずまいを見せる。中をそぞろ歩きし、思いがけずさまざまな現代彫塑作品に出会うと、古典と現代が交錯し、異なる時空にワープしたかのような感覚を覚える。

今回の展示は「和楽」をテーマとし、高氏の20年近い芸術の歩みの中から、各時期の代表作数十点を集めて展示した。これらの作品の中には、社会問題を取り上げ、注目を集めた代表作「標準時代」（2004年）や、2015年以来、「日常現象」に着眼し、再生により最初の自然を呼び覚ます「再生」シリーズ作品などが含まれていた。

人類共通の心の声を作品に

高氏のシリーズ作品は、丸みを帯び、温かみがあって、軽やかでユーモラスであり、社会性・自然性など多くのテーマに対する思考が表現されている。高氏は、新型コロナウイルス感染症を経験した特殊な時代背景の下では、人と社会、人と自然、人と人とが平和的に共存していくことが全人類に共通する心の声となっていると考えている。これはまた、彼が長年作品に込めてきた中核でもある。

高氏は04年、初の個展を開き、後に注目を浴びることになった「標準時代」を発表した。この後、数年ごとに個展で新作を発表して、今に至っている。

高氏によると、今回の展示はもともと新作を披露する予定だったそうだ。ところが、世界的に新型コロナ情勢が曲折・変化を続けたため、彼はこの機会に自分のこれまでの作品を整理、見直すことにした。

「長年、私は人と社会、人と自然、人と人との間の関係について考え、表現してきました。この特殊な状況の下で、これはまさしく全人類に共通する心の声となり、さまざまな要素も相まって、今回の特別展が開かれることになったのです」

プロフィール

1976年、福建省三明市生まれ。1999年、福建省厦門工芸美術学院彫塑学部卒業。2004年、中央美術学院彫塑学部彫塑コース修了。北京在住。

『ペットの神——獅子』
強化プラスチック／120×120×195㌢／2011年
2011年より「ペットの神」シリーズの創作を始める。これにより、現代社会が物質と金銭を追い求め、精神性が重視されなくなったという現象を省察している

『ペットの神——犬』

桜に託す復興の願い

鄭菲＝文・写真

右）と志賀忠重さん（写真・小野一夫）

人々が夢を託した桜が咲いた。原子力発電所の事故で大きく傷ついた福島県いわき市。地元の人が、震災直後の2011年5月に「いわき万本桜プロジェクト」を立ち上げた。1年に1000本ずつ、99年間で9万9000本を植えていく計画だ。参加者は地元の人だけではなく、中国人アーティストの蔡国強さん（62）が当初からプロジェクトを支えてきた。蔡さんは現代アートの最高峰であるベネチア・ビエンナーレ金獅子賞を獲得し、北京オリンピックの開幕式の壮大な花火演出を手掛けたアーティストだ。

いわき万本桜プロジェクトのことを知ったのは、12年6月だった。会社のプロデューサーから、「蔡さんは中国人だから、中国人のあなたに撮ってもらいたい。もちろん、放射能のことが心配なら、ご両親に相談して断ってもいい」と言われた。放射能の値が政府規定の安全基準以下だと分かった後、測量機器を持って下見のため現地に入った。

リーダーの志賀忠重さん（70）が、若い世代がいわきを離れる中、世界一の桜を作り、いわきを子孫に永遠に誇れるふるさとにしたいと語ってくれた。「9」には永遠という意

鄭菲（れいひ）
ドキュメンタリーディレクター兼研究者。北海道大学でメディアの修士号を取得し、2008年テレビ番組制作会社テムジン入社。NHKのドキュメンタリー番組二十数本を制作。
本コラムでは、知られざるドキュメンタリー制作の現場や制作者の葛藤を紹介する。中日両国の相互理解に少しでも役立てば幸いに思う。

た。蔡さんは無名時代に日本に留学し、志賀さんたちの支援でいわきで個展を開いたり、壮大な野外アートを次々と制作したりした。蔡さんにとって、いわきはいわば第二の故郷だ。

いわきの山で初めて志賀さんから震災後の心情や蔡さんとの友情の物語を聞いて、私は強く衝撃を受けた。ちょうど昼食の時間になり、志賀さんからコンビニで買ってきた弁当を勧められた。東京に住む私はそれまで、福島産の野菜や果物を避けていたが、その弁当を食べながら番組を作る決意をした。

撮影は1年間続いた。撮影が行われた12年の頃、すでに蔡さんはニューヨークでアトリエを持ち、世界各地で活躍していたが、プロジェクトのために3回もいわきにやって来た。彼は震災の直後、火薬絵

「あの人」を語る

テレサ・テン　早世した「アジアの歌姫」

劉檸＝文

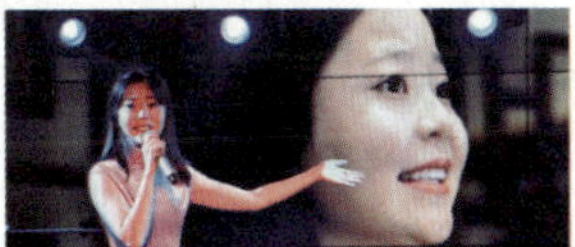

昨年4月20日、天津市で中国テレサ・テンファンクラブ音楽文化拠点が立ち上げられた。オープニングセレモニーでは、容姿も声もテレサ・テンそっくりの歌手杜佳瑶さんがオリジナル曲「テレサ・テンに敬意を表す」を歌った（cnsphoto）

テレサ・テン（鄧麗君）が亡くなって25年、彼女自身も歌もすでに伝説になっている。台湾省高雄市河西路にあったテレサ・テン記念館には毎日大勢の観光客が訪れ、最盛期は1日に2000人を超えることもあったという。その中で一番多かったのは中国大陸部からの観光客で、その次が日本人、シンガポール人、マレーシア人だった。

日本でテレサ・テンは、「昭和の歌姫」として語り継がれる国民的歌手・美空ひばりと共に、アジアの「二大歌姫」と呼ばれている。彼女の歌は当時のレコードの売上記録を塗り替え、スナックやカラオケでは今でも歌われている。少女の時からすでに有名だったテレサ・テンが真の「歌姫」となったことは、日本での活動や支持と大きな関係がある。彼女の成功は、戦後日本の芸能界におけるスター育成の成功例の一つだ。

1974年、「日本ポリドール」（現ユニバーサルミュージック）と契約を結んだテレサ・テンは、アイドル歌謡曲のシングル「今夜かしら明日かしら」で日本デビューを果たすが、この売れ行きは思わしくなかった。そこで彼女は売上不振の責任を認めるとともに、演歌歌謡曲路線に転向したところ、日本でのデビュー2作目「空港」が大ヒット。第16回日本レコード大賞新人賞を獲得し、日本でトップ・スターの仲間入りを果たした。

80年代になると、中国大陸部での改革開放の全面的な推進に伴い、テレサ・テンの影響力はますます拡大して、一大ブームを巻き起こした。大陸部では、「昼は鄧小平の話を聞き、夜は鄧麗君の歌を聴く」という冗談まで出るようになった。84年、日本のファンの強い要望もあって再来日した彼女は、新曲の「つぐない」で日本有線大賞を受賞した。翌年にリリースした「愛人」でも日本有線大賞を受賞し、この曲で第36回NHK紅白歌合戦に初出場する。86年に3曲目となる「時の流れに身をまかせ」によって、日本有線大賞および全日本有線放送大賞でそれぞれ史上初の3年連続グランプリを受賞した。85年にNHKホールで行われたソロコンサートは、彼女の歌手人生の頂点と言ってよい公演だった。

作家、翻訳家。大学時代、日本に留学し、後に日系企業に就職。その後、会社を辞め、作家・文芸評論家となる。日本で多くの博物館、美術館、文豪記念館などを見学してきた。中国大陸部・香港・台湾地区で多数の著書を出版。

作詞家の荒木とよひさは、テレサ・テンのことをこのように振り返っている。「彼女の歌詞を書く時は、目立つ言葉や時代の先端を行くような言葉は外しました。中高生でも分かる、徐々に心に染み渡る歌を作ろうとしました」。この「隣の家の女の子」のような親しみやすい彼女のキャラクターは成功と無関係ではない。

テレサ・テンは日本を愛し、日本のファンを非常に重視した。晩年は病気で歌謡界から離れたが、日本でのテレビ出演は最後まで続けていた。94年11月にNHKの「歌謡チャリティーコンサート」に出演してから半年後、95年5月にタイのチェンマイで気管支喘息による発作のため、42歳の若さでこの世を去った。

日本もテレサ・テンを忘れない。日本では彼女の死後もCDやDVDなどが売られ、2015年5月23日には「テレサ・テン（鄧麗君）メモリアルコンサート～没20年追悼チャリティ音楽会～」が渋谷公会堂で行われた。3Dホログラム技術でよみがえった「歌姫」の姿に、会場で多くのファンが涙を流し、今も愛されるテレサ・テンの魅力が日本中に伝わった。■

report

蚕種渡来を記念する祭り（上）

始皇帝の子孫と忌宮神社

王敏＝文

山口県下関市長府宮内町にある忌宮神社では毎年3月28日、盛大な「蚕種祭」が催される。境内にある高さ約6㍍の「蚕種渡来之地」と書かれた記念碑の前に祭壇が設けられ、日本全国各地から各界の人々が集う。祭壇に白、黄、薄緑など色とりどりの繭を供え、それから漢詩や和歌を朗詠し、地元女性による昔ながらの生糸つむぎや機織りなどの手作業を見学する。儀式が終わると、主催者は煎茶、繭の形の真っ白な和菓子、神社特製の季節のかゆで来賓をもてなす。幸いなことに筆者は2016年に「蚕種祭」に参加することができた。

忌宮神社の歴史

忌宮神社は第14代仲哀天皇（在位192～200年）の行宮の跡に建てられた。仲哀天皇は192年、九州南部で大和朝廷に反抗していた「熊襲」の平定に赴いた。翌年、穴門（かつて日本の地方行政区分だった令制国の一つ「長門国」の古称）に行宮「豊浦宮」を建て、そこで7年間政務を執った。

仲哀天皇9（200）年、天皇が筑紫の香椎で亡くなると、神功皇后は三韓を征伐し、凱旋した後、豊浦宮で仲哀天皇を祭り、同年12月14日に筑紫で皇子（後の第15代応神天皇）を出産した。その後、第45代聖武天皇（在位724～749年）の時代に、豊浦宮の跡に神功皇后と応神天皇も奉斎するようになった。仲哀天皇を祭る神殿を「豊浦宮」、神功皇后を祭る神殿を「忌宮」、応神天皇を祭る神殿を「豊明宮」と称し、三殿別立となっていたが、中世のころ、火災により「忌宮」に合祀したため、「忌宮」と呼ばれるようになり、現在に至る。こうして、忌宮神社は「文武の神、勝運の神、安産の神」として庶民から代々信仰されるようになった。

蚕種の渡来

「蚕種祭」と忌宮神社との関わりは、仲哀天皇時代に始まる。平安時代に編さんされた歴史書『日本三代実録』によると、仲哀天皇4（195）年に秦の始皇帝第11代の子孫「功満王」（功徳王ともいう）が小国「弓月国」の国王として下関を訪れ、天皇に貴重な贈り物——カイコの卵を献上した。これにより、豊浦宮は蚕種渡来の地となり、下関も日本の養蚕の発祥地およびシルクロードの東端の入り口となった。このことから「渡来人」という言葉も生まれた。渡来人とは、4～7世紀頃、朝鮮半島や中国などから日本に移住した人々を指す。彼らは先進的な学問や技術、文化をもたらし、日本の社会の発展と文明の開化に決定的な役割を果たした。

紀元前2000年頃の長江・淮河流域の生産状況を反映した中国最古の農事暦『夏小正』によると、早くも殷（商）・周の時代（紀元前17世紀頃～紀元前256年）に、民間の養蚕業は大きな発展を遂げていた。1984年、河南省滎陽市青台村にある新石器時代の仰韶文化の遺跡から、紀元前3500年頃の絹織物が発見された。今から3000年余り前の殷代には、カイコを示す甲骨文字がすでに現れていた。中国は蚕種および養蚕を国外へ伝えることを制限していなかったが、周辺の国々はそれを非常に大切にし、国家機密と見なし、容易に域外に伝えなかった。玄奘の『大唐西域記』および欧陽修の『新唐書・西域伝』は次のような物語に触れている。クスターナ国（現在の新疆ウイグル自治区ホータン）の国王は蚕種を得るために、隣国の東国（地理的位置から東国は楼蘭古国だと考えている研究者もいる）の公主をめとった。公主は蚕種を帽子の中に隠してこっそり

王敏（Wang Min）
日本アジア共同体文化協力機構参与
国立新美術館評議委員
治水神・禹王研究会顧問
法政大学名誉教授
拓殖大学・昭和女子大学客員教授

report
明日は幼稚園に行けるかな
山間部の「待機児童問題」解決へ
秦斌　袁舒＝文
秦斌＝写真

2020

突如其来的世纪疫情令中日民间再次上演“守望相助”的主题剧。本刊策划的《张文宏教你户外活动如何预防感染》，因其实用性大受读者好评，北京日本人俱乐部特别请求赠送数百册栏目汇编的小册子（6月号，见图1）。当国人感动于来自日本的“山川异域，风月同天”时，贴有慰问日本民众的和歌、俳句的口罩箱也寄到日本，感动了那里的人们（8月号，见图2）。《中国故事》栏目的报道《医生背篓进山救治云南腹地贫困地区民众》在疫情期间尤其令人感动（3月号，见图3）。《线上图片展——新冠下世界各国的日常》演绎了悲悯、大爱、团结的主题（9月号，见图4）。“全世界团结起来共同战胜新冠”研讨会在东京紧急召开，令人唏嘘的是这是我们的朋友江原规由生前最后一次出现在《人民中国》报道的活动上（5月号，见图5）。

勇敢者在疫情下没有退缩，特辑《传递友好的接力棒——我们的中日青少年交流促进年》如期刊出（3月号，见图6）。《用漫画展现各自文化的魅力》一文记录了中日韩“悟空杯”漫画大赛的如期启动，投稿者寄来的抗疫题材作品，寄托了年轻人战胜疫情的决心（9月号，见图7）。

《民间藏剧艺术团演绎戏剧活化石的魅力》中的假面道具令人印象深刻（1月号，见图8）。艺术家高孝午深谙城市白领的假面人生雕像反映浮世百态（11月号，见图9）。用影像记录世间百态，纪录片导演邢菲撰写的《寄情樱花祈愿福岛复兴》所讲述的故事动人心弦（3月号，见图10）。刘柠在专栏《中日长短书》中，对活跃在中日之间过早凋零的亚洲歌星邓丽君，表示了无尽的惋惜（1月号，见图11）。在日华人教授王敏撰文《秦始皇的子孙与忌宫神社》，道出了养蚕技术东传的秘密（10月号，见图12）。

山里的“留守儿童”问题亟待解决。报道《明天能否去幼儿园》关注了这个话题（6月号，见图13）。画面中跷跷板上两个女童欢快的笑容令人感到十分治愈。烟台海边两个女孩举起手机自拍的封面，仿佛让人听到风中传来的笑声，缓解了疫情下的焦灼（10月号，见图14）。

第八章

2021—2023年 世纪疫情与机构改革下的坚守传承、探索创新时期[1]

1 这一章的时间跨度为两年半，写到笔者卸任总编辑为止。世纪疫情下，事业单位改革继续深化，在亚太传播中心框架下，《人民中国》如何坚守、传承并继续创新，确保这个有着70年不平凡历史的刊物不负“旧邦新命”是未来面临的新课题。能够见证并参与这一课题的破题，使笔者职业生涯之收官具有了特别的历史意义。

第一节 2021—2023年度点评

特集
PART1
苦闘経て立てた五星紅旗
李家献＝文
100年前の1921年7月23日から8月初めにかけて開催された中国共産党第1回全国代表大会（第1回党大会）で、中国共産党の創立が宣言された。これは中国にとって天地開闢（1）と言える一大事だった。暗黒の半封建・半植民地社会で80年余りもがき模索していた中国人民は、ついに運命を変える道を見つけ、解放の希望を迎えた。
その後の28年間、中国共産党は中国の労働者階級の前衛隊として中国人民を率い、困難にめげず奮闘し、壮絶な戦いを乗り越え、帝国主義・封建主義・官僚資本主義という「三つの大きな山」の抑圧を覆し、「人民が国の主人公になる」新中国を樹立し、中国の新たな時代を切り開いた。
プロレタリアートの目覚め
1840年のアヘン戦争以降、帝国主義は中国への侵略の歩調を速め、腐敗した清朝政府は西洋の列強各国に不平等条約の締結を強いられ、中国は次第に半封建・半植民地社会へと転落していった。戦乱が続いて国土は分割され、人々が飢えと寒さに耐え、奴隷化されようという時、正義を貫く多くの志士たちが次々と立ち上がり、中華民族を存亡の危機から救おうと力を尽くした。その中には、科学技術を導入して国力の増強を目指した洋務運動、武装蜂起で平等社会の実現を目指した太平天国運動、西洋式の政治制度の確立を目指した戊戌の変法があった。しかし、いずれの抗争と模索も失敗に終わった。
1911年、孫文が辛亥革命を指導し、数千年にわたって中国を支配してきた専制君主制を覆し、民主共和制の中華民国を樹立した。辛亥革命は、半封建・半植民地の社会状態と中国人の悲惨な運命を完全に変えることはできなかったが、中華民族の思想解放を推し進め、中国の進歩という流れの「水門」を開けた。
国を救うためには新しい活路を探さなければならない（2）。多くの愛国者は日本に渡り、国を救う真の方法を求めた。13年の冬、李大釗
1919年5月4日に起こった五・四運動はプロレタリアートが率いる中国の新民主主義革命の幕開けとなった。この運動は中国共産党の誕生を促した（cnsphoto）
これまでの中国共産党全国代表大会
第1回党大会
開催期間：1921年7月23日～8月初め（閉幕日には諸説あり）
開催地：上海市、浙江省嘉興市
大会では党の名称を「中国共産党」とし、中国共産党の最初の綱領を採択し、最初の中央機関を選出した。大会の開催は中国共産党が正式に成立したことを意味する。
第2回党大会
開催期間：1922年7月16～23日
開催地：上海市
大会では反帝・反封建の民主主義革命綱領を明確に打ち出し、党の最高綱領と最低綱領を区別して明示した。また、最初の「中国共産党規約」を制定し、「中国共産党第2回全国大会宣言」「中国共産党が第三インターナショナルに加盟する決議案」などの文書を承認・可決した。
人民中国 2021・7 14
特集
奇跡の民族復興導き
より輝かしい未来へ
中国共産党創立100周年
中国共産党創立100周年を迎え、党が歩んできた道のりを振り返ると、一つ一つの大きな足跡と成果がはっきりと見える。奇跡を起こした100年の歴史は、思考を巡らせた歳月でもある。
中国共産党はなぜ劣勢と逆境の中から封建主義・帝国主義・官僚資本主義による強大な支配を覆し、新民主主義革命の勝利を勝ち取り、新中国を打ち立てることができたか。
なぜ列強に踏みにじられていた中華民族を、再び平等な立場で世界の仲間入りをさせることができたか。なぜ抑圧され、飢えと寒さにさいなまれていた中国人民を国の主人公にさせ、富強に向かうようにさせることができたか。
なぜ半世紀ほどで、経済基盤がぜい弱で工業体系がほぼゼロだった中国を世界第2位の経済大国

特集
五カ年計画で進む
民生改善
第14次五カ年計画（「十四・五」計画、2021～25年）の指針の下、中国は社会主義現代化強国を全面的に建設するための新たな征途を切り開いた。今年の全国「両会」（全国人民代表大会と中国人民政治協商会議）で発表された政府活動報告と採択された「十四・五」計画では、民生福祉の増進に関わる一連の目標が確立され、一連の配置が打ち出された。
ここから、今後5年間、ひいてはさらに長期にわたり、中国が雇用の拡大（1）、高齢者介護の促進、教育の強化、医療の発展、収入の増加、環境の改善などを通じて人々の生活水準を全面的に向上させることがうかがえる。
「十四・五」計画の始動や人々に恩恵を与える数々の政策の実施に伴い、中国の人々はより幸せな生活を迎える新たなスタートを切った。

秦漢とローマ　2

土地巡る共和政の内戦

国務院僑務弁公室主任　潘岳

奴隷労働の大農場と小農の破産

紀元前206年、中国の楚漢戦争と同じ頃、ローマはカルタゴと第2次ポエニ戦争を繰り広げていた。ローマは50年余りをかけてカルタゴを滅ぼし、マケドニアを解体し、地中海の覇者になった。重要なのは、覇を唱える過程ではローマが終始一貫して共和政を維持していたことだ。

ローマの成功は「混合政体」を実行して君主制、貴族制、民主制を融合させたことによるものだと古代ギリシャの歴史家ポリュビオスは指摘した。執政官は君主を代表して対外的な軍事権を掌握し、元老院は貴族を代表して財政権を掌握し、民会は民衆を代表して否決権を掌握し、3種の勢力が互いに均衡を保った。

紀元前1世紀、ローマ内部の権力の均衡が破られ、ローマは内戦に突入した。紀元前27年、ローマは最終的に共和政から帝政に転換した。過去150年にわたって内戦をしたことがなかったローマ人に一転して生きるか死ぬかの闘争をさせたものは何だったのか？　それは土地だった。

150年の海外征服の中で、ローマの権力者たちは大量の奴隷と財宝を故郷に持ち帰り、「ラティフンディア（奴隷労働で経営された大農場）」をつくった。その結果、多くの小農が破産し、土地の併合が激しくなった。ローマの平民は次第に貧民になり、最終的に流民に成り果てた。

君主、貴族、平民の3種の勢力のうち最も強大だったのは貴族だ。イタリアの歴史家マキャベリは次のように述べている。ローマの貴族は栄誉の面では喜んで平民に譲歩したが、財産の面では寸分たりとも譲歩しなかった。そのため、最終的にローマの流民は軍閥に身を寄せた。なぜなら、軍閥だけが対外戦争の中から土地を手に入れられ、兵士に土地を分配するよう元老院に強いることもできたからだ。国家のために戦った公民は将軍らの傭兵になった。政客がコンセンサスを得られない部分に軍閥が登場した。

ローマの内戦期、ある哲学者・雄弁家が生まれた。彼こそが「共和政の父」キケロだ。

紀元前63年、キケロはローマ初の非貴族出身の執政官になり、政界で存分に力を発揮し始めた。ある者は彼のために死に、ある者は彼のために失敗し、ある者は彼のために歴史に名を残した。カエサルの「養子」だったブルータスはキケロを「精神的な父」と見なした。「暴君の暗殺は非常に英雄的だ」というキケロの思想を植え付けられ、ブルータスは剣を振るってカエサルへと突き進みながら、キケロの名を叫んだ。

カエサルの死後、キケロは考えを変えてその継承者アントニウスに対応した。アントニウスは決してカエサルの独裁の古いやり方を取ろうとは思わず、元老院と共にローマを治めようと考えたが、キケロは共和派の指導者としてそれを重視しなかった。キケロは共和派に軍隊を募集させつつ、反乱を起こすようオクタウィアヌス（アウグストゥス）を鼓舞した。

この時、まだ19歳だったオクタウィアヌスはアントニウスに取って代わろうとし、3000人の古参兵を個人的に集めてローマに進軍した。キケロがアントニウスを弾劾した演説「フィリッピカ」により、オクタウィアヌスの反逆行為は「共和政の防衛行為」と位置付けられた。オクタウィアヌスは部隊を率いて元老院の大軍と連携し、アントニウスを打ち負かし、続いてキケロと協力して執政官に立候補し、喜んでキケロのために尽くすことを誓った。

ローマ帝国初代皇帝アウグストゥス

しかしながら、オクタウィアヌスは執政官に選ばれた後、直ちにキケロを捨て、アントニウスと和解した。アントニウスの持ち掛けた条件は、キケロの命を取ることだった。オクタウィアヌスは迷わず同意した。ギリシャの作家プルタルコスはキケロの最期を記録している。「キケロはやみくもに逃げ、馬車の窓から絶えず首を伸ばして追手を見回した。アントニウスの兵士らは剣でキケロの首をはね、彼がしばしば見識のある言論を発表した演壇につるした」

これはローマ史で人々の心を揺さぶる悲劇であり、帝政に向けたカーテンコールの挽歌だった。キケロの死の十数年後、オクタウィアヌスはローマ帝国初代皇帝になった。

ローマの「共和政の父」キケロ

自由を乱用する雄弁家と軍閥

ローマは巨大な富を抱えていたにもかかわらず、なぜその一部を使って貧富の差を縮小し、国家の分裂を防げなかったのか？　歴史書はその責任をぜいたくな貴族生活に帰している。これは全体をカバーした見方ではない。平民は破産しても、つまるところ票を握っていた。ローマの執政官は任期が1年で、貴族が争って大型の祝賀行事、格闘技、宴会に出資したのは平民の票を獲得するためだった。

貴族は多くの財産を持っていたが、選挙での出費にはなおも十分ではなかったため、多くの者が破産した。そこで各地の財閥は表に立って資金を注入し始めた。彼らは元老に投資しただけでなく、軍閥にも投資した。財閥の金銭は絶えずローマの軍団に流れ込み、党派間の争いを内戦に変えた。50年間に4回の大規模な内戦が起きたため、混乱と絶望の中にあったローマの人々は最終的にオクタウィアヌスが共和政を帝政に変えることを支持した。

これは決して彼らが自由を愛していなかったのではなく、自由が彼らに平等や豊かさ、安全をもたらさず、自由の空論が人々の根本的な関心事を解決できなかったということだ。貧富の格差拡大の問題、兵士らが血を流しても一生土地を分配されない問題、政府と財界が結託した腐敗問題について、元老院は解決方法を考えたことがなかった。

予想に反して問題解決を図ったのは軍閥だった。例えば、オクタウィアヌスは軍事国庫を創設し、全ての退役兵士に土地と現金を集中的に支給した。カエサルもかつて、ローマ付近のポンティーネ湿地を開拓して数万人の貧農に耕作地を与えることを計画し、さらにコリントス運河を掘ってアジアの商業とイタリアの経済を組み合わせようとした。しかし、ローマの「共和政の父」キケロは次のように批判した。それらの工事は「自由」の擁護に比べれば取るに足らないものだ。それは専制君主の功名心の象徴であり、人々に血と汗を流させ、甘んじて奴隷になるよう強いる象徴だ。

雄弁家たちが「自由」を乱用していただけでなく、軍閥も「自由」を乱用していた。軍閥にとって「自由」とは、いかなる政治的制約も受けないという意味だった。ある派閥が元老院で優位に立つと、反対派は「自由を圧迫している」と公言し、意気盛んに挙兵して造反した。ポンペイウスはマリウス派について暴政だと宣言し、私兵を募集した。カエサルはポンペイウス一派が自由を迫害していると宣言し、ガリア軍団を連れてルビコン川を渡った。オクタウィアヌスは自ら造反し、成功後に貨幣を鋳造し、自身のことを「ローマ人の自由の擁護者」と刻んだ。自由は、異なる利益集団が内部抗争を起こす口実になった。

つまるところ、共和政治でコンセンサスを得ようとすれば票決だけを頼りにできるのではなく、構造改革を進める政治家たちの自己犠牲の精神をいっそう必要としていた。自由を守ってきたのは「自由」そのものだけではなかったのだ。■

潘岳　1960年4月、江蘇省南京生まれ。歴史学博士。国務院僑務弁公室主任、中央社会主義学院第1副院長（大臣クラス）。中国共産党第17、19回全国代表大会代表、中国共産党第19期中央委員会候補委員。

「漢俳」で楽しむ中国エッセイ　4

花柳千代と『大敦煌』

劉徳有＝文

敦煌の壁画生かした舞踊劇　花柳千代と寿楽の世界

敦煌と言えば、神秘感に伴い莫高窟の壁画を連想する人が多いのではなかろうか。その壁画を舞踊劇にした日本人がいる。舞踊家の花柳千代氏である。

花柳千代氏の中国初訪問は、1985年だった。そのとき敦煌で得たインスピレーションをもとに、日本の伝統舞踊の技法を駆使して、舞劇「河西回廊」を創作。氏自らも舞台に立ち、各方面からの注目を浴びて、第18回舞踊批評家協会賞を受賞されたと聞いている。

幸いにも、その後、花柳先生のご招待で東京に伺い、国立劇場で催された「花柳千代傘寿の会」で、三笠宮殿下はじめ遠山敦子先生ご夫妻とご一緒に、「河西回廊」を鑑賞する光栄に浴することができた。舞台に広がる広大な砂漠、さまざまな意匠を凝らした群舞などが印象的だったが、フィナーレで展開された場面――奈良の法隆寺と敦煌の両者のイメージが重なり、中国から渡来した僧たちが山門から伝わってくる松風の音と琵琶の奏でる美しい音色を耳にしながら、西域に、そして故郷の敦煌に思いを馳せる情景が今でも目の前に浮かんでくる。

舞劇『大敦煌』中国公演のパンフレット（写真・[illegible]／人民中国）

この「河西回廊」を基礎に、花柳千代氏は敦煌壁画『張議潮出行図』を題材に舞劇『大敦煌』を創作され、94年3月に日本で初公演。97年8月の中国公演の後、9月に東京の国立劇場で「凱旋公演」が行われた。

幕が開き、風砂の中、一人の若い画僧が敦煌に向かう。月の光に照らされた鳴沙山にたどり着き、筆を執って、西域浄土と世間の善と悪の故事を描き始める。

――太守の治めるこの地方の人々の暮らしは、平和で安定していた。そこへある日、盗賊がやって来て、その暮らしを破壊する。太守は国の安定のため、盗賊の征伐を決意し、自ら兵を率いて出陣する。太守夫人は楼上に立ち、出陣の将兵たちの勝利を祈る。敦煌軍は連日、過酷な熱砂の中を進軍し、疲労困憊、多くの犠牲者を出した。ある夜、盗賊は闇に乗じて奇襲をかけ、敦煌軍と一戦を交えた。勇敢で優れた敦煌軍の隊長が不幸にも敵の矢に当たって倒れた。激戦の末、盗賊の頭目が捕虜になる。死刑となるはずだが、太守は平和を目指すため、処刑執行の兵士を制止。盗賊の頭目は感激し、手下を伴い敦煌軍に投降する。伝令の勝利の知らせを聞き、城内の民衆は喜びのあまり踊りだし、凱旋の将兵たちを歓迎。夫人も太守が無事に帰り、敦煌に再び平和が訪れたことを喜び、感涙した。正義を代表する太守と夫人が邪悪に打ち勝ち、盗賊たちは敦煌軍に帰順する、というのが劇のあらましである。

劇中で、花柳千代氏が夫人に扮し、人間国宝の花柳寿楽氏が太守を演じた。立ち回りの激しい兵士役は、中国戯曲学院の学生たちが受け持った。中日合作劇ともいうべき「大敦煌」の魅力的な舞台は、人類の平和と愛と幸せを強くアピールして広く観衆の好評を博したのは言うまでもない。

「大敦煌」は、ある意味で全く新しい形の芸術であると言えよう。「伎楽の女」を演じた女性たちは和服を身に着け、「敦煌伎楽の舞」や「飛天の舞」、琵琶を逆さにして弾く「反弾琵琶の舞」など、斬新な美の雰囲気を感じさせる。特に、太守夫人役の花柳千代氏と太守役の花柳寿楽氏の演技は、観客に深い印象を残した。いずれも和服姿だが、何ら違和感がない。太守の出陣の時、高台から見送る夫人が胸に当てたあのかすかに震える手、このちょっとした動きから、どんなにか太守の安否を気遣っているかが分かる。太守を演じた80歳近い寿楽氏は、人間国宝の名に恥じない演技で、舞台の上ではつらつとした元気な姿を見せ、「画竜点睛」の役割を果たした。寿楽氏は、「京劇の俳優たちは力いっぱい『動』を主に踊ったが、われわれは日本舞踊の特徴である『静』で対応した」と語った。出陣の場面で、寿楽氏と千代氏の演技は、誇張も激しさもないが、手に持った扇子の骨の間から夫人が秋波を送って愛情を伝え、二人の間の変わらぬ愛と互いの思いやりを表現するところなど実に芸が細かく、印象的であった。

この「凱旋公演」に、私ども夫妻も招待を受け、鑑賞する機会に恵まれた。三笠宮崇仁親王殿下と妃殿下も来られ、休憩時間に、貴賓専用の喫茶室「羽衣」でお茶を飲むことになって、殿下ご夫妻に紹介された。

敦煌・莫高窟（新華社）

あいさつの後、三笠宮殿下は進んで「大敦煌」の感想を述べられた。「京劇の動作と日本舞踊が混ざり合って一つになり、とても調和がとれている。このような交流はとても良いと思う」と述べられた後、「中国の俳優たちは、どのようにして養成されるのですか？」と問われ、私がそれに答えると、「梅蘭芳は日本に来られたことがありますね」「はい、あれは1956年でした。中国に強い関心がおありのようですが、殿下が著名な東方学の学者であられることを存じ上げています」と言うと、「私は元来、中近東を研究していましたが、その後、中国文化がどのようにしてシルクロードを通って日本に伝わったかを研究するようになりました。そのため、中国の歴史と日本の歴史を研究したのです。私は今年83歳になりますが、若いときはよく舞踊を踊りました。民間舞踊やスクエアダンスですが、アイスダンスもやったことがあり、私の最も得意だったものです。70歳になってからは日本舞踊を踊り始めました。日本人は日本舞踊が一番合っているように思います」

三笠宮殿下が語られたことは、私にとって初耳のことばかりだった。殿下の礼儀正しさと率直さは、私に深い印象を残してくださった。開演のベルが鳴り、握手をしてお別れした。

「大敦煌」公演の成功は花柳千代氏の情熱、粘り強さ、努力と切り離しては語れない。公演が終わって、カーテンコールに立った氏の姿を見て、いろいろなことが頭をよぎった。小学館出版の『日本大百科全書』の「日本舞踊」の項に「花柳千代は『日本舞踊の基礎』の本を著し、基本練習の講習会を催している」と記されている。日本の伝統舞踊の発展と理論構成、小中学生への普及や中日文化交流に貢献をしてこられた舞踊家・花柳千代氏に対し、襟を正さずにはいられなかった。

結びに、漢俳を2首。

風雲・大敦煌、　風雲巻き起こる『大敦煌』
千代多姿寿楽昂、　千代のあでやかな舞姿　寿楽は意気軒高
美誉満扶桑。　誉れは日本の津々浦々に

すでに故人になられた花柳寿楽氏は生前お酒が好きだった。特に老酒をたしなまれた。はるか北京より氏をしのんで。

渾如故友帰、　故人・寿楽　帰するが如く
人間国宝古来稀、　人間国宝　古来稀なり
杯映寿楽姿。　杯に映る寿楽のお姿

■

劉徳有（Liu Deyou）
1931年、中国大連生まれ。日本文化研究者、ジャーナリスト、翻訳家。1952年北京へ。『人民中国』誌の翻訳・編集に携わる。1955年から64年まで、毛沢東、周恩来、劉少奇ら要人の通訳。1964年から78年まで、『光明日報』、新華社通信記者・首席記者として日本に15年滞在。1986年から96年まで、中華人民共和国文化部副部長（副大臣に相当）。著書は『時は流れて』『戦後日語新探』など多数。翻訳書は『芋粥』（芥川龍之介）『不意の唖』（大江健三郎）『[illegible]』（有吉佐和子）『[illegible]』（野間宏）など。

report

50年目の証言——ピンポン外交
日本人青年が見た米中交流の一瞬

土屋康夫＝文・写真

現在は協和交易の会長を務める横井義一さん。創業から60年。同社の社是「日中友好」は今も変わらない（名古屋市内の同社で）

歴史が動くその瞬間に立ち会えることはめったにない。運や偶然はもちろん、ささやかであっても内に秘めたる志があってこそチャンスに巡り合うことができる。

50年前、名古屋市で開かれた第31回世界卓球選手権大会で偶然、中国選手団の送迎バスに米国選手が乗り込んだ。突然の珍客に車内は凍り付いたが、機転を利かした中国のエース選手が米国選手に歩み寄り、中国・黄山が描かれたペナントを手渡すと温かい空気に一変した。現在、名古屋市在住の横井義一さん（76歳）は、ボランティアとして中国選手団の警備と米国選手の通訳を買って出ていて、このハプニングの一部始終をすぐそばで目撃した。

時計の針をハプニングのあった1971年4月4日に戻す。

東西冷戦の真っただ中。中国の参加を快く思わない右翼の嫌がらせから中国選手団を守るため、日中友好団体などでつくる中国卓球代表団東海歓迎実行委員会は、警察とは別にボランティアの「自主警備団」を組織した。

当時、横井さんは26歳。歓迎実行委に名を連ねる地元の中国貿易商社・協和交易の社員で、大会期間中は中国選手団に付き添った。会社は名古屋市の繁華街、栄地区のビルの一室にあり、同実行委の事務局にもなっていた。

横井さんはその日も中国選手団の送迎バスに同乗。練習会場の愛知県スポーツ会館で選手のウオーミングアップを待つ間、玄関で不審者の侵入に目を光らせた。練習後、選手・コーチら全員がバスに戻ったのを見届け、前から2列目の通路右側の席に座った。

バスが試合会場の愛知県体育館に向けて出発しようとしたとき、「待ってくれ！」とUSAロゴのジャージを着た長身の男が乗り込んで来た。肩まで髪を伸ばし、ラフな仕草は米国社会を席巻したヒッピー文化の影響を受けた青年に映った。

後で判明するが、れっきとした米国代表卓球選手団のグレン・コーワン選手だった。

横井さんは、「彼は『うん？間違えた』という顔になり、降りようとした。すると左側中ほどに座る役員らしき小太りの男性が『上吧（乗りなさい）』と手招きし、私もバック、バックと叫んだ」と身振り手振りでその場面を再現した。

声が届いたのかコーワン選手は振り向き、ステップを上がり、横井さんのそばで立ち止まった。選手団から一斉に低い声が上がった。「美国人民

土屋康夫（つちや・やすお）
1951年、岐阜県生まれ。龍谷大学経済学部卒業。岐阜新聞編集委員・論説委員などを経て2011年からフリーランスライター。主著に『カウラの風』（22世紀アート）『海を渡った锦鯉の子孫たち』（ゆいぽおと）など。

repo

さようなら 松山樹子さん

尹建平＝文・写真提供

松山樹子さん

5月22日、中国人の古い友人、松山バレエ団の創立者の一人であり、バレエ劇『白毛女』のヒロイン・喜児の初代演者である松山樹子さんが98歳で逝去された。訃報を聞いて、私は非常に驚き、残念に思った。私たちが知り合ったのは46年前のこと。生前の声や姿はまだありありと眼前に浮かぶ。私はあの崇高なバレリーナ、そして偉大な女性に対する深い追想にひたった……。

1950年代、松山さんは中国の名作歌劇『白毛女』をバレエ化し、ヒロイン・喜児を自ら演じて、中日両国の観衆から熱烈に歓迎された。夫の清水正夫さんは、妻がバレエ事業に最大限に打ち込めるように、好きな建築の道をきっぱりと捨てて、妻の名義で「松山バレエ団」を創立して、団長に就任。その後、長期にわたって古典バレエと現代バレエの創作および中日文化交流事業に力を尽くした。2004年、中国政府は清水さんと松山さん二人に文化交流貢献賞を授与した。

つま先の上のこだわりの心

背が高く、足の形が良かった松山さんは、生まれつきバレエに向いていたため、13歳のとき、日劇のクラシックバレエ科1期生に選ばれ、当時最年少のバレリーナになった。日劇がバレエ公演を行うと、いつも多くの学生が詰め掛けた。清水正夫さんと友人たちは皆バレエが好きで、終演後よく出演者と食事に行っており、そこで松山さんと知り合った。

ある日、友人が松山さんを指しながら、清水さんに向かって、「彼女を特に応援してあげなよ！」というような冗談を言った。その冗談は現実となり、清水さんは後に松山さんの一生の熱心なファンになった。二人きりのデートさえ考えられない時代に、清水さんは松山さんに黄色のハンドバッグを贈った。それは松山さんが初めて男性からもらった贈り物だった。清水さんは心を込めて、「あなたとあなたの仕事は、私が全て引き受けます」と言った。二人はこうして結婚の約束をした。

1947年、二人の結婚のニュースがメディアを騒がせた。当時の松山さんはバレエ界の明日のスターで、一方、清水さんは東京大学工学部建築学科の優秀な学生だった。このお似合いカップルの誕生は美談のはずだったが、当初は清水家の反対に遭った。なぜなら、清水家は由緒正しい家柄で、息子が役者と結婚することを快く思わなかったからだ。しかし、二人の愛情は最終的に家族という難関を突破した。結婚後、松山さんは引き続きバレエを踊り、清水さんは内務省で働いた。二人はバレエがとても好きだったため、友人の支援の下、48年に「松山バレエ団」を創立。同バレエ団は現在も続いている。

松山バレエ団は55年、あるきっかけから中国の『白毛女』を新たなバレエ劇の題材に選び、これによって中国と深い縁を結ぶことになった。当時、歴史的な背景と戦争の要素により、『白毛女』という題材は日本ではあまり歓迎されなかった。だが、まだ有名ではなかったこの小さなバレエ団は、中国を代表する革命の物語を生き生きと上演した。当時、多くの人は好奇心からこの舞台を観たが、シリアスなストーリー、美しい踊りは、物語自体のイデオロギーをすでに超越し、芸術と美の境地に到達していた。松山バレエ

尹建平（Yin Jianp…
山東省青島出身。…
家（舞踊家、作詞…
舞演プロデューサー、…
現在は中国国際文化…
ター理事を務める。

report

「三十二篆金剛経」を開く張曉棟さん。「この作品を開くと、まるで色鮮やかな龍のようで、風が当たると本のページが優しく舞い、そこに描かれた絵に命が吹き込まれているように見えます」

風に舞う本と職人のこだわり

袁舒＝文　秦斌＝写真

空気に花の香りが漂う4月の北京。「龍鱗装」無形文化遺産伝承者の張曉棟さんは早朝、北京郊外にあるアトリエに到着した。白いカーテンをゆっくり開けると、黄金色の陽光が部屋いっぱいに広がり、壁に掛けられた「千頁画」や龍鱗装の本を照らし、光と影が交錯する美しい情景をつくり出す。窓際に置かれた中国式の茶卓で、張さんはプーアール茶を入れ、ビャクダンのお香に火をつける。黄金色の陽光と共にけむりがゆらゆらと立ち上り、ほのかに消えてゆく。全てが整ったところで、お茶を手に取り、籐椅子に腰掛け、未完成の作品を静かに眺める。彼の一日の仕事が始まった……。

清朝最後の皇帝である溥儀が退位の際に宮殿から持ち出した唐代の龍鱗装本「刊謬補缺切韻」。現在は北京の故宮博物院に所蔵されている（写真提供・張曉棟）

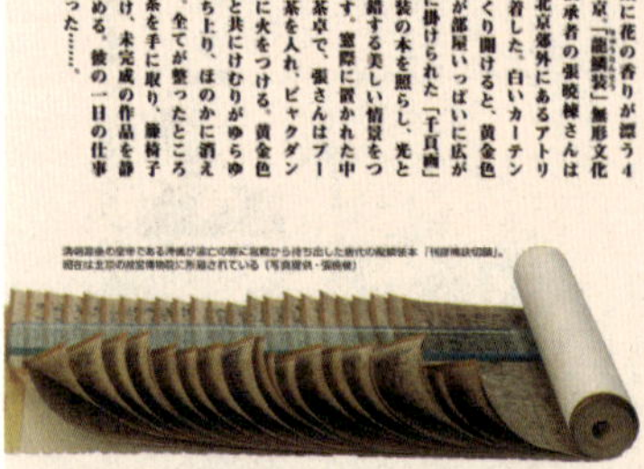

re

中日でドキュメンタリーに
——映画監督・柴田昌平

王朝陽＝文

陶磁器の誕生と発展の歴史を描いたドキュメンタリー映画の『陶王子 2万年の旅』（以下『陶王子』）が、1月2日から日本全国で封切られた。制作に6年をかけたというこのドキュメンタリーは、中国における陶磁器の発展の歴史が多く描かれ、さらに中国人が共同制作、撮影、監督などのスタッフに名を連ねている。企画制作に中国との深い関係がある作品だ。同作の制作に当たり、中日合同チームは人類と陶磁器の関係を尋ねる旅の中で、ドキュメンタリー制作の新たな方向性を模索したという。

旧友と再び共作を

同作監督の柴田昌平さんは2001年から北京電影学院に1年間留学、その際に多くの中国映画界関係者と知り合い、帰国から20年たった今も連絡を取り続けているという。だから今作の『陶王子』制作に当たっても、迷うことなく留学時代の「老朋友」に声を掛け、ドキュメンタリーフィルム制作の経験豊かな毛毅東さんに撮影監督としての参加を呼び掛けた。「毛さんは非常に優秀なカメラマンで、彼とは『新シルクロード』の制作などで何度も一緒に仕事をしています」と、「老朋友」を高く評価。「彼に撮影監督をお願いした大きな理由は、自然とキャラクターの関係性を描くテクニックにたけているセンスです。彼のセンスは『陶王子』の趣旨とぴったりでした」と起用の理由を語った。

『陶王子』は、中国陶磁工芸美術大師の任星航氏が「自然は美しい」と言いながら山中で釉薬の原料になる鉱石を探すシーンで始まる。この「自然は美しい」という言葉は、同作の基本テーマだ。「任さんの自然を師とし、自然を敬う姿勢にはとても感動させられました」。任氏の作品は撮影過程の中でも最も印象的なカットだったと言う柴田監督。「釉薬に使う鉱石の成分を科学的に分析して人工的な調合で色を作る欧州の陶芸家とは違い、任さんの色は自然と交わってできたものです。だからその作品にも、自然物でしか出し得ない艶やかな色彩が出ているのです」と独自の美を語る。

「自然を尊ぶ」というテーマをより際立たせるため、撮影監督の毛さんはシーン選びにさまざまなアイデアを散りばめたそうだ。例えば青森で

柴田昌平
1963年生まれ。NHK（沖縄放送局、東京・報道局特報部）、民族文化映像研究所（姫田忠義所長）を経て、現在は映像制作会社プロダクション・エイシア代表。
※映画作品
・『ひめゆり』（2007年）
・『森聞き』（2011年）
・『千年の一滴 だし しょうゆ』（2015年）

写真・元木みゆき

作品を媒介に万物を包容
彫刻家・于凡の「境地」

龔海瑩＝文　馬悦　郭莎莎＝写真

「境地——于凡邇園作品展」が昨年9月5日、北京市海淀区郊外にある邇園で開幕した。都市の喧噪を遠く離れた邇園に、雅致に富む造形、ひょう逸な風格を持つ彫刻が点在し、美しく静かで穏やかな庭園に、桃源郷の味わいを加えている。

于凡氏と作品「包まれた馬・その一」(2012年)。「包まれた馬」は「馬」彫刻最後のシリーズの作品。于氏は「この作品はビニールシートで包まれており、表面にはビニールの自然のしわが見られる。私はすでに自分の欲しいものは手にしており、外的な表現形式はどうでもよくなっている」と言う

于凡 (Yu Fan)
1966年12月山東省青島市生まれ。彫刻家。88年山東芸術学院美術学部卒業、学士号を取得。92年中央美術学院彫刻学科修士課程修了、修士号を取得。現在は中央美術学院彫刻学科教授。

形体を薄め、気質を強調

修士課程まで学んだ芸術家の于凡氏は、長年にわたって西洋の彫刻芸術教育を受けており、学生時代にはその影響を深く受けた写実的造形の作品を数多く創作し、しっかりした技術を身に付けた。

そして、2000年以降は「彫刻を無くす」ことに力を入れている。独自に開発した車の吹き付け塗装を応用した技術により、彫刻の表面を何層にも着色することで、きめ細かくなめらかな、車用塗料ならではの光沢を加え、作品の彩りに微妙な変化を持たせた。形体は、消えてしまったかのような、あるかどうか分からない状態になった。ここから、于氏の作品は「本当の意味で独自のたたずまいと言語を備え」始めた。

「馬」は于氏の彫刻芸術作品の重要な題材の一つであり、今回展示された10点の彫刻作品中、「馬」を題材とするものが6点を占める。しかし、于氏を単に「馬の作品を作る彫刻芸術家」と理解するなら、それは一種の「誤解」だ。于氏は「私の関心は馬のたくましい姿にあるのではなく、そのものが持つ気質にある。人間から見ると、馬は象徴的で、ロマンチックで、現実を超えるものだ」と話している。

「銀のたてがみの馬五号」(2009年)

現実を超え、想像力を働かす

現実の姿を手掛かりに、基本的な形を探し出し、それに基づいて想像力を働かせていく。このプロセスで、于氏は中国の伝統芸術から大きなインスピレーションを得ている。例えば、今回展示されている作品『唐・仕女』は、形の上での特徴は唐代の彩色陶器から得ているが、作品が伝えて来る

「側風二号」(2012年)

IPビジネスで異文化理解促進
違いを知って楽しむ「漢字幻獣」

篭川可奈子＝聞き手　北京丁寧文化伝播有限公司＝写真提供

昨年、武漢に贈られた物資に貼られていた詩句「山川異域、風月同天」が中日両国で話題となった。「漢字」を共有しているからこそ実現した心温まるエピソードの一つだ。いにしえより、両国の文化の懸け橋として重要な役割を担ってきた漢字だが、中には、中日で異なる意味を持つようになったものもある。そこにヒントを得て、新たな異文化理解の担い手として誕生したキャラクターが「漢字幻獣」だ。かわいいキャラクターたちはどのように生まれ、どんな意味が込められ、今後どう発展していくのだろうか？　生みの親である北京丁寧文化伝播有限公司の新出歌名子さんにお話を聞いた。

新出歌名子（しんで　かなこ）
都留文科大学卒業後、中国の多国籍企業を経てニュージーランドの法律事務所に就職、マネージャー兼パラリーガルとして働きながら、日本新規市場の開拓を担当。2019年、清華大学経済管理学院MBAに入学、在学中に北京丁寧文化伝播有限公司を設立。CEOとしてオリジナルキャラクター「漢字幻獣」のプロデュースと運営に従事している。

——まず、中国と関わるようになったきっかけを教えてください。

新出　中国に興味を持ったのは、学生時代、劇団四季のミュージカル「李香蘭」がきっかけです。日中両国の友好を願いながら歴史に翻弄される李香蘭の半生を描いたもので、中国の広大な土地と近代史に興味を抱きました。その後、大学の第2外国語で中国語を選択しました。実際に中国で歴史の地を巡ってみたい、中国語が話せると十数億人と交流できると思ったからです。また、就職で有利だろうとも考えました。交換留学を経て、大学卒業後、中国で就職しました。

中国は悠久の歴史と多様な文化を持つ一方、近年、テクノロジーや社会イノベーションの面でも急速に発展しており、あらゆる面で可能性を感じさせる場所です。私にとって挑戦と機会に満ちた国です。

日本を離れる際、母が、「将来、日中の経済が反転したとしても、政治的に問題が発生したとしても、影響されない友情を築きなさい」と言ってくれたことが印象に残っています。

——その後、中国で起業されたわけですが、なぜこの分野を選んだのでしょうか？

新出　文化創意、キャラクタービジネスを選択した背景としては、大学時代に比較文化を学び、その後、海外のグローバルかつ多様性あふれる環境で仕事・生活をする中で、異文化理解と価値観の違いについてずっと考えてきたという自身の経験があります。なぜ世界で戦争や紛争が発生するのか。突き詰めれば、他者の価値観や考えなどを理解できないことが起因の一つだと思います。

日本と中国では、同じ漢字でも意味の違いから誤解が起きることがあります。違いを知り、それを楽しむことが異文化理解、他者理解の第一歩だと思います。そのような考えから、日中の漢字の意味の違いを融合してキャラクター化することを思いつきまし

名前：麻雀小七（Nana）
属性：マージャン＋スズメ
性格：負けず嫌いおてんば娘、自己顕示欲が強い

名前：馬鹿丸（Maru）
属性：おバカ＋馬の一種
性格：天然ボケの楽観主義者

名前：真面目麻吉（Maji）
属性：まじめ＋本性
性格：お面の付け外しで性格が切り替わる。奇抜な発想が多い

名前：麒麟優吉（Yukichi）
属性：キリン＋神話上の動物
性格：勇気がある草食系

だからということでした。このような理由から、残念ですが名称を切り替え、商標など各種登録手続き中です。

——なるほど、それも同じ言葉に対する中日の理解の違いの一つですね。ところで、チームにはどのような方々がいらっしゃいますか？

新出　今、創始コアチームはメンバー＋顧問の4人です。中国でビジネスをする場合、やはり現地パートナーは重要です。私の場合、10年以上の親友で長年自身でも起業をしている信頼できるパートナーがいます。もう一人の創始メンバーは日本人漫画家で、彼も責任感が強く、頼りになる仲間です。顧問の関口貢先生は、サンリオで数十年間アートディレクターをされてきた業界の第一人者。出身地もバックグラウンドも異なる4人ですが、自分たちが面白い、意義があると思うことをし、それを多くの人に知ってもらいたいという共通認識を持っています。

——チームの結束の固さを感じます。キャラクター製品の開発についてはどのような状況ですか？

新出　まず製品とIPライセンシングの例ですが、今年3月に北京夢景互聯文化発展有限公司（ｄｏｄｏｗｏ）という会社とライセンス協力契約を締

いぐるみのサンプル。手前が「麻雀小七」、後列左から「麒麟優吉」「真面目麻吉」「馬鹿丸」。まぞ継ぎ技術の玩具も商品化に向けて設計の検討中（写真・顧思騏／人民中国）

中の「麻雀小七」のフィギュアデザイン

大人気キャラ「ハクサイヌ」とのコラボも計画中（写真・顧思騏／人民中国）

迎来建党百年的历史性时刻，人们不禁心潮澎湃。特辑《领导民族复兴奇迹　创造更加灿烂的未来》全面梳理了中国共产党非凡的百年历程（7月号，见图1）。特辑《五年计划下民生取得的改善》，讲述了人们对美好生活的向往一步步变为现实的故事（5月号，见图2）。时任国务院侨办主任潘岳撰写的专栏《秦汉与罗马》，从历史与文化比较上梳理了东西方各自的发展逻辑，对理解今天中国的选择与走向颇有裨益（1月号，见图3）。

刘德有的专栏这一年聚焦于“和歌里的中国”，回忆了日本文化名人以和歌抒发对中国美好想象的花絮（4月号，见图4）。名古屋的土屋康夫50年前就在“乒乓外交”序曲发生的现场，他撰文《一个日本青年目击到的中美交流的瞬间》对那段回忆加以记录（8月号，见图5）。芭蕾舞《白毛女》的首演者松山树子以98岁高龄离世，带走了一个时代。与之交情极深的尹建平写来了悲伤的回忆文章《永别了，松山

树子女士》(7月号，见图6)。

“龙鳞装”是中国传统书籍装帧的奢华版。《匠心的执着：让书页像龙鳞般飘逸》介绍了这一绝活的传奇故事(8月号，见图7)。雕塑家于凡的境界空灵而包容，他的作品多为精灵般的马儿，超现实而富于想象，令人仿佛进入梦境，舒缓放松(2月号，见图8)。日本导演柴田昌平的作品《陶瓷王子两万年之旅》，是中日携手完成的纪录片，讲述陶瓷器的悠久历史，本刊记者采访了作品问世的台前幕后(3月号，见图9)。《通过网络商务增进跨文化沟通，“汉字幻兽”尽显和而不同的乐趣》，生活在北京的新出歌名子策划的这个系列创意产品确实令人脑洞大开，受益颇丰(9月号，见图10)。

封面上的《查干湖冬渔》(1月号，见图11)和《赶海的惠安女》(8月号，见图12)，一南一北，尽显地区文化的差异与不同乐趣。

12

2022 人民中国

植野友和　1977年生まれ。東京都出身。埼玉大学教養学部歴史学科卒。日本国内で出版社勤務、上海東華大学国際文化交流学院留学を経て、現在は中国外文局アジア太平洋広報センターで取材・翻訳等を務める。

40代から始める日本人の中国生活の記録

本誌記者の目に映った希望の祭典
感動の北京冬季パラ開会式

植野友和＝文

3月4日夜、2022年北京冬季パラリンピック開会式が北京国家体育場（愛称「鳥の巣」）で開催された。写真は開会式のワンシーン（新華社）

北京から世界に届けられた希望の光

数々のドラマが生まれた北京冬季オリンピックの記憶がまだ新しい中、北京冬季パラリンピックが3月4日、幕を開けた。幸運にも開会式を参観する機会を得た筆者は、会場の北京国家体育場（愛称「鳥の巣」）で、その一部始終を目にすることができた。

「勇気、強い意志、インスピレーション、公平」とは、パラリンピックが掲げる四つの価値である。ネガティブな感情にとらわれず、強いメンタリティーで乗り越える。困難に直面しても、諦めずに己の限界を突破する。人々に感動を伝え、心を動かす。多様性と創意により、全ての人々が同じスタートラインに立てることをみんなに気付かせる――。北京冬季パラ開会式では、そのようなメッセージがいかんなく表現されていた。

会場を埋め尽くした観衆は、むろん中国の人々だけではなく、さまざまな国・地域にルーツを持つ方も大勢いて、言語が違えば考え方も同じではない。それでも、開会式に参加した全員が、このメッセージを等しく受け止めたように感じられた。本物の感動とは、言葉で説明しなくても、ただその場にいるだけで伝わるものなのだ。もちろんそれは、張芸謀総監督の優れた演出、各国パラアスリートたちの堂々たる姿、そして主催国である中国の人々の懸命な努力によるところが極めて大きい。

北京冬季パラリンピックのマスコット雪容融

開会式では、胸に熱いものがこみ上げてくる多くの瞬間があった。ボランティアたちの献身的な働きとまぶしい笑顔からは、世界に感動を届けようとする純真な心が感じられた。また、北京冬季オリンピックに続き、情報技術の粋がいかんなく発揮されたパラ開会式は、発展を遂げた現代中国の革新性と洗練された中国の美意識を各国の人々に知らしめた。さらに、新型コロナ下でこのような国際大会を開ける中国の底力と、それを可能とする防疫対策の有効性も、各国に多くのことを示唆した。後は個人的な思いになるが、大会マスコットの話題も大きな注目ポイントだった。自分は氷墩墩（ビン・ドゥンドゥン）よりも雪容融（シュエ・ロンロン）推しなので、着ぐるみとはいえ動く雪容融を見られて、ちょっと萌えた。

いま世界が必要とするスポーツの力

いずれも自分にとって印象深い経験とはいえ、何か一つ、最も心に残った場面を挙げるとしたら、やはり聖火リレーは外せない。会場では、パラリンピックメダリストの車椅子の方や片足のランナーらにより、トーチからトーチへと聖火が運ばれていった。最終走者に至っては、パラリンピック史上初となる視覚障害者の点火ランナー、なおかつパラ陸上種目で過去に金メダルを4個獲得した李端氏であり、手探りで聖火台にトーチを挿す姿には、会場のあちこちから「加油！」（頑張れ）という熱い声援が寄せられた。彼らはハンディキャップを負いながらも、決してくじけることなくスポーツで夢をかなえ、いま再び北京冬季パラ開会式という大舞台で勇姿を見せた。間違いなく今回の開会式のハイライトであり、きっと会場にいた人々だけでなく、テレビやインターネットを通じて見た世界中の視聴者や障害を持つ方々に大きな希望を与えたはずだ。

約1時間半の式典を通して感じたのは、各国のパラアスリートをはじめとして、中国の人々、大会を支えるボランティア、さらには観衆など、開会式に参加した全ての人の「この大会を成功させよう」という一致した思いである。自分は会場にいた単なる一人の日本人にすぎないが、そのような人々の強くポジティブな願いに触れ、感動を覚えるとともに、スポーツが持つ力と可能性を改めて知った。

「鳥の巣」で開会式を参観する筆者（写真・顧思騏／人民中国）

中国、そして世界の人々が求めているのは、対立ではなく共に未来へと歩んでいくことだ。互いに切磋琢磨し、競技が終わった後には健闘をたたえ、握手をする――このようなスポーツの精神こそ、ますます複雑化する今日の世界において、極めて重要な意義を持つ。北京冬季パラリンピック開会式は、そのことを多くの人々に伝えたと、自分は確信している。■

特集

宇宙開発事業60年の足跡

1956年から始まった中国の宇宙開発事業は、この60年余りでロケットの打ち上げ、衛星の周回、有人宇宙飛行（1）、月面着陸、火星探査、そして宇宙ステーション（2）の建設というブレークスルーを次々と達成し、中国人が宇宙へ突き進んだ輝かしい足跡を残した。いま、中国の技術と実力は人類の宇宙探査の壮大な絵巻物の上で鮮やかな「チャイナレッド」となり、夜空を照らしている。

この「チャイナレッド」の陰には、中国の宇宙開発事業関係者の世代を超えて続けた闘いの歴史がある。彼らは故郷を離れ、山奥や荒涼とした砂漠で青春をささげ、命を燃やし、想像を絶する努力を払ってさまざまな困難に打ち勝ち、中国の宇宙開発事業を無から有へ、小から大へ、弱から強へと推し進めている。

中国の「宇宙の夢」は理想から現実となり、中国人の誇りとなっただけではなく、全人類に幸せをもたらしている。「長征」ロケットが複数の国の衛星を軌道に投入し、[illegible]が世界に開放され、「北斗」システムが世界にナビサービスを提供し、宇宙ステーション「天宮」が各国と科学研究の成果を共有する――。中国の宇宙開発事業の発展は、人類が宇宙を探査・開発する足取りをさらに安定させ、[illegible]ている。

初心と使命忘れず 新たな未来築こう

中日国交正常化50周年を迎えて

50年前、時代の変化を洞察した中日両国の政治家は並々ならぬ戦略的知恵と非凡な政治的勇気をもって、国交正常化という偉大な決断を行い、中日を平和・友好・協力の道に導いた。半世紀の間、中日関係は両国政府が調印した中日共同声明をはじめとする四つの政治文書(1)を規範とし、両国の指導者が達したコンセンサスを指針とし、有識者の共同の努力に支えられて前へ進み続けている。双方は政治・外交・経済貿易協力、人的往来、文化交流などの分野でかつてない発展の成果を上げ、互恵・ウインウインを実現しただけでなく、アジアひいては世界の繁栄と安定にも有意な貢献を果たしてきた。

もちろん、50年来の中日関係は紆余曲折も経てきた。また、時代の変動期を迎えた昨今、さまざまな要素が重なり、両国関係は国交正常化以来の未曽有の試練(2)に直面している。

未来を展望し、安定した中日関係をさらに発展させるために、正しい歴史観を堅持し、台湾問題に関する約束を守るという原点的な戦略的認識を忘れてはならない。

国交正常化50周年という重要な歴史的節目を迎え、私たちはこれまでの経験を真剣に総括し、国交正常化当時の初心を振り返り(3)、その上で共に重大な試練に対応する知恵と勇気を見いだし、共に新時代の要求に合致する中日関係を構築するための決意と覚悟を固めていかなければならない。

(vcg)

(vcg)

周総理が奏でた「バレエ外交」

国交正常化を動かした訪日公演

呉従勇 (Wu Congyong)
駐日本中国大使館参事官兼総領事、駐福岡総領事、中国外交部弁公庁副主任、駐ネパール中国大使、駐バーレーン中国大使を歴任。日中友好会館中国側代表理事を経て現在は中日友好協会理事。

大成功した訪日公演

1972年9月25日午前11時30分。世界が注目する中、日本航空の特別機が北京首都空港に着陸。日本の第64代内閣総理大臣・田中角栄がタラップを降り、出迎えた周恩来総理と固い握手を交わした。その瞬間、この場面は戦後の中日関係のターニングポイントとなり、歴史に刻まれた――。

国交正常化の実現は、中日両国の人々が長い間待ち望んでいた共通の願いだった。第2次世界大戦後、中日両国は歴史をかがみとし、過去を終結させ、未来へ向かい、新しい善隣友好関係を再構築すべきだった。しかし、東西対立により世界は長く冷戦という泥沼に陥り、中日関係も「人質」に取られ、正常化は遅々として進まなかった。

1970年代初め、こうした国際情勢に一連の重大な変化が起きた。中国が国際連合（国連）で合法的な地位を回復。ニクソン米大統領（当時）の中国訪問によって中米関係が雪解けし、世界に大きな影響を与えた。

冷戦体制に穴が開いたことに伴い、中日関係も新たな転機が訪れた。日本の各政党と友好団体は次々に集会やデモを行い、日中の国交回復を強く求めた。社会党と公明党、民社党は相次いで中国を訪問し、中国と共に国交回復のための政治三原則を支持すると声明を発表した。また、自民党と野党の300人を超す国会議員が超党派による「日中国交回復促進議員連盟」を結成、政府に早期の日中国交回復を促した。

日本の政財界・文化界など社会の各界、各階層が行動し、日中国交回復を求めるうねりが巻き起こった。人心の向かうところ大勢となり、中日両国の指導者は毅然と歴史の流れに従うことを選んだ――互いに歩み寄り、歴史の好機という時宜を捉え、果断に両国の国交正常化を実現し、両国関係の新たな一ページを開いたのだった。

日本の日中文化交流協会と『朝日新聞』の招きを受け、

上海バレエ団の訪日公演を大きく伝える当時の日本メ

中国の上海バレエ団一行208人が72年7月10日、日本を訪問した。これは新中国の成立後、初めて日本へ派遣する大規模のバレエ団だった。幸いにも、私は代表団の随員として訪日した。

代表団は、1カ月以上かけて日本の各地を回り、クラシックバレエ形式による革命をテーマとした現代バレエ劇『白毛女』や『紅色娘子軍』、ピアノ協奏曲『黄河』の公演を行った。その記念すべき意義とは、この時の訪日公演が、思いがけなくも中日関係史上に残る「バレエ外交」という美談になったことだった。

その年の夏、日本は国全体が日中国交正常化を求めるうねりの中にあった。東京の羽田空港に代表団が着くや、日本の政界や文化界など各友好団体から熱烈な歓迎を受けた。その歓迎の人だかりであふれる空港で、ひときわ目を引いたのは、55年に『白毛女』をバレエの舞台で上演した清水正夫・松山樹子夫妻が率いる松山バレエ団だった。

その懐かしい顔には、久しぶりに再会した旧友を歓迎する抑えきれない喜びの笑みがあふれていた。代表団は、日本に到着した日から友人たちの熱烈な友情に取り囲まれ、日中国交正常化の実現を求める日本社会の熱い思いをひし

主催者側の日中文化交流協会と『朝日新聞』は7月12日、代表団のために盛大な歓迎レセプションを開催した。日本の全国各地からやってきた各界の友好人士約2000人が出席した。会場は熱気にあふれ、これまでにない盛況ぶりだった。中日双方はスピーチで共通の心の声を表明した――「中日両国民の友好関係を発展させ、早期に国交正常化を実現することは両国民の共通の願いであります。今回の訪問公演は単に文化の交流だけでなく、中日友好関係の発展にとっても奥深い意義を持ちます」。

クラシックバレエと現代的なテーマを結び付けた芸術形式は、日本の観客に斬新な芸術の楽しみをもたらした。各地での代表団の公演は熱烈な歓迎を受け、会場は観客であふれ、好評を博した。毎回、公演が終わっても観客は会場からいつまでも去ろうとせず、先を争うかのように代表団のメンバーと親しく交流した。訪日公演は大成功を収め、中国文化を伝えただけでなく、双方が相互理解を深め友情を深めた。

重要な外交ミッション

特筆すべきは、代表団が中日国交正常化を推進する上で民間の使者となり、国交正常化のために直接的な意思疎通の懸け橋となり、重要な外交ミッションを見事に果たしたということだ。

第18回「北京―東京フォーラム」

世界規模課題に対応 50年前の初心を再び

現在、世界では百年間なかった変動(3)が加速し、多国間主義と国際秩序はダメージを受けている。そのような中、中日国交正常化50周年に当たった昨年は、アジアおよび世界の重要な国である中国と日本が、いかにして「平和・友好・協力」という初心を固く守り、両国関係を発展させ、地球規模の課題(4)に対処し、地域および世界の平和と安定を促進する上で相応の責任を担うかということが、両国が共に向き合うべき時代のテーマとなった。

この点について、第18回「北京―東京フォーラム」では、「世界の平和と国際協調の修復に向けた中日両国の責任　～中日国交正常化50周年で考える～」をテーマとして、中日両国の有識者による議論が交わされた。そして、中日が国交正常化を成し遂げた当時の初心と使命を振り返り、両国首脳が合意した最新のコンセンサス(5)を実行に移し、百年間なかった変動の中で共に世界の平和と協力を守り、新時代の要求にかなう中日関係を構築するために貴重な知恵をささげるとともに、広範にわたる共通認識がまとめられた。

「北京―東京フォーラム」＝写真提供

変容しつつある日本語教育

袁舒　李一凡＝文

日本語学科の授業の様子をのぞいてみよう!

「スラムダンク」「美少女戦士セーラームーン」「ドラえもん」「ポケットモンスター」「名探偵コナン」……これら中国でもよく知られる日本のアニメは、数世代の中国人の成長に寄り添った(1)美しい思い出であるばかりか、多くの人々に日本語を学ぶきっかけをつくった。

中日国交正常化から50年、特に1978年の改革開放以来、中日関係の全面的な発展、経済・貿易協力と人的・文化交流の絶え間ない強化に伴い、中国の日本語専門教育は日増しに発展してきた。ある時期から、漫画・アニメ文化は若者の日本語学習に対する積極性をかき立て、近年の中等教育における日本語教育の爆発的な規模拡大を促した。そして日本語人材の過剰を迎えた今、時代のニーズに合わせるため、複合的な能力を持つ人材(2)の育成を目標とする「日本語＋α」モデルの模索と実践が絶えず進んでいる。時代の発展に伴い、日本語専門教育は新時代の特徴を呈し、日本語教育の中身そのものも新たに充実化している。

本文中で囲み数字のついた言葉は今月のキーワードです。33ページをご覧ください。

最新研究成果で探る中華文明の謎と魅力

中国の歴史はなぜ悠久なのか？　中華文明はなぜ輝かしいのか？　厚い歴史の盛り土が開かれ、その下深くに埋もれた中華の先祖の足跡と創造が突如現れるとき、全ての問題の答えが見つかる。その瞬間、私たちはまた、数千年の時を越え、中華文明の発端の原点に帰るような気がする。数々の遺物、数々の遺跡、数々の魅力的な文化財を前にして、私たちは中華文明がどのように誕生したか、またどのように成熟してきたかを知ることができる。この過程は、中華文明の起源と発展の脈絡をはっきりさせ、中華民族の全ての人々に、これほど強大な文明の遺伝子を受け継いでいるという自信を持たせる。これはまさに今筆者に与えられた「中華文明探源プロジェクト」が担っている使命と言えた。

同時に、「中華文明探源プロジェクト」の全ての成果は、私たちに文明を創造した人類の苦難と曲折を見せ、文明を発展させた人類の知恵と力を感じさせ、さらに、人類の文明がこれまでずっと融合の中で進歩してきており、人類がもともと一つの家族であることをも意識させてくれる。

家伝　中国人の暮らしに生きる伝統美（十八）

七夕

著者プロフィール
姚任祥（Yao Renxiang）

七夕節（旧暦7月7日）は、中国人にとって最もロマンチックな祭日だ。「乞巧節」「女児節」とも呼ばれ、数少ない女性が主役の節句でもある。

愛の神話

七夕は、織姫（織女）と彦星（牛郎）の切ない愛の神話に始まる。二人の名前は、早くも周代（紀元前1046～同256年）の『詩経』に登場する。だが、すでに神格化されていたとはいえ、星宿（古代中国の星座）として崇拝されるだけで、まだラブストーリーにはなっていなかった。七夕は前漢時代（紀元前206～25年）に普及したと考えられており、その頃に織姫と彦星の物語も切ないラブストーリーとして定着した。

その後、織姫と彦星の愛の物語は2000年以上も語り継がれ、地方によってさまざまな翻案版も生まれた。台湾は昔、農業社会だったため、その織姫と彦星の物語には、恋愛をしても仕事は怠ってはならないという若者に注意を促す意味も含まれている。

その物語とは――織姫は玉皇大帝（道教の神様）の7番目の娘で、美しい上に手先も器用で、神々が住む天庭のために毎日きらびやかな錦の雲を織っていた。一方の彦星は放牧と農業を司る神だった。玉皇大帝は彦星のまじめな働きぶりを見て、織姫の結婚相手に選んだ。

しかし二人は結婚後、仲睦まじくするばかりで次第に働かなくなってしまった。これはいけないと思った玉皇大帝は、二人に今後は7日に一度しか会わず、残りの日は仕事に精を出すよう、カササギを使いに出して命じた。ところが、そそっかしいカササギ

針穴に糸を通すのは、七夕の「穿針乞巧」の儀式（vcg）

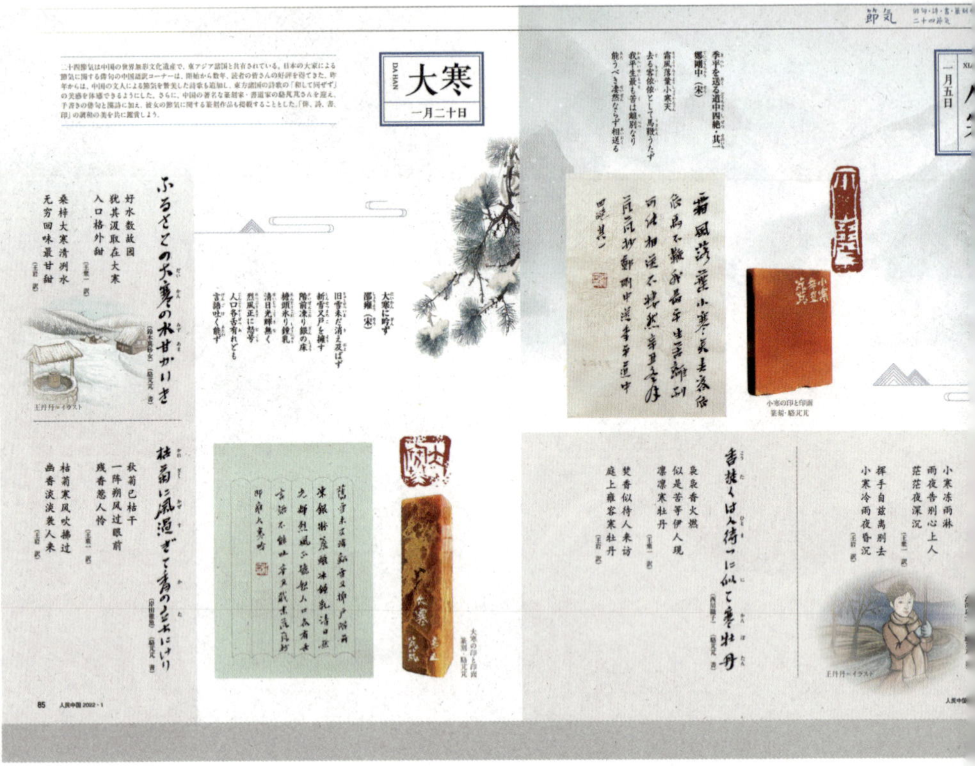

二十四節気は中国の世界無形文化遺産で、東アジア諸国と共有されている。日本の大家による節気に関する俳句の中国語訳コーナーは、開始から数年、読者の皆さんの好評を得てきた。昨年からは、中国の文人による節気を賛美した詩歌も追加し、東方諸国の詩歌の「和して同ぜず」の美感を体感できるようにした。さらに、中国の著名な篆刻家・書道家の駱芃芃さんを迎え、手書きの俳句と漢詩に加え、彼女の節気に関する篆刻作品も掲載することとした。「俳、詩、書、印」の調和の美を共に鑑賞しよう。
DA HAN
大寒
一月二十日
ふるさとの大寒の水甘かりき
好水数故园
犹其汲取在大寒
入口格外甜
桑梓大寒清冽水
无穷回味最甘甜
枯菊に風渡ざて香のありにけり
秋菊已枯干
一阵朔风过眼前
残香惹人怜
枯菊寒风吹拂过
幽香淡淡袭人来
大寒に吟ず
邵雍（宋）
小寒
一月五日
季平を送る道中四絶・其一
鄭剛中（宋）
香焚く日は人待つに似て寒牡丹
小寒冻雨淋
雨夜告别心上人
茫茫夜深沉
挥手自兹离别去
小寒冷雨夜沉沉
袅袅香火燃
似是苦等伊人现
凛凛寒牡丹
焚香似待人来访
庭上雍容寒牡丹
小寒の印と印面 篆刻・駱芃芃
大寒の印と印面 篆刻・駱芃芃
王丹丹＝イラスト
85 人民中国 2022・1

预制菜(yù zhì cài)
調理済み料理
食材を洗浄、カット、煮る、揚げる、漬けるなどして加工し、容器包装した調理・半調理品。消費者が調理する必要性に応じて、即食食品、既製食品、半調理食品（食材がすでに調理済みで、炒めたり煮込んだりするだけで食べられる）、ミールキット（カットされた肉や野菜が入っていて、自分で調理・味付けする必要がある）に分けられる。統計データによると、調理済み料理が登場した最大の理由は時間の節約で、利用者の8割以上がデリバリーより健康的だと考えているという。
新語
ネット語
銭海澍＝文　李培培＝イラスト
摸鱼(mō yú)
サボる
「渾水摸魚」ということわざに由来する。水中を濁らせて魚が混乱しているすきに楽をして捕まえるという意味。派生して、仕事をサボる、正業に就かないことを指す。例えば、仕事中にチャットしたり、動画を見たりするなどの行為が当てはまる。あるいは、上司から仕事を与えられても、効率的にこなすより、いかに労力を少なく、ペースを落とし、納期を遅くするかを考えてしまうこと。その背景にあるのは、競争のプレッシャーへの反発、速すぎる生活リズムの中の自由への追求かもしれないし、単なる怠惰かもしれない。例文：因上班"摸鱼"被解雇。／勤務中の「サボり」が原因で解雇された。
兜底(dōu dǐ)
最低ライン保障
もともとは、正体(隠し事)を全部暴くこと。例文:他的事全让人兜了底了。／彼のことはすっかり暴かれた。現在は、民生政策に多く用いられており、政府が生活困難層の基本的な生産・生活需要を保障することを指す。主に「住房兜底（住居の最低ライン保障）」「医疗兜底（医療の最低ライン保障）」「教育兜底（教育の最低ライン保障）」「养老兜底（養老の最低ライン保障）」を含む。例文：二十大报告提出，要加强困难群体就业兜底帮扶，消除影响平等就业的不合理限制和就业歧视。／第20回党大会報告は、生活困難層の最低ライン保障型雇用創出に力を入れ、雇用の平等に支障をきたす不合理な制限や雇用差別をなくすことを提起した。
69 人民中国 2022・12

repor
「百鳥朝鳳」（全ての鳥が鳳凰の下に集まる）のデザ
ね備えた多くの国産ブランドが躍進している。そして、中国の伝統文化の魅力を広めるとともに、一大消
31

10

report

ベランダ菜園ー都会に生きる若者の牧歌的生活

蔡夢瑶＝文

「ベランダ菜園」ブームの起こり

前世紀から日本の都市計画では、多くの土地が「市民農園」として指定され、市民の野菜作りのためにレンタルされている。これらの農園は、市民のニーズに応え、都市環境の美化を図るために市内に点在している。

この2年余り、新型コロナウイルスの影響により、都会に住む人々が家で過ごす時間が増えている。多くの日本の人々が暇つぶしや気分転換のために、自宅のベランダや庭で野菜栽培を始め、空間を合理的に利用するとともに、物流の問題から来る野菜や果物の供給不足を解消している。一方、海を隔てた中国の若者の間でも、同じようなブームが起こり始めている。

若き「都市農家」たち

重慶に住む「95後（1995～99年生まれ）」の陳さんの自宅では、夏に入ってからベランダにパクチー

report

Z世代——中国では、1995～2009年生まれの世代を指し、インターネットの発展や国内経済の成長の影響を受けたデジタル・ネイティブ世代と言われる。物質的に恵まれ、国内総生産（GDP）の成長と少子化の利点を享受している。

巨大消費けん引する「Z世代」

段非平＝文

中国のZ世代はすでに3億人近くに達し、その膨大な人口は巨大な消費の可能性を秘めている。ここ数年、Z世代が日増しに新たな消費の主力となるのに伴い、その独特な消費に対する考えも中国の消費市場に影響を与え、多くの新たな消費ブームを生み出している。

「Z世代」は中国の高度経済成長期に育ったことか

インを取り入れたメークパレットやミャオ（苗）族の銀細工が施された贈答用の化粧ボックス、伝統的な花の彫刻が入ったリップクリームなど、オリエンタルな美意識によってデザインされ

紫禁城創建600年に当たった2020年、故宮博物院では国産ブランドの「国潮口紅」シリーズを発表した。そのデザインは、いずれも所蔵する文化財からインスピレーションを得た（vcg）

第2回月明ALIVEアニメフェスティバルでお気に入りのコスプレを披露するアニメファン（昨年10月、広西チワン（壮）族自治区の南寧市で）（vcg）

2022

疫情下的北京冬奥会开幕式充满感人气氛，本刊记者从现场发回这场洋溢着人类命运共同体精神盛会的报道（4 月，见图 1）。特辑《 中国航天事业 60 年》以大气的设计和恢宏的文字展示了航天技术的进步以及中国人在外太空留下的足迹（5 月号，见图 2）。

百年变局下经受着考验的中日关系迎来了一个重要的纪念节点。特辑《不忘初心使命　构筑新的未来》本着温故知新的精神审视了邦交正常化 50 年以来有峰有谷、曲折前行的中日关系史（9 月号，见图 3）。当年随团见证上海芭蕾舞剧团访日公演的吴从勇，撰文《周总理定调芭蕾外交》，回忆了那场启动中日邦交正常化的演出交流活动（7 月号，见图 4）。50 年后的今天，线上举办的“北京 – 东京论坛”重温了 50 年前初心共同应对全球规模课题，通过热烈的讨论，达成了广泛共识（1 月号，见图 5）。特辑《变中求进的中国日语教育》，讨论了如何发展契合新时代要求的中国特色日语教育（2 月号，见图 6）。

特辑《何以中国》结合大量文物实例介绍了中华早期文明考古研究的最新成果（10 月号，见图 7）。台湾作家姚任祥的《传家》设计改版后焕然一新，成为优雅介绍中国人生活方式的教科书级金牌栏目（7 月号，见图 8）。《俳人笔下的节气与花》经篆刻名人骆芃芃的金石作品加盟，大大拓展了“美美与共”的精神（1 月号，见图 9）。面向年轻人的《网络新词》也完成了设计改版，内容和视觉都有明显提升（12 月号，见图 10）。

特辑《Z 世代拉动巨大消费》，对年青一代独有的消费观以及巨大的消费市场进行了分析与解读（8 月号，见图 11）。《阳台菜圃——城市年轻人的牧歌生活》介绍了当代青年“螺蛳壳里做道场”的生活智慧（10 月号，见图 12）。当代青年又有志愿者的广阔情怀，《给沙漠里的孩子带去充满希望的未来》讲述了年轻人让青春在支教生活中变得更有意义的故事（8 月号，见图 13）。疫情下的封面，戴口罩的年轻女列车员会说话的眼睛，让人想象得出口罩后面迷人的表情（7 月号，见图 14）。

人民中国
PEOPLE'S CHINA
7
July 2022
定価400円
1956年12月18日 第3種郵便物認可
2022年7月5日発行
（毎月1回5日発行）通巻829号
中国を知るための
日本語総合月刊誌
特集
新時代を切り開く
中国の青年
美しい中国　常徳
陶淵明が描いた理想の世界
Twitter
WeChat
www.peoplechina.com.cn

14

1

農村から突然の支局再建へ

張雲方＝文・写真提供

1970年代、北京市の王府井南口にあった人民日報社の旧社屋

1972年の7月は、北京の長い歴史の中でも特に暑い夏だった。また、その熱気に匹敵するほど中日関係はますますヒートアップしていた。米ソ対立が激化し、中ソ間の摩擦が一触即発の状況にある中、米国はそれまでの戦略を見直し、中国に友好を示すという大胆な手に打って出た。

こうした国際情勢は一衣帯水の中日関係にも影響を及ぼし、周恩来総理も、タイミングを計って中日国交正常化の実現に向けラストスパートをかけていた。中国は日本の政局の変動、特に自民党総裁選での田中角栄の「自主外交」と日中関係正常化に関する発言を注視していた。周総理は、中日覚書貿易事務所（LT貿易事務所）東京連絡事務所の蕭向前首席代表に対し、田中角栄や大平正芳ら自民党の要人にひそかに接触して中日国交正常化についての感触を探るよう指示した。同時に、中日国交正常化の道筋を付けるため、中日友好協会の孫平化副秘書長に上海バレエ団を率いて日本を訪問するよう命じた。

同年7月7日、田中角栄が自民党総裁選に勝利し、無事に組閣を終えた。初閣議後の談話で田中首相は、「中華人民共和国との国交正常化を急ぐ」とはっきり表明した。これに呼応して周恩来総理は、7月9日に行われたイエメン政府代表団の歓迎レセプションで、「田中氏の『中華人民共和国との国交正常化を急ぐ』という発言を歓迎する」と表明した。その後、14日に上海バレエ団の東京公演の幕が開けた。翌日、『人民日報』に上海バレエ団の東京公演の記事が掲載された。

新華社の記者が書いたこの記事は、臨場感たっぷりに公演の盛況ぶりを紹介していた。また、開演式に出席した民間友好に携わる人々の氏名リストも長々と載せられた。そして記事の末尾には、「日本の文化庁の関係者も出席した」と軽く一言添えられていた。

『人民日報』のこの記事を読んだ周総理は大変不満だった。

掲載翌日の未明2時、周総理は人民日報社の国際報道を担当する副総編集長の潘非氏を呼び、問い詰めた。「潘非、われわれが何をしているのか分からないのか。田中首相が政府関係者を派遣してバレエを見せたのは政治であり、その意思表明であり、私たちへの呼応なのだ。この記事は政治を全く分かっていない」。すると潘副編集長は、「党中央の指示通り、人民日報社の海外特派員を全員国内に呼び戻したので、この記事は新華社発の共通原稿で、私たちはそのまま掲載しました」とありのままに報告した。すると周総理はすぐさま新華社の責任者を呼び付け、「君たち新華社は一体何をやっているのか。党中央の考えや計画、政治を分かっているのか。よく考えもしないで、どうしてこんな記事を出したのか。田中首相の政治姿勢を示す文化庁関係者の出席を、なぜ記事の冒頭、もっと言えば見出しに出さなかったのか」と厳しく叱責した。

周総理の批判は、人民日報社の海外特派員の再派遣には逆に決定的な吉報をもたらした。その後、潘副総編集長の手配により、人民日報社の「海外支局の再開と特派員の選抜に関する報告」が周総理と党中央政治局の元に送られた。同政治局の常務委員は全員、速やかにこの報告書に目を通し賛同を表明した。これで人民日報社の海外特派員の再派遣と、全国的にその候補を選抜することが決まった。

党中央の計画により、人民日報社はまず日本とパキスタン、朝鮮と米国に支局を開設することにし、中国全土で特派員の人材を探し選抜することを決めた。

カエデの葉が紅葉し始めた73年の秋、社会主義教育活動隊の一員として吉林省樺甸県に派遣されていた私は、書類を整理していたとき、突然、県党委員会組織部から電話を受け、緊急任務があるので至急県城（県庁所在地）に戻るよう命じられた。県城に戻ると、組織部長は密封された公文書封筒から1枚の新聞記事の切り抜きを取り出し、私にすぐ翻訳するよう言いつけた。その切り抜きを見ると、日本の新聞の社説だった。内容は中東の石油情勢についてだった。

部長から原稿用紙を受け取り、隣にある応接室に座り、改めて文章を最初から最後まで注意深く読んだ。この社説は、中東情勢やオイルショックが世界経済と政治に与える影響について分析していた。2時間ほどかけて社説の翻訳を終え、原稿用紙にきちんと清書して部長に渡した。このわずか2時間が私の人生を決めるとは、当時は思いも寄らなかった。

74年6月、吉林省党委員会の組織部から電話が来て、省の党委員会に来るよう言われた。何のことか分からず、少し不安だったが、組織部に着くと、気がかりになっていたのがやっと落ち着いた。組織部の副部長は、「おめでとう。君は試験で優秀な成績を収め、党中央に選ばれた。人民日報社に行く準備をしておいてくれ」と私に告げた。

その1年前、人民日報社の人事部と国際部のスタッフが、中央政府の許可書を持って全国各地を駆け巡り、特派員を選抜していたのだ。彼らは各省・市で多くの人を面接していた。時間の関係で、農村などの末端に下放（党の幹部などを農村や工場に送る政策）された人については試験を行わなかったが、試験問題を預け、省の党委員会組織部に代わりに考査を依頼したのだった。

突然、県の党委員会組織部に呼び出され、慌てて翻訳した中東の石油に関する文章は、なんと試験問題だったのだ。翻訳自体、中国語の能力だけでなく日本語の能力も見ることができるので、まさに一石二鳥だと言える。

後で知ったのだが、その年は日本語ができる特派員は全国で一人しか選抜されなかった。しかも、いわゆるテストを受けたのは私一人だけだった。日本語だけでなく、その他の言語で人民日報社に選ばれ入社した者の中でも、テストを受けた者は一人もいなかった。これも私が末端の農村に下放されたためだったのだろう。

私は運が良かった。

75年の秋真っ盛り、人民日報社から新たに派遣される特派員の第1号として、私は日本に向かう中国国際航空機の機上の人となった。空高く飛ぶ飛行機から色とりどりに染められた大地を見下ろすと、一抹の不安がよぎった――向かう先は見知らぬ国で、全てはゼロ、未知からのスタートだと。

その機中で一篇の詩を書いた。

徐福衡命求神仙
鑑真東渡結良縁
歳月両千波濤涌
続写和平開新篇

（訳）伝説の徐福は始皇帝の命を帯びて仙人を求め
鑑真和上は日本へ渡り良き縁を結んだ
歳月は二千年の大波を越え
平和の新たな一章を書きつなぐ

ここから人民日報東京支局の再建という重要な任務が幕を開け、私の日本での3期連続の特派員生活もスタートしたのだった。■

日本に着任後、外務省から発行された筆者の外国記者証（1975年）

張雲方
Zhang Yunfang
1943年生まれ。国務院発展研究センター研究員、人民日報国際部編集者・記者、人民日報東京特派員（1975～80年）、国務院発展研究センター弁公庁副主任・外事局責任者、国務院中日経済知識交流会事務長、中国曹禺会会長、中華全国日本経済学会副会長、中国中日関係史学会副会長、中国僑聯国際交流協会顧問、中日民間協力会顧問などを歴任。

エッセイ

エッセイ・草創期の『人民中国』 1

北京行きのきっかけ

劉徳有
（Liu Deyou）
1931年、中国大連生まれ。日本文化研究者、ジャーナリスト、翻訳家。1952年北京へ。『人民中国』誌の翻訳・編集に携わる。1955年から64年まで、毛沢東、周恩来、劉少奇ら要人の通訳。1964年から78年まで、『光明日報』、新華社通信記者・首席記者として日本に15年滞在。1986年から96年まで、中華人民共和国文化部副部長（副大臣に相当）。著書は『時は流れて』『戦後日語新探』など多数。翻訳書は『芋粥』（芥川龍之介）『不意の唖』（大江健三郎）『恍惚』（有吉佐和子）『残像』（野間宏）など。

「人生には思いがけないことがよくある」と言われるが、中国東北地方の港町・大連に生まれた筆者が、まさか首都・北京で仕事をするようになるとは、思いもよらなかった。

1952年の冬、二十歳になって間もなく、はからずも転勤で大連から北京へ。それも本誌――『人民中国』の創刊と関係があり、不思議と言えば不思議と言えるかもしれない。

あれからはや70年。今年の6月5日は、『人民中国』日本語版の創刊記念日。創刊に携わった者の一人として、当時を回想し、個人の体験を交えつつ、向こう1年間、本誌の草創期にまつわる裏話や感想などを、エッセイの形でまとめてみたいと思う。題して「エッセイ・草創期の『人民中国』」。

52年といえば、筆者にとってあらゆる意味で人生の転機を迎えた年であった。正直言って、45年の8月、日本が敗戦したとき、14歳だった筆者には、まだこれといった判断力もなく、ただ感情的に、「これまで学校で習った日本語はもう使えない、いや、使ってやるものか」と考えていた。戦後、新しい基礎の上に日本人民が自国を再建するようになるとは想像すらしなかった。

ところが51年の春、はからずも筆者は、解放後に人民政府によって大連に残された日本人技術者の子弟のための学校――大連市日僑学校で中国語を教える部署に配属替えとなった。それが転機で、日本語は解放後の中国にも役立つのだということが分かった。

しかし、その時点では、筆者は北京とは全然関係がなく、北京行きなぞ考えてみたこともなかった。52年の10月、北京で新中国初めての国際会議――「アジア太平洋地域平和会議」が開かれたが、もしこの会議がなければ、おそらく、生まれ故郷の大連で一生を過ごしたかもしれない。

52年、夏休みも終わりに近づいたある日、大連市人民政府教育局から出頭するよう言われた。何事かと思いビクビクしながら行ってみると、北京で国際会議が開かれ、日本代表が見えるので、臨時通訳として北京へ出張するよう命じられた。筆者のほかに、もう一人、王という年配の教師がいた。

教育局の紹介状を携え、北京へ行く喜びを胸に北上の列車に乗り込んだ。列車は闇に包まれる遼南平野をひた走り、瀋陽へと向かった。翌朝、瀋陽に着き、駅近くの小さなレストランで朝食を済ませると、すぐ東北人民政府人事部に向かい、北京行きの手続きをとろうとした。応対に出た人に紹介状を渡し、手続きの終わるのを待っていた。しかし、相手の人は何回も紹介状を読み返すと、少し残念そうに言った。

「お二人には北京へ行っていただきません。東北を参観したいという外国の代表がおられるので、瀋陽ではそのための接待班が設けられ、お二人にはそのために来ていただきました」

「ええっ、北京に行かない？　瀋陽に残るんですか？」。頭から水を掛けられたような感じだった。

日本語、英語の通訳はじめ関係者が瀋陽に集まったのは、8月下旬だった。「アジア太平洋地域平和会議」の開催は10月上旬であったので、最初の頃、手持ち無沙汰の日が続いたが、しばらくして、仕事が与えられた。見学先の案内書の翻訳だった。見学先は、工場もあれば農村もあり、教育施設から文化遺跡まであらゆる分野に及び、難しい言葉がいっぱい出てきて、往生した。

最大の困難は、参考資料や辞書が一冊もないことだった。例えば、「工作母機（工作機械）」「鏜床（中ぐり盤）」「銑床（シリンダーマシン）」など機械の翻訳には特に苦労した。自分の知っている言葉を全部掘り出して翻訳を続けた。苦労の日々だったが、翻訳の質も想像できよう。仕上がった訳文を「民主新聞」社に持って行き、そこの達人に直してもらうよう指示があり、救われたようでホッとした。

「民主新聞」とは、日本の敗戦後、中国東北地方に残留していた日本人住民が発行した新聞で、社屋は宿泊先の遼寧賓館からあまり離れていなかった。訳文を持ってゆくのは当然、若い私の仕事だった。「民主新聞」社では、いつも社長の井上林さんが迎えてくれた。社長室はとても小さく、行くと、いつも椅子に座らせ、話をしてくれた。社長は、中国の普通の幹部と同じものを着ていて質素で、一見中国人に見えた。好奇心から、「民主新聞」社のどんな達人によって訂正と潤色がなされたかを知りたかったが、会う機会はなかった。直されてようやく様になった文章を持ち帰り、写しながらいつも、どうしてこのように修正されたかを考え、理解しようとした。大変良い勉強になったことは言うまでもない。

遼寧賓館。1950年代初頭は東北人民政府交際処だった（写真・劉徳有氏提供）

瀋陽にいても、われわれ関係者は北京のことをいつも考えていた。

10月初旬に開かれる「アジア太平洋地域平和会議」の準備は着々と進んでいた。日常の仕事に追われる中、会議の進捗状況や雰囲気などは実感できなかったが、自分のしている仕事がこの重要会議の一部であったので、会議に関する動きには高い関心を持っていた。

開会は、10月2日。大会の生放送を聞くために、接待班全員が賓館1階にある大きな部屋に集まった。まるで北京にいるかのように興奮した。開幕式で演説する郭沫若氏の抑揚あるあの独特な声がラジオから流れてきた。

「平和は座して待つものではなく、勝ち取るものです」

この言葉は、心の底まで響いた。

11日間続いた会議は、大きな成功を収め、日本問題や朝鮮問題に関する決議などを採択して幕を閉じた。

会議が閉幕に近づくにつれ、各国代表の瀋陽参観を具体的に考えるようになった。わくわくする中、日本代表は東北へ来ないことが通告された。あまりにも突然なことに、われわれ日本語通訳は失望の深淵に突き落とされたようだった。

東北見学に来た外国の代表は全て英語を話したので、日本語通訳は完全に「失業状態」になり、仕方なく、参観隊列の後ろに付いて通訳のやり方を見習うことにした。実際のところ、通訳の担当者は全て外国代表に随行して直接北京から来た人たちで、レベルが高く、通訳する際に必ず小さなノートを持ち、メモを取るその真剣な姿がとても印象的で、感動的だった。自分にはこのように現場で通訳をしたことがなく、お手本として勉強した。もし、あのとき、すぐに通訳しろと言われたら、果たして自分にできただろうかと思ってみたりした。

ある日突然、賓館に見知らぬ訪問客が2人訪ねてきた。■

（本シリーズを書くに当たり、藤原書店出版の拙著『時は流れて――日中関係秘史五十年』と日本僑報社出版の拙著『わが人生の日本語』の一部を参考にしました。）

大連日僑学校の教職員、2列目右端が筆者（1952年の写真、劉徳有氏提供）

2022年「Panda杯」表彰式
好感度上昇で応募最多

王焱＝文
中国外文局アジア太平洋広報センター＝写真提供

昨年11月23日、中国外文局アジア太平洋広報センター、駐日本中国大使館、日本科学協会が共催するPanda杯全日本青年作文コンクール2022オンライン表彰式が北京で行われた。

表彰式では中国外文局の杜占元局長があいさつを述べ、孔鉉佑駐日本中国大使と日本財団の尾形武寿理事長がビデオメッセージを寄せた。また、日本科学協会の高橋正征会長、首都師範大学の董竹娟党委員会副書記、東日本国際大学の西園寺一晃客員教授、日中友好会館の黄星原理事らゲストのほか、協賛団体の代表と日本人受賞者約100人がオンライン交流を行った。

若者に託された友好の希望

杜局長はあいさつで次のように述べた。中日は「引っ越しできない隣国」であり、両国の伝統的友情は堅固で得難いものだ。習近平国家主席は、「Panda杯」受賞者の中島大地さんの手紙への返信で、「両国の友好の土台は民間にあり、両国人民の友好の未来は若い世代に託されている」と指摘した。日本の若者がもっと中国に興味を持ち、中国の歴史や文化、発展状況をあらゆる角度から理解することを望む。またその上で、中日の友好交流にさらに深く関わり、自分の立場から中日の友好事業のためにさらに多くの青春の力をささげてほしい。

孔大使はビデオメッセージで次のように述べた。新型コロナ下で両国

ビデオメッセージを寄せた孔鉉佑大使

ビデオメッセージを寄せた尾形武寿日本財団理事長

あいさつを述べる高橋正征日本科学協会会長

作品の感想を述べる西園寺一晃東日本国際大学客員教授

アンケート結果の感想を述べる日中友好会館の黄星原理事

あいさつを述べる董竹娟首都師範大学党委員会副書記

受賞の感想を語る受賞者代表の山口翔太郎さん

感想を述べる山梨学院高等学校代表の根岸深雪さん

感想を述べる2021年受賞者代表の太田実さん

…いさつを述べる中国外文局の杜占元局長

…受賞者を発表する中国外文局アジア…洋広報センターの陳文戈主任

アンケート結果を読み上げる中国外文局アジア太平洋広報センターの王衆一総編集長

…受賞者を発表する中国外文局アジア太平洋…センターの王…党委員会…副書記

表彰式の司会を務める中国外文局アジア太平洋広報センターの于文副主任

砂原さんの信念を受け継ぐために

漫画『血と心』の雑誌連載が昨年終了した。アニメ版『血と心』はビリビリ動画で1000万回以上の再生回数を記録し、今年日本でも配信予定だ。中日関係史における実在の人物を描いた初のアニメとして、同作にはどのような裏話があるのだろうか？　制作チームはどのようなことを考えてきたのか？　制作に参加した主要メンバー11人が、座談会で熱く語り合った。

QRコードをスキャンするとビリビリ動画でアニメ『血と心』を視聴できます

アニメ『血と心』制作者座談会

漫画からアニメへ

朱承銘　全12回のアニメ『血と心』は伝奇的な物語を描いており、ストーリーにはある種の尊い心情が凝縮されています。このような作品が2年半の時を経て、ついに配信されました。弾幕やコメントの盛り上がりを見る限り、この作品は皆さんの期待に背かなかったようです。本日、私たち制作チームとアドバイザーチームが共に創作の過程を振り返り、配信を見始めた視聴者の皆さんにシェアするのは、まさにちょうどいいタイミングといえるでしょう。

王衆一　原作漫画の作者・李昀さんと私、田濤さんは、この物語が漫画からアニメになる全過程を見届けました。漫画が中日両国でそれぞれ出版されてから、アニメが完成するまで、3年かかり、どんどん多くの人が、共通の心情を持ち続けるために、この物語の創作に参加するのを目にしたことは、実にうれしいことでした。本日、十数人の関係者が一堂に会し、感想を述べ合うのは、

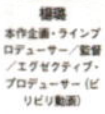
楊璐
本作企画・ラインプロデューサー／監督／エグゼクティブ・プロデューサー（ビリビリ動画）

楊碩
本作総監督

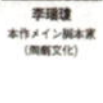
李瑶璇
本作メイン脚本家（両個文化）

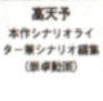
高天予
本作シナリオライター兼シナリオ編集（原卓動画）

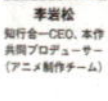
李岩松
知行合一CEO、本作共同プロデューサー（アニメ制作チーム）

朱承銘
公共事務部総監（ビリビリ動画）、本作指導

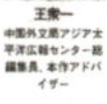
王衆一
中国外文局アジア太平洋広報センター総編集長、本作アドバイザー

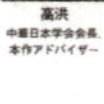
高洪
中華日本学会会長、本作アドバイザー

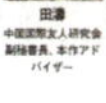
田濤
中国国際友人研究会副秘書長、本作アドバイザー

劉飛
中国共産党中央党校文史部准教授、本作アドバイザー

李昀
漫画『血と心』作者、本作アドバイザー

長年の北京放送リスナー・『人民中国』愛読者 神宮寺敬さんをしのぶ

友好・平和の思い 語り継ごう

中央広播電視総台（CMG）日本語キャスター
王小燕＝文・写真提供

春まだ浅い日曜日の午後、甲府から悲報が届きました。103歳の誕生日まであと12日という2月12日、長年にわたる北京放送のリスナーで、『人民中国』の愛読者でもある神宮寺敬さんが逝去されました。「もう一度だけ中国に行きたい、と父は言い続けていた」という長女・敬子さんの言葉に、ご本人の無念を感じずにはいられませんでした。

神宮寺さんは、戦争の悲惨さを目の当たりにしたことから、中国との平和・友好をライフワークとして取り組んできました。中国の友人や「子どもたち」と呼ぶ若い人たちの間で、神宮寺さん夫妻は「おじさん」「おばさん」と呼ばれ、親しまれていました。

悲報を受けた『人民中国』の王衆一総編集長は、「今年の創刊70周年を前に、かけがえのない人を失った」と悲しんでいました。おじさん一家と親しく付き合っていた北京放送の張振華元

愛読し続けている『人民中国』の本社を訪れた98歳の神宮寺さん（中央）。王衆一総編集長（右）から歓迎と長寿祝いの花束を受け取り、思わず笑顔に（2019年10月）

得たエッセーです。「短い祝辞」という見出しで、副題は「お前愛しているよ」でした。

内容は、めい御さんの結婚式に出席した日に起きたことについてでした。その日、おじさんは車を運転していて追突事故に遭ってしまいました。頭の中が真っ白になった次の瞬間、妻・綾子さんの顔が浮かんだそうです。帰宅後、早速この話を綾子さんに話すと、綾子さんはうれしそうな顔になりました。それを見たおじさんは、「言葉にすることの大切さを知り」、それからは、「連れ添って40年口にしなかった『お前が好きだよ』を何かにつけて言うようになった」とユーモアたっぷりにつづっていました。とても心が温かくなるエッセーでした。

こうした何気ない小さな出来事から悟ったことを、おじさんは普段着の言葉でよく語っていました。

余談ですが、おじさんは手相を占ったり、手の中に握った碁石を瞬時にもう一方の手の中に移動させたりする手品までこなしました。このほかに、おじさんは卓球の選手で山岳部の出身、囲碁アマチュア三段、生け花日本古流の免許皆伝といった趣味人でもあります。そうしたたしなみの中から豊かな感性が育まれ、人生を達観できたのだと思います。

◆中国の「娘・息子」と同じ釜の飯

「友好とはお互いを知ること。これには同じ釜の飯を食べることが大事です」。このシンプルな言葉がおじさん夫妻の「行動指針」でした。研修生の受け入れを始めた1986年から、夫妻は中国の知人や「娘」や「息子」たちに会うため、毎年中国を訪問しました。中国との交わりは、まるで神宮寺家の「年中行事」のようでした。

しかし、それから三十数年たち、月日が流れれば山あり谷ありで、人生さまざまな出来事が起こります。神宮寺家でも家族の人が病気になったり、事故などの不幸が起きたりしましたが、中国との交流が途絶えることはありませんでした。

66年以降、神宮寺さん一家と家族ぐるみのお付き合いをしてきた新華社の元駐日首席記者の劉徳有さん（現『人民中国』顧問）は、中国との友好交流一途だった神宮寺さんを、「荒波をくぐり抜け、真理を追い求め、中日友好の信念を貫き通された方」と大変尊敬していました。私も同じです。

では、その強い信念は一体どこから来たものでしょうか。私は少しずつその答えが分かってきました。それは、神宮寺おじさんの戦争から平和への旅路といえるものでした。

◆侵略の反省胸に平和守る活動へ

1945年8月15日、神宮寺敬さんは日本の敗戦を上海で迎えました。

「通信部隊で戦闘の主力ではなかったものの、軍隊の一員として日本の中国侵略に加担しました。申し訳ありませんでした」

これは、おじさんが初対面の中国人と交流する際、いつも真っ先に伝えることでした。

おじさんによると、母校の旧制甲府中学の同級生167人のうち、ほとんどが志願や徴兵によって戦地に駆り出され、約50人が若い命を散らしたそうです。

戦場から戻ったおじさんは、「自分だけが生きて帰ってきた」という負い目から、家族にもなかなか戦争の悲惨さを伝えることができませんでした。しかし、原爆で生き残った負い目を抱える女性を描いた映画を見て、やっと話す覚悟がついたそうです。「若く散った同級生の無念さ、その家族の悲しみ、また『二度と教え子を戦場に送るな』と叫ぶ恩師の願いを、生き残った者たちで語り伝えたいと思う」――2013年3月27日付けの朝日新聞朝刊に掲載された神宮寺さんの投書の一部です。

14年、日本政府が集団的自衛権の行使を容認する閣議決定をした後、おじさんはおばさんと共に反対デモに参加。「戦争は静かにやってくる」と山梨平和ミュージアムの会報に寄稿し、警鐘を鳴らしました。

同じ年に、日本のメディアからの取材依頼に対し、「二度と戦争させない（したくはない）」という点を結論として、取材してほしい」と単刀直入に「条件」を申し出ていました。

戦争への強い警戒心とともに、おじさんには、家族と一緒になっての日中友好というライフワークがありました。中でも、北京放送と『人民中国』との出会いで得た人生の収穫についてこう述べています。

「北京放送のリスナーになったことにより、世界平和

平和主義守り 中日新時代へ

「大江健三郎の思想と現代的価値」座談会

王焱＝文・写真

座談会会場の様子

生涯にわたって軍国主義の復活に反対し、中国を6回訪れた大江健三郎氏が今年3月3日、亡くなった。中日両国の文化交流と友好事業を推し進めたこの文壇の巨匠をしのび、中華日本学会と中国社会科学院日本研究所が共催して同月22日、「大江健三郎の平和主義思想とその現代的価値」座談会が行われた。会には同学会の常務理事や同研究所の研究員、中日のメディア関係者など約100人が参加。中華日本学会の高洪会長と、中国社会科学院日本研究所所長で中華日本学会の楊伯江常務副会長らがスピーチを行った。

平和主義事業は永遠に続く

高会長はスピーチの中で、大江氏が生前に一生の願いとして、「一つは日本がアジアと中国と和解すること。もう一つは日本国民、とりわけ若い人が教育を受け、深く反省し、平和を愛する日本人になることだ」と率直に語っていたことを明らかにした。

高会長は、冷戦終結後に極端なナショナリズムが台頭し、政治が右傾化し、社会全体が保守的な傾向へと向かう中で、これは非常に得がたく貴いものだと言える。大江氏は中国人民の古い友人であり、大江精神は不滅で、平和主義の事業は永遠に続く――と述べた。

また楊副会長は次のように述べた。

大江氏は常に世界のことを考えており、「自分の文章と重大な世界の問題を絡め合わせて考える作家であった」。この大江氏のこだわりと反省の裏には、現実の政治に対する憂慮と警戒があった。日本は現在、「戦後最も大胆な戦略的転換」の途上にある。昨年末に閣議決定した「安全保障関連3文書」によって、「専守防衛」の原則を放棄し、いわゆる「反撃」というレトリックは「攻撃」の本質を隠し切れず、戦後日本の平和主義は瀬戸際に立たされている。

真の愛国者が守る平和憲法

座談会の参加者が大江健三郎氏を記念する短編ビデオを鑑賞した後、十数人の中国側ゲストがオンラインとオフラインで大江氏への追悼と思いを次々と表明した。

その中で、中国社会科学院日本研究所の前所長で中華日本学会の李薇前会長は、大江氏の作品は私小説のような日本の純文学とは異なり、リアリズムの視点から人としての良識を呼び覚まし、国家と民族の運命に対する作家の強い責任感を反映していると述べた。また李前会長は、大江氏が中国を訪れて南京の中山陵（孫文の陵墓）を見学した際、「天下為公」（天下をもって公となす）「天地正気」（天地は万物を平等に扱う）という扁額に向かい、二度お辞儀をしたこと

を振り返った。

復旦大学日本研究センター主任で中華日本学会の胡令遠副会長は次のように指摘した。中日国交正常化の背景には、大江氏のような日本の思想界、文化界の人々の多くの貢献があった。大江氏は去ったが、今の日本には真に先見性と卓越した見識を持ち、良識ある知的エリートがまだおり、その粘り強さが日本の平和主義を維持している。

『人民中国』の総編集長で中華日本学会の王衆一常務理事は次のような見方を示した。大江氏は日本の歴史と未来に対して深い洞察力があり、人類へ深い愛情を抱き、平和主義に対して揺るぎない信念を持っていた。大江氏は真の愛国者だった。まさに日本を深く愛していたからこそ、未来を見据え、戦後の日本に平和と発展、幸福をもたらした平和憲法を断固として守ったのである。

中国社会科学院外国文学研究所の研究員・許金龍氏は、大江健三郎作品の中国語版翻訳に多く携わってきた。許氏は、70歳を超えた大江氏が2006年、侵華日軍南京大虐殺遇難同胞記念館を見学した際、ショックのあまり歩くことができなかったと明らかにした。中国側は、その後に予定していた座談会を取りやめようとしたが、大江氏はその日の全ての行事をしっかりこなしたという。

平和・反戦が大江作品の核

今回の座談会では、多くの日本側ゲストが寄せた大江氏への追想スピーチも代読された。その中で、NPO法人「日中未来の会」の南村志郎代表はこう述べていた。「大江氏は、日本の再生は、民主主義の理念と二度と戦争をしないという決意に基づくべきだと主張した。また大江氏は、民主主義の理念と恒久平和は戦後日本の再生の道徳的な柱であり、日本の平和と安定に重要な意味を持つと確信していた」

名古屋外国語大学の名誉教授で日中関係学会の川村範行副会長は、大江氏は名実共に「行動するノーベル賞作家」であったと評した。また川村氏は、「安保3文書」が初めて明確に自衛隊の「敵基地攻撃能力」の保有を認めたが、これは専守防衛の基本方針と憲法第9条に反すると考えている。川村氏は、「中国は敵ではなく、日中両国の協調による東アジアの平和構築を推進すべきである」と呼び掛けた。

上海交通大学人文学院副研究員の石田隆至氏は次のように示した。大江氏の死後、中国のメディアは直ちに報道した。だが、多くの日本のメディアの報道は限られていた。大江氏の多くの作品は、戦後日本の現状を根本的に観察し直したものである。だが、多くの日本のメディアはこれをあいまいにし、大江氏がノーベル賞を受賞したことだけを「日本人の偉業」と宣伝した。

新時代に合致する中日関係へ

中国社会科学院日本研究所の呉懐中副所長は、座談会を以下のように総括した。大江氏の平和主義思想は全人類共同の財産である。この時期に大江氏を記念し、その思想と精神、主張と立場を振り返ることは大変重要な意義を持つ。大江氏は中日の平和友好を提唱し、中日関係の発展に心からの関心を寄せてきた。今年は中日平和友好条約締結45周年に当たる。この新たな歴史の出発点に立ち、大江氏の気骨と精神を受け継ぎ、伝え、広めていくために、中日は手を携え、この条約の精神に立ち返り、平和的な発展を共に促し、中日関係の正しい方向を堅持し、新たな時代の要請に応える両国関係の構築に努めなければならない。■

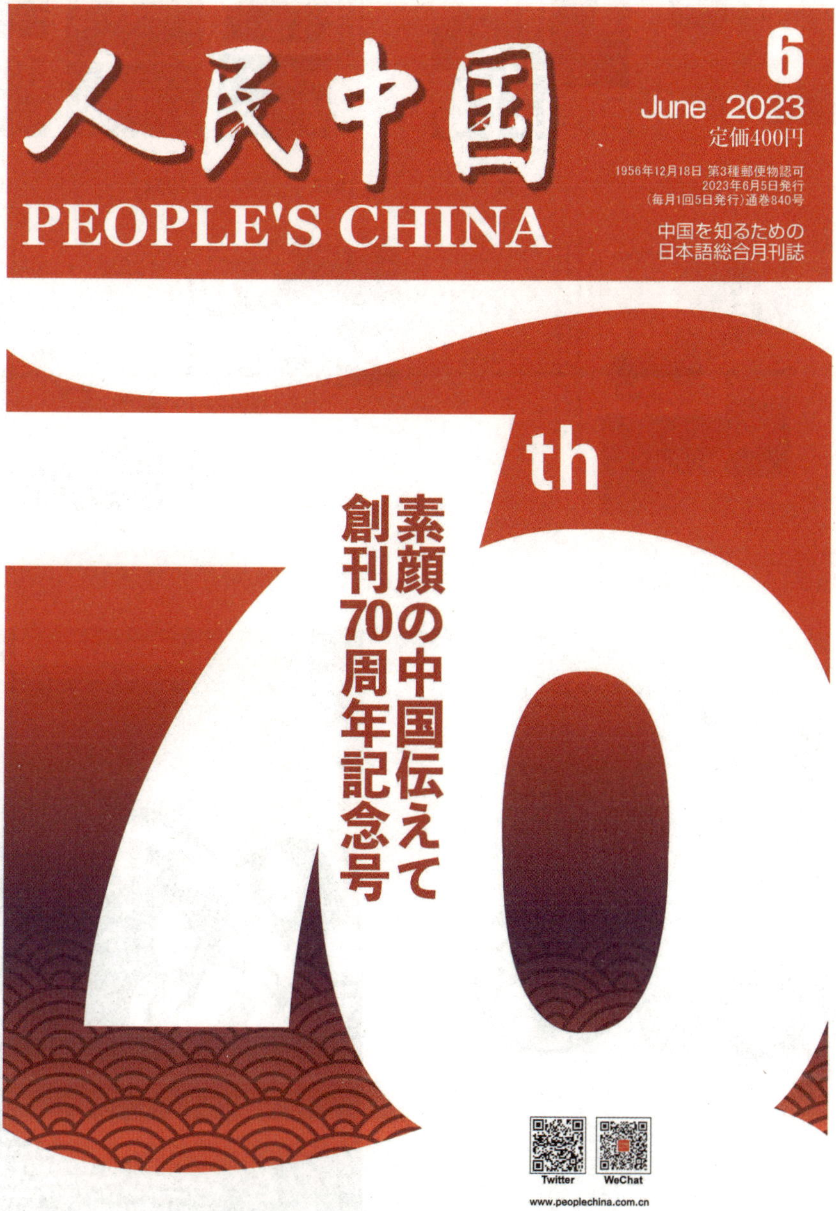
人民中国
PEOPLE'S CHINA
6
June 2023
定価400円
1956年12月18日 第3種郵便物認可
2023年6月5日発行
（毎月1回5日発行）通巻840号
中国を知るための
日本語総合月刊誌
70th
素顔の中国伝えて
創刊70周年記念号
Twitter
WeChat
www.peoplechina.com.cn

7

1958年、中国人民志願軍は朝鮮から帰国した。新中国は勢いよく前進する平和建設の時代に入った（1958年第12号）

1956年6月、中華人民共和国最高人民法院特別軍事法廷は第2次世界大戦中に中国でさまざまな残虐な罪を犯した日本の戦犯への裁判を行った。これらの戦犯たちは思想改造後、大多数が心から悔い改めて更生し、中日友好事業の重要な一員になった（1956年第8号）

1953年10月1日に北京の天安門広場で行われた国慶節の大行進には、中国人民が平和を迎えた喜びと新中国建設のために奮闘する熱意があふれている（1953年第6号）

1958 — 1957 — 1956 — 1955 — 1954 — 1953

1957年6月、中華全国総工会が組織した登山隊が四川省にある標高7590㍍のガンガ（貢嘎）山に登頂し、中国登山史の新たな章を開き、高い目標に果敢に挑む中国人民の精神を示した（1957年第9号）

1954年12月、平均標高3000㍍以上の西康・チベット自動車道路が開通し、不便だったチベットの交通状況を劇的に変え、チベット高原の経済と文化の発展に有利な環境をつくった（1955年第1号）

1954年にまだ建設中だった武漢長江大橋は、新中国が戦争の傷を癒やす中で「天塹変通途」（長江という天然の堀を道に変える）という雄大な志を成し遂げた（1954年第8号）

創作料理　七色の和え物

七彩絲語（チー ツァイ スー ユイ）

隣の家常菜

本誌社員自慢の手料理

第18回

初夏とはいえ、
6月の日差しはなかなか厳しいもので
晩ごはんにはさっぱりとした冷菜が
恋しくなりがちです
そこで中国風和え物の登場となりますが
今回は『人民中国』70周年にちなんで
7種の具材を組み合わせました
作り方は決して難しくはありませんが
美しい盛り付けのためにも、
千切りは丁寧に！

材料

6人分
ウズラの卵　6個
卵　3個
ニンジン　1本
ダイコン　1/4本
キュウリ　1本
春雨　小1束（50gくらい）
干しキクラゲ　戻したもの50g
ランチョンミート　1缶
山楂糕（サンザシゼリー）　1枚
（飾りなのでなくても可）
白ごまペースト　約カップ1/3
ニンニク　3かけ
醤油、黒酢、砂糖、塩　各少々

七彩絲語 つくり方

① 卵1個とウズラの卵はゆでておく。残りの卵2個は溶きほぐしてから薄焼き卵を作る。ニンニクはみじん切りにしてゴマペーストと合わせ、醤油、黒酢、砂糖、塩で味を調える。

② ウズラの卵は殻をむいてナイフでウサギの形に成形する。ゆで卵は黄身が中央に来るよう両端を縦に切り落とす。春雨はゆでて水に取り冷まし、キクラゲは水戻しした後さっと湯通しし、山楂糕は星型に切り抜く。

③ ニンジン、ダイコン、キュウリ、ランチョンミート、キクラゲ、薄焼き卵を等幅の千切りにする。

④ 切った材料と春雨を放射状に皿に盛り、山楂糕の星を上に、ウズラの卵とゆで卵を周囲に飾る。

⑤ 食べる前に卓上でゴマソースをかけ、よく和えてからいただく。

今年はウサギ年、そして『人民中国』創刊70周年ということで、七つの食材を用意しました。さらに上にサンザシゼリーで作った星を載せて『人民中国』70年の並々ならぬ歴史を、ウズラの卵のウサギがゆで卵の月を見上げる姿は、『人民中国』に関わってきた人々が星空を見上げ、初心を守り続けてきたさまを表しています。そして私の干支でもあるウサギが6羽。これは自らの干支の年にまさに還暦で人生の転換を迎えたという喜びを表しています。

公式Twitter→
#七色の和え物
も要チェック！

つくる人
アジア太平洋広報センター
総編集長
王衆一
遼寧省瀋陽出身

1978年8月12日、中日両国政府は北京で中華人民共和国と日本国との間の平和友好条約に調印した。同条約は72年の中日共同声明に次いで、両国関係を発展させる上で守るべき重要な指導原則をいっそう確立し、中日が政治・経済・文化・科学技術などでの交流・協力を推し進めるための条件をつくり出し、アジア太平洋地域の平和と安定にポジティブかつ深い影響をもたらした。

45年後の今日、中日両国の社会の発展に大きな変化が起きている。百年間なかった大変動の影響を受けて中日関係が歴史の岐路に立たされているという背景の下、平和友好条約の内容と精神は引き続き中日関係の長期的かつ安定的な発展を導けるのか？

中日平和友好条約締結45周年に際して、この問題について、両国の専門家・学者を招き、政治・外交、経済・貿易、安全保障、人的交流、とりわけ青少年交流などを巡って、現在および将来における条約の意義を振り返ってもらった。今回の特集を通して、中日関係の現実問題を解決するために守るべき原則・精神、取るべき方法・道筋を見つけたい。

2009年5月、中日の青年が早稲田大学で開かれた「中国青少年友好交流年開幕式」で「明天会更好」を合唱した（VCG）

本文中で囲み数字のついた言葉は今月のキーワードです。[illegible]ページをご覧ください。

創刊70周年特設サイトはこちら！
本特集内で紹介している過去の記事の
全文を閲覧することができます。

70年

前、当時の中国人民保衛世界和平大会主席だった郭沫若氏は、「人民中国」創刊号に寄せた「発刊のことば」の中で、この雑誌は、日本の人民に今日の中国の国家建設事業の実際の姿を伝え、これによって、読者が正確に迅速に、全面的な理解を得られるようにすることを趣旨としており、これは中日両国人民の友誼を促進するためにも、また極東の平和を擁護するためにも必要なことである――と述べた。光陰矢のごとし、いつの間にか「人民中国」日本語版は70歳の誕生日を迎えた。

70年の道のりを振り返ると、「人民中国」はさまざまなことを目撃してきた。現代化に向かった新中国の苦労の過程、中日関係が無から有へ、民から官へ、国交正常化から深化へと向かった紆余曲折の発展の歴史、また、中国人民の時代ごとの姿や奮闘の物語。さらには、数世代の対日広報従事者が日本人の同僚と共に仕事に励み、両国人民の友好、両国の人々の心の触れ合いを促進するためにささげた70年の心血……「人民中国」は紙媒体として、現代の中日関係の発展を推進する上で、独特かつ替えのきかないプラスの役割を果たしてきた。

中日交流の窓を開く

1950年代、冷戦情勢の変化に伴って、障害を乗り越え、交流を実現させたいという中日双方の願いが日に日に強くなっていた。このような背景の下、1953年6月に月刊雑誌の「人民中国」日本語版が誕生し、日本の人々が新中国の実際の姿を全面的に知るための「窓」を開いた。

この「窓」を通して、日本の読者はさまざまなこと――53年10月1日の国慶節に天安門広場で行われた「平和と建設」の大行進の盛大な光景、中国人の手による初めての揚子江鉄橋――武漢長江大橋、平均標高3000㍍以上に開通した西康・チベット自動車道路、62、63年に中日両国で相互に開催された貿易展覧会の盛況な様子、日本新劇団や松山バレエ団による訪中公演の感動的なシーンなど――を目にした。

これら中国発の新鮮な報道に興味を持った日本の各界の人々が次々と「人民中国」の読者になった。彼らは日本の各地で続々と「読者会」を発足し、「人民中国」の日本での知名度向上に一役を買った。まさに「人民中国」と日本の読者の共同の努力が、中日両国間の情報の伝達や人の往来がまだ不便だった時代に、交流の橋を架けたのである。

72年9月、中日の国交が正常化した。「人民中国」は同年11月号の本誌とふろくの別冊に、多数の素晴らしい文章と写真を掲載して、中日関係のこの重要な瞬間を記録した。今日になっても、この貴重な歴史的史料は依然として、当時の両国民が中日の平和友好を追求した揺るぎない初心と素晴らしい願いを感じさせてくれる。

共に過ごした貴重な歳月

王衆一　沈暁寧＝文

中日友好の賛歌を歌う

国交正常化の実現は中日関係の新たなページを開いた。その後、中日両国は国家間の正常な往来を回復し、特に中国が改革開放をスタートしてからは、各方面の協力が積極的に展開され、「中日平和友好条約」の締結から「平和と発展のための友好協力パートナーシップの構築に関する中日共同宣言」の発表まで、中日友好事業には新たなピークが訪れ続けた。

その時期の「人民中国」を開くと、中日友好をうたう報道が主旋律となっている。84年の3000人の日本青年の訪中から、翌年の「中日友好の船」に乗った500人の中国青年の訪日まで、「人民中国」は記者を派遣して取材し、臨場感あふれる報道で両国民の深い友情を記した。92年、明仁天皇（現上皇）が2000年にわたる中日交流史において天皇訪中の先駆けとなり、「人民中国」は多数の写真を掲載してこの中日友好の美談を報道した。また、この時期、中国社会の大きな変化や悠久の歴史文化、民俗風習が記者のレンズや文章を通して読者に紹介され、日本の人々の中国旅行ブームを引き起こした。この時期、「人民中国」の読者は次々とツアーを組んで北京を訪れ、本誌スタッフと活発な交流を行い、友情を深めた。一方、人民中国雑誌社も86年に東京支局を開設し、読者会との連絡を通して、愛読者とのつながりをいっそう強化した。双方が密接に交流し、手を携えて心を一つにしていた光景は、当時の健全な中日関係をリアルに反映していた。

中日関係の未来を見守る

今世紀に入ってから、中日双方は経済貿易協力、文化交流、人の往来などを全方位で展開し、それはこれまでになかった高みに達し、両国民はかつてないメリットを得た。しかし、世界の大変動期にあり、国際情勢が目まぐるしく変化する中、中日関係は起伏や紆余曲折を経て前進しながら、新旧の課題に向き合っている。

複雑な情勢にあっても、「人民中国」は人民友好の旗印を断固として高く掲げ、中国の立場を積極的に表明してきた。中日協力の成果を数え上げ、文明の学び合いを紹介し、災害時の両国の見守り合い、助け合いや、新型コロナウイルス流行時の双方による支援物資の贈り合いについて伝えるなど、「人民中国」は中日友好協力に関する数々の報道によって、両国関係への自信や、国民間の絆を強めてきた。

さらに、「人民中国」は10年近くにわたり、日本側パートナーと協力し、Panda杯全日本青年作文コンクールを開催し、数百人の受賞者の訪中を実現し、青年交流の伝統を新時代において大いに発揚した。また、年1回中日共催の「北京―東京フォーラム」に協力し、難関を乗り越え、中断することなく、中日両国の有識者が、この中日間で最大規模かつ最高レベルの公共外交（パブリック・ディプロマシー）・官民交流の場において、両国関係のさらなる発展のために知恵を出し、コンセンサスを集められるようにし、両国社会に新時代の要求に合致した中日関係の構築について考え、模索するよう呼び掛けてきた。

70年間にわたり、風雨を乗り越え、努力の末に成果を手にした。「人民中国」の70年は、終始日本に向けて等身大の中国を説明してきた70年であり、中日友好を願う人々が一致団結してきた70年であり、友情とウインウインをたたえながら両国民を温かく励ましてきた70年だった。歴史を未来につなぐため、私たちは各年の雑誌から一つずつ、計71の誌面を厳選した。そこには「人民中国」が70年間目撃してきた時代の大きな変化が凝縮されている。

特集
協力・
ウインウインの
新章開く
中日平和友好条約締結45周年

立秋三候寒蟬鳴
クコの実
朝顔の藍やどこまで奈良の町
（加藤楸邨）
花開入眼帘
奈良城中処処見
牵牛点点藍
（王衆一 訳）
牵牛藍色誰辺尽
漫歩奈良街市中
（王若 訳）

記念訪日団は長野の読者と交流し、誌面への貴重な意見や希望を聞き取った（写真・王朝陽／人民中国）

の伝統をしっかりと受け継いでいきます」

長野県読者会の茂木博会長は、60歳の時に読者会に参加した。茂木氏はしみじみとこう話した。「『人民中国』は中国の発展状況を総合的に紹介してくれ、さまざまな情報が得られます。読者会の会長となって、私の人生もさらに豊かになりました。『人民中国』が今後も大きく発展し、日中の文化交流や人の交流に大きく貢献されるよう心から願っています」

長野県日中友好協会の西堀正司副会長は、次のように変わらない意欲を述べた。「70年にわたって『人民中国』が読者に愛され、社会に貢献できたのは、非常に得難いことです。私はもう83歳で、体力も以前ほどではありませんが、でも変わらずに頑張って『人民中国』と共にコロナ後の時代の日中交流に尽くしたいと思います」

◇

交流会の終了後、記念訪日団は、『人民中国』の師であり友でもある専門家の故金田直次郎氏の墓参りのため、群馬県前橋市に向かった。金田氏は1982年から91年と、2010年から1年間の二度にわたり『人民中国』に勤め、計10年を中国で過ごした。だが201

師氏の墓参りに訪れ、中国の日本向け広報事業に大いに尽くした金田氏をしのんだ（写真・王朝陽／人民中国）

飾られた生花をささげ、国内の同僚たちから託された白酒（中国焼酎）の「二鍋頭」とナッツなどのおつまみを並べた。北京の「二鍋頭」は、金田氏一番のお気に入りの白酒で、時間があるときには本誌の若いスタッフとグラスを傾け、中国の発展や記事の企画などについておしゃべりを楽しんだ。そして、こうした日常の付き合いの中から多くのアイデアが生まれた。

ゆるやかに立ち上る線香の煙とともに、痩せて素朴な、あの金田氏が私たちの前に現れたようだった。おなじみの誠実な笑みを浮かべ、記念祝賀会が大盛況だったという記念訪日団の報告に熱心に耳を傾け、日本に中国を紹介し、中日交流を促進する仕事にさらに努めるよう皆を無言で励ました――。

広報事業の「無名英雄碑」に刻み、対外広報担当者の栄光と責任を担ったとした。

退職した職員の代表・劉世昭氏は『人民中国』のカメラマンだった。35年の在職中、劉氏は祖国の全国各地を走破し、写真で時代の記憶を留めた。劉氏は沈興大記者と共に1981年、延べ404日かけて5000㌔余りを自転車で巡り、北京と杭州を結ぶ京杭大運河の沿道の53県77町村を取材した。劉氏は自らの経験を通して、『人民中国』が現地取材によって、リアルで生き生きとした社会の様相や人民の生活を読者に紹介していることを示した。

実務を担う中堅職員の代表として、『人民中国』編集部の銭海澎部長とメディア融合発展部の王浩部長は、それぞれ『人民中国』という大家族に加わって約20年の思いを披露した。

銭部長は、70年の道のりを歩んだ『人民中国』は、中日関係の浮沈を経験したが、さざ波が立とうとも動ぜず自然体で対応してきたとした。この落ち着きの背景には、伝統がもたらす自信と革新が与える活力、揺るぎない中日友好の信念によって培われた底力があったと話す。

また王部長は、『人民中国』を、成熟し博学で落ち着き、品位を保ちユーモアも失わず、日本の読者にうむことなく中国の物語を語る――そんな一人の教養ある中年に例えた。また、雑誌の拡充と業務の革新により、『人民中国』という日本に向けた広報の「老樹」は、今も絶えず「新芽」が出続けていると、二人は声をそろえた。

『人民中国』の一読者から本誌スタッフとなった日本人専門家の籠川可奈子氏は、次のように語った。異国の地での仕事は簡単ではないが、『人民中国』というこの大きな家庭はたくさんの温もりとサポートを与えてくれた。また『人民中国』の記事で、本当の中国に触れ、知ることができた。より多くの日本の読者が、『人民中国』という「懸け橋」を通して魅力あふれる中国を知ることを期待している。

東京で開かれた『人民中国』創刊70周年の記念祝賀会に出席した関係者やゲストら

『人民中国』編集部の蔡夢瑶編集部員は、入社してまだ4年という若いスタッフだが、先輩たちが伝えてきた「人民中国の精神」を強く感じ、自分を鼓舞してきた。彼女は、「足を使って良いニュースを書く」ことや「人の温もりのあるレポートを読者に届ける」ことの奥深い意味を悟った。そして、この思いを胸に絶えず自身を叱咤し、成長させてきたという。

外文局は2021年、人民中国雑誌社と中国報道雑誌社という土台の上に、アジア太平洋広報センターを立ち上げた。これは、以前の『人民中国』が新時代において融合と発展を加速し、

日本向け広報を拡充するために設置された新たなプラットフォームだ。一緒に仕事に励む仲間として、『中国報道』編集部の徐豪部長とビジュアルデザイン部の章方華副部長も、『人民中国』の70歳の誕生日を祝福し、二人の目に映る『人民中国』を語った。

徐部長から見ると、『人民中国』日本語版が70年の荒波を乗り越え、現在まで途切れたことがないのは、その「本分を守り」、「革新」と「寛容」をしっかり果たしたからだ。この三つにより、『人民中国』は中日関係の歴史の歩みの記録者、目撃者、観察者となり、その輝かしい歴史を創った。章副部長は、紙媒体である雑誌が生き残っていく道は、読者に「ロマンチック」な読書体験をもたらすことだという。章副部長は今後、写真とデザインの二つの「言語」的な手掛かりを作ることに力を入れ、ユニークかつ魅力的な雑誌のビジュアルスタイルを確立し、読者のニーズと期待にもっと応えるよう努めていきたいとした。

熱い思いがあふれた祝辞と活気に満ちた交流の終了後、アジア太平洋広報センターの陳文戈主任が最後にこう締めくくった。70年来、『人民中国』が懸命に奮闘する中で示してきた――使命を担い、現実に即して実務に励み、改革・革新を行い、[illegible]・模索と団結・協力する精神を私たちは必ず受け継ぎ、発展させなければならない。習主席が示した広報についての「四つの力」（取材力・眼力・知力・ペンの力）を実践する中で作り出された、正しく、確実で、飾らない文章スタイルを、私たちは大いに発揮していかなければならない。皆が共に努力すれば、『人民中国』という老舗の大看板は、新時代の国際広報事業においてさらに異彩を放つと信じる。

創刊70周年は節目であり、また新たな始まりでもある。新時代において、『人民中国』は引き続き心を一つに奮闘し、中日両国民の友好の新たなページを書きつづることに努めていく。そして、中日関係の安定して長期的な発展を推し進めるために、より積極的な役割を果たし、中国が世界に進出し世界が中国を理解するために、新たにより大きな貢献を果たしていく。■

私たち外文局アジア太平洋広報センター記念訪日団は、今回の日本訪問において読者の皆様や執筆者、関係者の皆様から温かく迎えられ、多くの建設的なご意見・ご提案をいただきました。ここに改めて心より感謝申し上げます。読者や友人の皆さんから寄せられたご期待に応えるよう、今後の仕事にしっかりと生かしてまいります。『人民中国』に対し、引き続きご関心とご支援を賜りますようお願い申し上げます。

外文局アジア太平洋広報センター
記念訪日団

Report

20代留学生と「70歳」本誌が交流

日本人9人と座談会、編集体験も

李家祺＝文　郭然　李家祺＝写真

中国外文局アジア太平洋広報センターと日中友好協会の共同企画により、北京の大学に留学している日本人学生9人が5月12日、当センターを訪れ、座談会や編集体験などを通して交流を楽しんだ。座談会で双方は、『人民中国』の歴史や中日の民間交流、文化の違い、留学生活などを巡って熱心な意見交換を行った。その後、留学生たちは本誌の編集・校正作業を見学、動画撮影・制作なども実際に体験し楽しんでいた。

『人民中国』は今年創刊70周年を迎えた。本誌が所属するアジア太平洋広報センターの王衆一総編集長は、センターを代表して留学生に、「70歳を迎えた『人民中国』が、元気あふれる日本の若い皆さんと意見交換できることは、お互いに大変貴重な機会です」と歓迎した。

王総編集長はまず、『人民中国』の創刊の経緯を説明し、続いて1950年代の本誌の草創期から60年代の奮闘期、70年代の興隆期、80年代の発展期、90年代の成熟期、さらに21世紀に入ってからの転換期と全面的な革新期など、それぞれの時期の特徴と中日友好交流の取り組みを紹介した。また、王総編集長は次のように語った。『人民中国』は友好の歴史を受け継ぎ、近年は俳句や漢俳、地方の観光、映画・カルチャー、漫画の紹介などの新機軸を通して異文化交流の面でブラッシュアップを続けている。例えば、Ｐａｎｄａ杯全日本青年作文コンクールや「悟空杯」中日韓青少年漫画コンテストなどの青少年交流イベント、さらに「北京―東京フォーラム」などを通して、中日間の友好の輪を絶えず広げてきた。当センターの設立後、『人民中国』はアジアの視点からさらに生き生きとした記事を発信し、中日友好事業のために引き続き努力していく――。

今回中国にやって来た日本人留学生は全員、日中友好協会が派遣する中国政府の奨学金を受けた公費留学生だ。新型コロナウイルス感染症の影響で、日本で2年以上も持ち続け、やっと留学できた学生もいた。

『人民中国』の内容で、留学生たちの関心が高いコーナーとして、時事・経済、世相小説の対訳、新語ネット語、本誌社員の手料理紹介などが挙げられた。また、若者の視点から斬新なアイデアも多く寄せられた。例えば、小説の対訳に読み上げ音声ＱＲコードを付ければ、読者が中国語の発音を聞けて中国語への興味を持ちやすくなる。コスメやアイドルなどの中国のポップカルチャーに関する記事を増やす。もっとビビッドで分かりやすく、一般の若い読者の興味を引くような内容を増やしてほしい――などというものだった。

中日の文化の違いや留学生活について、北京電影学院に留学中の刀禰千春さんは、日本人より中国人の方が自分のことを積極的に表現し、周りの人の視線を気にしない傾向があると感じがすると語った。また北京大学留学生の浅野亜理紗さんは、今回の留学で中国訪問は4回目となった。確かに訪中回数は増えているが、中国のことを理解しようとすればするほど理解できなくなっていると感じ、中国の多様性は自分の想像をはるかに超えていると話した。

これに対し王総編集長は、1990年代に日本に1年間留学した際の経験を紹介。当時、月4万円の生活費だったが、日本の20以上の都道府県を訪れたと話し、こうした自身の経験から、留学中にたくさん街歩きをして中国の市井の人々の生活を実際に感じ、また各地方を回って中国をより全面的に理解するよう励ました。

北京語言大学留学生の黒田稔子さんは、『兄につける薬はない！』（原題・快把我哥帯走）や『羅小黒戦記』など中国の漫画が大好きだと打ち明けた。「漫画を読んで、中国では人と人との関係がより近いと感じるし、日本とは違うキャンパス文化を感じます」と語った。一方、アジア太平洋広報センタースタッフの王焱さんは、中国の漫画を日本語に翻訳し、ウィーチャット（微信、中国語版ＬＩＮＥ）

の『人民中国』公式アカウントとツイッターで発信している「中国漫画館」を紹介した。

さらに北京大学留学生の岡崎菜生さんは、この「中国漫画館」で読んだ中国の漫画『ひとにあらざるかな』（非人哉）が好きだとうれしそうに言い、これからももっと多くの面白い作品が出てくるのを期待していると話した。

座談会の後、留学生たちは二つのグループに分かれて『人民中国』の編集・校閲と動画制作の作業を見学・体験した。学生たちは、特に記事用語のルールや誌面のレイアウト、ゲラの修正、動画撮影の流れなどに強く興味を持ったようだった。

今回の交流について、浅野さんは次のような感想を寄せた。

「デジタル時代の今、私たちが手にする情報の多くは、何かに一定の興味があったり、過去に関連するものを見たりした履歴やデータを、ＡＩなどの技術を活用して分析。ここからおススメが表示されるなど、デジタル機器によって情報が個人化されることが非常に増えてきている。このような時代の中で『人民中国』は、中国関連の情報を知るためにはもちろん、ページを開くまでどんな内容か分からない、個人化されていない情報に出会えるかもしれないという期待を抱かせてくれる。さらに、もしかしたら今まで自分が注目していなかった中国に関する事柄に目を向けさせ、興味を持つきっかけを与えてくれるかもしれない――そんな可能性を秘めた一つのツールであると感じた」

また岡崎さんは次のような感想を書いた。

「創刊以来の『人民中国』の変遷を知ることで、同時に中国と日本の社会の変遷も追うことができたと感じている。現在、世界中で紙のメディアの存在意義が問い直されている。だが、編集部の方々にはかつて日本に留学されていた方が多くいて、留学への多様な考えや経験を聞くことができ、留学について考えるきっかけをもらった」

刀禰さんは次のような意気込みを語った。

「今回の訪問全体を通じて、長い歴史の中で培ってきた伝統を重んじながらも、その実績にあぐらをかかず、時代に合わせて変化し続ける――まさに温故知新な姿勢で仕事をする『人民中国』の皆さんに感銘を受けた。自分もそのように変化を恐れず、前に進む気概を忘れずにいたい」

最後に黒田さんは今回の交流をこう結んだ。

「60年以上も日中の懸け橋として続いていることに感銘を受けた。中国のことを知るとても良い雑誌なので、もっと多くの日本人に読んでもらえたらいいなと思う」■

13

15

2023

这一年严格地说是第 71 年，本年写到总编卸任的 8 月号为止，且按照时间顺序展开。

为纪念《人民中国》创刊 70 周年，刘德有从年初开始了《草创期的〈人民中国〉》连载，计划写到年底（1 月号，见图 1）；为纪念中日和平友好条约签订 45 周年，张云方从年初开始了《〈人民日报〉原特派员忆当年》连载，计划写到明年（1 月号，见图 2）。两位都是这两件大事的重要见证者，其证言弥足珍贵。

“2022 年‘熊猫杯’表彰仪式”上发布的数字令人欣慰，参加人数又创新高，对华好感度也明显上升（1 月号，见图 3）。《人民中国》与 BILIBILI 合作完成的动画片终于上线。为了坚守一种情怀，老中青主创人员济济一堂，分享了在参与的过程中受到的心灵震撼与洗礼（2 月号，见图 4）。老读者神宫寺敬以 102 岁高龄离世，CRI 王小燕写来感人至深的怀念文章《继承先生和平、友好的不变情怀》（4 月号，见图 5）。大江健三郎逝世后，社科院日本所举办“大江健三郎和平主义思想及现代价值”座谈会，与会者表示要“坚守和平主义，开创中日新时代”（5 月号，见图 6）。

《人民中国》创刊 70 年纪念特辑《传播全面、立体、真实的中国》（6 月号，见图 7）的正文由 70 年 70 幅经典版面构成（6 月号，见图 8），唯一的大块文字导语“一起走过的岁月”（6 月号，见图 9）由笔者和沈晓宁共同完成，是对 70 年的极简盘点。面貌一新的《家常菜》栏目这一期是笔者的创意菜“七彩丝语”，寓意 70 年来几代人的无悔坚守（6 月号，见图 10）。

中日和平友好条约签订 45 周年纪念特辑《掀开合作双赢的新篇章》观点荟萃，一气呵成，总结历史，展望未来，是沈晓宁赴香港新的工作岗位之前策划完成的最后一篇作品（8 月号，见图 11）。

《俳人笔下的节气与花》经重大调整后由漫画家李昀整合为漫画栏目《中国的节气：诗与花》，俳句、汉俳要素保留，但更加大气磅礴（8 月号，见图 12）。

在北京和东京举行的两场纪念活动形成特别报道《一起走过 70 年　共同携手向未来》，标志 70 周年纪念活动圆满收官（6 月号，见图 13）。

《一群“二十来岁”的留学生来到“七十岁”的〈人民中国〉》这篇报道，反映了笔者在总编岗位上和日本年青一代进行的最后一次交流（8 月号，见图 14）。

《编后记》是我和读者直接交流的桥梁，坚持写了 20 多年（8 月号，见图 15）。我以“特别顾问”的名义写完最后一期，即宣告总编辑生涯的收官。

第二节
创刊70周年纪念文章[1]

致我们携手相伴的珍贵岁月[2]

70年前，时任中国人民保卫世界和平大会委员会主席郭沫若在为《人民中国》创刊号撰写的发刊词中提出，这本杂志要向日本人民传达中国国家建设事业的真实面貌，帮助读者准确、迅速、全面地了解中国，促进中日两国人民友谊和维护远东和平。时光荏苒，岁月如梭，不知不觉间，《人民中国》（日文版）迎来了70岁生日。

回首70年走过的路，《人民中国》见证了新中国走向现代化的沧桑历程；见证了中日关系从无到有，从民到官，从恢复邦交到走向深入的曲折起伏的发展历史；也见证了中国人民的时代表情与奋斗故事；更见证了几代对日传播工作者和日本同事一道筚路蓝缕，砥砺前行，为推进两国人民友好，为促进民心相通而付出的70年心血。作为一本纸媒，《人民中国》在推动当代中日关系发展中发挥了独特且不可替代的积极作用。

打开中日交流的窗口

20世纪50年代，伴随冷战局势的变化，中日双方突破障碍、实现交流的意愿日益强烈。在此背景下，1953年6月，《人民中国》（日文版）月刊应运而生，为日本民众全面了解新中国的真实面貌打开了一扇“窗口”。

透过这个“窗口”，日本读者看到1952年10月1日国庆节，中国群众

---

1 此节文字载于2023年6月号。

2《人民中国》6月号图片特辑导语部分总编辑王众一、综合采编部主任沈晓宁撰写。图片特辑图说部分略。

在天安门广场举行“和平与建设”大游行的热烈场景；看到新中国自主建设的武汉长江大桥和在平均海拔 3000 米以上实现通车的康藏公路；看到 1962 年和 1963 年中日两国相互举办贸易展览会的盛况；看到日本新剧团、松山芭蕾舞团访华演出的动人画面……

这些来自中国的鲜活报道，吸引越来越多日本各界人士成为《人民中国》的读者。他们纷纷在日本各地成立“读者会”，帮助《人民中国》在日本扩大影响。正是《人民中国》和日本读者的共同努力，为中日两国社会在信息传播、人员往来还不通畅的年代架设起一座沟通交流的桥梁。

1972 年 9 月，中日恢复邦交正常化。《人民中国》在同年 11 月号杂志和随刊赠送的别册上，用大篇幅的精彩图文记载并庆祝中日关系这一重要时刻。时至今日，这份珍贵的历史资料，依然能够让人感受到当时两国人民追求中日和平友好的坚定初心与美好愿望。

唱响中日友好的赞歌

实现邦交正常化开启了中日关系的新篇章。此后，中日两国恢复了国家间正常往来，特别是在中国启动改革开放之后，各方面合作积极展开，从签署《中日和平友好条约》到发表“建立致力于和平与发展的友好合作伙伴关系”的《中日联合宣言》，让中日友好事业不断掀起新的高潮。

翻开那一时期的《人民中国》，唱响中日友好成为报道的主旋律。从 1984 年 3000 名日本青年访华到次年 500 名中国青年乘坐“中日友好之船”访日，《人民中国》都派出记者随行采访，用精彩的报道书写下两国人民的深情厚谊。1992 年，日本明仁天皇首开中日两千年交流史上天皇访华的先河，《人民中国》用大幅图片报道传播着这段中日友好的佳话。同时这一时期中国社会发生的深刻变化以及悠久的历史文化、民俗民风，通过记者的镜头和文字介绍给读者，推动了日本民众来华旅游热。这一时期，《人民中国》的读者纷纷组团来到北京同本社员工密切交流、深化友情；人民中国杂志社也在 1986 年成立东京支局，与读者会建立密切的联系，进一步贴近读者。双方亲密交往、心手相连成为当时中日关系的真实写照。

守望中日关系的未来

进入21世纪后，中日关系在经贸合作、文化交流、人员往来等方面全方位升温，并达到前所未有的高度，两国人民从中获得了巨大利益。但是，随着世界面临百年变局，国际局势云谲波诡，中日关系在跌宕起伏中曲折前行，面临新旧问题带来的挑战。

面对错综复杂的形势，《人民中国》坚持高举人民友好大旗，积极阐明中国立场。从历数中日合作成果到展现彼此文明互鉴，从灾难面前两国守望相助到疫情下双方"风月同天"，《人民中国》用一篇篇反映中日友好合作的报道给两国民众增强了信心。

近十年来，《人民中国》与日本伙伴合作，举办"熊猫杯"日本青年感知中国征文大赛，实现数百名获奖者成功访华，将青年交流的传统在新时代发扬光大。《人民中国》还助力一年一届的中日合办的"北京－东京论坛"，跨越难关，从未间断，让中日两国有识之士得以在这个中日间规模最大、层次最高的公共外交和官民交流平台上为两国关系行稳致远贡献智慧、凝聚共识，唤起两国社会对构建契合新时代要求的中日关系展开思考与探索。

70年风雨兼程，70年春华秋实。《人民中国》的70年是始终致力于向日本说明真实中国的70年，是讴歌中日友好人士勠力同心的70年，是坚持传颂友谊与共赢，温暖鼓舞两国人民的70年。让历史告诉未来，我们精选出71幅每年期刊中的一个版面，它们浓缩着70年来《人民中国》所见证的时代巨变。

共同走过70载　携手相伴向未来[1]

今年是《人民中国》（日文版）创刊70周年。70年，840期杂志，《人

1 第一采编部副主任段飞平、东京支局记者王朝阳撰文，载于8月号《人民中国》。

民中国》始终坚持中日友好，紧贴时代与中日关系热点，向日本社会展示真实、立体、全面的中国。70 年，25567 个日夜，《人民中国》始终与读者一路相伴，共同见证了中日关系从民到官，从恢复邦交到走向深入的发展历程，以及两国人民情真意切的友好往来。

6 月 15 日至 21 日，纪念《人民中国》（日文版）创刊 70 周年系列活动在东京、长野、北京多地相继举行，中日各界友好人士相聚一堂，共叙往事，共话未来。

记录与见证

6 月 15 日，《人民中国》（日文版）创刊 70 周年纪念招待会在东京王子花园塔酒店举办。中国驻日本大使吴江浩、日本厚生劳动省副大臣兼内阁府副大臣伊佐进一出席活动并致辞。中国外文局局长杜占元、日本前首相福田康夫分别发来视频贺词与书面贺词。中国外文局亚太传播中心总编辑王众一作特别演讲。

“1953 年天安门广场庆祝国庆节群众大游行”“1954 年武汉长江大桥落成，从此天堑变通途”“1965 年中日青年友好大交流”“1972 年田中角荣首相访华”“1978 年中日和平友好条约签订”“1990 年浦东开发拉开序幕”“2008 年北京奥运会”“2017 年共享自行车在街头火爆”……在会场播放的幻灯片中，一张张回首《人民中国》70 年来报道版面的图片，向人们呈现出《人民中国》记录下的新中国发展变迁，讲述了《人民中国》对中日关系不断深化的见证。

一幅幅熟悉的画面勾起了众多到场读者的美好回忆。从 1973 年开始订阅《人民中国》的藤田基彦讲起自己与《人民中国》的缘分：“那年我进入藤田观光株式会社工作，负责接待中国客人的业务。为了解中国，我开始阅读《人民中国》。在我眼中，这本杂志记录了日中的友好往来，在两国都有众多读者。从 2022 年起，我开始为杂志撰写连载《日中往来墨宝》，我希望通过这一连载，把自己经历过的友好往事，永远留存下来。无论是现在的，还是将来的读者，我希望当他们读到那些故事时，能体会到日中友好的来之不易，并从中得到鼓励。”

《人民中国》不仅是历史的见证者，更是历史的推动者。

中国驻日本大使吴江浩在致辞中评价道：“中日关系的长远发展离不开彼此正确、客观的认知。70 年前，在周恩来总理等中国老一辈领导人的亲自关怀下，《人民中国》在日本开始发行。数十年来，《人民中国》如同她的名字一样，始终聚焦人民当家作主的中国发展，传递人民安居乐业的中国进步，展现人民共同富裕的中国前景。始终秉持‘促进中日友好、增进日本人民对中国的了解’这一宗旨，为推动两国关系恢复、改善和发展发挥了积极作用。”

日本前首相福田康夫发来书面贺词，高度赞扬了《人民中国》过去 70 年对促进日中友好发挥的重要作用：“《人民中国》连接起了日本人和中国人的心，为两国民众加深交流和理解架起了一座民间友情的桥梁。”

日本厚生劳动省副大臣兼内阁府副大臣伊佐进一曾多次接受《人民中国》的采访。伊佐进一在致辞中表示：“外交、政治在日中关系中发挥了很大作用，但推动两国关系向前发展的动力则主要来自民间交流、文化交流、青年交流。令人遗憾的是，在新冠疫情肆虐的过去 3 年中，日中的民间交流受到阻隔，在这期间，《人民中国》一直坚持将中国的最新信息及时传递到日本，可以说为疫情后民间交流的恢复打下了基础。”

中国外文出版发行事业局局长杜占元在视频贺词中对《人民中国》的未来发展提出了新的要求，希望《人民中国》以创刊 70 周年为新起点，继续立足中日关系大局，放眼亚太乃至全球，为增进中日之间的相互了解和友谊、推动两国关系行稳致远发挥更大作用。同时，希望更多日本朋友能够关注和支持《人民中国》，通过它了解真实、立体、全面的中国。在今后的中日友好事业中与《人民中国》携手同行，加强交流合作，共同续写两国人民友好交往的时代佳话。

联合国前副秘书长明石康同样期待道：“日中关系如兄弟般斩不断，《人民中国》向日本民众传达着中国的现状，中国人民在想什么、关心什么、担忧什么，希望《人民中国》未来能发挥出更大的作用。”

相识与相知

自1953年创刊以来，《人民中国》始终以杂志为媒介，促进两国民众的相识、相交与相知。

日中友好会馆中方理事黄星原结合自己的经历讲述道：“20世纪80年代初，《人民中国》是大学日语专业同人的枕边读物。在我们的外交生涯中，《人民中国》是我们熟悉语言、更新知识的‘贴身秘书’。通过《人民中国》，我还结识了朝日新闻前论说委员、《人民中国》日籍专家横堀克己等多位可敬的日本友人。”

34年前，中国外文局亚太传播中心总编辑王众一进入《人民中国》杂志社工作。在纪念招待会上，他以自己与《人民中国》的相遇，通过《人民中国》与读者的相识为主题，作了特别演讲。“在观察日本社会、研究流行语等方面，刘德有先生曾给予我很多启示。刘德有在《东张西望》专栏中发表了一篇题为《目黑的秋刀鱼和西太后的窝窝头》的文章。不久后，我在东京大学学习期间的老师刘间文俊发来了一篇题为《黄土地与兰花》的投稿。两位深刻影响我的师长竟能在《人民中国》的笔墨铅字中相遇并碰撞出思想的火花，这段经历带来的触动让我至今难以忘怀。”杂志的编辑制作也在文化的交流融合中不断成长蜕变，王众一回忆道：“原口纯子女士曾在杂志上推出专栏《中国杂货店》，她从日常生活的杂货中，发现了很多智慧与美。原口女士常说：‘用爱生活的双眼观察中国，就能发现众多值得爱的事物。’我们从中获得了灵感，此后策划了许多关注社会生活细节的专栏。”演讲的最后，伴随着电影《天堂电影院》的主题音乐，王众一展示了过去34年中，他与众多中日两国良师益友交往的照片。在场读者纷纷在其中寻找自己的身影，共同追忆往事。

细川敬子女士在照片集锦中，看到了父亲神宫寺敬先生的身影：在和历代《人民中国》员工的合影中，他从一位高大结实的青年逐渐变成白发苍苍的老者。“二战结束后，父亲离开中国，回到了日本。他阅读完《毛泽东选集》后，非常想知道新中国的面貌。但在那个年代，这并不是一件简单的事情。通过朋友介绍，父亲知道了有一本用日语介绍新中国发展的杂志——《人民中国》，并从此开始了持续一生的订阅。”回想往事，细川敬子感慨万千，“《人民中国》曾邀请父亲作为读者代表访问中国。他在访问期间和当时的总编辑康大川达成了一个约定——每月给《人民中国》寄读者反馈卡。这个约定父亲遵守了一辈子。除了受新冠疫情阻隔的三年，每逢金秋时节，他都会踏上去中国的旅程，前往位于北京的人民中国杂志社做客。”

已故专栏作者江原规由的夫人江原孔江女士因病未能来到活动现场。她通过友人的现场转播，在认真聆听了特别演讲后发来感人至深的感想：“我先生有幸结识了王众一总编辑等志同道合的朋友，并共同为促进日中关系发光发热。我想今天他也一定在天上守护着我们，祝福着《人民中国》迎来创刊70 周年。”

与时代共同进步

伴随时代发展，《人民中国》的媒体形式从纸质刊物逐渐扩展到网络、移动社交媒体，内容日益多元化，并尝试着以更多媒介载体串联起两国民众的交流。

东京都日中友好协会理事长伊藤洋平一直从事促进中日青年交流的工作。对于《人民中国》的种种新尝试，他表示：“在把握青年需求方面，日中双方不断相互启发。日中友协曾多次组织日本学生去《人民中国》编辑部访问交流，每次记者、编辑们都会和学生热情交流年轻人现在对哪些内容感兴趣。今后我希望和《人民中国》多探讨如何做好青少年交流工作，让友好精神继续传承下去。”

“熊猫杯”日本青年感知中国征文大赛是《人民中国》与中国驻日本大

使馆、日本科学协会联合打造的一个高水平中日青年交流平台。自 2019 年 6 月，中国国家主席习近平复信大赛获奖者中岛大地后，“熊猫杯”进一步成为日本青年讲述“我与中国”故事的品牌赛事，为当代中日青年加深相互了解提供了交流平台。

森大厦株式会社特别顾问星屋秀幸自“熊猫杯”创办以来就一直担任作文评委。他在致辞时表示：“通过阅读作文，我看到了日本青年对中国的热忱与困惑，感受到了他们的未来梦想，非常有意义。祝愿《人民中国》永远做连接起日中青年的桥梁！”

大赛获奖者之一的山本胜巳是通过“熊猫杯”与《人民中国》结缘的日本青年之一。他表示：“我们一家人都与《人民中国》结下了深厚友情。令我最难忘的一件事是，2020 年年初，我们通过《人民中国》向中国捐赠了 200 多个口罩。当年 5 月，日本也开始出现口罩紧缺的情况。《人民中国》立即给我们寄来了中国朋友们筹集的口罩。”虽然捐赠者与受助者素未谋面，但通过《人民中国》搭建起的同舟共济的情谊让山本胜巳非常感动。“在中国发展日新月异的当下，希望《人民中国》作为一本伴读者同行的杂志，继续提供‘熊猫杯’、读者会活动等交流平台，连接起中日友好之心。这是《人民中国》独一无二的价值所在。”山本胜巳说道。

与读者的紧密联系

91 岁高龄的读者小林泰虽然刚从病中恢复没有多久，但仍亲自来到招待会现场，第五次为《人民中国》庆祝创刊。曾为《人民中国》拍摄封面的摄影师佐渡多真子，特意从名古屋市赶来参加活动，并再次用镜头记录下大家畅叙友情的一个个珍贵瞬间。还有更多的曾在《人民中国》工作的日本专家，接受过《人民中国》采访的日本学者也赶到会场送来自己的祝福与期待。

纪念招待会落下帷幕后，中国外文局亚太传播中心访日代表团依依不舍地送别读者、友人，随后满载着大家的美好祝福来到长野县，与当地读者进行亲切交流。《人民中国》与日本各地读者的交流传统始于 60 年前。1963 年

6月4日，外文出版社社长罗俊率团在东京参加完纪念《人民中国》创刊10周年纪念活动后，遍访广岛、宇部、北九州、福冈、云仙、熊本、松山、大阪、神户、和歌山、京都、名古屋、热海、箱根、山形、仙台、青森、札幌、旭川、函馆、小樽、泊村等30多处城市与乡村，进行了历时一个半月的交流调研。其间，代表团举办了100多场座谈会，与热心读者和各界人士深入交流，广泛听取意见。从此以后，与读者紧密联系、深化友谊成为《人民中国》不变的底色。

"历代东京支局长都会在工作之余去日本各地参加读者会活动，访日团每次来到日本，也一定会去地方与读者进行座谈。"王众一总编辑在回顾《人民中国》重视与读者交流的传统时表示，"在座谈会上，读者们会直接告诉我们阅读杂志的感想，还会拜托我们作有关中国最新情况的讲座。最受欢迎的主题就是中国的电影、文化、流行词。读者的需求和意见是我们最宝贵的财富，我们一定会继承好与读者紧密联系的传统。"

长野县读者会会长茂木博60岁时加入读者会。他满怀深情地说："《人民中国》综合介绍了中国的发展情况，让我获得了更加丰富的信息。成为读者会的会长，让我的人生更加多彩。我衷心祝愿《人民中国》未来取得更大的发展，为日中的文化交流、人文交流做出更大的贡献。"长野县日中友好协会副会长西堀正司表示："《人民中国》70年来能为读者大众所喜爱，能为社会做出贡献，这是非常难得的。我虽然已经83岁了，体力已不如从前，但我仍然要加油，与《人民中国》共同努力为后疫情时代的日中交流做贡献。"

交流会结束后，访日团赶往群马县前桥市，为《人民中国》亦师亦友的日本专家金田直次郎先生扫墓。金田直次郎曾于1982年至1991年，2010年至2011年两度在《人民中国》工作，在中国度过了10年。2012年4月，他因罹患胰腺癌离开了我们，留给大家无限的哀思。金田先生对中国的热爱、对工作的认真、对同事的热诚，让所有曾和他共事过的《人民中国》员工难以忘怀。

此行为金田先生扫墓，同时也是对包括池田亮一、菅沼不二男、戎家实、村山孚、横堀克己等一大批为《人民中国》和中国对日传播事业做出积极贡献的资深日本专家表达缅怀和敬意。

访日团在金田先生的墓前供奉了招待会当天用的鲜花，摆上了国内同事特意托他们带来的白酒和坚果。北京的二锅头是金田先生的最爱，他闲暇时总喜欢和年轻的《人民中国》员工一边喝酒，一边聊中国的发展，聊报道策划，大家经常从中产生出很多好点子。

随着袅袅升起的香烟，身形清瘦、朴实可爱的金田先生仿佛来到我们身边，脸上带着大家熟悉的真挚笑容，认真聆听访日团向他汇报纪念活动的盛况，无声地鼓励着大家继续努力，做好向日本介绍中国、促进中日交流的工作。

肯定与展望

6月21日，以“守正创新再续辉煌”为主题的纪念座谈会在北京举行。中国外文局副局长兼总编辑高岸明，中日友协常务副会长、前驻日大使程永华，国务院中日经济交流会原秘书长张云方，人民中国杂志社曾经的老领导、老同志代表以及中国外文局亚太传播中心员工代表近80人出席了座谈会。

“《人民中国》的70年是致力向日本说明真实中国的70年，是中日友好人士携手同心推动中日友好的70年，是一代代《人民中国》人坚守初心使命，不断创新发展的70年。”中国外文局副局长兼总编辑高岸明在致辞中高度肯定了《人民中国》为推动当代中日关系发展发挥的独特且不可替代的积极作用，并指出一代代《人民中国》人铸就了使命担当、求真务实、改革创新、爱岗敬业、团结合作的精神。这些宝贵精神是《人民中国》70年锤炼出的传统作风，更是支持今后事业发展的动力源泉。围绕如何在新形势下更好地开展对日传播，高岸明提出了五点期望，即要坚定推进中日友好的信念，服务中日关系大局；要深化资源共享机制，形成对日传播合力；要提高业务创新能力，做强人民中国品牌；要加快人才队伍建设，培养对日传播生力军；要拓宽两国人脉资源，唱响友好合作声音。

中日友协常务副会长、前驻日大使程永华在致辞中强调：“习近平主席指出，‘讲好中国故事，是国际传播的最佳方式’。中日之间既拥有实现绿色低碳、应对人口老龄化等共同关切与利益点，也拥有相通的东方文化、东方智慧等共鸣、共情之处。作为日本人民读懂看懂中国的重要‘窗口’，希望《人民中国》立足日本民众关切，着眼中国人民生活，通过有深度、有厚度、有温度的题材故事，向日本民众展示真实、立体、全面的中国。也期待《人民中国》能继续以日本民众喜闻乐见的形式，亲切细腻的文风，正面引导日本民众，特别是年青一代关注中国发展、中国机遇、中国未来，积极投身中日人文交流与互利合作，不断激发中日友好蕴藏的磅礴力量，共同开创两国关系的美好前景。”

亚太传播中心总编辑王众一代读了已 92 岁高龄的文化部原副部长刘德有的书面致辞。刘德有在致辞中指出：“《人民中国》的可贵之处在于坚持守正创新，这也是杂志能够一直保持旺盛生命力的保证。近年来，中日关系发生了深刻、复杂、巨大的变化，但我们必须如实地看到维护和推动中日友好发展的健康力量依然存在，特别是一批新生的年轻力量正在成长，他们是《人民中国》读者的后备军，需要我们格外加以重视、爱护和精心培育。很多日本民众对中国的情况并不了解，我们要做的是向他们展示好中国的形象，传播好中国的声音，讲好中国的故事。”

面对日益严峻、复杂的国际舆论挑战，媒体可谓责任重大。国务院中日经济交流会原秘书长张云方认为，如何增强日本和世界各国对中国的全面理解，缓解紧张局势，是作为中国对外交流窗口和平台的《人民中国》义不容辞的职责。他在致辞中提出：“国家关系是动态的，人民的交流却是永恒的。在介绍一个‘等身大’中国的同时，也要把一个多彩的世界、文明的亚洲和真实的日本带给中国读者。要把中日两国世代友好的理念，像乳汁一样不断地浇灌到中日两国人民的心田。”

回忆与担当

在纪念座谈会的交流环节，8位《人民中国》员工代表相继发言，共同回忆了《人民中国》取得的辉煌发展成就、值得铭记的优良作风以及感人至深的奋斗故事，并结合自己的工作为《人民中国》今后取得更好发展献计献策。

人民中国杂志社原社长沈文玉如数家珍般回忆起一代代《人民中国》人的拼搏往事，并表示大家用火热年华和满腔情怀把自己的名字镌刻在了新中国外宣事业的无名英雄册上，诠释了外宣人的光荣、责任和担当。

退休老同志代表刘世昭曾是《人民中国》的一名摄影记者，在35年的职业生涯中，他走遍祖国大江南北，用影像定格时代记忆。1981年，刘世昭与文字记者沈兴大历时404天，骑行5000多公里，采访了京杭大运河沿途的53个县和77个村镇。他的经历展示了《人民中国》通过实地探访，向读者展示真实生动的社会百态和人民生活的特点。

作为业务骨干代表，对日传播事业部主任钱海澎和媒体融合发展部主任王浩分享了加入《人民中国》大家庭20年来的感悟。在钱海澎看来，走过70年征程的《人民中国》虽经历中日关系的起起伏伏，却波澜不惊、从容笑对。这份淡定的背后是传承带来的自信、创新赋予的活力，以及坚定中日友好信念铸就的底气。王浩则将《人民中国》比喻成一位中年知识分子，成熟、博学、厚重，有品位又不失幽默，向日本读者娓娓讲述中国故事。两人不约而同地表示，随着产品形态的拓宽和业务创新的实践，《人民中国》这棵对日传播的"老树"，正在不断发出"新芽"。

从《人民中国》的读者转变为杂志社一员的日本专家笼川可奈子表示，虽然在异国他乡工作并非易事，但《人民中国》这个大家庭给了她很多温暖和帮助。《人民中国》的报道让她接触、认识到了真实的中国，她也希望能有更多日本读者通过《人民中国》这座"桥梁"感知充满魅力的中国。

对日传播事业部编辑蔡梦瑶表示，虽然她只是一名入职4年的青年员工，但她深切地感受到前辈们薪火相传的"《人民中国》精神"，一直在激励鼓舞着自己。4年来，她感悟到"用脚板跑出好新闻"和"为读者奉献有温度报道”的深刻内涵，并将以此不断鞭策自己成长、蜕变。

2021 年，中国外文局在人民中国杂志社与中国报道杂志社的基础上组建了亚太传播中心。为《人民中国》在新时代加快融合发展、深耕对日传播提供了新的平台。作为共同奋斗的同人，华语传播事业部（《中国报道》编辑部）主任徐豪和视觉设计部主任韦万里也为《人民中国》70 岁生日送上了祝福，并分享了他们眼中的《人民中国》。在徐豪看来，《人民中国》（日文版）能在 70 年的大浪淘沙中延续至今、文脉不断，是因为它做到了“守拙”“创新”和“包容”。这三点让《人民中国》成为中日关系历史进程的记录者、见证者和守望者，也创造了自己光荣的历史。韦万里认为，纸媒杂志的生存之道，在于它能给读者带来“浪漫”的阅读体验。今后，他将着力打造图片和设计两条语言线索，力求建立杂志独特且有魅力的视觉风格，以更好地满足读者的需求和期望。

热情洋溢的致辞和精彩生动的交流结束后，亚太传播中心主任陈文戈作了总结发言。他指出，70 年来，《人民中国》在拼搏奋斗中彰显出的使命担当、求真务实、改革创新、钻研探索与团结协作精神，我们必须传承弘扬；在践行“四力”中塑造出的真实、扎实、平实的文风，我们必须发扬光大。相信在大家的共同努力下，《人民中国》这个老字号将在新时代国际传播事业中再放异彩。

创刊 70 周年是里程碑，更是新起点。在新时代，《人民中国》将继续奋楫扬帆，努力书写中日两国人民友好的崭新篇章，为推动中日关系行稳致远发挥更加积极的作用，为中国走向世界、世界读懂中国做出新的更大贡献。